14th Edition

An Introduction to Constitutional Law

신헌법입문

박영사

제14판 머리말

중요 사안들 관련 판례들, 정부조직법 등 중요 법령의 개정이 있어 14판을 내게 되었습니다. 판례는 2025년 12월까지 나온 결정례들까지 정리하였습니다.

그 동안 지속적으로 개헌요구가 강했고 급기야 2014년 12월 3일에는 정말 황당한 계엄선포가 있었지만 국민과 국회가 이를 잘 막아내었습니다. 그 사태로 인해 우리 책 개정작업이 지난했고 더욱 두꺼워졌습니다. 국회의 계엄해제요구 자체도 헌법에 따른 것이고 헌법이 작동되고 있음을 실증했습니다만, 그럼에도 개헌이냐는 얘기를 할 수 있겠으나 현행 헌법은 87년에 나온 것이어서 시간이 상당히 흘러 시대적 변화를 수용하여야 할 필요가 많고 또한 급히 만들어져 보완이 필요하기도 합니다. 이참에 우리는 미래에 적합한 헌법으로 나아가는 헌법의 '혁신'이 필요함을 절실히 느낍니다. 인공지능(AI) 시대로 대변되는 미래가 이제 미래가 아니라 이미 현재가 되어 있습니다. 도처에 활용되고 있습니다.

그런 상황에서 헌법도 미래헌법이 되어야 하겠습니다. 저자가 국회의 개헌자문위원회('국민 미래 개헌위원회')의 위원장을 맡아 지난 1년 그 직을 수행하고 개헌의 의미와 내용을 전달하려고 학회활동 등을 열심히 하게 된 까닭도 그것에 있었습니다. 미래헌법은 인공지능으로 대변되는 과학기술발전에서 인간이 존엄해야 함은 당연하고 이를 넘어 인간이 '중심'이 되어 그 발전을 선도하여 이끌어나가는 적극성이 요구되며 이를 헌법에 규정하여 보다 최고규범으로서 명확성을 지니게 함으로써 그 유익하고 긍정적인 발전에 힘쓰도록 해야 할 것입니다. 그런 취지로 우리 개헌 자문위가 제안하는 개헌안에서 AI조항을 이렇게 인간중심을 명시하는 규정으로 헌법에 넣기로 했습니다. AI조항을 넣게 되면 우리 헌법이 처음이 되고 이 개헌안은 세계에서 선도적인 헌법으로 글로벌사회, 인류의 기본권과 자유, 복지를 위해 발전해 가도록 이끌어가게 될 것입니다. 그래서 이제껏 우리가 외국헌법들을 많이 참조했지만 이제는 외국이 우리 한국헌법, AI헌법이라고 불릴 선도적 헌법을 참조하게 만들어야 하겠습니다. 언제까지 독일, 프랑스 등에서 나온 헌법이론을 되뇌고 있을 겁니까. 이제 그 나라들 헌법학자들이 우리 헌법과 헌법이론, 헌법판례를 중요한 참조대상으로 하도록 해야 하겠습니다. 우리 한국의 젊은이들이 깔아놓은 비단길이라고 할까요, 그 덕분에 지난 해외출장 때 “안녕하세요”, “감사합니다”란 우리말이 외국인들 입에서 나오는 걸 많이 듣고 가슴 뭉클했고 뿌듯했습니다. 우리 젊은이들이 뿌린 씨앗으로 열매를 풍성히 열리도록 해야 할 것입니다.

이번 개정에도 제자들의 도움을 많이 받았습니다. 문의빈 박사(변호사)가 법제처에서 국민대 법대 신규교수로 임용되어 축하하는데 이직하느라 바빴음에도 법령검토, 원고정리를 맡아주어 본서 발간에 큰 도움이 되었습니다. 그리고 법무법인 지평의 이춘희 박사, 김앤장 법률사무소의 박진수 박사, 국가인권위원회 박혜영 박사, 서울시 의회의 박지혜 박사, 한국지능정보사회진흥원의 박혜란 박사, 서울대 연구윤리센터의 허창환 박사(변호사), 정보통신정책연구원의 노은정 박사, 법무부 최혜영 석사 등이 도와주었습니다,

독자 여러분들 새해에도 복 많이 받으시고 건강하시길 기원합니다.

* 첨언 : 그동안 판례는 사건번호만 적었는데 그러다 보니 언제 때 것인지, 최근의 것인지 궁금하다는 의견들이 있어 이제 최근 중요 판례들부터는 ‘헌재’란 말을 여전히 넣지 않되 필요하다고 생각되면 날짜는 넣고자 했음을 밝혀둡니다(기재되지 않은 판례도 있습니다).

2026. 1.

정 재 황 씀

머 리 말

[이 책의 출간배경] 출판사로부터 입문시리즈 저자의 일원으로 참여하여 달라는 부탁에 평소 원하여 오던 소임을 맡게 되어 너무나 기뻤다. 법학을 전문으로 공부하는 학생들, 수험생들, 헌법 관련 실무가, 공무원들로부터 헌법이론이 쉽지 않다는 이야기를 들을 때마다 20년 넘게 헌법학을 강의해온 교수로서 마음이 편치 못하였다. 더구나 헌법은 국민의 기본권을 보장하는 법이므로 알아두면 일상의 생활에 도움이 되는 법이고 그러기에 처음으로 헌법공부를 하는 국민이라 하더라도 헌법이론 내지 헌법이야기가 쉽게 와 닿아야 할 것이라고 생각하니 더욱 그러하였다. 그래서 헌법학의 기본적인 이론과 헌법법리를 보다 쉽게 읽고 이해할 수 있는 입문서가 꼭 필요하고 그것을 출간하는 일이 소임이라고 느껴왔고 마침내 그 숙제를 해낸 것 같다.

[이 책의 특징] (1) 전반적으로 헌법의 기본적이고도 중요한 원칙과 내용, 법리에 대해 그 개념과 기초적인 것부터 차근차근 이해될 수 있도록 쉽게 설명하였다. 특히 앞부분의 헌법서설과 헌법의 기본원리·기본질서에 대해서는 지면을 아끼지 않았고 서술이 필요하면 보다 구체적으로 하려고 하였다. 헌법의 기본원리·기본질서이론은 개별 헌법이론에 적용되기 때문에 그 이해는 곧 첫 단추를 잘 끼는 것이 되므로 더욱 중요함은 물론이다. 집의 터잡기 공사인 셈이다. 뒷부분에 중점적으로 다루어질 이론으로서 앞부분에서도 다루어야 할 이론은 설명을 미리 하고자 하였다. 이는 다소 중복이 되는 부분이 있더라도 이해도를 높이기 위한 것이었다. 처음 접할 것으로 생각되는 용어에 대해서도 잘 이해되도록 설명을 붙이려고 하였다. (2) 입문서이지만 그동안 논의되어 온 핵심적 헌법이론들은 최대한 다루고자 하였다. 이는 앞으로의 심화

학습을 위한 것이기도 하다. 그러한 이론들도 초보단계에서도 이해될 수 있도록 정리하여 소개하였다. (3) 헌법재판소의 중요한 판례들을 관련 부분에서 소개하고자 하였다. 헌법판례는 '살아있는 헌법'이며 헌법판례의 이해가 헌법이론을 파악하는 데에도 필수적이기 때문이다. 따라서 책의 분량이 늘어난다는 부담에도 불구하고 가능한 한 중요한 판례들을 소개하고자 하였다. 판례를 통해 실제 있었던 사건에 헌법이 어떻게 적용되는지를 살펴봄으로써 헌법을 보다 구체적으로 이해할 수 있게 된다. 지면관계로 다소 축약되어 소개된 판례는 스스로 더 자세히 찾아볼 수 있게 사건번호를 인용하였다. 헌법은 한 국가의 기본법으로서 국민의 다양한 생활에 적용되고 입법 · 행정 · 사법 등 국가작용 전반을 규율하여야 하다 보니 다루어야 할 사항들이 방대하다. 입문서로서 약간 부담스러울지 모를 책분량이긴 하지만 최대한 많은 영역을 다루면서도 이 정도의 분량으로 정리할 수 있게 된 것이 한편으로 큰 다행으로 생각된다. (4) 중간중간 필요하다고 판단된 경우에 간단한 사례를 넣기도 하였다. 이는 구체적 이해와 기억 그리고 현실적 적용력을 돕기 위한 것이다.

[**이 책의 예상 독자**] 이 책은 헌법 공부를 처음으로 시작하는 법과대학 입학생, 법학과가 아닌 학과의 대학생들, 법학전문대학원(로스쿨)을 입학한 비법학과출신 학생들, 헌법공부를 이미 시작하였지만 처음부터 다시 체계적으로 공부하고자 하는 사람, 법학전문대학원 재학생, 공무원임용고시 · 사법시험 · 입법고시 등 시험을 준비하는 사람, 실무에서 헌법을 적용하려는 공무원, 헌법을 이해하고자 하는 일반 시민 등에게 도움을 드릴 수 있으리라 생각한다.

[**헌법 · 법령 · 판례의 검색**] 현행 대한민국헌법, 여러 헌법관련 법령들은 법제처의 인터넷 홈페이지인 "http://www.moleg.go.kr"에서 그리고 헌법재판소의 판례는 "http://www.ccourt.go.kr"에서, 대법원의 판례는 "http://www.scourt.go.kr"에서 찾아볼 수 있다.

[**감사의 글**] 이 책이 빛을 보는 데 많은 분들의 도움이 있었다. 제자들인 법제처 임송학 국장, 선거관리위원회 한승철 국장, 김도협 교수, 금동흠 강사,

방송통신위원회 이윤호 박사, 김명수 박사, 신일수 법무관, 강문혁 공익법무관, 박사과정의 전영 양, 방송통신전파진흥원 김슬기 연구원, 사법연수원 연수생인 김용비 군, 정선희 양, 로스쿨 재학생인 예경수 군, 허창환 군, 오하룡 석사, 석사과정의 김선량 군, 문웅주 군, 박진수 군, 박지혜 양, 노예원 양, 사법연수원 입소를 앞둔 반영기 군 등이 도와주었다. 감사드린다.

그리고 박영사의 안종만 회장님, 이구만 이사님, 조성호 부장님, 한여름 찜통더위에 주말 근무를 마다하시지 않은 김선민 부장님께도 깊이 감사드린다.

[맺음말] 부디 이 책이 전문적인 헌법공부를 위한 입문뿐 아니라 국민들이 복지의 나라에서 보다 많은 기본권을 일상생활에서 누리는 데 일조를 할 수 있었으면 하고 또한 이 책을 발판으로 앞으로 더 심화된 헌법이론을 접하여 독자 여러분의 소기의 목적이 성취되기를 바란다. 그것이 저자가 교수로서 부족하나마 사회적으로 작은 기여를 하는 길이라고 믿는다.

2010. 8.

비원이 넘어 보이는 연구실에서

정 재 황 씀

차 례

제 2 부 한국헌법의 기본원리와 기본질서

제 1 장 한국헌법의 기본구조와 기본원리

제 2 장 한국헌법의 기본질서와 기본제도

제 3 부 기본권론

제 1 편 기본권총론

제2편 기본권각론

제1장 인간의 존엄과 가치 및 행복추구권

제2장 평 등 권

제 4 부 국가권력규범론

14th Edition
An Introduction to Constitutional Law

제1부 헌법서설

제 1 장 헌법규범론

제 1 절 헌법의 개념과 내용

헌법의 이론을 이해하기 위해서는 먼저 헌법이 무엇이고 헌법이 담고 있는 내용이 무엇인가 하는 헌법의 개념과 내용이 파악되어야 한다. 헌법의 개념과 내용이 파악됨으로써, 헌법이 적용되고 헌법이 규율하는 대상이 무엇인지를 알 수 있고, 또한 헌법적 문제의 해결이 요구될 때에 그 해결을 위해 적용될 헌법규범도 찾을 수 있게 된다.

Ⅰ. 헌법의 내용적 개념

오늘날 헌법을 내용적으로 개념정의하면 헌법이란 국민의 기본권을 보장하는 규범과 국가권력의 조직·행사방법·통제에 관한 규범 등을 그 내용으로 하는 법규범을 말한다.

우리나라는 성문헌법(글로 쓰인 헌법)을 가지고 있어서 우리 성문헌법을 보면 헌법의 내용을 알 수 있기도 하다. 우리 헌법은 총강에 중요한 헌법적 기본원리를, 그리고 제 2 장부터는 국민의 권리를 규정하고 제 3 장 이하에서는 국가의 중요한 기관들인 국회, 정부, 법원 등이 가지는 권한과 권한행사방법 및 권한에 대한 통제를 규정하고 있다.

이처럼 헌법은 ① 국민의 기본적인 권리들을 보장하기 위한 규정과 ② 국가의 기본적인 기관들을 조직하는 규정, 그리고 그 국가기관들이 가지는 국가권력의 행사방법과 그 행사의 통제에 관한 규정들을 핵심적 내용으로 한다. 종래 ②를 '통치구조'의 규범이라고 불러왔으나 '통치'라는 용어가 우리에게는 '군림하고 다스린다'는 전근대적인 의미로 다가올 수 있다는 점에서 국가권력규범이라고 부르는 것이 바람직하다(본서에서도 '통치구조규범' 대신 가능한 한 '국가권력규범'이라고 부르고자 한다).

헌법의 내용적 개념은 이러한데 헌법의 개념은 다른 관점에서 다음과 같이 논의되어 왔거나 파악되기도 한다. ① 헌법이 하나의 사실인가 아니면 하나의 법규범인가 하는 문제가 논의되어 왔다(Ⅱ). ② 헌법의 개념은 형식적인 관점에서 파악될 수도 있고 실질적인 관점에서 파악될 수도 있다(Ⅲ). ③ 헌법은 역사적으로 그 관념이 변천되어 온 것이기도 하다(Ⅳ). 아래에서 각각 살펴본다.

Ⅱ. 헌법의 개념에 대한 학설 — 헌법은 사실인가 법규범인가?

1. 사실로서의 헌법으로 보는 견해

이는 헌법을 국가나 사회의 사실이나 현상으로 보는 견해이다. 결단론, 통합론 등이 그것에 속하는 대표적인 견해들이다.

(1) 결 단 론

결단론의 대표적인 주장자인 독일의 C. Schmitt에 따르면, 헌법이란 헌법제정권력자에 의한(헌법제정권력에 대해서는 뒤에서 서술하는 '헌법의 제정' 부분 참조) 국가의 정치적 생활의 종류와 형태에 관한 근본적인 결단이라고 본다. 즉, 이러한 정치적 결단(Politische Entscheidung)이 헌법으로 나타난 것이라고 본다. C. Schmitt도 말했듯이 근본결단은 정치적 사실이므로 결단론은 헌법을 사실로 보는 견해이다.

(2) 통 합 론

통합론은 독일의 R. Smend가 그 대표적 주장자로서, 정치적 사실적 통합의 과정을 헌법으로 본다. 즉, 하나의 사회공동체에서 그 구성원의 다양한 이해관계와 행동양식 및 행동목표 등을 일정한 가치체계를 토대로 연대감과 일체감에 의하여 통합하여 정치적인 일원체 또는 국가를 형성해가는 과정이 헌법이라고 본다. 그러한 과정은 사실(현상)이므로 통합론은 헌법을 사실로 보는 견해이다.

2. 법규범으로서의 헌법으로 보는 견해

이는 헌법이란 국가의 정치가 어떻게 이루어져야 하고 국민의 생활을 위한 기본권을 어떻게 보장하여야 하는지에 대한 '있어야 할' 당위로서의 법규범이라고 보는 견해이다. 이에 속하는 대표적인 견해로서 법실증주의와 자연법론이 있는데 서로 그 입장을 달리하고 있다.

(1) 법실증주의

법실증주의는 실정법만이 법이라고 본다. 실정법이란 현재 사회에서 통용되고 있는 법을 말한다. 이에 비해 자연법이란 현재 통용되지 않더라도 원래 자연적으로 있어야 할 법을 말한다. 따라서 법실증주의는 실정헌법 자체만을 헌법규범으로 인정하고 자연법적 헌법규범을 받아들이지 않는다. 또한 자연적 정의(正義)와 같은 문제는 가치판단의 문제로서 주관적이고 상대적인 것이라고 보아 이를 배제하여야 한다고 본다. G. Jellinek, H. Kelsen 등이 법실증주의적 헌법개념을 취하였다.

(2) 자연법론

자연법론의 헌법개념론은 현세에 통용되고 있는 실정법으로서의 헌법규범만을 헌법이라고 보지 않고 실정헌법 외에 존재하는 자연적인 헌법규범들이 있다고 본다. 자연법론은 법이 '어떠한가' 하는 것을 파악하는 데 머무르지 않고 법이 '어떠하여야 하는가', '어떠한 법이 존재하여야 하는가'를 규명하여야 한다고 보고 법은 정의를 실현하여야 하는 것이라고 본다.

3. 평 가

결단론에는 제정 또는 개정된 헌법의 내용이 국민의 진정한 결단·의사에 부합되는지에 대한 확인 내지 확신이 쉽지 않을 수 있다는 문제점이 있다. 통합론은 공동체의 가치체계가 무엇인지 불명확할 수 있고 연대감의 형성이 있는지의 확인도 쉽지 않다는 문제점을 가지고 있다. 통합은 사회가 지속하기 위해 유지되어야 할 전제적 기초라는 점에서 오히려 국가나 헌법의 사명의 하나라고 볼 것이다. 헌법이 사회의 사실에 의해 형성되고 시대적 사회현상을 담고 있기도 하며 헌법이 변하게 되는 동인으로서 사회현실이 작용하는 것은 인정된다. 그런데 헌법을 사실로 보는 견해는 헌법이 형성되는 과정이나 그 현상에 대한 설명은 할 수 있을 것이지만 헌법이 구현하여야 할 '있어야 할' 상태(당위)를 규정하고 현실을 규율하는 규범으로서 존재하여야 한다는 점을 설명하지 못한다. 그 점은 사실로서의 헌법을 강조하는 견해들도 대부분 헌법이 법규범으로서의 성격을 가진다는 것을 아울러 강조하고 있다는 점에서도 나타나고 있다. 헌법을 법규범으로 보는 견해 중 법실증주의는 현실에 통용되는 헌법규범만을 고집하여 폐쇄적이고 헌법적 가치나 정의관념 등을 배제한다는 문제가 있다. 결국 '있어야 할' 법규범으로서의 헌법이 강조되어야 하며 헌법은 자연법적 규범도 내포한다고 보아야 한다.

4. 현행 우리 헌법의 입장

우리 헌법은 어떠한 입장에 서 있을까? 헌법의 핵심적 내용을 이루고 있는 기본권에 관한 원칙규정을 살펴봄으로써 우리 헌법이 어떠한 헌법개념을 취하고 있는지를 파악할 수 있다. 기본권에 관한 원칙규정인 헌법 제10조는 "모든 국민은 인간으로서의 존엄과 가치를 가지며, 행복을 추구할 권리를 가진다. 국가는 개인이 가지는 불가침의 기본적 인권을 확인하고 이를 보장할 의무를 진다"라고 규정하고 있다. 여기서 '인권'이란 실정법에 의해 권리로 인정되는 권리들만이 아니라 인간으로서 자연적으로 가지는 권리들을 포함한다(이른바 '천부인권'). 따라서 우리 헌법은 자연법적 헌법개념에 입각하고 있다.

Ⅲ. 형식적 의미의 헌법과 실질적 의미의 헌법

〈사례 1〉

A국(A나라)에는 성문헌법이 없다. A국에서는 중요한 국가기관들의 조직과 권한에 관한 사항을 법률로 정하고 있다. A국에는 헌법이 없다고 할 것인가?

1. 형식적 의미의 헌법

(1) 개　　념

형식적 의미의 헌법이란 '헌법'이라는 명칭을 가진 성문의 법(글로 명시되어 있는 법), 즉 '헌법전'(憲法典)을 말한다. 예를 들어 "영국에는 헌법이 없다"라고 할 때의 '헌법'이 바로 형식적 의미의 헌법을 의미한다. 영국은 불문헌법국가로서 성문의 헌법전이 없기 때문이다.

(2) 개념의 실익

형식적 의미의 헌법이 가지는 의의는 일반적으로 법률에 비하여 그 제정·개정이 특수성 내지 엄격성을 가질 수 있다는 데에 있다. 즉 많은 성문헌법전의 경우 ① 그 제정이나 개정의 과정이 특수한 기관에 의해 수행되거나(예를 들어 특별히 구성된 의회인 제헌의회나 개헌의회 등), ② 개정절차가 엄격하다(개정의결에 절대다수 또는 가중 다수의 찬성이 필요하도록 하거나 최종적으로 국민투표를 거치도록 하는 등의 절차. 개정절차가 엄격한 헌법을 '경성헌법'이라 한다. 후술 헌법의 분류 참조). 개정절차가 엄격하지 않고 법률과 같은 정도의 절차로도 개정이 가능한 성문헌법(이를 '연성헌법'이라 한다)도 존재할 수는 있으나 이례적이다.

2. 실질적 의미의 헌법

(1) 개　　념

실질적 의미의 헌법이란 그것이 담겨져 있는 법의 종류, 형식이 어떠하든 상관없이 헌법규범으로서의 내용이나 성질을 가지는 법규범들, 즉 국민의 기본권에 관한 법규범들이나 국가권력조직에 관한 법규범들을 말한다. 즉 성문법이든 불문법이든 상관없고 성문법인 헌법전에 있든 법률에 있든 명령에 있든 조례에 있든, 그리고 불문법으로서 관습법으로 있든 조리법으로 있든 상관없이 헌법적인 내용을 가진 규범이라면 모두 실질적 의미의 헌법인 것이다.

(2) 개념의 실익

실질적 의미의 헌법이 가지는 의의는 이를 인정함으로써 헌법이 존재할 수 있는 법형식의 범위, 즉 헌법의 법원(法源)이 확대된다는 데에 있다(헌법의 법원에 대해서는, 후술 참조). 형식적 의미의 헌법인 '헌법전'이라는 명칭의 법만이 아니라 법률, 명령, 관습법 등에서도 헌법규범을 찾을 수 있기 때문이다.

(3) 판 례

헌법재판소(이하 '헌재'라고도 함)는 '신행정수도의 건설을 위한 특별조치법' 위헌결정에서 '실질적 헌법사항'으로서 헌법관습법을 인정하여 실질적 의미의 헌법을 인정하고 있다(헌재 2004. 10. 21, 2004헌마554).

3. 형식적 의미의 헌법과 실질적 의미의 헌법의 관계

형식적 의미의 헌법과 실질적 의미의 헌법의 관계를 보면, 형식적 의미의 헌법인 헌법전이 대개는 실질적 의미의 헌법을 규정하여 양자가 일치되는 경우가 많다. 그러나 형식적 의미의 헌법이 내용상 실질적 의미의 헌법이라고 볼 수 없는 규정을 담고 있는 경우도 있을 수 있다. 그러한 예는 드물긴 하다(일례로, 지금은 폐지된 규정으로 과거 스위스헌법에는 식육동물을 미리 마취시키지 않고서는 도살할 수 없도록 금지한 규정이 있었다. 이 규정은 헌법에 담긴 것이므로 형식적인 의미의 헌법이긴 하였지만 실질적 의미의 헌법이라고 볼 수는 없었다). 반대로 실질적 의미의 헌법에는 형식적 의미의 헌법인 헌법전이 아닌 법률이나 명령, 관습법 등에 있는 헌법규범들도 있다. 따라서 양자가 완전히 합치되지 않을 수 있다.

4. 〈사례 1〉의 해결

A국에는 성문헌법이 없으므로 형식적 의미의 헌법은 없다. 그러나 중요 국가기관들의 조직·권한에 관한 사항은 실질적인 헌법사항이므로 이를 법률로 정하고 있다 하더라도 실질적 의미의 헌법이고 따라서 A국은 헌법을 실질적 의미에서는 가지고 있는 것이다.

Ⅳ. 헌법의 역사적 발전단계에서의 개념

1. 고유한 의미의 헌법

고유한 의미의 헌법이라 함은 국가기관의 권한과 그 행사에 관한 법규범, 즉 국가조직법규범을 말한다. 이를 고유한 의미의 헌법이라고 함은 다음과 같은 이유 때문이다. 국가가 존속되기 위해서는 국가의 안위와 질서를 유지하기 위한 권력이 필요하다는 점에서 어떤 국가, 어떤 시대에도 국가권력은 존재한다. 그리고 이러한 국가권력을 조직하고 행사하는 데에 대한 원칙들이 설정되어 있을 것이 자연히 요구되고 그 조직규범은 헌법으로서 존재한다. 따라서 어느 국가에서든지 고대이든 중세이든 현대이든 어느 시대에서나 존재한다고 하여(예를 들어 고대국가에서도 왕위계승을 위한 규칙이 있었다) 이러한 국가조직법규범을 고유한 의미의 헌법이라고 부르는 것이다.

2. 근대의 입헌주의적 의미의 헌법

인류는 고대, 중세 때 군주가 절대권력을 남용하여 국민의 기본적 인권이 박탈되고 유린되는 것을 경험하였다. 근대에 들어와 시민혁명이 성공하여 절대군주제가 붕괴되었고 국민이 주권자임을 확인하는 헌법이, 그리고 과거의 경험에 비추어 절대권력의 남용을 막아 기본권을 보장하기 위한 권력제한적인 헌법이 자리잡게 되었다. 즉 근대 입헌주의적 헌법은 국민이 주권의 보유자임을 확인하는 국민주권주의와 기본권보장주의를 그 골조로 하여 국민의 주권과 기본권이 침탈되는 것을 막기 위해 권력통제원리로서 권력분립주의를 명시하였다. 또한 이러한 국민주권주의, 기본권보장주의, 권력분립주의를 보다 명백히하기 위하여 성문헌법으로 제정되었고, 국민의 기본권을 보장하는 헌법이 훼손되거나 파괴되는 것을 막기 위해서 헌법개정이 곤란한 경성헌법(硬性憲法)을 채택하는 경우가 많았다. 요컨대 근대 입헌주의적 헌법은 ① 국민주권주의, ② 기본권보장주의, ③ 권력분립주의, ④ 성문헌법, ⑤ 경성헌법을 주된 요소로 하였다.

3. 현대의 복지주의적 의미의 헌법

근대 말기부터 자본주의경제의 모순이 나타나기 시작하였다. 자본주의경제는 수요와 공급에 따른 가격결정이라는 시장기구가 중심인데 시장을 독과점하는 세력이 나타나 시장이 제 기능을 하지 못하고 자본을 축적한 계층이 더욱 부를 축적하는 이른바 부익부 빈익빈 현상이 나타나 빈곤계층이 형성되었으며 노동자와 사용자 간의 대립과 노동자들의 노동운동이 격화되었다. 이러한 사회적 · 경제적 모순과 문제점을 극복하고 시대적 요구에 부응하기 위해 복지주의의 이념이 등장하였고 현대의 헌법도 이를 수용하여 오늘날 복지주의적 의미의 헌법이 나타나게 되었다.

그리하여 생활능력과 기반을 가지지 못한 사회구성원들에 대한 국가의 생활보호와 국민의 인간다운 생활을 할 권리를 비롯한 생존권적인 기본권(사회적 기본권)들이 강조되어 헌법에 규정되고 있다. 경제적 측면에서는 시장의 독과점을 막는 등 왜곡된 경제구조를 바로잡기 위해 경제에 대한 규제와 조정 등 국가의 개입을 인정하는 규정들이 헌법에 자리잡게 되었다. 아울러 근대에는 개인의 소유권으로서의 재산권이 신성시 내지 절대시되었으나 오늘날에 와서는 재산권행사도 공공복리에 적합하게 행사되어야 한다는 의무가 주어지고 재산권에 대한 제한이 강하게 이루어짐으로써 상대적인 권리로 변화되었다. 평등의 관념도 변화되어 절대적이고 외형적 · 형식적인 평등의 관념이 아닌 상대적이고 실질적인 평등의 관념이 오늘날의 평등의 개념이다. 즉 국가가 사회복지정책 등을 수행함에 있어서 형식적이고도 일률적인 동일한 조치를 취하는 것이 아니라 각 개인이 처한 구체적 상황에 상응하는 적절한 실질적 조치를 취하는 것이다(예 : 생활곤궁자 모두에게 동일한 생활보조비를 제공하는 것이 아니라 궁핍의 정도에 비례하여 생활비를 차등지급하는 것). 법치주의의 개념도 바뀌었다. 단순히 국회의 법률에 의하면 된다는 근대의 형식적 법치주의가 아닌 그 실질적 내용이 헌법에 부합되는 법률에 의한 국가권력의 행사가 이루어져야 한다는 실질적 법치주의가 현대의 법치주의이다. 실질적 법치주의는 사회적 법치주의(법치국가)라고 불리기도 한다. 이는 현대헌법의 목표와 이념이 사회복지주의이고 따라서 사회구성원들의 실질적인 인간다운 삶과 사회복지를 위한 내용의 법률이 요구된다는 관념에서 '사회적' 법치주의라고 부르기도 하는 것이다. 국민의 복지실현을 위해 국가가 생활보장비를 지급하거나 복지를 위한 시설을 제공하는 등의 공급행정(이를 '급부행정'(給付行政)이라 한다)이 요구된다. 급부행정의 발달은 국가의 기능을 근대의 소극적이고 경찰행정적(야경적) 기능에서 적극적인 기능으로 변화하게 하였다. 이는 행정권의 확대를 가져와 입법권, 행정권, 사법권 3권의 전통적 권력분립주의의 구도를 오늘날 변화시키고 있다. 헌법의 규범력, 실효성, 강제성을 강화하기 위하여 현대에 와서 헌법재판제도가 확립되고 더욱 강화되고 있다는 것도 현대적 헌법의 중요한 요소이다.

요컨대 현대적 헌법은 다음과 같은 요소들을 가진다. ① 생존권적 기본권의 강조, ② 사회복지·사회보장에 대한 국가의 의무, ③ 경제에 대한 국가의 개입(규제와 조정), ④ 재산권의 상대적 권리화, ⑤ 평등권의 상대적·실질적 관념화, ⑥ 사회적 법치주의, ⑦ 급부행정과 적극적 국가기능, ⑧ 헌법재판의 확립과 발달이 그것이다.

4. 평 가

고유한 의미의 헌법개념은 오늘날에도 어느 국가에서든 수용될 수 있는 것이고 또 존재하는 것이다. 다만, 고유한 의미의 헌법규범인 국가권력조직규정이 민주적인 내용을 가진 것인지 하는 것은 그 다음의 헌법가치적 판단의 문제가 된다. 현대의 복지주의적 의미의 헌법에서 근대의 입헌주의의 요소들이 폐기, 부정되고 있는 것은 아니다. 복지주의 헌법도 국민주권주의, 기본권보장주의, 권력분립주의 같은 근대헌법의 원리들을 배척하는 것이 아니라 이를 계승, 유지하고 있다. 다만, 복지주의를 위하여 개인의 권리들이 상대화되고 제한되고 있기에 기본권보장에 관한 근대의 헌법법리가 다소 수정된 것이다.

Ⅴ. AI, 디지털 시대의 헌법

(필자는 바로 이 주제, '디지털 시대의 헌법'이란 주제로 2024년 3월 15일 한국헌법학회 학술세미나에서 기조발제를 한 바 있다. 따라서 이에 대한 자세한 것은 그 기조발제문 참조)

미래가 아닌 이미 현실에 인공지능(Artificial Intelligence, AI), 디지털 시대에 와 있다. 키오스크 주문, 각종 플랫폼 이용, 로봇에 의한 의료시술, 고난도 위험작업 수행, 자율주행 등등, 인공지능, 디지털 활용이 일상을 떠나지 않고 밀착되어 있다, 디지털 대전환(Digital Transformatiom, DX)이라는 말을 넘어서 이제 'AI 주권'(Sovereign AI)이란 말까지 쓰이고 있다. 인간의 감성을 지닌 인공지능까지도 이야기되고 있다. AI, 디지털의 유용성은 신속성, 대량처리성, 데이터처리의 효율성, 위험노동의 인간노동 대체성 등을 들 수 있다. 반면 딥페이크, 잘못된 데이터를 진실인양 제공하는 인공지능, 인간을 통제할 수 있는 인공지능 등에 대한 우려가 나오고 있다.

이 시대에 헌법은 그 개념부터 완전히 바뀌는지, 헌법은 과연 어떤 법으로서 존재할 것이며 그 역할은 어떠해야 할 것인가를 고민하게 된다. 우리는 AI 사대 가장 중요한 기본방향은 '인간'이 '중심'에 있는 AI 시대(유럽연합('EU')은 '디지털 10년을 위한 디지털 권리와 원칙에 관한 유럽의 선언'('European Declaration on Digital Rights and Principles for the Digital Decade', 'EU 디지털 권리선언'이라고 약칭하기도 함)을 2022. 12. 15.에 발표했는데 바로 제1장 제1조가 "인간은 유럽연합에서 디지털 전환의 중심에 있고"라고 선언하고 있다. 이 선언에 대해서 정재황, 디지털 권리장전의 헌정사적 의미와 발전과제, 규제법제리뷰 제24-1호, 한국법제연구원(2024. 2. 29), 18-19면 https://www.klri.re.kr/kor/issueData/S/753/view.do 참조), AI 법제가 자리잡아야 한다는 것이다. 드디어 유럽연합의 AI법이 2024년 3월 13일의 유럽의회에서 의결되어 7월 12일에 공포되었는데 그 법에서도 '인간중심'의 신뢰할 수 있는 AI 활용의 촉진이 명시되어 있다(동법 전문, 제1조). 인간이 AI를 인간의 이익을 위하여 선도해가야 하고 끌려 다녀서는 아니 된다. 그리고 인간의 보편적 가치가 보장됨은 물론 우리 헌법 제1조 제1항에도 명시되고 있는 공화주의에 기초하는 인간유대가 필수적이다.

헌법의 중요원칙인 기본권보장의 원칙, 민주주의원리, 국민대표주의, 권력분립주의, 지역(지방)자치원리, 자유시장경제의 원칙 등은 여전히 지속가능한 헌법원칙들로 AI 시대에도 물론 핵심적으로 자리잡게 된다.

헌법의 궁극적 존재이유인 기본권보장에 있어서 디지털, 인공지능 시대라 하여 그것을 위한 기존의 기본법리가 결코 사라지는 것은 아니고 기본권보장을 위한 헌법법리가 더욱 더 중요한 헌법요소가 될 것이다(예를 들어 정보처리 문제의 확대 등으로 개인정보보호 법리가 더욱 요구). 그리고 새로이 요구되거나 더욱 강조되는 기본권이 보다 효율적으로 보장되어야 할 것이다.

거대한 인공지능의 힘은 국가권력이 미치는 영향력 못지않다. 그 점에서 헌법이 국가와 국민과의 관계에 적용되는 법이라고 협소하게 보는 시각에서 벗어나야 할 것이다. 헌법이 사회적 규범이라는 점에서 국가만이 아니라 인간들인 사인들 간의 관계는 공동체를 이루는 한 늘 있어온 사회이므로 헌법이 시대, 공간을 초월하여 존재해 온 것으로 볼 것이다. 국가의 공권력이란 것도 국민의 기본권보장을 위한 수단으로 행사되어야 하는 것이다. 그런 관념에서는 AI시대에서도 헌법이 사적 인간들에 효력을 가져야 한다는 원리나 국가의 역할이 봉사자이고 국민이 주권자라는 민주주의 원리가 그대로 중요하다. 그러면서 민주주의에서 시민의 의사수렴에 있어서 직접민주제적 활동의 효율성 증대, 지방자치(지역자치) 활성화를 위한 지역주민의견 수렴의 편리성 증대 등을 위해서도 인공지능 활용이 유용할 수 있어야 할 것이다.

제2절 헌법의 체계와 단계구조

Ⅰ. 헌법의 체계

헌법은 산발적으로 그 규정이 흩어져 있는 것이 아니라 하나의 체계를 이루고 있는 법규범이다. 헌법규범이 체계를 이룸으로써 보다 치밀한 헌법적용이 이루어질 수 있을 뿐 아니라 헌법해석에 있어서는 헌법의 전반적인 체계를 인식함으로써 균형잡힌 헌법해석, 규범조화적 헌법해석이 가능하게 된다. 헌법의 중요 양대 요소는 앞의 헌법의 내용에서 서술한 대로 ① 기본권규범과 ② 국가권력의 조직·행사에 관한 규범이다. 이러한 양대 요소로 이루어지는 헌법의 체계를 보면 기본권에 관한 규정이 목적적이며 우선적인 지위를 가지고, 국가권력의 조직·행사에 관한 규정들은 국민의 기본적 권리를 위한 수단적·봉사적 지위를 가진다. 이는 헌법이 국민의 기본권을 최대한 보장하는 데 그 주목적을 두고 있기 때문이다. 또 이는 국가권력조직에 관한 헌법규범인 권력분립주의를 예로 들어 생각하면 이해가 된다. 즉 권력남용을 막아 기본권을 보호하기 위해 나온 원칙이 권력분립주의인데 권력분립주의는 국가권력조직에 관한 중요한 헌법원칙이다. 그러므로 결국 권력분립주의라는 국가권력조직에 관한 헌법규범은 기본권보장을 위한 수단으로서의 의미를 가진다.

Ⅱ. 헌법규범의 단계구조

1. 논의의 필요성

헌법규범들 간에도 상하의 우열적 서열관계가 있느냐 하는 문제가 헌법규범의 단계구조의 인정 여부의 문제이다. 이 문제는 헌법규범들 간에 상호 충돌 또는 모순될 때 어느 헌법규범을 더 우선할 것인가 또는 서로 조화로운 해석을 위하여 헌법해석을 어떻게 할 것인가 하는 경우에 제기된다. 특히 기본권규범들 간의 충돌이 나타날 때가 그 대표적인 예이다. 예컨대 A라는 기본권과 B라는 기본권이 서로 충돌할 경우(예를 들어 타인의 명예에 관한 사실을 언론사가 보도함에 있어서 '명예권'이라는 기본권과 '언론의 자유'라는 기본권이 충돌될 수 있다) 어느 기본권에 관한 헌법규범을 더 우선하여 적용하고 보호할 것인가 하는 상하관계의 해석이 필요하다(기본권의 충돌에 대해서는, 후술 제3부 제4장 제3절 참조).

또한 헌법규범단계구조 문제는 뒤에 볼 헌법개정의 한계 문제와 결부된다(후술 참조). 헌법규범에는 헌법개정으로 폐지할 수 없는 한계로서 헌법핵이 있다는 견해를 취하면 헌법핵은 다른 헌법규범들보다 상위에 있다고 보게 되므로 헌법규범단계를 인정하게 되는 것이다.

2. 학설과 사견

헌법규범들 간에 그 높고 낮음(우열)의 단계구조를 인정할 것인가에 대해 긍정설과 부정설이 대립된다. 긍정설은 헌법규범에도 핵심적 요소인 것이 있고 그렇지 않은 것도 있어서 우열관계가 있다고 본다. C. Schmitt는 '헌법제정규범→헌법핵→헌법개정규범→헌법률'의 단계구조를 인정하였다. 헌법핵은 헌법개정으로는 이를 바꿀 수 없는 것이어서 더 우위에 있다고 보고 헌법핵이 아닌 헌법률은 헌법개정으로 바꿀 수 있다고 보아 헌법률이라는 헌법규범은 헌법핵인 헌법규범보다 아래에 있다고 보는 것이다.

반면 법실증주의 이론을 그대로 따르면 헌법규범들은 전부 실정법에 의한 개정이 가능한 것이라고 보아 헌법개정에 있어 헌법규범들 간에 상하관계를 인정할 수 없다고 보게 된다.

생각건대, 헌법개정에 있어 헌법규범단계구조에 따른 한계가 있다. 또한 헌법규범들 간의 우열관계가 실제적 문제에 있어서 인정될 수밖에 없다. 우선 위에서도 본 대로 국가권력조직행사에 관한 헌법규범은 국민의 기본권보장규범에 비하여 수단적인 하위의 지위를 가진다. 그리고 기본권규범들 간에 있어서도 대등한 관계에 있거나 우열관계가 있는 경우들이 나타난다. 인간의 존엄가치의 핵심을 이루는 기본권의 규범은 상위의 기본권 규범으로서 다른 기본권의 규범에 비하여 우위를 점한다. 일반적으로 정신적 기본권이 경제적 기본권보다 중요하여 더 우월하다고 본다. 유의할 것은 인간의 존엄과 가치의 핵심을 이루는 기본권과 같이 강한 우위를 가지는 기본권도 있으나 그 서열관계가 고정적이 아니라 사안에 따라 달라질 수 있는 기본권들도 있다는 점이다.

3. 구체적 예

〈사례 2〉

A는 애연가로서 흡연권은 자신에게 중요한 기본권으로서 이를 누릴 수 있다고 주장하면서 흡연(끽연)을 하고 있는데 옆사람 B는 오히려 자신에게는 혐연권이라는 보다 중요한 기본권이 있다고 하면서 A에 대해 끽연을 그만두거나 다른 장소로 가서 끽연해 줄 것을 요구하였다. B의 요구는 헌법적으로 정당한가?

풀이 — 건강권에서 나오는 혐연권이 사생활의 자유 등에서 나오는 흡연권보다 실질적으로 우월하므로 B의 요구는 타당하다(헌재 2004. 8. 26, 2003헌마457 참조).

4. 판　　례

한편 군인 · 군무원 · 경찰공무원 등의 훈련 중 발생한 손해에 대해 법률이 정하는 보상 외에 국가 등에 불법행위책임을 물을 수 없도록 규정한 헌법 제29조 제 2 항 등에 대한 헌법소원에서 청구인들은 헌법 제29조 제 2 항은 더 상위의 규정인 인간의 존엄과 가치 및 국민의 불가침적 인권을 규정한 헌법

제10조, 평등의 원칙을 규정한 헌법 제11조에 위반되어 무효라고 주장하였다. 그러나 헌재는 헌법규범이 헌법재판의 대상이 되지 않는다고 보면서 헌법 제29조 제2항에 대한 청구를 각하하였다(헌재 1995. 12. 28, 95헌바3. 헌법규정에 대해 위헌성판단을 부정한 또 다른 판례로 법관정년제에 관한 결정례인 헌재 2002. 10. 31, 2001헌마557이 있다). 이 판례는 그 사안이 헌법재판의 대상이 되느냐 하는 것에 주안점이 있었던 것이었으므로 헌재가 헌법규범단계론 자체를 일반적으로 부정하는 입장을 취하는 것으로 볼 수는 없다. 사실 헌재는 기본권상충에 있어서는 충돌하는 기본권들 간의 우열관계를 인정한 예를 보여주고 있다(예를 들어 위 사례에서 흡연권과 혐연권의 충돌에 있어서 후자의 우위를 인정). 이는 기본권 간의 실질적인 서열관계를 개별 사안에서는 인정하는 입장을 보여준 것이다. 요컨대 헌재는 헌법규범이 헌법재판의 대상이 되느냐 하는 문제에 있어서는 단계론을 받아들이지 않으나 실질적으로는 서열관계를 인정하는 입장인 것으로 이해된다.

제3절 헌법의 사명 및 특성

Ⅰ. 헌법의 사명(기능)

헌법규범은 다음과 같은 사명 내지 기능을 가진다. ① 기본권 보장 기능 — 헌법의 제1차적 사명은 국민의 기본권을 최대한 보장하는 데 있다. ② 권력통제 기능 — 헌법은 입법, 행정, 사법의 각 권력을 배분하여 각각 다른 국가기관에 분속하여 행사하게 하고 상호 견제를 유지하도록 하며 권력을 통제하는 기능을 수행한다. ③ 국가조직 기능 — 국가조직의 효율적 운영과 국민의 기본권보장에 효과를 발휘하는 적절한 조직기구, 권한행사방법, 권한행사에 대한 통제방법 등을 헌법이 규정하여야 한다. ④ 다원주의와 국민유대(통합)의 기능 — 헌법은 다원화된 사회의 다양한 여러 계층들의 이익을 보호하고 상호 간의 이익이 충돌할 때 이를 정당하고도 합리적으로 조절하여야 한다.

Ⅱ. 헌법의 특성(성격)

1. 규 범 성

(1) 법규범성

헌법은 그 생성이나 변화에 있어서 사회현상을 반영할 수 있으나 헌법 자체는 어디까지나 당위규범으로서 법규범이다. 헌법은 국민의 기본권을 최대한 보장하며 국가권력의 행사를 규율하고 그 적정성을 담보하는 "있어야 할," 그리고 "준수되어야 할" 규정들을 담고 있다.

(2) 공법(公法)성

전통적으로 법규범을 공법(公法)과 사법(私法)으로 구분하여 왔고 헌법은 공법이라고 보아왔다.

(3) 국가의 최고규범성

1) 의 미 헌법은 한 국가에 있어서의 최고규범으로서의 지위를 지니고 다른 국가법령인 법률, 명령 등은 헌법보다 하위의 지위에 있다(법규범단계론).

2) **최고성의 근거** 헌법의 최고규범성의 근거는 헌법이 국민의 기본권보호를 위한 규범을 담고 있으므로 다른 법규범인 법률, 명령 등에 의해 기본권이 침해되지 않도록 하기 위해서 헌법이 다른 법규범보다 우위에 있음을 인정하여야 함에 있다.

3) **최고성의 효과와 최고성보장제도** 헌법의 최고규범성은 다음과 같은 결과를 가져온다. ① 헌법이 한 국가 내에서 최고법이므로 헌법의 정당성의 근거도 헌법 자체에서 찾을 수밖에 없다(始原性). ② 법률과 명령 등 하위법은 헌법에 근거를 두어야 하고 헌법에 부합하여야 한다는 합헌성의 통제를 받는다. 헌법의 최고성을 보장하기 위한 제도로서 오늘날 위헌법률심판과 같은 헌법재판이 가장 효율적이고 중요하다. 위헌법률심판과 같은 헌법재판에 의하여 위헌적인 법률을 무력화함으로써 헌법의 최고성을 보장할 수 있게 되기 때문이다.

2. 내용적 특성

(1) 기본권보장규범성

헌법은 국민의 기본권을 규정하고 이를 보장하는 규범들을 두고 있다. 헌법은 국가권력의 남용으로 기본권이 침해되는 것을 막기 위하여 국가권력의 행사에 대한 제한과 한계를 설정한다. 이 점 때문에 헌법이 아래 (2)에서 언급하는 권력통제규범성을 가지는 것이기도 한 것이다. 반면에 생존권적 기본권(사회적 기본권)과 같은 기본권들의 경우 국가가 사회복지를 위하여 국민생활에 필요한 재화 등을 제공하여야 하는 등 그 보장을 위해서 오히려 국가권력의 적극적인 간여를 요구하기도 한다.

어느 국가기관이나 개인이 기본권을 침해할 때에 법원, 헌법재판소 등과 같은 국가기관들에 의하여 헌법에 따른 기본권보장이 이루어지게 된다.

(2) 국가조직적 · 수권적(授權的) · 권력통제(제한)적 규범성

헌법은 권력이 통합, 집중되어 남용되는 것을 막기 위하여 권력분립원칙에 따라 국가권력을 적절히 배분, 분속하는 규범을 담고 있다. 따라서 헌법은 조직되는 각 국가기관에 대해 권력을 부여하는 수권적 규범이기도 하다. 나아가 헌법은 국가기관에 부여된 권력들의 행사방법을 규정하고 적절히 제대로 행사되는지를 통제하는 장치를 두는 권력제한적 규범이기도 하다.

(3) 이념성, 역사성, 가치추구성

헌법은 시대적인 상황에 따라 그 사회가 요구하는 과제나 지향하고자 하는 기본방향 등을 담고 제시함으로써 이념성을 띠고 있기도 하다. 18세기 근대에는 자유주의가, 19세기 말 현대에서는 복지주의가 헌법이념으로 자리잡았다. 이러한 이념변천에서도 볼 수 있듯이 헌법은 역사적 변천을 반영하는 역사성을 띠게 되기도 한다. 헌법의 이념성과 역사성은 헌법이 가치지향적인 법규범임을 의미하기도 한다.

(4) 추상성, 응축 · 간결성

헌법규범은 헌법이 규율해야 할 대상이 광범위하기에 다른 법규범들보다 상대적으로 추상성을 더 많이 띤다. 헌법은 국민의 여러 생활영역에서 다양한 기본권들을 보장하는 규범들을 두어야 하고 국가권력에 대해서도 입법, 행정, 사법 등 여러 전반적 영역들에서의 권력행사를 그 규율, 통제의 대상으로 하여 그 대상이 넓다. 반면 조문을 무한정 둘 수 없으므로 헌법에 구체적인 내용을 직접 두어야 할 필요가 있는 경우가 아니라면 응축된 간결한 내용으로 규정될 것이 요구된다.

(5) 개방성, 유연성

헌법이 모든 사항들을 치밀하게 규정하기도 어렵거니와 그렇게 할 경우에 오히려 경직성을 가져와 해석의 여지를 전혀 주지 않음으로써 적절한 규율과 기본권보장을 어렵게 한다. 그 점에서 헌법은 개방성과 유연성을 필요로 한다. 또한 앞으로 시대적 변화에 부응하는 적절한 규율과 기본권보장을 위한 유연성이 필요하다.

3. 대상에서의 특성

(1) 정 치 성

헌법이 규율하는 대상에는 국가의 정치적 권력의 행사가 포함된다. 정치의 장(場)인 국회의 구성에서부터 국회에서의 정치적 활동과 정치활동의 중심단체인 정당, 그리고 국민대표자를 선출하는 선거제도 등이 헌법의 관할대상이 된다. 헌법은 정치를 법의 규율영역으로 끌어들여 정치적 권력의 행사를 통제하는 법규범이다.

(2) 광범위성

헌법이 규율하는 영역은 어느 한 특정 영역이 아니라 정치, 경제, 사회 등 국가의 모든 영역으로 광범위하다.

4. 변경의 곤란성

모든 헌법이 그러한 것은 아니지만 많은 성문헌법에 있어서 헌법규범은 한 국가의 최고법규범이고 국민의 기본권보장에 관한 규범을 담고 있으므로 그것의 개정, 변경은 일반 하위 법들의 개정, 변경에 비해 어렵도록 하고 있다. 이를 헌법의 경성(硬性)이라고 한다.

제4절 헌법의 분류(유형)

1. 제정주체에 따른 분류

① **흠정헌법**은 군주가 제정한 헌법을 말한다. ② **민정헌법**은 국민이 헌법제정권력자로서 제정한 헌법을 말한다. ③ **협약헌법**은 복수의 헌법제정권력주체들 간의 합의에 의해 채택된 헌법을 말한다. ④ **국약헌법**은 국가 간의 합의로 이루어진 헌법이다.

2. 성문화 여부에 따른 분류

헌법규범이 문장으로 명시되어 있는 헌법을 성문헌법이라고 하고 문장으로 명시되지 않고 관습 등으로 존재할 때 불문헌법이라고 한다. 성문헌법국가일지라도 불문헌법이 있을 수 있고 불문헌법국가일지라도 실질적인 헌법으로서의 법률 등이 존재할 수 있다.

3. 개정절차의 난이도에 따른 분류 — 경성헌법과 연성헌법

일반적인 법률 등에 대한 개정의 절차에 비하여 보다 가중되고 엄격한 절차를 거쳐서만 그 개정이 가능한 헌법을 일컬어 경성헌법(硬性憲法)이라고 하고 일반적인 법률과 같은 정도의 절차로도 개정이 가능한 헌법을 연성헌법(軟性憲法)이라고 한다.

4. 독창적 헌법과 모방적 헌법

이는 K. Loewenstein에 의한 분류이다. 어느 국가의 헌법이 전혀 새로운 내용으로 제정된 것이면 독창적 헌법이라고 하고(독창적 헌법의 예 : 영국의 의회주권주의 헌법, 미국의 대통령제 헌법, 프랑스의 나폴레옹헌법, 구 소련연방헌법, 5권분립을 규정한 1931년 중화민국헌법), 다른 국가의 헌법이나 다른 시대에 존재했던 과거 헌법을 따라 유사하게 제정되었거나 본뜬 헌법을 모방적 헌법이라고 한다.

5. 헌법의 현실적 규범력의 정도에 따른 분류

이 분류도 역시 K. Loewenstein이 한 것으로서 그는 헌법을 현실에서의 규범력 정도에 따라 규범적 헌법, 명목적 헌법, 가식적 헌법으로 분류하였다. ① **규범적 헌법**이란 헌법규범이 헌법현실을 제대로 규율하여 헌법규범과 헌법현실 간에 괴리가 없는 헌법을 말한다. ② **명목적 헌법**이란 헌법규범이 이상적인 내용으로 이루어져 있으나 현실을 제대로 규율하지 못하여 명실상부하지 못한 헌법규범을 말한다. ③ **가식적 헌법**이란 헌법현실을 규율하고자 하는 의지 없이 다만 겉으로 타 국가들에 대해 헌법을 보유하고 있음을 나타내려고 제정된 전시효과적 헌법을 말한다. ②와 ③의 차이는 ③은 현실규율의 의지조차 없다는 데 있다.

제5절 헌법의 법원(法源)

Ⅰ. 헌법의 법원의 개념과 논의의 실익

1. 개 념

헌법의 법원(sources of constitutional law)이라 함은 헌법규범으로서의 내용을 가지는 법규범이 자리잡고 있는 소재(所在) 내지 법형식을 의미한다. 즉 헌법적 내용의 규범이 어디에 있는가(헌법전에 있는지, 법률에 있는지, 국제법에 있는지, 불문법에 있는지 등)를 찾는 것을 말한다. 따라서 헌법의 법원을 고찰하는 것은 헌법이 어떠한 규범형식으로 존재하는지를 살펴보는 것이다. 헌법의 법원에는 글로 명시된 법규범들인 성문법원(成文法源)과 그러하지 않은 불문법원(不文法源)이 있다.

2. 실 익

첫째, 헌법의 내용을 밝히는 데 기여한다. 둘째, 헌법재판의 기준으로 적용되어야 할 헌법규범들을 찾기 위해서도 헌법법원을 고찰할 필요가 있다. 셋째, 성문헌법전뿐 아니라 다른 법형식에서도 기본권규범 등 헌법규범을 찾아냄으로써 기본권보호의 확장을 가져오고 헌법규범의 확대를 통해 입헌주의를 보다 충실히 구현할 수 있다.

Ⅱ. 성문법원

1. 헌 법 전

(1) 헌법전문

1) 헌법전문의 법원성 문제

① 학 설 ㉠ 부정설은 헌법전문을 헌법의 역사를 기술하고 이념을 제시하는 하나의 선언 내지 강령으로 보아 법규범으로서의 효력을 인정할 수 없다고 본다. ㉡ 긍정설은 헌법전문은 헌법의 기본적 이념과 원리를 담고 있고 국민이 헌법제정권자, 주권자임을 표명하며 국민의 근본결단을 담고 있다는 점 등에서 법적 효력이 있다고 본다.

② 우리 헌법재판소 판례 우리 헌재는 헌법전문이 최고 가치규범이라고 보아 그 법적 효력을 인정하는 입장이고 헌법전문을 적용하여 헌법재판을 한 예도 보여주고 있다(바로 아래 * 참조). 다만 "헌법전문에 기재된 3·1정신"은 우리나라 헌법의 연혁적·이념적 기초로서 헌법이나 법률해석에서의 해석기준으로 작용한다고 할 수 있지만, 그에 기하여 곧바로 국민의 개별적 기본권성을 도출해낼 수는 없다고 한 바 있다(헌재 2001. 3. 21, 99헌마139).

* 헌법전문을 적용하여 판단한 헌법재판소 결정례

① 선거운동상 무소속후보자에 대한 차별에 관한 결정례 : 헌재는 정당추천후보자에게 별도로 정당연설회를 할 수 있도록 한 구 국회의원선거법 규정이 무소속후보자를 차별하여 헌법전문에 위반된다고 보고 무소속후보자에게도 이에 준하는 선거운동의 기회를 균등하게 허용하지 아니하는 하는 한 위헌이라고 판시한 바 있다(헌재 1992. 3. 13, 92헌마37).

② 시·도의회의원 선거 후보자의 기탁금(700만원) 규정에 대한 헌법불합치결정례 : 헌재는 구 지방의회의원선거법의 이 규정이 자유민주주의 원리에도 합치되지 않고 헌법 전문의 규정취지에도 반한다고 하면서 헌법불합치결정을 하였다(헌재 1991. 3. 11, 91헌마21).

③ "3·1운동으로 건립된 대한민국임시정부의 법통"에 관한 위헌확인결정례 : 일본군위안부, 일제강제징병(용)원폭 피해자에 대한 국가보호의무 확인결정 — 헌재는 우리

헌법은 전문에서 "3·1운동으로 건립된 대한민국임시정부의 법통"의 계승을 천명하고 있는바, 비록 우리 헌법이 제정되기 전의 일이라 할지라도 국가가 국민의 안전과 생명을 보호하여야 할 가장 기본적인 의무를 수행하지 못한 일제강점기에 일본군위안부로 강제 동원되었던, 그리고 징병(징용)되어 전쟁수행의 도구로 활용되다가 원폭피해를 당한 청구인들의 인간으로서의 존엄과 가치를 회복시켜야 할 의무는 대한민국임시정부의 법통을 계승한 지금의 정부가 국민에 대하여 부담하는 가장 근본적인 보호의무에 속한다고 하고 이 의무를 이행하지 아니하고 있는 피청구인(외교통상부장관)의 부작위가 위헌이라고 확인하였다(헌재 2011. 8. 30, 2006헌마788; 헌재 2011. 8. 30, 2008헌마648). 그러나 헌재는 이 결정 이후 일제의 사할린 강제징용자 등이 청구한 같은 성격의 청구에 대해 우리 정부는 2013. 한·일 외교당국 간 협의를 개최할 것을 제안했고, 2014.-2015. 몇 차례 각 국장급 면담, 2016. 1. 21.자 실무협의 등을 했고 설사 그에 따른 가시적인 성과가 충분하지 않다고 하더라도 피청구인(당시 외교통상부장관)이 자신에게 부여된 작위의무를 이행하지 않고 있다고 볼 수는 없다고 하여 작위의무 불이행을 전제로 그것이 위헌임을 주장하는 이 사건 심판청구는 부적법하다고 하여 각하결정하였다(헌재 2019. 12. 27, 2012헌마939). 과연 위 노력이 2011년의 위헌확인한 부작위를 넘어서는 노력이었는지, 2011년 결정에서 '기본권 침해 구제의 절박성' 등을 언급한 것이 지금에 와서 해소되었다는 것인지 등 의문이 있고 2019년 대법원 강제징용판결로 불거진 한·일 간 대립을 고려하지 않을 수 없다는 점에서 설득력이 약하다.

④ "정의·인도와 동포애로써 민족의 단결을 공고히"에 관한 합헌결정례 : 사할린 지역 강제동원 피해자의 경우 '대일항쟁기 강제동원 피해조사 및 국외강제동원 희생자 등 지원에 관한 특별법'이 1938. 4. 1.부터 1990. 9. 30.까지의 기간 중 또는 국내로 돌아오는 과정에서 사망하거나 행방불명된 사람에 한하여 국외강제동원 희생자에 포함된다고 규정한 데 대해 헌재는 구소련에 의하여 강제억류되어 국내로의 귀환이 사실상 어려웠던 사정을 감안하여 한·소 수교가 이루어진 1990. 9. 30. 이전으로 정한 것이고 이를 현저히 자의적이거나 불합리한 것이라고 볼 수 없으므로 "정의·인도와 동포애로써 민족의 단결을 공고히" 할 것을 규정한 헌법 전문의 정신에 위반된다고 할 수 없다고 판시하였다(2013헌바11).

⑤ "모든 사회적 폐습과 불의를 타파"에 관한 합헌결정례 : 공직선거 및 선거부정방지법상의 문서·도화의 배부·게시 등 금지조항(동법 제93조 제 1 항)이 헌법전문의 이 문언에 반한다는 주장이 있었다. 그러나 헌재는 제93조 제 1 항은 탈법적인 선거운동행위를 규제하여 선거의 공정성을 확보하는 데에 그 입법목적이 있으므로 위 헌법전문 문언에 부합하는 법 조항이라고 보았다(헌재 2001. 8. 30, 99헌바92).

③ 사 견 생각건대 헌법전문에는 국민이 주권자이고 헌법제정권

자임이 표명되어 있고 그 국가의 중요한 헌법적 이념과 아울러 본문 규정들에 대한 중요한 법적 지침을 담고 있다는 점에서 헌법전문은 법적 효력을 가지고 재판에 적용되는 법규범이다(재판규범성). 기본권을 헌법전문에서 끌어낼 수 있는가 하는 문제는 헌법전문의 각 문언에 따라 개별적으로 판단될 것이나 가능한 한 파생시키는 근원으로서 인정하는 것이 바람직하다.

2) **우리나라 헌법전문의 법적 효력** ① 헌법전문에 담긴 우리 헌법의 기본이념이나 핵심적 내용은 헌법 본문의 다른 규정들에 대한 지침이 되므로 헌법전문은 최고규범으로서의 효력을 가진다. 헌법전문의 중요 이념이나 방향이 헌법 본문의 해석에 있어서 지침이 된다(최고규범력과 지침적 효력). ② 헌법전문은 재판에 적용될 수 있는 법규범으로서의 효력을 가진다(재판규범력). ③ 헌법전문의 중요한 핵심적 요소의 규정들은 헌법개정으로도 그 내용을 변경할 수 없다(헌법개정의 한계).

(2) 헌법본문, 부칙

현행 우리 헌법전의 헌법본문은 제 1 장 총강부터 모두 10개의 장으로 구성되어 있고, 기본권, 국가의 중요조직에 관한 원칙 등이 규정되어 있다. 부칙에는 헌법의 시행시기에 관한 규정, 경과규정 등이 있다.

(3) 헌법규범의 파생

헌법전의 규정에서 헌법규범들을 도출하거나 파생시키기도 한다. 우리 헌재가 헌법 제10조의 인간의 존엄과 가치의 규정 등에서 우리 헌법전이 명시하지 않고 있는 인격권, 성적 자기결정권을, 같은 법 제10조에 있는 행복추구권 규정에서 일반적 행동자유권, 개성의 자유발현권 등을 도출·파생시키는 것이 그것이다. 기본권의 파생(후술 제 3 부 제 2 장 참조)은 기본권의 확장을 가져온다.

2. 법 률

법률은 국민의 기본권을 보장하기 위한 구체적인 규정을 두고, 헌법의 위임을 받아 국가의 중요 권력, 기구들을 조직하는 규정을 둔다. 기본권을 제한하는 경우에는 법률에 의해야 하고(제37조 제 2 항), 국가권력에 대한 통제도 법치주의가 준수되도록 법률에 의해 이루어져야 한다. 따라서 이러한 법률규정들은 헌법의 내용을 보다 구체화하여 실질적 의미의 헌법으로서 중요한 법원이 된다. 법률은 헌법의 기본권규범과 헌법적 기본원칙을 확인하고 구체화하는 것이어야 하고 이를 변경하는 것이어서는 아니 된다.

3. 명령, 규칙, 자치법규(조례)

법률 하위의 규범으로서 법규명령과 행정규칙이 있다. 법규명령은 이른바 법규성을 가지는데, '법규성'이란 국민의 권리와 의무에 영향을 미치는 규범으로서의 성격을 말하므로 법규명령은 헌법적 내용을 담고 있는 헌법법원일 수 있다. 대통령령, 총리령, 부령 등이 법규명령인데 법규명령은 주로 법률의 위임을 받아 제정된다(제75조, 제95조). 행정규칙은 훈령, 고시, 예규, 지침 등으로 불리는 것으로 행정조직 내부에서의 사무처리의 기준 등을 담고 있는 규범이기에 행정 외부의 국민의 권리와 의무에 영향을 미치지 않아 법규성이 없다고 보는 경향이므로 일반적으로 법원성이 약하다고 본다(다만 우리 헌재와 대법원은 상위법령의 위임을 받아 제정되는 이른바 '법령보충규칙'은 법규성을 가진다고 본다. 자세한 것은 후술 제4부 제3장 대통령의 행정입법권 부분 참조).

지방자치단체의 자치법규인 조례도 헌법적 사항을 담을 수 있다. 다만, 주민에 대한 권리제한과 의무부과에 관한 사항일 때에는 법률의 위임이 있어야만 조례를 제정할 수 있다.

4. 성문국제헌법규범(조약, 일반적으로 승인된 성문국제법규)

우리나라가 체결한 조약과 일반적으로 승인된 성문의 국제법규도 헌법적 내용을 담을 수 있다. 우리 헌법 제6조 제1항도 "헌법에 의하여 체결·공포된 조약과 일반적으로 승인된 국제법규는 국내법과 같은 효력을 가진다"라고 규정하여 그 국내법적 효력을 인정한다.

Ⅲ. 불문법원

1. 헌법관습법(憲法慣習法)의 법원성

〈사례 3〉

2004년에 '신행정수도의 건설을 위한 특별조치법'(이하 '특조법'이라 함)이 공포되고 시행되었다. 특조법은 행정수도를 충청권 지역으로 이전할 것을 그 내용으로 하고 있었다. 동 특조법에 대하여 서울에 주소를 둔 시민인 A는 수도소재지가 관습헌법사항임을 주장하여 헌법개정절차를 거치지 않고 수도이전을 추진하는 것은 헌법 제130조 제2항의 국민투표권을 침해한 것이라고 하면서 헌법소원심판을 청구하였다. A의 주장은 받아들여질 수 있는 것인가?

(1) 개 념

헌법관습법(la coutume constitutionnelle)이란 헌법적 관례 내지 관행이 오래 지속됨으로써 국민에게 일반적으로 헌법규범으로서 인식되고 받아들여져 헌법이라는 확신이 주어진 법규범을 말한다.

(2) 인정 여부의 논의

1) 학 설

① 부 정 설 부정설은 주로 헌법의 형식적 개념에 입각한다. 즉 헌법을 형식적 의미로 파악하여 헌법전만을 헌법으로 보는 입장에서는 헌법관습을 인정하지 않는다.

② 제한적 긍정설(보충적 효력설) 제한적 긍정설은 헌법관습의 법원성을 인정하되 헌법관습이 성문헌법의 공백이나 그 흠결을 보충하거나 성문헌법규정을 해석하는 역할을 할 수 있음에 그치고 성문헌법규정을 개폐하는 효력을 가질 수는 없다고 보는 견해이다.

③ 전면적 긍정설 이 학설은 헌법관습법이 성문헌법의 공백을 보충할 수 있는 효력을 가짐에 그치지 않고 명시적인 성문헌법규정을 개폐하는 효력까지도 가진다고 보는 학설로서 헌법관습법의 법원성을 전면적으로 인정한다.

2) 우리의 판례 우리 헌재는 성문헌법이라고 하여도 그 속에 모든 헌법사항을 빠짐없이 완전히 규율하는 것은 불가능하고 또한 헌법은 국가의 기본법으로서 간결성과 함축성을 추구하기 때문에 형식적 헌법전에는 기재되

지 아니한 사항이라도 이를 불문헌법 내지 관습헌법(우리 헌재는 '헌법관습법'을 '관습헌법'이라고 부른다)으로 인정할 소지가 있다고 하면서 '수도 서울'이 헌법관습법임을 인정하여 헌법관습법의 존재를 받아들이는 판시를 하고 있다(헌재 2004. 10. 21, 2004헌마554).

3) **평 가** 전면적 긍정설은 명시적 헌법규정까지도 헌법관습에 의해 폐기할 수 있다고 보는데 이는 헌법제정권자인 국민이 주권의 직접적 표현으로서 명시적으로 규정한 것도 관습법으로 폐기할 수 있다고 보는 입장으로 성문헌법국가에서는 이를 받아들일 수 없다. 부정설은 헌법의 형식적 개념에 집착하여 헌법의 개념에 실질적 의미의 헌법도 인정되고 있음을 간과하였다는 문제가 있다. 실질적 의미의 헌법을 인정하는 다음에야 헌법관습법을 전적으로 부정할 수는 없다. 성문헌법에도 공백이 있을 수 있고 더욱이 성문헌법이 제정되었던 당시에 예측하지 못한 헌법현실이나 헌법의 규율대상의 변화가 있을 수 있으며 헌법규범이란 추상성을 띨 수밖에 없다는 점에서 헌법관습을 인정하되 보충적으로만 인정할 필요가 있을 것이다. 즉 성문헌법국가에서는 헌법의 공백을 보충하는 헌법관습법만이 인정된다고 볼 수 있다.

(3) 성립요건

헌재는 관습헌법의 성립요건에 관하여 "관습헌법이 성립하기 위하여서는 관습법의 성립에서 요구되는 일반적 성립요건이 충족되어야 한다. 이러한 요건으로서 첫째, 기본적 헌법사항에 관하여 어떤 관행 내지 관례가 존재하고, 둘째, 그 관행은 국민이 그 존재를 인식하고 사라지지 않을 관행이라고 인정할 만큼 충분한 기간 동안 반복 내지 계속되어야 하며(반복 · 계속성), 셋째, 관행은 지속성을 가져야 하는 것으로서 그 중간에 반대되는 관행이 이루어져서는 아니 되고(항상성), 넷째, 관행은 여러 가지 해석이 가능할 정도로 모호한 것이 아닌 명확한 내용을 가진 것이어야 한다(명료성). 또한 다섯째, 이러한 관행이 헌법관습으로서 국민들의 승인 내지 확신 또는 폭넓은 컨센서스를 얻어 국민이 강제력을 가진다고 믿고 있어야 한다(국민적 합의). 이와 같이 관습헌법의 성립을 인정하기 위해서는 이러한 요건들이 모두 충족되어야 한다"라고 판시한 바 있다(헌재 2004. 10. 21, 2004헌마554).

(4) 근　거

헌법관습의 성립요건의 마지막 요건이 국민의 법적 승인이나 확신을 획득할 것이라는 데 있는 것처럼 헌법관습이 헌법적 효력을 가지는 것은 국민이 이를 헌법적 효력을 가지는 것으로 승인, 확신하는 데에 있다. 국민이 주권자로서 헌법제정권력자(헌법개정권력자)이기 때문이다.

(5) 내　용

헌재는 "관습헌법이 성립하기 위하여서는 먼저 관습이 성립하는 사항이 단지 법률로 정할 사항이 아니라 반드시 헌법에 의하여 규율되어 법률에 대하여 효력상 우위를 가져야 할 만큼 헌법적으로 중요한 기본적 사항이 되어야 한다"라고 하고, "일반적으로 실질적인 헌법사항이라고 함은 널리 국가의 조직에 관한 사항이나 국가기관의 권한 구성에 관한 사항 혹은 개인의 국가권력에 대한 지위를 포함하여 말하는 것이지만, 관습헌법은 이와 같이 일반적인 헌법사항에 해당하는 내용 중에서도 특히 국가의 기본적이고 핵심적인 사항으로서 법률에 의하여 규율하는 것이 적합하지 아니한 사항을 대상으로 하는 것이다"라고 한다(헌재 2004. 10. 21, 2004헌마554).

(6) 효　력

1) **성문헌법과의 관계에서의 효력**　　헌법관습은 성문헌법을 보충하는 효력을 가지는 데에 그친다. 따라서 성문헌법의 규정을 폐기하거나 변경하는 헌법관습은 인정될 수 없다.

2) **헌법개정과의 관련**　　헌법관습법을 변경하기 위해서는 명시적인 헌법개정이 필요한지 여부가 문제된다. 보충적 효력설의 입장에서도 헌법관습법이 보충적 효력을 가짐에 그치더라도 그 보충적 헌법관습법도 어디까지나 헌법규범으로 존재하므로 그것을 명시적으로 변경하거나 폐기하기 위해서는 결국 공식적인 헌법개정이 필요하다고 할 수밖에 없다. 우리 헌재는 헌법관습법의 폐지를 위해서도 헌법개정의 절차를 밟아야 한다고 본다(헌재 2004. 10. 21, 2004헌마554).

(7) 확인주체

헌법관습법은 헌법재판소나 법원이 확인할 권한을 가지고 최종적으로는 헌법재판소가 갖는다. 이 점에서 헌법관습법을 인정하는 헌법판례도 법원성을 가진다.

(8) 한　계

성문헌법국가에서의 헌법관습법은 다만 성문헌법의 공백을 보충하거나 불명확한 규정을 해석하는 효력을 가질 뿐이고 성문헌법규범에 반하거나 이를 개정, 폐지할 수 없다. 보충하거나 해석하는 경우에도 헌법제정권력자의 의사인 헌법핵을 침해할 수 없고 헌법의 기본원리, 자연법적인 원리, 특히 기본권의 보장원리에 반하는 보충, 해석은 받아들일 수 없다.

(9) 〈사례 3〉의 해결

헌재는 '수도 서울'을 관습헌법사항으로 인정하였으며, 관습헌법을 개정함에는 헌법개정절차를 거쳐야 한다고 하였다(헌재 2004. 10. 21, 2004헌마554). 이러한 판례에 따르면 〈사례 3〉에서 A의 주장은 인용될(받아들여질) 것이다.

2. 헌법조리법(憲法條理法, 憲法의 一般原則)

일반적으로 조리란 사물의 본질 내지 이치에서 나오는 원칙, 그리고 사회의 통상적인 인간의 건전한 상식, 사회적 정의감 등에 의거하여 볼 때 당연히 그리하여야 한다는 원칙을 말한다. 헌법조리법은 조리법들 중에 헌법적 내용을 가진 법원칙을 말한다. 헌법조리법의 예로는 비례원칙, 평등원칙, 신뢰보호원칙 등을 들 수 있다. 헌법조리법은 이처럼 원칙들로 구성되기에 '헌법의 일반원칙'이라고도 불린다. 평등원칙은 우리 헌법에 직접 명시되어 있기도 하다.

대체적으로 조리법에 대해서는 성문법, 관습법 등이 없는 경우에 발견하여 적용하는 것으로 보아 보충적인 성격을 가지는 것으로 본다. 조리법은 재판에서 적용할 성문법, 관습법 등이 존재하지 않는 경우라 하더라도 사법기관이 재판의 거부 내지 포기에 이를 수 없다는 점에서 나타나기도 한다. 조리법을 적용해서라도 판단이 이루어져야 하기 때문이다. 헌법조리법은 그 법원성이 논란될 수 있기에 법적 확신을 지니도록 가능한 한 성문헌법에서 도출하고 그 헌법적 근거를 찾아 제시하는 노력이 필요하다.

3. 헌법판례의 법원성

헌법판례란 헌법재판기관이 어떤 공권력작용이 헌법을 위반한 것인지 여부를 판단하거나 헌법적 분쟁을 해결하는 과정인 헌법재판에서 헌법을 해석하고 적용한 결과이다. 따라서 헌법판례는 당연히 헌법적 법리를 포함하고 있다. 헌법재판에서는 단순히 헌법의 기계적 적용이 아니라 추상적인 헌법규정을 보다 명확하게 보완하는 해석과 규정이 불충분하거나 공백인 경우에 이를 보충하는 해석을 하여야 할 경우도 있다. 이처럼 헌법재판을 통해 헌법이 명확해진다는 점에서 헌법판례가 헌법의 법원으로서의 효력을 가진다고 볼 수 있지 않는가 하여 헌법판례의 법원성을 인정하여야 한다는 견해와 이에 반대하는 견해가 대립되어 헌법판례의 법원성을 둘러싸고 논란이 있다. ① 부정설은 헌법판례의 변경가능성을 들어 법원성을 부정한다. 또한 헌법판례의 법원성을 인정하면 헌법재판소가 헌법판례를 통해 실질적으로 헌법개정을 하는 결과를 가져오게 할 수도 있다는 이유로 부정한다. ② 긍정설은 선례구속의 원칙에 따라 헌법판례가 헌법규범으로서 인정된다고 본다.

헌재는 탄핵사유에 관한 설시에서 "헌법은 탄핵사유를 '헌법이나 법률에 위배한 때'로 규정하고 있는데, '헌법'에는 명문의 헌법규정뿐만 아니라 헌법재판소의 결정에 의하여 형성되어 확립된 불문헌법도 포함된다"라고 밝혀(헌재 2004. 5. 14, 2004헌나1) 자신의 판례의 법원성을 인정하는 입장이라고 볼 수 있다.

헌법재판소는 최고의 헌법해석기관이고 모든 국가기관들은 그 결정에 따라야 한다는 점(기속력. 헌법재판소법 제47조 제1항 등)에서 헌재의 판례의 강한 구속력을 부정할 수 없다. 한편 앞서 본 헌법관습법, 헌법조리법 등도 결국은 헌재의 판단에서 확인되고 적용되는 것이므로 헌법재판소의 판례의 법원성을 부정하게 되면 헌법재판소가 확인하는 헌법관습법, 헌법조리법도 법원성을 가지지 못하는 결과를 가져온다. 따라서 헌법관습법, 헌법조리법을 확인하는 헌법판례의 법원성을 부정할 수는 없다고 본다.

4. 불문국제헌법규범(국제헌법관습법 등)

일반적으로 승인된 국제법규 중 조약과 같은 명문의 규정이 아니라 불문의 국제관습법이 존재하고 이 국제관습법 중에 헌법적 내용의 규범으로서 국제헌법관습법이 존재한다.

제2장 헌법의 성립과 변화 — 헌법의 제정과 개정, 헌법변천

제1절 성문헌법의 제정(制定)

Ⅰ. 헌법제정의 개념

헌법제정이란 국민의 기본적인 권리들을 확인하고 국가의 보다 기본적인 법질서체계를 형성하는 규범인 헌법규범을 새롭게 정립하는 것을 말한다. 새로운 헌법의 성립이라는 점에서 기존헌법의 변화인 헌법개정, 헌법변천과는 다르다.

Ⅱ. 헌법제정권력

1. 개　　념

헌법제정권력은 헌법규범을 새로이 생성하게 하는 원동력이 되는 힘을 의미한다. 헌법제정권력의 개념과 이론을 보다 체계적으로 정립한 것은 프랑스 대혁명 시기의 Emmanuel-Joseph Sieyès였다. Sieyès는 「제3 신분이란 무엇인가?(Qu'est-ce le tiers État?)」라는 그의 저서에서 다음과 같은 논리로 헌법제정권력이 국민에게 있다는 주장을 전개한다. 즉 ① 공권력은 헌법에 의해 규제되고 조직되며, ② 이러한 헌법은 입법권이 아니라 헌법제정권력에 의해 창조되고, ③ 이러한 헌법제정권력의 주체는 국민이라는 논리를 전개하였다. 한편 헌법제정권력의 관념을 부정하는 입장도 있었는바 바로 법실증주의의 입장이 그러하였다. 그러나 오늘날 우리나라의 학자들도 일반적으로 헌법제정권력이론을 받아들이고 있다.

2. 성 격

① 시원성(始原性)과 창조성(創造性) — 헌법제정권력은 헌법이 없는 국가에서 헌법을 처음으로 만드는 힘이 되고 모든 국가권력이 헌법제정권력으로 만들어진 헌법에 의하여 창설되고 조직되므로 시원성과 창조성을 가진다. 프랑스의 헌법이론에서는 일반적으로 헌법제정권력을 시원적 헌법구성권(始原的 憲法構成權, le pouvoir constituant originaire)이라고 부른다(후술 74면의 그림 참조).

② 자율성(自律性) — 헌법제정권력은 자율성을 가진다. 그 이유는 헌법제정권력은 자신이 만드는 헌법이 최고규범성을 가지고 헌법제정권력도 최고의 권력으로서 한 국가 내에서 더 이상 높은 권력이 없으므로 자기 자신에 의해 정당화될 수밖에 없는 권력이기 때문이다.

③ 불가분성(不可分性)·통일성 — 헌법제정권력은 나누어질 수 없고(不可分的) 포괄적이며 통일성을 지닌다고 본다. 이에 반해 헌법제정권력에 의해 비로소 구성되는(만들어지는) 입법권, 행정권, 사법권 등의 국가권력(國家權力)은 나누어질 수 있다(可分的).

④ 항존성(恒存性)·불가양성(不可讓性) — 헌법제정권력은 국민에게 있으므로 한번 행사되고 사라지는 것이 아니라 국민이 새로운 정당한 헌법을 요구한다면 그 요구가 있을 때 헌법제정권력이 행사될 수 있어야 할 것이므로 항존성 내지 영구성을 가진다. 헌법제정권력은 주권에서 나오고 민주국가에서 주권은 국민에게 있으며 따라서 헌법제정권력도 주권자인 국민에게 있으므로 국민에게서 주권자가 아닌 다른 주체로 양도될 수 없기에 불가양성을 가진다.

⑤ 법적 권력 — 헌법제정권력은 단순한 사실이 아니라 법적 권력이다. 법적 권력이 아니라면 헌법이 법적 규범의 힘을 가지지 못한다는 결과를 가져온다.

3. 주 체

민주국가에서의 헌법의 제정권력주체는 국민이다. 그 외 군주, 복수의 주체(군주와 귀족, 귀족들, 국가들)가 헌법제정권력의 주체인 헌법도 있다. 이에 따라 앞서 헌법의 분류에서 본 대로, 민정헌법(국민), 흠정헌법(군주), 협약헌법 · 국약헌법(복수의 주체) 등으로 나누어진다. 물론 오늘날 국민이 실질적인 헌법제정권력의 주체가 되어야 정당한 헌법이라고 할 것이다.

Ⅲ. 헌법제정(헌법제정권력)의 한계

헌법제정, 헌법제정권력은 한계를 가지는가에 대해 견해가 갈린다. 법실증주의적 입장에서 헌법제정권력은 법적인 힘이 아니라 사실상의 힘이라고 하여 그 법적 한계가 없다고 보는 부정설과 헌법을 제정함에 있어서도 실정헌법을 초월하는 근본규범적 가치를 존중하여야 한다는 점을 근거로 법적 한계를 인정하는 긍정설이 대립한다. 긍정설이 타당하다고 볼 것이다. 헌법제정권력이 아무리 시원적인 힘이라고 할지라도 법적 권력이라는 점에서 규범적 정당성의 문제가 있기 때문이다. 즉, 국민의 근본결단이라고 하더라도 반드시 정당한 내용의 결단이 아닐 수도 있으며, 인간의 존엄과 가치와 같은 불변의 근본적 헌법가치는 헌법제정권력의 행사에 있어서도 존중되어야 하므로 이러한 근본적 헌법가치가 헌법제정의 한계가 된다. 따라서 인간의 존엄과 가치, 근본규범을 무시하는 헌법제정권력의 행사는 정당성을 가지지 못한다. 그러므로 헌법제정의 한계로서는 정당성의 확보, 헌법적 근본규범 · 근본가치의 존중 등을 들 수 있다.

Ⅳ. 헌법제정의 유형과 절차

헌법제정의 유형으로는, 제정의 계기에 따라 헌법이 전혀 없었던 신생국가에서 헌법을 처음으로 만드는 경우와 기존의 헌법질서가 무너지고 새로운 헌법을 만드는 경우가 있다. 제정주체에 따라 민정헌법, 흠정헌법, 협약헌법 등을 들 수 있다. 헌법제정의 절차는 제정을 위한 특별한 의회(제헌의회)를 구성하여 거기서의 의결로 제정이 완료되는 경우, 나아가 국민투표로 확정되는 경우가 있다.

Ⅴ. 한국헌법의 제정

우리 헌법에 있어서도 헌법제정권력의 주체는 물론 주권자인 국민이다. 우리 제 1 공화국 제정헌법 전문은 "우리들 대한국민은 … 이 헌법을 제정한다"라고 하여 헌법제정권력자가 국민임을 명백히 하고 있고, 현행 헌법 전문은 "우리 대한국민은 … 1948년 7월 12일에 제정되고 … 이제 국회의 의결을 거쳐 국민투표에 의하여 개정한다"라고 하여 이를 다시 확인하고 있다.

제 2 절 성문헌법의 개정(改正)

Ⅰ. 헌법개정의 개념

1. 개념정의

헌법개정이란 기존의 헌법전에서 규정하고 있는 헌법개정의 절차와 방식에 따라 명시적으로 헌법전의 특정 조항을 수정 내지 삭제하거나 또는 새로운 조항, 규정을 첨가하는 헌법의 변화를 말한다. 이는 성문헌법의 개정을 의미한다. 헌법현실이 헌법규범이 성립된 당시와 다르게 변화됨에 따라 헌법규범이 헌법현실을 제대로 규율하지 못할 경우에 그 간극을 메우기 위한 방법으로서 명시적인 헌법개정이 이루어지게 된다.

2. 타 개념과의 구별

(1) 헌법변천과의 구별

헌법개정은 헌법변천과 구별되는 개념이다. 헌법개정은 헌법에 정해진 절차에 따른 명시적인 변화(명문규정이 바뀜)인 반면에 헌법변천은 헌법의 해석을 달리 하거나 헌법관습이 정착되어 명시적이지 않은 변화(명문규정은 바뀌지 않음)를 가져오는 것이다.

(2) 헌법의 파기, 폐지 등과의 구별

헌법개정은 헌법의 파기, 폐지, 침해, 정지와 구별된다고 본다. 헌법의 파기란 기존의 헌법제정권력을 배제한(국민이 군주를 축출하거나 군주가 국민을 배제하는 경우 등) 새로운 헌법제정권력이 기존의 헌법을 없애는 것을 말한다. 헌법의 폐지란 헌법제정권력의 주체는 그대로 둔 채, 즉 헌법제정권력의 교체가 없이 기존의 헌법을 없애는 것을 말한다. 헌법의 침해는 하나의 헌법조항 내지 몇 개의 헌법조항들을 그 효력을 유지하도록 하되 그 조항들에 위배되는 조치를 취하는 것을 의미하고, 헌법의 정지는 일부 또는 많은 헌법조항들의 효력을 잠정적으로 중단하여 적용되지 않게 하는 것을 말한다. 헌법의 파기와 폐지는 기존의 헌법이 소멸된다는 점에서 헌법개정과 구분되고, 헌법의 침해와 정지는 침해되거나 정지되는 헌법조항들이 여전히 존재하긴 한다는 점에서 헌법개정과 구분된다.

Ⅱ. 헌법개정권력

1. 개 념

기존의 헌법의 규정들을 명시적으로 변경할 수 있는 힘을 헌법개정권력이라고 한다. 법실증주의자들은 이를 사실상의 힘으로 보고 법적 권력이 아니라고 하여 부정한다. 오늘날 우리나라의 학자들은 법적 개념으로서 헌법개정권력을 인정하고 있다.

2. 본질과 효력

(1) 본 질

1) 제도화된 권력 헌법제정권력은 한 국가에서 원천적(始原的)인 힘인데 비해 헌법개정권력은 이러한 헌법제정권력에서 나오는, 헌법제정권력에 의해 만들어진 제도화된 권력이다. 프랑스에서는 '제도화된(또는 파생된) 헌법구성권'(le pouvoir constituant institué 또는 dérivé)이라고 한다(뒤의 71면의 그림 참조).

2) 법적 권력 헌법개정권력은 법적인 차원에서 인정되어야 하는 힘이다. 헌법개정권력은 한 국가에서 국민의 기본권들을 실현하기 위한 규범과

국가권력의 조직·운영, 국가권력행사에 대한 통제 등 중요한 기본원칙들을 담고 있는 헌법규범을 변경할 수 있는 힘인데도 이를 법적 힘이 아니라고 본다면 헌법이 내포하고 있는 위와 같은 규범들도 법적 구속력을 가지지 못한다는 결과를 가져온다. 헌법개정권력은 한 국가의 최고규범으로서의 지위를 가지는 헌법규범을 변경하는 힘이므로 헌법 하위의 법률을 제정, 개정하는 일반적인 입법권보다 상위에 있게 된다.

(2) 효　　력

헌법개정권력은 제도화된(또는 파생적인) 헌법구성권으로서 시원적 헌법구성권인 헌법제정권력보다 하위의 효력을 가진다. 헌법개정권은 헌법제정권에 의해 미리 개정절차 등의 제도가 마련되어 구성되는 권력이다.

3. 주　　체

헌법개정권력의 주체도 국민, 군주, 귀족 등이 될 수 있을 것이다. 그러나 민주적 정당성을 가지는 주체는 국민임은 물론이다.

Ⅲ. 헌법개정의 유형, 대상, 방식, 절차

1. 유형(전면개정, 부분개정, 증보)

양적으로는 전면개정과 부분개정, 증보 등이 있다. ① 전면개정 — 성문헌법전의 대부분을 수정하는 것이다. ② 부분개정 — 일부 헌법규정의 내용상 변경, 삭제, 첨가로 이루어지게 된다. ③ 증보 — 기존의 헌법전의 내용과 순서 등을 그대로 둔 채 거기에 새로운 조항들을 별도로 신설하여 추가하는 개정이다. 그 예로 미국의 연방수정헌법이 있다. 미국 연방헌법은 애초에 권리장전이 없었으므로 그 이후 수정헌법조항들(amendments)을 신설하여 추가, 증보하였다.

전면개정은 헌법제정의 결과를 가져올 수도 있다. 그러나 헌법제정과 개정을 실질적 기준에서 구별하면 전면개정이 반드시 헌법제정을 가져오는 것은 아니고 반대로 전면개정이 아니더라도 중요한 내용의 변경을 가져오는 것이라면 제정으로 볼 수 있는 경우가 있다.

2. 대 상

(1) 헌법규정

헌법개정의 대상은 물론 기존의 헌법규정들이다. 헌법전의 본문뿐 아니라 전문이나 부칙에 대한 개정도 이루어질 수 있다. 그러나 헌법핵심적인 규정은 그 자구수정, 개서 정도에 그치는 것은 가능하나 그 내용의 변경을 가져올 수 없고 그러한 변경은 헌법제정이 된다.

(2) 불문헌법의 개정

성문헌법국가에서는 보충적 불문헌법인 헌법관습법에 대한 개정도 헌법에 대한 개정이므로 헌법하위법인 법률에 의해 불문헌법을 개정할 수는 없고 명시적인 헌법개정에 의하여야 한다. 헌재도 같은 입장이다(헌재 2004. 10. 21, 2004헌마554).

3. 방식, 절차

(1) 경성헌법과 연성헌법

헌법개정의 방식, 절차는 경성헌법과 연성헌법에 따라 강도가 다르다. 경성헌법은 일반 법률의 개정절차보다도 더 까다로운 방식과 절차에 따라 개정이 이루어진다. 즉 특별한 의회에 의한 심의와 의결을 필수적인 것으로 하거나 개정안의 의결에 단순 다수가 아니라 가중된 찬성(3분의 2 찬성 등)을 요구하거나 또는 국민투표를 거쳐 최종확정을 하도록 한다. 연성헌법의 경우에는 법률의 일반적인 개정절차와 같은 정도의 절차에 따라 헌법개정을 할 수 있다.

(2) 제 안

헌법개정의 제안권자는 정부이거나 의회의원들인 경우가 많다. 국민발안(직접민주제의 하나로 국민이 직접 헌법개정을 제안하는 것) 제도를 두는 경우도 있다.

(3) 심의, 의결, 확정

헌법개정의 제안이 있게 되면 개정안의 공고, 심의, 의결, 헌법개정확정의 절차를 밟게 된다. 개정안의 의결은 특별한 의회를 구성하여 행하는 경우도 있고 통상의 의회가 의결하는 경우도 있다. 헌법개정의 확정의 방식으로는 의회에서의 의결만으로 종결될 경우도 있고 나아가 국민투표로 확정하는 방식도 있다.

(4) 헌법개정에 있어 국민투표의 문제

헌법개정에 있어 국민의 직접적 의사를 물어보는 절차를 거침으로써 정당성을 더 많이 부여하고자 국민투표를 거치도록 하는 국가의 예들이 있다. 우리도 그러한 예에 속한다. 그러나 헌법개정을 국민투표에 부쳐 확정하는 것이 민주적 정당성을 갖추기 위해서는 국민의 진정한 의사가 표출되는 국민투표일 것을 전제로 한다. 국민투표가 신임투표로 변질되거나 포퓰리즘에 의한 투표가 되어 국민의 진정한 개헌의사와 유리된 개정확정이 될 수도 있다. 또한 국민투표가 찬성 또는 반대라는 양단의 결정을 요구하기에 다양한 의사가 수렴되지 못할 수도 있다. 따라서 헌법개정을 위한 국민투표는 국민의 의사가 충분히 제대로 수렴되고 반영되도록 하는 것이 정당한 헌법개정의 조건이다.

Ⅳ. 헌법개정의 한계

1. 학 설

(1) 부 정 론

부정론은 헌법이 정한 개정절차와 방식에 따르기만 하면 헌법의 어떤 규정도 개정할 수 있다고 보아 헌법개정에는 한계가 없다고 본다. 부정론의 논거들로는 다음과 같은 이론들이 있다. ① 시대적 변화에 따라 헌법제정 당시의 상황과 현실의 상황이 다르게 변화되었으면 헌법개정을 통해 헌법규범이 현실부응성을 확보해야 하므로 헌법개정은 모든 헌법규정에 대해 가능하다고 보아 한계가 없다고 한다(헌법현실부응필요론). ② 법실증주의의 관점에서, ㉠ 헌법개정의 한계를 설정하고 있는 헌법상의 명시된 규정이 있더라도 이 한계규정을 개정한 다음에 개정을 하면 개정이 가능하므로 한계가 없다고 본다(개정한계조항의 개정가능성론. 2단계론). ㉡ 헌법개정권력과 헌법제정권력의 상하구분은 물론이고 그 구별 자체를 부정함으로써 헌법제정권력에 구속되는 헌법개정이라는 관념을 인정할 수 없다고 하여 결국 헌법개정에는 한계가 없다고 본다(헌법제정권력과 헌법개정권력의 구분 부정론).

(2) 긍 정 론

긍정론들로는 다음과 같은 이론들이 있다. ① 헌법규범의 동일성, 계속성을 파괴하는 헌법개정은 이루어질 수 없다고 보는 **동일성이론**, ② 헌법은 국가의 근본적인 체제를 규정하고 있으므로 이러한 근본적인 체제의 변화를 가져오는 것은 헌법개정으로서는 불가능하고 이는 헌법의 제정이 된다고 보아 한계를 긍정하는 **근본실정법질서유지론**, ③ 실정 헌법규범 위에 보다 근본적인 자연법적 규범이 있다고 보고 이를 침해하거나 무시하는 헌법개정을 하여서는 아니 되고 또는 이를 위반하는 헌법개정을 할 수 없다고 보는 **자연법론**, ④ 헌법규범은 발전적인 개선을 위하여 개정될 수 있을 뿐이고 개악(改惡)을 가져와서는 안 된다는 한계가 있다고 보는 **개악금지론**, ⑤ 헌법개정권력은 헌법제정권력에 의해 만들어진 제도화된 권력이어서 헌법제정권력보다 하위의 권력이므로 헌법개정권력의 발동인 헌법개정에 있어서 헌법제정권자의 의사를 무시해서는 안 된다는 **권력단계론**, ⑥ 헌법제정자의 의사로 볼 수 있는 헌법핵은 헌법개정으로 변경할 수 없으므로 헌법개정의 한계를 이룬다고 보는 **헌법규범단계론**에 따른 한계론 등이 주장되고 있다.

(3) 사견 — 부정론에 대한 비판

헌법현실부응필요론은 헌법현실의 변화에 따라 모든 헌법규범에 대해 헌법제정 당시 그대로 유지하여야 하는 것으로 볼 수는 없다고 할지라도 시대가 변천하여도 변화시킬 수 없는 헌법제정권자의 핵심적 사항(예컨대 인간의 존엄과 가치와 같은 헌법의 근본가치와 그 보호를 위한 헌법의 근본규범, 그리고 국민주권주의와 같은 근본적 규범원리 등)이 있다는 것을 간과하고 있다는 점에서 문제가 있다

헌법개정한계조항의 개정가능성이론에 대해서는 법실증주의가 가지는 문제점이 역시 지적될 수 있다. 헌법의 근본규범, 근본가치는 헌법개정뿐 아니라 헌법제정으로도 무시할 수 없다. 인간의 존엄과 가치와 같은 근본적 헌법가치·자연법적 가치를 지켜야 할 한계, 헌법개정권력의 한계 등을 인정하여야 하므로 헌법개정의 한계를 긍정하여야 한다. 우리나라의 학설도 일반적으로 헌법개정의 한계를 인정하고 있다.

2. 한계사유

(1) 헌법명시적 한계(실정법적 한계)

헌법명시적 한계는 성문헌법 자체가 개정대상이 될 수 없다고 명시한 한계를 말한다.

1) 내용상 한계 내용상 한계로는 ① 국가의 정부형태에 관한 개정금지, ② 기본권보장원칙에 관한 개정금지, ③ 국민주권주의 등 헌법상 중요원칙에 관한 개정금지 등을 들 수 있다.

2) 방법, 절차상 한계 헌법개정의 방법, 절차에 있어서 한계가 인정된다.

① 나라에 따라서는 헌법개정의 확정을 국민투표에 부치는 것을 필수적인 요건으로 하는 예도 있다. 우리나라도 그러한 유형에 속한다.

② 방법, 절차상의 한계문제로서 경성헌법에서 연성헌법으로의 개정이 가능한가 하는 문제가 있다. 원칙적으로 후자에서 전자로의 개정은 가능하나 전자에서 후자로의 개정은 어렵다고 볼 것이다(경성헌법을 연성헌법으로 개정하면 헌법의 변화를 용이하게 하여 자칫 기본권보호규범으로서의 헌법을 침해할 위험이 생길 수 있기 때문이다).

③ 우회적인 방법, 예를 들어 헌법개정사실을 밝히지 않으면서 실제로는 헌법에 반하는 법률을 제정하여 헌법의 내용을 사실상 변경하여 적용되도록 하는 개정을 하여서는 아니 된다.

3) 시간적 한계 빈번한 헌법개정을 막아 헌법의 안정성을 도모하도록 하기 위하여 헌법개정이 된 이후 적어도 몇 년의 기간이 경과된 후에만 새로운 헌법개정이 가능하도록 하는 등 시간적 한계를 설정하는 경우도 있다.

4) 상황적 한계 국가 영토의 일부가 외국의 점령 하에 있는 경우, 영토의 온전성에 훼손을 가져오는 상황에 있는 경우(현행 프랑스 헌법 제89조 제4항), 전시상태 등 비상시에는 헌법개정이 금지된다고 명시한 헌법의 예도 있다. 이는 물론 이러한 상황에 있어서는 이성적인 헌법개정이 어렵다는 점을 감안한 개정금지이다.

(2) 헌법해석적 한계

헌법에 규정되어 있는 기본규범이나 기본원칙들에 대해 헌법 자체가 개정이 금지된다고 명시적으로 규정하고 있지 않더라도 그 규정에 대한 헌법해석상 개정이 금지된다고 보아야 할 것들이 있다. 민주주의원리, 민주공화국원리, 국민주권주의, 국제평화주의, 영토의 보전원칙, 복수정당제, 기본권보장주의, 자유시장경제원리 등이 그것이다.

(3) 자연법적 한계

헌법에 명시되지 않은 자연법적 근본규범이나 가치도 이를 헌법개정으로 없앨 수 없는 헌법개정의 제한사유가 된다. 인간의 존엄가치성, 평등원칙 등은 우리 현행 헌법은 명시하고 있긴 한데 비록 성문헌법에 규정되어 있지 않더라도 자연법적 규범으로 확인된다. 이를 침해하는 헌법개정은 받아들일 수 없다.

3. 현실적 문제 — 한계를 벗어난 헌법개정의 효력 문제

한계를 벗어난 헌법개정에 대해서는 법적 효력을 인정할 수 없다고 보아야 한다. 문제는 그러한 헌법개정에 대해 사후적인 제재가 쉽지 않은 데 있다. 정당한 헌법을 부당한 헌법개정으로 파괴하는 것을 막기 위해 결국 예방적 수단으로서의 헌법보장제도(후술 참조)가 현실적으로 중요하다.

Ⅴ. 한국헌법의 개정

1. 개정의 역사

우리나라의 헌법개정역사를 보면 형식적으로는 모두 9차에 걸친 개정이 있었다. 그 중에는 절차상 하자가 있거나 기존 헌법이 규정한 개정절차에 따르지 않았던 헌법개정들이 있었다. 한편 제3차, 제5차, 제7차, 제8차, 제9차 헌법개정은 제2공화국, 제3공화국, 제4공화국, 제5공화국, 제6공화국을 들어서게 한 헌법개정이었다(개정역사에 대해서는, 후술 대한민국 헌법의 역사 참조).

2. 헌법개정권력주체

우리 헌법의 개정권력을 가진 주체는 대한민국 국민임은 물론이다. 현행 헌법전문은 "우리 대한국민은 … 국회의 의결을 거쳐 국민투표에 의하여 개정한다"라고 규정하여 국민이 헌법개정권력의 주체임을 명시하고 있다.

3. 개정의 절차, 방식

(1) 제 안

현행 헌법은 헌법개정은 국회재적의원 과반수 또는 대통령의 발의로 제안된다고 규정하여(제128조 제 1 항) 제안권자를 국회의원과 대통령으로 규정하고 있다. 대통령이 행하는 제안은 국무회의의 심의를 거쳐야 한다(제89조 제 3 호). 헌법개정에 관한 국민발안제도가 과거에 있었던 때도 있었으나 현재는 없다.

(2) 공 고

제안된 헌법개정안은 대통령이 20일 이상의 기간 이를 공고하여야 한다(제129조). 이는 개정될 내용에 대하여 헌법제정권과 헌법개정권을 가진 국민이 충분히 인식할 수 있도록 상당한 기간 널리 알리기 위함이다.

(3) 국회의 심의 및 의결

국회는 헌법개정안이 공고된 날로부터 60일 이내에 의결하여야 한다(제130조 제 1 항). 의결기간을 두는 이유는 헌법개정논의는 국가의 최고기본법인 헌법의 차원에서의 논의이어서 이를 너무 장기간 계속하거나 방치하면 법적 불안정을 가져올 수 있기 때문에 이를 방지하기 위함이다. 그 의결정족수는 재적의원 3분의 2 이상의 찬성이다.

(4) 국민투표에 의한 확정

현행 헌법은 반드시 국민투표로 확정하도록 하고 있다(일원적 · 필수적 국민투표). 헌법개정안은 국회가 의결한 후 30일 이내에 국민투표에 부쳐야 하는데(제130조 제 2 항) 대통령은 늦어도 국민투표일 전 18일까지 국민투표일과 국민투표안을 동시에 공고하여야 한다(국민투표법 제49조). 국민투표에 부친 결과 국회의원선거권자 과반수의 투표와 투표자 과반수의 찬성을 얻은 경우에 헌법개정은 확정된다(제130조 제 2 항 · 제 3 항). 우리 헌법재판소는 헌법관습법의 경우에도 그 변경을 위하여서는 국민투표를 실시하여야 한다고 본다.

(5) 공　　포

헌법개정이 국민투표로 확정되면 대통령은 즉시 이를 공포하여야 한다(제130조 제 3 항).

4. 개정의 한계

(1) 헌법명시적 한계(실정법적 한계)

1) 과거헌법의 헌법명시적 한계의 예 1954년 11월 29일에 개정공포된 제 1 공화국 헌법의 제 2 차 개정헌법 제98조 제 6 항은 대한민국은 민주공화국이라고 선언한 제 1 조, 국민주권주의를 천명한 제 2 조, 대한민국의 주권의 제약 또는 영토의 변경을 가져올 국가안위에 관한 중대사항은 국회의 가결을 거친 후에 국민투표에 부의하여 결정하도록 한 제 7 조의2의 규정은 개폐할 수 없다고 명시하여 헌법명시적인 실정법적 한계를 규정하고 있었다. 이 한계규정은 제 2 공화국 헌법에도 그대로 이어졌다가 제 3 공화국 헌법에서부터 없어졌다.

2) 현행 헌법에서의 부재(不在) 현행 헌법에서는 직접적으로 명시되고 있는 헌법개정한계는 없다. 그러나 학설은 헌법해석적 한계(헌법내재적 한계)를 인정하고 있다.

3) 현행 헌법 제128조 제 2 항이 개정한계조항인지의 문제 현행 헌법 제128조 제 2 항은 "대통령의 임기연장 또는 중임변경을 위한 헌법개정은 그 헌법개정 제안 당시의 대통령에 대하여는 효력이 없다"라고 규정하고 있다. 제 5 공화국 헌법 제129조 제 2 항도 동일한 문구의 규정을 두고 있었다. 이 조항이 헌법개정의 한계를 이루는 규정인지가 문제된다. 이 문제는 다시 아래의 ①과 ② 2가지 문제로 나누어진다.

① 임기조항(제70조)에 대한 개정금지 여부 — 개정효력의 인적 범위의 제한

먼저 헌법 제128조 제 2 항이 대통령 임기 조항인 헌법 제70조를 개정할 수 없도록 금지하는 한계규정인가 하는 문제가 있다. 이 조항은 "대통령의 임기

연장 또는 중임변경을 위한 헌법개정은 … "이라고 하므로 대통령의 임기연장 또는 중임변경으로 헌법개정을 하는 것을 금지하는 것은 아니고 "대통령의 임기는 5년으로 하며, 중임할 수 없다"라는 헌법 제70조에 대한 개정은 가능하다고 볼 것이다. 다만 그 개정을 제안한 당시의 대통령에게는 그 개정의 효과가 미치지 않는다는 것이다. 따라서 헌법 제128조 제 2 항은 임기조항(제70조) 자체에 대한 헌법개정의 한계는 아니고 제안 당시 대통령에 대해 그 개정효력이 미치지 않는다는 '헌법개정효력의 인적(人的) 범위'를 제한하는 규정이다(헌법개정효력의 인적 범위 제한).

② **헌법 제128조 제 2 항 자체의 개정문제** 다음으로 이러한 인적 효력 범위의 제한 자체를 철폐하는 헌법개정이 가능한가 하는 문제가 있다. 즉 임기연장이나 중임을 허용하는 헌법개정을 할 때 제안 당시의 대통령에게도 그 개정의 효력이 미치는 것으로 하기 위하여 헌법 제128조 제 2 항 자체를 폐지하는 헌법개정이 가능한가 하는 문제가 논의된다. 견해대립이 있을 수 있으나 헌법 제128조 제 2 항을 폐지하는 것은 헌법개정의 한계를 벗어나는 것이므로 부정함이 타당하다. 이 규정은 제 2 차 개헌에서 부칙조항으로 초대대통령에 대해서는 3선금지해제를 한 바 있었고 제 6 차 개헌으로 개헌제안 당시 대통령의 3선이 가능하도록 하여 장기집권의 길을 열었던 우리 헌법사의 아픈 경험을 되풀이하지 않기 위하여(장기집권연장의 방지) 헌법개정 제안 당시의 대통령에게는 연임이 불가하도록 금지하는 것이기 때문이다. 따라서 제안 당시의 대통령에게 개정효력이 없다는 문구는 해석상 헌법개정의 한계가 된다. 만약 국민의 진정한 의사가 그러하여 폐지한다면 헌법개정이 아니라 헌법제정이 될 것이다.

(2) 헌법내재적 한계, 헌법초월적(외재적) 한계

우리 현행 헌법은 직접적으로 헌법명시적 한계를 두고 있지 않다. 그러나 학설은 헌법해석 등을 통한 한계, 헌법초월적 한계를 인정한다.

1) **헌법내재적 한계** 현행 헌법이 명시적으로 개정대상이 될 수 없다고 규정한 것은 아니지만 해석상 자유민주적 기본질서를 규정한 헌법전문, 대한민국은 민주공화국임과 국민주권주의를 규정한 제 1 조, 평화적 통일을 천명

한 제4조, 국제평화주의를 규정한 제5조, 복수정당제도를 명시한 제8조, 기본권보장주의를 확인하고 있는 헌법 제10조, 사유재산제와 경제적 자유, 시장경제를 원칙으로 하면서 경제민주화를 위한 국가의 규제조정을 허용하는 이른바 사회적 시장경제주의의 원칙을 밝히고 있는 제119조 등은 그 근본원칙에 대한 개정이 이루어질 수 없는 헌법내재적 한계를 이룬다. 또한 헌법개정절차를 경성헌법적으로 규정하고 있는 제129조, 제130조도 헌법개정에서 준수되어야 할 헌법개정절차이므로 헌법개정권력이 이를 변경할 수는 없다는 점에서 개정의 한계가 된다. 위에서 살펴본 헌법 제128조 제2항 자체도 그러하다. 다만, 이러한 규정들에 대해서는 그 근본적인 내용요소에 변화를 가져오지 않는 범위 내에서 자구의 수정, 문장의 보완 등에 그치는 개정은 가능하다.

2) **헌법초월적**(외재적) **자연법적 한계** 인간의 존엄과 가치와 같은 자연법적인 근본적 헌법원리는 헌법개정의 대상이 될 수 없다. 이는 사실 헌법개정 이전의 헌법제정에 있어서도 한계가 된다. 인간의 존엄과 가치는 우리 헌법 제10조에 명시되어 있어 우리 헌법의 해석상 한계이기도 하다.

(3) 헌법재판소 판례

우리 헌재는 헌법의 개별규정에 대한 위헌심사가능성에 대하여 "헌법제정권과 헌법개정권의 구별론이나 헌법개정한계론은 그 자체로서의 이론적 타당성 여부와 상관없이 우리 헌법재판소가 헌법의 개별규정에 대하여 위헌심사를 할 수 있다는 논거로 원용될 수 있는 것이 아니다"라고 판시하여 헌법개정의 한계이론을 부정하는 것 같은 판시를 한 바 있다(헌재 1995. 12. 28, 95헌바3). 그러나 이 판례의 사안은 헌법규정에 대해 위헌심사가 가능한지 하는 논점이 주안점이었고 이에 대한 판시였으므로 헌법개정 한계에 관한 설시는 방론으로서의 의미를 가진다고 하겠다. 따라서 헌재가 헌법개정의 한계가 직접 쟁점이 되는 사안에서 직접적·명시적으로 한계이론에 대해 표명한 것은 아니므로 헌재 판례의 입장이 현재로서 명확하다고 볼 수는 없다. 그렇긴 하나 위의 판례를 그대로 따른다면 헌법개정의 한계를 벗어난 헌법규정이 있더라도 그 헌법규정 자체를 헌법재판소의 위헌심사(위헌법률심판이나 헌법소원심판 등)의 대상으로 하여 다툴 수는 없다는 결과를 가져와 문제이다.

제 3 절 헌법변천

Ⅰ. 헌법변천의 개념

헌법의 변천이란 명시적으로 헌법을 개정하거나 제정하는 것이 아니라 현재의 헌법규정들에 대한 해석 내지 적용을 달리하거나 헌법상 공백인 규정들에 대해 이를 메우는 해석 내지 적용관례를 만들어감으로써 성문헌법 자체의 문언은 그대로 둔 채 실질적으로 헌법이 변화되는 것을 말한다. 헌법변천은 묵시적인 변화라는 점에서 명시적인 헌법의 변화인 성문헌법의 제정, 개정과 구별된다.

Ⅱ. 헌법변천의 유형

헌법변천의 유형에는 ① 국가기관들의 해석에 의한 변천, ② 헌법적 관행에 의한 변천, ③ 헌법의 흠결에 대한 보충으로서의 해석・적용에 의한 변천, ④ 국가권력을 행사하지 않은 헌법 부적용(비시행)에 따른 변천 등을 들 수 있다.

Ⅲ. 헌법변천의 긍정 여부

헌법변천은 묵시적 헌법변화인데 이를 헌법적 효력을 가지는 것으로 받아들일 것인가에 대한 논의가 있다.

1. 학 설

(1) 부 정 설

헌법에 배치되는 국가기관의 해석과 관행이 계속 반복되어 존속하더라도 이를 헌법규범으로 인정할 수 없다는 입장이다. 이 견해는 헌법의 합법성을 그 근거로 하는 것으로서 아무리 시대적인 변화에 따라 헌법의 변화가 필요하더라도 헌법이 명시적으로 헌법개정의 길을 열어놓고 있는 한 헌법개정절차에 의하지 않은 헌법의 변경은 합법으로 인정될 수 없다고 본다.

(2) 긍 정 설

기존의 헌법에 반하는 국가기관들의 해석과 관행이 반복적으로 계속되어 국민들의 법적 확신을 획득하게 되면 이를 헌법규범으로 인정하여야 하고 따라서 헌법변천을 긍정하여야 한다는 입장이다.

(3) 제한적 긍정설

기존의 헌법이 공백이 있어 이를 메우거나 불명확한 헌법규정을 보완하기 위한 헌법변천(보충적 헌법변천)은 인정될 수 있다는 입장이다.

2. 판 례

우리 헌재는 서울이 수도인 사실을 헌법관습법으로 인정함으로써 헌법변천을 인정하는 것으로 볼 수 있다. 그런데 헌재는 "형식적 헌법전에는 기재되지 아니한 사항이라도 이를 불문헌법 내지 관습헌법으로 인정할 소지가 있다"라고 하여(헌재 2004. 10. 21, 2004헌마554) 모든 헌법관습이나 헌법변천을 받아들이는 것이 아니라 헌법전에 기재되지 않은 사항에 대한, 즉 헌법의 공백을 메우는 헌법변천을 인정한 것으로 볼 수 있다.

3. 평 가

성문헌법국가에서는 일반적으로 경성헌법을 원칙으로 하며, 헌법에 변화가 필요하다면 헌법개정에 의하도록 하고 있고, 그것을 위해 헌법개정의 길을 명시적으로 열어두고 있다는 점에서도 헌법변천을 인정하더라도 한정적으로 인정할 수밖에 없다. 그렇지 않으면 헌법의 기본가치나 헌법제정권자의 핵심적 의사까지도 무시하는 헌법침해가 있을 수 있고 헌법적 안정성을 해할 가능성도 있다. 다만, 헌법의 추상성으로 인해 모호한 헌법규정이나 공백규정에 대한 보충의 필요성이 있고 그 보충을 위한 해석과 관행이 상당히 오랜 기간 반복되고 자리잡아 국민의 법적 확신을 얻은 경우에는 헌법규범성을 가지는 헌법변천으로 받아들일 수 있을 것이다.

4. 헌법변천의 성립의 요건과 한계

헌법변천의 성립은 헌법변천을 주도하는 헌법관습법 등의 성립요건에 따른다고 할 것이고 헌법관습법의 성립요건에 대해서는 앞서 살펴본 바 있다(전술 참조). 헌법관습법에 의한 헌법변천 외에 더 넓게 헌법변천을 보는 입장을 취한다면 그 성립요건이 완화되는 것으로 볼 것이긴 하다.

위에서 밝힌 대로 헌법변천은 헌법보충적이라는 제한된 조건 하에 인정된다는 한계가 있다. 따라서 헌법을 적용하지 않아 발생하는 헌법의 비시행(헌법 적용 부작위)에 의한 변천은 받아들일 수 없다.

제3장 헌법의 보장(수호)

제1절 헌법보장(수호)의 개념과 필요성

헌법보장 내지 헌법수호란 헌법규범의 폐기나 침해로부터 헌법규범을 보호하여 존속시키고, 헌법규범의 안정성과 실효성, 헌법의 규범력을 확보하는 것을 말한다.

헌법이 국민의 기본권을 보장하기 위한 법규범이므로 헌법의 위반과 침해는 곧 국민의 기본권의 침해와 박탈을 가져오는 것이므로 헌법보장은 국민의 기본권보장을 위해 필수적이다. 또한 헌법규범의 실효성, 규범성, 안정성을 확보하기 위하여 헌법보장책이 필요하다. 헌법을 위반하는 공권력을 제거함으로써 실효적이고 강제적인 규범으로서의 안정적인 헌법이 유지된다.

제 2 절 헌법보장(수호)의 유형 · 방법과 헌법보장기관

Ⅰ. 헌법보장(수호)의 유형 · 방법

1. 보장시기에 따른 유형

(1) 사전적 · 예방적 보장

이는 헌법이 침해되기 전에 보장하는 것으로 다음과 같은 것들을 들 수 있다. ① 헌법개정가능성의 명시화(정식의 헌법개정제도를 헌법에 명시하여 그 가능성을 열어두는 것 자체도 헌법의 자의적 침해 · 변경을 금지함으로써 헌법을 예방적으로 보장하는 방법이 됨), ② 헌법의 경성(硬性)원칙(헌법개정절차의 곤란성에 의한 보장), ③ 권력분립주의(권력을 배분하여 상호 견제하고 균형을 이루게 하여 권력남용을 막고 권력통제를 하도록 하여 위헌적 공권력 행사를 사전에 막는 보장), ④ 공무원의 헌법수호의무와 직업공무원의 정치적 중립성, 고위공무원 임명에 있어서의 문민원칙(군인은 군인 현직을 유지한 채 고위공무원에 임명될 수는 없도록 하는 금지원칙) 등이 그것이다.

(2) 사후적 보장

이는 헌법의 침해가 있은 후에 하는 교정적 보장방법이다. 위헌법률심판제도 등 헌법재판에 의한 보장이 대표적이다. 그 외에도 위헌적 직무행위를 행한 고위공무원에 대한 탄핵제도, 국가배상제도, 위헌적인 정당에 대한 해산제도, 국가위기시에 발동되는 국가긴급권에 의한 위험제거와 안전의 회복 등이 있다.

2. 위기상황 여부에 따른 유형

국가위기의 비상상황의 존재 여부에 따른 분류이다. 국가위기 없는 평시의 상황에서 통상적으로 이루어지는 헌법보장인 평시적(平時的) 보장과 국가위기의 상황이 발생하여 이에 대처하기 위한 헌법보장인 비상시적(非常時的) 보장으로 나눌 수 있다. 비상시적 보장의 대표적 보장방법으로 국가긴급권과 국민에 의한 저항권의 행사를 들 수 있다. 평시적 보장방법으로는 위의 1.에서 본 보장방법들 중 국가긴급권, 저항권 등 비상시적 방법을 제외하고 나머지 대부분의 보장방법들이 해당된다.

3. 성격에 따른 유형

헌법보장제도들을 그 성격에 따라 분류하면서 ① 정치성을 가지는 보장과 ② 법적 성격을 가지는 보장으로 나누기도 한다. 정치성을 띠는 보장방법으로는 권력분립제도, 내각불신임제도, 헌법개정을 위한 국민투표제도 등을 들 수 있다고 한다. 법적 성격을 가지는 보장방법으로는 주로 사법적(司法的) 보장을 들 수 있다. 사법적 보장은 법원 또는 헌법재판소에 의한 보장으로서 위헌법률심판, 헌법소원심판, 위헌정당해산심판, 탄핵심판, 기본권실효제도, 선거소송, 법률하위 규범인 명령에 대한 위헌·위법성심사, 행정소송, 국가배상소송 등을 들 수 있다.

Ⅱ. 헌법보장기관

헌법보장 역할을 수행할 주체가 어느 국가기관이어야 하는가 하는 문제를 두고 1930년대에 C. Schmitt와 H. Kelsen 간에 '헌법수호자 논쟁'이 있었던 것은 유명하다. C. Schmitt는 사법부는 한계를 가지므로 국민에 의해 선출된 대통령이 중립적인 권력으로서 헌법의 수호자라고 본 반면에 H. Kelsen은 헌법재판소도 헌법의 보장자라고 보면서 특히 헌법재판에 의한 헌법수호의 중요성을 강조하였다.

의회, 집행부와 그 수반(대통령), 사법부 모두 헌법수호의 역할을 수행하여야 한다. 헌법을 보장할 의무의 주체는 일차적으로 의회, 집행부, 사법부에서 국가의 법을 만들고 이를 집행하는 국가기관과 그 소속 공무원들이라고 할 것이다. 공무원들이 헌법준수의무를 선서하도록 하는 것이나 직업공무원의 정치적 중립성을 보장하도록 하는 것은 공무원의 헌법수호자로서의 역할을 제도화한 것들이다. 그러나 권력을 보유한 국가기관들이 헌법의사에 부합되지 않는 권력행사나 권력남용으로 헌법을 침해할 가능성이 있기에 이들에게만 헌법수호의 역할을 전적으로 맡길 수는 없다. 국가기관들과 공무원의 헌법침해로부터 헌법을 최후에까지 수호하여야 할 곳은 최종적 헌법해석기관인 헌법재판소라고 할 것이다. 그러나 헌법재판의 판결이 다른 국가기관들을 구속하는 힘, 즉 기속력이 약할 경우에 헌법재판소에 의한 헌법수호의 역할에도 한계가 나타날 수 있다. 또한 국가기관의 구성이나 그 구성원의 선출에 있어서 민주적 정당성이 약할 경우에도 국가기관들에 의한 헌법수호 역할수행에 한계가 나타날 수 있다.

결국 헌법을 수호할 최종적인 주체는 바로 헌법을 제정한 국민들이다. 각종 선거를 통하여 호헌의무를 충실히 할 대표자들을 선출하며 그 대표자들과 국가기관, 소속 공무원들이 호헌의무를 다하도록 감시하는 것은 결국 주권자인 국민의 몫이다. 국민들의 투철한 호헌의 의지가 민주적 헌법을 존속시키고 발전시키는 원동력임과 동시에 헌법보장의 보루인 것이다. 국민이 최종적 헌법수호자이기에 저항권을 가진다는 이론이 전개되어 왔다.

제 3 절 우리 헌법상의 헌법보장제도

Ⅰ. 권력분립주의와 정치적 중립성보장

우리 헌법도 입법권, 집행권, 사법권을 별개의 국가기관들에 분속시키고 상호 견제하도록 하는 권력분립제도를 채택하고 있다(제40조, 제66조 제 4 항, 제101조 제 1 항). 또한 공무원의 정치적 중립성보장(제 7 조 제 2 항), 군인의 정치적 중립성준수(제 5 조 제 2 항) 등을 규정하여 정치적 중립성을 통하여 헌법을 보장하도록 하고 있고, 군인은 현역을 면한 후가 아니면 국무총리, 국무위원으로 임명될 수 없는 문민원칙(제86조 제 3 항, 제87조 제 4 항) 등을 규정하고 있다.

Ⅱ. 국가기관별 보장제도

1. 대통령과 정부에 의한 보장

대통령은 다음과 같은 헌법보장의 임무와 권한을 가진다. 국가의 독립・영토의 보전・국가의 계속성과 헌법을 수호할 책무(제66조 제 2 항), 취임시 헌법준수의무의 선서(제69조), 국회의 위헌적인 법률을 막기 위한 법률안거부권(제53조 제2항), 국가위기시 헌법수호를 위한 긴급명령·긴급재정경제명령·긴급재정경제처분의 발령권(제76조), 계엄선포권(제77조) 등의 국가긴급권을 가진다. 정부는 그 목적이나 활동이 민주적 기본질서에 위배되는 위헌적인 정당에 대한 해산제소권을 가져(제8조 제4항) 집단적 위헌활동으로부터 헌법을 보장할 수 있다.

2. 국회에 의한 보장

국회는 국무총리·국무위원의 해임건의권(제63조), 탄핵소추권(제65조), 주권의 제약에 관한 조약의 체결·비준에 대한 동의권(제60조 제1항) 등의 헌법수호를 할 수 있는 권한을 가진다. 국정감사·조사를 통해서도 위헌적인 공권력행사에 대한 진상규명 등을 함으로써 헌법보장을 기할 수 있다.

3. 헌법재판소에 의한 보장

헌법재판소는 최고의 헌법해석·보장기관으로서 사법적 헌법보장을 위한 여러 권한을 행사한다. 즉 법률이 헌법에 위반되는지 여부를 심사하는 위헌법률심판, 고위공무원의 헌법위반 직무행위에 대한 탄핵심판, 정당에 대한 해산심판, 국가기관 상호 간, 국가기관과 지방자치단체 간 및 지방자치단체 상호 간의 권한쟁의에 관한 심판, 헌법소원심판의 권한을 가진다.

4. 법원에 의한 보장

법원은 위헌법률심판을 헌법재판소에 제청할 권한(제107조 제1항), 명령·규칙 또는 처분이 헌법이나 법률에 위반되는지를 심사하는 권한(위헌·위법명령규칙심사권. 제107조 제2항), 행정재판권(제101조), 공무원의 위헌적인 직무행위로 인한 국가배상에 관한 재판을 담당할 권한(제29조 제1항) 등에 의하여 헌법보장의 역할을 수행한다.

Ⅲ. 사전적 보장제도와 사후적 보장제도

현행 우리 헌법상의 사전적 헌법보장제도로는 ① 헌법개정을 명시하고 법률보다 개정절차를 엄격하게 한 경성헌법(硬性憲法)으로 하고 있는 점(제128조 내지 제130조), ② 권력분립주의의 명시, ③ 공무원의 정치적 중립성보장, 군인의 정치적 중립성준수(제 7 조 제 2 항, 제 5 조 제 2 항), 문민원칙(제86조 제 3 항, 제87조 제 4 항), ④ 대통령의 헌법준수의무의 선서제도(제69조), ⑤ 헌법재판에서의 가처분제도 등을 들 수 있다.

사후교정적 보장제도는 주로 헌법재판에 의한 것으로, 위헌법률심판, 탄핵심판, 위헌정당해산심판, 기관 간 권한쟁의심판, 헌법소원심판 등이 있다. 국가배상제도, 국가위기시의 국가긴급권행사도 사후적 보장방법이다.

Ⅳ. 위기상황에서의 비상시적 보장제도

우리 헌법도 국가위기에 대응하기 위한 국가긴급권제도들을 두고 있다. 현행 우리 헌법은 국가긴급권을 한정하여 헌법에 명시하고 있다. 즉 긴급명령·긴급재정경제명령·긴급재정경제처분의 발령권(제76조), 계엄선포권(제77조) 등의 국가긴급권제도를 두고 그 권한을 대통령에게 부여하되 국회의 승인과 계엄해제요구 등의 통제를 받도록 하고 있다. 국가긴급권제도에 대해서는 대통령의 권한 부분에서 살펴본다.

Ⅴ. 국민에 의한 보장

국민은 위헌적인 헌법개정안에 대해 국민투표에서 이를 부결함으로써(제130조 제 2 항) 호헌(護憲)할 수 있다. 그리고 자신의 기본권을 침해하는 법률이나 공권력작용을 무력화하기 위하여 위헌법률심판제청을 신청하거나 헌법소원심판을 청구함으로써 헌법보장에 기여할 수도 있다. 국민은 저항권의 행사라는 최후의 방법으로 헌법을 수호할 수도 있다. 저항권에 대해서는 별개의 절로 아래에서 살펴본다. 헌법의 수호는 최종적으로는 국민의 호헌의지에 달려 있음을 앞서 언급한 바 있다.

제4절 저 항 권

I. 저항권의 의의와 외국 입법례 등

1. 저항권의 개념

저항권(抵抗權)이란 국민의 기본권을 박탈하거나 입헌민주주의와 법치주의의 기본질서를 침해하는 공권력의 행사에 대하여 기존의 실정법의 방법들로는 대응할 수 없는 경우에 기본권을 구제하고 입헌민주주의·법치주의를 복구·유지하거나 확립하기 위하여 최종적으로 국민이 그 공권력행사에 맞서 대항할 수 있는 권리를 말한다. 저항권의 개념을 좁게 보면 2가지의 경우가 있다. 기존 실정헌법은 정당한 내용으로 되어 있는데 그것을 파괴하고 국민의 기본권을 침탈하는 공권력에 대항하여 헌법을 수호하기 위해 행사하는 권리만을 의미한다고 볼 수 있다. 이를 '보수적 저항권'이라고도 한다. 다른 한편 기존 실정헌법이 부당하고(인권유린적이고 비민주적인 헌법) 집권자가 국민의 기본권을 침탈하고 있어 이에 대항하여 새로운 헌법을 제정하기 위한 저항의 권리만을 의미한다고 볼 수도 있다. 이를 '비보수적 저항권'이라고 부르기로 한다. 저항권의 개념을 넓게 보면 위의 협의의 2가지 경우 모두가 포함된다(광의).

2. 준법거부운동(시민불복종)과의 구별

시민불복종(civil disobedience)이란 국가의 특정한 조치나 행위에 대하여 실정법을 위반하면서까지 이를 반대하는 일련의 운동을 말한다. 납세거부운동과 같이 의무이행을 하지 않음으로써 반대의사를 나타내는 활동이다. 사실 '불복종'이란 용어가 적절하지 않다. 이는 시민이 국가권력의 행사에 복종하여야 할 하위의 지위에 있음을 전제로 하는 용어이므로 시민의 준법거부운동 등으로 명명하는 것이 바람직하다. 준법거부운동도 저항의 한 방법을 의미하고 소극적 저항방법이라고 할 것이다. 준법거부운동은 다음과 같은 점에서 저항권과 차이가 있다. ① 준법거부운동은 기존의 실정법에 구제수단이 있든 없든 나타날 수 있는 반면에 저항권은 실정법으로는 더는 구제가능성이 없을 경우에 행사된다. ② 준법거부운동은 비폭력을 원칙으로 한다. ③ 준법거부운동은 헌법의 기본질서의 부정을 가져오는 상황이 아닌 단순히 일반 법률이나 집행작용, 정책이 정의롭지 못하다거나 부당하다고 하여 행해지기도 한다.

3. 외국의 입법례와 판례

미국의 독립선언, 각 주의 헌법 등에 저항권이 명시된 예들이 있다. 프랑스에서는 1789년 인권선언 제 2 조가 '압제에 대한 저항'(la résistance à l'oppression)의 권리를 규정하였다. 독일의 경우 현행 기본법 제20조 제 4 항이 모든 독일 국민은 민주적이고 사회적인 연방국가의 질서를 폐기하려는 그 어느 누구에 대해서도 구제를 위한 다른 가능한 수단이 없는 경우에는 저항을 할 권리를 가진다고 규정하고 있다. 저항권을 명시적으로 인정한 판례로 독일 연방헌법재판소가 1956년에 공산당에 대해 내린 해산판결(BVerfGE 5, 85[95])이 유명하다.

Ⅱ. 저항권의 성격과 주체 및 대상

1. 성　　격

저항권은 기본권으로서의 성격을 가진다. 기본권으로서의 성격에 대해서도 ① 자연권설과 ② 실정권설이 대립된다. ①은 저항권을 천부인권의 자연권으로 보아 헌법에 명시되고 있지 않더라도 국민에게 당연히 주어지는 권리라고 본다. ②는 법실증주의의 입장에 서는 이론으로 저항권이 초국가적·자연법적 권리라면 이를 인정할 수 없고, 다만 실정법에 의하여 규정될 경우에는 권리로서 인정된다고 본다. 저항권은 자연권이다. 원래 사회계약사상 등의 영향으로 자연권적인 권리로 이해되어 왔다. 대표적으로 1789년 프랑스 인권선언 제 2 조는 압제에 대한 저항의 권리를 자연적이고 불가침의 권리로 규정하였다.

2. 주체와 대상

저항권은 국민의 기본권으로서 그 주체인 국민이 행사하는 것이고 대상은 정당하지 못한 공권력을 행사한 국가기관, 공권력행사자가 된다.

Ⅲ. 저항권의 행사의 요건

1. 대상성의 요건

(1) 불법의 중대성

저항권은 단순한 불법(부정의)이 아니라 국민의 중요한 기본권을 침탈하고 근본적인 기본권보장원칙 및 체계를 파괴하거나 민주주의와 헌법의 중요한 기본질서를 위반하고 이를 배제 내지 폐기하려는 등 공권력의 불법적 행사가 중대한 경우에 이를 대상으로 행사된다.

(2) 객관적 명백성

위와 같은 불법은 명백하여야 한다. 이러한 명백성은 어느 개인의 주관적 판단에 따르는 것이 아니라 객관적으로 보아 불법성이 분명히 드러난 경우임을 의미한다.

2. 목적상 요건

(1) 기본권의 보장과 입헌질서의 수호

저항권의 행사는 기본권과 입헌질서를 회복하고 수호하기 위한 목적을 가진 것이어야 하고 그 궁극적인 목적은 인간의 존엄성을 보호하기 위한 데에 있다. 기본권의 침탈과 입헌주의의 파괴는 결국 국민의 인간으로서 존엄을 침해하기 때문이다.

(2) 보수적 요건(保守的 要件) — 민주적인 기존 헌법의 경우

기존의 헌법이 정당성을 가진 것인데 그 헌법을 파괴하려는 공권력에 대항하여 기존의 헌법을 수호하려는 보수적 저항권은 그 목적요건으로서 현행 헌법을 유지하도록 하거나 헌법이 훼손된 경우 그것을 회복시키는 것으로만 행사되어야 한다는 보수적 요건이 설정된다.

(3) 비민주적인 기존 헌법의 경우

비보수적 저항권은 기존의 비민주적 헌법을 파기하여 정당한 헌법으로 나아가기 위한 것이므로 현행 헌법질서의 유지, 복구라는 보수적 요건을 요구할 수 없다.

3. 방법상 요건

(1) 최후성(보충성)

저항권의 행사는 다른 법적 구제수단이 전혀 없거나 구제수단이 있을지라도 저항목적 달성에 효과가 없을 경우 최후의 수단으로 저항만이 유일한 방법일 경우일 것을 요건으로 한다.

(2) 비 례 성

위와 같은 요건들을 갖추어 저항권이 행사될 수 있다고 하더라도 과잉의 폭력적인 저항이어서는 아니 되고 저항의 방법과 정도는 목적달성에 필요한 최소한에 그쳐야 한다.

Ⅳ. 저항권의 행사의 효과와 한계

정당한 보수적 저항권행사는 헌법질서와 기본권을 침탈하는 불법의 독재행위에 대항하는 행위이므로 이는 오히려 적법한 행위로서 실정형법에 의한 처벌을 받지 않는다. 정당한 비보수적 저항권행사는 형식적으로 실정법에는 위반되나 실정헌법이 부당한 것이므로 부당성에 대한 저항으로서 정당성을 가져 역시 처벌될 수 없다.

앞서 본 저항권행사의 요건들이 저항권행사의 한계를 이루는 것이기도 하다.

Ⅴ. 우리나라에서의 저항권

1. 인정 여부

(1) 학 설

우리나라의 학계에서는 저항권을 자연권으로 보아 이를 인정하는 견해들이 많다. 헌법전문의 “불의에 항거한 4 · 19민주이념을 계승하고”라는 문구가 우리 헌법이 저항권을 인정하는 것을 보여주는 규정이라고 한다.

(2) 판　례

1) 대 법 원　　대법원은 "저항권이 실정법에 근거를 두지 못하고 오직 자연법에만 근거하고 있는 한 법관은 이를 재판규범으로 원용할 수 없다"라고 하여 저항권을 부정하였다(대법원 전원합의체 1980. 5. 20, 80도306).

2) 헌법재판소　　우리 헌재는 저항권의 대상, 요건 등에 대해 일부 설시를 한 바는 있으나 저항권의 침해 자체를 본안판단하여 정당성을 인정하는 위헌결정을 한 바는 아직 없다. 즉 이른바 날치기 통과된 노동관계법의 시행을 저지하기 위한 노동조합의 쟁의행위를 금지해달라고 회사가 제기한 소송에서 법원이 그 쟁의행위는 헌법질서 수호를 위한 저항권의 행사라고 하여 동법에 대하여 직권으로 그 위헌심판을 헌법재판소에 제청한 사건이 있었다(위헌법률심판은 법원의 제청으로 헌재가 판단하게 됨. 제107조 제1항, 후술 헌법재판 참조). 헌재는 동법의 위헌 여부가 재판전제성을 가지지 못한다고 하여 각하하는 결정을 함으로써 본안판단을 하지는 않았으나 그 각하이유에서 저항권의 대상, 요건 등에 대해 일부 설시를 하였다(헌재 1997. 9. 25, 97헌가4).

2. 요　건

앞서 본 대로 ① 대상성 요건, ② 목적상 요건, ③ 방법상 요건이 요구된다(97헌가4).

3. 저항(민주화운동) 억압행위에 대한 판례

국민의 저항권행사를 억압한 쿠데타는 사후에 정당한 정권이 자리잡은 경우에 처벌될 수 있다. 이와 관련된 판례로 5·18을 전후한 광주민주화운동 등을 억압한 전직 대통령 등에 대한 내란죄 혐의의 고소사건을 검사가 불기소한 데 대해 헌법소원심판이 청구된 사건에서 성공한 내란에 대한 처벌이 가능한지 하는 문제가 제기되었다. 이 사건은 심판도중에 청구인의 청구취하로 심판종료가 되었는데 심판종료에 반대하는 소수의견을 통해, 최종평의 결과 집권에 성공한 내란의 가벌성을 인정하는 의견이 다수의견이었음이 밝혀진 바 있다(헌재 1995. 12. 15, 95헌마221). 아쉽게도 심판종료로 이 다수의견이 법정의견이 되지는 못하였다. 이 결정에서 헌재가 저항권 문제에 대해 직접 판단하지는 않았으나 위 다수의견이 앞으로 쿠데타에 대한 저항권의 문제에 대한 개척적인 의견을 내놓은 것이라고 볼 수 있다. 대법원은 광주민주화운동을 진압한 전직 대통령들 등에 대해 내란죄 유죄를 인정하였다.

4. 저항(민주화운동)의 보상(명예회복 등)

과거의 독재정권 시절 민주화를 위한 활동을 한 데 대해 입법적인 보상이나 명예회복 등이 이루어져 실질적으로 그리고 입법적으로 저항권을 인정한 결과를 가져왔다. '민주화운동 관련자 명예회복 및 보상 등에 관한 법률', '5·18 민주화운동 관련자 보상 등에 관한 법률', '진실·화해를 위한 과거사정리 기본법', '동학농민혁명 참여자 등의 명예회복에 관한 특별법' 등이 그것이다.

제4장 대한민국 헌법의 역사

Ⅰ. 제1공화국

1. 최초의 성문의 공화국 헌법

1945년 8월 15일 해방 이후 격랑의 파고를 넘어 우리나라 최초의 성문헌법이 1948년 7월 17일 공포되어 시행에 들어갔다. 제1공화국 헌법은 자유권적 기본권뿐 아니라 평등권, 근로의 권리 등의 생존권적 기본권, 재판청구권, 청원권 등 청구권적 기본권, 참정권 등 여러 기본권들이 규정되었고 정부형태는 대통령중심제에 다소 의원내각제의 요소가 가미된 것이었다.

2. 제1차 개헌 — 이른바 '발췌개헌'

야당이 제안한 의원내각제 헌법안, 정부가 제출한 대통령·부통령직선제 등의 헌법안이 각각 발췌되어 절충된 헌법개정이었다. 즉 개정헌법은 국회는 국무총리인준, 국무원불신임 등의 권한을 가지고 대통령·부통령은 직선되도록 하였으며 양원제를 채택하였다. 제1차개헌은 국회의원소환운동을 벌이고 폭력집단이 난무하는 공포분위기 가운데 의원들이 강제연행되어 와 1952년 7월 4일에 통과시킨 위헌적인 개헌이었다.

3. 제2차 개헌

1954년 9월에 이승만 정권은 대통령 3선을 위한 목적으로 대통령제를 강화하고 내각제적 요소를 배제하는 내용의 개헌안을 제출하였는데 11월 27일 국회에서 부결되었으나 이틀 후 이른바 '사사오입'론을 적용하여 번복하고 개헌안을 가결시켰다. 그 점에서 절차상 하자가 있었던 개헌이었다. 제 2 차 개헌의 주요내용을 보면, 먼저 대한민국의 주권의 제약 또는 영토의 변경을 가져올 국가안위에 관한 중대사항에 대한 국민투표제도를 신설하였다(제 2 차 개헌헌법 제 7 조의2). 참의원의 임기, 권한(대법관, 검찰총장 등에 대한 인준권의 부여)에 관한 개정이 있었고, 국무총리제도를 없애고 대통령궐위시 부통령승계제도를 두어 미국식 대통령제에 가까워졌다. 초대 대통령에 한해 3선금지규정을 배제하였다(* 흔히 3선금지규정의 배제를 위한 헌법개정으로 제 6 차 개헌을 떠올리는데 이승만정권 때 제 2 차 개헌에서 이처럼 이미 3선개헌을 한 바 있다). 군사재판을 관할하는 군법회의의 설치근거를 헌법에 명시하였다. 기본권분야에서의 변화는 별로 없었고, 경제조항은 이전의 통제적 성격을 완화하여 사영기업의 국·공유화의 원칙적 금지를 규정하는 등 자유경제체제로 대폭적인 변경이 있었다. 헌법개정절차에 있어서 헌법개정의 제안은 대통령, 민의원 또는 참의원의 재적의원 3분지 1 이상 외에 민의원의원 선거권자 50만인 이상의 찬성으로써 할 수 있게 하여 헌법개정에서의 국민발안제도를 도입하였다.

Ⅱ. 제 2 공화국

1. 제 3 차 개헌

1960년 3·15부정선거로 촉발된 4·19혁명의 성공으로 여·야 합의개헌안이 그해 6월 11일에 국회에 제출되어 6월 15일에 압도적인 찬성으로 가결되었다. 제 3 차 개헌(제 2 공화국 헌법)의 주요내용을 보면, ① 기본권규정들이 신장되었다. 개별적 법률유보를 많이 없앴으며 기본권을 제한하더라도 자유와 권리의 본질적인 내용을 훼손하여서는 아니 된다는 규정을 두고 언론, 출판에 대한 허가나 검열과 집회, 결사에 대한 허가를 규정할 수 없음을 명시하는 등 기본권규정들을 강화하였다. ② 정부형태는 양원제를 취하면서 민의원의 내각불신임권, 국회(민의원)해산제도, 국무원의 연대책임 등 전형적인 의원내각제의 정부형태를 택하였다. 대통령은 국회에서의 간접선거로 선출되었다. ③ 헌법재판소를 창설하였다. ④ 헌법재판소에 의한 정당해산제도를 두었으며, ⑤ 대법원장, 대법관의 선거제를 채택하였고, ⑥ 중앙선거위원회를 헌법기관으로 하였으며, 그 외 ⑦ 지방자치단체장의 주민직선제, 경찰의 중립 등을 규정하였다.

2. 제 4 차 개헌 — 부칙개헌

제4 차 개헌은 3 · 15부정선거행위자, 반민주행위자, 부정축재자에 대한 소급적인 처벌을 위한 특별법제정의 헌법적 근거를 부칙에 두는 개헌이었다. 따라서 부칙개헌이라고도 하는데 1960년 11월 29일 공포되었다. 이러한 특별법은 소급적으로 처벌을 할 수 있도록 한 것이었다. 또한 개헌부칙은 3 · 15부정선거행위자, 반민주행위자, 부정축재자의 형사사건을 처리하기 위하여 특별재판소와 특별검찰부를 둘 수 있도록 하였다.

Ⅲ. 제 3 공화국

1. 제 5 차 개헌

1961년 5월 16일에 박정희 장군 등에 의한 군사쿠데타가 일어났고 군사정부는 계엄령으로, 이후 과도기적으로 국가재건비상조치법으로 국회를 해산하고 국가재건비상최고회의에 의해 통치하였다. 이후 새로운 헌법안에 대해 최고회의의 의결이 있었고 1962년 12월 17일 국민투표로 제 5 차 개헌이 확정되었다. 제 3 공화국 헌법의 주요내용을 보면 다음과 같다. ① 정당조항을 별도로 두는 등 정당국가화의 경향을 보여주었다. ② 기본권들을 보다 체계적으로 규정하였다. ③ 정부형태에 있어서 대통령중심제를 채택하고 의원내각제 요소인 국회해산제를 폐지하여 내각제적 요소를 약화시켰다. 그러나 미국식의 대통령제에 있어서보다 더 강한 권한을 대통령에 부여하였다. 국회는 단원제로 하고 그 권한을 약화시켰다. ④ 법원에 위헌법률심사권을 부여하였다. ⑤ 헌법개정에 국민투표를 필수적인 것으로 하였다.

2. 제 6 차 개헌

1969년 10월 17일 국민투표로 확정된 제 6 차 개헌은 ① 대통령의 3선을 금지한 헌법규정을 개정하여 장기집권을 가능하도록 하기 위한 것이 주목적이었다. 그리하여 제 3 공화국 헌법 제69조 제 3 항은 "대통령의 계속 재임은 3기에 한한다"라고 개정되었다. 이 개정이 장기집권의 서막이었다. 제 6 차 개헌으로 그 외 개정된 사항들이 있다. 즉 ② 국회의원의 상한 정원이 250명으로 확대되었고, ③ 국무총리·국무위원 내각과 국회의원직과의 겸직금지를 삭제하였으며, ④ 대통령에 대한 탄핵소추의 발의 및 의결정족수를 강화하였다.

Ⅳ. 제 4 공화국(유신헌법) — 제 7 차 개헌

박정희 대통령은 1971년 12월 6일 비상사태를 선포하였고 그 법적 근거로 12월 27일에 '국가보위에관한특별조치법'을 국회에서 통과시켰다. 이 조치법은 법률로써 초헌법적인 국가긴급권을 인정하는 위헌적인 법률이었다(후일 헌법재판소도 "특별조치법은 초헌법적인 국가긴급권을 대통령에게 부여하고 있다는 점에서 이는 헌법을 부정하고 파괴하는 반입헌주의, 반법치주의의 위헌법률이다"라고 하여 위헌으로 보았다. 헌재 1994. 6. 30, 92헌가18). 대통령은 1972년 10월 17일에 이른바 '10월 유신'이라고 불리는 비상조치를 단행한다는 특별선언을 통하여 개헌을 할 것임을 밝혔다. 남북대화를 위한 체제개혁이 필요하다는 명분 하에 유신은 정상적인 방법이 아닌 비상조치로서 남북대화의 적극적인 전개와 주변정세의 급변하는 사태에 대처하기 위한 조치라고 밝혔다. 그러나 실제로는 계속집권을 위한 무혈쿠데타라고 평가된다. 국회가 해산되었고 비상국무회의에 의해 헌법개정안이 마련되었으며 10월 26일 헌법개정안이 의결되었고 11월 21일에 국민투표로 헌법개정이 확정되었다. 제 7 차 개헌(제 4 공화국 헌법)의 주요내용은 다음과 같다. ① 기본권규정에 개별적 법률유보들을 많이 두어 기본권제한을 보다 쉽게 하였다. ② 통일주체국민회의를 신설하였다. 통일주체국민회의는 대통령 및 국회의원 3분의 1을 선출하는 권한을 가졌다. ③ 무엇보다도 대통령의 권한을 지나치게 강화하여 '신대통령제'라고 부를 만하였다. 대통령선거의 직선제를 폐지하고 대통령은 통일주체국민회의에서 간접선출되도록 하였다. 대통령은 입법부, 사법부와 더불어 3권의 한 축이 아니라 그 위에 군림하는 지위를 가졌다. 대통령은 국회의원 3분의 1을 일괄추천할 권한, 국회해산권을 가졌으며 대법원장, 대법관뿐 아니라 일반 법관들도 대통령이 임명하도록 하였다. 대통령은 긴급조치권을 가졌는데 긴급조치는 사법적 심사의 대상이 되지 아니한다고 헌법 자체에 명시하였다(동 헌법 제53조 제4항). ④ 국회의 회기도 축소되고 국정감사권이 폐지되는 등 권한이 약화되었다. 조문의 배열 자체도 대통령 등 정부보다 국회에 관한 조문들이 그 후에 배치되었다. ⑤ 제3공화국에서와 달리 위헌법률심사를 담당하는 별도의 헌법재판기관으로 헌법위원회를 설치하였다.

Ⅴ. 제5공화국 — 제8차 개헌

1979년 10월 부마사태(釜馬事態)가 있었고 10월 26일 박 대통령이 살해되었으며 비상계엄이 선포되었다. 이후 최규하 대통령이 당선되어 새 정부가 구성되었으며 헌법개정 논의가 있었으나 1979년 12·12군사쿠데타로 권력을 장악한 신군부세력이 1980년 5월 17일에 비상계엄확대실시를 하여 5·17사태가 일어났고(후일 제6공화국에 들어와 12·12군사쿠데타와 5·17사건은 내란행위로 단죄된다) 5·18 광주민주화항쟁이 발발하였다. 6월에 신군부는 국가보위비상대책위원회를 설치하였고 개헌작업은 신군부의 영향 하에 이루어져 1980년 9월 정부의 헌법개정심의위원회가 헌법개정안을 의결하였으며 같은 해 10월 22일 국민투표로 헌법개정이 확정되었다. 제8차 개헌(제5공화국 헌법)의 주요내용은 다음과 같다. ① 총강부분에서는 전통문화의 창달규정, 재외국민의 보호규정, 국군의 사명조항, 정당에 대한 국가의 보조금 규정 등이 추가로 신설되었고, ② 기본권분야에서는 개별적 법률유보를 많이 삭제하였다. 새로이 추가된 기본권조항들로는, 연좌제금지, 사생활비밀보호, 행복추구권, 환경권, 적정임금보장 등의 규정들이 있었다. ③ 정부형태는 대통령중심제가 골격이고 대통령은 유신헌법과 같이 간접선거되었는데 제5공화국에서는 간접선거기관은 통일주체국민회의가 아니라 대통령선거인단이었다. 대통령의 임기는 7년 단임제였다. 대통령의 권한은 유신헌법에 비해 약화되었으나 비상조치권을 가지고, 국회해산권을 가짐으로써 여전히 강력하였다. ④ 국회의 권한은 유신헌법에 비하여 상대적으로 회복되었고 국정감사권은 여전히 부활되지 않았으나 종래 학설상 인정해온 국정조사권을 명시하였다.

Ⅵ. 제 6 공화국 — 제 9 차 개헌

1986년 초 대통령직선제를 위한 민주헌법쟁취투쟁운동이 각계각층으로 확산되자 국회도 여·야 합의의 만장일치로 헌법개정특별위원회를 출범시켰다. 하지만 전두환 대통령은 1987년 4월 13일 호헌조치를 발표하였고 국민들은 이를 장기집권을 위한 음모라고 거세게 항거하였고 박종철 고문살인은폐조작으로 일어난 6·10항쟁 등 국민들의 개헌요구는 더 이상 이를 거스를 수 없는 것이 되었다. 여당은 결국 1987년 6월 29일에 직선제개헌을 받아들이는 6·29항복선언을 발표함으로써 여·야 합의에 의한 헌법개정 초안이 성사되었다. 10월 12일 국회에서 헌법개정안이 의결되었고 이후 10월 27일 국민투표에서 제 9 차 개헌이 확정되었으며 10월 29일에 제 6 공화국 헌법으로 공포되었다. 제 9 차 개헌(제 6 공화국 헌법)의 주요내용은 각 헌법 법리를 살펴보면서 현행 헌법의 내용을 살펴보게 될 것이므로 여기에서는 생략한다.

Ⅶ. 평　가

제 1 공화국 제 1 차 개헌은 공고절차 등을 위반하고 국회의원의 토론과 표결의 자유를 박탈한 위헌적 개헌이었으며, 제 2 차 개헌은 정족수에 미달한 의결을 하였다는 점에서 절차적으로 위헌적 개헌이었다. 제 2 공화국 제 3 차 개헌은 헌법개정절차에 따른 합헌적 개헌이었으나 군사쿠데타로 단명하였다. 제 3 공화국 제 5 차 개헌은 군사정권이 군사쿠데타로 정권을 장악하여 개헌한 것으로 헌법에 정해둔 개정절차에 따르지 않은 위헌적 개헌이었으며, 제 6 차 개헌은 이른바 날치기 통과된 절차상 불법의 위헌적 개헌이었다. 제 7 차 유신헌법으로의 개헌은 비상조치를 선포한 뒤 절대적 대통령제(신대통령제)라 불릴 정도의 권위주의적 정부형태를 만들었다는 점에서 절차적으로 위헌이었을 뿐 아니라 내용적으로도 정당성 없는 위헌적 개헌이었다. 제 5 공화국 제 8 차 개헌 역시 헌법개정절차를 무시하고 권위주의적 정부를 자리잡게 한 것이어서 마찬가지의 위헌적 개헌이었다. 제 6 공화국 제 9 차 개헌은 기본권규정의 강화, 국회 권한의 회복, 대통령 권한의 축소, 헌법재판제도의 도입 등을 특징으로 하는 개헌이었다.

제5장 국 가 론

제1절 국가의 개념과 성격

Ⅰ. 국가의 개념

국가란 일정한 지역을 기반으로 하여 결속된 인간들의 집단이 존재하고 있고 그 집단과 지역 내에서 최고의 권력을 보유하고 있는 단체라고 정의된다. 국가는 대외적으로 외국에 대해 독립적이고 대내적으로(국가내적으로) 자치적으로 정치적 의사를 결정할 수 있는 단체이다.

Ⅱ. 국가의 성격(존재요건, 특질)

1. 공권력의 보유와 공익성 · 영속성

국가는 법규범을 창설할 수 있는 권력을 보유하고 강제력, 특히 공권력을 가진다. 국가는 최고의 권력인 주권을 가진다. 국가는 공익성을 추구하고 영속성을 가진 공동체이다. 다른 사회단체에서도 공익성과 영속성을 띠는 것이 있으나 국가는 그 정도가 더 강하다고 본다.

2. 인적 요소

국가는 국민이라는 인적 구성요소를 가진다.

3. 지역적 기반

국가는 여러 사람들이 함께 살아가는 일정한 지역과 공간을 기초로 한다. 지역적·공간적 기반은 그 국가의 공권력이 배타적으로 행사되는 영역(영토, 영해, 영공)을 이룬다. 국가의 지역적 기반은 변화될 수도 있다(영역의 변경).

4. 응집성 — 정신적 요소

국가에는 정체성이 존재하고, 단순한 국민들의 집합이 아니라 구성원들인 국민들이 더불어 국가사회라는 공동체를 구성하고 생활하겠다는 의식, 응집력, 결속이 존재하여야 한다.

제 2 절 국가의 요소

결국 주권, 국민, 영역이 국가의 요소를 이루는데, 아래에서 각각 살펴본다.

제 1 항 주권(主權)

Ⅰ. 주권의 개념과 발달

주권이란 국가의 의사를 결정하는 최고의 연원 내지 원동력으로서 대내적으로는 최고의 권력, 즉 한 국가 내에서의 최고의 권력을 의미하고 대외적으로는 한 국가를 외국에 대하여 독립된 지위에 있게 하는 힘을 의미한다. 주권은 국가내적으로는 국가의 조직을 구성하는 자율권과 국가영역 내에 거주하는 국민들과 사람들을 보호하는 힘과 사물들을 지배하는 포괄적인 힘을 가진 권력을 의미한다.

주권개념은 프랑스의 J. Bodin에 의해 그 이론적 정립이 본격적으로 이루어졌고 또한 발달되었다. J. Bodin은 주권이란 공화국의 절대적이고도 영속(영구)적인 권력을 뜻한다는 주권개념을 정립하였다. 즉 한 국가에서 가장 강한 최고권력이 주권으로서 존재한다는 관념을 자리잡게 한 것이다. J. Bodin은 군주의 통치권 강화를 위해 주권개념을 발전시켰기에 군주가 주권을 보유한다는 군주주권론을 주장하였다. 그럼에도 J. Bodin이 오늘날까지 거명되는 것은 바로 주권이란 관념을 자리잡게 했기 때문이다. 이후 근대에 와서 국민이 주권을 가진다는 국민주권설이 주장됨과 아울러 주권이 최고 독립의 권력을 의미한다는 주권개념이 발달되었다. 중간에 군주나 국민이 아니라 국가 자체에 주권이 존재한다는 국가주권설이 주장되기도 하였다. 그러나 결국 현대에는 국민주권주의가 확립되면서 국민이 주권의 보유자이어야 함이 국가의 당연한 전제가 되었다.

주권의 개념 내지 지표로서 중요한 것은 국내적으로는 최고의 지위를 가지는 권력이라는 권력의 최고성과 대외적으로는 한 국가의 독립적 지위를 인정하게 하는 권력이라는 점에서의 독립성을 들 수 있다. 국내의 최고성과 대외적 독립성은 각각 ① 대내주권(對內主權), ② 대외주권(對外主權)으로 표현되기도 한다. 그러나 대외주권은 오늘날 주권의 제약이 국제 현실에서 이루어지고 있기도 하기에 절대적인 것은 아니다.

Ⅱ. 주권의 내용과 특성

1. 주권의 내용

(1) 자주조직권

한 국가가 다른 국가의 간섭을 받지 않고 자신의 주도로 자율적으로 국가의 조직을 수행할 수 있는 권력인 자주조직권이 주권에 내포되어 있다. 국가의 조직이 헌법에 의해 구성되므로 자주조직권은 헌법제정권력으로 나타난다. 주권을 헌법제정권력만이라고 보는 견해가 있으나 주권에는 자주조직권 외에도 외교권, 화폐주조권 등 다른 권력도 포함되어 헌법제정권력보다 더 포괄적 권력이다.

(2) 영민고권(인적 주권)

영민고권(領民高權)이란 그 나라의 국민에 대한 지배권을 의미하고 이는 국내에 거주하는 국민들뿐 아니라 해외에 거주하는 국민들에 대해서도 지배권을 가짐을 의미한다고 종래 설명되어 왔다. 그러나 오늘날 국민주권론 하에서 주권자는 국민인데 국민에 대한 '지배'로 설명하는 것은 바람직하지 않다. 주권에 의하여 국민에 대한 보호 및 한 국가의 법적 작용이 국민에게 미친다고 설명함이, 그리하여 '인적 주권'이라고 부르는 것이 바람직하다. 그리하여 영민고권(인적 주권)은 주권의 한 내용으로서 국민이 국내외 어디에 거주하든지 국가가 보호할 의무, 그리고 그 국가의 법이 그 국민들에 미칠 수 있는 가능성을 의미한다.

(3) 영토고권(지역적 주권)

일정한 영역을 다른 국가들로부터 독립하여 배타적이고 독점적으로 지배할 수 있는 (그 국가의 법이 적용되는) 힘으로서 주권의 한 내용을 이루는 것을 영토고권(領土高權)이라고 한다. 따라서 영토고권은 한 국가의 영역 내에 거주하는 사람들에 대하여(외국인에 대해서도, 즉 국민이든 외국인이든 그 국적을 불문하고 그 영역에 거주하는 모든 사람들에 대하여) 그 국가의 법이 적용되게 하고 그 영역 내에 있는 사물들을 지배할 수 있게 하는 힘을 의미한다.

2. 주권의 특성(본성)

(1) 불가분성과 포괄성

전통적으로 주권은 나누어지지 않고(불가분성) 여러 권력들을 함축하고 있으며(포괄성) 주권에서 여러 권력들이 나온다고 본다. 그러나 오늘날 주권은 국제기구나 국가 간 연합에 일부 이양되는 것을 인정하는 예들이 실제로 있기에 주권은 일부 분할이 될 수 있다고 보는 것이 헌법현실에 부합한다고 할 것이다.

* 우리 현행 헌법 제60조는 국회의 동의를 받아야 하는 중요조약들 중의 하나로 "주권의 제약에 관한 조약"을 명시하고 있다. 바로 이 규정은 우리 헌법도 주권의 자율적 제한 가능성을 인정하는 헌법적 근거라고 할 것이다.

(2) 최고성과 시원성, 자율성, 독립성

주권의 개념에서 보았듯이 주권은 한 국가 내에서 최고의 의사결정권이므로 최고성을 가진다. 주권이 한 국가에 있어서 최고의 지위에 있다는 것은 주권 위에 더 높은 권력이 없고 따라서 그 자신이 자신을 스스로 정당화하는 시작점에 있는 권력이라는 것을 의미한다. 그러므로 최고성은 시원성(始原性)을 의미하기도 한다. 주권은 대외적으로 한 국가를 독립적인 지위에 있게 하는 힘이므로 자율적인 독립성을 가진 힘으로서 존재한다.

(3) 불가양성(不可讓性)

주권은 국민에 속하는 것이고 어느 국가기관이나 다른 국가에 양도될 수 없다. 그러나 오늘날 주권이 국제기구나 국가들 간 연합에 일부 이양되는 것을 인정하는 실제의 사례가 나타나고 있다.

(4) 항존성(시효불적용성)

주권에는 시효가 적용되지 않고 주권은 국가가 존속하는 한 항상 존재한다.

Ⅲ. 주권보유자로서의 국민의 의미

국민주권주의가 국민이 주권보유자임을 의미하는 것은 물론이지만 그 주권자인 국민이 어떠한 국민을 말하는가에 대해 견해가 갈린다. 국민전체가 주권자라고 보는 '국민주권론'과 국민 개개인이 주권자라고 보는 '인민주권론'의 대립이 그것이다. 양 이론은 간접민주정치를 원칙으로 하는가 직접민주정치를 원칙으로 하는가, 기속위임을 부정하는가 인정하는가 하는 등의 문제에 있어서 차이를 보인다. 이에 관한 자세한 것은 후술한다(제2부 제2장 제1절 제2항 국민주권주의 부분 참조).

Ⅳ. 주권과 국가권력

1. 국가권력의 개념

주권과 구별되는 관념으로서 '국가권력'이 있다. 국가권력이란 주권으로부터 나오고 주권에 의해 만들어진 권력(피구성권, pouvoir constitué)으로서 국가작용을 행하는 가분적(可分的)(나누어지는) 개별권력을 말한다. 국가권력은 종래 '통치권'(統治權)이라고 불려왔으나 통치라는 용어가 군림하여 다스린다는 전근대적인 의미를 가지고 있어 부적절하기에 국가권력이라고 부른다.

2. 국가권력 관념의 의미와 우리 헌법규정

국가권력의 관념은 다음과 같은 이유로 요구된다고 한다. 주권이 그 보유자인 국민에 의해 직접 행사되는 경우가 있긴 하나 일상적으로는 직접행사가 어렵고 따라서 국가기관에 의해 행사된다. 그런데 어느 국가기관이 주권을 행사하면 주권이 포괄적 권력이라서 주권을 집중하여 행사하게 되는 결과를 가져올 것인바 이는 받아들일 수 없고 권력분립주의에 따라 입법권, 행정권, 사법권 등으로 각 분할되어 행사되어야 한다. 그러나 주권은 원칙적으로 불가분이어서 그러한 분할행사가 이루어질 수 없다. 그리하여 가분적인 권력인 국가권력의 관념이 나오게 된 것이다. 국가권력은 국가의 활동을 위하여 실제로 행사되는 보다 직접적이고 가분적 개별권력을 의미한다는 점에서 주권과 구별된다. 그러나 국가권력도 주권에 의해 나누어져 구성되는 권력이므로 어디까지나 주권의 소산이고 국가권력이 국가기관별로 행사됨으로써 주권이 대신 행사된다.

위와 같은 설명은 우리 헌법의 규정에 터잡은 것이기도 하다. 즉 현행 헌법 제1조 제2항은 전반에 "대한민국의 주권은 국민에게 있고"라고 한 다음에, 후반에 "모든 권력은 국민으로부터 나온다"라고 규정하고 있는데 만약 주권과 국가권력을 구별하지 않는 입장이라면 이처럼 "주권은 있고," "권력은 … 나온다"라고 별도로 규정할 필요가 없을 것이고 단순히 "주권은 국민에게 있다"라고 하는 것으로 그쳤을 것이다. 요컨대 우리 헌법도 주권만이 아니라 국가권력에 대해서도 규정하고 있고, 주권의 내포인 헌법제정권력으로 제정되는 헌법에 의해 구성되는 파생적이고 가분적인 권력인 국가권력들도 국민으로부터 나온다고 하여 그 정당성의 근거, 연원이 국민임을 분명히 하고 있다.

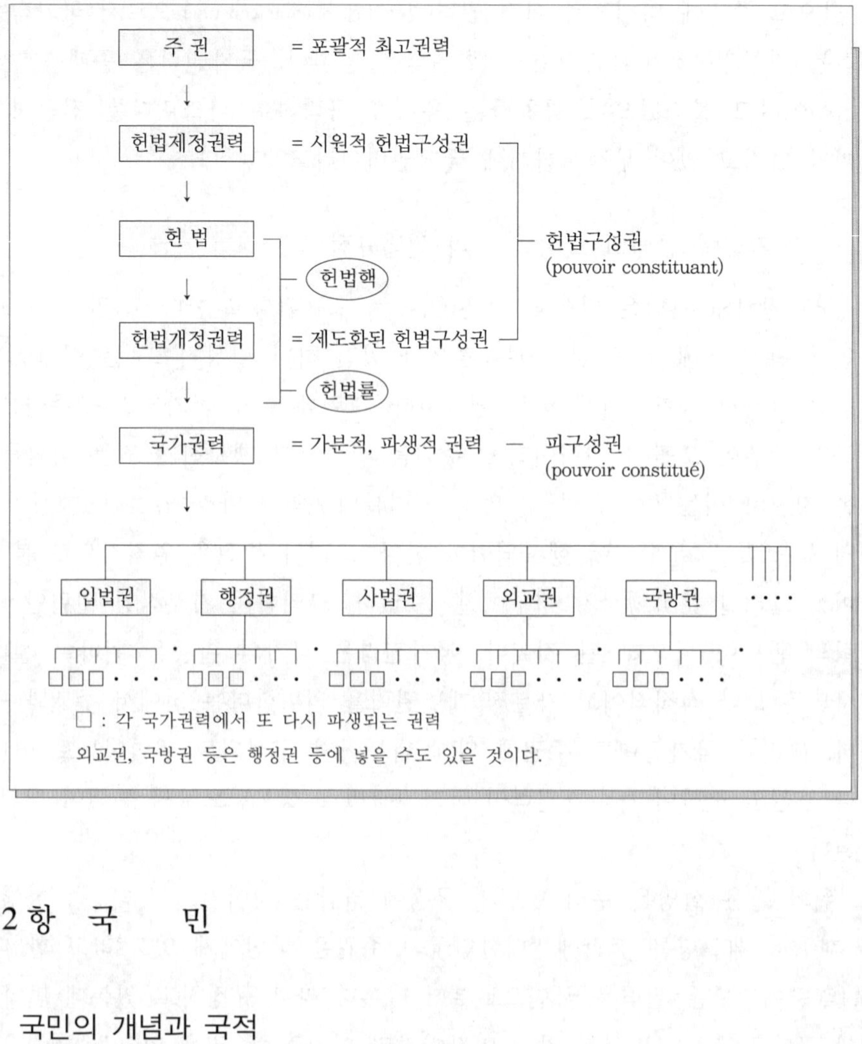

제2항 국 민

Ⅰ. 국민의 개념과 국적

국민이란 한 국가의 인적 구성원들을 말한다. 국적(國籍)이란 어느 특정 국가의 구성원으로서의 국민이라는 자격이나 지위를 말한다. 국적을 ① 헌법 자체에 규정하는 경우도 있고(국적헌법주의), ② 헌법이 법률로 정하도록 위임하는 경우(국적법률주의, 국적단행법주의)도 있으며, ③ 특히 민법으로 국적을 정하는 경우도 있다(국적민법주의). 우리나라 헌법 제2조 제1항은 "대한민국의 국민이 되는 요건은 법률로 정한다"라고 규정하여 국적법률주의(국적단행법주의)를 취하여 현재 법률인 국적법이 있다.

Ⅱ. 국적의 취득과 상실

1. 국적의 취득

(1) 선천적 취득

선천적 취득이란 출생에 의하여 국적이 자동적으로 부여되는 것을 의미한다. 선천적 국적 인정의 준거방식으로는 크게 ① 속인주의(屬人主義, 혈통주의)와 ② 속지주의(屬地主義, 출생지주의)로 나누어지는데 전자는 부모의 국적에 따라 국적취득이 결정되는 방식이고 후자는 탄생지에 따라 국적취득이 결정되는 방식을 말한다. 속인주의에 속지주의를 가미하는 경우도 있다. 우리 현행 국적법은 속인주의를 원칙으로 하고 예외적으로 속지주의도 가미하고 있다(법 제2조 제1항).

(2) 후천적 취득

후천적 취득은 출생이라는 사실에 의해서가 아니라 출생 이후에 일정한 행위에 의해서 또는 요건에 해당되는 일정한 사실이 발생한 경우에 국적이 취득되는 경우를 말한다. 우리 국적법은 후천적 취득으로서 인지(認知), 귀화에 의한 취득, 부모의 귀화에 수반하는 자녀의 국적취득, 국적회복에 의한 취득 등을 규정하고 있다(동법 제3조 제1항, 제4조 제1항, 제5조 내지 제7조, 제8조 제1항, 제9조 제1항). 귀화에는 일반귀화, 간이귀화, 특별귀화가 있다(이에 대하여는 동법 제5조 내지 제7조 참조).

2. 국적의 선택 문제

(1) 국적선택권의 문제

개개인으로서의 인간은 자기의 생활반경, 인생에 당연히 중요한 영향을 미칠 수 있는 소속 국가를 선택할 권리를 가진다. 1948년의 세계인권선언 제15조는 국적을 가질 권리, 국적을 박탈당하지 않을 권리, 그리고 국적변경의 권리를 규정하였다. 그러나 국적선택권은, 다른 국가의 국적의 취득에 요건이 정해져 있고 자국의 국적을 이탈하는 데도 제약이 있을 수 있으므로 현실적으로 제한되고 있다.

(2) 우리 국적법

1) **원칙 — 국적단일주의**(복수국적 보유의 금지) 현행 국적법은 원칙적

으로 단일국적주의를 취하여 복수국적의 보유를 인정하지 않고 있다.

2) 복수국적의 예외적 허용

① **복수국적 인정 대상** 그러나 2010년 국적법 개정으로 예외적으로 복수국적의 보유를 인정하고 있다. 즉 개정된 국적법은 혼인관계를 유지하고 있는 결혼이민자, 대한민국에 특별한 공로가 있거나, 우수 외국인재로서 특별귀화한 자, 국적회복허가를 받은 자로서 특별한 공로가 있거나, 우수 외국인재로 인정되는 자 등은 대한민국 국적을 취득한 후 외국 국적을 포기하지 아니하고 국내에서 외국 국적을 행사하지 아니하겠다는 서약만 하면 대한민국 국적이 상실되지 아니하고 복수국적을 가질 수 있도록 하였다(동법 제10조 제2항).

② **복수국적자의 법적 지위** 복수국적자는 대한민국의 법령 적용에서 대한민국 국민으로만 처우한다(동법 제11조의2 제1항). 복수국적자가 관계 법령에 따라 외국 국적을 보유한 상태에서 직무를 수행할 수 없는 분야에 종사하려는 경우에는 외국 국적을 포기하여야 한다(동법 동조 제2항).

3) **한국 국적 취득자의 외국 국적 포기 의무** 한국 국적을 취득한 외국인으로서 외국 국적을 가지고 있는 자는 한국 국적을 취득한 날부터 1년 내에 그 외국 국적을 포기하여야 한다(동법 제10조 제1항). 포기하지 아니한 채 그 1년이 지난 때에 한국 국적이 상실된다(동법 동조 제3항).

4) **복수국적이 된 자의 국적선택의무** 만 20세가 되기 전에 복수국적자가 된 자는 만 22세가 되기 전까지, 만 20세가 된 후에 복수국적자가 된 자는 그 때부터 2년 내에 하나의 국적을 선택하여야 한다(동법 제12조 제1항).

현행 국적법은 복수국적자의 병역의무의 기피를 막기 위하여 한국 국적의 이탈을 제한하고 있다(동법 동조 제2항). 위 조항 및 같은 취지의 구 국적법 조항에 대해 위헌주장의 헌법소원사건이 있었으나 헌재는 합헌성을 인정하여 기각결정을 한 바 있다(헌재 2006. 11. 30, 2005헌마739; 2015. 11. 26, 2013헌마805). 그러나 헌재는 이후 판례변경을 하여 헌법불합치결정을 하였다(헌재 2020. 9. 24, 2016헌마889).

사회적 문제가 된 이른바 '원정출산'을 막기 위하여 출생 당시에 모가 자녀에게 외국 국적을 취득하게 할 목적으로 외국에서 체류 중이었던 사실이 인정되는 자는 외국 국적을 포기한 경우에만 대한민국 국적을 선택한다는 뜻을 신고할 수 있다고 규정하고 있다(동법 제13조 제3항).

3. 국적의 상실

(1) 상실의 경우

한국 국적의 상실의 경우로는 ① 한국인의 외국 국적 취득에 의한 상실(동법 제15조 제1항. 이 조항의 합헌성을 인정한 결정례 : 헌재 2014. 6. 26, 2011헌마502), ② 국적선택명령제도에 의한 상실(동법 제14조의3 제1항 내지 제4항), ③ 복수국적자의 한국 국적 자진이탈 또는 강제상실결정에 의한 상실(동법 제14조 제1항 본문 · 제2항, 제14조의4 제1항), ④ 한국 국적 취득 외국인의 외국 국적 불포기에 따른 상실(동법 제10조 제1 · 3항) 등이 있다.

(2) 국적상실자의 권리변동

대한민국 국적을 상실한 자는 국적을 상실한 때부터 대한민국의 국민만이 누릴 수 있는 권리를 누릴 수 없다(동법 제18조 제1항). 이러한 한국 국민만이 누릴 수 있는 권리 중 한국 국민이었을 때 취득한 것으로서 양도할 수 있는 것은 그 권리와 관련된 법령에서 따로 정한 바가 없으면 3년 내에 대한민국의 국민에게 양도하여야 한다(동법 동조 제2항).

4. 북한의 주민

북한의 주민도 대한제국 후손으로서 현재로서는 우리의 국가권력이 미치지 못하는 북한 영역이긴 하나 우리의 주권이 미치는 영역에 있는 사람이므로 우리나라의 국민이라고 볼 것이다. 대법원의 판례도 그러하다(대법원 1996. 11. 12, 96누1221; 대법원 2009. 1. 30, 2008도10831). 따라서 탈북한 북한주민에 대해서도 국민과 같은 보호가 필요함은 물론이고 이를 위해 현재 '북한이탈주민의 보호 및 정착지원에 관한 법률'이 시행되고 있다.

Ⅲ. 국민에 대한 국가보호의무

1. 국내거주국민의 보호

국내에 거주하는 국민에 대한 국가의 보호의무는 국민이 국가존재의 전제이므로 당연하다. 헌법 제10조는 국민에 대한 국가의 기본권보호의무를 명시하고 있다.

2. 재외국민의 보호

국가의 기본권보호의무는 외국에 생활하는 우리 국민들에 대해서도 미친다. 또 헌법 제2조 제2항은 "국가는 법률이 정하는 바에 의하여 재외국민을 보호할 의무를 진다"라고 규정하여 재외국민에 대한 보호의무를 명시적으로 국가에 지우고 있다. 여기서 재외국민이라 함은 외국에서 그 나라의 영주권을 가지고 생활하거나 또는 장기간 체류하면서 생활하고 있으면서도 대한민국의 국적을 그대로 보유하고 있는 사람들을 의미한다. 재외국민은 보다 넓은 개념인 재외동포와 구별된다. 재외동포는 재외국민뿐 아니라 한국 국민이었다가 외국 국적을 취득한 사람까지도 포함하는 개념이다.

재외국민에 대한 보호의 내용으로 ① 거류국에서의 안전을 보장하고, ② 그 나라에서 최대한의 권리가 보장되도록 하며, ③ 가능한 한 국내거주 국민에 대한 보호에 준하는 보호가 여러 영역에서 재외국민에게도 이루어지도록 하여야 한다. 그리고 ①과 ②를 위한 외교적 노력이 이루어져야 한다(헌재는 헌법 제2조 제2항의 재외국민보호의 의미(내용)는 "조약 기타 일반적으로 승인된 국제법규와 당해 거류국의 법령에 의하여 누릴 수 있는 모든 분야에서의 정당한 대우를 받도록 거류국과의 관계에서 국가가 하는 외교적 보호와 국외거주 국민에 대하여 정치적인 고려에서 특별히 법률로써 정하여 베푸는 법률·문화·교육 기타 제반영역에서의 지원을 뜻하는 것"이라고 함. 헌재 1993. 12. 23, 89헌마189). 헌재는 i) 강제해직된 공직자에 대한 보상의 범위에서 해외이민을 간 이후 기간의 보상을 배제한 것은 재외국민보호의무를 불이행하는 것이 아니어서 합헌으로 보아 기각결정하였다(위 89헌마189), ii) 일본국에 대하여 가지는 일본군위안부, 원폭피해자로서의 배상청구권이 '대한민국과 일본국 간의 재산 및 청구권에 관한 문제의 해결과 경제협력에 관한 협정' 제2조 제1항에 의하여 소멸되었는지 여부에 관한 한·일 양국 간 해석상 분쟁을 위 협정 제3조가 정한 절차에 따라 해결할 의무가 헌법 제2조 제2항에 비추어 볼 때 헌법적 의무이고 이 의무를 이행하지 아니하고 있는 피청구인(당시 외교통상부장관)의 부작위가 위헌이라고 확인하였다(2006헌마788, 2008헌마648). 그러나 헌재는 이 결정 이후 일제의 사할린 강제징용자 등이 청구한 같은 성격의 청구에 대해 피청구인(당시 외교통상부장관)이 자신에게 부여된 작위의무를 이행하지 않고 있다고 볼 수는 없다고 하여 작위의무 불이행을 전제로 그것이 위헌임을 주장하는 이 사건 심판청구는 부적법하다고 하여 각하결정하였다(헌재 2019. 12. 27, 2012헌마939). iii) 반면에 사할린 지역 강제동원 피해자의 경우 '대일항쟁기 강제동원 피해조사 및 국외강제동원 희생자 등 지원에 관한 특별법'이 1938. 4. 1.부터 1990. 9. 30.까지의 기간 중 또는 국내로 돌아오는 과정에서 사망하거나 행방불명된 사람에 한하여 국외강제동원 희생자에 포함하고 대한민국의 국적을 갖고 있지 아니한 사람을 위로금지급대상에서 제외하여 규정한 데 대한 합헌결정이 있었다. 헌재는 구소련에 의하여 강제억류되어 국내로의 귀환이 사실상 어려웠던 사정을 감안하여 한·소 수교가 이루어진 1990. 9. 30. 이전에 사망 또는 행방불명된 사할린 지역 강제동원 피해자를 위로금 지급대상인 국외강제동원 희생자로 하여 우선적으로 위로금을 지급하는 것은 광범위한 입법재량에 비추어 입법목적을 달성하기 위하여 적정한 것으로서 이를 현저히 자의적이거나 불합리한 것이라고 볼 수 없으므로 재외국민 보호의무에 위반된다고 할 수 없다고 판시하였다(2013헌바11). iv) 작위(국가)의무가 부정되거나 설령 인정되더라도 작위의무 불이행이 아니라고 본 결정 : 한국인 BC급 전범들(태평양전쟁시 일제의 강제동원으로 연합군 포로감시원으로 근무하다 종전 후 연합국의 전범재판으로 처벌된 사람들)의 대일청구권에 관한 헌법소원 각하결정(2014헌마888).

3. 재외동포의 보호

재외국민이 아닌 외국국적동포에 대해서도 한국 내에서 그 법적 보호를 함이 바람직하다. 재외동포체류자격을 가진 외국국적동포의 대한민국에의 출입국과 대한민국 안에서의 법적 지위를 보장하기 위하여 '재외동포의 출입국과 법적 지위에 관한 법률'(이하 '재외동포법이라 함)이 제정되어 있다. 재외동포법 규정(제2조 제2호) 등은 그 제정 직후 그 적용대상에서 대한민국정부 수립 이전에 국외로 이주한 동포(중국·구 소련 지역 동포)를 제외하여 평등원칙을 위반하였다는 이유로 헌법불합치결정*을 선고받았다(헌재 2001. 11. 29, 99헌마494). 그 뒤 법을 개정하여 정부 수립 이전 국외이주동포들도 그 대상으로 하고 있다. 재외동포법은 외국국적동포의 출입국에서의 보호뿐만 아니라 국내에서의 부동산거래, 금융거래 등에서 한국인과 같은 보호를 받도록 하고 있고 건강보험의 적용 등을 받을 수 있게 하고 있다.

* '헌법불합치결정'이란 위헌성을 인정하면서도 단순위헌결정을 할 경우에 즉시 효력이 상실되어 법적 공백이 생기므로 이를 막기 위하여 일정기간 동안은 그 형식적인 존속만을 인정하고 그 적용을 중지하게 하거나 아니면 잠정적으로 계속적용하도록 하는 변형된 결정을 말한다(후술 제5부 헌법재판 참조).

Ⅳ. 국민의 헌법상 지위

국민은 헌법상 개인으로서 또 단체로서의 지위를 지닌다.

1. 개인으로서의 국민

국민은 개별적으로 헌법상 지위를 누리는데 이러한 '개인으로서의 국민'의 헌법상 지위로는 다시 ① 기본권주체로서의 국민과 ② 기본의무주체로서의 국민으로 나누어진다. 국민은 각자 자연인으로서 자유권, 평등권, 생존권, 참정권, 청구권 등 여러 가지 기본권들을 누린다. 아울러 국민은 국방의 의무, 교육의 의무, 납세의 의무, 근로의 의무, 환경보전의 의무 등을 각자 진다.

2. 단체로서의 국민

국민은 단체로서의 헌법적 지위를 누리기도 한다. 단체로서의 국민은 다시 ① 주권보유자로서의 국민과 ② 주권행사자로서의 국민으로 나누어진다. 주권보유자로서의 국민에는 참정권을 실제로 행사할 기본권행사능력을 가진 국민들은 물론이고 참정권을 행사하지 못하는 선거연령 미만의 국민들도 모두 포함된다. 즉 남녀노소, 행위능력 유무에 관계없이 모든 국민을 의미한다. 주권행사자로서의 국민이란 국민의 대표자를 선출하거나 국민의 의사를 직접 표현하는 국민표결(투표)을 하는 단체로서의 국민을 말한다.

제3항 영 역

Ⅰ. 영역의 개념과 성격

1. 영역의 개념

영역이란 한 국가가 배타적이고도 독점적으로 지배할 수 있는 (그 국가의 법이 적용되는) 힘이 미치는 공간을 의미한다. 영역을 지배할 수 있는 이러한 힘은 주권의 한 내용으로서 종래 영토고권(지역적 주권) 내지 영역권이라고 불려 왔다.

2. 영역의 성격 — 영역의 온전성

영역의 의미는 단순히 한 국가와 다른 인접국가와의 지역적 경계라는 물리적 의미만을 가지는 것이 아니다. 영역은 한 국가의 영역 내에서 공동체를 구성하여 생활을 영위하는 사람들의 지역적 기반이 역사적으로 형성되어 이어져 왔고 이러한 지역적 기반이 원상 그대로 유지되어야 한다는 당위적 의미에서의 영역의 온전성을 요구하는 개념이기도 하다.

3. 영토에 대한 기본권의 문제

〈사례 4〉

독도를 중간수역으로 정하여 독도에서의 일본어민들의 어로활동을 허용하는 것을 내용으로 하는 한·일어업협정이 체결된 데 대하여 한국어민 A는 한·일어업협정이 우리나라의 영토권을 침해하였음을 이유로 헌법소원심판을 청구하였다. 영토권이라는 기본권이 인정될 수 있는가?

국민의 기본권으로서 영토권을 인정할 수 있는가 하는 문제에 대해 우리 헌재는 한·일어업협정사건(위 〈사례 4〉 사안)에서 헌법소원의 대상인 기본권의 하나로 간주할 수 있다고 판시한 바 있다(헌재 2001. 3. 21, 99헌마139).

Ⅱ. 영역의 구성과 범위 및 변경

1. 한국의 영토조항 — 한국의 영역의 범위

현행 헌법 제3조는 “대한민국의 영토는 한반도와 그 부속도서로 한다”라고 규정하고 있다. 한반도 전역이 우리의 영역이므로 이북지역에도 우리의 주권이 미치는 지역임을 분명히 하고 있다. 이 조항은 앞서 언급한 대로 우리 영역의 온전성을 의미하는 것이기도 하다.

2. 영역의 구성과 범위

영역은 영토, 영해, 영공으로 이루어진다. 우리 헌법 제3조는 ‘영토’라고 하나 이는 영역이라고 보아야 한다. 영해, 영공은 영토에 종속되어 있다고 보기에 영토라고만 표기한 것이다.

(1) 영 토

영토란 국가의 주권, 지배권이 미치는 토지(육지)의 범위를 말한다. 다른 나라와의 경계를 국경이라고 한다. 영토에 대한 국가의 지배권은 토지의 표면은 물론이고 지하에도 미친다. 영토에 관해 그 범위를 헌법에 명시하고 있는 나라도 있고 명시하지 않은 나라들도 있다.

(2) 영 해

[영해의 범위] 영해란 국가의 주권, 지배권이 미치는 바다, 즉 육지에 접해 있는 바다의 범위를 말한다. 영해의 범위에 대해 종래 나라마다 3해리, 6해리, 12해리, 200해리 등이 주장되고 있었는데 제3차 유엔해양법회의에서 오랜 협상과정을 거쳐 1982년 12월 10일 채택, 1994년 11월 16일 발효되었고 1996년에 우리나라도 가입한 ‘해양법에 관한 국제연합 협약’(United Nations Convention on the Law of the Sea) 제3조는 영해의 폭에 관해 “모든 국가는 이 협약에 따라 결정된 기선으로부터 12해리를 넘지 아니하는 범위에서 영해의 폭을 설정할 권리를 가진다”라고 규정하여 12해리 원칙을 확립하고 있다. 우리나라의 ‘영해 및 접속수역법’ 제1조도 동일한 내용을 규정하고 있다.

[접속수역] 영해에 접속해 있는 수역인 접속수역의 범위도 설정되어야 한

다. '해양법에 관한 국제연합 협약' 제33조는 연안국은 관세 · 재정 · 출입국관리 또는 위생에 관한 법령의 위반의 방지를 위하여 접속수역을 둘 수 있도록 하면서 그 범위한계를 영해기선으로부터 24해리 이내로 설정하고 있다. 우리나라의 '영해 및 접속수역법'도 동일한 내용을 규정하고 있다.

[배타적 경제수역과 대륙붕] '해양법에 관한 국제연합 협약'은 배타적 경제수역(EEZ)을 인정하고 배타적 경제수역에서 연안국은 해저의 상부수역, 해저 및 그 하층토의 생물이나 무생물 등 천연자원의 탐사, 개발, 보존 및 관리를 목적으로 하는 주권적 권리와, 해수 · 해류 및 해풍을 이용한 에너지생산과 같은 이 수역의 경제적 개발과 탐사를 위한 그 밖의 활동에 관한 주권적 권리 등을 가진다고 규정하고 있다(동 협약 제56조). 배타적 경제수역의 범위한계는 영해기선으로부터 200해리를 넘을 수 없도록 규정하고 있다(동 협약 제57조).

위 협약 제76조는 대륙붕에 대해서도 규정하고 있는데 그 범위를 원칙적으로 영해기선으로부터 200해리까지의 해저지역으로 하고 350해리 또는 수심 2,500m의 등심선으로부터 100해리까지의 해저지역까지 예외적으로 확대될 경우를 규정하고 있다. 대륙붕은 수산자원, 지하자원이 매장되어 있는 곳으로서 연안국은 대륙붕을 탐사하고 그 천연자원을 개발할 수 있는 대륙붕에 대한 주권적 권리를 행사한다(동 협약 제77조 제1항).

우리나라에서도 배타적 경제수역과 대륙붕에 관하여 '배타적 경제수역 및 대륙붕에 관한 법률'이 제정되어 있는데 동법은 그 범위를 대한민국이 행사하는 주권적 권리와 관할권 등을 위 협약의 내용과 같이 규정하고 있다. 배타적 경제수역 문제에 관련한 헌재의 결정례로는 한 · 일어업협정에 대한 합헌성 인정 결정례들이 있었다(헌재 2001. 3. 21, 99헌마139; 헌재 2009. 2. 26, 2007헌바35).

(3) 영 공

영공은 영토와 영해의 상공을 말한다. 주권이 미치는 상공의 범위에 대해서는 무한대라는 학설, 대기권까지 미친다고 보는 학설, 실제적 효력의 지배력이 미치는 상공에 한한다는 학설 등이 있으나 마지막 학설(실제적 효력의 지배력설)이 일반적인 견해이다.

3. 영역권에 대한 제약

한 국가의 영역권은 배타적이지만 예를 들어 무해통항권(right of innocent passage)과 같은 경우에 의한 제약을 받을 수 있다. 무해통항권이란 외국의 선박이 지나가는 연안국의 질서나 안전을 해치지 않는 한 자유롭게 연안국의 사전 승인없이도 그 연안을 항해할 수 있는 권리를 말한다.

4. 영역의 변경

영역이 변경되는 경우와 원인으로는 자연현상에 의한 영토의 생성, 화산폭발 등에 의한 영토의 소실 등이 있고 무주지 선점 등이 있으나 흔하지 않다. 그 외 국제조약에 의한 할양(割讓)과 병합이 있다. 할양이란 한 국가가 영역권을 다른 나라에 양도하는 것을 말한다. 병합은 한 국가가 다른 국가에 영토 전부를 양도하여 국가로서의 존립을 잃게 되는 경우이다.

Ⅲ. 한국의 분단국으로서의 통일 문제와 영역

1. 헌법 제 3 조와 제 4 조의 관계 문제

(1) 문제제기

헌법 제 3 조는 "대한민국의 영토는 한반도와 그 부속도서로 한다"라고 규정하고 있고 헌법 제 4 조는 "대한민국은 통일을 지향하며, 자유민주적 기본질서에 입각한 평화적 통일 정책을 수립하고 이를 추진한다"라고 규정하고 있다. 양 조항 간의 관계가 논란되고 있다. 이 문제는 헌법 제 4 조에 따라 평화통일을 위한 노력을 하기 위해서는 남북 간 교류가 이루어져야 하는데 헌법 제 3 조에 따르면 북한정부를 불법단체로 보게 되어 이러한 교류를 받아들일 수 없어 모순이 아닌가 하는 의견이 있었기 때문에 제기된 것이다.

(2) 학 설

이 문제에 대해 학설은 ① 헌법 제 3 조가 우위를 가진다고 보고 한반도 전역에 대한민국 헌법의 효력이 미치고 북한지역은 불법단체가 점령하고 있다고 보는 제 3 조 우위설, ② 오늘날 남북 간 교류와 UN동시가입 등의 현실에 부합되기 위해서는 통일조항인 헌법 제 4 조가 우선한다고 보아야 한다는 제 4 조 우위설, ③ 헌법 제 3 조와 제 4 조를 조화롭게 해석하여야 한다는 조화설 등으로 나누어지고 있다.

(3) 사 견

헌법 제 3 조와 제 4 조는 상호 모순되는 조항으로 볼 것이 아니라 조화적으로 해석하여야 할 것이다. 왜냐하면 헌법 제 3 조의 영토조항은 물리적 영역뿐만 아니라 영토의 온전성이라는 의미를 가지므로 분단을 부정하고 통일을 지향하는 규정이며, 헌법 제 4 조도 통일의 방식을 규정하고 있으므로 양 규정의 지향점이 같다고 볼 수 있기 때문이다. 즉 헌법 제 3 조는 분단을 부정하고 우리 영토의 온전성과 통일지향의 헌법적 의지를 명시한 것이고 헌법 제 4 조는 통일이라는 과제를 확인하고 통일의 방식을 규정한 것이므로 상호 모순되지 않는다.

2. 북한의 지위

영토의 온전성을 선언하고 있는 헌법 제 3 조가 밝히고 있는 대로 북한지역에도 우리의 주권이 미친다. 북한의 정권은 대한민국의 단일성에 위배되는 국내법적으로는 주권국가로 볼 수 없는 불법단체이고 북한지역은 미수복지역이다. 대법원 판례도 북한지역에도 대한민국의 주권이 미친다고 본다(대법원 1996. 11. 12, 96누1221). 대법원은 북한이 평화적 통일을 위한 대화와 협력의 동반자임과 동시에 적화통일노선을 고수하면서 우리의 자유민주주의 체제를 전복하고자 획책하는 반국가단체의 성격도 아울러 가지고 있다고 본다(대법원 2003. 9. 23, 2001도4328). 헌재의 판례도 동일한 취지의 판시를 한 바 있다(헌재 1997. 1. 16, 92헌바6). 북한도 UN에 가입하였다고 하더라도 우리 법상 국가로 볼 수 없고(헌재 2000. 7. 20, 98헌바63) '남북 사이의 화해와 불가침 및 교류 · 협력에 관한 합의서'에 대해 이를 조약이 아니라 공동성명 내지 신사협정 정도로 받아들이는 것이 헌재와 대법원의 입장이다(헌재 1997. 1. 16, 92헌바6, 대법원 1999. 7. 23, 98두14525). 이를 조약으로 보게 되면 조약이 국가들간의 규범이므로 북한을 국가로 인정하게 되어 이는 헌법 제 3 조에 반하는 결과를 가져오므로 남한과 북한 간의 특수관계에 따른 합의규범으로서 내부적 효력을 지니는 잠정적 성격의 것이고 조약과 같은 국제법적 효력을 원칙적으로 인정하기는 어렵다고 본다.

3. 평화통일주의

(1) 헌법규정

우리 헌법은 평화적 통일을 위한 여러 규정들을 두어 그 국민적 의지를 천명하고 평화통일주의를 헌법의 중요한 기본원리로 설정하여 그 실현을 위한 원칙과 제도들을 규정하고 있다. ① 전문에서 조국의 평화적 통일의 사명을 명시하고 있고, ② 자유민주적 기본질서에 입각한 평화적 통일 정책을 수립하고 이를 추진할 국가의 의무(제 4 조), ③ 대통령의 국가의 독립 · 영토의 보전 · 국가의 계속성과 헌법을 수호할 책무(제66조 제 2 항)와 평화적 통일을 위한 성실한 의무(제66조 제 3 항), ④ 대통령의 취임에서의 평화적 통일노력의무 선서의무(제69조), ⑤ 대통령의 통일에 관한 중요정책 국민투표 부의권(제72조)을 규정하고 있으며, ⑥ 평화통일정책의 수립에 관한 대통령의 자문에 응하기 위하여 민주평화통일자문회의를 둘 수 있도록 하고 있다(제92조).

(2) 통일의 원칙

헌법 제 4 조는 우리의 통일방식을 자유민주적 기본질서에 입각한 방식으로 하여야 함을 명시하고 있다. 따라서 무력에 의한 통일방식이 아니라 자유민주주의의 다원적인 대화와 평화적인 교류를 통하여 통일을 성취하도록 노력하여야 한다.

(3) 법률에 의한 추진

평화적 통일추진을 위한 법률로 '남북관계 발전에 관한 법률'이 있다. 이 법률은 대북정책의 법적 기초를 설정하는 법률로서 특히 남북 간 합의서에 법적 실효성을 부여함으로써 남북관계의 안정성과 일관성을 확보하고, 남한과 북한의 기본적인 관계, 국가의 책무, 남북회담대표의 임명 및 남북합의서의 체결 · 비준 등에 관한 사항을 규정하고 있다. 남북 간의 상호 교류와 협력을 촉진하기 위하여 필요한 사항을 규정함으로써 한반도의 평화와 통일에 기여함을 목적으로 하는 '남북교류협력에 관한 법률'이 있다(법 제 1 조). 남북교류와 협력을 목적으로 하는 행위에 관하여는 동법의 목적 범위 안에서 다른 법률에 우선하여 동법을 적용하는데(동법 제3조) 남·북한 왕래시 통일부장관의 증명서 소지(동법 제9조), 남·북한 주민접촉시 통일부장관에의 사전신고(동법 제9조의2), 남북교류·협력의 촉진을 위한 통신역무의 제공(동법 제22조) 등을 규정하고 있다.

제3절 국가형태

Ⅰ. 국가형태의 개념과 분류

1. 개 념

국가형태란 무엇을 의미하는가 하는 문제에 대해서는 견해가 일치되어 있지 않고 국가형태를 헌법형태라고 하거나 정부형태라고도 한다. 여기서는 국가형태를 넓게 보아 한 국가에 있어 전체적으로 그 조직, 국가권력의 구조나 국가권력의 행사, 특히 국가의사의 결정방식 등이 어떠한지 하는 그 모습을 의미하는 것으로 보고 그러한 넓은 개념에 비추어 국가형태 문제를 살펴본다.

2. 공화국의 의미

국가형태로 헌법에 공화국임을 밝히고 있는 나라들이 많다. 우리나라도 그러하다(제1조). 공화국이란 말의 개념은 여러 가지 의미를 가진다. 공화국이란 군주가 없는 민주적 국가라고도 하였으나 군주를 두고 있는 영국, 일본과 같은 경우에도 민주주의정체이므로 적절하지 못하다. 민주적인 공화국의 원리는 국민이 주권을 가지고 국민들에 의해 국가권력의 정당성이 부여되고 그러한 주권과 국가권력을 민주적으로, 그리고 공공의 이익과 모든 국민들의 기본적 인권을 보호하기 위하여 행사되어야 함을 의미한다. 진정한 공화주의와 공화국의 실현은 바로 진정한 민주주의의 실현이라고 할 것이다.

3. 분류의 문제 — 국체·정체 구분론 문제

국가형태를 분류함에 있어서 국체와 정체의 구분론이 있었는데 이에 대해서는 문제점이 지적되고 있다. 국체에 따른 분류는 주권의 보유자가 누구인가에 따라 파악하는 분류이고 정체에 따른 분류는 주권의 행사가 어떠한 방식으로 이루어지느냐에 따라 파악하는 분류이다. 국체 분류에 따르면 국가형태는 주로 군주국(군주가 주권보유자), 공화국(국민이 주권보유자)으로 구분된다. 정체 분류에 따르면 국가권력이 분산되어 행사되는 입헌정체와 반대로 통합되어 행사되는 전제정체로 국가형태가 구분된다. 그런데 오늘날 군주제를 두고 있어 군주국이라고 불리면서도 주권의 실제 보유자는 국민인 국가들이 있다(예를 들어 영국, 일본 등 국왕을 두고 있는 나라들). 반면 '공화국' 명칭을 사용하는 국가의 경우에도 국민이 진정한 주권자가 아닌 경우가 있다(예를 들어 '인민민주주의공화국'이라는 국명의 공산주의국가). 그리하여 오늘날 국체에 따른 분류가 정확하지 않거나 의미가 없다는 문제점이 지적되고 있다. 결국 공화국이란 명칭이 붙여진 국가라고 하더라도 실질적으로 국민이 주권을 가지느냐 하는 점이 중요하고 주권이 실제로 국민에게 있는 민주국가에서는 주권의 보유자에 따른 분류인 국체의 분류가 사실상 별 의미가 없다. 그리하여 주권이 어떠한 방식으로 민주적으로 행사되느냐 하는 것을 살펴보는 것이 의미있는 주안점이다.

Ⅱ. 민주적 국가형태(입헌정체)와 비민주적 국가형태(전제정체)

1. 입헌정체

(1) 개념과 요소

입헌정체란 국가권력이 여러 국가기관들 간에 분산되어 행사되는 민주적 정체를 말한다. 입헌정체의 요소를 보면, ① 주권자인 국민이 민주적 선거제도를 통해 여러 국가기관들을 선출하여, ② 그 국가기관들에 국가권력을 배분하여 행사하도록 하고 서로 견제와 균형을 이루도록 하며(권력분립), ③ 국민의 표현의 자유가 보장되고, ④ 여러 계층의 국민들의 의사를 수렴할 수 있도록 복수의 정당제도를 인정하며, ⑤ 사유재산과 시장경제를 기초로 하는 경제질서가 자리잡고 있는 정체이다.

(2) 유 형

입헌정체에는 대통령제(대통령이 실질적 권한을 가지고 입법권과 집행권이 엄격하게 분리되어 행사되는 정체), 의원내각제(내각의 존속이 의회의 신임에 달려있는, 내각불신임제와 의회해산제를 중요요소로 하는 정체), 혼합정부제(의원내각제적 요소와 대통령제적 요소가 혼합된 정체. 우리나라에서 이원정부제라 하나 문제가 있고 혼합정부제라 함이 타당함), 스위스연방식의 이사회(내각합의체)정부제(스위스 연방정부에서는 연방의회에서 선출된 7인의 장관이 합의체인 내각을 이루고 그 7인 중에서 의회가 선임한 사람이 임기 1년의 대통령직을 수행함), 직접민주제 등이 있다. 위와 같은 입헌정체의 각 유형에 대한 자세한 것은 뒤의 국가권력론에서의 정부형태론에서 다루므로 여기서는 중복을 피하기 위해 생략한다(후술 제4부 국가권력규범론 참조).

2. 전제정체

전제정체는 국가권력이 집중되어 행사되는 비민주적 정체를 말한다. 근대 이전의 전제군주제는 물론이고 근대 이후의 전체주의 정부, 권위주의 정부, 인민공화제, 신대통령제 등이 이에 속한다. 전체주의(totalitarianism) 정부는 국민이 주권자가 아니라 전체를 위한 수단에 불과한 정체이다. 국민 개인의 기본권은 억제되고 국가의사의 통일을 위하여 복수의 정치적 단체, 정당의 활동을 부정한다. 신대통령제는 외양은 대통령제이나 대통령에게 권력이 집중되어 있는 정체이다.

Ⅲ. 단일국가, 연방국가, 국가연합

1. 단일국가

주권이 하나이고 따라서 헌법도 하나이며 단일한 체계의 국가기구·조직과 중앙정부로 구성되는 국가가 단일국가이다. 단일국가에서는 중앙정부가 있고 지방에는 지방자치단체가 있다. 단일국가에서는 대내적으로 중앙의 입법부와 집행부, 그리고 사법부의 기관들이 단일한 체계를 이루며 법체계가 통일적이다. 지방자치가 이루어지더라도 국가로서의 자치가 아니고 지방자치단체가 주권을 가지지 않으며 지방자치단체의 입법(조례)은 국가법령에 위배될 수 없다. 단일국가에서는 이처럼 대내적으로뿐만 아니라 대외적으로도 단일국가가 국제법적으로 대외주권을 행사하고 법주체가 된다.

2. 연방국가

각각으로서도 공동체인 복수의 주(州)들이 전체로서 하나의 공동체인 연방을 형성하고자 결합하여 연방헌법을 제정하고 연방도 주권을 가진 국가로서 연방의 국가권력을 행사하며 국제법적으로 주정부가 아니라 연방 자체가 법주체로서 다른 외국들과 외교관계를 가지는 국가가 연방국가(federal state)이다. 주도 헌법을 가지고 있으며 주마다 의회, 행정부, 사법부를 두어 입법권, 행정권, 사법권의 국가권력을 행사하고 있기 때문에 비록 외교권이 없어 대외주권을 행사하지 않아 불완전하긴 하지만 하나의 국가이다. 연방국가에서는 연방이 관할하는 영역(외교, 국방, 연방 전반에 통일을 기해야 할 정책 분야 등)과 각 주가 관할하는 영역이 나누어지게 되고 이러한 권한분배문제가 중요하다.

3. 국가연합

국가연합(confederation)이란 여러 국가들이 각각의 주권과 독립성은 그대로 보유한 채 서로 결합하겠다는 목적으로 조약을 체결하여 성립되는 공동체를 말한다. 연방의 경우 주들이 합의에 의해 헌법을 제정함으로써 연방국가를 성립시키는 것과 달리 국가연합은 일반적으로 조약의 체결로 성립된다. 국가연합 자체는 국가가 아니고 주권을 가지지도 않으며 구성국가 각각이 주권을 가진다. 국제법상 법주체의 지위를 국가연합은 가지지 않고 각 구성국가가 가지며 개별 구성국가가 독자적으로 외교권을 행사한다. 국가연합과 개별 구성국가 간의 권한분배도 없다. 국가연합은 국제기구와 구별된다. 국제기구는 특정한 목적만을 위하여 형성된 국제적 조직이라는 점에서 국가연합과 다르다.

4. 연방국가와 국가연합의 차이

연방국가와 국가연합의 차이를 보면, ① 그 성립이 연방은 헌법에 의하여, 국가연합은 일반적으로 조약에 의하여 이루어진다는 점, ② 연방국가도 하나의 국가인 반면에 국가연합은 국가로서의 성격을 가지지 않는다는 점, ③ 연방은 주권을 가지나 국가연합은 주권을 가지지 않는다는 점, ④ 연방국가에서는 연방과 주 간의 권한분배가 있으나 국가연합은 그러하지 않은 점, ⑤ 연방은 국제법주체성을 가지나 국가연합은 그러하지 않은 점, ⑥ 군사병력을 국가연합은 보유하지 않고 개별 구성국가가 보유하는 반면 연방국가의 경우는 주가 아니라 연방이 보유하는 점 등이다.

5. 유럽연합의 경우

유럽연합(European Union)은 이름이 '연합'이라도 국가연합보다는 그 구성국가들 간의 결속력이 강하다. 그러나 연방국가보다는 그 결속력이 약하다. 국가연합과 달리 유럽연합은 구성국가들로부터 상당한 권력을 위임받은 공동체이고 집행부와 합의제기관(유럽의회), 재판기관(유럽연합재판소)을 두고 있다. 유럽연합의 규범은 구성국가들에도 구속력을 가질 수 있다. 원래 경제공동체로 출범하였으나 1992년 Maastricht조약으로 경제영역을 넘어서 그 목표영역이 확대되었고, 2005년 유럽연합헌법조약이 불발되었으나 수정된 리스본조약(개정조약, the Reform Treaty)이 2009년 12월 1일 발효되어 보다 결속력을 가지게 되었다.

Ⅳ. 대한민국의 국가형태

1. 민주공화국

우리 헌법 제1조 제1항은 "대한민국은 민주공화국이다"라고 규정하고 있다. 이 조항은 우리나라의 이름(國名)이 대한민국이라는 점과 우리의 국가형태가 민주공화국임을 밝히고 있다.

(1) 민주공화국의 개념과 제1조 제1항의 규범성

헌법 제1조 제1항에서 규정하는 '민주공화국'이 무엇인가 하는 점에 대하여 견해가 대립하나 '민주공화국'이라는 규정 자체가 우리나라 국가형태를 규정하고 있다고 보아 '민주'란 공화국의 정치가 민주적일 것을 요구하는, 즉 공화국의 내용을 규정한 것이라고 볼 것이며, '공화국'이란 민주주의적인 국가를 의미한다고 볼 것이다. 그렇다면 우리 헌법 제1조 제1항이 명시하고 있는 '민주공화국'이란 '민주'와 '공화국'을 별개로 보기보다는 하나의 의미체로 보아야 할 것이다. 헌법 제1조 제1항은 헌법제정권력의 핵심적 의사가 표명된 것으로서 그 헌법개정이 금지된다는 점이 명시되어 있지는 않으나 해석상 폐지될 수 없는 헌법개정의 한계이다.

(2) '민주공화국'의 요소

우리 헌법의 민주공화국에서의 요소로는 ① 군주제의 금지, ② 국민주권주의의 구현과 국민에 의한 국가권력 정당성 부여, ③ 국민의 기본권보장, ④ 국가권력의 분립과 민주적 행사 및 국가권력에 대한 통제 등을 그 요소로 한다.

2. 대한민국의 국가형태의 특색

(1) 단일국가

대한민국은 한반도와 그 부속도서를 영역으로 하는 단일국가이고 연방이나 국가연합의 국가가 아니다. 지방에는 국가적 조직이 아니라 국가의 지역적 조직으로서 지방자치단체가 있을 뿐이다.

(2) 입헌주의적 국가형태

대한민국이라는 국가는 헌법에 입각하여 국가권력이 행사되고 통제되며 국민의 기본권이 보장되는 입헌주의국가이다. 현재의 정부는 대통령제를 기본으로 하면서 의원내각제적 요소들이 다소 가미된 정부형태를 취하고 있다.

(3) 간접민주정치와 예외적 직접민주정치

우리 헌법도 국민의 대표기관들을 통하여 주권이 행사되도록 하는 간접민주정치를 원칙으로 하고 있다. 그러나 국가의 중요정책을 위한 국민투표, 헌법개정을 위한 국민투표의 제도를 둠으로써 직접민주정치를 가미하고 있다.

(4) 방어적 민주주의

민주주의는 절대적이고 경직된 이념이 아니라 개방적이고 모든 이데올로기를 수용하는 상대적인 이념이다(민주주의의 상대성, 다원주의). 그러나 민주주의를 파괴하는 이념에 대해서까지도 관용을 베풀 수는 없다. 상대주의에 입각하여 관용을 보이는 민주주의도 민주주의를 파괴하려는 사상에 대해서는 단호히 방어하여야 한다. 이처럼 민주주의를 부정하고 파괴하는 활동을 막고 민주주의를 사수하고자 하는 민주주의를 독일에서 사용되는 용어를 번역하여 '방어적 민주주의'라고 한다. 방어적 민주주의는 특히 집단적 행동에 대응할 것을 요한다. 정당해산심판제도가 그러한 대표적 제도이다. 우리 헌법도 헌법 제8조 제4항의 정당해산심판제도를 두어 이러한 방어적 민주주의를 채택하고 있다.

(5) 사회복지국가

우리 헌법은 현대적 헌법으로서 사회복지주의를 중요한 헌법적 기본원칙으로 설정하고 있다. 전문에서 '국민생활의 균등한 향상'을 규정하여 복지적 이념을 지향함을 보여주고 있고 헌법 제34조 등에서 인간다운 생활을 할 권리, 사회보장, 사회복지의 권리들을 규정하고 있다.

제2부 한국헌법의 기본원리와 기본질서

제 1 장 한국헌법의 기본구조와 기본원리

제 1 절 한국 헌법전(憲法典)의 기본구조

한국은 성문의 헌법전을 두고 있는 국가이다. 대한민국헌법은 전문과 본문 130개조, 부칙 6개조로 구성되어 있다.

Ⅰ. 헌법전문(憲法前文)

1. 헌법전문의 법적 성격과 규범적 효력

헌법전문이 법적 효력 내지 재판규범으로서의 효력을 가지는지에 대해 이를 부정하는 견해들이 있으나 헌법전문도 헌법으로서의 재판규범의 효력을 가지고 따라서 법원(法源)으로 인정된다(전술 헌법의 법원 부분 참조).

2. 헌법전문의 내용

헌법전문은 일반적으로 그 헌법의 제정이나 개정의 역사를 담고 헌법이 지향하는 기본적인 이념이나 원리들을 그 내용으로서 선언하고 있다. 우리 헌법의 전문은 다음과 같은 내용들을 담고 있다. ① 헌법제정·개정권력자로서의 국민("우리 대한국민은 … 제정되고 … 개정한다"), ② 제정·개정경과의 헌법역사("우리 대한국민은 … 1948년 7월 12일에 제정되고 8차에 걸쳐 개정된 헌법을 이제 국회의 의결을 거쳐 국민투표에 의하여 개정한다"), ③ 역사와 전통("유구한 역사와 전통에 빛나는 우리 대한국민은"), ④ 3·1운동·대한민국임시정부 법통과 4·19민주이념의 계승(헌재는 일본군위안부로 강제동원되었던 청구인들, 강제징병(징용)되어 원폭피해를 당한 청구인들의 인간으로서의 존엄과 가치를 회복시켜야 할 의무는 "대한민국임시정부의 법통"을 계승한 지금의 정부가 국민에 대하여 부담하는 가장 근본적인 보호의무에 속한다고 하고 이 의무를 이행하지 아니하고 있는 외교통상부장관의 부작위가 위헌이라고 확인하였다. 헌재 2011. 8. 30, 2006헌마788; 헌재 2011. 8. 30, 2008헌마648. 그러나 헌재는 이 결정 이후 일제 사할린 강제징용자 등이 청구한 같은 취지의 청구에 대해 우리 정부 당시 외교통상부장관이 자신에게 부여된 작위의무를 이행하지 않고 있다고 볼 수는 없다고 하여 작위의무 불이행을 전제로 그것이 위헌임을 주장하는 이 사건 심판청구는 부적법하다고 하여 각하결정하였다. 헌재 2019. 12. 27, 2012헌마939), ⑤ 헌법이념과 과제("조국의 민주개혁과 평화적 통일," "민족의 단결을 공고히 할 것," "자유민주적 기본질서" 등) 등이 그것이다.

Ⅱ. 본 문

현행 한국헌법의 본문은 제 1 장 총강(제 1 조 - 제 9 조), 제 2 장 국민의 권리와 의무(제10조 - 제39조), 제 3 장 국회(제40조 - 제65조), 제 4 장 정부(제66조 - 제100조), 제 5 장 법원(제101조 - 제110조), 제 6 장 헌법재판소(제111조 - 제113조), 제 7 장 선거관리(제114조 - 제116조), 제 8 장 지방자치(제117조 - 제118조), 제 9 장 경제(제119조 - 제127조), 제10장 헌법개정(제128조 - 제130조)으로 규정되어 있다.

Ⅲ. 부 칙

부칙은 모두 6개조로 이루어져 있고, 부칙에는 헌법의 시행일, 국가의 중요 기관들의 구성과 임기개시일, 공무원 등의 임명, 임기에 관한 경과규정, 법령·조약의 효력에 관한 경과규정, 국가기관의 권한에 관한 경과규정을 두고 있다.

제 2 절 한국헌법의 기본원리

Ⅰ. 국민주권주의

헌법 제 1 조 제 2 항은 "대한민국의 주권은 국민에게 있고"라고 규정하여 국민이 대한민국의 주권의 주체임을 명시하고 있다. 동법 제 1 조 제 1 항이 "대한민국은 민주공화국이다"라고 선언한 것도 군주제를 부정하고 공화국이란 점, 따라서 군주나 귀족에게 주권이 있는 것이 아니라 국민에게 주권이 있음을 의미한다. 헌법전문에서 대한'국민'이 헌법을 제정하고, 개정하였음을 분명히 함으로써 주권의 한 요소인 헌법제정권력을 가지는 주체가 국민임을 밝힌 것도 국민주권주의라는 헌법의 기본원리를 전제로 하는 것이다.

Ⅱ. 기본권보장주의

헌법의 종국적인 존재목적은 기본권의 보장에 있다. 우리 헌법 제10조도 "모든 국민은 인간으로서의 존엄과 가치를 가지며, 행복을 추구할 권리를 가진다. 국가는 개인이 가지는 불가침의 기본적 인권을 확인하고 이를 보장할 의무를 진다"라고 규정하여 기본권보장주의를 천명하고 있다. 우리 헌법은 평등권, 자유권, 생존권, 참정권, 청구권 등 여러 기본권들을 명시하고 있다. 위 헌법 제10조 후문은 기본권보장의 국가의무를 규정하고 있고, 기본권보장을 위하여 현행 헌법에서는 헌법재판소의 헌법소원심판제도와 같은 기본권구제를 위한 헌법재판제도를 두고 이를 실질화하고 있다.

Ⅲ. 자유민주주의

우리 헌법도 당연히 자유민주주의를 그 원칙으로, 특히 정치적 자유 등이 보장되도록 하여 자유민주주의를 구현하도록 하고 있다. 헌법은 기본권 장에서 신체의 자유에서부터 직업의 자유, 언론출판의 자유, 재산권 등 여러 자유권들을 명시하고 있다. 그러나 우리 헌법은 자유에 대한 적절한 제한을 가하도록 하고 있고 헌법전문도 “자유와 권리에 따르는 책임과 의무를 완수하게 하여”라고 하고, “자율과 조화를 바탕으로 자유민주적 기본질서”라고 규정하고 있다.

Ⅳ. 사회복지주의

현대의 헌법은 복지주의를 지향하고 있다. 사회복지주의는 자유주의에 따라 경제적 자유나 경쟁의 자유가 초래하기도 한 모순을 제거하기 위한 것이기도 하다. 우리 헌법도 제34조가 국가의 사회보장·사회복지증진의무를 명시하여 복지주의의 원리를 헌법의 중요한 기본원리로 하고 있다.

우리 헌법은 전문에서 “국민생활의 균등한 향상”을 천명하고, 사회복지를 실현하기 위한 기본권들로 생존권적 기본권들을 적지 않게 명시하고 있다. 즉 인간다운 생활을 할 권리(제34조), 고용증진과 적정임금보장 및 최저임금제(제32조), 여자·노인·청소년의 복지, 신체장애자와 생활능력이 없는 국민에 대한 보호, 재해로부터의 국민보호(제34조 제3, 4, 5, 6항) 등을 규정하고 있다.

Ⅴ. 국민대표주의와 권력분립주의

우리 헌법은 국민이 직접 주권을 행사하고 정치에 참여하는 국민투표제도와 같은 직접민주정치제도를 두고 있긴 하나 평상적으로 국가활동이 국민이 선출한 국민대표자(기관)에 의해 이루어지도록 하고 주권행사를 대신하게 하는 국민대표제(간접민주정치, 대의제라고 부르기도 한다)를 원칙으로 한다.

권력의 남용을 막기 위하여 국가권력들은 어느 한 국가기관에 통합되어 행사되어서는 아니 되고 여러 국가기관들에 분속되어 행사되어야 하며 각 권력들 간에는 상호 균형과 견제가 이루어야 한다는 원리가 권력분립주의이다. 우리 헌법은 입법권은 국회에, 행정권은 대통령을 수반으로 하는 정부에, 사법권은 법관으로 구성된 법원에 속한다고 규정하고(제40조, 제66조 제4항, 제101조 제1항), 위헌법률심판권, 탄핵심판권, 정당해산심판권, 국가기관 상호 간 등의 권한쟁의에 관한 심판권, 헌법소원심판권은 헌법재판소가 행사하도록(제111조 제 1 항) 권한을 분속함으로써 권력분립주의를 실현하고 있다. 또한 각 국가기관들 간에 권력의 균형과 견제가 이루어지도록 상호 통제의 제도들을 두고 있다(국민대표주의, 권력분립주의에 대해서는, 후술 제 4 부 제 1 장 참조).

Ⅵ. 평화통일주의

헌법전문은 "조국의 민주개혁과 평화적 통일의 사명에 입각하여 정의·인도와 동포애로써 민족의 단결을 공고히 하고"라고 하여 통일을 국가사명으로 하고 통일의 방법을 평화적인 것으로 하도록 규정하고 있다. 헌법 제 4 조는 이러한 사명을 재차 명시하고 있으면서 아울러 그 통일방식에 대해 직접 명시적으로 "자유민주적 기본질서에 입각한 평화적"이라는 방법을 분명히 규정하고 있다. 평화통일주의에 대해서는 앞서 대한민국의 영역에 대한 논의에서 살펴보았다(전술 대한민국의 영역 부분 참조).

Ⅶ. 문화국가주의

헌법 제 9 조는 "국가는 전통문화의 계승·발전과 민족문화의 창달에 노력하여야 한다"라고 규정하여 우리 헌법이 문화국가주의를 지향하고 이를 헌법의 한 원리로 설정하고 있다. 문화국가주의는 헌법전문에서도 표명되고 있는데 "문화의 … 영역에 있어서 각인의 기회를 균등히 하고"라고 규정하여 문화평등주의를 표방하고 있고, 이는 문화적 생활의 영역에 있어서 차별을 받지 아니한다고 명시한 평등권조항에서도 나타나고 있다(제11조 제 1 항). 문화국가주의의 구체적인 내용은 뒤의 문화적 질서에서 살펴본다(후술 참조).

Ⅷ. 사회적 시장경제주의

우리나라의 경제질서에 관하여 우리 헌법 제119조 제 1 항은 "개인과 기업의 경제상의 자유와 창의를 존중함을 기본으로 한다"라고 하여 어디까지나 자본주의경제, 자유주의경제를 원칙으로 한다. 그러나 헌법 제119조 제 2 항은 "국가는 균형있는 국민경제의 성장 및 안정과 적정한 소득의 분배를 유지하고, 시장의 지배와 경제력의 남용을 방지하며, 경제주체 간의 조화를 통한 경제의 민주화를 위하여 경제에 관한 규제와 조정을 할 수 있다"라고 규정함으로써 자본주의경제의 모순을 시정하고 시장경제의 왜곡을 불식하기 위하여 경제에 대한 국가의 규제와 조정을 허용하고 있다. 이러한 경제개입은 사회구성원들의 이익과 복지를 위한 것이다. 시장을 독점하는 세력을 제거하여 시장기능을 회복함으로써 사회구성원들 전체의 이익을 보호하는 것이다. 그리하여 자본주의경제를 원칙으로 하면서 경제의 민주화를 이루기 위한 국가의 규제와 조정을 허용하는 경제질서를 일컬어 이른바 「사회적 시장경제질서」라고 부른다(사회적 시장경제질서에 대해서는, 후술 제 2 장 제 5 절 제 1 항 참조. 우리 헌법이 '사회적 시장경제'라는 용어를 명시하지 않고 있다. 일단은 그동안 쓰여온 용어로서 그렇게 서술한다). 우리 헌재의 판례도 우리나라 헌법상의 경제질서가 사회적 시장경제질서로서의 성격을 가지는 것으로 파악하고 있다(헌재 1996. 4. 25, 92헌바47).

Ⅸ. 지방자치 · 지방분권주의

우리 헌법 제117조는 지방자치단체가 "주민의 복리에 관한 사무를 처리하고 재산을 관리하며, 법령의 범위 안에서 자치에 관한 규정을 제정할 수 있다"라고 규정하여 지방분권주의, 지방자치권을 명시하고 있다. 오늘날 주민의 일상생활에 바로 접해있는 지방행정은 그 역할이 더욱 증대되고 있다(지방자치제도에 관해서는, 후술 제 4 부 제 6 장 지방자치 참조).

Ⅹ. 국제평화주의

우리 헌법은 전문에서 "밖으로는 항구적인 세계평화와 인류공영에 이바지함으로써"라고 규정하고 있고 제 5 조 제 1 항이 "대한민국은 국제평화의 유지에 노력하고 침략적 전쟁을 부인한다"라고 규정하여 국제평화주의를 천명하고 있다. 헌법 제 6 조 제 1 항이 "헌법에 의하여 체결 · 공포된 조약과 일반적으로 승인된 국제법규는 국내법과 같은 효력을 가진다"라고 규정하여 밝히고 있는 국제법존중주의도 국제평화를 위한 원칙이다. 국제평화주의는 우리의 시대적 헌법사명인 평화통일주의의 실현을 위해서도 중요하다.

제2장 한국헌법의 기본질서와 기본제도

제1절 민주질서

* 논의범위: 민주질서는 다음의 절들에서 보게 될 법치주의, 정치질서(정당제도, 선거제도), 사회질서 등도 포괄한다. 그러나 여기서는 모든 기본질서의 지침이 되는 민주적 기본질서(민주주의), 국민주권주의에 대해서 살펴보고 각론적 성격의 기본질서인 법치주의, 정치질서 등은 각각 별도의 절로 하여 살펴본다.

제1항 민주적 기본질서(민주주의)

Ⅰ. 민주적 기본질서의 개념

1. 민주주의의 개념의 핵심 — '국민의, 국민에 의한, 국민을 위한' 국가

민주주의(民主主義)의 개념처럼 다양하게 정의되는 헌법개념도 드물 것이다. 고대 그리스 시대부터 민주주의는 민중에 의한 정치를 의미하였다. 민주주의를 가리키는 영어 'democracy'가 그리스어인, 민중을 의미하는 'demos'와 지배, 권력을 뜻하는 'kratia'의 합성어인 'demokratia'에서 유래하였다고 하는데 이는 결국 국민이 국가권력을 보유, 지배, 행사하여야 한다는 것이 민주주의의 개념요소로서 내포되어 있음을 의미한다. 이처럼 민주주의는 무엇보다도 먼저 국민이 주체가 되고 중심이 되는 국가를 의미한다. 이는 미국의 링컨(Abraham Lincoln) 대통령의 유명한 1863년 11월 19일 게티즈버그(Gettysburg)에서의 연설대목인 "인민의, 인민에 의한, 인민을 위한 정부"로 표현된다. 프랑스 헌법 제 2조 제 5 항도 공화국의 원칙은 "인민의, 인민에 의한 그리고 인민을 위한 정부"라고 규정하고 있다. 이처럼 민주주의의 핵심적 개념요소는 국민의 의사에 따른 국민의 이익을 위한 국가활동이어야 한다는 데에 있다. 국민이 대표자를 선출하여 행하든 직접 행하든 그러하다. 민주주의는 국가활동과 정치활동의 이념이자 형태로서의 의미를 가지며 국가의 존립근거이자 정당화근거이다.

2. 변천 — 자유주의적 민주주의와 사회복지적 민주주의

민주주의는 군주의 절대권력을 무너뜨리고 국민주권을 확립한 근대 시민혁명의 인권선언에서 잘 나타났듯이 자유를 기초로 한다. 이는 당시 무엇보다 먼저 요구되었던 것이 절대권력의 억압으로부터 자유를 회복하는 것이기 때문이었음은 물론이다. 특히 신체의 자유, 언론의 자유, 재산권의 자유 등이 강조되었다. 언론의 자유는 국민이 자유롭게 의사를 표명하여 정치적 의사를 형성하고 이로써 정치에 참여할 수 있게 하는 것이기에 더욱 중시되었다. 이처럼 근대의 민주주의는 국민의 자유에 중점을 두어 자유주의적 성격을 가졌다(자유주의적 민주주의).

그러나 근대말기에 나타난 사회적 · 경제적 문제상황은 자유주의가 가지는 한계를 노정하였다. 경제적 자유주의가 부익부 빈익빈을 가져오고 자본주의의 기반인 시장경제원리가 제대로 작동하지 못하는 경우가 생기는 등 모순을 보여주었다. 이를 극복하기 위하여 사회구성원들의 기본적 삶을 영위하도록 하여야 한다는 사회복지주의가 주장되었고 실질적 평등사회를 추구하게 되었다(사회복지적 민주주의). 경제영역에서는 시장기능을 회복하기 위하여 경제의 자유에 대한 제한과 규제가 요구되었다. 그리하여 복지와 경제적 정의관념 등도 민주주의의 요소를 형성하게 되었다.

3. 현대 민주주의의 요소

결국 현대의 민주주의는 자유주의적 민주주의적 요소와 사회복지적 민주주의적 요소를 내용으로 한다. 국가나 시대마다 어느 요소들에 더 비중을 두느냐의 차이가 있겠으나 우리의 헌법도 양자의 요소를 모두 기본이념으로 하고 있다.

Ⅱ. 우리 헌법의 민주적 기본질서

1. 개 념

(1) 문제의 소재 — 헌법규정

우리 헌법은 전문에서 "자유민주적 기본질서를 더욱 확고히 하여"라고 하고, 제4조도 "자유민주적 기본질서에 입각한 평화적 통일 정책"이라고 하여 자유민주적 기본질서라는 용어를 규정하고 있고, 반면에 헌법 제8조 제4항은 "정당의 목적이나 활동이 민주적 기본질서에 위배될 때에는"이라고 하여 그냥 민주적 기본질서라는 용어를 규정하고 있다. 이처럼 민주적 기본질서라는 용어뿐 아니라 자유민주적 기본질서라는 용어가 규정되고 있어서 민주적 기본질서의 의미가 무엇인지 하는 헌법해석의 문제가 있다.

(2) 학 설

민주적 기본질서의 개념에 대해서 우리 학설은 ① 민주적 기본질서는 자유민주주의와 사회민주주의 등을 내포하는 상위개념이며 그 공통개념이라고 보아 민주적 기본질서에는 자유민주적 기본질서는 물론이고 사회복지주의 등 사회민주적 기본질서도 포함된다고 보는 견해, ② 민주적 기본질서를 자유민주적 기본질서와 사회민주적 기본질서를 포괄하는 상위개념이라고 하면서도 헌법 제8조 제4항의 민주적 기본질서는 자유민주적 기본질서만이라고 보는 견해, ③ 자유민주적 기본질서 속에 사회민주적 기본질서 사항이 포함되어 양자가 같다고 보거나 융합되어 있다고 보는 견해 등이 대립한다.

(3) 헌법재판소의 판례

우리 헌재는 민주적 기본질서 전체에 대해 설시한 바는 없고 자유민주적 기본질서에 대해서는 그 개념 정의를 설시한 바 있다(헌재 1990. 4. 2, 89헌가113). 우리 헌재가 이러한 설시를 한 것은 당해 결정의 사안이 표현의 자유와 관련한 것이기도 하여 자유주의적 요소를 설명하게 된 때문이다. 따라서 우리 헌재 판례는 사회민주적 기본질서에 대한 정의는 아직 내리지 않았다고 볼 것이며 이러한 설시를 두고 우리 헌재가 민주적 기본질서를 자유민주적 기본질서만으로 보는 것으로 이해하는 것은 타당하지 않다. 헌재는 통합진보당에 대한 해산결정에서 "헌법 제 8 조 제 4 항의 '민주적 기본질서'는, 개인의 자율적 이성을 신뢰하고 모든 정치적 견해들이 상대적 진리성과 합리성을 지닌다고 전제하는 다원적 세계관에 입각한 것으로서, 모든 폭력적 · 자의적 지배를 배제하고, 다수를 존중하면서도 소수를 배려하는 민주적 의사결정과 자유와 평등을 기본원리로 하여 구성되고 운영되는 정치적 질서를 말한다"라고 판시하였다(헌재 2014. 12. 19, 2013헌다1).

(4) 검　토

우리 헌법상 민주적 기본질서는 자유민주적 기본질서뿐 아니라 사회복지적 민주적 기본질서(사회민주적 기본질서)도 포함하는 개념이다. 그 이유는 우리 헌법 제34조 제 2 항은 "국가는 사회보장 · 사회복지의 증진에 노력할 의무를 진다"라고 규정하여 우리 헌법이 현대적 복지주의적 헌법으로서 복지주의를 헌법의 기본이념의 하나로 하고 있으므로 자유민주적 기본질서는 물론이고 이외에 복지주의 등을 그 내용으로 하는 사회복지적 민주적 기본질서도 민주적 기본질서의 중요한 다른 축으로 하고 있기 때문이다. 헌법전문도 단순히 자유민주적 기본질서라고 언급하고 있지는 않고 "자율과 조화를 바탕으로" 자유민주적 기본질서를 더욱 확고히 한다고 규정하고 있다. 헌법전문이 자유민주적 기본질서라고 규정한 것을 두고 우리 헌법은 자유민주적 기본질서만이라고 하는 견해도 있으나 이처럼 '조화'가 들어가 있으므로 타당하지 않고 헌법을 재대로 읽지 않은 견해이다. '조화'란 특정 개인의 자유만이 아니라 사회구성원 전체 복지를 위해 조절할 수 있음을 의미하므로 사회복지적 요소가 함께 하는 자유민주적 기본질서인 것이다.

2. 법적 성격

민주적 기본질서는 국민의 자유와 여러 기본권들을 보장하여야 한다는

'보장적' 성격의 기본원리이다. 그러면서도 민주적 기본질서는 기본권을 '제한'하는 사유가 되기도 한다. 우리 헌법 제37조 제 2 항도 '질서유지'를 위한 기본권제한을 명시하고 있다. 민주적 기본질서의 기본권 제한적 성격은 사회복지적 요소의 보장을 위해 자유주의적 요소에 대한 제한이 필요한 경우가 있을 때 나타난다(예를 들어 재산권(자유권)의 제한인 조세징수로 복지예산을 확보하는 것).

3. 요소(내용)

(1) 자유민주적 기본질서의 요소

우리 헌법상의 자유민주적 기본질서의 요소 내지 내용으로 기본권의 존중, 국민주권, 국민의 국정참여, 국민대표제, 의회제도(의회주의), 선거제도, 권력분립, 법치주의(행정의 합법성, 법적 예측가능성, 법적 안정성), 책임정치, 복수정당제도, 사유재산제도, 시장경제에 입각한 자유주의경제질서, 사법부의 독립, 정치적 다원주의, 소수의 존중, 평화적 정권교체의 보장 등을 들 수 있다. 헌재도 자유민주적 기본질서의 내용, 요소를 "기본적 인권의 존중, 권력분립, 의회제도, 복수정당제도, 선거제도, 사유재산과 시장경제를 골간으로 한 경제질서 및 사법권의 독립 등을 의미한다"라고 제시한 바 있다(헌재 1990. 4. 2, 89헌가113).

(2) 사회복지적 민주적 기본질서의 요소

1) 실질적 평등 오늘날에는 형식적 평등, 외관적 평등이 아니라 실질적 평등이 요구된다. 즉 구체적인 상황에 대응하여 각각에 부응하는 평등한 조치를 강구해야 할 것을 요구한다. 우리 헌법 제11조의 평등원칙도 실질적이고 상대적인 평등이라고 보는 것이 통설이고 헌재의 판례이다(후술 제 3 부 기본권론, 평등권 부분 참조).

2) 복 지 현대국가에 들어와서 사회 구성원들 각자의 인간다운 최소한의 생활은 보장되어야 한다는 생존의 보장, 사회보장, 그리고 사회복지의 요구가 헌법의 중요한 이념을 이루고 이를 헌법에 규정하기에 이르렀다. 바로 현대적 복지주의적 헌법이 나타난 것이다(전술 헌법의 역사적 발전단계 참조). 우리 헌법도 사회복지주의를 제34조 등에서 명시하거나 간접적으로 구현하는 규정들을 두고 있다.

3) **생존권적 기본권** 우리 헌법은 사회복지를 구현하기 위한 생존권적 기본권(사회적 기본권)들을 규정하고 있다. 인간다운 생활을 할 권리(제34조), 교육을 받을 권리(제31조), 고용증진과 적정임금보장 및 최저임금제(제32조), 근로3권(제33조) 등을 규정하고 있다(후술 제3부 기본권론, 생존권적 기본권 참조).

4) **사회적 시장경제질서** 우리 헌법은 경제활동에 관하여 어디까지나 자유주의·자본주의를 원칙으로 하면서(제119조 제1항 참조) 경제에 대한 국가의 규제와 조정을 가능하게 하고 있다(제119조 제2항 참조). 그리하여 우리 경제질서를 이른바 사회적 경제질서라고 부른다. 이른바 사회적 경제질서가 경제에 대한 규제와 조정을 통하여 사회구성원들의 공익과 복지를 가져오게 하므로 사회복지적 민주적 기본질서의 내용을 이룬다.

5) **국제평화주의, 평화적 생존권 등** 국제적인 민주주의를 정착시키기 위해 국제평화주의, 평화적 생존권이 요구된다. 우리 헌법도 제5조 제1항이 "대한민국은 국제평화의 유지에 노력하고 침략적 전쟁을 부인한다"라고 명시적으로 국제평화주의를 규정하고 있다. 오늘날 제3세대 인권으로서 평화적 생존권이 강조되고 있다. 이는 위에서 본 생존권적 기본권에 포함하여 볼 수도 있다. 그러나 우리 헌재는 평화적 생존권을 헌법 제10조와 제37조 제1항에서 나오는 기본권으로 인정하는 판례를 보여주었다가(헌재 2006. 2. 23, 2005헌마268) 그 뒤 2009년에 판례를 변경하여 지금은 이를 부정하고 있다(헌재 2009. 5. 28, 2007헌마369).

Ⅲ. 민주적 기본질서의 보장방법

우리 헌법 제8조 제4항은 정당의 목적이나 활동이 민주적 기본질서에 위배될 때에는 정부는 헌법재판소에 그 해산을 제소할 수 있고, 정당은 헌법재판소의 심판에 의하여 해산된다고 규정하여 정당해산심판제도에 의해 민주적 기본질서의 위배에 대해 제재를 가하도록 하고 있다. 정당해산심판제도는 민주적 기본질서를 집단적으로 위배하는 것을 막는 보장방법이다. 민주적 기본질서는 헌법에 그 내용이 규정되어 있으므로 헌법의 파괴를 막고 헌법을 보장하는 것이 곧 민주적 기본질서의 보장이다. 따라서 앞서 본 헌법보장방법들(전술 참조)이 민주적 기본질서의 보장방법이 된다(전술 참조). 그러한 헌법보장의 방법들 중에 오늘날 가장 중요하고 실효적인 것은 헌법재판제도이다.

제2항 국민주권주의

Ⅰ. 개념과 우리 헌법의 명시적 확인

국민주권주의란 국민이 주권을 보유한다는 원칙을 말한다. 우리 헌법도 제1조 제2항에서 "대한민국의 주권은 국민에게 있고"라고 규정하여 국민주권주의를 명시적으로 확인하고 있다.

Ⅱ. 국민주권주의조항(헌법 제1조 제2항)의 법적 성격

① 사실 국민주권주의는 명시되지 않아도 국민이 주권자로서 헌법제정권자인 민주국가에서는 당연히 인정되어야 할 헌법규범으로서 우리 헌법 제1조 제2항은 법적 효력을 가지는 법적 성격을 가진다. 만약 국민주권주의조항이 법적 효력을 가지지 않는다면 주권의 행사인 헌법제정행위, 국회 등 대표기관의 국가의사결정행위, 직접민주제인 국민투표의 효력을 모두 법적으로 부정하게 되는데 이를 받아들일 수 없으므로 국민주권주의는 법적 성격을 가진다.

② 국민주권주의조항은 근본규범으로서의 성격을 가진다. 따라서 국민주권주의를 선언하고 있는 우리 헌법 제1조 제2항은 헌법개정의 금지대상임은 물론이다.

Ⅲ. 주권의 개념, 내용, 특성 등

주권의 개념, 내용, 특성, 주권과 국가권력(통치권)과의 구별 등에 대해서는 앞서 살펴본 바 있다(전술 헌법서설, 국가론, 주권론 참조).

Ⅳ. 주권자인 국민의 개념

1. 문제의 쟁점과 학설

국민주권주의에서 주권자인 국민은 누구인가, 그 범위가 어떠한가 하는 주권자로서의 '국민'의 개념에 대해 견해가 대립되어 왔다. 이 대립은 주로 주권자인 국민을 하나의 단체로 보아야 하느냐 아니면 국민 개개인으로 보아야 하느냐를 둘러싸고 나타났다. 이 2가지 입장 중 어느 입장을 취하느냐에 따라 주권행사의 방식이나 주권을 행사하는 기관과 국민과의 관계를 보는 입장에서도 차이를 보여준다. 역사적으로 이 양 견해는 각각 국민주권론과 인민주권론으로서 프랑스 대혁명 전후에 대립되어 왔고 이후에도 주류적으로 대립되어 왔으며 오늘날에도 영향을 주고 있다. 아래에서 이 양설에 대해 살펴본다.

2. 국민주권론과 인민주권론

(1) 국민주권론

국민주권론(國民主權論, la théorie de la souveraineté nationale)은 국민전체, 즉 집합적이고 불가분적인 존재로서 그 구성원 개인들과 구별되는 국민전체(Nation)가 주권을 가진다고 보는 이론이다. 국민주권론은 국민전체는 그것을 구성하는 개개인들과는 구별되는 하나의 추상적 실체인 법인(法人, personne morale)으로서 구성원 개개인들의 의사와 독립된 별개의 자체적인 의사를 가지며 그 의사는 대표자에 의해 표명된다고 본다. 그리하여 국민전체에 대해 '국민-법인'(nation-personne)이라고 부르기도 한다. 이처럼 국민주권론은 국민을 구성하는 개개인과는 구별되는 국민전체로서 구성되는 단체인 법인으로서의 국민이 있고 이 법인으로서의 국민에 주권이 속한다고 본다. '국민'(Nation)이라는 용어는 하나의 단체를 지칭하는 용어로 아래의 인민주권론에서 나오는 개개인을 일컫는 '인민'(Peuple)이란 용어와 대비된다.

국민주권론은 대표자를 선출하여 그들로 하여금 주권을 행사하게 하는 간접민주제를 취한다. 이는 국민 개개인이 주권자가 아니라 국민전체를 주권자로 보는 결과이다. 그리고 선거를 선거인들의 권리행사로 보지 않고 간접민주정치를 하기 위해 대표자를 선출하는 기능으로 본다. 국민 각자가 주권자인 것은 아니라고 보기에 권리행사가 아니라고 보는 것이다. 그 결과 선거에 투표할 기회를 반드시 국민 각자 모두에게 부여하지 않아도 된다고 보아 제한선거가 가능하다고 본다. 또한 국민의 대표자는 자신을 선출한 지역구의 선거인들을 대표하는 것이 아니라 국민전체의 의사를 반영하여야 하므로 대표위임(국민전체를 대표하는 위임)이 되어야 하고 대표자인 의원이 자신을 선출한 지역구 선거인들의 지시나 명령에 따라야 한다는 기속위임은 금지되어야 한다고 본다(무기속위임).

(2) 인민주권론

인민주권론(人民主權論, la théorie de la souveraineté populaire)은 국민 개개인이 주권을 가진다고 본다. 인민주권론은 루소의 사회계약이론에서 그 기원을 찾을 수 있다(「사회계약론」의 제3편 제1장). 루소는 국민 개개인이 주권에 대한 지분을 가진다고 보았다. 즉 루소는 국가가 만명의 시민으로 구성되어 있다고 가정할 때 각 개인은 만분의 1씩의 주권지분을 가진다고 설명하였다. 루소는 이처럼 국민 개개인이 주권의 지분을 가지고 일반의사의 형성이라는 사회계약에 참여한다고 보았다.

인민주권론은 국민 개개인이 주권을 보유한다고 보므로 각자가 주권행사를 하도록 하기 위해 정치에 직접 참여하는 직접민주제를 원칙으로 한다. 인민주권론에 따르면 선거가 하나의 기능이 아니라 권리의 행사로 인정된다. 즉 국민 각자가 주권의 일부 지분을 보유하므로 그에게 고유한 권리로서 선거권이라는 권리를 가지는 것이다. 그리하여 국민이라면 누구나 선거권을 가지는 보통선거를 원칙으로 하여야 한다고 보고 제한선거를 부정한다. 인민주권론은 기속위임(=강제위임=명령위임)을 주장한다. 인민주권론은 직접민주제를 주장하는데 인구가 많아 현실적으로 그것이 어려우므로 위임을 할 수밖에 없다. 그리하여 위임정치를 하되 직접민주정치의 효과를 거두기 위해 대표자가 자신을 선출한 선거인들의 지시나 명령에 따라 그들의 의사를 그대로 전달하도록 하는 기속위임일 것을 요구하는 것이다.

3. 효 과

인구가 많고 국가영토가 넓어 간접민주제를 할 수밖에 없는 현실에서 국민주권론은 간접민주제를 정당화하는 데 기여하여 인민주권론보다 우세를 보여주었다. 그렇지만 인민주권론도 직접민주제인 국민투표와 보통선거제도의 채택에 기여하였다고 평가된다. 그리하여 국민주권론, 인민주권론 중 전적으로 어느 한 주권론을 채택하고 다른 하나를 배제할 것은 아니라고 보고 양 이론이 각기 부분적 의미를 가진다고 본다.

4. 국민대표주의와의 연관

위에서 본 대로 주권자인 국민을 어떻게 보느냐, 즉 어느 주권론에 따르느냐에 따라 국민과 대표자의 관계, 선거구민과 대표자의 관계가 어떠하여야 하는가가 달라진다. 그러므로 주권에 관한 위 이론은 국가권력규범론에 있어서 국민대표주의의 법적 성격에 연관되어 있다(후술 제 4 부 제 1 장 제 1 절 참조).

Ⅴ. 국민주권주의의 구현방법과 모습

1. 간접민주제(대표제)

우리 헌법도 간접민주제(대표제)를 원칙으로 하고 있다. 국회, 대통령을 수반으로 하는 정부, 사법부가 주권에서 나오는 가분적 권력인 입법권, 행정권, 사법권을 행사함으로써 국민을 대표하여 주권을 행사한다(제40조, 제66조 제 4 항, 제101조). 이러한 국가기관, 대표자를 선출하기 위하여 선거제도(제41조, 제67조 제 1 항) 등을 통하여 국민이 주권을 행사한다.

2. 기속위임의 금지

우리 헌법은 제46조 제 2 항이 "국회의원은 국가이익을 우선하여 양심에 따라 직무를 행한다"라고 하여 기속위임을 금지하고 있다. 국민의 일부가 아니라 전체인 '국가'의 이익을 우선하라고 규정하고 있기 때문이다. 또한 헌법 제45조는 "국회의원은 국회에서 직무상 행한 발언과 표결에 관하여 국회 외에서 책임을 지지 아니한다"라고 규정하여 대표활동상의 발언 · 표결에 관하여 선거인에 대한 기속책임이 없음을 밝히고 있다. 헌법 제 7 조 제 1 항은 "공무원은 국민전체에 대한 봉사자이며, 국민에 대하여 책임을 진다"라고 규정하고 있다. 따라서 우리 헌법상 기속위임의 금지의 헌법상 근거는 헌법 제46조 제 2 항과 더불어 제45조, 제 7 조 등이다.

〈사례 5〉

국가예산으로 첨단 국제어 교육시설을 건립하고자 하는데 A지역과 B지역이 치열한 유치경쟁을 하고 있다. A지역 주민들은 그 지역 선거구에서 선출된 의원 갑에게, B지역 주민들은 그 지역 선거구에서 선출된 을에게 자신들의 지역에 유치되도록 국회에서 강력히 추진할 것을 요구하고 있다. 위와 같은 국가의사결정에 있어서 갑과 을은 그 요구에 따라야 할 것인가?

인민주권론에 따르면 기속위임이 되어 대표자인 국회의원은 자기를 선출한 지역구 선거민의 지시나 명령에 그대로 따라야 하고 위 사례에서 갑, 을은 자기를 선출한 선거구의 유권자의 의사에 따라 각자 자기 선거구 지역에 위 교육시설을 건립할 것을 주장하여야 할 것이다. 반면에 국민주권론에 따르면 대표위임이 되어 국민 전체의 의사에 따라 정치권력행사가 이루어져야 한다고 보아야 하고 국민의 일부의 지시나 명령에 따라서는 아니 되므로 위 사례에서 갑, 을은 각각의 선거구의 유권자의 의사가 아니라 전체 국민의 의사와 이익에 부합되는 주장을 하여야 할 것이다.

우리 헌법은 기속위임을 금지하므로 위 갑, 을 모두 국민전체의 의사를 대변하여야 한다. 즉 자신의 지역구의 이익이 아닌 국민전체의 이익에 유리한 결과를 가져올 건립지를 택하여야 한다고 주장하여야 한다.

3. 직접민주제

우리 헌법은 국가안위에 관한 중요정책을 결정하기 위한 국민투표(제72조), 헌법개정을 위한 국민투표(제130조 제 2 항) 등 직접민주제를 두고 있다.

4. 국민주권실현을 위한 기타의 제도

국민주권주의를 실현하기 위한 그 외의 제도로는 다음과 같은 것들이 있다. ① 대중민주정치에서 국민의사의 전달을 통한 국민주권의 간접적 실현을 위한 정당제도(제 8 조), ② 청원제도(제26조), ③ 특정 국가기관에 의한 권력독점을 막기 위한 권력분립제(제40조, 제66조 제 4 항, 제101조), ④ 국민의사에 의한 법률로 국가권력을 행사하게 하는 법치주의원리(제37조 제 2 항), ⑤ 특히 헌법재판제도, 즉 국민의사에 위반되는 대표기관의 행위에 대한 제재를 가할 수 있는 헌법재판제도(제111조) 등이 있다.

제 2 절 법치주의

제 1 항 법치주의의 개념과 기능

Ⅰ. 법치주의의 개념과 발달

1. 개 념

법치주의란 국가의 작용과 활동은 국회가 미리 제정한 법률에 근거하여 수행되어야 한다는 원리를 말한다. 독일, 프랑스 등에서는 법치국가(Rechtsstaat, État de droit)의 원리라고 부르는데 우리나라에서도 이 용례를 따라 법치국가의 원리라고도 불린다. 여기서의 법률은 국회가 제정한 법률을 의미한다. 그 법률은 국가의 최고규범인 헌법에 합치되는 것이어야 함은 물론이다. 따라서 법치주의는 헌법에의 합치를 전제로 하는 원리이다. 법치주의는 국가의 공권력이 자의적으로(마음대로) 행사될 경우 국민의 기본권이 침해될 수 있기에 공권력 행사는 그 발동사유와 행사방법 등을 미리 법률로 정하여 두고 하라는 것이므로 종국적으로는 기본권보장을 위한 것이고 거기에 법치주의의 기초근거가 있다.

2. 발달 — 형식적 법치주의에서 실질적 · 사회적 법치주의로

(1) 형식적 법치주의

국가작용이 근거하여야 하는 규범이 명칭상 법률이면 된다고 보거나 또는 그 내용을 상관하지 않고 의회제정의 법률이면 된다고 보는 법치주의가 형식적 법치주의이다. 인류는 나치시대에 명목만 법률에 의하기만 하면 법치주의를 준수한 것으로 하여 형식적 법치주의로 독재를 합법화하고 기본권을 유린한 역사를 경험한 바 있다. 이의 반성으로 실질적인 법치주의로 나아가게 되었다.

(2) 실질적 · 사회적 법치주의

오늘날 실질적 법치주의, 사회적 법치주의로 변화하고 있다. 실질적 법치주의란 형식만 법률로 할 것이 아니라 내용적으로도 국민의 기본권을 존중하고 헌법의 이념과 원칙에 실질적으로 부합되며 정의를 구현하는 정당한 법률에 따라 공권력이 행사되고 국정이 운영되어야 함을 의미한다(정당성의 추구). 이러한 법률이 제정되기 위해서는 국회의 충실한 법안심의가 전제되어야 한다. 그리고 헌법에 위반되는 법률에 대한 심사가 중요하다. 오늘날의 실질적 법치주의는 사회적 정의를 구현하고 국가의 적극적인 사회정책을 요구한다는 의미에서 사회적 법치주의라고도 한다.

Ⅱ. 법치주의의 기능

① **기본권의 보장** — 법치주의는 국민의 기본권을 국가가 함부로 제한할 수 없도록 하기 위하여 법률에 의한 국가작용을 원칙으로 하는 것으로서 궁극적으로는 국민의 기본권 보장을 위한 기능을 한다.

② **자의의 배제** — 역사적으로 볼 때 자의의 배제가 법치주의를 확립하게 한 중요한 이유였다. 절대권력을 가진 군주에 의해 자의적(恣意的, 독단적)으로 기본권이 침해되었고 이로부터 국민의 권리와 자유를 보장해주기 위하여 법률에 근거한 공권력의 행사를 요구하는 법치주의가 발달하게 된 것이다.

③ **법적 예측가능성의 부여** — 법률로 금지되는 행위와 그 효과 등을 규정

해 두고 있으므로 이러한 법률의 인식을 통해 어떠한 행위를 할 경우 어떠한 법적 효과가 발생하는지를 사전에 예측할 수 있게 하여 법치주의는 법적 예측가능성을 부여하는 기능을 한다.

④ **법적 안정성**의 보장 — 법치주의는 법적 안정성을 보장하기 위해서 필요하다. 예를 들면 법률이 금지되는 행위, 그리고 그 위반시의 효과를 미리 규정하여 둠으로써 국민이 그 금지되는 행위 외의 행위를 하더라도 불이익이나 제재를 받지 않아 안정적인 생활을 영위할 수 있기 때문이다.

제 2 항 법치주의의 내용

Ⅰ. 법치주의의 요소

1. 입헌주의

법치주의에서 말하는 법률은 헌법에 합치되어야 한다는 점에서부터 입헌주의가 법치주의의 토대이자 그 요소가 된다.

2. 기본권제한의 법률유보 — 기본권보장

헌법은 "국민의 모든 자유와 권리는 국가안전보장·질서유지 또는 공공복리를 위하여 필요한 경우에 한하여 법률로써 제한할 수 있으며, 제한하는 경우에도 자유와 권리의 본질적인 내용을 침해할 수 없다"라고 규정하여(제37조 제 2 항) 기본권제한을 하기 위해서는 반드시 법률에 근거를 두어야 한다는 원칙을 명시하고 있다. 이 원칙을 '법률유보의 원칙'이라고 한다. 법률에 근거를 두어야 한다는 것이므로 법률유보의 원칙은 법치주의의 요소임은 물론이다. 법률유보원칙의 자세한 것은 기본권의 제한 법리에서 살펴본다(후술 제 3 부 기본권론 제 1 편 제 5 장 제 2 항 참조).

3. 권력분립

입법권, 행정권, 사법권(司法權)이 각기 권력을 분담하여 행사하게 하는 권력분립도 법치주의를 실현하기 위한 헌법원칙이다. 이는 입법을 행정에 맡기게 되면 행정이 독단적으로 수시로 법을 만들고 변경하여 자의적이 될 수 있고 이로써 법치주의의 파괴를 가져오기 때문이다. 사법부도 입법권, 행정권으로부터 분립하여 독립성이 보장된 객관적이고 공정한 사법통제(재판)를 수행함으로써 법치주의를 구현하게 된다.

4. 입법권, 행정권, 사법권 3권에서의 법치주의

(1) 입법부에서의 법치주의 — 의회민주주의의 확립

법률이 합헌적 내용을 가지는 것이 법치주의의 전제이다. 따라서 법률의 내용이 국민의 의사를 제대로 반영하여야 한다. 국민의 의사에 반하거나 동떨어진 일부의 이익만을 위하거나 당리당략적인 법률이 제정되지 않아야 한다. 이를 위하여 입법과정이 충실하고 투명하여야 하며 의회민주주의가 제대로 작동하여야 하고 정당이 민주화되어야 한다. 입법과정의 충실성, 투명성을 위하여 국회법에 입법예고제, 법안실명제, 축조심사제, 공청회제도 등 여러 제도들이 규정되어 있다(후술 제4부 국가권력규범론 참조).

(2) 행정영역의 법치주의 = 법치행정의 원칙

1) 법치행정원칙이 강조되는 이유 행정영역에서의 법치주의를 법치행정원칙이라고 한다. 법치행정원칙이 법치주의의 구현의 가장 큰 비중을 가진다. 그 이유는 법치주의란 법률에 의한 집행이고 법집행을 담당하는 제1차적 영역이 행정영역이기 때문이다. 그리고 행정이 법집행작용이기에 국민의 일상생활에 입법, 사법보다 가장 먼저 영향을 미칠 수밖에 없기 때문이다.

2) 법치행정의 내용 과거 O. Mayer는 법치행정원리의 요소로, ① 법률우위(행정보다 법률이 우위에 있고 행정은 법률에 반하여서는 아니 된다), ② 법률유보(행정은 법률에 근거를 두어야 한다), ③ 법률의 '법규'창조력(* 선행적으로 이해할 점: '법규'란 국민의 권리나 의무에 영향을 미치는, 따라서 국민을 구속하는 내용을 가진 법규범을 말한다. 이처럼 법규는 국민에게 영향을 미치기에 국민의 의사인 법률에 따라 형성되어야 하고 따라서 법규를 창조할 수 있는 힘은 법률만이 가진다)을 들었다. 우리 행정법이론에서도 대체로 이러한 3요소에 따라 법치행정의 내용을 설명하고 있다.

(3) 사법적 영역 — 사법의 독립

사법적(司法的) 보장은 아래의 5.에서 보듯이 법치주의의 성패를 가름하는 중요 요소라고 할 수 있다. 법률을 위반한 국가작용에 대한 재판이 존재함으로써 법률위반시에 이에 대한 제재가 있고 이로써 법치주의를 준수하도록 강제할 수 있을 것이기 때문이다. 사법적 보장제도가 실효성있게 이루어지기 위해서는 공정한 재판이 담보되어야 하고 공정한 재판을 위해서는 재판기관의 독립과 법관의 신분상 · 재판업무상 독립이 보장되어야 한다(사법의 독립에 대한 자세한 것은, 후술 제 4 부 법원 부분 참조).

5. 사법적(司法的) 보장

(1) 위헌법률심판 등 헌법재판

오늘날의 법치주의는 법률의 내용 자체가 헌법에 부합하는 것을 전제로 한다. 따라서 헌법에 위배되는 법률이 존재한다면 법치주의의 준수를 애초에 기대하기 어렵다. 이에 법원이 위헌인 법률인지 여부를 심판해 줄 것을 헌법재판소에 제청할 수 있고 헌법재판소가 그 심판을 담당한다(제107조 제 1 항). 이러한 위헌법률심판이 법치주의의 보루로서 자리잡고 있다.

(2) 행정소송 등

헌법 내지 법률을 위반하여 행사되는 공권력작용을 취소하거나 무효임을 확인하는 행정소송제도가 법치주의의 실효성보장을 위한 중요 요소이다. 법률에 위반되는 행정작용에 대해서는 행정재판을 통하여 제재 · 시정이 이루어져야 하고 그리하여 행정이 법치행정원리를 준수하도록 통제할 수 있기 때문이다. 법률 하위의 명령, 규칙도 헌법에 위반되어서는 아니 되는 것은 물론이고 명령, 규칙은 법률에도 위반되어서는 안 된다. 이를 위해 법원이 위헌 · 위법명령규칙심사권을 가진다(제107조 제 2 항).

6. 법치주의 요소로서의 중요 헌법원칙

위에서 본 법률유보원칙, 권력분립원칙, 법치행정원칙 등도 법치주의의 내용으로서의 중요한 헌법원칙들이다. 그 외에 아래에 중요한 헌법원칙들을 본다.

(1) 비례원칙(과잉금지원칙)

비례원칙(과잉금지원칙)이란 국가작용은 그 목적을 수행하기 위하여 필요한 정도에 그쳐야 하고 그 이상의 국가작용은 금지되어야 한다는 원칙으로 공권력의 행사, 특히 기본권의 제한을 가져오는 공권력작용의 한계를 이루는 중요한 원칙이다. 우리 헌법재판소는 목적정당성, 방법적정성, 피해최소성, 법익균형성의 4가지를 그 요소로 하고 있다(후술 제 3 부 기본권론 부분 참조).

(2) 적법절차원칙

행정작용 등 국가작용이 이루어지기 전에 일정한 정당한 절차를 거칠 것을 요하는 원칙을 적법절차원칙이라고 한다. 소정의 정당한 절차를 거치도록 함으로써 행정의 자의를 방지하고 공정하고도 객관적인 행정을 통한 법률의 집행, 기본권의 보장이 이루어지도록 하는 적법절차는 법치주의를 구현하는 데 중요한 원칙이다(적법절차원칙에 대해서는, 후술 제 3 부 기본권론, 자유권적 기본권 부분 참조).

(3) 법적 안정성, 예측가능성 보장을 위한 원칙

1) 신뢰보호원칙 기존에 형성된 법률관계가 계속 유지될 것이라고 믿어 온 것을 보호하여야 한다는 원칙이 신뢰보호원칙이다. 따라서 신뢰보호원칙은 법적 안정성을 위한 것으로서 법치주의로부터 나오는 것이다. 우리 헌재도 신뢰보호의 원칙도 법치주의의 본질적 구성요소로서 수호되어야 할 헌법적 가치이고(헌재 1993. 5. 13, 92헌가10) 법치국가의 원칙으로부터 신뢰보호의 원리가 도출(파생)된다고 본다(헌재 1995. 6. 29, 94헌바39)(신뢰보호원칙에 대해서는, 후술 제 3 부 기본권론 참조).

2) 소급효금지원칙 기존의 법률관계 속에 살아가고 있던 국민이 그동안 가지고 있던 권리 등을 새로 만든 법률이 소급하여(이전으로 거슬러 올라가) 박탈하거나 제한한다면 법적 안정성, 법치주의는 곧 부정될 것이다. 따라서 소급효가 금지된다. 우리 헌법 제13조도 같은 입장을 명시하고 있다(소급효금지원칙에 대해서도, 후술 제 3 부 기본권론 참조).

(4) 자의금지원칙과 평등원칙

행정작용에 있어서 자의가 금지되어야 한다. 자의적인 행정작용은 평등원칙에 반한다. 예를 들어 동일한 잘못으로 행정처분을 받아야 할 두 대상자 A와 B가 있는데 행정청이 자의적으로 A에게는 영업의 정지처분을 하면서 B에게는 아예 허가의 취소까지 한다면 자의금지원칙, 평등원칙을 위배하는 것이다.

(5) 규범체계의 정당성 원리 — 판례

[개념과 헌법적 근거] 우리 헌재는 '체계정당성'(Systemgerechtigkeit)의 원리가 법치주의에서 도출된다고 본다. "체계정당성의 원리라는 것은 동일 규범 내에서 또는 상이한 규범 간에(수평적 관계이건 수직적 관계이건) 그 규범의 구조나 내용 또는 규범의 근거가 되는 원칙 면에서 상호 배치되거나 모순되어서는 안 된다는 하나의 헌법적 요청(Verfassungspostulat), … 헌법적 원리"라고 한다(헌재 2004. 11. 25. 2002헌바66).

[체계정당성 위반 여부 심사의 의미 ─ 비례원칙 심사, 자의금지 심사 등으로 가늠] 그러나 헌재는 "체계정당성 위반은 그 자체 헌법위반으로 귀결되는 것이 아니라 비례원칙이나 평등원칙 위반을 시사하는 징후에 불과하다"라고 하고 비례(과잉금지)원칙이나 평등원칙 위반 여부를 판단하는 이상 체계정당성 위반은 별도로 살피지 않는다는 입장이다(헌재 2018. 1. 25, 2016헌바315; 2018. 1. 23, 2018헌마22; 2018. 1. 22, 2015헌마552; 2022. 2. 24. 2019헌바184; 2023. 5. 25. 2021헌바234; 2024. 5. 30. 2020헌바234 등).

Ⅱ. 법치주의의 예외

법치주의의 예외란 법률에 의하지 않고 국가작용이 이루어지는 경우를 말한다. 헌법은 이러한 경우를 인정하고 있다.

1. 국제조약

법률에 의하지 않은 국제조약에 의한 규율도 이루어지고 있다. 국회의 동의를 거친 조약은 실질적으로 국내법률과 같은 효력을 가진다. 행정협정적인 외국과의 협정은 명령적 효력의 조약으로서(후술 국제질서 참조) 우리 헌법과 법률에 위배되지 아니하여야 한다는 한계가 있다.

2. 행정입법에의 위임 — 포괄위임금지

오늘날 급부행정 등으로 국가작용이 확대되고 그 전문성도 늘어나 국회가 일일이 모든 사항을 입법할 수 없어 행정입법에 위임할 필요가 있다. 우리 헌법 제75조, 제95조도 법률이 대통령령, 총리령, 부령에 위임할 수 있음을 인정하면서, 다만 "구체적으로 범위를 정하여 위임"하도록 하여 포괄위임이 금지되는 한계를 두고 있다.

3. 특수신분관계 문제

과거 군인, 공무원 등과 국가의 관계를 이른바 '특별권력관계'라고 부르면서 그들의 기본권을 법률에 근거하지 않더라도 제한할 수 있다고 보아 그들의 신분관계에는 법치주의가 적용되지 않는다고 보았다. 그러나 오늘날 특별권력관계이론은 받아들일 수 없고 이들의 대국가관계를 특수신분관계라고 부르면서 일반 국민과 마찬가지로 기본권제한에 있어서 헌법과 법률에 의하여야만 하기에 법치주의가 그대로 적용되고 법치주의의 예외가 아니다(후술 제3부 기본권론 참조).

4. 국가위기와 법치주의

국가의 비상시에 위기를 극복하기에는 법치주의에 따른 평상적인 국가의 대응조치가 어려울 수 있어 국가긴급권이 행사될 수 있고 그리하여 법치주의와 국가긴급권행사와의 갈등이 발생할 수 있다. 그러나 현대 헌법들은 위기에 대처하기 위한 긴급권을 미리 규정하여 두고 있기도 하다. 우리 헌법도 긴급명령, 긴급재정경제명령·처분, 계엄 등의 국가긴급제도를 두고 있다(제76조, 제77조). 국가긴급권의 발동요건을 준수하여야 하고 남용되어서는 아니 된다.

제 3 절 정치질서

제 1 항 정당제도

Ⅰ. 서 설

1. 정당제도의 발달

(1) 정당의 발달원인

대표제(간접민주제)로 국가의사가 결정되고 국가작용이 이루어지기에 국민의 의사를 수렴하여 전달할 매개가 필요하다. 그리고 현실적으로 많은 대다수의 국민이 일상생활에 매여 있고, 국가영역이 넓기에 국민의사의 형성·표출·수렴이 조직적으로 이루어지기 어렵다. 이 때문에 정당이 발달하게 되었다. 즉 국민들의 의사를 수렴하고 전달하기 위하여 정당이 필요하다.

(2) 정당에 대한 헌법의 태도의 변천

정당은 그 탄생시부터 헌법에 명시된 것이 아니라 점차적으로 헌법에 정당제도를 명시하는 국가들이 나타났다. H. Triepel은 1927년의 그의 저서「헌법과 정당」에서 국가와 정당과의 관계의 변천과정을 4단계의 시대로 구분하여, ① 정당을 불법시, 적대시하던 시대에서, ② 국가가 정당을 불법시 하지는 않으나 이를 무시하던 시대로 변화되었고, 다음에 ③ 국가가 정당을 법률상 허용하던 시대로, 그 뒤 ④ 정당에 관한 규정을 헌법에 둠으로써 정당을 헌법의 기본질서 속에 편입한 시대로 변화되어 왔다고 설명하고 있다.

(3) 우리 헌법의 정당 규정의 변천

① 제 1 공화국헌법 — 정당에 관한 아무런 규정을 두지 않아 묵시적 태도를 보였다. ② 제 2 공화국 — 우리 헌법사에서 정당조항이 처음 헌법에 등장하기 시작한 것은 제 2 공화국 헌법부터이다. 제 2 공화국에서는 정당국가화의 경향이 강하지 않았다. 오히려 대통령은 정당에 가입할 수 없도록 금지하고 있었다. 정당의 강제해산제도가 처음으로 도입되기도 하였다. 정당해산심판기관

은 헌법재판소였다. ③ 제3공화국 — 정당국가화(政黨國家化)의 경향이 강하였다. 국회의원 후보가 되려 하는 자는 소속정당의 추천을 받아야 하였고, 국회의원은 임기 중 당적을 이탈하거나 변경한 때 또는 소속정당이 해산된 때에는 그 자격이 상실되도록 하였다. 즉 국회의원의 신분획득과 그 유지에 정당소속을 요구함으로써 정당기속성, 정당국가의 경향을 강화시키고 있었다. 정당해산심판기관은 대법원으로 변경되었다. ④ 제4공화국 — 무소속 국회의원을 인정함으로써 제3공화국에 비해 정당국가화의 경향을 완화하였다. 정당해산심판기관은 헌법위원회로 변경되었다. ⑤ 제5공화국 — 정당운영자금에 대한 국가보조를 할 수 있도록 하는 규정이 추가되었다. ⑥ 제6공화국 — 정당의 조직, 활동뿐 아니라 목적이 민주적이어야 함을 규정하였고 정당해산심판기관은 헌법재판소로 변경되었다.

2. 현대의 정당 — 정당국가화의 경향

정당국가화의 원인은 20세기에 와서 대중민주정치의 시대가 도래하면서 정당의 역할이 중요하게 된 데 있었다. 정당국가화의 보다 근본적인 원인은 대중민주정치를 가져온 보통선거제에 있다. 보통선거의 실시로 국민 대중이 정치에 참여할 기회를 가지게 되었기 때문이다. 그런데 생계를 위한 직업활동 등으로 정치적 활동을 할 수 없는 국민으로서는 직접 정치적 정보를 획득할 수 없고 그들의 의사를 직접 정치에 반영할 수 없어서 그들의 의사가 일정한 정치적 조직이나 제도를 통하여 전달되고 집약될 수밖에 없다. 바로 이 때문에 이러한 역할을 담당하는 정당이 더욱 필요하게 되었고 발달하게 되었다. 그리하여 오늘날 심지어 정당국가화의 경향을 보여주고 있다고 지적된다.

정당국가화 경향은 다음과 같은 상황 내지 행태를 야기하고 있다. 먼저 국민들이 선거에 참여하는 것은 정책에 대한 국민의 선택을 의미한다. 이는 서로 다른 정책들을 표방하는 정당들을 두고 국민이 선거에서 투표한다는 것은 선거결과가 각 정책에 대한 선택과 지지의 정도를 보여주는 것이기도 하기 때문이다(정당국가적 경향을 강조한 Leibholz 교수는 정당국가적 민주주의는 국민표결적 직접민주주정치의 대용품을 의미한다고 지적한 바 있다). 중요한 국가정책이 헌법기관들과 아울러 정당에 의해 결정된다.

정당국가화의 폐해는 국민의 의사와 유리된 당리당략적 결정이 이루어질 수 있다는 점, 정당민주화가 약한 경우 정당의 수뇌부에 의해 의사결정이 되고 의원들은 정당의 당론에 기속된다는 점 등이다. 이 폐해를 극복하기 위해서는 당내민주화가 강화되어야 하고 의원들이 소속 당의 당론과 배치되더라도 자신의 소신이 국민전체의 이익에 부합한다면 반대표를 던질 수 있는 소신표결(cross voting, 자율투표)제도가 인정되어야 한다.

3. 복수정당제도

(1) 기초 — 다원주의

복수정당제도(複數政黨制度)가 필요한 것은 여러 계층의 다양한 국민의 의사를 반영할 수 있어야 하고 이를 위해서는 단일 정당만이 인정되어서는 아니되기 때문이다. 이는 결국 민주주의에서 요구하는 다원주의(多元主義)가 복수정당제의 기초가 되고 있음을 의미한다.

(2) 성 격

학설과 판례는 복수정당제의 성격을 제도적 보장이라고 보는 것이 일반적이다(헌재 1999. 12. 23, 99헌마135; 2022. 11. 24. 2019헌마445). 그러나 정당의 복수성을 보장한다는 것을 하나의 제도적 보장의 정도로 파악하는 것에는 문제가 있다. 전통적 이론에 따르면 제도적 보장이란 법률로써는 폐지하지 못하는 제도의 보장을 말한다(제도적 보장에 대해서는, 후술 제 3 부 기본권론 참조). 그런데 복수정당제는 다원적 민주주의를 위해서 필수적인 것이므로 법률에 의한 폐지뿐 아니라 헌법개정으로도 없앨 수 없는 헌법개정의 한계를 이룬다고 볼 것이다. 우리 학설도 일치하여 헌법개정의 한계로 본다. 결국 복수정당제의 원칙의 성격은 그 복수성이 헌법개정의 한계(개정금지)를 이루는 헌법의 기본원칙이라는 데에 있다.

Ⅱ. 정당의 개념과 기능

1. 개 념

정당이란 국민의 정치적 여론과 의사를 형성하는 데에 참여하고 이러한 여론·의사를 반영, 표현하며 국민의 권익을 위하여 책임성있는 주장을 펼치거나 정책을 추진하고 공직선거에 후보를 추천하여 국민의 지지를 얻음으로써 권력을 쟁취하기 위해 노력하는 자생적인 정치적 집단을 말한다. 국민의 의사형성에 참여함과 정권획득의 목적을 가짐이 정당의 고유한 임무이자 속성이다. 정당의 개념이 내포하는 요소는 다음과 같다. 즉 ① 자발적 조직성, ② 헌법과 민주적 기본질서를 긍정하는 집단, ③ 국민의 권리의 대변과 보장, ④ 정치적 의사형성·수렴·전달에서의 주도적 역할과 직접적 영향력, ⑤ 정강(政綱, 정치적 강령)과 정책의 소유, ⑥ 선거의 참여, ⑦ 지속성이 그것이다.

현행 정당법 제2조는 "이 법에서 정당이라 함은 국민의 이익을 위하여 책임있는 정치적 주장이나 정책을 추진하고 공직선거의 후보자를 추천 또는 지지함으로써 국민의 정치적 의사형성에 참여함을 목적으로 하는 국민의 자발적 조직을 말한다"라고 정의하고 있다.

2. 기 능

정당은 다음과 같은 기능을 수행한다. ① 국민의사의 형성·수렴기능 — 정당은 국민의 의사를 형성하게 하고 다양한 의사를 수렴하는 기능을 수행하여야 한다. ② 매개기능 — 정당은 국민과 정치권력 간을 매개(중개)하는 기능을 한다(헌재 1991. 3. 11, 91헌마21). ③ 정치적 주장과 정책의 추진기능 — 정당은 국민의 권리와 이익을 위한 책임있는 정치적 주장과 정책을 추진하는 기능을 수행한다(정당법 제2조). ④ 선거활동기능 — 선거에서의 후보 추천과 그 당선을 위한 선거운동을 정당이 주체적으로 수행한다.

Ⅲ. 정당의 법적 성격과 법적 지위

1. 법적 성격

(1) 법적 성격에 관한 학설이론

1) 헌법기관설(국가기관설) 이 학설은 정당을 하나의 국가기관으로 파악한다. 헌법이 정당에 관한 규정을 특별히 둔 것은 정당이 단순한 사회적 결사체가 아니라 헌법이 부여하는 일정한 기능을 수행하여야 한다는 것을 의

미하므로 헌법상의 하나의 국가기관이라고 보는 이론이다.

2) **사법적 결사체설**(私法的 結社體說) 정당도 일반적인 사법적인 결사조직으로 보는 견해이다. 이 견해는 그 활동의 목적과 내용이 정치적 의사의 매개라는 것일 뿐이고 조직적 성격은 일반결사와 다름없는 성격을 띤다고 본다. 프랑스에서는 일반결사에 관한 1901년 법률이 그대로 정당에도 적용된다고 보아 정당을 일반결사로 본다.

3) **중 간 설** 정당은 사적인 결사로서의 성격과 아울러 공법적 규율도 받는 중간적인 결사체라고 보는 이론이다. 또는 사적 결사와 헌법제도의 혼성체라고 보는 견해도 있다.

4) **제도적 보장설**(중개적 권력설, 매개설) 이 학설은 정당은 헌법상의 국가기관이 아니나 그렇다고 하여 일반적인 사적 조직도 아니라고 보고 국민의 정치적 의사를 전달하는 매개(중개)역할을 하는 하나의 헌법상의 중요한 제도로서 자리잡고 있다고 본다. 그리하여 정당은 헌법에 의해 그 존속이 보장된다고 본다. 이 학설이 우리나라에서 다수설이다.

(2) **판례의 입장**

우리 헌재의 판례는 제도적 보장설을 취하고 있다. 즉 헌재는 "정당은 정치적 결사로서 국민의 정치적 의사를 적극적으로 형성하고 각계각층의 이익을 대변하며, 정부를 비판하고 정책적 대안을 제시할 뿐만 아니라, 국민 일반이 정치나 국가작용에 영향력을 행사하는 매개체의 역할을 수행하는 등 현대의 대의제 민주주의에 없어서는 안 될 중요한 공적기능을 수행하고 있다"라고 판시하였다(헌재 2006. 7. 27, 2004헌마655. 동지 : 헌재 1991. 3. 11, 91헌마21; 헌재 1996. 3. 28, 96헌마18; 헌재 1996. 8. 29, 96헌마99; 헌재 1999. 11. 25, 99헌바28; 헌재 2009. 10. 29, 2008헌바146 등). 한편 헌재의 결정례 중에는 정당의 법적 성격에 대해 "사적·정치적 결사 내지는 법인격 없는 사단으로 파악되고 있고, 이러한 정당의 법률관계에 대하여는 정당법의 관계 조문 이외에 일반 사법 규정이 적용된다"라고 판시한 결정례가 있다(헌재 2007. 10. 30, 2007헌마1128). 그렇게 보는 근거를 국민의 자발적 조직이라는 점에서 찾고 있는 것으로 이해된다. 이 결정례는 전원재판부 결정이 아니라 지정재판부 결정이었다. 이후에도 제도적 보장설을 취하는 결정(헌재 2009. 10. 29, 2008헌바146)

을 계속해서 보여 주었다. 그러다가 또 헌재는 정당이 권한쟁의심판의 청구인이 될 수 없다고 보면서 그렇게 보는 이유로 정당은 “그 법적 성격은 일반적으로 사적 · 정치적 결사 내지는 법인격 없는 사단으로 파악된다”라고 하였다(헌재 2020. 5. 27. 2019헌라6 등). 권한쟁의심판의 청구인은 국가기관 또는 지방자치단체인데 정당을 사적 단체로 보면 그 청구인이 될 수 없다는 것이다. 또 헌재는 통합진보당 해산결정에서 “비록 정당이 그 구성원들과는 별개인 ‘비법인사단으로서’”라고 판시한 바 있다(헌재 2014. 12. 19, 2013헌다1).

(3) 검 토

국가기관설은 만약 정당을 국가기관으로 본다면 그 구성원인 당원에게 공무원의 신분을 부여하여야 한다는 결과가 되므로 받아들이기 곤란하다. 또한 사법적 결사체설에 따라 정당을 전적으로 사법적 조직으로만 보게 되면 사적 이익단체와 정당 간의 구별이 어렵다는 문제가 있다. 헌재는 근래에 앞서 서술한 대로 정당을 사적 · 정치적 결사 내지는 법인격 없는 사단으로 파악하려는 입장을 상당히 보여주고 있다. 제도보장설은 정당의 수행목적의 특수성, 강한 존속보장(해산의 어려움) 등을 고려할 때 그 본질 내지 핵심을 폐지할 수 없는 제도로 보는 점에서 그리고 정당의 매개기능을 강조하는 점에서 상당한 타당성을 가진다. 그러나 종래 제도적 보장이론에 따르면 제도적 보장의 제도는 법률로써 폐지할 수 없다고 하는데 오늘날 정당제도는 그 헌법적 기능의 중요성에 따라 헌법개정으로도 그 존재를 부정(폐지)할 수 없다. 따라서 제도적 보장으로 보는 것으로는 약하다. 결국 정당제도가 가지는 헌법적 기능의 중요성을 고려할 때 정당은 공법적 성격이 강한 특수한 형태의 정치적 의사 매개적 결사체로서 헌법개정으로도 폐지될 수 없는 헌법제도로서 보호되는 단체로 볼 것이다.

2. 법적 지위

(1) 특색 — 특별법적 지위(정당과 일반결사의 관계)

우리 헌법은 제21조에서 일반적인 결사의 자유를 규정하고 있는 것과 별도로 헌법 제 8 조에서 정당에 관한 특별규정을 두고 있다. 곧 정당은 일반적인 사적 결사들에 대한 특별법적 지위를 가진다(99헌마135, 2020헌마1729, 2004헌마

246). 일반결사와 달리 정당에 대해서는 국가의 보호가 이루어지고 국가에 대한 보조가 가능하며 그 강제해산도 일반결사와 달리 정당에 대해서는 헌법재판소의 결정에 의해, 그것도 민주적 기본질서의 위배라는 특별한 한정된 사유로만 가능하도록 한 것은 정당의 활동과 존립을 일반결사에 비해 더욱 강하게 보장하려는 것이다.

(2) 기본권주체성

우리의 학설은 정당도 기본권의 주체가 된다고 본다. 헌재 판례도 정당에 대해 헌법소원심판의 청구인능력을 인정함으로써 정당의 기본권주체성을 긍정한다. 헌법소원심판은 기본권주체가 기본권을 침해받은 경우에 이를 구제받기 위한 심판이므로 헌법소원심판을 청구할 수 있는 능력을 인정함은 기본권주체임을 전제로 하는 것이다. 또한 헌재는 "정당의 자유는 국민이 개인적으로 갖는 기본권일 뿐만 아니라, 단체로서의 정당이 가지는 기본권이기도 하다"라고 판시한 예를 보여주기도 하였다(헌재 2004. 12. 16, 2004헌마456). 정당은 그 설립이나 활동에 있어서 정치적 자유권을, 그리고 평등권 등을 누린다.

〈사례 6〉

A당은 정당법 제17조 등의 정당등록요건을 갖추지 못해 등록이 취소되었다. 그러나 A당은 이에 굴하지 않고 계속 등록정당에 준하는 권리능력 없는 사단으로서의 실질을 유지하면서 정당법 제17조 등에 대해 정당설립의 자유를 침해하고 있다고 주장하면서 헌법소원심판을 청구하고자 하였다. A당은 과연 헌법소원심판을 청구할 수 있는 지위에 있다고 볼 것인가?

〈사례 6〉의 경우 A당은 등록이 취소된 정당이라는 점에서 기본권주체성을 인정할 수 있는지 여부가 문제된다. 위 사례에 대한 헌재 판례(헌재 2006. 3. 30, 2004헌마246)는 등록이 취소된 정당이라도 등록정당에 준하는 권리능력 없는 사단으로서의 실질을 유지하고 있다면 청구인능력을 인정할 수 있다고 하여 A당의 기본권주체성을 인정하였다(동지: 헌재 2014. 1. 28, 2012헌마431). 다만 본안판단 결과 청구를 기각하였다.

(3) 재산관계에서의 법적 지위

현재는 정당의 소유재산의 귀속관계에 있어서 정당이 법인격 없는 사단(社團)이라고 본다. 그런데 민법은 법인이 아닌 사단의 재산은 그 구성원의 총유(總有)로 보므로 정당의 재산도 결국 구성원의 총유로 본다(헌재 1993. 7. 29, 92헌마262).

Ⅳ. 정당의 조직과 성립, 명칭 등

1. 조직의 원리

① 자유적·자주적 조직의 원리 — 우리 헌법 제 8 조 제 1 항도 "정당의 설립은 자유이며"라고 규정하고 있다. 당원들의 자주적이고 자율적인 조직이 되어야 한다. ② 민주적 조직의 원리 — 우리 헌법 제 8 조 제 2 항도 정당은 그 "조직 … 이 민주적이어야 하며 … "라고 규정하고 있다. 정당은 조직에서부터 그 민주성이 충분하여야 한다. ③ 정치적 의사형성을 위한 조직의 원리 — 우리 헌법 제 8 조 제 2 항도 "정당은 … 국민의 정치적 의사형성에 참여하는 데 필요한 조직을 가져야 한다"라고 규정하고 있다.

2. 정당(政黨)의 기본구성과 조직

(1) 기본구성 — 지구당 폐지 — 중앙당과 시·도당

과거 국회의원지역선거구 단위로 두던 지구당 제도는 고비용·저효율의 정치폐단을 가져온다고 하여 이를 폐지하였다. 따라서 현재 정당의 기본적인 구성은 수도에 소재하는 중앙당과 특별시·광역시·도에 각각 소재하는 시·도당(이하 "시·도당"이라 한다)으로 하도록 하였다(정당법 제 3 조).

[판례] **지구당 폐지(중앙당, 시·도당으로 구성) 조항의 합헌성 인정** — 헌재 2004. 12. 16. 2004헌마456([**결정요지**] 고비용 저효율의 병폐는 지구당이라는 정당조직에 너무나 뿌리 깊게 고착화되어 버렸기 때문에 지구당을 폐지하지 않고 보다 완화된 방법(경량화, 운영방식의 개선, 자금의 투명성의 확보 등)만으로 문제점을 해결할 수 없으므로 현재로는 침해최소성이 인정된다).

(2) 법정시 · 도당과 법정당원수

[법정시 · 도당] 정당은 5 이상의 시 · 도당을 가져야 한다(동법 제17조). 이는 이른바 지역정당, 군소정당의 배제, 전국정당 지향의 취지라고 설명되고 있었다(2004헌마246). * 이 전국정당조항에 대한 합헌성 인정 : ① 헌재 2006. 3. 30. 2004헌마246([결정요지] 전국 정당으로서의 기능 및 위상을 충실히 하기 위해서 5개의 시 · 도당을 구성하는 것이 필요하다고 본 입법자의 판단이 자의적이라고 볼 수 없다고 함), ② 헌재 2023. 9. 26. 2021헌마1465등([결정요지] 합헌의견 4인(과도한 제한이 아님), 위헌의견 5인(모든 정당에 대하여 일률적으로 수도 소재 중앙당과 5 이상의 특별시 · 광역시 · 도 소재 시 · 도당을 등록요건으로 요구하는 것은 침해최소성에 반함). 위헌결정 정족수 6인 의견에 달하지 못하여 합헌성 인정 결정).

[법정당원수] 시 · 도당은 1천인 이상의 당원을 가져야 한다(동법 제18조 제 1 항). 이 1천인 법정당원수는 구 정당법에서도 같았는데 이를 규정한 구 정당법 제 제27조에 대해 합헌결정이 있었다(헌재 2006. 3. 30. 2004헌마246. [결정요지] 각 시 · 도당 내에 1,000명 이상의 당원을 요구하는 것도 우리나라 전체 및 각 시 · 도의 인구를 고려해 볼 때, 청구인과 같은 군소정당 또는 신생정당이라 하더라도 과도한 부담이라고 할 수 없다). (* 현행 정당법 1,000인 규정인 정당법 제18조에 대해서도 합헌성 인정 기각결정이 있었다. 헌재 2022. 11. 24. 2019헌마445. [판시] 우리나라에 현존하는 정당의 수, 각 시 · 도의 인구 및 유권자수, 인구수 또는 선거인수 대비 당원의 비율, 당원의 자격 등을 종합하여 보면, 시 · 도당은 1,000명 이상의 당원을 가져야 한다고 규정한 법정당원수 조항이 신생정당의 창당이나 기성정당의 추가적인 시 · 도당 창당을 현저히 어렵게 하는 과도한 부담을 지운다고 보기 어렵다. * 동지 : 헌재 2023. 9. 26. 2021헌마1465등). 위 1천인 법정당원수에 해당하는 수의 당원은 당해 시 · 도당의 관할구역 안에 주소를 두어야 한다(동법 동조 제 2 항).

(3) 당 원

당원이 되기 위한 요건은 16세 이상의 대한민국국민이어야 하고 국회의원 선거권을 가진 사람이어야 한다(정당법 제22조. 구법에서 당시 국회의원선거권자가 아닌 19세 미만자는 정당가입이 되지 않았는데 이에 대해서 합헌성을 인정하는 결정이 있었다. 헌재 2014. 4. 24, 2012헌마287). 당원이 될 수 없는 사람은, ① 「국가공무원법」 제 2 조 또는 「지방공무원법」 제 2 조에 규정된 공무원, 즉 경력직 공무원(일반직, 특정직), 특수경력직공무원(정무직, 별정직)(다만, 대통령, 국무총리, 국무위원, 국회의원, 지방의회의원, 선거에 의하여 취임하는 지방자치단체의 장, 국회 부의장의 수석비서관…, 국회의원의 보좌관 · 비서관 · 비서 …, 국회 교섭단체의 정책연구위원 · 행정보조요원과 국 · 공립대학교의 총장 · 학장 · 교수 · 부교수 · 조교수인 교원은 당원이 될 수 있다)(공무원의 정당가입금지와 그 제재조항들에 대해서 합헌결정이 있었다. 헌재 2014. 3. 27, 2011헌바42), ② 사립의 초 · 중 · 고등학교의 교장, 교감, 교사, ③ 법령의 규정에 의하여 공무원의 신분을 가진 자, ④ 외국인이나 무국적자이다(정당법 제22조).

누구든지 2 이상의 정당의 당원이 되지 못한다(동법 제42조 제 2 항).

(4) 조직기준의 효과

위에서 본 법정시 · 도당의 수, 시 · 도당의 법정당원수의 요건을 구비하지 못하게 된 때에는 등록취소가 된다(동법 제44조 제 1 항 제 1 호). 단 유예제도를 두고 있는데, 그 흠결이 공직선거의 선거일 전 3월 이내에 생긴 때에는 선거일 후 3월까지, 그 외의 경우에는 요건흠결시부터 3월까지 그 취소를 유예한다(동법 동조 동항 동호 단서).

3. 정당의 등록(성립), 정당의 명칭 등

[정당의 성립] "정당은 중앙당이 중앙선거관리위원회에 등록함으로써 성립한다"(정당법 제 4 조). 이 등록성립 조항이 정당설립의 자유를 침해한다는 주장의 헌법재판이 제기되었으나 신청하면 반드시 수리하여야 한다고 하여 침해최소성을 갖춘 등 합헌이라고 결정했다(헌재 2023. 9. 26. 2021헌마1465등).

[정당명칭] 정당법은 "이 법에 의하여 등록된 정당이 아니면 그 명칭에 정당임을 표시하는 문자를 사용하지 못한다"라고 규정하고 있다(동법 제41조 제 1 항). 이 조항에 대해서도 "무분별하게 정당이라는 명칭을 사용할 경우 국민의 정치적 의사형성 참여과정에 심각한 혼란을 초래할 수 있다"라고 하여 합헌이라고 보았다(헌재 2023. 9. 26. 2021헌가23등).

Ⅴ. 정당의 법적 보장의 내용(정당의 권리, 보호), 당원의 권리

1. 정당의 권리와 보호

정당은 자유권, 평등권 등의 권리를 누린다. 정당도 기본권의 주체로 인정된다. 소속 당원들에게도 권리가 보장됨은 물론이다.

(1) 자 유 권

[내용, 헌법적 근거] 정당은 설립과 조직 및 활동, 그리고 그 존속에 있어서 자유를 가진다. 정당의 설립의 자유는 헌법 제8조 제1항에 명시되어 있는데 정당의 조직·활동, 존속의 자유의 헌법적 근거가 무엇인가가 논의된다. 정당의 설립은 그 자체로 의미를 가지는 것이 아니라 설립 이후 정당을 조직하고 존속하며 정당으로서의 목적을 달성하기 위한 활동을 하는 것에 설립의 종국적 의의가 있는 것이므로 설립의 자유 속에 조직과 활동, 그리고 존속의 자유가 내포된다고 볼 것이다. 또한 헌재는 "정당설립의 자유는 자신들이 원하는 명칭을 사용하여 정당을 설립하거나 정당활동을 할 자유도 포함"된다고 한다(헌재 2014. 1. 28, 2012헌마431; 2023. 9. 26. 2021헌가23등). 따라서 정당의 설립의 자유뿐 아니라 조직 및 활동, 그리고 그 존속과 정당명칭사용의 자유도 헌법 제8조 제1항이 그 근거가 된다(헌재 2004. 12. 16, 2004헌마456; 헌재 2014. 1. 28, 2012헌마431). "또한 정당설립의 자유는 설립에 대응하는 정당해산의 자유, 합당의 자유, 분당의 자유도 포함한다"(헌재 2006. 3. 30. 2004헌마246). **[심사기준]** 헌재는 정당의 자유를 제한하는 법률의 합헌성을 심사할 때에 "과잉금지원칙에 따라 심사를 하여야 한다"라고 한다(헌재 2022. 11. 24. 2019헌마445; 2023. 9. 26. 2021헌가23등).

[판례] i) **선거득표와 정당존속의 연계 문제** — 헌재는 국회의원선거에 참여하여 의석을 얻지 못하고 유효투표총수의 100분의 2 이상을 득표하지 못한 정당에 대해 그 등록을 취소하도록 하고 이렇게 등록취소된 정당의 명칭과 같은 명칭을 등록취소된 날부터 최초로 실시하는 임기만료에 의한 국회의원선거의 선거일까지 정당의 명칭으로 사용할 수 없도록 한 정당법 규정은 정당설립의 자유를 침해하여 위헌이라고 결정한 바 있다(헌재 2014. 1. 28, 2012헌마431).

ii) **정당후원회 금지** — 헌재는 정당이 당원, 후원자들로부터 목적에 따른 활동에 필요한 정치자금을 모금하는 것은 정당의 조직과 기능을 원활하게 수행하는 필수적인 요소이자 정당활동의 자유를 보장하기 위한 필수불가결한 전제로서 정당활동의 자유의 내용에 당연히 포함된다고 본다(헌재 2015. 12. 23, 2013헌바168). 이러한 법리를 바탕으로 헌재는 정당후원회 금지에 대해 헌법불합치결정을 한 바 있다(후술, 정치자금 부분 참조).

iii) **당원협의회 등 사무소 설치 금지** — 헌재는 정당의 시·도당 하부조직의 운영을 위하여 당원협의회 등의 사무소를 두는 것을 금지한 정당법 제37조 제3항 단서가 과잉금지원칙을 준수하여 정당활동의 자유를 침해하지 않는다고 합헌결정을 하였다(헌재 2016. 3. 31, 2013헌가22).

iv) **정당설립·조직의 자유에 관한 판례** : 앞의 Ⅳ에 나온 판례들[① 지구당 폐지(고비용 저효율의 정당구조 폐악 해소 — 중앙당, 시·도당으로 구성) 조항의 합헌성 인정(2004헌마456, 2021헌마1465등), ② 전국정당, 지역정당배제 목적의 5 이상 시·도당 요건 조항 합헌인정(2004헌마246, 2021헌마1465등), ③ 같은 목적의 1천인 법정당원 수 규정 합헌성 인정(2004헌마246, 2019헌마445, 2021헌마1465등), ④ 등록을 정당설립의 요건으로 정하고 있는 정당법 제4조(2021헌마1465등), 정당명칭사용금지를 규정한 정당법 제41조 제1항 합헌성 인정(2021헌가23등)].

v) **대통령 계엄 관련 지시** : 대통령이 2024. 12. 3.에 행한 위헌적 계엄선포 당시 국방부장관이 필요시 체포할 목적으로 각 정당의 대표 및 원내대표 등에 대한 위치 확인을 지시한 것과 관련한 대통령(피청구인)의 행위가 정당활동의 자유를 침해한 것이라는 헌재의 탄핵심판 인용(파면)결정이 있었다. 또한 이 결정에서 헌재는 모든 정당의 활동을 전면적으로 금지하는 포고령을 계엄사령관이 발령하게 하였는데 “이는 정당활동의 자유를 침해한 것일 뿐만 아니라, 헌법이 보장하고 있는 정당제도 자체를 부인하는 것으로서 헌법 제8조를 위반한 것”이라고 판시했다.

2024헌나8. [관련판시] 당대표, 원내대표 등 정당 기관의 활동은 정당 자신의 활동이므로 당연히 헌법적으로 보장되어야 할 정당의 활동으로 볼 수 있다(2013헌다1 참조). 정당 소속 국회의원은 기본적으로 국민 전체의 대표자로서의 지위를 가지지만, 정당민주주의의 발전에 따라 소속 정당의 공천을 받아 그 지원이나 배경 아래 당선되고 정치의사 형성에 있어서도 사실상 정당의 규율이나 당론 등의 영향을 받게 되어 정당의 이념을 대변하는 지위도 함께 가지게 되었는바(2013헌다1; 2019헌라1 참조), 이들의 활동 역시 일정 부분 정당의 활동이 될 수 있다. … 대통령이 2024. 12. 3.에 행한 위헌적 계엄선포에 대한 탄핵심판에서 당시 국방부 장관이 계엄 선포 직후 포고령 위반 우려가 있다는 점을 들어 필요시 체포할 목적으로 각 정당의 대표 및 원내대표 등에 대한 위치 확인을 지시하였는바, 위 지시는 피청구인의 의사와 무관하게 이루어졌다고 보기 어렵다. 이는 각 정당 소속 국회의원들을 포함한 당원들에 대하여 상당한 영향력을 행사할 수 있는 위 사람들의 활동을 제약함으로써 각 정당의 활동도 제약하고자 하는 의도를 가진 행위로 보인다. 따라서 피청구인의 위와 같은 행위는 정당활동의 자유를 침해한 것이다. … 모든 정당의 활동을 전면적으로 금지하는 포고령 발령 지시는 정당활동의 자유 침해뿐 아니라, 헌법이 보장하고 있는 정당제도 자체를 부인하는 것이다.

(2) 정당의 평등

정당은 창설에 있어서나 그 활동에 있어서 다른 정당들 간에 평등하게 대우를 받는다. 정당의 선거에의 참여에 있어서도 평등원칙이 적용되어야 한다. 특히 선거에서 정당의 평등이 중요하다. 헌재는 기탁금이 과다한 경우에 정당의 기회균등의 권리를 침해하여 위헌이라고 본다(헌재 1991. 3. 11, 91헌마21). 그러나 실질적 평등원칙에 입각하여 차별이 있을 수도 있다. 예를 들어 득표수에 의한 국고보조금의 차등적 지급 등의 경우를 볼 수 있다. 그러나 소수정당에 대한 배려가 항상 필요하다. 다원주의의 원칙상 소수파의 존재가 요구되기 때문이다.

(3) 정당에 대한 보호

정당은 그 존립이 보호되고 국가의 보호를 받으며 특히 국고보조금의 교부 등 재정적 보호를 받는다(제 8 조 제 3 항). 단순한 행정처분에 의한 해산이 아니라 헌법재판소의 헌법재판에 의한 해산결정에 의하도록 하는 등의 절차도 정당의 보호를 위한 것이다. 헌법재판소의 해산심판 등을 거치게 하는 것은 그만큼 정당의 소멸을 까다롭게 하는 것이기 때문이다.

2. 당원의 기본권

당원은 정치적 권리들을 가지고 정당의 설립, 조직, 활동에 참여할 권리들을 누린다. 누구든지 본인의 자유의사에 의하는 승낙 없이 정당가입 또는 탈당을 강요당하지 아니한다(강제입당 · 탈당의 금지). 다만, 당원의 제명처분은 그러하지 아니하다(정당법 제42조 제 1 항). 당원들 간의 평등도 보장되어야 한다. **[당원의 복수 당적 보유 금지의 합헌성 인정]** 정당법 제42조 제 2 항은 "누구든지 2 이상의 정당의 당원이 되지 못한다"라고 복수 당적 보유를 금지하고 있다. 이 규정이 여러 당의 당원이 하나의 당에 가입하여 연대하는 방식의 정치적 활동을 하고자 하는 것을 막아 정당 가입·활동의 자유 등을 침해한다는 주장이 있었다. 그러나 헌재는 복수 당적 보유 허용의 예상되는 부작용을 실효적으로 방지할 수 있는 대안을 상정하기 어려운 점 등에서 침해최소성 등을 갖추어 합헌이라고 본다(2020헌마1729).

3. 국민의 정당에 관한 기본권

[정당자유의 주체인 국민] 정당의 자유가 정당 자체의 권리이자 일반 국민의 권리이기도 함은 물론이다. **[내용]** 정당 설립, 조직, 가입, 탈퇴의 자유를 내용으로 한다. 헌재도 "정당의 자유는 개개인의 자유로운 정당설립 및 정당가입의 자유, 조직형식 내지 법형식 선택의 자유를 포함한다"라고 한다(헌재 2006. 3. 30. 2004헌마246; 2023. 9. 26. 2021헌가23등). 정당명칭사용의 자유도 포함된다(2004헌마456; 2012헌마431, 2021헌가23등). **[판례]** 앞의 Ⅳ. 정당의 조직, Ⅴ. 정당의 법적 보장의 내용에 나온 판례들 참조.

Ⅵ. 정당의 의무

1. 국가긍정의무와 헌법준수의무

정당은 자신이 존재하는 기반이 되는 국가를 긍정할 의무를 지고 그 조직과 목적 및 활동에 있어서 헌법을 준수할 의무를 진다.

2. 조직의무

정당은 국민의 정치적 의사형성에 참여하는데 필요한 조직을 가져야 한다(제 8 조 제 2 항). 정당은 앞서 본 정당법상 요구되는 조직요건을 갖추어야 한다. 조직요건을 갖추지 못한 경우에 등록취소의 대상이 된다(정당법 제44조 제 1 항 제 1 호).

3. 민주성의 의무

(1) 조직의 민주성 의무

정당은 그 조직이 민주적이어야 한다(제 8 조 제 2 항). 이는 사실 정당활동의 민주성을 위한 선행조건으로서의 의미를 가진다. 조직부터 민주적이어야 그 활동도 민주적일 수 있는 것이다. 정당법은 정당은 민주적인 내부질서를 유지하기 위하여 당원의 총의를 반영할 수 있는 대의기관 및 집행기관과 소속 국회의원이 있는 경우에는 의원총회를 가져야 한다고 강제화하고 있다(동법 제29조 제 1 항). 정당지도부의 선출 등이 민주적 방식에 의하여 이루어져야 한다.

(2) 정당의 목적 · 활동의 민주성 의무

정당은 그 목적 · 조직과 활동이 민주적이어야 하며, 정당은 그 목적이나 활동이 민주적 기본질서를 준수할 의무를 진다(제 8 조 제 2 항 · 제 4 항). 여기서의 민주적 기본질서란 헌법의 기본원칙과 기본이념을 포괄하는 것으로 자유주의적 요소뿐 아니라 사회복지주의적 요소를 포괄하는 개념이다(민주적 기본질서에 관해서는, 전술 제 2 장 제 1 절 참조). 정당의 목적이나 활동이 민주적 기본질서에 위배될 때에는 정부는 헌법재판소에 그 해산을 제소할 수 있고, 정당은 헌법재판소의 심판에 의하여 해산된다(제 8 조 제 4 항).

(3) 당내 민주주의

정당은 민주성이 정당 내부에서 구현되는 당내 민주주의의 의무를 진다. 당내 민주주의는 ① 당 내부조직의 민주성(대의기관, 집행기관, 의원총회의 의무적 설치), ② 당 운영과 재정의 민주성과 공개(투명성. 아래 4), ③ 당 정책결정과정의 민주성, ④ 당지도부 · 공직선거후보의 선출과정의 민주성, ⑤ 당원의 지위와 권리의 보호 등을 그 내용으로 한다.

4. 투명성 의무

정당은 그 강령(또는 기본정책)과 당헌을 공개하여야 한다(정당법 제28조 제 1 항). 또한 특히 재정의 투명성이 중요하다. 정당의 재정이 건전해야 하므로 당원의 당비부담에 의하여 정당재정이 운영되어야 하며, 정치자금에 관해서는 정당재정의 투명성 확보를 위하여 정치자금법에 의한 규제가 많다(후술 Ⅷ. 참조).

Ⅶ. 정당의 활동

1. 정치의사의 전달·형성과 정책추진 활동

정당은 국민의 정치적 의사를 수렴하고 전달하지만, 다른 한편으로 자신의 정책을 제시하면서 국민의 정치적 의사를 형성하는 활동을 하기도 한다. 정당은 국가의 중요한 정책을 추진하는 데 참여한다.

2. 정당과 선거

(1) 공직선거에의 참여

정당은 정권획득을 목적으로 하고 이를 위하여 정당의 기능으로서 공개경쟁기능을 수행하는데 바로 공직선거에의 참여가 그것이다. 정당은 선거참여를 통하여 자신의 정책을 제시하고 그 정책에 대한 국민의 심판을 받으며 국민의사를 수렴하는 기회를 가진다. 현행 정당법은 동법이 정한 공직선거에 동법이 정한 기간 동안 참여하지 아니한 때에는 등록을 취소하도록 하고 있다(정당법 제44조 제1항 제2호. 뒤의 등록취소 참조).

(2) 공직선거후보자선출

① 후보자추천권 — 정당은 선거에 있어 선거구별로 선거할 정수범위 안에서 그 소속당원을 후보자로 추천할 수 있다. 다만, 비례대표자치구·시·군의원의 경우에는 그 정수 범위를 초과하여 추천할 수 있다(공직선거법 제47조 제1항). ② 민주적 절차 — 정당이 후보자를 추천하는 때에는 민주적인 절차에 따라야 한다(동법 제47조 제2항). 공직선거후보자 선출에 관한 사항은 당헌으로 정한다(정당법 제28조 제2항 제8호). ③ 당내경선 — 정당은 공직선거후보자를 추천하기 위하여 당내경선을 실시할 수 있다(공직선거법 제57조의2 제1항). 법은 당내경선을 이처럼 강제적 의무가 아닌 임의적 선택에 맡기고 있으나 중요정당은 당내경선을 실시하고 있다. 정당이 당내경선을 실시하는 경우 경선후보자로 나섰다가 당해 정당의 후보자로 선출되지 아니한 자는 당해 선거의 같은 선거구에서는

후보자로 등록될 수 없다(동법 동조 제 2 항 본문). ④ 여성후보자할당제 — 여성들의 선출직 공직에의 진출기회가 부족하여 여성들을 위한 대표성이 취약하므로 이를 고치고 여성들의 진출을 도모하기 위하여 공직선거에서 각 정당이 추천하는 후보들의 일정비율을 여성들로 추천하는 여성후보자할당제가 실시되게 하고 있다(동법 제47조 제 3 항 · 제 4 항 · 제 5 항. 그런데 비례대표의원선거 외에 지역구의회의원 선거의 경우에는 그 강제성이 대체적으로 적다).

(3) 정당의 선거운동

정당은 선거운동의 자유를 가진다. 정당의 선거운동은 자당 소속 후보의 당선을 위한 활동임은 물론이고 자당의 정책 홍보, 정책에 대한 국민의 평가, 국민의사수렴 등이 이루어지는 과정이기도 하다.

Ⅷ. 정당의 재정 — 정당의 정치자금

정당도 그의 활동을 수행하기 위하여 재정(財政)이 필요하고 건전하고도 효율적으로 재정이 운용되어야 한다. 정당의 재정 문제가 특히 중요한 것은 정당의 정치자금이 투명하고 적법하게 운용됨으로써 깨끗한 정치가 이루어지기 때문이다.

1. 정치자금에 관한 기본원칙

정치자금의 수입, 지출 등에는 다음과 같은 원칙들이 적용되어야 한다. ① 적법성원칙 — 불법자금이 금지됨은 물론 법이 허용하는 방법에 따른 수입, 지출이 이루어져야 한다. ② 목적정당성의 원칙 — 정당의 정치활동을 위하여 지출되어야 한다. ③ 투명성 · 객관성의 원칙 — 정치자금조달자가 명확하여야 하고 회계 등이 공개되어야 한다. ④ 효율성 · 건전성의 원칙 — 최소한의 비용으로도 민주적 정치활동을 촉진하는 효과를 거두어야 한다.

정당의 재정의 건전성과 투명성을 보장하기 위하여 정치자금법이 정치자금에 관한 규제를 하고 있다. 정치자금법도 위 원칙 ①, ②, ③을 명시하고 있다(정치자금법 제 2 조 제 1 · 2 · 3 항). 정치자금법은 일정금액 이상을 초과하여 정치자금을 기부하는 경우에는 실명(實名)이 확인되도록 하고 누구든지 타인의 명의나 가명으로 정치자금을 기부할 수 없도록 하고 있다(동법 동조 제4·5항).

2. 정치자금의 개념

현행 정치자금법은 정치자금이라 함은 당비(가목), 후원금(나목), 기탁금(다목), 보조금(라목), 정당의 당헌·당규 등에서 정한 부대수입(마목), 정치활동을 위하여 정당, 「공직선거법」에 따른 후보자가 되려는 사람, 후보자 또는 당선된 사람, 후원회·정당의 간부 또는 유급사무직원, 그 밖에 정치활동을 하는 사람에게 제공되는 금전이나 유가증권 또는 그 밖의 물건(바목)과 바목에 열거된 사람의 정치활동에 소요되는 비용(사목)이라고 정의하고 있다(동법 제3조 제1호).

3. 당 비

당비라 함은 명목 여하에 불구하고 정당의 당헌·당규 등에 의하여 정당의 당원이 부담하는 금전이나 유가증권 그 밖의 물건을 말한다(동법 동조 제3호).

정당법은 당원의 정예화와 당의 재정자립을 도모하기 위하여 정당이 당비납부제도를 설정·운영하여야 한다고 규정하고 있다(정당법 제31조 제1항). 당비납부제도의 실효성을 보장하기 위하여 정당의 당원은 같은 정당의 타인의 당비를 부담할 수 없도록 하고 있으며, 타인의 당비를 부담한 자와 타인으로 하여금 자신의 당비를 부담하게 한 자는 일정 기간 당원자격이 정지되도록 하고 있다(동법 동조 제2항).

4. 후 원 회

[의의] 후원회라 함은 정치자금법의 규정에 의하여 정치자금의 기부를 목적으로 설립·운영되는 단체로서 관할 선거관리위원회에 등록된 단체를 말한다(정치자금법 제3조 제7호). 후원회제도는 "모든 사회구성원들로 하여금 자발적인 정치참여의식을 높여 유권자 스스로 정당이나 정치인을 후원하도록 함으로써 정치에 대한 신뢰감을 높이고 나아가 비공식적인 정치자금을 양성화시키는 계기로 작동되도록 하는 데"에 그 입법목적이 있다고 한다(헌재 2000. 6. 1, 99헌마576).

[정당후원회 금지의 위헌성] 이전의 정치자금법은 국회의원, 지역구국회의원

선거 후보자 등에 대해서만 후원회를 둘 수 있게 하고, 정당에 대한 후원은 이를 금지하고 위반시 형사처벌하도록 하고 있었다. 헌재는 이 금지, 처벌의 규정에 대해 헌법불합치결정을 하였다(헌재 2015. 12. 23, 2013헌바168). 그 이유로 헌재는 정경유착의 문제는 정당후원회를 통로로 하여 발생했던 것이 아니라는 점, 불법 정치자금의 수수로 인한 정경유착의 폐해를 방지하기 위해 제한할 필요가 있다 하더라도, 정당후원회 제도 자체를 전면적으로 금지하기보다는 기부 및 모금한도액의 제한, 기부내역 공개 등의 방법으로 정치자금의 투명성을 확보함으로써 충분히 방지할 수 있다는 점 등에서 수단의 적합성과 침해최소성 원칙에 위배되고 법익균성도 충족되지 않아 과잉금지원칙을 위반하는 것이라고 보았다. 살펴보면, 헌재 자신이 설시하는 대로 정경유착의 문제는 정당후원회를 통로로 하여 발생했던 것이 아니라고 한다면 정당후원회 폐지의 목적정당성부터 없는 것이 아닌가 하는 의문이 든다.

[광역지방자치단체장 선거 예비후보자에 대한 금지의 위헌성] 광역자치단체 장선거의 예비후보자를 후원회지정권자에서 제외하는 것에 대해서도 다양한 신진 정치세력의 진입을 막고 자유로운 경쟁을 통한 정치 발전을 가로막을 우려가 있고 국회의원선거의 예비후보자와 광역자치단체장선거의 예비후보자를 달리 취급하는 것은 불합리한 차별에 해당하고 입법재량을 현저히 남용하거나 한계를 일탈한 것으로 평등권침해라고 보아 헌법불합치결정이 있었다(헌재 2019. 12. 27, 2018헌마301, 자치구의회의원선거의 예비후보자 제외에 대해서는 위헌의견 5인의 기각결정이 있었음).

[지방의회의원 제외의 위헌성] 선거와 무관하게 후원회를 설치 및 운영할 수 있는 자를 중앙당과 국회의원으로 한정하고 있다. 그런데 헌재는 이처럼 지방의회의원(광역, 기초의회 의원)을 후원회지정권자에서 제외하고 있는 정치자금법 제 6조 제 2 호가 국회의원과 지방의회의원을 달리 취급하는 것은, 자치구의회의원의 소요되는 정치자금의 규모가 국회의원보다 작다고 단언할 수 없어 불합리한 차별에 해당하고 입법재량을 현저히 남용하거나 한계를 일탈한 것으로 평등권을 침해한다는 이유로 헌법불합치결정을 하였다(2019헌마528. 이전에 합헌이라고 99헌마576 결정은 이 결정 취지와 저촉되는 범위 안에서 이를 변경한 것이다).

[후원회를 둘 수 있는 주체, 둘 수 없는 주체] 위 정당후원회금지와 광역지방자치단체장 선거 예비후보자에 대한 금지, 그리고 지방의회의원 제외의 위헌성

을 인정하여 헌법불합치결정들이 있은 이후 지금은 정당의 중앙당에 한하여(지구당은 없으므로 물론 아니고 시·도당도 아님) 후원회를 둘 수 있게, 그리고 광역지방자치단체장 선거 예비후보자, 지방의회의원에 대해서도 후원회를 둘 수 있게 법개정이 되었다. 또한 지역구지방의회의원선거의 후보자 및 예비후보자에 대해서도 후원회를 둘 수 있게 법개정이 되었다. 그리하여 현행 정치자금법은 후원회를 지정하여 둘 수 있는 자로 1. 중앙당(중앙당창당준비위원회 포함), 2. 국회의원(국회의원선거의 당선인 포함), 2의2. 지방의회의원(지방의회의원선거의 당선인 포함), 2의3. 대통령선거의 후보자 및 예비후보자, 3. 정당의 대통령선거후보자 선출을 위한 당내경선후보자, 4. 지역선거구 국회의원선거의 후보자 및 예비후보자, 5. 중앙당 대표자 및 중앙당 최고 집행기관의 구성원을 선출하기 위한 당내경선후보자, 6. 지역구지방의회의원선거의 후보자 및 예비후보자, 7. 지방자치단체의 장선거의 후보자 및 예비후보자로 규정하고 있다(정치자금법 제6조). 결국 현재 후원회를 둘 수 없는 사람은 비례대표국회의원선거후보자, 비례대표지방의회의원(광역·기초 모두)선거의 후보자, 지방자치단체의 장이다. * 비례자가 달린 의원선거에서는 예비후보자제도가 없어서 비례국회의원·비례지방의원선거 예비후보자가 아예 해당사항이 있을 수 없음.

5. 정치자금의 기탁

정당에 정치자금을 기부하고자 선거관리위원회에 금전 등을 기탁하는 제도도 있다. 현행 정치자금법은 검은 정치자금을 막고 투명성을 보장하기 위하여 기명기탁제를 시행하도록 하고 있다. 즉 누구든지 타인의 명의나 가명 또는 그 성명 등 인적 사항을 밝히지 아니하고 기탁금을 기탁할 수 없다(정치자금법 제22조 제3항 본문). 기명기탁을 하되 선관위가 인적 사항을 밝히지 않을 것을 조건으로 하는 조건부 기명기탁은 인정하고 있다(동법 동조 동항 후문).

6. 기 부

기부라 함은 정치활동을 위하여 개인 또는 후원회 그 밖의 자가 정치자금을 제공하는 일체의 행위를 말한다. 이 경우 제3자가 정치활동을 하는 자의 정치활동에 소요되는 비용을 부담하거나 지출하는 경우와 금품이나 시설의 무상대여, 채무의 면제·경감 그 밖의 이익을 제공하는 행위 등은 이를 기부로 본다(동법 제 3 조 제 2 호). 외국인, 국내·외의 법인 또는 단체는 정치자금을 기부할 수 없고, 누구든지 국내·외의 법인 또는 단체와 관련된 자금으로 정치자금을 기부할 수 없다(동법 제31조).

* 노동조합의 경우 : 과거 다른 단체들은 정치자금 기부를 할 수 있도록 하면서도 노동조합에 대해서는 정치자금 기부가 금지되고 있었던 때가 있었는데, 그 금지규정이 1999년에 위헌으로 결정되어(헌재 1999. 11. 25, 95헌마154) 기부가 가능해졌다. 그러다가 이후 대기업의 불법 정치자금제공이 크게 문제되었기에 이를 원천적으로 막을 목적으로 2004년 정치자금법이 개정되어 노동조합을 포함한 일체의 단체에 대해 정치자금을 기부할 수 없다고 금지하여 현재 노동조합도 기부를 할 수 없게 다시 금지되고 있다. 그런데 이후 헌재는 위 '국내외의 단체와 관련된 자금'의 기부금지에 대해 합헌성을 인정하는 결정을 하였다(헌재 2010. 12. 28, 2008헌바89. 사안은 노동조합 관련 정치자금 문제였음).

7. 국고보조금

(1) 의의와 기능

정당의 건전한 재정을 이끌기 위해 국가의 예산으로 보조하는 제도가 국고보조금제도이다. 현행 헌법 제 8 조 제 3 항은 "국가는 법률이 정하는 바에 의하여 정당운영에 필요한 자금을 보조할 수 있다"라고 규정하여 국고보조의 헌법적 근거를 두고 있다. 현행 정치자금법에 따르면 "보조금"이라 함은 정당의 보호·육성을 위하여 국가가 정당에 지급하는 금전이나 유가증권을 말한다(동법 제 3 조 제 6 호).

국민의 의사를 결집하기 위한 정당의 운영에는 재정이 소요된다. 복수정당제 하에서 다양한 의사와 정책을 표방하는 정당들이 존재하여야 하는데 정당들이 운영에 소요되는 재원을 조달하지 못하여 그 운영이 어렵게 되면 여러 정당들이 존속하기 어려워져 국민의 다원화된 의사의 수렴도 어려워지고 다원주의의 실현이 취약한 여건에 놓일 수 있다. 정당자금의 많고 적음에 따른 정당 간의 홍보, 선거, 정책개발 등에서의 경쟁에 불평등을 가져올 수도 있다. 이와 같이 정당의 활동을 보장하고 정당 간의 평등을 구현하기 위하여 국가가 재정적 보조를 할 필요가 있다. 또한 국가에 의한 공적인 자금배분이라는 점에서 정당자금의 투명성을 갖추도록 하고 불법자금 등의 유혹에서 정당이 벗어나도록 하기 위한 보조라는 의미도 가진다.

(2) 유 형

현행 정치자금법은 ① 일반적인 국고보조금 외에 ② 추천보조금 제도도 두고 있다.

(3) 일반 국고보조금과 그 배분

일반 국고보조금에는 ㉠ 매해 예산에 계상되는 경상보조금과 ㉡ 선거가 있는 연도에 예산에 계상되는 선거보조금이 있다. 일반 국고보조금은 지급 당시 교섭단체를 구성한 정당에 대하여 그 100분의 50을 정당별로 균등하게 분할하여 배분·지급하고 원내교섭단체를 구성하지 못한 정당으로서 5석 이상의 의석을 가진 정당에 대하여서는 100분의 5씩을, 의석이 없거나 5석 미만의 의석을 가진 정당은 최근에 실시된 임기만료에 의한 국회의원선거에 참여한 정당으로 국회의원선거의 득표수 비율이 100분의 2 이상인 정당 등 법에 정한 선거에서의 일정 비율 득표 정당들인 경우에 보조금의 100분의 2씩을 배분·지급한다(동법 제27조 제1항·제2항). 이상과 같이 배분·지급한 금액을 제외한 잔여분 중 100분의 50은 지급 당시 국회의석을 가진 정당에 그 의석수의 비율에 따라 배분·지급하고, 그 잔여분은 국회의원선거의 득표수 비율에 따라 배분·지급한다(동법 동조 제3항). 이처럼 현행 배분기준은 정당득표율도 감안하나 원내교섭단체인지 여부와 의석수에 따라 더 많은 비율의 배분을 하고 있다. 이에 대해서는 교섭단체를 구성하지 못한 정당에 대한 합리성 없는 차별이라는 주장의 헌법소원심판이 청구되었는데 헌재는 대의민주적 기본질서가 제 기능을 수행하기 위해서는 의회 내에 안정된 다수세력을 확보할 필요가 있으므로 다수 의석의 원내정당을 우대하고자 하는 것으로 합리성이 있다고 보아 합헌성을 인정하였다(헌재 2006. 7. 27, 2004헌마655).

(4) 추천보조금과 그 배분

현재 추천보조금 제도로는 ㉠ 여성후보자할당제를 촉진하기 위한 <u>여성추천보조금</u> 제도[비례대표의원선거의 경우에는 이를 지키지 않은 경우 등록을 무효로 하는 반면(공직선거법 제52조 제1항 제2호) 지역구의원 선거의 경우에는 보조금지급에 연계하는 데에 그침], ㉡

장애인의 정치적 진출을 지원하기 위한 장애인추천보조금 제도, ㉢ 청년후보자(39세 이하)의 정계진출을 촉진, 도모하기 위한 청년추천보조금제도를 두고 있다. 그 배분율은 추천비율에 따라 차등을 두고 있다(동법 제26조, 제26조의2, 제26조의3 참조).

Ⅸ. 정당의 소멸(해산과 등록취소)

정당은 해산과 등록취소로 소멸된다.

1. 해　　산

(1) 해산의 유형

정당의 해산에도 정당 자신의 의사에 의해 이루어지는 자진해산과 정당 자신의 의사에 반하여 국가기관에 의하여 해산되는 강제해산이 있다.

(2) 자진해산

현행 정당법은 그 대의기관의 결의로써 정당이 스스로 해산할 수 있다고 규정하고 있다(법 제45조 제 1 항). 자진해산의 신고가 있는 때에는 당해 선거관리위원회는 그 정당의 등록을 말소하고 지체 없이 그 뜻을 공고하여야 한다(동법 제47조). 잔여재산은 당헌이 정하는 바에 따라 처분하고 당헌에 따라 처분되지 아니한 잔여재산은 국고에 귀속한다(동법 제48조 제 1 항 · 제 2 항).

(3) 강제해산

1) 헌법재판소의 심판에 의한 강제해산과 그 의의 　현재 우리 헌법은 정당에 대해서는 헌법재판소의 심판에 의하여서만 강제해산될 수 있도록 하고 있다(제 8 조 제 4 항). 이는 일반적인 행정기관에서의 해산명령처분으로 해산되지 못하도록 함으로써 정당에 대한 보호를 강화하는 의미를 가진다. 우리나라에서는 최초의 정당해산심판사건으로 2013년에 통합진보당에 대한 해산 및 정당활동정지가처분심판(헌재 2014. 12. 19, 2013헌다1, 2013헌사907)이 청구되었다. 본안판단결과 8 : 1로 해산결정이 되었다.

2) 사유(요건)

① 목적이나 활동 　해산사유가 되는 민주적 기본질서에 위배되는 것

은 정당의 목적이나 활동이다. 여기서의 목적은 강령(또는 기본정책)과 당헌과 당이 출간하는 각종 인쇄물, 기관지, 당원들의 교육을 위한 자료 등에 나타난 것과 평소에 당해 정당의 주요 간부 등에 의하여 상당히 일관성있게 표방된 목표를 말한다.

② **민주적 기본질서에 위배** 정당의 목적이나 활동이 민주적 기본질서에 위배될 때가 강제해산의 사유를 이룬다(제8조 제4항). 민주적 기본질서란 헌법 제8조 제4항은 '자유'민주적 기본질서라고 명시한 것이 아니라 그냥 '민주적 기본질서'라고 명시하고 있다는 점에서 자유주의적 요소만으로 한정해서는 아니 되고 사회복지주의 등의 요소도 포괄한다고 보아야 한다(전술 민주적 기본질서 부분 참조). 헌재는 통합진보당 해산결정에서 "헌법 제8조 제4항의 '민주적 기본질서'는, 개인의 자율적 이성을 신뢰하고 모든 정치적 견해들이 상대적 진리성과 합리성을 지닌다고 전제하는 다원적 세계관에 입각한 것으로서, 모든 폭력적·자의적 지배를 배제하고, 다수를 존중하면서도 소수를 배려하는 민주적 의사결정과 자유와 평등을 기본원리로 하여 구성되고 운영되는 정치적 질서를 말한다"라고 판시한 바 있다(2013헌다1). 정당의 중요성에 비추어 볼 때 정당의 활동이 민주적 기본질서를 실질적으로 위배하는 경우에 해산사유가 된다고 볼 것이다. 헌재는 "민주적 기본질서 위배란 민주적 기본질서에 대한 단순한 위반이나 저촉을 의미하는 것이 아니라 정당의 목적이나 활동이 민주적 기본질서에 대한 실질적 해악을 끼칠 수 있는 구체적 위험성을 초래하는 경우를 가리킨다. 강제적 정당해산은 핵심적인 정치적 기본권인 정당 활동의 자유에 대한 근본적 제한이므로 헌법 제37조 제2항이 규정하고 있는 비례의 원칙을 준수해야만 한다"라고 판시한 바 있다(2013헌다1).

3) **절 차** 정부가 국무회의의 심의를 거쳐 헌법재판소에 정당의 해산을 제소할 수 있고, 정당은 헌법재판소의 심판에 의하여 해산된다(제8조 제4항, 제89조 제14호). 대통령이 아니라 '정부'가 제소권자로 명시되어 있다.

4) **결 정** 재판부는 재판관 7인 이상의 출석으로 사건을 심리하며(헌법재판소법(이하 '헌재법'이라 함) 제23조 제1항), 정당을 해산하는 결정에는 종국심리에 관여한 재판관 6인 이상의 찬성이 있어야 한다(헌법 제113조 제1항; 헌재법 제23조 제2항 제1호). 헌재는 통합진보당사건에서 구체적 위험성을 초래하였다고

판단하고 해산결정은 비례의 원칙에 어긋나지 않는다고 보았다(2013헌다1).

5) 해산결정의 효력

① **창설적 효력** 정당의 해산을 명하는 결정이 선고된 때에는 그 정당은 해산된다(헌재법 제59조). 헌법재판소의 이러한 해산결정은 창설적 효력을 가진다. 별도의 해산명령 내지 처분을 하여야 해산효과가 있는 것이 아니라 헌법재판소 결정 자체로 그대로 정당이 소멸되기 때문에 창설적 효력이라고 하는 것이다.

② **정당법의 해산결정효력규정** 헌법재판소의 해산결정의 통지가 있는 때에는 당해 선거관리위원회는 당해 정당의 등록을 말소하고 지체 없이 그 뜻을 공고하여야 한다(정당법 제47조). 헌법재판소의 해산결정에 의하여 해산된 정당의 잔여재산은 국고에 귀속한다(동법 제48조 제 2 항). 정당이 헌법재판소의 결정으로 해산된 때에는 해산된 정당의 강령(또는 기본정책)과 동일하거나 유사한 것으로 정당을 창당하지 못한다(대체정당의 금지, 동법 제40조). 이는 정당해산결정의 실효성을 위한 것이다. 헌법재판소의 결정에 의하여 해산된 정당의 명칭과 같은 명칭은 정당의 명칭으로 다시 사용하지 못한다(동법 제41조 제 2 항).

③ **소속 국회의원, 지방의회의원들의 의원직 자동상실 여부** 헌법재판소의 해산결정을 받은 정당에 소속된 국회의원들, 지방의회의원들은 그 해산결정으로 당연히 의원직을 상실하게 되는지에 대해서는 국내에서 ㉠ 긍정설과 ㉡ 부정설이 대립되고 있다. 현행 공직선거법 제192조 제 4 항 본문은 "비례대표국회의원 또는 비례대표지방의회의원이 소속정당의 합당·해산 또는 제명 외의 사유로 당적을 이탈·변경하거나 2 이상의 당적을 가지고 있는 때에는 「국회법」 제136조 또는 「지방자치법」 제90조의 규정에 불구하고 퇴직된다"라고 규정하고 있다. 따라서 정당의 해산결정이 있더라도 지역구의원들뿐 아니라 비례대표의원도 의원직이 자동상실되지 않는 것으로 해석된다. 그러나 헌재는 이 규정에서의 해산을 자진 해산의 경우로만 보고 정당해산결정의 실효성을 확보하기 위해서라는 이유로 통합진보당결정에서 소속 국회의원들의 의원직 상실을 선고하였다(2013헌다1). 위 공직선거법규정이 그냥 '해산'이라고 규정하여 자진해산뿐 아니라 강제해산(즉 헌재의 해산결정으로 해산되는 경우)도 문언상 포함하는데 위 결정과 같은 결론은 강제해산을 제외한다는 해석의 귀결로 이해될 수

있는데 그런 해석은 법규정 문언 자체를 벗어난, 해석한계를 벗어난 것으로서 받아들이기 곤란하다(그런데 이 2013헌다1 결정에서 소속 지방의회의원들에 대해서는 상실을 선고하지 않았고 이후 논란이 되고 있다).

2. 등록취소

(1) 사　유

헌법 제8조 제2항 후문은 정당은 “국민의 정치적 의사형성에 참여하는 데 필요한 조직을 가져야 한다”라고 규정하고 있고, 정당이 일정한 조직요건을 갖추지 못한 경우에는 존립의 기반이 불충분하다고 보아 정당법은 등록취소사유로 하고 있다(조직상의 취소사유). 또한 정당이 소정의 선거에 소정의 기간 불참한 경우에는 정당의 본연의 임무인 정권획득을 위한 노력의 의사가 없다고 보아, 등록취소사유로 하고 있다(선거참여에 관한 취소사유). 그러나 그 조직요건이나 소정 기간 등의 요구가 과중하다면 위헌이 될 것이다. 정당법은 등록취소의 사유로, 정당이 ① 5 이상의 시·도당을 가져야 한다는 법정시·도당수의 요건(법 제17조) 및 시·도당은 1천인 이상의 당원을 가져야 하고 이러한 1천인 이상이라는 법정당원수에 해당하는 수의 당원은 당해 시·도당의 관할구역 안에 주소를 두어야 한다는 시·도당의 법정당원에 관한 요건(동법 제18조)을 구비하지 못하게 된 때, ② 최근 4년간 임기만료에 의한 국회의원선거 또는 임기만료에 의한 지방자치단체의 장선거나 시·도의회의원선거에 참여하지 아니한 때, ③ 임기만료에 의한 국회의원선거에 참여하여 의석을 얻지 못하고 유효투표총수의 100분의 2 이상을 득표하지 못한 때로 규정하고 있었다(동법 제44조 제1항). 즉 위 ①, ②, ③의 사유들 중 어느 하나에 해당하는 때에는 당해 선거관리위원회는 그 등록을 취소하도록 규정하고 있었다. 그런데 ③의 사유는 정당설립의 자유를 과잉금지(비례)원칙 중 피해 최소성을 위반하여 침해한다는 이유로, 즉 예컨대 단 한번만의 국회의원선거 결과로 정당을 취소할 것이 아니라 일정기간 동안 국회의원선거 등 공직선거에 참여할 수 있는 기회를 수회 더 부여하고 그 결과에 따라 등록취소 여부를 판단하는 방법을 고려할 수 있음에도 그러하지 않아 침해의 최소성을 결여하고 법익의 균형성도 갖추지 못했다고 하여 헌재가 위헌으로 결정하였고(헌재 2014. 1. 28, 2012헌마431, 2012헌가19(병합). 과잉금지(=비례)원칙에 대해서는 뒤의 기본권론 부분 참조) 이제는 효력을 상실하였다. 한편 ①의 사유에 해당하는 경우에 유예제도를 두고 있다(요건의 흠결이 공직선거의 선거일 전 3월 이내에 생긴 때에는 선거일 후 3월까지, 그 외의 경우에는 요건흠결시부터 3월까지 그 취소를 유예한다. 동법 제44조 제 1 항 제 1 호 단서).

(2) 취소권자

현행 정당법은 당해 선거관리위원회가 등록의 취소를 할 권한을 가지는 것으로 규정하고 있다(동법 제44조 제 1 항).

(3) 효 과

당해 선거관리위원회는 등록을 취소한 때에는 지체 없이 그 뜻을 공고하여야 한다(동법 제44조 제 2 항). 등록취소된 정당의 명칭과 같은 명칭은 등록취소된 날부터 최초로 실시하는 임기만료에 의한 국회의원선거의 선거일까지 정당의 명칭으로 사용할 수 없다(동법 제41조 제 4 항). 그런데 이 조항에 대해서는 앞서 언급한 대로 임기만료에 의한 국회의원선거에 참여하여 의석을 얻지 못하고 유효투표총수의 100분의 2 이상을 득표하지 못한 정당에 대한 등록취소가 위헌으로 결정됨에 따라 그 경우에 대한 부분(즉 그 경우에 위와 같은 명칭사용금지)도 위헌으로 결정되게 되었다(헌재 2014. 1. 28, 2012헌마431, 2012헌가19(병합)). 정당의 등록이 취소된 때에는 그 잔여재산은 당헌이 정하는 바에 따라 처분하고, 처분되지 아니한 정당의 잔여재산은 국고에 귀속된다(동법 제48조).

제 2 항 선거제도

Ⅰ. 선거의 개념과 법적 성격 · 기능

1. 개 념

선거란 어느 집단을 위한 활동을 대신할 사람이나 집단의 대표자를 뽑는 행위를 말한다. 주로 많이 실시되는 선거는 공직선거이다. 공직선거는 국민이나 주민의 대표자로서 공무를 수행할 사람을 선출하는 행위를 말한다. 아래에서는 공직선거를 살펴본다. 선출방식에는 투표, 추첨, 추대 등 여러 가지가 있을 수 있다. 따라서 투표는 선거의 한 방식을 의미하므로 투표와 선거는 엄밀한 의미에서는 구별된다. 그러나 선거방식으로서 투표가 통상 가장 많이 활용된다.

2. 본 질 론

[이론] 앞의 주권론에서 살펴본 대로 국민주권론은 기능론을 주장하는데 선거는 권리의 행사가 아니라 국민대표자를 선출하는 하나의 기능일 뿐이라고 본다. 반면 권리론은 인민주권론자의 주장으로 선거란 주권자인 국민이 자신의 권리로서 대표자를 선출하는 과정에 참여할 수 있는 권리를 행사하는 과정이라고 본다.

[평가] 선거행위는 대표자를 선출하는 기능인 것은 사실이나 그 선출행위 과정에 참여하여 국민은 선거권이라는 권리를 행사하는 것이기도 하다. 따라서 선거에 참여하는 행위는 기능이자 권리의 행사라는 두 가지 효과를 모두 가지고 선거가 기능이라는 이유로 그 선거에 참여할 수 있는 권리인 선거권을 무조건 제한할 수는 없다. 선거권은 기본권이므로 기본권제한의 법리에 따라 제한될 수 있을 뿐이고 그 최대한 보장이 요구된다.

3. 선거행위의 법적 성격과 기능

(1) 법적 성격

선거행위는 개인으로서는 선거권이란 권리의 행사이지만 대표자의 선출은 선거에 참여한 투표자들의 합성행위의 결과로 나타난다. 이러한 선거행위인 합성행위로 대표자에 대한 국가권력행사를 위임하는 법적 관계를 형성하게 된다.

(2) 기 능

선거는 ① 대표자를 선출하는 기능 외에도 ② 대표자의 주권행사를 정당화하는 기능을 한다(민주적 정당성 기능). ③ 민주적인 선거의 실시는 안정적인 정권교체를 가능하게 하며 국민의 의사에 의한 정상적 정권교체는 쿠데타를 방지하는 기능도 수행한다.

Ⅱ. 선거의 원칙

선거의 원칙으로 보통, 평등, 직접, 비밀, 자유의 원칙이 있다. 우리 헌법은 제41조 제 1 항이 "국회는 국민의 보통 · 평등 · 직접 · 비밀선거에 의하여 선출된 국회의원으로 구성한다"라고 규정하고 있고, 제67조 제 1 항이 "대통령은 국민의 보통 · 평등 · 직접 · 비밀선거에 의하여 선출한다"라고 규정하여 4대 원칙을 명시하고 있는데 학설, 판례는 그 외에 자유선거원칙도 포함하여 모두 5대 원칙을 선거원칙으로 본다.

1. 보통(보편)선거원칙

보통(보편)선거의 원칙이란 최소한의 요건만 갖추면, 즉 국적을 보유하고 일정한 연령에 달한 국민이라면 사회적 신분, 성별, 재산, 소득, 인종 등에 관계 없이 선거권을 인정하여야 한다는 원칙이다. 보통선거라고 관용하여 불러오고 있긴 하나 일정한 연령 이상의 국민들에게 투표권이 보편적으로 인정되어야 한다는 점에서 '보편선거'라는 용어가 더 적절하다. 보통(보편)선거의 반대는 제한선거이다. 제한선거는 일정한 재산이나 수입을 가지거나 일정한 능력을 보유한 사람에 대해서만 선거권을 부여하는 것이다.

* 집행유예자 · 수형자에 대한 선거권 제한(부정)의 보통선거원칙 위반 : 헌재는 집행유예기간 중인 자와 수형자의 선거권을 제한(부정)하고 있는 공직선거법 제18조 제 1 항 제 2 호 중 '유기징역 또는 유기금고의 선고를 받고 그 집행이 종료되지 아니한 자(이하 '수형자'라 한다)'에 관한 부분과 '유기징역 또는 유기금고의 선고를 받고 그 집행유예기간 중인 자(이하 '집행유예자'라 한다)'에 관한 부분 및 형법 제43조 제 2 항 중 수형자와 집행유예자의 '공법상의 선거권'에 관한 부분이 선거권을 침해하고, 보통선거원칙에 위반하여 평등원칙에도 어긋나는 위헌성이 인정된다고 결정하였다(헌재 2014. 1. 28, 2012헌마409. 집행유예 경우의 동지 결정 — 헌재 2014. 1. 28, 2013헌마105). 헌재는 범죄자가 저지른 범죄의 경중을 전혀 고려하지 않고 수형자와 집행유예자 모두의 선거권을 제한하는 것은 침해의 최소성원칙에 어긋나고 특히 집행유예자는 교정시설에 구금되지 않고 일반인과 동일한 사회생활을 하고 있으므로, 그들의 선거권을 제한해야 할 필요성이 크지 않기 때문이라고 그 위헌이유를 제시하고 있다. 위 2012헌마409 결정에서 수형자의 경우 그 위헌성은 지나치게 전면적 · 획

일적으로 수형자의 선거권을 제한한다는 데 있는바 그 위헌성을 제거하고 수형자에게 헌법합치적으로 선거권을 부여하는 것은 입법자의 형성재량에 속한다고 보아 수형자에 관한 부분에 대하여 2015. 12. 31. 시한으로 입법자가 개정할 때까지 계속적용하도록 하는 헌법불합치결정을 하였다. 그리고 위 공직선거법 제18조 제1항 제2호 부분은 이전에 합헌결정들(헌재 2004. 3. 25, 2002헌마411; 헌재 2009. 10. 29, 2007헌마1462)이 있었는데 모두 판례변경되었다.

2. 평등선거원칙

(1) 평등선거의 개념

유권자 1인당 동일한 수의 표와 투표가치를 부여하여야 한다는 원칙이 평등선거원칙이다. 평등선거에 반대되는 차등선거는 유권자의 재력, 신분, 학력 등에 따라 더 많은 수의 표를 부여하는 것이다.

평등선거의 원칙과 보통(보편)선거의 원칙은 구별되는 관념의 원칙이다. 보통(보편)선거원칙은 일정한 최소요건을 갖춘 이상 모든 국민에게 투표의 기회를 부여한다면 준수된 것이고 그 표수의 차이는 상관하지 않는다. 반면 평등선거원칙은 표수, 표가치의 동등을 요구하는 원칙이다. 예를 들어 A에게 1표를, B에게 3표를, C에게 5표를 부여할 경우 A, B, C 모두가 적든 많든 투표권을 가져 선거에 참여할 수 있으므로 보편선거원칙은 준수되었으나 표수에 차이가 있으므로 평등선거원칙에는 위배된다.

오늘날 평등선거의 원칙은 표수의 동등성뿐 아니라 표의 가치의 동등성(투표의 등가성)까지도 요구한다. 즉 1인 1표(one man, one vote)뿐 아니라 1표 1가(one vote, one value)가 되어야 한다. 보다 정확한 표현으로는 1인 1표 등가(one man, one vote, equal value)가 되어야 한다.

(2) 평등선거를 위한 선거구의 획정 문제

1) 선거구 간 인구편차의 문제

① 인구편차와 평등선거원칙 투표가치의 평등을 위하여 선거구의 획정부터 공정하여야 한다. 선거구들 간에 인구의 수의 차이(편차) 때문에 투표가치의 불평등이 발생된다. 예를 들어 5만명이 1명의 의원을 선출하는 S선거구와 15만명이 1명의 의원을 선출하는 Y선거구가 있다고 할 때 Y선거구의 유

권자의 투표가치는 S선거구에 비하여 3분의 1의 가치를 가져 불평등이 있게 된다. 5만명이 1명의 대표자에 의해 대표된다면 15만명의 인구가 있는 Y선거구에서는 3명의 대표자가 선출되어야 동등한 대표가치와 투표가치를 가질 것이기 때문이다(그런데 위의 예에서 투표가치의 평등성 문제를 단순하게 설명하기 위해 이처럼 Y선거구, S선거구 간의 비교를 하였지만 아래 ③에서 서술하는 대로 우리 헌재는 편차의 위헌여부를 따짐에 있어서 선거구 간의 비교가 아니라 평균인구수를 두고 판단한다). 우리나라에서도 국회의원선거, 지방의회의원선거에서 선거구인구의 편차로 인한 위헌결정, 헌법불합치결정이 실제 있었다.

② 아래의 편차한계(인정범위)를 벗어나면 침해되는 기본권 평등원칙, 평등권뿐 아니라, 선거권도 침해된다. 우리 헌재 판례도 같다.

③ 편차의 한계 우리 헌법 제41조 제 3 항은 국회의원의 선거구에 관한 사항은 법률로 정한다고 규정하여 선거구획정을 입법형성(재량)에 맡기고 있다. 그리하여 헌법 제41조 제 3 항에 따라 제정된 공직선거법 제25조 제 1 항은 국회의원지역구는 시 · 도의 관할구역 안에서 인구 · 행정구역 · 지리적 여건 · 교통 · 생활문화권 등을 고려하여 이를 획정하도록 규정하고 있다. 이처럼 선거구획정에 있어서 인구 외에도 행정구역, 지리적 여건 등을 고려하므로 인구만을 고려할 것은 아니나 투표는 국민주권의 행사과정으로서 주권을 행사하는 주체인 국민이 각각 평등한 가치의 투표를 할 수 있어야 하는 것이 가장 중요하므로 국민의 수(인구)의 비례성을 갖추는 것이 최우선적으로 고려되어야 한다.

④ 편차 인정범위 — 헌법재판소 판례 인구비례원칙에 따라 모든 선거구가 동일한 인구로 획정되는 것이, 즉 1 : 1이 되는 것이 이상적이다. 그런데 현실적으로 거주지를 강제배정하지 않는 한 편차가 있을 수 있다. 그리하여 어느 정도 범위의 편차가 입법재량을 벗어나지 않은 합헌적인 것인가 하는 그 허용범위가 논의된다. 아래에 우리 헌법재판소의 판례를 살펴본다.

[헌법재판소 판례]

① **평균인구수** : 먼저 유의할 것은 헌법재판소는 선거구의 위헌 여부 판단을 단순히 최대선거구 대 최소선거구의 대비가 아니라 평균인구수를 설정하여 한다는 점이다. 평균인구수는 전체 인구수 ÷ 선거구수이다. 여기서 또 다른 유의점은 전체 유권자수가 아니라 전체 인구수를 선거구수로 나눈다는 점이다. 한편 지방의회의원선거의 경우

광역의회(시 · 도의회)의원선거와 기초의회(자치구 · 시 · 군의회)의원선거가 있는데 기초의회의원선거의 경우에는 평균인구수를 산정함에 있어서 선거구수로 나누는 것이 아니라 의원수로 나눈다. 그 이유는 자치구 · 시 · 군의회의원선거는 하나의 선거구당 2인 내지 4인의 의원을 선출하는 중선거구제방식이기 때문이다(헌재 2009. 3. 26, 2006헌마67).

② **편차범위** : ㉠ 국회의원선거의 경우 — 우리 헌법재판소는 국회의원선거의 경우 평균인구수를 기준으로 현재 상하 33⅓%의 편차범위를 인정한다(과거 1995년에 60%를, 2001년에 50%를 인정한 때도 있었음). 즉 최대선거구(133⅓%) : 최소선거구(66⅔%) = 2 : 1이다(헌재 2014. 10. 30, 2012헌마192). 헌재는 2001년에 편차범위 50%(3 : 1)를 인정하면서 앞으로 33⅓%(2 : 1)로 줄여야 한다고 당시에 밝힌 바 있는데 헌재 2014. 10. 30, 2012헌마192 결정에서 그렇게 줄이면서 그 이유를 다음과 같이 밝히고 있다. 즉 50% 편차를 인정한 이전의 선례(헌재 2001. 10. 25, 2000헌마92)에서 단원제를 채택하고 있는 우리나라의 경우 국회의원이 국민의 대표이면서 현실적으로는 어느 정도의 지역대표성도 겸하고 있는 점, 인구의 도시집중으로 인한 도시와 농어촌 간의 인구편차와 각 분야에 있어서의 개발불균형이 현저한 현실 등을 근거로 국회의원선거구 획정에 있어 인구편차를 완화할 수 있다고 판단하였으나 이는 더 이상 인구편차를 완화할 수 있는 사유가 되지 않는다고 판단된다. a. 우리나라가 택하고 있는 단원제 및 소선거구제에서는 사표가 많이 발생할 수 있는데, 인구편차 상하 50%의 기준을 따를 경우 인구가 적은 지역구에서 당선된 국회의원이 획득한 투표수보다 인구가 많은 지역구에서 낙선된 후보자가 획득한 투표수가 많은 경우가 발생할 가능성도 있는바, 이는 대의민주주의의 관점에서도 결코 바람직하지 아니하다. b. 국회의원이 지역구에서 선출되더라도 추구하는 목표는 지역구의 이익이 아닌 국가 전체의 이익이어야 한다는 원리에 따라서 국회를 구성함에 있어 국회의원의 지역대표성이 고려되어야 한다고 할지라도 이것이 국민주권주의의 출발점인 투표가치의 평등보다 우선시 될 수는 없다. 지금은 지방자치제도가 정착되어 지역대표성을 이유로 헌법상 원칙인 투표가치의 평등을 현저히 완화할 필요성 또한 예전에 비해 크지 않다. 국회의원의 지역대표성은 지방자치단체의 장이나 지방의회의원이 가지는 지역대표성으로 상당부분 대체되었다고 할 수 있다. c. 인구편차의 허용기준을 완화하면 할수록 시 · 도별 지역구 의석수와 시 · 도별 인구가 비례하지 아니할 가능성이 높아져 상대적으로 과대대표되는 지역과 과소대표되는 지역이 생길 수밖에 없다. 실제로 영 · 호남지역이 수도권이나 충청지역에 비하여 각각 과대하게 대표됨을 확인할 수 있는데, 이러한 차이는 지역정당구조를 심화시키는 부작용을 야기할 수 있다. 특히, 이와 같은 불균형은 농 · 어촌 지역 사이에서도 나타난다. d. 외국의 판례와 입법 추세를 고려할 때, 우리도 인구편차의 허용기준을 엄격하게 하는 일을 더 이상 미룰 수 없다. ㉡ 지방의회의원선거의 경우 — ⓐ 광역의회의 경우 헌재는 이전에는 60% 편차범위, 즉 최대선거구(160%) : 최소선거구(40%) = 4 : 1을 인정하였었다. 지방의회의원선거의 경우 이전에 50%편차를 인정한 국회의원선거에서보다 편차를 10% 더 인

정하여 60%로 완화하여 인정하는 이유에 대하여 헌법재판소는 인구비례원칙이 가장 중요하고도 우선적인 일차적인 기준이긴 하나 지방의회의원이 지역대표성도 겸하고 있고, 인구의 도시집중으로 인한 도·농간의 인구편차와 개발불균형이 존재하는 우리나라의 특수성 등을 고려할 때 행정구역 등도 인구비례원칙에 못지않게 고려해야 할 필요성이 크므로 인구비례원칙을 완화하여 편차범위를 정한다고 밝히고 있었다(헌재 2007. 3. 29, 2005헌마985). 그러나 2018년에 다음과 같은 논거로 상하 50% 편차범위로 하여야 한다고 판례를 변경하였다. 즉 헌재는 "인구편차 상하 33⅓%의 기준이 선거권 평등의 이상에 보다 접근하는 안이지만, 위 기준을 적용할 경우 각 자치구·시·군이 가지는 역사적·문화적·경제적인 측면에서의 지역대표성과 도시와 농어촌 간의 인구격차를 비롯한 각 분야에 있어서의 지역 간 불균형 등 2차적 요소를 충분히 고려하기 어렵다. 반면 인구편차 상하 50%를 기준으로 하는 방안은 최다인구선거구와 최소인구선거구의 투표가치의 비율이 1차적 고려사항인 인구비례를 기준으로 볼 때의 등가의 한계인 2 : 1의 비율에 그 50%를 가산한 3 : 1 미만이 되어야 한다는 것으로서 인구편차 상하 33⅓%를 기준으로 하는 방안보다 2차적 요소를 폭넓게 고려할 수 있다 … 그렇다면 현재의 시점에서 시·도의원지역구 획정과 관련하여 헌법이 허용하는 인구편차의 기준을 인구편차 상하 50%(인구비례 3 : 1)로 변경하는 것이 타당하다"라고 판시하였다(헌재 2018. 6. 28, 2014헌마189). ⓑ 기초의회의원선거의 경우에도 이전에는 60% 편차범위를 인정하였었는데(헌재 2009. 3. 26, 2006헌마67) 위 광역의회의원선거에서와 마찬가지 이유를 들면서 50% 편차범위로 판례변경을 하였다(헌재 2018. 6. 28, 2014헌마166).

③ **선거구구역표의 불가분성** : 선거구들 중 단 하나의 선거구도 이 범위를 벗어나면 선거구 전체가 모두 위헌이다(헌재 1995. 12. 27, 95헌마224; 헌재 2001. 10. 25, 2000헌마92; 헌재 2014. 10. 30, 2012헌마192 등 참조).

④ **위헌결정례** : 헌재 1995. 12. 27, 95헌마224(국회의원선거의 경우, 편차범위를 60% 인정한 때의 위헌결정례였음).

⑤ **헌법불합치결정례** : 이 헌법불합치결정례들은 "입법자가 개정할 때까지 계속 적용"하라는 헌법불합치결정례들로서 다음의 예들이 있다.

국회의원선거의 경우 — 헌재 2001. 10. 25, 2000헌마92(편차범위를 50%로 본 결정), 헌재 2014. 10. 30, 2012헌마192 등(편차범위를 33⅓%로 보는 현재의 기준이 나온 결정), 광역의회의원선거의 경우 — 헌재 2007. 3. 29, 2005헌마985; 헌재 2019. 2. 28, 2018헌마919등[이 919등 결정은 신 판례인 상하 50%(인구비례 3 : 1)를 적용하여 헌법불합치결정된 첫 결정례이다]; 헌재 2025. 10. 23, 2022헌마1247('전라북도의회의원' 선거구역 내 '장수군 선거구' 부분), 기초의회의원선거의 경우 — 헌재 2009. 3. 26, 2006헌마67; 헌재 2009. 3. 26, 2006헌마240등; 2021. 6. 24. 2018헌마405[서울특별시 자치구의회의원 선거구와 선거구별 의원정수 중 마포구 부분. * 이 405 결정은 편차허용을 50%로 낮춘(위 2014헌마166 결정) 기준에 비추어 판단하여 헌법불합치결정된 것임].

〈사례 7〉 – 국회의원선거의 경우

현행 공직선거법에서 정하고 있는 **국회의원 지역구선거**에서의 선거구수에 관한 규정을 무시하고 현재 우리나라의 국회의원 지역구선거에서의 선거구수가 200개라고 가정하자. 또한 우리나라 현재 실제의 정확한 인구수를 무시하고 전체 인구수는 4,000만명이라고 가정하자. 몇 개의 가정적 선거구들을 보면, A선거구의 인구수는 15만명, B선거구의 인구수는 9만명, C선거구의 인구수는 23만명, D선거구의 인구수는 32만명, E선거구의 인구수는 14만명, F선거구의 인구수는 7만명이다. 우리 헌법재판소의 판례가 허용하는 편차범위를 벗어난 선거구는 어느 선거구인가?

- 평균인구수 = 전체 인구수(4,000만명) ÷ 선거구수(200개) = 20만명.
- 편차범위 = 평균인구수(100%, 20만명)의 상하 33⅓% 편차. 최대 133⅓%, 최소 66⅔% 범위.
- 평균인구수 100%에 비해 A선거구 75%, B선거구 45%, C선거구 115%, D선거구 160%, E선거구 70%, F선거구 35%이다. 우리 헌법재판소 판례에 따르면 위 최대 133⅓%에서 최소 66⅔% 범위 내에 있어야 하는데 이 범위를 벗어난 선거구는 결국 B, D, F 선거구이다(평균인구수 100%보다 +33⅓%(상)에서 −33⅓%(하) 사이에 있어야 한다고 보고 100% 기준 A선거구는 −25%, B선거구는 −55%, C선거구는 +15%, D선거구는 +60%, E선거구는 −30%, F선거구는 −65%, 따라서 B, D, F 선거구가 편차범위를 벗어난 것이라고 판단해도 된다).
- 불가분성 : 위 3개 선거구만 위헌일지라도 전체 선거구들 모두가 위헌이 된다.

〈사례 7-1〉 – 기초지방의회의원선거의 경우

기초지방의회의원선거는 중선거구제여서 차이가 있어 유의할 필요가 있으므로 아래에 사례를 들어본다.

한국의 어느 기초지방자치단체인 S시(市)의 지방의회의원선거에 있어서 각 선거구의 현황이 아래와 같다고 가정할 때 우리 헌법재판소의 판례가 허용하는 편차범위를 벗어난 선거구는 어느 선거구인가?

선거구	인구수	선거구별 의원정수
가	25,000	2
나	34,000	2
다	27,000	3
라	18,000	3
합 계	104,000	10

- 평균인구수 = 104,000 ÷ 10 = 10,400명. * 유의 : 기초의회의원선거는 중선거구제를 취하여 한 선거구에 여러 명 의원이 있을 수 있으므로 인구수를 의원정수 합으로 나눈다는 점.
- 편차범위 = 평균인구수(100%, 10,400명)의 상하 50% 편차. 최대 150%, 최소 50% 범위.
  합헌범위 : 최대(평균인구 10,400명 × 1.5)=15,600명, 최소(평균인구 10,400 × 0.5) = 5,200명.
- 비교 : 벗어나는 선거구는 '나' 선거구(의원 1인당 인구는 34,000 ÷ 2=17,000. 위 최대, 최소 사이 범위를 벗어남. 각 선거구 편차를 위 사례 1.에서처럼 %로 계산해도 됨('나' 선거구는 +63%) * 유의 : 단, 국회의원선거의 경우와 달리 각 선거구별 의원 1인당 인구를 계산하여 벗어난 선거구인지를 판단하여야 함)
- 불가분성 : 위 3개 선거구만 위헌일지라도 전체 선거구들 모두가 위헌이 된다.

2) 자의적 획정(Gerrymandering)의 위헌성

① 개 념 합리적인 이유없이 인접하지 않은 지역을 묶어 하나의 선거구로 획정하는 경우와 같이 자의적인 선거구획정도 평등선거의 원칙에 반한다. 자의적 획정은 위에서 본 선거구 간 인구편차의 문제와는 구별된다. 자의적 획정은 합리적 이유없이 어느 정당, 후보자에 유리하게 서로 떨어져 있는 선거구를 묶는 등 그 구획에 불합리성과 자의(恣意, 독단)성이 있는 경우를 말한다.

선거구획정을 왜곡되게 하는 위와 같은 자의적 획정을 게리맨더링(Gerrymandering)이라 하는데 이는 미국의 매사추세츠 주의 주지사였던 E. Gerry가 자의적으로 획정한 선거구의 모양이 전설의 뱀인 salamander와 유사하였기에 게리와 맨더의 합성어로 붙여진 이름이다. 게리맨더링은 특정 정당(후보)을 지지하는 서로 떨어진 지역의 유권자들을 묶어 당선에 유리하게 선거구를 정하는 것이다. 즉 게리맨더링은 자의적으로 떨어진 지역들을 묶어 선거구를 비정상적으로 획정하여 정상적인 획정이었으면 선거인들이 자신이 소속하는 지역에서 원하는 인물을 지지하여 당선시킬 수 있었을 기회를 상실하도록 한다. 따라서 이러한 기회를 박탈함으로써 평등선거 원칙의 위반의 문제가 나온다. 헌재는 "특정 지역의 선거인들이 자의적인 선거구획정으로 인하여 정치과정에 참여할 기회를 잃게 되었거나, 그들이 지지하는 후보가 당선될 가능성을 의도적으로 박탈당하고 있음이 입증되어 특정 지역의 선거인들에 대하여 차별하고

자 하는 국가권력의 의도와 그 집단에 대한 실질적인 차별효과가 명백히 드러난 경우에는 그 선거구획정은 입법재량의 한계를 벗어난 것으로서 헌법에 위반된다"라고 판시하고 있다(헌재 1998. 11. 26, 96헌마54). 현행 공직선거법 제25조 제1항 제2호는 하나의 자치구 · 시 · 군의 일부를 분할하여 다른 국회의원지역구에 속하게 할 수 없다. 다만, 인구범위(인구비례 2 : 1의 범위를 말한다)에 미달하는 자치구 · 시 · 군으로서 인접한 하나 이상의 자치구 · 시 · 군의 관할구역 전부를 합하는 방법으로는 그 인구범위를 충족하는 하나의 국회의원지역구를 구성할 수 없는 경우에는 그 인접한 자치구 · 시 · 군의 일부를 분할하여 구성할 수 있다"라고 규정하고 있다.

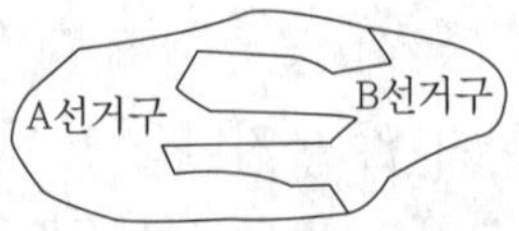

[게리맨더링의 예시]
왼쪽 A선거구나 오른쪽 B선거구의 크기는 비슷하고 인구는 비슷하나 서로 떨어진 지역들을 묶어 자의적인 획정이 된 것이다.

② 재량한계로서의 자의성배제와 자의성에 대한 판단기준 선거구획정에 입법재량이 인정되나 획정에 자의성이 없어야 한다는 한계가 설정된다. 서로 떨어진 지역을 묶어 하나의 선거구를 획정하는 것에 합리적 사유(위에서 본 인구편차의 허용범위 내로 맞추어야 할 필요성이나, 경제나 생활 또는 행정상의 동일 권역성 등)가 있으면 자의적 획정이 아니나 합리적 사유가 없다면 자의적 획정으로서 위헌이 된다. 헌재도 "사회적 · 지리적 · 역사적 · 경제적 · 행정적 연관성 및 생활권 등을 고려하여 특단의 불가피한 사정이 없는 한 인접지역이 1개의 선거구를 구성하도록 함이 상당하며, 이는 선거구 획정에 관한 국회의 재량권의 한계라고 할 것"이라고 본다(헌재 1995. 12. 27, 95헌마224).

[위헌의 결정례] 헌재는 특단의 불가피한 사정이 있다고 볼만한 사유를 찾아볼 수 없는데도, 충북 옥천군을 사이에 두고 접경지역 없이 완전히 분리되어 있는 충북 보은군과 영동군을 "충북 보은군 · 영동군 선거구"라는 1개의 선거구로 획정하였는바, 이는 소위 "게리맨더링(Gerrymandering)"의 전형적인 것으로서 재량의 범위를 일탈한 자의적인 선거구획정이라고 결정한 예가 있다(헌재 1995. 12. 27, 95헌마224).

[입법재량 범위를 벗어난 자의적 선거구획정이 아니라고 본 예] 헌재 1998. 11. 26, 96헌마74; 헌재 2001. 10. 25, 2000헌마92; 헌재 2014. 10. 30, 2012헌마192 등.

(3) 비례대표선거에서의 정당투표 부재의 위헌성

과거의 공직선거및선거부정방지법은 전국비례대표국회의원선거에서 정당에 대한 별도의 투표 없이 지역구 정당후보자에 대한 투표결과를 각 정당의 지지율로 간주하여 그 비례대표의석을 배분하고 있었다. 그런데 이는 무소속후보자를 지지한 유권자의 투표는 그 배분에 기여함이 없게 되어 불평등이라는 취지의 한정위헌결정이 있었다(헌재 2001. 7. 19, 2000헌마91. '한정위헌결정'이란 결정의 주문이 "~라고 하는 한(또는 ~범위에서) 헌법에 위반된다"라고 하는 문언형식의 결정을 말한다. 후술 제 5 부 헌법재판 부분 참조). 현재는 비례대표제선거에서 지역선거구후보자에 대한 투표 외에 정당에 대한 투표를 별도로 하도록 하고 있다.

3. 직접선거원칙

(1) 개 념

직접선거란 유권자가 선거에 매개자가 없이 스스로 직접 투표하고 그 투표로 선출을 결정짓는 선거를 말한다. 직접선거에 반대되는 간접선거는 대개 선거인단을 먼저 선출하여 이들이 매개자가 되어 최종적으로 대표자를 선출하는 선거로서 유권자는 선거인단을 선출하는 데 그칠 뿐이다. 물론 선거인단이 유권자와 강제(기속)위임의 관계에 있다면 유권자의 지시에 선거인단이 그대로 따라 최종 선출에 나아가야 할 것이므로 사실상 거의 직접선거에 가까운 결과를 가져오긴 한다. 미국의 대통령선거가 그러한 경우이다(그러나 미국의 경우 간접선거라는 점 자체보다도 승자독식, 즉 한 주에서 단 한 표라도 이기는 제 1 위 후보자가 그 주의 선거인단을 모두 독식하는 것이 표의 왜곡현상을 가져온다고 하여 문제되고 있다).

(2) 비례대표제선거의 경우

1) 구속식명부제의 문제 비례대표제에서는 각 정당이 작성한 후보자명부에 대해 투표하게 되는데 정당이 정한 그 후보자들의 순위를 유권자가 변경하여 투표할 수 없는 명부제를 구속식명부제(고정명부식)라고 한다. 이러한 구속식명부는 정당의 결정에 유권자가 기속되므로 직접선거에 반하지 않느냐

하는 문제가 있다. 우리 헌재는 정당에 대한 투표를 별도로 하는 것을 전제로 구속식명부제가 위헌이 아니라고 본다(헌재 2001. 7. 19, 2000헌마91). 헌재의 입장은 고정명부식이라도 정당에 대한 투표가 있다면 비록 후보 각각에 대한 선택권은 인정되지 않으나 여러 정당들의 명부들 중의 선택은 유권자가 할 수 있고 종국적으로 유권자에 의한 결정이 있게 되므로 합헌이라고 보는 것으로 이해된다.

2) **정당에 대한 투표의 필요성** 위에서 본 대로 구속식명부제가 합헌이기 위해서는 정당의 후보명부에 대한 별도의 투표가 필요하다. 위에서 언급한 대로 과거에 비례대표후보자명부에 대한 별도의 투표 없이 지역구 정당후보자에 대한 투표를 정당에 대한 투표로 의제하여 비례대표의석을 배분하였는데 헌재가 이는 직접선거의 원칙에 반하여 위헌이라고 보았다(헌재 2001. 7. 19, 2000헌마91). 이후 정당투표제가 도입되어 시행되고 있다.

4. 비밀선거원칙

비밀선거원칙이란 선거인이 투표를 함에 있어서 공개되지 않고 어느 누구에게 투표하였는지 그 내용이 공개되지 않아야 한다는 원칙을 말한다. 선거인이 소신 있는 투표를 행할 수 있게 하여 선거결과의 공정성과 정확성을 확보하기 위한 것이다. 공직선거법은 비밀선거원칙에 관한 규정을 두고 있다. 즉 "투표의 비밀은 보장되어야 한다"라고 명시하고, 선거인은 투표한 후보자의 성명이나 정당명을 누구에게도 또한 어떠한 경우에도 진술할 의무가 없으며, 누구든지 선거일의 투표마감시각까지 이를 질문하거나 그 진술을 요구할 수 없다고 규정하고 있다(법 제167조 제 1 항 · 제 2 항 본문). 이의 준수를 실효성있게 하기 위하여 위 공직선거법 제167조 규정을 위반한 경우 투표의 비밀침해죄로 처벌하는 규정을 두고 있다(동법 제241조 제 1 항).

* 신체 장애 선거인에 대한 투표보조인(가족 아닌) 2인 동반 강제 — 신체에 장애가 있는 선거인에 대해 투표보조인이 가족이 아닌 경우 반드시 2인을 동반하도록 한 공직선거법 규정이 비밀선거원칙의 예외로서 합헌인지 여부에 대해 헌재는 선거인이 투표보조 제도를 쉽게 활용하면서 투표의 비밀이 보다 유지되도록 투표보조인을 상호 견제가 가능한 최소한의 인원인 2인으로 한정하여 필요하고 불가피한 예외적인 경우에 한하고 있으므로, 과잉금지원칙을 준

수하여 합헌이라고 본다(헌재 2020. 5. 27, 2017헌마867).

5. 자유선거원칙

자유선거원칙이란 선거인의 선거행위, 투표행위가 공권력이나 사인에 의하여 방해받지 않아야 하고 선거인이 자신의 자유롭고 자율적인 의사에 따라 후보나 정책에 대한 투표를 행할 수 있어야 한다는 원칙을 말한다. 선거인을 폭행・협박 또는 유인하거나 불법으로 체포・감금한 경우에 선거의 자유방해죄로 처벌된다(동법 제237조 제 1 항 제 1 호). 또한 투표・개표의 간섭 및 방해죄 등의 규정을 두고 있다(동법 제242조 제 1 항 등).

* 최소투표율제도 비도입 문제 — 무조건 유효투표의 다수를 얻은 자를 당선인으로 결정하도록 하고 최소투표율제도를 도입하지 않아 선거의 대표성의 본질을 침해하는 것이라는 주장에 대해 헌재는 최소투표율제도를 도입하게 되면 투표를 강제하게 되어 자유선거원칙 위반의 우려도 있다고 하면서 그 주장을 배척하고 합헌성을 인정하였다(2003헌마259).

Ⅲ. 선거제도법률(법정)주의

선거제도법률(법정)주의가 선거법제에서 일반적으로 활용되고 있다. 선거제도법률(법정)주의란 헌법 자체에서는 선거제도의 기본원칙을 설정하고 선거의 실시에 관한 구체적인 사항은 법률로 정하도록 하는 것을 말한다. 우리 헌법 제41조 제 3 항은 "국회의원의 선거구와 비례대표제 기타 선거에 관한 사항은 법률로 정한다"라고 규정하고 있고 제67조 제 5 항은 "대통령의 선거에 관한 사항은 법률로 정한다"라고 규정하여 역시 선거제도법률주의를 취하고 있다. 선거제도법률주의에 따라 입법자가 상당한 입법형성권과 재량을 가진다. 그러나 그 재량에는 한계가 있다. 즉 입법자는 선거에 대한 규제의 필요성이 있더라도 비례원칙 등을 준수하여야 한다.

Ⅳ. 대 표 제

1. 개 념

대표제란 선거에서 어느 정도의 지지를 받아야 대표자로 선출되는가 하는, 즉 선거에서 당선되기 위하여 필요한 지지의 정도에 관한 제도를 말한다. 다수의 지지를 받아야 당선될 수 있는 제도는 다수대표제이고 소수의 지지로도 당선이 될 수 있는 제도는 소수대표제이며 득표에 비례하여 당선가능성을 가지는 제도가 비례대표제이다. 대표제는 지지의 정도에 따라 당선을 결정함을 의미하므로 대표제는 곧 선거에서 당선자를 결정하는 방식 내지 의석을 배분하는 방식을 의미한다.

2. 다수대표제

(1) 개념 및 장단점

다수대표제란 당해 선거구에서 선거인 다수의 지지가 있어야 당선이 될 수 있는 대표제를 말하는 것으로 선거에서 가장 많은 표를 얻은 후보가 당선되는 제도이다. 반면에 소수대표제는 선거인 소수의 지지로도 당선될 수 있는 대표제를 말한다. 다수대표제는 1인의 의원을 선출하는 소선거구제를 취하게 된다. 1인의 의원을 선출하므로 최다득표로 다수의 지지를 얻어야 당선될 수 있을 것이기 때문이다. 다수대표제는 소선거구에서의 1인 의원의 선출을 가져오는 것이므로 양당제가 자리잡고 있는 나라에서는 양당 중 어느 한 정당이 과반수로 의회의 다수파가 될 수 있고 그 정당이 집권하면 정국의 안정을 가져올 수 있다는 장점이 있다. 그러나 1위 당선자의 득표가 낮은 경우 사표가 많아지는 단점이 있고 소수정당에게 불리하다는 단점이 있다.

[판례 – 헌재의 합헌성 인정] 헌재는 소선거구다수대표제로 다수의 사표가 발생한다 하더라도 그 이유만으로 선거의 대표성의 본질을 침해한다거나 그로 인해 국민주권원리를 침해하고 있다고 할 수 없다고 하면서 합헌성을 인정하고 있다(2012헌마374).

(2) 상대다수대표제와 절대다수대표제

다수대표제에도 상대다수대표제와 절대다수대표제가 있다.

1) 상대다수대표제(단기명 1회투표제) 상대다수대표제란 최다득표자가 과반수 득표를 하지 않더라도 경쟁후보들보다 단 1표라도 더 획득한 후보가 당선되는 대표제(선출방식)를 말한다. 예를 들어 유효투표의 30%의 득표를 하였지만 여러 후보들이 난립하였기에 최다득표를 하였다면 당선되는 제도이다. 상대다수대표제는 하나의 선거구에서 단기명투표로 한 명의 의원을 선출하는 소선거구제에 연결되는 것이 일반적이다.

2) 절대다수대표제와 결선투표제 절대다수대표제란 당선을 위해서는 과반수의 표 이상을 획득하여야 하고 단순 다수의 지지만으로는 당선될 수 없는 대표제를 말한다. 절대다수제는 소선거구제에서 실시된다. 절대다수대표제는 1차투표에서 과반수를 획득한 사람이 없어서 당선자가 쉽사리 결정되지 않을 수 있다. 그리하여 절대다수대표제의 경우 다시 투표하여 결정하는 결선투표제도가 마련되어 있다.

3. 소수대표제

이는 반드시 최다득표가 아니더라도 당선될 수 있는 대표제를 말한다. 소수대표제는 선거구제도로서는 중선거구나 대선거구와 결합된다. 중선거구나 대선거구에서는 여러 명의 의원이 선출됨으로써 최다득표가 아니더라도 당선이 될 수 있기 때문이다. 소수대표제는 소정당에게도 의회에 의석을 확보할 수 있도록 하여 소수파의 보호를 도모한다. 그러나 다른 한편 이로써 군소정당의 난립가능성이 있다.

* '소수'의 의미 — 소수대표제도 여러명이 득표순으로 당선되므로 다수제라고 볼 수 있다고 하면서 '소수'라는 말을 오해할지 모른다. 그러나 다수대표제가 앞서 최다득표자 1인이 당선되는 대표제라고 개념정의한 데 대해 최다득표자가 아니더라도 차순위의 소수득표라도 당선될 수 있다는 의미로서 다수대표제와 대비하기 위하여 '소수'대표제라고 부르는 것이다. 다수대표제에서의 다수를 최다득표로 보면서도 여러 명이 당선되는 중선거구나 대선거구제에 있어서도 다수대표제가 이루어진다고 말하면 오히려 모순이다.

4. 비례대표제

비례대표제란 각 정당이 득표한 비율에 따라 의석이 배분되는 제도를 말한다. 비례대표제에서는 먼저 당선기수(quotient)가 설정된다. 당선기수란 하나의 의석의 당선에 요구되는 표수를 말하는 것으로서 한 선거구에서의 유효투표의 총수를 배분해야 할 의석수로 나눔으로써 산정된다. 그리하여 각 정당이 그 선거구에서 득표한 수를 당선기수로 나눔으로써 각 정당에 배분될 비례의석이 할당된다. 문제는 각 정당의 득표수를 당선기수로 나누었을 때 정수(整數)가 되고 나머지가 없다면 그 배분에 어려움이 없겠지만 실제로는 정수 외에 당선기수를 채우지 못하는 나머지 표수가 각 정당에 남고(잔여 표수) 할당되지 않은 의석이 남는 데에 있다(예를 들어 A정당이 175,000표, B정당이 118,000표, C정당이 92,000표, D정당이 83,000표, E정당이 32,000표의 득표를 하였고 배분해야 할 의석수가 10석인 경우에 당선기수는 500,000표 ÷ 10 = 50,000표인데 A정당의 경우 득표수(175,000)를 당선기수(50,000)로 나누면 정수 3이 나오고 25,000표가 남는다. 다른 정당들도 잔표가 있다). 잔수가 가장 많은 정당순으로 나머지 의석을 배분할 수 있으나 득표에 반드시 비례하지 않아 문제가 있다. 바로 이 잔수를 어떻게 가급적 비례적으로 처리하느냐 하는 방식에 따라 여러 유형의 비례대표제가 있다. 대표적으로 d'*Hondt*식을 보자. 동트방식이란 먼저 각 정당의 득표수를 1부터 할당해야 할 의석수까지로 나눈다. 즉 할당 의석수가 모두 9개라고 가정한다면 각 정당의 득표수를 1, 2, 3, 4, 5, 6, 7, 8, 9로 나누어 리스트를 작성한다. 그렇게 해서 나타난 리스트의 각 수들 중에 가장 큰 개수부터 9순위까지를 찾아서 각 정당별로 9순위에 들어간 개수만큼 의석을 할당받게 된다.

제수 / 정당	1	2	3	4	5	6	7	8	9
A	***150,000***	***75,000***	***50,000***	37,500	30,000	25,000	21,428	18,750	16,666
B	***143,000***	***71,500***	***47,666***	35,750	28,600	23,833	20,428	17,875	15,888
C	***116,000***	***58,000***	38,666	29,000	23,200	19,333	16,571	14,500	12,888
D	***92,000***	46,000	30,666	23,000	18,400	15,333	13,142	11,500	10,222
E	39,000	19,500	13,000	9,750	7,800	6,500	5,571	4,875	4,333

위의 도표의 예에서 5개 정당의 득표수를 각각 9까지 순차적으로 나누어

나온 리스트에서 150,000, 143,000, 116,000, 92,000, 75,000, 71,500, 58,000, 50,000, 47,666까지가(밑줄친 이탤릭체 숫자들) 9순위까지이므로 결국 A당은 3의석을, B당은 3의석을, C당은 2의석을, D당은 1의석을 할당받게 된다.

[우리나라의 국회의원선거에서의 비례의석배분] 위와 다르다. 이전에는 비례의석할당대상 정당의 득표비율에 비례의석정수를 곱하여 산출된 수의 정수(整數)의 의석을 당해 정당에 먼저 배분하는 방식이었다. 그러다가 2019. 12. 23. 개정된 공직선거법은 비례대표제의 단점을 완화하기 위해 연동제를 부분적으로 비례대표 국회의원 선거에 도입하여, 우리나라 국회의원 선거방식은 이른바 '준연동형 비례대표제'로 되었다. 즉 그 개정된 공직선거법 제189조 제 2 항의 규정에 따르면 비례대표국회의원 의석은 다음과 같은 방식으로 배분된다.

[1] 각 의석할당정당에 배분할 의석수("연동배분의석수")는 다음 계산식에 따른 값을 소수점 첫째자리에서 반올림하여 산정한다. 이 경우 연동배분의석수가 1보다 작은 경우 연동배분의석수는 0으로 한다(동법 제189조 제2 항 제 1 호).

연동배분 의석수 = [(국회의원정수 – 의석할당정당이 추천하지 않은 지역구국회의원당선인수) × 해당 정당의 비례대표국회의원선거 득표비율 – 해당 정당의 지역구국회의원당선인수] ÷ 2

[2] 제 1 호에 따른 각 정당별 연동배분의석수의 합계가 비례대표국회의원 의석정수에 미달할 경우 각 의석할당정당에게 배분할 잔여 의석수("잔여배분의석수")는 다음 계산식에 따라 산정한다. 이 경우 정수(整數)의 의석을 먼저 배정하고 잔여의석은 소수점 이하 수가 큰 순으로 각 의석할당정당에 1석씩 배분하되, 그 수가 같은 때에는 해당 정당 사이의 추첨에 의한다(동법 동조 동항 제 2 호).

잔여배분의석수 = (비례대표국회의원의석정수 – 각 연동배분의석수의 합계) × 비례대표국회의원선거 득표비율

[3] 제 1 호에 따른 각 정당별 연동배분의석수의 합계가 비례대표국회의원 의석정수를 초과할 경우에는 제 1 호 및 제 2 호에도 불구하고 다음 계산식에 따라 산출된 수("조정의석수")를 각 연동배분의석 할당정당의 의석으로 산정한다. 이 경우 산출방식에 관하여는 제 2 호 후단을 준용한다(동법 동조 동항 제 3 호).

조정의석수 = 비례대표국회의원의석정수 × 연동배분의석수 ÷ 각 연동배분의석수의 합계

다만, 2020년 4월 15일 실시하는 비례대표국회의원선거의 의석배분에 관하여는 47석의 비례대표 의석 중 30석에 관하여만 준연동형 비례대표제를 적용하고 나머지에 대해서는 병립형 제도를 적용하게 하였다(동법 부칙 제4조).

비례대표제는 사표를 줄이고 투표의 가치의 평등성을 보장하여 평등원칙에 부합한다는 장점이 있다. 그러나 정당의 후보선정이 공정하지 못하다면 국민의 주권이 정당에게 이양되는 결과를 가져오며, 정당의존성을 높인다는 단점이 있다. 비례대표제는 소정당의 의석획득에 유리하여 군소정당의 난립이라는 단점이 있었기에 이를 방지하기 위하여 일정 비율의 득표를 하지 못한 정당에 대해 의석배분을 하지 않는 저지조항제도를 두기도 한다. 우리나라에서도 유효투표총수의 100분의 3 이상을 득표하였거나 지역구국회의원총선거에서 5석 이상의 의석을 차지한 정당이어야 비례의석을 할당받을 수 있도록 하여(동법 제189조 제1항) 저지조항을 두고 있다.

비례대표제 단점을 완화하기 위해 아래에서 보는 바와 같이 혼합식 대표제가 나타나기도 하였다.

정당이 「공직선거법」에 따라 비례대표국회의원선거의 후보자를 추천하는 경우에는 당헌·당규 또는 그 밖의 내부규약 등으로 정하는 바에 따라 민주적 절차를 거쳐 추천할 후보자를 결정한다(정당법 제36조).

5. 혼합식(병용식) 대표제

혼합식(병용식) 대표제는 다수대표제 또는 소수대표제에 비례대표제를 함께 활용하는 방식이다. 이러한 방식으로 먼저 단순 병용제를 들 수 있는데 총의석들 중 일부는 다수대표제로 선출하고 나머지는 비례대표제로 선출하는 방식이다. 다음으로 독일에서 하원선거에서 활용되는 독일식 혼합제를 들 수 있는데, 먼저 정당에 대한 투표에서의 득표비율에 따라 각 정당이 배정받을 총의석 수가 정해지고 그 총의석 수에서 지역구선거에서 당선된 의석수를 제하고 나머지를 비례대표제로 정하는 연동제 방식의 혼합대표제이다. 우리나라의 경우 광역지방의회의원선거에 있어서 다수대표제를 하면서도 비례대표제도 두고 있고, 기초지방자치의회의원선거의 경우에 있어서 소수대표제를 하면서도 비례대표제도 두고 있어 단순 병용제라고 할 수 있다. 우리나라의 국회의원 선거도 이전에는 다수대표제+비례대표제의 단순 병용제였다가 전술한 바와 같이 2019. 12. 23. 공직선거법이 개정되어 연동제적 요소가 부분 가미되었다.

6. 직능대표제

직업 내지 산업별로 대표자를 선출하게 하는 제도이다. 즉 각 선거인들을 직업이나 직역별로 나누고 각각 그 대표자를 선출하게 하는 방식이다. 경제적 대표제라고도 할 수 있다. 양원제에서 상원을 직능대표제로 구성하여 경제적 의회로 활동하도록 할 수도 있다.

7. 우리나라 선거에서의 대표제방식

우리나라에서 현재 각종 공직선거에서 채택되고 있는 대표제를 보면 다음과 같다. ① 다수대표제 — 한 선거구에서 1인이 당선되는 제도이므로 ㉠ 대통령선거, ㉡ 지역구국회의원선거, ㉢ 지역구시 · 도의원선거, ㉣ 시 · 도지사선거, ㉤ 자치구 · 시 · 군의 장 선거에서 실시되고 있다. ② 소수대표제 — 한 선거구에서 여러 명이 당선되는 단기식 투표제도이므로 한 선거구에서 2인 이상 4인 이하 선출하는 선거인 지역구자치구 · 시 · 군의원선거는 소수대표제의 선거이다. ③ 비례대표제 — 국회의원선거와 시 · 도의원선거, 자치구 · 시 · 군의원선거

대표제		선거
다수대표제		대통령선거 지역구국회의원선거 지역구시 · 도의원선거 시 · 도지사선거 자치구 · 시 · 군의 장선거
소수대표제		지역구자치구 · 시 · 군의원선거
비례대표제		비례대표국회의원선거 비례대표시 · 도의원선거, 비례대표자치구 · 시 · 군의원선거
혼합(병용)제	다수 · 비례병용제	국회의원선거(준연동형) 시 · 도의원선거
	소수 · 비례병용제	자치구 · 시 · 군의원선거

에서 지역구선거와 더불어 채택되고 있다. ④ 혼합(병용)제 — ㉠ 다수대표제 + 비례대표제 병용은 국회의원선거, 시·도의원선거에서, ㉡ 소수대표제 + 비례대표제 병용은 자치구·시·군의원선거에서 실시되고 있다.

Ⅴ. 선거구제도

1. 개념과 유형

선거구란 대표자가 선출되는 지역적 단위를 말한다. 선거구제의 문제는 대표자가 선출되는 단위지역을 작게 나누느냐 아니면 크게 나누느냐 하는 문제가 되고 그 크기에 따라 한 선거구에서 선출되는 의원의 수가 한 명 또는 더 많을 수 있으므로 선거구당 선출되는 의원정수가 결국 유형구분의 기준이 된다. 이에 따라 선거구제는 종래 소선거구제, 중선거구제, 대선거구제의 유형으로 구분되어 왔다. 통상 소선거구제는 하나의 선거구에서 1인의 의원이 선출되는 경우를 말한다. 중선거구제는 한 선거구에서 2인 내지 5인의 의원을 선출하는 선거구제이고, 대선거구제는 그 인원보다 초과하는, 즉 6인 이상의 수의 의원을 선출하는 선거구제이다.

2. 대표제와의 연관성

한 선거구에서의 의원정수가 한 명이냐 아니면 여러 명이냐에 따라 당선에 필요한 지지의 표수가 달라지므로 선거구제는 위에서 살펴본 대표제와 연관된다. 소선거구제에서는 한 선거구에서 1인의 의원을 선출하기에 다수의 지지를 받아야 당선될 수 있으므로 다수대표제로 되고, 중선거구제, 대선거구제에서는 여러 명의 의원들을 선출하기에 소수의 지지로도 당선될 수 있으므로 소수대표제로 된다. 중선거구제나 대선거구제에서도 선거인이 여러 후보에 표를 던지는 연기식의 투표가 이루어진다면 다수대표제가 나타날 수도 있다.

3. 각 선거구의 장단점

아래에서 일반적으로 지적되고 있는 장단점을 본다.

(1) 소선거구제

장점으로는, ① 양당체제에 친근하고 대정당의 출현이 쉽다. 따라서 군소정당을 억제하여 양대정당이 자리잡게 하여 정국의 안정을 가져올 수 있다. ② 선거구가 작기에 선거관리가 상대적으로 용이하다. ③ 후보자로서는 선거비용이 대선거구에 비하여 적게 든다. ④ 선거구가 작기 때문에 선거인들이 후보와 그의 정견과 공약 등을 파악하기 쉽다. ⑤ 재선거나 보궐선거의 실시와 관리가 쉽다. 단점으로는, ① 소선거구는 상대다수제이므로 근소한 표차로도 낙선될 수 있어 사표가 많이 나올 가능성이 있어 평등선거원칙에 부합되지 않는 면이 있다. ② 전국적으로 검증된 인물이 아닌 지역적 인사가 당선될 가능성이 많다. ③ Gerrymandering의 가능성이 많다. ④ 지역의 협소성으로 인해 지역적 연고, 정실 등이 작용할 가능성과 소지역성으로 인한 선거매수가 용이하다는 점 등 부정선거의 가능성이 상대적으로 더 많다. ⑤ 선거운동이 과열될 가능성이 상대적으로 더 크다.

(2) 대선거구제

장점으로는, ① 여러 의원들이 당선되므로 소수의 득표로도 당선될 수 있어 사표(死票)를 줄일 수 있다. ② 전국적인 인물의 당선가능성이 더 크다. ③ 선거운동지역이 넓으므로 상대적으로 선거운동의 과열가능성이 낮다. ④ 선거운동지역이 넓기에 지역적 정실이나 지연이 작용하거나 또는 선거매수 등의 위험의 가능성이 소선거구제에 비해 적다. 단점으로는, ① 소수의 득표로도 당선이 가능하므로 군소정당의 진출이 촉진될 수 있어 이로써 정국의 불안정을 가져올 수 있다. ② 대선거구제는 그 선거관리 대상 구역이 넓기에 선거관리가 어렵고 그 관리비용이 더 많이 소요된다. ③ 후보자의 입장에서도 선거운동구역이 넓어 선거운동비용이 과다하게 지출된다는 등의 문제점이 지적되고 있고 이로써 부정선거의 소지를 가지고 있다고 지적된다. ④ 재선거나 보궐선거의 실시와 관리가 어렵다. ⑤ 후보자들이 많아 유권자들이 후보자들에 대해 잘 인식하지 못할 가능성이 소선거구제에 비해 크고 이로써 선거에 대한 무관심이 나타날 수 있다.

(3) 중선거구제

중선거구제는 소선거구제와 대선거구제의 절충을 기하여 각각의 장점만을 기대한 선거구제이지만 실제로는 소선거구제와 대선거구제가 가질 수 있는 장단점들을 결국 아울러 가질 수도 있다.

4. 우리나라 선거의 경우

우리나라에서 현재 각종 공직선거들에서 채택되고 있는 선거구제들은 다음과 같다. ① 소선거구제(1인선거구제) — ㉠ 대통령선거(전국선거구), 지역구국회의원선거(당해 지역구. * 국회의원선거에서 1선거구 1의원이 합헌이라는 결정이 있었다. 2012헌마374. 이 결정에 대해서는 앞의 대표제, 다수대표제에서 인용함), ㉡ 지방자치단체의 장선거(당해 시·도, 당해 자치구·시·군), ㉢ 교육감선거(당해 시·도), ㉣ 지역구시·도의원선거(당해 시·도의 지역구), ② 중선거구제 — 지역구자치구·시·군의원선거[당해 자치구·시·군의 지역구. 하나의 지역구에서 선출할 의원정수는 2인 이상 4인 이하로 하고 있기(공직선거법 제26조 제2항) 때문에 중선거구제(2022년 6월 지방선거에서는 중대선거구제 확대도입의 효과검증을 위해 시범적으로 몇 개 지역구에서 3인 이상 5인 이하로 확대 실시)], ③ 비례대표제 — ㉠ 비례대표국회의원선거(전국선거구), ㉡ 비례대표시·도의원선거(당해 시·도), 비례대표자치구·시·군의원선거(당해 자치구·시·군)에서의 경우이다.

우리나라에서 현재 공직선거에서 시행되고 있는 선거구제들의 위 현황은 아래의 표와 같다.

<table>
<tr><th colspan="2">선거구</th><th>선거</th></tr>
<tr><td colspan="2">소선거구제</td><td>대통령선거(전국선거구)
지역구국회의원선거(당해 지역구)
지방자치단체의 장선거(당해 시·도, 당해 자치구·시·군)
교육감선거(당해 시·도)
지역구시·도의원선거(당해 시·도의 지역구)</td></tr>
<tr><td colspan="2">중선거구제</td><td>지역구자치구·시·군의원선거(당해 자치구·시·군의 지역구. 하나의 지역구당 2인 이상 4인 이하 선출)</td></tr>
<tr><td rowspan="2">비례대표제</td><td>전국선거구</td><td>비례대표국회의원선거</td></tr>
<tr><td>지방자치단체별</td><td>비례대표시·도의원선거(당해 시·도)
비례대표자치구·시·군의원선거(당해 자치구·시·군)</td></tr>
<tr><td colspan="2">*전국선거구제</td><td>대통령선거, 비례대표국회의원선거</td></tr>
</table>

Ⅵ. 선거제도에 관한 그 외 중요 법리

위에서 본 선거원칙 등의 중요한 법리들 외에 선거에 관련해서 선거권자, 피선거권, 선거운동 등에 관한 중요한 헌법적 원칙과 법리가 다루어져야 한다. 이에 대해서는 기본권의 참정권 부분에서 살펴본다(후술 제 3 부 참정권 부분 참조).

Ⅶ. 우리나라의 선거제도 개관

앞서 우리 선거제도에 대해서는 관련 부분에서 이미 살펴본 바 있다. 여기서는 중요 공직선거들을 개관한다.

1. 대통령선거제도

국민의 보통 · 평등 · 직접 · 비밀선거에 의하여 선출한다(제67조 제 1 항). 다수대표제 · 전국선거구제로 실시된다. 결선투표, 간접선거제도도 있다. 즉 헌법 제67조 제 2 항은 국민의 직접선거에서 최고득표자가 2인 이상인 때에는 국회의 재적의원 과반수가 출석한 공개회의에서 다수표를 얻은 자를 당선자로 한다고 규정하여 국회에서의 간접선거, 결선투표의 경우를 규정하고 있다. 그런데 이러한 결선투표는 국회에서 행해지는 것이고 국민에 의한 결선투표가 아니다. 국회에서 행하는 결선투표는 국민에 의한 것이 아니므로 간접선거이기도 하다. 현행 우리 헌법은 무투표당선을 인정하지 않고 대통령후보자가 1인일 때에도 투표를 시행한다. 즉 대통령후보자가 1인일 때에는 그 득표수가 선거권자 총수의 3분의 1 이상이 아니면 대통령으로 당선될 수 없다(제67조 제 3 항).

2. 국회의원선거제도

(1) 방 식

국회의원선거는 ① 소선거구제 · 다수대표제의 지역구국회의원선거와 ② 전국 단일의 비례대표제가 병용되는 방식으로 실시된다. 비례대표 국회의원선거제는 이른바 '준연동'형이다(이에 대해서는 앞의 Ⅳ. 4. 참조).

* **1인 의원 소선거구 다수대표제의 합헌성 인정** ― 이에 대해 헌재는 다수의 사표 발생의 문제점이 제기됨에도 불구하고 정치의 책임성과 안정성을 강화하고 인물 검증을 통해 당선자를 선출하는 등 장점을 가지며 비례대표선거제도를 통하여 소선거구 다수대표제를 채택함에 따라 발생하는 정당의 득표비율과 의석비율 간의 차이를 보완하고 있다고 보고 선거인의 평등권, 선거권을 침해하지 않는다고 하여 그 합헌성을 인정하는 결정(헌재 2016. 5. 26, 2012헌마374)을 하였다.

(2) 국회의원 정수

국회의원 전체 정수는 300인(지역구 253인 + 비례대표 47인)이다.

(3) 선거구 획정

국민의 대표성이 보다 정확히 반영되기 위해서는 선거구획정부터 적절하여야 한다. 인구비례 기준 등에 입각하여 충분히 검토할 시간을 가지고 획정이 되어야 한다. 현행 공직선거법은 국회가 국회의원지역구를 선거일 전 1년까지 확정하여야 한다고 규정하고 있다(동법 제24조의2 제1항). * 선거구획정 의무에 관한 각하결정 ― 헌재가 이전에 선거구획정이 불평등하다고 하여 헌법불합치결정(헌재 2014. 10. 30, 2012헌마190)을 한 뒤에 국회가 헌재의 입법시한까지 선거구획정을 새로이 하지 않은 입법부작위에 대한 헌법소원심판이 청구되었는데 헌재는 국회의 헌법상 입법의무가 있음을 인정하고 또 입법의무를 상당한 기간을 넘어 정당한 사유 없이 지체하였다고 보면서도 그 심판청구 이후 국회가 국회의원의 선거구를 획정함으로써 청구인들의 주관적 목적이 달성되어 권리보호이익이 소멸하였다고 청구를 각하하였다(헌재 2016. 4. 28. 2015헌마1177). 이러한 각하결정은 국회를 사실상 면책하게 하여 결국 향후 국회의 입법지체를 방지하는 데 긍정적이지 못하다.

3. 지방선거제도

(1) 선거방식

지방의회의원선거에서도 비례대표제가 도입되어 있다. 광역자치단체의원선거인 시·도의회의원선거뿐 아니라 기초자치단체의원선거인 자치구·시·군의회의원선거에서도 비례대표제가 실시된다. 결국 지방의회의원선거는 다수·비례병용 또는 소수·비례병용이라고 할 수 있다. 비례대표시·도의원정수는 지역구시·

도의원정수의 100분의 10으로 하고(공직선거법 제22조 제 4 항), 비례대표자치구 · 시 · 군의원정수는 자치구 · 시 · 군의원정수의 100분의 10으로 한다(동법 제23조 제 3 항).

(2) 특 색

지방선거에는 다음과 같은 특색이 있다. ① 원칙적으로 지방자치단체의 장 선거와 의원선거들이 동시에 이루어진다. ② 지방선거의 경우에는 선거권과 피선거권의 요건으로 거주요건인 당해 지방자치단체의 관할 구역 안에 주민등록이 되어 있을 것을 요한다. 그러나 주민등록을 할 수 없는 국내거주 재외국민의 경우 그들의 의회의원선거권과 참정권을 박탈하는 것이라고 하여 구 공직선거법의 해당 규정들에 대한 헌법불합치결정이 내려진 바 있다(헌재 2007. 6. 28, 2004헌마644). 이후 국내거주 재외국민에 대해서 주민등록법상 재외국민에 해당하는 사람으로서 주민등록표에 소정 기간 이상 계속 올라 있을 것을 요건으로(원래 국내거소신고인명부에 소정 기간 이상 계속 올라 있을 것을 요건으로 하였으나 재외국민의 국내거소신고제도가 폐지되고 재외국민용 주민등록증을 발급하도록 주민등록법이 개정됨에 따라 2015년에 주민등록표로 바뀜) 선거권을 부여하고 있다(동법 제15조 제 2 항 제 2 호). 외국인에 대해서도 소정의 요건을 갖춘 경우 지방선거권을 부여하고 있는 것도 특색이다(동법 동조 제 2 항 제 3 호). ③ 선거소청제도가 있고 선거소송에 있어서 고등법원이 1심으로 2심제이다(동법 제219조, 제222조 제 2 항). 다만, 시 · 도지사선거, 비례대표 시 · 도의원선거에 관한 소송은 대법원 관할로서 단심이다(동법 제222조 제 2 항).

제 4 절 행정질서

제 1 항 법치행정의 원리

행정질서에 있어서 법치행정원리가 기본적인 중요한 헌법적 원리이다. 법치행정의 원리는 앞의 법치주의 부분에서 살펴보았다(전술 제 2 절 제 2 항 Ⅰ. 4. 참조).

제 2 항 공무원제도

Ⅰ. 공무원의 개념과 분류

1. 개 념

공무원이란 국가나 지방자치단체와 근무계약관계를 맺고 국민이나 주민을 위한 공공서비스 등 국가와 지방자치단체의 사무를 수행하는 사람을 말한다. 공무원은 국가나 지방자치단체의 기관조직의 인적 구성원이다. 공무원의 개념에 공공서비스의 봉사자라는 관념이 핵심적 요소가 되어야 한다. 우리 헌법 제 7 조 제 1 항이 공무원은 국민전체에 대한 봉사자라고 규정하고 있는 것도 그 점을 밝히고 있는 것이다.

가장 넓은 의미의 공무원 개념에는 공무원이라는 신분을 가진 사람뿐 아니라 공무원이 아니나 일시적으로 공무를 위탁받아 수행하는 사인(私人, 이른바 '공무수탁사인')도 포함된다. 국가배상책임상 공무원이 바로 이러한 넓은 개념의 공무원에 해당된다.

2. 분 류

(1) 국가공무원과 지방공무원

공무원은 국가공무원과 지방공무원으로 나누어진다. 전자는 국가기관에 소속되어 국가목적을 위한 공무를 수행하고, 후자는 지방자치단체에 소속되어 지방자치단체사무에 종사하는 공무원이다. 각각에 대해 국가공무원법과 지방공무원법(이하 '국공법', '지공법'이라 함)이 규율하고 있다.

(2) 경력직 공무원과 특수경력직 공무원

국가공무원과 지방공무원 각각 다시 경력직 공무원과 특수경력직 공무원으로 나누어진다(국공법 제 2 조 제 1 항; 지공법 제 2 조 제 1 항). 경력직 공무원이란 실적과 자격에 따라 임용되고 그 신분이 보장되며 평생토록 공무원으로 근무할 것이 예정되는 공무원을 말하며 다시 일반직, 특정직 공무원으로 나누어진다(국공법 제 2 조 제 2 항; 지공법 제 2 조 제 2 항). 특수경력직 공무원이란 경력직 공무원 외의 공무원을 말하며 다시 정무직, 별정직 공무원으로 나누어진다(국공법 제 2 조 제 3 항; 지공법 제 2 조 제 3 항).

Ⅱ. 공무원의 헌법상 지위

1. 국민전체에 대한 봉사자로서의 지위

우리 헌법 제 7 조 제 1 항은 "공무원은 국민전체에 대한 봉사자이며"라고 규정하고 있다.

(1) 봉사자의 의미

공무원들은 공익과 국민의 권익을 보장하기 위하여 국민에 대한 공공서비스를 제공하고 국민생활의 안전과 편의를 위한 업무를 수행함으로써 국민에 봉사하여야 한다. 이러한 국민에 대한 봉사자로서의 공무원에는 공무수탁사인도 포함되는 가장 넓은 개념의 공무원이 모두 해당된다.

(2) '국민전체'에 대한 봉사자

우리 헌법은 공무원은 일부 국민이 아니라 '국민전체'에 대한 봉사자라고 규정하고 있다. 따라서 특정한 정당이나 집단, 사회계층, 지역, 종교단체 등의 이익만을 위해 활동하거나 이들의 지시나 명령에 따라서는 아니 되고 국민전체의 이익을 위하여 활동하여야 한다. 즉 기속위임(강제위임)이 금지되고 국민전체를 대표하여야 한다(대표위임)(전술 국민주권주의 부분 참조).

(3) 구 현

공무원이 국민에 대한 봉사자로서 활동하도록 하기 위하여 성실의무, 청렴의무 등의 의무를 법적 의무로 지우고 있다(국공법 제56조 등). 이러한 의무에 위반한 경우 아래에 보는 대로 책임과 제재가 따르게 하여 봉사자로서의 지위를 지키도록 실효성을 갖추고자 한다.

2. 국민에 대한 책임

우리 헌법 제 7 조 제 1 항은 "공무원은 국민에 대하여 책임을 진다"라고 규정하여 공무원의 국민에 대한 책임을 헌법상 명확히 하고 있다.

(1) 책임의 법적 성격

헌법 제 7 조 제 1 항에서 말하는 공무원이 지는 책임이 법적 성격을 가지는 것인지 여부에 대해 학설은 ① 법적 책임설과 ② 정치적(이념적 · 윤리적) 책임설이 대립된다. ①의 견해는 공무원이 주권자인 국민에 대해 지게 되는 책임으로서 공무수행상 잘못이 있으면 법적인 제재를 받게 되므로 법적 책임을 의미한다고 보고, ②의 견해는 국민이 직접 공무원을 소환(파면)할 권리가 인정되지 않으므로 공무원의 책임이란 정치적 · 윤리적 책임에 불과하고 법적 책임이 아니라고 본다.

다음과 같은 이유로 법적 책임설이 우리 헌법에 타당하다. ① 법규범인 헌법 자체가 "책임을 진다"라고 규정하고 있다(제 7 조 제 1 항). ② 정치적 책임설이 국민파면(소환)권이 없어 정치적 책임이라고 하나 공무원의 법위반행위에 대한 법적 제재가 아래 (2)에서 보는 대로 마련되어 있기에 정치적(이념적 · 윤리적) 책임설은 우리 헌법에 타당하지 않다.

(2) 책임 구현을 위한 법적 제도

1) 징계제도와 형사책임 국가공무원법, 지방공무원법 등에 공무원의 여러 의무를 규정하고 있고 이 의무에 위반되는 경우에 징계를 할 수 있다. 공무원의 위법행위, 의무위반행위가 형사범죄에 해당할 경우에는 형사재판을 통한 형사책임도 물을 수 있다.

2) 행정쟁송과 국가배상책임제도 공무원의 업무로 이루어진 행정처분 등에 대해서는 행정심판과 법원의 행정소송(양자를 합쳐서 행정쟁송이라 함)을 제기할 수 있고 이를 통해 공무원의 업무상 잘못을 가릴 수 있다. 우리 헌법은 "공무원의 직무상 불법행위로 손해를 받은 국민은 법률이 정하는 바에 의하여 국가 또는 공공단체에 정당한 배상을 청구할 수 있다"라고 규정하여 국가배상제도를 두고 있고 이 경우 공무원 자신의 책임은 면제되지 아니한다고 규정하고 있다(제29조 제 1 항).

3) 탄핵제도 대통령 · 국무총리 · 국무위원 · 행정각부의 장 · 헌법재판소 재판관 · 법관 · 중앙선거관리위원회 위원 · 감사원장 · 감사위원 기타 법률

이 정한 공무원이 그 직무집행에 있어서 헌법이나 법률을 위배한 때에는 국회는 탄핵의 소추를 의결할 수 있고 헌법재판소의 심판에 따라 파면 여부가 가려지는 탄핵제도(제65조, 제111조 제 1 항 제 2 호)도 책임추궁제도로서 법적인 제도이다.

4) **국무총리 · 국무위원해임건의제도** 국회는 국무총리 또는 국무위원의 해임을 대통령에게 건의할 수 있다(제63조 제 1 항). 이러한 해임건의를 통해 국무총리, 국무위원에 대한 책임을 규명할 수 있다. 해임건의제를 정치적 책임제도로 보는 견해가 있으나 헌법상의 제도이므로 법적 책임추궁제도이다(후술 제 4 부 국가권력규범론 참조).

5) **선 거** 선거는 정치성을 띠긴 하나 선거제도도 법제도인바 선출직 공무원의 경우 차기선거에서 국민의 심판을 받게 되는 것도 하나의 책임추궁제도이다.

6) **청원제도** 국민은 위법행위를 행한 공무원에 대하여 파면 등의 징계를 해줄 것을 청원할 수 있다(청원법 제 4 조 제 2 호).

7) **기 타** 지방자치단체 공무원 중 지방자치단체의 장, 지방의회의원(비례대표의원은 제외)은 주민소환을 통하여 책임을 추궁받을 수 있다(지방자치법 제25조; '주민소환에 관한 법률' 제 7 조). 국민권익위원회를 두어 부패의 발생을 예방하며 부패행위를 효율적으로 규제하도록 하고 있다('부패방지 및 국민권익위원회의 설치와 운영에 관한 법률' 제 1 조). 또 공직자윤리법, '공직자의 이해충돌 방지법' 등도 있다.

Ⅲ. 직업공무원제

1. 개념과 기능, 근본적 목적

(1) 개념과 기능

직업공무원제란 공무원이 정치적인 압력이나 영향력 등을 받지 않고 공무에 계속해서 종사할 수 있도록, 특히 정권의 변화에도 무관하게 신분을 유지할 수 있도록 직업인으로서 안정적인 신분을 헌법과 법률에 의해 보장하는 공무원제도를 말한다. 이는 선거에서 승리한 정당이 승리에 공로가 많은 소속 당원에게 관직을 전리품으로 나누어주는 과거의 폐습인 논공행상의 엽관제(獵

官制, spoil system)에 공무원이 제물이 되지 않도록 하기 위한 것이다. 특히 정당국가라고 불리는 것처럼 정당의 영향력이 큰 경우에 그 중요성이 강조된다.

우리 헌법 제 7 조 제 2 항은 "공무원의 신분과 정치적 중립성은 법률이 정하는 바에 의하여 보장된다"라고 규정하여 직업공무원제를 명시하고 있다.

직업공무원제의 기능을 보면, ① 공무원 개인에 대해서는 신분보장으로 직무에 전념하게 하고, ② 공무수행의 측면에서는 공무의 공정성, 일관성, 독자성, 상급자의 부당한 지시 등으로부터의 독립성 등을 확보하게 하며, ③ 국정운영의 측면에서는 정권이 교체되더라도 중단되지 않는 국정운영의 안정성을 유지하게 한다.

(2) 근본적 목적

근본적으로, 종국적으로 직업공무원제의 실현을 통하여 공무가 공정히, 적법하게 수행됨으로써 공무의 수익자, 수령자인 국민이 자신의 권리를 보호받을 수 있고 침해행정(국민의 권리제한 · 의무부과를 하는 행정)의 경우에도 공정하게 이루어지게 함으로써 결국 국민의 기본권보장을 위한 것이기도 하다.

2. 성 격

(1) 학설과 판례

종래 일반적으로 직업공무원제의 성격을 '제도적 보장'으로 보아 왔다. 제도적 보장이란 헌법 자체에 그 제도의 핵심적 내용을 규정하여 둠으로써 그 제도의 존속을 보호하는 것을 말한다. 즉 그 제도가 중요하므로 이를 계속 유지할 필요가 있는데 최고법인 헌법 자체에 규정을 두게 되면 법률이나 명령으로 이를 폐지할 수 없을 것이고 그 존속이 보장되기 때문이다('제도적 보장'에 대해서는, 후술 제 3 부 기본권론 참조). 우리 헌재도 "헌법 제 7 조는 공무원의 공무수행의 독자성과 영속성을 유지하기 위하여 공직구조에 대하여 제도적 보장으로서의 직업공무원제도를 마련하도록 규정하고 있다"라고 하여(헌재 1997. 4. 24, 95헌바48) 같은 이론을 취하고 있다.

(2) 제도적 보장성의 법적 효과 — 넓은 입법형성권의 인정

종래 이론에 따라 직업공무원제가 제도적 보장으로서의 성격을 가진 헌법적 보호를 받는 제도라고 본다면 다음과 같은 법적 효과를 가져온다. 제도적 보장은 기본권의 보장과 달리 최소한 보장으로서 제도의 핵심적 내용요소만 헌법이 보호하고 규정하게 된다. 나머지 그 제도의 시행 등 그 제도에 관한 구체적 사항들은 법률로 형성할 수 있다. 따라서 직업공무원제의 보장이 제도적 보장으로서의 성격을 가진다고 보면 직업공무원제의 핵심적 요소인 신분보장과 정치적 독립이라는 요소를 침해하지 않는 한 직업공무원에 관한 구체적 사항을 법률로 정할 수 있고 그 정함에 있어서 국회의 형성권이 상당히 폭넓게 인정된다고 보게 된다. 우리 헌재도 "제도적 보장의 하나인 직업공무원제도에 관하여 입법자는 '최소한 보장'의 원칙의 한계 안에서 폭넓은 입법형성의 자유를 가진다"라고 본다(헌재 1997. 4. 24, 95헌바48).

(3) 평 가

직업적인 신분보장을 받는 공무원이 되는 것은 국민의 공무담임권(제25조)을 실현하는 중요한 기회이기에 기본권인 공무담임권의 실현을 위한 수단으로서의 직업공무원제를 모든 면에서 제도적 보장으로서 최소한 보장이라고 보는 것은 문제가 있다.

3. 적용범위와 정도

(1) 임시직 공무원, 정치적 공무원에 대한 적용배제

직업공무원제의 적용을 받는 공무원에는 직업공무원제의 요소가 신분보장과 정치적 중립성이므로 애초에 신분보장이 어려운 공무원인 임시직 공무원이나 애초에 정치적 중립성보장을 기대할 수 없는 정치적 공무원은 제외된다(헌재 1989. 12. 18, 89헌마32).

(2) 정도 — 법관 등에 대한 강한 보장

업무의 중립성, 독립성이 더욱 요구되는 공무원의 경우에 그 보장의 정도가 강해진다. 예를 들어 법관의 경우 재판의 공정성의 요구로 인해 더 강한 보장을 요한다. 우리 헌법 제106조 제 1 항은 "법관은 탄핵 또는 금고 이상의 형의 선고에 의하지 아니하고는 파면되지 아니하며, 징계처분에 의하지 아니하고는 정직 · 감봉 기타 불리한 처분을 받지 아니한다"라고 규정하여 법관에 대하여는 별도의 헌법규정을 두어 신분보장을 더 두텁게 하고 있다. 이는 공정한 재판이 국민의 기본권구제에 매우 중요한 것이므로 공정한 재판을 수행할 수 있게 법관에게 신분의 강한 보장을 해줌으로써 결국 국민의 재판청구권을 보장하기 위한 것이라는 의미를 가진다(같은 취지로, 헌재 1991. 11. 12, 91헌가2).

4. 요 소

(1) 2요소 — 신분보장과 정치적 중립성

직업공무원제의 가장 핵심적인 요소는 우리 헌법 제7조 제2항이 명시하고 있듯이 ① 신분보장과 ② 정치적 중립성이다. 위 2요소가 핵심인 이유는 공무원이 신분보장이 되고 정치적으로 독립되어야 국민의 이익을 위한다는 소신에 따른 공정한 공무를 수행할 것이기 때문이다. 그 외에 과학적 직급제, 성적주의, 능률성 등을 요소로 들기도 하나 이 요소들은 위 2요소에 포함되는 요소라고 볼 것이다.

(2) 공무원의 신분보장

[의의] 공무원의 신분보장은 직업공무원이 정당한 사유 없이 공무원의 신분을 박탈당하지 않고 신상의 불이익을 받지 않으며 특히 정권이 교체되더라도 이에 영향을 받지 아니함을 말한다.

[능력 · 실적주의, 예외, 가산점제 위헌성] 정실, 연고, 출신의 배경이나 지역 등이 아니라 능력에 따라 공무원으로 임용되고 능력과 실적에 따라 승진 등의 기회가 주어지는 인사가 이루어져야 신분보장에 충실할 수 있다. 따라서 능력주의, 실적주의(성과주의, 성적주의)는 직업공무원제의 한 파생요소가 된다. 헌재는 공무원시험에서의 제대군인에 대한 가산점 부여는 "능력주의에 기초하지 아니하는 불합리한 기준으로 공무담임권을 제한하고 있다"라고 판시하여 헌법불합치결정을 한 바 있다(헌재 1999. 12. 23, 98헌마363. 이후 "직업공무원에 관하여 능력주의와 기회균등에 바탕한 임용기준"이 국민의 공직취임권 보장에 요구된다는 취지의 판시를 한 결정으로 헌재 2024. 7. 18. 2021헌마460 결정 참조. 이 결정에서 헌재는 능력주의가 헌법적 요청을 달성하기 위해 합리적인 범위에서 제한될 수 있음도 설시하고 있다. 이 결정은 '과거 3년 이내 당원 경력'을 '법관 임용 결격사유'로 한 법원조직법 규정에 대해 과잉금지원칙 위반이라고 내린 위헌결정이었다). 공무

원법도 공무원의 임용은 시험성적 · 근무성적, 그 밖의 능력의 실증에 의하여 행한다고 명시하여 공무원의 임용에 있어서의 원칙으로서 능력주의를 설정하고 있다(국공법 제26조 본문; 지공법 제25조 본문). 다만, 장애인 · 이공계전공자 · 저소득층 등에 대한 채용 · 승진 · 전보 등 인사관리상 우대와 실질적 양성평등을 구현하기 위한 적극적 정책의 실시 등 능력주의에 대한 예외가 있을 수 있다(국공법 제26조 단서). 헌법이 명시하는 예외도 있는데 그것은 국가유공자 · 상이군경 및 전몰군경의 유가족은 법률이 정하는 바에 의하여 우선적으로 근로의 기회를 부여받는다고 규정한 헌법 제32조 제 6 항이다. 이 규정은 국가유공자 등은 국가를 위한 공헌을 함으로써 자신의 근로를 위한 준비, 기회 등을 가지지 못한 데 대한 보상의 의미를 가진다. 문제가 된 것은 국가유공자, 상이군경 본인은 헌법상의 보호대상자로 명시되어 있으나 가족에 대해서는 전몰군경의 유가족이 아닌 국가유공자, 상이군경의 가족도 위 헌법조항이 보호하는 대상자인가 하는 점이다. 헌재는 처음에는 위 헌법 제32조 제 6 항을 넓게 해석하여 이 조항이 국가유공자 본인뿐만 아니라 가족들에 대한 취업보호제도(가산점)의 근거가 될 수 있다고 보았고 그 가산점규정도 합헌이라고 보았었다(헌재 2001. 2. 22, 2000헌마25). 그러나 그 뒤 위 헌법조항을 엄격하게 문리해석하여 "국가유공자," "상이군경", 그리고 "전몰군경의 유가족"만 그 헌법상 보호대상자로 봄이 상당하다고 하여 판례를 일부 변경하였다. 그리하여 국가유공자의 가족에 대한 가산점 비율, 수혜대상자를 축소하는 법개정을 하도록 하는 헌법불합치결정을 하였다(헌재 2006. 2. 23, 2004헌마675).

[정년제] 공무원의 정년제도는 직업공무원제에 반하지 않는다고 본다. 헌재는 그 논거로, 정년제가 정년연령까지 근무계속을 보장하여 직무에 전념하게 하고 연령구성의 고령화방지, 조직활성화, 공무능률의 유지 · 향상으로 직업공무원제를 보완하는 기능을 수행하므로 합헌이라고 본다(헌재 1997. 3. 27, 96헌바86). 또한 헌재는 이른바 계급정년제에 대해서도 입법권자의 입법형성의 재량을 인정하여 그 합헌성을 인정한다(헌재 1994. 4. 28, 91헌바15).

(3) 공무원의 정치적 중립성

공무원의 정치적 중립성이란 공무원은 공적 업무의 수행에 있어서 정치적 영향을 받지 않고 정당의 정략적 지시나 압력을 받지 않음을 의미한다. 정치적 중립성의 요구는 공정한 공무의 집행이 국민의 기본권보장을 가져오는 것이므로 정치적 영향에 의한 자의를 배제하여 공무의 공정성을 보장하기 위하여 필요하다. 정치적 중립성은 공무원의 유형에 따라 그 정도가 다르다. 법관과 헌법재판관에 대해서는 그 정도가 더욱 강하게 요구된다고 할 것이다.

정치적 중립성의 내용은 인사상·업무상 중립성과 선거에서의 중립의무로 나누어 볼 수 있다. 직업공무원은 인사상·업무상 중립성으로 인해 정치활동이 제한되며 정당이나 그 밖의 정치단체에 가입할 수 없다. 또 공직선거법 및 국가공무원법에서는 공무원의 선거에서의 중립의무를 규정하고 있고 공무원이 선거에 영향력을 행사하는 것을 금지하고 있다(공직선거법 제 9 조, 제60조 제 1 항, 제85조, 제86조; 국공법 제65조 제 2 항). 헌재는 공직선거법 제 9 조의 공무원의 선거중립의무는 정치적 공무원(대통령, 국무총리, 국무위원, 지방자치단체의 장)에도 적용된다고 본다(다만, 국회의원과 지방의회의원은 정당의 대표자이자 선거운동의 주체로서의 지위로 말미암아 선거에서의 정치적 중립성이 요구될 수 없으므로, 공직선거법 제 9 조의 '공무원'에 해당하지 않는다고 본다)(헌재 2004. 5. 14, 2004헌나1)(그러나 헌재는 '공무원 지위이용 선거운동죄 조항'(공직선거법 제85조 제 2 항과 그 위반에 대해 처벌하는 조항)이 선거에서의 정치적 중립의무를 지지 않는 지방의회의원에 대해서는 적용된다고 한다. 헌재는 공직선거법 제85조 제 2 항이 확보하고자 하는 선거의 공정성은 정치적 중립성과는 별개의 보호법익으로서 누구든지 준수해야 하기 때문이라고 하는데(헌재 2020. 3. 26. 2018헌바3) 정치적 중립은 선거공정성을 위한 것이 아니라는 것인지 이해가 되지 않는다).

5. 공무원의 임면

공무원의 임명과 면직(합쳐서 임면)이 법적 요건에 부합되어야 직업공무원제가 제대로 구현된다. 대통령은 헌법과 법률이 정하는 바에 의하여 공무원을 임면한다(제78조). 공무원의 임용은 성적과 능력에 따라 행한다(국공법 제26조). 공무원은 공개경쟁 채용시험으로 채용한다(동법 제28조 제 1 항).

[공무원의 자격과 결격·당연퇴직사유] i) 결격사유 : (ㄱ) 규정 — 현행 국가공무원법 제33조, 지방공무원법 제31조는 공무원이 될 수 없는 결격사유(임용될 수 없는 사유)를, 즉 피성년후견인(동법 동조 1호), 파산선고를 받고 복권되지 아니한

자(동 2호), 금고 이상의 실형을 선고받고 그 집행이 종료되거나 집행을 받지 아니하기로 확정된 후 5년이 지나지 아니한 자(동 3호), 금고 이상의 형을 선고받고 그 집행유예 기간이 끝난 날부터 2년이 지나지 아니한 자(동 4호), 금고 이상의 형의 선고유예를 받은 경우에 그 선고유예 기간 중에 있는 자(동 5호), 법원의 판결 또는 다른 법률에 따라 자격이 상실되거나 정지된 자(동 6호), 횡령, 배임죄를 범한 자로서 일정 범위 해당자(동 6호의2), 성폭력범죄, 음란물 유포죄, 스토킹 범죄 등을 범한 일정 범위 자(동 6호의3), 미성년자에 대한 성폭력범죄 등에 해당하는 죄를 저질러 파면·해임되거나 형 또는 치료감호를 선고받아 그 형 또는 치료감호가 확정된 사람(동 6호의4 나목), 징계로 파면처분 또는 해임처분을 받은 때부터 일정 기간이 지나지 아니한 자로 규정하고 있다. (ㄴ) 위헌성 인정 결정 — ① 위 피성년후견인이 된 경우 당연퇴직하도록 한 규정은 위헌결정이 되었다(2020헌가8. [결정요지] 이 규정은 공무담임권을 제한한다. 직무수행의 하자를 방지하려는 입법목적이 정당하고 수단적합성도 인정된다. 그러나 현행 국가공무원법은 정신상의 장애로 직무를 감당할 수 없는 경우 휴직을 통한 회복의 기회를 부여하는데(동법 제71조, 제70조) 이를 성년후견이 개시된 국가공무원에게 적용하더라도 심판대상조항의 입법목적을 달성할 수 있다. 이렇게 공무담임권의 침해를 최소화할 수 있는 대안이 있으므로 침해최소성에 반한다. 법익의 균형성에 위배된다). ② * 아동 성적 학대행위자(성적 수치심을 주는 성희롱 등의 성적 학대행위)에 대한 공무원 결격사유(위 제33조 제 6 호의4 나목 중 아동복지법 제17조 제 2 호 가운데 '아동에게 성적 수치심을 주는 성희롱 등의 성적 학대행위로 형을 선고받아 그 형이 확정된 사람은 국가공무원법 제 2 조 제 2 항 제 1 호의 일반직공무원으로 임용될 수 없도록 한 것'에 관한 부분 및 군인사법 제10조 제 2 항 제 6 호의4 나목 중 아동복지법 제17조 제 2호 가운데 '아동에게 성적 수치심을 주는 성희롱 등의 성적 학대행위로 형을 선고받아 그 형이 확정된 사람은 부사관으로 임용될 수 없도록 한 것'에 관한 부분)에 대한 헌법불합치결정(2020헌마1181. 범죄의 경중이나 재범의 위험성 등 구체적 사정을 고려하지 아니하고 직무의 종류에 상관없이 일반직공무원과 부사관에 임용되는 것을 영구적으로 제한하고 있는 심판대상조항은 침해의 최소성에 위반된다고 판단함). ii) 당연퇴직사유 : (ㄱ) 공무원 재직 중에 위와 같은 결격사유에 해당되는 때에는(일정 예외 있음), 그리고 임기제공무원의 근무기간이 만료된 경우에는 당연히 퇴직하게 된다(국공법 제69조; 지공법 제61조). (ㄴ) 재직 중 공무원의 선고유예의 경우의 당연퇴직 문제 ① 무조건적 적용의 위헌성 — 헌재는 2002. 8. 29.에 선고한 2001헌마788 결정에서 범죄의 종류와 내용을 가리지 않고 모두 당연퇴직사유로 규정함으로써 최소침해성을 갖추지 않아 과잉금지원칙을 위반하여 공무담임권을 침해한 위헌이라고 판례변경을 하여 위헌결정을 하였다. 이후 비슷한 취지의 규정을 두고 있었던 다른 유형의 공무원 관련 규정들, 즉 국가공무원, 군공무원, 경찰공무원 등에 대해 마찬가지 취지의 위헌결정들을 하였다(2002헌마684등, 2003헌마293등, 2004헌가12, 2004헌마947, 2007헌가3). ② 현행 규정 : 선별적용 — 위 위헌결정들 이후 법개정으로 현재는 이 선고유예 관련 사유를 범죄 종류별로 개별적 · 선별적으로 퇴직사유로 하고 있다(국공법 제69조 제1호 단서; 지공법 제61조 제1호 단서 — 「형법」 제129조부터 제132조까지, 「성폭력범죄의 처벌 등에 관한 특례법」 제2조, …「아동 · 청소년의 성보호에 관한 법률」 제2조 제2호 및 직무와 관련하여 「형법」 제355조 또는 제356조에 규정된 죄를 범한 사람으로서 금고 이상의 형의 선고유예를 받은 경우만 해당). 군인사법, 경찰공무원법, 군무원인사법 등도 선별규정으로 개정하였다. ③ 수뢰죄 적용의 합헌성 인정 — 위 조항들 중 '수뢰죄'(형법 제129조 제1항) 부분에 대해 헌법소원심판이 청구되었으나 헌재는 이 규정이 위 위헌결정(2002헌마684 등)의 반복입법이 아니어서 그 기속력에 저촉되지 않고(* 필자주 — 위 위헌결정, 2002헌마684 등의 취지가 범죄의 종류와 내용을 가리지 않고 모두 당연퇴직사유로 규정한 데 비해 수뢰죄로 한정한 점에서 선별적이므로 반복입법이 아니라는 의미) 국민의 신뢰 및 직무의 정상적 운영의 확보라는 목적이 정당하고 당연퇴직의 사유가 직무 관련 범죄로 한정되므로 심판대상조항은 침해의 최소성원칙에 위반되지 않아 과잉금지원칙을 준수하여 합헌이라고 결정하였다(헌재 2013. 7. 25, 2012헌바409). 무조건적 적용이 아닌 선별적용이므로 선례에도 부합된다.

6. 공무원의 권리와 의무, 책임

(1) 권 리

공무원도 기본권의 주체로서 여러 기본권들을 누릴 수 있다. 공무원은 신분상의 권리, 재산상의 권리를 가진다. 신분상의 권리로는 공무원은 형의 선고, 징계처분 또는 공무원법에서 정하는 사유에 따르지 아니하고는 본인의 의사에 반하여 휴직 · 강임 또는 면직을 당하지 아니하는(국공법 제68조, 지공법 제60조. 반의사조치금지) 신분유지권을 가진다. 공무원은 보수(봉급, 수당)에 대한 재산권을 가진다. 공무원은 보수 외에 직무 수행에 필요한 실비 변상을 받을 수 있고 직무 외 특수연구과제처리에 대한 보상을 받을 수 있다(국공법 제48조).

(2) 공무원의 기본권 제한의 문제

1) 기본권주체성의 문제 — 이른바 '특별권력관계' 이론의 폐기 과거 이른바 '특별권력관계'의 이론에 따라 공무원 등은 기본권주체성이 부정되었으나 오늘날 특수신분관계 있는 사람도 기본권의 주체가 될 수 있다.

2) 더 넓은 제한의 근거(헌법과 법률) 직업공무원은 행정영역에서 공정한 직무수행을 위하여 일반 국민에 비해 기본권이 더 많이 제한되는 것은 사실이다. 기본권의 제한이 더 많이 이루어질 가능성이 있다고 하더라도 그것은 기본권제한이 더 넓다는 정도의 차이를 보일 뿐 기본권의 제한에 관한 법리가 공무원이라고 하여 달라지는 것은 아니다. 따라서 헌법에 의한 그리고 헌법 제37조 제2항에 따라 법률에 의한 기본권제한이어야 한다는 법리가 공무원 등 특수신분관계자에 대해서도 그대로 적용되어야 한다. 그 점이 법에 근거가 없더라도 공무원의 기본권을 제한할 수 있다고 본 과거의 특별권력관계론과 다르다(이상, 후술 제3부 기본권의 주체 부분 참조).

3) 주요 제한

① 노동운동의 제한, 집단행위의 금지 헌법 제33조 제2항은 공무원인 근로자는 "법률이 정하는 자"에 한하여 근로3권을 가진다고 규정하고 있다. 국가공무원법과 지방공무원법은 "공무원은 노동운동이나 그 밖에 공무 외의 일을 위한 집단 행위를 하여서는 아니 된다. 다만, 사실상 노무에 종사하는 공무원은 예외로 한다"라고 규정하고 있다(국공법 제66조 제1항; 지공법 제58조 제1항). 그러나 '공무원의 노동조합 설립 및 운영 등에 관한 법률'(이하 '공노법'이라 함)은 공무원노조를 인정하고 있다. 다만, 모든 공무원에게 가입이 허용되어 있지는 않고 가입할 수 있는 공무원의 범위는 6급 이하의 일반직 공무원 등으로 한정되어 있었으나(6급 이하 공무원에 한정한 것이 논란되었으나 합헌결정이 되었다. 헌재 2008. 12. 26, 2005헌마971 등), 2021. 1. 5.에 이 6급이라는 가입 기준 직급 제한을 철폐하고, 퇴직공무원, 소방공무원 및 교육공무원의 공무원 노동조합 가입을 허용하는 등 공무원의 단결권 보장의 범위를 확대하였다. 이는 국제노동기구(I.L.O.)의 핵심협약인 '결사의 자유에 관한 협약'의 비준을 추진하면서 이 협약에 부합

하는 내용으로 개정한 것이다. 아래가 신법규정이다(시행은 2021. 7. 6.부터). 공무원의 집단행위를 금지하고 있는 국가공무원법규정이 명확성원칙, 과잉금지원칙에 반하지 않는다는 합헌결정(헌재 2014. 8. 28, 2011헌바32, 동지 : 헌재 2020. 4. 23, 2018헌마550), 지방공무원의 집단행위를 금지하고 있는 지방공무원법 제58조 제 1 항의 '공무 외의 일을 위한 집단행위' 규정, 그리고 교원노조의 정치활동을 금지하고 있는 구 '교원의 노동조합 설립 및 운영 등에 관한 법률' 규정이 헌법상 명확성원칙, 과잉금지원칙, 평등원칙에 위배되지 않는다는 합헌결정이 있었다(헌재 2014. 8. 28, 2011헌바50, 2011헌바32).

② **정치운동의 금지** 직업공무원은 정치적 중립성을 지켜야 하므로 정치운동이 금지되고 정치적 기본권이 제한된다. 공무원법은 공무원이 정당이나 그 밖의 정치단체의 결성에 관여하거나 가입할 수 없다고 규정하여 정당활동을 전면적으로 금지하고 있고 선거에서 특정 정당 또는 특정인을 지지 또는 반대하기 위한 행위를 하여서는 아니 되며 공무원은 다른 공무원에게 위와 같은 금지행위를 하도록 요구하거나, 정치적 행위에 대한 보상 또는 보복으로서 이익 또는 불이익을 약속하여서는 아니 된다고 규정하고 있다(국공법 제65조; 지공법 제57조). 공무원노조의 정치활동도 금지되고 있다(공노법 제 4 조).

헌재는 초·중등학교의 교육공무원이 정당의 발기인 및 당원이 될 수 없도록 하는 정당법 규정, 그들이 정당의 결성에 관여하거나 이에 가입하는 행위를 금지한 국가공무원법 제65조 제 1 항 중 그들에 해당되는 부분 규정이 그들의 정당가입의 자유 등을 침해하지 않는다고 보았다. 반면에 헌재는 같은 결정에서 정당이 아닌 '그 밖의 정치단체'의 결성에 그들(초·중등학교의 교육공무원들)이 관여하거나 이에 가입하는 행위를 금지한 국가공무원법(2008. 3. 28. 법률 제8996호로 개정된 것) 제65조 제 1 항 중 해당 부분은 그들의 정치적 표현의 자유 및 결사의 자유를 침해하여 위헌이라고 결정하였다(헌재 2020. 4. 23, 2018헌마551. 3인의 위헌의견은 '그 밖의 정치단체'가 불명확하여 명확성원칙에 반하므로 과잉금지원칙 위배 여부를 판단하지 않고도 위헌이라는 의견이었고 또 다른 3인의견은 명확성원칙 위반에 더하여 과잉금지원칙의 위배를 들어 위헌이라고 보았는데 양자를 합쳐 6인 위헌의견으로 위헌결정이 된 것이다). * 사회복무요원에 대한 동지의 결정들 : 초·중등학교 교육공무원에 대한 위 결정과 비슷하게 사회복무요원의 '정당'에 가입하는 등 정치적 목적을 지닌 행위를 금지한 병역법 규정에 대해서는 합헌결정을, 사회복무요원의 '그 밖의 정치단체에 가입하는 등 정치적 목적을 지닌 행위' 금지에 대해서는 위헌결정되었다(2019헌마534).

공무원의 경우에도 정치적 견해의 사적 표명은 가능하나 공무와 연관되는 경우에는 제약된다(헌재 2008. 1. 17, 2007헌마700, 제 3 부 기본권론, 기본권의 주체 부분 참조). 공무원에 대하여 국가 또는 지방자치단체의 정책에 대한 반대·방해 행위를 금지하고 직무수행 중 정치적 주장을 표시·상징하는 복장 등 착용행위를 금지한 '국가공무원 복무규정' 및 '지방공무원 복무규정'은 법률유보원칙, 명확성원칙 및 과잉금지원칙에 반하지 않아 공무원의 정치적 표현의 자유를 침해하지 않는다고 헌재는 결정하였다(헌재 2012. 5. 31, 2009헌마705). * 선거에서의 운동금지(국공법 제65조 등) — 이에 관한 결정례로, ① 투표권유금지(합헌, 2009헌바289, 2004헌바47), ② 기부금품금지(합헌, 2009헌바298), ③ 그 외 : ⓐ 정당가입권유금지(합헌성, 2018헌바149), ⓑ 경선운동금지(2018헌바149. 명확성원칙 준수, 합헌).

4) **공무원의 기본권 제한의 한계** 공무원의 기본권을 제한하더라도 기본권의 한계규정인 헌법 제37조 제 2 항에 의한 한계가 있다. 따라서 국가안전보장, 질서유지, 공공복리를 위한 목적을 가지고 법률에 의한 제한이어야 하며 본질적 내용을 침해해서는 아니 된다.

(3) 의 무

[공무원법상 의무] 국가공무원법과 지방공무원법은 공무원이 준수하여야 할 여러 의무들을 규정하고 있다. 취임할 때에 선서할 의무(국공법 제55조), 성실 의무(동법 제56조), 직무수행에서의 복종의 의무(동법 제57조), 직장 이탈 금지의 의무(동법 제58조 제 1 항), 친절·공정의 의무(동법 제59조), 종교중립의 의무(동법 제59조의2), 비밀 엄수의 의무(동법 제60조), 청렴의 의무(동법 제61조), 품위 유지의 의무(동법 제63조. 품위유지의무에 대한 합헌결정 — 헌재는 공무원에게 직무의 내외를 불문하고 품위유지의무를 부과하고, 품위손상행위를 공무원에 대한 징계사유로 규정한 국가공무원법 규정은 일반적 행동자유권에 대한 과잉금지원칙이 준수되도록 제한한다고 판단하여 합헌으로 결정하였다(헌재 2016. 2. 25, 2013헌바435)), 영리 업무 및 겸직 금지의 의무(동법 제64조 제 1 항), 정치운동 금지의 의무(동법 제65조), 집단 행위의 금지의 의무(동법 제66조 제 1 항) 등이다.

[부정청탁금지의무] 공직자 등의 공정한 직무수행을 보장하기 위해 공직자 등에 대한 부정청탁 및 금품 등의 수수를 금지하여야 하고 이를 위반하는 경우에 제재를 가하는 법률로서 현재 '부정청탁 및 금품 등 수수의 금지에 관한 법률'이 있다. 이 법은 공공기관, 공무원, 공직유관단체 및 기관의 장과 그 임직원 외에도 학교, 언론사에도 적용되고 그 교직원, 대표자, 임직원 등도 적용대상이 된다(제 2 조). 이 법에 대해 명확성원칙 위반 등의 주장으로 헌법소원심판이 청구되었으나 헌재는 합헌성을 인정하였다(헌재 2016. 7. 28, 2015헌마236등. 이 결정에 대해서는 뒤의 기본권편의 일반적 행동자유권 부분 참조).

(4) 책 임

[징계책임, 형사책임, 배상책임] 직업공무원은 국민에 대한 봉사자로서 국민전체에 대한 책임을 진다. 이에 관해서는 앞서 서술하였다(전술 Ⅱ. 참조). 공무원은 위에서 본 의무를 준수하지 않은 경우에 징계책임을 지게 된다. 징계에는 파면・해임・강등・정직・감봉・견책 등이 있다(국공법 제79조). 위와 같은 의무위반 행위가 형사범죄를 구성할 경우에는 형사책임도 인정된다. 공무원의 불법행위에 대해 국가가 배상책임을 지더라도 공무원 자신의 책임은 면제되지 아니한다(제29조 제 1 항).

[고위공직자범죄수사처] 정부에 대한 신뢰를 훼손하고, 공공부문의 투명성과 책임성을 약화시키는 중요한 원인이 되는 고위공직자 등의 범죄를 척결하고, 국가의 투명성과 공직사회의 신뢰성을 높이기 위해 그들의 범죄를 독립된 위치에서 수사할 수 있는 고위공직자범죄수사처가 설치되어 있다('고위공직자범죄수사처 설치 및 운영에 관한 법률' 시행 2020. 7. 15. 법률 제16863호, 2020. 1. 14. 제정). 다른 수사기관과의 관계를 보면(동법 제24조), 수사처의 범죄수사와 중복되는 다른 수사기관의 범죄수사에 대하여 처장이 수사의 진행 정도 및 공정성 논란 등에 비추어 수사처에서 수사하는 것이 적절하다고 판단하여 이첩을 요청하는 경우 해당 수사기관은 이에 응하여야 한다. 다른 수사기관도 고위공직자범죄 등을 인지한 경우 그 사실을 즉시 수사처에 통보하여야 하고 반대로 처장은 피의자, 피해자, 사건의 내용과 규모 등에 비추어 다른 수사기관이 고위공직자범죄 등을 수사하는 것이 적절하다고 판단될 때에는 해당 수사기관에 사건을 이첩할 수 있다.

Ⅳ. 국군의 정치적 중립성과 군인공무원

1. 국군의 정치적 중립성 조항의 의미

헌법 제 5 조 제 2 항은 "국군은 국가의 안전보장과 국토방위의 신성한 의무를 수행함을 사명으로 하며, 그 정치적 중립성은 준수된다"라고 규정하고 있다. 신성 의무 문언은 이전부터 있었으나 정치적 중립성 문언은 현행 헌법에 처음으로 들어온 조문이며 분단국가에서 군사적 대립이 있어 강해질 수밖에 없었던 군의 힘으로 과거 군인의 정치개입으로 인한 독재, 인권유린 등 한국의 치부를 되풀이하지 않고 군인이 진정으로 국민의 안전, 국방을 위한 신성 사명을 전념할 수 있도록 하자는 헌법적 의지에서 창설된 조항이다["헌법 제 7 조 제 2 항이 공무원의 정치적 중립성을 보장하고 있음에도 현행 헌법에서 국군의 정치적 중립성에 관한 규정을 도입하여 이를 다시 한 번 명시적으로 강조한 것은 우리의 헌정사에서 다시는 군의 정치개입을 되풀이하지 않겠다는 의지를 표현한 것이다"(2016헌바139, 2024헌나8). 헌재는 대통령의 2024. 12. 3. 위헌적 비상계엄 선포, 포고령 발령지시 등 행위에 대한 탄핵심판에서 다음과 같이 국군의 정치적 중립성 위반을 인정했다. 2024헌나8 결정. [관련판시] 대통령이 야당이 다수의석을 차지하고 있는 국회와의 대립 상황을 타개할 의도로 병력을 동원하기 위해서 이 사건 계엄을 선포하였고, 계엄사령부 포고령을 발령하게 하였으며 국회의 헌법상 권한인 계엄해제요구권 행사를 막고 정당의 활동을 제약하고자 하는 정치적 목적으로 국회에 병력을 투입하여 본회의장에서 국회의원들을 끌어내라고 지시하였고, 주요 정치인에 대한 위치 확인 지시에 관여하였다. … 국가의 안전보장과 국토방위의 신성한 의무를 수행함을 사명으로 하여 나라를 위하여 봉사해 온 군인들이 또다시 일반 시민들과 대치하는 상황이 발생하게 된 것이다. 또 국회와의 대립 상황을 타개하는 등의 의도로 국회의 활동을 금지하는 포고령을 계엄사령관이 발령하게 하였다. 그렇다면 피청구인(대통령)은 국군의 정치적 중립성에 반하여 국군통수권을 행사하였으므로 헌법 제 5 조 제 2 항 및 제74조 제 1 항을 위반하였다].

2. 군인공무원

군인공무원도 공무원으로서의 신분과 권한, 의무를 지게 되는데 일반 공무원에 비하여 그 정치적 중립성을 준수할 필요성이 더욱 강조된다. 국군의 정치적 중립성으로 인해 군인의 기본권 등에 대한 제한이 일반 국민이나 공무원에 비해 더 강할 수 있다. 그러나 그 제한은 헌법과 법률에 의하여야 한다(후술 기본권 부분 참조). 헌재는 "국군의 구성원으로서 헌법 제 5 조 제 2 항에 따라 그 정치적 중립성을 준수할 필요성이 더욱 강조되므로, 정치적 표현의 자유에 대해 일반 국민보다 엄격한 제한을 받을 수밖에 없다"라고 하고 구 군형법 제94조 중 '연설, 문서 또는 그 밖의 방법으로 정치적 의견을 공표한 사람' 부분 가운데 제 1 조 제 3 항 제 1 호의 군무원에 관한 부분이 군무원의 정치적 표현의 자유를 침해하는지 여부에 대해 과잉금지원칙을 준수하였다고 보아 합헌결정을 하였다(헌재 2018. 7. 26, 2016헌바139. 당해사건은 이른바 군사이버댓글사건 관련이었음).

제 5 절 경제질서와 사회적 질서(사회복지주의)

제 1 항 경제질서의 헌법적 원칙

Ⅰ. 사회적 시장경제주의

1. 개념과 발달배경

(1) 개 념

이른바 사회적 시장경제주의란 자본주의경제를 원칙으로 하여 개인의 경제적 활동의 자유, 자유경쟁원리를 존중하고 시장경제원리를 경제질서의 기본으로 하면서도 시장의 독점현상 등 경제현실에서의 왜곡과 모순을 시정하기 위하여 국가의 공권력의 개입을 통한 시장경제의 정상적 운용을 보장하고 경제적 정의와 민주화를 실현하려는 헌법적 경제원칙을 말한다. 어디까지나 자본주의를 원칙으로 하되 경제에 대한 국가의 개입과 규제를 인정하는 것이다. 자본주의를 바탕으로 하면서도 자본주의의 모순을 시정하여 사회 구성원들 모두의 공익과 복지를 구현하기 위한 것이라는 점에서 사회적 시장경제주의라고 부르는 것이다. 경제에 대한 공권력의 개입은 결코 시장경제를 파괴하거나 통제경제를 도입하기 위한 것이 아니라 자본주의의 시장기능을 유지하기 위한 것이다.

(2) 발 달

근대 시민혁명으로 개인의 재산권이 보장되고 경제의 자유를 찾을 수 있었다. 서구국가들은 19세기에 경찰국가, 야경국가적인 경향을 띠었고 자유방임적 경제체제를 취하였다. 그러나 19세기 말부터 이러한 경제활동을 통해 자산을 축적한 계층이 시장을 지배 내지 독점하게 되었다. A. Smith는 원칙적으로 수요와 공급에 의한 가격조절이 이루어진다는, 이른바 보이지 않는 손에 의한 조절기능을 시장이 수행한다고 보았지만(그도 평등하고 공정하며 평등한 경제질서를 자동조절의 전제로 한다고 지적되기도 한다) 이러한 독점에 의해 시장기능이 제대로 작동하지 않는 현상이 나타났다. 노동자의 실업, 사용자와 노동자 간의 대립, 부익부 빈익빈 현상에 의한 빈부의 격차, 계층 간의 갈등, 그리고 공황의 발생 등 자본주의의 모순과 기능상의 결함을 보여주었다. 이러한 모순을 극복하고 결함을 치유하기 위하여 국가가 시장경제에 개입하여 규제와 조정을 가하게 되었다. 사회적 시장경제원칙이 헌법상 뚜렷하게 규정되기 시작한 것은 제 1 차 세계대전 이후 바이마르공화국 헌법부터라고 일반적으로 보고 있다. '사회적 시장경제'란 용어는 독일의 영향을 받은 것으로 독일어 번역어이다.

2. 내 용

사회적 시장경제주의는 어디까지나 자본주의를 골조로 하므로 자본주의의 요소를 그 내용으로 하여 사적 소유권의 보장은 물론이고 개인과 기업의 사적 자치와 계약의 자유, 경제적 활동의 자유, 자유경쟁의 원칙, 직업의 자유, 자기책임의 원칙 등이 인정된다. 다른 한편으로 사회적 시장경제주의는 경제적 불의나 불합리를 시정하고 경제적 약자를 보호하기 위하여 경제에 대한 국가의 규제와 조정을 허용할 뿐 아니라 규제와 조정이 국가의 의무이기도 하다. 사회적 시장경제는 시장기구를 원칙으로 하고 시장기능의 왜곡을 가져오게 하는 독과점 등을 막아 경제적 약자를 보호하여 경제적 정의와 민주화를 가져오게 하고 나아가 사회구성원들의 복지를 향상하게 한다. 부의 불균형, 빈부격차를 시정하는 것도 요구된다.

사회적 시장경제주의는 시장의 독점을 막고 자유경쟁체제를 유지하여 경제에의 균등한 참여기회를 모든 국민들에게 열어두고, 소득의 재분배를 가져오게 함으로써 사회구성원들이 경제적 영역에서의 실질적 평등을 누리게 하고 경제적 정의, 사회적 정의, 사회복지를 구현한다.

3. 본질과 한계

국가가 경제에 개입하는 것은 어디까지나 자유시장경제의 시장기구가 제대로 작동하지 않을 때 이를 치유하고 복원하여 정상화하도록 하기 위한 것이지 그것을 폐기하기 위한 것이 아니다.

사회적 시장경제의 한계로서는, ① 먼저 사회적 시장경제의 본래의 기능을 벗어나서는 아니 된다는 데에서 찾을 수 있다. 즉 사회적 시장경제란 결코 통제경제를 전면화하거나 더구나 계획경제를 도입하는 것이 아니라 자유주의경제의 핵심인 시장기구의 정상화와 사회복지를 위한 국가의 개입이라는 기능을 수행하는 것이므로 국가의 규제와 조정도 자유시장경제기능의 회복과 사회복지 구현이라는 목적에서 하여야 한다(목적상 한계). ② 국가의 경제에 대한 규제와 조정 등 개입이 가능하더라도 그 개입이 지나쳐서는 아니 되고, 위 ①에서 언급한 목적을 달성하는 데 필요한 정도에 그쳐야 한다(정도의 한계). 오늘날 탈규제(deregulation)가 이루어지고 있다. ③ 경제활동에 대한 제약은 국민의 경제적 기본권들인 직업의 자유, 재산권 등에 직접적인 영향을 가져오므로 국민의 기본권의 제한에 있어서의 한계원리는 사회적 시장경제원리의 시행에 따른 국가의 규제와 조정이 이루어질 때에도 적용되어야 한다. 따라서 경제의 규제와 조정도 기본권제한의 한계원리에 따라(제37조 제 2 항, 후술 제 3 부 기본권론 참조) 합헌적으로 이루어져야 한다(기본권적 한계).

Ⅱ. 우리 헌법상의 경제질서

1. 현행 헌법상의 경제원칙의 성격 — 사회적 시장경제주의

현행 우리 헌법도 자본주의·자유주의 경제를 골조로 하면서도 국가의 경제에 대한 규제와 조정을 인정하여 학설과 헌재의 판례는 우리 헌법상 경제원칙을 사회적 시장경제주의로 보고 있다(92헌바47, 2019헌바217 등. 우리 헌법이 '사회적 경제'라고 명시하고 있지는 않으므로 그 용어의 적실성 여부는 논의대상이 될 수 있다).

* 헌법재판에서의 헌법 제119조 적용심사의 희소성 — 사실 헌법 제119조 제 1 항이 명시하는 '경제상의 자유'에 계약의 자유, 사적 자치 등의 기본권이 내포되어 있어서 기본권 문제로 접근할 수 있지만 직업의 자유 등과 같은 경제적 기본권과 관련한 헌법소원사건에서는 헌법소원사건이 기본권 침해에 관한 심판사건이고 헌법의 경제조항인 제119조는 기본질서조항으로서 추상적 조항이기 때문에 그러하기도 하지만 헌법 제119조가 심사기준으로 적용되지는 않고 직업의 자유 등 개별 기본권 침해 여부 심사로 이를 대체하는 경향이다(헌재 2002. 10. 31, 99헌바76, 2000헌마505; 헌재 2014. 4. 24, 2012헌마865; 헌재 2017. 5. 25, 2014헌마844; 헌재 2023. 2. 23. 2020헌바11등; 헌재 2023. 2. 23. 2021헌마374등; 2023. 6. 29. 2019헌마227; 헌재 2018. 6. 28, 2016헌바77([쟁점 — 청구인주장] 대형마트 등에 대하여 영업시간 제한을 명하거나 의무휴업을 명할 수 있도록 한 유통산업발전법 규정이 헌법상 경제질서에 위배된다고 주장. [판시] 헌법 제119조의 경제질서는 국가의 경제정책에 대한 헌법적 지침으로서 직업의 자유와 같은 경제에 관한 기본권에 의하여 구체화되는 것이다. 따라서 청구인들의 헌법 제119조에 관한 주장 역시 직업수행의 자유 침해 여부에 대하여 심사하는 것으로 충분하므로 별도로 판단하지 않는다. * 필자 주 : 헌재는 그러면서도 직업수행의 자유의 침해 여부를 가리기 위한 과잉금지원칙 위배 여부에 대한 심사에서 헌법 제119조를 명시적으로 언급하며 적용하여 판단하였다. 결국 직업의 자유 심사에서 제119조 제 2 항의 취지를 녹여 판단한 것이라고 이해된다. * 유연하고 탄력적인 심사의 필요성 — 부정경쟁행위에 관한 합헌결정에서 헌재는 헌법 제119조를 충분히 고려하여야 한다는 취지를 반복하면서 부정경쟁행위의 실제 양상에 대한 사회적 · 경제적 평가 … 시장참여자에 미치는 영향 등 제반 사정을 종합적으로 고려하여 결정하여야 할 것이므로, 과잉금지원칙을 적용함에 있어 보다 유연하고 탄력적인 심사가 필요하다고 한다(헌재 2021. 9. 30. 2019헌바217).

2. 현행 헌법상의 사회적 시장경제주의의 내용

현행 헌법상 사회적 시장경제주의도 자본주의 · 자유주의의 요소와 그것의 규제와 조정을 위한 제한적 의미의 사회적 요소를 그 내용으로 한다.

(1) 자본주의 · 자유주의 경제의 골조

헌법 제119조 제 1 항은 "대한민국의 경제질서는 개인과 기업의 경제상의 자유와 창의를 존중함을 기본으로 한다"라고 규정하여 자본주의 · 자유주의를 경제질서의 기본골조로 하고 있다.

1) 사유재산제 헌법 제23조 제1항 전문은 "모든 국민의 재산권은 보장된다"라고 하여 자본주의의 요소인 사유재산제를 인정하고 있다.

2) 시장경제 자본주의·자유주의경제에 있어서는 시장에서의 자유로운 교환과 거래를 통하여 수요와 공급이 형성되며 이를 통한 가격결정 등이 자유로이, 자율적으로 이루어지는 시장기구가 보장되어야 한다. 따라서 시장기구의 보장이 자본주의의 중요한 요소이자 중추임은 물론이고 시장기능은 자본주의·자유경제주의의 핵심이다.

3) 경제활동의 자유, 사적 자치, 계약의 자유, 직업의 자유 경제활동의 자유는 자유주의경제의 기본이다. 개인들의 자유로운 의사에 의한 법적 행위의 형성과 계약을 위해 사적 자치, 계약의 자유, 각자가 원하는 경제활동을 선택하고 이에 종사할 수 있는 자유인 직업의 자유가 인정됨은 물론이다. 헌법 제119조 제1항은 경제활동의 자유를 규정하고 있는데 이 조항은 자유주의 경제원칙을 천명한 것으로 사적 자치와 계약의 자유가 자유주의경제의 기초가 됨을 의미한다. 또한 헌법 제15조는 직업의 자유를 명시하고 있다.

(2) 사회적 요소(제한적 요소)

1) 재산권에 대한 제한

① 재산권의 사회적 기속성 헌법 제23조 제2항은 "재산권의 행사는 공공복리에 적합하도록 하여야 한다"라고 하여 오늘날 재산권이 절대적이지 않고 사회적 필요성(사회적 기속성, 의무성, 사회적 유보)에 따라 제한이 이루어질 수 있음을 규정하고 있다. 헌법 제23조 제3항은 공공필요에 의한 재산권의 수용·사용 또는 제한 및 그에 대한 정당한 보상을 규정하고 있다.

② 국토의 효율적 이용·개발을 위한 토지소유권의 제한 헌법 제122조는 "국가는 국민 모두의 생산 및 생활의 기반이 되는 국토의 효율적이고 균형있는 이용·개발과 보전을 위하여 법률이 정하는 바에 의하여 그에 관한 필요한 제한과 의무를 과할 수 있다"라고 규정하고 있다. 토지는 공급의 유한성이라는 특성을 가지는 반면 국민의 생활기반이 되기에 사회적 기속성이 강하여 그 소유와 이용에 있어서 다른 재산권에 비해 더 많은 제한이 가능하다고 보는 것이 일반적인 이론이다.

③ 농지의 이용 — 경자유전원칙 등 헌법은 "국가는 농지에 관하여 경자유전(耕者有田)의 원칙이 달성될 수 있도록 노력하여야 하며, 농지의 소작제도는 금지된다"라고 규정하고 있다(제121조 제 1 항). 경자유전의 원칙이란 실제로 영농에 종사하고 있는 사람이 그 농지를 소유하도록 하는 원칙을 말한다. 그러면서도 헌법은 농업의 발전을 위해 필요하고도 건전한 투자는 이를 보장하기 위하여 "농업생산성의 제고와 농지의 합리적인 이용을 위하거나 불가피한 사정으로 발생하는 농지의 임대차와 위탁경영은 법률이 정하는 바에 의하여 인정된다"라고 규정하고 있다(동조 제 2 항). 헌재는 농지처분명령과 그 이행강제제도가 헌법 제122조와 경자유전의 원칙 및 소작제도 금지를 규정한 헌법 제121조 제 1 항에 근거를 둔 것으로 정당하다고 보고 과잉금지원칙을 준수하여 합헌이라고 본다(헌재 2010. 2. 25, 2008헌바80등).

④ 천연자원의 국유원칙과 특허제도 현행 헌법 제120조 제 1 항은 "광물 기타 중요한 지하자원 · 수산자원 · 수력과 경제상 이용할 수 있는 자연력은 법률이 정하는 바에 의하여 일정한 기간 그 채취 · 개발 또는 이용을 특허할 수 있다"라고 규정하여 천연자원을 원칙적으로 국유로 하되 예외적으로 특허제도로 그 개발을 허용하고 있다.

⑤ 국유화·공유화의 제한 국방상 또는 국민경제상 긴절한 필요로 인하여 법률이 정하는 경우를 제외하고는, 사영기업을 국유 또는 공유로 이전하거나 그 경영을 통제 또는 관리할 수 없다(제126조). 법률로 국유화가 이루어지더라도 정당한 보상이 지급되어야 한다(제23조 제 3 항).

2) 경제민주화를 위한 경제에 관한 규제와 조정 헌법 제119조 제 2 항은 "국가는 균형있는 국민경제의 성장 및 안정과 적정한 소득의 분배를 유지하고, 시장의 지배와 경제력의 남용을 방지하며, 경제주체간의 조화를 통한 경제의 민주화를 위하여 경제에 관한 규제와 조정을 할 수 있다"라고 규정하여 경제민주화를 위한 국가의 경제개입에 대한 헌법적 근거를 두고 있다. ① 균형있는 국민경제의 성장 및 안정과 적정한 소득의 분배 — 국민들 사이에 부와 문화생활의 양극화현상을 막고 국민들 간의 실질적인 평등과 복지를 지향하여야 한다. ② 시장의 지배와 경제력의 남용을 방지 — 아래에 별도로 본다. ③ 경제주체간의 조화 — 이를 근거로 나온 규제법의 예로, 대 · 중소유통업의

상생발전 등을 도모하기 위하여 전통상업보존구역 내 대규모점포등의 출점제한, 대형마트 및 준대규모점포에 대한 영업시간 제한과 의무휴업일 지정 제도 등을 규정하고 있는 유통산업발전법, 대기업과 중소기업 간 상생협력 관계를 공고히 하여 대기업과 중소기업의 경쟁력을 높이고 대기업과 중소기업의 양극화를 해소하여 동반성장을 달성하기 위한 '대·중소기업 상생협력 촉진에 관한 법률' 등을 들 수 있다. * 대형마트 영업시간 제한, 의무휴업일 명령제의 합헌성 인정 — 특별자치시장·시장·군수·구청장(이하 '특별자치시장 등'이라 한다)으로 하여금 대형마트 등에 대하여 영업시간 제한을 명하거나 의무휴업을 명할 수 있도록 한 유통산업발전법 제12조의2 제1항, 제2항, 제3항이 직업의 자유를 침해하고 헌법 제119조에 위반된다는 주장의 헌법소원심판이 청구되었다. 헌재는 헌법 제119조의 경제질서는 직업의 자유와 같은 경제에 관한 기본권에 의하여 구체화되는 것이어서 헌법 제119조에 관한 주장 역시 직업수행의 자유 침해 여부에 대하여 심사하는 것으로 충분하므로 별도로 판단하지 않는다고 하여 직업수행의 자유의 침해 여부를 과잉금지원칙심사를 통해 주로 판단하였다. 헌재는 영업시간 제한의 범위는 소비자의 이용빈도가 비교적 낮은 심야시간 및 아침시간(오전 0시부터 오전 10시까지)에 국한되고, 의무휴업일 지정도 매월 이틀을 공휴일 중에서 지정하는 등 침해최소성을 갖추어 과잉금지원칙에 위배되지 않아 직업수행의 자유를 침해하지 않는다고 보아 합헌성을 인정하는 결정을 하였다(헌재 2018. 6. 28, 2016헌바77. 헌재는 명확성원칙에 위배되지도 않는다고 판단했다).

3) **시장 독과점의 규제, 농수산물 시장의 수급균형·유통구조 개선과 가격안정** 시장독과점의 규제 문제는 위 경제민주화의 시장지배 방지 문제이다. 시장기능이 자본주의의 핵심이므로 이에 대한 침해를 방지하는 것이 중요한 헌법적 요구이다. 따라서 별도 항목으로 강조한다. 시장의 독과점세력에 대한 규제는 시장기능의 회복을 위한 것이라는 점에서 자본주의·자유주의경제에 충실한 국가의무의 실현이다. 농수산물시장은 농어민보호가 필요하다. 헌법 제123조 제4항은 "국가는 농수산물의 수급균형과 유통구조의 개선에 노력하여 가격안정을 도모함으로써 농·어민의 이익을 보호한다"라고 규정하고 있다.

4) **경제활동, 직업의 자유 등에 대한 제한** 헌법 제37조 제2항은 국민의 권리와 자유가 국가안전보장, 질서유지, 공공복리를 위하여 제한될 수 있다고 규정하여 기본권 일반에 대해 그 제한을 인정하고 있는데 경제활동의 자

유, 직업의 자유 등에 대해서도 제한이 가능하다.

5) 균형(균등)성 — 균형경제, 기회균등, 국토 · 자원의 균형 개발 · 이용, 지역 간 균형발전, 지역 경제육성

① 균형경제, 기회균등 헌법전문은 "정치 · 경제 · 사회 · 문화의 모든 영역에 있어서 각인의 기회를 균등히 하고, 능력을 최고도로 발휘하게 하며, 자유와 권리에 따르는 책임과 의무를 완수하게 하여, 안으로는 국민생활의 균등한 향상을 기하고"라고 규정하고 있다. 헌법 제119조 제 2 항은 균형 있는 국민경제, 소득의 분배, 경제주체간의 조화를 명시하고 있다. 빈곤한 계층에게도 경제적 기회가 주어지는 균형을 갖춘 경제정책이 추진되어야 하고 소득의 적정한 분배를 통한 빈부격차가 해소되어야 한다.

② 국토와 자원의 균형 있는 개발 · 이용 헌법 제120조 제 2 항은 "국토와 자원은 국가의 보호를 받으며, 국가는 그 균형 있는 개발과 이용을 위하여 필요한 계획을 수립한다"라고 규정하고 있다. 또한 위에서 본대로 국가는 국민 모두의 생산 및 생활의 기반이 되는 국토의 효율적이고 균형 있는 이용 · 개발과 보전을 위하여 법률이 정하는 바에 의하여 그에 관한 필요한 제한과 의무를 과할 수 있다(제122조). 균형있는 개발 · 이용의 의미는 난개발 등은 오히려 억제되는 이성적 개발 · 이용이어야 하고 아래에 보는 각 지역의 균형 있는 발전을 위한 것이기도 하다.

③ 지역 간 균형 있는 발전, 지역경제의 육성 등 i) 의미 — 헌법 제123조 제 2 항은 "국가는 지역간의 균형 있는 발전을 위하여 지역경제를 육성할 의무를 진다"라고 규정하고 있다. 제119조 제 2 항도 "균형 있는 국민경제의 성장 및 안정"이라고 규정하고 있다. 헌법 제123조 제 2 항은 국가의무로 지역경제육성의무로 규정하고 있는데 그 목표는 지역 간 균형 있는 발전이므로 경제뿐 아니라 문화적, 사회적 여러 방면에서 지역 간 균형 있는 발전을 가져와야 한다. 이는 헌법이 전문에서 "국민생활의 균등한 향상을 기하고"라고 규정하고 제 8 장에서 지방자치를 구현하기 위한 규정을 두고 있는 데서도 확인된다. ii) 특별법 — 지역 간의 불균형을 해소하기 위하여 '국가균형발전특별법', '지방자치분권 및 지방행정체제개편에 관한 특별법' 등이 있다. iii) 판례 — 헌재는 이 조항의 지역경제육성의 목적은 국토의 균형 있는 인구분산으로

궁극적으로 경제성장과 안정이라는 경제적 목표를 달성하는데 기여할 뿐만 아니라 전국적으로 균형 있는 경제, 사회, 문화적 관계를 형성하는 사회정책적 목표를 촉진토록 하는 데 있다고 본다(헌재 1996. 12. 26, 96헌가18, 자도소주결정). ⓐ 위헌결정례 : 헌재는 자도소주구입명령제를 위헌이라 판단하면서, '지역경제육성'을 기본권 침해를 정당화할 수 있는 공익으로 보기 어렵다고 하였다(헌재 1996. 12. 26, 96헌가18). ⓑ 합헌결정례 : ㉠ 제주특별자치도 안에서 생산되는 감귤의 출하조정·품질검사 등에 관한 필요한 조치를 위반한 자에게 과태료를 부과하는 '제주특별자치도 설치 및 국제자유도시 조성을 위한 특별법' 규정이 합헌이라는 헌재의 결정이 있었다(헌재 2011. 10. 25, 2010헌바126). ㉡ 탁주의 공급구역제한제도에 대해서는 위 자도소주 구입명령제와 달리 지역경제, 중소기업보호를 위한 것으로서 입법자의 광범위한 재량이 인정된다고 보면서 그 목적에 따른 제한으로 합헌이라고 결정하였다(헌재 1999. 7. 22, 98헌가5).

6) **소비자보호** 국가는 건전한 소비행위를 계도하고 생산품의 품질향상을 촉구하기 위한 소비자보호운동을 법률이 정하는 바에 의하여 보장한다(제124조). 이른바 조중동 신문 광고주들에 대한 광고중단압박운동, 불매운동을 위계, 위력에 의한 업무방해죄(형법 제314조 제1항), 강요죄(동법 제324조), 공갈죄(동법 제350조) 등으로 처벌하는 것이 소비자보호운동을 보장하는 헌법 제124조의 취지에 반하는지가 논란되었으나 헌재는 정당한 헌법적 허용한계를 벗어난 집단적 행위, 소비자불매운동행위를 처벌하는 것이라는 이유로 합헌결정을 하였다(헌재 2011. 12. 29, 2010헌바54. 이 결정에서 헌재가 밝히고 있는 헌법상 소비자보호운동의 개념, 소비자불매운동의 성립요건과 헌법적 허용한계에 대한 입장을 참조). 소비자보호운동의 보장규정이 소비자의 기본권을 규정한 것인지에 대해서는 긍정설과 부정설이 있다. 소비자의 권리는 헌법 제124조의 경제조항 이전에 헌법 제10조 행복추구권에서 끌어낼 수 있을 것이다. 헌재는 소비자의 선택권을 자기결정권으로 보고 행복추구권에서 파생된다고 본다(헌재 1996. 12. 26, 96헌가18).

* 소비자보호운동규정의 위헌심사에서의 의미 — 헌재는 소비자와의 계약의 자유 제한에 대한 과잉금지원칙을 심사함에 있어서는 소비자보호운동을 보장한 헌법 제124조의 취지가 고려되어야 한다고 판시한 바 있다(헌재 2016. 6. 30, 2015헌바371).

7) 대외무역의 규제 · 조정 국가는 대외무역을 육성하며, 이를 규제 · 조정할 수 있다(제125조).

3. 그 외 경제조항

1) 국토와 자원의 국가보호 헌법 제120조 제 2 항 전문은 "국토와 자원은 국가의 보호를 받으며"라고 규정하고 있다.

2) 농업 · 어업의 보호 헌법 제123조 제 1 항은 "국가는 농업 및 어업을 보호 · 육성하기 위하여 농 · 어촌종합개발과 그 지원 등 필요한 계획을 수립 · 시행하여야 한다"라고 규정하고 있다. 경쟁력이 약한 농업과 어업의 육성은 산업의 균형발전을 의미하는 것이기도 하고 오늘날 식량자원확보가 중요하다는 점에서도 그 개발 · 지원은 국가의 중요한 과제이다. 헌법 제123조 제 5 항은 "국가는 농 · 어민과 중소기업의 자조조직을 육성하여야 하며, 그 자율적 활동과 발전을 보장한다"라고 규정하고 있다. 동조 제 4 항은 농수산물의 수급균형과 유통구조 개선으로 가격안정을 도모하여 농 · 어민의 이익을 보호하여야 할 국가의무를 규정하고 있다.

3) 중소기업의 보호 · 육성 헌법 제123조 제 3 항은 "국가는 중소기업을 보호 · 육성하여야 한다"라고 규정하여 중소기업이 강한 건전한 산업구조를 형성하고자 한다. 2018년, 2019년 각 최저임금 고시가 이 헌법조항에 위반되지 않는다고 헌재는 본다(헌재 2019. 12. 27, 2017헌마1366).

4) 과학기술의 혁신과 정보 및 인력의 개발 헌법 제127조 제 1 항은 "국가는 과학기술의 혁신과 정보 및 인력의 개발을 통하여 국민경제의 발전에 노력하여야 한다"라고 규정하고 있다. 오늘날 국민경제의 발전은 과학기술의 혁신과 정보, 인력의 개발을 전제로 한다고 보아 규정된 것이다. 이러한 국가노력을 위해 현재 '기초연구진흥 및 기술개발지원에 관한 법률', '지능정보화 기본법' 등이 있다. 헌법 제127조 제 3 항은 "대통령은 제 1 항의 목적을 달성하기 위하여 필요한 자문기구를 둘 수 있다"라고 규정하고 있다. 이 조항에 의해 설치된 자문기구로는 국가과학기술자문회의가 있다(국가과학기술자문회의법 참조).

제2항 사회적 질서(사회복지주의)

Ⅰ. 개념과 발달배경

1. 개 념

사회복지주의란 모든 사회구성원들이 인간으로서 누려야 할 삶을 영위할 수 있도록 생활에 필요한 조건들을 마련하여 주고 나아가 가능한 한 보다 풍요롭고 윤택한 질의 생활을 할 수 있도록 하여야 한다는 원리를 말한다. 사회복지주의를 헌법의 이념으로 설정하여 이를 달성하고자 노력하는 국가를 복지국가라고 한다. 19세기에는 치안 유지가 국가의 주임무였기에 야경국가, 경찰국가라고 하였는데 20세기의 복지국가는 국민의 복지를 실현하기 위하여 국민의 생활과 복지에 필수적인 사회기반시설이나 재화, 서비스 등을 국가가 적극적으로 공급하여야 한다는 적극국가로 나타난다. 이러한 적극적 국가작용으로 행정영역(특히 급부행정)의 확대 등의 현상이 나타나게 되었다.

2. 발달배경

근대말기에 부의 집중(부익부 빈익빈)으로 빈곤계층이 나타나고 노동자와 사용자 간의 대립이 심화되고 독과점세력에 의한 시장기능의 왜곡현상이 생기는 등 경제적 병폐들과 사회적 모순들이 나타났다. 근대에 찾은 경제적 자유가 자유로운 경제활동을 가능하게 하여 그로써 자산을 축적한 사람과 그렇지 못한 사람들 간의 빈부격차를 오히려 더욱 벌려놓은 것이다. 그리하여 빈곤한 사회구성원들에 대한 생존권을 보장해줄 것을 요구하는 목소리가 강해지고, 사회의 복지를 실현해야 한다는 주장이 제기되었다. 이는 특히 후생경제학자들(Pigou, Keynes)에 의한 것이었다. 또한 정치현실에서도 영국의 노동당과 같이 사회민주적 강령을 채택한 정당들의 활동에서 그러한 주장이 나타났고 이들 정당이 집권을 하여 사회복지정책을 추진하기도 한다.

Ⅱ. 사회복지주의의 기초와 구성요소(내용)

1. 기초 — 실질적 평등과 사회적 정의

사회복지주의는 사회구성원들의 평등을 지향한다. 다만, 유의할 점은 평등의 관념이 실질적이라는 것이다. 사회의 구성원들이 복지를 누린다는 것은 인간으로서의 양질이 보장되는 삶을 누릴 수 있다는 것을 의미한다. 이러한 복지는 사회구성원들 중 빈한한 계층의 사람들이라도 인간다운 생활을 할 수 있도록 국가의 생활비 교부 등으로 자력으로 살아가는 다른 구성원들과 더불어 평등하게 삶을 누릴 수 있게 해야 함을 의미한다. 바로 그 점에서 사회복지주의는 과거의 평등이 형식적인 데 머물렀던 것과 달리 실질적인 평등을 기초로 한다. 실질적 평등은 또한 상대적 평등이기도 하다. 각 구성원이 처한 상황의 열악함 정도에 따라 요구되는 국가의 보조가 각각 다를 것이므로 그 차이에 따라 대우를 달리해야 할 것이기 때문이다. 또한 사회복지는 질병, 빈곤, 실업, 재해 등의 사회적 위험으로부터 사회구성원들을 보호하는 사회안전망을 구축하여 모든 사람들이 실질적 평등을 누리게 하고 그리하여 사회적 정의를 구현한다는 목적에서 비롯된 것이다.

2. 사회복지의 구성요소(내용)

(1) 생존권적 기본권

먼저 국민의 생존권이 국민의 복지에 직결되기에 생존권과 그 보장수단들이 사회복지의 중요한 구성요소이다. 인간다운 생활을 할 권리를 비롯하여 사회보장수급권, 생활능력이 없는 사람의 보호청구권 등 여러 생존권적 기본권(사회적 기본권)들이 보장되어야 한다(생존권적 기본권들에 대해서는, 후술 제3부 기본권론 참조).

(2) 사회보장제도

사회복지주의는 각종 사회보장제도들에 의해 실현된다. 사회보장제도란 질병, 실업 등에 대비하는 건강보험, 실업보험과 같은 사회보험과, 빈곤하거나 생활능력이 없는 사람에 대하여 생활비를 교부하고 자활을 지원하는 공공부조 등을 말한다.

(3) 정신적 복지

오늘날 물질적 복지뿐 아니라 정신적인 복지로서 교육적 복지, 문화적 복지 등이 요구되고 있다. 인간으로서 정신적인 문화적 풍요와 여유를 누리도록 하기 위하여 국가는 교육·문화시설, 교육·문화콘텐츠 등의 제공과 확대를 위해 노력하여야 한다.

(4) 소득을 위한 고용과 교육

사회복지를 이루기 위해서는 먼저 국민이 자신의 생활을 스스로 꾸려갈 수 있도록 소득을 가지게 하여야 한다. 이를 위해 국가는 근로의 기회를 충분히 제공하도록 노력하여야 한다. 개인의 근로기회는 상응하는 근로능력이 갖추어져야 하는데 이를 위해 적절한 직업교육이 제공되어야 한다.

Ⅲ. 우리 헌법의 사회복지주의

1. 헌법규정

헌법은 사회복지주의를 중요한 헌법적 이념으로 하고 이를 구현하기 위한 규정들을 두고 있다. 전문이 "국민생활의 균등한 향상을 기하고"라고 규정하고, 헌법 제31조에서 제36조에 이르기까지 여러 가지 생존권적 기본권들을 규정하고 있다. 특히 헌법 제34조는 "① 모든 국민은 인간다운 생활을 할 권리를 가진다. ② 국가는 사회보장·사회복지의 증진에 노력할 의무를 진다. ③ 국가는 여자의 복지와 권익의 향상을 위하여 노력하여야 한다. ④ 국가는 노인과 청소년의 복지향상을 위한 정책을 실시할 의무를 진다. ⑤ 신체장애자 및 질병·노령 기타의 사유로 생활능력이 없는 국민은 법률이 정하는 바에 의하여 국가의 보호를 받는다. ⑥ 국가는 재해를 예방하고 그 위험으로부터 국민을 보호하기 위하여 노력하여야 한다"라고 규정하여 중요한 생존권과 복지에 관한 국가의 의무를 밝히고 있다. 그리고 근로의 권리(제32조) 등 여러 가지 생존권적 기본권들에 관한 규정들을 두고 있다.

2. 사회복지주의의 내용

(1) 실질적 평등 · 자유

우리 헌법도 사회복지주의를 실질적인 평등 · 자유를 구현하기 위한 원리로 설정하고 있다. 우리 헌법전문은 "각인의 기회를 균등히 하고, … 안으로는 국민생활의 균등한 향상을 기하고"라고 규정하고 있다. 헌법 제11조는 평등원칙을 규정하고 있는데 역시 실질적 평등을 그 개념으로 하고 있다. 실질적 평등을 위하여 사회적 약자, 경제적 약자에 대한 배려가 이루어져야 한다. 헌법 제34조 제 3 항과 제 4 항은 실질적 평등이 약한 여자, 노인, 청소년에 대해 특별히 그들의 복지를 위한 국가의 노력의무를 명시하고 있다.

(2) 사회안전망의 구축과 사회적 정의

사회구성원들이 실업, 질병, 재난 등으로부터 보호받고 생활능력을 갖추어 인간다운 삶을 누림으로써 사회안전망이 형성되어 사회적 정의가 자리잡아야 한다.

(3) 생존권적 기본권 등

우리 헌법은 인간다운 생활을 할 권리(제34조), 근로의 권리, 완전고용에의 권리, 최저임금제보장 등(제32조), 교육을 받을 권리(제31조), 환경권(제35조), 개인의 존엄과 양성평등을 기초로 한 혼인과 가족생활의 권리(제36조) 등의 생존권들을 규정하고 있다. 또한 문화적 권리들을 보장하여(전문, 제11조, 제22조 등. 후술 제 6 절 문화적 질서 참조) 정신적 복지의 구현을 추구한다.

(4) 사회보장 · 사회복지의 증진

국가는 사회보장, 사회복지의 증진에 힘써야 하는 의무를 진다(제34조 제 2 항). 이를 위하여 여러 법률들이 시행되고 있다. 사회보장기본법은 "사회보장"이란 출산, 양육, 실업, 노령, 장애, 질병, 빈곤 및 사망 등의 사회적 위험으로부터 모든 국민을 보호하고 국민 삶의 질을 향상시키는 데 필요한 소득 · 서비스를 보장하는 ① 사회보험, ② 공공부조, ③ 사회서비스를 말한다고 규정하고 있다(법 제 3 조 제 1 호).

(5) 경제에 대한 규제 · 조정, 경제 민주화 — 사회적 시장경제질서

우리 헌법은 자유로운 시장을 바탕으로 하는 자본주의경제를 원칙으로 하면서도 경제의 민주화를 위하여 경제에 대한 국가의 규제와 조정을 인정하고 있는 이른바 사회적 시장경제주의를 채택하고 있다(위의 경제질서 참조). 경제에 대한 규제, 조정은 시장의 독점 등에 대한 규제를 통하여 사회구성원들의 이익과 복지를 도모하는 데에 그 종국적 목적이 있으므로 경제에 대한 규제와 조정이 사회복지주의를 뒷받침하는 요소가 된다.

(6) 재산권의 공공복리적합의무와 공공필요에 의한 제한

개인의 재산권은 근대국가에서와 같이 절대적으로 행사될 수 있는 것이 아니라 사회구성원들의 공공복리에 적합하게 행사되어야 한다(제23조 제2항). 공공필요에 의한 재산권의 수용 · 사용 · 제한도 가능한데 정당한 보상이 따라야 한다(동조 제3항).

3. 개별 법률

현재 우리나라에서 사회보장 · 사회복지를 실현하기 위하여 시행중인 중요한 법률들로는 사회보장기본법, 국민기초생활 보장법, 사회복지사업법, 노인복지법, 장애인복지법, 아동복지법, 청소년복지 지원법, 직업안정법, 청년고용촉진특별법, '장애인 · 노인 · 임산부 등의 편의증진보장에 관한 법률' 등이 있다.

제6절 문화적 질서 — 문화국가원리

Ⅰ. 문화국가주의

1. 개 념

문화국가주의란 국민이 문화적인 권리와 자유들을 향유함을 보장하기 위하여 그 문화적인 기반시설을 마련하고 문화적 보호 · 지원 · 육성을 하며 문화적 서비스를 제공하여 문화의 발전을 지향하는 국가를 말한다. 문화의 개념이

다양하니만큼 국가마다 문화국가의 구체적 개념과 국가의 문화의무의 내용에 차이가 있을 수 있다.

2. 우리 헌법의 문화국가주의 규정

우리 헌법은 다음과 같은 규정들을 통해 문화국가주의를 표방하고 있다. "국가는 전통문화의 계승·발전과 민족문화의 창달에 노력하여야 한다"라고 규정하여(제 9 조) 국가의 의무로 규정하고 있고, 대통령에게 민족문화의 창달의 노력을 부과하고 이를 취임시 선서하도록 하고 있다(제69조).

헌법은 전문에서 "유구한 역사와 전통에 빛나는"이라고 첫머리를 시작하고 있고 "문화의 영역에 있어서 각인의 기회를 균등히" 하도록 하며, 제11조 제 1 항에서 "문화적 생활의 영역에 있어서 차별을 받지 아니한다"라고 명시하여 문화평등주의를 지향하고 있다. 또한 학문과 예술의 자유와 저작자·발명가·과학기술자, 예술가의 권리를 보장하고 있으며(제22조), 문화적 생존권은 인간다운 생활을 할 권리(제34조) 속에 풍요로운 문화생활을 누릴 권리로서 보장된다.

Ⅱ. 문화적 기본질서의 내용

1. 전통문화의 계승·발전, 민족문화의 창달

(1) 개념과 내용

전통문화란 과거로부터 전래되어 현재까지 이어져 오고 있는 문화를 말하고 민족문화란 우리 한민족이 보유하고 전승해 내려온 민족정체성이 내포된 문화를 말한다. 민족문화는 전승되는 점에서 전통문화를 포함한다.

전통문화의 계승이란 과거로부터 이어져 온 전통문화를 계속 이어가야 함을 의미한다. 계승뿐 아니라 이를 보다 발전시켜야 할 것을 헌법은 규정하고 있다. 민족문화의 창달이란 민족문화의 가치를 드높이고 더욱 신장해가는 것을 의미한다. 정신적 민족문화의 보존, 창달은 민족의 정통성의 확립과 민족정기의 선양(宣揚)을 가져온다.

(2) 헌법적 가치와 전통문화

〈사례 8〉

호주제는 전통문화를 계승하는 합헌적인 제도인가? 아니면 양성평등을 저해하는 위헌적인 제도인가?

오늘날에 계승하고 발전시켜야 할 전통문화는 현시대의 헌법의 기본가치에 부합되는 것이어야 한다. 과거부터 이어져 오는 것이라고 하여 무조건 전통문화로 존중되는 것이 아니라 헌법은 국가의 최고법으로서 우리 공동체의 최고의 가치를 확인하는 법규범이므로 헌법이 채택하고 설정한 기본가치를 위배하여서는 아니 된다.

〈사례 8〉은 호주제에 대한 질문으로 이에 대한 헌재의 결정이 있었다. 이 결정에서도 전통문화가 헌법적 가치에 반해서는 아니 된다는 취지가 나타나고 있다. 즉 헌재는 가족제도에 관한 헌법이념인 양성의 평등에 반하는 것이어서는 안 된다는 한계를 언급하면서 헌법이념에 반하는 것은 헌법 제9조의 전통문화에 해당하지 않는다고 보는 것이 우리 헌법의 자유민주주의원리, 전문, 제9조, 제36조 제1항을 아우르는 조화적 헌법해석이라 하면서 결국 전래의 어떤 가족제도가 헌법 제36조 제1항이 요구하는 개인의 존엄과 양성평등에 반한다면 헌법 제9조를 근거로 그 헌법적 정당성을 주장할 수는 없다고 보아 호주제에 대해서 헌법불합치로 결정하였다(헌재 2005. 2. 3, 2001헌가9).

2. 문화적 기본권의 보장을 위한 문화적 질서

문화적 질서, 문화적 행정은 문화적 기본권의 향유를 증대하기 위한 수단으로서의 기능을 가진다. 문화적 기본권에는 문화적 활동을 영위함에 있어서 방해받지 않을 문화적 자유권, 문화적인 인간다운 생활을 할 권리를 향유하기 위하여 적극적으로 문화적 창작활동 등을 지원해줄 것을 국가에 대하여 요구할 수 있는 문화적 생존권과 문화적 청구권 등이 있다.

3. 전통문화와 문화적 다원주의 · 다문화사회

헌법 제 9 조가 전통문화의 계승 · 발전이라고 규정하고 있듯이 현대에서의 계승과 발전을 통해 현대의 문화로 승화하여야 한다. 나아가 현대사회에서의 새로운 문화로서 국민의 정서를 순화하고 질적 생활을 윤택하게 해주는 문화를 창조해나가야 한다.

문화는 다원성을 인정하는 가운데 형성되는 것이어야 한다. 어느 한 계층이나 집단이 창조하고 축적한 문화에 대해서만 절대적 가치를 인정할 것이 아니라 여러 다양한 문화들의 공존이 인정되어야 한다. 물론 민주주의나 우리의 고유한 민족성을 파괴하는 습속 · 행동양식은 문화라고 인정할 수 없다.

오늘날 외국인들의 국내활동이 늘어나면서 다문화사회(多文化社會)에 관한 문제들이 제기되고 있다. 우리 헌법은 "밖으로는 항구적인 세계평화와 인류공영에 이바지"할 것을 다짐하고 있고 국제평화주의를 지향하며(제 5 조 제 1 항) 국제법존중주의를 밝히고 있기에(제 6 조) 민족적 정체성을 유지하면서 다원적 문화 내지 다문화의 수용이 가능하다. 다문화가족 구성원이 안정적인 가족생활을 영위할 수 있도록 함으로써 이들의 삶의 질 향상과 사회통합에 이바지함을 목적으로 다문화가족지원법이 제정되어 있다.

Ⅲ. 국가의 의무

1. 국가의무의 성격

헌법 제 9 조는 "국가는 전통문화의 계승 · 발전과 민족문화의 창달에 노력하여야 한다"라고 규정하고 있다. 국가의 이러한 의무는 헌법 제 9 조가 "하여야 한다"라고 규정하고 있으므로 입법방침(프로그램)적 의무가 아니라 헌법적 의무이다. 다만 국가는 어떠한 전통문화를 계승 · 발전시킬 것인가, 또 어떻게 발전시켜 갈 것인가 하는 문제에 대한 재량을 가지고 앞으로의 문화에 대한 형성의 자유를 가진다.

2. 국가의무의 내용

국가는 ① 문화적 기본권의 보장, ② 문화적 자율성의 보장과 문화환경의 조성에 노력하여야 한다. 문화활동에 대한 최소한의 개입 내지 규제에 그쳐야 한다. 일반 국민들의 문화적 향유에 관한 이익에 연결되지 않는 기금갹출 등을 국가가 강제하는 것은 문화국가주의에 반한다(헌재 2003. 12. 18, 2002헌가2). ③ 문화입법의 형성 — 국가는 문화국가를 구체적으로 구현하기 위한 입법을 하여야 한다. 입법을 통하여 다양한 문화의 조성을 이루게 한다. ④ 문화행정(문화적극국가) — 국민이 기본적으로 누려야 할 기본적 문화적 수요에 있어서는 그 문화적 생활에의 접근을 자유롭게 함은 물론이고 문화적 시설기반을 마련하고 문화적 행사를 개최하는 등 이를 적극 장려하는 행정작용이 이루어져야 한다.

언어는 문화의 중요한 요소이다. 우리 헌재가 언어 문제를 직접 문화적 헌법원칙에 비추어 판단한 예는 없지만 표준어를 사용하게 하여 지역언어(방언)와 한자의 사용에 관한 제한을 가져오는 데 대한 문제를 일반적 행동자유권, 자녀교육권 등의 침해 문제로 다룬 결정례들이 있었다(헌재 2009. 5. 28, 2006헌마618; 헌재 2016. 11. 24, 2012헌마854. 이 결정례들에 대해서는 기본권편 일반적 행동자유권 부분 참조).

제 7 절 국제질서

제 1 항 국제평화주의

Ⅰ. 국제적 노력

인간의 존엄을 말살하는 전쟁은 고대, 중세는 물론 근대에 이르기까지 빈번하였다. 세계평화는 오래 전부터 인류의 갈망이었으며, 칸트(I. Kant)는 그의 영구평화론(1795)에서 국제평화를 위한 조건을 제시하기도 하였다. 1차대전 이후에 국제연맹이 창설되어 활동한 바 있으나 미국의 불참 등으로 한계를 보여주었고, 1928년 8월 27일 부전조약(不戰條約)이 프랑스의 파리에서 체결되기도 하였다. 2차대전 이후에 국제연합이 창설되었고 인권의 역사에 있어서도 평화에 대한 권리가 제 3 세대인권으로서 강조되고 있다. 공동안보를 위하여 국제평화기구에의 주권 일부의 기탁으로 공동방위군의 창설 등이 논의되어 왔고 핵무기의 확산방지를 위한 노력, 군비축소를 위한 노력 등이 기울여져 왔다.

Ⅱ. 우리 헌법의 국제평화주의

1. 헌법규정

현행 헌법전문은 "밖으로는 항구적인 세계평화와 인류공영에 이바지함으로써 우리들과 우리들의 자손의 안전과 자유와 행복을 영원히 확보할 것을 다짐하면서"라고 규정하여 국제평화주의를 선언하고 있다. 헌법 제 5 조 제 1 항은 "대한민국은 국제평화의 유지에 노력하고 … "라고 규정하여 국제평화주의를 천명하고 이를 위한 국가의 노력책임을 명백히 하고 있다.

2. 침략전쟁의 부인

헌법 제 5 조 제 1 항은 "대한민국은 … 침략적 전쟁을 부인한다"라고 명시적으로 침략적 전쟁을 금지하고 있다. 외세의 침략에 대항하여 국가를 보위, 보존하기 위한 방어전쟁은 가능하다는 것이 헌법학계의 통설이다.

3. 평화통일주의

헌법 제 4 조는 "대한민국은 통일을 지향하며, 자유민주적 기본질서에 입각한 평화적 통일정책을 수립하고 이를 추진한다"라고 규정하여 공산주의식 적화통일방식이 결코 아니라 자유주의적 · 다원주의적 방식에 의한, 즉 대화와 협력 · 개방의 방식으로 평화적 방법에 의한 통일노력을 국가에 대하여 명령하는 규정이다. 자유민주적 기본질서의 개념은 앞서 살펴보았다.

4. 국제법존중주의와 외국인의 지위 보장

국제법을 존중하는 것은 국제질서와 국제평화를 위한 것이다(국제법존중주의에 대해서는 바로 아래의 제 2 항 참조). 그리고 우리 헌법 제 6 조 제 2 항은 외국인은 국제법과 조약이 정하는 바에 의하여 그 지위가 보장된다고 규정하고 있다. 외국인에 대한 법적 지위의 보장은 외국인이 우리 국민과 공존할 수 있도록 함으로써 국제협조주의, 국제평화에 기여하는 것이다. 헌법 제6조 제2항에 관한 헌재 판례로, 외국인을 포함하여 국내에 주소 등을 두고 있지 아니한 원고에게 법원이 소송비용 담보제공명령을 하도록 한 구 민사소송법 제117조 제1항이 헌법 제6조 제2항에 위반되지 않는다는 합헌결정이 있었다(헌재 2011. 12. 29, 2011헌바57).

제 2 항 국제법존중주의

Ⅰ. 헌법규정

헌법 제6조 제1항은 "헌법에 의하여 체결·공포된 조약과 일반적으로 승인된 국제법규(國際法規)는 국내법과 같은 효력을 가진다"라고 규정하여 국제법에 대한 존중의 입장을 우리 헌법도 취하고 있다. 오늘날 국제사회의 발달로 국제규범이 확대되고 인류의 보편타당한 인권의 국제법적 보장이 강화됨에 따라 국제법이 중요해지고 국내법적인 존중이 요구된다.

Ⅱ. 국제법과 국내법과의 관계

여기에는 2가지 문제가 있다. 먼저 국제법이 국내에서 직접 바로 효력을 가지는지 아니면 별도의 편입절차를 거쳐야 효력을 가지는 것인지 하는 문제가 있다. 다음으로 국내법에도 여러 단계의 효력의 법규범이 있으므로(헌법, 법률, 명령 등) 국제법이 어느 단계의 국내법적 효력을 가지는지 하는 문제가 있다. 첫째의 문제가 바로 일원론과 이원론의 문제이다.

1. 일원론과 이원론

(1) 이 원 론

이원론은 국제법은 국내법과 서로 별개의 독립된 차원의 법체계를 이룬다고 보기에 국제법이 바로 국내법적 효력을 가지지는 않고 국내법적 효력을 가지기 위해서는 국내법으로 수용을 위한 변형이 필요하다고 본다.

(2) 일 원 론

일원론은 국제법이 국내법과 하나의 통일된 동일의 법체계 속에 포함된다고 보는 이론이다. 일원론은 다시 국내법우위론과 국제법우위론으로 나누어진다.

(3) 평가 — 개별적 파악의 필요성

오늘날 국제사회에서 국제법의 규범이 국내법적으로 무시될 수 없는 현실을 감안하면 국제법이 국내에서 효력을 가지는 것을 부인할 수 없는 것이며 그 효력이 이원론의 입장에서 국제법이 국내법적으로 편입되어 발생된다고 볼 수도 있고 일원론의 입장에서 국제법이 효력을 가진다고 볼 수도 있다. 국제법과 국내법 중 어느 법이 우위에 있다고 볼 것인지 하는 문제가 있으나 사실 오늘날 잘라서 우위 여부를 결정하기는 힘들다. 또한 국제법에도 여러 단계의 규범이 있다고 볼 수 있고 국내법에도 여러 단계의 규범이 있으므로 결국 개별적으로 살펴보아야 할 것이다. 따라서 실제에서 중요한 문제는 국제법이 개별적으로 국내법에 있어서 어느 단계의 어떠한 효력을 가지느냐 하는, 아래에서 보는 두 번째의 문제가 더 부각된다.

2. 한국헌법에서의 효력관계

(1) 문제의 소재

우리 현행 헌법 제6조 제1항은 “헌법에 의하여 체결·공포된 조약과 일반적으로 승인된 국제법규는 국내법과 같은 효력을 가진다”라고 규정하고 있다. 그런데 국내법에는 헌법, 법률, 명령 등 여러 법규범들이 있다. 국내법률과 같은 효력도 아니고 이처럼 ‘국내법’과 같은 효력을 가진다고 규정하고 있기에 과연 조약과 일반적으로 승인된 국제법규가 우리나라의 헌법, 법률, 명령 등의 법규범들 중에서 어느 법규범과 같은 효력을 가지는지는 헌법 자체가 명시하지 않고 있는 것이다. 그러므로 그 국내법적 효력에 대한 논의가 필요한 것이다. 아래에 이 문제에 대해 국제조약의 경우와 일반적으로 승인된 국제법규의 경우로 나누어 살펴본다.

(2) 조약의 효력관계

1) 학 설

① **법률·명령동위설** 우리나라의 다수설은 헌법우위설을 취하여 조약은 헌법 아래의 효력을 가지며 조약 중에는 국내의 '법률'의 효력을 가지는 것도 있고 그보다 아래의 '명령'과 같은 효력을 가지는 것도 있다고 본다. 법률적 효력의 조약과 명령적 효력의 조약의 구분기준이 문제될 것이다. 다수설에 속하는 대부분의 학자들의 견해는 '법률'의 효력을 가지는 조약이란 헌법 제60조 제1항에 의한 체결·비준에 국회의 동의를 받아야 하는 조약으로서 그 동의를 얻은 조약을 의미한다고 본다.

② **단 계 설** 국제연합헌장이나 국제인권규약 등은 헌법률(憲法律)과 같은 효력을 가진다고 보아 법률적 효력의 조약과 명령적 효력의 조약뿐 아니라 헌법적 효력의 조약도 있다고 보고 헌법적 효력의 조약, 법률적 효력의 조약, 명령적 효력의 조약의 단계를 인정하는 견해이다.

③ **평 가** 국제조약에는 헌법적 효력의 조약, 법률적 효력의 조약, 명령적 효력의 조약 등이 있고, 그 국내법적 효력을 조약마다 달리 보아야 할 것이다. 즉 단계설이 타당하다. 우리 헌재 판례에는 헌법의 조약 우위설을 취하여 헌법적 효력의 조약을 부정하는 입장을 취하는 판시를 한 바 있다. 그리하여 법률적 효력을 가지는 조약의 체결로 헌법개정절차에서 요구되는 국민투표권이 침해된 것은 아니라고 하여 헌법소원심판에서 요구하는 침해가능성 요건을 부정하여 청구를 각하한 예가 있었다(헌재 2013. 11. 28, 2012헌마166. 이에 대해서는 정재황, 헌법재판론, 박영사, 2020, 326-327면 참조). 그러나 헌재는 이전에 "우리 헌법과 실질적으로 동일한 내용의 국제규약"을 인정한 예가 있다(아래 2)의 ①㉡ 참조).

* 유의점 : 그런데 아래 2) 판례 ③에서 지적하는 대로 최근에 '비준동의한 조

약은 국내법과 같은 효력을 가질 뿐 헌법재판규범이 되는 것은 아니'라는 결정들이 나오고 있다. 이 결정들에 따르면 헌재는 비준동의한 조약은 일단 여하튼 헌법 아래 법률적 효력을 가진다고 보는 입장이 되는데 아직 뚜렷하지 않다.

2) 판 례 국제조약의 국내법적 효력에 관한 헌법재판소와 대법원의 판례로는 아래와 같은 것들이 있었다.

① 국제인권규약 규정 기본권을 제한하는 국내법률이 국제인권규약에 위배되는지가 문제되면서 그 규약 규정의 국내법적 효력이 논의될 수 있다. ㉠ 노동조합 결성·가입에 관한 국제인권규약 규정 — 교원의 노조설립을 금지하였던 구 사립학교법규정에 대한 위헌법률심판에서 헌재는 노동조합 결성·가입에 관한 규정들인 "경제적·사회적 및 문화적 권리에 관한 국제규약"(1990. 6. 13. 조약 1006호, 이른바 A규약) 제4조, 제8조 제1항 A호, "시민적 및 정치적 권리에 관한 국제규약"(1990. 6. 13. 조약 1007호, 이른바 B규약) 제22조에의 위배 여부를 판단하면서 그 국내법적 효력에 대해 설시한 바 있다(헌재 1991. 7. 22, 89헌가106). 헌재는 A규약 제4조가 국내법률로 권리를 제한할 수 있도록 하는 일반적 법률유보조항을 두었다는 이유로, 제8조 제1항 A호가 노동조합의 결성·가입권을 국내법률로 제한할 수 있도록 하는 법률유보조항을 두었다는 이유로 사립학교법의 문제의 규정이 위 국제인권규약 규정들에 위배되지 않는다고 보았다. 그리고 B규약 제22조에 대해서도 가입당시 유보되었기 때문에 국내법적 효력을 직접적으로 가지지 않는다고 보았다. ㉡ **우리 헌법과 실질적으로 동일한 내용의 국제인권규약 규정** — 국제인권규약은 기본권을 담고 있는 규약이기에 국내헌법과 동일한 내용을 규정할 수 있다. 헌재는 이러한 규약과 동일한 내용의 우리 헌법 규정에 위반되지 않으면 그 규약 위반의 소지가 없다는 입장이다. 그러한 취지로 다음과 같은 결정례가 있었다. 국제인권규약 B규약 제8조 제3항은 법원의 재판에 의한 형의 선고 등의 경우를 제외하고 어느 누구도 강제노동을 하도록 요구되지 아니한다고 규정하고 있다. 그런데 폭행·협박 등의 위법행위를 수반하지 않는 단순한 집단적 노무제공의 거부행위를 구 형법 제314조가 규정하는 위력에 해당한다고 보아 정당행위로서 위법성이 조각되지 않는 한 형사처벌할 수 있다는 대법원 판례의 해석방법이 위 규약규정에 위배되는지 여부가 논란이 되었다. 헌재는 위 규약의 조항이 법률

과 적법절차에 의하지 않은 강제노역의 금지를 규정한 우리 헌법 제12조 제 1 항 후문과 같은 취지라고 할 수 있어 위 규약과 우리 헌법은 실질적으로 동일한 내용을 규정하고 있다 할 것이므로 그 해석이 우리 헌법에 위반되지 않는다고 판단하는 이상 위 규약 조항 위반의 소지도 없다고 보았다(헌재 1998. 7. 16, 97헌바23). 그런데 위 결정 이후 헌재와 대법원은 위 해석을 보다 좁히려는 경향을 보여주고 있다(후술 제 3 부 제 2 편 기본권 각론 제 4 장 제 5 절 Ⅳ. 참조). ㉢ **"어느 누구도 계약상 의무의 이행불능만을 이유로 구금되지 아니한다"**는 B규약 제11조 ― 수표 부도시 처벌하는 부정수표단속법 규정이 이 규약규정에 반하는 것인지 여부가 논란된 바 있었으나 헌법재판소는 위배되지 않는다고 보았다(헌재 2001. 4. 26, 99헌가13; 헌재 2011. 7. 28, 2009헌바267).

② **법률적 효력의 조약**

〈사례 9〉

A는 외국에서 의과대학을 졸업한 한국인이다. 그런데 한국의 의료관계법상 외국에서 의과대학을 졸업한 사람은 한국에서 의과대학을 졸업한 사람과는 달리 한국에서의 의사면허를 받기 위해서는 국가시험 외에 예비시험을 거쳐야 하도록 규정되어 있었다. 이에 A는 위 의료관계법 규정이 자신의 직업선택의 자유를 침해한다고 하여 헌법소원심판을 청구하였다. A는 이 헌법소원심판에서 우리나라도 가입한 협약으로서 당사국에서 취득한 학력 등을 다른 체약당사국이 인정하도록 하는 '아시아 · 태평양지역에서의 고등교육의 수학, 졸업증서 및 학위인정에 관한 지역협약'에 위 의료관계법 규정이 위반하여 헌법위반이라고 주장하였다. A의 주장은 타당한가?

법률적 효력의 조약은 국내의 명령, 규칙, 지방자치단체 조례 등에 비해 상위의 효력을 가진다. 그러나 헌법보다 하위의 효력을 가지므로 위헌법률심판이나 헌법소원심판에서 위헌 여부 판단에 적용기준이 되지는 못한다(위헌법률심판과 헌법소원심판에서는 헌법위반 여부가 따져지므로 헌법이 심사기준이 된다). 헌재가 법률적 효력의 조약을 인정한 예들이 있다. ㉠ '아시아 · 태평양지역에서의 고등교육의 수학, 졸업증서 및 학위인정에 관한 지역협약'(헌재 2003. 4. 24, 2002헌마611). 헌재는 이 협약은 "그 법적 지위가 헌법적인 것은 아니며 법률적 효력을 갖는 것이라 할 것이므로 예비시험 조항의 유무효에 대한 심사척도가 될 수는 없고"라고 하였다. 〈사례 9〉는 이러한 헌재 판례를 가지고 구성한 case이고 결국

위 협약에 위반하여 헌법위반이라는 A의 주장은 타당하지 않다. ㉡ 헌재는 '대한민국과 일본국 간의 어업에 관한 협정'에 대해 "'헌법에 의하여 체결·공포된 조약'으로서 국내적으로 '법률'과 같은 효력을 가진다"라고 판시한 바 있다(헌재 2001. 3. 21, 99헌마139). ㉢ 국제통화기금협정 제 9 조 제 3 항, 제 8 항, 전문기구협약 제 4 절 본문, 제19절 (a)는 "국회의 동의를 얻어 체결된 것이므로 헌법 제 6 조 제 1 항에 따라 국내법적 효력을 가지며, 그 효력의 정도는 법률에 준하는 효력이라고 이해된다"라고 판시하면서 위헌법률심판의 대상이 됨을 인정한 바 있다(헌재 2001. 9. 27, 2000헌바20). ㉣ 국제민간항공협약 — 역시 국회동의를 거쳐 우리 법률과 같은 효력을 가진다고 본다(헌재 2018. 2. 22, 2016헌마780).

③ '비준동의한 조약은 국내법과 같은 효력을 가질 뿐 헌법재판규범이 되는 것은 아니'라는 판례 위에서 언급한 대로 헌법적 효력의 조약을 부정하는 헌법 우위설 입장을 취하는 판례가 있었긴 하지만(위 1)의 ③에서 인용한 2012헌마166) 비교적 근간에 "비준동의한 조약은 국내법과 같은 효력을 가질 뿐 헌법재판규범이 되는 것은 아니고"라고 판시하는 결정들(헌재 2019. 12. 27. 2018헌바161; 2021헌마117등)이 나타나고 있다. 이런 결정들에 따른다면 헌재는 모든 비준동의된 조약에 대해 헌법재판규범이 안되는 규범의 효력으로, 즉 헌법 아래 법률적 효력만을 부여한다는 것인데 아직 뚜렷하지 않다.

④ 지방자치단체의 조례보다 상위 **㉠ 조례와 조약의 효력 관계** — 헌법 제117조 제 1 항 후문은 "법령의 범위 안에서" 자치에 관한 규정(즉 조례)을 제정할 수 있다고 규정하고 있으므로 조례는 국가의 법령인 헌법, 법률, 명령에 위배되어서는 아니 된다. 그런데 조약은 위에서 살펴본 대로 국회동의를 받은 경우에는 법률과 같은 효력을 국회동의를 받지 않은 경우에는 명령과 같은 효력을 가진다. 조례는 명령보다 하위에 있으므로 결국 조례는 국회동의를 받았든 받지 않았든 우리나라가 체결한 조약(또는 아래에 보는, 우리나라가 체결하지 않았으나 일반적으로 승인된 국제법규로 볼 수 있는 조약)보다 하위의 효력을 가질 수밖에 없다. 국회동의를 받지 않은 조약과 조례의 효력관계에 대해서는 지방자치의 확립이라는 관점에서 검토되어야 할 사항이다. **㉡ 대법원의 실제 판결례** — 대법원은 국회의 동의를 얻어 공포·시행된 조약이 헌법 제 6 조 제 1 항에 의하여 국내법령과 동일한 효력을 가지므로 지방자치단체가 제정한 조례가 그 조약에

위반되는 경우에는 그 효력이 없다는 판결을 한 다음과 같은 예를 보여준 바 있다. 그 판결의 사안을 보면 어느 지방자치단체의 조례안이 초·중·고등학교 급식을 위해 그 지방자치단체에서 생산되는 우수농산물을 우선적으로 사용하도록 하고 우수농산물을 사용하는 자에 대한 지원을 내용으로 하고 있었다. 대법원은 이 조례안은 내국민대우원칙을 규정한 '1994년 관세 및 무역에 관한 일반협정'(General Agreement on Tariffs and Trade 1994, 'GATT')이 국회의 동의를 얻어 공포·시행된 조약으로서 헌법 제6조 제1항에 의하여 국내법령과 동일한 효력을 가지므로 이 협정에 위반되어 그 효력이 없다고 판시하였다(대법원 2005. 9. 9, 2004추10). 국회동의를 받은 조약은 국내'법률'로서의 효력을 가진다고 보는 학설이 많은데 대법원은 국회동의를 받은 위 조약의 국내법적 효력을 인정하면서 국내법률이라고 하지 않고 국내'법령'이란 용어로 판시하긴 하였으나 여하튼 조례보다 상위의 효력을 인정한 것이다. 그리고 위 판례사안은 국회동의를 받은 조약의 경우인데 설령 국회동의를 받지 않은 조약일지라도 우리가 체결한 조약은 명령으로서 효력을 가지므로 조례가 준수하여야 한다.

(3) '일반적으로 승인된 국제법규'의 효력관계

1) '일반적으로 승인된 국제법규'의 개념 일반적으로 승인된 국제법규란 많은 국가들이 이를 인정하여 국제사회에서 보편타당한 국제법규범으로서 그 효력이 받아들여지고 있는 국제법규를 의미한다. 이에는 2가지 경우가 있다. ① 국제관습법과 같은 불문법이 포함된다. ② 우리나라가 가입하지 않았으나 많은 국가들이 가입한 조약으로서 널리 일반적이고 보편적인 효력을 가지는 것으로 볼 수 있는 조약도 포함된다. 우리나라가 당사국인 조약의 경우는 앞에서 살펴본 헌법에 의하여 체결·공포된 조약에 해당할 것이므로 우리나라가 당사국이 아닌 조약이긴 하나 많은 국가들이 가입하여 일반적인 법규범으로서의 효력을 가지는 것으로 인정되고 있는 국제조약들이 우리나라의 입장에서는 일반적으로 승인된 국제법규가 된다. 국내학자들은 일반적으로 승인된 국제법규인 국제관습법으로서는 민족자결의 원칙, 전쟁법의 일반원칙, 국내문제불간섭의 원칙, 조약은 준수되어야 한다는 원칙, 대사나 공사의 법적 지위에 관한 원칙 등을 들고 있다. 그러나 이러한 국제관습법들은 현재 국제조약

으로 성문화되어 있고 우리나라도 대부분 가입하고 있다.

어느 국제법규가 '일반적으로 승인된' 것인지에 대한 판단을 어느 국가기관이 행할 권한을 가지는지에 대해 우리 헌법은 규정을 두고 있지 않다. 일반적으로는 재판에서 법규범을 해석, 적용해야 하는 법원에게 있고 최종적으로는 대법원에 있다. 헌법재판소도 위헌법률심판과 헌법소원심판 등에서 법규범을 대상으로 심판하거나 심사기준으로 적용하여야 하므로 그 국내법적 효력에 대한 판단권을 가진다.

2) 효력관계에 관한 학설 일반적으로 승인된 국제법규의 효력에 관하여 다음과 같은 학설들이 있다. 즉 ① 국제법규의 단계구조에 따라 이에 상응하는 국내의 헌법률 · 법률 · 명령 등과 같은 효력을 가진다고 보는 견해(단계설), ② 국내법률과 동일한 효력을 가진다고 보는 견해(국내법률 효력설, 이 견해는 국내법률과 국제법규가 충돌할 경우에는 국내법률 상호 간의 경우처럼 신법을 우선하여야 한다고 본다), ③ 법률적 효력의 국제법규, 명령적 효력의 국제법규로 나누어 인정하는 견해(국내법률 또는 국내명령의 효력설) 등이 있다.

생각건대 일반적으로 승인된 국제법규도 국내법적인 효력에 있어서 모두 일률적으로 볼 것이 아니라 국제법규마다 헌법적 효력, 법률적 효력, 명령적 효력으로 달리 보아야 한다. 즉 단계적인 효력을 가진다고 본다.

3) 판 례 일반적으로 승인된 국제법규에 관한 헌재 판례로는 아래와 같은 것들이 있었는데 일반적으로 승인된 국제법규로서 우리나라의 국내법적 효력을 인정한 헌재 판례를 현재로서는 찾기 어렵다.

① 국제연합(UN)의 '인권에 관한 세계선언' — 부정 국제연합의 1948년 12월 10일 '인권에 관한 세계선언'은 선언적인 의미를 가지고 있을 뿐 법적 구속력을 가지지 않는다고 보는 것이 일반적인 이론이고 우리나라 헌재 판례의 입장도 그러하다(헌재 1991. 7. 22, 89헌가106).

② 국제노동기구 조약의 효력 — 부정 일반적으로 승인된 국제법규인지가 논란이 되었던 판례들로 국제노동기구 조약에 대한 것들이 많았다. 헌재는 국제노동기구(ILO)의 제105호 조약(강제노동의 폐지에 관한 조약)(헌재 1998. 7. 16, 97헌바23), 제87호 협약(결사의 자유 및 단결권 보장에 관한 협약) 등은 "우리나라가 비준한 바가 없고, 헌법 제 6 조 제 1 항에서 말하는 일반적으로 승인된 국제법규로

서 헌법적 효력을 갖는 것이라고 볼 만한 근거도 없으므로 이 사건 심판대상 규정의 위헌성 심사의 척도가 될 수 없다"라고 결정한 바 있다(헌재 2005. 10. 27, 2003헌바50).

③ 양심적 병역거부권 — 헌재는 이를 명문으로 인정한 국제인권조약은 아직까지 존재하지 않으며, 유럽 등의 일부국가에서 양심적 병역거부권이 보장된다고 하더라도 전 세계적으로 그 보장에 관한 국제관습법이 형성되었다고 할 수 없으므로 양심적 병역거부가 일반적으로 승인된 국제법규로서 우리나라에 수용될 수는 없고 따라서 양심적 예비군 훈련 거부자를 형사처벌한다고 하더라도 헌법 제6조 제1항에 위반된다고 할 수 없다고 보았다(헌재 2011. 8. 30, 2007헌가12). 그런데 헌재의 법정의견은 2018년에 헌법 제6조 위반 문제를 언급하지 않고(UN 자유권규약위원회(Human Rights Committee)가 2015년에 우리나라에 양심적 병역거부자를 석방하고, 그들의 전과기록을 말소하고 적절한 보상을 하며, 민간적 성격의 대체복무제를 도입할 것을 권고하였다는 등의 연혁은 언급함), 양심적 병역거부에 관련된 대체복무제가 없는 병역종류조항은 과잉금지원칙을 위배하여 양심의 자유를 침해한 위헌이라고 하면서 헌법불합치결정을 하였다(헌재 2018. 6. 28, 2011헌바379, 2012헌가17).

* 양심적 병역거부를 이유로 유죄판결을 받은 청구인들의 개인통보에 대하여 자유권규약위원회(Human Rights Committee)가 채택한 견해(Views)에 따른, 전과기록 말소 및 충분한 보상을 포함한 청구인들에 대한 효과적인 구제조치를 이행하는 법률을 제정하지 아니한 입법부작위의 위헌확인을 구하는 헌법소원심판청구는 위 견해가 법적 구속력이 없어서 그대로 따라야 하는 입법의무가 우리나라에 없으므로 부적법하다고 하여 헌재가 각하한 결정례(2018. 7. 26, 2011헌마306)가 있었다.

3. 조약에 대한 위헌심사의 문제

국제조약이 국내 헌법에 위배되는지 여부를 심사할 수 있는지에 대해서는 견해가 나뉜다. 현실적으로 보아 국제조약은 한 국가만의 문제가 아니라 다른 조약 체결국가들이 있다는 점에서 심사대상성에 논란이 없지 않다. 통치행위 이론에 따라 조약은 집행부(대통령)의 고도의 정치적 작용이라고 하여 심사대상성을 부정하는 입장도 있을 수 있다(통치행위에 대해서는, 후술 제4부 법원 부분 참조). 그러나 우리 헌재는 그동안 조약에 대한 위헌심판을 한 예를 보여주었다.

(1) 법률적 효력의 조약의 경우

법률에 대한 위헌여부심판이 헌법재판소의 관할이므로 법률적 효력의 조약은 헌법재판소의 위헌법률심판의 대상이 된다(조약에 대한 위헌법률심판의 실례 : 헌재 1999. 4. 29, 97헌가14, 대한민국과아메리카합중국간의상호방위조약제 4 조에의한시설과구역및대한민국에서의합중국군대의지위에관한협정 제 2 조 제 1 의 (나)항 위헌제청). 법원은 위헌심판권이 없고 위헌심판제청권을 가진다. 법원이 당사자의 위헌심판제청신청을 받아들이지 않으면 당사자는 헌법재판소법 제68조 제 2 항에 따라 위헌여부심판을 받기 위한 헌법소원(이른바 '위헌소원'이라 함)심판을 청구할 수 있다. 이 위헌소원심판에 따라 법률적 효력의 조약에 대해 위헌심판이 이루어질 수도 있다(조약에 대한 위헌소원심판의 실례 : 헌재 2009. 2. 26, 2007헌바35, 대한민국과 일본국 간의 어업에 관한 협정 위헌소원). 법률적 효력의 조약 그 자체가 국민의 기본권을 직접 침해하는 경우에는 그 조약 자체를 대상으로 하는 헌법소원(이를 '법령소원'이라 함)심판을 청구할 수 있는데 이 법령소원심판을 통하여 위헌 여부가 심판될 수도 있다(조약에 대한 법령소원심판의 실례 : 헌재 2001. 3. 21, 99헌마139, 대한민국과 일본국 간의 어업에 관한 협정 비준 등 위헌확인).

(2) 명령적 효력의 조약의 경우

명령적 효력의 조약에 대해서는 우리 헌법에 대한 위배 여부(위헌 여부) 심판뿐 아니라 우리 법률에 대한 위배 여부(위법 여부) 심판의 대상이 될 수 있다. 우리 헌법은 명령이 헌법이나 법률에 위반되는 여부가 재판의 전제가 된 경우에는 대법원은 이를 최종적으로 심사할 권한을 가진다고 규정하고 있으므로(제107조 제 2 항) 명령적 효력의 조약에 대해서는 법원이 심사하게 된다. 명령적 효력 조약 자체가 직접 국민의 기본권을 침해하는 경우에는 그 조약 자체를 대상으로 하는 법령소원심판을 헌법재판소에 청구할 수 있는바 헌법재판소도 이 법령소원심판을 통하여 심사하게 된다.

(3) 사전심사의 필요성

조약에 대한 위헌심사제는 조약이 시행에 들어간 뒤 행하는 사후심사보다 이전에 행하는 사전심사가 효율적이다(졸고, "헌법재판소의 구성과 헌법재판절차상의 문제점 및 그 개선방안," 「공법연구」, 제22집 제 2 호, 한국공법학회, 1994, 60면 등 참조). 왜냐하면 사후심사를 통하여 국내헌법에 합치되지 않는다는 결론에 이르게 되더라도 조약을 체결한 상대국은 여전히 유효한 것으로 주장할 것이고 이 경우에 조약의 위헌심사결정에 대한 기속력과 국제신의가 문제될 것이기 때문이다. 광범위한 국가들이 가입한 다자조약의 경우에는 더욱 그러하다. 프랑스와 같은 국가에서는 조약에 대한 사전심사제를 채택하고 있는데 우리의 경우에도 사전적·예방적 조약심사제의 도입이 필요하다.

제3부 기본권론

1편

기본권총론

헌법과 국가가 존재하여야 할 이유는 종국적으로 국민의 기본적인 권리인 기본권을 보장하는 데에 있다. 따라서 기본권론은 헌법이론에서 핵심적인 내용을 이루고 있고 그 고찰범위도 넓다. 이하에서는 먼저 기본권총론에 대해 살펴보고 다음으로 기본권각론(개별 기본권론)에 대해 살펴본다.

제1장 기본권의 개념과 성격

기본권이라 함은 국민이나 인간, 또는 집단이 누리는 권리로서 국가에 의하여 그 보호가 이루어지는 권리를 말한다. 일단은 그렇게 개념 정의할 수 있겠으나 그동안 기본권의 개념에 대해서는 여러 견해들이 있어 왔다. 기본권이 무엇인가 하는 것은 기본권이 어떤 성격의 권리인가 하는 것을 내포하므로 기본권의 개념 문제는 기본권의 성격 문제와 결부되어 있다. 그리하여 여기서 함께 살펴보기로 한다.

제1절 기본권의 개념 · 성격에 관한 이론

Ⅰ. 자연권성 여부

기본권의 성격에 관한 논의에서 무엇보다 먼저 기본권이 자연권인지 아니면 실정권인지를 두고 오랫동안 자연권론과 실정권론의 이론대립이 있어 왔다.

1. 자연권론

자연권론은 기본권이란 인간으로서 가지는 권리로서 국가 이전에 인간이 태어날 때부터 가지는(생래적인) 인간에 고유한 천부인권이라고 한다. 자연권론에 따르면 아래에서 보는 실정권론과는 달리 현재 통용되고 있는 실정법이 권리로서 보호하고 있는 권리들만이 기본권이 아니라 실정법이 보호하거나 인정하지 않은 권리들도 기본권으로 인정한다. 자연권론은 고대부터 플라톤, 아리스토텔레스 등에 의해서 주장되어 왔고 17세기의 사회계약론으로 더욱 기반이 다져지게 되어 오늘날까지 내려오고 있다.

• **사회계약론과 자연권사상** : 그로티우스(Grotius)가 자연권의 보장을 위한 사회계약론의 틀을 제시하였고, 로크(Locke), 루소(Rousseau) 등의 사회계약이론이 근대적 자연권사상을 자리잡게 하였다. 사회계약론자들은 ① 먼저 인간의 자연의 상태가 어떠하였다고 하는 주장(가설)과 ② 이 자연상태에서 나아가 보다 나은 인간사회의 보장을 위한 어떠한 내용의 사회계약을 성립시켰다는 주장, 이 2가지 명제를 내세운다. 로크(Locke, 1632-1704년)는 1690년에 나온 그의 주저 「시민정부 2론(Two Treatises of civil government)」에서 자연상태를 인간들이 평화롭고 상호부조하는 행복한 상태로 표현하였는데 그럼에도 불구하고 권리를 보다 조직적으로 보호함으로써 더욱 완전한 선(善), 더 많은 행복을 누리기 위하여 인간은 계약에 의해 사회상태로 이행하게 되었고 그리하여 사회계약은 이러한 목적을 위하여 국민이 통치자와 맺게 되는 계약이라고 보았다. 로크는 이 사회계약으로 사회유지에 필요한 최소한의 힘과 권위의 확립에 소요되는 정도로 자유의 최소한 일부만을 양도하는 것을 인정하였다. 이러한 부분양도의 이론에서 로크의 자연권사상이 정연한 논리를 갖추게 된다. 즉 개인이 권리를 전부 양도하지 않았고 일부를 양도하였을 뿐이기에 사회계약 이후에도 인간은 개인적인 기본적 권리들을 대부분 보유하고 있고 이는 천부의 자연권으로서 개인적 권리들은 국가의 혜택이 아니라 국가 이전에 존재하는 것이라고 보는 사고에 자연권사상이 뚜렷하게 나타나게 된다. 로크의 이러한 사상에 따라 개인은 자신의 권리를 주장할 수 있고 국가의 임무는 국민의 개인적 자유를 보장하는 것이다. 또한 통치자가 계약을 위배하는 경우 신민은 그에게 복종할 의무가 없고 권력에 저항할 수 있는 권리들을 지닌다는 사상이 나타나게 되었다. 개인이 보유하는 권리를 자유로이 자율적으로 행사할 수 있다고 본 점에서 로크의 자연권사상은 개인주의적이고 자유주의적인 권리의 사상이다.

루소(Rousseau, 1712-1778년)는 그의 「사회계약론(Du Contrat social)」(1762년)에서 ① 인간이 자연상태에서 자유로웠고 평등하였다고 주장하고 ② 그러나 점차 불평등해지고 불행해져 갔다고 보면서 원래의 평등·행복을 되찾을 수 있는 길이 사회계약에 있다고 보았다. 그의 사회계약론에 있어서 핵심은 일반의사(一般意思, la volonté générale)의 이론이다. 일반의사란 사회구성원들의 공동의 의사를 의미하고 사회계약은 바로 이러한 일반의사에 참여하겠다는 약속을 의미한다. 일반의사에 참여하는 사회계약에 의해서 인간은 평등과 자유를 확보할 수 있다고 본다. 왜냐하면 모든 구성원들이 동등하게 일반의사를 수락하고 일반의사에 복종하기에 자연상태에 있을 때처럼 평등을 누리게 되고 모두가 동등한 지위에서 스스로 일반의사에 복종할 것을 결정하였기에 일반의사에 대한 복종은 자신의 의사에 대한 복종을 의미하므로 결국 인간은 자유롭다고 보았기 때문이다. 루소의 이론은 모든 사람의 일반의사에 대한 복종이 평등을 의미하고 이로써 자유로워진다고 하므로 평등을 강조하는 경향을 보여주었다. 루소에게 있어서는 동등하게 일반의사에 참여하여 사회계약을 하기 위하여 구성원은 자신이 가진 바를 모두 양도한다는 전부양도의 입장을 취하게 된다.

위에서 보았듯이 평등을 강조하는 경향은 루소적 영향을 받았고 자유주의적 요소를 강조하는 경향은 로크적인 영향을 받은 것으로 대비된다고 평가된다.

로크 이전에 홉스(Hobbes)도 사회계약론을 전개하였는데 '만인에 대한 만인의 투쟁'인 무질서의 자연상태를 극복하기 위하여 강력한 권력이 필요하고 이 권력을 창설하기 위하여 사회계약을 성립시켰으며 그 권력에 자신의 자연적 권리 전부를 양도하였다고 보았다. 홉스의 사회계약론은 절대주의를 옹호하는 결과를 가져온 것이었다.

2. 실정권론

실정권론(實定權論)은 사회의 현실에서 실제로 통용되고 있는 실정법규범이 기본권으로서 보호하고 있는 권리들만이 기본권이라고 보는 이론이다. 실정법이 그 내용을 구체화하고 보장방법 등을 설정할 때 비로소 권리로서의 기본권으로 인정된다는 입장이다. 실정권론은 G. Jellinek, H. Kelsen 등의 법실증주의 이론에 터잡아 주장된 것이다. 실정권론은 오늘날 국민주권주의가 자리잡은 마당에 자연권론이 가지는 항의적 성격이 의미가 없어졌다고 주장하고 권리는 실정법에 근거하여야만 실현될 수 있다고 본다.

* 실정법이란 성문법과 다른 말이다. 실정법이란 개념은 성문법뿐 아니라 불문법도 포괄하는 보다 넓은 개념이다. 불문법인 조리법, 관습법, 판례도 현재 통용되고 있는 것이라면 실정법에 포함된다.

3. 통합론의 기본권개념

앞서 헌법개념에서 본 대로 R. Smend는 정치적·사실적 통합의 과정을 헌법으로 본다. 따라서 R. Smend의 통합론에 따르면 사회공동체의 통합과정의 생성원동력을 기본권이라고 보게 된다. 통합론은 기본권의 권리적 성격보다는 국가공동체형성을 위하여, 사회구성원들의 통합을 위하여 준수하여야 할 질서로서의 기본권을 더 강조한다.

P. Häberle는 법제도에 의하여 자유권이 보장될 수 있다는 점에서 자유권이란 제도로 이해되어야 한다고 본다(제도적 기본권론).

4. 평 가

(1) 검 토

실정권론에 따르면 그 폐쇄성으로 기본권의 보장범위를 한정하게 된다. 나치스의 경험 등으로 법실증주의가 2차대전 이후 쇠퇴의 길을 걸었고 자연권론으로 회귀하는 경향이 강해져 자연권론이 우세를 보였다. 통합론은 기본권의 질서로서의 성격을 강조하여 권리로서의 성격을 약화시키고 있다는 지적을 받는다.

생각건대 ① 실정권 외에도 현재 실정법으로는 보호되지 않고 있더라도 인간에게 '있어야 할' 기본권도 존재함을 인정하여야 한다는 점, ② 이러한 '있어야 할' 기본권도 보장되어야 한다는 점, ③ 국가와 헌법의 존재이유는 국민의 기본권보장에 있으므로 이러한 기본권보장을 확대하여야 한다는 점에서 기본권은 자연권으로 보아야 한다.

(2) 우리 헌법의 입장

우리 헌법의 입장이 어떠하냐가 중요하다. 우리 헌법은 기본권을 자연권으로 본다. 헌법은 제10조 후문에서 "국가는 개인이 가지는 불가침의 기본적 인권을 확인하고 이를 보장할 의무를 진다"라고 규정하여 기본권을 자연권으로 보는 입장을 분명히 하고 있다. 왜냐하면 국민으로서 이전에 인간으로서 가지는 권리라는 의미인 '인권'(人權)이란 용어를 명시하고 있고(천부인권), 만약 우리 헌법이 기본권을 실정권으로 본다면 실정법으로 창설해야 할 기본권을 '확인'한다고 규정할 수는 없을 것인데 원래 인간에 존재하는 자연권으로 보기에 이를 '확인'한다고 규정한 것이기 때문이다. 헌법 제37조 제2항은 국민의 자유와 권리를 제한하는 경우에도 "그 본질적 내용을 침해할 수 없다"라고 규정하는데 이러한 본질적 내용은 본래부터 존재하는 것이기에 이 또한 우리 헌법이 기본권을 자연권으로 보는 입장임을 보여주고 있다. 우리 헌재의 판례에 나타나 있는 기본권의 파생, 확대도 기본권의 자연권적 성격을 보여준다(기본권의 파생은, 후술 참조).

(3) 유의 — 실정화와 실정권의 구분

기본권을 자연권으로 본다고 하여 자연권을 실정법으로 실정화하는 것을 배척하는 것이 아니라 오히려 그것이 요구되는 것이다. 실정법으로 그 보장을 현실화하기 때문이다(예를 들어 어떤 기본권이 침해되었을 때 그 침해에 대한 구제를 위한 실정법제도(예를 들어 재판제도)가 마련되어 있어야 그 기본권이 제대로 보장될 수 있다는 것을 생각하면 알 수 있다). 그러나 실정권과 실정법화는 다르다. 기본권을 실정권으로 보는 입장에서는 현재 실현되고 있는 기본권들 외에 다른 기본권의 실현을 강제할 수 없다. 실정법이 권리라고 규정한 것만 기본권으로 보기 때문이다. 반면 자연권론은 실정법으로 보호되지 않은 기본권도 인정하므로 현재 실정법으로 보호되지 않으나 '보호되어야 할' 기본권이 앞으로 실정법에 의해 현실적으로 보장될 것을 요구할 수 있다. 더 많은 기본권의 확대보장을 요구할 수 있다는 점이 실정권론과 다른 것이다.

Ⅱ. 권리성, 주관적 권리성

기본권은 권리가 아니라고 보는 견해도 없지 않았다. H. Kelsen은 국가가 곧 법이라고 보고 자유란 국가의 법률이 금지하지 않기에 누릴 수 있는 반사적 이익이라고 보아 권리가 아니라고 보았다. 그러나 기본권은 국가에 대해 그 보호를 요구할 수 있는 권리로서의 성격을 지닌다. 자유도 그것이 침해되면 국가의 공권력에 의해 그 침해를 제거하여야 한다는 점에서 국가의 보호를 요구할 권리라는 권리성(權利性)이 나타나는 것이다.

기본권은 그것을 가지는 각 개개인이 자신의 권리로서 누리는 것이므로 주관적(主觀的) 권리라고 한다.

Ⅲ. 공권성(公權性)의 문제

기본권을 종래 주관적 공권으로 인식해 왔다. 기본권은 ① 공법인 헌법에 의해 보장된다는 점, ② 기본권은 국가에 대해 그 보호를 요구할 수 있는 권리라는 점 등에서 공권이라고 보는 것이다.

오늘날 기본권의 공권성은 재검토를 요한다. 종래 사권(私權)으로 보아온 권리도 헌법의 기본권으로 규정되어 있는 것이 있다. 재산권은 사권이라 하는데 헌법 제23조 제 1 항은 “모든 국민의 재산권은 보장된다”라고 하여 재산권을 기본권으로 규정하고 있다. 그렇다면 재산권은 사권인가, 아니면 공권인가? 사권에 적용되는 사적 자치의 원칙도 우리 헌재는 헌법규정에서 파생시키고 있다. 공권인 기본권이 국가에 의해 보호된다고 하였는데 사권도 그 침해가 있으면 법원의 재판이라는 국가공권력에 의해 보호된다는 점에서는 차이가 없다. 이러한 점들을 고려하면 공권과 사권의 구별 자체가 상대화되거나 그 구별을 회의적으로 보게 한다. 기본권의 공권성 문제, 공권과 사권의 구별 문제는 뒤에서 보게 될 기본권의 제 3 자적(사인들 간) 효력 문제에 결부된다. 왜냐하면 기본권을 공권으로 보면 국가에 대한 관계에서만 효력이 인정되는데 그렇다면 사인들 간에는 그 효력을 부정하여야 할 것인지 아니면 인정할 수 있는지 하는 문제가 생기기 때문이다.

Ⅳ. 이중성의 문제

1. 학 설

기본권이 권리로서의 성격 외에 객관적 질서로서의 성격도 가지는지가 논란된다. 우리나라에서 이를 긍정하는 견해와 부정하는 견해가 대립되고 있다. 긍정설은 기본권은 주관적인 공권이자 객관적인 법질서로서의 이중성을 가진다고 본다. 또 국가권력이 기본권을 보장하여야 하기에 기본권은 국가권력이 기본권을 존중하면서 행사되도록 하는 원리로서 작용하므로 기본권이 객관적인 법질서를 이룬다고 본다. 반면 부정설은 기본권 자체의 성격은 어디까지나 권리로서의 성격을 가질 뿐이고 객관적 질서로서의 성격을 가지지 않는다고 본다.

2. 판 례

우리 헌재는 직업선택의 자유는 각자의 생활의 기본적 수요를 충족시키는 방편이 되고 개성신장의 바탕이 된다는 점에서 주관적 공권의 성격을 가지면서도, 국민 개개인이 선택한 직업의 수행에 의하여 국가의 사회질서와 경제질서가 형성된다는 점에서 사회적 시장경제질서라고 하는 객관적 법질서의 구성요소이기도 하다고 하여 이중성을 인정하는 판시를 하고 있다(헌재 1995. 7. 21, 94헌마125. 이중성을 인정하는 듯한 판시를 한 또다른 결정례로, 기본권은 "소극적 방어권으로서의 의미를 가지고 있을 뿐만 아니라, … 국가권력에 대한 객관적 규범 내지 가치질서로서의 의미를 함께 갖는다"라고 한 예를 볼 수 있다(헌재 1995. 6. 29, 93헌바45). 집회의 자유는 "주관적 권리로서의 성격을 가지는 동시에, 자유민주주의를 실현하려는 사회공동체에 있어서 불가결한 객관적 가치질서로서의 성격을 아울러 가진다"라는(헌재 2016. 9. 29, 2014헌가3) 판시도 있었다). 대법원의 판례에도 "헌법상의 기본권은 제1차적으로 개인의 자유로운 영역을 공권력의 침해로부터 보호하기 위한 방어적 권리이지만 다른 한편으로 헌법의 기본적인 결단인 객관적인 가치질서를 구체화한 것"이라고 하여 이중성을 인정하는 듯한 판시를 한 예가 있다(대법원 2010. 4. 22, 2008다38288; 대법원 2011. 1. 27, 2009다19864; 대법원 2011. 9. 2, 2008다42430; 대법원 2018. 9. 13, 2017두38560; 대법원 2018. 9. 13, 2017두62549).

3. 검 토

① 기본권은 권리이며 기본권보장을 위한 제도, 질서는 기본권을 보장하기 위한 수단 또는 그 효과로서의 의미를 가진다. 예를 들어 재산권 그 자체는 권리이고 재산권이라는 권리를 보장하기 위하여 사유재산제도라는 제도가 요구되는 것이며 남의 재산권을 침해하여서는 아니 되고 존중하여야 한다는 질서가 재산권의 효과로서 자리잡게 되는 것이다. 따라서 이중성론은 '기본권' 자체의 성격에 기본권의 보장, 기본권의 효과까지를 포함하는 혼동을 보여준다. ② 이중성론은 우리 헌법 제37조 제2항에 맞지 않다. 동조항은 '질서'유지를 위하여 기본권이 제한될 수 있다고 규정하고 있다. 이중성을 인정하면 기본권 자체에 기본권제약적 질서가 내포되어 있을 수 있으므로 그 질서에 의해 스스로 제한될 수 있을 것이다. 그러나 우리 헌법 제37조 제2항은 질서를 위한

경우라도 기본권이 스스로 제약되는 것이 아니라 '법률'로써 제한되도록 하고 있다. 따라서 우리 헌법해석상으로 부정설이 타당하다. 그렇다고 하여 객관적 질서성을 부정하는 것은 아니고, 다만 객관적 질서성이 기본권 자체의 성격이 아니라 기본권의 효과라는 것이다.

Ⅴ. 이른바 '제도적 보장'의 이론

종래 '제도적 보장'의 이론이 있어 왔는데 제도적 보장론을 기본권론에서 검토하는 것은 제도적 보장이론에서 말하는 제도가 기본권과 관련이 있기 때문이다(예를 들어 직업공무원제라는 제도가 공무담임권이라는 기본권과 관련된다). 제도적 보장의 이론에 대해서는 재검토를 요한다. 먼저 기존의 제도적 보장론에 대해 살펴본다.

1. 이른바 '제도적 보장'의 이론

(1) 제도적 보장의 개념

제도적 보장 내지 제도보장이란 사회 내지 국가의 여러 제도들 중에 그 중요성 때문에 헌법적으로 보장될 필요가 있는 제도의 핵심을 헌법 자체에 규정함으로써 그 제도들의 존속이 확보되도록 하는 것을 말한다. 헌법 자체에 그 핵심을 규정함으로써 하위의 법률이나 명령 등으로 그 제도를 폐지할 수 없도록 (헌법이 최고법이라는 점을 상기) 하는 것이다. 우리 헌재 판례도 제도적 보장의 관념을 인정하고 있다(헌재 1997. 4. 24, 95헌바48).

(2) 제도적 보장의 성격과 효력

1) 객관적 법규범성 　제도적 보장의 규범은 권리의 규범이 아니라 객관적으로 존재하여야 할 중요한 제도에 관한 법규범이라는 점에서 기본권과 차이가 난다. 그리하여 제도적 보장은 객관적 법규범이고 기본권은 개인이 가지는 주관적 권리라는 점에서 양자가 구별된다. 우리 헌재의 판례의 입장도 같다(헌재 1997. 4. 24, 95헌바48).

2) 최소한의 보장

① **핵심**(본질)**의 보장** 종래 제도적 보장의 정도는 제도의 본질적 내용(핵심)만의 보장이라는 최소한의 보장이라고 본다. 헌재의 입장도 '최소한 보장의 원칙'이 적용될 뿐이라고 하여 마찬가지이다(헌재 1997. 4. 24, 95헌바48). 그 점에서 가능한 한 최대한 보장되어야 하는 기본권의 보장과 다르다고 한다.

② **구체화입법형성**(재량) 이처럼 제도적 보장은 그 대상이 되는 제도의 본질적 내용(핵심요소)만을 헌법이 보호하는 것이므로 법률이 침해, 변경할 수 없는 것은 그 본질적 내용이다. 따라서 본질적 내용을 침해하지 않는 한에서 그 제도의 구체적 내용들은 법률로 형성될 수 있다. 그리하여 이러한 형성은 입법자(국회)의 상당히 폭넓은 입법재량을 인정하게 한다고 본다. 헌재의 판례도 "제도적 보장은 기본권 보장의 경우와는 달리 그 본질적 내용을 침해하지 아니하는 범위 안에서 입법자에게 제도의 구체적인 내용과 형태의 형성권을 폭넓게 인정한다"라고 하여 위와 같은 입장을 보여주고 있다(헌재 1997. 4. 24, 95헌바48).

3) 재판규범성 문제

① 헌법소원의 청구가능성과 재판규범성 문제(* 이에 대한 자세한 것은, 정재황, 헌법학, 440-444면 참조)

〈사례 10〉

어느 국가에서는 지역발전을 위해 법률로 A군을 폐지하고 B시에 통합하기로 하였다. A군의 일부 주민들은 동법률로 자신의 지방자치단체(A군)가 더 이상 존속하지 않게 된 것은 제도적 보장인 지방자치제도의 본질을 침해하는 것이므로 그 법률은 위헌이라고 주장하면서 헌법소원심판을 청구하고자 한다. 과연 그들은 헌법소원심판을 청구할 수 있을 것인가?

위에서 본 대로 제도적 보장은 개인의 권리를 보장하는 것이 아니므로 제도적 보장의 규범을 위배하였다고 하여 개인의 권리를 침해하는 것은 아니라고 보는 것이 논리적이다. 그런데 헌법소원은 기본권이라는 권리의 침해에 대한 구제의 방법으로 제기하는 헌법재판이다. 따라서 제도적 보장규범의 위반을 내세워 어느 개인이 자신의 기본권구제를 위한 헌법소원심판을 청구할 수는 없다. 위 〈사례 10〉에서 군민들은 지방자치제도의 침해를 내세워 헌법소원

심판을 청구할 수는 없고 그 통합으로 인해 기본권이 침해되었다는 주장으로 헌법소원심판을 청구할 수는 있을 것이다.

② 재판규범성의 인정 그러나 제도적 보장의 규범도 헌법규범이므로 헌법재판에서 적용되어야 할 재판규범성을 가지는 것은 물론이다. 개인의 권리구제를 위한 재판이 아닌 객관적 위헌·위법성을 따지는 객관적 재판에 있어서는 제도적 보장규범이 재판규범으로 적용될 수 있다. ㉠ 대표적인 경우로 개인의 권리구제를 위한 헌법재판이 아닌 기관 간의 권한 다툼을 해결하기 위한 헌법재판인 권한쟁의심판의 경우를 들 수 있다(권한쟁의심판에 대해서는, 제 5 부 헌법재판 참조). 예를 들어 A지방자치단체가 어느 국가기관의 작용으로 인해 자신의 지방자치권을 침해당하였다고 하여 그 국가기관을 상대로 권한쟁의심판을 청구한 사건에서 헌재는 지방자치권을 규정하고 있는 제도적 보장규범인 헌법 제117조를 적용하여 그 위반 여부를 판단할 수 있다(실례 — 헌재 2009. 5. 28, 2006헌라6 참조). ㉡ 또한 행정소송의 하나로서 대법원이 관할하는 기관소송에서도 적용될 수 있다(기관소송의 경우로 지방자치법 제107조 제 3 항, 제172조 제 3 항 참조). ㉢ 그리고 헌법재판소의 위헌법률심판, 위헌소원심판에서도 적용될 수 있다(실례 — 헌재 1998. 4. 30, 96헌바62 참조). ㉣ 한편 본래의미의 권리구제형 헌법소원심판에서도 다음과 같은 적용가능성이 있다. 헌법소원이 개인의 기본권구제뿐 아니라 객관적 헌법질서유지의 기능도 수행한다고 하므로(학설, 판례의 일치된 견해임) 어느 개인이 제도적 보장규범 위반을 이유로 청구할 수는 없지만, 기본권침해도 아울러 있다고 하여 일단 청구가 되어 본안판단에 들어가면 헌재가 객관적 헌법질서유지기능을 수행하기 위하여 기본권침해 문제 외에 직권으로 제도적 보장규정의 위반 여부를 따질 수 있다.

[제도적 보장과 기본권의 차이 — 기존이론의 정리]

구분	기본권	제도적 보장
성격	권리규범	객관적 법규범
보장범위	'최대한 보장의 원칙'	'최소한 보장의 원칙'(본질사항의 보장)
재판을 통한 권리구제성	헌법소원 가능	헌법소원 적격 부정
재판규범성	긍정	긍정

(3) 제도적 보장의 예

그동안 우리 헌재의 판례가 제도적 보장으로 본 것으로는 직업공무원제, 의무교육제도, 정당제도(복수정당제), 지방자치제도, 혼인·가족제도 등이 있다. 그 외에 사유재산제도, 언론제도 등도 제도적 보장으로 파악하는 견해들이 있다.

2. 제도적 보장 이론의 문제점

종래 제도적 보장론에 따르면 제도적 보장은 최소한의 보장이라고 한다. 그러나 기본권보장을 위한 제도적 보장(예를 들어 공무담임권보장을 위한 직업공무원제라는 제도적 보장)은 기본권의 보장제도이기는 한데 최대한 보장이 이루어져야 할 기본권을 보장하는 제도적 보장이 최소한 보장에 그친다면 이는 결국 기본권의 최소보장을 가져올 수도 있다는 문제가 있다. 기본권보장을 위한 제도의 보장의 여부와 정도는 개별 기본권의 보장 여부와 정도에 따라 달라질 것이다. 그래서 제도적 보장이론에 대한 근본적인 재검토가 필요하다.

제 2 절 기본권의 발달과 전개

Ⅰ. 세계적 발달경향

1. 외국의 발달사

고대에도 자연권론이 주장되었으나 중세의 암흑기를 거쳐 17세기 사회계약론에 의한 자연권사상이 전개되었고 근대 시민혁명을 이끌어 천부인권으로서의 기본권이 발달하게 되었다.

영국에서는 1215년의 마그나 카르타(Magna Carta), 1628년의 권리청원(Petition of Right), 1679년의 인신보호법(Habeas Corpus Act), 1689년의 권리장전 등으로 기본권의 보장을 확대하여 왔다.

미국에서는 1776년의 버지니아 인권선언과 미국의 독립선언에서 기본권을 인간의 천부인권으로서 선언하였다. 따라서 미국에서는 자연권으로서 인권을 이해하는 경향이 강하였다. 미국 연방헌법은 제정당시에 기본권에 관한 규정들을 두지 않았다. 그 뒤 1791년에 수정헌법으로서 추가되었는데 종교의 자유, 언론·출판의 자유, 신체의 자유, 적법절차조항 등을 규정하였다.

프랑스에서는 1789년 인권선언에서 천부인권으로서의 인간의 권리들이 천명되었다. 1789년 인권선언은 현행 제 5 공화국 프랑스 헌법에 의해 오늘날도 그 효력이 인정되고 있다. 1848년 헌법의 전문에서는 노동, 교육의 권리 등 생존권적 기본권들을 많이 규정하였다. 그러나 대체적으로 일반적이고 추상적인 규정에 그쳐 실효성이 약하였다. 또한 1946년 헌법(제 4 공화국 헌법)의 전문에서 생존권적 기본권들이 많이 규정되었는데 현행 프랑스 헌법에 의해 그 효력이 인정되고 있다. 요컨대 과거의 1789년 인권선언과 1946년 헌법전문의 기본권 규정들은 현행 헌법에서 이어 받아 오늘날에도 효력을 가지도록 함으로써 기본권확대를 도모하고 있다.

독일에서는 과거에 기본권을 실정권적으로 보는 경향이 강하였다. 1919년 바이마르헌법은 자유권들뿐 아니라 생존권(사회권)적 기본권으로 인간다운 생활을 할 권리를 규정하여 생존권에 관한 중요한 모델이 되었다. 나치의 인권유린을 경험한 국가로서 그 뼈아픈 반성으로 1949년의 기본법이 인간의 존엄권과 여러 기본권에 관한 규정들을 많이 두고, 특히 그 기본권들이 직접 효력을 가지는 법으로서 입법, 집행, 사법을 구속함을 분명히 하고 있다. 헌법판례가 기본권이론의 축적에 기여해 오고 있다.

2. 국제적 보장

(1) 국제연합의 세계인권선언, 국제인권규약

인권에 대한 국제적인 보장은 1차 세계대전 이후 각종 인권관련 조약의 체결(노예매매금지, 난민보호, 부녀와 아동의 매매금지, 아편거래금지, 근로자보호 등을 위한 조약)로 나타났다. 보다 본격적인 보장은 2차 세계대전 이후 국제연합(UN)에 의한 노력으로 전개, 발전되었다. 국제연합이 1948년 12월 10일 총회에서 세계인권선언(Universal Declaration of Human Rights)을 채택하였다. 이 세계인권선언은 인간의 존엄성, 인종 등으로 인한 차별을 받지 않을 평등권, 신체의 자유, 고문금지, 공정한 재판을 받을 권리 등을 규정하고 있다. 세계인권선언은 이후의 인권선언과 인권조약에 많은 영향을 미쳤다. 그러나 세계인권선언은 국제연합가입국들에 대한 법적 구속력을 가지지는 않는다는 것이 실무와 학계의 견해이다.

세계인권선언과 달리 법적 구속력을 가지는 조약으로서 1966년 국제연합이 12월 16일에 국제인권규약(International Covenant on Human Rights)을 채택하였다. 국제인권규약은 ① 경제적·사회적 및 문화적 권리에 관한 국제규약(A규약), ② 시민적 및 정치적 권리에 관한 국제규약(B규약), ③ B규약 선택의정서, 이 3가지 조약으로 되어 있었는데 2008년에 A규약 선택의정서도 채택된 바 있다. 국제인권규약은 세계인권선언보다 자세한 인권규정들을 두고 파업권, 형사보상청구권, 민사적 구금금지, 소수민족의 보호 등을 추가하여 규정하고 있다. 국제인권규약은 세계인권선언과 달리 가입국가에 대한 의무를 자세히 규정하고 있으므로 비준을 한 국가를 구속하는 법적 강제력을 가진다. 우리나라도 1990년 3월 16일 국회의 비준동의를 받아 국제인권규약에 가입하였다.

(2) **지역적 차원**(유럽연합 차원)

유럽에 있어서는 1950년 유럽인권조약이 로마에서 서명되었고 1953년 9월 30일에 발효되었는데 폭넓게 기본적인 인권을 담고 있을 뿐 아니라 인권재판소를 두도록 하였고 인권재판소의 역할이 중요하였다. 1961년에는 유럽 사회헌장이 채택되어 중요한 생존권적 기본권들이 규정되었다. 이후 유럽연합체제에서 중요한 기본권규정들을 담은 획기적인 유럽연합헌법이 제정되어 회원국가들의 승인절차를 거쳐 발효되기로 예정되었으나 네덜란드, 프랑스에서 승인을 위한 국민투표에서 부결되어 좌초되었다. 그 뒤 유럽연합조약을 개정하는 조약(the Reform Treaty)이 2007년 12월 13일 리스본에서 서명되었고(그리하여 리스본조약이라고도 함) 구성국가들의 비준을 거쳐 2009년 12월 1일에 발효되었다. 그리고 유럽의회에서 위 개정조약 서명 전날인 2007년 12월 12일에 마침내 기본권헌장(la Charte des droits fondamentaux)이 선포되었고 이 기본권헌장은 리스본조약의 발효로 구성국가들을 법적으로 구속하는 힘을 가지게 되어 유럽에서의 핵심적이고 중심적인 인권장전으로서 자리잡게 되었다. 기본권헌장에는 인간존엄, 평등, 자유, 연대, 시민권, 사법적 권리 외에 개인정보보호의 권리, 생명공학에서의 기본권 등 이전의 유럽인권규약에 규정되어 있지 않던 기본권들도 규정되고 있다.

3. 세 대 론

인권의 발달사를 세대론으로 분석하기도 한다. 인권의 제 1 세대에서는 근대에 자유권과 평등권, 정치적 · 시민적 권리가 강조되었다. 제 2 세대에서는 근대말기에 인간다운 생활, 복지의 개념이 강조되면서 국민의 생존권(사회권), 경제적 기본권들이 강화되었다. 오늘날 인권은 제 3 세대에 있다. 유대권, 평화에의 권리, 정보에 대한 권리 등이 제 3 세대인권으로서 강조되고 있다.

4. 기본권의 현대적 보장의 특색

2차 세계대전 이후 기본권의 현대적 보장은 전반적으로 다음과 같은 특색을 보여주고 있다.

(1) 자연권으로의 회귀

반인류적인 세계대전의 영향으로 이전에 성행하였던 실정권적인 관념이 자연권적인 관념으로 회귀하는 경향을 보여주었다. 인간의 존엄성이 전쟁으로 말살되었던 데에 대한 반성으로 인간의 천부인권이 강조되었다.

(2) 생존권의 강조

근대 말기부터 복지주의, 사회보장주의가 주창되면서 오늘날 인간다운 생활을 할 권리 등의 생존권적(사회적) 기본권이 강조되고 있다. 사회보장 · 사회복지를 위한 생존권의 실현이 현대국가의 중요한 과제가 되고 있다.

(3) 제 3 세대 인권의 발달

앞서 본 대로 인권의 발달사를 세대별로 볼 때 오늘날은 제 3 세대에 접어들었고 국제연합에서는 제 3 세대 인권으로서 유대권(연대권)이 강조되고 있다. 1986년 발전의 권리에 관한 선언, 1992년 환경보호에 관한 리우 선언 등 인류의 발전과 환경 등에 관한 권리로서 유대권의 보장을 위해 노력하고 있다. 유대권에는 ① 개발에 대한 권리, ② 평화에 대한 권리, ③ 의사소통의 권리, ④ 서로 다를 수 있는 권리, ⑤ 건강하고 조화된 환경에서 살 권리, ⑥ 인류공통유산으로부터 이득을 받을 권리, ⑦ 인도적 원조를 받을 수 있는 권리 등이 포함되어 있다.

(4) 정보기본권의 보장 · 발달

오늘날 특히 인터넷 등을 통한 정보의 신속한 유통과 그것에 따른 개인정보의 침해 등 새로운 양상의 기본권상황이 전개되고 있다. 이에 따라 개인정보자기결정권 등 정보기본권이 발달되어 가고 있다.

Ⅱ. 한국에서의 발달사

1. 제 1 공화국

제 1 공화국 헌법에서부터 많은 기본권들을 헌법에서 명시하고 있었고 이익균점권 등의 생존권적 기본권(사회적 기본권)을 두었던 것이 특징이다. 그러나 제 1 공화국 헌법은 기본권을 천부인권이 아니라 실정헌법상의 권리로 보았다고 평가된다. 그 점은 각 개별 기본권마다 법률유보조항을 두어 기본권의 제한가능성을 더 많이 열어 두었다는 데에서 볼 수 있다.

2. 제 2 공화국

기본권 목록 자체에는 많은 변화가 없었고 개별적 법률유보를 많이 없앴다. 정당에 대한 규정이 신설되었다. 또한 본질적 내용침해금지규정을 제 2 공화국 헌법에서 명시하기 시작하였다. 제 2 공화국 헌법은 개별적 법률유보를 많이 없앤 점, 본질적 내용침해금지를 명시한 점 등에서 기본권을 자연권으로 보는 헌법제정권자의 의사가 나타난 점에 의의가 있다. 아울러 언론 · 출판에 대한 허가 · 검열, 집회 · 결사에 대한 허가의 금지를 명시하였다.

3. 제 3 공화국

기본권보장의 원칙규정("모든 국민은 인간으로서의 존엄과 가치를 가지며, 이를 위하여 국가는 국민의 기본적 인권을 최대한으로 보장할 의무를 진다"라는 규정)을 처음으로 두었다. 신체의 자유에 관하여 고문의 금지, 자백의 증거능력 제한 등 새로운 규정들이 들어 왔다. 그리고 사인(私人)으로부터 신체의 자유의 불법한 침해를 받은 때에도 법률이 정하는 바에 의하여 법원에 구제를 청구할 권리를 새로이 규정하였다. 제 2 공화국 헌법에 있었던 기본권으로서 제 3 공화국 헌법에서 삭제된 기본권은 근로자의 이익배분균점권, 공무원파면청원권이다. 직업선택의 자유조항이 새로이 명시되었고 기존의 기본권규정들도, 즉 신체의 자유, 언론·출판·집회·결사의 자유, 재판청구권 등도 보다 상세하게 추완되었다.

4. 제 4 공화국

개별적 법률유보를 다시 많이 두어 실정권적인 성격을 보여주었다. 본질적 내용침해금지의 규정을 삭제한 것은 더욱 그러하다. 기본권이 많이 후퇴되었다. 특히 신체의 자유에서 구속적부심제도의 폐지, 언론·출판·집회·결사의 자유에서 허가제·검열제금지 규정을 삭제한 것 등은 그 점을 대표적으로 보여준다. 긴급조치로 군법회의의 재판을 받도록 할 수 있게 하는 등 대통령의 긴급조치권으로 기본권의 중요 요소를 제한할 수 있게 하여 기본권이 매우 위축되었다.

5. 제 5 공화국

인간의 존엄·가치 외에 행복추구권 규정을 신설 추가하였다. 제 5 공화국 헌법은 신군부 쿠데타에 의한 집권으로 만들어진 헌법이어서 권력구조를 강하게 하는 반면에 이를 희석하기 위한 새로운 기본권들(사생활의 비밀과 자유, 연좌제의 금지, 형사피고인의 무죄추정권, 평생교육에 관한 권리, 환경권 등)을 명문화하였고 제 3 공화국 헌법에서의 기본권규정들을 많이 부활시켰다. 그러나 전시효과적인 규정들이 적지 않았다.

6. 현행 제 6 공화국

이전 헌법에 비하여 개별적 법률유보를 축소하고 새로운 기본권들(적법절차원칙, 체포·구속이유와 변호인조력을 받을 권리를 고지받을 권리, 재판절차진술권, 최저임금제의 의무적 실시, 쾌적한 주거생활을 위한 국가노력의무 등)이 추가되어 기본권의 명시적 헌법규범이 확대되었다. 제 6 공화국에 들어와서는 헌법재판소에 의한 헌법재판이 활발히 이루어져 이전 헌법들의 기본권규정들이 규범력이 약했던 현실에서 벗어나 그 규범력과 실효성이 증대되고 있다. 근래에 정보에 대한 기본권 등을 추가하고 새로이 기본권규정들을 보다 체계화하자는 등의 헌법개정논의가 이루어지고 있다. 기본권규정의 손질도 필요하나 그 이전에 현행 헌법상 기본권규정들을 보다 적극적으로 실현하기 위한 적극적인 헌법해석과 적용이 있어야 한다. 생존권(사회권) 등의 해석도 우리 헌법이 어디까지나 복지주의를 중요한 원리로 설정하고 있기에 보다 적극적으로 구현하는 방향으로 이루어져야 한다.

Ⅲ. AI, 디지털 시대의 기본권

오늘날 인공지능(Artificial Intelligence, AI), 디지털 시대에 기본권의 문제가 더욱 더 중요해진다. 개인의 정보를 디지털로 처리하면서 개인정보 관련 기본권, 사생활권의 보호 문제가 더욱 부각되는 것이 대표적인 예이다. 디지털 격차로 인한 평등권 침해 문제, 디지털 정보 접근권, 인간의 노동을 대체함으로써 생기는 근로권의 잠식 가능성, SNS상의 인격권 침해, 가짜뉴스, 딥페이크(deepfake)에 의한 명예훼손 문제, 디지털 문해력(digital literacy) 등의 문제가 부각되어진다.

AI, 디지털 시대라고 하여 그동안 헌법이 구축해 온 기본권법리가 사라지는 것은 아니다. 기본권총론에서 다룰 기본권의 파생(확대), 기본권의 사인들 간 효력(이른바 제 3 자효. AI가 강해지면서 국가와의 관계에서의 기본권 문제를 넘어 사인들 간 기본권의 문제가 부각될 수 있다), 기본권의 상충, 기본권제한에 있어서 법률유보원칙, 포괄위임금지원칙, 비례(과잉금지)원칙, 명확성원칙, 신뢰보호원칙, 본질적 내용 불가침, 기본권보장의무 등등 그 중요법리들이 지속적용가능해야 한다,

인간의 보편적 가치, 인간의 존엄성 보장, 그리고 더 세분화되는 각론적 기본권들, 즉 기존의 자유권, 정보의 권리(개인정보자기결정권 등), 언론의 자유, 사회권 등이 요구된다. AI, 디지털 활용이 새로운 기본권을 요구하거나 기존의 기본권을 더욱 강하게 보호되도록 요구할 수 있다. 새로이 요구되는 기본권의 예로 유럽연합에서 강조되고 있는 차단의 권리(le droit de la déconnexion)를 들 수 있다. 이는 업무시간 외 휴식을 방해받지 않기 위해 SNS(카톡, 문자 등 디지털 이용교신)로 일을 지시받지 않고 차단될 수 있는 권리를 의미한다.

바로 위와 같은 기본권 법리를 앞으로 살펴보는 것이다.

제2장 기본권규범의 인식(法源)과 기본권의 분류·체계

제1절 기본권규범의 인식(기본권규범의 법원)

기본권에 관련되는 법규범들이 어디에 존재하느냐 하는 문제가 기본권규범의 법원(法源)의 문제이다. 우리의 경우 성문헌법(成文憲法)을 가지고 있고 또 그 성문헌법에 기본권에 관한 규정들이 적지 않게 들어 있다. 그렇더라도 성문헌법전 외의 법규범에서도 기본권에 관련되는 규범들이 존재한다. 기본권의 보장의 범위를 두텁게 하기 위하여 이러한 법원들을 적극적으로 찾아나가는 일이 중요하다. 한편 오늘날 기본권의 침해에 대하여 그 구제를 가져오게 하는 보다 효율적이고 강제성이 있는 제도로 헌법재판이 활용되고 있다. 이러한 헌법재판에서의 적용기준을 설정함에 있어서도 기본권규범을 찾는 일이 중요하다.

Ⅰ. 헌 법 전

1. 법원으로서의 성문헌법전

성문의 헌법전에서 명시된 기본권은 물론 기본권규범의 법원이 되며 실정법적 효력을 가지고 보다 명확성을 가진다. 그러나 헌법전에 명시되지 않은 자연권적인 권리들도 있고 헌법전에 명시된 기본권들에서 아래에 보듯이 명시되지 않은 기본권들이 파생될 수 있다(아래 Ⅱ. 참조).

2. 헌법전문

헌법전문(憲法前文)도 재판규범이 되는 등 법적 효력을 인정하는 것이 일반적인 이론이다. 그런데 헌법전문의 문언에서 구체적으로 기본권이 도출되는지 여부가 문제된다. 문언별로 개별적으로 살펴볼 일이다. 예를 들어 "정치 · 경제 · 사회 · 문화의 모든 영역에 있어서 각인의 기회를 균등히 하고"라는 헌법전문 문언은 평등권을 담고 있다. 이러한 헌법전문은 이의 위반으로 기본권침해를 가져올 수 있고 기본권침해 여부를 가리는 헌법소원심판에서도 적용된다. 실제 적용한 판례도 있다(헌재 1992. 3. 13, 92헌마37 참조). 반면 우리 헌재는 "헌법전문에 기재된 '3 · 1정신'은 우리나라 헌법의 연혁적 · 이념적 기초로서 헌법이나 법률해석에서의 해석기준으로 작용한다고 할 수 있지만, 그에 기하여 곧바로 국민의 개별적 기본권성을 도출해낼 수는 없다"라고 본다(헌재 2001. 3. 21, 99헌마139).

* 헌법전문을 적용하여 판단한 헌법재판소 결정례 : ① 선거운동 차별에 관한 결정례(헌재 1992. 3. 13, 92헌마37), ② 시 · 도의회의원 선거 후보자의 기탁금(700만원) 규정에 대한 헌법불합치결정례(헌재 1991. 3. 11, 91헌마21), ③ "3 · 1운동으로 건립된 대한민국임시정부의 법통"에 관한 위헌확인결정례(일본위안부로 강제동원된 피해자, 일제강제징병(용)원폭 피해자에 대한 국가보호의무 확인결정, 헌재 2011. 8. 30, 2006헌마788; 헌재 2011. 8. 30, 2008헌마648 등. 그러나 헌재는 이 결정 이후 일제의 사할린 강제징용자 등이 청구한 같은 성격의 청구에 대해 작위의무 불이행이 아니라고 하여 각하결정하였다(헌재 2019. 12. 27, 2012헌마939))(위 결정들에 대해서는, 앞의 제 1 부 제 1 장 헌법의 법원 부분 참조).

3. 영토에 대한 기본권

우리 헌법은 제 3 조에 영토조항을 두고 있다. 헌재는 한 · 일어업협정에 대한 헌법소원에서, 국민의 기본권 침해에 대한 권리구제를 위하여 그 전제조건으로서 영토에 관한 권리를, 이를 테면 영토권이라 구성하여, 이를 헌법소원의 대상인 기본권의 하나로 간주하는 것은 가능한 것으로 판단한 바 있다(헌재 2001. 3. 21, 99헌마139. 이 결정에서 이처럼 헌재가 "헌법소원의 대상인 기본권의 하나"라고 판시하였으나 헌법소원의 대상은 기본권을 침해하는 공권력의 행사 또는 불행사이므로(헌법재판소법 제68조 제 1

항) 한·일어업협정이 헌법소원대상이다. 따라서 위 판시는 정확한 것이 아니다. 그러나 여하튼 헌재는 헌법소원심판에 있어서는 영토권을 하나의 기본권으로 간주한다).

Ⅱ. 기본권의 파생(도출)

1. 기본권 파생의 의미

기본권의 파생이란 성문헌법규정에서 직접 명시되어 있지 않은 기본권을 끌어내어 이를 기본권으로 인정하는 것을 말한다. 기본권을 자연권으로 파악하는 우리 헌법으로서는 헌법전에 명시적으로 규정되어 있지는 않으나 헌법이 보호하는 기본권들도 있다. 기본권의 파생은 기본권의 보호영역범위를 확대함으로써 국민의 기본권보장을 더욱 두텁게 강화시키므로 국민의 기본권보장에 매우 중요하다. 우리 헌법재판소도 기본권들을 파생시키고 있는데 주로 헌법 제10조의 인간의 존엄과 가치 및 행복추구권에서 파생시키고 있다. 헌법 제10조에서 기본권이 파생된다는 의미는 헌법 제10조의 인간의 존엄과 가치 및 행복추구권이 헌법에 명시되어 있지 않은 기본권들을 포함하고 있고 이는 곧 인간의 존엄과 가치·행복추구권이 포괄적 기본권임을 의미한다.

2. 인간의 존엄과 가치에서 파생되는 기본권들

인간의 존엄과 가치에서 나오는 헌법에 명시되지 않은 기본권들로는 생명권, 인격권, 자기결정권 등을 들 수 있다. 우리 헌재의 판례는 "헌법 제10조의 인간의 존엄과 가치로부터 유래하는 인격권"이라고 판시하여(헌재 2001. 7. 19, 2000헌마546) 인격권이 헌법 제10조에서 파생됨을 밝히고 있다. 헌재는 인간의 존엄과 가치에서 자기결정권을 끌어내고 있다. 그러한 자기결정권으로 개인의 자기운명결정권과 성적(性的) 자기결정권(헌재 1990. 9. 10, 89헌마82 등), 알 권리(헌재 1989. 9. 4, 88헌마22), 개인정보자기결정권(헌재 2005. 7. 21, 2003헌마282) 등을 들 수 있다.

3. 행복추구권에서 파생되는 기본권들

행복추구권으로부터 인간을 행복에 이르게 하는 기본권들이 파생된다. 개인이 자신의 요구가 충족되는 상태가 행복이다. 이러한 상태에 이르게 하는 권리로서 자신을 돋보이게 하는 권리, 원하는 상품을 찾아 이를 소비하거나 소유함으로써 만족할 수 있는 권리, 자신의 개성을 창조하고 이를 표출할 권리 등이 바로 행복추구권에서 파생된다.

헌재는 행복추구권 속에 「일반적 행동자유권」, 「개성의 자유로운 발현권」 등 헌법에 명시되지 않은 기본권들이 함축되어 있다고 보아 행복추구권의 포괄적 기본권성을 인정하고 있다. 「일반적 행동자유권」에서 또다시 여러 자유권들이 파생된다고 본다. 일반적 행동자유권(一般的 行動自由權)이라 함은 어느 한 영역에서의 자유권이 아니라 포괄적 · 전반적으로 인정할 수 있는 자유권을 의미한다고 본다. 헌법에 명시되지 않은 어느 영역에서의 자유권을 끌어내기 위하여 행복추구권에서 나오는 "일반적" 행동자유권을 설정하여 인정하고 있는 것이다. 예를 들어 계약의 자유, 운전할 자유 등을 끌어낸 바 있다.

4. 헌법 제37조 제 1 항의 '열거되지 아니한 기본권'

헌법 제37조 제 1 항은 "국민의 자유와 권리는 헌법에 열거되지 아니한 이유로 경시되지 아니한다"라고 규정하고 있다. 이 규정이 창설규정인지 확인규정인지 논란이 있다. 여하튼 헌재는 헌법에 열거되지 아니한 기본권을 새롭게 인정하려면, "그 필요성이 특별히 인정되고, 그 권리내용(보호영역)이 비교적 명확하여 구체적 기본권으로서의 실체, 즉 권리내용을 규범 상대방에게 요구할 힘이 있고 그 실현이 방해되는 경우 재판에 의하여 그 실현을 보장받을 수 있는 구체적 권리로서의 실질에 부합하여야 할 것"이라고 한다. 이러한 요건에 비추어 헌재는 평화적 생존권, '논리적이고 정제된 법률의 적용을 받을 권리'가 열거되지 아니한 기본권이 아니어서 헌법상 보장되는 기본권이 아니라고 판단하였다(2007헌마369, 2008헌마477).

5. 그 외의 헌법규정에서의 파생

헌법 제10조 외에도 헌법의 개별 기본권규정에서 관련되는 기본권들이 파생될 수 있다. 헌재가 헌법 제10조 외에 다른 헌법조문에서 기본권을 파생시킨 예로, 혼인과 가족생활을 보장하는 헌법 제36조 제 1 항에서 부모의 자녀교육권이 파생된다고 본 예(헌재 2000. 4. 27, 98헌가16)를 들 수 있다.

6. 정　리

기본권의 파생에 관한 우리 헌재의 판례이론을 도해하면 다음과 같다.

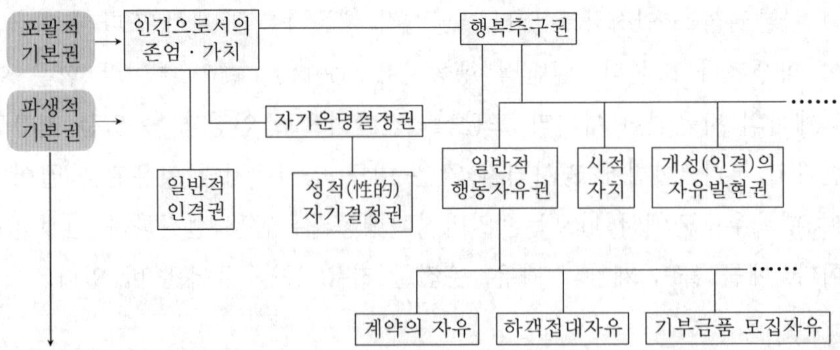

• 「|」 표시는 함축, 파생 · 도출관계를 의미함.

Ⅲ. 법　률

법률은 헌법의 기본권을 구체화하는 규정들을 둔다. 또한 기본권의 제한은 법률에 의하여서만 가능하므로(제37조 제 2 항) 기본권에 관한 사항들을 담게 된다. 기본권을 제한하는 법률이 갖추어야 할 요건과 한계 등에 대해서는 뒤의 기본권 제한에서 살펴본다(후술 기본권제한 참조).

Ⅳ. 행정입법, 자치입법

대통령령, 총리령, 부령 등 행정입법은 법률의 위임을 받아 국민의 기본권에 관한 사항을 둘 수 있다(제75조, 제95조). 지방자치단체의 자치입법, 즉 조례도 기본권에 관한 사항을 정할 수 있다. 다만, 조례가 주민의 권리 제한 또는 의무 부과에 관한 사항이나 벌칙을 정할 때에는 법률의 위임이 있어야 한다(지방자치법 제28조 제 1 항 단서)(행정입법, 자치입법에 대해서는, 후술 제 4 부 국가권력규범론 참조).

Ⅴ. 국제조약 및 일반적 국제법규

우리나라가 체결한 조약, 일반적으로 승인된 국제법규가 기본권사항을 담고 있을 수 있다. 이들 규범들이 가지는 국내법적 효력 등에 대해서는 앞서 살펴보았다(전술 제 2 부 국제질서 참조).

Ⅵ. 불문규범

헌법관습법, 헌법조리법, 헌법판례에서도 기본권에 관한 사항들을 담고 있을 수 있다. 헌법판례는 헌법재판이 국민의 기본권보장에 중요한 재판이므로 기본권에 관한 법리를 많이 담고 있다. 또한 국제헌법관습법인 불문국제헌법규범도 기본권 관련 내용을 가질 수 있다. 헌법관습법, 헌법조리법, 헌법판례 등이 기본권규범으로서의 법원성을 가지는지에 대해서는 견해가 다를 수 있다. 이에 대해서는 앞서 헌법의 법원(法源)에서 살펴본 바 있다(헌법관습법, 헌법조리법, 헌법판례에 대해서는, 전술 헌법의 법원 참조).

제 2 절 기본권의 분류와 체계

Ⅰ. 기본권의 분류

1. 기본권분류의 필요성

기본권에도 여러 종류, 유형이 있다. 기본권의 분류는 각 분류별 개별 기본권의 특성, 상이점을 고려하여 그것에 걸맞게 법적 제도, 이론을 찾아나갈 수 있게 하기 때문에 필요한 것이라고 본다. 예를 들어 어느 기본권이 분류상 '청구권'에 속한다면 '청구권'이 가지는 성격, 즉 기본권보장을 위한 권리라는 적극적 성격에 적절하게 그 기본권의 적극적인 보장을 위한 법리를 찾게 된다.

2. 기존의 분류

(1) 지위이론

과거 옐리네크(Jellinek)는 국민이 국가에 대한 지위 내지 상태를 소극적 지위에서 자유권이, 적극적 지위에서 수익권이, 능동적 지위에서 참정권이 나온다고 보았다. 수동적인 지위에서는 의무가 나온다고 보았다. 이러한 옐리네크의 이론은 국가주권설에 입각하였고 실정권론을 바탕으로 하였다는 점에서 이미 오늘날의 이론으로는 적실성을 가지지 못한다.

(2) 내용에 따른 분류

기본권이 가지는 내용별로 인간의 존엄과 가치·행복추구권, 평등권, 자유권적 기본권, 생존권적 기본권(사회적 기본권), 청구권적 기본권, 참정권 등으로 나누는 분류이다.

(3) 법적 성격에 따른 분류

1) 초국가적인 기본권과 국가내적인 기본권

초국가적 기본권은 국가가 있기 이전의 자연권을 의미하고 국가내적인 기본권은 국가가 존재하고 그 국가가 기본권실현을 위한 제도를 마련하여야 그 실현이 가능한 권리를 말한다. 국가내적인 기본권으로는 청구권, 참정권, 생존권적 기본권 등이 해당된다고 보는 견해들이 많다. 예를 들어 청구권의 하나인 재판청구권의 실현을 위해서는 실정법으로 재판제도가 마련되어야 하고, 참정권의 경우에도 선거제도, 생존권적 기본권(사회적 기본권)의 경우에도 복지제도 등이 마련되어야 하기 때문이라고 보는 것이다.

2) 진정한 기본권과 비진정한 기본권

진정한 기본권은 공권으로서의 기본권을 말한다. 비진정한 기본권은 헌법이 일정한 질서나 제도(예를 들어 문화질서, 교육제도 등)를 규정한 데 따른 반사적인 효과로서 누리는 이익을 말한다고 한다(예를 들어 교육시설의 이용권은 교육제도의 효과일 뿐 기본권이 아니라는 것이다).

(4) 주체에 따른 분류

기본권의 주체가 누구인가에 따라 인간의 권리와 국민의 권리, 자연인의 권리와 법인의 권리로 분류하기도 한다.

(5) 법적 효력에 따른 분류

1) 현실적(구체적) 기본권과 비현실적 기본권(Programm적 기본권)

현실적 기본권은 헌법규정 자체로 그 효력이 구체적으로 발생하는 기본권을 말한다. 비현실적 기본권이란 헌법규정 자체는 하나의 입법방침(Programm)으로서 그것으로는 바로 구체적인 권리가 실현될 수 없고 입법에 의한 구체적 조치가 취해질 때 권리로서의 효력이 발생한다고 보는 기본권이다. 이 분류는 비현실적 기본권으로 과거에 생존권적 기본권(사회적 기본권)을 드는 견해가 있었기에 나온 것이다(후술 생존권 참조).

2) 대국가적 효력만의 기본권과 대사인적(제 3 자적) 효력도 가지는 기본권

전자는 국가에 대한 구속력만을 가지는 기본권을 말하고 후자는 국가에 대한 구속력은 물론이고 사인들간에도 구속력을 가지고 효력을 발휘하는 기본권을 말한다고 한다. 대사인적 효력 문제는 기본권의 효력 부분에서 중점적으로 다룬다(후술 참조).

3. 검토와 분류의 한계

국가내적 기본권이라는 분류는 기본권이 실정적으로 얼마나 보장되고 있느냐 하는 현실적 관점에서 분류하는 것이지 진정한 기본권의 성격에 따른 분류라고 볼 수 없다. 비진정한 기본권이라는 분류도, 예를 들어 교육시설이용권이 교육제도의 반사적 효과가 아니라 교육을 받을 권리라는 기본권에서 나오는 것이므로 타당하지 않다. Programm기본권이라는 것도 그것이 재정확보라는 현실적 한계에서, 즉 현실적 실현성이라는 관점에서는 그러한 점이 있을 것이나 법리적 관점에서는 그렇게 볼 수 없다. 이처럼 위 분류들에는 한계가 있는 것이다. 내용적 분류에서도 하나의 기본권이 하나의 범주만이 아니라 여러 범주에 해당될 수도 있다(예를 들어 지적 재산권과 같은 경우에는 재산권의 가지에도 들어가겠으나 예술·창작의 자유 내지 학문의 자유 등에도 해당될 수 있다)는 복합성의 한계를 가진다. 한편 위와 다른 그 외 분류기준도 다양하게 제시될 수 있다.

4. 본서에서의 서술

내용적 분류가 복합성의 한계가 있음을 인정하면서 주로 어떠한 내용을 강하게 지니는지를 파악하여 그것에 적절한 법리를 찾는 것이 분류론의 실익을 비교적 구현하는 것으로 우선 볼 수 있다. 본서에서도 내용적 분류로, 인간의 존엄과 가치 및 행복추구권, 평등권, 자유권, 생존권(사회권), 선거권·직접민주 참정권·공무담임권(참정권), 청구권 등으로 나누어 기본권각론에서 살펴본다. 기본권총론 부분에서도 개별 기본권을 언급할 경우가 나타나기에 그 이해를 돕기 위해서도 여기서 미리 분류론을 서술한 것이다.

[기본권의 종류(내용에 따른 분류-본서에서 분류)]

인간의 존엄과 가치, 행복추구권	평등권	자유권	생존권 (사회권)	참정권	청구권

Ⅱ. 기본권의 체계

1. 개념과 실익

기본권은 여러 개개 기본권들이 산발적으로 존재하는 것이 아니라 파생관계와 상호 연관성을 가지는 하나의 계통을 이루는 것이 요구된다. 즉 주된 기본권이 포괄적 기본권으로서 하위의 여러 기본권들을 파생시키고 연관적인 관계를 형성한다. 기본권규범의 체계적 구축의 필요성(실익)은 산발적이고 나열적인 기본권이 아니라 포괄적 기본권에서 보다 구체적인 기본권들이 파생되어 나오는 체계를 이루게 함으로써 기본권이 효과적으로 확장되게 하고 기본권의 보다 치밀한 보호망을 형성하게 하여 보다 충실한 기본권보장을 가져오게 한다는 데에 있다.

2. 주기본권(主基本權, 包括的 基本權)과 파생적 기본권

우리 헌법상 주되는 포괄적 기본권은 헌법 제10조의 인간의 존엄과 가치 및 행복추구권이다. 인간의 존엄과 가치가 기본권이 될 수 없고 이념일 뿐이라는 견해가 없진 않으나 인간의 존엄과 가치도 기본권으로서 인정될 수 있다(헌재판례도 그러하다. 후술 제 2 편 인간의 존엄과 가치 부분 참조). 이러한 인간의 존엄과 가치, 행복추구권에서 여러 개별 기본권들이 파생될 수 있다. 이 기본권파생에 대해서는 앞서 기본권규범의 인식에서 이미 살펴보았다(제 2 장 제 1 절 Ⅱ. 참조).

제3장 기본권의 주체

기본권의 주체 문제는 누가 기본권을 가지고 기본권을 누릴(행사할) 수 있는지 하는 문제이다.

Ⅰ. 기본권능력과 기본권행사능력

1. 기본권보유능력

기본권보유능력이라 함은 기본권을 누릴 수 있는 법적 지위를 말한다. 일반적으로 모든 국민은 기본권보유능력을 가진다. 민법상의 권리능력을 가진 국민은 물론 기본권보유능력을 가지나 태아(胎兒)도 그리고 죽은 사람(死者)도 기본권보유능력이 인정되는 경우가 있으므로 민법상의 권리능력에 비해 기본권보유능력이 더 넓은 범위에서 인정된다.

2. 기본권행사능력

(1) 기존의 개념

국민은 일반적으로 기본권보유능력을 가지지만 그렇다고 하여 모든 국민이 언제나 기본권을 실제로 행사할 수 있는 것은 아니다. 기본권을 현실적으로 행사할 수 있는 능력을 기본권행사능력이라고 한다. 심신상실자, 제한능력자, 미성년자 등은 기본권을 보유할 수는 있으나 실제로 행사하는 데 제약을 받으므로 기본권행사능력이 없거나 제한된다.

기본권보유능력이 일반적인 능력으로 인정되는 것인데 비해 기본권행사능력은 기본권주체에 따라 개별적인 기본권이 실제 행사되기 위해 요구되는 조건을 갖춘 경우에 인정되는 개별적인 행위능력이다. 예를 들어 일반적으로 참정권의 보유능력을 국민이 가지더라도 선거권은 판단능력을 고려하여 일정연령(우리나라는 현재 18세) 이상이어야 선거권행사능력을 인정한다. 피선거권이나 공직자의 경우에도 연령상 한계가 있다(40세 이상이어야 대통령 피선거권을 가지고, 공무원은 60세에 정년하도록 하는 것). 기본권행사능력은 이처럼 개별 기본권에 따라 달라질 수 있다.

(2) 검　토

선거권의 연령을 18세나 일정 연령으로 제한한 경우는 기본권행사능력의 문제이기는 하나 기본권의 제한의 문제로도 다룰 수 있다. 판단능력의 불완전함 등을 이유로 법률로써 기본권을 제한하는 것이라고 본다면 기본권행사능력의 문제로 보지 않고 일반적으로 기본권의 제한의 문제로 볼 수도 있다. 어차피 기본권행사능력의 제한도 헌법 또는 법률에 의해 이루어진다.

Ⅱ. 자연인(自然人)

1. 국　민

(1) 일반국민

우리 헌법 제10조가 "모든 국민은 인간으로서의 존엄과 가치를 가지며, 행복을 추구할 권리를 가진다"라고 규정하고 있듯이 국민이 기본권주체가 됨은 물론이다.

(2) 아동, 청소년, 미성년자, 노인

미성년자도 기본권의 주체가 되는 것은 물론이다. 다만, 선거권을 행사하지 못하거나 민법상의 법적 행위를 함에 있어서 제약을 받는 등 기본권행사능력에 제약을 받는 경우가 많다. 헌법 제34조 제 4 항은 국가는 노인과 청소년의 복지향상을 위한 정책을 실시할 의무를 진다고 규정하고 있다.

(3) 태아, 사자의 기본권 문제

태아도 자연인으로서 기본권의 주체가 될 수 있는지 하는 문제가 있다. 이는 태아의 생명권에 관한 문제로서 많이 논의되어 왔다. 우리 헌재는 태아가 생명권의 주체가 될 수 있다고 본다(헌재 2008. 7. 31, 2004헌바81; 헌재 2019. 4. 11, 2017헌바127, 낙태죄 헌법불합치결정에서의 법정의견). 태아는 그 외에도 인지의 대상이 될 수 있는 권리능력을 가지고(민법 제858조), 상속순위에 관하여는 이미 출생한 것으로 보아 상속에서의 권리능력이 인정되며(민법 제1000조 제 3 항), 유증의 권리능력(민법 제1064조)을 가진다. 그러나 헌재는 아직 모체에 착상되거나 원시선이 나타나지 않은 초기배아에 대해서는 기본권주체성을 부정하였다(헌재 2010. 5. 27, 2005헌마346).

사자(死者)에 대해서도 기본권을 인정해야 할 경우가 있다. 예를 들어 저작권의 경우 사후에까지 권리로 인정된다(저작권법 제39조). 저작권법 제14조 제 2 항은 저작자의 사망 후에 그의 저작인격권의 침해가 될 행위를 금지하고 있다. 형법은 공연히 허위의 사실을 적시하여 사자의 명예를 훼손한 자는 처벌하도록 규정하여(형법 제308조) 사자의 인격권을 보장한다. 헌재는 "사자(死者)에 대한 사회적 명예와 평가는 사자와의 관계를 통하여 스스로의 인격상을 형성하고 명예를 지켜온 그들의 후손의 인격권, 즉 유족의 명예 또는 유족의 사자에 대한 경애추모의 정에도 영향을 미친다"라고 한다(헌재 2011. 3. 31, 2008헌바111; 헌재 2014. 6. 26, 2012헌마757; 헌재 2018. 5. 31, 2016헌마626 등). 이에 관한 구체적 사안으로 ① 국군포로 예우에 필요한 행정입법(대통령령)을 제정하지 않은 행정입법부작위가 등록포로 등의 가족의 명예권을 침해하여 위헌임을 확인한 결정(헌재 2018. 5. 31, 2016헌마626), ② "친일반민족행위"를 규정한 '일제강점하 반민족행위 진상규명에 관한 특별법' 규정이 조사대상자인 사자(死者)와 아울러 유족(후손)의 인격권(헌법 제10조에서 유래하는 일반적 인격권)을 제한하는 것이라고 보았지만, 그 제한이 비례(과잉금지)원칙을 준수하여 합헌이라고 결정한 예(헌재 2010. 10. 28, 2007헌가23; 헌재 2011. 3. 31, 2008헌바111; 헌재 2011. 11. 24, 2009헌바292. 비례원칙에 대해서는, 후술 제 5 장 참조) 등이 있다(이 결정들에 대해서는 뒤의 인간의 존엄가치의 인격권(명예권) 부분 참조).

(4) 특수신분인의 기본권 문제

과거에 공무원, 군인, 수형자 등에 대해서는 특별권력관계론에 따라 기본권주체성을 부정하였다. 그러나 오늘날 특별권력관계론에 대해서는 비판적인 견해가 강하고 기본권주체성을 인정한다.

1) **과거의 '특별권력관계'론** 이른바 특별권력관계론이란 일반 국민들은 국가와 일반적인 권력관계에 있으나 공무원 등 특수한 신분을 가진 사람들(이하 '특수신분인'이라 함)과 국가와의 관계는 공공행정 수행이라는 목적을 위하여 근무하는 관계로 성립되었으므로 이 관계에 있는 특수신분인은 국가권력에 의한 포괄적 지배를 받고 이 포괄권력에 복종하여야 하는 관계에 있게 되어 특별한 권력관계에 있다고 보는 이론이다. 특별권력관계론은 특별관계에서의 법인격의 주체는 국가 자체일 뿐이라는 사고에 터잡고 있었다. 그리하여 특별권력관계론은 ① 특수신분인은 행정의 영역에서 권리(법)주체가 될 수 없으므로 기본권의 주체가 될 수 없다고(기본권의 배제) 보았고, ② 국가에 의한 권리침해가 있더라도 소송을 통해 다툴 수가 없다고(사법심사의 배제) 보았다. 특별권력관계론은 독일에서 19세기 후반에 형성된 이론으로서 당시 외견적 입헌주의(즉 겉으로는 헌법을 가졌으나 진정한 국민주권주의가 아니라 군주의 권력이 강한 입헌군주제) 하에서 군주가 의회나 법원으로부터 군주의 특권과 행정의 자유로운 영역을 가지려고 등장한 이론이다.

2) **독일에서의 변화** 독일에서도 2차대전 후 이론의 변화를 보여주었으며 연방헌법재판소가 1972년의 수형자판결에서 수형자일지라도 기본권을 가지고, 기본권의 제한은 법률에 의하거나 근거해서만 가능하다고 판결함으로써 특별권력관계이론의 종말이라는 지적이 나올 정도로 새로운 국면을 맞이하였다. 그리하여 오늘날 독일에서도 종래 특별권력관계라고 불리던 관계에 있다고 하더라도 기본권에 대한 제한은 법률에 근거하여서만 가능하다고 보고 특별권력관계에 있는 사람도 자신의 권리가 침해되면 소송이 가능하다고 본다.

3) **우리나라의 현재 이론**

① **학 설** 우리나라에서도 현재 부정설, 즉 과거의 특별권력관계라고 보았던 권력관계에서도 기본권의 보장은 이루어져야 하고 기본권의 제한에는 법률의 근거가 필요하다고 보는 견해가 많다.

② **판 례** 헌재는 과거의 특별권력관계이론을 부정하는 입장이다. 헌재의 판례 중에는 "과거에는 특별권력관계의 속성을 중시하여 수용자의 기본권을 소홀히 하고 수용자를 교정행정의 객체로 파악하는 경향이 짙었으나, 오늘날은 수용자도 일반 국민과 같이 헌법상 보장된 기본권의 한 주체로

보고 있다"라고 설시한 판례를 볼 수 있다(헌재 2005. 5. 26, 2001헌마728). 헌재는 특수신분인인 수용자에 대한 기본권제한에 관한 판례들에서 특별권력관계를 언급하지는 않았지만 그들의 기본권의 제한에 있어서 법률의 근거(법률유보)를 요구해 왔으므로(헌재 1998. 10. 29, 98헌마4) 특별권력관계이론을 부정하는 입장이다.

③ 사 견 오늘날 특수신분인(군인, 공무원 등)은 기본권을 누릴 수 있는 주체이고 다만 그들에 대한 기본권제한이 보다 강하다는 점이 문제될 뿐이므로, 기본권주체성 자체를 부정하는 과거의 특별권력관계론은 타당하지 못하다. 특수신분인들도 기본권의 주체가 될 수 있음은 물론이나, 그들은 수행하는 업무와 신분상의 특수성으로 인해 다른 일반 국민에 비하여 더 강한 정도와 범위의 기본권제한을 받는 경우가 많은 것은 사실이다. 그러나 그러한 강한 제한은 헌법과 법률에 근거하여야만 가능하다. 특수신분인에 대한 기본권제한에 있어서도 그 특수업무나 활동상황에 필요한 최소한의 제한에 그쳐야 하고 기본권의 본질적 내용을 침해할 수는 없다. 결국 과거 이른바 특별권력관계에 있는 사람들에게 행정영역에서 기본권을 누리는 것을 부정하거나 기본권을 법률의 근거 없이 제한할 수 있다고 보았던 이론은 부정되고 오늘날 이러한 사람들의 기본권도 그 제한을 위해서는 헌법이나 법률의 근거가 필요하다. 그리고 그 용어도 오늘날 특수신분관계라고 부르는 것이 비교적 합당하다.

④ 실정법적 현황 사실 오늘날 특수신분관계에 있는 사람들에 대해서는 기본권을 제한하는 경우 개별 법률규정들에 근거를 두고 있다. 예를 들어 공무원에 대해서는 국가공무원법, 지방공무원법 등이, 군인공무원에 대해서는 군인사법이, 수용자에 대해서는 '형의 집행 및 수용자의 처우에 관한 법률' 등이 기본권제한에 관한 규정을 두고 있다.

4) 공무원의 기본권 문제 앞서 살펴본 대로 공무원은 과거의 특별권력관계론이 적용되어 기본권주체성이 부정되었으나 오늘날 받아들일 수 없다. 그런데 헌재는 대통령이 기본권구제수단인 헌법소원을 청구할 자격이 있는지 하는 문제를 두고 "개인의 지위를 겸하는 국가기관이 기본권의 주체로서 헌법소원의 청구적격을 가지는지 여부는, 심판대상조항이 규율하는 기본권의 성격, 국가기관으로서의 직무와 제한되는 기본권 간의 밀접성과 관련성, 직무상 행위와 사적인 행위 간의 구별가능성 등을 종합적으로 고려하여 결정되어

야 할 것이다"라고 한다(헌재 2008. 1. 17, 2007헌마700. 이 사안은 중앙선거관리위원회가 대통령의 발언이 공무원의 선거중립의무를 규정한 공직선거법 제 9 조 제 1 항에 위반된다고 판단하여 준수요청 조치를 한 데 대해 대통령이 표현의 자유 침해를 주장하여 헌법소원을 청구한 사건인데 헌재는 조치의 대상이 된 청구인의 행위는 순전히 공적인 직무영역에서보다는 어느 정도 공·사가 혼재된 영역에서 나온 것이라고 하여 당해 사안에서 대통령의 기본권 주체성을 인정하였다). 판례는 이처럼 기본권주체 문제로 다루고 있으나 생각건대 공무원도 기본권주체가 되고, 다만 공적 영역과 관련된 사안에 있어서는 제한을 받는다고 보는 것이 논리적이라고 할 것이다. 하여간 공무원은 일반 국민에 비해 기본권의 제한 정도가 큰데, 특히 정치운동의 제한, 노동운동의 제한이 많이 가해지고 있다. 이에 대해서는 앞서 살펴본 바 있다(전술 제 2 부 제 2 장 제 4 절 제 2 항 Ⅲ. 6. 참조). 공무원의 유형에 따라 제한의 정도도 다를 것이다. 예를 들어 국군의 정치적 중립성으로 인해 군인의 정치적 표현의 자유 등 기본권에 대한 제한이 일반 공무원에 비해 더 강할 수 있다(2016헌바139).

5) **군인의 기본권 보장** **[실정법]** "국가방위와 국민의 보호를 사명으로 하는 군인의 기본권을 보장하는 것"을 목적으로 '군인의 지위 및 복무에 관한 기본법'이 있다. 이 법률은 "군인의 기본권 보장 및 기본권 침해에 대한 권리구제를 위하여" 군인권보호관을 두도록 하고(동법 제42조), 국가인권위원회법을 통해 국가인권위원회에 군인권보호관 및 군인권보호위원회를 두도록 하며, 군인권침해 사건 조사와 관련된 권한 등을 규정하고 있다(국가인권위원회법 제 4 장의 2 참조). **[판례]** ① 군무와 관련된 고충사항을 집단으로 진정 또는 서명하는 행위를 금지하는 '군인의 지위 및 복무에 관한 기본법' 조항의 합헌성 인정(2021헌마1258. [결정요지] 집단으로 진정 또는 서명하지 않고 다른 방식으로 문제를 제기할 수 있는 방법들이 이미 마련되어 있는 등 침해최소성을 갖추고 있어서 합헌이다), ② 군인들의 성적자기결정권, 사생활의 비밀과 자유 — 군형법상 항문성교나 그 밖의 추행행위를 처벌하는 규정에서 '그 밖의 추행행위' 부분 합헌성 인정(2017헌가16등. [결정요지] 죄형법정주의의 명확성원칙에 위반되지 않고 과잉금지원칙을 준수하여 성적자기결정권 및 사생활의 비밀과 자유를 침해하지 않고 평등권을 침해하지도 않는다).

(5) 재외국민과 외국국적동포

헌법 제 2 조 제 2 항은 "국가는 법률이 정하는 바에 의하여 재외국민을 보호할 의무를 진다"라고 그 보호의무를 명시하고 그 보호의 내용을 법률에 위임하고 있다(재외국민의 보호에 대해서는, 전술 제 1 부 제 5 장 제 2 절 제 2 항 Ⅲ. 참조). 재외국민(재외선거인)의 선거권, 국민투표권, 주민투표권 침해라고 하여 헌법불합치로 결정된 예들이 있었다(2020헌마895, 2004헌마644, 2009헌마256, 2004헌마643. 이에 대해서는 뒤의 제 5 장 선거권 · 직접 민주 참정권 · 공무담임권 부분 참조).

외국국적동포에 대해서는 '재외동포의 출입국과 법적 지위에 관한 법률'에 따라 출입국과 한국에서의 활동에 혜택이 주어지고 있다. 이 법률은 제정당시에는 그 수혜범위에서 정부수립 이전에 국외에 이주하여 외국국적을 취득한 사람들(중국, 구 소련지역 동포들)을 제외함으로써 평등권을 침해하였다고 하여 헌재가 헌법불합치결정을 하였는데(헌재 2001. 11. 29, 99헌마494) 그 후 개정되어 시정되었다. 재외동포기본법이 재외동포정책에 대한 기본적인 사항을 규정하기 위해 2023. 11. 10 제정되어 있다. 재외동포청을 두고 있다.

2. 외 국 인

(1) 학 설

1) 부 정 론 ① 법실증주의 — 법실증주의자들은 기본권이 국내 실정법에 의하여 인정되는 권리라고 보므로 그 국내의 실정법이 국민에게 적용되는 것이 원칙이어서 외국인에 대해서는 실정법으로 인정되는 기본권주체성을 원칙적으로 인정하지 않는 입장을 취하게 된다. ② 헌법문언설 — 우리 헌법 제10조의 문언이 "국민"이라는 점을 들어 외국인에 대해 부정하는 이론이다. 이 견해도 법실증주의의 입장이다. ③ 통합론 — R. Smend의 통합론에 따르면 사회가 통합되어가는 공동의 가치질서를 기본권이라고 보는 것이므로 외국인에 대해서는 기본권주체로서의 지위를 인정하지 않게 된다.

2) 긍 정 론 ① 자연권론 — 기본권을 천부인권으로 파악하고 '인간'의 권리로 보는 자연권론에서는 논리적으로 외국인과 무국적자들에 대하여 기본권주체로서의 지위를 인정함은 물론이다. ② 결단론적 입장 — 결단론자인 C. Schmitt와 같은 입장에서는 국가 이전의 천부인권적인 권리는 외국인에게도 그 주체성을 인정하게 된다(천부인권으로 보지 않는 참정권, 사회적 기본권은 부정). ③ 기본권성질설 — 기본권을 그 성질에 따라 인간의 권리와 국민의 권리로 분류하

는 기본권성질설은 외국인에게도 인간의 권리에 관해서는 그 기본권주체성을 인정하여야 한다고 본다. ④ '동화적' 통합이론 — 외국인도 우리 사회에의 동화에 필요한 범위 내에서 기본권주체가 될 수 있다고 본다.

긍정론들 간에도 긍정의 정도에 차이를 보여주게 되어 자연권론에서는 넓게 긍정하게 되고 동화적 통합론처럼 범위를 제한하게 되는 입장도 있다.

(2) 판 례

우리 헌재도 외국인이 기본권의 주체가 될 수 있음을 인정한다(헌재 1994. 12. 29, 93헌마120; 2001. 11. 29, 99헌마494; 2024. 3. 28, 2020헌마1079). 그러나 헌재는 국민에 비해 외국인에 대해 기본권 인정범위를 좁게 본다(아래 (4) 참조).

(3) 사 견

생각건대 우리는 기본권을 인간의 권리인 자연권이라고 파악하므로 외국인도 기본권의 주체가 된다고 보아야 할 것이다. 우리 헌법 제 6 조 제 2 항이 "외국인은 국제법과 조약이 정하는 바에 의하여 그 지위가 보장된다"라고 규정하고 있는 것을 보더라도 그러하다.

(4) 외국인의 기본권의 보장범위

1) **학설과 판례** 외국인의 기본권이 어느 정도 보장되는가에 대해 학설은 자연권설을 취하는 경우에 가장 넓게 인정될 것이고 기본권성질설, 동화적 통합이론에 따를 때 제한적이 될 것이다. 헌재는 외국인에게 모든 기본권이 보장되는 것이 아니라 '국민의 권리'가 아닌 '인간의 권리'의 범위 내에서만 인정될 것이라고 본다(헌재 2007. 8. 30, 2004헌마670; 헌재 2011. 9. 29, 2007헌마1083). 판례나 기본권성질설에 따를 때 '인간의 권리'를 얼마나 넓게 보느냐에 따라 그 보장범위가 달라질 수 있다는 문제가 있다. 아래에서 각 기본권별로 살펴본다.

2) **인간의 존엄과 가치, 행복추구권** 인간으로서의 존엄과 가치이고, 행복을 추구하는 것은 인간의 당연한 욕구이므로 외국인에게도 인정되는 기본권이다. 우리 헌재도 "인간의 존엄과 가치, 행복추구권은 대체로 '인간의 권리'로서 외국인도 주체가 될 수 있다고 보아야 하고"라고 하여 명시적으로 긍정하고 있다(헌재 2001. 11. 29, 99헌마494).

3) **평 등 권** 외국인에 대해서도 원칙적으로 가능한 한 평등한 대우

를 해주어야 한다. 현실적으로 국가 간 상호주의에 따라 보호의 정도가 달라지기도 한다. 우리 헌재도 평등권은 인간의 권리로서 외국인에게도 보장되는데 상호주의에 따른 제한이 있을 수 있을 뿐이라고 본다(헌재 2001. 11. 29, 99헌마494. 헌재는 "참정권과 같이 관련 기본권의 성질상 외국인에게 인정되지 아니하는 기본권에 관한 평등권 주장은 허용되지 않는다"고 한다(헌재 2014. 4. 24, 2011헌마474)). 상호주의란 어느 외국이 우리 국민을 대우하는 정도만큼 우리나라에서도 그 외국의 국민을 대우한다는 원칙이다.

4) **망 명 권** 망명권이란 정치적인 활동 등으로 박해를 받은 외국인이 다른 나라의 보호를 받는 권리를 말한다. 프랑스 헌법 제53-1조 제2항, 독일기본법 제16a조 제1항 등 망명권을 헌법에 명시한 예들이 있으나 우리 헌법에는 이에 관한 명시적 규정이 없다. 망명은 인간으로서 존엄을 유지하기 위한 선택이고, 우리 헌법 제6조 제2항의 외국인지위보장의 정신을 보거나 인권의 국제적 보장의 확대 경향을 고려하여, 그리고 헌법전문이 표방하는 "세계평화와 인류공영"의 이념에 비추어 망명권을 인정하는 것이 우리 헌법해석에서도 가능하다고 본다.

망명과 난민을 보호하기 위한 국제조약들이 있고 우리나라도 '난민의 지위에 관한 협약', '난민의 지위에 관한 의정서'에 가입하였다. 난민보호를 위한 기본법률로 2012년에 난민법이 제정되었는데 난민법은 난민 등에 대한 정의, 강제송환의 금지, 난민인정 신청과 심사의 절차, 난민인정자 등의 처우에 대해 구체적 규정을 두고 있다. 출입국관리법은 난민의 출입국에 관한 규정들을 두고 있다(법 제8장의2).

5) **자유권적 기본권** ① 양심의 자유, 종교의 자유, 신체의 자유, 사생활의 비밀과 자유, 통신의 비밀, 주거의 자유, 학문과 예술의 자유 — 이 자유권들은 대체적으로 국민과 같은 수준의 자유를 누린다. 신체의 자유에 관련되는 헌법 제12조 제4항의 변호인의 조력을 받을 권리는 "성질상 인간의 권리에 해당되므로 외국인도 주체이다"라고 헌재는 본다(2008헌마430, 2014헌마346). ② 거주·이전의 자유 — 국가의 안전보장 등을 위한 제한이 있다. 사증(査證, visa)을 발급받아야만 입국이 가능하므로 일반적으로 입국의 자유가 부정된다(헌재 2011. 9. 29, 2007헌마1083; 헌재 2014. 6. 26, 2011헌마502). 출국의 자유는 인정된다. ③ 직

업선택의 자유 — 직업의 자유에 있어서 외국인에 대한 제한이 적지 않다(예: 도선사(導船士)가 되려면 대한민국 국민이어야 하고 외국인은 될 수 없다(도선법 제 6 조 제 1 호)). 직장 선택의 자유에 대해 헌재는 외국인도 제한적으로라도 이를 향유할 수 있다고 한다[헌재 2011. 9. 29, 2007헌마1083, 2009헌마351, 2020헌마395(외국인근로자의 사업 또는 사업장 변경의 사유를 제한한 '외국인근로자의 고용 등에 관한 법률' 제25조 제 1 항 및 관련 고용노동부고시 규정에 대한 합헌성 인정)]. ④ 재산권 — 외국인에 대한 재산권은 상호주의에 의한 제한이 있다(부동산 거래신고 등에 관한 법률 제 7 조). ⑤ 표현의 자유 — 외국인도 언론·출판·집회·결사의 자유를 일반적으로 가진다. 외국인에 대한 제한으로서 지상파방송사 등의 법인의 대표자, 방송편성책임자가 될 수 없도록 하고 있다(방송법 제13조 제 3 항 제 1 호).

6) **생존권적 기본권**(사회적 기본권) 외국인에 대한 생활보조금을 부여하는 국가들도 있긴 하나 우리의 경우에는 부정적 견해가 많다. 건강권, 환경권 등 제한된 범위 내에서 인정된다는 견해도 있다. 생존권을 자연권으로 인식하는 입장에서는 외국인에게도 생존권의 보장을 인정하여야 논리적이다. 그러나 각국의 재정형편을 고려하여 국민을 우선시할 수밖에 없는 현실적 한계가 있다. 헌재는 "국가에 대하여 고용증진을 위한 사회적·경제적 정책을 요구할 수 있는 권리는 사회권적 기본권으로서 국민에 대하여만 인정해야 하지만, 자본주의 경제질서 하에서 근로자가 기본적 생활수단을 확보하고 인간의 존엄성을 보장받기 위하여 최소한의 근로조건을 요구할 수 있는 권리는 자유권적 기본권의 성격도 아울러 가지므로 이러한 경우 외국인 근로자에게도 그 기본권 주체성을 인정함이 타당하다"라고 한다(헌재 2007. 8. 30, 2004헌마670; 헌재 2016. 3. 31, 2014헌마367).

7) **참정권적 기본권** 참정권은 국민주권의 실현이기에 외국인에 대한 부여에 어려운 점이 많다는 것이 일반적인 이론이다. 우리 헌재도 참정권에 대해서는 성질상의 제한이 있다는 입장을 보여주고 있다(헌재 2001. 11. 29, 99헌마494, 명시적으로 부정하는 판시를 한 결정례 — 헌재 2011. 9. 29, 2007헌마1083; 헌재 2014. 6. 26, 2011헌마502). 그런데 우리나라에서는 2005년 공직선거법을 개정하여 일정한 자격을 갖추고 일정 기간 이상 국내에 거주한 외국인에 대하여 지방선거와 주민투표, 주민소환 등에서의 선거권과 투표권을 부여하기 시작하였다. 그러나 우리나라에서

현재 외국인의 정당가입은 여전히 금지되고 있고(정당법 제22조 제2항), 지방선거에서의 선거권은 위와 같이 부여하나 피선거권은 부여하지 않고 있다.

8) **청구권적 기본권** 청구권적 기본권은 기본권을 침해받은 경우에 그것을 구제하는 기본권이므로 외국인의 경우에도 인정된다. 특히 재판청구권, 청원권 등은 외국인들에게도 중요한 기본권으로서 보장되어야 한다. 국제인권규약도 외국인의 재판청구권이 보장된다고 규정하고 있다.

Ⅲ. 법인(法人)

1. 기본권주체성

오늘날 법인 내지 사회적 단체들이 집단으로 다양한 사회적 활동을 하고 있고 법률관계를 실제로 형성하는 주체로서 활동하고 있기에 법인의 기본권주체성의 문제가 중요하다. 법인의 기본권주체성을 헌법이 명시적으로 규정하고 있는 예도 있으나 우리 헌법에는 명시적인 규정이 없다. 법인의 기본권주체성 문제에서 먼저 그 의미를 명확히 할 것은 법인의 소속 구성원의 기본권의 문제가 아니라 구성원들을 떠나 법인 그 자체가 기본권을 누릴 수 있는가 하는 점이다.

(1) 학 설

독일의 경우 과거 바이마르헌법 하에서는 법인의 기본권주체성을 부인하는 이론이 일반적이었다. 그 부인론을 보면, ① 자연인주체설(기본권의 발달사를 보면 인권이란 자연인에게 부여되는 권리였으므로 법인은 기본권주체가 아니라는 설), ② 법인부인설(법인의 실체 내지 본체는 법인 그 자체가 아니라 법인으로부터 이익을 향유하는 구성원 개인들이나 법인의 일정한 목적에 바쳐진 재산에 있다는 설)과 법인의제설(法人擬制說, 의사를 가질 능력이 없기에 그 자체로는 권리·의무의 주체가 될 수 없는 법인이 권리·의무의 주체가 될 수 있는 것은 법률에 의해 권리능력을 가지는 것으로 의제하기 때문일 뿐이므로 법인 그 자체가 기본권의 주체가 될 수 있는 것은 아니라는 설) 등이 있다. 이 부정설들은 결국 법인구성원인 자연인에 대한 기본권인정으로 족하고 법인 자체의 기본권을 인정할 필요는 없다고 본다. 긍정론을 보면, ① 법실증주의(권리주체성은 실정법으로 부여될 수 있으므로 법인도 실정법으로 기본권주체성을 인정할 수 있다는 설), ② 법인실재설(法人實在說, 구성원인 자연인과 별개로 오늘날 법인 자체가 실체를 가지고 권리·의무의 주체가 될 수 있으므로 기본권주체가 될 수 있다는 설), ③ 귀속설(법인의 활동의 효과는 결국 구성원인 자연인에게 돌아가게 되므로 법인에도 성질상 가능한 한 기본권이 인정되어야 한다는 설), ④ 통합론에 입각한 긍정설 등이 있다.

(2) 판 례

우리 헌재 판례는 "본래 자연인에게 적용되는 기본권규정이라도 언론·출판의 자유, 재산권의 보장 등과 같이 성질상 법인이 누릴 수 있는 기본권은 당연히 법인에게도 적용하여야 할 것으로 본다"라고 하여 긍정설의 입장을 취한다(헌재 1991. 6. 3, 90헌마56). 그 긍정의 논거는 밝히지 않고 있다.

(3) 사 견

법인의 구성원이 아니라 법인 그 자체의 기본권주체성을 인정하는 것은 법인 자체의 활동성과 중요성 때문이다(법인현실성설). 오늘날 법인이 사회적 활동을 통하여 자연인의 활동의 범위를 넓혀주고 그 활동을 보완, 촉진하여 자연인의 기본권향유를 보다 실효화하는 등 그 사회적 기여와 가치를 가지므로 법인의 구성원인 자연인 외에 법인 자체에 대한 기본권의 향유능력을 인정하는 것이 필요하다. 우리 헌법상의 근거로는 헌법 제21조의 결사의 자유를 들 수 있다. 법인을 설립할 수 있는 자유도 결사의 자유에 포함되므로 법인이 결사체로서 기본권의 주체가 될 것을 전제로 하고 설립될 것이기에 법인이 기본권을 누리지 못한다면 법인이 가지는 결사로서의 법적 의미가 없게 될 것이다.

2. 기본권주체인 법인의 범위

(1) 사법인(私法人), '법인 아닌 사단·재단'

사법상(私法上)의 법인이 기본권주체가 되는 것이고 공법상의 법인은 아래에서 보듯이 기본권주체성이 원칙적으로 부정되고 있는 경향이다. 사법인에도 사람들의 집단인 '사단법인'과 재산의 출연으로 이루어진 '재단법인'이 있다. 기본권주체가 될 수 있는 법인의 범위는 넓다. 헌재도 사단법인·재단법인 또는 영리법인·비영리법인을 가리지 아니하고 인정된다고 한다. 또한 '법인 아닌 사단·재단'이라고 하더라도 대표자의 정함이 있고 독립된 사회적 조직체로서 활동하는 때에는 성질상 법인이 누릴 수 있는 기본권의 주체가 될 수 있다고 하여(헌재 1991. 6. 3, 90헌마56; 2011. 6. 30. 2009헌마595) 기본권주체인 단체의 범위를 넓게 인정하고 있다.

* 비법인 사단·재단 부정례 : 고등학교 야구부 선수의 학부모회 — 헌재는 비법인 사단 또는 재단 등 독립한 단체로서의 조직과 독자성을 갖추었다고 보기 어렵다고 한다(2020헌마1008. '학부모회 구성원 개개인'이 제공한 것이고 따라서 부정청탁금지법 위반이 아님).

(2) 국가(국가기관)·공법인(공법인기관)의 기본권주체성 부인

〈사례 11〉

어느 국가기관이 A에 대한 행정처분을 하였는데 A가 행정심판을 제기하여 그 행정처분을 취소하라는 재결이 있었다. 그 국가기관은 이러한 재결은 헌법에 반한다고 주장하면서 헌법소원심판을 청구하려고 한다. 과연 그 국가기관이 헌법소원을 청구할 수 있을 것인가?

공법상의 법인은 원칙적으로 기본권주체가 될 수 없다고 보는 것이 일반적인 이론이다. 국가도 공법인(公法人)이므로, 국가 자체나 그 소속 국가기관들이 기본권을 누릴 수는 없고 공법인인 지방자치단체나 그 소속 기관들도 기본권의 주체가 될 수 없다.

1) 부인의 논거 국가 등 공법인이 원칙적으로 기본권의 주체가 될 수 없는 논거는 다음과 같다. 첫째, 이들은 오히려 국민의 기본권을 보호할 책무를 진다. 헌재도 "국가나 국가기관 또는 국가조직의 일부나 공법인은 기본권의 '수범자'(Adressat)이지 기본권의 주체로서 그 '소지자'(Träger)가 아니고 오히려 국민의 기본권을 보호 내지 실현해야 할 '책임'과 '의무'를 지니고 있는 지위에 있을 뿐이다"라고 판시하여(헌재 1994. 12. 29, 93헌마120) 같은 입장이다. 둘째, 국가기관들이 가지는 것은 권리가 아니라 공권력 또는 권한이다. 예를 들어 국가기관이 가지는 허가권은 허가권리가 아니라 허가할 수 있는 권한을 의미한다.

2) 국가(국가기관) 그동안 판례상 국가기관으로서 기본권의 주체가 될 수 없다고 본 예로는 국회상임위원회 중 하나인 노동위원회가 동위원회 위원장의 증인 출석 요구를 받고도 증인으로 출석하지 않은 사람에 대해 '국회에서의 증언·감정 등에 관한 법률' 위반죄로 고발하였으나 검사가 혐의없음의 불기소처분을 하자 이에 대해 검사를 피청구인으로 헌법소원을 제기한 사안에서 헌재

가 노동위원회는 국가기관인 국회의 일부조직일 뿐 기본권주체가 아니고 따라서 헌법소원을 제기할 수 없다고 하여 헌법소원을 각하한 판례가 있다(헌재 1994. 12. 29, 93헌마120). 또한 국회의원의 경우 여당의 이른바 법안의 날치기 통과에 대하여 야당의원들이 자신들의 입법권을 침해하였음을 이유로 헌법소원을 제기하였으나 헌재는 "입법권은 헌법 제40조에 의하여 국가기관으로서의 국회에 속하는 것이고, 국회의원이 국회 내에서 행사하는 질의권·토론권 및 표결권 등은 입법권 등 공권력을 행사하는 국가기관인 국회의 구성원의 지위에 있는 국회의원에게 부여된 권한으로서 국회의원 개인에게 헌법이 보장하는 권리, 즉 기본권으로 인정된 것이라고 할 수는 없다"라고 판시하여 청구를 각하한 판례가 있다(헌재 1995. 2. 23, 90헌마125).

* 〈사례 11〉의 해결 — 국가기관은 기본권의 주체가 되지 못하므로 헌법소원심판을 청구할 수 없다.

3) **공법인**(공법인기관) ① 지방자치단체(지방자치단체기관) — 지방자치단체도 하나의 공법인이다(지방자치법 제 3 조 제 1 항). 지방자치단체나 그 소속의 지방자치단체장, 지방의회는 자신들의 사무 내지 업무와 관련하여 공권력 행사자로서의 지위에 있는 것이고 기본권의 주체의 지위에 있는 것은 아니라는 것이 헌재의 기본입장이다(헌재 1997. 12. 24, 96헌마365). 따라서 이들은 업무와 관련한 사안으로 기본권보장수단인 헌법소원심판을 청구할 수는 없다. 그런데 오늘날 예외적으로 지방자치단체에 대해서도 헌법소원심판청구권을 부여할 필요가 있다는 주장도 나오고 있다. 지방자치단체가 권한쟁의심판을 청구할 수는 있다. ② 공법인으로서의 성격을 가지는 단체 — 법률상 공법인으로 직접 명시되어 있지 않더라도 법해석 등을 통하여 그 단체가 성격상 공법인이라고 판단될 때에도 그 단체의 기본권주체성을 인정할 수 없다. 헌재는 과거의 농지개량조합에 대해 공법인으로 파악하여 기본권주체성을 부정한 바 있다(헌재 2000. 11. 30, 99헌마190).

* 공법상 단체, 공법인도 향유하는 기본권이 인정된 예가 있다. 즉 헌재는 공법상 영조물이라고 보는 서울대학교가, 그리고 공법인인 국립 세무대학이 대학의 자율권이라는 기본권을 누린다고 보았다(헌재 1992. 10. 1, 92헌마68; 헌재 2001. 2. 22, 99헌마613).

4) 특수법인(공·사법성 겸유의 법인), 공사혼합기업의 기본권주체성 인정

[특수법인(공·사법성 겸유의 법인)] 한편 헌재는 공법적 성격뿐 아니라 사법적 성격도 아울러 가지는 법인이나 단체의 경우에는 기본권주체성이 인정된다고 본다[헌재가 인정한 예: ① 축산업협동조합(99헌마553), ② 학교안전법상 공제회(2014헌가7), ③ 공·사법 겸유란 말 없이 "공공기관의 성격을 가진 특수법인'이라고 판시한 예: 대한적십자사(2019헌마1404등. [판시] 제네바협약의 체약국으로서 정부가 적십자사의 활동을 지원하여야 할 의무가 있는 한편 보건복지부장관은 적십자사를 감독할 수 있는 등 이러한 적십자사의 설립 목적과 근거, 사업·활동의 내용 및 공익성, 정부의 지원·감독 등을 종합하여 보면 그러하다)]. **[공사혼합기업]** 헌재는 또 공사(公私)혼합기업, 즉 그 예로서 국가가 대주주로 참여한 한국전력공사도 계약의 자유, 경영의 자유 등의 기본권주체가 될 수 있다고 본다(2001헌바71).

5) 유의 — 사경제 주체로서 활동하는 경우 등의 공법인 기본권주체성 인정

그런데 헌재는 "공법인이나 이에 준하는 지위를 가진 자라 하더라도 공무를 수행하거나 고권적 행위를 하는 경우가 아닌 사경제 주체로서 활동하는 경우나 조직법상 국가로부터 독립한 고유 업무를 수행하는 경우, 그리고 다른 공권력 주체와의 관계에서 지배복종관계가 성립되어 일반 사인처럼 그 지배하에 있는 경우 등에는 기본권 주체가 될 수 있다. 이러한 경우에는 이들이 기본권을 보호해야 하는 국가적 기능을 담당하고 있다고 볼 수 없기 때문이다"라고 한다(헌재 2013. 9. 26, 2012헌마271; 헌재 2015. 7. 30, 2014헌가7 등).

3. 사법인의 기본권향유의 범위

(1) 범위설정의 기준

대체적으로 성질설에 따라 법인이 가지는 기본권을 인정한다. 즉 기본권별로 그 성질이 법인에게도 그 향유가능성이 인정되는 기본권인지, 자연인만이 향유할 수 있는 것인지를 판단하여 사법인의 기본권향유의 범위를 설정하자는 이론이다. 예를 들어 인간의 내심의 자유는 법인에게 인정되지 않는다는 입장을 들 수 있다. 독일 기본법 제19조 제3항은 "기본권은 그 성질이 허용하는 한 국내법인들에도 마찬가지로 적용된다"라고 규정하여 성질설을 취하고 있다. 우리 헌재도 "본래 자연인에게 적용되는 기본권규정이라도 언론·출판의 자유, 재산권의 보장 등과 같이 성질상 법인이 누릴 수 있는 기본권은 당연히

법인에게도 적용하여야 할 것으로 본다"라고 판시하여(헌재 1991. 6. 3, 90헌마56; 헌재 2012. 8. 23, 2009헌가27) 성질설을 취하고 있다.

(2) 사법인의 기본권범위

1) 인정되지 않는 기본권 — 자연인에게만 인정되는 신체의 자유 등

사법인에 인정되지 않는 기본권은 성질상 자연인만이 누릴 수 있고 법인은 누릴 수 없는 기본권들이다. 따라서 인간의 육체, 심성의 발현 등에 관련되는 기본권들로서 신체의 자유, 교육을 받을 권리 등은 법인이 누릴 수 없는 기본권들이다. 인간으로서의 존엄과 가치는 인간이어야 누릴 수 있는 것이므로 법인에게 인정될 수 없다는 견해가 지배적이다. 그러나 명예권 등에 대해서는 검토할 점이 있다(아래 3) 참조).

2) 법인에 인정되는 기본권 — 평등권, 직업선택의 자유, 거주·이전의 자유, 표현의 자유, 재산권, 재판청구권 등 ① 사법인은 다른 법인들 간에 평등한 대우를 보장받는 평등권을 누린다. 법인의 평등권침해라고 하여 헌법불합치결정을 한 예로, 약사만이 약국을 개설할 수 있고 설령 약사들만으로 구성된 법인일지라도 약국을 개설할 수 없도록 금지한 구 약사법규정이 약사들로 구성된 법인의 평등권을 침해하였다고 판단한 결정례가 있다(헌재 2002. 9. 19, 2000헌바84. * 반면 안경사들로만 구성된 법인일지라도 안경업소 개설을 못하도록 금지하는 '의료기사 등에 관한 법률' 규정에 대해서는 4인 합헌의견에 따라 합헌결정(2017헌가31)을 하였다). ② 법인은 직업의 자유를 가질 수 있다. 직업활동을 위하여 법인을 설립한다는 것은 직업의 자유 중에서 직업선택의 자유를 구현한다는 의미를 가지기도 한다. ③ 법인도 활동의 중심지를 이동할 수 있기에 거주·이전의 자유를 가진다. ④ 법인은 표현의 자유를 누린다. 법인의 표현의 자유는 집단에 의한 의사표현으로서 의미를 가진다. 언론법인의 경우 표현의 자유가 핵심적인 것은 물론이다. ⑤ 법인도 재산권을 가질 수 있다. 특히 재단법인의 경우에는 재산의 출연으로 설립되므로 재산권이 핵심적 기본권이 된다. ⑥ 법인은 자신의 권리구제를 위하여 청원권, 재판청구권, 국가배상청구권 등의 청구권을 가진다.

3) 법인의 명예권, 인격권 문제 대법원의 판례는 법인도 명예훼손의 대상이 될 수 있음을 인정하여 법인의 명예를 보호하고 있다(대법원 1996. 6. 28,

96다12696). 헌재도 ① 공정거래위원회의 시정명령을 받은 것을 공표하는 것만으로 입법목적이 달성될 수 있음에도 법을 위반하였다는 사실을 인정하는 것까지 공표하게 하는 것은 사업자단체(법인)의 명예권을 지나치게 제한하여 위헌이라고 판결한 바 있다(헌재 2002. 1. 31, 2001헌바43). ② 또한 헌재는 심의규정을 위반한 방송사업자가 '시청자에 대한 사과'를 하도록 명할 수 있게 한 방송법 규정이 '시청자에 대한 사과'는 방송통신위원회라는 행정기관에 의해 결정됨에도 불구하고 시청자들로 하여금 방송사업자가 객관성이나 공정성 등을 저버린 방송을 했다는 점을 스스로 인정한 것으로 생각하게 만듦으로써 방송사업자의 사회적 신용이나 명예를 저하시키고 법인격의 자유로운 발현을 저해하여 법인의 인격권을 제한하고 그 제한이 과잉하여 위헌이라고 결정하였다(헌재 2012. 8. 23, 2009헌가27. 이전에 헌재 1991. 4. 1, 89헌마160에서도 법인의 인격권을 인정하는 설시를 한 바 있다). ③ 또한 선거기사심의위원회가 불공정한 선거기사를 보도하였다고 인정한 언론사에 대하여 언론중재위원회를 통하여 사과문을 게재할 것을 명하도록 하는 공직선거법 규정은 언론사의 인격권을 침해하므로 헌법에 위반된다는 결정도 하였다(헌재 2015. 7. 30, 2013헌가8). 이처럼 판례가 법인의 명예권, 인격권을 인정하는데 그렇다면 법인의 명예권, 인격권의 헌법적 근거를 어디에서 찾을 것인가가 문제된다. 자연인의 경우 명예권, 인격권이 인간의 존엄과 가치에서 나온다고 보는데 법인에게는 인간으로서의 존엄과 가치가 인정될 수 없다는 견해가 지배적이기 때문이다. 생각건대 법인에게도 평판이나 사회적 신용, 명예 등은 필요한 것인데 그 헌법적 근거는 헌법 제10조보다는 헌법 제21조의 결사의 자유나 헌법 제23조의 재산권에서 찾을 수 있을 것이다.

Ⅳ. 대학(大學)

사립대학교의 경우에 기본권주체성을 인정받는 데에 별다른 어려움이 없다.

국·공립대학의 경우에는 위에서 본 대로 국가기관 내지 공법인에 대한 기본권주체성이 부정됨을 고려하더라도 논란이 있을 수 있다. 학문의 전당으로서 학문의 자유가 대학의 생명이라는 점은 국립, 사립을 불문하는 것이기에 학문의 자유나 대학교육의 자율권(제31조 제4항) 등을 국립대학이더라도 기본권으로서 누린다고 본다. 헌재의 판례도 교육의 자주성이나 대학의 자율성을 헌법 제22조 제 1 항이 보장하고 있는 학문의 자유의 확실한 보장수단으로 꼭 필요한 것으로서 이는 대학에게 부여된 헌법상의 기본권이라고 보아 교육자주성, 대학자율성에 있어서 대학의 기본권주체성을 인정한다(헌재 1992. 10. 1, 92헌마68). 이 판례는 대학의 기본권으로서 교육의 자주성과 대학의 자율성을 들고 있는데 그 외 국립대학이 누리는 기본권들이 있는지, 즉 국립대학의 기본권이 어느 범위에 걸치는지에 대한 판례의 입장이 아직 분명하지 않다.

여하튼 국립대학이 대학의 자율성이라는 기본권의 주체가 됨을 인정한 판례들로는 ① 서울대입시에서 일본어를 제외하여 문제된 사안에서 학생의 선발, 학생의 전형도 대학의 기본권인 대학의 자율권에 속한다고 하고 청구를 기각한 결정(바로 위의 92헌마68), ② 세무대학 폐지로 대학의 자율성이 침해되는 것은 아니라고 보고 기각한 결정(헌재 2001. 2. 22, 99헌마613), ③ 법학전문대학원의 입학(헌재 2013. 5. 30, 2009헌마514), 교육부장관의 국립대 법학전문대학원 신입생 1명 모집정지 제재에 대한 위헌확인결정(헌재 2015. 12. 23, 2014헌마1149) 등이 있다.

Ⅴ. 정당, 노동조합 등

정당(政黨)은 국민의 정치적 의사를 수렴하고 형성, 유도해가는 활동을 하는 단체이므로 정치적 표현의 자유권의 행사가 필수적이고 정당들 간에 평등한 대우를 받을 권리 등을 가져야 한다. 따라서 정당의 기본권주체성이 인정된다. 헌재가 정당이 기본권주체로서 향유하는 기본권으로 확인한 예를 보면, ① 정당설립·조직·활동의 자유(헌재 2004. 12. 16, 2004헌마456), ② 선거에 있어서 기회균등의 보장을 받을 수 있는 헌법적 권리(헌재 1991. 3. 11, 91헌마21) 등을 들 수 있다[정당의 자유 등 정당의 기본권(권리)에 대한 자세한 것은 앞의 제 2 부 제 2 장 제 3 절 정치질서 제 1 항 정당제도 부분 참조. * 2024년 12월 3일 위헌적 계엄선포사건으로 정당의 자유를 침해했다고 하여 대통령 탄핵인용(파면)결정(2024헌나8)이 있었다]. 노동조합은 근로자의 근로조건의 향상을 위하여 활동하는 단체로서 역시 기본권을 행사할 수 있다(헌재 1999. 11. 25, 95헌마154 참조).

제4장 기본권의 효력

제1절 기본권의 대국가적 효력

Ⅰ. 기본권의 대국가적 효력의 개념

기본권은 국가 등의 작용으로 인해 기본권이 침해되었을 때 그 침해를 제거하여 기본권을 구제해줄 것을 국가에 요구할 수 있고, 국가가 적극적으로 기본권이 실현될 수 있도록 보호해줄 것을 요구할 수 있는 힘을 가진다. 이러한 힘은 국가를 향한 기본권이 가지는 효력을 의미하므로 이를 대국가적(對國家的) 효력이라고 한다. 또한 국가는 기본권을 보장하고 존중할 의무를 지고 기본권규범에 따라야 하므로 대국가적 효력을 국가에 대한 기본권기속력(基本權羈束力)이라고 표현하기도 한다.

Ⅱ. 기본권의 대국가적 효력의 범위

1. 기본권별 효력 개관

각 개별 기본권들이 국가에 대해 가지는 효력을 살펴보면, 먼저 인간의 존엄과 가치는 국가가 보장하여야 할 가장 원초적인 기본권으로서, 국가가 인격권 등을 침해하는 법률을 제정하거나 조치를 취해서는 아니 된다. 자유권은 국가의 간섭을 배제하는 효과를 가진다. 국가가 국민의 일상적인 자유로운 상태에 간섭하고 규제할 경우에 국민은 그 배제를 요구할 수 있는 방어권을 가진다. 생존권과 청구권도 국가에 의한 보장이 요구되는데 이 권리들은 국가에 의한 적극적인 조치를 필요로 하는 기본권들이다. 국민의 인간다운 생활을 위하여 국가가 적극적으로 생활여건을 마련하는 급부행정을 하여야 하고 생활비 등을 교부하여야 하며 국민은 국가에 대하여 이를 요구할 수 있다. 참정권도 국민들이 일정한 조건을 갖춘 한에서는 국가의 정치에 직접·간접적으로 참여할 수 있도록 하고, 이를 위한 선거제도 등의 완비를 위해 국가가 적극적으로 노력하도록 요구할 힘을 갖는다.

2. 국가기관별 효력 개관 및 지방자치단체기관에 대한 효력

국회의 입법권, 정부의 집행권, 법원의 사법권은 국민의 기본권보호를 위하여 행사되어야 하며 기본권에 기속된다. 국회는 기본권을 침해하는 법률을 제정할 수 없고 기본권침해의 법률은 위헌법률심판의 대상이 된다. 정부의 집행권은 국민의 기본권에 직접 영향을 미칠 가능성이 제일 높다. 집행작용은 법률과 달리 국민의 권리와 의무에 바로 영향을 미치는 작용, 즉 구체적인 처분의 효과를 가져오는 작용이기 때문이다. 집행작용이 국민의 기본권을 침해한 경우에 행정쟁송(행정심판과 행정소송) 또는 헌법소원에 의하여 구제된다. 사법권도 국민의 기본권을 침해하는 재판을 행하여서는 안 된다는 구속을 받게 된다.

지방자치단체의 기관에 대해서도 기본권의 효력이 미침은 물론이고 지방자치단체의 기관도 주민의 기본권을 침해해서는 아니 되고 보호할 의무를 진다.

3. 국가작용의 성격별 범위

(1) 문제의 소재

기본권이 공권력이 개입되는 영역에서만 적용되는지 아니면 비공권력작용에도 적용되는지 하는 문제가 제기되었다. 다음으로 이른바 통치행위에 대한 기본권적용의 문제가 있다.

(2) 비권력적 공법작용과 국고작용

국가작용에는 공법이 적용되는 작용만 있는 것이 아니라 사법(私法)이 적용되는 국고작용(國庫作用)도 있다. 국고작용이란 행정청에 물자를 조달하는 공급계약과 같이 국가도 사인처럼 행하는 작용으로서 공권력이 개재되지 않는 국가작용이다. 공법이 적용되는 국가작용에도 공권력의 개입 여부에 따라 권력적 공법작용과 비권력적 공법작용(非權力的 公法作用)으로 나누어진다. 비권력적 공법작용은 행정청이 국민과 대등한 입장에서 강제력을 동원하지 않고 국민의 자발적 참여, 동의, 협력 등을 통하여 행정목적을 달성하는 작용이다(예 : 행정지도).

위에서 본 대로 국가의 '권력적' 작용에 대해서는 국민의 기본권을 존중하고 이에 구속되어야 하는 기본권기속력이 미친다는 것은 당연하다. 반면에 이처럼 기본권은 국가의 '공권력'으로부터의 침해를 받지 않을 권리라고 보는 인식이 있어 왔기에 비권력적인 작용들(비권력적 공법작용과 국고작용)에 대해서는 기본권의 효력이 미치는지에 대해 논란이 없지 않았다. 부정설은 비권력적 공법작용은 공법이 적용되긴 하나 권력적 요소가 없고 국고작용은 사법형식으로 이루어진다는 이유로 기본권의 적용을 부인한다.

그러나 비권력적 공법작용과 국고작용에도 기본권의 효력이 미쳐야 한다(긍정설). 왜냐하면 우리 헌법 제10조 후문은 국가가 기본권을 보장하여야 할 의무를 진다는 것을 명시하면서 국가가 지는 그 보호의무의 영역 내지 대상을 권력적 작용에 국한하고 있지 않으므로 비권력적 국가작용 및 국고작용에 대해서도 당연히 기본권의 효력이 미친다고 보아야 하기 때문이다. 또한 사인과 같이 사경제활동을 하면서 사법이 적용되는 작용관계인 국고작용의 관계에 있어서는 바로 다음에 보는 사인간의 기본권효력을 인정하므로 그것에 따른 기본권효력을 인정할 수 있기 때문에 문제가 없다.

* 국유의 잡종재산은 사경제적 거래대상이고 그 처분 · 보존 등 행위는 사법(私法)상의 행위인데도 국유의 잡종재산에 대해서도 시효취득을 금지한 것은 합리적 근거없이 국가만을 우대하는 불평등한 규정으로서 평등의 원칙, 사유재산권 규정 등에 위반된다는 헌재의 결정이 있었다(헌재 1991. 5. 13, 89헌가97).

(3) 통치행위

통치행위에 대해서는 뒤에서 살펴보는데 기본권과 직접 관련되는 경우에는 통치행위를 부정하는 것이 헌재 판례이다(후술 제 4 부 제 4 장 법원 제 4 절 사법권의 범위와 한계 참조).

제 2 절 기본권의 대사인적 효력

Ⅰ. 개념과 문제의 소재

1. 개 념

사인들 사이의 관계에서 기본권규범이 적용되고 기본권이 효력을 가질 때 그 효력을 기본권의 대사인적(對私人的, 사인 간) 효력이라고 한다. 위에서 살펴본 대로 기본권이 국가에 대한 구속력을 가지고 국가가 그 보장을 위한 의무를 지는 대국가적 효력을 가지는데 이러한 기본권이 사인(私人)들 간에도 그 효력을 가지고 사인들의 관계에서도 헌법상의 기본권의 규정들이 적용되는지가 논의되고 있다. 기본권의 대사인적 효력을 제 3 자적 효력이라고도 한다.

'제 3 자적'이라고 부르는 것은 기본권주체인 국민이 국가와 가지는 관계에서의 대국가적 효력이 양자적인데 비해 국민과 또 다른 국민 간의 관계에서는 국가를 두고 볼 때 제 3 자 간이 된다고 보기 때문이다.

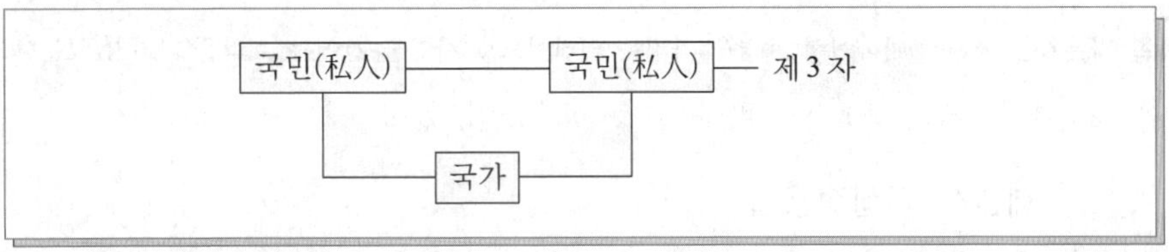

기본권의 대사인적 효력의 문제는 오늘날 공권력조직 못지않은 사적 단체에 의한 기본권침해, 사인에 의한 기본권침해가 나타나고 있기에 부각되는 문제이기도 하다. 한편 기본권의 대사인적 효력을 헌법에 명시한 예를 찾아보기

어렵다(명시하고 있는 예로, 포르투갈 헌법, 스위스 헌법). 우리의 경우도 헌법에 기본권의 대사인적 효력에 대해 규정을 두고 있지 않다. 따라서 헌법의 해석과 이론으로 이를 해결하여야 한다.

2. 문제의 소재

기본권의 대사인적 효력을 당연히 긍정하지 못하고 이에 대한 논의가 있게 된 연유는 기본권이 공법인 헌법에 의해 보장되는 공권이라는 전래적 이론에 따르면 기본권규정이 국가와의 공법적 관계에만 적용될 수 있을 뿐이므로 이 기본권규정이 사법이 적용되는 사인들 간에도 적용될 수 있겠느냐 하는 문제가 제기되는 데에 있었다. 즉 공법인 헌법의 기본권규정이 사법관계에 적용되면 전통적인 공법·사법의 체계의 구분을 흔들어 놓게 되는 우려가 있는데 그럼에도 대사인적 효력을 인정할 것인지, 인정한다면 어떻게 인정할 것인지를 논의하여 왔던 것이다.

Ⅱ. 기본권의 대사인적 효력에 관한 외국의 이론

1. 독일의 이론

(1) 부 정 설

부정하는 이론으로는 ① 공사법체계유지설(공법과 사법은 체계를 달리하는데 공법규범인 기본권규범이 사인들 간에도 적용된다면 사인들 간에 적용되어야 할 사법체계에 혼란이 오게 되므로 공법인 헌법의 기본권규범이 사인 간에 적용되어서는 안 된다는 이론), ② 대국가적 효력설(기본권은 국가에 대하여서 효력을 가지는 권리이므로 사인들 간에는 효력을 가지지 않는다고 보아야 하고 따라서 제3자효를 인정할 수 없다는 설) 등이 있다.

(2) 제한적 직접적용설

이 학설은 헌법의 기본권규정들 중에 일부가 사인들의 관계에도 직접적용이 된다고 보는 학설이다. 헌법의 기본권규정들 모두가 전면적으로 사인들 간에도 직접적용된다고 보는 이론은 없다.

(3) 간접적용설 — 공서양속설(매개설)

헌법의 기본권규정이 사인들 간에 바로 적용되는 것이 아니라 중간 매개인 사법의 적용을 통하여 헌법의 기본권규정의 효과가 나타난다는 이론이다. 이 이론은 기본권규범이 사법관계에 직접적용되는 것이 아니라 공서양속(公序良俗), 신의성실 등 사법(私法)의 일반원칙조항을 통하여 간접적으로 적용된다고 본다(G. Dürig). 즉 사법의 일반원칙 속에 헌법의 기본권보호규범의 내용을 담아 어디까지나 직접적용되는 것은 사법의 일반원칙조항이지만 그 적용을 통하여 그 내용인 기본권규범이 결국 간접적이나마 실질적으로 적용되는 결과를 가져온다고 보는 이론이다. 기본권규정이 이처럼 사법관계에도 미치는 효력을 방사효과(放射效果, 파급효과)라고 하는데 이는 기본권이 국가의 존재정당성을 제공하고 생활공동체의 기초를 형성하기 때문이라고 보며 사법의 일반원칙조항이 이러한 방사효의 창의 기능을 한다고 본다. 방사효로 사법관계로의 기본권의 확장효가 나타난다고 본다. 그리하여 사법상 계약일지라도 기본권을 침해하는 법률행위는 사법(민법)의 공서양속조항(독일 민법 제138조; 우리 민법 제103조)의 위반으로서 무효라고 보기에 이 이론을 공서양속설이라고도 하고 이러한 사법조항의 매개에 의한다고 하여 매개설이라고도 한다.

2. 미국의 이론 — 국가행위의제이론

미국에서는 원래 인권보장규정인 수정헌법 제14조 제 1 항이 주의 행위, 즉 국가행위(state action)에 적용되고 사인의 행위에는 적용되지 않는다고 보아왔다. 그러나 흑인에 대한 차별 등 사회적 문제가 일어났고 대기업 등 조직화되고 큰 사회적 단체들이 나타나 개인의 권리를 침해할 가능성이 높아지면서 사인(私人)들의 행위가 국가행위로 전환되어 인권조항이 적용되어야 할 필요성, 즉 국가행위의 확대필요성이 생겨났다. 그리하여 1940년대 이후 연방대법원의 판례이론으로 사인의 행위일지라도 특정한 경우, 즉 국가의 개입이 있거나 국가와 관련이 있는 경우 등에는 국가행위로 전환되어 국가행위가 있다고 보아 기본권규범이 적용되어야 한다고 보는 이론들이 형성되었다. 한국에서는 이를 국가행위의 의제(擬制)라고 소개하여 왔으며 사인이라도 그 행위가 국가의 행위에 유사한 것으로 보려는 국가유사론(looks-like government theory, 정부동시설)이 있다고 소개되어 왔다.

그동안 한국에서 구체적으로 다음과 같은 이론들로 소개되어 왔다. ① 국가원조론 — 국가의 특별한 원조(재정지원 등)를 받은 사인의 활동은 그 원조로 인해 일정한 요건 하에 국가기관으로서 활동하는 것으로 간주될 수 있다고 보고 따라서 그 사인의 활동으로 다른 사인 간에 형성된 법적 관계에 기본권규정이 적용된다고 보는 이론, ② 국유재산의 이론 — 국가의 재산인 시설을 임차한 사인이 그 시설에서 다른 사인들의 기본권을 침해하는 행위를 국가행위와 같은 것으로 보아 헌법의 기본권규정을 적용하려는 이론, ③ 사법적 집행이론 — 사인의 기본권침해행위가 법원의 소송의 대상이 되었을 때 법원의 판결이 그것을 용인한다면 국가권력인 사법권의 집행으로 주(국가)의 행위가 되고 사인들 간의 기본권침해를 실현하는 것이 되므로 그러한 사인의 기본권침해행위를 인정하는 사법적 판단과 집행이 이루어져서는 안 된다는 이론, ④ 통치대리(기능)이론 — 국가의 통치기능을 대신 수행하는 사인이나 사적 단체의 행위는 국가의 행위로 간주할 수 있다는 이론, ⑤ 특권부여의 이론 — 국가로부터 일정한 특혜나 특별한 권한을 부여받아 국가로부터 폭넓은 규제를 받고 국가와 밀접한 관계를 유지하고 있는 특정한 사적 단체의 활동은 국가의 행위와 동일한 것으로 보는 이론 등이 있다.

Ⅲ. 한국에서의 이론

1. 대사인적 효력의 인정근거에 관한 논의

우리 학설들도 기본권의 대사인적 효력을 긍정하는데 그 인정논거로는, 공법체계와 사법체계의 유지를 위해서는 공권인 기본권의 효력이 사인 간에 미치지 않는다고 보아야 하나, 사적 조직, 사인에 의한 기본권침해가 오늘날에 나타나고 있으므로 대사인적 효력의 인정이 필요하다고 보는 견해가 많다(법현실필요론). 동화적 통합이론은 기본권의 이중적 성격에 터잡아 기본권의 객관적 질서성이 있기 때문에 기본권의 대사인적 효력이 인정되고 기본권의 객관적 질서성을 인정하지 않고는 대사인적 효력을 논증할 수 없다는 입장이다.

생각건대 기본권의 이중성을 인정하여야만 대사인적 효력을 인정할 수 있는 것은 아니다. 기본권의 대사인적 효력의 논의가 종래의 공권·사권 구별론에 따라 공권인 기본권이 사권관계인 사인들 간에 적용되는 것은 문제라고 보는 데서 비롯된 것인데 그렇다면 기본권이 객관적 질서성을 가짐으로 해서 기본권이 사권화된다면 문제해결이 될 것이나 그렇지 않다. 객관적 질서성은 기본권 자체의 성격이 아니라 기본권이 권리이기에 나타나는 효과이다. 요컨대 사인들 간에도 기본권이 효력을 발하는 것은 기본권 자체가 이중성을 가지거나 객관성을 가져서가 아니라 그 효과가 객관적이고 질서로서 나타나기 때문이다.

2. 인정범위 — 학설 — 3분법

대부분 학자들은 직접적용되는 기본권, 적용이 부정되는 기본권, 그 외에는 간접적용된다고 하여 3분하는 입장을 취하고 있다.

(1) 직접적용되는 기본권

직접적용되는 기본권으로 ① 근로3권, 언론·출판의 자유, 협의(좁은 범위)의 인간의 존엄과 가치·행복추구권, 참정권을 드는 견해, ② 근로3권만을 드는 견해, ③ 언론·출판의 자유만을 드는 견해 등이 있다.

(2) 적용이 부인(否認)되는 기본권

국가에 대해서만 요구할 수 있는 기본권은 그 성격상 아예 사인 간의 적용이 있을 수 없다. 학설은 청원권, 국가배상청구권, 형사보상청구권, 범죄피해자구조청구권, 형사피해자의 재판절차상 진술권 등이 사인 간 적용이 부인되는 기본권이라고 한다. 무죄추정원칙을 사인들 간에 적용배제되는 것으로 보는 견해가 있다. 그러나 무죄추정원칙은 어느 사인이 유죄판결이 있기 전까지는 무죄로 추정하는 것이 오늘날 오히려 사인들 간에도 중요하다. 예를 들어 재판이 확정되기 전에 사적 언론기관이 유죄인 것으로 보도하는 경우에 문제가 된다.

(3) 간접적용되는 기본권

위의 적용이 부인되는 기본권이나 직접적용되는 기본권들을 제외한 나머지 기본권들은 간접적용된다고 본다.

3. 한국의 판례

우리나라의 헌재가 제3자효이론을 명시적으로 인정하여 적용한 판결의 예는 아직 없다. 그러나 헌재는 헌법 제10조 제2문의 기본권보호의무 선언의 의미에 대해서 "국가가 국민과의 관계에서 국민의 기본권보호를 위해 노력하여야 할 의무가 있다는 의미뿐만 아니라 국가가 사인 상호 간의 관계를 규율하는 사법(私法)질서를 형성하는 경우에도 헌법상 기본권이 존중되고 보호되도록 할 의무가 있다는 것을 천명한 것이다"라고 판시하여 사인 간의 효력을 인정하는 듯한 입장을 보인다(헌재 2008. 7. 31, 2004헌바81. '국가행위이론(state action doctrine)'이나 '기본권의 대사인적 효력 이론'을 언급한 소수의견이 있었던 결정례 : 2005헌마855). 헌재 판례에서 제3자효에 관한 판례를 찾기 힘든 것은 헌법재판소가 관할하는 심판의 대상이 법률(위헌법률심판의 경우), 공권력행사(헌법소원심판의 경우) 등 이미 공권력작용이기 때문이다(법률도 공권력작용이다). 한편 환경권의 경우 헌재는 "국가는 사인인 제3자에 의한 국민의 환경권 침해에 대해서도 적극적으로 기본권 보호조치를 취할 의무를 부담한다"라고 한다(2020헌마107).

대법원의 판례를 보면, 예를 들어 법률규정 등이 없는 한 환경권에 관한 규정(헌법 제35조 제1항)만으로서는 개개의 국민에게 직접적으로 구체적인 사법상(私法上)의 권리를 부여한 것이라고 보기는 어렵다는 취지의 판결(대법원 1995. 5. 23, 94마2218)은 기본권의 사법관계에의 직접적 적용에 대해 부정적 입장을 보여주는 것이었다. 그런데 최근에 대법원은 학생의 종교의 자유가 문제된 사안에서 대사인적 효력을 인정하면서 간접적용을 한다는 보다 명시적 판시를 하였다. 즉 "헌법상의 기본권은 …, 사법(私法)을 포함한 모든 법영역에 그 영향을 미치는 것이므로 사인 간의 사적인 법률관계도 헌법상의 기본권 규정에 적합하게 규율되어야 한다. 다만 기본권규정은 그 성질상 사법관계에 직접적용될 수 있는 예외적인 것을 제외하고는 사법상의 일반원칙을 규정한 민법 제2조, 제103조, 제750조, 제751조 등의 내용을 형성하고 그 해석기준이 되어 간접적으로 사법관계에 효력을 미치게 된다"라고 판시한 바 있다[대법원 2010. 4. 22, 2008다38288. 동지 : 대법원 2011. 1. 27, 2009다19864(서울YMCA가 남성 회원에게는 별다른 심사 없이 총회원 자격을 부여하면서도 여성 회원의 경우에는 총회원 자격심사에서 배제하여 온 데 대해 손해배상책임을 인정한 판결), 대법원 2011. 9. 2, 2008다42430 전원합의체 판결(인맥지수판결 : 변호사들의 개인신상정보를 기반으로 변호사들의 '인맥지수'를 산출하여 웹사이트에 공개하는 서비스를 제공한 행위는 변호사들의 개인정보에 관한 인격권을 침해하는 위법한 것이라고 판단한 판결), 대법원 2018. 9. 13.

2017두38560(항공운송업 등을 영위하는 사기업인 항공사의 취업규칙에서 직원들이 수염 기르는 것을 전면 금지하는 조항이 일반적 행동자유권에 대한 침해로 무효라고 한 판결, 이 2017두38560 판결과 동지 : 대법원 2018. 9. 13, 2017두62549) * 위 결정들에 대해서는 뒤의 기본권상충, 대법원판례 부분 참조]. 우리 대법원은 이처럼 사법상의 일반원칙을 규정한 민법규정이 "간접적으로 사법관계에 효력을 미치게 된다"라고 하여 원칙적으로 간접적용설을 취하고 있다.

4. 제 3 자적 효력의 실효성보장

위에서 본 대로 헌법재판소의 심판에서는 공권력작용이 대상이 되므로 사인들 간의 행위에서 기본권침해 문제가 거론되어 재판의 대상이 되는 경우는 주로 법원의 민사재판(사인들 간 분쟁재판)의 경우이다. 따라서 민사재판에서 제 3 자효가 제대로 발휘되어야 하고 기본권규정의 적용이 이루어져야 하는데 그렇지 못할 경우 교정수단이 필요하다. 3심제로 교정이 될 수 있으나 재판에 대한 헌법소원이 최종적 교정수단이 될 수 있고 제 3 자효의 실효성을 확보할 수 있다. 그러나 현재 헌법재판소법이 법원의 재판에 대해서는 헌법소원을 금지하고 있다(헌재법 제68조 제 1 항). 이 점이 시정되어야 기본권의 제 3 자적 효력이 제대로 발휘될 수 있을 것이다(졸고, "헌법재판소의 권한과 일반소송," 「공법연구」, 한국공법학회, 한 · 독 국제학술대회 발표, 1995 참조).

5. 국가인권위원회에 의한 구제

국가인권위원회법은 법인, 단체 또는 사인(私人)에 의하여 차별행위를 당한 경우에 인권침해나 차별행위를 당한 사람 또는 그 사실을 알고 있는 사람이나 단체는 위원회에 그 내용을 진정할 수 있다고 규정하여 사인들 간의 인권침해에 대한 구제기능을 국가인권위원회에 맡기고 있다(국가인권위원회법 제30조 제 1 항 제 2 호).

Ⅳ. 근본적 검토

위에서 본 대로 우리 학설은 대체적으로 대부분 기본권들을 사인 간에 간접적용되는 것으로 보는데 이에 대해서는 다음과 같은 점에서 근본적인 검토가 필요하다. ① 기본권의 제3자적 효력을 둘러싼 논의는 공법과 사법, 공권과 사권의 구별에서 비롯된 문제이기도 한데 앞서 본 대로 공권과 사권의 구별 자체가 상대화되거나 그 구별을 회의적으로 보게 한다(전술 제1장 제1절 Ⅲ. 참조). ② 사인들 간에도 기본권이 효력을 발하는 것은 기본권의 효과가 객관적이고 질서로서 나타나기 때문이다. ③ 우리 헌법 제10조는 기본권보호를 국가에 의한 침해에만 한정하지 않고 사인에 의한 기본권침해로부터의 기본권보호를 배제하지 않고 있다.

제3절 기본권의 경합과 상충

제1항 기본권의 경합

Ⅰ. 개념과 실익

기본권의 경합이란 어떤 사안에 있어 어느 한 기본권의 주체에 대해 여러 기본권이 적용될 수 있어 그 주체가 여러 기본권들의 보호를 요구할 수 있는 상황을 말한다. 기본권의 제한의 경우에도 경합이 나타날 수 있는데 어느 한 기본권 주체에 대해 어떤 국가권력작용에 의한 제한이 가해져 그 당해 기본권주체의 여러 기본권이 동시에 영향을 받게 될 경우이다. 예를 들어 화가 A의 전시된 작품을 철거하는 행위는 화가 A의 표현의 자유와 아울러 재산권의 침해도 있게 되는 바 이러한 경우에 경합문제가 나온다. 또한 이와 같은 상황에서 어느 한 기본권 주체에 대한 기본권제한이 합헌인지를 심사할 때 여러 기본권이 심사대상으로 나타난다. 이러한 상황에서 여러 기본권이 각각 어느 정도 보호되어야 하는지, 어떤 기본권이 우선해서 보호되어야 한다면 어느 기본권을 보다 더 보호하여야 하는지 하는 문제가 제기될 수 있다. 또는 기본권을 제한하여야 하는 경우에 어느 기본권을 제한하여야 기본권주체에게 보다 적은 희생이 올 것인지 하는 문제가 제기될 수도 있다. 위헌심사에 있어서 여러 기본권이 침해되는 사안일 경우에 그 기본권침해 전부에 대해 심사할 것인지 아니면 어느 한 기본권의 침해에 대해서만 심사할 것인지 하는 문제도 나타날 수 있다. 기본권의 경합을 기본권의 경쟁이라고 부르기도 한다. 기본권의 경합은 어느 한 기본권주체에 있어서 발생하는 상황이고, 다음에 살펴볼 기본권의 상충은 복수의 다른 기본권주체 간에 각자의 기본권이 서로 충돌되는 상황이라는 점에서 구분된다. 그리고 외관적으로는 여러 기본권들이 문제되어 기본권의 경합으로 보이지만 실제로는 경합이 아닌 경우가 있는데 이를 부진정경합이라고 부르기도 한다.

기본권경합이론은 보다 강한 보호를 받아야 할 기본권을 찾아 보호하고 제한의 경우에는 보다 피해가 적은 기본권을 찾아 제한함으로써 가능한 한 기본권보호를 최대화한다는 점에 의의를 가진다. 절차법적으로는 기본권침해의 위헌여부심사에 있어서 보다 집약성과 경제성을 가져오게 할 수 있다.

Ⅱ. 헌법재판소 판례가 인정한 사례

우리 헌재도 기본권경합의 경우를 인정한다. 그 예로 ① 언론·출판의 자유, 직업선택의 자유 및 재산권을 경합적으로 제약하고 있다고 보면서 언론·출판의 자유를 중심으로 심사한 예(헌재 1998. 4. 30, 95헌가16), ② 직업의 자유와 재산권, 평등권 등을 침해하였다는 주장에 대해 경합을 인정하면서 직업의 자유의 침해를 심사한 예(헌재 2002. 4. 25, 2001헌마614), ③ 직업의 자유, 행복추구권, 표현의 자유 및 예술의 자유가 동시에 제약되어 경합되고 있다고 보면서 직업의 자유의 침해여부를 중심으로 살피는 가운데 표현·예술의 자유의 침해여부에 대하여도 부가적으로 살펴본 예(헌재 2004. 5. 27. 2003헌가1), ④ 선거운동의 자유와 정치적 표현의 자유의 기본권경합을 인정하면서 정치적 표현의 자유가 사안에 더 밀접한 관계에 있다고 하여 이의 침해 여부를 판단한 예(헌재 2008. 5. 29, 2006헌마1096), ⑤ 양육권, 인격권, 교육권 등이 문제된 사안에서 경합을 인정하면서 양육권만에 대해 판단한 예(헌재 2008. 10. 30, 2005헌마1156), ⑥ 재산권의 침해를 핵심적 쟁점으로 보아 판단한 예(헌재 2009. 5. 28, 2005헌바20), ⑦ 영업의 자유와 계약의 자유가 제한된다고 보면서 영업의 자유가 제한되는 것은 계약의 자유가 제한됨에 따른 결과에 불과하다고 하여 계약의 자유를 중심으로 침해여부를 살펴본 예(헌재 2011. 8. 30, 2008헌마477), ⑧ 계약체결의 자유(사적 자치권)와 재산권의 경합의 예로 국가나 지방자치단체에 등기를 신청하는 국민에게 국민주택채권을 매입하도록 하는 주택법 규정이 그 두 기본권과의 경합관계에 있다고 본 뒤 계약체결의 자유의 침해 여부를 판단한 결정례(헌재 2011. 9. 29, 2010헌마85), ⑨ 학무보의 자녀교육권과 알 권리의 경합에서 학부모의 자녀교육권은 문제의 정보에 대한 알 권리의 충족 여부에 따라 간접적으로 영향받는 것이라 하면서 알 권리를 중심으로 판단한 결정례(헌재 2011. 12. 29, 2010헌마293), ⑩ 직업선택의 자유, 행복추구권, 교육받을 권리, 학문의 자유, 평등권 간의 경합으로 보면서 직업선택의 자유 침해를 중심으로 판단한 예(헌재 2016. 3. 31, 2014헌마1046(법학전문대학원에 입학할 수 있는 자는 학사학위를 가지고 있거나 법령에 따라 이와 동등 이상의 학력이 있다고 인정된 자로 한다고 규정한 '법학전문대학원 설치 · 운영에 관한 법률' 규정이 학사학위가 없는 자의 직업선택의 자유를 침해하지 않는다고 본 결정); 헌재 2016. 12. 29, 2016헌마550(법학전문대학원으로 하여금 필수적으로 외국어능력을 입학전형자료로 활용하도록 규정하고 있는 위 법률 규정이 역시 직업선택의 자유를 침해하지 않는다고 본 결정. 동지 : 2017헌마1128). 위 결정들에서 행복추구권, 평등권도 경합으로 보는 듯한데 이는 자신의 주류적 판례가 달라 이해하기 어렵다(후술 행복추구권 참조)), ⑪ 직업선택의 자유와 결사의 자유를 제한하며, 자기책임의 원칙 및 사적자치의 원칙의 경합에서 재산권을 침해하는지 여부를 중심으로 판단한 예(헌재 2016. 11. 24, 2014헌바203. 변호사법 제58조 제1항 중 법무법인에 관하여 합명회사 사원의 무한연대책임을 정한 상법 제212조, 신입사원에게 동일한 책임을 부과하는 상법 제213조, 퇴사한 사원에게 퇴사등기 후 2년 내에 동일한 책임을 부과하는 상법 제225조 제1항을 준용하는 부분에 대한 합헌결정), ⑫ 직업의 자유와 사립유치원 운영(사학운영)의 자유가 경합하는데 후자의 제한에 대해 판단한 예(2017헌마1038등. 유치원의 학교에 속하는 회계의 예산과목 구분을 정한 '사학기관 재무 · 회계 규칙'(2017. 2. 24. 교육부령) 규정에 대한 헌법소원), ⑬ 노조전임자 급여지원 원칙적 금지(노조법 제81조 제4항. 예외 있음)가 사용자의 기업활동의 자유와 사적자치 원칙을 제한 — 전자가 보다 밀접, 사적자치 원칙 위배 여부에 대한 판단은 기업의 자유 침해 여부에 대한 판단에 포함되므로 따로 판단하지 아니한다고 한 예(2019헌바341), ⑭ 비의료인 문신시술 금지(2017헌마1343. 예술의 자유 또는 표현의 자유의 제한은 사안과 가장 밀접하고 침해의 정도가 큰 직업선택의 자유를 중심으로 살피는 이상 판단하지 아니한다. * 합헌 인정, 비의료인 문신시술금지는 이전에도 합헌 인정 — 94헌가7, 2012헌바174, 2016헌바322 등), ⑮ 주택분 종부세 조항들 — 재산권, 거주이전의 자유, 생존권, 인간다운 생활을 할 권리, 행복추구권 등을 침해한다는 주장에 대해 헌재는 "이 사건과 가장 밀접한 관계에 있고 또 제한의 정도가 가장 큰 주된 기본권은 재산권인 점"에서 재산권 제한의 과잉금지원칙 위반만 판단하고 거주이전의 자유 등 재산권 외 침해된다는 기본권들에 대해서는 별도로 판단하지 아니함(2022헌바238등, 합헌결정, 포괄위임금지원칙, 조세법률주의, 조세평등주의 등에 대해선 판단) 등이 있다.

Ⅲ. 해결방법

1. 학 설

(1) 독일의 이론

기본권경합의 해결에 관한 독일이론으로는 ① 최약설(경합하는 기본권들 중에서 제한을 받을 가능성과 그 제한정도가 가장 큰 기본권, 즉 가장 약한 효력의 기본권을 우선하여 보장하여야 한다는 이론. 보장 → 최약기본권, 제한 → 최강기본권. 독일의 소수설), ② 최강설(경합하는 기본권들 중에서 제한의 가능성과 정도가 가장 적은 기본권, 즉 가장 강한 효력의 기본권을 우선하여 보장하여야 한다는 이론. 보장 → 최강기본권, 제한 → 최약기본권. 독일의 다수설)이 있다.

(2) 우리나라의 이론

우리나라에서는 사안과의 직접적 관련성을 먼저 따져보고 관련성이 가장 직접적인 기본권을 우선해서 적용하고 관련성의 정도가 동일한 기본권들이 복수라면 그 기본권들 간에는 최강설에 따라 판단하여야 한다는 이론이 지배적이다.

2. 우리나라의 판례

헌재의 판례는 "기본권침해를 주장하는 제청신청인과 제청법원의 의도 및 기본권을 제한하는 입법자의 객관적 동기 등을 참작하여 사안과 가장 밀접한 관계에 있고 또 침해의 정도가 큰 주된 기본권을 중심으로 해서" 파악하여야 한다는 입장이다(헌재 1998. 4. 30, 95헌가16. 헌법소원심판의 경우에는 제청신청인, 제청법원이 아니라 청구인의 의도를 참작 — 2007헌마991, 2018헌마566).

3. 검 토

첫째, 보호되어야 할 기본권을 찾음에 있어 기본권주체의 의도를 고려하여야 한다. 그러면서도 생명권이나 인간의 존엄·가치와 같은 보다 우월한 객관적 가치의 기본권은 우선적으로 보장되어야 할 것이다.

둘째, 기본권보호를 위한 경우에는 가장 강하게 보호되어야 할 기본권을 찾아야 하고 기본권제한에 있어서는 기본권주체에게 가장 피해가 적은 기본권에 대한 제한이 이루어져야 하기에 경합관계에 있는 기본권 간에 우열이 따져져야 한다. 보다 우월한 객관적 가치의 기본권 외에 기본권은 사안에 따라 우열관계가 달라질 수 있다. 보호나 제한을 하게 되는 객관적 의도도 함께 고려되어야 할 것이다.

4. 정리 — 판단기준 · 과정

따라서 그 판단기준은 먼저 ① 객관적 가치를 가지는 상위의 기본권(인간의 존엄·가치성)을 우선해서 고려하고, ② 기본권주체의 의도와 기본권제한의 객관적 목적(동기)을 살펴보아, ③ 사안에서 기본권주체에게 보다 직접적인 관련성이 있는 기본권들을 중심으로, 기본권보호의 경우 가장 강한 정도의 보호가, 기본권제한의 경우 가장 적은 희생, 피해최소가 되도록 고려하여 판단하는 것이 필요하다.

제 2 항 기본권의 상충

Ⅰ. 개념과 실익

1. 개 념

기본권의 상충(충돌)이란 하나의 같은 사안에서 서로 다른 복수의 기본권주체들이 서로 대립되는 각자의 기본권을 주장함으로써 각 기본권주체가 국가에 대하여 자신의 기본권의 보호를 요구하고 있는 상황을 말한다. 헌재도 "기본권의 충돌이란 상이한 복수의 기본권주체가 서로의 권익을 실현하기 위해 하나의 동일한 사건에서 국가에 대하여 서로 대립되는 기본권의 적용을 주장하는 경우를 말하는데, 한 기본권주체의 기본권행사가 다른 기본권주체의 기본권행사를 제한 또는 희생시킨다는 데 그 특징이 있다"라고 한다(헌재 2005. 11. 24, 2002헌바95). 기본권의 상충은 복수의 기본권주체 간의 문제, 즉 기본권주체의 복수성이라는 점에서 어느 한 기본권주체에 있어서 그의 여러 기본권들이 아울러 영향을 받는 경우인 기본권경합과는 구별된다. 기본권상충의 경우에 복수의 기본권주체들 간의 갈등이므로 그것이 법적 분쟁의 문제로 전개되면 국가권력에 의한 조절이 필요하게 되고 헌법적 문제로 부각된다.

상충되는 권리는 기본권으로서 보호되는, 즉 기본권의 보호범위 내에 들어가는 기본권들 간의 충돌이어야 한다. 어느 기본권주체가 자신의 기본권의 보호범위 내에 들어가지 않는 행위를 행하면서 다른 기본권주체의 기본권과 상충이 있다고 하여 자신의 기본권의 보호를 요구할 수는 없다(예를 들어 대가를 받고 생명권을 박탈하는 살인을 한 자가 살인청부업도 직업의 자유가 보호하는 직업이라고 하면서 기본권상충을 주장하는 것은 살인청부가 직업의 보호범위에 들어가지 않아 이를 받아들일 수 없음은 물론이고 이는 타인의 본질적 내용으로만 이루어진 생명권의 박탈로 당연히 금지되어야 할 행위이다). 이를 유사충돌이라고 부르기도 하나 이러한 경우에는 기본권의 보호를 받지 못하기에 애초에 충돌의 문제가 아니므로 '비'상충이다.

기본권상충 자체는 국가의 개입이 없더라도 있을 수 있는 현상이다. 기본권상충에 있어서 기본권주체가 국가에 그 해결을 위한 개입을 요구하거나 국가가 필요에 의해 개입하게 되면 헌법적 문제로 부각된다. 따라서 헌법적 문제로서의 기본권상충의 개념은 국가가 그 해결을 위하여 개입하는 상황에 있는 것을 포함하는 것으로 볼 것이다.

요컨대 헌법적 문제해결을 요하는 기본권의 상충은 ① 복수의 기본권주체의 존재, ② 충돌되는 진정한 기본권(보호범위 내의 권리)의 존재, ③ 국가에 대한 보호요청이 있을 것을 그 개념요소로 한다.

2. 기본권상충과 대사인적 효력

기본권상충은 기본권주체들 간의 문제이므로 사인들 간의 문제이기도 하다.

그리하여 사인들 간에 기본권의 효력이 미친다는 대사인적(제3자적) 효력이 요구되는 문제상황과 기본권상충의 문제상황이 서로 다른 성격의 것인지 여부가 논의되고 있다. 양자는 구별되어야 한다는 견해가 있다. 그러나 기본권의 사인들 간의 효력을 인정하지 않는다면 충돌상황에 있는 사인들이 각각 주장하는 권리가 기본권으로서 보호되지 않는 것이라는 결론에 이르게 되므로 기본권상충의 문제를 논할 수 없게 된다. 기본권상충 문제는 국가의 개입을 요한다는 점에서 다르다고 하는 견해도 있으나 기본권의 제3자효가 문제되는 상황도 헌법적 문제가 되는 것은 사인들 간 자율해결이 아닌 국가에 의한 기본권의 보호가 요구될 때의 상황이므로 양자 모두 국가의 개입에 의한 해결이 필요하기에 문제의 성격이 다르지 않다(그리하여 '사인-국가-사인' 관계이므로 '제3자적' 효력 관계라고 한다는 점을 상기). 대법원의 판례에서도 기본권의 사인간 효력과 충돌 문제를 함께 지적하기도 한 예를 볼 수 있다(대법원 2010. 4. 22, 2008다38288).

3. 실 익

기본권은 국가나 헌법의 존재목적이고 인간의 생활에 기본적인 권리이므로 최대한의 보장이 요구됨은 물론이다. 따라서 기본권의 상충에 있어서 그 해결을 위하여 상충되는 기본권들을 불가피하게 희생시킬 수밖에 없더라도 이러한 희생을 최소화하도록 조절함으로써 가능한 한 상충되는 기본권들을 최대한 보장할 수 있는 방법을 찾아야 한다. 기본권이 상충할 때 어느 기본권주체의 어떠한 기본권들이 어느 정도 충돌되고 있는지를 파악하는 일은 기본권의 조절을 위한 전제적 과제이다. 기본권의 조절은 어느 한 기본권을 전적으로 희생시키는 것이 아니고 각 기본권주체들이 가능한 한 조금씩 최소한의 양보 내지 희생을 통하여 결국 전체적으로 기본권보호의 양을 최대화하여 최적의 상태(optimum)를 실현하기 위한 것인데 이러한 조절을 위해서는 어떠한 기본권들이 어느 정도 충돌되고 있는가를 파악하여 그 우선순위와 희생의 정도를 가늠하여야 할 것이다. 바로 여기에 상충론이 오늘날 기본권의 조절을 위한 방법론으로서의 실익이 있다. 문제는 기본권상충의 해결방법이 기본권제한의 방법들과는 별개의 것인가 하는 데에 있다(후술 참조).

Ⅱ. 사 례

사인들 간의 기본권의 상충현상은 일상에서 의식적이든 무의식적이든 빈번하게 일어날 수 있고 어렵지 않게 찾아볼 수 있다. 예를 들어 ① 공직자의 재산공개에 있어서 국민의 알 권리와 사생활비밀 · 자유권 간의 상충, ② 언론사가 보도 등에서 어느 사람의 명예에 관한 언급을 한 경우의 언론 · 출판의 자유와 명예권 · 인격권 간의 상충, ③ 소음을 발생하는 공장의 운영으로 인근 주민이 숙면을 방해받는 경우에 공장운영이라는 영업의 자유와 쾌적한 환경에서 생활할 권리(숙면권) 간의 상충, ④ 교사가 자신의 신앙이나 사상을 수업에서 강조할 경우의 교사의 종교 내지 사상의 자유와 학생들의 교육을 받을 권리의 상충, ⑤ 기업이 사원의 채용에 있어서 특정한 신조를 가진 사람에 대해서는 채용을 거부한 경우에 기업의 경영의 자유와 특정 지원자들의 근로의 권리, 사상의 자유와의 상충, ⑥ 어느 단체의 집회와 시위 때문에 통행권이 방해될 경우에 집회의 자유와 왕래(통행)의 권리의 상충, ⑦ 흡연권과 혐연권 간의 충돌 등을 들 수 있다.

Ⅲ. 해결방법에 관한 학설 · 이론

1. 해결방법들

우리나라에서는 그동안 기본권상충의 해결방법으로 아래와 같은 방안들이 제시되어 왔다.

(1) 여러 방법들

1) 규범내용확정론 제 1 차적 해결준거로서 충돌되는 기본권의 내용의 확정을 들고 있는 이론이 있다. 이는 사안에서 기본권의 보호영역(규범내용)이 무엇인지를 먼저 파악하고 그 보호를 주장하는 것이 기본권의 이 보호영역에 들어가는 것인지를 살펴보아 들어가지 않으면 배제함으로써 충돌을 해소할 수 있다는 이론이다.

2) 입법의 자유영역이론 헌법에서 기본권상충의 해결에 관한 규정을 두고 있지 않을 때에는 원칙적으로 기본권충돌의 해결을 입법자의 자유로

운 형성에 맡겨야 하고 법원이나 헌재의 해석에 의해서 해결하는 것은 적절하지 않다고 보는 이론이다.

3) **서열이론** 기본권들 간에는 상하의 우열관계가 있다고 보고 충돌하는 기본권 중 상위의 기본권을 하위의 기본권에 우선하여 보호하여야 한다는 이론이다.

4) **법익(이익)형량론** 상충되는 각 기본권의 법익(이익)을 서로 비교하여 보다 더 큰 법익(이익)을 가진 기본권을 우선하여 보호한다는 방법론이다.

5) **규범조화적 해석**(실제적 조화의 원리) 이는 충돌되는 기본권들 중 어느 한 기본권을 전적으로 희생시키지 않고 양 기본권이 최대한 존중되도록 하는 조화로운 방안을 찾아야 한다는 것이다. 규범조화적 해석(실제적 조화)의 방법론으로는 ① 비례(과잉금지)원칙의 방법(상충하는 기본권을 모두 양립되게 하는데 각 기본권을 필요최소한으로 제약하는 선에서 그치도록 하는 방법. 비례(과잉금지)원칙에 대해서는, 후술 제5장 제2절 제2항 VI. 2. 참조), ② 상충되는 어느 기본권도 희생시키지 않는 대안에 의한 해결 등이 제시되고 있다. 규범조화적 해석의 방법과 비슷하게 형평성의 원칙을 제시하는 견해도 있다.

(2) 해결에 관한 학설의 입장

국내에서는 위의 여러 방법론들 중에 어떠한 방법으로 기본권상충을 해결할 것인지에 대해 여러 견해들이 표명되고 있다. 대체적으로 법익형량에 의하자는 견해, 규범조화적 방법에 의하자는 견해, 법익형량과 규범조화적 방법 모두 적용하여 해결하자는 견해 등이 있다. 최종적으로는 입법에 해결을 맡겨야 한다고 보는 견해도 있다.

2. 각 해결방법들에 대한 평가

(1) 규범내용확정론

규범영역의 확정은 규범영역에 속하지 않는 경우 충돌이 아니라 하여 배제하는 것이므로 근본적으로 상충이 존재하는지 여부를 가리기 위한 전제적 판단이지 이것이 해결 자체를 가져오는 것은 아니다.

(2) 입법의 자유영역이론

입법의 자유영역이론은 상충해결의 방식에 관한 이론이 아니라 그 해결을 할 임무를 누가 수행하는가 하는 해결의 주체문제에 관한 것이므로 해결방법들 중의 하나로 보기 힘들다.

(3) 서열이론

일률적으로 상위 기본권은 전적으로 보장하고 하위 기본권은 무조건 이를 희생시키는 양자택일식, 승자독식적인 적용을 하여야 한다는 서열이론이라면 이를 받아들일 수 없다. 이는 기본권의 최대보장의 원칙에 반한다. 하위의 기본권이기에 상위의 기본권을 위하여 희생이 된다고 할지라도 전적인 희생이 불가피한 경우(이러한 경우에도 기본권의 본질적 내용은 침해될 수 없기에 전적인 희생이라는 표현이 부적절한 면이 있긴 하다. 원칙적으로 본질적 내용을 제외한 완전한 희생을 의미한다)가 아니라면 완전한 희생을 가져오지 않고 상위의 기본권의 행사에 방해가 되지 않는 범위 내에서 최대한 이를 보장해줄 수 있을 것이기 때문이다.

(4) 법익(이익)형량론

법익형량론이 형량 결과 이익이 적은 기본권을 언제나 완전히 희생하는 것으로 보는 양자택일식의 방법이라면 이를 받아들이기 곤란하다. 이는 역시 기본권의 최대보장원칙에 부합하지 않기 때문이다. 그러나 법익형량의 방법이 쌍방의 적절한 양보를 통한 최적치를 찾기 위하여 조금씩 양보하게 하는 방법으로 활용한다면 이는 타당하다. 법익형량은 최소희생을 찾는 것을 그 목적으로 하는 비례원칙을 적용하기 위한 과정이 된다.

(5) 실제적 조화원리(규범조화적 해석)

실제적 조화원리는 그것 자체가 해결을 가져오게 하는 구체적 방법이 아니라 지향하고 달성하여야 할 목표 내지 결과이다. 규범조화적 방법이라는 설명 아래 다시 규범조화를 가져오는 방법으로 비례(과잉금지)원칙, 대안식 해결방법 등을 구체적인 방법으로 제시하고 있다는 것은 규범조화적 해석이 하나의 방법이라기보다 해결방향 내지 목표임을 보여주는 것이다. 한편 상충되는 상황을 그대로 둔 채 어느 기본권도 다치지 않게 하는 대안을 찾을 수는 없다.

대안이 발견될 수 있다면 이는 애초에 충돌문제가 발생하지 않을 경우라는 것을 의미한다.

Ⅳ. 판 례

1. 헌법재판소 판례

(1) 해결방법

헌재는 "두 기본권이 충돌하는 경우 그 해법으로는 기본권의 서열이론, 법익형량의 원리, 실제적 조화의 원리(= 규범조화적 해석) 등을 들 수 있다"라고 한다. 그리하여 자신이 "기본권 충돌의 문제에 관하여 충돌하는 기본권의 성격과 태양에 따라 그때그때마다 적절한 해결방법을 선택, 종합하여 이를 해결하여 왔다"라고 한다(헌재 2005. 11. 24, 2002헌바95). 그리고 기본권의 서열이나 법익의 형량을 통하여 어느 한 쪽의 기본권을 우선시키고 다른 쪽의 기본권을 후퇴시킬 수 없는 경우에는 "헌법의 통일성을 유지하기 위하여 상충하는 기본권 모두가 최대한으로 그 기능과 효력을 발휘할 수 있도록 조화로운 방법을 모색하되(규범조화적 해석), 법익형량의 원리, 입법에 의한 선택적 재량 등을 종합적으로 참작하여 심사하여야 할 것이다"라고 한다(헌재 2007. 10. 25, 2005헌바96).

(2) 구체적 판례

기본권상충이 다루어진 헌재 판례로는 다음과 같은 것들이 있었다. ① 반론권(인격권)과 보도기관의 언론의 자유의 충돌 — 헌재는 두 기본권 모두가 최대한으로 그 기능과 효력을 나타낼 수 있도록 하는 조화로운 방법이 모색되어야 한다고 하면서 그 해결방법으로 과잉금지(비례)원칙을 적용하였다. 그리하여 심사결과 과잉금지원칙을 준수하였다고 보아 반론권의 합헌성을 인정하는 결정을 하였다(헌재 1991. 9. 16, 89헌마165). ② 흡연권과 혐연권(건강권)의 충돌 — 흡연권과 혐연권(비흡연자가 담배연기를 꺼리고 흡연으로부터 자유로울 권리)이 서로 충돌한다. 헌재는 혐연권은 사생활의 자유뿐만 아니라 생명권에까지 연결되는 것이므로 혐연권이 흡연권보다 상위의 기본권이라고 보면서 "상하의 위계질서가 있는 기본권끼리 충돌하는 경우에는 상위기본권우선의 원칙에 따라 하위기본권이 제한될 수 있으므로, 결국 흡연권은 혐연권을 침해하지 않는 한에서 인정되어야 한다"라고 보았다(헌재 2004. 8. 26, 2003헌마457). 이 결정은 서열이론을 적용한 것이다. ③ 노동조합의 조직강제권과 근로자의 노조선택권의 충돌 — Union Shop결정 — 근로자가 노동조합에 가입할 것을 고용조건으로 하고 가입하지 않은 것을 해고사유로 하는 이른바 유니언 숍(Union Shop)은 노동조합의 단결권(조직강제권)으로서 근로자 개인의 기본권인 노동조합선택권 등의 단결권과 상충한다. 헌재는 충돌이 있다고 보고 비례심사를 하였는데 비례(과잉금지)원칙을 준수하였다고 판단하여 합헌으로 결정하였다(헌재 2005. 11. 24, 2002헌바95). ④ 채권자의 재산권과 채무자·수익자의 일반적 행동자유권 간의 충돌 — 헌재는 채권자취소권제도에 대한 위헌소원심판에서 이러한 기본권들 간의 충돌이 있다고 보아 그 해결방법으로 규범조화적 해석, 법익형량의 원리, 입법에 의한 선택적 재량 등을 종합적으로 참작하여 심사하여야 한다고 보았다. 그러면서도 결국은 비례심사로 판단하여 합헌으로 결정하였다(헌재 2007. 10. 25, 2005헌바96). ⑤ 사생활보호를 위한 정보공개 금지 — 사생활의 비밀 또는 자유를 침해할 우려가 있다고 인정되는 경우에 이를 비공개할 수 있도록 규정하고 있는 '공공기관의 정보공개에 관한 법률' 제 9 조 제 1 항 제 6 호 본문규정이 "국민의 알권리(정보공개청구권)와 개인정보 주체의 사생활의 비밀과 자유가 서로 충돌"한다고 보면서 그 해결방법으로 과잉금지원칙을 적용하여 심사한 결과 이를 준수하여 알권리(정보공개청구권)를 침해하지 않아 합헌이라고 결정하였다(헌재 2010. 12. 28, 2009헌바258). 이 결정에서 헌재는 "기본권들이 충돌하는 경우에 기본권의 서열이나 법익의 형량을 통하여 어느 한 쪽의 기본권을 우선시키고 다른 쪽의 기본권을 후퇴시킬 수는 없다"라는 판시를 하고 있는데, 이는 위에서 서열이론이나 법익형량론이 하위의 기본권을 완전히 희생시키는 방법이 아니라면 받아들일 수 있고 더구나 법익형량은 헌재가 채택하고 있는 규범조화적 해석방법인 비례원칙 방법의 한 요소이므로 타당하지 못한 판시이다. ⑥ 대화자의 통신의 비밀과 공개자의 표현의 자유 — 헌재는 공개되지 아니한 타인 간의 대화를 녹음 또는 청취하여 지득한 대화의 내용을 공개하거나 누설한 자를 처벌하는 통신비밀보호법 규정은 헌법 제18조에 의하여 보장되는 통신의 비밀을 보호하기 위함이나 다른 한편으로는 위법하게 취득한 타인 간의 대화내용을 공개하는 자를 처벌함으로써 그 대화내용을 공개하는 자의 표현의 자유를 제한하게 되어 통신의 비밀과 표현의 자유라는 두 기본권이 충돌하게 된다고 본다. 헌재는 조화로운 방법이 모색되어야 하므로, 과잉금지(비례)원칙에 따라서 심사하기로 한다고 하면서 그 심사결과 합헌이라고 결정하였다(헌재 2011. 8. 30, 2009헌바42). ⑦ 학부모의 '교원의 교원단체 및 노동조합 가입에 관련된 정보에 대해 알 권리'와 교원의 '사생활의 비밀과 자유, 개인정보자기결정권'과의 충돌 — 헌재는 비례원칙 심사를 하였는데, 교원의 개인정보 공개를 금지하고 있는 '교육관련기관의 정보공개에 관한 특례법' 조항은 비공개결정에 대해서 불복의 수단을 마련하고 있으므로 알 권리를 침해하지 않고, 동법시행령 조항은 교원의 "교원단체 및 노동조합 가입 현황(인원 수)"만을 공시정보로 규정할 뿐 개별 교원의 가입명단은 공시정보로 규정하고 있지 않는바, 교원의 교원단체 및 노동조합 가입에 관한 정보는 '개인정보 보호법'상의 민감정보로서 특별히 보호되어야 할 성질의 것이므로 학부모 등의 알 권리와 교원의 개인정보 자기결정권이라는 두 기본권을 합리적으로 조화시킨 것으로서 알 권리를 침해하지 않는다고 판단하였다(헌재 2011. 12. 29, 2010헌마293). ⑧ 대학의 자율권과 직업선택의 자유의 충돌 — 교육부장관이 학교법인에게 한 법학전문대학원 설치인가 중 여성만을 입학자격요건으로 하는 입학전형계획을 인정한 부분이 남성의 직업선택의 자유와 사립대학의 자율성이라는 두 기본권이 충돌하게 한다고 보면서 양 기본권의 제한에 있어 적정한 비례관계를 유지한 것이라고 하여 기각결정을 하였다(헌재 2013. 5. 30, 2009헌마514). ⑨ 공연히 사람을 모욕한 자는 처벌되도록 한 형법 제311조에 의하여 명예권과 표현의 자유라는 두 기본권이 충돌한다고 하면서 그 조화로운 해소방법이 모색되어야 하므로 비례(과잉금지)원칙심사를 한다고 하고 심사결과 합헌결정을 하였다(헌재 2013. 6. 27, 2012헌바37). ⑩ 생존권(신체장애인에 대한 국가보호)과 자유권(직업의 자유)의 충돌 — 헌재는 시각장애인에 대하여만 안마사 자격인정을 받을 수 있도록 하는 이른바 비맹제외기준을 설정하고 있는 구 의료법 규정에 대해 헌법 제34조 제5항에 따른 헌법적 요청(시각장애인의 국가보호라는 헌법적 요청)과 비시각장애인의 직업(안마사업)선택의 자유가 충돌하는 상황이 문제될 수 있다고 보았다. 그리하여 헌재는 비례심사결과 비례원칙을 준수한 것으로 보아 기각결정을 하였다(헌재 2008. 10. 30, 2006헌마1098). ⑪ '사인의 사생활의 비밀과 자유 또는 인격권'과 '사인의 표현의 자유' 간 충돌 — 정보통신망을 통하여 일반에게 공개된 정보로 말미암아 사생활 침해나 명예훼손 등 타인의 권리가 침해된 경우 그 침해를 받은 자가 삭제요청을 하면 정보통신서비스 제공자는 권리의 침해 여부를 판단하기 어렵거나 이해당사자 간에 다툼이 예상되는 경우에는 30일 이내에서 해당 정보에 대한 접근을 임시적으로 차단하는 조치를 하여야 한다고 규정하고 있는 '정보통신망 이용촉진 및 정보보호 등에 관한 법률' 제44조의2 제 2 항 중 '임시조치'에 관한 부분 및 제 4 항이 문제된 사안이다. 헌재는 그 해결을 과잉금지원칙에 따라 판단하여 합헌성을 인정하는 기각결정을 하였다(헌재 2012. 5. 31, 2010헌마88. 동지 : 헌재 2020. 11. 26, 2016헌마275). ⑫ 국가의 권한과 기본권이 충돌한다고 본 예 — 기본권 간의 충돌이 아니라 국가의 권한과 기본권이 충돌한다고 헌재가 본 결정례가 있다. 사안은 이른바 고교평준화지역에서 일반계 고등학교에 진학하는 학생을 교육감이 학교군별로 추첨에 의하여 배정하도록 하는 초·중등교육법시행령 조항이 학부모의 자녀 학교선택권을 침해하는지 여부가 문제된 것인바 헌재는 학교제도에 관한 국가의 규율권한과 부모의 교육권이 서로 충돌하는 경우로 보았다(헌재 2009. 4. 30. 2005헌마514). 헌재는 이 경우 어떤 법익이 우선하는가는 법익형량을 통하여 판단한다는 입장이다.

한편 헌재는 양심적 병역거부, 양심적 예비군 훈련 거부 사건에서 양심의 자유와 국방의 의무라는 두 헌법적 가치가 서로 충돌한다고 보면서 비례원칙에 의한 심사를 하여야 한다고 하여 합헌으로 결정한 바 있었다(헌재 2011. 8. 30, 2008헌가22). 그러나 2018년에 마찬가지로 충돌현상을 지적하고 비례원칙에 의하여야 한다고 한 뒤 비례심사결과 대체복무제가 없어 침해최소성을 갖추지 못하여 양심의 자유를 침해한 위헌이라고 판단하고 병역종류조항에 대해 헌법불합치 결정을 하였다(헌재 2018. 6. 28. 2011헌바379 등, 병역법 제88조 제 1 항 등 위헌소원 등. 처벌조항은 합헌으로 결정함).

2. 대법원 판례

대법원은 ① 반론보도청구권과 언론기관의 언론의 자유 간의 충돌 사안에서 "서로 충돌하는 두 헌법적 이익 사이의 갈등은 상충하는 이익 모두가 최대한으로 그 기능과 효력을 나타낼 수 있도록 하는 조화로운 방법을 모색함으로써 두 이익이 최적으로 실현될 수 있는 경계획정을 통하여 해결하게 된다"라고 판시한 바 있다(대법원 2006. 11. 23, 2004다50747; 대법원 2009. 1. 15. 2008그202). ② 또한 종립고등학교(종교단체가 설립한 사립학교)가 가지는 종교교육의 자유 및 운영의 자유와 학생들이 가지는 소극적 종교행위의 자유 및 소극적 신앙고백의 자유 사이에 충돌이 문제된 사건에서 다음과 같이 판시한 바 있다. "이와 같이 하나의 법률관계를 둘러싸고 두 기본권이 충돌하는 경우에는 구체적인 사안에서의 사정을 종합적으로 고려한 이익형량과 함께 양 기본권 사이의 실제적인 조화를 꾀하는 해석 등을 통하여 이를 해결하여야 하고, 그 결과에 따라 정해지는 양 기본권 행사의 한계 등을 감안하여 그 행위의 최종적인 위법성 여부를 판단하여야 한다"(대법원 2010. 4. 22, 2008다38288). ③ 그리고 이익형량을 한 예도 있다. 그 사안은 개인정보의 무단공개시 정보주체의 인격권과 공개자의 표현의 자유 간의 충돌이 문제된 사안이었다. 대법원은 "개인정보에 관한 인격권 보호에 의하여 얻을 수 있는 이익(비공개 이익)과 표현행위에 의하여 얻을 수 있는 이익(공개 이익)을 구체적으로 비교 형량하여" 판단한다는 입장이다(대법원 2011. 9. 2, 2008다42430 전원합의체 판결, 정보게시금지등. 변호사 정보제공(변호사 인맥지수 제공행위) 사건)). ④ 이익형량한 또 다른 예 : 허위 또는 과장된 보험금청구를 밝혀내어야 할 소송에서의 진실발견, 이로써 보험료를 낮출 수 있다는 보험가입자들의 공동이익 등과 초상권 및 사생활의 비밀과 자유 간 충돌 — 이익형량을 통한 위법성이 가려진다고 하면서 양쪽의 그 고려요소를 제시하고 있다(대법원 2006. 10. 13. 2004다16280. 사안은 보험회사직원이 피해자들의 일상생활을 촬영한 행위가 불법이라고 판결한 것임). ⑤ 일반적 행동자유권(용모관리자유)과 영업의 자유 간 상충 — 항공사(사기업)의 취업규칙에서 직원들이 수염 기르는 것을 전면 금지하는 것이 소속 항공기 기장의 일반적 행동자유권과 영업의 자유 간에 상충이라고 보면서 전자에 대한 침해라고 판단하고 따라서 위 취업규칙조항이 위헌·위법인 무효이고 이를 준수하지 않았음을 전제로 항공사의 비행정지처분도 위법하다고 판결하였다(대법원 2018. 9. 13, 2017두38560, * 같은 사유로, 감급의 징계처분도 위법하다고 본 같은 날 내려진 동지의 판결도 있었다. 대법원 2018. 9. 13, 2017두62549, 부당감급구제재심판정취소). 그 외 ⑥ 기업의 경영권과 근로3권 간 상충(대법원 2003. 11. 13, 2003도687. 목적 정당성 부정), ⑦ 교원의 인격권(개인정보자기결정권), 교원·노동조합의 단결권과 학생의 학습권, 학부모의 교육선택권, 알권리 간 충돌(대법원 2011. 5. 24.자 2011마319 결정. 교원측의 가처분신청을 인용) 등에 관한 판결이 있었다. 그리고 ⑧ 대법원도 헌재처럼 "양심적 병역거부의 허용 여부는 헌법 제19조 양심의 자유 등 기본권 규범과 헌법 제39조 국방의 의무 규범 사이의 충돌·조정 문제가 된다"라고 본다(대법원 2018. 11. 1, 2016도10912. 구 병역법 제88조 제 1 항에서 정한 '정당한 사유'에 해당할 여지가 있다고 판결).

V. 정 리

어느 기본권이 희생되지 않고는 다른 기본권의 실현이 불가능한 경우가 아니라면 각 기본권들이 최소한의 희생을 할 수밖에 없는데 그 희생은 결국 각각의 기본권에 있어서는 기본권의 제한이 된다. 그렇다면 결국 기본권상충에서의 해결은 기본권의 제한의 문제로 귀결된다. 이는 위 헌재판례들에서도 나타난다. 즉 위 헌재판례들에서, 어느 한 기본권을 전적으로 보장하여야 할 경우(② 흡연권사건의 경우)가 아닌 대부분의 경우인 ①, ③, ④, ⑤, ⑥, ⑦, ⑧, ⑨ 판례에서 상충해결에 비례원칙을 적용하였는데, 비례원칙은 기본권 제한에서의 한 원칙이다(후술 제 5 장 기본권의 제한과 그 한계 제 2 절 제 2 항 Ⅵ. 2. 참조). 대법원의 판례도 이익형량, 조화적 방법에 의하여 최적실현의 경계획정을 한다는 것이므로 역시 기본권의 제한문제로 가게 됨을 보여준다.

제 5 장 기본권의 제한과 그 한계

제 1 절 서 설

Ⅰ. 기본권제한의 의미

1. 기본권제한의 필요성

기본권은 최대한 보장되는 것이 요구되지만, 공익을 위하여, 그리고 다른 사회구성원들의 기본권들과의 조화를 위하여 부득이 제한될 필요가 있다. 또한 국가의 안전보장과 사회질서를 유지하기 위해서도 제한될 필요가 있다. 국가와 사회가 유지되지 않는다면 기본권의 보장도 어렵기 때문이다.

2. 기본권의 최소 제한과 최대한 보장

기본권의 제한은 가능한 한 어느 기본권주체에 대한 일방적인 희생의 강요가 아닌 최소한의 희생에 그치도록 하여야 한다. 기본권주체들 간의 상호 충돌이 있어 불가피하게 제한하여야 하더라도 가능한 한 양 주체 각각 최소한의 희생만을 가져오도록 하여 모두의 기본권이 최적의 보호를 받을 수 있는 결과를 가져오게 하여야 한다. 기본권의 최적치(optimum)를 찾아야 한다는 것이다. 그리하여 결국 가능한 한 기본권의 최대한 보장이 이루어져야 한다.

Ⅱ. 기본권제한이론의 임무(기능)

1. 기본권제한의 남용방지

기본권제한이론은 기본권을 최대한 보장하기 위하여 기본권의 제한을 가능한 억제하고 제한의 남용을 방지하기 위한 원칙들을 설정하여야 한다. 바로 이 점에서 오늘날 기본권의 제한론에 있어서는 제한 그 자체보다 제한의 범위나 방법 등에 대한 한계를 설정하는 법리가 그 중심적 내용이 된다.

2. 예방적 기능

기본권제한의 원칙은 미리 기본권제한의 헌법적 한계를 설정하고 그 한계를 벗어난 제한을 하지 못하게 함으로써 자의적(恣意的)인 기본권제한을 방지할 수 있게 하고 그리하여 위헌적인 기본권침해를 예방하는 기능을 수행할 수 있도록 한다.

3. 분배의 기능

기본권의 제한이 공공복리를 위하여, 그리고 여러 기본권주체들 간의 조절을 위하여 필요한 것이라면 제한은 분배의 의미를 가진다. 재산권을 공공복리에 적합하게 행사하도록 하고, 독점시장을 막기 위해 경제적 자유를 제한하는 것은 다른 사회구성원들의 복지를 배려하기 위한 것이기 때문이다.

제 2 절 기본권제한의 기본법리

제 1 항 기본권제한의 방식

Ⅰ. 헌법직접적 제한

1. 의 의

헌법직접적 기본권제한이란 헌법이 스스로 직접 어느 기본권에 제한을 가하는 것을 말한다. 헌법이 직접 기본권의 제한에 대해 규정을 두는 것은 헌법의 특별한 보호의도, 제한남용 방지, 헌법가치의 반영을 위한 것이다.

2. 현행 헌법의 직접적 기본권제한 조항

현행 헌법에서 헌법직접적 제한 규정이 어느 헌법규정들인지 학자들마다 차이가 있을 수 있으나 우리 학설들이 거론하고 있는 헌법직접적 제한 규정들로는 헌법 제8조 제2항과 제4항(정당의 목적 · 조직과 활동이 민주적이어야 하며, 정당의 목적이나 활동이 민주적 기본질서에 위배되어서 아니 된다는 정당에 대한 제한규정), 제21조 제4항(언론 · 출판은 타인의 명예나 권리 또는 공중도덕이나 사회윤리를 침해하여서는 아니 된다는 규정), 제23조 제2항(재산권의 행사는 공공복리에 적합하도록 하여야 한다는 규정), 제29조 제2항(군인 · 군무원 · 경찰공무원 등의 국가배상청구권을 부정하는 제한규정), 제33조 제2항과 제3항(공무원인 근로자는 법률이 정하는 자에 한하여 단결권 · 단체교섭권 및 단체행동권을 가지고, 법률이 정하는 주요방위산업체에 종사하는 근로자의 단체행동권은 법률이 정하는 바에 의하여 이를 제한하거나 인정하지 아니할 수 있다는 규정) 등이 있다.

Ⅱ. 법률유보에 의한 제한(법률에 의한 제한)

1. 필요성과 의미

헌법직접적 제한을 원칙으로 한다면 필요할 때마다 헌법개정이 요구될 것인데 헌법개정은 쉽지 않아 현실적 한계가 있으므로 기본권제한에 있어서 일반적이고 주가 되는 방식은 국민의 대표기관이 국민의 의사에 따라 그때그때 제정하는 법률에 의한 제한이다.

여기서의 법률은 국회가 제정한 이름이 '법률'인 형식적 의미의 법률을 말한다. 대통령령 등의 법률하위의 법규명령(행정입법)은 법률의 구체적 위임을 받은 경우에만 기본권제한에 관한 규정을 둘 수 있다. 조약도 국회의 동의를 받아 기본권을 제한할 수 있다.

2. 유형 — 개별적 기본권제한 법률유보와 일반적 기본권제한 법률유보

법률유보에 의한 기본권제한의 경우에도 헌법이 어느 특정 개별 기본권에 대해 법률에 따라 제한된다고 규정한 경우(개별적 기본권제한 법률유보)와 어느 기본권을 가리지 않고 일반적으로 모든 기본권들에 대해 법률로 제한할 수 있도록 하는 경우(일반적 기본권제한 법률유보)가 있다. 현행 헌법에는 과거 헌법에 비해 개별적 기본권제한 법률유보(제12조 제 1 항, 제13조 제 1 항 — 죄형법정주의, 제33조 제 3 항 — 법률이 정하는 주요방위산업체 근로자의 단체행동권에 대한 법률에 의한 제한 등)는 많이 삭제되어 별로 없다. 현행 헌법 하에서는 기본권제한은 주로 일반적 기본권제한 법률유보에 의하여 이루어지므로 이에 대한 법리의 이해가 중요하다. 현행 헌법의 일반적 기본권제한법률유보는 제37조 제 2 항에 규정되어 있으므로 헌법 제37조 제 2 항에 따른 기본권제한에 관한 이론을 주로 살펴보게 된다.

제 2 항 제한의 일반원칙(법률에 의한 제한) — 헌법 제37조 제 2 항에 의한 제한

일반적 기본권제한 법률유보를 규정하고 있는 우리 헌법 제37조 제 2 항이 기본권제한의 일반원칙을 규정하고 있는 것이다. 따라서 기본권제한의 일반원칙을 헌법 제37조 제 2 항의 해석을 통하여 살펴보게 된다.

Ⅰ. 법률유보의 정당성과 기능

1. 법률유보의 정당성

법률은 국민의 대표기관인 국회에서 제정되는 것이므로 국민의 의사라고 볼 수 있고 따라서 법률에 의한 기본권의 제한은 기본권을 제한받는 국민 스스로의 의사에 의한 제한이라는 점에서 그 정당성을 가진다. 그러나 진정한 국민의 의사에 부합되지 않는 법률로 기본권제한의 남용이 올 수 있으므로 이 정당성은 충실한 입법을 전제로 한다.

2. 법률유보의 기능

(1) 기본권제한의 한계로서의 의미

유의할 것은 우리 헌법이 이렇게 일반적 유보조항을 두었다고 하여 법률에 의하기만 하면 기본권이 항상 쉽사리 제한될 수 있다는 의미로 이 조항을 인식하여서는 아니 된다는 것이다. 기본권제한을 법률에 의하도록 한 것 자체가 기본권제한의 한계를 이루는 것이다. 행정 등 국가권력이 법률에 근거가 없는 한 기본권을 제한할 수 없다는 한계가 되기 때문임은 물론이다. 헌법 제37조 제2항은 기본권제한에 관한 규정이자 아울러 기본권제한의 한계로서, 법률에 의하여야 한다는 형식상의 한계 외에 국가안전보장·질서유지·공공복리라는 목적상의 한계, 본질적 내용을 침해할 수 없다는 내용상의 한계 등을 설정하고 있기도 하다. 헌법 제37조 제2항에 비례(과잉금지)원칙이 내포되어 있다고 보는 견해에 의하면 기본권제한은 최소한에 그쳐야 한다는, 즉 비례원칙에 의한 한계도 설정한다고 본다. 요컨대 헌법 제37조 제2항은 일반적 기본권제한 법률유보조항이자 기본권제한법률의 한계를 설정한 조항이다.

(2) 실질적 법치주의와 기본권보장

행정이 법률에 근거를 두도록 하는 것은 법치주의를 실현하려는 것이고 이로써 행정권의 자의적인 기본권침해로부터 기본권을 보호하고, 사법권도 법률의 규정에 따라 국가의 기본권제한행위의 적법성을 심사하게 하므로 법률유보는 기본권을 보장하는 기능을 한다.

(3) 기본권조절, 분배, 소수의 보호 기능

서로 기본권이 대립될 때 국가가 기본권제한법률로 국민들 간의 기본권을 조절하는 기능을 수행하고 공익이 최대화되도록 조절하여야 한다. 각 기본권주체가 가지는 기본권을 적절하게 조절함으로써 배분의 기능이 이루어지기도 한다. 이울러 보호가 필요한 소수에 대해 그들의 기본권을 보호한다는 의미를 가지기도 한다.

Ⅱ. 법률유보의 내용

1. 법률의 근거

기본권제한의 법률유보원칙은 기본권을 제한하는 공권력의 작용이나 조치는 반드시 법률에 그 근거가 있어야 할 것을 요구한다. 예를 들어 헌재는 경찰서장이 옥외집회신고서를 반려한 행위는 법률의 근거 없이 청구인들의 집회의 자유를 침해한 것으로서 헌법상 법률유보원칙에 위반된다고 보았다(헌재 2008. 5. 29, 2007헌마712).

* 법률유보원칙 위반을 인정한 헌재결정례 : ① '공고'가 위반한 예 — 교사임용시험 가산점 사건 — 대전광역시 교육감이 특정 사범계대학 출신자 및 복수 · 부전공 교사 자격증 소지자에 대해서만 가산점을 부여하도록 공고한 '2002학년도 대전광역시 공립중등학교 교사임용후보자 선정경쟁시험 시행요강' 규정은 아무런 법률적 근거가 없는 것으로 법률유보원칙에 위배된다(헌재 2004. 3. 25, 2001헌마882). ② 고졸검정고시에 이전에 합격한 사람이 다시 응시하지 못하도록 공고한 시행계획(교육청 공고)이 법률유보원칙에 반하여 교육을 받을 권리를 침해함을 인정한 헌법재판소결정례가 있었다(헌재 2012. 5. 31, 2010헌마139). 헌재는 고졸검정고시규칙은 이미 응시자격이 제한되는 자를 특정적으로 열거하고 있으면서 특히 '검정고시에 합격한 자'에 대하여만 응시자격 제한을 공고에 위임했다고 볼 근거도 없으므로, 이 사건 공고는 기본권 제한의 법률유보원칙에 위배하여 청구인의 교육을 받을 권리 등을 침해한다고 본 것이다. ③ 방송사 경고 사건 — 방송사에 대한 제재로서 '경고'가 당시 방송법에 규정이 없었음에도(지금은 있음) 방송위원회가 경고를 한 것은 법률유보원칙에 위배된 것이다(헌재 2007. 11. 29, 2004헌마290). ④ 옥외집회신고서 반려행위 — 위에서 이미 인용한 결정이다(헌재 2008. 5. 29, 2007헌마712). ⑤ 집회자들에 대한 물포 발포행위의 법률유보원칙 위배성 — 헌재는 경찰서장이 2015. 5. 1. 22 : 13경부터 23 : 20경까지 사이에 최루액을 물에 혼합한 용액을 살수차를 이용하여 청구인들에게 살수한 행위가 법률유보원칙에 위배되어 청구인들의 신체의 자유와 집회의 자유를 침해하여 위헌임을 확인한다는 결정을 하였다(헌재 2018. 5. 31, 2015헌마476, 물포 발포행위 등 위헌확인).

2. 행정입법에의 위임

(1) 행정입법에의 위임과 법률유보

법률유보원칙은 법률이 스스로 정해야 할 사항(아래의 3. 의회유보의 사항)이 아닌 사항을 대통령령 등 행정입법이 정하도록 위임하는 것을 부정하지는 않는다. 우리 헌법 제75조는 "대통령은 법률에서 구체적으로 범위를 정하여 위임받은 사항과 법률을 집행하기 위하여 필요한 사항에 관하여 대통령령을 발할 수 있다"라고 규정하고 헌법 제95조는 "국무총리 또는 행정각부의 장은 소관사무에 관하여 법률이나 대통령령의 위임 또는 직권으로 총리령 또는 부령을 발할 수 있다"라고 규정하고 있다. 행정입법에 기본권제한사항을 위임하는 경우 그 위임도 법률에 근거를 둔 것이므로 법률유보가 이루어진다고 보는 것이다.

(2) 모법(률)에 위임의 근거가 필요함

그리하여 법률이 위임을 해주었으면 법률유보원칙이 지켜진 것이나 법률이 위임을 해주고 있지 않은 사항을 행정입법이 정하면 법률유보원칙에 반하는 것이 된다. 예를 들어 헌재는 행정사 자격시험을 시 · 도지사의 재량으로 실시하지 아니하여도 되는 것으로 규정한 구 '행정사법 시행령' 규정은 상위법인 구 행정사법 제4조에 의하여 모든 국민에게 부여된 행정사 자격 취득의 기회를 박탈한 것으로 모법으로부터 위임받지 아니한 사항을 하위법규에서 기본권 제한 사유로 설정하고 있는 것이므로 법률상 근거 없이 기본권을 제한하여 법률유보원칙에 위반한다는 아래와 같은 위헌결정을 한 바 있다(헌재 2010. 4. 29, 2007헌마910).

* 그 외 행정입법 규정이 법률에 근거가 없다고 하여 유보원칙을 위반한 것으로 인정한 헌재결정례 : ① 면회횟수 제한 — 미결수용자의 면회횟수를 매주 2회로 제한하고 있는 구 군행형법시행령(대통령령) 규정이 법률의 위임이 없어 법률유보원칙에 반한다(헌재 2003. 11. 27, 2002헌마193). ② 금치기간 중 집필금지 — 행형법상 징벌의 일종인 금치처분을 받은 자에 대하여 금치기간 중 집필을 전면 금지한 구 행형법 시행령(대통령령) 규정은 법률(구 행형법)에 근거가 없어 법률유보의 원칙에 위반된다(헌재 2005. 2. 24, 2003헌마289). ③ 행정사 자격시험 재량적 불실시 — 위에서 이미 인용한 바 있다(헌재 2010. 4. 29, 2007헌마910).

* 시각장애인에 한하여 안마사 자격인정을 받을 수 있도록 하는, 이른바 비맹제외기준(非盲除外基準)을 설정하고 있는 구 '안마사에 관한 규칙'(보건복지부령) 규정에 대한 위헌결정(헌재 2006. 5. 25, 2003헌마715)에서는 법률유보원칙 위반이라고 명백히 밝힌 의견이 5인 다수의견이었다. 안마사자격에 관한 사안은 이후 합헌결정이 내려졌다(헌재 2008. 10. 30, 2006헌마1098).

(3) 위임받는 행정입법의 형식 — 행정규칙(법령보충규칙)의 포함(판례)

1) 논의의 소재와 학설 우리 헌법은 제75조, 제95조가 법률이 위임해주고 위임받는 행정입법으로 법규명령인 대통령령, 총리령, 부령을 명시하고 있다. 그런데 고시, 훈령, 예규, 지침이라는 이름의 행정규칙에 법률이 기본권 제한사항을 위임할 수 있는가가 논의된다. 이에 대해서는 부정설과 긍정설이 대립된다. 부정설은 헌법이 위임입법의 형식으로 대통령령, 총리령, 부령 등으로 명시한 것은 열거적인 것이어서 그것에 한정하여야 하므로 행정규칙에의 위임은 불가하다는 입장이다. 긍정설은 규정된 형식이 열거가 아니고 예시라고 보아야 하므로 가능하다는 입장이다.

2) 판 례 헌재의 판례는 다음과 같이 긍정적이다. 다만, 그 한계를 인정한다.

① 예시설 — 헌재는 헌법이 인정하고 있는 위임입법의 형식(즉 대통령령, 총리령, 부령)은 예시적인 것으로 보아야 할 것이고, 법률이 어떤 사항을 행정규칙에 위임하더라도 그 행정규칙은 위임된 사항만을 규율할 수 있는 것이므로, 국회입법의 원칙과 상치되지 않는다고 한다(헌재 2006. 12. 28, 2005헌바59 등).

② 행정규칙에의 위임(이른바 '법령보충규칙') — 헌재는 위와 같이 예시설을 취하여 대통령령, 총리령, 부령과 같은 법규명령이 아닌 훈령, 예규, 고시와 같은 행정규칙 형식에도 위임을 할 수 있다고 본다. 즉 헌재는 제정형식은 비록 고시, 훈령, 예규 등과 같은 행정규칙이더라도, 상위법령의 위임에 의하여 제정된 것으로서 국민의 기본권을 제한하는 내용을 담고 있으므로 "상위법령과 결합하여 대외적인 구속력을 갖는 법규명령으로서 기능하게" 되는 행정규칙을 인정한다(법령보충규칙. 헌재 2008. 11. 27, 2005헌마161; 헌재 2009. 4. 30, 2007헌마106 등).

③ 행정규칙에의 위임의 한계 — 헌재는 다만, 행정규칙은 법규명령과 같은 엄격한 제정 및 개정절차를 요하지 아니하므로, 기본권을 제한하는 작용을 하는 법률이 입법위임을 할 때에는 대통령령, 총리령, 부령 등 법규명령에 위임함이 바람직하고, 고시와 같은 형식에 입법위임을 부득이 인정할 필요가 있을 때라고 하더라도 다음과 같은 한계가 있다고 한다. ㉠ 전문적·기술적 사항에 한정(적어도 행정규제기본법 제 4 조 제 2 항 단서에서 정한 바와 같이 법령이 전문적·기술적 사항이나 경미한 사항으로서 업무의 성질상 위임이 불가피한 사항에 한정)되고, ㉡ 포괄위임금

지(그러한 사항이라 하더라도 포괄위임금지의 원칙상 법률의 위임은 반드시 구체적·개별적으로 한정된 사항에 대하여 행하여져야 할 것)가 요구된다(헌재 2006. 12. 28, 2005헌바59; 헌재 2008. 7. 31, 2005헌마667; 헌재 2012. 2. 23, 2009헌마318; 헌재 2014. 7. 24, 2013헌바183 등).

* 고시위임 가능성을 인정하고 전문적·기술적 사항, 경미한 사항으로서 위임이 불가피하다고 본 그 외 결정례 — ① 금융감독위원회의 고시 : '금융산업의 구조개선에 관한 법률' 규정이 부실금융기관을 결정할 때 '부채와 자산의 평가 및 산정'의 기준과 적기시정조치의 기준과 내용에 관하여 금융감독위원회의 고시에 위임하는 것(헌재 2004. 10. 28. 99헌바91. '자산' 또는 '부채' 내용이 너무나 다양하고, 그 판단에 고도의 전문지식이 필요한 전문적·기술적 사항으로서 불가피성이 인정되어 위임가능), ② 시공자 선정을 위한 경쟁입찰방법의 고시에의 위임 : 구 도시 및 주거환경정비법 규정이 "조합은 제16조에 따른 조합설립인가를 받은 후 조합총회에서 국토해양부장관이 정하는 경쟁입찰의 방법으로 건설업자 또는 등록사업자를 시공자로 선정하여야 한다"라고 규정한 것(헌재 2016. 3. 31, 2014헌바382. 공정한 경쟁에 관한 사항은 전문적·기술적 사항이자 경미한 사항). ③ 통계청장의 조세감면 대상 업종 분류 고시(헌재 2006. 12. 28, 2005헌바59. 모든 업종을 세부적으로 분류하는 작업에는 고도의 전문적·기술적 지식이 요구됨), ④ 한약사 임의조제가 허용되는 한약처방의 범위 확정의 보건복지부장관에의 위임(헌재 2008. 7. 31, 2005헌마667. 임의조제를 허용할 것인가는 그 처방이 일반적으로 안정성과 유효성이 인정된 것인지 여부를 고려하여 판단하여야 하는 전문적·기술적 영역), ⑤ "게임제공업소의 경품취급기준" 고시(헌재 2008. 11. 27, 2005헌마161. 청소년 유해성의 판단근거가 되는 '경품의 종류 및 경품제공방식'이라는 사항은 어느 정도 전문적·기술적인 것), ⑥ 특수 유형 온라인서비스(P2P, peer to peer 등과 같은 서비스) 제공자 범위의 장관 고시에 위임(헌재 2011. 2. 24, 2009헌바13. 전문지식 활용 필요성), ⑦ 공정거래위원회 고시('표시·광고에 포함하여야 할 사항과 방법'을 공정거래위원회 고시에 직접 위임한 '표시·광고의 공정화에 관한 법률' 제 4 조 제 1 항(헌재 2012. 2. 23, 2009헌마318. 일률적으로 규정하기는 곤란하고, 그 판단은 어느 정도 전문적·기술적인 것으로 그 규율영역의 특성상 소관부처인 공정거래위원회의 고시로 위임함이 요구되는 사항, ⑧ 기초연금법상 '선정기준액'을 법규명령이 아닌 보건복지부장관 고시로 정하도록 위임하는 것(헌재 2016. 2. 25, 2015헌바191. 고도의 전문성이 필요), ⑨ '초·중등학교 교육과정'(교육과학기술부 고시)이 초등학교 1, 2학년의 교과에서 영어 과목을 배제한 것(헌재 2016. 2. 25, 2013헌마838. 이 결정에 대해서는 뒤의 교육제도법정주의 부분 참조), ⑩ 학교환경위생 정화구역에서 금지되는 행위 및 시설 중 하나로 '청소년 보호법 제 2 조 제 5 호 가목 8)에 따라 여성가족부장관이 고시한 영업에 해당하는 업소'라고 규정한 학교보건법 조항(헌재 2016. 10. 27, 2015헌바360. 신·변종 성매매업소는 다양

한 형태로 나타나고 있어 이를 일률적으로 규정하기 곤란하다는 점에서 전문적·기술적인 성격 인정), ⑪ 식품의약품안전처장이 공중위생상 필요한 경우 고시하는 축산물 가공방법의 기준을 준수하도록 규정한 '축산물 위생관리법'(축산업 및 이와 관련된 식품공학에 관한 전문적·기술적 지식이 요구됨) 규정(헌재 2017. 9. 28, 2016헌바140) 등에 대한 합헌성 인정, ⑫ * 유의: 일반 행정청 아닌 단체의 규정도 법령보충규칙으로서 헌법소원대상성이 인정된 예가 있다. 그 예로 대한변호사협회의 '변호사 광고에 관한 규정'이 있다(2021헌마619). 헌재는 변협은 이 규정이 법률인 변호사법의 위임을 받아 제정된 것이므로 변호사 광고에 관한 규제를 설정함에 있어 공법인으로서 공권력 행사의 주체가 되고 이 규정을 위배하면 변협 및 법무부에 설치된 변호사징계위원회에 의하여 징계를 받게 되는바, 이 규정이 단순히 변협 내부 기준이라거나 사법적인 성질을 지니는 것이라 보기 어렵고, 수권법률인 변호사법과 결합하여 대외적 구속력을 가진다는 점을 그 논거로 제시하고 있다(이른바 '로톡' 사건. 유권해석위반 광고금지규정은 법률유보원칙에 위반되어 청구인들의 표현의 자유, 직업의 자유를 침해하고 대가수수 광고금지규정은 과잉금지원칙을 위배하여 위헌결정이 되었다). * 그 외 법령보충규칙의 예들에 대해서는 정재황, 기본권총론, 박영사, 2020, 271면 이하; 정재황, 헌법재판론, 박영사, 2020, 667면 이하 참조. * 고시에의 위임가능성을 직접 언급하지 않고 위헌여부의 본안판단을 한 예도 있다. 이런 언급 없이도 본안판단을 한 것은 그 위임가능성은 당연히 인정함을 전제하는 것이다(예 : 헌재 2018. 5. 31, 2015헌마1181).

(4) 구체적 위임일 것 — 위임의 한계

우리 헌법 제75조는 "대통령은 법률에서 구체적으로 범위를 정하여 위임받은 사항과 법률을 집행하기 위하여 필요한 사항에 관하여 대통령령을 발할 수 있다"라고 규정하고 있다. 따라서 법률이 대통령령, 총리령, 부령 또는 행정규칙에 위임하려면 구체적으로 범위를 정하여서만 할 수 있다는 한계가 있다(구체적 위임, 포괄적 위임 금지의 원칙).

* **구체적 위임의 개념과 기준 — 어느 정도의 구체성이 요구되는지** 구체적 위임의 개념과 그 기준이 중요하다. 이처럼 구체적 위임인지 여부를 둘러싸고 실제로 논란되어 헌법재판에서 이를 다룬 판례들이 많다. 헌재의 확립된 판례는 아래와 같다(이에 대해서는 제 4 부 제 3 장 정부 대통령의 입법에 관한 권한에서도 다룬다).

[헌법재판소 판례의 기본법리]

• '구체적으로 범위를 정하여'라 함은 법률에 이미 대통령령 등 하위법규에 규정될 내용 및 범위의 기본사항이 가능한 한 구체적이고도 명확하게 규정되어 있어서 당해

법률 그 자체로부터 대통령령 등에 규정될 내용의 **대강**을 **예측**할 수 있어야 함을 의미한다.

• 예측가능성의 유무는 당해 특정조항 하나만을 가지고 판단할 것은 아니고 관련 법조항 전체를 **유기적 · 체계적**으로 **종합 판단**하여야 하며, 각 대상법률의 성질에 따라 구체적 · 개별적으로 검토하여야 한다.

• 이와 같은 위임입법의 구체성, 명확성의 요구 정도는 그 규율대상의 종류와 성격에 따라 달라진다. 처벌법규나 조세법규 등 국민의 기본권을 직접적으로 제한하거나 침해할 소지가 있는 법규에서는 구체성 · 명확성의 요구가 강화되어 그 위임의 요건과 범위가 일반적인 급부행정법규의 경우보다 더 엄격하게 제한적으로 규정되어야 하는 반면에, 규율대상이 지극히 다양하거나 수시로 변화하는 성질의 것일 때에는 위임의 구체성 · 명확성의 요건이 완화된다(완화하여 판단한 결정례로, 헌재 2002. 12. 18, 2001헌바52; 헌재 2011. 9. 29, 2007헌마1083 참조).

(5) 대법원규칙, 헌법재판소규칙에 대한 포괄위임금지원칙의 적용문제

대법원, 헌법재판소도 규칙을 제정할 수 있고 이 규칙들도 법규명령이라는 견해가 지배적이며 법규명령이므로 기본권사항들을 제정할 수 있다. 문제는 이 규칙들을 명시하고 있는 헌법 제108조와 제113조 제2항은 법률이 구체적으로 범위를 정하여 주는 위임에 따라 제정된다고 규정하지 않고 "법률에 저촉되지 아니하는 범위안에서" 제정할 수 있다고 규정하고 있어서 구체적 위임(포괄위임금지)원칙이 적용되지 않는가 하는 문제이다. 실제로 대법원규칙에 대해서는 이 문제가 헌재에서 다루어졌고 이를 긍정하는 것이 헌재판례인데 헌법재판소규칙에 대해서도 앞으로 문제될 수 있을 것이다(이에 대한 자세한 것은 뒤의 국가권력규범론 사법부 부분 참조).

(6) 위임받은 행정입법의 한계와 그 통제

i) 한계 — 위임받은 대통령령, 부령 등 행정입법은 그 위임을 한 수권법률이 위임해준 범위 내에서 제정되어야 하고 그 범위를 벗어나서는 아니되는 것은 물론이다. 이는 위임받은 행정입법이 바로 헌법소원심판의 대상이 되어 헌재의 심사를 받을 때 판단된다. 그런 예로 변호사법의 위임을 받아 제정된 대한변호사협회의 '변호사의 광고에 관한 규정' 조항들 중 '대한변호사협회의 유권해석에 반하는 내용의 광고', '동 협회의 유권해석에 위반되는 행위를 목

적 또는 수단으로 하여 행하는' 법률상담 관련 광고를 할 수 없도록 한 조항들에 대한 위헌결정(2021헌마619)을 들 수 있다. 헌재는 "수범자들은 유권해석이 내려지기 전까지는 금지되는 내용이 무엇인지 도저히 알 수 없다. … 따라서 이 사건 유권해석위반 광고금지규정은 수권법률로부터 위임된 범위를 벗어나는 규율 내용까지 포함할 가능성이 있으므로, 위임 범위 내에서 명확하게 규율 범위를 정하고 있다고 보기 어렵다"라고 하고 그러므로 법률유보원칙을 위반하여 청구인들의 표현의 자유, 직업의 자유를 침해한다고 보았다. ii) 통제 — 위에서 말한 대로 ① 헌법소원심판 대상이 바로 되어 헌재에 의해 통제되는 경우, ② 헌법 제107조 제 2 항에 따라 행정입법이 헌법이나 법률에 위반되는 여부가 재판의 전제가 된 경우에는 대법원은 이를 최종적으로 심사(최종이므로 하급법원들도 심사가능)하는 경우, ③ 국회가 대통령령 등의 제출을 받아 법률위반 여부 등을 검토하는(국회법 제98조의2) 등의 통제가 있다.

(7) 집행명령의 경우

헌법 제75조는 "대통령은 … 법률을 집행하기 위하여 필요한 사항에 관하여 대통령령을 발할 수 있다"라고 하여 위임명령 외 집행명령도 규정하고 있다. 집행명령은 법률을 집행하기 위한 것일 뿐이므로 법률에서 정하지 않은 기본권 관련 사항을 정할 수 없다. 헌재도 "집행명령의 경우 법률의 구체적·개별적 위임 여부 등이 문제되지 않고, 다만 상위법의 집행과 무관한 독자적인 내용을 정할 수 없다는 한계가 있다"라고 한다(2023헌마820등. [판시] 한국방송공사 수신료 분리징수를 규정한 방송법시행령 제43조 제 2 항이 방송법 제65조 및 제67조 제 2 항의 집행과 무관한 새로운 법률사항을 정한 것이라고 보기 어렵고, 집행명령의 한계를 일탈하였다고 볼 수도 없다. 따라서 심판대상조항은 법률유보원칙에 위배된다고 볼 수 없다).

3. 의회유보 — 본질적 사항의 법률유보원칙

i) 개념 — 법률이 기본권제한에 관한 사항을 행정입법에 위임할 수도 있지만 위임해서는 아니 되고 법률 자신이 직접 규정하여야 할 사항들이 있다. 그렇게 법률이 직접 정하여야 할 사항에 관한 법률유보원칙은 법률을 만드는 곳이 의회이므로 법률이 직접 정한다는 것은 곧 의회가 직접 정하도록 의회에

맡겨져 있는 것이란 의미이므로 이를 의회유보(Parlamentsvorbehalt)원칙이라고 한다. ii) 본질사항유보설 — 문제는 어느 사항이 의회가 스스로 직접 법률로 규정하도록 요구되는 사항인가 하는 의회유보의 범위 내지 대상이 어떠한가 하는 점이다. 헌재는 "국민의 기본권실현에 관련된 영역에 있어서는 행정에 맡길 것이 아니라 국민의 대표자인 입법자 스스로 그 본질적 사항에 대하여 결정하여야 한다는 요구까지 내포하는 것으로 이해하여야 한다"라고 하여 본질사항유보설을 취하고 있다. 이 법리에 비추어 헌재는 텔레비전방송수신료의 금액의 결정은 국회가 스스로 결정해야 할 본질적 사항이므로 국회의 관여 없이 이를 전적으로 한국방송공사가 결정하여 부과 · 징수하도록 한 구 한국방송공사법 제36조 제 1 항이 법률유보의 원칙에 반하는 것이라고 판단하고 헌법불합치결정을 하였다(헌재 1999. 5. 27, 98헌바70. 한국방송공사법은 2000년에 폐지되고 현재는 방송법에 한국방송공사에 관한 규정들이 있음). iii) 판단기준 : 개별설 — 헌재는 "입법자가 형식적 법률로 스스로 규율하여야 하는 사항이 어떤 것인가는 일률적으로 획정할 수 없고 구체적인 사례에서 관련된 이익 내지 가치의 중요성 등을 고려하여 개별적으로 정할 수 있다"라고 한다(2013헌가6, 2017헌가25).

iv) 의회유보 내지 법률유보에 위반된다고 본 헌재결정례 : ① 위의 텔레비전방송수신료 사건결정(헌재 1999. 5. 27, 98헌바70), ② 토지 등 소유자가 도시환경정비사업을 시행하는 경우 사업시행인가 신청 전에 얻어야 하는 토지 등 소유자의 동의의 정족수는 본질적 사항인데도 이를 법률이 아니라 토지 등 소유자의 자치규약에 정하도록 한 구 '도시 및 주거환경정비법' 규정이 법률유보 내지 의회유보원칙에 반하여 위헌이라는 결정(헌재 2011. 8. 30, 2009헌바128. 같은 취지의 결정 : 헌재 2012. 4. 24, 2010헌바1) 등이 있었다.

v) 의회유보 준수 인정례 : 전기사업법이라는 법률이 전기요금의 구체적인 산정기준 등을 직접 정하지 않고 대통령령 등에 그 결정을 위임한 동법 제16조 제 1 항 해당부분이 의회유보원칙에 반하는지가 논란되었다. 헌재는 전기의 공급 대가인 전기요금의 부과 그 자체로 전기사용자의 재산권이 직접적으로 제한된다고 볼 수 없으므로, 전기요금의 결정에 관한 내용이 전기의 보편적이고 안정적인 공급을 위하여 반드시 입법자 스스로 규율해야 할 본질적인 사항이라고 보기 어렵다고 하였다. 헌재는 결국 전기요금의 산정기준이나 요금체계 등을 의회가 직접 결정하거나 그에 관여할 수 있도록 규정하지 않았다 하더라도 그것이 의회유보원칙에 위반된다고 볼 수는 없다고 하여 그 위배를 부정하였다(2017헌가25). 같은 취지 결정 : 헌재 2019. 8. 29, 2018헌바4.

vi) 헌재 판례의 '규율밀도' 이론

① 판례이론 : 헌재는 "국회의 입법절차는 … 일반 국민과 야당의 비판을 허용하고 그들의 참여 가능성을 개방하고 있다는 점에서 전문관료들만에 의하여 이루어지는 행정입법절차와는 달리 공익의 발견과 상충하는 이익 간의 정당한 조정에 보다 적합한 민주적 과정이다. 이러한 견지에서, 규율대상이 기본권적 중요성을 가질수록 그리고 그에 관한 공개적 토론의 필요성 내지 상충하는 이익 간 조정의 필요성이 클수록, 그것이 국회의 법률에 의해 직접 규율될 필요성 및 그 규율밀도의 요구정도는 그만큼 더 증대되는 것으로 보아야 한다"라고 한다(2001헌마882; 2007헌바63; 2024. 8. 29. 2020헌마389 등). ② '규율밀도' 이론을 적용한 판례 [규율밀도상 법률에 근거가 있어야 했다고 본 결정례] 위 법리를 표명한 결정례가 교육감이 공고한 가산점 항목이 법률적 근거가 없어 법률유보원칙 위배라고 결론지은 바로 그 결정이었다(위 2001헌마882). 그런데 이 결정에서 헌재는 그 공무담임권 제한의 성격이 중대성, 공개적 토론과정을 통해 상충하는 이익간의 공정한 조정을 도모할 필요성이 그만큼 더 절실하므로 이 사건 가산점 항목에 관하여는 법률에서 적어도 그 적용대상이나 배점 등 기본적인 사항을 직접 명시적으로 규정하고 있어야 했다고 판시하였다. 그렇게 법률에 규정을 두어야 할 사항인데 공고가 가산점 항목을 정한 것은 "결국 아무런 법률적 근거가 없다고 보아야 한다"라고 결론을 내렸다. [규율밀도가 약하다고 보아 위임범위를 벗어나지 않았다고 본 결정례] 이런 결정례로 계약의 체결 · 이행 등과 관련한 금품 제공 등으로 부정당업자 제재 처분을 받은 자를 일정 기간 수의계약의 계약상대자에서 배제하도록 규정한 구 '지방자치단체 입찰 및 계약 집행기준'(행정자치부예규)의 '부정당업자 제재 처분을 받고 그 종료일로부터 6개월이 지나지 아니한 자'에 관한 부분에 대한 합헌성 인정 결정(2015헌마853)이 이었다. 그런데 이 결정도 위임하는 상위법령의 포괄위임 여부가 아니라 수임 예규가 위임받은 범위를 벗어났는지를 판단하면서 그 위임범위를 살피기 위해 규율밀도론이 적용된 것이었다.

* 수혜적이어서 완화된다고 본 또다른 예 : 2007헌바63(사회간접자본시설에 대한 민간투자사업 중 민간부문의 제안으로 시행되는 사업의 추진절차를 대통령령에 위임한 구 '사회간접자본시설에 대한 민간투자법'이 "비록 민간제안사업의 추진절차에 관한 다양한 이해관계의 존재로 인하여 토론과 합의의 필요성이 있다고 하더라도, … 반드시 입법자 스스로 규율해야만 하는 부분이라고 보기도 어렵다"라고 하여 법률(의회)유보원칙에 위반되지 않는다고 판단).

[기후재판에서의 적용 — 의회유보 위반례] 헌재는 "온실가스 감축목표를 설정하고 그에 따른 감축경로를 계획하는 것은 현재의 국민의 기본권을 광범위하고 지속적으로 제한하게 되는 것임에도, … 구체적인 감축수단에 관해서는 감축목표를 둘러싼 이해관계가 매우 다양하게 대립할 수도 있다. 이러한 사정들을 고려하면 중장기적인 온실가스 감축목표와 감축경로를 계획하는 것은 매우 높은 수준의 사회적 합의가 필요한 영역에 해당하므로, 2031년 이후의 기간에 대해서도 그 대강의 내용은 헌법 외에 가장 높은 수준의 사회

적 합의를 반영하는 규범인 '법률'에 직접 규정되어야 한다. … 따라서 탄소중립기본법 제8조 제1항에서 2031년부터 2049년까지의 감축목표에 관하여 대강의 정량적 수준도 규정하지 않은 것은 의회유보원칙을 포함하는 법률유보원칙을 위반한 것이다."라고 판시한 바 있다(헌재 2024. 8. 29. 2020헌마389등. 헌법불합치결정).

4. 조례에의 위임에서의 법률유보

(1) 포괄위임의 인정

헌재는 법률이 조례에 대해 기본권제한사항을 위임할 수도 있다고 본다. 다만, 조례에의 위임에 있어서는 시행령(대통령령), 시행규칙(부령) 등 행정입법에 대해 위임하는 경우와 달리 포괄위임도 가능하다고 본다. 생각건대 죄형법정주의와 같은 경우에는 포괄위임이 허용되지 않는다.

(2) 포괄위임 인정의 근거

헌재는 조례에 대한 포괄위임을 인정하는 논거로 "지방의회는 선거를 통해서 그 지역적인 민주적 정당성을 지니고 있는 주민의 대표기관이고, 헌법이 지방자치단체에 대해 포괄적인 자치권을 보장하고 있다"라는 점을 든다.

(3) 결정례

① 담배자동판매기설치금지조례 — 헌재는 담배사업법(법률 제4065호)은 제16조 제4항에서 "소매인의 지정기준 기타 지정에 관하여 필요한 사항은 재무부령으로 정한다"고 규정하고 있고, 재무부령인 담배사업법시행규칙은 제11조 제1항의 별표 2 "제조담배소매인의 지정기준" 중 자동판매기란에서 "2. 청소년의 보호를 위하여 지방자치단체가 조례로 정하는 장소에는 자동판매기의 설치를 제한할 수 있다"고 규정하고 있는 것을 위임근거로 하여 법률유보원칙을 준수한 것이고 나아가 과잉금지도 준수하였다고 보아 합헌성을 인정하였다(헌재 1995. 4. 20. 92헌마264등).

② 서울특별시 학생인권조례의 차별받지 않을 권리 조항 — 헌재는 위 포괄위임허용법리를 다시 밝히면서 이 조항이 교육기본법 제12조 제1항, 제2항, 초·중등교육법 제18조의4, '아동의 권리에 관한 협약', 각급 학교의 운영에 관한 사무를 지도·감독할 권한을 규정한 지방자치법 제9조 제2항 제5호 등의 법률상 근거를 가지고 있어서 법률유보원칙을 준수하고 있다고 판단

하였다(헌재 2019. 11. 28. 2017헌마1356. [심판대상조항] 서울특별시 학생인권조례(2017. 9. 21. 개정된 것) 제 5 조 ③ 학교의 설립자·경영자, 학교의 장과 교직원, 그리고 학생은 제 1 항에서 예시한 사유를 이유로 차별적 언사나 행동, 혐오적 표현 등을 통해 다른 사람의 인권을 침해하여서는 아니 된다. * 이 결정에서 헌재는 차별·혐오표현에 대한 제한이 과잉금지원칙을 준수하였다고 하여 합헌성을 인정하였다).

Ⅲ. 제한의 대상

법률로써 제한할 수 있는 기본권의 범위가 어떠하냐에 대해 자유권한정설(생존권은 법률의 유보가 법률에 의한 형성을 의미하고 제한을 의미하지는 않으므로 제한대상이 되는 기본권은 자유권만이라는 설)이 있긴 하나 기본권전반설(자유권뿐 아니라 모든 기본권이 제한대상이 된다고 보는 설)이 일반적인 견해이다. 헌법 제37조 제 2 항도 "모든 자유와 권리는 … 제한할 수 있으며"라고 규정하고 있는 대로 자유권뿐 아니라 모든 기본권들이 그 대상이다. 생존권(사회권), 청구권, 참정권 등에 대해 그 제한가능성을 부정한다면 질서유지, 공공복리 등을 위해 그 기본권들을 제한할 필요가 있는 경우에도 제한을 불가능하게 할 것이므로 자유권한정설은 타당성이 없다.

Ⅳ. 기본권을 제한하는 법률의 요건

1. 법률의 개념

기본권을 제한하는 법률은 무엇보다 먼저 국회가 '법률'이라는 이름으로 제정하는 형식적 의미의 법률을 말한다. 예외적으로 형식은 법률이 아니나 헌법규정에 따라 법률의 효력을 가지는 긴급명령, 긴급재정경제명령(제76조 제 2 항·제 1 항) 그리고 국회의 동의를 얻어 성립되어 법률적 효력을 가지는 조약도 실질적인 법률로서 기본권을 제한할 수 있다. 대통령령, 총리령, 부령과 같은 법률하위의 법규명령은 법률이 구체적 위임을 해준 경우에만 기본권제한에 관한 규정을 둘 수 있다(제75조, 제95조). 지방자치단체의 조례도 법률의 위임을 받아야 기본권을 제한할 수 있다(지방자치법 제28조).

2. 일반성, 추상성

(1) 개념과 원칙

① 기본권을 제한하는 법률은 어느 특정 사람만이 아니라 원칙적으로 모든 사람들에게 일반적으로 적용될 가능성을 가져야 한다(일반성). ② 이미 발생한 어느 특정의 구체적 사건에 적용될 것을 의도하는 것이 아니라 장차 법률에서 정한 요건에 해당되는 사건이 나타나면 적용이 될 것을 예정하기에 추상적이어야 한다(추상성). 법률은 이처럼 일반성, 추상성을 가져야 하므로 법률 그 자체에서 어떤 특정한 사람의 권리·의무에 직접적인 영향을 미치는 구체적 법적 효과가 바로 나오지는 않는다. 구체적 효과가 나오는 작용은 처분이다. 공법에서 '처분'(행정처분)이란 용어는 구체적 효과를 바로 발생시키는 집행작용을 말한다. 처분과 같은 집행작용이 있어야 비로소 어느 특정 국민에게 법적 효과가 나타나는 것이다(예를 들어 소득세법이란 법률로 A라는 사람에게 바로 소득세 50만원을 내야 할 의무라는 법적 효과가 나오는 것이 아니라 소득세법에서 정한 과세대상에 해당되는 소득이 A라는 사람에게 실제로 발생하여 그 법률요건에 해당하면 행정청이 예컨대 30만원을 A가 납부하라는 소득세부과처분을 하게 되고 그 처분을 할 때 비로소 구체적인 법적 효과(30만원의 소득세를 내야 할 의무라는 구체적 법적 효과)가 A에게 발생하는 것이다).

(2) 일반성, 추상성의 근거(이유)

법률이 일반성, 추상성을 가져야 하는 근거는 ① 법적 예측가능성, ② 법적 안정성, ③ 평등원칙에 있다. 만약 법률이 언제든지 특정인에게 구체적 기본권제한(침해)효과를 가져오게 할 수 있다면 그 제한을 예측할 수 없게 하고 따라서 법적 안정성을 깨트릴 수 있기 때문이다. 또한 법률이 특정인과 특정 사건만을 대상으로 기본권을 제한한다면 제한되지 않는 다른 사람들, 다른 사건들에서와 차별을 가하는 것이어서 평등원칙을 위반하는 것이기도 하기 때문이다. ④ 또 다른 근거는 권력분립주의에서 찾기도 한다. 처분을 할 권한은 법을 집행하는 권력인 행정권에 속하는 것이므로 입법권이 구체적 처분을 직접 하게 되면 권력분립주의에 반한다는 것이다.

(3) 처분적 법률, 개별사건법률, 개별인대상 법률

처분적 법률이란 법률 자체가 어느 특정 사람이나 특정 사건에 대해 바로 권리나 의무에 대한 법적 효과를 발생시켜 처분을 발한 것과 같은 효과가 나타나는 법률을 의미한다. 따라서 처분적 법률은 그 법률 자체로 국민의 기본권에 대한 효과가 바로 발생하게 한다. 처분적 법률로는 ① 개별사건법률(특정의 사건들에 대해서만 적용되는 법률), ② 개별인(개인)대상 법률(특정의 사람들에게만 적용되는 법률)이 있다. 처분적 법률은 개별성, 구체성을 가지는바 위에서 본 법률의 일반성, 추상성 요건에 반하여 허용되지 않는 것이 원칙이다.

그러나 오늘날 구체적 타당성과 형평성을 고려하여 입법정책적으로 처분적 법률을 제정하여야 할 필요가 있는 경우가 나타난다(예컨대 위난예상지역 주민에 대해 거주 · 이전의 자유를 그들에 대해서만 제한하여 강제퇴거하게 하는 법을 제정하여 그 지역만의 특정한 국민들을 특별히 보호해주어야 할 필요가 있는 상황과 같은 경우). 오늘날의 평등의 관념은 형식적 · 외형적 평등이 아니라 실질적 · 상대적 평등의 관념으로서 차별일지라도 그 차별에 합리성이 있다면 평등하다(평등권 참조). 따라서 처분적 법률은 실질적 · 상대적 평등의 관념에서 그 법률이 적용되는 사람 · 사항들과 적용대상이 아닌 다른 사람 · 사항들 간의 차별을 정당화하는 합리적 사유가 존재하여야 합헌일 수 있다. 헌재 판례도 5 · 18민주화운동 등에 관한 특별법 제2조 위헌제청사건 등에서 우리 헌법상 어느 곳에서도 개별사건법률에 대한 정의를 하고 있지 않음은 물론, 개별사건법률을 금지하는 명문규정도 없는바, "특정규범이 개별사건법률에 해당한다 하여 곧바로 위헌을 뜻하는 것은 아니다. 비록 특정법률 또는 특정조항이 단지 하나의 사건만을 규율하려고 한다 하더라도 이러한 차별적 규율이 합리적인 이유로 정당화될 수 있는 경우에는 합헌적일 수 있다"라고 본다(헌재 1996. 2. 16, 96헌가2. 그 외 처분적 법률에 대해 합헌으로 본 예 : 헌재 2001. 2. 22, 99헌마613, 세무대학폐지법 사건; 헌재 2005. 6. 30, 2003헌마841, 뉴스통신사 사건; 헌재 2008. 1. 10, 2007헌마1468, 이른바 BBK사건 특검법. 처분적 법률에 대해 위헌으로 본 예 : 헌재 1989. 12. 18, 89헌마32, 국가보위입법회의법 등의 위헌 여부에 관한 헌법소원). 그러나 처분적 법률을 넓게 인정하여서는 아니 되고 한계가 준수되어야 한다.

3. 명 확 성

(1) 명확성원칙의 개념과 기능

명확성원칙이란 기본권을 제한하는 법률규정의 내용이 그 제한을 받는 국민이 이해할 수 있도록 가능한 한 구체적이고도 명료할 것을 요구하는 원칙으로 기본권제한규정이 모호하거나 확대해석가능성이 있거나 그 적용범위가 광범위하여서는 아니 된다는 원칙을 말한다.

명확성은 주지성(周知性), 예측가능성, 법적 안정성, 자의의 방지를 위하여 필요하다. 명확성은 기본권을 제한하는 법률의 내용을 명확하게 규정하여 국민들이 이를 명백히 인식할 수 있게 함으로써 이를 주지하여 제한되는 기본권이 무엇이며, 그 범위는 어떠한지를 사전에 파악할 수 있도록 하고 예측이 가능하도록 하며, 이로써 국민생활의 법적 안정성을 유지하게 한다. 명확성원칙은 포괄적이고 모호한 규정을 방지함으로써 법을 집행하는 행정청의 자의를 방지하는 기능도 한다.

(2) 명확성의 정도와 판단기준

1) 일반 법리 기본권을 제한하는 법률규정의 문언은 항상 일의적(一義的, 하나의 뜻으로)으로 일반인에게 이해될 수 있도록 분명한 것이 물론 이상적이다. 그런데 앞서 법률의 요건으로서 일반성과 추상성을 요구한다고 하였고 또한 인간생활이 복잡다단하여 이를 규율하여야 할 대상이 폭넓고 다양하므로 법률의 문언을 일의적으로 규정할 수 없는 경우도 있다. 그리하여 명확성의 정도가 문제된다. 헌재 판례는 다소 개방적인 개념을 사용할 수도 있고 개괄조항이나 불확정개념을 사용할 수도 있다고 보나, 법률해석을 통하여 적용의 자의성이 배제될 수 있는 정도의 명확성은 갖추어야 한다고 본다(헌재 2004. 7. 15, 2003헌바35 등). 또 헌재는 "입법기술상 어느 정도의 보편적 내지 일반적 개념의 용어사용은 부득이하므로, 당해 법률이 제정된 목적과 다른 규범과의 연관성을 고려하여 합리적인 해석이 가능한지의 여부에 따라 명확성의 구비 여부가 가려지고, 당해 법률조항의 입법취지와 전체적 체계 및 내용 등에 비추어 법관의 법 보충작용으로서의 해석을 통하여 그 의미가 분명해질 수 있다면 이 경우까지 명

확성을 결여하였다고 할 수 없다”라고 한다(헌재 2023. 8. 31. 2020헌바594. 동지 : 헌재 2010. 6. 24. 2007헌바101등; 2012. 12. 27. 2011헌바225; 2016. 12. 29. 2016헌바263; 2020. 12. 23. 2019헌바25 등). 그러나 기본권들마다 개별적으로는 그 제한에 있어서 보다 엄격한 명확성을 요구하는 기본권이 있다. 즉 그 제한의 효과가 국민의 기초적인 생활 영역에 미칠 경우에는 제한의 법규정의 내용이 보다 명확하여야 한다. 그리하여 죄형법정주의, 표현의 자유 등에서 더욱 강한 명확성을 요구한다. 죄형법정주의가 신체의 자유에 관련된 것이고 신체의 자유는 국민의 기초적 자유이기 때문이다. 헌재도 죄형법정주의가 적용되는 영역에서는 엄격한 의미의 명확성의 원칙이 적용된다고 한다(헌재 2000. 2. 24, 98헌바37). 표현의 자유도 민주정치의 초석이므로 표현의 자유를 제한하는 법률은 명확하지 않으면 그 자체로 위헌을 면할 수 없다.

2) 개 별 ⅰ) ‘예시적 입법’의 경우 : 예상되는 행위들을 구체적으로 규정하고 이어 “그 밖에 행위”라고 하는 입법형식(예를 들어 “A, B, C, D, 그 밖에 이에 유사한 행위는 금지된다”라는 법문)이다. 예시적 입법에 대한 명확성원칙 충족 요건으로 헌재는 “예시한 구체적인 사례(개개 구성요건)들이 그 자체로 일반조항의 해석을 위한 판단지침을 내포하고 있어야 할 뿐 아니라, 그 일반조항 자체가 그러한 구체적인 예시들을 포괄할 수 있는 의미를 담고 있는 개념이어야 한다”라고 본다(2009헌가2, 2012헌바258, 2018헌바146). ⅱ) 계획재량과 불확정적 개념 사용 및 심사기준 : 도시계획 등 행정계획(계획행정)에 관해 법률이 ‘불확정 개념’을 사용하고 계획재량을 비교적 넓게 인정해 줄 필요도 있어 명확한지에 대해서도 완화된 심사를 할 가능성이 많다(2006헌바91). ⅲ) 행정소송의 집행정지 요건 : 행정소송법은 집행정지의 요건을 ‘회복하기 어려운 손해’와 ‘긴급한 필요’라고 규정하는데(동법 제23조 제 2 항) 이에 대해 헌재는 “다소 추상적이고 광범위한 의미를 가진 것으로 보이는 용어를 사용하고 있더라도, 이 집행정지 요건 조항의 입법목적 및 다른 규정들과의 상호관계 등에 비추어 법관의 법 보충작용을 통한 판례에 의하여 합리적으로 해석할 수” 있다고 보아 명확성원칙을 준수한 것으로 본다(2016헌바208. * 헌법과 행정법의 복합문제). ⅳ) 민사법규(민법 제103조 반사회질서 위반 법률행위 무효 조항) : 헌재는 “민사법규는 사회현실에 나타나는 여러 가지 현상에 관하여 일반적으로 흠결 없이 적용될 수 있어야 하므로, 형

벌법규보다는 상대적으로 더 추상적인 표현을 사용할 수 있을 것"이라고 한다(2017헌바106, 2020헌바552). 헌재는 민법 제103조(반사회질서 위반 법률행위 무효 조항)가 명확성원칙 위반이 아니라고 한다[2020헌바552. 이 사안은 형사사건에서의 변호사 성공보수 약정은 민법 제103조에 따라 무효라는 법원 판결에 대한 항소심에서 민법 제103조에 대한 위헌심판이 제기된 사건이다. 헌재는 반사회질서 법률행위를 빠짐없이 규율하는 것은 입법기술상 매우 어렵고 이에 대한 판단은 법관의 주관적·자의적 신념이 아닌 헌법을 최고규범으로 하는 법 공동체의 객관적 관점에 의하여 이루어질 수 있다는 점 등에서 명확하다고 하여 합헌결정을 하였다].

V. 기본권제한의 사유(목적)

기본권을 제한함에 있어서는 그 제한을 정당화하는 사유(목적)가 존재하여야 한다. 현행 헌법 제37조 제2항은 "국민의 모든 자유와 권리는 국가안전보장·질서유지 또는 공공복리를 위하여 필요한 경우에 한하여 법률로써 제한할 수 있으며, 제한하는 경우에도 자유와 권리의 본질적 내용을 침해할 수 없다"라고 규정하여 국가안전보장·질서유지 또는 공공복리 이 3가지를 명시적인 기본권제한사유로 하고 있다.

1. 국가안전보장

국가의 안전보장이란 외세의 침해로부터의 영토의 보전, 국가의 존립과 안전, 대외적으로 국가의 독립성 보장, 국가의 존립에 관련되는 기본적인 헌법질서의 유지, 헌법에 의해 설치된 국가기관의 존속 등을 의미한다. 헌재는 국가안전보장을 의미하는 국가의 존립·안전을 위태롭게 한다 함은 "대한민국의 독립을 위협·침해하고 영토를 침략하여 헌법과 법률의 기능 및 헌법기관을 파괴·마비시키는 것으로 외형적인 적화공작 등일 것"이라고 밝힌 바 있다(헌재 1990. 4. 2, 89헌가113).

국가안전보장을 위한 기본권제한의 법률로 형법, 국가보안법, 군사기밀보호법, 민방위기본법 등이 있다. 국가보안법에 대해서는 논란이 있었고 한정합헌결정, 합헌결정 등이 있었다.

2. 질서유지

1) 질서의 개념과 범위에는 ① 물리적 질서(사회생활에서의 물리적인 기반의 유지와 안전)와 나아가 ② 정신적 질서(사회의 윤리 내지 도덕의 유지라는 정신적인 가치의 보장)까지도 포함된다. 사회의 윤리 내지 도덕의 준수가 포함된다고 보는 데 대해서는 윤리, 도덕의 의미가 명확하지 않을 수 있어 논란이 있을 수 있고 이를 악용할 소지가 있다. 윤리나 도덕이라는 질서의 유지는 가능한 한 최소한의 범위에서(법은 도덕의 최소한이다) 인정하여야 한다.

2) 질서의 개념 속에 헌법질서도 당연히 포함된다고 보아야 한다. 민주적 질서도 포함된다.

질서유지를 위한 기본권제한의 법률로는 형법, 질서위반행위규제법, '집회 및 시위에 관한 법률', 도로교통법, 경찰법, 경찰관직무집행법, 출입국관리법, '특정강력범죄의 처벌에 관한 특례법', '폭력행위 등 처벌에 관한 법률', '경범죄 처벌법' 등이 있다.

3. 공공복리(公共福利)

대체적으로 공공복리란 국가와 사회의 구성원 모두의 공익과 행복을 말하고 사회적 정의의 원리라고 보며 소극적인 개념이 아니라 적극적인 개념으로 본다. 생각건대 공공복리의 개념은 일의적으로 정의되기가 쉽지 않다. 그러나 공공복리가 가지는 다음과 같은 개념지표 내지 개념요소를 통해 그 개념을 파악할 수 있다. ① 사회구성원들 전체의 공공의 이익을 추구한다. ② 적극성의 의미를 가진다. 공익을 조성해가기 위한 국가의 정책이 적극적으로 입안되고 시행되어야 공공복리가 구현될 수 있다. ③ 형성적 성격을 가진다. 규제적이고 억제적인 방향이 아니라 사회구성원의 전체의 이익을 조성하고 발전시켜 나가는 성격을 가진다. ④ 분배적 성격을 가진다. 사회구성원 모두의 이익을 위한 것이 공공복리이므로 특정 계층의 국민에게만 재화나 기회가 집중되어서는 아니 되고 분배가 적절히 이루어져야 함을 의미한다. ⑤ 공공복리란 사회구성원들의 삶이 공동적으로 유리한 결과를 가져오는 상태를 말하므로 평등의 사상이 기저에 깔려있다.

공공복리를 위한 목적의 법률들로, '국토의 계획 및 이용에 관한 법률', '공익사업을 위한 토지 등의 취득 및 보상에 관한 법률', 환경정책기본법, 자연환경보전법, 대기환경보전법, 의료법, 약사법, 도로법, 건축법 등을 들 수 있다.

4. 비례원칙의 목적정당성에서의 목적

기본권제한사유는 비례(과잉금지)원칙에서 목적정당성을 판단함에 있어 준거가 된다. 즉 국가안전보장, 질서유지, 공공복리의 필요성을 위한 제한이라면 목적정당성을 갖춘 것이 된다(후술 비례원칙 부분 참조).

Ⅵ. 기본권제한법률의 한계

1. 한계의 의미

앞에서 본 의회유보원칙, 기본권제한법률이 갖추어야 할 요건인 일반성·추상성·명확성의 요건 등도 한계의 문제이다. 여기서는 그 외 중요한 한계원칙인 비례원칙, 본질적 내용침해금지원칙 등을 별도로 하나의 항목으로 묶어서 고찰한다.

2. 비례(과잉금지)원칙

(1) 개 념

기본권제한사유인 국가안전보장·질서유지 또는 공공복리를 위하여 필요한 경우라고 하더라도 무조건 기본권제한이 가능한 것이 아니라 그러한 목적에 부합되고 그 목적을 달성할 수 있는 효과를 가지는 제한방법을 강구하여야 하며 그 제한의 필요성의 정도에 상응한 정도의 제한만을 하여 가능한 한 필요 최소한의 기본권제한에 그쳐야 하고, 기본권제한으로서 오는 공공의 이익이 제한당하는 개인의 이익보다 많아야 한다는 원칙을 비례의 원칙(과잉금지의 원칙)이라고 한다. 이 원칙은 기본권을 제한함에 있어서 가장 중요한 한계를 설정하는 원칙이다.

실제 우리 헌재가 기본권제한의 한계를 일탈했는지 여부를 판단하는 심사에서 비례(과잉금지)원칙을 적용하여 심사한 판례들이 많다.

(2) 헌법적 근거

비례원칙의 근거로 기본권의 본질에서 찾으려는 설, 법의 일반원칙의 하나라고 보는 설, 법치국가원리설, 평등원칙을 근거로 한다고 보는 설 등이 있을 수 있고 우리 헌법의 경우 제37조 제 2 항의 '필요한 경우에 한하여'에서 찾는 견해가 있다.

우리 헌법재판소는 "헌법 제37조 제 2 항이 요구하는 과잉금지의 원칙(헌재 2010. 2. 25, 2009헌바38)," "헌법 제37조 제 2 항에서 정하고 있는 기본권 제한의 한계인 과잉금지의 원칙"(헌재 2009. 9. 24, 2009헌바28)이라고 하여 헌법 제37조 제 2 항을 비례원칙의 헌법적 근거로 본다. 한편 비례원칙이 법치주의의 요소 내지 내포라고 본다면 우리 헌법상의 법치주의의 근거는 헌법 제37조 제 2 항이므로 비례원칙의 근거를 헌법 제37조 제 2 항이라고 볼 수 있다.

* 행정기본법(2021. 제정) 제10조도 비례의 원칙을 명시하고 있다.

(3) 비례(과잉금지)원칙의 요소

학설로는 비례원칙의 요소들을 나름대로 정립하는 견해도 있다. 우리 헌재는 4요소설을 확립하고 있다.

1) 판례 — 4요소설 헌재는 이 과잉금지원칙의 요소로서 ① 목적의 정당성, ② 방법의 적절성, ③ 피해의 최소성, ④ 법익의 균형성을 들고 있는 바 그 요소들에 맞는 제한인지 여부의 심사를 통하여 문제되고 있는 기본권제한법률의 합헌성 여부를 심사하고 있다.

> [**판례**] • 과잉금지원칙의 4요소 = ① 목적의 정당성, ② 방법의 적절성, ③ 피해의 최소성, ④ 법익의 균형성. 〈관련설시요약〉 국가작용 중 특히 입법작용에 있어서의 과잉입법금지의 원칙이라 함은 "국가가 국민의 기본권을 제한하는 내용의 입법활동을 함에 있어서 준수하여야 할 기본원칙 내지 입법활동의 한계를 의미하는 것으로서, 국민의 기본권을 제한하려는 입법의 목적이 헌법 및 법률의 체제상 그 정당성이 인정되어야 하고(목적의 정당성), 그 목적의 달성을 위하여 그 방법이 효과적이고 적절하여야 하며(방법의 적절성), 입법권자가 선택한 기본권제한의 조치가 입법목적 달성을 위하여 설사 적절하다 할지라도 가능한 한 보다 완화된 형태나 방법을 모색함으로써 기본권의 제한은 필요한 최소한도에 그치도록 하여야 하며(피해의 최소성), 그 입법에 의하여 보호하려는 공익(公益)과 침해되는 사익(私益)을 비교형량할 때 보호되는 공익이 더 커야 한다(법익의 균형성)는 법치국가의 원리에서 당연히 파생되는 헌법상의 기본원리의 하나인 비례의 원칙을 말하는 것이다(헌재 1992. 12.

24, 92헌가8).

2) 판례이론에서의 각 요소의 법리 이해

① 목적의 정당성　　기본권을 제한하는 목적이 정당하여야 한다. 우리 헌법 제37조 제2항은 기본권제한의 사유(목적)를 '국가안전보장', '질서유지', '공공복리'로 명시하고 있으므로 기본권제한이 국가안전보장, 질서유지, 공공복리 중에 하나를 위한다는 목적을 가져야 하고 이러한 목적에 부합되는 제한입법이어야 목적의 정당성이 인정된다.

* 목적의 정당성이 인정되지 않아 위헌으로 결정된 판례 : 96헌가18, 95헌가6, 95헌마154, 2004헌마644, 2008헌바58, 2012헌마652, 2019헌가3(* 혼인한 여성 등록의무자의 경우에만 종전과 동일하게 계속해서 배우자의 직계존·비속의 재산을 등록하도록 규정한 공직자윤리법 부칙 규정 — 양성의 평등을 천명하고 있는 헌법에 정면으로 위배되는 것으로 그 목적정당성부터 없다고 보고 더 이상 비례 심사를 하지 않고서도 위헌으로 결정한 것).

② 방법의 적정성　　방법의 적정성이란 기본권제한의 목적을 달성하는 데 효과가 있는 방법이어야 한다는 것을 말한다. 즉 목적과 방법 간에 관련성을 가지는가, 그 방법이 그 목적을 실현할 수 있는 가능성을 가진 것인가 하는 문제이다. 그 방법이 목적달성가능성을 가지면 이 방법의 적정성은 갖춘 것이고 기본권제한을 가장 적게 가져오는지 여부는 묻지 않는다. 즉 제한의 정도, 피해의 정도가 가장 큰 방법이나 가장 적은 방법이나 모두 방법의 적정성은 있다고 보게 된다.

* 방법의 적절성이 없다고 본 결정례 : 89헌가95, 96헌가18, 92헌바47, 97헌마26, 98헌마363, 2000헌마91, 2000헌마81, 2004헌가30, 2013헌바25, 2015헌마1149 등.

③ 피해의 최소성

〈사례 12〉

A는 자신이 하고 있는 영업을 규제하는 법률이 의무로 규정하고 있는 보고를 기한을 하루 넘겨 하였고 그로 인해 관할 행정청의 업무가 하루 정도 지체되었다. A로서는 처

음 있었던 경미한 행정의무의 불이행이었다. 하지만 A는 이 일로 인해 위 법률의 규정에 따라 여섯 달 동안 영업을 정지하라라는 행정처분을 받았다. A는 어떠한 헌법적 원칙을 제시하면서 위 행정처분이 위헌성을 가진다고 주장할 수 있을 것인가?

피해의 최소성이란 기본권제한에 있어서 가장 피해가 적은 방법으로 제한을 하여야 한다는 비례원칙의 요구를 말한다. 비례(과잉금지)원칙은 가능한 한 기본권제한을 억제하고 최소한에 그치도록 하는 것이므로 비례원칙에서 피해의 최소성이 특히 중요하다. 통상 피해의 최소성의 충족 여부는 기본권제한목적의 달성에 필요한 범위에 그쳤는지 여부, 기본권제한목적의 달성을 가능하게 하는 방법으로서 보다 피해가 적은 다른 방법, 즉 대안이 있느냐를 살펴봄으로써 판단되어진다. 예를 들어 위법행위에 대한 제재를 가하여 기본권제한을 가져오는 경우에 그 위법성이 약한 정도인가 강한 정도인가 하는 경중에 따라 제재의 정도도 상응하여 비례적으로 가해져야 하는데 경미한 영업의무 위반에 대해 경고처분 정도로 충분한 제재가 됨에도 강한 영업정지처분을 함은 방법의 적정성은 가지겠지만 피해의 최소성을 갖추지 못한 것이다. 위 〈사례 12〉에서 경미한 위반에 여섯 달이라는 강한 제재가 가해지도록 하였으므로 그 외의 특별한 사유가 있어 여섯 달의 영업정지처분을 하도록 한 것이 아니라면 피해최소성을 위반한 것으로 볼 수 있다.

* 피해최소성 위반 인정의 몇 가지 결정례 : 신체과잉수색행위(2000헌마327), 계구의 상시적 착용(2001헌마163), 완화된 방법의 존재(2000헌마81), 포괄적(전면적) 금지(행정사에 대한 포괄적 겸직금지의 위헌성(95헌마90)), 필요적 제재(반드시 취소하라는 등. 94헌가3, 96헌가12, 99헌가11, 2013헌바25 등), 필요적 몰수(2001헌바89)(선고일 생략).

④ **법익의 균형성** 법익 균형성이란 기본권제한으로 얻어지는 공익이 기본권주체 사인이 잃게 되는 사익보다 커야 함을 말한다. 제한으로 얻어질 공익이 크지도 않은데 기본권주체에게 사익을 희생하라고 강제할 수는 없는 것이다. 법익의 균형성 심사에서 비교되는 공익과 사익 각각의 크기를 측정하는 것이 객관적이어야 할 것이다.

* 법익균형성에 대한 판단례는 많다. 위반 인정의 한 예로, 헌재 2002. 7. 18, 2000헌바57 참조.

(4) 헌법재판에서의 적용 · 심사의 정도

[비례(엄격)심사 와 합리성(완화)심사] 헌재 판례에서 비례심사를 행하는 경우가 많으나 헌재는 기본권의 종류에 따라 합리성 심사인 완화심사에 그치고 4요소 비례원칙 심사인 엄격심사를 하지 않은 경우도 있다(헌재는 비례심사를 행하는 경우를 엄격심사, 행하지 않은 경우를 완화심사라고 한다. 헌재의 구분기준이 문제되고 그 적용이 문제되는 경우도 있는데 예를 들어 재판청구권의 침해 여부에 있어서도 합리성심사(완화심사)를 한 예들이 있는데(헌재 2005. 5. 26, 2003헌가7; 2009. 7. 30, 2008헌바162; 2014. 2. 27, 2013헌바178; 2015. 7. 30, 2014헌가7 등) 검토를 요한다. 더구나 재판청구권 제한에 있어서도 헌재 스스로가 비례심사를 한 예들을 보여주고 있다. 재판청구권의 심사강도에 대해서는 뒤의 재판청구권 부분 참조). **[비례(엄격)심사 내 강도 — 더 엄격 비례심사와 완화 비례심사]** 헌재는 비례심사를 하는 경우에도 그 밀도(엄격의 강도)를 달리하기도 한다. 즉 ⅰ) 엄격한 비례(엄격)심사 : 사상을 전파하고 민주사회에서 의사결정에서의 의견개진이 중요하다는 점에서 표현의 자유, 인간의 기초적 자유라는 점에서 신체의 자유 등의 침해 여부를 심사하는 헌법재판에서 더욱 엄격한 비례심사를 하게 된다(표현의 자유의 엄격심사 입장을 밝힌 판례의 예로, 2007헌마1001, 2023헌가4, 2023헌바78 등). ⅱ) 유연 · 탄력, 완화된 비례심사 : 헌재는 개인의 본질적이고 핵심적인 자유 영역에 관한 것이라기보다 <u>사회적 연관관계에 놓여 있는</u> 경제 활동을 규제하는 사항에 해당할 경우 그 위헌성 여부를 비례심사를 함에 있어서도 완화된(비례심사 없는 완화심사와 혼동하지 말아야 함) 심사기준이 적용된다고 한다[헌재 2013. 10. 24. 2010헌마219등; 2019. 12. 27. 2017헌마1366등; 2024. 2. 28. 2019헌마500(주 52시간 상한제를 정하고 있는 근로기준법 조항이 과잉금지원칙 준수하여 합헌이라고 판단한 결정); 2024. 2. 28. 2020헌마1343 등]. 직업의 자유와 같은 경제적 기본권 제한에 대한 위헌심사에 있어서는 헌법 제119조 경제질서 조항의 의미를 충분히 고려해야 하고, 건전한 거래질서, 유통질서를 위한 경우 과잉금지원칙 적용함에 있어 보다 유연하고 탄력적인 심사가 필요하다고 본다(헌재 2018. 6. 28. 2016헌바77등; 2021. 9. 30. 2019헌바217; 2023. 7. 20. 2020헌마104).

3. 신뢰보호원칙

어느 국민의 기본권을 제한하는 공권력행사가 있게 되면 그동안 형성된 법관계에 대한 신뢰에 손상이 올 경우가 있다. 따라서 기본권제한에 있어서 이러한 신뢰를 가능한 한 보호하여야 하고 이러한 보호의무는 기본권제한에 있어서 한계를 구성하는 원칙이다.

(1) 개 념

신뢰보호원칙(信賴保護原則)이라 함은 어떠한 법률 등 국가작용으로 일단 형성된 권리관계(법률관계)가 이후의 새로운 법률이나 국가작용 등에 의해 기존의 그 권리관계가 깨트려지지 않고 지속될 것이라는 믿음이 있고 이러한 믿음은 존중되어야 한다는 원칙을 말한다.

(2) 근거 — 법치주의에서 파생

우리 현행 헌법에 신뢰보호원칙을 직접 명시하고 있는 규정은 없다. 신뢰보호는 기존의 법률상태의 보장, 존속을 기대하는 것이므로 신뢰를 가지는 주체에 대해서 법적 안정성을 의미한다. 법적 안정성은 법치주의의 기초라는 점에서 신뢰보호원칙은 법치주의에 근거한다고 본다. 우리 헌재도 신뢰보호원칙이 법치주의에서 파생된다고 본다(헌재 1995. 6. 29, 94헌바39). 법치주의의 근거규정을 헌법 제37조 제 2 항에서 찾는다면 결국 헌법 제37조 제 2 항이 신뢰보호원칙의 헌법상 근거가 된다. * 행정기본법 제12조도 신뢰보호의 원칙을 규정하고 있다.

(3) 적용요건

1) 보호될 신뢰의 요건(신뢰이익가치요건) 개인이 가지는 주관적인 신뢰가 모두 보호되는 것은 아니고 보호받을 가치가 있는 신뢰이어야 보호된다. 따라서 신뢰보호원칙이 적용되기 위해서는 보호가치가 있는 신뢰이익인지부터 먼저 가려져야 함은 물론이다(적용요건). 신뢰가치를 인정하기 위한 요건으로는 아래와 같은 2가지 요소를 들 수 있다. ① 예측불가능성 — 장차 법률의 개폐(개정 · 폐지)에 의해 그 신뢰가 깨트려질 것을 예측할 수 있는 경우라면 그 신뢰는 보호받기 힘들다. 따라서 통상의 일반인으로서 기존의 법률관계나 이익을

존속받기 어렵다고 예측할 수 없었던 상태에서의 신뢰이익이어야 한다. ② 법률이 신뢰나 기대를 가지도록 의도하였거나 또는 유발시킨 결과로서 신뢰나 기대가 형성되었을 것을 요한다.

헌재도 개인의 신뢰이익의 보호가치를 정함에 있어서 위 ①, ②와 비슷한 기준을 제시하여 판단한 바 있다(헌재 2002. 11. 28, 2002헌바45. 이 결정에서 헌재는 ㉠ 법적 상태의 변화를 예측할 수 있었는지 여부, ㉡ 국가에 의하여 유인된 신뢰인지 여부로 판단하였다).

* 예측불가성을 인정하여 위헌으로 판단한 결정례 : ① 국세관련 경력공무원에 대한 세무사자격 자동부여제의 폐지, 특허청 경력공무원에 대한 변리사자격 자동부여제의 폐지에 대한 헌법불합치결정(2000헌마152, 2000헌마208), ② 6인승 밴형화물자동차 운송사업에 대한 승차정원제한, 화물제한에 대한 한정위헌결정(2003헌마226). * 반면에 조세우대조치(감면)의 축소 등에 대해서는 부정적 입장이다. * 보호가치 있는 신뢰를 인정하기 어렵다는 결정례(2013헌가19. 토양오염 책임 문제).

* 국가에 의해 유인되거나 부여된 신뢰임을 인정한 결정례 : 국세관련 경력공무원에 대한 세무사자격 자동부여제의 폐지로 인한 신뢰침해(헌재 2001. 9. 27, 2000헌마152).

2) 신뢰보호원칙 위반 여부(신뢰가 보호될지 여부)의 판단기준

① 이익형량 공법에서 신뢰보호의 인정 여부는 일반적으로 이익형량의 방법에 따라 판단된다. 신뢰이익은 신뢰에 대한 보호기대를 가지는 개인의 사적인 이익이다. 신뢰를 침해함으로써 거두려는 공익과 서로 비교하여 공익이 클 때 신뢰침해가 가능하고 사적인 신뢰이익이 더 클 때에는 그 신뢰가 보호되어야 한다. 헌재의 판례이론도 그러하다. 헌재는 신뢰보호원칙의 위반 여부를 가리기 위해 "한편으로는 침해받은 이익의 보호가치, 침해의 중한 정도, 신뢰가 손상된 정도, 신뢰침해의 방법 등과 다른 한편으로는 새 입법을 통해 실현하고자 하는 공익적 목적을 종합적으로 비교·형량하여야 한다"라고 한다(헌재 2001. 4. 26, 99헌바55).

* 위헌결정례 : 최고보상제도의 시행 이전에 이미 장해사유가 발생하여 장해보상연금을 수령하고 있던 수급권자에게도 최고보상제도를 일정 유예기간 후 적용하도록 한 산업재해보상보험법 부칙조항이 신뢰보호원칙에 위배하여 재산권을 침해함(헌재 2009. 5. 28, 2005헌바20).

② **유예**(경과)**규정의 설정** 종래 해오던 활동을 일정기간 그대로 수행할 수 있게 유예기간을 두거나 경과규정을 둔 경우에 신뢰침해가 완화된다. 헌재도 유예기간의 설정, 경과조치 여부 등에 대해 살피는 판단을 하고 있다.

* 유예기간을 두지 않아 위헌으로 본 결정례(헌재 1995. 10. 26, 94헌바12).

(4) 신뢰보호원칙과 소급효 문제

소급효에 의한 기본권제한은 기존의 법률관계를 파기하는 것이기에 신뢰를 깨트리는 결과를 가져오므로 신뢰보호원칙은 소급효입법에서 많이 문제되고 관련성이 크다(바로 아래 4. 참조).

(5) 신뢰보호원칙에 위반한 것으로 판단한 결정례

① 귀책사유의 유무를 불문하고 후임자의 임명으로 국회공무원을 면직시키도록 한 국가보위입법회의법 부칙 규정(헌재 1989. 12. 18, 89헌마32), ② 조세감면규제법 부칙조항 등을 법 시행일 이전의 당해 자본증가액의 잔존증가소득 공제기간에 대하여 적용하는 것(헌재 1995. 10. 26, 94헌바12), ③ 법 시행 이전부터 택지를 소유하고 있는 개인에 대하여 일률적으로 소유상한을 적용하도록 한 택지소유상한에 관한 법률규정(헌재 1999. 4. 29, 94헌바37), ④ 지방고등고시의 응시상한연령의 기준일이 되는 최종시험시행일을 예년보다 늦추어 연도말로 정함으로써 응시상한연령을 5일 초과되게 하여 제 2 차시험에 응시할 수 있는 자격을 박탈한 공무원 임용시험(지방고등고시 2차시험) 시행계획 공고(헌재 2000. 1. 27, 99헌마123), ⑤ 국세관련 경력공무원에 대한 세무사자격 자동부여제의 폐지, 특허청 경력공무원에 대한 변리사자격 자동부여제의 폐지(헌재 2001. 9. 27, 2000헌마152; 헌재 2001. 9. 27, 2000헌마208. 위에서 이미 인용한 결정들), ⑥ 최고보상제도의 시행 이전에 이미 장해사유가 발생하여 장해보상연금을 수령하고 있던 수급권자에게도 최고보상제도를 적용하도록 한 산업재해보상보험법 부칙조항(헌재 2009. 5. 28, 2005헌바20. 위에서 인용) 등에 대한 위헌성을 인정한 결정례, ⑦ 토양오염관리대상시설의 양수자도 오염원인자로 간주되기 시작한 구 토양환경보전법 규정의 시행일인 2002. 1. 1. 이전에 토양오염관리대상시설을 양수한 자를 무제한적으로 모

두 오염원인자로 간주한 동법의 규정은 신뢰보호원칙에 위배된다고 하면서 적정한 개선입법을 하도록 적용중지의 헌법불합치결정을 한 예(헌재 2012. 8. 23, 2010헌바28), ⑧ 사법연수원에 입소할 당시의 법원조직법에 의하면 사법연수원의 소정 과정을 마치면 바로 판사임용자격을 취득할 수 있었으나, 이후 2011. 7. 18. 법원조직법이 개정되어 2013. 1. 1.부터는 사법연수원의 소정 과정을 마치더라도 일정 기간 이상의 법조경력을 갖추어야 판사로 임용될 수 있게 되는데 헌재는 그러한 부칙규정이 "2011. 7. 18. 당시 사법연수생의 신분을 가지고 있었던 자가 사법연수원을 수료하는 해의 판사 임용에 지원하는 경우에 적용되는 한" 신뢰보호원칙에 반하여 헌법에 위반된다는 '한정위헌'결정을 한 예(헌재 2012. 11. 29, 2011헌마786) 등이 있었다.

4. 소급효에 의한 기본권제한의 문제

(1) 개념과 근거

1) 개 념　　이미 완성된 법률관계나 사실관계를 사후에 국가가 새로운 법률이나 행정작용으로 거슬러 올라가 변화시키는 것을 소급이라고 한다. 소급효(遡及效)의 금지는 법적 안정성을 유지하기 위한 것이다. 소급효에 대비되는 것은 장래효이다. 기존의 법률관계나 사실관계를 건드리지 않고 그대로 인정하되 장래의 행위 등을 규율하는 것은 소급효가 아니라 장래효의 기본권제한이다.

2) 근 거　　참정권과 재산권에 관하여는 그 소급효금지의 원칙을 헌법 제13조가 명시적으로 규정하고 있다. 참정권, 재산권 외의 기본권제한에 있어서도 소급효금지원칙은 적용이 되어야 할 것인바 그 헌법적 근거는 법치주의에 있다. 소급효금지는 법적 안정성을 위한 것이고 법적 안정성은 법치주의의 중요한 한 요소이므로 결국 소급효금지는 법치주의에서 도출되는 요구라고 볼 것이기 때문이다. 우리 헌법상 법치주의는 헌법 제37조 제2항에서 나온다고 보기에 소급효금지의 원칙은 헌법 제37조 제2항을 근거로 한다.

(2) 소급효의 유형 — 진정소급효와 부진정소급효의 구분

소급효에는 진정소급효(眞正遡及效)와 부진정소급효(不眞正遡及效)가 있다. 진정소급효는 과거에 그 형성이 시작되어 이미 완성된 사실상태나 법률관계를 후에 새롭게 제정·개정된 법률 등 새로운 국가작용으로 번복 내지 변경하는 효과의 소급효를 말한다. 부진정소급효는 과거에 시작된 법률관계의 형성이긴 하나 아직 완성이 되지 않은 사실상태나 법률관계를 규율하거나 완성되지 않은 법률상태를 새롭게 제정·개정된 법률 등 새로운 국가작용에 의해 번복 내지 변경하는 경우의 소급효를 말한다. 진정소급효는 완전소급효라고도 부를 수 있고, 부진정소급효는 부분적인 소급효를 말한다. 이러한 구분에 대해서는 문제제기가 없지 않다.

(3) 허용 여부와 예외 및 한계

원칙적으로 진정소급효입법은 허용되지 않고 부진정소급효입법은 허용된다. 헌재도 그러한 입장이다(헌재 1989. 3. 17, 88헌마1).

다만, 진정소급효입법도 극히 예외적으로 인정된다고 보고 부진정소급효입법도 국민의 신뢰를 침해할 수 있으므로 상당한 조건 하에 허용된다고 본다.

1) 진정소급효입법

① 원칙 — 금지 　진정소급효의 경우 당사자가 과거에 완성된 법률관계에 대해 강한 신뢰를 가지고 있어 신뢰보호와 법적 안정성을 위하여 이를 입법자가 보호하여야 하므로 헌법은 원칙적으로 이를 금지한다(헌재 2024. 2. 28. 2020헌마1343등). 헌재의 판례도 헌법 제13조 제 2 항에서 금지하는 소급입법이란 진정소급효입법이라고 보고 진정소급효입법의 경우에는 원칙적으로 금지된다는 입장이다.

② 예외적 허용 　헌재는 진정소급입법이 원칙적으로 금지되나 예외적으로 허용될 수 있다고 보고 그 예외사유를 다음과 같이 설정하고 있다. ① 국민이 소급입법을 예상할 수 있었거나, 법적 상태가 불확실하고 혼란스러웠거나 하여 보호할 만한 신뢰의 이익이 적은 경우와 ② 소급입법에 의한 당사자의 손실이 없거나 아주 경미한 경우, 그리고 ③ 신뢰보호의 요청에 우선하는 심히 중대한 공익상의 사유가 소급입법을 정당화하는 경우 등이라고 한다(헌재 1998. 9. 30, 97헌바38). ⅰ) 위헌결정례로, ① 개정전 정정보도청구에 대한 개정법의 적용 — 헌재는 구 '언론중재 및 피해구제 등에 관한 법률'(2005. 1. 27. 제

정된 것) 부칙 제2조 본문은 동법의 시행 전에 행하여진 언론보도에 대하여도 정정보도청구권의 성립요건과 정정보도청구소송의 심리절차에 관하여 동법이 소급하여 적용되게 함으로써 이미 종결된 과거의 법률관계를 소급하여 새로이 규율하는 것이기 때문에 소위 진정소급입법에 해당한다고 보았고 이러한 진정소급입법을 예외적으로 허용할 특단의 사정도 인정되지 않는다고 판단하여 위헌으로 결정하였다(헌재 2006. 6. 29, 2005헌마165). ② 구법 하에 발생된 하자의 담보책임기간을 신법으로 축소한 경우 — 헌재는 공동주택의 하자담보책임 기간이 신법(주택법)에서 축소되었는데 신법 부칙 조항은 구법 하에서 발생한 하자에 대해서도 신법이 적용되게 하여 진정소급입법으로서 구법 아래에서 적법하게 발생한 하자담보청구권을 소급하여 박탈하여 신뢰를 심각하게 침해하는 것이어서 신뢰보호원칙에 반한다고 보아 위헌결정을 하였다(헌재 2008. 7. 31, 2005헌가16). ③ 공무원연금 감액조항을 소급하여 적용하도록 규정한 공무원연금법 부칙규정 — 진정소급입법인데 예외적으로 허용되는 경우에도 해당되지 아니하므로 위헌이라고 결정하였다(헌재 2013. 8. 29, 2010헌바354). ④ 부당환급받은 세액을 징수하는 근거규정인 개정조항을 개정된 법 시행 후 최초로 환급세액을 징수하는 분부터 적용하도록 규정한 법인세법 부칙 규정은 진정소급효입법으로서 위헌이라고 결정되었다(헌재 2014. 7. 24, 2012헌바105). ii) 합헌결정례로, 몇 가지를 보면, ① '1979년 12월 12일과 1980년 5월 18일을 전후하여 발생한 헌정질서파괴범죄행위'에 대하여 공소시효의 진행이 정지되도록 규정한 5·18민주화운동 등에 관한 특별법 제2조 위헌심판사건결정을 들 수 있다. 이 결정에서 공소시효가 완성된 것으로 법원이 판단할 경우에는 이는 특별법이 이미 과거에 완성된 사실 또는 법률관계를 규율대상으로 사후에 이전과 다른 법적 효과를 생기게 하는 이른바 진정소급효를 갖게 된다고 보았는데, 이 부분에 대해서는 재판관들 간에 의견의 대립이 있었다. 특별법조항을 공소시효가 이미 완성된 경우에도 적용하는 한 위헌이라고 본 한정위헌의견이 5인 재판관의 의견으로서 4인 재판관의 합헌의견보다 우세하였으나 법률의 위헌결정에 필요한 정족수 재판관 6인 이상의 위헌의견에 이르지 못하여 합헌결정이 되었다. 결국 합헌의견인 4인 소수의견이 법정의견이 된 것이다(헌재 1996. 2. 16, 96헌가2 등). ② 헌재는 친일재산을 그 취득·증여 등 원인행위시에 국가의 소유로 하도록 규정한 '친일반민족행위자 재산의 국가귀속에 관한 특별법' 규정이 진정소급입법이지만 소급입법을 예상할 수 있었던 예외적인 사안이고 진정소급입법을 통해 침해되는 법적 신뢰는 심각하다고 볼 수 없는 데 반해 이를 통해 달성되는 공익적 중대성은 압도적이라고 할 수 있으므로 진정소급입법이 허용되는 경우에 해당된다고 보아 합헌이라고 보았다(헌재 2011. 3. 31, 2008헌바141; 헌재 2011. 11. 24, 2009헌바292). ③ 재조선 일본인 재산의 처리 및 귀속에 관한 미군정청 법령 조항 사건에서도 진정소급이나 신뢰이익 보호가치가 없고 일본인이 불법적으로 축적한 재산을 동결해야 하는 공익이 신뢰보다 더 크다고 하여 합헌결정을 하였다(헌재 2021. 1. 28, 2018헌바88).

2) 부진정소급효입법

① 원칙 — 허용 부진정소급효입법은 그 변경대상이 아직 완전한 법률관계를 형성한 것이 아니기에 그 보호가 강할 수는 없고 일반적으로 허용된다.

② 한 계 부진정소급효입법이 원칙적으로 허용될 수 있는 입법이더라도 헌법적 원칙들을 위반해서는 아니 되는 한계가 있다. 부진정소급효의 기본권제한입법도 평등원칙을 위반하여서는 아니 되고 비례(과잉금지)원칙을 준수하여야 하며 기본권의 본질적 내용을 침해할 수 없다. 특히 부진정소급효입법으로 인한 신뢰파기의 문제가 발생하는데 위에서 본 신뢰보호원칙의 적용법리인 비교형량에 의해 해결해야 할 것이고 일정한 유예(경과)기간 등을 두어야 한다. 헌재도 같은 입장이고 신뢰보호원칙심사가 장래입법에 비해서 더 강화되어야 한다고 본다(헌재 1995. 10. 26, 94헌바12).

5. 기본권의 「본질적 내용」의 침해금지

헌법 제37조 제 2 항은 국민의 모든 자유와 권리를 법률로써 제한하는 경우에도 자유와 권리의 본질적인 내용을 침해할 수 없음을 명시하고 있다. 기본권의 본질적 내용이 무엇이냐가 문제된다.

(1) 본질적 내용의 개념

1) 학설 — 독일에서의 논의 독일 기본법 제19조 제 2 항은 "어떠한 경우에도 기본권은 그 본질적 내용에 있어서는 침해되어서는 아니 된다"라고

명시하고 있는데 이 본질적 내용이 무엇이냐가 독일에서도 논란이 되고 있다.

① **주관설과 객관설** 본질적 내용의 규정이 보호하고자 하는 대상이 무엇이냐에 따라 주관설과 객관설로 나누어지고 있다. 주관설은 본질적 내용 규정의 보호대상이 개인의 주관적인 권리라고 보는 학설이다. 객관설은 본질적 내용을 하나의 객관적인 법규범, 사회적 제도를 보호하는 대상으로 보는 학설이다.

② **절대설과 상대설, 절충설** 기본권의 본질적 내용이 있다면 그것은 고정적인지 아닌지에 대해 절대설, 상대설, 절충설 등의 견해가 대립된다. 절대설은 기본권의 본질적 내용이 고정적이라고 보는 입장이다. 본질적 내용은 핵심적이고 근본적인 요소로서 상황에 따라 달리 나타나는 것이 아니라 고정적이고 어떠한 경우에도 이 요소는 훼손될 수 없는 영역이라고 본다. 상대설은 본질적 내용과 범위는 기본권들마다 그리고 상황에 따라 유동적인 것으로 보고 본질적 내용침해인지 여부는 비례원칙 등의 적용(법익형량)으로 판단하고 해결하여야 한다는 입장이다. 절충설은 양자의 입장을 함께 고려하는 중간적인 입장이다.

2) **우리 헌법재판소 판례** 우리 헌재는 위 절대설과 상대설 중 어느 설을 취하는지를 명시적으로 밝힌 바는 없다. 판례 중에는 절대설적 입장을 취한 것으로 보이는 것도 있었고 상대설적 입장을 취한 것으로 보이는 것도 있었다. ① 절대설적 판례 — 우리 헌재는 "토지재산권의 본질적인 내용이라는 것은 토지재산권의 핵이 되는 실질적 요소 내지 근본요소를 뜻하며, 따라서 재산권의 본질적인 내용을 침해하는 경우라고 하는 것은 그 침해로 사유재산권이 유명무실해지고 사유재산제도가 형해화(形骸化)되어 헌법이 재산권을 보장하는 궁극적인 목적을 달성할 수 없게 되는 지경에 이른 경우라고 할 것이다"라고 판시한 바 있다(헌재 1989. 12. 22, 88헌가13). 위와 같은 판시는 '핵이 되는 실질적 요소 내지 근본요소', '유명무실해지고 형해화' 등으로 본질적 내용을 나타내고 있어서 절대설적인 입장을 보여주는 것이라고 할 것이다. ② 상대설적 판례 — 헌재는 사형제도에 대한 합헌결정에서 상대설을 취한다고 명시적으로 밝히지는 않았으나 "사형이 <u>비례의 원칙에 따라서</u> 최소한 동등한 가치가 있는 다른 생명 또는 그에 못지 아니한 공공의 이익을 보호하기 위한 불가피성이 충족되는 예외적인 경우에만 적용되는 한, 그것이 비록 생명을 빼앗는 형벌이

라 하더라도 헌법 제37조 제 2 항 단서에 위반되는 것으로 볼 수는 없다 할 것이다"라고 하여 상대설을 취한 것으로 보이는 설시를 한 바 있다(헌재 1996. 11. 28, 95헌바1. 동지 : 최근의 사형제도 합헌결정, 헌재 2010. 2. 25, 2008헌가23).

(2) 본질적 내용침해금지규정의 성격

본질적 내용침해금지규정은 기본권의 자연권적 성격이 나타나는 규정이다. 이는 기본권제한에 있어서의 내용적 한계라는 성격을 가진다. 또한 현행 헌법 제37조 제 2 항 단서의 본질적 내용침해금지규정은 헌법의 근본규범으로서 헌법개정의 대상이 될 수 없다(헌법개정의 한계규정).

* 본질적 내용의 침해로서 위헌이라고 판단한 결정례 : 헌재 1990. 9. 3, 89헌가95; 헌재 1992. 4. 28, 90헌바24; 헌재 1995. 2. 23, 93헌가1; 헌재 1995. 9. 28, 92헌가11; 헌재 1996. 4. 25, 92헌바47; 헌재 1997. 8. 21, 94헌바19; 헌재 1999. 11. 25, 95헌마154; 헌재 2002. 9. 19, 2000헌바84; 헌재 2003. 12. 18, 2002헌바1; 헌재 2013. 3. 21, 2010헌바132(이 결정은 유신헌법하 긴급조치에 대한 위헌결정임).

6. 부당결부금지원칙

이는 행정작용과 사인이 부담하는 급부가 부당하게 상호결부되어서는 아니 된다는 원칙을 말한다[홍정선, 행정법원론(상), 박영사, 2011, 89면. 예를 들어 건축법 위반에 대한 시정명령을 이행하지 않은 사람에 대하여 전기 · 전화 · 수도 등의 공급중지를 요청할 수 있게 하는 것(현행 건축법에서는 삭제된 규정임)은 이 원칙의 위반이라고 본다]. 이 원칙은 행정법학계와 대법원판례에서 인정되어 왔고 행정기본법 제13조가 명시하고 있다(그 위반을 부정한 헌재판례 : 수형자의 화상접견시간제한에 관한 사안, 2007헌마738).

제 3 항 기본권의 예외적 제한

* 여기서 '예외적'이라 함은 형식적 법률에 의한 제한(일반적 제한)이 아닌 제한, 평상이 아닌 상황에서의 제한을 의미한다.

Ⅰ. 긴급명령, 비상계엄 등 국가긴급권에 의한 제한

헌법은 긴급명령, 긴급재정경제명령, 긴급재정경제처분, 비상계엄에 의한 기본권제한을 예외적으로 허용하고 있다(제76조, 제77조). 이러한 국가긴급권에 의한 제한일지라도 기본권의 본질적 내용은 침해할 수 없다. 비상계엄의 경우에는 영장제도, 언론・출판・집회・결사의 자유에 관한 특별한 조치를 할 수 있으나 "법률이 정하는 바에 의하여" 할 수 있다. 그 외 발동요건에 따른 한계, 긴급명령 등의 경우에 국회의 승인을 받아야 한다는 등의 한계가 있다. 이에 대한 자세한 것은 대통령의 국가긴급권에서 살펴본다(후술 제 4 부 국가권력규범론 참조).

* 2024. 12. 3. 위헌적 계엄선포 당시 포고령 발령 지시의 헌법 제77조 제 3 항, 계엄법 제 9 조 제 1 항 위반 인정.

2024헌나8 [관련판시] 대통령이 계엄사령관으로 하여금 국회, 지방의회, 정당의 활동과 정치적 결사, 집회, 시위 등 일체의 정치활동 금지(포괄적 · 전면적으로 제한)하며, 사회혼란을 조장하는 파업 등을 금지하고 모든 의료인 본업 복귀를 명하며 이 포고령 위반자에 대해 영장 없이 체포, 구금, 압수수색을 할 수 있도록 하는 이 사건 포고령을 발령하게 한 행위는 계엄법 제 9 조 제 1 항에서 정한 '군사상 필요할 때'에 해당하지 않고 필수불가결한 최소한도 내 기본권 제한도 아니라서 한정된 특별조치권을 규정한 헌법 제77조 제 3 항 및 계엄법 제 9 조 제 1 항을 위반하여 포고령을 발령하게 함으로써, 국민의 정치적 기본권, 언론 · 출판 · 집회 · 결사의 자유, 정당활동의 자유(정당제도 자체의 부인), 단체행동권, 직업의 자유, 신체의 자유를 침해하였다(* 그 외 이 인용(파면)결정의 이유설시에 대해서는 뒤의 대통령, 계엄권 부분, 뒤의 헌법재판, 탄핵심판 부분 등 참조).

Ⅱ. 조약에 의한 제한

국가 간의 조약에 의해 국민의 기본권이 제약될 수 있다. 예를 들어 A국과 B국 간에 특정 상품에 대한 수입제한을 하는 조약을 체결함으로써 그 상품을 생산, 수출하는 국민이 영업의 자유에 영향을 받게 되는 경우이다. 관세조약은 기본권을 제한하는 조약의 대표적인 예이다. 기본권제한을 가져오는 조약은 그 체결・비준에 국회의 동의를 요하는 통제제도가 마련되어 있다. 즉 헌법 제60조 제1항은 "국회는 … 국민에게 중대한 재정적 부담을 지우는 조약 또는 입법사항에 관한 조약의 체결·비준에 대한 동의권을 가진다"라고 규정하고 있다.

조약에 의한 기본권제한의 경우에도 비례원칙, 본질적 내용을 침해해서는 아니 되는 제한의 한계를 가진다.

Ⅲ. 대통령령 등의 법규명령(행정입법)에 의한 제한

기본권을 제한하기 위한 사항들을 법률이 규정하지 않고 법률 하위의 대통령령, 총리령, 부령 등 행정입법에 위임할 수도 있으나 포괄적 위임이어서는 안 된다는 한계가 있다(제75조, 제95조). 법규명령 등 행정입법에 대한 자세한 것은 대통령의 입법에 관한 권한에서 살펴본다(후술 제4부 국가권력규범론 참조).

Ⅳ. 자치입법(조례)에 의한 제한

지방자치단체의 자치입법인 조례에 의해서는 법률의 위임을 받아 기본권을 제한할 수 있다. 자치입법에 대한 자세한 것은 지방자치에서 살펴본다(후술 제4부 국가권력규범론 참조).

Ⅴ. 특수신분자에 대한 제한 문제

특수신분자에 대한 제한을 '법률'에 의한 기본권제한의 예외라고 보는 것은 문제이다. 왜냐하면 기술한 대로 오늘날 특수신분자에 대한 기본권제한이 강하다고 할지라도 어디까지나 헌법과 법률에 의한 제한이 되어야 하기 때문이다. 특수신분자의 기본권에 대해서는 앞서 기본권의 주체 문제에서 살펴보았다(전술 참조).

제 3 절 이른바 '기본권의 내재적 한계' 문제

기본권은 그 자체에 한계를 가진다고 보는 내재적 한계(內在的 限界)를 주장하는 견해가 있다. 이 견해에 따르면 기본권은 사회공동체 속에서 다른 구성원들과 더불어 살아가기 위해서는 제약을 받을 수밖에 없다는, 즉 기본권은 사회공동체 내에서 다른 사람들의 권리를 존중하고 공공복리, 건전한 사회풍속 등을 침해하지 않는 권리이어야 한다는 한계를 지니고 이 한계는 기본권 자체에 존재하는 것이라고 보아 이를 내재적 한계라고 한다. 그 견해에 따르면 내재적 한계의 내용은 타인의 권리 · 헌법질서 · 도덕률이라고 한다. 우리 헌재는 구 형법 제241조(간통죄)의 위헌 여부에 관한 헌법소원에서 "국가적 · 사회적 · 공공복리 등의 존중에 의한 내재적 한계"가 있다고 판시한 바 있다(헌재 1990. 9. 10, 89헌마82. 이후 간통죄규정은 성적 자기결정권 등을 침해하는 것이라고 하여 위헌결정을 받긴 하였다. 헌재 2015. 2. 26, 2009헌바17). 그러나 최근에는 기본권의 내재적 한계를 표명하는 판례를 찾아보기 어렵다.

현행 헌법 하에서 내재적 한계를 부정하는 것이 타당하다. 그 이유는 우리 헌법은 기본권의 제한을 법률로써만 하도록 규정하고 있으므로(제37조 제 2 항) 법률에 의하지 아니하는 기본권제한을 인정하기 어렵기 때문이다. 긍정설이 내세운 내재적 한계의 내용은 사실 일반적인 기본권의 제한사유가 될 수 있고 따라서 내재적이 아니라고 하더라도 그 사유로 기본권을 법률로 제한할 수 있으므로 그 사유에 의한 제한필요성이 있는 경우에 대응할 수 있다. 즉 타인의 권리를 위하여 타인의 권리와의 충돌시 이를 조절하기 위한 기본권의 제한이 있게 되고 이를 위하여 이익형량 등을 하게 된다. 그런데 그 제한을 법률로 하여야 한다. 바로 기본권제한의 일반적 모습이다. 특히 질서유지는 헌법 제37조 제 2 항도 명시하고 있다. 내재적 한계설은 오히려 법률이 아닌 제한을 받아들이게 되는데 이는 우리 헌법 제37조 제 2 항과 배치되고 기본권제한을 확대하게 되어 받아들일 수 없다. 우리나라의 대부분의 학설도 부정한다.

제 6 장 기본권의 보호와 침해에 대한 구제

제 1 절 국가의 기본권보장의무

Ⅰ. 국가의 기본권보장의무의 개념과 기초(근거)

1. 개 념

국가의 기본권보장의무란 국가가 국민의 기본권을 실현하고 보호하여야 할 의무를 말한다. 국가의 기본권보장의무는 앞서 본 기본권의 효력에서 대국가적 효력의 문제로 다룬 것이기도 하다.

국가의 기본권보장의무를 사인(私人)들 간의 기본권침해에 있어서의 국가보호의무만으로 보려는 견해가 있다. 우리 헌재는 넓게 헌법 제10조 제 2 문의 국가의 기본권보호의무 선언은 국가가 국민과의 관계에서 국민의 기본권보호를 위해 노력하여야 할 의무가 있다는 의미뿐만 아니라 "국가가 사인 상호간의 관계를 규율하는 사법(私法)질서를 형성하는 경우에도 헌법상 기본권이 존중되고 보호되도록 할 의무가 있다는 것을 천명한 것"이라고 판시하기도 하였고(헌재 2008. 7. 31, 2004헌바81), "기본권 보호의무란 기본권적 법익을 기본권 주체인 사인에 의한 위법한 침해 또는 침해의 위험으로부터 보호하여야 하는 국가의 의무를 말하며"라고(헌재 2009. 2. 26, 2005헌마764; 헌재 2011. 8. 30, 2008헌가22; 헌재 2018. 6. 28, 2011헌바379) 좁게 보는 판시를 한 예도 보여주었다. 그러나 사인 간

기본권침해시 기본권의 대사인적 효력이 인정될 수 있을 것인가, 국가의 기본권보호의무가 있는가 하는 문제가 '부각'되었다는 것이지 그로써 국가권력이 침해자로서 국가에 의한 기본권침해에 대한 국가의 기본권보호의무가 무시되어야 한다는 것이 결코 아니고 사인 간 기본권침해에 대한 국가의 보호의무가 논의되더라도 국가기관에 의한 기본권침해에 있어서 국가의 기본권보호의무가 있음은 당연한 것이다. 따라서 국가의 기본권보장의무는 국가기관에 의한 기본권침해의 경우와 사인들 간의 침해의 경우에 있어서 모두 인정된다. 우리 헌법 제10조 후문도 국가의 기본권보장의무를 국가기관의 침해의 경우에만 한하거나 사인에 의한 침해의 경우에 한하는 것으로 규정하고 있지는 않다. 헌재는 과거사 국가배상청구 '소멸시효' 위헌결정에서 오랜 기간 계속된 사실상태를 그대로 유지하는 것이 법적 안정성에 부합한다는 소멸시효제도의 입법취지가, 과거사정리법 제2조 제1항 제3호의 민간인 집단 희생사건과 제4호의 중대한 인권침해사건·조작의혹사건에서 국가배상청구권 제한을 정당화한다고 보기 어렵다고 한다. 나아가 헌재는 "헌법상 기본권 보호의무를 지는 국가가 소속 공무원들의 조직적 관여를 통해 불법적으로 민간인을 집단 희생시키거나 국민에 대한 장기간의 불법구금 및 고문 등에 의한 허위자백으로 유죄판결 등을 하고 사후에도 조작·은폐 등을 통해 피해자 및 유족의 진상규명을 저해하여 오랫동안 국가배상청구권을 행사하기 어려운 상황이었음에도, 그에 대한 소멸시효를 불법행위시점(민법 제766조 제2항) 내지 객관적으로 권리를 행사할 수 있는 시점(민법 제166조 제1항)으로부터 기산함으로써 국가배상청구권이 이미 시효로 소멸되었다고 선언하는 것은 헌법 제10조에 반하는 것으로 도저히 받아들일 수 없기 때문"이라고 한다(헌재 2018. 8. 30, 2014헌바148등). 이러한 판시는 헌재가 기본권보장의무를 사인들 간의 관계에 한정하지 않고 있는 것을 보여주는 당연한 판시이다.

2. 국가의 기본권보장의무의 기초(근거)

국가가 존재하고 국가가 헌법을 제정하며 제도를 창설하는 것은 결국 국민의 권리를 지켜주고 복리를 증진시키는 등 국민의 기본권을 보장하는 데에 종국적 목적이 있다. 바로 이러한 국가의 존재목적에 국가의 기본권보장의무가 기초한다. 우리 헌법은 제10조 후문이 "국가는 개인이 가지는 불가침의 기본적 인권을 확인하고 이를 보장할 의무를 진다"라고 하여 이에 대한 명시적 헌법규정을 두고 있기도 하다. 이는 국가의 기본권보장의무에 대한 헌법적 확인규정이다. 이 규정이 없더라도 국가의 존재목적에서 국가는 기본권규범을 준수하여 최대한 기본권을 보장할 의무를 지게 되기 때문이다.

Ⅱ. 국가의 기본권보장의무의 내용

1. 기본권 최대보장의 원칙

국가의 존재이유에서 국가의 기본권보장의무가 나오고 국가가 국민의 기본권을 최대한 보장하여야 할 의무가 나온다. 국가는 입법, 행정, 사법의 영역에서 국민의 기본권을 최대한 보장할 의무를 진다. 기본권 최대보장원칙의 실효성은 특히 기본권이 침해되었을 때 그 구제가 충실히 이루어짐으로써 제대로 나타날 수 있음은 물론이다(후술 기본권의 침해와 구제 참조). 기본권의 효력을 실질화하기 위한 구제제도들은 청구권적 기본권의 내용이기도 하다(후술 청구권 참조).

2. 국가행위와 기본권보장의무

국가의 기본권보장의무는 국가기관이 기본권을 침해할 수 없도록 금지하고 침해가 있을 때에 이를 제거할 의무를 그 내용으로 한다. 이러한 침해금지·제거의 의무라는 소극적인 의무 외에 적극적인 기본권실현을 위한 의무도 진다. 현실적인 여건 때문에 그 실현에 어려움이 있더라도 입법, 행정이 가능한 한 보다 적극적으로 기본권을 실현하고 예방하며 신장할 의무를 진다. 기본권을 실현하기 위하여 필요한 구체적 규정이 없거나 부족한 경우에 입법부는 입법의무를 진다. 행정부도 기본권보호를 위한 적극적 조치를 취할 의무를 진다. 사법부도 기본권의 보장을 위한 적극적인 법해석·적용을 하여야 한다.

* **국가보호의무와 입법부작위, 그리고 헌법소원 대상성** — 국가의무의 존재가 부정될 경우에 헌법소원의 대상성도 부정되어 헌재는 각하결정을 한다. 부작위에 대해서는 의무가 존재함에도 행위(작위)를 하지 않은 경우에 헌법소원의 대상인 공권력불행사가 되기 때문이다. 따라서 의무가 없는 경우에 각하결정이 된다. 그러한 일례로 독도

에 대피시설이나 의무시설, 관리사무소, 방파제 등을 설치하지 아니한 피청구인(대한민국정부)의 부작위가 헌법소원 대상이 될 수 있는지 여부가 문제된 것에 대해 헌재는 구체적 작위의무가 없다고 보아 부정하고 각하결정을 하였다(헌재 2016. 5. 26, 2014헌마1002).

3. 사인 간의 관계, 제 3 자 관계에서의 국가의 기본권보장의무

국가는 사인들 간의 관계에서의 기본권도 보장하여야 한다. 이는 기본권의 대사인적(제 3 자적) 효력과 연관된다. 사인들 간의 불평등한 처우 등을 시정하는 입법과 조치가 요구된다. 다만, 사인들 간에서의 국가보호의무에 있어서는 사적 자치 등에 따른 한계가 있을 수 있어 국가의 개입이 요구되는 정도가 달라질 수는 있을 것이다.

한편 헌재는 제10조의 인간의 존엄성은 '국가권력의 한계'로서 국가에 의한 침해로부터 보호받을 개인의 방어권일 뿐 아니라, '국가권력의 과제'로서 국민이 제 3 자에 의하여 인간존엄성을 위협받을 때 국가는 이를 보호할 의무를 부담한다고 하면서, 일본국에 대하여 가지는 일본군위안부, 원폭피해자로서의 배상청구권이 '대한민국과 일본국 간의 재산 및 청구권에 관한 문제의 해결과 경제협력에 관한 협정' 제 2 조 제 1 항에 의하여 소멸되었는지 여부에 관한 한·일 양국 간 해석상 분쟁을 위 협정 제 3 조가 정한 절차에 따라 해결할 의무가 헌법 제10조에 비추어 볼 때 헌법적 의무이고 이 의무를 이행하지 아니하고 있는 피청구인(외교통상부장관)의 부작위가 위헌이라고 확인하였다(헌재 2011. 8. 30, 2006헌마788; 헌재 2011. 8. 30, 2008헌마648. 그러나 헌재는 이 결정 이후 일제의 사할린 강제징용자 등이 청구한 같은 성격의 청구에 대해 의무불이행이 아니라고 하여 각하결정하였다(헌재 2019. 12. 27, 2012헌마939)).

Ⅲ. 헌법재판과 국가보장의무(위헌심사기준)

1. 논 의 점

국가의 기본권보장의무에 대한 헌법재판에서 그 심사의 범위와 정도가 어떠한가가 논의되고 있다.

2. 과소보호금지원칙과 헌법재판

헌재는 ① 국가가 기본권을 제한하는 경우와 ② 국가가 기본권을 보장하는 경우를 달리 보아 ②의 경우 그 의무를 다하였는지의 심사에 있어서 아래의 판시에서 보듯이 과소보호금지원칙을 적용하여 최소한의 보호조치를 취했는가를 심사한다는 입장이다. 그 근거를 주로 입법재량과 권력분립원리에서 찾고 있다.

• 국가가 적극적으로 국민의 기본권을 보장하기 위한 제반조치를 취할 의무를 부담하는 경우에는 설사 그 보호의 정도가 국민이 바라는 이상적인 수준에 미치지 못한다고 하여 언제나 헌법에 위반되는 것으로 보기 어렵다. 국가의 기본권보호의무의 이행은 입법자의 입법을 통하여 비로소 구체화되는 것이고, 국가가 그 보호의무를 어떻게 어느 정도로 이행할 것인지는 입법자가 제반사정을 고려하여 입법정책적으로 판단하여야 하는 입법재량의 범위에 속하는 것이기 때문이다. 물론 입법자가 기본권 보호의무를 최대한 실현하는 것이 이상적이지만, 그러한 이상적 기준이 헌재가 위헌 여부를 판단하는 심사기준이 될 수는 없으며, 헌재는 권력분립의 관점에서 소위 "과소보호금지원칙"을, 즉 국가가 국민의 기본권 보호를 위하여 적어도 적절하고 효율적인 최소한의 보호조치를 취했는가를 기준으로 심사하게 된다. 따라서 입법부작위나 불완전한 입법에 의한 기본권의 침해는 입법자의 보호의무에 대한 명백한 위반이 있는 경우에만 인정될 수 있다. 다시 말하면 국가가 국민의 법익을 보호하기 위하여 아무런 보호조치를 취하지 않았든지 아니면 취한 조치가 법익을 보호하기에 명백하게 부적합하거나 불충분한 경우에 한하여 헌재는 국가의 보호의무의 위반을 확인할 수 있을 뿐이다(헌재 2008. 7. 31, 2004헌바81).

헌재는 국민의 생명·신체의 안전에 대한 사안에서의 국가보호의무를 언급하면서 과소보호금지원칙을 적용한 예들을 많이 보여주고 있다(아래의 ① 내지 ⑥ 참조).

[적용례] ① 헌재는 위와 같은 심사기준에 따라 태아가 사산한 경우에 손해배상청구권을 인정하지 않는 법률규정에 대해 국가의 기본권보호의무를 위반한 것이 아니라고 보았다. ② 쇠고기수입고시결정에서 헌재는 과소보호금지원칙 심사를 하였는데, 지금까지의 관련 과학기술 지식과 OIE 국제기준 등에 근거하여 보호조치를 취한 것이라면, 이 사건 고시상의 보호조치가 체감적으로 완벽한 것은 아니라 할지라도, 위 기준과 그 내용에 비추어 쇠고기 소비자인 국민의 생명·신체의 안전을 보호하기에 전적으로 부적합하거나 매우 부족하여 그 보호의무를 명백히 위반한 것이라고 단정하기는 어렵다고 하여 기각결정을 한 바 있다(헌재 2008. 12. 26, 2008헌마419). ③

중과실의 교통사고로 중상해를 입힌 경우에도 자동차종합보험에 가입하였다는 이유만으로 공소를 제기하지 못하도록 규정한 교통사고처리특례법규정에 대해서 과소보호금지원칙을 적용한 심사를 하였고 판단결과 국가의 기본권보호의무의 위반이 아니라고 보았다(헌재 1997. 1. 16, 90헌마110; 헌재 2009. 2. 26, 2005헌마764). ④ 환경권과 관련한 사안으로 ⓐ 확성기사건이 있었다. 즉 공직선거법이 선거운동시 확성장치의 출력수 등 소음에 대한 허용기준 조항을 두지 아니하여 환경권을 침해한다는 주장의 헌법소원심판에서 과소보호금지원칙을 적용한 심사가 있었는데 정온한 생활환경이 보장되어야 할 거주 지역에서 저녁시간까지 확성장치를 사용하여 선거운동을 할 수 있도록 허용한 것은 과소보호금지 의무를 위반한 것이라는 다수의견이 있었으나 이 다수의견이 6인의견이 되지는 못하여 기각결정이 된 바 있다(헌재 2008. 7. 31, 2006헌마711). 그러나 이후 헌재는 판례변경하여 사용시간과 사용지역에 따른 수인한도 내에서 확성장치의 최고출력 내지 소음 규제기준에 관한 규정을 두지 아니한 것은 과소보호금지원칙 위반이라고 하고 헌법불합치결정을 하였다(헌재 2019. 12. 27, 2018헌마730). ⓑ 또다른 환경권 관련 결정례로 [쟁점] 학교시설에서의 유해중금속 등 유해물질의 예방 및 관리 기준을 규정한 학교보건법 시행규칙 조항에 마사토 운동장에 대한 규정을 두지 아니한 것이 재학생의 환경권을 침해하는지 여부가 문제된 사안이 있다. 헌재는 부정하였다. 2020헌마107([결정요지] 법령이나 지침, 조례 등을 통해 마사토 운동장에 대한 유해중금속 등의 관리가 이루어지고 있는 점을 고려하면, 심판대상조항에 마사토 운동장에 관한 기준이 도입되지 않았다는 사정만으로 국민의 환경권을 보호하기 위한 국가의 의무가 과소하게 이행되었다고 평가할 수는 없다). ⑤ 구 '태평양전쟁 전후 국외 강제동원희생자 등 지원에 관한 법률' 규정이 '국외'로 강제동원되었던 사람에만 의료지원금을 지급하고 '국내'에서의 강제동원자는 의료지원금 지급 대상의 범위에서 제외하고 있는 것이 국민에 대한 국가의 기본권보호의무에 위배되는지 여부의 문제에 대해 헌재는 헌법 전문에 천명된 "대한민국임시정부의 법통"의 계승 규정을 근거로 대한민국 헌법 제정 이전에 발생한 사실에 관하여 국가에 기본권보호의무를 물을 수 있는지는 의문이라고 하면서 설령 이를 현행 헌법상 기본권보호의 문제로 볼 수 있다고 하더라도, 그동안 강제동원진상규명법을 제정하여 그들의 희생을 기리는 조치를 취한 점 등을 종합적으로 고려하여 볼 때, 비록 충분하지 못한 점이 있다 하더라도, 국내 강제동원자들을 위하여 국가가 아무런 보호조치를 취하지 아니하였다든지 아니면 국가가 취한 조치가 전적으로 부적합하거나 매우 불충분한 것임이 명백한 경우라고 단정하기는 어렵다고 하여 기각결정을 하였다(헌재 2011. 2. 24, 2009헌마94. 동지의 결정 : 헌재 2011. 12. 29, 2009헌마182).
* 위 ⑤의 결정례와 대비할 결정으로서 일제강점기에 일본군위안부로 강제 동원되었던 피해자, 징병과 징용으로 일제에 의해 강제이주 당하여 전쟁수행의 도구로 활용되다가 원폭피해를 당한 피해자에 대한 훼손된 인간의 존엄과 가치를 회복시켜야

할 의무를 "대한민국임시정부의 법통"의 계승 규정을 근거로 인정하고 그 의무를 이행하지 않은 부작위가 위헌임을 확인한 예가 있다(헌재 2011. 8. 30, 2006헌마788; 헌재 2011. 8. 30, 2008헌마648. 그러나 헌재는 이 결정 이후 일제의 사할린 강제징용자 등이 청구한 같은 성격의 청구에 대해 피청구인(당시 외교통상부장관)의 작위의무 불이행이 아니라고 하여 각하결정하였다(헌재 2019. 12. 27, 2012헌마939)). ⑥ 담배의 제조·수입·판매 보장 — 담배사업법이 담배를 합법적으로 제조하거나 수입하여 판매할 수 있도록 보장해주는 것으로서 국가의 보호의무를 위반하여 청구인의 생명·신체의 안전에 관한 권리를 침해한다는 주장에 대해 헌재는 현재로서는 흡연과 폐암 등의 질병 사이에 필연적인 관계가 있다거나 흡연자 스스로 흡연 여부를 결정할 수 없을 정도로 의존성이 높아서 국가가 개입하여 담배의 제조 및 판매 자체를 금지하여야만 한다고 보기는 어렵고 담배사업법은 담배성분의 표시나 경고문구의 표시, 담배광고의 제한 등 여러 규제들을 통하여 직접흡연으로부터 국민의 생명·신체의 안전을 보호하려고 노력하고 있다고 하여 국가의 보호의무에 관한 과소보호금지 원칙을 위반하여 청구인의 생명·신체의 안전에 관한 권리를 침해하였다고 볼 수 없다고 결정하였다(헌재 2015. 4. 30, 2012헌마38). ⑦ 이른바 '공장식 축산' 방식으로 국가의 기본권보호의무를 위반한 것인지 여부 — 축산업의 허가 및 등록 기준을 규정한 축산법 시행령 규정이 정한 가축사육시설의 기준이 지나치게 낮고 가축을 건강하게 사육하기 위한 사육환경에 대한 세부적인 기준이 없어 대규모의 집약적 축산방식인 이른바 '공장식 축산' 방식으로 가축을 사육하도록 함으로써 이러한 축산물을 섭취하는 인간도 각종 질병 등으로부터 위협받을 우려가 있어 그 규정이 국민의 생명·신체의 안전에 관한 국가의 기본권 보호의무를 위반하는 것이라는 주장의 헌법소원심판이 청구되었다. 헌재는 이 규정은 가축사육시설의 환경이 열악해지는 것을 막는 최소한의 기준이라 할 것이고, 그 규제 정도도 점진적으로 강화되고 있고 국가는 축산법 기타 많은 관련법령들에서 가축의 사육 및 도축, 유통에 이르는 전 단계에 걸쳐 가축의 질병 발생과 확산을 방지하고 가축사육시설을 규제함으로써, 국민의 생명·신체에 대한 안전이 침해받지 않도록 여러 가지 조치를 취하고 있으므로 과소보호금지원칙에 위배하지 않았다고 결정하였다(헌재 2015. 9. 24, 2013헌마384). ⑧ 일반인의 방사선 피폭선량 한도를 정한 '원자력안전법 시행령'(2011. 10. 25. 대통령령 제23248호로 제정된 것) 제 2 조 제 4 호 별표 1 중 '일반인' 부분(이하 '이 사건 시행령 별표'라 한다)이 국가의 기본권 보호의무를 위반하였는지 여부, 식품의 방사능 기준을 정한 '식품의 기준 및 규격'(2011. 8. 19. 식품의약품안전청 고시 제2011-41호로 개정된 것) [제 1 권] 제 2. 식품일반에 대한 공통기준 및 규격 5. 식품일반의 기준 및 규격 7) 방사능 기준이 국가의 기본권 보호의무를 위반하였는지 여부 — 헌재는 그 기준이 지나치게 낮다거나 자의적이라거나 불합리하다고 볼 수 없다고 하여 기각결정을 하였다(헌재 2015. 10. 21, 2012헌마89등). ⑨ 원전 사고로부터의 국민의 생명 · 신체의 안전을 보호할 국가의 헌법상 의무 — 원자력발전소 건설허가 신청시 필요한 방사선환경영향평가서 및 그 초안을 작성하는데 있어 '중대사고'에 대한 평가를 제외하고 있는 '원자력이용시설 방사선환경영향평가서 작성 등에 관한 규정(2012. 1. 20. 원자력안전위원회고시 제2012-4호) 제 5 조 제 1 항 [별표 1], [별표 2] 규정이 문제되었다. 헌재는 원자력안전법상 보호를 위한 여러 규정들을 두고 있다는 점 등을 들어 '중대사고'에 대한 평가를 제외하도록 하였다고 하여, 국가가 국민의 생명 · 신체의 안전을 보호하는 데 적절하고 효율적인 최소한의 조치조차 취하지 아니한 것이라고 보기는 어렵다고 판시하여 기각결정을 하였다(헌재 2016. 10. 27, 2012헌마121). ⑩ 구 '산업단지 인 · 허가 절차 간소화를 위한 특례법' 상의 의견청취동시진행조항 및 구 환경영향평가법상의 환경기준참고조항에 관하여, 청구인들이 주장하는 환경권, 재산권 등 기본권의 침해 여부가 아니라 국가의 기본권 보호의무 및 적법절차원칙을 위배하는지의 관점에서 판단하였는데 국가의 기본권 보호의무의 위반이 아니고 적법절차원칙 위반도 아니라고 하여 합헌결정을 하였다(헌재 2016. 12. 29, 2015헌바280). ⑪ 일정한 한약서에 수재된 처방에 해당하는 품목의 한약제제를 의약품 품목허가 · 신고를 위한 안전성 · 유효성 심사대상에서 제외하고 있는 '한약(생약)제제 등의 품목허가 · 신고에 관한 규정'(2015. 9. 21. 식품의약품안전처고시 제2015-62호) 제24조 제 1 항 제 4 호, 제 5 호 — 안전성 · 유효성 심사가 면제되는 품목은, 사용경험이 풍부하여 안전성 · 유효성이 확인되고, 위험성이 상대적으로 낮은 제제에 한정되어 있으며, 한약서에 수재된 품목이더라도 안전성을 저해할 우려가 있는 경우에는 안전성 · 유효성 심사대상에 다시 포함됨으로써 국민의 건강을 보호하기 위한 규제방안이 마련되어 있다고 하여 국가의 기본권보호의무 위반이 아니라고 판단하였다(헌재 2018. 5. 31, 2015헌마1181). ⑫ 기후위기 대응을 위한 국가 온실가스 감축목표 사건(정량적 기준 비제시) — 탄소중립기본법 제 8 조 제 1 항에서 2030년까지의 감축목표에 대하여 2030년을 목표연도로 한 2018년 대비 감축비율의 하한만 법률에서 정하였을 뿐, 구체적인 감축비율의 수치는 대통령령에 위임하고 감축의 경로는 정부가 설정하는 부문별 및 연도별 감축목표에 따르도록 한 것은 법률유보원칙을 위반한 것으로 볼 수 없다. 그러나 중장기적인 온실가스 감축목표와 감축경로를 계획할 때에는 매우 높은 수준의 사회적 합의가 필요하다는 점, 미래세대는 민주적 정치과정에 참여하는 것이 제약되어 있다는 점과 관련하여 입법자에게 더욱 구체적인 입법의무와 책임이 있음을 고려할 때, 2031년부터 2049년까지의 감축목표에 관하여 대강의 정량적 수준도 규정하지 않고 이에 관해 정부가 5년마다 정하도록 한 것은 의회유보원칙을 포함하는 법률유보원칙을 위반한 것이다. 결국 탄소중립기본법 제 8 조 제 1 항은 과소보호금지원칙 및 법률유보원칙에 반하여 기본권 보호의무를 위반하였으므로 청구인들의 환경권을 침해한다(2024. 8. 29. 2020헌마389등). * 위 ⑧, ⑨, ⑩, ⑪ 결정은 '과소보호금지'라는 말을 직접 언급하지 않고 그 법리에 따라 판단한 예이다.

[과소보호금지원칙 위반을 인정한 헌법불합치결정] 결국 위 결정례들에서 보았듯이 과소보호금지원칙 위반, 즉 불충분한 국가보호의무를 이유로 헌법불합치결정 난 결정들은 1. 위 공직선거운동시 확성장치 소음 규제기준 부재(2018헌마730, 위 ④ ⓐ), 2. 기후위기 대응을 위한 국가 온실가스 감축목표 정량적 기준 비제시사건(2020헌마389 등, 위 ⑫) 두 결정이다.

기본권의 최대보장의 원칙에 비추어 볼 때 위 과소보호금지원칙의 적용에 대해서는 신중한 검토가 필요하다. 과소보호금지원칙은 어디까지나 위헌심사를 행함에 있어서 그 기준으로서 사후통제기관인 헌재가 권력분립원리에서 입법부의 재량 등을 감안하여 취하는 입장이라는 것이고 입법부나 행정부는 과소보호금지원칙의 준수에 머물러서는 아니 되고 보다 적극적인 기본권보장의무를 수행하여야 한다.

제 2 절 기본권의 침해와 구제

기본권이 실효성있게 보장되기 위해서 그 침해에 대한 구제방법이 충실하게 마련되어 있어야 한다.

Ⅰ. 기본권의 침해와 구제의 유형

기본권에 대한 침해는 여러 분류기준에 따라 그 유형이 나누어질 수 있다. ① 공권력의 행사에 의한 침해와 사인에 의한 침해로, ② 공권력의 종류별로 입법권에 의한 침해, 행정(집행)권에 의한 침해, 사법권에 의한 침해 등으로, ③ 침해의 성격에 따라 적극적 침해와 소극적 침해 등으로 나누어볼 수 있다.

구제방법으로는 위 각 침해유형별로 여러 방법들이 있다. 사법적(司法的) 구제방법과 비사법적 구제방법 내지 준사법적 구제방법으로 나눌 수도 있고 또 시기적으로 사후적 구제와 사전적·예방적 구제로 나눌 수 있다.

Ⅱ. 입법기관(입법권)에 의한 기본권의 침해와 구제

입법기관에 의한 기본권의 침해에는 기본권의 침해를 가져오는 법률을 적극적으로 제정한 경우와 기본권의 보장을 위해 있어야 할 법률을 제정하지 않거나 불충분한 입법을 한 경우(입법부작위, 소극적 침해)가 있다.

1. 적극적 입법에 의한 침해

국회가 어떠한 법률을 제정하여 국민의 기본권을 침해하는 경우 그 구제방법으로는 사법적 구제방법, 청원제도, 선거 등이 있다. ① 사법적(司法的) 구제방법 — ㉠ 위헌법률심판(법원의 재판에서 전제가 된 법률의 위헌 여부를 법원이 제청하여 헌법재판소가 행하는 위헌법률심판. 제107조 제 1 항), ㉡ '위헌소원'심판(위헌법률심판제청신청을 법원이 기각한 경우에 당사자가 직접 헌법재판소에 청구하는 헌법소원심판. 헌재법 제68조 제 2 항), ㉢ 이른바 '법령소원'심판(법률이 기본권을 직접 침해하는 경우에 그 법률을 대상으로 하여 청구하는 헌법소원심판) 등을 들 수 있다(이상의 헌법재판에 대해서는, 후술 제 5 부 헌법재판 참조). ㉣ 법원은 위헌법률심판권은 없고 위헌제청권을 가지는데 그 제청권을 통하여 구제기능을 할 수 있다. ② 청원제도 — 위헌인 법률을 폐지하거나 개정해줄 것을 국민은 청원할 수 있다. ③ 참정권의 행사 — 위헌인 법률을 제정하는 데 참여한 국회의원에 대한 차기선거에서의 심판도 통제방법이 될 것이다.

2. 소극적 침해 — 입법부작위

어떤 기본권을 보장하기 위해 법률을 제정하여야 할 의무가 있음에도 법률이 없는 상태인 입법부작위('부작위'(不作爲)란 있어야 할 행위가 없는 것을 말한다)로 인하여 기본권이 침해될 수 있다. 우리 헌재 판례에 따르면 입법부작위에는 전혀 입법이 없는 진정입법부작위와 입법이 있긴 하나 불완전·불충분한 부진정입법부작위 2가지 유형이 있다. 입법부작위로 인한 기본권침해에 대해서는 다음과 같은 구제방법을 강구할 수 있다. ① 사법적 구제방법 — 헌재에 의한 ㉠ 진정입법부작위에 대한 헌법소원심판, ㉡ 부진정입법부작위에 대해서는 불완전하긴 하나 법률이 일부 존재하긴 하므로 그 존재하는 법률에 대한 위헌법률심판, 위헌소원심판, 법령소원심판(그 법률이 직접 기본권을 침해하는 경우)을 할 수 있다(입법부작위에 대한 헌법소원심판에 대해서는, 후술 제 5 부 헌법재판 참조). ② 청원제도 — 부작위인 상태에서 입법으로 나아가 줄 것을 요구하는 청원도 구제기능을 할 수 있다.

3. 사전적 · 예방적 방법

① 법률안에 대한 공청회, 입법예고 등으로 입법충실화를 기하여 기본권침해적 법률을 사전에 막아야 한다. ② 법률안재의요구(거부)권 — 국회에서 기본권침해가능성을 가진 입법을 의결한 뒤 정부에 이송되면 대통령이 법률안재의요구(거부)권을 행사하여 이를 억제하는 것이다. ③ 입법에 대한 청원도 사전예방방법이 될 수 있다.

Ⅲ. 행정기관(집행권)에 의한 기본권의 침해와 구제

1. 적극적 행정작용으로 인한 침해

행정청이 행한 적극적 행정작용으로 인한 침해의 경우에는 ① 사법적 구제방법으로, ㉠ 행정기관에 대한 행정심판, ㉡ 법원에 의한 행정소송(행정처분에 대한 항고소송과 명령 · 규칙(행정입법)에 대한 위헌 · 위법심사), ㉢ 헌법재판소에 의한 헌법소원심판 등이 있다. ② 각종 청원과 민원, ③ 손해보전제도(㉠ 국가배상제도(제29조 제 1 항), ㉡ 손실보상제도(제23조 제 3 항). ㉢ 형사보상제도(제28조))도 구제수단이 된다. ④ 국회에 의한 국정감사 · 조사나 상급기관에 의한 감사 등도 넓게 구제기능을 할 수 있다. ⑤ 국가인권위원회, 국민권익위원회 등 특별한 기구에 의한 구제도 있다(후술 Ⅵ. 참조).

2. 소극적 행정작용(행정부작위 등)으로 인한 침해

행정청의 작용이 없는 행정부작위로 인한 침해의 경우에는 ① 사법적 구제로서 ㉠ 법원의 행정소송(부작위위법확인소송), ㉡ 헌법재판소의 행정부작위에 대한 헌법소원심판으로 구제받을 수 있다. ② 청원, 민원을 통하여 행정작용을 해줄 것을 요구할 수도 있다. ③ 국가인권위원회, 국민권익위원회 등에 의한 구제도 있다. ④ 국회의 국정감사 · 조사, 상급기관의 감사 등도 구제기능을 할 수 있다.

3. 사전적 · 예방적 방법

사전적 · 예방적 방법으로는 적법절차원칙을 구현하는 행정절차제도를 들 수 있다. 영업정지처분과 같은 불리한 행정작용을 하기 전에 행정절차인 청문절차를 거치도록 하는 것이 그 예이다(예컨대, 공중위생관리법 제12조, 행정절차법 제27조 이하 참조). 행정절차법은 청문제도 외에도 처분의 사전통지, 공청회, 행정상 입법예고, 행정예고, 이유부기제 등을 규정하고 있다.

Ⅳ. 사법기관(사법권)에 의한 기본권의 침해와 구제

법원은 기본권보장을 본래의 임무로 하는 기관이기에 기본권침해가 매우 드물긴 하나 사실판단에서의 오류가 있거나, 법령해석을 그르치거나 위헌인 법령을 적용하는 경우, 그리고 재판의 지체가 있는 경우 등의 경우에 기본권 구제기능을 다하지 못할 수도 있다. 구제방법을 보면, ① 심급제하에서 상급심에 의한 시정기회를 가지도록 하는 상소제도, 재심제도, 비상상고 등을 통하여 구제받을 수 있고 잘못된 재판에 대해서는 국가배상제도를 통하여 구제받을 수 있다. 그런데 법원재판에 대한 헌법소원은 부정되고 있다(헌재법 제68조 제1항). 다만, 헌재는 자신이 "위헌으로 결정한 법령을 적용함으로써 국민의 기본권을 침해한 재판"은 예외적으로 헌법소원의 대상이 된다고 한다(헌재 1997. 12. 24, 96헌마172). ② 재판 외에 법원의 행정작용에 대해서는 행정소송, 헌법소원이 가능하다. 헌재는 사법입법작용의 결과인 대법원규칙에 대한 헌법소원을 인정한다(헌재 1990. 10. 15, 89헌마178). ③ 형사재판의 경우 형사보상제도와 대통령의 사면권에 의한 구제가 가능하다. 대통령사면권은 그 남용이 비판되고 있다.

Ⅴ. 사인에 의한 침해와 구제

사인도 다른 사인에 대해 기본권을 침해할 수 있다. 다른 사람의 명예와 인격을 무시하거나 신체에 상해를 가하거나 재산권을 침해하는 경우 등을 들 수 있다. 앞서 기본권효력에서 본 대로 사인들 간에도 기본권의 효력(대사인적 효력)이 미치기 때문에 이에 대한 구제가 이루어져야 한다. 다른 사인에 의한 기본권침해에 대한 구제방법은 다음과 같다. ① 고소・고발, 형사재판 — 피해자인 사람은 고소를, 피해자가 아닌 사람은 고발을 검찰에 하여 수사를 개시하도록 하고 그 결과 공소(형사재판)를 제기할 수 있게 하고 법원의 재판을 받도록 함으로써 구제받을 수 있다. ② 재판・손해배상의 청구 — 재산권이나 인격권(명예권) 등의 기본권침해에 대해 민사소송을 제기하여 권리회복을 받을 수 있고, 기본권침해로 손해가 발생한 경우 손해배상을 청구할 수 있다. ③ 범죄피해자구조청구권 — 타인의 범죄행위로 인하여 생명・신체에 대한 피해를 받은 국민은 법률이 정하는 바에 의하여 국가로부터 구조를 받을 수 있다(제30조). ④ 국가인권위원회 — 사인에 의한 차별행위에 대해서는 국가인권위원회에 진정하여 조사・구제를 받을 수 있다.

기본권침해를 당한 사인이 스스로 구제할 수 있는가 하는 자력구제에 대해서는 후술한다.

Ⅵ. 국가인권기구에 의한 구제

1. 국가인권위원회의 인권침해 조사・구제

(1) 국가인권위원회의 업무

헌법재판소, 법원, 검찰 등의 국가기관들에 의한 전형적인 사법적(司法的) 기본권보장 외에 인권보장을 보완하기 위하여 국가인권위원회가 설립되어 인권보호활동을 하고 있다. 국가인권위원회가 개인의 기본권침해에 대해 그 구제를 담당하는 직접적인 경우는 기본권침해자의 진정을 받아(또는 직권으로도) 인권침해・차별행위에 대한 조사와 구제를 행하는 업무를 수행할 때이다. 따라서 기본권구제에 대해 살펴보는 여기서도 주로 그것에 대해 본다. 국가인권위원회는 그 외 인권에 관한 법령・제도의 조사와 연구, 권고 등 다른 권한들도 가진다.

(2) 인권침해 및 차별행위의 조사와 구제

1) **조사(진정)대상** ① 국가기관, 지방자치단체, 「초 · 중등교육법」 제 2 조, 「고등교육법」 제 2 조와 그 밖의 다른 법률에 따라 설치된 각급 학교, 「공직자윤리법」 제 3 조의2 제 1 항에 따른 공직유관단체 또는 구금 · 보호시설의 업무수행과 관련하여 대한민국헌법 제10조부터 제22조까지의 규정에서 보장된 인권을 침해당하거나 차별행위를 당한 경우, 또는 ② 법인, 단체 또는 사인(私人)으로부터 차별행위를 당한 경우에 국가인권위원회(이하 '위원회'라 함)에 그 내용을 진정할 수 있다(국가인권위원회법 제30조 제 1 항). 국회의 입법, 법원 · 헌법재판소의 재판은 진정대상이 아니다(동법 제30조 제 1 항 제 1 호).

2) **진 정 인** 진정은 인권침해나 차별행위를 당한 사람(피해자)은 물론이고 피해자뿐 아니라 그 사실을 알고 있는 사람이나 단체도 진정할 수 있다(동법 제30조 제 1 항). 시설수용자의 진정권도 보장된다(동법 제31조).

3) **직권조사** 위원회는 진정이 없는 경우에도 인권침해나 차별행위가 있다고 믿을 만한 상당한 근거가 있고 그 내용이 중대하다고 인정할 때에는 직권으로 조사할 수 있다(동법 제30조 제 3 항).

4) **조사방법** 위원회는 진정인 · 피해자 · 피진정인(당사자) 또는 관계인에 대한 출석요구 및 진술청취 또는 진술서 제출요구, 관련 자료 등의 제출요구, 조사 사항과 관련이 있다고 인정되는 장소, 시설 또는 자료 등에 대한 현장조사 또는 감정 등의 방법으로 진정에 관하여 조사할 수 있다(동법 제36조 제 1 항). 피진정인에 대한 출석요구도 경우에 따라 할 수 있다(동법 동조 제 4 항).

5) **진정에 대한 처리** 위원회는 진정에 대해 각하, 수사기관에의 이송, 수사기관에의 수사개시 의뢰요청, 기각, 합의의 권고, 조정, 구제조치 등의 권고, 고발 및 징계권고, 피해자를 위한 법률구조 요청, 긴급구제조치의 권고 등의 처리를 할 수 있다(동법 제32조 이하 참조).

2. 국민권익위원회

기본권이나 국민의 이익을 보호하기 위한 국가기구로서 국민권익위원회는 고충민원의 처리, 부패방지, 행정심판의 3가지 기능을 수행하는 기관이다. 국민권익위원회는 고충민원의 처리와 이에 관련된 불합리한 행정제도를 개선하고, 부패의 발생을 예방하며 부패행위를 효율적으로 규제함으로써 국민의 기본적 권익을 보호하고 행정의 적정성을 확보하며 청렴한 공직 및 사회풍토의 확립에 이바지함을 목적으로 활동한다('부패방지 및 국민권익위원회의 설치와 운영에 관한 법률' 제 1 조). 국민권익위원회 기능의 특색은 일종의 Ombudsman으로서의 기능을 수행하고 전형적인 기본권보장기관인 헌법재판소, 법원, 검찰 등이 수행하는 기능 외에 국민의 권리와 이익의 공백을 메우기 위한 기능을 수행한다는 데 있다.

3. 민주화회복, 진상규명을 위한 위원회

과거의 민주항쟁을 위한 희생의 진상을 규명하고 희생자의 명예회복과 보상을 위한 여러 위원회들(민주화운동관련자명예회복및보상심의위원회 등)이 기본권의 구제를 위한 특별한 기관의 역할을 수행하여 오기도 하였다.

Ⅶ. 비상적 구제방법(예외적 구제방법)

정상적이지 않은 상황에서 기본권침해가 있는 경우의 비상적(非常的) 구제방법으로 다음과 같은 방법을 들 수 있다.

1. 정당방위 등 자력구제

기본권침해를 받은 사인은 원칙적으로 헌법과 법률이 정한 통상적 방법에 따라 구제를 받아야 하나 위급한 상황에서 자력으로 기본권보호조치를 취할 수 있는지가 문제된다. 형법에서는 정당방위나 긴급피난, 자구행위 등에 대해 상당한 이유가 있는 때에는 벌하지 아니한다고 규정하여(형법 제21조 내지 제23조) 예외를 인정하고 있다.

2. 저 항 권

실정법에 의한 구제방법을 강구하여도 기본권의 침해로부터 구제가 되지 않을 경우에 최종적으로 저항권이 국민에게 인정된다. 저항권에 대해서는 앞서 살펴보았다(전술 제 1 부 제 3 장 제 4 절 참조).

Ⅷ. 법률구조제도

법률지식이 없어 자신의 기본권구제를 받지 못하는 사람이 변호사의 도움을 받을 재력이 없는 경우에 이를 도와주는 제도를 법률구조제도라고 한다. 이를 위한 법률로서 법률구조법이 있고 이 법에 의해 대한법률구조공단이 설립되어 법률구조 활동을 수행하고 있다.

2편

기본권각론

[기본권각론의 서술체제] 기본권각론은 기본권의 유형별로 나누어 개별적으로 살펴본다. 기본권의 유형(종류)분류는 앞의 제 2 장 제 2 절에서 이미 다루었는데 그것에 따라 기본권각론에서 인간의 존엄과 가치 및 행복추구권, 평등권, 자유권, 생존권(사회권), 선거권 · 직접민주 참정권 · 공무담임권, 청구권으로 나누어 살펴본다.

[일러두기(이 책의 이용방법)] 이제 기본권각론부터는 헌법재판소의 판례를 인용함에 있어서 선고날짜는 최근의 결정이거나 필요하다고 생각되는 경우 아니면 넣지 않고 사건번호만 넣기로 한다. 이는 헌법재판소의 인터넷 홈페이지 첫 화면에 있는 판례검색에 사건번호만 입력하면 쉽게 판례를 찾아볼 수 있기에 지면의 절약과 선고날짜로 판례인용이 길어져 본문을 읽는데 시야의 방해를 줄이기 위한 것이다.

제 1 장 인간의 존엄과 가치 및 행복추구권

헌법 제10조는 인간의 존엄과 가치와 행복추구권에 대해 규정하고 있다. 먼저 ① 인간의 존엄과 가치(제 1 절)에 대해 살펴보고, 다음으로 ② 행복추구권(제 2 절)에 대해 살펴본다.

제 1 절 인간의 존엄과 가치

제 1 항 인간의 존엄과 가치의 연혁과 개념

Ⅰ. 인간의 존엄과 가치의 연혁과 헌법상 보장

과거의 노예제, 전쟁의 참화, 특히 현대에 와서 양차에 걸친 세계대전은 인간으로서의 존엄과 가치를 말살한 역사적 경험이었다. 이에 대한 반성으로 그리고 장래의 인권보장을 위하여 2차 대전 후에 인간의 존엄성이 국제조약들에 규정되었다. 국제연합헌장은 전문에서 인간의 존엄과 가치를 재확인하고 있고 1948년 12월 10일의 유엔의 세계인권선언 제 1 조도 "모든 사람은 태어날 때부터 자유롭고, 존엄성과 권리에 있어서 평등하다"라고 규정하였다. 그리고 Genocide금지협정(1948년)과 제네바협정(1949년) 등이 있었다. 인간의 존엄성을 명시하는 국내헌법들도 생겼다. 대표적으로 1949년의 독일 기본법을 들 수 있다.

Ⅱ. 인간의 존엄과 가치의 개념과 인간상

인간의 존엄과 가치를 한마디로 정의하긴 쉽지 않고 학자들마다 설명이 다소 다를 수 있다. 생각건대 인간으로서의 존엄과 가치를 가진다고 함은 인간이 존귀한 생명체로서 존재함이 인정되며 자율적인 정신적 활동체로서의 품격이 인정되고 존중받는 상태에 있음을 의미한다. 학자들은 인간의 존엄과 가치에서의 인간상(人間像)을 이기적이 아닌 개인의 인격과 자율성을 누리면서도 사회공동체에 구속되는 인간상(인격주의적 인간상), 즉 중용적인 인간상이라고 한다.

제 2 항 인간의 존엄과 가치의 성격

Ⅰ. 기본권성(基本權性)

인간으로서의 존엄과 가치가 기본권으로서의 성격을 가지는지에 대해 하나의 이념에 불과하다는 부정설이 없진 않으나 기본권성이 인정됨은 물론이다. 헌재도 헌법 제10조는 모든 기본권 보장의 종국적 목적(기본이념)이라 할 수 있는 인간의 본질이며 고유한 가치인 개인의 인격권과 행복추구권을 보장하고 있다고 하여 인간의 존엄과 가치를 인격권이라는 기본권으로 본다(89헌마82). 인간의 존엄과 가치를 기본권으로 인정하지 않으면 인격이 침해될 경우 국가에 권리보호를 요구할 수 없게 된다는 점에서도 기본권성을 인정해야 한다.

Ⅱ. 반전체주의적 성격

인간의 존엄과 가치는 인간이 국가전체의 이익을 위해 희생되어야 한다는 전체주의를 배격한다. 이는 위 역사에서 본 대로 인간존엄을 말살한 양차대전을 거친 인류가 경험한 바이기도 하다. 인간의 존엄과 가치는 인간이 국가를 위하여 있는 것이 아니라 국가가 인간을 위하여 존재한다는 반(反)전체주의적 성격의 권리이다. 국가와 개인의 이익이 긴장관계에 있고 대립할 경우에 개인의 이익에서 출발하여야 하며 국가권력행사의 최소화가 요구된다.

Ⅲ. 자연권성

인간으로서 존엄과 가치를 가지는 삶이 존중되지 않는다면 인간은 애초부터 그 탄생의 의미, 인간으로서의 존재의미를 가지지 못할 것은 당연하다. 인간의 존엄과 가치는 인간이기 위한 원천적인 기본·기초로서의 권리인 것이다. 따라서 인간의 존엄과 가치는 인간으로서 태어나면서부터 가지는(생래적·천부적) 전국가적(前國家的) 기본권으로서 자연권이다.

Ⅳ. 포 괄 성

인간의 존엄과 가치는 포괄적인 권리로서 여기에서 여러 기본권들이 파생될 수 있다. 실제 우리 헌재도 여기서 헌법에 명시되지 않은 여러 기본권들을 파생시켜 왔다. 이러한 파생으로 우리의 기본권목록이 확장되고 기본권의 최대한 보장이라는 헌법의 이념을 구현하는 데 더욱 기여하게 된다.

Ⅴ. 근본규범성

인간의 존엄과 가치는 인간이기 위해 그리고 인간으로 살아가기 위한 근본적인 권리이고 다른 권리들의 출발점이므로 인간존엄·가치규정은 최고의 원칙적인 근본규범이다. 헌재도 "모든 기본권의 종국적 목적이자 기본이념이라 할 수 있는 인간의 존엄과 가치"라고 한다(2000헌마546). 따라서 인간존엄·가치규정은 법해석의 최고기준이 되고 헌법개정의 한계규정이며 설령 헌법개정으로 삭제되더라도 인정된다. 자연법적 규정이기 때문이다. 헌재는 헌법 제10조의 "인간의 존엄성은 최고의 헌법적 가치이자 국가목표규범으로서 모든 국가기관을 구속하며, 그리하여 국가는 인간존엄성을 실현해야 할 의무와 과제를 안게 됨을 의미한다"라고 한다(2006헌마788, 2008헌마648).

제 3 항 인간의 존엄과 가치의 주체

헌법 제10조가 "모든 국민은 인간으로서의 존엄과 가치를 가지며"라고 그 주체를 국민으로 명시하고 있긴하나 인간의 존엄과 가치는 천부인권으로서 인간의 권리이므로 국민뿐 아니라 외국인과 무국적자에게도 인정된다.

태아에 대해서도 생명권의 주체성을 인정할 수 있고 인간의 존엄과 가치를 가지는 주체가 될 수 있다는 견해가 일반적이다. 우리 헌재도 태아의 생명권의 주체성을 인정한다(2004헌바81). 낙태에 대한 논란이 있으나 낙태(임신중절)는 태아에 대한 생명권의 침해라고 보아야 한다(그러나 헌재는 낙태 처벌조항에 대해 헌법불합치결정을 했다. 2017헌바127 후술 참조). 그런데 임부의 생명권과의 충돌 문제가 있을 수 있다. 헌재는 아직 모체에 착상되거나 원시선이 나타나지 않은 초기배아에 대해서는 기본권주체성을 부정하였다(2005헌마346).

죽은 사람도 인간의 존엄과 가치의 주체가 될 수 있느냐 하는 문제가 있다. 인간으로서의 존엄과 가치는 살아있는 사람이 그 주체가 되는 것이 원칙이라고 보아 사자의 존엄과 가치권에 대해서는 제한적으로 보는 견해가 많다. 그러나 사자에 대한 사후적 평판이나 명예권 등은 보호될 수 있고, 특히 유족들과의 관계에서 그 보호가 요구될 수 있으며 그 점에서는 주체가 될 수 있다. 헌재도 "사자(死者)에 대한 사회적 명예와 평가는 사자와의 관계를 통하여 스스로의 인격상을 형성하고 명예를 지켜온 그들의 후손의 인격권, 즉 유족의 명예 또는 유족의 사자에 대한 경애추모의 정에도 영향을 미친다"라고 한다(2008헌바111, 2012헌마757, 2016헌마626 등). 이에 관한 구체적 사안으로 ① 국군포로법 제15조의5 제 1 항은 등록포로 등에 대하여 국방부장관으로 하여금 억류기간 중의 행적이나 공헌의 정도에 상응하는 예우를 할 수 있도록 하고 있다. 등록포로 등의 억류기간 중 행적이나 공헌은 그의 억류지출신 포로가족의 삶에 직·간접적으로 영향을 미치고, 이는 또한 등록포로 등이 우리 사회에서 어떻게 평가되고 예우받는지와 밀접하게 관련되어 그 가족의 평판이나 명예에 중대한 영향을 미치므로, 그 예우에 관하여 대통령령으로 정하지 않은 이 사건 행정입법부작위는 등록포로 등의 가족인 청구인의 명예권을 침해한다고 본 결정이 있었다(2016헌마626). ② ‘일제강점하 반민족행위 진상규명에 관한 특별법’ 규정이 조사대상자인 사자(死者)의 사회적 평가와 아울러 유족(후손)의 인격권을 제한하는 것이라고 보았다. 그러나 과잉금지원칙을 준수하여 합헌이라고 보았다(2007헌가23, 2008헌바111, 2009헌바292).

법인과 법인격 없는 사단·재단 등의 단체는 주체가 될 수 없다. ‘인간’이 누리는 존엄과 가치이기 때문이다. 그러나 법인의 인격권, 명예권을 인정하는 헌재의 판례들이 있다(89헌마160, 2009헌가27, 2001헌바43). 법인의 명예권에 대해서는 앞서 살펴본 바 있다(전술 제 1 편의 기본권의 주체 부분 참조).

제 4 항 인간의 존엄과 가치의 내용과 제한, 그 국가보호

Ⅰ. 인간의 존엄과 가치의 체계 — 포괄적 존엄가치권과 개별적(파생적) 존엄가치권

인간의 존엄가치권 전체는 포괄성을 가지고 그 포괄적 존엄가치권에서 여러 구체적 존엄가치권들이 개별적으로 파생되어 나온다. 포괄적 존엄가치권은 개별적인 존엄가치권을 보충하며(보충적 기본권) 파생을 시켜 기본권의 확대를 가져오는 데 기여한다.

Ⅱ. 인간의 존엄과 가치의 구체적 내용(개별적 존엄가치권)과 제한

1. 헌법에 명시된 존엄가치권

헌법 자체에 명시적으로 인간의 존엄성을 보장하도록 명령하고 있는 사항이 규정되어 있기도 하다. 헌법 제32조 제 3 항은 “근로조건의 기준은 인간의 존엄성을 보장하도록 법률로 정한다”라고 규정하여 근로조건에서의 존엄성보장을 규정하고 있다. 헌법 제36조 제 1 항은 “혼인과 가족생활은 개인의 존엄과 양성의 평등을 기초로 성립되고 유지되어야 하며, 국가는 이를 보장한다”라고 규정하여 혼인과 가족생활의 영역에서의 존엄성보장을 명시하고 있다.

2. 생명권(生命權)

[성격 · 근거] 생명권의 성격은 자연권적인 권리이고, 그 자체가 본질적 내용으로 구성되어 있는 권리이다. 생명권의 헌법적 근거에 대해 헌법 제12조 신체의 자유조항이나 헌법 제37조 제 1 항이라고 보는 견해도 있으나 인간이 생명이 없다면 존엄과 가치도 당연히 있을 수 없는 것이고 인간의 존엄과 가치는 인간생명을 전제로 하는 것이므로 헌법 제10조를 근거로 한다.

[태아의 생명권 문제] 우리 헌재는 태아가 생명권의 주체가 될 수 있다고 본다. 그 점을 인정한 결정례는 다음과 같은 사안이었다. 민법은 "태아는 손해배상의 청구권에 관하여는 이미 출생한 것으로 본다"라고 규정하여(민법 제762조) 태아의 손해배상청구권을 인정하고 있다. 문제는 법원은 태아가 살아서 출생한 경우에는 손해배상청구권을 인정하고 살아서 출생하지 못한 태아(사산아)의 손해배상청구권은 이를 부정하고 있는데 이는 법원이 민법 제762조를 해석함에 있어 사람은 생존한 동안에만 권리와 의무의 주체가 된다고 규정한 민법 제 3 조를 함께 적용하고 있기 때문이다. 이러한 법원의 해석과 민법 제 3 조의 위헌성 여부가 논란되었으나 헌재는 국가의 생명권 보호의무를 위반한 것이 아니라는 이유로 합헌으로 결정하였다(2004헌바81). 헌재는 (과거) 낙태죄 합헌결정에서도 태아의 생명권을 인정한 바 있으며(2010헌바402), 최근 낙태죄조항에 대한 헌법불합치결정에 있어서도 법정의견이 태아의 생명권을 인정하는 태도를 유지하였다(2017헌바127, 후술 참조).

[제한] 생명권은 그 자체가 본질적 내용으로 되어 있기에 어려운 문제를 제기한다. 생명권 제한문제로, 사형제도, 낙태, 뇌사, 안락사 · 존엄사, 생명공학(인간복제) 등이 논의되고 있다. ① 사형제 합헌성 인정 — 헌재는 사형이 비례의 원칙에 따라 최소한 동등한 가치가 있는 다른 생명 또는 그에 못지아니한 공공의 이익을 보호하기 위한 불가피성이 충족되는 예외적인 경우에만 적용됨으로써 생명권의 제한이 정당화될 수 있는 경우에는, 그것이 비록 생명권의 박탈을 초래하는 형벌이라 하더라도 이를 두고 곧바로 생명권이라는 기본권의 본질적인 내용을 침해하는 것이라 볼 수는 없다고 하고 사형제도가 비례원칙을 준수하여 합헌이라고 결정하였다(95헌바1, 2008헌가23). ② 연명치료거부 — 존

엄사와 관련하여 연명치료를 거부할 환자의 자기결정권이 생명권에 대한 침해로서 위헌이 아닌가 하는 문제가 있는데 대법원은 회복불가능한 사망의 단계에 이른 경우 환자의 자기결정권을 인정하여 환자의 중단의사에 따라(그 중단의사는 객관적으로 추정할 수도 있다고 함) 연명치료의 중단을 인정할 수 있다고 판결한 바 있다(대법원 전원합의체 2009. 5. 21, 2009다17417). 헌법재판소도 연명치료의 거부 또는 중단을 결정할 자기결정권이 보장된다고 본다. 다만 '연명치료의 중단 등에 관한 법률'을 제정할 국가의무는 없다고 보아 그 법률을 제정하지 않은 입법부작위가 위헌이라는 주장의 헌법소원심판 청구를 각하하였다(2008헌마385).

③ '직사살수행위'(살수차를 이용하여 물줄기가 일직선 형태로 청구인에게 도달되도록 살수하는 행위)의 생명권, 집회의 자유 침해 — 헌재는 청구인이 홀로 경찰 기동버스에 매여 있는 밧줄을 잡아당기고 있어 경찰 기동버스가 손상될 위험이 있었다고 보기 어렵고, 달리 위험 물건 소지, 경찰관과 물리적 충돌도 없어 당시 억제할 필요성이 있는 생명·신체의 위해 또는 재산·공공시설의 위험 자체가 발생하였다고 보기 어려우므로, 이 직사살수행위가 불법집회로 인한 위험억제라는 목적에 기여할 수 있는 수단이 아니었다고 보았다. 또한 청구인의 행위로 인하여 타인의 법익이나 공공의 안녕질서에 대한 직접적인 위험이 명백하게 초래되었다고 볼 수 없으므로, 이 사건 직사살수행위의 필요성을 인정할 수 없고 피청구인들(서울지방경찰청장, 서울지방경찰청 기동본부 제 4 기동단장)은 해산을 위하여 살수가 필요한 상황이었는지 여부, 특히 청구인이 시위대와 떨어져 홀로 밧줄을 끌어당기고 있는 상황에서 청구인에 대한 살수가 반드시 필요하였는지 여부 등을 제대로 확인하지 않았고 청구인의 머리와 가슴 윗부분을 향해 약 13초 동안 강한 물살세기로 직사살수가 계속되어 청구인이 넘어지면서 심한 상해를 입었고, 의식불명 상태로 치료받다가 사망하였으므로 이 직사살수행위는 침해의 최소성에 반한다고 보았다. 그리고 법익균형성도 없다고 보았다. 과잉금지원칙을 위반한 위헌임을 확인하는 결정을 하였다(2015헌마1149).

[국가·대통령의 의무] 헌재는 "피청구인(대통령)은 행정부의 수반으로서 국가가 국민의 생명과 신체의 안전 보호의무를 충실하게 이행할 수 있도록 권한을 행사하고 직책을 수행하여야 하는 의무를 부담한다. 하지만 국민의 생명이 위협받는 재난상황이 발생하였다고 하여 피청구인이 직접 구조 활동에 참여하여

야 하는 등 구체적이고 특정한 행위의무까지 바로 발생한다고 보기는 어렵다. 세월호 참사로 많은 국민이 사망하였고 그에 대한 피청구인의 대응조치에 미흡하고 부적절한 면이 있었다고 하여 곧바로 피청구인이 생명권 보호의무를 위반하였다고 인정하기는 어렵다"라고 판시하였다(2016헌나1). 그러나 생명의 존귀성에 비추어 그 긴급한 시간 속에서 구조조치에 최선을 다하였다고 볼 수 없다는 점에서 이 판시는 받아들일 수 없다.

3. 인 격 권

[개념 · 성격 · 근거 · 주체] 인격이란 인간으로서의 품격을 의미하고 개인의 자아와 정체성 및 명예가 유지되는 상태를 말한다. 인격권이란 이러한 품격, 자아, 정체성, 명예 등이 존중받을 권리를 말한다. 인격권은 침해배제라는 자유권적인 소극성뿐 아니라 청구권적 성격의 적극성도 가진다. 인격이란 인간의 품격을 구성하는 자아와 정체성, 명예가 유지 · 존중되고 그 가치를 인정받는 상태를 말하므로 인격권의 보다 직접적인 근거는 인간으로서의 존엄과 가치에 있다. 그런데 인격권의 주체로 우리 헌재는 법인도 해당된다고 본다(앞의 기본권 주체 부분 참조).

[내용 · 제한] 인격권은 인격의 유지 · 존중권뿐 아니라 인격의 창출 · 발현권도 그 내용으로 한다. 자유로이 적극적으로 발현되고 형성된 인격이 유지되고 존중되어야 하는 것이다. 인격권의 내용으로는 포괄적인 인격권인 일반적 인격권과 개별적 인격권이 있다. 일반적 인격권이란 초상권, 성명권 같은 개별 인격권들도 포함하여 모든 종류의 인격권을 포괄하는 인격권으로서 특정되지 않은 인격권들도 여기에서 파생되어 나온다. ① 헌재가 '일반적 인격권'이란 용어를 언급하고 이를 다룬 사안들로는, ㉠ 합헌결정례 — 정정보도청구권 사건(89헌마165), 지문정보에 관련된 개인정보자기결정권이 문제된 사안(99헌마513), 청소년 성매수자에 대한 신상공개제 사건(2002헌가14) 등이 있었는데 모두 그 제한의 합헌성을 인정한 바 있었다. ㉡ 헌법불합치결정례로는 태아의 성별에 대한 고지의 금지 사건이 있다. 헌재는 남아선호에 따른 낙태를 방지하기 위한 태아의 성별 정보의 고지금지 규정에 대한 사건에서, 장래 가족의 구성원이 될 '태아의 성별 정보에 대한 접근을 국가로부터 방해받지 않을 부모의 권리'는 일반적 인격권에

의하여 보호된다고 보았다. 헌재는 낙태가 사실상 불가능하게 되는 임신 후반기에 이르러서도 태아에 대한 성별 정보를 부모에게 알려 주지 못하게 하는 것은 최소침해성원칙을 위반하는 것이라고 하여 헌법불합치결정을 하였다(2004헌마1010). 이후 임신 32주 이전에 태아의 성별 고지를 금지하는 것으로 의료법이 개정되어 시행되어 왔는데 이 32주 전의 금지규정에 대해서 단순위헌결정이 내려졌다(2022헌마356등. [결정요지] 고지금지 이유였던 남아선호사상이 확연히 쇠퇴하고 있고 태아의 성별과 낙태 사이에 유의미한 관련성이 있다고 보이지 않아 목적을 달성하기 위하여 효과적이거나 적합하지 않을 뿐만 아니라, 입법수단으로서 현저하게 불합리하고 불공정하고 낙태로 나아갈 의도가 없는 부모까지도 규제하고 있는 것으로 과도한 입법이므로, 필요최소한도를 넘어 침해최소성에 반한다).

㉢ 출생등록될 권리 — 헌재 2023. 3. 23. 2021헌마975. [쟁점] '혼인 중 여자와 남편 아닌 남자 사이에서 출생한 자녀에 대한 생부의 출생신고'를 허용하도록 규정하지 아니한 '가족관계의 등록 등에 관한 법률' 제46조 제 2 항(이하, '이 사건 출생신고의무자조항'), '가족관계의 등록 등에 관한 법률'(이하 연혁에 관계없이 '가족관계등록법'으로 약칭한다) 제57조 제 1 항 및 제 2 항(이하, '이 사건 친생자출생신고조항', 이 사건 출생신고의무자조항과 합하여 '심판대상조항들'이라 한다)이 혼인 외 출생자인 청구인들의 태어난 즉시 '출생등록될 권리'를 침해하는지 여부(적극) [판시] 출생등록의 의미와 출생등록을 위한 최소한의 자료를 갖추어야 할 필요성이 요구된다는 점을 고려할 때, 태어난 즉시 '출생등록될 권리'는 '출생 후 곧바로' 등록될 권리를 뜻하는 것이 아니라 '출생 후 아동이 보호를 받을 수 있을 최대한 빠른 시점'에 아동의 출생과 관련된 기본적인 정보를 국가가 관리할 수 있도록 등록할 권리로서, 아동이 사람으로서 인격을 자유로이 발현하고, 부모와 가족 등의 보호하에 건강한 성장과 발달을 할 수 있도록 최소한의 보호장치를 마련하도록 요구할 수 있는 권리이다. 이는 헌법 제10조의 인간의 존엄과 가치 및 행복추구권으로부터 도출되는 일반적 인격권을 실현하기 위한 기본적인 전제로서 헌법 제10조뿐만 아니라, 헌법 제34조 제 1 항의 인간다운 생활을 할 권리, 헌법 제36조 제 1 항의 가족생활의 보장, 헌법 제34조 제 4 항의 국가의 청소년 복지향상을 위한 정책실시의무 등에도 근거가 있다. 이와 같은 태어난 즉시 '출생등록될 권리'는 앞서 언급한 기본권 등의 어느 하나에 완전히 포섭되지 않으며, 이들을 이념적 기초로 하는 헌법에 명시되지 아니한 독자적 기본권으

로서, 자유로운 인격실현을 보장하는 자유권적 성격과 아동의 건강한 성장과 발달을 보장하는 사회적 기본권의 성격을 함께 지닌다. [결정] 출산을 담당한 의료기관 등이 의무적으로 출생신고를 담당하는 기관에 송부하여 출생신고가 이루어지도록 한다면, 민법상 신분관계와 모순되는 내용이 가족관계등록부에 기재되는 것을 방지하면서도 출생신고가 이루어질 수 있다. 그런 점 등에서 심판대상조항들은 입법형성권의 한계를 넘어서서 실효적으로 출생등록될 권리를 보장하고 있다고 볼 수 없으므로, 혼인 중 여자와 남편 아닌 남자 사이에서 출생한 자녀에 해당하는 혼인 외 출생자인 청구인들의 태어난 즉시 '출생등록될 권리'를 침해한다. 그런데 헌법불합치결정을 선고한다. ㉣ 경찰의 집회 참가자에 대한 촬영행위(채증활동) — 헌재는 "사람은 자신의 의사에 반하여 얼굴을 비롯하여 일반적으로 특정인임을 식별할 수 있는 신체적 특징에 관하여 함부로 촬영당하지 아니할 권리, 즉 헌법 제10조로부터 도출되는 초상권을 포함한 일반적 인격권을 가지고 있다. 따라서 옥외집회·시위 현장에서 참가자들을 촬영·녹화하는 경찰의 촬영행위는 집회참가자들에 대한 초상권을 포함한 일반적 인격권을 제한할 수 있다"라고 한다. 그런데 이 촬영행위에 대해 과잉금지원칙 위반으로 위헌이라는 헌재의 다수의견이 5인 의견이어서 4인 합헌의견이 법정의견이 되어 기각결정이 되었다(2014헌마843).

② 개별적 인격권으로는 ㉠ 명예권(헌법 제21조 제 4 항도 타인의 명예 침해금지규정을 두고 있음. 위헌확인결정례 : '국군포로의 송환 및 대우 등에 관한 법률'(2015. 3. 27. 법률 제13237호로 개정된 것. 이하 '국군포로법') 제15조의5 제 1 항은 국방부장관은 국군포로로서 등록된 포로, 등록 전 사망한 귀환포로, 귀환 전 사망한 포로에게 억류기간 중의 행적이나 공헌의 정도에 상응하는 예우를 할 수 있도록 하고 제 1 항에 따른 예우의 신청, 기준, 방법 등에 필요한 사항은 대통령령으로 정하도록 위임하고 있었다. 이러한 위임에도 불구하고 행정입법(대통령령)이 제정되지 않았는데 헌재는 이 행정입법부작위가 등록포로 등의 가족의 명예권을 침해하여 위헌임을 확인한다고(헌재 2018. 5. 31, 2016헌마626) 결정하였다), ㉡ 정체성 보호를 위한 인격권으로서 성명권(2003헌가5 — 아버지 성을 따르도록 하는 부성주의에 대한 예외를 인정하지 않음으로써 가족관계변동으로 인한 성 변경이 허용되지 않아 인격권침해라고 하여 헌법불합치로 결정됨), 초상권 등, ㉢ 가정생활에서의 자녀와 부모로서의 인격권((ㄱ) 부의 가정생활과 신분관계에서 누려야 할 인격권 : 95헌가14 — 친생부인의 소의 제기기간을 출생을 안 날로부터 1년 내로 규정한 민법규정에 대한 헌법불

합치결정([결정요지] '1년'이라는 제척기간(제소기간)은 그 동안에 변화된 사회현실여건과 혈통을 중시하는 전통관습 등 여러 사정을 고려하면 현저히 짧은 것이어서, 결과적으로 위 법률조항은 입법재량의 범위를 넘어서 친자관계를 부인하고자 하는 부로부터 이를 부인할 수 있는 기회를 극단적으로 제한함으로써 자유로운 의사에 따라 친자관계를 부인하고자 하는 부의 가정생활과 신분관계에서 누려야 할 인격권, 행복추구권 및 개인의 존엄과 양성의 평등에 기초한 혼인과 가족생활에 관한 기본권을 침해하는 것이다. * 이후 친생부인소송 2년 제척기간 규정에 대한 합헌결정(2012헌바357)이 있었다), ㈁ 모의 가정생활과 신분관계에서 누려야 할 인격권 : 2013헌마623 — 혼인 종료 후 300일 이내에 출생한 자를 전남편의 친생자로 추정하는 민법규정에 대한 헌법불합치결정([결정요지] 오늘날 이혼숙려기간 및 조정전치주의가 도입됨에 따라 혼인 파탄으로부터 법률상 이혼까지의 시간간격이 크게 늘어나게 됨에 따라, 여성이 전남편 아닌 생부의 자를 포태하여 혼인 종료일로부터 300일 이내에 그 자를 출산할 가능성이 과거에 비하여 크게 증가하게 되었으며, 유전자검사 기술의 발달로 부자관계를 의학적으로 확인하는 것이 쉽게 되었다. 그러나 전남편이 친생추정을 원하지도 않으며, 생부가 그 자를 인지하려는 경우에도 엄격한 친생부인의 소를 통해서만 친생관계가 번복될 수 있다. 이와 같이 민법 제정 이후의 사회적 · 법률적 · 의학적 사정변경을 전혀 반영하지 아니한 채, 아무런 예외 없이 그 자를 전남편의 친생자로 추정함으로써 친생부인의 소를 거치도록 하는 심판대상조항은 입법형성의 한계를 벗어나 모가 가정생활과 신분관계에서 누려야 할 인격권, 혼인과 가족생활에 관한 기본권을 침해한다), ㉣ 사회생활에서의 인격권, ㉤ 교육영역에서 아동과 학생의 인격권의 보장(학교 체벌의 객관적 타당성 여부를 판단하는 기준을 밝힌 판례 : 2005헌마1189) 등 다양하게 있다. ㉥ 형사절차, 강제절차에서 인격권침해의 위헌성이 인정된 예로, 신체과잉수색행위(2000헌마327), 유치장의 불충분한 차폐상태의 화장실을 사용하도록 한 행위(2000헌마546), 수사 · 재판과정에서의 미결수용자에 대한 재소자용 수의(囚衣) 착용의 강제(97헌마137), 상시적 계구착용(2001헌마163), 경찰조사를 받는 사람의 조사과정의 촬영을 허용한 사법경찰관의 행위(2012헌마652. 목적정당성부터 없다고 봄), 금치 처분받은 수형자에 대한 운동금지(2002헌마478), 사죄광고강제(89헌마160), 구치소 내 과밀수용행위(2013헌마142) 등을 들 수 있다. 반면, 부는 방식의 음주운전측정(96헌가11), 마약류사범에 대한 정밀신체검사(2004헌마826), 수용자의 항문 부위에 대한 전자영상 신체검사(2010헌마775), 교도소장 점호행위(2011헌마332), 수형자의 타교도소 이송 중 보호장비 사용행위(2011헌마426), 호송 시 다른 수용자와 연승한 행위(2013헌마280), 법정 내 보호장비 착용행위 등 위헌확인(2017헌마1238). 민사법정 출석의 수형자에 대한 운동화 착용 불허행위(형사 유죄가 확정되어 수용 중인 수형자가 민사재판사건으로 법정에 출석함에 있어서 운동화를 착용하는 것의 교도소장 불허. 2009헌마209), 민사법정에서의 보호장비 사용행위(형벌이 확정되어 교도소에 수용 중인 사람이 민사소송을 위해 출정하였는데 교도소장이 민사법정 내에서 청구인으로 하여금 양손수갑 2개를 앞으로 사용하고 상체승을 한 상태에서 변론을 하도록 한 행위 2017헌마181), '전자발찌' 부착제도(성폭력범죄자에 부착 : 2011헌바89, 교도소 · 구치소의 수용자가 교정시설 외부로 나갈 경우 도주 방지를 위한 부착 : 2016헌마191), 청소년 성의 매수자의 신상공개제도(2002헌가14) 등에 대해서는 합헌으로 보았다. ㈀ 직업관련 인격권(예 : 변호사 인맥지수 제공 — 대법원은 인맥지수에 의하여 표현되는 법조인 간의 친밀도는 "공익적 가치가 있는 개인적 및 직업적 정보라고 할 수도 없다"고 했다. 반면 변호사의 승소율, 전문성 지수 제공은 인격권을 침해하는 위법한 행위가 아니라고 보았다. 대법원 2011. 9. 2, 2008다42430 전원합의체 판결), ◎ 통신영역 — 휴대전화번호 강제변경의 인격권 제한성 부정(이동전화 식별번호로 011 등을 010으로 변경하도록 하게 한 것 : 이 변경이 개인의 인격 내지 인간의 존엄성에 영향을 미친다고 보기는 어렵다. 2011헌마63), ㉧ 공항검색과 인격권(국회동의를 받아 법률적 효력이 있는 국제민간항공협약, 이를 실현하는 항공보안법에 근거를 두고 있어서 법률유보원칙에 반하지 않고 과잉금지원칙을 준수하여 인격권 침해가 아니다(2016헌마780))에서의 합헌성 인정례들이 있었다.

4. 자기결정권(自己決定權)

[개념 · 성격 · 근거] 자기결정권이란 개인이 자신의 중요한 사적인 사안이나 사항에 대해 어떠한 행위를 할 것인지, 하지 않을 것인지 등에 대하여 자신의 판단에 따라 자율적으로 의사를 정할 수 있는 권리를 말한다. 자기결정권은 스스로 선택하고 결정하는 권리로서 자율성을 가지며 자신이 원하지 않는 행위를 하지 않을 권리라는 점에서는 소극적인 성격을 가지지만 자신이 하고자 하는 구체적인 행위를 스스로 정하고 행할 수 있는 권리로서 적극성도 가진다. 헌법 제10조가 주로 근거가 되고 사생활 자유를 규정한 헌법 제17조 등도 함께 근거가 되는 경우도 있다. 한편 판례는 소비자의 자기결정(선택)권은 행복추구권에서 나온다고 본다. 소비를 통한 자기만족이 행복이라고 보기 때문인 것으로 이해될 수 있겠다.

[내용 · 제한] ⅰ) 개인의 자기결정권 — 헌재는 '개인의 자기결정권'이란 말

의 자기결정권을 설정하고 이를 헌법 제10조 제 1 문이 보호하는 인간의 존엄성으로부터 보장되는 일반적 인격권에서 파생된다고 본다(2017헌바127; 2018헌바161). * 성년후견인의 권한에 관한 민법 조항들이 피성견후견인의 자기결정권 및 일반적 행동자유권을 침해하는지 여부에 대해 헌재는 성년후견인의 권한 남용 등 방지 규정을 두어 침해의 최소성 원칙을 충족하는 등 개인의 자기결정권을 침해하지 않아 합헌이라고 결정했다(2018헌바161). ii) 또 다음과 같은 자기결정권들이 있다. ① 자기운명결정권, 성적(性的) 자기결정권 — 성적 자기결정권의 제한이 문제된 사안으로, ⓐ 헌재는 간통죄 규정에 대해서는 합헌성을 인정하여 오다가(89헌마82, 90헌가70, 2000헌바60, 2007헌가17), 2015년에, 과잉금지원칙에 위배하여 국민의 성적 자기결정권 및 사생활의 비밀과 자유를 침해하는 것이라고 하여 위헌결정을 하였다(2009헌바17). ⓑ 동성동본금혼규정에 대해서는 헌법불합치로(95헌가6 — 혼인에 관한 성적 자기결정권이 문제됨), ⓒ 혼인빙자간음죄 규정에 대해서는 위헌으로(2008헌바58) 결정하였다. 반면에 ⓓ 성매매를 한 자를 형사처벌하도록 규정한 '성매매알선 등 행위의 처벌에 관한 법률' 제21조 제 1 항이 개인의 성적 자기결정권, 사생활의 비밀과 자유, 성판매자의 직업선택의 자유, 평등권을 침해하여 위헌이라는 취지의 주장에 대해 헌재는 성적 자기결정권의 제한이 있으나 과잉금지원칙을 준수하여 합헌이라고 결정하였다(2013헌가2). 또 ⓔ 미성년자(13세 이상 16세 미만)에 대한 강간, 강제추행에 대한 처벌조항이 과잉금지원칙 준수로 19세 이상인 자의 성적 자기결정권 및 사생활의 비밀과 자유를 침해하지 않아 합헌이라고 결정했다(2022헌바106등). * 성적 자기결정권 제한이 아니라 그 보호(피해자에 대한)를 위한 것으로서 입법목적의 정당성이 인정된다고 판시한 예 : 형법 제298조 강제추행죄 합헌결정(2020헌바66, 2019헌바121, 2024.7.18. 2024헌바71 등). ② 개인정보자기결정권 — 지문정보, 교육정보시스템(NEIS), 연말정산을 위한 의료비내역 제출, 의료급여 수급자 여부 확인을 위한 진료정보의 제공 등의 사건들에서 개인정보자기결정권의 제한이 문제되었는데 모두 합헌성이 인정되었다(99헌마513, 2003헌마282, 2006헌마1401, 2007헌마1092 등. 개인정보자기결정권에 대해서는, 후술 사생활의 비밀과 자유 참조). 그 외 ③ 정체성에 대한 자기결정권(성명, 국적취득 등), ④ Reproduce(출산)의 자기결정권 — 헌재도 임부의 자기결정권을 인정하고 있다. 자기낙태죄 조항에 대해서 문제되어 왔다. 우리 헌재는 자기낙태죄조항에 대해 판례변경하여 헌법불합치결정을 하였다(ⓐ 선례 — 헌재는 이 조항에 대해 처음에는 자기낙태죄 조항은 임부의 자기결정권, 즉 낙태의 자유를 제한하고 있으나 태아의 생명을 보호하기 위한 것으로서 그 입법목적이 정당하고, 적절한 방법이며 피해최소성을 지키고 있고 태아의 생명권 보호라는 공익이 중하다고 보아 합헌성이 인정된다고 판시한 바 있었다(2010헌바402). ⓑ 판례변경 — 그러나 2019년에 자기낙태죄 조항은 입법목적을 달성하기 위하여 필요한 최소한의 정도를 넘어 임신한 여성의 자기결정권을 제한하고 있어 침해의 최소성을 갖추지 못하고 있으며, 법익균형성의 원칙도 위반하여 결국 과잉금지원칙을 위반하여 임신한 여성의 자기결정권을 침해하는 위헌적인 규정이라고 보아 헌법불합치결정을 하여야 한다는 4인 재판관의 의견과 단순위헌이라는 3인 재판관의 의견으로 결국 2020. 12. 31. 이전에 개선입법을 할 때까지 위 조항들을 계속 적용하되, 만일 위 일자까지 개선입법이 이루어지지 않는 경우 위 조항들은 2021. 1. 1.부터 그 효력을 상실한다는 헌법불합치결정을 하고 위 2010헌마402 결정을 파기하는 판례변경을 하였다(헌재 2019. 4. 11, 2017헌바127. [결정요지] (가) 법정의견((1) 4인 재판관의 헌법불합치의견 — 자기낙태죄 조항은 모자보건법이 정한 예외를 제외하고는 임신기간 전체를 통틀어 모든 낙태를 전면적·일률적으로 금지하고, 이를 위반할 경우 형벌을 부과함으로써 임신의 유지·출산을 강제하고 있으므로, 임신한 여성의 자기결정권을 제한한다. 자기낙태죄 조항은 태아의 생명을 보호하기 위한 것으로서, 정당한 입법목적을 달성하기 위한 적합한 수단이다. 임신·출산·육아는 여성의 삶에 근본적이고 결정적인 영향을 미칠 수 있는 중요한 문제이므로, 임신한 여성이 임신을 유지 또는 종결할 것인지 여부를 결정하는 것은 스스로 선택한 인생관·사회관을 바탕으로 자신이 처한 신체적·심리적·사회적·경제적 상황에 대한 깊은 고민을 한 결과를 반영하는 전인적(全人的) 결정이다. 현 시점에서 최선의 의료기술과 의료인력이 뒷받침될 경우 태아는 임신 22주 내외부터 독자적인 생존이 가능하다고 한다. 한편 자기결정권이 보장되려면 임신한 여성이 임신 유지와 출산 여부에 관하여 전인적 결정을 하고 그 결정을 실행함에 있어서 충분한 시간이 확보되어야 한다. 이러한 점들을 고려하면, 태아가 모체를 떠난 상태에서 독자적으로 생존할 수 있는 시점인 임신 22주 내외에 도달하기 전이면서 동시에 임신 유지와 출산 여부에 관한 자기결정권을 행사하기에 충분한 시간이 보장되는 시기(이하 착상 시부터 이 시기까지를 '결정가능기간'이라 한다)까지의 낙태에 대해서는 국가가 생명보호의 수단 및 정도를 달리 정할 수 있다고 봄이 타당하다. 낙태갈등 상황에서 형벌의 위하가 임신종결 여부 결정에 미치는 영향이 제한적이라는 사정과 실제로 형사처벌되는 사례도 매우 드물다는 현실에 비추어 보면, 자기낙태죄 조항이 낙태갈등 상황에서 태아의 생명 보호를 실효적으로 하지 못하고 있다고 볼 수 있다. 낙태갈등 상황에 처한 여성은 형벌의 위하로 말미암아 임신의 유지 여부와 관련하여 필요한 사회적 소통을 하지 못하고, 정신적 지지와 충분한 정보를 제공받지 못한 상태에서 안전하지 않은 방법으로 낙태를 실행하게 된다. 모자보건법상의 정당화사유에는 다양하고 광범위한 사회적·경제적 사유에 의한 낙태갈등 상황이 전혀 포섭되지 않는다. 예컨대, 학업이나 직장생활 등 사회활동에 지장이 있을 것에 대한 우려, 소득이 충분하지 않거나 불안정한 경우, 자녀가 이미 있어서 더 이상의 자녀를 감당할 여력이 되지 않는 경우, 상대 남성과 교제를 지속할 생각이 없거나 결혼 계획이 없는 경우, 혼인이 사실상 파탄에 이른 상태에서 배우자의 아이를 임신했음을 알게 된 경우, 결혼하지 않은 미성년자가 원치 않은 임신을 한 경우 등이 이에 해당할 수 있다. 자기낙태죄 조항은 모자보건법에서 정한 사유에 해당하지 않는다면 결정가능기간 중에 다양하고 광범위한 사회적·경제적 사유를 이유로 낙태갈등 상황을 겪고 있는 경우까지도 예외 없이 전면적·일률적으로 임신의 유지 및 출산을 강제하고, 이를 위반한 경우 형사처벌하고 있다. 따라서, 자기낙태죄 조항은 입법목적을 달성하기 위하여 필요한 최소한의 정도를 넘어 임신한 여성의 자기결정권을 제한하고 있어 침해의 최소성을 갖추지 못하였고, 태아의 생명 보호라는 공익에 대하여만 일방적이고 절대적인 우위를 부여함으로써 법익균형성의 원칙도 위반하였으므로, 과잉금지원칙을 위반하여 임신한 여성의 자기결정권을 침해한다. 자기낙태죄 조항과 동일한 목표를 실현하기 위하여 임신한 여성의 촉탁 또는 승낙을 받아 낙태하게 한 의사를 처벌하는 의사낙태죄 조항도 같은 이유에서 위헌이라고 보아야 한다. 자기낙태죄 조항과 의사낙태죄 조항에 대하여 각각 단순위헌결정을 할 경우, 임신 기간 전체에 걸쳐 행해진 모든 낙태를 처벌할 수 없게 됨으로써 용인하기 어려운 법적 공백이 생기게 된다. 더욱이 입법자는 결정가능기간을 어떻게 정하고 결정가능기간의 종기를 언제까지로 할 것인지, 결정가능기간 중 일정한 시기까지는 사회적·경제적 사유에 대한 확인을 요구하지 않을 것인지 여부까지를 포함하여 결정가능기간과 사회적·경제적 사유를 구체적으로 어떻게 조합할 것인지, 상담요건이나 숙려기간 등과 같은 일정한 절차적 요건을 추가할 것인지 여부 등에 관하여 앞서 헌법재판소가 설시한 한계 내에서 입법재량을 가진다. 따라서 자기낙태죄 조항과 의사낙태죄 조항에 대하여 단순위헌 결정을 하는 대신 각각 헌법불합치 결정을 선고하되, 다만 입법자의 개선입법이 이루어질 때까지 계속적용을 명함이 타당하다. (2) 3인 재판관의 단순위헌의견 — 헌법불합치의견이 지적하는 기간과 상황에서의 낙태까지도 전면적·일률적으로 금지하고, 이를 위반한 경우 형사처벌하는 것은 임신한 여성의 자기결정권을 침해한다는 점에 대하여 헌법불합치의견과 견해를 같이한다. 다만 여기에서 더 나아가 이른바 '임신 제 1 삼분기(first trimester, 대략 마지막 생리기간의 첫날부터 14주 무렵까지)'에는 어떠한 사유를 요구함이 없이 임신한 여성이 자신의 숙고와 판단 아래 낙태할 수 있도록 하여야 한다는 점, 자기낙태죄 조항 및 의사낙태죄 조항(이하 '심판대상조항들'이라 한다)에 대하여 단순위헌결정을 하여야 한다는 점에서 헌법불합치의견과 견해를 달리 한다. 임신한 여성이 임신의 유지 또는 종결에 관하여 한 전인격적인 결정은 그 자체가 자기결정권의 행사로서 원칙적으로 보장되어야 한다. 다만 이러한 자기결정권도 태아의 성장 정도, 임신 제 1 삼분기를 경과하여 이루어지는 낙태로 인한 임신한 여성의 생명 · 건강의 위험성 증가 등을 이유로 제한될 수 있다. 한편, 임신한 여성의 안전성이 보장되는 기간 내의 낙태를 허용할지 여부와 특정한 사유에 따른 낙태를 허용할지 여부의 문제가 결합한다면, 결과적으로 국가가 낙태를 불가피한 경우에만 예외적으로 허용하여 주는 것이 되어 임신한 여성의 자기결정권을 사실상 박탈하게 될 수 있다. 그러므로 태아가 덜 발달하고, 안전한 낙태 수술이 가능하며, 여성이 낙태 여부를 숙고하여 결정하기에 필요한 기간인 임신 제 1 삼분기에는 임신한 여성의 자기결정권을 최대한 존중하여 그가 자신의 존엄성과 자율성에 터 잡아 형성한 인생관 · 사회관을 바탕으로 자신이 처한 상황에 대하여 숙고한 뒤 낙태 여부를 스스로 결정할 수 있도록 하여야 한다. 심판대상조항들은 임신 제 1 삼분기에 이루어지는 안전한 낙태조차 일률적 · 전면적으로 금지함으로써, 과잉금지원칙을 위반하여 임신한 여성의 자기결정권을 침해한다. 자유권을 제한하는 법률에 대하여, 기본권의 제한 그 자체는 합헌이나 그 제한의 정도가 지나치기 때문에 위헌인 경우에도 헌법불합치결정을 해야 한다면, 법률이 위헌인 경우에는 무효로 선언되어야 한다는 원칙과 그에 기초한 결정형식으로서 위헌결정의 존재 이유가 사라진다. 심판대상조항들이 예방하는 효과가 제한적이고, 형벌조항으로서의 기능을 제대로 하지 못하고 있으므로, 이들 조항이 폐기된다고 하더라도 극심한 법적 혼란이나 사회적 비용이 발생한다고 보기 어렵다. 반면, 헌법불합치결정을 선언하고 사후입법으로 이를 해결하는 것은 형벌규정에 대한 위헌결정의 효력이 소급하도록 한 입법자의 취지에도 반할 뿐만 아니라, 그 규율의 공백을 개인에게 부담시키는 것으로서 가혹하다. 또한 앞서 본 바와 같이 심판대상조항들 중 적어도 임신 제 1 삼분기에 이루어진 낙태에 대하여 처벌하는 부분은 그 위헌성이 명확하여 처벌의 범위가 불확실하다고 볼 수 없다. 심판대상조항들에 대하여 단순위헌결정을 하여야 한다). (나) 자기낙태죄 조항과 의사낙태죄 조항이 헌법에 위반된다는 단순위헌의견이 3인이고, 헌법에 합치되지 아니한다는 헌법불합치의견이 4인이므로, 단순위헌의견에 헌법불합치의견을 합산하면 법률의 위헌결정을 함에 필요한 심판정족수에 이르게 된다. 따라서 위 조항들에 대하여 헌법에 합치되지 아니한다고 선언하되, 2020. 12. 31.을 시한으로 입법자가 개선입법을 할 때까지 계속적용을 명한다. 아울러 종전에 헌법재판소가 이와 견해를 달리하여 자기낙태죄 조항과 형법(1995. 12. 29. 법률 제5057호로 개정된 것) 제270조 제 1 항 중 '조산사'에 관한 부분이 헌법에 위반되지 아니한다고 판시한 헌재 2012. 8. 23, 2010헌바402 결정은 이 결정과 저촉되는 범위 내에서 변경하기로 한다). * 이 결정에서는 자기낙태죄 조항(형법 제269조 제 1 항)뿐 아니라 의사낙태죄 조항(동법 제270조 제 1 항 중 '의사'에 관한 부분)에 대해서도 헌법불합치결정되었다). ⑤ 환자의 자기결정권 — 대법원과 헌재는 회복불가능한 사망의 단계에 이른 경우 연명치료의 거부를 결정할 환자의 자기결정권을 인정한다(대법원 전원합의체 2009. 5. 21, 2009다17417; 헌재 2009. 11. 26, 2008헌마385). ⑥ 의료소비자의 자기결정권－헌재는 근간에 "의료소비자는 헌법 제10조에 의해 보장되는 자기결정권의 한 내용으로 의료행위에 관하여 스스로 결정할 권리가 있다"라고 하고(2017헌마103) "이러한 의료소비자의 자기결정권에는 의료행위를 받을 것인지 여부에 관한 것뿐만 아니라 의료행위의 구체적인 내용을 선택할 권리도 포함된다. 따라서 의료소비자는 의료급여제도에 따라 제공되는 급여를 받는 것에 그치지 않고 더 나아가 자신의 비용으로 별도의 의료행위를 선택할 수 있는 결정권을 가진다(헌재 2002. 10. 31, 99헌바76등; 헌재 2007. 8. 30, 2006헌마417 등)"라고 한다(2017헌마103). ⑦ 시체의 처분에 대한 자기결정권－헌재는 인수자가 없는 시체를 생전의 본인의 의사와는 무관하게 해부용 시체로 제공될 수 있도록 규정하는 '시체 해부 및 보존에 관한 법률' 규정이 본인이 해부용 시체로 제공되는 것에 반대하는 의사표시를 명시적으로 표시할 수 있는 절차도 마련하지 않는 점 등에서 침해최소성 원칙을 충족하지 않고 법익균형성도 없어 시체의 처분에 대한 자기결정권을 침해하는 위헌이라고 결정하였다(2012헌마940).

5. 형벌의 책임주의, 비례성 등

[의미와 도출근거] 헌법재판소는 '책임없는 자에게 형벌을 부과할 수 없다'는 형벌에 관한 책임주의는 "형사법의 기본원리로서, 헌법상 법치국가의 원리에 내재하는 원리인 동시에, 국민 누구나 인간으로서의 존엄과 가치를 가지고 스스로의 책임에 따라 자신의 행동을 결정할 것을 보장하고 있는 헌법 제10조의 취지로부터 도출되는 원리이다"라고 한다.

[판례] (1) 형벌의 책임주의 : 이에 관한 판례로 i) 양벌규정 — 종업원의 범죄행위로 인한 영업주에 대한 양벌규정에 대한, 그리고 법인의 대리인·사용인 기타 종업원의 범죄행위로 인한 법인에 대한 양벌규정들에 대한 위헌결정례가 많다(영업주에 대한 경우로, 2005헌가10, 2008헌가10, 2009헌가14, 2011헌가17, 2011헌가41 등. 법인에 대한 경우로, 2008헌가16, 2008헌가18, 2009헌가18, 2010헌가66, 2010헌가98, 2010헌가80, 2010헌가99, 2011헌가7, 2011헌가12, 2010헌바307, 2011헌가20, 2011헌가24, 2011헌가26, 2011헌

가30, 2011헌가38, 2012헌가2, 2012헌가11, 2012헌가18, 2012헌가15, 2014헌가14, 2017헌가30, 2019헌가25, 2020헌가7 등). 그러나 법인의 경우 인간의 존엄·가치의 주체가 아니라는 점에서 책임주의를 헌법 제10조에서 끌어내기 어려운 점이 있고 법치국가원리에서 끌어내면 될 것이다. 한편 유의할 점은 법인의 대표자의 범죄행위로 인한 법인에 대한 양벌규정은 합헌이라고 본다(2009헌가25, 2011헌가34, 2010헌바117, 2019헌바341, 2020헌바189 등)는 점인데 이는 법인의 행위는 법인을 대표하는 자연인인 대표기관의 의사결정에 따른 행위에 의하여 실현되므로, 즉 법인은 기관을 통하여 행위를 하므로 법인이 대표자를 선임한 이상 그의 행위로 인한 법률효과는 법인에게 귀속되어야 하고, 법인 대표자의 범죄행위에 대하여는 법인 자신이 자신의 행위에 대한 책임을 부담하는 것이기 때문이라는 것이다.

이후 "다만, 법인 또는 개인이 그 위반행위를 방지하기 위하여 해당 업무에 관하여 상당한 주의와 감독을 게을리하지 아니한 경우에는 그러하지 아니하다"라는 예외규정을 넣은 개정이 있었고 헌재는 이러한 단서가 있는 경우에 "법인(개인)의 독자적인 책임이 인정되지 않는 경우에는 법인에 대해 형사처벌을 과하지 않는 내용의 단서를 두고 있으므로, 책임주의 원칙에 어긋나지 않는다"라고 하여 합헌으로 본다(2017헌바166).

ii) 과태료 — 과태료도 형벌이 아니지만 제재로서 책임원칙이 적용되어야 한다. 헌재는 기부금지규정을 위반한 경우 제공받은 금액이나 가액의 50배에 상당하는 금액의 과태료를 부과하도록 규정한 것은 책임원칙에 부합되지 않게 획일적이며 지나치게 과중한 것으로 과잉금지원칙에 위반된다는 결정(2007헌가22, 2010헌가86)을 한 바 있다.

iii) 기타 — 독립행위가 경합하여 상해의 결과를 발생하게 한 경우 원인행위가 판명되지 아니한 때에는 공동정범의 예에 의하도록 규정한 형법 제263조(상해죄의 동시범)가 책임주의 원칙에 반하지 않아 합헌이라는 결정(2017헌가10. 위헌의견 5인 다수의 합헌결정)이 있었다.

(2) 체계적 정당성, 균형성, 비례성 — 형벌은 체계상의 정당성과 균형, 비례성을 갖추어야 한다. 특정범죄를 가중처벌하는 특별법은 그 범죄의 원 처벌규정에 비해 가중적 구성요건 표지가 있어야 하는데 그렇지 않을 경우 형벌체계상 정당성과 균형을 갖추지 못한 것이라고 판단된다. 이 형벌체계성은 평등

원칙 위반 여부 문제라고도 본다. 헌재는 ① '마약류관리에 관한 법률' 제58조 제 1 항 제 6 호 중 '수입'에 관한 부분을 가중하는 구 '특정범죄가중처벌 등에 관한 법률'('특가법'이라 줄여 부르기도 함) 규정이 마약법조항의 구성요건 이외에 별도의 가중적 구성요건 표지를 규정하는 것이 필요한데 그러한 표지 없이 법적용을 오로지 검사의 기소재량에만 맡기고 있어 형사특별법으로서 갖추어야 할 형벌체계상의 정당성과 균형을 잃은 것이 명백하므로, 인간의 존엄성과 가치를 보장하는 헌법의 기본원리에 위배되고 그 내용에 있어서도 평등원칙에 위반된다고 결정하였다(2011헌바2. 이 결정은 91헌바11 결정을 판례변경하는 것임). ② 형법 제207조의 통화의 위조 등 죄와 동일한 구성요건으로 하면서도 법정형만 가중한 특가법규정에 대해서도 비슷한 취지의 위헌결정을 하였다(2014헌바224). ③ '특정범죄 가중처벌 등에 관한 법률'(2010. 3. 31. 법률 제10210호로 개정된 것) 제 5 조의4 제 1 항 중 형법 제329조(절도)에 관한 부분, 같은 법률 제 5 조의4 제 1 항 중 형법 제329조의 미수죄에 관한 부분, 같은 법률 제 5 조의4 제 4 항 중 형법 제363조(상습범) 가운데 형법 제362조(장물의 취득, 알선 등) 제 1 항의 '취득'에 관한 부분은 별도의 가중적 구성요건 표지를 규정하지 않은 채 형법 조항과 똑같은 구성요건을 규정하면서 법정형만 상향 조정하여 어느 조항으로 기소하는지에 따라 벌금형의 선고 여부가 결정되고, 선고형에 있어서도 심각한 형의 불균형을 초래하게 함으로써 형사특별법으로서 갖추어야 할 형벌체계상의 정당성과 균형을 잃어 인간의 존엄성과 가치를 보장하는 헌법의 기본원리에 위배될 뿐만 아니라 그 내용에 있어서도 평등원칙에 위반되어 위헌이라고 결정하였다(2014헌가16). ④ 흉기 기타 위험한 물건을 휴대하여 형법상 폭행죄, 협박죄, 재물손괴죄를 범한 사람을 가중처벌하는 구 '폭력행위 등 처벌에 관한 법률' 규정은 형법 제261조(특수폭행), 제284조(특수협박), 제369조(특수손괴)의 '위험한 물건'에는 '흉기'가 포함된다고 보거나, '위험한 물건'과 '흉기'가 동일하다고 보는 것이 일반적인 견해이며, 그렇다면 가중적 구성요건의 표지가 전혀 없이 형법 조항들과 똑같은 내용의 구성요건을 규정하면서 징역형의 하한을 1년으로 올리고, 벌금형을 제외하고 있는바 위 폭처법 조항과 형법 조항 중 어느 조항이 적용되는지에 따라 피고인에게 벌금형이 선고될 수 있는지 여부가 달라지고, 징역형의 하한을 기준으로 최대 6배에 이르는 심각한 형의 불균형이 발생하고 형벌체계상의 정당성과 균형을 잃은 것이 명백하므로, 인간의 존엄성과 가치를 보장하는 헌법의 기본원리에 위배될 뿐만 아니라 그 내용에 있어서도 평등원칙에 위배된다고 결정하였다(2014헌바154). ⑤ 공무원의 지위를 이용하여 선거에 영향을 미치는 행위를 금지하는 공직선거법(2014. 2. 13. 법률 제12393호로 개정된 것) 제85조 제1항의 규정을 위반한 경우에 처벌하는 규정인 동법 제255조 제5항 규정이 유사한 처벌조항들(예를 들어 제86조 제1항은 공무원 지위를 이용하여 선거운동의 기획에 참여하거나 그 기획의 실시에 관여하는 행위 등 공무원 등의 선거에 영향을 미치는 행위금지 규정을 두고 있고, 그 위반행위를 동법 제255조 제1항 제10호에서 처벌하도록 규정하고 있음)에 비해 형벌체계상의 균형을 고려하지 않고 법정형만을 전반적으로 상향시켰고 특히 '선거에 영향을 미치는 행위'라는 다소 광범위한 구성요건을 규정하면서도 공직선거법 제85조 제2항의 선거운동이나 제86조 제1항 각 호의 행위와 구별 또는 가중되는 요소를 별도로 규정하지 않고 있어, 검사로서는 동일한 행위에 대하여 이 사건 처벌조항을 적용하여 기소할 수도 있고, 다른 조항을 적용하여 기소할 수도 있어 형벌체계상의 균형에 어긋난다는 위헌결정이 있었다(2015헌바6).

[반의사불벌과 형벌체계성 — 합헌성 인정례] ① '정보통신망 이용촉진 및 정보보호 등에 관한 법률' 제70조 제2항의 명예훼손죄를 반의사불벌죄로 정하고 있는 이 법 제70조 제3항 중 제2항에 관한 부분 — 반의사불벌죄는 친고죄보다 공소제기가능성이 크므로(피해자 의사에 반할 수는 없으나 그렇지 않으면 고소 없이도 공소제기가 가능하므로 고소가 있어야 하는 친고죄보다 가능성이 큼) 이에 대해 가해자가 위헌주장을 한 것이다. 헌재는 공소권 행사로 얻을 수 있는 이익과 피해자의 의사에 따라 공소권 행사를 제한함으로써 얻을 수 있는 이익의 조화, 헌법 제21조 제1항과 제4항이 정하고 있는 표현의 자유의 보장과 한계 등을 종합적으로 형량하여 보면 형벌체계상 균형을 상실하지 않아 평등원칙에 위반되지 아니하여 합헌이라고 보았다(2018헌바113). ② 군사기지·군사시설에서 군인 상호간의 폭행죄에 반의사불벌에 관한 형법 제260조 제3항의 적용을 배제하고 있는 군형법 제60조의6 제1호, 제2호 해당규정이 형벌체계상 균형을 갖추어 평등원칙에 합치된다고 결정하였다(2021헌바62등).

형벌의 비례성은 물론 기본권제한의 한계 원칙으로서 비례원칙(헌법 제37조 제2항)에서 요구되는 비례성이기도 하다. 그런데 부적절하고 과도한 형벌은 인간존엄성을 해치는 것이기도 하다. 헌재는 "법치국가의 개념은 범죄에 대한 법정형을 정함에 있어 죄질과 그에 따른 행위자의 책임 사이에 적절한 비례관계가 지켜질 것을 요구하는 실질적 법치국가의 이념을 포함하고 있다. … 만약 선택한 형벌이 구성요건에 기술된 불법의 내용과 행위자의 책임에 일치되지 않는 과도한 것이라면 이는 비례의 원칙을 일탈한 것으로 헌법상 용인될 수 없다. … 법정형의 종류와 범위를 정할 때에는 형벌 위협으로부터 인간의 존엄과 가치를 존중하고 보호하여야 한다는 헌법 제10조의 요구에 따라야 하고, 형벌개별화의 원칙이 적용될 수 있는 범위의 법정형을 설정하여 실질적 법치국가의 원리를 구현하도록 하여야 하며, 형벌이 죄질과 책임에 상응하도록 적절한 비례성을 지켜야 한다"라고 하여(2002헌바24, 2006헌가13) 형벌비례성원칙에 있어서 헌법 제10조, 그리고 실질적 법치주의도 언급하고 있다(형벌비례성 문제에서 헌법 제10조를 함께 언급하는 결정례들로 90헌바24, 2001헌가16, 2002헌바24, 2006헌가13 등). 근래에는 법정의견이 형벌비례성 문제에서 헌법 제10조를 언급하지 않은 결정례(2021헌가9)도 보인다. 여하튼 뒤의 신체의 자유 부분이나 앞의 기본권제한에서의 비례원칙에서 중복해서 다루지 않을 수도 있고 해서 여기서 형벌비례성 문제에 관한 위헌성 인정의 결정례들을 아래에 정리해 둔다.

* **[형벌 비례성 위반의 위헌성 인정결정례]** ① 교통사고 운전자가 피해자를 사고장소로부터 옮겨 유기하고 도주한 경우로서 피해자를 치사하고 도주하거나 도주 후 피해자가 사망한 때에는 사형·무기 또는 10년 이상의 징역에 처하도록 규정한 구 '특정범죄가중처벌 등에 관한 법률' 규정 — 살인죄와 비교하여 그 법정형을 더 무겁게 한 것은 형벌체계상의 정당성과 균형을 상실한 것(90헌바24), ② 마약을 단순매수 목적으로 소지한 경우에도 영리매수범과 동일한 법정형인 사형·무기 또는 10년 이상의 징역에 처하는 구 '특정범죄가중처벌 등에 관한 법률' 규정 — 죄질과 그에 따른 행위자의 책임 사이에 비례관계가 준수되지 않은 것(2002헌바24), ③ 야간에 흉기 기타 위험한 물건을 휴대하여 형법 제283조 제1항(협박)의 죄를 범한 자를 5년 이상의 유기징역에 처하도록 규정한 '폭력행위 등 처벌에 관한 법률' 제3조 제2항 부분이 형벌과 책임 간의 비례성원칙에 위반된다는 결정(2003헌가12), ④ 금융기관의 임·직원이 그 직무에 관하여 금품 기타 이익을 수수·요구 또는 약속한 때에는 처벌하는

데 그 “수수액”이 1천만 원 이상인 때에는 가중처벌하도록 한 구 ‘특정경제범죄가중처벌 등에 관한 법률’ 규정(2006헌가5), ⑤ 상관을 살해한 경우 사형만을 유일한 법정형으로 규정하고 있었던 구 군형법 제53조 제 1 항(2006헌가13), ⑥ 밀수입 예비행위를 본죄에 준하여 처벌하는 ‘특정범죄 가중처벌 등에 관한 법률’ 조항 — 현재는 이렇게 규정하고 있는 ‘특정범죄 가중처벌 등에 관한 법률’(2010. 3. 31. 법률 제10210호로 개정된 것) 제 6 조 제 7 항 중 관세법 제271조 제 3 항 가운데 제269조 제 2 항에 관한 부분이 책임과 형벌 사이의 비례성 원칙에 위반되고 형벌 체계상의 균형성과 평등원칙에 위반된다고 판단하여 위헌결정을 하였다(2016헌가13). ⑦ 음주운전이나 측정거부와 관련하여 형벌비례성 위반이라는 이유의 여러 건의 다음의 위헌결정들이 나왔다. ⓐ 2회 이상 음주운전(음주운전 전력자 다시 음주운전) 시 가중처벌 조항 — 재범 사이 시간에 제한을 두지 않고 경미사건까지 가중처벌하며 음주치료 등 비형벌적 수단에 대한 고려없이 가중처벌하여 책임과 형벌 사이의 비례성을 인정하기 어렵다고 보았다(2019헌바446). ⓑ 음주운전 전력자가 다시 음주측정거부를 한 경우 — 같은 제148조의2 제 1 항 중 이 경우에 대한 가중처벌도 비슷한 이유로 위헌결정(2021헌가32), ⓒ 음주측정거부 전력자가 다시 음주운전을 한 경우 — 같은 제148조의2 제 1 항 중 이 경우에 대한 가중처벌도 비슷한 이유로 위헌결정(2021헌가30), ⓓ 음주측정 거부자가 또 음주측정 거부하거나 음주운전을 할 경우 — 같은 제148조의2 제 1 항 중 이 경우에 대한 가중처벌도 비슷한 이유로 위헌결정(2022헌가14, 2022헌가18등), ⓔ 음주운항 금지규정 위반 전력이 1회 이상 있는 사람이 다시 음주운항을 한 경우 가중처벌하도록 한 해사안전법 규정에 대해서도 비슷한 이유로 위헌결정(2022헌가10), ⑧ 예비군훈련 소집통지서를 본인 부재시 대신 수령한 가족 중 성년자가 이를 본인에게 전달하여야 하는 의무의 위반 시 형사처벌하는 예비군법조항 — 예비군 조직편성, 훈련실시 등은 국가 공동체를 이끌어가는 대한민국 정부가 수행하여야 하는 공적 업무이나 정부가 수행해야 할 예비군훈련에 관한 공적 사무의 이행과 책임을 개인에게 일방적으로 전가시켜서는 안 되고 그 훈련의 원활한 이행을 위한 전달의무가 필요하다고 볼 것이나 그 전달의무는 단순히 국가에 대한 행정절차적 협조의무인데 이 협조의무를 위반한 가족 중 성년자를 과태료가 아닌 형사처벌을 하는 것은 책임과 형벌 간의 비례원칙에 위반된다는 결정이 있었다(2019헌가12. 이후 과태료로 하는 법개정 있었음). ⑨ 무기징역 또는 7년 이상의 징역에 처하게 한 ‘성폭력범죄의 처벌 등에 관한 특례법’상 주거침입강제추행 · 준강제추행죄 규정이 일률적으로 중형을 선고하게 하여 각 행위의 개별성에 맞추어 그 책임에 알맞은 형을 선고할 수 없을 정도로 과중하므로, 책임과 형벌 간의 비례원칙에 위배된다는 위헌결정(2021헌가9 등)도 있었다. 그리고, ⑩ 허위재무제표작성죄와 허위감사보고서작성죄에 대하여 배수벌금형을 규정하면서도,‘그 위반행위로 얻은 이익 또는 회피한 손실액이 없거나 산정하기 곤란한 경우’에 관한 벌금 상한액을 규정하지 아니한 ‘주식회사 등의 외부감사에 관한 법률’ 조항에 대해 그런 비규정 때문에, 그와 같은 경우 법원이 죄질과 책임에 상응하는 벌금형을 선고할 수 없도록 하여 책임과 형벌 간의 비례원칙에 위배된다고 하여 헌법불합치결정(2022헌가6)을 했다.

6. 태어난 즉시 '출생등록될 권리'(태어난 사람의 권리)

헌재는 이 권리가 기본권으로서 그 헌법적 근거로 제10조를 들면서도 다른 조항들도 들어 독자적 기본권이라고 하며 그 내용, 근거, 성격에 대해 다음과 판시한다(이 권리는 태어난 아동의 권리. 2021헌마975).

* "태어난 즉시 '출생등록될 권리'는 … '출생 후 아동이 보호를 받을 수 있을 최대한 빠른 시점'에 아동의 출생과 관련된 기본적인 정보를 국가가 관리할 수 있도록 등록할 권리로서, 아동이 사람으로서 인격을 자유로이 발현하고, 부모와 가족 등의 보호하에 건강한 성장과 발달을 할 수 있도록 최소한의 보호장치를 마련하도록 요구할 수 있는 권리이다. 이는 헌법 제10조의 인간의 존엄과 가치 및 행복추구권으로부터 도출되는 일반적 인격권을 실현하기 위한 기본적인 전제로서 헌법 제10조뿐만 아니라, 헌법 제34조 제 1 항의 인간다운 생활을 할 권리, 헌법 제36조 제 1 항의 가족생활의 보장, 헌법 제34조 제 4 항의 국가의 청소년 복지향상을 위한 정책실시의무 등에도 근거가 있다. 이와 같은 태어난 즉시 '출생등록될 권리'는 앞서 언급한 기본권 등의 어느 하나에 완전히 포섭되지 않으며, 이들을 이념적 기초로 하는 헌법에 명시되지 아니한 독자적 기본권으로서, 자유로운 인격실현을 보장하는 자유권적 성격과 아동의 건강한 성장과 발달을 보장하는 사회적 기본권의 성격을 함께 지닌다." * 평가 : 여러 조문들이 근거가 된다고 하면서 독자적 기본권이라고 하는 것은 이해가 어렵다.

여하튼 헌재는 '혼인 중 여자와 남편 아닌 남자 사이에서 출생한 자녀에 대한 생부의 출생신고'를 허용하는 규정을 두지 아니한 '가족관계의 등록 등에 관한 법률' 제46조 제 2 항 등에 대해 위 자녀의 태어난 즉시 '출생등록될 권리'를 침해한다고 하여 아래와 같이 헌법불합치결정을 했다.

* 위 2021헌마975결정 [결정이유] 그 남편의 출생신고를 사실상 기대하기 어렵고 검사 또는 지방자치단체의 장의 출생신고는 의무적인 것이 아니어서 위와 같이 출생한 자녀인 청구인들과 같은 경우 출생신고가 실효적으로 이루어질 수 있도록 보장하지 못하고 있다. 신고기간 내에 모나 그 남편이 출생신고를 하지 않는 경우 생부가 생

래적 혈연관계를 소명하여 인지의 효력이 없는 출생신고를 할 수 있도록 하거나, 출산을 담당한 의료기관 등이 의무적으로 모와 자녀에 관한 정보 등을 포함한 출생신고의 기재사항을 미리 수집하고, 그 정보를 출생신고를 담당하는 기관에 송부하도록 하여 출생신고가 이루어지도록 한다면, 민법상 신분관계와 모순되는 내용이 가족관계등록부에 기재되는 것을 방지하면서도 출생신고가 이루어질 수 있다. 출생신고가 이루어지지 않을 경우에 주민등록도 되지 않아 사회보장에 따른 수급 등도 제대로 보장받지 못하여 인격 형성 및 부모와 가족 등의 보호하에 건강한 성장과 발달에 미치는 영향은 매우 크다. 따라서 심판대상조항들은 입법형성권의 한계를 넘어서서 청구인들의 태어난 즉시 '출생등록될 권리'를 침해한다. * 생부들의 평등권 침해 여부도 심판되었으나 차별에 합리적 이유가 있다고 하여 침해가 아니라고 판단되었다.

Ⅲ. 인간의 존엄과 가치를 보호하여야 할 국가의무

이에 관한 위헌성인정 결정례로, ① 헌재는 일제강점기에 일본군위안부로 강제 동원되어 인간의 존엄과 가치가 말살된 상태에서 장기간 비극적인 삶을 영위하였던 피해자들의 훼손된 인간의 존엄과 가치를 회복시켜야 할 의무, 징병과 징용으로 일제에 의해 강제이주 당하여 전쟁수행의 도구로 활용되다가 원폭피해를 당한 상태에서 장기간 방치됨으로써 심각하게 훼손된 청구인들의 인간으로서의 존엄과 가치를 회복시켜야 할 의무는 대한민국임시정부의 법통을 계승한 지금의 정부가 국민에 대하여 부담하는 가장 근본적인 보호의무에 속한다고 하고 이 의무를 이행하지 아니하고 있는 피청구인(외교통상부장관)의 부작위가 위헌이라고 확인하였다(2006헌마788, 2008헌마648. 그러나 헌재는 이 결정 이후 일제의 사할린 강제징용자 등이 청구한 같은 성격의 청구에 대해 피청구인(당시 외교통상부장관)의 의무 불이행이 아니라고 하여 각하결정하였다(2012헌마939)). 또한 ② 헌재는 최소한의 필요한 보장조차 규정하지 않음으로써 결과적으로 인간으로서의 존엄과 가치를 훼손한다면 헌법 제10조의 인간의 존엄과 가치에 위반되고 인간의 존엄과 가치는 모든 인간을 그 자체로서 목적으로 존중할 것을 요구한다고 하면서 구치소 내 과밀수용행위에 대해 위헌확인하는 결정을 한 바 있다(2013헌마142).

제2절 행복추구권

Ⅰ. 행복추구권의 개념

행복이 무엇인지를 간단히 정의하기는 쉽지 않다. 생각건대 행복이란 인간이 가지는 욕구가 충족되어 기쁨을 느끼는 상태를 말한다. 그 욕구는 물질적인 것만이 아니라 정신적인 것도 포함하는 것이고 오히려 정신적인 것이 더 중요하다. 이러한 욕구의 충족상태에 도달하려는 의지가 행복을 추구하는 것이며 인간이 원하는 바를 성취하여 만족하려는 권리가 행복추구권이다.

Ⅱ. 행복추구권의 성격

1. 포괄적 기본권성

(1) 기본권성

행복추구권이 기본권이 아니라는 견해도 있으나 학설은 대체적으로 기본권성을 인정하고 판례도 이를 인정한다.

(2) 포괄적 기본권성과 기본권의 파생

일반적인 학설은 행복추구권이 포괄성을 갖는다고 본다. 헌재 판례도 행복추구권은 "포괄적인 기본권의 성격을 가지며, '일반적 행동자유권', '개성의 자유로운 발현권', '자기결정권', '계약의 자유' 등이 그 보호영역 내에 포함된다"라고 한다(2002헌마677).

행복의 상태와 그 추구의 과정은 폭넓은 영역에 다양하게 걸쳐 있다. 따라서 행복추구권도 인간생활의 여러 영역에서 인간의 욕구를 만족시키는 데 필요한 여러 기본권들을 내포하고 있다. 그리하여 각 영역의 다양한 기본권들이 행복추구권으로부터 파생될 수 있다(기본권의 파생에 대해서는, 전술 제1편의 기본권규범의 인식 참조).

(3) 포괄적 기본권으로서의 보충적 기본권성 — 타 기본권과의 관계

〈사례 13〉

A는 공무원시험에 응시하려고 하였으나 관련 법률규정이 설정하고 있는 제한으로 인해 자신은 응시자격을 가지지 못하게 되었다. A는 이러한 제한이 자신의 공무담임권과 행복추구권을 침해한다고 주장한다. 만약 A가 헌법소원심판을 청구한다면 헌재는 본안에서 어떠한 기본권의 침해에 대해 심사할 것인가?

행복추구권이 포괄적 기본권이다보니 여러 개별적 기본권들과 더불어 관련될 수 있다(예를 들어 직업의 자유, 표현의 자유, 공무담임권 등 개별 기본권들의 향유로 행복을 가져온다). 이 경우에 어느 기본권들을 우선해서 적용할 것인가 하는 문제가 있다. 이러한 문제는 특히 기본권침해에 대한 위헌심사를 행할 때 나타난다. 이 문제에 대해서는 ① 행복추구권우선적용설, ② 행복추구권과 개별 기본권들을 함께 적용할 수 있다는 병존적 적용설(또는 보장경합설), ③ 개별 기본권을 우선하여 적용하고 행복추구권은 보충적으로 적용된다는 보충적 적용설(개별 기본권우선적용) 등이 있으나 보충적 적용설(③설)이 타당하다. 그 이유는 ㉠ 개별 기본권은 보다 직접적이고 구체화된 내용을 가지므로 기본권보장이 보다 구체적이고 명확해질 것이기에, ㉡ 그리고 포괄적 기본권인 행복추구권을 우선 적용하게 되면 개별적 기본권들의 존재의미가 없어질 것이기 때문이다. 우리 헌재도 보충적 적용설을 취하고 있다(99헌마112, 2000헌가5, 2020헌마104). 헌재 판례에 따르면 위 〈사례 13〉에서 개별적 기본권인 공무담임권에 대해 심사할 것이다.

(4) 독자적 기본권으로서의 행복추구권

행복추구권이 포괄성을 띤다고 하여 늘 보충적인 행복추구권만 있는 것은 아니다. 행복추구권의 기본권성을 부정하는 견해는 물론 독자적 기본권성을 부정하게 되지만 행복추구권은 독자적으로 하나의 기본권으로 인정될 때도 있다. 어떤 특정한 기본권으로 개별화하기 힘드나 행복 여부에 직결될 경우가 그러한 경우이다. 따라서 유의할 점은 보충적이라는 것은 행복추구권이 포괄적 기본권일 때의 성격을 의미하고 행복추구권 자체가 독자적인 지위의 의미를 가지고 당해 사안에서 더 나은 최대한의 기본권보장을 위해서 행복추구권의 보호가 필요한 경우에는 독자적 적용 또는 독자적 적용과 더불어 다른 개별 기본권들과의 병존적 적용이 된다. 헌재도 다른 개별 기본권과 함께 행복추구권의 침해를 인정하거나 행복추구권만의 침해를 인정하는 판례를 내놓아 독자적 기본권으로서의 성격도 긍정한다. i) 병존적 적용과 그 침해를 인정한 예로, ① 대표적으로 기소유예처분에 의한 기본권침해의 경우를 들 수 있다. 무죄라고 주장하는 피고인이 기소유예처분으로 평등권뿐 아니라 행복추구권도 침해당하였다고 보기 때문에 병존적용을 인정하는 것이다(89헌마56, 2010헌마642). ② 친생부인의 소 제기기간이 단기여서 아버지의 가정생활과 신분관계에서 누려야 할 인격권 및 행복추구권을 침해한다고 하여 헌법불합치로 결정된 예가 있다(95헌가14). ii) 행복추구권만의 침해 인정의 예로, 기능경기대회참가자격의 제한에 대한 헌법불합치결정의 경우(2013헌마757. [결정요지] 전국기능경기대회 입상자 중 해당 종목 '1, 2위 상위 득점자'가 아닌 나머지 입상자는 국제기능올림픽 대표선발전에도 출전할 수 없다. 그런데 구 숙련기술장려법 시행령 규정은 전국기능경기대회에 참가하여 입상한 사실이 없는 사람에게만 참가자격을 부여하고 있어 이전에 전국기능경기대회에 참가하여 이미 입상한 사실(청구인 경우 3위 입상)이 있는 사람에게는 다시 참가자격을 부여하지 않는다. 이러한 재도전 금지는 인격을 발현시키고 자아를 실현하고자 하는 청소년들에게 의미가 큰 국제기능올림픽 대표선발전에 출전할 기회까지 결국 봉쇄하는 결과가 된다. 따라서 이 규정은 입법형성권의 한계를 넘어선 것으로서 청구인들의 행복추구권을 침해한다. 헌법불합치결정을 선고한다) 등을 들 수 있다.

2. 자연권성 — 국가 이전의 자연권

행복을 원하고 누리고자 하는 것은 인간으로서의 당연한 욕구이고 본능이므로 행복추구권은 국가 이전의 자연권인 천부적 인권이다. 근대의 권리선언에서는 행복추구권을 천부인권으로서 규정하고 있었다. 행복추구권을 자연권으로 인정하므로 이는 국민뿐 아니라 외국인이나 무국적자에게도 인정되는 기본권이다.

3. 자유권인지 여부(적극성 여부)

행복추구권을 포괄적 자유권으로 보는 헌재 판례들이 더러 있었기에(93헌가14, 2019헌바454, 2021헌마450 등) 논란이 되고 있다. 후술하는 자유권에서 언급하겠지만 자유권은 소극적 권리의 성격을 가진다는 것이 전통적 이론이다. 그렇다면 위 판례들은 행복추구권이 자유권으로서 소극적인 권리라는 것이 된다. 그러나 행복의 상태는 보다 나은 양질의 삶을 내포하기도 하므로 행복추구권은 보다 나은 삶, 복지를 요구할 수 있는 적극적 성격을 가지기도 한다.

Ⅲ. 행복추구권의 내용 — 행복추구권에 함축된 파생적 기본권들

1. 일반적 행동자유권

[개념] 일반적 행동자유권(一般的 行動自由權)이란 헌법에 명시되지 않은 '자유권'들을 모두 담고 있는 포괄적인 자유권을 의미한다. 헌법에 제12조의 신체의 자유부터 제23조 재산권에 이르기까지 여러 개별 자유권들이 명시되어 있으나 이러한 명시된 자유권들 외의 자유권들이 도출되고 보호되는 근거가 되는 자유권을 말한다. 우리 헌재도 일반적 행동자유권을 인정하고 지금까지 헌법에 명시되지 않은 자유권들을 끌어내고 보호해온 근거가 바로 이 일반적 행동자유권이다. 이 일반적 행동자유권 자체는 또 더 포괄적 권리규정인 행복추구권에서 나온다. 우리 헌재도 행복추구권을 근거로 한다고 본다. 일반적 행동자유권은 '자유권'이다. 생존권, 청구권, 참정권 등과 구별되는 자유권인 것이다. 일반적 행동자유권에서 청구권, 생존권 등이 나오지는 않고 자유권이 나오는 것이다.

[성격] 일반적 행동자유권은 '포괄적' 자유권으로서 일반조항적 성격을 가진다. 따라서 개별적 자유권이 있으면 그것을 적용하고 일반적 행동자유권은 보충적으로 적용된다(99헌바76). 다만, 일반적 행동자유권이 독자적 의미를 가질 때에는 독자적 적용 또는 다른 개별적 자유권들과의 병존적용이 된다. 자유권이 아닌 청구권 등과의 병존적용도 인정된다.

[내용] 헌재가 그동안 일반적 행동자유권에 속하고 거기서 파생된다고 보는 자유권으로는 ① 계약의 자유(89헌마204. 임대차존속기간을 20년으로 제한하는 민법 제651조 제1항은 과잉금지원칙을 위반하여 계약의 자유를 침해한다는 위헌결정 : 2011헌바234. 이동통신단말장치(휴대폰) '지원금 상한 조항'('이동통신단말장치 유통구조 개선에 관한 법률' 조항)은 과잉금지원칙을 준수하여 계약의 자유를 침해하지 않아 합헌이라고 본 결정 : 2014헌마844, 초고가 아파트 구입용 주택담보대출 금지 조치가 그 범위가 한정적이며 예외도 인정하고 있는 점, 덜 제한적인 기존의 제한 정책만으로 목적 달성이 곤란해진 상황에서 도입된 점 등에서 침해최소성을 갖추었으므로 합헌이라는 결정 : 2019헌마1399), 운전의 자유(2002헌마677), ② 하기 싫은 일(음주측정에 응

하는 일)을 강요당하지 아니할 자유(96헌가11), ③ 기부금품모집행위의 자유(96헌가5), ④ 부동산 양수인의 소유권이전등기를 할 것인지 여부를 스스로 결정할 자유(96헌바83), ⑤ 결혼식 등에 온 하객(賀客)들에게 음식물을 접대하는 행위의 자유(98헌마168), ⑥ 사립학교를 자유롭게 운영할 자유(2005헌마1119), ⑦ 무상 또는 일회적 · 일시적으로 가르치는 행위의 자유(98헌가16. 지속적 소득활동으로서 가르치는 행위의 자유는 직업의 자유에 해당됨), ⑧ 18세 미만자의 당구를 칠 자유(92헌마80), ⑨ 사적 자치(2001헌바98, 2011헌바126), ⑩ 유언의 자유(2007헌바128), ⑪ 노동조합 가입을 강제당하지 않을 자유(2002헌바95), ⑫ 이륜자동차 운전자의 통행의 자유(2005헌마1111, 2007헌바90, 2011헌바51, 2019헌마203), ⑬ 비직업적 의료행위의 자유(2001헌마370), ⑭ 요트를 이용한 레저활동을 즐길 자유(2006헌마954), ⑮ 좌석안전띠를 매지 않을 자유(2002헌마518), ⑯ 공원 탐방객이 자연공원지역을 자유롭게 출입할 자유(2010헌바99), ⑰ 일반 공중의 사용에 제공된 도로를 통행할 자유(2017헌바465) 등을 들 수 있다.

〈보호영역〉 일반적 행동자유권은 어떤 행위를 할 자유뿐 아니라 하지 않을 자유도 포함된다. 그 행위의 범위가 넓다. 헌재판례는 "일반적 행동자유권은 모든 행위를 할 자유와 행위를 하지 않을 자유"라고 한다. **[비가치적 행동]** 그리하여 헌재는 "가치 있는 행동만 그 보호영역으로 하는 것은 아닌 것"이라고(가치중립성) 하면서, "그 보호영역에는 개인의 생활방식과 취미에 관한 사항도 포함되며, 여기에는 위험한 스포츠를 즐길 권리와 같은 위험한 생활방식으로 살아갈 권리도 포함된다"라고 보고(2002헌마518, 2006헌마954), ① 예컨대 개인이 대마를 자유롭게 수수하고 흡연할 자유도 일반적 행동자유권의 보호영역에 속한다고 본다(2005헌바46). ② 부탄가스 등 환각물질 섭취 · 흡입의 금지 · 처벌(2018헌바367. 그 위험성에 대한 교육이나 안내로 부족하고 재활치료 등은 사후적 조치일 뿐이어서 사전예방을 위해서 형사처벌이 불가피하여 침해최소성을 가진다고 보아 합헌이라고 본다), ③ 못된 장난 등으로 업무 및 공무를 방해하는 행위(홈페이지에 코로나 관련 의견을 수차례 게시)를 처벌하는 경범죄 처벌법 조항 ― 못된 장난 등 자유로운 행동을 제한하여 청구인의 일반적 행동자유권을 제한(합헌성 인정 기각, 2021헌마426), ④ 헌재는 위험한 생활방식으로 살아갈 권리도 포함하고 따라서 운전 중 휴대용 전화를 사용할 자유는 일반적 행동자유권의 보호영역에 속한다고 본다[2019헌바5. 그 제한(운전 중

원칙적 금지)은 운전 중 전화를 받거나 수신된 문자메시지 내용 확인과 같이 단순조작 경우에도 전방주시율 등이 저하되므로 교통사고의 위험이 증가하여 그 사용을 원칙적으로 금지할 필요가 있고 긴급자동차 운전과 같은 예외가 인정된다고 하여 침해최소성을 가져 합헌이라고 본다]. 그러나 모든 행위를 포섭한다고 할 수는 없다. 살인행위와 같은 인간의 행위로 받아들일 수 없는 행위는 보호되지 않아야 하기 때문이다.

* 어느 한 사안에서 한 기본권주체에게는 다른 개별 자유권이 문제되나 다른 기본권주체에게는 일반적 행동자유권으로서 인정될 경우가 있다. 대표적인 경우가 어떤 활동을 방해받지 않을 자유가 그 활동을 직업으로 하는 사람에게는 그 직업의 자유로서 인정되고 업으로 하지 않는 자에게는 일반적 행동자유권으로 인정된다. 그 예로 위의 예들에서 보면, 운전의 자유(운전의 자유가 운전을 업으로 하지 않는 사람의 일반적 행동자유권과 운전을 업으로 하는 사람의 직업의 자유. 2002헌마677, 이전에 비슷한 사안과 비슷한 취지의 위헌결정으로 2004헌가28, 2013헌가6), 무상 또는 일시적으로 가르치는 행위(98헌가16), 레저활동(2006헌마954, 2014헌가13), 의료행위(2001헌마370) 등을 들 수 있다(최근 결정례로 사회복무요원의 겸직허가제, 2019헌마938).

i) 위헌성 인정례 : ① 위에 거론된 일반적 행동자유권들 중에도 위헌성이 인정된 예가 있다. 그 외 대표적인 것들을 몇 가지 보면, ② 헌재는 운전면허자가 자동차 등을 이용하여 살인 또는 강간 등 행정안전부령이 정하는 범죄행위를 한 때 운전면허를 취소하도록 하는 구 도로교통법 규정은 임의적 취소 또는 정지제도만으로도 입법목적달성이 가능함에도 필요적 취소로 하고 있고 그 규제필요가 없는 행위까지 포함하여 침해최소성원칙에 위배되고 법익균형성도 없어 운전을 업으로 하지 않은 사람의 일반적 행동의 자유를(운전을 업으로 하는 사람의 경우에는 직업의 자유를) 과잉금지원칙을 위배하여 침해하는 위헌이라고 결정하였다(2013헌가6). ③ 또한 동력수상레저기구를 이용하여 범죄행위를 하는 경우에 조종면허를 필요적으로 취소하도록 하는 구 수상레저안전법 규정은 그 범죄의 유형, 경중 등 제반사정을 전혀 고려하지 않고 필요적으로 취소하도록 하여 침해 최소성원칙에 반하고 법익균형성도 없어 취미활동으로 수상레저활동을 하는 자의 일반적 행동자유권을 침해하는 위헌이라고 결정하였다(2014헌가13). ④ 헌재는 경찰청장이 서울광장을 차벽으로 둘러싸 청구인들이 2009. 6. 3. 서울광장에 출입하려는 것을 제지한 행위가 일반적 행동자유권을 비례(과잉금지)

원칙에 반하여 침해한 위헌임을 확인한다는 결정을 하였다(2009헌마406). ⑤ 배상금 등을 지급받으려는 신청인으로 하여금 '4 · 16세월호참사에 관하여 어떠한 방법으로도 일체의 이의를 제기하지 않을 것임을 서약합니다'라는 내용이 기재된 '배상금 등 동의 및 청구서'를 제출하도록 규정한 세월호피해지원법 시행령(대통령령) 제15조 중 별지 제15호 서식 규정(이하 '이의제기금지조항')에 대해 헌재는 세월호피해지원법 제15조 제 2 항의 위임에 따라 시행령으로 규정할 수 있는 사항은 지급신청이나 지급에 관한 기술적이고 절차적인 사항일 뿐이고 동법 제16조에서 규정하는 동의의 효력 범위를 초과하여 세월호 참사 전반에 관한 일체의 이의제기를 금지시킬 수 있는 권한을 부여받았다고 볼 수는 없고 따라서 이의제기금지조항은 법률유보원칙을 위반하여 법률의 근거 없이 시행령으로 청구인들에게 세월호 참사와 관련된 일체의 이의제기금지의무를 부담시킴으로써 일반적 행동의 자유를 침해한다고 결정하였다(2015헌마654. 이 결정에서 헌재는 "이 사건 시행령 규정으로 인하여 제한되는 청구인들의 일반적 행동의 자유는 재판 단계에서 법원이 이 규정을 해석하기 전에 일상생활에서 자신의 의사를 결정하고 그에 따른 행위를 하는 데 대한 자유권이다. 따라서 재판 단계에 이르러 이 규정이 아무런 법적 구속력이 없는 것이라고 해석될 가능성이 있다고 하여 청구인들의 자유권을 제한하는 공권력의 행사가 되지 않는다고 할 수는 없다"라고 판시한다). ⑥ 운전면허를 받은 사람이 다른 사람의 자동차등을 훔친 경우에는 운전면허를 필요적으로 취소하도록 한 구 도로교통법 규정이 자동차 절취행위에 이르게 된 경위, 행위의 태양, 당해 범죄의 경중이나 그 위법성의 정도, 운전자의 형사처벌 여부 등 제반사정을 고려할 여지를 전혀 두지 아니한 채 다른 사람의 자동차등을 훔친 모든 경우에 필요적으로 운전면허를 취소하도록 하여 자동차등을 훔친 행위가 교통상의 위험과 장해를 일으킬 우려가 전혀 없어 행정제재를 가할 필요가 없는 경우에도 운전면허를 취소할 수밖에 없게 하여 피해최소성, 법익균형성을 갖추지 못한 과잉금지원칙의 위반으로 일반적 행동자유권을 침해한다고 판단하고 위헌결정을 하였다(2016헌가6). ⑦ 금융회사 등에 종사하는 자에게 타인의 금융거래의 내용에 관한 정보 또는 자료를 요구하는 것의 금지 · 형사처벌 — 헌재는 이를 금지 · 처벌조항(구 '금융실명거래 및 비밀보장에 관한 법률' 제 4 조 제 1 항 본문 등의 해당규정)으로 강제하고 있으므로, 일반적 행동자유권을 제한한다고 하면서 과잉금지원칙을 위반하여 일반적 행동자유권을 침해한다고 하여 위헌결정했다

(2020헌가5. [결정요지] 금융회사등에 종사하는 자의 제공 또는 누설행위만을 제재하는 것으로 충분함에도 일반인의 거래정보등 제공요구행위를 제재하고 있고, 일반인의 거래정보등 제공요구행위를 제재하는 것이 필요하다고 하더라도 형사제재의 필요성이 인정되는 제공요구행위로 그 범위를 제한하는 것이 필요함에도 불구하고 일률적으로 금지하고 그 의무위반에 대하여 형사제재를 가하고 있어 최소침해성의 원칙에 위반되고 법익균형성도 없다).

대법원은 생활방식, 취미, 용모에 관한 자유를, 즉 일반적 행동자유권의 보호 영역에는 개인의 생활방식과 취미에 관한 사항도 포함된다고 본다. 이 입장이 표명된 판례는 용모관리의 일반적 행동자유권이 문제된 사안이라고 할 수 있는데 이에 관한 판례로 대법원은 항공사 취업규칙에서 소속 직원들이 수염 기르는 것을 전면 금지하는 것이 항공기 기장의 일반적 행동자유권을 침해하여 취업규칙조항이 무효이고 이를 준수하지 않았음을 전제로 항공사의 비행정지처분도 위법하다고 판결하였다(대법원 2018. 9. 13, 2017두38560 판결, 부당비행정지구제재심판정취소. * 이 판결에 대해서는 앞의 기본권상충, 대법원 판례 부분 참조. * 같은 사유로, 감급의 징계처분도 위법하다고 본 같은 날 내려진 동지의 판결도 있었다. 대법원 2018. 9. 13, 2017두62549, 부당감급구제재심판정취소). 이 기본권은 뒤에서 보는 개성창출 · 발현권으로 보아도 될 것이다.

ii) 합헌성 인정례 : 몇 가지를 보면, ① 청소년에 대한 인터넷 게임의 이른바 '강제적 셧다운제'를 규정한 청소년 보호법의 금지조항이 인터넷 게임 제공자의 직업수행의 자유, 여가와 오락 활동에 관한 청소년의 일반적 행동자유권 및 부모의 자녀교육권을 침해하지 않느냐 하여 논란되었다. 헌재는 청소년의 건강한 성장, 인터넷 게임 중독 예방이라는 목적의 정당성, 수단의 적정성이 인정되고 16세 미만의 청소년에 한하여 오전 0시부터 오전 6시까지만 인터넷 게임을 금지하는 것이 과도한 규제라고 보기 어렵고 본인 또는 법정대리인의 자발적 요청을 전제로 하는 게임산업법상 선택적 셧다운제는 그 이용률이 지극히 저조한 점 등에 비추어 대체수단이 되기에는 부족하므로 침해최소성 요건도 충족되며 법익균형성도 유지하고 있으므로(과잉금지원칙을 준수) 위 기본권들을 침해한다고 볼 수 없다고 하여 그 합헌성을 인정하는 결정을 하였다(2011헌마659. 이후 강제적 셧다운제가 폐지되었음). ② 비어업인이 잠수용 스쿠버장비를 사용하여 수산자원을 포획 · 채취하는 것을 금지하는 것 — 과잉금지원칙을 준수하여 합헌성이 인정되었다(2013헌마450). ③ 변경정보를 제출하지 아니하거나 거짓으로 제출한 자를 형사처벌하는 '성폭력범죄의 처벌 등에 관한 특례법' 규정은 과잉금지원칙을 준수하여 일반적 행동자유권의 침해가 아니라고 결정하였다(2016헌마109). ④ 정당한 사유 없이 관할 경찰관서에 출석하지 아니하거나 촬영에 응하지 아니한 자를 형사처벌하는 성폭력특례법 제50조 제 3 항 제 3 호가 청구인의 일반적 행동의 자유를 침해하지 않는다고 본 동지의 결정(2016헌마109)이 있었다. ⑤ '부정청탁 및 금품 등 수수의 금지에 관한 법률'에 관한 헌법소원결정 — 그동안 많이 논의되어온 법률인 이른바 부정청탁금지법에 대해 헌재는 다음과 같은 쟁점들에 대해 모두 배척하고 합헌성을 인정하였다(2015헌마236. [쟁점] a. 언론인 및 사립학교 관계자를 공직자 등에 포함시켜 이들에 대한 부정청탁을 금지하고, 사회상규에 위배되지 아니하는 것으로 인정되는 행위는 '부정청탁 및 금품 등 수수의 금지에 관한 법률'(2015. 3. 27. 법률 제13278호로 제정된 것, 이하 '청탁금지법'이라 함)을 적용하지 아니하는 청탁금지법 제 5 조 제 1 항 및 제 2 항 제 7 호 중 당해규정이 죄형법정주의의 명확성원칙에 위배되는지 여부(부정), b. 부정청탁금지조항 및 대가성 여부를 불문하고 직무와 관련하여 금품 등을 수수하는 것을 금지할 뿐만 아니라, 직무관련성이나 대가성이 없더라도 동일인으로부터 일정 금액을 초과하는 금품 등의 수수를 금지하는 청탁금지법 제 8 조 제 1 항과 제 2 항 중 사립학교 관계자와 언론인에 관한 부분(이하 '금품수수금지조항'이라 한다)이 과잉금지원칙을 위반하여 언론인과 사립학교 관계자의 일반적 행동자유권을 침해하는지 여부(부정), c 언론인 및 사립학교 관계자가 받을 수 있는 외부강의 등의 대가와 음식물 · 경조사비 · 선물 등의 가액을 대통령령에 위임하도록 하는 청탁금지법 제 8 조 제 3 항 제 2 호, 제10조 제 1 항 중 사립학교 관계자와 언론인에 관한 부분(이하 '위임조항'이라 함)이 죄형법정주의에 위반되는지 여부(부정), d. 위임조항이 명확성원칙에 위배되어 언론인과 사립학교 관계자의 일반적 행동자유권을 침해하는지 여부(부정), e. 위임조항이 포괄위임금지원칙에 위배되어 언론인과 사립학교 관계자의 일반적 행동자유권을 침해하는지 여부(부정), f. 배우자가 언론인 및 사립학교 관계자의 직무와 관련하여 수수 금지 금품 등을 받은 사실을 안 경우 언론인 및 사립학교 관계자에게 신고의무를 부과하는 청탁금지법 제 9 조 제 1 항 제 2 호 중 사립학교 관계자와 언론인에 관한 부분(다음부터 '신고조항'이라 한다)과 미신고시 형벌 또는 과태료의 제재를 하도록 하는 청탁금지법 제22조 제 1 항 제 2 호 본문, 제23조 제 5 항 제 2 호 본문 중 사립학교 관계자와 언론인에 관한 부분(이하 '제재조항'이라 한다)이 죄형법정주의의 명확성원칙에 위배되어 언론인과 사립학교 관계자의 일반적 행동자유권을 침해하는지 여부(부정), g. 신고조항과 제재조항이 자기책임의 원리와 연좌제금지원칙에 위반되는지 여부(부정), h. 신고조항과 제재조항이 과잉금지원칙을 위반하여 언론인과 사립학교 관계자의 일반적 행동자유권을 침해하는지 여부(부정), i 부정청탁금지조항과 금품수수금지조항 및 신고조항과 제재조항이 언론인과 사립학교 관계자의 평등권을 침해하는지 여부(부정)). 그 외에도 합헌성이 인정된 예로, ⑥ 교도소 수용자의 동절기 취침시간(21 : 00) 제한(공동생활 영위의 질서유지를 위한 취침시간의 일괄처우의 불가피성. 2015헌마36), ⑦ 금치기간 중 신문・도서・잡지 외 자비구매물품의 사용 제한(2014헌마45), ⑧ 대리인에 의한 협의이혼의사확인신청서 제출금지(2015헌마894), ⑨ 도로 외의 곳의 음주운전도 처벌(2015헌가11), ⑩ 공무원의 품위유지의무(2013헌바435), ⑪ 언어(지역언어, 한자)의 선택사용권 — ㉠ 지역언어사용 제한 문제 : 공문서를 표준어 규정에 맞추어 작성하도록 하고 초・중등교육법상 교과용 도서에 표준어 규정을 준수하도록 하는 국어기본법 규정(지역어(방언)에 익숙한 사람들로서는 공문서를 작성하거나 교육을 받음에 있어 의사표현의 수단에 제약을 받게 되는바, 이는 헌법 제10조의 행복추구권과 제11조의 평등권 및 제31조의 교육권 내지 자녀를 교육시킬 언어를 선택할 권리를 침해한다는 헌법소원이 제기됨. 헌재는 "특히 지역 방언은 각 지방의 고유한 역사와 문화 등 정서적 요소를 그 배경으로 하기 때문에 같은 지역 주민들 간의 원활한 의사소통 및 정서교류의 기초가 되므로, 이와 같은 지역 방언을 자신의 언어로 선택하여 공적 또는 사적인 의사소통과 교육의 수단으로 사용하는 것은 행복추구권에서 파생되는 일반적 행동의 자유 내지 개성의 자유로운 발현의 한 내용이 된다"라고 판시함. 그러나 헌재는 과잉금지원칙을 준수한 것이고 입법재량의 범위를 넘지 않는 것이라고 하여 결국 합헌성을 인정함. 2006헌마618), ㉡ 한자사용・교육 제한 문제(공문서의 한글전용을 규정한 국어기본법규정이 문제되었는데 공적 언어생활에서 한자혼용사용을 금지하여 한자어의 이해를 어렵게 하고 있어 기본권이 침해된다는 주장의 헌법소원이 제기됨. 헌재는 "한자를 의사소통의 수단으로 사용하는 것은 행복추구권에서 파생되는 일반적 행동의 자유 내지 개성의 자유로운 발현의 한 내용"이라고 봄. 그러나 '공공기관 등이 작성하는 공문서'에 대하여만 적용되고, 일반 국민이 공공기관 등에 접수・제출하기 위하여 작성하는 문서나 일상생활에서 사적 의사소통을 위해 작성되는 문서에는 적용되지 않는다고 하여 그 합헌성을 인정함. 2012헌마854), ⑫ LPG를 승용자동차 연료 사용 제한으로 인한 승용자동차 사용에 관한 행동자유권 제한(헌재는 이러한 제한으로 LPG승용자동차 양수예정인들을 포함한 일반인들의 행동자유권이 제한된다고 본다. 그러나 과잉금지원칙 준수로 합헌이라고 결정함(2015헌마997)), ⑬ 카메라나 그 밖에 이와 유사한 기능을 갖춘 기계장치를 이용하여 성적 욕망 또는 수치심을 유발할 수 있는 다른 사람의 신체를 그 의사에 반하여 촬영하는 행위의 금지와 처벌(2015헌바243. 이른바 '몰래(블랙)카메라' 금지. 여기선 촬영행위 문제가 검토됨. 청구인은 표현의 자유, 예술의 자유 침해를 주장한 데 대해 헌재는 "촬영행위 자체가 항상 외부적 표현행위를 전제로 하는 것은 아니므로, 의사 등의 표현·전달을 전제로 하는 표현의 자유 제한 여부가 문제되지 않는다. 또한, 촬영행위가 예술행위의 일환으로 이루어지는 경우가 있을 수 있지만, 심판대상조항이 그러한 경우만을 염두에 둔 조항은 아니므로, 예술의 자유를 주된 쟁점으로 하여 과잉금지원칙 위배 여부를 판단할 필요는 없는 것으로 보인다. 따라서 아래에서는 일반적 행동자유권의 침해 여부를 중심으로 심판대상조항이 과잉금지원칙에 위배되는지를 살펴보기로 한다"라고 판시), ⑭ 교통사고로 사람을 사상한 후 필요한 조치를 하지 아니한 경우 운전면허를 취소 또는 정지시킬 수 있도록 한 구 도로교통법(2016. 1. 27. 법률 제13829호로 개정된 것) 제93조 제 1 항 제 6 호[2018헌바4. * 이전에 필요적 취소조항이었는데 이에 대해서도 합헌결정이 있었다(2001헌가19등)], ⑮ 증여의제조항이 적용되는 명의신탁 당사자에게 증여세 신고의무를 부과하는 것(2019헌바225. 일반적 행동의 자유를 제한하는 것인데 과잉금지원칙을 준수하여 합헌으로 결정), ⑯ 전기통신금융사기의 사기이용계좌의 명의인에 대한 전자금융거래 제한(2019헌마579. 전자금융거래의 방법으로 거래를 할 수 없는 것이므로 재산권이 아닌 일반적 행동자유권의 제한인데 과잉금지원칙 준수하여 합헌), ⑰ 정비사업조합 임원 선출과 관련하여 후보자가 금품을 제공받는 행위를 금지·형사처벌하도록 하는 구 '도시 및 주거환경정비법' 규정(과잉금지원칙 준수하여 합헌), ⑱ 어린이 보호구역에서 교통사고로 어린이를 상해나 사망에 이르게 한 경우를 가중처벌하는 '특정범죄 가중처벌 등에 관한 법률' 조항 — 형벌강화로 어린이 보호구역에서 운전자 주의의무위반 행위를 엄격히 차단하는 것이 필요할 수 있어 침해최소성 등 과잉금지원칙을 준수하여 운전자의 일반적 행동자유권을 침해하지 않아 합헌(2020헌마460등 이른바 '민식이법'사건), ⑲ 가해학생에 대한 조치로 피해학생 및 신고·고발한 학생에 대한 접촉, 협박 및 보복행위의 금지를 규정한 구 '학교폭력예방 및 대책에 관한 법률' 조항, 학급교체를 규정한 동법조항이 가해학생의 일반적 행동자유권을 침해하지 않아 합헌(2019헌바93등. 과잉금지원칙 준수), ⑳ 금연구역으로 지정된 연면적 1천 제곱미터 이상의 사무용건축물, 공장 및 복합용도의 건축물에서 금연의무를 부과하고 있는 국민건강증진법 조항이 흡연자의 일반적 행동자유권을 침해하지 않음(2022헌바163. 금연·흡연구역의 분리운영만으로는 담배연기를 물리적으로 완전히 차단하기 어렵다는 점 등에서 침해최소성 갖춤), ㉑ 행동하지 않을 소극적 자유 — 이에는 ⓐ 성폭력 유죄 확정자 등 신상정보 등록대상자의 변경정보 제출의무 등(2016헌마109), ⓑ 좌석 안전띠를 매도록 하는 규정(2002헌마518) 등, ⓒ 사망사고에 대한 의료분쟁 조정 절차 자동개시를 규정한 '의료사고 피해구제 및 의료분쟁 조정 등에 관한 법률' 제27조 제 9 항 중 '사망'에 관한 부분[헌재는 피해를 신속 · 공정하게 구제하기 위한 것으로 필요한 한도를 넘은 제한이 아니어서 피해최소성을 갖추고 법익균형성도 있어 합헌이라고 결정했다(2019헌마321)], ⓓ 육군지시 자진신고조항(이 조항은 육군 장교로 하여금 민간법원에서 약식명령을 받아 확정된 경우 자진신고하도록 강제하고 있으므로, 그러한 행동을 하지 않고자 하는 일반적 행동의 자유를 제한하고 있다고 본다. 법률유보원칙, 과잉금지원칙 준수로 합헌성 인정. 2020헌마12)들이 있었다. ㉒ 전동킥보드 등 '개인형 이동장치'를 운전하려는 사람에게 원동기장치자전거 운전면허 이상의 면허를 요구하는 등의 제한은 과잉금지원칙을 준수하는 것이라고 보아 합헌성을 인정한 결정(2025. 12. 18. 2021헌마946)도 있었다.

2. 개성(個性)의 창출 · 발현을 할 권리와 개성을 존중받을 권리, 개성의 자유로운 발현권

개성이란 각 개인마다 고유한 특성이나 사고방식, 생활스타일, 취향, 취미 등 그 사람을 다른 사람들과 구별하게 하는 요소를 말한다. 예를 들어 개성을 연출하는 머리모양, 패션을 자신의 취향에 맞게 하는 등의 권리이다. 자신의 취향대로 개성을 창조해가고 표현함으로써 만족감을 획득하고 개성을 존중받음으로써 인간은 만족감과 행복감을 가지게 된다. 따라서 개성의 창출 · 발현을 할 권리, 개성을 존중받을 권리는 행복추구권에서 파생한다.

3. 인격의 발현 · 신장권, 인격의 자유로운 발현권

인간으로서의 품격을 인정받을 수 있고 인격을 유지할 수 있는 인격권은 앞서 본 대로 인간의 존엄가치에서 나온다. 그런데 인간이 인격의 발현 · 신장으로 인격체로서 인정받음으로써 만족감을 획득하게 된다는 점에서 인격의 발현 · 신장의 권리는 인간의 존엄가치 · 행복추구권에서 나온다. 인격발현에 있어서 간섭받지 않을 자유권인 인격의 자유로운 발현권도 인정됨은 물론이다

(98헌가16). * 교육을 통한 인격의 자유로운 발현권 — '2018학년도 대학수학능력시험 시행기본계획' 중 대학수학능력시험의 문항 수 기준 70%를 한국교육방송공사(이하 'EBS'라 한다) 교재와 연계하여 출제한다는 부분(이하 '심판대상계획'이라 한다)이 2018학년도 대학수학능력시험을 준비하는 학생인 청구인들의 교육을 통한 자유로운 인격발현권을 침해한다는 주장에 대해 헌재는 과잉금지원칙을 준수한 것이라고 보아 합헌성을 인정하였다(2017헌마691). * 청소년의 학습의 자유 — 헌재는 헌법 제10조에 의해 보호되어야 한다고 본다(2017헌바140등. 학교폭력예방법 제17조 제1항은 학교폭력 가해학생에 대하여 취할 수 있는 조치로서, 사회봉사, 특별교육이수 또는 심리치료, 출석정지, 전학, 퇴학처분 등의 조치를 규정하고 위와 같은 조치를 병과할 수 있도록 하고 출석정지 조치에 대해서는 그 기간의 제한을 두지 않음으로써, 청구인들의 자유롭게 교육을 받을 권리, 즉 학습의 자유를 제한하는지 여부가 쟁점이었다. * 본안판단결과 과잉금지원칙을 준수하였다고 보아 합헌결정을 하였다).

4. 기타 — 자녀교육권, 양육권, 사적 자치권, 소비자의 자기결정(선택)권, 휴식권, 문화향유에 관한 권리 등

헌재는 과외교습금지에 대한 위헌결정 등에서 부모의 자녀교육권이 행복추구권에서 나온다고 보았으며(98헌가16), 부모의 양육권도 행복추구권에서 나온다고 보았다(2005헌마1156). 앞서 본대로 헌재는 청소년에 대한 인터넷 게임의 이른바 '강제적 셧다운제'가 부모의 자녀교육권 침해가 아니라고 보았다(2011헌마659. 이후 강제적 셧다운제가 폐지되었음). 헌재는 사적 자치(私的 自治)권이 일반적 행동자유권 내지 행복추구권에서 파생된다고 본다(2005헌바96, 99헌바9). 그 외 소비자의 자기결정(선택)권[96헌가18(자도 소주(술) 구입명령제 위헌결정), 2017헌마1339(전동킥보드 최고속도 제한을 두어 원하는 속도 나는 것을 구입하지 못하게 하는 제한 — 과잉금지원칙 준수로 합헌)], 의료소비자의 자기결정권(99헌바76, 2012헌마865), 휴식권(2000헌마159), 문화향유에 관한 권리(2003헌가1) 등도 행복추구권에서 나온다고 본다. 이 중 의료소비가 아닌 일반적인 소비에서의 소비자의 자기결정권이란 말은 앞서 본대로 자기결정권이 개인의 중요한 사적인 사안이나 사항에 대한 것이란 점에서 일반적인 소비행위를 하는 데 자기결정권이라고 할 정도인지 의문이고 헌재도 사용하는 선택권이라고 부르는 정도가 적절할 것이다. 그래서 소비자의 자기결정(선택)권이라 한 것이다. 그리고 의료소비자의 자기결정권도 그 근거를 행복추구권 이전에 인간의 존엄과 가치를 근거로 하는 것이 낫다고 보는데 헌재는 근간에 "의료소비자는 헌법 제10조에 의해 보장되는 자기결정권의 한 내용으로 의료행위에 관하여 스스로 결정할 권리가 있다"라고 하여 그냥 헌법 제10조 전체를 근거로 든다(2017헌마103). 전동킥보드에 대하여 최대속도는 시속 25km 이내로 제한하여야 한다는 안전기준이 소비자의 자기결정권, 일반적 행동자유권을 제한한다고 보면서 과잉금지원칙 준수로 합헌이라고 보았는데 소비자 자기결정권이 행복추구권에서 나온다고 보았다(헌재 2020. 2. 27, 2017헌마1339).

제2장 평 등 권

제1절 평등권의 개념과 성격

Ⅰ. 평등사상의 연혁

인간은 사회 속에서 여러 사람들과 더불어 살아가게 마련이므로 다른 사람들의 삶과 행동을 자신의 것과 비교하려는 습성과 관념을 지니고 있기에 다른 사람과의 동등한 대우를 원하는 것은 당연한 인간적인 욕구이다. 따라서 평등의 사상도 Aristoteles의 정의 사상에서 보듯이 오래 전부터 인간사회에 자리잡아 왔다. 프랑스 1789년 인권선언 등 근대시민혁명의 인권선언에 규정되어 여러 헌법들에서 찾아볼 수 있다. 근대 이전에는 주로 형식적 평등, 즉 신분의 해방, 정치에의 평등한 참여를 보장하는 것에 그쳤으나 인간다운 생활을 위한 생존권, 생활배려 등의 국가의무가 현대사회에서 요구됨으로써 평등의 사상도 실질화되어 갔다.

Ⅱ. 평등의 개념과 기준

1. 상대적(실질적) 평등

평등의 개념은 절대적인 것이 아니라 상대적인 것이다. 사람들마다 처한 상황이나 여건을 고려하지 않고 일률적으로 같이 대우하여 외형적으로 동등하면 된다는 절대적인 형식적 평등이 아니라 사람마다 처한 상황이나 여건이 다르다면 그 차이에 따라 적절히 달리 대우해주는 상대적인 개념이다. 상대적 평등개념은 외형적으로 불평등하게 보이는 차별이 있더라도 그 차별에 합리적인 이유가 있거나 비례원칙에 맞다면 오히려 평등하다고 보는 평등개념인 것이다. 예를 들어 부양가족이 2명인 A가정과 4명인 B가정이 있고 1명당 생활비가 동일하다고 하였을 때 A가정에 월 20만원의 생활보조비를 국가가 지급한다면 실질적 평등개념에 따르면 B가정에는 40만원의 생활보조비를 지급하여야 평등한 것이다. 외형적으로 20만원의 차별이 있더라도 두 가정 간에는 차이가 있으므로 차별을 두는 것이 오히려 평등원칙에 부합하는 것이다. 상대적 평등은 실질적인 평등을 말한다.

2. 상대적 평등의 기준 — 합리성(자의금지), 비례성

차별이 외형적으로 있더라도 합리적 또는 비례적인 차별이라면 평등하다는 것이 상대적 평등의 관념이므로 평등한지 여부를 판단함에 있어서 결국 합리성, 비례성이 있는지 여부가 그 기준이 된다. 합리적인 이유가 없는데도 차별을 한다는 것은 이유없이 자의적(恣意的)으로(독단적으로, 마음대로) 차별을 하는 것이므로 합리성이 있어야 한다는 것은 자의가 금지되어야 함을 의미한다. 그래서 우리 헌재도 합리성과 자의금지를 같이 사용한다. 합리성, 자의금지는 "같은 것은 같게, 다른 것은 다르게"라고 표현되기도 한다. 한편 후술하는 대로 우리 헌재는 평등권심사에서 그 합헌성 여부를 차별에 합리성이 있는지 여부만 판단하는 경우와 비례성을 갖춘 것인지까지도 판단하는 경우가 있으므로 합리성 외에 비례성도 들게 된다. 이처럼 평등의 기준은 아래에서 볼 헌법재판에서의 평등심사 정도(강도)와 연관되기도 한다. 합리성심사에 그치면 완화심사이고 비례성심사까지 하면 엄격심사라고 한다(후술 제 4 절 평등원칙 위반 여부의 심사 참조).

Ⅲ. 평등권의 성격

1. 기본권성, 자연권성

평등권도 국가가 보호하여야 하고 그것의 침해에 대해 구제가 이루어져야 한다는 점에서 기본권임이 분명한 것이다. 평등권은 인간의 본성으로부터 우러나오는 권리라는 점에서 자연권으로서의 성격을 가진다. 근대 시민혁명에서 자유와 더불어 평등을 갈구하는 것은 바로 그 점을 보여준다.

2. 근본규범성, 타 기본권에의 적용성

예를 들어 투표수와 투표가치의 평등성을 보장하여야 하고(평등한 참정권의 인정), 생계보조비도 형평성이 있게 교부하여야(생존권의 평등) 한다는 요구에서 보듯이 평등권이 참정권, 생존권(사회권), 청구권 등 다른 기본권들에도 적용되는 기본권임을 의미한다. 그리하여 평등권에 관한 헌법규범은 근본규범으로서의 성격을 가지고 평등권은 헌법개정의 한계를 이루는 기본권이며 평등권이 헌법에 명시되지 않더라도 당연히 인정되어야 하는 원칙적 기본권이다.

제2절 평등권의 효력과 내용

제1항 평등권의 효력

과거에는 평등권이 행정과 사법만을 구속하여 행정과 사법에 있어서의 법집행과 법적용상의 차별만을 금지한다고 보고 입법자를 구속하지 못한다는 입법자비구속설(법적용평등설)이 있었으나 오늘날 행정, 사법뿐 아니라 입법도 구속함은 당연하다(3권구속설 — 통설, 판례). 따라서 행정이 자의성 없이 이루어져야 하고 재판(사법)도 당사자대등의 원칙에 따라 평등하게 진행되어야 하며 국회에서 제정되는 법률의 내용이 평등과 형평성을 갖추어야 함은 물론이다.

평등권이 사인들 간에도 효력을 가지며 적용되어야 한다.

제2항 평등권의 내용

Ⅰ. 차별금지사유

1. 헌법 제11조

우리 헌법 제11조 제1항 후문은 "누구든지 성별·종교 또는 사회적 신분에 의하여 … 차별을 받지 아니한다"라고 규정하여 차별금지 사유로 성별, 종교, 사회적 신분을 명시하고 있다. 헌법에 명시된 위 3가지 사유에 대해 ① 차별금지사유가 이에 한정된다고 보는 열거설과 ② 이 3가지 사유는 예시적인 것이고 그 외에도 어떠한 사유로도 차별되어서는 아니 된다고 보는 예시설이 있을 수 있다. 예시설이 타당하고 통설이며 헌재판례의 입장이다(판례 2006헌마328, 2008헌바141 등). 따라서 위 3가지 사유 외에 연령, 학력 등 다른 사유로도 차별되어서는 아니 된다.

2. 헌법의 다른 규정들 — 개별적 평등권

현행 헌법은 제11조 제1항 후문 외에 평등원칙을 개별적으로 명시하는 규정들을 두고 있기도 하다. ① 모든 국민은 능력에 따라 균등하게 교육을 받을 권리를 가진다고 규정하여 교육에서의 차별금지를 명시하고 있다(제31조 제1항). ② 헌법 제32조 제4항은 "여자의 근로는…고용·임금 및 근로조건에 있어서 부당한 차별을 받지 아니한다"라고 규정하고 있다. ③ 장애인에 대해서는 차별금지는 물론 오히려 특별한 보호가 이루어지는 것이 평등원칙에 부합되고 헌법은 국가의 보호의무를 명시하고 있다(제34조 제5항). ④ 혼인과 가족생활은 개인의 존엄과 양성의 평등을 기초로 성립되고 유지되어야 하며, 국가는 이를 보장한다고 규정하고 있다(제36조 제1항). ⑤ 선거권의 평등을 헌법 제41조 제1항, 제67조 제1항이, 그리고 선거운동의 균등한 기회보장을 헌법 제116조 제1항이 규정하고 있다. ⑥ 경제의 민주화에 경제적 평등관념이 들어가 있다고 본다면 헌법 제119조 제2항의 규정이 경제적 평등에 대해 규정하고 있다고 볼 것이다. ⑦ 우리 헌법은 지역간의 균형있는 발전에 대해서도 언급하고 있다(제

123조 제2항). 위와 같은 개별적 평등원칙에서도 차별금지사유가 나온다. ⑧ 헌법 제39조 제2항은 "누구든지 병역의무의 이행으로 인하여 불이익한 처우를 받지 아니한다"라고 규정하고 있다. 이와 관련한 결정으로 변호사시험의 응시기간과 응시횟수를 '5년 내에 5회'로 제한하면서 그 예외로 병역의무의 이행만을 인정하는 변호사시험법 제7조 제2항에 대해 헌재는 이 예외를 인정한 이유가 바로 헌법 제39조 제2항에 있으므로 이 사건 예외조항은 그 자체로 합리적인 사유가 있다고 보아야 한다고 하고 그 외 점에서도 합리적 이유가 있어서 평등권을 침해하지 않는다고 보았다(헌재 2020. 11. 26, 2018헌마733등).

3. 차별금지사유에 대한 구체적 검토

(1) 성 별

[개관] 성별에 의한 차별금지란 남성과 여성 간의 차별이 금지됨을 말한다. 남성이라는 이유로 여성에 비해 우대하여 여성에 불리한 조치나 입법을 하여 차별하거나 역으로의 차별이 금지된다. 다만, 각 성(性)이 가지는 신체적·생리적 차이에 따라 우대를 하는 차별을 두는 것은 오히려 합리성을 가질 수도 있을 것이다. 현재 남녀평등을 위한 법률로, 양성평등기본법, 고용과 근로에서의 남녀평등을 위한 '남녀고용평등과 일·가정 양립 지원에 관한 법률' 등이 있고 교육기본법은 교육에서의 성별에 의한 차별을 금지하고 있다(교육기본법 제4조, 제17조의2 제1·2항). 국제적으로는 우리나라도 가입한 '여성에 대한 모든 형태의 차별철폐에 관한 협약'이 있다.

[판례] 성별에 의한 차별로 그동안 문제가 된 것으로 다음과 같은 사안의 헌재판례들이 있었다. ① 동성동본 간 혼인금지규정에 대한 헌법불합치결정(95헌가6 — 동성동본인 혈족의 식별을 남계만을 기준으로 하는 것이어서 성별에 의한 차별임), ② 호주제와 부성주의(父姓主義)에 대한 헌법불합치결정(2001헌가9, 2003헌가5), ③ 간통죄 규정의 위헌결정(2009헌바17), 그러나 이 위헌결정은 남녀불평등이 아니라 성적 자기결정권, 사생활의 비밀과 자유의 침해(과잉금지원칙 위배)가 그 위헌이유였다. ④ 출생에 의한 국적취득에 있어서의 부계혈통주의에 대한 헌법불합치결정(97헌가12), ⑤ 공무원채용시험에서의 제대군인 가산점제도에 대한 위헌결정(98헌마363), ⑥ 대한민국 국민인 남자에 한하여 병역의무를 부과하는 것에 대한 합헌

성 인정(기각)결정(2006헌마328, 2010헌마460).

(2) 종 교

[개관] 어느 특정 종교를 믿는다는 이유로 공무담임권, 취업이나 근로의 기회, 교육을 받을 권리 등을 제한하는 경우에는 평등권의 침해가 된다. 헌법 제20조 제 2 항이 명시하고 있는 국교부인원칙은 헌법 제11조의 구현을 위한 것이기도 하다. 특별한 대우를 모든 종교에 대해 하더라도 무종교의 자유가 있기에 무신자에 대한 차별로서 위헌일 수 있다.

[판례] 사법시험 제 1 차시험의 시행일자를 일요일로 정하여 공고한 것이 기독교 신자인 응시생의 종교의 자유와 평등권을 침해한다는 헌법소원이 제기되었으나 헌재는 합리성 있는 차별이라고 보아 청구를 받아들이지 않았다(2000헌마159).

(3) 사회적 신분

[개관] 차별금지사유로서의 사회적 신분이 무엇을 의미하느냐에 대해서는 출생시 타고난 신분에 따른 차별만 금지된다는 선천적 신분설, 출생시뿐 아니라 후천적으로 취득된 신분에 의한 차별도 금지된다는 후천적 신분포함설 등이 대립된다. 선천적 신분설은 차별금지사유가 가문이나 문벌 등에 좁게 국한되어 결국 합리성없는 차별을 가능하게 하는 사회적 신분사유가 광범위해지고 이는 차별금지사유란 앞에서 살펴본 대로 예시적이라는 점에서도 타당하지 않다. 따라서 후천적 신분포함설이 타당하다.

[판례] 사회적 신분에 의한 차별에 대한 대표적 판례들 몇 가지를 보면, ① 직계존속에 대한 범죄행위를 가중처벌하는 규정에 대한 합헌결정(2000헌바53), ② 공무원의 결격사유에 대해 직무의 성질상 고도의 윤리성이 요구된다는 점을 들어 합헌이라고 본 결정(95헌바14), ③ 친일재산 국가귀속규정에 대한 합헌결정(친일재산을 그 취득·증여 등 원인행위시에 국가의 소유로 하도록 규정한 '친일반민족행위자 재산의 국가귀속에 관한 특별법' 규정이 친일반민족행위자의 후손이라는 사회적 신분에 따라 합리적인 이유없이 당해 재산의 소유자들을 차별하고 있는지 여부가 논란이 되었는데 헌재는 합리적 이유가 있다고 하여 합헌결정을 하였다. 2008헌바141) 등이 있었다. ④ 외국인 지역가입자에 대하여 내국인등과 달리 건강보험료를 체납한 경우 다음 달부터 곧바로 보험

급여를 제한하는 국민건강보험법 조항이 예외 없이(체납횟수와 경제적 사정 등에 대한 고려 없이) 1회라도 체납하면 일률적으로 제한하고, 급여제한처분에 불복할 기회를 제공하는 중요한 의미를 가지는 체납 통지를 하지 않아 내국인등에 비해 현저히 불합리한 차별을 하여 평등권을 침해한다고 하여 헌법불합치결정을 했다(2019헌마1165. * 사견 : '불복'이란 말은 국가기관에 복종하지 않는다는 전근대적 용어로서 철폐되어야 한다). ⑤ 긴급재난지원금 지급대상에 '난민인정자'를 제외한 것의 위헌성 — 코로나19로 인한 경제적 타격의 회복을 위한 긴급재난지원금 지급대상에, 외국인 중 '영주권자 및 결혼이민자'를 포함하고 '난민인정자'를 제외한 2020. 5. 13.자 관계부처합동 '긴급재난지원금 … 처리기준(2차)' 조항은, '난민인정자'에게 긴급재난지원금을 지급한다 하여 재정에 큰 어려움이 없는 등 합리적 이유 없는 차별로서 난민인정자인 청구인의 평등권을 침해하여 위헌이라고 결정했다(2020헌마1079).

4. 차별금지사유의 의미

차별이 금지되는 사유라고 하여 모든 차별을 금지하게 하는 것은 아니다. 합리적 이유가 있는 차별이거나 비례성을 갖춘 차별은 오히려 평등원칙에 부합되기 때문이다(실질적 · 상대적 평등). 따라서 여기서 차별금지사유라는 의미는 불합리하거나 불비례적인 차별이 금지되는 사유를 의미한다.

Ⅱ. 차별금지영역

헌법 제11조 제1항 후문은 "누구든지 … 정치적 · 경제적 · 사회적 · 문화적 생활의 모든 영역에 있어서 차별을 받지 아니한다"라고 규정하고 있다. 역시 정치적 · 경제적 · 사회적 · 문화적 생활이란 예시적 규정으로서 그 외 모든 생활영역에서 차별이 금지된다. 헌법전문도 "정치 · 경제 · 사회 · 문화의 모든 영역에 있어서 각인의 기회를 균등히 하고, … 안으로는 국민생활의 균등한 향상을 기하고"라고 규정하고 있다.

1. 정치적 생활영역

정치적 생활영역에서의 평등권은 국민이 정당활동을 하거나 선거에 참여하며 정치적 공직선거에 입후보하는 것과 같은 정치참여활동과 정치적 표현활동을 함에 있어서의 평등권이다. 정당의 창당에 참여하거나 정당에 가입하여 활동함에 있어서 평등한 기회가 보장되어야 한다. 선거권에 있어서는 표수가 같을 것을 요구하는 것으로 부족하고 표의 가치가 동등하여야 한다. 이 문제는 선거구인구편차 문제에서 가장 심각한데 이에 대해서는 선거제도에서 다루었다(전술 제 2 부 참조). 공직선거에 입후보함에 있어서도 평등한 기회가 보장되어야 한다. 정치적 표현행위에 있어서도 차별을 두어서는 아니 된다.

2. 경제적 생활영역

국민의 일상생활에 경제적 활동이 많고 경제적 생활영역도 광범위하게 걸쳐 있으므로 평등의 문제가 많이 제기되는 영역이다. 경제적 소득을 누리기 위한 근로활동에서의 기회와 수입의 평등(남녀고용평등, 동일노동 · 동일임금 등), 소비활동에서의 평등이 보장되어야 한다. 평등문제가 자주 거론된 대표적 경제영역은 재산권 영역이다. 재산권은 사실 오늘날 사회적 필요성 때문에 평등의 관념에 의한 제한을 많이 받게 된다. 조세평등주의는 조세에서의 평등원칙의 구현이다.

* 사회보장수급에 관한 불평등(출퇴근 재해 사건, 헌법불합치) : 근로자가 사업주가 제공한 교통수단으로 출퇴근하던 중 발생한 사고로 부상 등이 발생한 경우만 업무상 재해로 인정하고 근로자 소유 교통수단으로 출퇴근 중 그러한 경우에는 부정하는 산업재해보상보험법 규정이 평등원칙에 위배된다는 판단으로 헌법불합치결정이 되었다(2014헌바254. 이 결정은 합헌결정이었던 선례(2012헌가16)를 변경한 것이다. * 한편 헌법불합치결정된 이 규정이 2017. 10. 24. 개정되었으나 이 2018. 1. 1. 이후 최초로 발생하는 재해부터 적용하는 것으로 부칙에 규정되어 이 부칙규정에 대한 헌법재판이 청구되었다. 헌재는 신법 조항의 소급적용을 위한 경과규정을 두지 않음으로써 개정법 시행일 전에 통상의 출퇴근 사고를 당한 비혜택근로자를 보호하기 위한 최소한의 조치도 취하지 않은 것은, 산재보험의 재정상황 등 실무적 여건이나 경제상황 등을 고려한 것이라고 하더라도, 그 차별을 정당화할 만한 합리적인 이유가 있는 것으로 보기 어렵고, 위 2014헌바254 헌법불합치결정의 취지에도 어긋나 평등원

칙에 위반된다고 하고 입법자는 적어도 위 2014헌바254 헌법불합치결정일인 2016. 9. 29. 이후에 통상의 출퇴근 사고를 당한 근로자에 대해서는 신법 조항을 소급적용하도록 하여 부칙조항의 위헌성을 제거할 의무가 있다고 하여 헌법불합치결정을 하였다(2018헌바218등)).

3. 사회적 생활영역

사회적 생활이란 인간이 공동체를 구성하여 서로 간의 접촉, 교류, 협력을 영위해가는 활동을 말한다. 국민은 사회 속의 일상적 활동에서 다른 사람과의 불합리한 차별을 받아서는 아니 된다. 각종 사회단체나 법인의 사회적 활동도 평등하게 보장되어야 한다. 사회적 생활영역은 사람들 간의 교류 속에서 이루어지는 활동영역이기에 위에서 본 정치적 영역, 경제적 영역 등 다른 영역에서의 활동과 겹쳐져 나타나는 경우가 많다.

* 사회보장영역에서의 헌법불합치결정례 — 위헌성 인정이 이 영역에서 드물어서 보기로 인용함. 헌재는 보훈보상대상자의 부모에 대한 유족보상금 지급 시 수급권자를 1인에 한정하고 나이가 많은 자를 우선하도록 규정한 구 '보훈보상대상자 지원에 관한 법률' 제11조 규정 부분은 직업이나 보유재산에 따라 연장자가 경제적으로 형편이 더 나은 경우에도 그 보다 생활이 어려운 유족을 배제하면서까지 연장자라는 이유로 보상금을 지급하는 것은 보상금 수급권이 갖는 사회보장적 성격에 부합하지 아니하는 등 합리적 이유없이 나이가 적은 부모 일방을 차별하여 평등권을 침해하여 위헌이라고 판단하면서 헌법불합치결정을 하였다(2016헌가14).

4. 문화적 생활영역

문화란 인간들의 정신적인 활동 내지는 그 활동의 소산이나 인간들이 영위하는 삶, 생활의 양식을 의미한다. 문화적 창작활동, 문화활동단체의 구성, 문화활동행사 등에서의 차별은 합리성을 가지지 않는다면 금지되어야 한다.

* 문화적 생활영역에서의 평등권 문제를 다룬 판례 : 위헌확인결정례 — 이른바 '문화예술계 블랙리스트' 사건(대통령의 지시로 야당 소속 후보를 지지하였거나 정부에 비판적 활동을 한 문화예술인이나 단체를 정부의 문화예술 지원사업에서 배제하도록 한 일련의 지시 행위)과, 정치적 견해를 기준으로 이들을 문화예술계 지원사업에

서 배제되도록 한 것은 자의적인 차별행위(헌재 2020. 12. 23, 2017헌마416)로서 청구인들의 평등권을 침해한다.

Ⅲ. 적극적 평등화조치

[개념과 정당성 근거] 적극적 평등화조치(affirmative action)란 역사적으로 경제적·사회적으로 구조적인 차별을 받아왔던 특정집단(인종(흑인), 여성, 소수민족 등)에 대해 그동안의 불이익에 대한 보상으로서 그들에게 고용(취업)이나 고등교육(대학입학) 등에 있어서 이익을 부여하는 조치를 말한다. 적극적 평등화조치는 미국에서 발달된 이론이고 우선적 처우(preferential treatment) 또는 호의적 처우라고도 불린다. 우리 헌법재판소는 제대군인가산점판결에서 '잠정적 우대조치'라는 표현을 쓴 바 있다(98헌마363). 적극적 평등화조치는 ① 과거에 가해졌던 차별이 오늘에도 영향을 미친다고 보아 이를 시정하기 위한 보상의 사상(과거에 차별받았던 흑인에 대한 보상으로서의 적극적 평등조치)과 ② 적극적 우대조치로 흑인, 여성 등 여러 구성원들이 어울려 다양성을 증진시킬 수 있다는 사상에 그 정당성의 근거(기초)를 두고 있다. 이는 상대적·실질적 평등을 구현하기 위한 조치를 의미한다.

[특징과 한계] 잠정적 우대조치의 특징으로는 ① 개인의 자격이나 실적보다는 집단의 일원이라는 것을 근거로 하여 혜택을 준다는 점, ② 기회의 평등보다는 결과의 평등을 추구한다는 점, ③ 항구적 정책이 아니라 구제목적이 실현되면 종료하는 임시적 조치라는 점 등을 들 수 있다(98헌마363). 적극적 평등화조치에 대해서는 미국에서 찬반의 논란이 없지 않고 공공부문에서 이를 폐지하는 주들이 나타나 그 퇴조현상을 보인다는 지적도 있다. 적극적 평등화조치는 ① 역차별의 문제가 생기지 않도록 하여야 한다는 것과 ② 어디까지나 과거의 차별에 대한 보상이므로 잠정적인 우대조치여야 한다는 한계를 가진다고 한다.

[한국의 경우] 우리의 경우에도 헌법 제32조 제 4 항은 "여자의 근로는 특별한 보호를 받으며"라고 규정하고 있고, 헌법 제34조 제 3 항은 "국가는 여자의 복지와 권익의 향상을 위하여 노력하여야 한다"라고 규정하고 있기도 하다(국가

인권위원회법 제2조 제3호 단서도 “현존하는 차별을 없애기 위하여 특정한 사람(특정한 사람들의 집단을 포함한다)을 잠정적으로 우대하는 행위와 이를 내용으로 하는 법령의 제정·개정 및 정책의 수립·집행은 평등권 침해의 차별행위로 보지 아니한다”라고 규정하고 있다). 현재 적극적 평등화조치로 여성의 직업능력개발·고용촉진, 적극적 고용개선조치(‘남녀고용평등과 일·가정 양립 지원에 관한 법률’ 제2장 제3절, 제4절), 장애인고용할당제(‘장애인고용촉진 및 직업재활법’ 제27조, 제28조), 공직선거에서의 여성후보추천할당제(공직선거법 제47조), 공직선거에서의 여성후보추천보조금제도, 장애인추천보조금제도(정치자금법 제26조, 제26조의2) 등을 들 수 있다(여성후보추천할당제, 추천보조금제에 대해서는, 전술 제2부 제2장 제3절 참조). 헌재는 장애인고용할당제에 대해 합헌성을 인정한 바 있고(2001헌바96), 안마사 비맹제외기준을 정한 의료법 규정에 대해 시각장애인들을 우대하는 조치를 취할 필요가 있는 점 등을 들어 그 합헌성을 인정한 바 있다(2006헌마1098, 2008헌마664, 2011헌가39, 2017헌가15).

제3항 평등권보장을 위한 헌법제도

Ⅰ. 특수계급의 부인과 창설금지

현행 헌법 제11조 제2항은 “사회적 특수계급의 제도는 인정되지 아니하며, 어떠한 형태로도 이를 창설할 수 없다”라고 규정하고 있다. 사회적 특수계급제도의 인정은 특정한 사람들이나 사회집단에 대해 특별 신분과 특권을 인정하거나 사회구성원을 상하 위계를 가진 신분별로 나누어 권리 인정에 차이를 두는 것을 말한다. 이 금지는 조선시대 반상제, 노예제와 같은 악폐를 막고 평등권을 보장하기 위한 것이다.

Ⅱ. 영전일대(榮典一代)의 원칙

헌법 제11조 제3항은 “훈장 등의 영전은 이를 받은 자에게만 효력이 있고, 어떠한 특권도 이에 따르지 아니한다”라고 규정하고 있다. 영전의 효력의 세습을 부정함으로써 특수계급의 생성을 원천적으로 방지하고 예방하려는 목적에서 명시된 규정이다.

제 3 절 평등권에서의 제한 문제(합리적 · 비례적 차별)

* 의미 — 기본권의 제한은 합리적이고 비례적이어야 한다. 그런데 평등권은 상대적 개념으로서 이미 합리적이고 비례적이어야 함을 개념 자체에 포함하고 있다. 그렇다면 결국 평등권에서의 기본권제한의 문제는 합리적 · 비례적 차별 문제이다. 다시 말하면 평등권에 대한 제한이란 차별을 가져오고 있음을 의미하는데 차별이 합리성, 비례성을 갖춘 것이라면 실질적 평등으로서 그것은 오히려 곧 평등의 개념 자체에 부합하는 것이므로 평등권에서는 제한이 합헌적인지를 따지는 것은 따로 의미가 있지 않고 결국 평등원칙, 평등권이 실질적으로 구현되고 있는가(합리적 · 비례적인가)를 살피는 문제로 귀착된다.

제 1 항 헌법상의 합리적 사유에 의한 차별 — 헌법직접적 차별

헌법직접적 차별에는 우대하는 차별과 불리하게 대우하는 차별이 있다.

Ⅰ. 우대의 차별(특권 인정)

헌법은 우대의 차별로서 대통령의 불소추특권 · 전직대통령의 예우(제84조, 제85조), 국회의원의 불체포특권 · 면책특권(제44조 제 1 항, 제45조), 정당의 국가보호(제 8 조 제 3 항), 여성 · 소년의 근로의 보호(제32조 제 4 · 5 항), 국가유공자 · 유가족의 우선적 근로기회(제32조 제 6 항) 등을 규정하고 있다. 헌재는 전몰군경의 유가족이 아닌 생존하는 국가유공자 자녀에 대한 가산점은 헌법 제32조 제 6 항이 그 근거라고 볼 수 없다고 하여 그 비율, 수혜대상자를 축소하는 법개정을 하도록 하는 헌법불합치결정을 하였다(2004헌마675).

Ⅱ. 불리한 차별

헌법은 불리한 차별로서 공무원의 근로3권의 법률유보(제33조 제2항), 방위산업체근로자에 대한 단체행동권의 제한(제33조 제3항), 군인 등의 국가배상금지와 군사법원의 재판관할(제29조 제2항, 제27조 제2항), 군인에 대한 공직취임상의 제한과 문민원칙(군인은 현역을 면한 후가 아니면 국무총리·국무위원으로 임명될 수 없다)(제86조 제3항, 제87조 제4항), 국회의원·대통령의 겸직금지(제43조, 제83조) 등을 규정하고 있다.

제2항 법률, 명령, 입법부작위 등에 의한 차별

Ⅰ. 법률, 명령 등에 의한 차별

그동안 차별을 설정한 법률에 대해 논란이 된 것들이 많았다. 법률에 대한 위헌여부심판사건이나 헌법소원심판사건에서 차별의 합리성, 비례성 여부가 논란된 판례들이 많았다. 앞에서 대표적인 판례들을 보기도 하였다. 문제는 법률에 대한 심판을 함에 있어서 그 판단기준은 무엇이고 그 판단을 어떻게 할 것인가 하는 것이다. 판단기준은 앞서 상대적 평등의 기준이 합리성, 비례성이라고 하여 이미 보았고 심사방법(정도)은 아래 제4절에서 살펴보게 된다.

* **대일항쟁기 강제동원희생자에 대한 위로금 사건**: '대일항쟁기 강제동원 피해조사 및 국외강제동원 희생자 등 지원에 관한 특별법'이 다음과 같은 경우에 유족을 위로금 지급범위에서 제외한 데 대한 합헌결정들이 있었다. ① 강제동원 희생자의 유족에게 위로금을 지급함에 있어서 1947. 8. 15.부터 1965. 6. 22.까지 계속하여 일본에 거주한 사람의 경우를 지급대상에서 제외하고 있는 데 대해 이들에 대한 보상 내지 지원은 1차적으로 일본 정부가 책임을 져야 하는 상황인 점, 이들은 2000년 제정된 일본국의 법률에 따라 위로금 내지 조위금을 지급받을 수 있었던 점 등을 종합하면 합리적인 이유가 있다고 보아 평등원칙에 위반되지 않는다는 결정을 하였다(2011헌바55). ② 대한민국 국적을 갖고 있지 아니한 국외강제동원 희생자의 유족을 위로금 지급대상에서 제외한다는 동법 규정에 대해서 위로금이 시혜적 급부인데 이러한 급

부는 그 나라의 국민을 급부의 대상으로 하는 것이 원칙이고 청구인과 같이 자발적으로 외국 국적을 취득하여 결과적으로 대한민국 국민으로서의 법적 지위와 권리·의무를 스스로 포기한 유족을 위로금 지급 대상에서 제외하였다고 하여 이를 현저히 자의적이거나 불합리한 것으로서 평등원칙에 반한다고 볼 수 없다고 하여 합헌으로 결정하였다(2011헌바139, 2013헌바11). ③ 사할린 지역 강제동원 피해자의 경우 '대일항쟁기 강제동원 피해조사 및 국외강제동원 희생자 등 지원에 관한 특별법'이 1938. 4. 1.부터 1990. 9. 30.까지의 기간 중 또는 국내로 돌아오는 과정에서 사망하거나 행방불명된 사람에 한하여 국외강제동원 희생자에 포함된다고 규정한 데 대해 헌재는 이를 현저히 자의적이거나 불합리한 것이라고 볼 수 없으므로 평등원칙에 위반된다고 할 수 없다고 판시하였다(2013헌바11).

법률을 구체적으로 시행하는 명령이나 조례 등에 의한 차별도 문제된다.

Ⅱ. 입법부작위에 의한 차별

입법부작위가 평등원칙 위반일 경우 헌법불합치결정을 내려 입법개선을 요구하기도 한다. * 최근의 예 : 장애인 특별교통수단 사건 — 2019헌마1234. [결정요지] 장애인 등 교통약자를 위한 특별교통수단에 있어 표준휠체어만을 기준으로 휠체어 고정설비의 안전기준을 정하고 있는 '교통약자의 이동편의 증진법 시행규칙' 조항이 표준휠체어를 이용할 수 없는(표준휠체어를 탈 수 없고 누워 있는 상태에서 이동이 가능한) 장애인을 합리적 이유 없이(침대형 휠체어만을 이용할 수 있는 장애인은 특수한 설비가 갖춰진 차량이 아니고서는 사실상 이동이 불가능하다. 그럼에도 불구하고 침대형 휠체어만을 이용할 수 있는 장애인에 대한 아무런 고려 없이 표준휠체어만을 기준으로 고정설비의 안전기준을 정하는 것은 불합리하다고 보지 않을 수 없다. 특별교통수단의 운행 주체가 자신의 재정 상황, 관내 장애인의 수, 장애유형별 비율, 특별교통수단의 이용 수요 및 사용 현황 등을 고려하여 정할 문제이므로, 국토교통부장관이 누워서 이동할 수밖에 없는 장애인을 위한 휠체어 고정설비 안전기준 등을 별도로 규정한다고 하여 감당할 수 없을 정도로 국가의 재정적 부담이 심해진다고 볼 수도 없다) 차별하는 것으로서 평등권을 침해한다.

제 4 절 평등원칙 위반 여부의 심사

Ⅰ. 평등심사의 구조와 내용

평등심사의 구조 내지 내용은 ① 차별취급이 존재하는지 여부, ② 차별취급이 존재한다면 그 차별이 헌법적으로 허용되는 것인지 하는 합헌성 여부에 대한 심사이다. ②의 심사에서 어느 정도로 강하게 할 것인가 하는 것이 위에서 말한 완화심사와 엄격심사의 구분이다. ①의 심사를 아래 2.에서 살펴볼 완화심사에서 그 하나의 내용 내지 요소로 서술하고 있으나 이는 완화심사에서만이 아니라 엄격심사를 하는 경우에도 마찬가지로 ①의 심사를 하여야 하고 그 내용요소로 한다.

Ⅱ. 심사방법과 정도 — 엄격심사척도와 완화심사척도

우리 헌재는 평등원칙에 위반되는지 여부를 심사함에 있어서의 척도를 사안에 따라 엄격한 심사척도와 완화된 심사척도로 구분하고 있다. 완화된 심사란 합리성(자의성) 여부의 심사에 그치는 심사를 말하고, 엄격한 심사란 비례성 원칙에 따른 심사를 행하는 것을 의미한다. 헌재는 이러한 완화된 심사와 엄격한 심사의 구분을 제대군인에 대한 가산점이 위헌이라고 판결한 결정에서 처음으로 명시적으로 하였다(98헌마363).

Ⅲ. 완화된 심사(합리성=자의금지심사)

1. 완화된 심사의 방법 — 단계적 심사

헌재는 완화심사를 단계적으로 한다. 즉 ① 본질적으로 동일한 것을 다르게 취급하고 있는지(또는 본질적으로 다른 것을 동일하게 취급하고 있는지)에 관련된 차별취급의 존재 여부를 먼저 살펴보고, 다음으로 ② 이러한 차별취급이 존재한다면 이를 자의적(=비합리적)인 것으로 볼 수 있는지 여부를 살펴본다(2001헌바64,

2003헌가8 등).

* 위 헌재의 판시는 동질성 심사를 차별취급의 존재 여부 심사에 넣어 한다는 입장이다. 그러나 우리는 차별취급 존재는 사실 확인 문제이고 차별이 존재한다면 그 이질성 정도에 따라 합리성있는 차별을 두었느냐 심사로 진행되므로 오히려 동질성, 이질성 여부와 그 정도를 가리는 일은 합리성심사와 더불어 행해진다는 입장이다.

2. 완화된 심사를 하는 경우 — 판례의 경향

1) 엄격심사의 경우가 아닌 경우 헌재는 엄격심사를 하는 경우가 아닌 경우에 완화심사를 한다. 바로 아래에서 보는 대로 엄격심사는 헌법에서 특별히 평등을 요구하고 있는 경우와 차별적 취급으로 인하여 관련 기본권에 대한 중대한 제한을 초래하는 경우에 엄격심사를 하는데 그러한 2가지 경우에 해당되지 않는 경우 완화심사를 한다.

2) 광범위한 재량이 인정되는 분야 헌재는 입법재량이 넓게 인정되는 경우는 기본권의 중대한 제한이라고 보지 않는 경향이다. 그리하여 완화심사를 하는 경향이다.

* 완화심사를 하여 합리성 없는 차별로 평등원칙 위반이라고 한 결정례 — ① 국세징수법 공매절차에서의 매각결정취소시 매수인 계약보증금의 국고귀속에 대한 헌법불합치결정(2007헌가8), ② 법인의 약국개설금지(약사만이 약국을 개설할 수 있고 설령 약사들만으로 구성된 법인일지라도 약국을 개설할 수 없도록 금지한 구 약사법규정)에 대한 헌법불합치결정(2000헌바84), ③ '국세징수의 예에 의하여 징수할 수 있는 청구권'을 일률적으로 재단채권으로 한 파산법규정에 대한 위헌결정(2003헌가8), ④ 국가공무원 임용 결격사유에 해당하여 공중보건의사 편입이 취소된 사람을 현역병 등으로 입영하게 함에 있어 의무복무기간에 기왕의 복무기간을 전혀 반영하지 아니하는 구 병역법 규정(헌법불합치, 2008헌가28), ⑤ 중혼의 취소청구권자를 규정하면서 직계비속을 제외한 민법 제818조(헌법불합치, 2009헌가8), ⑥ 산업기능요원 편입이 취소되어 입영하는 경우 1년 이상 종사한 사람으로 한정하여 복무기간을 단축할 수 있도록 규정한 구 병역법 규정에 대한 위헌결정(2010헌마746), ⑦ 주택재건축사업의 경우 매도나 현금청산의 대상이 되어 제 3 자에게 일반분양됨으로써 기존에 비하여 가구 수가 증가하지 아니하는 개발사업분을 학교용지부담금 부과 대상에서

제외하지 아니한 구 '학교용지 확보 등에 관한 특례법' 규정에 대한 헌법불합치결정(2011헌가32), ⑧ 독립유공자의 손자녀 1명에게만 보상금을 지급하도록 하면서, 독립유공자의 선순위 자녀의 자녀에 해당하는 손자녀가 2명 이상인 경우에는 나이가 많은 손자녀를 우선하도록 한 구 '독립유공자예우에 관한 법률' 규정에 대한 헌법불합치결정(2011헌마724. 생활정도에 따라 보상금 분할지급을 하거나 경제적으로 어려운 자에게만 한정하여 지급할 수 있는 다양한 방법이 존재함에도 오로지 나이를 기준으로 우선순위를 정하는 것이 합리성이 없고 보상금 수급권이 갖는 사회보장적 성격에도 배치되므로 청구인의 평등권을 침해하여 헌법에 위반된다고 보았고 법적 공백의 우려 때문에 잠정적용의 헌법불합치결정을 함), ⑨ 예비후보자의 배우자가 그와 함께 다니는 사람 중에서 지정한 각 1명이 명함을 주거나 지지를 호소할 수 있도록 한 공직선거법 규정에 대한 위헌결정(2011헌마267), ⑩ 공중보건의사 사립학교 교직원 재직기간 불산입의 '사립학교교직원 연금법' 규정에 대한 헌법불합치결정(2015헌가15), ⑪ '수사가 진행 중이거나 형사재판이 계속 중이었다가 그 사유가 소멸한 경우'에는 잔여 퇴직급여 등에 대해 이자를 가산하는 규정을 두면서, '형이 확정되었다가 그 사유가 소멸한 경우'에는 이자 가산 규정을 두지 않은 군인연금법 규정에 대한 헌법불합치결정(2015헌바20), ⑫ 대한민국 국적을 가진 재외국민인 영유아를 보육료·양육수당 지원대상에서 제외하는 보건복지부지침이 국내에 거주하면서 재외국민인 영유아를 양육하는 부모인 청구인들을 합리성 없이 차별하여 평등권을 침해하는 위헌이라는 결정(2015헌마1047) 등. 또한 ⑬ 소년범 중 형의 집행이 종료되거나 면제된 자에 한하여 자격에 관한 법령의 적용에 있어 장래에 향하여 형의 선고를 받지 아니한 것으로 본다고 규정한 구 소년법 규정에 대해 평등원칙에 위반된다고 보고 헌법불합치결정을 하였다. 집행유예는 실형보다 죄질이나 범정이 더 가벼운 범죄에 관하여 선고하는 것이 보통인데, 집행유예를 선고받은 경우에 대해서는 이와 같은 특례조항을 두지 아니하여 불합리한 차별을 야기하고 있다는 것이 위헌이유이다(2017헌가7등). ⑭ 65세 미만 노인성 질병이 있는 사람의 장애인활동지원급여 신청제한에 대한 헌법불합치결정(2017헌가22). '장애인활동 지원에 관한 법률'(2011. 1. 4. 법률 제10426호로 제정된 것) 제5조 제2호 본문 중 해당규정. 일반적 생애주기에 비추어 사회활동이 활발한 때이어서 치료효과가 높아 노인성 질병이 발병하였다고 하여 곧 장기요양의 욕구·필요성이 급격히 증가한다고 평가할 것은 아님에도 불구하고 65세 미만의 장애인 가운데 치매·뇌혈관성질환 등 노인성 질병이 있는 사람의 경우 일률적으로 활동지원급여 신청자격을 제한한 것은 불합리함). ⑮ 외국거주 외국인유족의 퇴직공제금 수급 자격을 불인정하는 구 '건설근로자의 고용개선 등에 관한 법률' 조항 — 피공제자(건설근로자)의 사망 당시 유족인지 여부만 확인하면 되므로, '대한민국 국민인 유족' 혹은 '국내거주 외국인유족'과 달리 취급받을 합리적인 이유가 될 수 없다(2020헌바471. 개정되어 현행법에서는 포함됨). ⑯ 병원·치과

병원·종합병원과 달리 정신병원의 경우에는 한의사를 두어 한의과 진료과목을 추가로 설치·운영할 수 있다고 규정하지 아니한 의료법규정이 정신병원의 경우에만 한의사의 협진을 허용하지 아니할 만한 합리적인 이유가 없어 정신병원을 운영하는 사람의 평등권을 침해한다고 보아 헌법불합치(계속적용)결정을 하였다(2025. 1. 23. 2021헌마886). ⑰ 국가유공자의 유족 중 보상을 받을 자녀의 순위를 정함에 있어 협의로 지정되거나 주로 부양한 자녀가 없는 경우 나이가 많은 자녀를 선순위 유족으로 정하는 국가유공자법 연장자우선조항은 특별히 경제적으로 어려운 자녀가 있을 수 있고, 생활보호의 필요성이 인정되지 않는 자녀가 있을 수도 있는데, 이러한 개별적 사정은 전혀 고려하지 않고 나이 많음을 선순위 수급권자 선정의 최종 기준으로 삼는 것은 국가유공자법의 각종 보상이 가지는 사회보장적 성격에 부합하지 아니하고, 나이가 많다는 우연한 사정을 기준으로 보상의 지급순위를 정하는 것에 합리적인 이유가 있다고 볼 수 없으므로, 평등원칙에 위반된다고 보아 헌법불합치(계속적용)결정을 하였다(2025. 4. 10. 2024헌가12등).

Ⅳ. 엄격한 심사(비례심사)

1. 개 념

우리 헌재의 엄격심사란 "자의금지원칙에 따른 심사, 즉 합리적 이유의 유무를 심사하는 것에 그치지 아니하고 비례성원칙에 따른 심사, 즉 차별취급의 목적과 수단 간에 엄격한 비례관계가 성립하는지를 기준으로 한 심사를 행함"을 의미한다(98헌마363).

2. 엄격심사를 행하는 경우(엄격심사의 사유)

헌재는 "평등위반 여부를 심사함에 있어 엄격한 심사척도에 의할 것인지, 완화된 심사척도에 의할 것인지는 입법자에게 인정되는 입법형성권의 정도에 따라 달라지게 될 것이다"라고 한다. 그러면서 엄격심사를 행하는 경우로 다음과 같은 2가지를 들고 있다. ① 먼저 헌법에서 특별히 평등을 요구하고 있는 경우 엄격한 심사척도가 적용될 수 있다. 헌법이 스스로 차별의 근거로 삼아서는 아니 되는 기준을 제시하거나 차별을 특히 금지하고 있는 영역을 제시하고 있다면 그러한 기준을 근거로 한 차별이나 그러한 영역에서의 차별에 대하여 엄격하게 심사하는 것이 정당화된다. ② 다음으로 차별적 취급으로 인하여 관련 기본권에 대한 중대한 제한을 초래하게 된다면 입법형성권은 축소되어 보다 엄격한 심사척도가 적용되어야 할 것이다(98헌마363).

3. 엄격심사를 한 예

위의 사유에 따라 엄격심사를 행한 대표적인 판례를 본다.

1) **헌법에서 특별히 평등을 요구하고 있는 경우**(위 ①의 사유) ㉠ 헌법 제32조 제4항 — 제대군인가산점제도(98헌마363. 헌법 제32조 제4항은 "여자의 근로는 특별한 보호를 받으며, 고용·임금 및 근로조건에 있어서 부당한 차별을 받지 아니한다"라고 규정하고 있기 때문에 엄격심사), ㉡ 헌법 제11조 등 — 국적취득에서의 부계혈통주의(97헌가12. 헌법 제11조 제1항의 평등원칙과 헌법 제36조 제1항의 가족생활에 있어서의 양성의 평등원칙에 위배되는 조항)에 대해 엄격심사를 하여 위헌성을 인정하였다. ㉢ 헌법 제36조 제1항(혼인과 가족생활은 개인의 존엄과 양성의 평등을 기초로 성립되고 유지되어야 하며, 국가는 이를 보장한다)을 적용한 결정례로, ① 부부합산과세 위헌결정(2001헌바82), ② 혼인한 여성 등록의무자의 경우에만 배우자의 직계존·비속의 재산을 등록하도록 규정한 공직자윤리법 부칙 규정 위헌결정 등(2019헌가3. "혼인한 여성 등록의무자의 경우에만 종전과 동일하게 계속해서 배우자의 직계존·비속의 재산을 등록하도록 규정한 공직자윤리법 부칙조항은 성별에 의한 차별금지 및 혼인과 가족생활에서의 양성의 평등을 천명하고 있는 헌법에 정면으로 위배되는 것으로 그 목적의 정당성을 발견할 수 없다. 따라서 이 사건 부칙조항은 더 나아가 살필 필요 없이 평등원칙에 위배된다"라고 하여 엄격심사인 비례심사의 제1요소인 목적정당성부터 없다고 보고 더 이상 심사를 하지 않고서도 위헌으로 결정한 것이다).

2) **관련 기본권에 대한 중대한 제한을 초래하게 되는 경우**(위 ②의 사유)

㉠ 공무담임권 — 여성과 장애자를 차별하는 위 제대군인가산점제도(98헌마363, 98헌바33), 국가유공자가족에 대한 가산점제도(2004헌마675)에 대해 공무담임권에 대한 중대한 제한이라는 이유로 엄격심사를 하여 위헌성을 인정하였다. ㉡ 생명·신체의 안전, 재판절차진술권 — 중과실로 인한 교통사고로 피해자를 '중상해'에 이르게 한 때에도 종합보험에 가입된 경우 공소를 제기할 수 없도록 한 구 교통사고처리특례법 규정에 대해 생명·신체의 안전을 들어, 그리고 재판절차진술권 행사에 있어서 중대한 제한을 가져온다는 이유로 엄격심사를 하여 위헌으로 결정하였다(2005헌마764). ㉢ 직업수행의 자유 — 한국방송광고공사와

이로부터 출자를 받은 회사가 아니면 지상파방송사업자에 대해 방송광고 판매대행을 할 수 없도록 한 구 방송법 등의 규정이 방송광고판매대행업자의 직업수행의 자유에 대한 중대한 제한을 초래한다고 보아 엄격심사를 하였고 그 결과 헌법불합치결정을 하였다(2006헌마352).

* 헌재가 헌법에서 특별히 평등을 요구하는 경우이거나 관련 기본권에 대한 중대한 제한을 초래하게 되는 경우라고 하지 않으면서도 비례심사를 한 예가 있다. 2003헌마30, 2005헌마44, 2010헌가85.

4. 유의 — 헌법 제11조 제 1 항 후문의 차별금지사유에 의한 심사의 정도

헌법 제11조 제 1 항 후문이 차별금지사유로 규정하고 있는 '성별', '종교', '사회적 신분'이 예시적이긴 하나 헌법이 직접 명시하는 차별금지사유라는 점에서 헌법이 특별히 평등을 요구하고 있는 사유들로 보아 당연히 엄격심사를 하게 하는 사유인가 하는 질문이 제기된다. 헌재는 아래에 보듯이 남성만의 병역의무 규정에 대한 합헌성 인정의 기각결정(①)과 친일재산 국가귀속 규정에 대한 합헌결정(②)에서 부정적인 입장을 취하여 완화심사를 하였다. 이는 헌법 제11조 제 1 항 후문이 아닌 헌법의 다른 규정에 의하여 특별히 평등을 요구하고 있는 경우에 엄격심사를 하는 것으로 이해된다.

① 2006헌마328; 2010헌마460, 대한민국 국민인 남자에 한하여 병역의무를 부과하고 있는 구 병역법 제 3 조 제 1 항 전문이 평등권 침해라는 주장의 헌법소원사건. **[판시요약]** 헌법 제11조 제 1 항은 "모든 국민은 법 앞에 평등하다"고 선언하면서, 이어서 "누구든지 성별·종교 또는 사회적 신분에 의하여 정치적·경제적·사회적·문화적 생활의 모든 영역에 있어서 차별을 받지 아니한다"고 규정하고 있다. 이 사건 법률조항은 '성별'을 기준으로 병역의무를 달리 부과하도록 한 규정이고, 이는 헌법 제11조 제 1 항 후문이 예시하는 사유에 기한 차별임은 분명하다. 그러나 헌법 제11조 제 1 항 후문의 위와 같은 규정은 불합리한 차별의 금지에 초점이 있고, 예시한 사유가 있는 경우에 절대적으로 차별을 금지할 것을 요구함으로써 입법자에게 인정되는 입법형성권을 제한하는 것은 아니다. 한편 우리 헌법은 '근로', '혼인과 가족생활' 등 인간의 활동의 주요부분을 차지하는 영역으로서 성별에 의한 불합리한 차별적 취급을 엄격하게 통제할 필요가 있는 영역에 대하여는 양성평등 보호규정(제32조 제 4 항, 제

36조 제1항)을 별도로 두고 있으며, 헌법재판소는 위와 같이 헌법이 특별히 양성평등을 요구하는 경우에는 엄격한 심사기준을 적용하여 왔으나, 이 사건 법률조항은 그에 해당한다고 보기 어렵다. 나아가 우리 헌법은 제39조 제1항에서 "모든 국민은 법률이 정하는 바에 의하여 국방의 의무를 진다"고 규정하는바, 국방의 의무를 이행함에 있어서 그 의무자의 기본권이 여러 가지 면에서 제약을 받게 되는 점은 인정되나, 이는 헌법상의 국방의 의무의 규정에 의하여 이미 예정되어 있는 것으로서, 국가나 공익목적을 위하여 개인이 특별한 희생을 하는 것이라고 할 수 없으므로(98헌마363) 관련 기본권에 대한 중대한 제한이 인정된다고 보기는 어렵다. 나아가 징집 대상자의 범위를 정하는 문제는 그 목적이 국가안보와 직결되어 있고, 그 성질상 급변하는 국내외 정세 등에 탄력적으로 대응하면서 최적의 전투력을 유지할 수 있도록 합목적적으로 정해야 하는 사항이기 때문에, 본질적으로 입법자 등의 입법형성권이 매우 광범위하게 인정되어야 하는 영역이다. 결국 이 사건 법률조항이 헌법이 특별히 평등을 요구하는 경우나 관련 기본권에 중대한 제한을 초래하는 경우의 차별취급을 그 내용으로 하고 있다고 보기 어려운 점, 징집대상자의 범위 결정에 관하여는 입법자의 광범위한 입법형성권이 인정되는 점에 비추어, 이 사건 법률조항이 평등권을 침해하는지 여부는 완화된 심사척도에 따라 자의금지원칙 위반 여부에 의하여 판단하기로 한다. 판단결과 평등권 침해가 아니라고 결정했다. 남성에만 병역의무를 부과하는 위 병역법 규정에 대한 평등권 침해 부정(합헌 인정)의 같은 취지 결정들 : 2011헌마825; 2019헌마423등.

② 2008헌바141, 친일재산을 그 취득·증여 등 원인행위시에 국가의 소유로 하도록 규정한 '친일반민족행위자 재산의 국가귀속에 관한 특별법' 규정이 친일반민족행위자의 후손이라는 사회적 신분에 따라 합리적인 이유없이 당해 재산의 소유자들을 차별하고 있는지 여부가 쟁점. **[판시요약]** 사회적 신분에 대한 차별금지는 헌법 제11조 제1항 후문에서 예시된 것인데, 헌법 제11조 제1항 후문의 규정은 불합리한 차별의 금지에 초점이 있는 것으로서, 예시한 사유가 있는 경우에 절대적으로 차별을 금지할 것을 요구함으로써 입법자에게 인정되는 입법형성권을 제한하는 것은 아니다. 그렇다면 친일반민족행위자의 후손이라는 점이 헌법 제11조 제1항 후문의 사회적 신분에 해당한다 할지라도 이것만으로는 헌법에서 특별히 평등을 요구하고 있는 경우라고 할 수 없고, 아래와 같이 친일재산의 국가귀속은 연좌제금지원칙이 적용되는 경우라고 볼 수도 없으며 그 외 달리 친일반민족행위자의 후손을 특별히 평등하게 취급하도록 규정한 헌법 규정이 없는 이상, 친일반민족행위자의 후손에 대한 차별은 평등권 침해 여부의 심사에서 엄격한 기준을 적용해야 하는 경우라 볼 수 없다. 또한, 이 사건 귀속조항은 친일반민족행위자의 후손이 가지는 모든 재산을 귀속대상으로 규정한 것이 아니라 그가 선조로부터 상속받은 재산 중 친일행위의 대가인 것만 귀속대상으로 규정하고 있다. 그렇다면 이 사건 귀속조항은 그 차별취급으로

기본권에 대한 중대한 제한을 초래하는 경우라고 할 수 없으므로, 역시 평등권 침해 여부의 심사에서 엄격한 기준을 적용해야 하는 경우에 해당하지 않는다. 따라서 이 사건 귀속조항으로 인한 차별이 청구인들의 평등권을 침해하였는지 여부에 대한 심사는 완화된 기준이 적용되어야 한다.

제 3 장 자 유 권

제 1 절 자유권의 일반론

Ⅰ. 개념과 발달

1. 개 념

'자유', 자유롭다는 것은 어느 누구로부터 아무런 구속이나 강제를 받지 않고 얽매이지 않으며, 방해를 받음이 없이 어떠한 행위를 하거나 하지 않을 수 있음을 의미한다. 따라서 기본권으로서의 자유권은 인간이 국가의 공권력에 의한 구속, 강제, 간섭이나 제지를 받지 않고 자신의 의지에 따라 어떠한 행위를 하거나 하지 않을 수 있는 권리를 의미한다.

2. 발 달

원래 자유권은 자연권적인 권리로 인식되어 왔고 근대 시민혁명 당시 인간이 자유롭게 태어났음을 강조하는 인권선언들이 채택된 것도 자유권의 자연권적인 관념을 보여준다. 그러나 근대 국가에 들어서서 자유권도 실정법에 의한 보호나 인정을 요구한다는 사상이 점점 강해지면서 자연권적인 사상이 퇴색되는 경향을 보여주었고 결국 양차에 걸친 세계대전이 인간의 기초적인 자유권들마저 박탈했으며, 특히 나치즘에 의한 자유권의 유린을 경험하였다. 이에 대한 반성으로 2차대전 이후 자연권이 강조되어(자연권의 부활, 재생) 다시금 자유권의 자연권적인 성격이 고양되었다. 다른 한편으로는 경제적 자유의 향유로 부익부, 빈익빈의 경제적 불평등이 나타나 이의 시정을 위한 경제적 정의, 생존권(사회권)이 강조되어 경제적 자유권에 대한 사회적 제약이 요구되었다. 이에 비해 언론의 자유와 같은 정신적 자유권은 더욱 그 보호가 강해져 갔다.

Ⅱ. 성격과 효력

1. 성 격

(1) 권 리 성

자유는 권리가 아니라 국가의 법이 간섭이나 규제를 하지 않은 결과의 반사적인 효과 때문에 주어지는 이익이라고 보는 Gerber, Laband, Kelsen 등의 반사적 이익설이 있긴 하였으나 받아들일 수 없고, 자유권도 간섭배제와 침해구제를 국가에 대해 요구할 수 있는 힘을 가지므로 공권인 기본권이다. 또한 헌법 제37조 제 2 항은 국민의 기본권을 함부로 제한할 수 없는 한계를 설정하고 있는데 이 제한한계의 대상으로서 "모든 '자유'와 권리"라는 규정도 곧 자유권도 다른 권리들과 같이 권리성을 가진다는 것을 전제한다.

(2) 자연권성, 기초적 권리성

자유권은 천부인권으로 인식되어 왔으며 우리 헌법 제10조의 기본적 인권이란 용어는 천부인권으로서의 기본권을 포괄하고 자유권도 천부인권으로서 이에 포함된다. 인간이 무엇보다도 자유로이 활동할 수 있어야 기본적으로 생활을 영위할 수 있게 되는 것은 물론이다. 그 점에서 자유권은 인간이 일상의 일반적인 활동에서의 간섭을 받지 않는다는 기초적인 권리로서 자연권이다. 자유권이 자연권이긴 하나 절대적인 것이 아니고 사회공동체의 질서와 안전, 공익, 공공복리 등을 위해서는 제한될 수 있는 상대적 권리이다.

(3) 소극성, 방어적 권리성

일반적으로 자유권에 대해서는 소극적 성격을 인정하는 경향이 있다. 즉 국가나 공권력의 적극적인 활동이 없이 방해하지 않는 상태인 것으로도 자유로운 상태가 되기에 소극적인 간섭배제로써 충분히 실현되는 권리라고 보는 것이다. 이 점에서 후에 볼 생존권이 국가의 개입과 활동을 요구하는 적극적인 권리로서의 성격을 가지는 것과는 차이가 있다. 국가로부터의 간섭배제는 자유에 대한 국가의 침해에 대한 방어적 효력을 인정하여야 하기에 자유권은 방어적 권리성을 가진다. 그러나 자유권도 간섭을 받을 때에 그 방해의 배제를 위해 청구권이 행사된다는 점에서(예를 들어 구속적부심청구권) 적극적 효과를 가져오는 권리로도 파악되는 것이 필요하다.

(4) 포 괄 성

자유권은 자연권으로서 인간생활의 전반에 걸쳐 인정되는 권리로서 포괄성을 가진다. 자유권이 포괄성을 가진다는 것은 헌법에 규정된 신체의 자유 등 여러 자유권들은 예시적인 것이고 이 외에도 인간의 여러 생활 영역에서 많은 다른 자유권들이 일반적으로 파생됨을 의미한다. 따라서 헌법에 명시된 자유권들 외에도 다른 자유권들이 많이 존재한다. 우리 헌재도 헌법 제10조의 행복추구권에서 일반적 행동자유권이라는 포괄적 자유권이 나온다고 보아 자유권의 포괄성을 인정하고 있다. 자유권의 포괄성과 관련하여 "국민의 자유와 권리는 헌법에 열거되지 아니한 이유로 경시되지 아니한다"라고 규정한 헌법 제37조 제1항에 대해 실정권설에서는 이를 자유권의 포괄성을 창설하는 규정으로 보나 자연권인 자유권의 포괄성을 주의적으로 확인하는 규정으로 보아야 한다.

2. 효 력

자유권은 모든 국가권력을 구속하고 간섭배제를 요구할 수 있는 대국가적 효력을 가진다. 자유권은 사인들 간에도 적용되는 기본권이다.

제 2 절 신체의 자유권

제 1 항 신체의 자유권의 개념과 성격

신체의 자유권이란 불법한 체포나 감금 등을 당하지 않는 신체안전을 보장받으며 신체활동을 간섭받지 않고 자율적으로 할 수 있는 권리를 의미한다. 신체의 자유의 개념에 대해서 이를 생명권이나 신체불훼손권까지도 포함하는 넓은 개념으로 보는 견해와 주로 신체활동의 자유로 보려는 견해가 대립된다. 생각건대 헌법 제12조에 의해 보호되는 신체의 자유는 우선은 자유권으로서 신체활동에서의 자유를 말한다. 인간의 생명은 인간의 존엄과 가치가 인정되기 위한 전제조건이라는 점(인간이 살아있지 않는 한 존엄과 가치를 말할 수 없다), 그 보호의 적극적 권리성의 인정이 필요하다는 점에서 자유권인 신체의 자유권 규정인 헌법 제12조로는 부족하고 헌법 제10조에 의한 보호가 필요하다(전술 인간의 존엄과 가치 참조). 신체불훼손권(신체보전권)도 그러한 면이 있다(고문의 경우 우리 헌법은 신체자유조항인 헌법 제12조 제 2 항에 직접 명시하고 있다. 그렇다고 하여 고문이 헌법 제10조의 인간의 존엄과 가치와 무관한 것이 아니고 이의 침탈이기도 하다). 요컨대 신체의 '자유'만이 아닌 그것을 포함한 신체에 관련되는 모든 권리들은 방어권적인 소극적 자유권만으로 보호되는 것이 아니고 보다 넓고 적극적인 보장이 되어야 할 것이다. 결국 헌법 제12조에 의한 신체의 자유는 신체가 위협받거나 불법체포·감금되지 않을 안전권, 자율적인 신체활동을 할 자유, 신체에 대한 침해와 방해를 배제할 권리로서의 자유를 의미한다.

신체의 자유권도 천부인권으로서 자연권이다. 그리고 국가권력의 간섭과 구속을 배제할 수 있는, 위에서 언급한 대로 자유권으로서의 성격을 가진다.

우리 헌법 제12조 제 1 항 전문은 "모든 국민은 신체의 자유를 가진다"라고 규정하였지 형사절차상 신체의 자유를 가진다고 규정하지는 않고 있다. 즉 헌법 제12조의 위 문언이 보호하는 신체의 자유는 형사절차에 관련된 경우만 신체의 자유를 보장하려는 것이 아니고 모든 국가작용, 사인에 의한 신체활동 간섭·침해로부터 그 배제를 하고 보호하는 기본권으로서 포괄적인 신체의 자유가 헌법상 보장됨을 확인하는 것이다. 헌재도 "헌법 제12조 제1항 제1문은 문언상 형사절차만을 염두에 둔 것이 아님이 분명하다"라고 한다(2014헌마346).

* 이하의 고찰체계 — 신체의 자유는 실체법적으로 보장되는 것도 중요하지만 신체의 구속을 함부로 하지 못하도록 하는 절차적 보장이 또한 중요하므로 이하에서 실체적 보장(제2항)과 절차적 보장(제3항)을 각 살펴보고 신체의 자유가 특히 강조되는 경우는 형사절차에서의 피의자, 피고인의 권리의 경우이므로 이에 대해서도 살펴본다(제4항).

제2항 신체의 자유권의 실체적 보장

헌법 제12조가 보장하는 신체의 자유는 형사절차만에 한정된 것이 아니고 모든 경우에 신체활동이 속박되지 않을 자유를 의미한다. 그런데 신체를 속박하는 대표적인 경우가 처벌 등이므로 먼저 신체의 자유권의 실체적 보장원리로서 죄형법정주의, 중복처벌금지원칙 등에 대해 살펴보게 된다. 신체의 자유권에 관한 우리 헌법 제12조, 제13조도 그것에 대한 규정을 두고 있다.

Ⅰ. 죄형법정주의

1. 개념과 의의

죄형법정주의란 법률에 범죄가 되는 행위를 미리 규정해 두고 또 그 행위에 대한 형벌을 미리 법률에 규정해 두어야만 처벌을 할 수 있다는 원칙을 말한다. 따라서 법률에 의하지 않은 처벌을 받음으로써 신체의 자유가 침해되는 것을 막는다는 점에서 신체의 자유에 관한 가장 중요한 원칙들 중의 하나이다. 우리 헌법은 제12조 제1항이 "법률에 의하지 아니하고는 … 처벌 … 을 받지 아니한다"라고 규정하고, 제13조 제1항도 형벌불소급원칙을 규정하여 죄형법정주의를 명시하고 있다. 죄형법정주의는 법률로 처벌되는 행위를 미리 알 수 있도록 하여 그 행위를 하지 않으면 처벌받지 않게 되므로 법적 안정성과 예측가능성을 부여하기 위한 원칙이다. 또한 형사처벌절차에 있어서 공권력의 자의를 방지하기 위한 원칙이다.

2. 내용(파생원칙)

(1) 법률주의(성문법주의, 정관에의 위임금지, 관습형법의 금지)

죄형법정주의의 제 1 파생원칙은 물론 법률에 의하여 범죄구성요건(범죄행위)과 처벌을 규정하여야 한다는 법률주의의 원칙이다. 이 법률은 국회에서 제정하는 법률이라는 이름을 가진 성문의 법규범, 즉 형식적 의미의 법률을 말한다.

[정관에의 위임에 의한 규제의 위헌성] 헌재는 ① 농업협동조합의 임원선거에 있어 정관이 정하는 행위 외의 선거운동을 한 경우 형사처벌하도록 하는 구 농업협동조합법 규정은 정관에 구성요건을 위임하고 있는 것이어서 범죄와 형벌에 관하여는 입법부가 제정한 형식적 의미의 법률로써 정하여야 한다는 죄형법정주의원칙에 위배된다고 보았다(2008헌바106). ② 중소기업중앙회 임원 선거와 관련하여 '정관으로 정하는 기간에는' 선거운동을 위하여 정회원에 대한 호별방문 등의 행위를 한 경우 이를 처벌하도록 규정한 구 중소기업협동조합법 규정, 같은 선거와 관련하여 누구든지 '정관으로 정하는' 선전 벽보의 부착, 선거 공보와 인쇄물의 배부 및 합동 연설회 또는 공개 토론회 개최 외의 행위를 한 경우 이를 처벌하도록 규정한 동법 규정(선거운동제한조항)에 대해서 위헌결정이 있었다(2015헌가29). 후자의 선거운동제한조항규정에 대해서는 명확성원칙의 위반이라고도 판단하였다. 같은 취지로 ③ 자기 또는 특정인을 금고의 임원으로 당선되게 하거나 당선되지 못하게 할 목적으로, '금고의 정관으로 정하는 기간 중에' 회원의 호별방문 행위 등을 한 자를 처벌하는, 구 새마을금고법(2014. 6. 11. 법률 제12749호로 개정된 것) 제85조 제 3 항 중 제22조 제 2 항 제 5 호에 관한 부분(2018헌가12), ④ 임원의 선거운동 기간 및 선거운동에 필요한 사항을 정관에서 정할 수 있도록 규정한 구 신용협동조합법(2015. 1. 20. 법률 제13067호로 개정된 것) 제27조의2 제 2 항 내지 제 4 항도 죄형법정주의에 위반된다는 위헌결정(2018헌바278)이 있었다.

관습형법, 즉 관습에 의한 유죄인정과 처벌은 금지되어야 한다.

(2) 명확성의 원칙

[개념] 명확성의 원칙이란 무엇이 범죄행위인지를 국민이 뚜렷이 파악하여 자신의 행위를 결정할 수 있을 정도로 구성요건에 대한 법률의 문언이 구체적이고도 명백하여야 한다는 원칙을 말한다. 또한 형사적 제재에 있어서 그 형벌의 종류, 범위가 확정되고 명확하여야 함을 요구하는 원칙이다. 헌법재판에서 죄형법정주의에 관한 문제로 가장 많이 따져지는 문제가 바로 명확성원칙의 위배 여부 문제로서 명확성원칙은 죄형법정주의의 중요한 파생원칙이다.

[명확성 여부의 판단기준, 명확성의 정도] 명확성 여부는 ① 처벌되는 행위가 무엇인지에 대한 예측이 가능한지, ② 자의적 법해석 · 집행이 배제되고 있는지를 기준으로 판단하여야 한다. 헌재는 법규범이 명확한지 여부는 그 "법규범이 수범자에게 법규의 의미내용을 알 수 있도록 공정한 고지를 하여 예측가능성을 주고 있는지 여부 및 당해 법규범이 법을 해석 · 집행하는 기관에게 충분한 의미내용을 규율하여 자의적인 법해석이나 법집행이 배제되는지 여부, 다시 말하면 예측가능성 및 자의적 법집행 배제가 확보되는지 여부에 따라 이를 판단할 수" 있다고 한다. 그러면서 법규범의 의미내용은 그 "문언뿐만 아니라 입법목적이나 입법취지, 입법연혁, 그리고 법규범의 체계적 구조 등을 종합적으로 고려하는 해석방법에 의하여 구체화하게 된다. 그러므로, … 명확성원칙에 위반되는지 여부는 위와 같은 해석방법에 의하여 … 의미내용을 합리적으로 파악할 수 있는 해석기준을 얻을 수 있는지 여부에 달려 있다"라고 한다(2002헌바83, 2008헌가6 등).

한편 다소 다의적(多義的, 여러 뜻)으로 규정되었다고 하여 바로 명확성원칙에 위배되는가 하는 문제가 있다. 헌재의 확립된 판례는 처벌법규의 구성요건이 명확하여야 한다고 하여 모든 구성요건을 단순한 서술적 개념으로 규정하여야 하는 것은 아니고, 다소 광범위하여 법관의 보충적인 해석을 필요로 하는 개념을 사용하였다고 하더라도 그 적용단계에서 다의적(多義的)으로 해석될 우려가 없는 이상, 즉 통상의 해석방법에 의하여 건전한 상식과 통상적인 법감정을 가진 사람이면 당해 처벌법규의 보호법익과 금지된 행위 및 처벌의 종류와 정도를 알 수 있도록 규정하였다면 헌법이 요구하는 처벌법규의 명확성이 준수된 것으로 본다(88헌가13)(최근 위헌결정례 2008헌가6). * 예시적 입법 : 이의 죄형법정주의 명확성원칙 충족요건에 대해서는 앞의 기본권총론, 기본권의 제한, Ⅳ. 기본권을 제한하는 법률의 요건, 3. 명확성 부분 참조

* 명확성원칙 위반의 위헌결정례 — ① 건축물의 소유자 또는 관리자는 그 건축물 등을 항상 건축법 또는 건축법의 규정에 의한 명령이나 처분과 관계법령이 정하는 기준에 적합하도록 유지·관리하여야 한다는 의무규정에 위반하면 처벌되도록 한 구 건축법규정(96헌가16), ② 뇌물죄의 적용대상(주체)을 확대하여 공무원 아닌 정부관리기업체의 간부직원에 대해서도 가중처벌하는 특정범죄가중처벌 등에 관한 법률(제정 1996. 2. 23. 법률 제1744호, 최종개정 1994. 6. 28. 법률 제4760호) 제 4 조는 "정부관리기업체"가 어떤 기업체를 가리키는가에 관하여 특가법 자체에는 아무런 규정이 없고 "정부," "관리" 및 "기업체"라는 세 가지 개념요소 중 "관리"라는 용어는 적어도 구성요건의 개념으로서는 그 의미가 지나치게 추상적이고 광범위하여 명확성원칙 위반이다(93헌바50). ③ 새마을금고 임·직원이 새마을금고법과 동법에 의한 명령 또는 정관에 위반하는 행위를 함으로써 금고 또는 연합회에 손해를 끼쳤을 때" 처벌하는 규정(99헌바112), ④ 미성년자에 대한 "잔인성 조장, 범죄충동성, 덕성을 심히 해할 우려 있는" 만화, 도서를 미성년자에 반포·판매 등을 하는 행위를 처벌하는 규정(99헌가8), ⑤ 전기통신역무를 이용한 타인 통신매개·통신용제공 행위에 대한 처벌 규정(2001헌바5), ⑥ "공중도덕상 유해"한 업무에 취직하게 할 목적의 직업소개에 대한 처벌 규정(2004헌바29), ⑦ 산업재해발생에 관한 보고를 하지 않는 경우를 처벌하는 구 산업안전보건법규정(2008헌가6), ⑧ "공익을 해할 목적으로 전기통신설비에 의하여 공연히 허위의 통신을 한 자"를 형사처벌하는 구 전기통신기본법 제47조 제 1 항(2008헌바157. 이른바 미네르바 사건), ⑨ 중요회의의 속기록·녹음 또는 영상자료 비작성에 대한 처벌 규정(2010헌가29), ⑩ '헌법을 부정·반대·왜곡 또는 비방하는 일체의 행위', '유언비어를 날조·유포하는 행위'를 금지한 유신헌법 하 긴급조치 제 1 호, 제 9 호(2010헌바132. 추상적이고 모호할 뿐만 아니라, 그 적용범위가 너무 광범위하고 포괄적이어서 위헌), ⑪ 공공수역에 다량의 토사를 유출하거나 버려 상수원 또는 하천·호소를 현저히 오염되게 한 자를 처벌하는 '수질 및 수생태계 보전에 관한 법률' 규정(2011헌가26), ⑫ '관계 중앙행정기관의 장이 소관 분야의 산업경쟁력 제고를 위하여 법령에 따라 지정 또는 고시·공고한 기술'을 범죄구성요건인 '산업기술'의 요건으로 하고 있는 구 '산업기술의 유출방지 및 보호에 관한 법률' 규정(2011헌바39. 도무지 그에 해당하는 법령이 무엇인지 그리고 지정 또는 고시·공고를 하는 관계 중앙행정기관의 장이 누구인지 통상의 판단능력을 가진 일반인이 그 해석을 통해서 구체적으로 확정할 수 없게끔 되어 있어 불명확하여 위헌), ⑬ 특정범죄 가중처벌 등에 관한 법률' 제 5 조의4 제 6 항이 동법 동조 제 1 항의 상습절도죄로 두 번 이상 실형을 선고받고 그 집행이 끝나거나 면제된 후 3년 이내에 다시 상습절도죄를 범한 자를 가중처벌하

도록 하고 있는 규정(2013헌바343. 문제는 동조 제1항의 상습절도죄 규정에 대해서 헌재가 이전에 위헌이라고 결정하였는바(2014헌가16, 이 결정에 대해서는 위의 인간의 존엄과 가치에서 형벌의 책임주의, 비례성 등 부분 참조) 위 제6항이 처벌하고자 하는 행위에 상습절도가 포함되는지 여부에 대하여 수범자가 예견할 수 없고, 범죄의 성립 여부에 대하여 법률전문가에게조차 법해석상 혼란을 야기할 수 있을 정도로 불명확함), ⑭ '공중도덕상 유해한 업무'에 취업시킬 목적으로 근로자를 파견한 사람을 형사처벌하도록 규정한 구 '파견근로자보호 등에 관한 법률' 규정들(2015헌가23. 심판대상조항의 입법목적, 파견법의 체계, 관련조항 등을 모두 종합하여 보더라도 '공중도덕상 유해한 업무'의 내용을 예측할 수 없음), ⑮ '여러 사람의 눈에 뜨이는 곳에서 공공연하게 알몸을 지나치게 내놓거나 가려야 할 곳을 내놓아 다른 사람에게 부끄러운 느낌이나 불쾌감을 준 사람'을 처벌하는 경범죄처벌법 규정(2016헌가3. 무엇이 지나친 알몸노출행위인지를 판단하는 것은 쉽지 않고 단순히 불쾌감을 주는 정도의 행위로서 실질적으로 다른 사람의 권리나 법익에 손상을 가하지 않는 행위까지도 모두 처벌하는 결과를 야기할 수도 있어서 불명확함) 등. * 표현의 자유와 관련된 명확성원칙 위반 인정 결정례는 표현의 자유의 명확성원칙 부분도 참조. 예를 들어 99헌마480 등). 명확성원칙 위반의견이 5인 의견인데 2인의 과잉금지원칙 위반의견이 더하여져 위헌결정이 된 예 : 집단급식소 영양사의 직무(검식, 배식 관리 등)의 미수행을 처벌하도록 한 식품위생법 조항에 대한 위헌결정(2019헌바141).

* 명확성원칙 준수 인정례 : 형법 제123조 중 '직권을 남용하여 사람으로 하여금 의무없는 일을 하게 하거나'에 관한 부분은 명확성원칙에 위반되지 아니한다(2021헌바55등, 2004헌바46. [결정요지] '직권을 남용한다'고 함은 직무상 권한을 함부로 쓰거나 본래의 목적으로부터 벗어나 부당하게 사용하는 것을 의미하는 것으로 문언상 이해되고 일반적인 직무에 관한 권한도 포함하며 직권을 남용하는 유형과 태양을 미리 구체적으로 규정하는 것은 입법기술상으로도 곤란함. '의무없는 일'이란 '법규범이 의무로 규정하고 있지 않은 일'임은 문언 그 자체로 명백함).

[행정입법에의 위임] 부득이한 경우에 법률이 구성요건 등을 직접 규정하지 못하여 대통령령, 부령 등 하위 행정입법 등에 위임할 수도 있는데 그 위임에는 엄격한 한계가 설정된다. 헌법 제75조는 법률이 대통령령에 위임할 때 구체적으로 범위를 정하여 위임하도록 하고 있다(포괄위임금지원칙). 이 구체적 위임이어야 한다는 것이 바로 그 위임의 한계이다. 구체적 위임인지 여부의 판단에 있어서 '예측가능성'이 있는지 여부가 핵심논점이 된다. 처벌규정의 위임한계 문제는 헌재의 죄형법정주의 사건들에서 빈번히 다루어진다. 확립된 판례

를 보면 아래와 같이 정리할 수 있다.

[처벌규정 위임의 조건 · 한계]

• 특히 긴급한 필요가 있거나 미리 법률로써 자세히 정할 수 없는 부득이한 사정이 있는 경우에 한하여 위임이 가능하다.

• 범죄 구성요건과 형벌의 대강은 반드시 법률(母法)에 규정되어 예측가능하여야 한다. 형벌의 종류 및 그 상한과 폭을 명백히 규정하여야 한다.

• 예측가능성의 개념 : 구성요건이 위임법률조문 하나만으로는 예측이 다소 어렵더라도 다른 법률조항과 법률의 입법취지를 종합적으로 고찰할 때 합리적으로 그 대강이 예측될 수 있으면 위임한계를 일탈하지 아니한 것으로 판단된다. 즉 예측가능성의 유무는 당해 특정조항 하나만을 가지고 판단할 것은 아니고 관련 법조항 전체를 유기적 · 체계적으로 종합판단하여야 하며, 각 대상법률의 성질에 따라 구체적 · 개별적으로 검토하여야 한다.

* 포괄위임금지원칙에 반하여 죄형법정주의 위반이라고 본 위헌결정례 — ① 막연히 "각령의 규정에 위반한 행위"를 처벌하도록 규정한 구 '복표발행 · 현상기타사행행위단속법' 제 9 조는 각령에의 범죄구성요건의 백지(포괄)위임이라고 판단되었고(91헌가4), ② 뇌물죄의 적용대상(주체)을 확대하여 공무원 아닌 정부관리기업체의 간부직원에 대해서도 가중처벌하는 구 특정범죄가중처벌 등에 관한 법률 제 4 조는 "관리"라는 용어는 그 의미가 지나치게 추상적이고 광범위하여 대통령령(특가법시행령)에 규정될 내용의 대강을 예측할 수 없어 백지위임과 다를 바 없다고 보았으며(93헌바50), ③ 대통령령이 정하는 용도변경을 할 때에 허가를 받아야 하는데 이를 위반한 경우 처벌하도록 규정한 구 건축법 제78조 제 1 항의 일부규정은, 일반인의 입장에서 자신의 용도변경행위가 허가를 받아야 하는 용도변경행위인지 여부를 도저히 알 수가 없고 법조항 전체를 유기적 · 체계적으로 종합판단하더라도 그 위임내용을 예측할 수 없어서 죄형법정주의에 위반된다고 결정되었고(94헌바22), ④ 건축법상의 유지 · 관리의무에 관한 위임규정에 대한 위헌결정의 예가 있었으며(96헌가16), ⑤ 약국을 관리하는 약사 또는 한약사는 보건복지부령으로 정하는 약국관리에 필요한 사항을 준수하도록 한 구 약사법 제19조 제 4 항을 위반한 경우에 처벌하도록 한 동법 제77조 제 1 호의 일부규정에 대한 위헌결정(99헌가15), ⑥ 전기통신역무의 타인사용을 대통령령이 정하는 예외적인 경우에 인정하는 구 전기통신사업법 제32조의2 단서규정과 이러한 예외 외의 타인사용을 처벌하는 동법 제74조에 대한 위헌결정(2001헌바5), ⑦ 산업재해발생에 관한 보고를 하지 않는 경우를 처벌하는 구 산업안전보건법 제69조 제 1 호 중 제10조 제 1 항에 관한 부분은 처벌법규의 구성요건에 관한 기본사항인 "보고내용"에 관하여 그 대강이 확정되지 않은 상태에서 그 규범의 실질을 모두 하위법

령인 노동부령에 위임한 것은 포괄적 위임입법으로서 헌법 제75조의 포괄위임입법금지원칙에 위반된다고 한 결정(2008헌가6), ⑧ 어업단속·위생관리·유통질서 그 밖에 어업조정을 위하여 필요한 사항들을 규정한 대통령령에 위반한 경우의 처벌에 관한 사항을 대통령령에 위임한 구 수산업법 제53조 제2항 및 제3항이 위헌이라고 본 결정(이 결정은 과거의 합헌판례를 변경한 위헌결정임)(2009헌바2) 등이 있었다. 그 외 위헌성 인정 결정례는 표현의 자유 등 다른 부분도 참조.

* 죄형법정주의의 명확성원칙과 포괄위임금지원칙의 심사구조 — 헌재가 양자를 병렬적으로 판단할 필요 없이 금지조항이 포괄위임금지원칙에 위반되는지 여부에 대한 심사를 통해 그 위헌성을 판단한다는 입장을 명시적으로 밝힌 판례로, 2013헌가1 결정을 들 수 있다.

[형사제재상(형벌)의 명확성 — 절대적 부정기형의 금지] 형벌의 상한과 하한이 정해져 있고 형벌의 방법과 정도가 명확하게 규정되어야 한다. 이처럼 명확성원칙은 구성요건에서뿐 아니라 처벌에서도 요구된다. 따라서 절대적 부정기형은 금지된다. 절대적 부정기형이란 형의 장기와 단기 모두 전혀 특정되지 않은 형벌을 말한다.

(3) 형벌불소급원칙

[의의와 근거] 형벌불소급원칙(刑罰不遡及原則)이란 행위 당시에는 법률에서 범죄행위로 규정되지 않은 행위에 대해 행위 이후 이를 처벌하는 법률을 제정하여 처벌할 수 없다는 원칙, 즉 사후입법처벌금지의 원칙을 말한다. 죄형법정주의에 형벌불소급원칙이 내포되어 있다고 보지만, 우리 헌법은 죄형법정주의를 규정하고 있는 제12조 제1항 외에 제13조 제1항에 "모든 국민은 행위시의 법률에 의하여 범죄를 구성하지 아니하는 행위로 소추되지 아니하며"라고 하여 형벌불소급원칙을 별도로 명시하고 있기도 하다. 이 원칙은 법적 안정성과 예측가능성을 부여하기 위한 것이다.

[적용범위] i) 소추가능성에 대한 부정 — 형사처벌의 가벌성에 대해서만 미치는 원칙인지 아니면 공소시효 등 소추가능성에 대해서도 적용되는 원칙인지 하는 문제가 있다. 헌재는 1979. 12. 12, 1980. 5. 18을 전후한 헌정질서파괴범죄행위에 대하여 공소시효의 진행이 정지되도록 규정한 5·18민주화운동 등에 관한 특별법 제2조에 대한 위헌심판에서 부정하는 입장을 취하여 소급효

금지원칙에 반하지 않는다고 보았다. 즉 헌재는 "우리 헌법이 규정한 형벌불소급의 원칙은 형사소추가 '언제부터 어떠한 조건하에서' 가능한가의 문제에 관한 것이고, '얼마동안' 가능한가의 문제에 관한 것은 아니다. 다시 말하면 헌법이 규정한 형벌불소급의 원칙은 '행위의 가벌성'에 관한 것이기 때문에 소추가능성에만 연관될 뿐이고 가벌성에는 영향을 미치지 않는 공소시효에 관한 규정은 원칙적으로 그 효력범위에 포함되지 않는다. 행위의 가벌성은 행위에 대한 소추가능성의 전제조건이지만 소추가능성은 가벌성의 조건이 아니므로 공소시효의 정지규정을 과거에 이미 행한 범죄에 대하여 적용하도록 하는 법률이라 하더라도 그 사유만으로 헌법 제12조 제 1 항 및 제13조 제 1 항에 규정한 죄형법정주의의 파생원칙인 형벌불소급의 원칙에 언제나 위배되는 것으로 단정할 수는 없다"라고 한다(96헌가2등, 동지 : 2018헌바457).

* 해당판례 ① 5 · 18민주화운동 등에 관한 특별법 제 2 조 합헌결정(96헌가2), ② '성폭력범죄의 처벌 등에 관한 특례법' 시행 전 행하여진 성폭력범죄(13세 미만 미성년자 강제추행)로 아직 공소시효가 완성되지 아니한 것에 대하여도 공소시효에 관한 특례의 개정규정(성폭력범죄의 특수성을 고려하여 공소시효의 기산점을 피해자인 미성년자가 성년에 달한 날로 하는 조항과 13세 미만의 사람에 대한 강제추행 등의 성폭력범죄에 대해 공소시효를 배제한 조항)을 적용하도록 규정한 동법 부칙규정(헌재는 위의 판시와 같은 판시를 하였고 합헌결정을 하였다. 2018헌바457).

ⅱ) 형식적(형법상) 형벌에 국한되지 않고 제재 내용, 효과가 형벌적 성격이 강한 경우에의 적용 — 헌재는 "형벌불소급원칙에서 의미하는 '처벌'은 단지 형법에 규정되어 있는 형식적 의미의 형벌 유형에 국한되지 않는다"라고 하고 "범죄행위에 따른 제재의 내용이나 실제적 효과가 가중되거나 부수효과가 불이익하게 변경되는 경우 … 특히 범죄행위에 따른 제재의 내용이나 실제적 효과가 형벌적 성격이 강하여, 신체의 자유를 박탈하거나 이에 준하는 정도로 신체의 자유를 제한하는 경우에는 법적 안정성, 예측 가능성 및 국민의 신뢰를 보호하기 위하여 형벌불소급원칙이 적용되어야 한다"라고 본다(2015헌바239). ⓐ 노역장유치 : 그리하여 헌재는 이른바 '황제노역'을 막기 위해 1억 원 이상의 벌금을 선고받은 자에 대하여는 노역장유치기간의 하한을 중하게 변경하는 형법조항에 대해 합헌으로 보면서도 그 조항을 시행일 이후 최초로 공소제기

되는 경우부터 적용하도록 한 형법 부칙 조항은 다음과 같은 이유로 형벌불소급원칙에 위반된다고 판단하였다. 노역장유치는 벌금형에 부수적으로 부과되는 환형처분으로서, 그 실질은 신체의 자유를 박탈하여 징역형과 유사한 형벌적 성격을 가지고 있어서 형벌불소급원칙의 적용대상이 되고, 범죄행위시의 법률보다 형을 가중한 경우에도 적용되는데 이처럼 노역장유치기간의 하한이 중하게 변경된 것인데도 위 부칙조항은 노역장유치조항의 시행 전에 행해진 범죄행위에 대해서도 공소제기의 시기가 노역장유치조항의 시행 이후이면 이를 적용하도록 하고 있어 범죄행위 당시보다 불이익한 법률을 소급하여 적용하도록 하는 것이라고 할 수 있으므로, 헌법상 형벌불소급원칙에 위반된다(2015헌바239). ⓑ 보안처분 : 원칙적 부정, 실질적 형벌 경우 적용 — 헌재는 출범초부터 "소급입법에 의한 보호감호처분은 허용될 수 없다"라고 하였다(88헌가5). 그런데 헌재는 이후에도 "보안처분이라 하더라도 형벌적 성격이 강하여 신체의 자유를 박탈하거나 박탈에 준하는 정도로 신체의 자유를 제한하는 경우에는 소급효금지원칙을 적용하는 것이 법치주의 및 죄형법정주의에 부합한다"라고 한다(2010헌가82). 따라서 비형벌적 보안처분에는 소급효금지원칙이 적용되지 않는다고 본다. 다만, 소급적용이 과잉해서는 안 된다고 보아 과잉금지원칙 심사는 한다. ㉠ 전자장치 부착명령 — '특정 범죄자에 대한 위치추적 전자장치 부착 등에 관한 법률(현 '특정 범죄자 보호관찰 및 전자장치 부착 등에 관한 법률')'이 시행 당시 징역형 등의 집행이 종료된 경우 등에도 일정기간이 경과하지 아니한 성폭력범죄자에 대하여도 위치추적 전자장치를 부착할 수 있도록 규정하고 있는 것은 형벌불소급원칙에 반하지 않는가가 논란되었으나 헌재는 부착명령은 범죄행위를 한 사람에 대한 응보를 주된 목적으로 그 책임을 추궁하는 사후적 처분인 형벌과 구별되는 비형벌적 보안처분으로서 소급효금지원칙이 적용되지 아니한다고 보아 합헌으로 결정하였다(2010헌가82). ㉡ 디엔에이감식시료 채취 등 — 같은 취지로 그 형이 확정되어 수용 중인 사람에게 디엔에이감식시료 채취 및 디엔에이확인정보의 수집 · 이용 등 이 사건 법률을 적용할 수 있도록 규정한 '디엔에이신원확인정보의 이용 및 보호에 관한 법률' 부칙조항에 대해 디엔에이신원확인정보의 수집 · 이용이 범죄의 예방효과를 가지는 보안처분으로서의 성격을 일부 지닌다고 하더라도 이는 형벌과는 구별되는 비형벌적 보안처분으로서 소급입법금지원칙이 적용되지 아니하고, 소급적용으로 발생하는 당사자의 손실에 비하여 소급적용으로 인한 공익적 목적이 더 크다고 할 것이므로 소급입법금지원칙에 위배되는 것은 아니라고 보았다(2011헌마28). ⓒ 신상정보 공개·고지명령 — 같은 취지로 '성폭력범죄의 처벌 등에 관한 특례법'상의 신상정보 공개·고지제도가 시행되기 3년 전에 유죄판결이 확정된 사람에게까지 확대한 동법 부칙규정에 대해 이 신상정보 공개·고지명령은 형벌과는 구분되는 비형벌적 보안처분으로서 어떠한 형벌적 효과나 신체의 자유를 박탈하는 효과를 가져오지 아니하므로 소급처벌금지원칙이 적용되지 아니하고 과잉금지원칙도 준수하여 합헌이라고 한 결정도 있다(2015헌바196).

(4) 유추해석금지(類推解釋禁止)

죄형법정주의의 또 다른 파생원칙으로 유추해석금지의 원칙이 있다. 유추해석이라 함은 어떠한 문제의 사항에 대하여 법률에 규정이 없는데 그 사항과 유사한 사항에 대한 다른 법률규정이 있을 경우에 그 문제의 사항에 대하여 그 법률규정을 적용하는 해석을 말한다. 유추해석금지도 유추해석에 있어서 생길 수 있는 자의성을 배제하겠다는 취지이므로 명확성원칙에서 요구되는 것이다(형사소송법의 시효정지에 관한 규정을 헌법소원심판에 유추해석할 수 있다는 주장이 있었으나 헌재는 부정하였다(92헌마284)). 헌재는 국가공무원법이나 지방공무원법의 공무원이 아니고 다른 법률로 공무원으로 의제되지도 않는 제주특별자치도의 위촉위원을 법원이 '공무원'에 포함된다고 해석하는 것은 죄형법정주의에 위배된다고 보았다(2011헌바117).

(5) 형벌의 책임주의, 적정성(비례성)의 원칙

형사책임이 있는 사람에게 형벌이 부과되어야 한다. 헌재는 "형벌에 관한 책임주의는 형사법의 기본원리로서, 헌법상 법치국가의 원리에 내재하는 원리인 동시에 헌법 제10조의 취지로부터 도출되는 원리"라고 하면서도 "죄형법정주의로부터 도출되는 책임주의원칙"이라고도 한다(2011헌가30, 2011헌가20 등). 형벌의 책임주의에 관한 헌재 판례로 양벌규정에 대한 위헌결정례들이 많았다(전술 제 1 장 인간의 존엄과 가치 부분 참조. 유의 : 헌재는 법인의 대표자의 범죄행위로 인한 법인에 대한 양벌규정은 합헌이라고 본다).

죄형법정주의에서의 적정성(비례성)의 원칙이란 죄질에 상응하는, 즉 범죄행위의 경중(輕重)에 상응하는 적절한 형벌이 주어져야 한다는 원칙을 말한다. 그런데 헌재가 형벌의 비례성이나 적정성을 인간의 존엄과 가치, 비례(과잉금지)원칙의 문제로 다룬 결정례들이 있다(예를 들어 90헌바24, 2001헌가16, 2002헌바24, 2006헌가13(상관살해의 경우에 사형만을 유일한 법정형으로 규정하고 있는 구 군형법규정의 위헌성을 인정한 결정례) 등 참조. 형벌의 책임주의, 비례성 등에 대해서는 앞의 인간의 존엄과 가치 부분 참조).

3. 적용(규율)범위

[과태료 등의 제외] 죄형법정주의는 그 적용대상이 형벌이므로 국민에게 불이익한 제재라 하더라도 형벌이 아닌 경우, 즉 단순한 행정상의 제재로서의 과징금, 인·허가의 취소 등은 그 적용범위에서 물론 제외되고, 행정상의 내부에서의 질서유지를 목적으로 부과되는 행정질서벌('과태료'라고 함)도 형벌이 아니므로 죄형법정주의의 적용범위에서 제외된다(96헌바83).

[위법성 조각사유 규정에의 적용] 헌재는 정당방위와 같은 위법성 조각사유는 적극적으로 범죄 성립을 정하는 구성요건 규정은 아니라 하더라도 이 조각사유가 인정되지 않는 경우 위법한 행위로서 범죄 성립을 인정하게 하는 기능을 하므로 죄형법정주의의 명확성원칙이 적용된다고 한다(99헌바31).

Ⅱ. 중복처벌금지(일사부재리)

[정의, 처벌의 개념] 중복처벌금지란 하나의 범죄행위에 대해 처벌이 있었으면 그 행위에 대해 다시 처벌을 할 수 없다는 원칙을 말한다. 헌법 제13조 제1항 후문이 "동일한 범죄에 대하여 거듭 처벌받지 아니한다"라고 명시하고 있다. 이를 흔히 일사부재리(一事不再理, ne bis in idem)의 원칙으로 불러왔다. 중복금지대상은 '처벌'이다. 판례는 "국가가 행하는 일체의 제재나 불이익처분을 모두 그 '처벌'에 포함시킬 수는 없는 것이다"라고 한다(2002헌가14). 따라서 형벌과 형벌이 아닌 과징금, 보안처분의 병과는 이중처벌이 아니라고 본다(2001헌가25, 88헌가5, 2014헌바475). 헌재는 '성폭력범죄의 처벌 등에 관한 특례법'상의 성폭력 치료프로그램의 이수명령 병과 규정도 그 명령이 보안처분에 해당하므로

이중처벌금지원칙에 위반되지 않고 과잉금지원칙도 준수하여 합헌이라고 결정하였다(2016헌바153).

[동일성의 개념] 형벌이 부과되는 행위의 중복의 개념은 처벌대상행위가 동일행위임을 말한다. 동일성이 없는 별개의 행위에 대해서는 각각의 처벌이 있더라도 중복처벌이 아니다. 동일성이 있는지 여부는 기본적 사실관계를 보고 판단한다는 것이 판례의 입장이다(92헌바38). 이와 관련하여 형벌을 부과한 뒤 과태료를 부과하는 것이 중복처벌이 아닌지 하는 문제가 있는데 이는 과태료가 형벌은 아니나 형벌과 기능이 중복되는 면이 있기(제재기능) 때문이다[헌재는 “행정상 의무의 위반에 대하여 국가가 일반통치권에 기하여 과하는 제재로서 형벌과 목적 · 기능이 중복되는 면이 없지 않으므로”라고 한다(92헌바38)]. 그리하여 헌재판례는 “동일한 행위를 대상으로 하여 형벌을 부과하면서 아울러 행정질서벌로서의 과태료까지 부과한다면 그것은 이중처벌금지의 기본정신에 배치”된다고 보고 기본적 사실관계의 동일성이 없다면 중복처벌이 아니라고 본다. 예를 들어 건축법 위반의 무단 용도변경에 대한 형벌부과와 시정명령의 불이행에 대한 과태료 부과는 처벌 내지 제재대상이 되는 기본적 사실관계 행위를 달리하는 것이므로(즉 무단 용도변경과 시정명령의 위반은 다른 행위라는 의미) 중복처벌이 아니라고 본다(92헌바38). 헌재는 건축법위반행위에 대한 형벌부과와 위반행위를 시정하지 않은 데 대한 이행강제금 부과도 비슷한 법리로 중복처벌금지원칙 위반이 아니라고 보고(2009헌바140), 유사석유제품(*현행법은 ‘가짜석유제품’이라 함)을 제조하여 조세를 포탈한 자를 처벌하도록 규정한 구 조세범처벌법 규정도 구 ‘석유 및 석유대체연료 사업법’에 의한 처벌은 유사석유제품을 제조하는 것에 대한 처벌이고 위 구 조세범처벌법에 의한 처벌은 세금을 포탈한 데 대한 처벌이므로 양자는 처벌의 대상이 되는 기본적 사실관계로서의 행위를 달리하기 때문에 이중처벌 규정이 아니라고 본다(2012헌바323. *평석 — 유사석유제품 제조판매가 위법한 것이라 처벌하면 그로 인한 수익에 대한 조세라는 것은 법논리적으로 혼동이 오게 한다. 조세포탈이란 정당히 납부해야 할 조세를 부정한 방법으로 면하는 등의 의미이다).

[판례] ① 위에서 본 건축법 위반사안들에 대한 합헌결정들(92헌바38, 2009헌바140), ② 청소년 성매수자에 대한 신상공개를 규정한 구 ‘청소년의 성보호에 관한 법률’ 규정에 대한 합헌결정(2002헌가14. 이중처벌금지원칙에 위배되지 않는다는 4인

합헌의견이 소수의견이었으나 위헌의견이 6인이 아닌 5인에 그쳐 이 4인 의견이 법정의견이 되었다)이 있었다. ③ 양심적 예비군 훈련 거부자들에 대한 형사처벌규정은 한번 처벌받았더라도 예비군 기간 동안 계속적으로 훈련의무가 부과되므로 반복거부시 반복처벌되므로 이중처벌금지원칙에 위배된다는 주장이 있었으나 헌재는 양심적 예비군 훈련 거부자에 대하여 유죄의 판결이 확정되었더라도 이는 소집통지서를 교부받은 예비군 훈련을 불응한 행위에 대한 것으로 새로이 부과된 예비군 훈련을 또 다시 거부하는 경우 그에 대한 형사처벌은 가능하다고 보아야 하므로 이중처벌금지원칙에 위반되지 않는다고 결정하였다(2007헌가12). ④ "범죄에 의하여 외국에서 형의 전부 또는 일부의 집행을 받은 자에 대하여는 형을 감경 또는 면제할 수 있다"라고 규정한 형법 제7조가 외국에서 이미 형의 집행을 받은 자에 대하여 거듭 처벌할 수 있음을 전제로 하고 있어 이중처벌금지원칙에 위반된다는 주장의 헌법소원심판청구가 있었다. 헌재는 형사판결은 국가주권의 일부분인 형벌권 행사에 기초한 것으로서, 외국의 형사판결은 원칙적으로 우리 법원을 기속하지 않으므로 동일한 범죄행위에 관하여 다수의 국가에서 재판 또는 처벌을 받는 것이 배제되지 않는다(따라서 이중처벌금지원칙은 동일한 범죄에 대하여 대한민국 내에서 거듭 형벌권이 행사되어서는 안 된다는 뜻)고 하여 이중처벌금지원칙의 위반이 아니라고 보았다. 그러나 헌재는 신체의 자유를 과잉금지원칙에 반하여 침해한다고 하여 헌법불합치결정을 하였다(2013헌바129). ⑤ 헌재는 '성폭력범죄의 처벌 등에 관한 특례법'상의 신상정보 공개·고지명령은 비형벌적 보안처분으로서 형벌이 부과된 이후 다시 신상정보 공개·고지명령이 선고 및 집행된다고 하여 이중처벌금지의 원칙에 위반된다고 할 수 없다고 하여 합헌결정을 하였다(2015헌바196). ⑥ 헌재는 하나의 형사재판절차에서 다루어진 사건을 대상으로 동시에 징역형과 자격정지형을 병과하는 것은 이중처벌금지원칙에 위반되지 아니한다고 본다(2008헌바88, 2016헌바361).

Ⅲ. 위법적 보안처분과 강제노역의 금지

헌법 제12조 제1항 후문은 "법률과 적법한 절차에 의하지 아니하고는 처벌·보안처분 또는 강제노역을 받지 아니한다"라고 규정하고 있다. 여기서 보안처분이란 일정한 범죄를 행하여 처벌을 받은 사람에 대해 재범을 막고 사회복귀를 도모, 촉진하며 사회방위를 이루기 위하여 취해지는 그 치료, 개선을 위한 조치나 처분을 말한다. 형법으로써는 재범을 막기 힘들 경우에 형벌보완적 처분으로서 형사정책의 필요성 때문에 나온 제도이다.

강제노역이란 본인의 의사에 반하여 육체적 활동을 하도록 강요하는 것을 말한다.

Ⅳ. 친족행위로 인한 불이익한 처우의 금지 — 연좌제의 금지

헌법 제13조 제 3 항은 "모든 국민은 자기의 행위가 아닌 친족의 행위로 인하여 불이익한 처우를 받지 아니한다"라고 규정하고 있다. 이는 연좌제를 금지하기 위한 규정이라고 한다.

[적용요건: 관련성 부정] 근대형법에서는 자신이 아닌 타인의 범죄행위로 인한 형사책임을 지지 않는다는 자기책임의 원칙이 확립되어 있는데 친족의 행위로 인한 형사처벌은 이 원칙에 위반된다. 따라서 친족행위가 본인과의 관련성이 있다면 자기책임이 되므로 처벌되고 본인과의 관련성이 없음에도 불구하고 오로지 '친족이라는 사유 그 자체만으로' 불이익한 처우를 가하는 경우에만 이 원칙이 적용되어 처벌되지 않는다(2005헌마19). 헌재는 배우자의 중대 선거범죄(매수 및 이해유도죄, 기부행위 금지 위반죄)로 300만원 이상의 벌금형을 선고받은 것을 이유로 후보자의 당선을 무효로 하는 선거법 규정에 대해 연좌제 위반이 아니라고 보아 합헌성을 인정하였다(2005헌마19, 2010헌마68 : [두 결정의 이유요지] '친족인 배우자의 행위와 본인 간에 실질적으로 의미있는 아무런 관련성을 인정할 수 없음에도 불구하고 오로지 배우자라는 사유 그 자체만으로' 불이익한 처우를 가하는 것이 아니다. 배우자가 죄를 저질렀다는 이유만으로 후보자에게 불이익을 주는 것이 아니라, 후보자와 불가분의 선거운명공동체를 형성하여 활동하게 마련인 배우자의 실질적 지위와 역할을 근거로 후보자에게 연대책임을 부여한 것이므로, 이 사건 법률조항은 헌법 제13조 제 3 항에서 금지하고 있는 연좌제에 해당하지 아니한다).

* 연좌제금지원칙에 반하지 않는다고 본 결정례 : ① 위 선거법규정에 대한 합헌성 인정의 결정례들이 있다. ② 또 헌재는 친일재산을 그 취득·증여 등 원인행위시에 국가

의 소유로 하도록 규정한 '친일반민족행위자 재산의 국가귀속에 관한 특별법' 규정이 친일반민족행위자 후손의 재산 중 그 후손 자신의 경제적 활동으로 취득하게 된 재산이라든가 친일재산 이외의 상속재산 등을 단지 그 선조가 친일행위를 했다는 이유만으로 국가로 귀속시키는 것이 아닌 한, 위와 같은 친일재산에 한정하여 국가로 귀속시키는 것은 '친족의 행위와 본인 간에 실질적으로 의미있는 아무런 관련성을 인정할 수 없음에도 불구하고 오로지 친족이라는 사유 그 자체만으로' 불이익을 입는 경우에 해당하지 않으므로, 연좌제금지원칙에 반한다고 할 수 없다고 보았다(2008헌바141, 2009헌바292). ③ 배우자가 언론인 및 사립학교 관계자의 직무와 관련하여 수수금지 금품 등을 받은 사실을 안 경우 언론인 및 사립학교 관계자에게 신고의무를 부과하는 '부정청탁 및 금품 등 수수의 금지에 관한 법률' 제9조 제1항 제2호 중 사립학교 관계자와 언론인에 관한 부분(다음부터 '신고조항'이라 한다)과 미신고시 형벌 또는 과태료의 제재를 하도록 하는 청탁금지법 제22조 제1항 제2호 본문, 제23조 제5항 제2호 본문 중 사립학교 관계자와 언론인에 관한 부분(이하 '제재조항'이라 한다)이 자기책임의 원리와 연좌제금지원칙에 위반되는지가 논란되었으나 헌재는 배우자가 사립학교 관계자나 언론인의 직무와 관련하여 수수 금지 금품 등을 받은 행위는 그 긴밀한 관계로 사실상 사립학교 관계자나 언론인 본인이 수수한 것과 마찬가지라고 볼 수 있다고 보아 부정하고 합헌성을 인정하였다(2015헌마236). ④ 코로나19 격리자의 가구원이 행정기관 근로자인 경우 생활지원비 지원을 제외하는 질병관리청장의 안내 규정이 "행정기관 근로자를 가구원으로 둔 격리자는 행정기관 근로자와 생계를 같이하는 경제공동체를 형성하여, 격리조치를 이행하더라도 생계가 곤란하게 될 위험이 현저히 낮다. 이 사건 제외규정은 이를 고려한 것으로서 행정기관 근로자의 행위와 실질적으로 의미 있는 아무런 관련성을 인정할 수 없음에도 불구하고 오로지 친족이라는 사유 그 자체만으로 불이익한 처우를 가하는 경우로 볼 수 없다"(2024. 8. 29. 2021헌마450).

['불이익한 처우'의 범위] '불이익한 처우'라 함은 형벌뿐 아니라 그 외에 참정권, 거주·이전의 자유, 직업의 자유, 재산권 등에 관한 불리한 처우 일체를 받지 않음을 말한다.

Ⅴ. 신체의 안전의 자유

이는 신체에 위협을 받지 않고 안전하게 활동할 수 있는 자유를 말한다. 신체의 안전권에 속한다. 신체의 안전권은 소극적인 자유권으로서 신체의 안전의 자유와 적극적인 보호를 요구할 수 있는 권리를 포괄한다. 헌재는 신체안전의 자유에 관한 다음과 같은 결정들을 내린 바 있다. ① 금치처분 수형자에 대한 운동금지 ― 금치 처분을 받은 수형자에 대하여 금치 기간 중 일체의 운동을 금지하는 행형법시행령 규정(2002헌마478), 금치기간 중 실외운동을 원칙적으로 제한하는 '형의 집행 및 수용자의 처우에 관한 법률' 규정(2014헌마45)은 침해의 최소성, 법익균형성을 갖추지 못하여 신체의 (안전)의 자유를 침해한다고 하여 위헌으로 결정되었다. ② 성충동 약물치료 제도의 위헌적 부분 인정 ― 성폭력범죄를 저지른 성도착증 환자로서 성폭력범죄를 다시 범할 위험성이 있다고 인정되는 19세 이상의 사람에 대하여 약물치료명령을 법원에 청구할 수 있도록 규정한 '성폭력범죄자의 성충동 약물치료에 관한 법률' 규정이 성충동 약물치료명령은 피치료자의 동의를 요건으로 하지 않으며, 약물투여가 되면, 치료대상자의 성적 충동·욕구가 억제되고, 성기능이 제한될 수 있으며, 이에 따라 범죄행위에 해당하지 아니하는 성적 욕구나 행위까지 억제될 수 있어 '신체의 안전성이 훼손당하지 아니할 자유'를 제한할 수 있다고 보았다. 그런데 헌재는 약물치료명령청구제도 자체는 재범방지 등의 목적을 위한 것이고 침해최소성을 갖추어 과잉금지원칙을 준수하여 합헌이라고 보았다. 그러나 이 사건의 또 다른 심판대상인 동법 제 8 조 제 1 항("법원은 치료명령 청구가 이유 있다고 인정하는 때에는 15년의 범위에서 치료기간을 정하여 판결로 치료명령을 선고하여야 한다")에 대해서는 장기형이 선고되는 경우 치료명령의 선고시점과 집행시점 사이에 상당한 시간적 간극이 존재하게 되고, 장기간의 수감생활 중의 사정변경으로 인하여 집행시점에서 치료의 필요성이 없게 된 경우 불필요한 치료의 가능성이 있으며, 이를 배제할 수 있는 절차가 없음에도 선고시점에서 치료명령청구가 이유 있는 때에는 치료명령을 선고하도록 함으로써 침해의 최소성이 인정되지 않는다고 보아 헌법불합치결정을 하였다(2013헌가9. 이 사안에서 헌재는 그 밖에 사생활의 자유, 자기결정권, 인격권도 문제되는 기본권으로서 거론하였다). ③ 영창제도의 위헌성 인정(구 군인사법 2020. 2. 4. 법률 제16928호로 개정되기 전의 것) ― 제57조 제 2 항은 '병에 대한 징계처분'으로 강등, 휴가 제한, 근신 외 영창(營倉)을 규정하고 있는데 동항 제 2 호는 "영창은 부대나 함정 내의 영창, 그 밖의 구금장소(拘禁場所)에 감금하는 것을 말하며, 그 기간은 15일 이내로 한다"라고 규정하고 있었다. 헌재의 법정의견은 "신체의 자유는 신체의 안정성이 외부의 물리적인 힘이나 정신적인 위험으로부터 침해당하지 아니할 자유와 신체활동을 임의적이고 자율적으로 할 수 있는 자유"라고 설시한 뒤 "영창처분은 신체의 자유를 제한하는 구금에 해당하고, 이로 인해 헌법 제12조가 보호하려는 신체의 자유가 제한된다"라고 보아 과잉금지원칙 심사에 들어갔다. 그리고 징계처분인데 복무기간 불산입 외에도 감금까지 하는 것은 징계의 한계를 초과한 것이고 영창처분의 보충성이 담보되고 있지 않으며 그 사유가 지나치게 포괄적으로 규정되어 있어 경미한 비위행위에 대해서도 제한 없이 적용될 수 있어 침해최소성원칙에 어긋나고 법익균형성도 없어서 과잉금지원칙에 반하는 위헌이라고 결정하였다(헌재 2020. 9. 24. 2017헌바157등). 이 결정에서는 7인의 위헌의견이었으나 4인 보충의견은 과잉금지원칙뿐만 아니라 형사절차 외 행정절차에도 영장제도가 적용되어야 하므로 영장주의에도 위배되어 위헌이라고 보았다(행정절차에 영장제도에도 적용되는가가 문제되어 왔는데 이 영창 위헌결정에서 4인 보충의견에도 불구하고 입장의 변화는 없다고 볼 것이다. 이에 대해서는 후술 영장제도 부분 참조). 사실 영창제도는 이 결정이 있기 전인 2020. 2. 4. 군인사법의 개정으로 폐지되었다.

Ⅵ. 기 타

i) **위헌성 인정례** : ① **정신질환자 보호입원** — 보호의무자 2인의 동의와 정신건강의학과 전문의 1인의 진단으로 정신질환자에 대한 보호입원이 가능하도록 한 구 정신보건법 제24조 제1항 및 제2항 : 입원이 필요한지 여부에 대한 판단권한을 정신과전문의 1인에게 전적으로 부여함으로써 그 판단에 있어 객관성과 공정성을 담보할 만한 장치를 두고 있지 않고, 보호입원 대상자의 의사 확인이나 부당한 강제입원에 대한 불복제도도 충분히 갖추고 있지 아니하여, 보호입원 대상자의 신체의 자유를 과도하게 제한하고 있어, 침해의 최소성, 법익균형성에 반한다고 판단하여 위헌성을 인정하되 정신질환자 보호입원의 필요성이 인정되는 경우에도 보호입원을 시킬 수 없는 법적 공백 상태를 막기 위해 헌법불합치결정을 하였다(2014헌가9). ② **외국 형집행에 대한 한국에서의 감경 · 면제의 임의성** — "범죄에 의하여 외국에서 형의 전부 또는 일부의 집행을 받은 자에 대하여는 형을 감경 또는 면제할 수 있다"라고 규정한

형법 제 7 조가 과잉금지원칙을 위반하여 신체의 자유를 침해한 것이라고 하여 헌법불합치결정을 하였다(2013헌바129). 헌재는 위 규정이 외국에서 받은 형의 집행을 단지 법정형의 임의적 감면사유로만 정하고 있어 입법자는 국가형벌권의 실현과 국민의 기본권 보장의 요구를 조화시키기 위하여 형을 필요적으로 감면하거나 외국에서 집행된 형의 전부 또는 일부를 필요적으로 산입하는 등의 방법을 선택하여 신체의 자유를 덜 침해할 수 있음에도 우리 형법에 의한 처벌 시 외국에서 받은 형의 집행을 전혀 반영하지 아니할 수도 있도록 한 것은, 입법재량의 범위를 일탈하여 침해최소성원칙에 반하고 법익의 균형성 원칙에도 위반된다고 본 것이다. ③ **강제퇴거명령 보호기간** — 강제퇴거명령을 받은 사람을 보호할 수 있도록 하면서 보호기간의 상한을 마련하지 아니한 출입국관리법 제63조 제 1 항이 과잉금지원칙 및 적법절차원칙에 위배되어 피보호자의 신체의 자유를 침해한다고 하여 헌법불합치결정이 있었다(2020헌가1. [결정요지] 가. 보호의 일시적 · 잠정적 강제조치로서의 한계를 벗어나는 것이고 보호기간의 비합리적인 장기화 내지 불확실성에서 야기되는 피해를 방지할 수 있어야 하는데, 단지 강제퇴거명령의 효율적 집행이라는 행정목적 때문에 기간의 제한이 없는 보호를 가능하게 하는 것은 행정의 편의성과 획일성만을 강조한 것으로 피보호자의 신체의 자유를 과도하게 제한하는 것이며 보호 외에 주거지 제한이나 보고, 신원보증인의 지정, 적정한 보증금의 납부 등을 통한 지속적인 관찰 등 다양한 수단으로도 가능한 점 등을 고려하면, 심판대상조항은 침해최소성과 법익균형성을 충족하지 못한다. 따라서 심판대상조항은 과잉금지원칙을 위반하여 피보호자의 신체의 자유를 침해한다. 나. 독립된 중립적 기관에 의한 통제절차가 마련되어 있지 아니하고 보호명령을 발령하기 전에 당사자에게 의견을 제출할 수 있는 절차적 기회가 마련되어 있지 아니하다. 따라서 심판대상조항은 적법절차원칙에 위배되어 피보호자의 신체의 자유를 침해한다. * 이 결정은 2017헌가29 합헌결정을 변경한 것임) ii) **합헌성 인정례** : ① **노역장유치** — 1억 원 이상의 벌금형을 선고하는 경우 노역장유치기간의 하한을 정한 형법(2014. 5. 14. 법률 제12575호로 개정된 것) 제70조 제 2 항(이하 '노역장유치조항'이라 한다)이 헌재는 고액 벌금에 대한 유치기간의 하한을 법률로 정해두면 1일 환형유치금액 간에 발생하는 불균형을 최소화할 수 있다는 점에서 피해최소성을 갖추어 과잉금지원칙을 준수하고 있으므로 신체의 자유를 침해하지 않는다고 보았다. 그러나 노역장유치조항을 시행일 이후 최초로 공소제기되는 경우부터 적용하도록 한 형법 부칙조항은 형벌불소급원칙에 위반된다고 판단하였다(2015헌바239). ② 정신성적 장애인 치료감호시설 수용기간 — 이 기간을 15년을 초과할 수 없다고 규정한 구 치료감호법 규정에 대해 헌재는 합헌으로 보았다(2016헌바452, 2015헌마989).

제 3 항 신체의 자유권의 절차적 보장

Ⅰ. 법률주의

헌법 제12조 제 1 항 후문은 "누구든지 법률에 의하지 아니하고는 체포·구속·압수·수색 또는 심문을 받지 아니하며"라고 하여 체포·구속·압수·수색 또는 심문의 형사절차를 법률로 정하여 하도록 하고 있다. 여기서의 법률은 국회가 제정한 형식적 법률을 말한다. 위와 같은 형사절차는 국민의 신체의 자유 등을 제약하므로 기본권제한의 한계를 준수하여야 한다.

Ⅱ. 적법절차의 원칙

1. 적법절차의 개념과 내용

(1) 개념, 연혁, 실체적 적법절차와 절차적 적법절차

적법절차의 원칙이란 공권력이 행사되기 전에 법이 정한 일정한 정당한 절차를 미리 거칠 것을 요구하는 헌법원칙을 말한다. 적법절차의 원칙은 영국의 1215년 마그나 카르타(대헌장)에서 유래하여, 1628년 권리청원에 규정되었고 미국의 수정헌법에 "due process of law"가 규정되어 오늘날 중요한 헌법원리의 하나로 자리매김하고 있다. 적법절차는 국가작용의 적법성과 정당성을 확보하고 국민의 기본권을 보호하기 위해 요구되는 원칙이다. 명칭 때문에 절차적 원칙인 것으로 이해될 수 있으나 오늘날의 일반적인 이론은 적법절차주의가 형식적 절차뿐 아니라 실체법적인 측면에서도 요구되는 넓은 의미의 원칙으로 본다. 그리하여 절차의 준수 외에도 국가권력행사나 기본권에 관한 법률의 내용이 적정하고 합리적이며 정당하여야 할 것을 요하는 원칙으로 보아 적법절차는 절차적 적법절차와 실체적 적법절차(實體的 適法節次)를 모두 포함한다고 본다(판례도 그러한 입장이다. 92헌가8).

* 실체법이라 함은 권리 · 의무의 내용에 관하여 정하는 법(예 : 민법, 형법, 상법 등)을 말하고, 절차법이란 그러한 실체적 권리 · 의무 관계를 실현하는 과정의 법(예 : 헌법재판소법, 행정소송법, 민사소송법, 형사소송법 등)을 말한다. 예를 들어 A라는 사람이 타인의 물건을 훔친 경우 형법이라는 실체법에 의해 절도죄에 따른 형벌을 지게 되는데 그 형벌을 지우기 위해 형사재판 절차가 형사소송법이라는 절차법에 따라 이루어진다.

(2) 검토할 점

실체적 적법절차가 법내용의 정당성, 공정성, 합리성을 요구하는 것이라면 비례원칙을 사실 담고 있는 것이고 따라서 양자의 차이에 대해 새로이 검토가 필요하다는 문제제기가 가능하다. 헌재의 판례 중에 "실체문제와 분리될 수 없으므로 과잉금지원칙 위반 여부에서 적법절차 문제를 포함하여 검토하기로 한다"라고 판시한 예도 있다(2014헌가9. 정신질환자 보호입원규정에 대한 헌법불합치결정이었다).

2. 적법절차의 적용범위와 내용

(1) 모든 국가작용에의 적용

현행 헌법은 제12조 제 1 항 후문이 적법한 절차에 의하여야 할 경우를 「처벌 · 보안처분 또는 강제노역」으로 명시하고 있기에 적법절차원칙이 그 3가지 경우에만 적용되는 것으로 볼 것인지(한정열거설의 입장), 아니면 그 외에도 다른 모든 불리한 국가의 조치에 적용되는지(예시설) 하는 적법절차의 적용범위가 논의된다. 헌법이 적법절차원칙을 헌법 제12조에 규정하고 있고 헌법 제12조가 형사절차상에 관한 것이긴 하나 이 적법절차원칙은 형사절차에만 적용되는 것은 아니라고 보는 견해, 즉 예시설이 일반적인 견해이다. 헌재도 적법절차원칙이 행정, 입법, 사법 등 모든 국가작용에 적용되는 헌법상의 원칙이라고 본다(92헌가8, 2001헌바41, 2016헌바453('일제강점하반민족행위진상규명에 관한 특별법' 부칙 제 2 조 본문 합헌결정), 2016헌바454('친일반민족행위자 재산의 국가귀속에 관한 특별법' 제 2 조 제 2 호 전문 등에 대한 합헌결정)).

(2) 불이익처분에의 적용

적법절차원칙은 형사처벌이나 신체의 자유와는 무관한 국가작용일지라도 국민에게 불리한 작용이 행해질 경우에도 적용되어야 할 원칙이라고 본다. 헌재도 불이익처분의 경우에까지 확대하여 적용하고 있다. 즉 형사사건으로 공소가 제기된 변호사에 대하여 법무부장관이 일방적으로 그 업무의 정지를 명할 수 있게 규정한 구 변호사법 제15조(90헌가48), 공소제기된 사립학교교원은 반드시 직위해제되는 것으로 규정한 구 사립학교법 제58조의2 제1항 단서(93헌가3 · 7(병합))는 적법절차의 위반으로 위헌이라고 결정하여 업무정지, 직위해제 등 형사처벌이 아닌 불이익한 처분의 경우에도 적법절차원칙이 적용된다고 본다.

(3) 기본권, 대 국민 관계에만 적용되는 것인지 여부 — 국가기관 간 적용배제(탄핵소추절차에의 비적용)된다는 판례의 문제점

헌재는 적법절차원칙은 국가기관이 국민과의 관계에서 공권력을 행사함에 있어서 준수해야 할 법원칙으로서 형성된 것으로 국가기관에 대하여 헌법을 수호하고자 하는 탄핵소추절차에는 직접 적용할 수 없다는 입장을 보여준 바 있었다(2004헌나1, 2016헌나1, 2024헌나1, 2024헌나8). 이는 타당하지 못하다. 위에서 언급한 대로 모든 국가작용에 적용된다고 헌재 자신이 밝힌 바에도 모순된다.

(4) 형사처벌, 형사절차 등에서의 적법절차

적법절차원칙이 형사처벌, 형사절차에 적용된 예들이 많다. 몇 가지 판례를 보면 헌재는 궐석재판, 예기치 못한 타격(검사의 일방적 증인 접촉)에 대해 적법절차 위배로 보았다(95헌가5, 97헌바22). 또한 판결선고 전 구금일수(미결구금일수) 중 일부를 형기에 산입하지 않을 수 있게 한 형법 규정에 대해 적법절차의 원칙에 반한다고 하여 위헌으로 결정하였다(2007헌바25. 상소제기 후 상소취하시까지의 구금일수를 본형 산입의 대상에서 제외되도록 한 형사소송법 제482조 제1항 등에 대해서도 적법절차원칙 위반을 인정하는 헌법불합치결정이 있었다(2008헌가13)). 증거제도에서 적법절차원칙이 중요하게 적용된다. 형사절차에서의 영장주의, 피의자에 대한 체포이유고지의무 등은 아래에 별도로 본다.

(5) 입법, 행정, 사법, 지방자치 영역

국회에서의 입법과정 등에서 적법절차가 준수되어야 한다. 공청회, 청문회 등의 제도가 있다. 날치기 통과(변칙처리)는 적법절차원칙의 위반이다. 행정영역에서 절차적 적법절차원칙을 구현하기 위한 대표적 제도가 행정절차제도이다. 행정절차제도로서 청문, 이유부기 등의 제도가 있고 기본법으로 행정절차법이 이를 규정하고 있다. 사법에서 적법절차원칙은 공정한 재판을 위해 중요하다. 지방자치단체의 폐치·분합에도 적법절차원칙이 적용되어 헌재는 청문이 필요한 절차라고 보았다(94헌마201).

(6) 적법절차원칙 위배로 인한 개인정보자기결정권의 침해

① 구 통신비밀보호법 제13조의3 제 1 항이 수사가 장기간 진행되거나 기소중지결정이 있는 경우에 정보주체에게 위치정보 추적자료 제공사실을 통지할 의무를 규정하지 아니하여 적법절차원칙에 위반되어 청구인들의 개인정보자기결정권을 침해한다는 헌법불합치결정이 있었다(2012헌마191등), ② 수사기관 등이 전기통신사업자에게 이용자의 성명 등 통신자료의 열람이나 제출을 요청할 수 있도록 하고 전기통신사업자가 그 요청에 따를 수 있도록 한 전기통신사업법 제83조 제 3 항 규정이 통신자료 취득에 대한 (사전은 어렵더라도) 사후통지 절차를 규정하고 있지 않아 적법절차 위배의 개인정보자기결정권 침해라는 헌법불합치결정이 있었다(2016헌마388).

(7) 강제퇴거명령 보호기간

외국인 강제퇴거명령을 받은 사람의 보호에 있어서 그 기간의 상한을 마련하지 아니한 출입국관리법 제63조 제 1 항이 적법절차원칙에 위배되어 피보호자의 신체의 자유를 침해한다고 하여 헌법불합치결정이 있었다(2020헌가1, 이 결정에 대해서는 앞의 '제 2 항 신체의 자유권의 실체적 보장, Ⅵ. 기타' ⅰ) ③ 참조).

Ⅲ. 영장주의(令狀主義)

1. 영장제도의 의의와 법적 성격

체포·구속·압수 또는 수색을 할 때에는 적법한 절차에 따라 검사의 신

청에 의하여 법관이 발부한 영장을 제시하여야 한다(제12조 제3항 본문).

(1) 영장주의의 개념과 의의 및 요체

[개념 · 의의] 영장주의란 법관이 사전에 발부하는 영장에 의하지 아니하고는 체포, 수색 등 수사에 필요한 강제처분을 하지 못한다는 원칙을 말한다(96헌가11). 영장제도는 적법절차원칙의 중요한 한 구현형태이다(헌재도 헌법 제12조 제3항의 영장주의는 헌법 제12조 제1항의 적법절차 원칙의 특별규정이라고 판시한 바 있다. 2011헌가36). 영장주의는 체포, 구속, 압수, 수색 등에 대한 사법적 억제, 통제(법관의 심사)에 의하여 그 남용을 방지함으로써 국민의 기본권을 보장하기 위한 것이다. 헌재는 국가보안법위반죄 등을 범한 자를 법관의 영장 없이 구속, 압수, 수색할 수 있도록 했던 구 '인신구속 등에 관한 임시 특례법'(1961. 7. 3. 제정되고, 1963. 9. 30. 법률 제1410호로 폐지되기 전의 것) 제2조 제1항이 영장주의에 위배된다는 위헌결정을 하였다(2011헌가5).

[요체] ① 독립이 보장된 법관만에 의한 판단으로 발부되고, ② 발부뿐 아니라 그 지속 여부, 그 종결 여부에 대한 판단도 법관에 전속되어야 영장주의가 관철된다. 검사나 다른 기관의 의견이 법관의 판단에 우선하게 하거나 법관의 결정을 폐기하게 해서는 아니된다. 이러한 법리에 따라 위헌결정이 된 예로, ㉠ 무죄 등의 판결이 선고된 때에는 구속영장의 효력을 잃되, 단 검사로부터 사형, 무기 또는 10년 이상의 징역이나 금고형에 해당한다는 취지의 의견진술이 있는 사건의 경우에는 효력을 잃지 않는다고 규정한 구 형사소송법 제331조 단서 규정에 대한 위헌결정(92헌가8), ㉡ 보석허가결정에 대하여 검사가 그 집행을 정지하는 효과를 가지는 즉시항고를 할 수 있도록 규정한 구 형사소송법 제97조 제3항의 규정에 대한 위헌결정(93헌가2), ㉢ 법원의 구속집행정지결정에 대한 검사의 즉시항고를 규정한 구 형사소송법 제101조 제3항은 검사의 불복을 그 피고인에 대한 구속집행을 정지할 필요가 있다는 법원의 판단보다 우선시킬 뿐만 아니라, 사실상 법원의 구속집행정지결정을 무의미하게 할 수 있는 권한을 검사에게 부여한 것이라는 점에서 헌법상 영장주의에 반하여 위헌이라는 결정(2011헌가36)이 있었다.

(2) 영장의 법적 성격

영장의 성격에 대해 ① 허가장설(수사기관에 대해 일정한 강제처분을 할 수 있도록 법관이 허가하는 처분을 의미한다는 설)과 ② 명령장설(법관이 자신의 권한으로서 하는 강제처분을 수사기관으로 하여금 하도록 명령하는 것이라는 설)로 학설이 갈린다. 생각건대 경우를 나누어, 수사단계에서 검사의 신청으로 법관에 의해 발부되는 경우에는 허가장으로, 공판단계에서 검사의 신청 없이 법관에 의해 피고인에 대해 직권으로 발부되는 경우에는 명령장으로서의 성격을 가진다고 할 것이다. 전자의 경우에 수사기관에 의한 남용을 방지하기 위한 사전적 사법통제가 중요하다고 보기 때문에 허가장으로 보는 것이다(96헌바28).

2. 영장발부의 주체와 신청권자 및 절차

영장은 법관에 의한 판단이 핵심이라는 앞서 본 영장주의의 귀결로 법관이 그 주체가 되어 발부된다. 헌법은 "검사의 신청에 의하여"라고 규정하여(제12조 제3항, 제16조 후문) 영장의 신청권한을 검사에게 부여하고 있다. 공소제기 후 공판단계에서 검사신청 없이 법원이 직권으로 발부할 수 있게 한 규정(형소법 제70조 제1항)이 헌법에 반한다는 주장이 있었으나 헌재는 "검사의 신청에 의하여"라는 취지는 수사단계에서 영장신청권자를 검사로 한정한 데 있기 때문에 합헌이라고 본다(96헌바28).

영장의 신청과 발부는 적법절차에 따라야 한다고 헌법 자체가 명시하고 있다. 영장의 신청, 발부, 집행의 절차에 대해서는 형사소송법에 규정되어 있고 영장실질심사제도가 있다(형소법 제201조의2).

3. 대상과 적용범위

(1) 대상처분의 성격 — 강제성

행하려는 처분이 강제성을 띠는 경우에 영장의 발부가 필요하다. 판례는 직접 물리적 강제력을 행사하는 처분이 영장주의의 대상이 된다고 보고 심리적·간접적 강제, 당사자의 협력이 필요한 처분은 영장주의 적용대상으로 보지 않는다. 그리하여 ① 음주운전 여부를 가리기 위한 측정은 당사자의 협조가 필요하다는 점에서 영장이 필요한 강제처분이 아니라고 보았고(96헌가11), ② 마약류사범인 청구인에게 마약류반응검사를 위하여 소변을 받아 제출하게 한 것은 검사대상자에게 소변을 종이컵에 채취하여 제출하도록 한 것으로서 당사자의 협력이 불가피하므로 이를 두고 강제처분이라고 할 수도 없다고 보았으며(2005헌마277), ③ '형의 집행 및 수용자의 처우에 관한 법률'의 '미결수용자의 접견내용의 녹음·녹화'에 관한 규정이 직접적으로 어떠한 물리적 강제력을 행사하는 강제처분을 수반하는 것이 아니므로 영장주의의 적용대상이 아니라고 보았고(2014헌바401), ④ 범죄의 피의자로 입건된 사람이 자신의 신원을 밝히지 않아 경찰공무원이나 검사가 지문조사 외의 다른 방법으로 그 신원을 확인할 수 없어 지문을 채취하려고 할 때 정당한 이유 없이 이를 거부한 사람에 대하여 벌금, 과료, 구류의 형사처벌(경범죄처벌)을 받도록 하는 구 경범죄처벌법 제1조 제42호도 수사기관이 직접 물리적 강제력을 행사하여 피의자에게 강제로 지문을 찍도록 하는 것을 허용하는 규정이 아니며 형벌에 의한 불이익을 부과함으로써 심리적·간접적으로 지문채취를 강요하고 있을 뿐이고 피의자가 본인의 판단에 따라 수용여부를 결정한다는 점에서 궁극적으로 당사자의 자발적 협조가 필수적임을 전제로 하므로 영장주의의 위반이 아니라고(2002헌가17) 보았다. ⑤ 응할 의무가 없는 사실조회에 응한 정보제공행위 — 경찰서장이 국민건강보험공단에게 청구인의 상병명, 요양기관명의 제공을 요청한 행위, 또 다른 청구인의 병원 내방 기록의 제공을 요청한 행위(사실조회행위)에 대하여 국민건강보험공단이 응하거나 협조하여야 할 의무를 부담하는 것이 아니고 따라서 이 사건 사실조회행위는 강제력이 개입되지 아니한 임의수사에 해당하므로, 이에 응하여 이루어진 이 사건 정보제공행위에도 영장주의가 적용되지 않는다는 것이 헌재의 판례이다(2014헌마368. 동지 : 2016헌마483). ⑥ 각급선거관리위원회 위원·직원의 선거범죄 조사에 있어서 피조사자에게 자료제출의무를 부과한 공직선거법 규정 — 헌재는 이 규정의 자료제출요구는 행정조사에 해당하고, 선거범죄 혐의 유무를 명백히 하여 공소의 제기 여부를 결정하기 위하여 범인을 발견, 증거를 수집하기 위한 수사기관의 활동인 수사와는 근본적으로 그 성격을 달리하며 그 자료제출요구는 그 성질상 대상자의 자발적 협조를 전제로 할 뿐이고 물리적 강제력을 수반하지 아니한다고 하여 영장주의 적용대상이 아니라고 보았다(2016헌바381). ⑦ 수사기관 등이 전기통신사업자에게 이용자의 성명 등 통신자료의 열람이나 제출을 요청할 수 있도록 하고 전기통신사업자가 그 요청에 따를 수 있도록 한 전기통신사업법 제83조 제3항 중 해당규정에 대해 헌재는 다음의 이유로 영장주의 적용대상이 아니라고 보았다. '그 요청에 따를 수 있다'고 규정하고 있을 뿐, 응하거나 협조하여야 할 의무를 부과하지 않으며, 달리 제공을 강제할 수 있는 수단을 마련하고 있지 아니하다. 따라서 이 제공요청은 강제력이 개입되지 아니한 임의수사에 해당하고 이를 통한 수사기관 등의 통신자료 취득에는 영장주의가 적용되지 아니하는바, 헌법상 영장주의에 위배되지 아니한다(2016헌마388. 그러나 적법절차 위반의 개인정보자기결정권 침해로 헌법불합치결정을 함).

특별검사법의 강제동행과 불응시 처벌하는 규정에 대해 5인 재판관은 영장주의 위반이라고 보고, 2인 재판관은 영장주의 위반은 아니나 과잉금지원칙 위반이라고 보아 위헌결정이 나긴 하였다(2007헌마1468).

범죄수사를 위한 경찰의 촬영행위 — 헌재는 "현재 범행이 이루어지고 있거나 행하여진 직후이고, 증거보전의 필요성 및 긴급성이 있으며, 일반적으로 허용되는 상당한 방법에 의한 경우로 제한되어야 한다. 그러한 경우라면 그 촬영행위가 영장 없이 이루어졌다 하더라도 위법하다고 할 수 없다"라고 한다(2014헌마843; 대법원 1999. 9. 3, 99도2317).

(2) 형사절차 외(행정작용 등)에서도 적용되는지 여부 문제

영장주의가 강제성이 있는 작용에 적용된다는 위 원리에 따르면 형사절차가 아닌 행정절차 등에서의 강제작용에도 적용되어야 하는지를 두고 논란이 있다.

① 헌재 내 의견대립 — 이 대립은 영창제도에 관한 다음과 같은 결정례들을 통해 나타났다. ㉠ 전투경찰순경 징계처분으로서 영창처분 : 이를 규정하고 있는 구 전투경찰대 설치법 제5조 제1항, 제2항 중 해당 규정에 대해 법정의견이 4인 재판관 의견으로 소수였는데 이 법정의견은 "헌법 제12조 제3항에서 규정하고 있는 영장주의란 형사절차와 관련하여 체포·구속·압수·수색의 강제처분을 할 때 … 원칙으로, 형사절차가 아닌 징계절차에도 그대로 적

용된다고 볼 수 없다. 따라서 이 사건 영창조항이 헌법상 영장주의에 위반되는지 여부는 더 나아가 판단하지 아니한다"라고 하였다. 그리하여 법정의견은 적법절차원칙과 과잉금지원칙의 위반 여부만을 판단하였고 합헌이라고 보았다. 반면 5인 다수의견은 형사절차 외 국가권력작용, 그리하여 행정절차에도 영장주의가 적용되고 영창처분은 행정기관에 의한 구속임에도 법관의 판단을 거친 영장에 의하지 않아 영장주의 위반이라고 보았다. 그러나 5인의견이었으므로 법정의견이 되지 못하였다(헌재 2016. 3. 31, 2013헌바190). ㉡ 군인 병에 대한 영창제도 : 이 사안에서 법정의견은 영장주의를 거론하지 않고 복무기간 불산입 외에도 감금까지 하는 것은 징계의 한계를 초과한 것이고 영창처분의 보충성이 담보되고 있지 않으며 그 사유가 지나치게 포괄적으로 규정되어 있어 경미한 비위행위에 대해서도 제한 없이 적용될 수 있어 침해최소성원칙에 어긋나고 법익균형성도 없어서 과잉금지원칙에 반하는 위헌이라고 결정하였다. 이 결정에서는 7인의 위헌의견이었으나 4인 보충의견은 과잉금지원칙뿐만 아니라 형사절차 외 행정절차에도 영장제도가 적용되어야 하므로 영장주의에도 위배되어 위헌이라고 보았다. 역시 법정의견이 되지 못하였다(헌재 2020. 9. 24, 2017헌바157등). 사실 영창제도는 이 결정이 있기 전인 2020. 2. 4. 군인사법의 개정으로 폐지되었다.

② 여하튼 현재로서는 영장주의가 형사절차 외에 적용된다고 보는 것은 헌재의 법정 입장이 아니라고 볼 것이다.

③ 행정상 즉시강제(위난 대피 등 급박한 상황에서 취해지는 강제)에 대해 영장이 필요한지에 대해 필요설, 불요설, 절충설이 있다. 헌재는 행정상 즉시강제는 상대방의 임의이행을 기다릴 시간적 여유가 없을 때 하는 것으로서, "그 본질상 급박성을 요건으로 하고 있어 법관의 영장을 기다려서는 그 목적을 달성할 수 없다고 할 것이므로, 원칙적으로 영장주의가 적용되지 않는다"라고 한다(2000헌가12). 이 즉시강제 비적용 판례법리는 여하튼 현재로서는 형사절차 외 행정작용 등 다른 국가작용에 영장주의가 적용되지 않는다는 법정 입장에는 부합된다. 그런데 즉시강제에서 비적용의 주된 이유를 헌재가 급박성에서 찾았으므로 문제상황이 다르다고도 볼 수 있다.

(3) 사전영장주의(事前令狀主義)와 그 예외

체포 · 구속 · 압수 · 수색을 하기 이전에 영장을 발부받아야 한다. 다만, 헌법 제12조 제 3 항 단서는 예외적으로 사후영장을 인정하면서 그 경우를 "현행범인인 경우와 장기 3년 이상의 형에 해당하는 죄를 범하고 도피 또는 증거인멸의 염려가 있을 때"로 한정하고 있다. 현행범인의 체포, 긴급체포의 절차에 대해서는 형사소송법이 자세한 규정을 두고 있다.

(4) 내용(목적)상의 범위

헌법은 그 목적범위를 구속에 한정하지 않고 체포 · 구속 · 압수 또는 수색을 할 때에는 영장을 제시하여야 한다고 규정하고 있다(제12조 제 3 항). 주거에 대한 압수, 수색을 위해서도 영장의 제시가 필요하다(제16조 후문).

대상이 한정되지 않은 '일반영장'은 금지됨은 물론이고 별건구속(주된 사건이 아닌 다른 사건으로 신병을 확보하기 위한 구속)도 영장주의 배제를 가져올 수 있어 위헌이다.

(5) 비상계엄하 영장제도에 대한 특별한 조치

현행 헌법 제77조 제 3 항은 비상계엄이 선포된 때에는 법률이 정하는 바에 의하여 영장제도에 관하여 특별한 조치를 할 수 있도록 하고 있다. 문제는 이러한 특별한 조치로 영장제도를 완전히 배제할 수 있는가 하는 것이다. 헌재는 국가보안법위반죄 등 일부 범죄혐의자를 법관의 영장 없이 구속, 압수, 수색할 수 있도록 규정하고 있던 '구 인신구속 등에 관한 임시 특례법'(1961. 8. 7. 법률 제674호로 개정되고, 1963. 9. 30. 법률 제1410호로 폐지되기 전의 것) 규정에 대한 위헌심판에서 "영장주의를 완전히 배제하는 특별한 조치는 비상계엄에 준하는 국가비상사태에 있어서도 가급적 회피하여야 할 것이고, 설사 그러한 조치가 허용된다고 하더라도 지극히 한시적으로 이루어져야 할 것이며, 영장 없이 이루어진 수사기관의 강제처분에 대하여는 사후적으로 조속한 시간 내에 법관에 의한 심사가 이루어질 수 있는 장치가 마련되어야 할 것임에는 의문의 여지가 없다"라고 하여 무려 2년 4개월이 넘는 장기간 동안 영장주의를 완전히 무시하는 입법상 조치가 허용될 수 없음은 명백하고, 따라서 위 규정은 구 헌법 제64조나 현행 헌법 제77조의 특별한 조치에 해당한다고 볼 수 없고 결국 구 헌법 제9조, 헌법 제12조 제3항에서 정한 영장주의에 위배된다고 하여 위헌으로 결정한 바 있다(2011헌가5).

* 유신헌법하 긴급조치에 의한 영장주의배제의 위헌성 인정 : 헌재는 긴급조치 제1호 위반자 및 비방자는 법관의 영장 없이 체포 · 구속 · 압수 · 수색할 수 있다고 규정한 유신헌법 하의 긴급조치 제1호, 제9호 규정, "비상군법회의의 관할사건에 관하여 영장이 필요한 경우에는 검찰관이 이를 발부한다"라고 규정한 긴급조치 제2호 규정에 대해 영장주의 본질을 침해한 위헌이라고 결정하였다(2010헌바132). 대법원도 긴급조치 제1호, 제4호, 제9호 규정이 영장주의 위배로서 위헌무효임을 선언한 바 있다(대법원 2010. 12. 16, 2010도5986; 대법원 2013. 5. 16, 2011도2631; 대법원(결정) 2013. 4. 18, 2011초기689).

* 헌재는 2024. 12. 3. 위헌적 계엄선포시 다음의 대통령 행위들에 대해 영장주의 위반이라고 인정했다. ① 포고령 — 대통령이 계엄사령관으로 하여금 포고령 금지사항 위반자에 대해 영장없이 체포, 구금, 압수수색을 할 수 있도록 하는 포고령을 발령하게 하여 국가긴급권이 발동되는 상황이라 하더라도 지켜져야 할 영장주의의 본질을 침해하는 것이라고 판시했다. ② 중앙선관위에 대한 영장없는 압수 · 수색 — 영장주의 예외에 해당되지 않아 영장주의를 위배한 것이라고 판시했다(2025. 4. 4. 2024헌나8. 이 결정의 이유들에 대해서는 뒤의 대통령 계엄권 부분 참조).

(6) 주거의 자유에 관한 영장주의

헌법 제16조 후문은 주거의 압수 · 수색에도 영장주의를 규정하고 있다(이에 관한 헌법불합치결정례는 후술 주거의 자유 부분 참조).

제4항 형사피의자·형사피고인의 권리

* 공소제기 전에는 형사피의자, 공소제기 후 재판 중에는 형사피고인이라 한다.

Ⅰ. 무죄추정의 원칙

[개념] 무죄추정의 원칙이란 범죄의 혐의가 있다고 하여 수사를 받거나 기

소되어 재판을 받는 사람도 독립성을 갖춘 법원이 객관적인 증거조사 등을 통하여 죄가 있다고 판결하고 그 판결이 확정되기 전까지는 무죄로 추정되어야 하는 원칙을 말한다. 이는 예를 들어 진범으로 잘못 알려진 경우 나중에 무죄로 확정되더라도 손상된 명예 등 불이익을 회복하기 어렵기에 이를 방지하기 위한 것이다. 우리 헌법 제27조 제 4 항은 "형사피고인은 유죄의 판결이 확정될 때까지는 무죄로 추정된다"라고 하여 이를 규정하고 있다.

[주체] 헌법 제27조 제 4 항은 '형사피고인'이라고만 명시하고 있으나 기소가 되기 전 단계의 피의자에 대해서도 인정됨은 물론이다(2002헌마193).

[적용범위] 수사단계는 물론 재판이 개시되어 유죄판결이 있었더라도 앞으로 상소재판이 남아있으면 여전히 재판확정 전까지는 무죄추정을 받는다. 중간의 유죄판결이 실형을 선고하는 판결뿐 아니라 집행유예, 선고유예 등의 판결이라도 무죄추정을 받는다.

[내용 · 효과] ① 무죄추정으로 불구속수사 · 불구속재판을 원칙으로 하게 된다. 이유없이 구속기간을 연장하게 하는 것은 무죄추정원칙에 위배된다(90헌마82, 2002헌마193). 헌재는 판결선고 전 구금일수(미결구금일수) 중 일부를 형기에 산입하지 않을 수 있게 한 형법 규정에 대해 무죄추정의 원칙에 반한다고 하여 위헌으로 결정하였다(2007헌바25(무죄추정원칙으로 불구속이 원칙이고 미결구금은 실질적으로 자유형이라 할 수 있어 미결구금일수의 일부를 형기에 산입하지 않으면 무죄추정원칙에 반하는 결과가 된다고 본 것이다). 상소제기 후의 미결구금일수 산입을 규정하면서 상소제기 후 상소취하시까지의 구금일수 통산에 관하여는 규정하지 아니함으로써 이를 본형 산입의 대상에서 제외되도록 한 형사소송법 제482조 제 1 항 등에 대해서도 역시 무죄추정원칙 위반을 인정하는 헌법불합치결정이 있었다(2008헌가13)). ② 형법 제126조는 피의사실공표죄를 두고 있다. ③ 불이익이 금지된다. 여기서의 '불이익'이란 '범죄사실의 인정 또는 유죄를 전제로 그에 대하여 법률적 · 사실적 측면에서 유형 · 무형의 차별취급을 가하는 유죄인정의 효과로서의 불이익'을 뜻하고, 이는 비단 형사절차 내에서의 불이익뿐만 아니라 기타 일반 법생활 영역에서의 기본권 제한과 같은 경우에도 적용된다(2010헌마418). 형사처벌이나 형사절차과정에서 불이익은 물론이고 기본권의 제한 등 모든 불리한 처우를 포함하는 개념이다. ⓐ 기소된 변호사에 대한 업무정지명령, 기소된 사립학교교원 · 기소된 공무원에 대한 필요적 직위해제(당연히 직위해

제하도록 하는 것) 등이 무죄추정원칙에 반하여 위헌이라고 결정되었다(90헌가48, 93헌가3, 96헌가12). ⓑ 또한 헌재는 지방자치단체의 장이 금고 이상의 형을 선고받고 그 형이 확정되지 아니한 경우 부단체장이 그 권한을 대행하도록 규정한 구 지방자치법 제111조 제1항 제3호는 무죄추정의 원칙과 과잉금지원칙에 반하여 공무담임권을 침해하는 위헌이라고 보아 헌법불합치결정을 하였다(2010헌마418. 이 결정은 이전에 합헌으로 보아 기각한 2002헌마699 결정을 변경한 것이다). ④ 유죄의 예단의 방지 — 유죄로 예단(선입견)을 줄 가능성이나 분위기를 조성해서는 아니 되고 피의자, 피고인이 수사나 재판과정에서 수치심 등으로 심리적으로 위축되어 자기방어가 소홀해지지 않도록 하여야 한다. 이와 관련하여 ㉠ 미결수용자의 수사·재판시 재소자용의류착용(97헌마137), ㉡ 수형자(형확정자)의 별건 형사재판에서의 재소자용의류착용(헌재는 '형의 집행 및 수용자의 처우에 관한 법률' 제88조가 별건 형사재판의 피고인으로 출석하는 수형자에 대하여 사복착용에 관한 동법 제82조를 준용하지 아니한 것은 수형자로 하여금 형사재판 출석 시 아무런 예외 없이 사복착용을 금지하고 재소자용 의류를 입도록 하여 인격적인 모욕감과 수치심 속에서 재판을 받도록 하여 이미 유죄의 확정판결을 받은 수형자와 같은 외관을 형성하게 함으로써 소송관계자들에게 유죄의 선입견을 줄 수 있는 등 무죄추정의 원칙에 위배될 소지가 크고 침해의 최소성 및 법익의 균형성에 위배되어, 청구인의 공정한 재판을 받을 권리, 인격권, 행복추구권을 침해한다고 보아 헌법불합치결정을 하였다. 2013헌마712. * 반면 이 결정에서 헌재는 민사재판의 당사자로 출석하는 수형자에 대하여 사복착용에 관한 형집행법 제82조를 준용하지 아니한 것은 인격권 등을 침해하지 아니한다는 결정을 선고하였다). ㉢ 계구사용(검사조사실에서 구속된 피의자를 도주 또는 증거인멸의 우려가 없는 등의 상황에서 수갑을 채우고 포승으로 묶은 상태로 피의자신문을 받도록 한 것. 2001헌마728), ㉣ 독점규제및공정거래법 위반사실의 공표명령제(법원으로 하여금 공정거래위원회 조사결과의 신뢰성 여부에 대한 불합리한 예단을 촉발할 소지가 있음. 2001헌바43) 등이 무죄추정원칙에 반한다고 결정한 바 있다.

* 무죄추정원칙 위반 부정례 : ① 수사기관의 수사결과로 이른바 '사무장병원'으로 확인된 경우에 요양급여비용지 지급을 보류할 수 있도록 규정한 국민건강보험법 조항, 같은 경우에 의료급여비용 지급보류를 규정한 의료급여법 조항(2018헌바433등, 2021헌가19. [결정이유] 지급보류조항은 지급을 잠정적으로 보류할 수 있도록 함으로써 사후적인 부당이득 환수절차의 한계를 보완하고, 건강보험의 재정 건전성이 악화될 위험을 방지하는 것일 뿐이다. 그렇다면 사무장병원일 가능성이 있는 요양기관이 일정 기간 동안 요양급여비

용을 지급받지 못하는 불이익을 받더라도 이를 두고 유죄의 판결이 확정되기 전에 죄 있는 자에 준하여 취급하는 것이라고 보기 어려워 무죄추정의 원칙에 위반된다고 볼 수 없다). ② 스토킹행위자에게 '피해자에 대한 스토킹범죄 중단에 관한 서면 경고'를 할 수 있도록 규정한 '스토킹범죄의 처벌 등에 관한 법률' 제 9 조 제 1 항 제 1 호가 무죄추정의 원칙에 반하지 아니하고, 공정한 재판을 받을 권리를 침해하지 아니하여 헌법에 위반되지 않는다(2025. 9. 25. 2024헌바188).

Ⅱ. 체포 · 구속이유 등의 고지 · 통지를 받을 권리

누구든지 체포 또는 구속의 이유와 변호인의 조력을 받을 권리가 있음을 고지받지 아니하고는 체포 또는 구속을 당하지 아니하고, 체포 또는 구속을 당한 자의 가족 등 법률이 정하는 자에게는 그 이유와 일시 · 장소가 지체없이 통지되어야 한다(제12조 제 5 항). 이러한 고지권은 체포 · 구속된 자의 방어권 행사를 보장하기 위하여 인정된다. 미국에서 미란다의 원칙(Miranda rule)이라고 하여 확립된 원칙이다. 본인에게는 고지, 가족 등에게는 통지되어야 한다. 사전에 고지하여야 하고 고지하지 않고 체포, 구속한 경우에는 위법한 행위가 되고 불고지한 채 수집된 증거는 증거능력을 가지지 못한다. 고지를 하지 않는 불법적 체포에 대해 거부하더라도 정당방위로서 공무집행방해죄가 성립되지 않는다(위법성조각, 대법원 99도4341, 2006도2732).

Ⅲ. 고문의 금지와 진술거부권(묵비권, 자기부죄진술거부권)

1. 고문의 금지

고문(拷問)이란 강제적으로 자백을 받아내기 위하여 신체나 정신에 강압적인 가해행위를 하는 것을 말한다. 우리 헌법 제12조 제 2 항은 "모든 국민은 고문을 받지 아니하며"라고 하여 고문금지를 명시하고 있다. 피고인의 자백이 고문에 의하여 자의로 진술된 것이 아니라고 인정될 때에는 이를 유죄의 증거로 삼거나 이를 이유로 처벌할 수 없다(제12조 제 7 항). 즉 증거능력이 부정된다. 고문으로 인하여 발생한 손해에 대해서는 국가배상책임청구가 가능하다(대법원

93다41587).

2. 자기부죄진술거부권

[개념 · 기능] 자기부죄진술거부권(自己負罪陳述拒否權)이란 자신에게 형사상 유죄의 책임을 지게 할 불리한 진술을 거부할 수 있는 권리를 말한다. 우리 헌법은 모든 국민은 형사상 자기에게 불리한 진술을 강요당하지 아니한다고 규정하고 있다(제12조 제2항). 그냥 진술거부권 또는 묵비권이라고도 한다. 자기부죄진술거부권은 객관적인 증거에 입각하여 유·무죄 여부의 판단을 하게 하고 고문 등 강제적인 자백강요를 방지하여 인간의 존엄과 가치를 보장하고 공정한 재판을 실현하기 위한 거부권이다.

[내용] 형사상 불리한 진술의 거부권이므로 민사상 책임이나 행정상 불이익을 가져오는 것일 때에는 적용되지 아니한다. 행정상 제재 중에 형벌의 부과를 가져오는 것(행정형벌)일 때에는 해당된다. 헌재는 '진술'이라 함은 언어적 표출, 즉 생각이나 지식, 경험사실을 정신작용의 일환인 언어를 통하여 표출하는 것을 의미한다고 본다(96헌가11). 헌재는 타인의 범죄에 대한 고지를 하지 않은데 대한 불고지죄는 진술거부권의 침해가 아니라고 본다(96헌바35). 교통사고를 일으킨 운전자가 사고를 경찰에 신고하지 않은 경우에 처벌하도록 한 도로교통법 규정에 대해 헌재는 "형사책임과 관련되는 사항에는 적용되지 아니하는 것으로 해석하는 한 헌법에 위반되지 아니한다"라는 한정합헌결정(89헌가118. 한정합헌결정이란 "… 라고 해석하는 한 합헌"이라는 결정이다)을 하였다. 구 '석유 및 석유대체연료사업법'은 유사석유제품을 제조하는 행위를 처벌하고 구 조세범처벌법은 그 제조로 조세포탈한 행위도 처벌하는데 후자는 결국 적법한 과세신고가 없다는 이유로 처벌하는 것인데 그 신고는 그 행위를 진술하는 것이어서 진술거부권 침해가 아닌가 하는 논란이 있었다. 헌재는 '대체유류'를 제조하였다고 신고하는 것이 곧 석유사업법위반죄를 시인하는 것이 아니고 신고의무 이행시 과세절차가 곧바로 석유사업법위반죄의 처벌을 위한 자료의 수집·획득 절차로 이행되는 것도 아니므로 진술거부권을 제한하는 것이 아니라고 본다(2012헌바323).

형사절차에서 진술거부권 보장이 중요하나 헌재는 형사절차뿐만 아니라 행정절차나 국회에서의 조사절차 등에서도 보장되며, 현재 피의자나 피고인으로서 수사 또는 공판절차에 계속 중인 자뿐만 아니라 장차 피의자나 피고인이 될 자에게도 보장되고 진술거부권은 고문 등 폭행에 의한 강요는 물론 법률로써도 진술을 강요당하지 아니함을 의미한다고 본다(89헌가118, 2004헌바25, 2012헌바410 등). 헌재는 ① 독점규제 및 공정거래법 위반사실의 공표를 명할 수 있도록 한 동법규정에 대해 이는 형사절차에 들어가기 전에 법위반행위를 일단 자백하게 하는 것이 되어 진술거부권의 침해라고 보아 위헌으로 결정하였다(2001헌바43). ② 반면 헌재는 정치자금의 수입 · 지출에 관한 내역을 회계장부에 허위 기재하거나 관할 선거관리위원회에 허위 보고한 정당의 회계책임자를 형사처벌하는 구 '정치자금에 관한 법률' 규정이 과잉금지원칙을 준수하여 진술거부권을 침해하지 않는다고 보았고(2004헌바25), ③ 헌재는 진술거부권은 소극적으로 진술을 거부할 권리를 의미하고, 적극적으로 허위의 진술을 할 권리를 보장하는 것은 아니므로 국회에서 허위의 진술을 한 증인을 위증죄로 처벌하는 구 '국회에서의 증언 · 감정 등에 관한 법률' 규정으로 진술거부권이 제한되는 것이 아니라고 본다(2012헌바410).

[효과] 검사, 사법경찰관은 피의자를 신문하기 전에 진술거부권이 있음을 의무적으로 고지하여야 한다(형소법 제244조의3 제 1 항). 자기부죄진술권이 있음을 고지받지 않은 상태에서의 피의자의 진술은 그 증거능력이 부정된다(대법원 2008도8213).

Ⅳ. 자백의 증거능력배제, 증명력제한

자백이 고문 등에 의하여 자의로 진술된 것이 아니라고 인정될 때에는 자백의 증거능력이 부정된다. 이는 고문 등을 통한 강제적 자백을 막기 위한 것이다. 고문 등으로 자백을 받아도 증거능력이 부정되므로 고문을 하지 않도록 하기 위함이다. 우리 헌법 제12조 제 7 항은 "피고인의 자백이 고문 · 폭행 · 협박 · 구속의 부당한 장기화 또는 기망 기타의 방법에 의하여 자의로 진술된 것이 아니라고 인정될 때 … 이를 유죄의 증거로 삼거나 이를 이유로 처벌할 수 없다"라고 규정하여 이와 같은 증거능력배제원칙을 명시하고 있다.

헌재는 성폭력범죄 피해아동의 진술이 수록된 영상녹화물에 관하여 피해아동의 법정진술 없이도 증거능력을 인정할 수 있도록 규정한 '아동 · 청소년의 성보호에 관한 법률' 제18조의2 제5항(현 제26조 제6항)이 비례원칙을 준수하고 있으므로 피고인의 공정한 재판을 받을 권리를 침해하지 않는다는 합헌결정을 하였다(2011헌바108).

우리 헌법 제12조 제7항은 "정식재판에 있어서 피고인의 자백이 그에게 불리한 유일한 증거일 때에는 이를 유죄의 증거로 삼거나 이를 이유로 처벌할 수 없다"라고 하여 자백만이 유일한 증거인 경우에 증명력을 부정한다. 즉 보강증거를 요하는 것이다. 이는 정식재판에서이고 약식재판에서는 자백만으로도 유죄선고를 할 수 있다.

* 검사 작성의 피의자신문조서의 증거능력 — 이것이 논란되어 왔는데(합헌인정례 : 93헌바45, 2003헌가7) 2020년 법개정을 하여 이 조서는 "적법한 절차와 방식에 따라 작성된 것으로서 공판준비, 공판기일에 그 피의자였던 피고인 또는 변호인이 그 내용을 인정할 때에 한정하여 증거로 할 수 있다"라고 규정되었다.

Ⅴ. 체포·구속적부심사청구권

[개념] 체포·구속적부심사청구권이란 체포나 구속을 당한 사람이 자신의 체포나 구속이 헌법이나 법률을 위반한 것이라고 주장하여 또는 범죄혐의가 없다거나 도주의 우려가 없는 상태라는 등의 주장을 하면서 인신의 자유를 회복하여 체포되지 않은 상태, 불구속의 상태에 있도록 해 달라고 요구할 수 있는 권리를 말한다. 영국의 인신보호영장제도(writ of habeas corpus)에서 유래한 것이다. 현행 헌법에서는 "누구든지 체포 또는 구속을 당한 때에는 적부의 심사를 법원에 청구할 권리를 가진다"라고 규정하여(제12조 제6항) 이 권리를 명시하고 있다.

[주체] 헌법 제12조 제6항이 "누구든지"라고 규정하고 있다. 그런데도 구 형사소송법 제214조의2 제1항은 구속적부심사의 청구인적격을 '피의자' 등으로 한정하고 있었다. 그리하여 구속된 피의자가 구속적부심사를 청구하였더라도 검사가 법원의 결정 이전에 전격적으로 기소하는 경우 피의자의 신분이 피고인으로 바뀌게 됨에 따라 법원으로서는 청구를 기각할 수밖에 없게 되어 피의자는 체포·구속의 적부심사를 받을 기회를 박탈당하게 된다. 이런 이유로 위 규정에

대한 헌법불합치결정이 있었고(2002헌바104) 이후 형사소송법이 개정되었다.

[절차와 결정] 피의자를 체포 또는 구속한 검사 또는 사법경찰관은 적부심사를 청구할 수 있음을 알려야 한다(형소법 제214조의2 제 2 항). 청구를 받은 법원은 청구서가 접수된 때부터 48시간 이내에 심문과 조사를 하고 체포 또는 구속된 피의자를 심문하고 수사관계서류와 증거물을 조사한다. 체포영장 또는 구속영장을 발부한 법관은 심문·조사·결정에 관여하지 못한다. 법원은 심문과 조사결과 그 청구가 이유없다고 인정한 때에는 결정으로 이를 기각하고, 이유있다고 인정한 때에는 결정으로 체포 또는 구속된 피의자의 석방을 명하여야 한다(이상 자세한 절차와 결정은 형소법 제214조의2 참조).

* **인신보호법**: 형사피의자, 형사피고인의 권리 문제가 아니긴 하나 구속적부심과 비교하여 살펴보아야 할 중요한 법률이 인신보호법이다(2007년 제정). 구속된 형사피의자, 형사피고인은 위에서 본 구속적부심으로 구속에서 풀려날 수 있는데 그런 사람이 아닌 사인(私人)이 감금된 경우에 그 구제가 필요하다(예를 들어 정신병이 없는데도 강제로 입원된 경우). 이러한 인신보호를 위한 법률이 바로 인신보호법이다. 즉 자유로운 의사에 반하여 국가, 지방자치단체, 공법인, 개인 등이 운영하는 의료시설·복지시설·수용시설·보호시설에 수용·보호 또는 감금되어 있는 피수용자가 동법에 따라 법원에 구제를 청구하여 법원의 결정으로 수용해제를 할 수 있도록 하고 있다.

Ⅵ. 변호인의 조력을 받을 권리

[의의] 헌법 제12조 제 4 항은 "누구든지 체포 또는 구속을 당한 때에는 즉시 변호인의 조력을 받을 권리를 가진다. 다만, 형사피고인이 스스로 변호인을 구할 수 없을 때에는 법률이 정하는 바에 의하여 국가가 변호인을 붙인다"라고 규정하고 있다. 변호사의 조력은 형사절차 외에서도 요구될 수 있음에도 형사절차에서의 변호인의 조력을 받을 권리를 강조해 온 것은 체포 또는 구속 등의 형사절차에서 기초적 자유인 신체의 자유가 제한될 수 있는 영역이어서 변호인의 도움이 더욱 중요하기 때문이다. 헌재 판례로 변호인의 조력을 받을 권리는 '형사사건'에서의 변호인의 조력을 받을 권리를 의미한다고 판시한 예도 있다(2011헌마398). 이처럼 형사절차에서만 인정되는 변호인조력권인지 의문이다. 헌법 제12조 제 4 항은 그냥 "누구든지 체포 또는 구속을 당한 때"라고만 규정하고

있다. 단서가 형사피고인이라고 규정하더라도 그것이 형사재판이나 형사절차가 아닌 다른 절차에서의 체포나 구속을 배제하는 것이 아니다. 그런데 헌재도 "헌법 제12조 제4항 본문에 규정된 "구속"은 사전적 의미의 구속 중에서도 특히 사람을 강제로 붙잡아 끌고 가는 구인과 사람을 강제로 일정한 장소에 가두는 구금을 가리키는데, 이는 형사절차뿐 아니라 행정절차에서도 가능하다"라고 하고 "헌법 제12조 제4항 본문에 규정된 "구속"에 행정절차상 구속도 포함된다고 보고, 헌법 제12조 제4항 본문은 형사절차뿐 아니라 행정절차에도 적용된다고 본다는 결정례를 내놓았다. 헌재는 "구속을 당한 사람은 … 스스로의 힘만으로는 자신의 자유와 권리를 제대로 방어하기 어려울 뿐만 아니라, 구속의 당부를 다투려면 법적 절차를 거쳐야 하므로, 그에게는 법률전문가인 변호인의 조력이 즉시 제공되어야 한다. 이러한 속성들은 형사절차에서 구속된 사람이나 행정절차에서 구속된 사람이나 아무런 차이가 없다. 이와 같이 행정절차에서 구속된 사람에게 부여되어야 하는 변호인의 조력을 받을 권리는 형사절차에서 구속된 사람에게 부여되어야 하는 변호인의 조력을 받을 권리와 그 속성이 동일하다. 따라서 변호인의 조력을 받을 권리는 그 성질상 형사절차에서만 인정될 수 있는 기본권이 아니다"라고 한다. 이러한 입장은 2018년 결정에서 표명된 것으로 이는 선례(2008헌마430)를 부정하여 판례변경을 한 것이다. 그리하여 헌재는 인천국제공항에서 난민인정신청을 하였으나 난민인정심사불회부결정을 받은 청구인을 인천국제공항 송환대기실에 약 5개월째 수용하고 환승구역으로의 출입을 막은 것이 헌법 제12조 제4항 본문에 규정된 "구속"에 해당되고, 피청구인(인천공항출입국·외국인청장)이 청구인의 변호인의 접견신청을 거부한 것이 아무런 법률상 근거가 없고, 국가안전보장이나 질서유지, 공공복리를 위해 필요한 기본권 제한 조치로 볼 수도 없어서 청구인에게 보장되는 헌법 제12조 제4항 본문에 의한 변호인의 조력을 받을 권리를 침해한 것임을 확인하는 결정을 하였다(2014헌마346).

[주체] 피고인뿐 아니라 피의자도 주체가 되고 헌법 제12조 제4항은 "체포 또는 구속을 당한 때"라고 규정하고 있으나 불구속의 경우에도 인정된다(2000헌마138). 다만, 변호인의 조력을 받을 권리를 '형사사건'에서의 것으로만 보는 헌재는 기결수용자, 즉 형사절차가 종료되어 교정시설에 수용중인 수형자는 원칙적으로 헌법 제12조 제4항이 규정하는 변호인의 조력을 받을 권리

에 대한 주체가 될 수 없다고 본다(96헌마398). 그런데 기결수로서는 자신이 피고였던 그 형사재판이 확정되어 더 이상 그 형사재판을 위한 변호인조력권이란 의미가 없으므로(재심이면 몰라도) 이는 당연한 결론이기도 하다. 수용자(기결수용인 수형자, 미결수용자)의 민사사건, 행정소송, 헌법소원사건 등에서 변호사접견권은 재판청구권으로서 보장된다고 본다(2011헌마398). 헌재의 이러한 입장은 재판이 진행되지 않거나 재판과 무관한 경우에 변호인의 조력을 받을 권리는 어떻게 하는가 하는 문제를 제기하게 한다. 결국 헌재는 변호인의 조력을 받을 권리는 '형사사건'에서의 변호인의 조력을 받을 권리를 의미한다고 보고(96헌마398, 2011헌마398. 위와 같은 법리에 대해서는 뒤의 재판청구권 부분 참조), 행정절차상 구속과 같이 형사절차상 구속과 다름없는 경우에도 헌법 제12조 제 4 항의 변호인의 조력을 받을 권리가 적용된다고 본다.

[내용] i) 변호인 조력을 받을 권리가 있음을 '고지'받을 권리가 있다(제12조 제 5 항). ii) 변호인 조력은 변호인을 선임할 권리가 전제되어야 함은 물론이다. 변호사를 선임할 자력이 없는 형사피고인에 대한 국선변호인제도를 헌법이 보장하고 있다(제12조 제 4 항 단서). 형사소송법은 국선변호인을 붙여야 할 경우들을 규정하고 있다(법 제33조). iii) 접견교통권 : 충분한 방어를 위해서는 변호사와의 접견교통이 이루어져야 하므로 변호인의 조력을 받을 권리에서 핵심적인 요소는 접견교통권이다. ① 위헌확인결정 — 수사관이 참여하여 대화 내용을 듣거나 기록한 것은 이 권리를 침해한 것으로서 위헌임을 확인하는 결정이 있었다(91헌마111). ② 합헌성 인정결정 — 구치소장이 변호인접견실에 CCTV를 설치하여 미결수용자와 변호인 간의 접견을 관찰한 행위, 교도관이 미결수용자와 변호인 간에 주고받는 서류를 확인하고, 소송관계서류처리부에 그 제목을 기재하여 등재한 행위가 법률유보원칙에 위배되지 않고, 변호인의 조력을 받을 권리를 침해하지 않는다는(과잉금지원칙 준수) 결정이 있었다(2015헌마243). iv) 상담, 조언을 받을 권리도 핵심적 요소이다(이를 접견교통권에 포함하여 볼 수도 있다). 위헌확인결정례 — 피의자신문시 조언과 상담을 구하기 위하여 변호인들이 참여하여 조력할 수 있도록 해 달라는 불구속 피의자들의 요청을 검사가 거부한 행위에 대해 그 거부사유를 밝히지도 않았고, 그에 관한 자료도 제출하지도 않아 변호인의 조력을 받을 권리를 침해한 것이라고 하여 헌재가 위헌임을 확인한 결정

례(2000헌마138)가 있다. v) 통신 : 변호인과의 서신 등을 교환할 수 있는 권리도 보장되어야 한다. 논란이 되었던 것은 변호인과의 서신에 검열이 가능한가 하는 문제인데 헌재는 미결수용자의 경우 변호인과의 서신에 대해서는 검열이 금지된다고 보면서 다만, 두 조건, 즉 ㉠ 교도소측에서 상대방이 변호인 또는 변호인이 되려는 자임을 확인할 수 있고, ㉡ 서신에 마약 등 소지금지품이 포함되어 있거나 그 내용에 도주 · 증거인멸 · 수용시설의 규율과 질서의 파괴 · 기타 형벌법령에 저촉되는 내용이 기재되어 있다고 의심할 만한 합리적인 이유가 없는 경우라는 조건 하에 검열이 금지된다는 판례이론을 설정하였다(92헌마144). 반면 형이 확정되어 수용중인 수형자(기결수형자)의 경우 위에서 본 대로 변호인 조력을 받을 권리의 주체가 아니라는 이유로 변호인과의 서신에 대해 검열이 허용된다고 한다(96헌마398). 위 판례 이후 전부개정된 '형의 집행 및 수용자의 처우에 관한 법률'은 미결수용자이든 기결수형자이든 서신검열금지를 원칙으로 하는 것으로 바꾸었으나 예외를 인정한다. * 형 확정된 수형자가 새로운 형사재판으로 미결수용자와 같은 지위에 있는데 그의 변호인이 보낸 형사소송 관련 서신과 관련하여, 교도소장이 금지물품 동봉 여부를 확인하기 위하여 그 서신을 개봉하는 것이 변호인의 조력을 받을 권리를 침해하는 것이 아니라는 결정이 있었다(2019헌마973). vi) 수사서류 등 소송관계 서류 열람 · 등사권 — 헌재는 "변호인의 조력을 받을 권리에는 피고인이 변호인을 통하여 수사서류를 포함한 소송관계 서류를 열람 · 등사하고 이에 대한 검토 결과를 토대로 공격과 방어의 준비를 할 수 있는 권리도 포함된다 … 따라서 피고인이 변호인을 통하여 수사서류를 열람 · 등사하는 것은 피고인에게 보장된 변호인의 조력을 받을 권리의 중요한 내용을 이루게 된다"라고 본다. 그리하여 수사서류에 대한 "법원의 열람 · 등사 허용 결정에도 불구하고 검사가 이를 신속하게 이행하지 아니하는 거부행위는 변호인의 조력을 받을 권리"를 침해한 위헌임을 확인하는 결정을 하였다(2009헌마257. 수사서류에 대한 법원의 열람 · 등사 허용결정에도 불구하고 검사가 열람은 허용하면서 '등사'는 거부한 행위에 대한 동지의 결정. 2015헌마632). vii) 변호인의 변호권(변호인의 <u>조력할</u> 권리) ① 개념, 인정여부, 주체 — 이는 피고인, 피의자의 입장이 아니라 이들을 돕는 '변호인'이 조력'하는' 권리를 의미한다. 수사단계 등에서 피의자로서 신문에 변호인이 참여하여 돕는 변호권은 변호인조력권의 매우 중요한 요소임은 물론이다. 이 권리가 기본권인가가 논란된 바 있다. 헌재는 형사피고인의 조력을 받을 권리는 변호인의 조력을 할 권리와 표리관계에 있다고 긍정한다. 헌재는 "피의자 및 피고인을 조력할 변호인의 권리 중 그것이 보장되지 않으면 그들이 변호인의 조력을 받는다는 것이 유명무실하게 되는 핵심적인 부분은 헌법상 기본권인 피의자 및 피고인이 가지는 변호인의 조력을 받을 권리와 표리의 관계에 있다. 따라서 … 피의자 및 피고인에 대한 변호인의 조력할 권리의 핵심적인 부분은 헌법상 기본권으로서 보호되어야 한다"라고 하여 핵심부분을 기본권으로서 인정한다(2000헌마474, 2016헌마503, 2015헌마1204). 헌재는 이미 선임된 변호인뿐 아니라 '변호인이 되려는 자'도 이 권리의 주체가 된다고 본다(2015헌마1204). ② 판례 ㉠ '변호인이 되려는 자'의 접견교통권 — 헌재는 피의자에 대한 '변호인이 되려는 자'의 접견신청에 대해 검사가 접견을 허용하기 위한 조치를 취하지 않은 접견불허행위는, 그 접견신청이 '변호인이 되려는 자'에게 보장된 접견교통권의 범위 내에서 행사된 것인데, 헌법이나 법률의 근거 없이 이루어진 것이라는 이유로 그 "검사의 행위는 변호인이 되려는 청구인의 접견교통권을 침해한 것으로서 헌법에 위반됨을 확인한다"라는 결정을 한 바 있다(2015헌마1204). ㉡ 문서열람권 — 변호인에 대하여 한 고소장 및 피의자신문조서에 대한 정보비공개결정은 그 열람이 피구속자의 조력을 위한 핵심적 권리이므로 변호권과 알 권리를 침해한 것으로서 위헌임을 확인하는 결정이 있었다(2000헌마474). ㉢ 피의자신문참여권 — **후방착석요구행위의 위헌성**: 헌재는 검찰수사관이 피의자신문에 참여한 변호인에게 피의자 후방에 앉으라고 요구한 행위가 변호인(헌법소원청구인)의 변호권을 침해한 위헌임을 확인하는 결정을 했다(2016헌마503). 헌재는 피의자 옆에 앉는다고 하여 피의자 뒤에 앉는 경우보다 일반적으로 수사를 방해할 가능성이 높아진다고 단정할 수 없다고 하여 목적의 정당성과 수단의 적합성부터 부정적으로 보았고 후방착석요구행위로 인하여 위압적인 분위기가 형성된 가운데 위축된 피의자가 변호인에게 적극적으로 조언과 상담을 요청할 것을 기대하기 어렵고, 변호인이 피의자의 뒤에 앉게 되면 피의자의 상태를 즉각적으로 파악하거나 수사기관이 피의자에게 제시한 서류 등의 내용을 정확하게 파악하기 어려우므로 피의자신문참여에 관한 권리를 과도하게 제한한다고 하여 피해최소성도 부정하였다.

Ⅶ. 신속한 재판을 받을 권리, 공정한 공개재판을 받을 권리 등

형사절차가 진행 중인 피의자나 피고인은 수사나 재판 등의 과정이 육체적으로나 정신적으로 부담을 주는 것이므로 가능한 한 빨리 수사와 재판이 종결되어야 한다. 특히 구속상태에 있는 피의자나 피고인은 더욱 그러하다. 그리고 공정한 공개의 형사재판을 받을 권리가 보장되어야 한다. 우리 헌법 제27조 제 3 항 후문은 "형사피고인은 상당한 이유가 없는 한 지체 없이 공개재판을 받을 권리를 가진다"라고 규정하고 있다. 신속한 재판을 받을 권리가 상대적으로 형사재판에 있어서 더욱 중요하다. 재판의 공개에 대해서는 헌법 제109조에 규정이 있는데 뒤의 법원의 재판절차에서 함께 살펴본다(제 4 부 법원 참조).

* 그 외 신속, 공정재판을 받을 권리 외 위헌성 인정 결정례 : 상소제기기간 등의 법정산입 대상에 제외의 신체의 자유 침해(헌법불합치성) — 헌재는 피고인의 상소제기기간 등을 법정산입(통산)(통상 법원에 의한 임의적 산입을 '재정통산', 법률의 규정에 의한 당연산입을 '법정통산'으로 부름) 대상에 포함하지 않고 있는 구 형사소송법 제482조 제 1 항이(검사가 상소제기를 한 때 산입하는 반면 피고인의 상소제기기간을 산입하지 않음. 검사의 상소가 피고인의 상소보다 늦게 이루어진 경우 불산입이 나타남. 사안에서도 피고인의 항소제기일인 1993. 7. 7.부터 검사의 항소제기일 전날인 1993. 7. 12.까지의 미결구금일수 6일은 산입하지 아니하였음) 신체의 자유를 침해한다고 하여 헌법불합치결정을 하였다(99헌가7). 이후 현행법은 "판결선고 후 판결확정 전 구금일수(판결선고 당일의 구금일수를 포함한다)는 전부를 본형에 산입한다"라고 개정되었다.

Ⅷ. 형사보상청구권과 국가배상청구권 등

형사피의자 또는 형사피고인으로서 구금되었던 자가 법률이 정하는 불기소처분을 받거나 무죄판결을 받은 때에는 법률이 정하는 바에 의하여 국가에 정당한 보상을 청구할 수 있다(제28조). 위법한 형사절차로 손해가 발생한 경우에는 국가배상을 청구할 수 있다(제29조 제 1 항).

제3절 거주 · 이전의 자유권, 주거의 자유권, 사생활의 비밀 · 자유권, 통신 비밀의 불가침권

제1항 거주 · 이전의 자유

Ⅰ. 거주 · 이전의 자유의 개념과 성격 및 주체

헌법 제14조는 "모든 국민은 거주 · 이전의 자유를 가진다"라고 규정하고 있다. 거주 · 이전의 자유란 머물러 생활할 장소(주소나 거소)를 선택하여 정하거나 거주지를 변경하여 이동하는 데 간섭을 받지 않을 자유와 거주지를 변경할 것을 강요받지 않을 자유를 말한다. 거주 · 이전의 자유는 자유권으로서의 성격을 가지며 다른 활동의 기반조성과 활동반경의 확보를 가능하게 하는 기초적인 자유의 하나이다. 국민 중에 군인과 같이 더 많은 제약을 받는 사람도 있다(영내거주). 법인도 사무소를 가지고 거주 · 이전의 자유의 주체가 된다.

Ⅱ. 거주 · 이전의 자유의 내용(보호범위)

1. 국내거주 · 이전의 자유

국내에서 주소나 거소를 정하고 그 주소나 거소에서 머물러 생활을 영위하며 주소와 거소를 이동하는 데 방해를 받지 않을 자유를 가진다. 일시적으로 어느 장소에 머무는 체류의 자유와 체류지를 변경할 자유도 포함된다. 적극적으로 거주를 정하고 이전하는 자유뿐 아니라 어느 특정한 지역에서의 거주명령 등을 받지 않을 자유나 현재의 거주장소에서 강제퇴거되지 않을 소극적 · 방어적 자유도 포함된다. 대한민국의 영토는 한반도와 부속도서이긴 하나(제3조) 북한지역으로의 이전의 자유가 인정되지 않는다. 통일부장관의 승인을 얻은 방문은 인정된다('남북교류협력에 관한 법률' 제9조 제1항).

거주 · 이전과 주민등록과의 관계가 논의된다. 주민등록법 제6조 제1항은 일정 기간 이상 "거주할 목적으로 그 관할 구역에 주소나 거소 … 를 가진

… 사람"을 주민등록하도록 하고 있고 일상생활이 주소지 등에서 이루어지므로 현실상 밀접하다. 헌재는 "주민등록지는 각종 공법관계에서 주소로 되고, 주민등록전입신고를 한 때에는 병역법, … 국민기초생활 보장법, 국민건강보험법 및 장애인복지법에 의한 거주지 이동의 전출신고와 전입신고를 한 것으로 간주되어 공법관계뿐만 아니라 주민의 일상생활에도 중요한 영향을 미치므로, 주민등록지는 전입신고자의 실제 거주지와 일치되어야 할 필요성이 있다"라고 하면서도 "누구든지 주민등록 여부와 무관하게 거주지를 자유롭게 이전할 수 있으므로 주민등록 여부가 거주·이전의 자유와 직접적인 관계가 있다고 보기 어려우며"라고 한다(2009헌마59). 이 사건은 영내 기거 현역병의 주민등록을 소속 부대의 소재지로 주민등록을 이전하고자 했는데 그가 속한 세대의 거주지에서 하도록 한 주민등록법 제6조 제2항 때문에 할 수 없어 제기된 헌법소원사건인데 헌재는 위와 같이 "주민등록 여부가 거주·이전의 자유와 직접적인 관계가 있다고 보기도 어렵다. 더욱이 영내 기거 현역병은 병역법으로 인해 거주·이전의 자유를 제한받게 되므로, 영내로의 주민등록 가능 여부가 해당 현역병의 거주·이전의 자유에 영향을 미친다고 보기 어렵다. 따라서 이 사건 법률조항은 영내 기거하는 현역병의 거주·이전의 자유를 제한하지 않는다"라고 합헌성 인정의 기각결정을 한 것이다(*평석 : 판시가 "일치되어야 할 필요성이 있다"라고 했다가 "거주·이전의 자유와 직접적인 관계가 있다고 보기 어렵다"라고 하기도 하여 일관성이 없다. 논리적으로 그냥 영내 기거 현역병의 경우 거주지와 주민등록지가 다른 예외인데 그 예외는 국방의무이행을 위한 병역법에 따른 것이라고 하는 것이 선명한 판시였다).

2. 국외거주·이전의 자유

거주·이전의 자유에는 국내에서의 거주·이전의 자유뿐 아니라 국외에서의 거주·이전의 자유도 포함된다. 국외거주·이전의 자유는 해외로의 출국의 자유, 해외에서의 여행의 자유, 귀국의 자유, 그리고 외국으로의 이주나 외국에서의 영주의 자유 등을 포함한다. 한국국민이 외국으로의 여행을 하기 위해서는 그 나라와 입국사증(visa)면제협정이 체결되어 있지 않는 한 입국사증이 필요하고, 면제협정이 체결된 국가라 할지라도 장기체류를 위해서는 사증의 발급을 받아야 한다는 제약이 따른다. 따라서 외국인의 입국의 자유를 기본권으로 인정할 수 없다고 보는 것이 일반적이다(2007헌마1083, 2011헌마502).

3. 국적이탈의 자유의 문제

국적을 버릴 자유인 국적이탈의 자유를 거주·이전의 자유에 포함된다고 보는 견해들이 많다(헌재의 2005헌마739 결정도 그러한 입장이다. 외국 국적 취득에 따른 국적 상실을 규정한 국적법 제15조 제 1 항이 거주·이전의 자유를 제한한다고 본 2014년의 2011헌마502 결정도 그러한 입장이라고 할 것이다(그 제한이 비례원칙을 준수하였다 하여 합헌성 인정함)). 그러나 이러한 견해는 국적자인 국민만이 그 국가에 거주할 수 있다는 것을 전제할 때 성립되는 견해이다. 한 국가에서 외국인들도 거주하고 어느 국가의 국민이 외국에 거주할 수도 있다. 따라서 재검토를 요한다. 생각건대 국적문제는 개인의 국가소속이라는 점에서 개인의 정체성 문제로 보아 국적선택의 권리는 헌법 제10조에서 나오는 것이라고 볼 것이다(이 점에서 2013헌마805 결정에서의 강일원 재판관의 소수의견이 헌법 제10조를 근거로 보아야 한다고 한 것은 적확한 지적이다. 헌재 자신도 이전의 선례에서 "헌법은 인간의 존엄과 가치를 존중하므로, 개인은 자신의 운명에 지대한 영향을 미치는 정치적 공동체인 국가를 선택할 수 있는 권리, 즉 국적선택권을 기본권으로 인식하기에 이르렀다"라고 판시한 바 있다. 그러나 헌재는 이어 "그러나 개인의 국적선택에 대하여는 나라마다 그들의 국내법에서 많은 제약을 두고 있는 것이 현실이므로 국적은 아직도 자유롭게 선택할 수 있는 권리에는 이르지 못하였다"라고 한다. 97헌가12). 새로이 다른 나라 국적을 선택, 취득하는 것은 그러할지 모르나 국적이탈은 비교적 자유로울 것인데(그것도 나라마다 상황이 다르다) 그 국적이탈의 자유의 근거를 거주·이전의 자유가 아닌 제10조 인간의 존엄가치에서 끌어내는 것이 타당하다는 것이 저자의 생각이다[헌재 2020. 9. 24. 2016헌마889 결정(아래 인용)에서는 "'국적이탈의 자유'의 개념에는 '국적선택에 대한 자기결정권'이 전제되어 있으므로"라는 판시가 있긴 하였다. 그런데 또 2023. 2. 23.에 선고한 2019헌바462에서는 "거주·이전의 자유를 규정한 헌법 제14조는 국적이탈의 자유의 근거조항"이라는 판시를 한 바 있다. 이 결정은 국적이탈 제한을 하는 국적법 조항에 대한 것이었는데 "심판대상조항은 출입국 등 거주·이전 그 자체에 어떠한 제한을 가한다고 보기 어려운바, 출입국에 관련하여 거주·이전의 자유가 침해된다는 청구인의 주장에 대해서는 판단하지 아니한다"라고 판시하였는데 근거조항이 거주·이전의 자유라면서 제한이 없다고 하니 도저히 이해가 안된다]. **[판례]** 예외를 두지 않은 위헌성 — 헌재는 병역의무의 기피를 막기 위하여 이중국적자의 한국 국적의 이탈을 제한하는 국적법 규정이 과잉규제가 아니라고 보아 합헌성을 인정하여 청구를 기각한 바 있다(2005헌마739, 2013헌마805). 그러나 2020. 9. 24.에 판례를 변경하여 헌법불합치결정(2016헌마889)이 있었다. 주된 생활근거를 외국에 두고 있는 복수국적자와 같은 경우에, 그가 심판대상 법률조항에서 정한 기간 내에 국적이탈 신고를 하지 못하였다고 하더라도 그 사유가 정당한 경우에는 예외적으로 그 요건과 절차 등을 정하여 국적이탈 신고를 할 수 있도록 해야 하는데도 그렇지 않은 것이 피해최소성을 지키지 않은 것이고 법익균형성도 지키지 않은 국적이탈의 자유의 침해라고 본 것이다(이후 예외절차 신설하는 법개정 있었음).

② 합헌성 인정례들 ⓐ 한편 헌재는 외국에 영주할 목적 없이 체류한 직계존속으로부터 태어난 자의 국적이탈을 제한하는 구 국적법 제12조 제 3 항은 외국 영주목적이 인정되어 장차 성장과정에서 대한민국과의 유대관계가 인정되기 어려울 것으로 예상되는 사람에게는 국적이탈에 과도한 부담을 지우지 않도록 필요한 최소한의 범위에서 국적이탈을 규제하려는 것이므로, 침해의 최소성, 과잉금지원칙을 준수하여 합헌이라고 보았다(2019헌바462). ⓑ 복수국적자가 외국에 주소가 있는 경우에만 국적이탈을 신고할 수 있도록 하는 국적법 제14조 제 1 항 본문도 명확성원칙, 과잉금지원칙 준수로 합헌이라고 결정했다(2000헌바603).

Ⅲ. 거주 · 이전의 자유의 제한과 그 한계

거주 · 이전의 자유도 국가안전보장, 질서유지, 공공복리를 위한 목적이 있을 때 법률로 제한할 수 있다. i) 국가안보를 위한 제한으로 '군사기지 및 군사시설 보호법' 등에 의한 제한이 있다. 영내 기거하는 현역병은 국가안전보장 등의 필요에 의해 거주 · 이전의 자유를 제한받게 된다. 구 계엄법 제 9 조는 비상계엄선포시 할 수 있는 특별한 조치의 대상으로 헌법 제77조 제 3 항이 명시하지 않고 있는 거주 · 이전의 자유에 대하여서도 특별한 조치를 할 수 있다고 규정하여 위헌 여부의 논란이 있었다. 2025년 계엄법의 개정으로 거주 · 이전의 자유 부분을 삭제하여 논란을 없앴다. [판례] 장교의 평시 외출 · 외박 지역을 제한하는 육군 병영생활 예규 조항이 국가안전보장의 목적이 있는 등 과잉금지원칙을 준수하여 그 제한이 합헌으로 장교의 거주 · 이전의 자유를 침해하지 않는다(2025. 11. 27. 2021헌마1280, 일반적 행동자유권 침해도 부정). ii) 질서유지를 위한 제한으로 경찰관직무집행법상의 보호조치, 피난조치 등을 들 수 있다. iii) 공공복리를 위한 제한으로 감염병환자에 대한 강제적 입원, 대도시에의 인구집중을 막기 위한 제한 등이 있다. 인구의 대도시 집중을 억제하기 위하여 법인이 대도시 내에서 하는 부동산등기에 대해 중과세할 수 있게 한 법규정에 대해 헌재는 비례(과잉금지)원칙에 반하지 않는다고 보아 합헌결정을 하였다(94헌바42).

국외거주 · 이전의 자유의 제한은 여권발급에 의한 것이 주가 된다. 과거 여권법 제 8 조 제 1 항 제 5 호가 "대한민국의 이익이나 공공의 안전을 현저히 해할 상당한 이유가 있었다고 인정되는 자"에 대해 여권의 발급 등을 제한할 수 있도록 규정하고 있었는데 이에 대해 대법원은 "여권법 제 8 조 제 1 항 제 5 호 소정의 제한사유는 거주 · 이전의 자유의 헌법적 가치와 여권발급의 법적 성격 등을 종합적으로 고려하여 합리적으로 해석하여 할 것인바"라고 하였다(대법원 2007두10846). 현재는 여권법이 개정되어 보다 구체적인 제한 사유를 명시하고 있다(여권법 제12조 참조). ① 외교통상부가 해외 위난지역에서의 국민을 보호하고자 여권사용, 방문 또는 체류를 금지한 고시에 대해 헌재는 합헌성을 인정한 바 있다(2007헌마1366). ② 여행금지국가로 고시된 사정을 알면서도 외교부장관으로부터 예외적 여권사용 등의 허가를 받지 않고 여행금지국가를 방문하는 등의 행위를 형사처벌하는 여권법 제26조 제 3 호에 대해 실효성보장, 예외적 여권사용허가를 받은 경우 형사처벌되지 않고 처벌수준이 비교적 경미한 점 등에서 침해최소성을 갖추어 합헌이라고 본다(헌재 2020. 2. 27. 2016헌마945).

제 2 항 주거의 자유

Ⅰ. 주거의 자유의 의미와 성격 및 주체

우리 헌법 제16조 전문은 "모든 국민은 주거의 자유를 침해받지 아니한다. 주거에 대한 압수나 수색을 할 때에는 검사의 신청에 의하여 법관이 발부한 영장을 제시하여야 한다"라고 규정하여 주거의 자유가 기본권임과 주거에 대한 압수 등에서의 영장주의를 명시하고 있다. 주거의 자유는 공권력 또는 다른 사인에 의한 침해를 받지 않고 안전과 평온한 상태에 있을 자유를 말한다. 주거의 평온이라는 법익은 중요한 법익이므로 그것의 침해에 대해 강한 제재가 가해질 수 있다고 본다. 그런데 '성폭력범죄의 처벌 등에 관한 특례법'이 주거침입강제추행치상죄를 규정하여 무기징역 또는 10년 이상의 징역으로 처하도록 함으로써 법관의 작량감경만으로는 집행유예를 선고하지 못하도록 한 것이 논란되었다. 헌재는 재판관 합헌 : 위헌이 4 : 5로 위헌의견이 더 우세하였으나 위헌결정 정족수 6인에 이르지 못하여 결국 합헌결정이 되었고 4인 소수의견이 법정의견이 되었는데 법정의견은 주거침입강제추행치상죄는 성적 자기결정권, 주거의 평온과 안전 및 신체의 안정성을 보호법익으로 하는데 이와 같이 중요한 보호법익을 모두 침해한 사람의 죄질, 책임의 정도 및 일반예방이라는 형사정책의 측면 등을 고려하면, 집행유예선고 불가의 법정형을 규정한 데에는 합리적인 이유가 있으므로 비례원칙에 위반되지 않고 형법상 유사강간에 해당하지 않는 추행행위를 한 경우라 할지라도 그 행위태양, 불법의 정도 등에 비추어 강간이나 유사강간을 한 경우보다 무겁게 처벌하거나 동일하게 처벌하여야 할 필요가 있는 경우도 있어 형벌체계성을 갖추어 평등원칙도 위배되지 않는다고 보았다(2014헌바436. 반면 재판관 5인의 반대의견은 강간에 못지않은 행위 이외의 강제추행행위에 대하여도 적용되는 한 헌법에 위반된다는 한정위헌결정을 하여야 한다는 것이다).

주거의 자유를 자유권적 성격 외에 생존권적 성격을 가진 것으로 파악하는 견해도 있을 것이나 우리 헌법상 주거의 평온과 생활이 침해받는 것을 배제한다는 자유권으로서의 성격을 가진다. 주거는 인간이 활동하는 기초공간이라는 점에서 기초적 자유의 하나라고 할 수 있다.

외국인도 주체가 될 수 있다. 주거를 소유하고 있는 사람인지 여부는 무관하고 당해 주거를 소유하지 않은 사람일지라도 그 주거를 점유하고 있는 사람이라면 주체가 된다. 즉 점유사실이 중심이 된다. 따라서 호텔의 숙박객도 자신이 머무는 호텔객실에 관한 한 주거의 자유의 주체가 된다. 법인의 경우에는 부정하는 견해와 긍정하는 견해가 대립되고 있다.

Ⅱ. 주거의 자유의 내용

1. 주거의 개념 · 범위

주거란 인간이 머물면서(체류하면서) 활동하거나 생활하기 위한 물적 공간과 시설로서 개방되어 있지 않은 곳을 말한다. 주거는 인간이 머무르기 위하여 점유하고자 하는 목적을 지닌 시설과 공간이면 되고 현재 사람이 거주하고 있는지는 불문하여 일시 비워둔 주택 등도 주거에 포함되고 잠시 머무르는 곳도 포함된다. 즉 체류의 장기성을 요하지 않는다. 따라서 주택가옥은 물론이고 사무실, 호텔, 강의실, 그리고 이동 중인 차량, 선박 등도 해당될 수 있다. 누구든지 출입을 할 수 있도록 허용되어 있는 장소는 주거가 아니다. 따라서 상점, 음식점, 카페 등의 영업장소는 영업시간 동안은 개방되므로 영업시간 동안에는 주거라고 보기 어렵다.

2. 주거의 불가침 — 침해의 금지

주거의 자유에서는 '불가침'이 핵심적 요소이다. 우리 헌법 제16조 전문도 "침해받지 아니한다"라고 규정하고 있다. 주거의 침해란 주거권자(주거의 자유 주체)의 승낙이나 동의 없이 또는 그의 의사에 반하여 주거에 진입하는 것을 말한다. 의사에 반하여 들어간 경우에 주거침입죄를 구성하여 처벌된다(형법 제319조 제 1 항). 앞서 본 대로 주거의 자유의 주체가 반드시 소유자일 필요가 없기에 소유자가 아닌 점유자, 예를 들어 임차인의 승낙, 동의를 받지 않고 진입하여도 주거침입이 된다. 공동의 거주자는 각각 주거권을 주장할 수 있다[남편 부재중에 간통을 위해 처의 동의를 받고 들어간 경우에 주거침입죄를 인정하는 것이 대법원 판례이었다가 부재중인 다른 거주자의 추정적 의사에 반하는 경우에도 주거침입죄가 성립하지 않는다고 본다고 판례를 변경하였다(대법원 2021. 9. 9. 2020도12630 전원합의체 판결. * 이 변경된 판례에서도 공동거주자 개개인이 각자 사실상 주거의 평온을 누릴 수 있음을 인정하면서 공동거주자는 공동주거관계를 형성하면서 일정 부분 제약될 수밖에 없고 이러한 사정을 서로 용인하였다고 보아야 한다고 판시한다)].

Ⅲ. 주거의 자유를 보호하기 위한 제도 — 영장제도

주거는 범죄행위의 발생, 범인과 증거물의 은닉이 이루어질 수도 있는 장소이므로 범죄의 수사와 현행범인의 체포, 증거물의 확보 등을 위하여 주거에 대한 수색과 압수가 필요한 경우가 나타난다. 그러나 이러한 필요성이 있는 경우라 하더라도 수색과 압수로 주거의 평온을 해치는 것은 엄격한 요건과 절차에 따라 매우 제한적으로 이루어져야 한다. 그리하여 우리 헌법 제16조 후문은 “주거에 대한 압수나 수색을 할 때에는 검사의 신청에 의하여 법관이 발부한 영장을 제시하여야 한다”라고 하여 주거의 자유가 함부로 침해되는 것을 막기 위하여 영장제도를 명시하고 있다. 헌재는 헌법 제16조 후문이 헌법 제12조 제3항과 달리 사전영장주의에 대한 예외를 명문화하지 않고 있으나 예외를 인정할 필요가 있기도 하다고 보면서 다만, 엄격한 요건하에 인정될 수 있다고 본다. 즉 ① 그 장소에 범죄혐의 등을 입증할 자료나 피의자가 존재할 개연성이 소명되고, ② 사전에 영장을 발부받기 어려운 긴급한 사정이 있는 경우에만 제한적으로 허용될 수 있다고 본다. 그리하여 체포영장을 집행하는 경우 필요한 때에는 타인의 주거 등에서 피의자 수사를 할 수 있도록 한 구 형사소송법(1995. 12. 29. 법률 제5054호로 개정된 것) 제216조 제1항 제1호 중 제200조의2에 관한 부분이 체포영장이 발부된 피의자가 타인의 주거 등에 소재할 개연성은 소명되나, 수색에 앞서 영장을 발부받기 어려운 긴급한 사정이 인정되지 않는 경우에도 영장 없이 피의자 수색을 할 수 있다는 것이므로, 위 헌법 제16조의 영장주의 예외 요건을 벗어나는 것으로서 영장주의에 위반된다고 보고 헌법불합치결정을 하였다(2015헌바370).

Ⅳ. 주거의 자유의 제한과 그 한계

주거의 자유도 헌법 제37조 제2항에 규정된 대로 국가안전보장·질서유지 또는 공공복리를 위하여 필요한 경우에 한하여 법률로써 제한할 수 있다. 주거의 자유를 제한하는 법률로는 형사소송법(법 제109조, 제216조 등), 경찰관직무집행법(법 제7조), ‘감염병의 예방 및 관리에 관한 법률’(법 제42조 제1항, 제1군감염병환자 등이 있다고 인정되는 주거시설 등에서의 조사), 소방기본법(법 제25조, 제30조 등), '마약류 관리에 관한 법률'(법 제41조), '조세범 처벌절차법'(법 제 2 조 이하), 국세징수법(법 제26조 등), 관세법(법 제296조 등) 등이 있다.

주거의 자유를 제한할 필요가 있다고 하더라도 비례원칙 등에 따른 한계가 있다. 또한 주거의 자유의 본질적 내용을 침해할 수는 없다.

제 3 항 사생활의 비밀과 자유

Ⅰ. 사생활의 비밀 · 자유의 연혁

과거에도 사생활보호의 문제가 있었지만 정보사회라고 일컬어지는 현대에 들어와 사생활의 비밀과 자유가 중요한 기본권으로 인식되었다. 오늘날 특히 컴퓨터 등의 발달로 정보의 유통이 신속하고 대량화되어 개인의 사적인 정보들이 노출되거나 전파될 가능성이 많아짐에 따라 사생활보호가 점점 더 중요한 법적 과제가 되었다. 우리나라에서는 제 5 공화국 헌법이 처음으로 명문화하였는데 이전에는 인간의 존엄가치 규정을 근거로 인정되고 있었다. 현행 헌법 제17조는 "모든 국민은 사생활의 비밀과 자유를 침해받지 아니한다"라고 규정하고 있다.

Ⅱ. 사생활의 비밀 · 자유의 개념과 성격

1. 개 념

우리 헌법 제17조가 명시하고 있는 것은 '사생활의 비밀과 자유'인데 이는 개인의 은밀한 사적 영역이 공개되지 않고(비밀성), 사적 영역을 형성함에 있어서 자유롭고 방해를 받지 않으며 형성된 사적 영역이 침해되지 않을(자유의 불가침성) 권리를 말한다. '사생활의 비밀과 자유'와 '사생활의 권리'를 구별하여 보아야 한다. 사생활의 권리는 사생활의 비밀과 자유보다 넓은 개념으로서 사생활의 비밀과 자유를 포함할 뿐 아니라 그 외에도 사생활에 대한 적극적인 권리들(사생활보호청구권, 사적 영역에 관한 개인정보의 열람 · 정정청구권 등의 적극적 권리들)을 포괄한다.

2. 성 격

헌법 제17조의 '사생활의 비밀과 자유'나 사생활의 권리의 성격이나 그 범위에 대해서는 학설이, ① 자유권설(사적 생활영역이 공개되지 않고 방해되지 않는 소극적인 자유권으로 보는 견해), ② '자유권 + 청구권'설(자유권적 성격뿐 아니라 개인의 사적 개인정보에 대한 통제권 등 적극적인 청구권적 성격을 내포하는 권리로 보는 견해), ③ 최광의설(자유권적 성격과 청구권적 적극적 성격을 가진 권리로서 사생활의 비밀과 자유 외에 통신의 불가침, 주거의 불가침과 같은 권리들도 널리 포함한다고 보는 견해) 등으로 나누어진다.

대법원의 판례는, 헌법 제10조와 제17조를 적시한 다음 "이들 헌법 규정은 개인의 사생활 활동이 타인으로부터 침해되거나 사생활이 함부로 공개되지 아니할 소극적인 권리는 물론, 오늘날 고도로 정보화된 현대사회에서 자신에 대한 정보를 자율적으로 통제할 수 있는 적극적인 권리까지도 보장하려는 데에 그 취지가 있는 것으로 해석되는바, … "라고 한다(대법원 96다42789). 이는 판례가 직접 밝히고 있지 않으나 헌법 제10조도 함께 적시하여 적극적 권리성을 찾으려 한 것으로 보인다. 헌재도 소극적 권리성과 적극적 권리성을 가지는 개인정보자기결정권을 헌법 제10조와 제17조를 그 근거로 하여 끌어내고 있다(2003헌마282).

우리 현행 헌법 제17조가 사생활에 대해 규정하고 있는 비밀과 자유라는 권리의 성격과 사생활의 권리 전체의 성격은 구별을 요한다. 즉 우리 헌법 제17조의 문언은 "모든 국민은 사생활의 비밀과 자유를 침해받지 아니한다"라고 규정되어 있으므로 헌법 제17조 자체가 규정하고 있는 사생활에 관한 권리는 비밀성과 불가침성이라는 자유권으로서의 성격을 가진 것으로 파악된다. 반면에 사생활의 권리 전체의 성격에는 적극적인 권리로서의 성격도 포함된다. 이러한 적극적 권리들은 자유권을 규정한 헌법 제17조가 아니라 헌법 제10조 인간의 존엄과 가치, 행복추구권에서 나온다.

Ⅲ. 사생활의 비밀 · 자유의 내용(보호범위)

1. 내용 개관

헌재는 사생활의 비밀과 자유가 구체적으로 보호하는 것은 ① 개인의 내밀한 내용의 비밀을 유지할 권리, ② 개인이 자신의 사생활의 불가침을 보장받을 수 있는 권리, ③ 개인의 양심영역이나 성적 영역과 같은 내밀한 영역에 대한 보호, ④ 인격적인 감정세계의 존중의 권리와 정신적인 내면생활이 침해받지 아니할 권리라고 한다(2002헌마518, 2005헌마1139).

생각건대 우리 헌법 제17조가 불가침의 대상으로 사생활의 자유와 비밀을 직접적으로 명시하고 있는 데에 따라 사생활의 자유 부분과 사생활의 비밀 부분으로 나누어 볼 수 있다. 헌법은 사생활의 비밀을 먼저 규정하고 있으나 사생활의 비밀은 우선 그 내용 자체의 형성이 있어야 한다는 점에서 사생활의 자유를 먼저 다룬다. 그리하여 ① 사생활의 자유로서 ㉠ 사생활형성 · 활동자유권과, ㉡ 사생활의 안온보장권, ㉢ 정신적(정서적 · 감정적) 내면생활을 침해받지 않을 권리 등을 들 수 있고, ② 사생활 비밀의 불가침권으로서, ㉠ 사적인 내밀한 내용의 유지 · 불가침권, ㉡ 내밀한 정신적 영역(정서, 감정)의 존중권 등을 들 수 있다.

2. 사생활의 자유의 불가침

(1) 사생활형성 · 활동자유권

이는 각자가 개인적인 사적 영역을 형성하고 사적 활동을 하는 것을 방해받지 않을 자유권이다. 자신의 생활에서 공적 생활 외에서 어떠한 사적 생활을 영위할 것인지를 자유롭게 정하고 그 사적 생활을 향유함에 있어서 방해를 받지 아니할 자유권이다(예를 들어 어떠한 사람과 교유할 것인지, 어떠한 사적인 취미를 즐길 것인지 등에 대한 자유로운 선택과 그러한 교유, 향유의 활동). 공적 생활은 그 보호대상이 아님은 물론이다. 이에 관한 예로서 자동차의 안전띠 착용의무가 사생활 비밀 · 자유의 침해를 가져오는지에 대해 헌재는 많은 운전자들의 이익이 관련된 도로에서의 자동차운전행위는 개인적인 내밀한 영역이 아니라고 하여 이를 부정한다(2002헌마518).

(2) 사생활의 안온보장권

사생활을 안온하게 영위할 수 있고 이러한 평안을 침해하는 행위를 배제할 수 있는 권리이다. 불법적인 도청이나 서신검열, 감시, 수색 등은 행위적인 측면에서는 사생활을 불안하게 하므로 사생활의 안온성의 침해이다(행인을 미행하여 목적지로 향해 가는 데 불안하게 하는 행위, 옆집이나 옆방에서 도청시설을 설치하여 엿듣는 행위 등). 불법적 도청 등을 통해 수집된 개인의 사적 내용을 공표하는 것은 아래에서 볼 사생활비밀의 침해이다.

(3) 정신적(정서적 · 감정적) 내면생활을 침해받지 않을 권리

인간의 감정적(정서적)이고 정신적인 내면세계는 사적 영역의 핵심을 이루는 것이므로 그 침해를 받지 않을 권리가 있다. 인간의 정신을 혼란하게 하거나 불쾌하게 하는 전화, 방문 등은 이를 침해하는 것이다.

3. 사생활의 비밀권

(1) 사적인 내밀한 내용의 유지 · 불가침권

사적인 내밀한 내용이 공개되지 않고 그 내용의 탐지를 거부하고 금지할 수 있는 권리를 말한다. 자신이 공개되기를 원하지 않는 사적 내용이 텔레비전이나 신문 등 대중매체와 인터넷 등에 공표되는 것이 금지된다. 성기구의 판매 행위 제한은 성기구를 이용하여 성적 만족을 얻으려는 사람의 은밀한 내적 영역에 대한 기본권인 사생활의 비밀과 자유가 제한된다고 헌재는 보면서 그러나 과잉금지원칙을 준수한 합헌이라고 보았다(2011헌바176).

(2) 내밀한 정신적 영역(정서, 감정)의 존중권

개인의 정서, 감정 등 내면의 은밀한 영역과 상태를 드러내지 않고 이를 존중받을 권리를 말한다. 정신적 내밀세계에 대한 침해는 인간의 육체적인 물리적 침해보다도 더 심각한 침해가 될 수 있다. 육체적 침해가 내밀한 정신적 사적 세계의 침해를 아울러 가져올 수도 있다. 양심의 영역은 우리 헌법이 별도로 규정을 두고 있는 양심의 자유로 우선적으로 보호된다.

4. 개인정보자기결정권

사생활에 관한 개인정보가 본인의 의사에 반하여 공개되거나 전파, 활용되는 경우에 이는 사생활의 비밀과 자유의 권리를 침해하는 것이기도 하므로 개인정보자기결정권이 여기서도 중요하게 다루어진다.

[개념] 개인정보에 대한 조사 · 수집, 처리, 보관, 공개, 활용 등에 관하여 어떻게 할 것인지의 결정과 그 통제를 개인정보를 가지는 주체가 스스로 할

수 있는 자율적 권리가 개인정보자기결정권이다.

[성격·헌법적 근거·법률] 개인정보의 보호는 개인의 사생활의 비밀보호와 더불어 그 비밀의 공개로 인한 인격의 침해를 방지한다는 점에서 헌법 제10조 인간의 존엄과 가치 등에 의해서도 보호된다. 그리고 개인정보자기결정권은 개인정보가 침해당하지 않을 소극적 성격뿐 아니라 적극적으로 개인정보를 통제하고 그 보호를 청구할 수 있는 적극적 성격도 가진다. 따라서 자유권규정인 헌법 제17조뿐 아니라 헌법 제10조도 그 헌법적 근거이다. 헌재 판례도 이전에 독자적 기본권이라고 본 결정들이 없지 않았으나(99헌마513, 2008헌마257) 이제는 제10조, 제17조를 함께 드는 것이 주류가 되어 있다(2003헌마282, 2007헌마1092, 2014헌마463, 2012헌마463, 2012헌마538, 2016헌마483 등). 현재 개인정보보호를 위한 법률로, 공공부문과 민간부문을 망라하여 국제 수준에 부합하는 개인정보 처리원칙 등을 규정하고, 국민의 사생활의 비밀 등을 보호하기 위하여 이전의 '공공기관의 개인정보보호에 관한 법률'을 폐지하여 '개인정보 보호법'이 제정되어 시행되고 있다. 그 외 '정보통신망 이용촉진 및 정보보호 등에 관한 법률', '신용정보의 이용 및 보호에 관한 법률' 등이 있다.

[개인정보의 개념·개인정보자기결정권의 내용, 보호정도] i) 개념 — 헌재는 "개인정보자기결정권의 보호대상이 되는 개인정보는 개인의 신체, 신념, 사회적 지위, 신분 등과 같이 개인의 인격주체성을 특징짓는 사항으로서 그 개인의 동일성을 식별할 수 있게 하는 일체의 정보라고 할 수 있고, 반드시 개인의 내밀한 영역이나 사사(私事)의 영역에 속하는 정보에 국한되지 않고 공적 생활에서 형성되었거나 이미 공개된 개인정보까지 포함한다"라고 본다(2003헌마282). ii) 내용 — 개인정보에는 신상정보, 교육정보, 의료정보, 신용정보 등이 있다. 개인정보자기결정권은 개인정보수집·이용자기결정권(개인정보주체의 동의없이 수집·이용되어서는 아니되고 주체가 처리정지를 요구할 수 있다), 개인정보열람청구권(자신의 정보의 열람을 청구할 수 있다), 개인정보정정·삭제청구권 등을 그 내용으로 한다. 이러한 권리들의 보장에 관해서는 '개인정보 보호법' 등에 구체적 규정들을 두고 있다. iii) 보호정도 — ㉠ 민감정보(강한 보호) — 성격이 민감한 정보일 경우 강한 보호를 받는다. 개인정보보호법은 "사상·신념, 노동조합·정당의 가입·탈퇴, 정치적 견해, 건강, 성생활 등에 관한 정보, 그 밖에 정보주체의 사생활을 현저히 침해

할 우려가 있는 개인정보로서 대통령령으로 정하는 정보"를 민감정보라고 하고 개인정보처리자는 그 정보를 처리하여서 안된다고 금지하고 있다(개인정보 보호법 제23조). ⓐ 민감정보로 인정된 결정례 : 헌재가 민감정보하고 본 정보로는 ① 병역면제사유로서 질병명(2005헌마1139, 헌법불합치결정), ② 가족관계증명서 및 기본증명서에 기재되는 정보(2018헌마927, 헌법불합치결정), ③ 요양급여내역(2014헌마368), ④ 통신사실 확인자료(가입자의 전기통신일시, 전기통신개시 · 종료시간 등)(2012헌마191 등, 2012헌마538, 헌법불합치결정들), ⑤ 실효된 형의 범죄경력 공개(2006헌마402등), ⑥ 교원의 교원단체 및 노동조합 가입에 관한 정보(2010헌마293, 이 정보는 '개인정보 보호법' 제23조의 민감정보로서 특별히 보호되어야 할 성질의 것이라고 판시) 등이 있었다. ⓑ 민감성 부정(엄격보호성의 부정)된 결정례 : 헌재가 민감성을 부정한 예로는 ① 전화번호(2016헌마483. [판시] 전화번호는 수사과정에서 연락을 하기 위해 필요하고 그 자체로 개인의 존엄과 인격권에 심대한 영향을 미칠 수 있는 민감한 정보가 아니다), ② 개인식별정보(2003헌마282등, 교육감 등이 졸업생의 성명, 생년월일 및 졸업일자 정보를 교육정보시스템(NEIS)에 보유하는 행위 — 개인의 인격에 밀접히 연관된 민감한 정보라고 보기는 어렵다). ③ 데이터베이스에 수록되는 DNA신원확인정보(2011헌마28등, 개인식별을 위하여 필요한 사항만이 포함된 최소한의 정보로 민감한 정보 아님). * 민감정보 포함 여지가 적다고 본 경우 : 헌재는 주택재개발정비사업조합 '조합원 명부'에 포함되는 개인정보는 일반적으로 조합원의 성명과 주소, 연락처 등으로, 조합원의 민감한 정보가 포함될 여지가 적다고 한다[2025. 6. 27. 2020헌바514. 조합원이 조합 임원에게 '조합원 명부'의 복사 요청을 한 경우 이에 따르도록 하는 '도시 및 주거환경정비법' 조항이 문제된 사안으로 헌재는 주민등록번호를 제외하도록 하고 있고(도시정비법 제124조 제3항), 제공받은 서류와 자료를 사용목적 외의 용도로 이용 · 활용하여서는 안 되므로(같은 조 제6항), 개인정보가 오용 또는 남용될 여지는 제한적이다. 따라서 침해최소성을 가져 과잉금지원칙을 지켜 개인정보자기결정권을 침해하지 않는다고 보았다]. ⓛ 기초정보 — 엄격보호성 부정 — ① 헌재는 "이름과 생년월일, 주소는 개인을 식별하기 위해서 필요한 가장 기초적인 것으로서 그 자체로 엄격한 보호의 대상이 된다고 보기 어려운"이라고 한다(2016헌마483). ② 대한적십자사의 회비모금 목적으로 제공된 성명과 주소도 마찬가지라고 본다(이 사안에서 과잉금지원칙을 준수하여 합헌성을 인정하는 기각결정을 내림. 헌재 2023. 2. 23. 2019헌마1404등).

[제한] 그동안 문제된 사안을 본다. ⅰ) 위헌(헌법불합치)결정례 : ① 인터넷게

시판 본인확인제(이른바 실명제) — 비례원칙에 반하여 개인정보자기결정권을 침해하는 위헌이라고 결정되었다(2010헌마47. * 대비 : 그런데 헌재는 인터넷 '선거운동'의 실명제는 합헌이라고 보았다(2008헌마324, 2012헌마734. 2008헌마324에서는 개인정보자기결정권의 제한가능성 자체를 부정하면서 합헌성을 인정하였으나 2012헌마734 결정에서는 그 가능성을 인정하면서도 과잉금지원칙 준수로 합헌성을 인정한 점이 달랐다)). 그러나 헌재는 2021. 1. 28.에 선거운동에 관한 실명확인제를 규정한 공직선거법 제82조의6 제 1 항 등이 과잉금지원칙을 위반한 개인정보자기결정권의 침해로 보고 위헌결정을 하였다(2018헌마456 등. 이 위헌결정에 대한 자세한 것은 후술, 인터넷규제 부분에 인용된 것 참조). ② 주민등록번호 변경가능성에 관한 부작위의 헌법불합치성 — 헌재는 주민등록번호 변경에 관한 규정을 두고 있지 않은 주민등록법 제 7 조가 다음과 같은 이유로 헌법에 합치되지 아니하고, 위 조항은 2017. 12. 31.을 시한으로 입법자가 개정할 때까지 계속 적용된다는 헌법불합치결정을 하였다(2013헌바68)(2016. 5. 29. 법률 제14191호에 의하여 개정됨). 헌재는 주민등록번호는 단순한 개인식별번호에서 더 나아가 표준식별번호로 기능함으로써, 결과적으로 개인정보를 통합하는 연결자(key data)로 사용되고 있는바, 개인에 대한 통합관리의 위험성을 높이고, 주민등록번호가 불법 유출 또는 오·남용되는 경우 개인의 사생활뿐만 아니라 생명·신체·재산까지 침해될 소지가 큰 등 해악이 현실화되고 있는데 이러한 현실에서 주민등록번호 유출 또는 오·남용으로 인하여 발생할 수 있는 피해 등에 대한 아무런 고려 없이 주민등록번호 변경을 일률적으로 허용하지 않은 것은 그 자체로 개인정보자기결정권에 대한 과도한 침해가 될 수 있다고 보았다. 또 비록 국가가 개인정보보호법 등의 입법을 통하여 주민등록번호 처리 등을 제한하고, 유출이나 오·남용을 예방하는 조치를 취하였다고 해도, 여전히 뚜렷한 해결책을 제시하지 못하므로, 이러한 조치는 국민의 개인정보자기결정권에 대한 충분한 보호가 된다고 보기 어렵고 주민등록번호 변경을 허용하더라도 변경 전 주민등록번호와의 연계 시스템을 구축하여 활용한다면 개인식별기능과 본인 동일성 증명기능이 충분히 이루어질 것이고, 객관성과 공정성을 갖춘 기관의 심사를 거쳐 변경할 수 있도록 한다면 주민등록번호 변경절차를 악용하려는 경우를 차단할 수 있으며, 사회적으로 큰 혼란을 불러일으키지도 않을 것이므로 주민등록번호 변경에 관한 규정을 두고 있지 않은 위 조항은 과잉금지원칙을 위반하여 개인정보자기결정권을 침해한다고 보았다. ③ 카메라등이용촬영범죄자 신상정보 20년 보존관리의 위헌성—'성폭력범죄의 처벌 등에 관한 특례법'의 '카메라등이용촬영, 동 미수죄로 유죄가 확정된 자는 신상정보 등록대상자가 되도록 규정한 동법 규정은 합헌이나 등록대상자의 등록정보를 20년 동안 보존·관리하도록 규정한 동법 규정은 형사책임의 경중, 재범위험성을 전혀 고려하지 않고 모든 대상범죄에 일률적으로 20년 등록기간을 적용하고 또한 정해지고나면, 등록의무면제나 등록기간단축을 위해 재범위험성이 줄어들었다는 점을 입증하여 심사를 받을 수 있는 여지도 부여하지 않아 개인정보자기결정권을 과잉금지원칙(피해최소성, 법익균형성)을 위배하여 침해하고 있다고 보아 헌법불합치라고 결정하였다(2014헌마340). ④ 통신사실 확인자료(위치정보 추적자료) 요청과 통지절차의 개인정보자기결정권침해의 위헌성—헌재는 구 통신비밀보호법 제13조 제1항 중 '검사 또는 사법경찰관은 수사를 위하여 필요한 경우 전기통신사업법에 의한 전기통신사업자에게 제2조 제11호 바목, 사목의 통신사실 확인자료(정보통신망에 접속된 정보통신기기의 위치를 확인할 수 있는 발신기지국의 위치추적자료, 컴퓨터통신 또는 인터넷의 사용자가 정보통신망에 접속하기 위하여 사용하는 정보통신기기의 위치를 확인할 수 있는 접속지의 추적자료)의 열람이나 제출을 요청할 수 있다' 부분이 명확성원칙에는 위반되지 않으나 위치정보 추적자료는 충분한 보호가 필요한 민감한 정보에 해당됨에도 수사기관의 광범위한 위치정보 추적자료 제공요청을 허용하여 정보주체의 기본권을 과도하게 제한하는 점, 위치정보 추적자료의 제공요청과 관련하여서는 실시간 위치추적 또는 불특정 다수에 대한 위치추적의 경우 보충성 요건을 추가하는 등 수사에 지장을 초래하지 않으면서도 정보주체의 기본권을 덜 침해하는 수단이 존재하는 점 등을 고려할 때, 침해최소성 요건을 갖추지 못하였고 법익균형성도 없어서 과잉금지원칙에 위반되어 청구인들의 개인정보자기결정권과 통신의 자유를 침해하는 위헌이라고 보면서 헌법불합치결정을 하였다. 이 결정에서 헌재는 구 동법 제13조의3 제1항이 "제13조의 규정에 의하여 통신사실 확인자료제공을 받은 사건에 관하여 공소를 제기하거나, 공소의 제기 또는 입건을 하지 아니하는 처분(기소중지결정을 제외)을 한 때에는 그 처분을 한 날부터 30일 이내에 통신사실 확인자료제공을 받은 사실과 제공요청기관 및 그 기간 등을 서면으로 통지하여야 한다"라는 규정 중 제2조 제11호 바목,

사목의 통신사실 확인자료에 관한 부분이 위치정보 추적자료 제공과 관련하여 정보주체에게 적절한 고지와 실질적인 의견진술의 기회를 부여해야 함에도 수사가 장기간 진행되거나 기소중지결정이 있는 경우에는 정보주체에게 위치정보 추적자료 제공사실을 통지할 의무를 규정하지 아니하여 적법절차원칙에 위반되어 청구인들의 개인정보자기결정권을 침해한다는 헌법불합치결정도 하였다(2012헌마191등). ⑤ 헌재는 비슷한 취지로 통신비밀보호법(2005. 5. 26. 법률 제7503호로 개정된 것) 제13조 제 1 항 중 '검사 또는 사법경찰관은 수사를 위하여 필요한 경우 전기통신사업법에 의한 전기통신사업자에게 제 2 조 제11호 가목 내지 라목의 통신사실 확인자료(가. 가입자의 전기통신일시, 나. 전기통신개시 · 종료시간, 다. 발 · 착신 통신번호 등 상대방의 가입자번호, 라. 사용도수)의 열람이나 제출을 요청할 수 있다' 부분이 유괴 · 납치 · 성폭력범죄 등 강력범죄나 국가안보 위협 범죄와 같이 통신사실 확인자료가 반드시 필요한 범죄로 그 대상을 한정하는 방안 또는 다른 방법으로는 범죄수사가 어려운 경우(보충성)를 요건으로 추가하는 방안 등 불특정 다수의 기본권을 덜 침해하는 수단이 존재하는 점을 고려할 때 침해최소성이 인정되지 아니하고, 법익균형성도 없어서 과잉금지원칙에 위반되어 청구인의 개인정보자기결정권과 통신의 자유를 침해하여 위헌이라고 보면서 헌법불합치결정을 하였다(2012헌마538). ⑥ 수사기관 등이 전기통신사업자에게 이용자의 성명 등 통신자료의 열람이나 제출을 요청할 수 있도록 하고 전기통신사업자가 그 요청에 따를 수 있도록 한 전기통신사업법 제83조 제 3 항 중 '검사 또는 수사관서의 장 등의 해당규정이 적법절차 위배의 개인정보자기결정권 침해라는 헌법불합치결정이 있었다(2016헌마388. [결정요지] 정보수집의 신속성, 밀행성 등의 필요로 사전에 그 내역을 통지하도록 하는 것이 적절하지 않을 수 있으나 통신자료 취득에 대한 사후통지절차를 규정하고 있지 않아 자신의 개인정보에 대한 통제기회를 전혀 가질 수 없도록 하여 적법절차원칙에 위배하여 청구인들의 개인정보자기결정권을 침해한다). ⑦ 요양급여내역제공행위 — 헌재는 국민건강보험공단이 경찰서장에게 청구인들의 요양급여내역을 제공한 행위는 청구인들의 개인정보자기결정권을 침해한 것으로 위헌임을 확인한다는 결정을 하였다(2014헌마368). 헌재는 요양급여내역은 건강에 관한 정보로서 '개인정보 보호법' 제23조 제 1 항이 규정한 민감정보에 해당한다고 보고 헌법 제37조 제 2 항의 과잉금지원칙을 준수하여야 한다고 하면서 그 침해최소성을 판단함에 있어서 국민건강보험공단은, 두 가지 요건, 즉 정보주체 또는 제 3 자의 이익을 부당하게 침해할 우려가 있을 때를 제외하고 범죄의 수사를 위하여 필요한 경우 개인정보를 제공할 수 있게 한 개인정보보호법 제18조 제 2 항 제 7 호 및 동법 제23조 제 1 항 제 2 호 등에 따라 ㉠ 범죄의 수사를 위하여 불가피한 경우 ㉡ 정보주체 또는 제 3 자의 이익을 부당하게 침해할 우려가 있을 때를 제외하고 민감정보를 경찰서장에게 제공할 수 있다고 보았다. 헌재는 이 요건들을 갖추지 못하여 침해의 최소성을 갖추지 못했고 또 법익균형성도 없어 결국 과잉금지원칙을 위배한 위헌이라고 확인한 것이다. ⑧ 가족관계에서의 개인정보 — ㉠ 형제자매의 가족관계증명서 등 교부청구 위헌결정 : 헌재는 형제자매가 가족관계증명서, 혼인관계증명서 등의 교부를 청구할 수 있게 규정한 구 '가족관계의 등록 등에 관한 법률'(2007. 5. 17. 법률 제8435호로 제정된 것) 제14조 제 1 항 본문 중 '형제자매' 부분은 민감정보를 담고 있고 형제자매도 반목하여 오남용, 유추할 수 있음에도 교부청구권자의 범위를 필요최소로 한정한 것이 아니어서 침해최소성에 위배되어 개인정보자기결정권을 침해한 것으로 위헌이라고 결정하였다(헌재 2016. 6. 30, 2015헌마924). ㉡ 직계혈족에 대한 가족관계증명서 및 기본증명서 교부 청구제도에서의 가정폭력 피해자의 개인정보를 보호하기 위한 구체적 방안을 마련하지 아니한 부진정입법부작위의 개인정보자기결정권을 침해성, 위헌성 인정 : 헌재는 '가족관계의 등록 등에 관한 법률' 제14조 제 1 항 본문 중 '직계혈족이 제15조에 규정된 증명서 가운데 가족관계증명서 및 기본증명서의 교부를 청구'하는 부분이 가정폭력 가해자인 직계혈족에 대하여 아무런 제한 없이 민감정보인 그 자녀의 가족관계증명서 및 기본증명서의 발급을 청구할 수 있도록 하여, 결과적으로 가정폭력 피해자인 청구인의 개인정보가 무단으로 가정폭력 가해자에게 유출될 수 있도록 한 것은 입법목적을 달성하기 위하여 필요한 범위를 넘어선 것이므로 침해최소성에 위배된다고 과잉금지원칙을 위반하여 위헌이라고 보았다. 헌재는 결론적으로 가정폭력 피해자의 개인정보를 보호하기 위한 구체적 방안을 마련하지 아니한 부진정입법부작위가 과잉금지원칙을 위반하여 청구인의 개인정보자기결정권을 침해한다고 판시하였고 법개정을 위한 헌법불합치결정을 하였다(헌재 2020. 8. 28, 2018헌마927). ⑨ 이른바 '문화예술계 블랙리스트' 사건 — 개인의 정치적 견해에 관한 정보 : 헌재는 피청구인인 대통령의 지시로 야당 소속 후보를 지지하였거나 정부에 비판적 활동을 한 문화예술인이나 단체를 정부의 문화예술 지원사업에서 배제할 목적으로 청구인들의 정치적 견해에 관한 정보를 수집·보유·이용한 행위는 개인정보자기결정권을 침해한 것으로서 위헌임을 확인한다는 결정을 한 바 있다(2017헌마416). ⑩ '보안관찰처분대상자'가 해야 할 '변동신고 및 위반 시 처벌조항'에 대해서는 사생활의 비밀과 자유 및 개인정보자기결정권을 침해한 것이라고 보아 헌법불합치결정이 내려졌다(2017헌바479. 신고의무의 종료시점이 규정되어 있지 않아 그 결과 대상자는 보안관찰처분을 받은 자가 아님에도 불구하고 재범위험성이 감소한다는 점조차 반영되지 않은 채 무기한 신고의무를 부담하게 되어 침해최소성 원칙을 위배). ⑪ 법원에서 불처분결정된 소년부송치 사건에 대한 수사경력자료의 보존기간 및 삭제에 관하여 규정하지 않은 '형의 실효 등에 관한 법률' 제 8 조의2 제 1 항 및 제 3 항이 개인정보자기결정권을 침해한다고 하여 헌법불합치결정을 하였다[2018헌가2. 범죄의 종류와 경중, 결정 이후 시간의 경과(수사단서 등으로서 가치 감소) 등 일체의 사정에 대한 고려 없이 일률적으로 당사자의 사망 시까지 소년의 장래 신상에 불이익을 줄 수 있는 소년부송치 및 불처분결정(보호처분을 할 수 없거나 할 필요가 없다는 취지의 결정)이 된 사실을 보존하는 것은 입법목적을 달성하기 위하여 필요한 범위를 넘어선 것으로 침해 최소성이 없고 법익균형성도 없음]. ii) 합헌결정례 : ① 지문날인(지문정보) 문제(99헌마513, 2011헌마731, 2020헌마542(주민등록증 발급신청서에 열 손가락 지문을 날인하도록 한 구 주민등록법 시행령 조항, 피청구인 경찰청장이 주민등록증 발급신청서에 날인되어 있는 지문정보를 보관·전산화하고 이를 범죄수사목적에 이용하는 행위가 법률유보원칙, 과잉금지원칙에 반하지 않는다고 판단하여 기각결정함. 시장·군수 또는 구청장이 주민등록증 발급신청서 등을 관할 경찰서의 지구대장 등에 보내도록 한 구 주민등록법 시행규칙 조항에 대해서도 기각결정함)), ② 졸업생의 성명, 생년월일 및 졸업일자 정보를 교육정보시스템(NEIS)에 보유하는 행위(2003헌마282), ③ 국민기초생활보장법상의 수급대상자인지를 가리기 위하여 급여신청자에게 금융거래정보의 제출을 요구할 수 있도록 한 규정(2005헌마112), ④ 연말정산을 위한 의료비 내역에 관한 정보의 제출(2006헌마1401), ⑤ 의료급여를 받을 적법한 수급자인지 여부 및 의료급여 범위 등을 정확히 확인하기 위한 진료정보의 제공(2007헌마1092), ⑥ '혐의없음'의 불기소처분을 받은 경우 혐의범죄의 법정형에 따라 일정기간 피의자의 지문정보와 함께 인적사항·죄명·입건관서·입건일자·처분결과 등을 보존하도록 한 구 '형의 실효 등에 관한 법률' 규정

(2008헌마257), ⑦ 법원의 제출명령이 있을 때 그 사용목적에 필요한 최소한의 범위 안에서 특정인의 금융거래의 내용에 대한 정보 또는 자료를 본인의 동의 없이 제공할 수 있도록 하고 있는 '금융실명거래 및 비밀보장에 관한 법률' 규정(2008헌바132), ⑧ 채무불이행자명부, 그 부본은 누구든지 보거나 복사할 것을 신청할 수 있도록 한 민사집행법 규정(2008헌마663) 등이 있었다. 모두 비례(과잉금지)원칙을 준수하였다고 하여 합헌성이 인정되었다. 그리고 ⑨ '교육관련기관의 정보공개에 관한 특례법시행령' 조항은 교원의 "교원단체 및 노동조합 가입 현황(인원 수)"만을 공시정보로 규정할 뿐 개별 교원의 가입명단은 공시정보로 규정하고 있지 않은 데 대해 학부모가 헌법소원을 청구하였는데, 헌재는 교원의 교원단체 및 노동조합 가입에 관한 정보는 '개인정보 보호법'상의 민감정보로서 특별히 보호되어야 할 성질의 것이므로 가입 현황만을 공시정보로 한 것은 학부모 등의 알 권리와 교원의 개인정보 자기결정권이라는 두 기본권을 합리적으로 조화시킨 것으로서 알 권리를 침해하지 않는다고 판단하였다(2010헌마293). ⑩ 신상정보 등록, 공개·고지명령, 출입국신고, 대면확인 등 — ㉠ 형법상 강제추행죄, 강간죄 등으로 유죄판결이 확정된 자는 신상정보 등록·제출 등의 대상자가 되도록 규정한 구 '성폭력범죄의 처벌 등에 관한 특례법' 규정은 강제추행죄 등의 행위태양이나 불법성의 경중을 고려하지 않고 있더라도 이는 본질적으로 성폭력범죄에 해당하는 강제추행죄 등의 특성을 고려한 것이라고 할 것이므로 침해최소성이 인정되는 등 과잉금지원칙을 준수하여 개인정보 자기결정권을 침해하지 않는다고 결정하였다(2013헌마423, 2014헌마637, 2015헌마846, 2014헌마457, 2016헌마194, 2016헌마964, 2016헌마786, 2017헌바149). ㉡ 공중밀집장소추행죄로 유죄판결이 확정된 자를 신상정보 등록대상자가 된다고 규정한 구 동법 조항(2016헌마1124. 동지 : 2019헌마699), ㉢ 아동·청소년이용음란물 배포 및 소지 행위로 유죄판결이 확정된 자는 신상정보 등록대상자가 된다고 규정한 구 동법 조항(2016헌마656)에 대해서도 합헌성을 인정했다. ㉣ 성폭력범죄의처벌등에관한특례법위반(카메라등이용촬영, 카메라등이용촬영미수)죄로 유죄판결이 확정된 자에 대한 신상정보 등록 제도에 대해서도 등록 그 자체는 합헌성을 인정받았다(그러나 그 보존·관리기간이 20년은 위에서 본 대로 침해최소성을 갖추지 못하여 과잉금지원칙을 위반한 개인정보자기결정권의 침해로 헌법불합치결정이 내려졌다. 2014헌마340등). ㉤ 신상정보의 공개·고

지명령의 합헌성 인정 — 성폭범죄자에 대한 등록된 신상정보의 공개·고지명령도 과잉금지원칙으로 인격권·개인정보자기결정권의 침해가 아닌 합헌으로 결정했다(2015헌바212, 2015헌바196). ㉥ 신상정보 공개·고지명령을 소급적용하는 '성폭력범죄의 처벌 등에 관한 특례법'(이하 '성폭력처벌법'이라 한다) 부칙(2012. 12. 18. 법률 제11556호) 제7조 제1항 중 '제47조, 제49조의 개정규정은 제2조 제1항 제3호, 제3조 제1항, 제8조 제1항에 해당하는 범죄를 저질러 2008년 4월 16일부터 2011년 4월 15일 사이에 유죄판결(벌금형은 제외한다)이 확정된 사람에 대하여도 적용한다'는 부분이 소급처벌금지원칙에 위배되지 않고 과잉금지원칙을 준수하여 인격권 및 개인정보자기결정권을 침해하지 않는다고 보았다(2015헌바196 등). ㉦ 아동·청소년에 대한 강제추행죄로 유죄판결이 확정된 자를 신상정보 등록대상자로 규정하는 '성폭력범죄의 처벌 등에 관한 특례법'(2016. 12. 20. 법률 제14412호로 개정된 것, 이하 '성폭력처벌법'이라 한다) 규정('등록대상자조항'), 신상정보 등록대상자로 하여금 관할경찰관서의 장에게 신상정보를 제출하도록 하는 동법 조항('제출조항'), 신상정보 등록대상자에게 출입국 시 신고의무를 부과하고('출입국 신고조항') 법무부장관이 신상등록대상자의 정보를 등록하도록 하며('등록조항'), 법무부장관이 성범죄로 벌금형을 선고받은 사람의 등록정보를 10년간 보존·관리하도록 규정하고('관리조항'), 관할경찰관서의 장으로 하여금 등록대상자와 연 1회 직접 대면 등의 방법으로 등록정보의 진위와 변경 여부를 확인하도록 하며('대면확인조항'), 법무부장관이 신상정보 등록대상자의 정보를 검사 또는 각급 경찰관서의 장에게 배포할 수 있도록 한('배포조항') 위 동법 조항들이 과잉금지원칙을 지켜 개인정보자기결정권을 침해하지 않는다고 본다(2017헌마399, 2018헌마1067). ⑪ 디엔에이감식시료 채취 대상자가 사망할 때까지 디엔에이신원확인정보를 데이터베이스에 수록, 관리할 수 있도록 하고 디엔에이신원확인정보담당자가 그 디엔에이신원확인정보를 검색하거나 그 결과를 회보할 수 있도록 한 '디엔에이신원확인정보의 이용 및 보호에 관한 법률' 규정이 개인정보자기결정권을 침해하지 않는다고 합헌성 인정의 결정을 헌재가 하였다(2011헌마28, 2016헌마344등. 2016헌마344 결정의 경우는 사망시까지 수록하는 이른바 삭제조항에 대해서는 개인정보자기결권 침해성은 부정되어 이처럼 동지결정례가 되었으나 동법 제8조가 재판청구권을 침해하였다고 하여 그 조문에 대해서는 헌법불합치결정이 있었다. 이 헌법불합치결정에 대해서는 뒤의 재판청구권 부분 참조). ⑫ 정보통신서비스 제공자가 이용자의 주민등록번호를 수집·이용하는 것을 원칙적으로 금지한 후, 정보통신서비스 제공자가 본인확인기관으로 지정받은 경우 예외적으로 이를 허용하는 '정보통신망 이용촉진 및 정보보호 등에 관한 법률' 규정은 본인확인업무에 주민등록번호를 기반으로 한 현행 대체수단과 같은 정도의 정확성과 신뢰성을 지닌 대체수단은 찾기 어려운 점, 민간사업자에 대하여 본인확인기관 지정 신청자격을 부여하면서, 이들이 수행하는 본인확인업무의 안전성과 신뢰성을 확보하기 위한 여러 조치를 둠으로써 그로 인한 침해를 최소화하고 있다는 점 등에서 과잉금지원칙을 위반하지 않아 개인정보자기결정권을 침해하지 않는다고 합헌결정을 하였다(2014헌마463). ⑬ 정보통신망을 통해 청소년유해매체물을 제공하는 자에게 이용자의 본인확인(공인인증서, 아이핀(I-PIN), 휴대전화를 통한 인증 등의 방법이고 주민등록번호 입력은 아님) 의무를 부과하고 있는 청소년 보호법 및 동법 시행령 규정이 과잉금지원칙을 준수하여 개인정보자기결정권을 침해하지 않는다는 기각(합헌성인정)결정을 하였다(2013헌마354). ⑭ 어린이집 CCTV 열람 영유아보육법 조항 — 보육교사의 개인정보자기결정권을 과잉금지원칙을 준수하여 하는 제한으로 합헌성을 인정했다(2015헌마994). ⑮ 인구주택총조사(census)에서의 방문 면접조사 — 통계청장이 2015 인구주택총조사의 방문 면접조사를 실시하면서 담당 조사원을 통해 조사표의 조사항목들에 응답할 것을 요구한 행위에 대해 헌법소원심판이 청구되었다. 사생활의 비밀과 자유, 종교의 자유, 평등권 등에 대한 침해 주장도 있었으나 헌재는 개인정보자기결정권의 제한 문제로만 판단하였는데 법률유보원칙, 포괄위임금지원칙을 준수하였다고 보고 아래와 같은 판시로(요약함) 과잉금지원칙도 준수하였다고 하여 결국 합헌성을 인정하였다(2015헌마1094).

> 방문 면접을 통해 행정자료로 파악하기 곤란한 항목들을 조사하여 그 결과를 사회현안에 대한 심층 분석과 각종 정책수립, 통계작성의 기초자료 또는 사회·경제현상의 연구·분석 등에 활용하도록 하고자 한 것이므로 그 목적이 정당하고, 15일이라는 짧은 방문 면접조사 기간 등 현실적 여건을 감안하면 인근 주민을 조사원으로 채용하여 방문면접 조사를 실시한 것은 목적을 달성하기 위한 적정한 수단이 된다. 2015 인구주택총조사 조사표의 조사항목들은 당시 우리 사회를 진단하고 미래를 대비하기 위하여 필요한 항목들로 구성되어 있다. 저출산, 고령화, 변화하는 가구, 사회

의 다양화와 통합, 주거복지 관련 실태를 파악하고자 자녀 출산 시기, 일상생활 및 사회 활동 제약, 결혼 전 취업 여부, 경력단절 항목 등을 신규로 추가하였고, 기존의 조사항목 중 불필요한 항목들(수도 및 식수 사용 형태, 정보통신기기 보유 및 이용 현황, 교통수단 보유 및 이용 현황)은 폐지하였으며, 나머지 항목들은 시계열 축적을 통해 통계자료로서의 효율성을 높이고자 유지하였다. 또 조사항목 52개 가운데 성명, 성별, 나이 등 38개 항목은 UN통계처의 조사권고 항목을 그대로 반영한 것이어서 범세계적 조사항목에 속한다. 한편, 1인 가구 및 맞벌이 부부의 증가, 오늘날 직장인이나 학생들의 근무 · 학업 시간, 도시화 · 산업화가 진행된 현대사회의 생활형태 등을 고려하면, 출근 시간 직전인 오전 7시 30분경 및 퇴근 직후인 오후 8시 45분경이 방문 면접조사를 실시하기에 불합리할 정도로 이르거나 늦은 시간이라고 단정하기 어렵다. 나아가 관련 법령이나 실제 운용상 표본조사 대상 가구의 개인정보 남용을 방지할 수 있는 여러 제도적 장치도 충분히 마련되어 있다. 따라서 심판대상행위가 과잉금지원칙을 위반하여 청구인의 개인정보자기결정권을 침해하였다고 볼 수 없다.

⑯ 경찰서장이 시장에게 활동지원급여 부정 수급 사건의 수사를 위하여 필요하다는 사유로 김포시장애인복지관 등에 소속된 활동보조인들의 인적사항, 휴대전화번호, 계약일, 종료일, 계약기간 및 수급자의 인적사항, 휴대전화번호 등을 확인할 수 있는 자료를 요청하고 시장이 서장에게 활동보조인들의 이름, 생년월일, 전화번호, 주소, 계약일, 계약기간 및 수급자들의 이름, 생년월일, 전화번호, 주소를 제공하였다. 헌재는 이 제공행위가 과잉금지원칙을 준수하여 침해가 아니라고 보고 합헌성을 인정하는 기각결정을 하였다(2016헌마483). ⑰ 변호사시험 합격자 명단 공개 — 헌재는 이에 대해 개인정보자기결정권의 제한이 과잉금지원칙을 준수한 것이어서 합헌이라고 결정하였다. 이 결정에서는 위헌의견이 5인 다수의견임에도 6인 위헌의견을 요구하는 인용결정 정족수에 미치지 못하여 합헌성을 인정하는 기각결정을 한 것이다(2018헌마77등). ⑱ 의료기관 장이 보건복지부장관에게 비급여 진료비용에 관한 사항을 보고하도록 한 의료법 규정 — 필요한 상병명, 수술 · 시술명 등과 같은 객관적인 진료정보만 포함될 뿐, 해당 정보가 누구에 관한 것인지를 특정할 수 있게 하는 환자 개인정보는 제외된다고 해석되므로 개인정보자기결정권에 대한 중대한 제한을 초래한다고 보기도 어려워 침해최소성을 갖추고 과잉금지원칙을 지켜 합헌이라고 보았다(2021헌마374). ⑲ 코로나19 관련 이태원 기지국 접속자 정보수집의

합헌성 인정 — 감염병 예방 및 감염 전파의 차단을 위하여 감염병의심자 등에 관한 인적사항 수집을 허용하는 구 '감염병의 예방 및 관리에 관한 법률' 제76조의2 제1항 제1호가 미리 예측하기 어려운 다양한 감염병 유행 상황에 적합한 방역조치를 보건당국이 전문적 판단재량을 가지고 신속하고 적절하게 취할 수 있도록 하여야 한다는 점 등에서 개인정보자기결정권을 침해하지 않는다고 보아 이에 대한 심판청구를 기각하였다(2020헌마1028).

Ⅳ. 사생활의 비밀 · 자유의 제한과 그 한계

1. 제한의 구체적 문제

[언론의 자유, 알 권리와 사생활비밀 · 자유] 언론이 개인의 사사(私事)를 보도함으로써 사생활의 비밀 · 자유가 제한될 수 있다. 그 제한의 논거로 공적 인물론, 공익론, 권리포기론 등이 제시되고 있다. 즉 공적 인물론은 공적 인물의 경우에는 여러 사람들의 관심, 알 권리의 대상이 되므로 그의 사생활이 어느 정도 공개되는 것은 받아들여야 한다는 이론이다. 공익론은 공익적 가치가 있는 사실에 대한 보도는 보장되어야 한다는 이론이고 권리포기론은 일정한 경우에 사생활의 비밀을 포기한 것으로 보아 그 공개가 가능하다는 이론이다.

공적 인물론을 적용한 헌재, 대법원의 판례들이 있다(대표적인 헌재결정례로, 97헌마265 참조. 공적 인물론에 대해서는, 후술 제5절 제2항 언론 · 출판의 자유 참조). 국민의 알 권리를 위하여 공개될 필요가 있는 사적 사항인지에 대한 판단은 이익형량에 의하고 공개가 최소한에 그쳐야 한다. 국민의 알 권리와 무관한 사항일 때에는 그 대상이 공적 인물이라 하더라도 제한이 정당화될 수 없다. 대법원은 군의 사찰행위는 국민의 알 권리와 무관하므로 그 대상이 공적 인물이라는 이유만으로 그 사찰행위가 면책될 수 없다고 보았다(대법원 96다42789).

[국정감사 · 조사의 한계로서의 사생활의 비밀] '국정감사 및 조사에 관한 법률' 제8조는 국정감사 또는 국정조사의 한계로서 감사 또는 조사는 개인의 사생활을 침해할 목적으로 행사되어서는 아니 된다고 규정하고 있다.

[행정조사와 사생활의 비밀] 행정적 필요에 따른 조사의 과정에서 개인의 사생활에 대한 조사가 행해질 수 있다. 행정조사기본법 제4조 제1항은 행정조

사는 조사목적을 달성하는 데 필요한 최소한의 범위 안에서 실시하여야 하며, 다른 목적 등을 위하여 조사권을 남용하여서는 아니 된다고 한계를 설정하고 있다. 즉 비례원칙이 적용되어야 하고 보충성원칙이 지켜져야 한다.

[명단공개·신상공개] 행정의무를 위반한 사람에 대한 명단의 공개가 사생활의 비밀과 자유의 침해가 아닌지가 논란이 된다. 대표적으로 국세기본법은 고액·상습체납자 등의 명단공개를 할 수 있도록 규정하고 있다(동법 제85조의5 제1항). 청소년 성매수자에 대한 신상공개가 사생활의 비밀, 자유를 침해하여 위헌이라는 주장이 있었는데 헌재는 과잉금지원칙을 위반하지 않았다는 4인 재판관의 의견에 따라 합헌으로 결정하였다(2002헌가14. 위헌의견이 5인 의견이었으나 정족수(6인)에 1인 부족으로 합헌으로 결정되었음). 형법상 강제추행죄로 유죄판결이 확정된 자는 신상정보 등록대상자가 되도록 규정한 구 '성폭력범죄의 처벌 등에 관한 특례법' 규정에 대해 합헌성을 인정하는 결정이 있었다(2013헌마423).

[위치추적] '위치정보의 보호 및 이용 등에 관한 법률'이 동의 없는 위치정보수집을 금지하면서 긴급구조를 위한 경우 등의 예외를 인정하고 있다(동법 제15조, 제29조). 특정 범죄의 재발을 막고자 '특정 범죄자에 대한 보호관찰 및 전자장치 부착 등에 관한 법률'이 있었고, 지금은 2020. 2. 4. 법개정으로 이름이 '전자장치 부착 등에 관한 법률'로 바뀌었으나 주요 내용이 유지되고 강화되어 있다. 이 법률은 성폭력범죄를 2회 이상 범하여 습벽이 인정되고 재범의 위험성이 있는 자에게 검사의 청구에 따라 법원이 일정 기간 내에서 위치추적 전자장치를 부착할 수 있도록 규정하고 있는데 그러한 부착명령제도가 피부착자의 사생활의 비밀과 자유, 개인정보자기결정권, 옷차림이나 신체활동의 자유, 인격권을 위헌적으로 제한하는 것인지 여부에 대해 헌재는 비례(과잉금지)원칙을 준수한 것이라고 하여 합헌으로 결정한 바 있다(2010헌바187, 2011헌바89).

[CCTV 등 영상정보처리기기] 각종 범죄예방 등을 위하여 설치된 폐쇄회로 텔레비전(CCTV) 등 영상정보처리기기의 사생활비밀·자유의 침해 문제가 논란되고 있다. 설치목적과 장소, 촬영범위 등이 명확하여야 한다. '개인정보 보호법'은 범죄예방, 교통단속 등 동법이 정한 경우 외에 공개된 장소에 영상정보처리기기를 설치·운영하여서는 아니 된다고 규정하고 불특정 다수가 이용하는 목욕실, 탈의실 등 개인의 사생활을 현저히 침해할 우려가 있는 장소의 내부

를 볼 수 있도록 영상정보처리기기를 설치·운영하여서는 아니 된다고 규정하고 있다(동법 제25조). ① 교도소에서 엄중격리대상자의 수용거실에 CCTV를 설치하여 24시간 감시하는 행위에 대해 헌재는 당시 법률의 근거 없이 이루어지고 있는 것으로 보아야 하므로 법률유보원칙에 반하여 위헌이라는 의견이 5인 재판관의견으로 다수의견이었으나 일반적 계호활동을 허용하는 법률규정에 의해 허용된다고 보고 자살·자해의 위험성 등을 고려한 제한으로 과잉금지원칙을 위반한 것이 아니라는 4인 재판관의견에 따라 합헌성을 인정하는 기각결정을 하였다(2005헌마137. 위헌의견이 5인 의견이었으나 정족수(6인)에 1인 부족으로 기각). 그뒤 '형의 집행 및 수용자의 처우에 관한 법률'이 그 근거를 두었고 다시 CCTV 계호행위에 대해 제기된 헌법소원사건에서 비례(과잉금지)원칙을 준수한다고 하여 합헌성을 인정하는 결정이 있었다(2010헌마413, 2012헌마549). ② 어린이집에 CCTV 설치 의무화 영유아보육법 조항 — 헌재는 어린이집 설치·운영자의 직업수행의 자유, 어린이집 보육교사(원장 포함) 및 영유아의 사생활의 비밀과 자유, 부모의 자녀교육권을 제한하나 목적정당성, 수단적합성을 가지고 실시간 전송 가능한 네트워크 카메라의 설치의 원칙적 금지, 녹음기능 사용금지, 보호자 전원 반대시 CCTV를 설치하지 않을 수 있는 가능성을 보면 침해최소성에 반하지 아니한다고 결정하였고 아울러 CCTV 열람 조항은 어린이집 보육교사 등의 개인정보자기결정권 및 어린이집 원장의 직업수행의 자유를 제한하고 보호자 참관 조항은 어린이집 원장의 직업수행의 자유를 제한하나 모두 과잉금지원칙을 위반하지 않는다고 합헌성을 인정하는 결정을 하였다(2015헌마994).

[공직자의 병역면제사유인 질병명 공개] 병역이 면제된 4급 이상 공무원에 대해 병역면제의 사유인 질병명을 관보와 인터넷에 공개하도록 한 '공직자 등의 병역사항 신고 및 공개에 관한 법률' 규정은 내밀한 사적 영역에 근접하는 민감한 개인정보에 대한 공개를 하도록 하는 것으로서 사생활의 자유와 비밀에 대한 심각한 침해이고 공개대상공무원의 범위가 4급 이상 공직자로 너무 광범위하다는 이유로 위헌성이 인정되어 헌법불합치로 결정되었다(2005헌마1139).

[간통죄·혼인빙자간음죄] 헌재는 간통죄 규정에 대해서는 합헌으로 결정하여오다가 2015년에 위헌결정이 있었다(2009헌바17). 혼인빙자간음죄 규정은 내밀한 사적 생활영역에서의 행위를 비례(과잉금지)원칙에 위반하여 제한한다고 하여

위헌이라고 결정하였다(2008헌바58).

[기타] 보안관찰법의 피보안관찰자의 신고의무 조항에 대해서 헌재는 재범 위험성 예방, 건전한 사회복귀 촉진이라는 목적 달성을 위한 것이라는 점 등을 볼 때 과잉금지원칙에 반하지 않는다고 결정하였다(2014헌바475).

2. 제한의 한계

사생활비밀·자유에 대해 법률로써 제한하더라도 비례원칙을 지켜야 하고 본질적 내용을 침해해서는 아니 된다.

Ⅴ. 사생활의 비밀·자유의 침해에 대한 구제

사생활의 비밀·보호를 침해하는 위헌적인 법률에 대해서는 위헌법률심판을 통하여, 침해하는 문제의 공권력에 대해서는 헌법소원심판, 행정쟁송 등을 통해 구제될 수 있다. 사생활자유의 침해, 비밀공개 등으로 인해 손해가 발생한 경우에 국가배상에 의해 구제될 수 있다.

언론의 보도, 논평 등에 의해 사생활의 비밀·자유가 침해된 경우에는 반론보도청구권, 정정보도청구권, 추후보도청구권 등으로 구제될 수 있다. 이러한 청구권들에 대해서는 '언론중재 및 피해구제 등에 관한 법률'이 그 절차 등을 규정하고 있다.

제 4 항 통신 비밀의 불가침권

Ⅰ. 통신 비밀의 불가침권의 개념과 성격

우리 헌법 제18조는 "모든 국민은 통신의 비밀을 침해받지 아니한다"라고 규정하여 통신의 비밀의 불가침을 명시하고 있다.

1. 개 념

통신이라 함은 사람들 사이에서 소식이나 의사(뜻)를 전달하고 수령하는 행위를 말한다(대포폰방지를 위해 이동통신사업자가 제공하는 전기통신역무를 타인의 통신용으로 제공하는 것을 원칙적으로 금지하고 위반 시 형사처벌하는 전기통신사업 규정은 이런 제공행위를 금지할 뿐 그 이용자의 의사소통이나 의사표현을 제한하는 내용이 아니므로 통신의 자유가 아닌 이동통신서비스 이용자의 일반적 행동자유권을 제한한다. 2019헌가14). 통신의 내용이 언어나 문자인 것은 물론이고 부호, 기호, 그림, 신호 등을 포함한다.

통신 비밀의 불가침의 권리란 통신의 내용이 통신인의 의사에 반하여 다른 사람들에게 알려지거나 공개되지 않을 권리를 의미한다.

* 우리 헌법 제18조는 통신의 비밀에 대해서만 명시하고 있으나 통신수단에의 접근, 통신행위를 방해받지 않을 통신의 자유도 보장된다. 이동통신서비스 가입 본인확인 사건에서 헌재는 '익명으로 이동통신서비스에 가입하여 자신들의 신원을 밝히지 않은 채 통신하고자 하는 자들의 통신의 자유'를 다룬 바 있다(2017헌마1209. 기각결정).

2. 법적 성격

통신 비밀의 불가침권의 법적 성격에 대해서는 이를 ① 자유권이라고 보는 설, ② 사생활비밀보장권이라고 보는 설, ③ 표현의 자유의 하나라고 보는 설, ④ 통신행위와 표현행위를 포괄하는 양면적인 자유권이라고 보는 설 등이 있다. 생각건대 통신의 내용 중에 사생활에 관한 것의 비밀보장은 사생활비밀보장도 아우르나 사생활적이지 않은 영역에서의 통신이나 단순한 소식의 전달 등도 통신을 통해 이루어진다는 점에서 '통신에 관한 한' 그 비밀 보장이 사생활비밀보장보다 넓다. 헌재는 "사생활의 비밀과 자유에 포섭될 수 있는 사적 영역에 속하는 통신의 자유는 헌법이 제18조에서 별도의 기본권으로 보장하고 있으므로, 통신의 자유 침해 여부를 판단하는 이상 사생활의 비밀과 자유 침해 여부에 관하여는 별도로 판단하지 아니한다"라고 한다(2009헌가30; 2017헌마1209; 2019헌마919, 2019헌마158등). 통신 비밀의 불가침의 권리는 통신에 관한 비밀을 공개당하지 않을 방해(간섭)배제적인 권리로서 자유권으로서의 성격을 가진다.

Ⅱ. 통신 비밀의 불가침권의 주체

자연인은 통신의 자유와 불가침의 주체가 되고 국민은 물론 외국인도 주체가 될 수 있다. 법인, 법인격 없는 단체 등도 주체가 될 수 있다. 법인인 기업의 경우에 통신의 내용이 기업의 비밀이라면 이에 대한 침해는 통신비밀의 침해이자 기업의 경영의 자유, 신용재산에 대한 침해를 가져올 수도 있다.

수용자에 온 서신의 개봉 · 열람행위의 합헌성이 논의된다. ⓐ 마약 · 독극물 · 흉기 등 법령상 금지되는 물품을 서신에 동봉하여 반입하는 것을 방지하기 위하여, 구 형집행법 등에 근거하여 소장이 수용자에게 온 서신의 봉투를 개봉하여(X-ray 등을 통한 검색방법이 불완전하다고 보아 그 침해최소성 인정) 내용물을 확인한 행위, ⓑ 법원 등에서 온 문서를 열람한 행위에 대해(다양한 기관에서 발송되는 수많은 문서를 일일이 분류하는 것이 현실적으로 매우 어려움) 모두 합헌성을 인정하였다(2019헌마919). 수용자의 통신의 비밀 문제로 변호인과의 통신 문제가 많이 논의된다. 이 문제에 대해서는 신체의 자유의 변호인의 조력을 받을 권리에서 살펴보았다(전술 제 2 절 제 4 항 Ⅵ. 참조).

Ⅲ. 통신 비밀의 불가침권의 내용

통신 비밀 불가침이 보장되는 통신은 종이나 문서, 서신 등의 우편물을 그 수단으로 할 수 있고, 전기적 방법에 의한 전화, 팩스, 전신, 이메일(e-mail)과 그 외 컴퓨터, 인터넷에 의한 통신 등을 포함한다. 통신의 비밀 대상은 통신의 내용은 물론이고 발신인, 수신인, 발신시각, 발신장소, 발신횟수, 통신방법 등 통신에 관한 모든 정보를 포함한다. 발신자추적이나 착신번호제 등이 논란될 수 있다. 음란적이거나 언어폭력적 통신으로부터 보호할 필요가 있을 경우 등에는 합헌성이 인정된다.

통신의 내용의 비밀을 침해하는 불법적 도청(감청), 우편물의 검열 · 개봉 등이 금지된다. 통신비밀보호법은 "우편물의 검열 또는 전기통신의 감청을 하거나 공개되지 아니한 타인간의 대화를 녹음 또는 청취한 자"와 그렇게 하여 "알게 된 통신 또는 대화의 내용을 공개하거나 누설한 자"를 처벌하도록 하고 있다(동법 제16조 제1항). "봉함 기타 비밀장치한 사람의 편지, 문서 또는 도화를 개봉한 자"는 비밀침해죄로 형사처벌된다(형법 제316조 제1항). 불법검열에 의한 우편물의 내용과 불법감청에 의한 전기통신내용은 재판 또는 징계절차에서 증거로 사용할 수 없도록 금지되고 있다(통신비밀보호법 제4조).

* 통신내용공개에 대한 처벌과 언론의 보도 문제 : 대법원은 불법 감청·녹음 등에 관여하지 아니한 언론기관이 그 통신 또는 대화의 내용이 불법 감청·녹음 등에 의하여 수집된 것이라는 사정을 알면서도 그것이 공적인 관심사항에 해당한다고 판단하여 이를 보도하여 공개하는 행위가 "지득한 통신 또는 대화의 내용을 공개하거나 누설한 자"를 처벌하는 위 통신비밀보호법규정에 따라 처벌되느냐 하는 문제에 대해 대법원은 긍정하면서 다만, 형법 제20조의 정당행위로 위법성이 조각될 수 있다고 보고 그 조각되는 요건을, 이른바 '안기부 X파일사건' 판결에서 아래와 같이 설정한 바 있다. 대법원 2011. 3. 17. 선고 2006도8839 전원합의체. [**판시요약**] 위 공개하는 행위가 형법 제20조의 정당행위로서 위법성이 조각된다고 하려면, 적어도 다음과 같은 요건을 충족할 것이 요구된다. 첫째, 보도의 목적이 불법 감청·녹음 등의 범죄가 저질러졌다는 사실 자체를 고발하기 위한 것으로 그 과정에서 불가피하게 통신 또는 대화의 내용을 공개할 수밖에 없는 경우이거나, 불법 감청·녹음 등에 의하여 수집된 통신 또는 대화의 내용이 이를 공개하지 아니하면 공중의 생명·신체·재산 기타 공익에 대한 중대한 침해가 발생할 가능성이 현저한 경우 등과 같이 비상한 공적 관심의 대상이 되는 경우에 해당하여야 하고, 둘째, 언론기관이 불법 감청·녹음 등의 결과물을 취득할 때 위법한 방법을 사용하거나 적극적·주도적으로 관여하여서는 아니 되며, 셋째, 보도가 불법 감청·녹음 등의 사실을 고발하거나 비상한 공적 관심사항을 알리기 위한 목적을 달성하는 데 필요한 부분에 한정되는 등 통신비밀의 침해를 최소화하는 방법으로 이루어져야 하고, 넷째, 언론이 그 내용을 보도함으로써 얻어지는 이익 및 가치가 통신비밀의 보호에 의하여 달성되는 이익 및 가치를 초과하여야 한다.

* 당해 사안에서 대법원은 위법성이 조각되는 정당행위의 경우에 해당하지 아니한다고 판결하였다.

Ⅳ. 통신 비밀의 불가침권의 제한과 그 한계

1. 법 규 정

통신 비밀의 불가침권은 국가안전보장, 질서유지, 공공복리를 위하여 법률로써 제한될 수 있다. 국가안전보장을 위한 제한으로 전파법(법 제80조 제 1 항), 국가보안법에 의한 제한이 있다(법 제 8 조 제 1 항). 통신비밀보호법은 국가안보를 위한 통신제한조치를 고등법원 수석판사의 허가 또는 대통령의 승인을 얻어 할 수 있도록 하고 있다(법 제 7 조). 또한, 범죄수사를 위한 통신제한조치를 검사의 청구에 의한 법원의 허가를 받아 2개월 이내의 범위에서 할 수 있도록 하고(동법 제 5 조 이하), 그 연장은 한 번에 2개월 범위에서, 총 연장기간이 1년(국가보안법위반 등 특정범죄에 대해서는 3년)을 초과하지 않는 범위 내에서 이루어지도록 하였다(동법 제 6 조). 검사 또는 사법 경찰관은 수사 또는 형의 집행을 위하여 필요한 경우 전기통신사업자에게 통신사실 확인자료제공을 지방법원 또는 지원의 허가를 받아 요청할 수 있도록 하고 있다(동법 제13조). 이 경우 수사기관은 통신사실 확인자료 제공의 대상이 된 당사자에게 일정기간 내에 통신사실 확인자료제공을 받은 사실과 제공요청기관 및 그 기간 등을 서면으로 통지하여야 한다(동법 제13조의3). 긴급한 사유가 있는 때에 법원의 허가없는 긴급통신제한조치도 할 수 있는데 사후 허가를 구하여야 한다(동법 제 8 조).

위 통신제한조치연장에 횟수제한이 없었는데 이는 통신의 비밀을 침해한다고 한 헌법불합치결정(2009헌가30, 아래 판례 참조), 통신사실 확인자료(위치정보 추적자료) 요청 조항(2012헌마191등), 통신사실 확인자료(가. 가입자의 전기통신일시, 나. 전기통신개시·종료시간, 다. 발·착신 통신번호 등 상대방의 가입자번호, 라. 사용도수) 열람・제출 요청(2012헌마538) 조항들에 대해서도 통신의 자유 침해라고 하여 내린 헌법불합치결정들이 있었다(이 결정들에 대해서는 앞의 개인정보자기결정권 부분 참조). 모두 법개정이 되었다.

통신 비밀의 불가침권에 대한 제한을 하더라도 한계가 있다. 통신비밀보호법 제 3 조 제 2 항은 “우편물의 검열 또는 전기통신의 감청은 범죄수사 또는 국가안전보장을 위하여 보충적인 수단으로 이용되어야 하며, 국민의 통신비밀에 대한 침해가 최소한에 그치도록 노력하여야 한다”라고 규정하고 있다. 또한 제한하더라도 그 본질적 내용을 침해할 수 없다(제37조 제 2 항).

2. 판 례

i) 위헌성 인정례 : ① 횟수제한 없는 통신제한조치연장 ― 헌재는 비록 법원의 허가를 전제로 하고 있지만 횟수의 제한 없이 통신제한조치의 연장을 가

능하게 하는 구 통신비밀보호법 제 6 조 제 7 항 일부규정에 대해 과잉금지원칙에 위반하여 통신의 비밀을 침해한다고 보아 헌법불합치결정을 하였다(2009헌가30). ② 수용자 서신 무봉함 제출 강제 — "수용자는 보내려는 서신을 봉함하지 않은 상태로 교정시설에 제출하여야 한다"고 규정한 구 '형의 집행 및 수용자의 처우에 관한 법률 시행령' 제65조 제 1 항에 대해 헌재는 수용자의 면전에서 서신에 금지물품이 들어 있는지를 확인하고 서신을 봉함하게 하는 방법, X-ray 검색기 등으로 확인한 후 의심이 있는 경우에만 개봉하여 확인하는 방법 등으로도 목적이 달성될 수 있다고 할 것인바, 모든 서신에 대해 무봉함 상태의 제출을 강제함으로써 침해의 최소성 요건을 위반하고 법익 균형성 요건도 충족하지 못하고 있다고 보아 위헌결정하였다(2009헌마333). ③ 인터넷회선감청(이른바 '패킷감청') — 통신비밀보호법(1993. 12. 27. 법률 제4650호로 제정된 것, 이하 '법'이라 한다) 제 5 조 제 2 항 중 '인터넷회선을 통하여 송·수신하는 전기통신'에 관한 부분이, 인터넷회선 감청은 수사기관이 실제 감청 집행을 하는 단계에서는 해당 인터넷회선을 통하여 흐르는 불특정 다수인의 모든 정보가 패킷 형태로 수집되어 일단 수사기관에 그대로 전송되므로, 다른 통신제한조치에 비하여 감청 집행을 통해 수사기관이 취득하는 자료가 비교할 수 없을 정도로 매우 방대하다는 점 등에서 침해최소성을 갖추지 않았고, 법익균형성을 갖추지 못한 과잉금지원칙 위반으로 통신의 비밀, 사생활의 자유와 비밀을 침해하였다고 보고 헌법불합치결정(잠정적용)을 받았다(2016헌마263). 인터넷회선감청은 이른바 '패킷감청'으로 이루어진다고 한다. '패킷감청'이란 인터넷 통신망에서 정보 전송을 위해 쪼개어진 단위인 전기신호 형태의 '패킷'(packet)을 수사기관이 중간에 확보하여 그 내용을 지득하는 감청을 말한다. 그 근거가 된 위 통신비밀보호법 위 규정이 위와 같이 헌법불합치로 결정된 것이다. * 이 결정으로 2020년에 제12조의2(범죄수사를 위하여 인터넷 회선에 대한 통신제한조치로 취득한 자료의 관리)가 신설되었다.

ii) 합헌성 인정례 : ① 금치기간 중 서신수발금지 — 금치처분을 받은 수형자에 대하여 금치기간 중 접견, 서신수발을 금지하고 있는 구 행형법시행령 제145조 제 2 항 중 접견, 서신수발 부분이 수형자의 통신의 자유 등을 침해하는지 여부에 대해 헌재는 수용시설 내의 안전과 질서유지라는 정당한 목적을 위하여 필요·최소한의 제한이라고 하여 합헌성을 인정하였다(2002헌마478, 2012헌마623(미결수용자에 대한 2002헌마478과 동지의 결정, 2012헌마623 결정과 동지 : 2012헌마549). ② 금치기간 중 접견금지 ― 금치처분 수형자에 대하여 금치기간 중 접견을 금지하고 있는 구 행형법시행령 규정이 수용시설 내의 안전과 질서유지라는 정당한 목적을 위하여 필요·최소한의 제한이라고 보아 합헌성을 인정하였다(2002헌마478, 미결수용자에 대해 이 결정을 그대로 동지로 인정한 결정 : 2012헌마549). ③ 금치기간 중 전화통화제한 ― 외부와의 접촉 금지, 구속감과 외로움 속에 반성에 전념하게 하는 징벌의 목적에 상응하는 제한이고 침해최소성, 법익균형성도 갖추어 합헌성을 인정하였다(2012헌마549). ④ 수용자 작성 집필문의 외부반출 금지 ― 수용자가 작성한 집필문에 금지된 물품이 들어 있거나 내용이 수용자 처우 등에 관한 명백한 거짓사실 등을 포함하고 있는 때 반출을 금지하고 있는 '형의 집행 및 수용자의 처우에 관한 법률' 규정은 과잉금지원칙을 준수하여 통신의 자유를 침해하지 않는다고 결정하였다(2013헌바98. 외부반출로 인한 부작용은 예측하기 어려우므로 이를 규제할 필요가 있고 사생활의 비밀이 침해된 이후에는 이에 대해 형사처벌, 손해배상청구를 하는 것만으로는 사후적 구제에 불과하여 피해자의 권리를 충분히 구제하기 어려우며, 집필문의 외부반출이 불허되고 영치처분이 내려진 경우에도 수용자는 행정소송 등을 통해 이러한 처분의 취소를 구할 수 있는 수단도 마련되어 있어 침해의 최소성 원칙에 반하지 않는다고 본 것임). ⑤ 미결수용자의 접견내용의 녹음·녹화 ― '형의 집행 및 수용자의 처우에 관한 법률'의 '미결수용자의 접견내용의 녹음·녹화'에 관한 부분은 교정시설의 장이 미리 접견내용의 녹음 사실 등을 고지하며, 접견기록물의 엄격한 관리를 위한 제도적 장치도 마련되어 있는 점 등을 고려할 때 침해의 최소성 요건도 갖추고 있어서 과잉금지원칙을 준수하여 사생활의 비밀과 자유, 통신의 비밀을 침해하지 아니하므로 합헌성이 인정된다고 결정하였다(2014헌바401). ⑥ 통신비밀보호와 표현의 자유 ― 이 두 기본권이 충돌할 수 있는데 공개되지 아니한 타인간 대화의 공개를 처벌하는 통신비밀보호법 규정에 대한 합헌결정이 이에 관한 사례였다(2009헌바42. 대화의 내용을 공개한 자의 표현의 자유를 과잉금지원칙을 준수하여 제한하여 침해가 아니라고 보았다). ⑦ 방송통신심의위원회가 정보통신서비스제공자 등에 대하여 895개 웹사이트에 대한 접속차단의 시정을 요구한 행위 ― 사후적 조치만으로는 시정조치의 목적을 동일한 정도로 달성할 수 없어 침해최소성을 갖춘, 통신의 자유와 비밀 그리고 알 권리 제한이라서 합헌이라고 결정했다(2019헌마158등).

제 4 절 정신활동의 자유권

제 1 항 양심의 자유

헌법 제19조는 모든 "국민은 양심의 자유를 가진다"라고 명시하고 있다.

Ⅰ. 양심의 개념과 양심의 자유의 보호대상

1. 개 념

(1) 학 설

양심의 개념에 대해서는 이를 좁게 보는 견해(협의설)와 보다 넓게 보는 견해(광의설)가 있다. ① 협의설(윤리설)은 윤리적 가치판단만을 양심의 내용으로 보는 학설이다. ② 광의설(사상·양심설)은 윤리적 가치판단뿐 아니라 사회적 사상도 양심에 포함하여 양심의 개념과 범위를 넓게 보는 견해이다. 결국 위 학설의 차이는 주로 양심 속에 사회적 사상이 포함되는지에 있다.

(2) 판 례

1) 경 향 광의설을 취한 판례로, 헌재는 사죄광고결정에서 "양심이란 세계관·인생관·주의·신조 등은 물론, 이에 이르지 아니하여도 보다 널리 개인의 인격형성에 관계되는 내심에 있어서의 가치적·윤리적 판단도 포함된다고 볼 것이다"라고 판시하였다(89헌마160). 협의설을 취한 판례로, 헌재는 준법서약서 결정에서 "양심의 자유는 인간으로서의 존엄성 유지와 개인의 자유로운 인격발현을 위해 개인의 윤리적 정체성을 보장하는 기능을 담당한다"라고 판시한 예가 있다(98헌마425). 그리고 광의로 보는지 협의로 보는지에 대해 명확하게 밝히지 않은 채 윤리적 내심영역이라고 하면서도 세계관·인생관·

주의·신조 등을 포함하는 설시를 한 결정들도 적지 않다. 그래서 헌재의 판례의 입장이 명확하지 않아 보인다.

2) **진 지 성** 한편 헌재는 진지성을 양심의 요소로 보아오고 있기도 하다. 즉 헌재는 여러 번의 판결들과 최근의 판결들에서 "헌법이 보호하려는 양심은 어떤 일의 옳고 그름을 판단함에 있어서 그렇게 행동하지 아니하고는 자신의 인격적인 존재가치가 허물어지고 말 것이라는 강력하고 진지한 마음의 소리이지, 막연하고 추상적인 개념으로서의 양심이 아니다"라고 보아 진지한 내면의 결정으로 한정하는 경향이 있다.

3) **주 관 성** 헌재는 "양심의 자유가 보장하고자 하는 '양심'은 민주적 다수의 사고나 가치관과 일치하는 것이 아니라, 개인적 현상으로서 지극히 주관적인 것이다. 양심은 그 대상이나 내용 또는 동기에 의하여 판단될 수 없고, 양심상의 결정이 이성적·합리적인지, 타당한지 또는 법질서나 사회규범, 도덕률과 일치하는지 여부는 양심의 존재를 판단하는 기준이 될 수 없다"라고 한다(2008헌가22 등).

2. 양심의 자유의 보호대상(보호영역) — 판례를 중심으로

(1) 양심의 보호영역 사항으로 본 경우

헌재 판례가 그동안 양심의 문제에 관한 사항, 양심의 보호대상영역에 속한다고 본 중요한 사례들로는 다음과 같은 것들이 있었다. ① 사죄광고 강제 사안 — 죄악을 자인하는 의미의 사죄의 의사표시는 양심에 관한 문제로서 이를 강제하는 것은 양심의 왜곡·굴절이다(89헌마160). ② 연말정산을 위한 의료비 내역 제출의무 사안 — 의사의 환자 비밀 유지의 윤리가 양심에 속한다(2006헌마1401). ③ 양심적 병역거부 사안 — 자신의 종교관·가치관·세계관 등에 따라 전쟁과 그에 따른 인간의 살상에 반대하는 진지한 양심이 형성되었다면, '병역의무를 이행할 수 없다'라는 결정이 양심의 자유가 보장하고자 하는 영역이다(2002헌가1, 2008헌가22, 2007헌가12, 2011헌바379등).

위 사안에서의 제한의 각 합헌성 여부에 대해 헌재는 사죄광고 강제 사안(①)과 양심적 병역거부 사안(③)에 대해서는 위헌성을, 의사의 의료비 내역 제출의무 사안(②)에 대해서는 합헌성을 인정하였다.

(2) 양심의 보호영역에 해당되지 않는다고 헌재판례가 본 사항

[인격형성과 무관한 사사로운 사유나 의견] 헌재는 사사로운 사유나 의견 등은 개인의 인격형성과는 관계가 없다고 하여 보호대상이 아니라고 한다(2001헌바43).

[가치적 · 윤리적 판단 · 결정이 아닌 경우] 헌재는 ① 단순한 사실관계의 확인과 같이 가치적 · 윤리적 판단이 개입될 여지가 없는 경우(2001헌바43), ② 지문을 날인할 것인지 여부의 결정은 진지한 윤리적 결정이 아니므로 양심의 자유의 침해가능성이 없다고 보았다(99헌마513). ③ 의료기관 장이 보건복지부장관에게 비급여 진료비용에 관한 사항을 보고하도록 한 의료법 규정 — 의사 자신의 세계관, 인생관, 주의, 신조 등이 개입된다거나 개인의 인격형성에 관계된 진지한 윤리적 결정에 따른 것이라고 보기 어렵다고 하여 양심의 자유의 제한을 부정하였다(2021헌마374).

[진지하지 않은 고민] 헌재는 ① 음주운전측정 사안에서 "헌법이 보호하려는 양심은 어떤 일의 옳고 그름을 판단함에 있어서 그렇게 행동하지 아니하고는 자신의 인격적인 존재가치가 허물어지고 말 것이라는 강력하고 진지한 마음의 소리이지, 막연하고 추상적인 개념으로서의 양심이 아니다"라고 한다. 그리하여 "음주측정에 응해야 할 것인지, 거부해야 할 것인지 그 상황에서 고민에 빠질 수는 있겠으나 그러한 고민은 선(善)과 악(惡)의 범주에 관한 진지한 윤리적 결정을 위한 고민이라 할 수 없으므로 그 고민 끝에 어쩔 수 없이 음주측정에 응하였다 하여 내면적으로 구축된 인간양심이 왜곡 · 굴절된다고 할 수도 없다. 따라서 음주측정요구와 그 거부는 양심의 자유의 보호영역에 포괄되지 아니하므로 … 헌법 제19조에서 보장하는 양심의 자유를 침해하는 것이라고 할 수 없다"라고 보았다(96헌가11). ② 운전자의 좌석안전띠 착용 사안에서도 같은 취지로 양심의 자유의 보호영역에 속하지 않는다고 판시하였다(2002헌마518).

[기타] 지금은 폐지된 준법서약제에 대해 헌재는 "어떤 구체적이거나 적극적인 내용을 담지 않은 채 단순한 헌법적 의무의 확인 · 서약에 불과하다 할 것이어서 양심의 영역을 건드리는 것이 아니다"라고 한 바 있다(98헌마425).

Ⅱ. 양심의 자유의 내용

1. 양심형성 · 결정의 자유와 양심실현(유지)의 자유

양심의 자유에는 양심형성의 자유뿐 아니라 양심실현의 자유도 포함된다. 헌재도 "헌법 제19조가 보호하고 있는 양심의 자유는 양심형성의 자유와 양심적 결정의 자유를 포함하는 내심적 자유(forum internum)뿐만 아니라, 양심적 결정을 외부로 표현하고 실현할 수 있는 양심실현의 자유(forum externum)를 포함한다"라고 한다. 그리하여 "내심적 자유, 즉 양심형성의 자유와 양심적 결정의 자유는 내심에 머무르는 한 절대적 자유라고 할 수 있지만, 양심실현의 자유는 타인의 기본권이나 다른 헌법적 질서와 저촉되는 경우 헌법 제37조 제 2 항에 따라 국가안전보장 · 질서유지 또는 공공복리를 위하여 법률에 의하여 제한될 수 있는 상대적 자유라고" 본다(96헌바35).

2. 양심의 자유의 구체적 내용

(1) 양심형성 · 결정의 자유

이는 내심적 자유이다. 국가권력이 양심의 자유로운 형성 · 결정을 방해해서는 아니 된다. 즉 국가가 특정 세계관, 인생관, 주의를 세뇌시키거나 주입하여서는 아니 된다. 양심형성을 위한 지식의 전수를 차단하는 것도 금지된다.

(2) '양심실현(유지)'의 자유의 세부적 내용

우리 헌재의 판례이론은 양심실현의 자유의 내용에 관하여 "① 양심을 표명하거나 또는 양심을 표명하도록 강요받지 아니할 자유(양심표명의 자유), ② 양심에 반하는 행동을 강요받지 아니할 자유(부작위에 의한 양심실현의 자유), ③ 양심에 따른 행동을 할 자유(작위에 의한 양심실현의 자유)를 모두 포함한다"고 한다(2002헌가1). 이하에서는 위 헌재의 판례이론이 분류하는 것에 따라 나누어 살펴본다.

1) 양심표명의 자유 양심표명의 자유의 내용으로는 적극적 표명의 자유와 양심표명의 강요금지가 있다. ① 적극적 표명의 자유란 자신의 신념 등이 무엇인지 양심에 대해 적극적으로 나타내고 이를 옹호할 수 있는 자유를 말한다. ② 양심표명의 강요금지란 양심에 관해 아무런 표시를 하지 않을 자

유, 본인이 가지는 양심이 어떠한 내용인지를 밝히지 않을 자유를 말한다. 양심표명의 강요금지의 내용으로는 자신의 양심을 밝히지 않을 수 있는 침묵의 자유, 개인의 사상이나 신조를 조사하는 것의 금지, 어떤 양심인지가 밝혀질 수 있는 어떤 행위를 하도록 하여 그 양심을 추지(推知)하는 것(예 : 십자가 밟기)의 금지, 충성서약의 금지(그러나 공무원의 헌법과 국가에의 충성서약은 합헌임) 등이 있다. 준법서약서제가 논란되었으나 헌재는 헌법적 의무의 서약에 불과하여 양심의 영역을 건드리는 것이 아니고 거부하면 가석방의 혜택을 받을 수 없게 될 뿐이어서 강제를 하는 것이 아니므로 양심의 자유를 침해하는 것이 아니라고 하여 합헌성을 인정한 바 있었다(98헌마425). 준법서약서제는 그 뒤 실효성이 없다는 지적에 따라 폐지되었다.

2) 부작위에 의한 양심실현(유지)의 자유 = 양심에 반하는 행위의 강요금지

양심에 반하는 행위를 하지 않을(부작위) 자유를 말한다. 넓게는 위에서 본 양심표명을 강요받지 않을 자유가 포함된다. 양심표명을 하지 않는 것도 부작위이기 때문이다. 그동안 부작위에 의한 양심실현(유지)의 자유의 문제로서 논란이 된 대표적인 것을 보면 다음과 같다.

[양심적 병역거부(집총거부)] 병역종류조항에 대체복무제가 마련되지 아니한 상황에서, 양심상의 결정에 따라 입영을 거부하거나 소집에 불응하는 이 사건 청구인 등이 현재의 대법원 판례에 따라 처벌조항에 의하여 형벌을 부과받음으로써 양심에 반하는 행동을 강요받고 있으므로, 이 사건 법률조항은 '양심에 반하는 행동을 강요당하지 아니할 자유', 즉, '부작위에 의한 양심실현의 자유'를 제한하고 있다(2008헌가22등, 2011헌바379등).

〈사례 14〉

A는 병무청에 의하여 현역병입영통지를 받았으나 자신의 종교적 양심을 이유로 입대를 거부하였다. A를 병역법 제88조의 입영기피죄로 형사처벌하는 것이 A의 양심의 자유와 종교의 자유를 침해한다고 볼 것인가?

헌재는 이전에 양심적 병역거부의 처벌에 대해 합헌성을 인정하여 왔다. ① 대체복무를 인정할 것인가 하는 문제가 중요한 쟁점이었는데 헌재는 양심

의 자유로부터 대체복무를 요구할 권리가 도출되지는 않는다고 보아 부정하였고, ② 양심실현의 자유에 대한 침해 여부의 심사에 일반적인 비례의 원칙이 적용되는지 여부에 대해서 부정하였으며, ③ 대체복무제도의 도입을 통하여 병역의무에 대한 예외를 허용하면 국가안보란 공익을 효율적으로 달성할 수 없다고 본 입법자의 판단이 현저히 불합리하거나 명백히 잘못된 것이 아니라고 보았다. ④ 그러면서도 헌재는 양심보호를 위한 입법보완의 숙고를 입법자에 권고하였다(2002헌가1). 그러나 양심적 병역거부결정에서 비례원칙심사를 하지 않은 것은 잘못이었다. 그런데 헌법재판소 2011. 8. 30, 2008헌가22 결정에서는 비례원칙심사를 하였는데 대체복무제를 도입하지 않은 채 형사처벌하는 규정만을 두고 있다 하더라도, 최소침해의 원칙에 반한다 할 수 없다고 하여 역시 합헌결정을 하였다. 이러한 헌재의 종전 입장에 따른다면 결국 〈사례 14〉에서 A를 병역기피죄로 처벌하는 것은 양심의 자유 등을 위헌적으로 침해하지 않는다고 볼 것이다.

그러나 2018년에 결국 헌재는 병역의 종류를 현역, 예비역, 보충역, 병역준비역, 전시근로역의 다섯 가지로 한정하여 규정하고 양심적 병역거부자에 대한 대체복무제를 규정하지 아니한 병역법 제5조 제1항('병역종류조항')이 과잉금지원칙을 위반하여 양심적 병역거부자의 양심의 자유를 침해하는 위헌이라고 보고 계속적용을 명하는 헌법불합치결정을 하였다. 그러나 이 결정에서 현역입영 또는 소집 통지서를 받은 사람이 정당한 사유 없이 입영일이나 소집일부터 3일이 지나도 입영하지 아니하거나 소집에 응하지 아니한 경우를 처벌하는 병역법 각 제88조 제1항 본문 제2호('처벌조항')는 과잉금지원칙을 준수하여 양심의 자유를 침해하지 않아 합헌이라고 결정하였다(이 처벌조항에 대해서 재판관의 의견이 여러 갈래로 나누어졌다). 아래에 헌법불합치결정이 내려진 병역종류조항에 대한 결정요지만 옮겨본다.

> 헌재 2018. 6. 28, 2011헌바379등. [결정요지] Ⅰ. 병역종류조항은, 병역부담의 형평을 기하고 병역자원을 효과적으로 확보하여 효율적으로 배분함으로써 국가안보를 실현하고자 하는 것이므로 정당한 입법목적을 달성하기 위한 적합한 수단이다. 병역종류조항이 규정하고 있는 병역들은 모두 군사훈련을 받는 것을 전제하고 있으므로, 양심적 병역거부자에게 그러한 병역을 부과할 경우 그들의 양심과 충돌을 일으키는

데, 이에 대한 대안으로 대체복무제가 논의되어 왔다. 양심적 병역거부자의 수는 병역자원의 감소를 논할 정도가 아니고, 이들을 처벌한다고 하더라도 교도소에 수감할 수 있을 뿐 병역자원으로 활용할 수는 없으므로, 대체복무제를 도입하더라도 우리나라의 국방력에 의미 있는 수준의 영향을 미친다고 보기는 어렵다. 국가가 관리하는 객관적이고 공정한 사전심사절차와 엄격한 사후관리절차를 갖추고, 현역복무와 대체복무 사이에 복무의 난이도나 기간과 관련하여 형평성을 확보해 현역복무를 회피할 요인을 제거한다면, 심사의 곤란성과 양심을 빙자한 병역기피자의 증가 문제를 해결할 수 있으므로, 대체복무제를 도입하면서도 병역의무의 형평을 유지하는 것은 충분히 가능하다. 따라서 대체복무제라는 대안이 있음에도 불구하고 군사훈련을 수반하는 병역의무만을 규정한 병역종류조항은, 침해의 최소성 원칙에 어긋난다. 병역종류조항이 추구하는 '국가안보' 및 '병역의무의 공평한 부담'이라는 공익은 대단히 중요하나, 앞서 보았듯이 병역종류조항에 대체복무제를 도입한다고 하더라도 위와 같은 공익은 충분히 달성할 수 있다고 판단된다. 반면, 병역종류조항이 대체복무제를 규정하지 아니함으로 인하여 양심적 병역거부자들은 최소 1년 6월 이상의 징역형과 그에 따른 막대한 유·무형의 불이익을 감수하여야 한다. 양심적 병역거부자들에게 공익 관련 업무에 종사하도록 한다면, 이들을 처벌하여 교도소에 수용하고 있는 것보다는 넓은 의미의 안보와 공익실현에 더 유익한 효과를 거둘 수 있을 것이다. 따라서 병역종류조항은 법익의 균형성 요건을 충족하지 못하였다. 그렇다면 양심적 병역거부자에 대한 대체복무제를 규정하지 아니한 병역종류조항은 과잉금지원칙에 위배하여 양심적 병역거부자의 양심의 자유를 침해한다.

Ⅱ. 병역종류조항에 대해 단순위헌 결정을 할 경우 병역의 종류와 각 병역의 구체적인 범위에 관한 근거규정이 사라지게 되어 일체의 병역의무를 부과할 수 없게 되므로, 용인하기 어려운 법적 공백이 생기게 된다. 더욱이 입법자는 대체복무제를 형성함에 있어 그 신청절차, 심사주체 및 심사방법, 복무분야, 복무기간 등을 어떻게 설정할지 등에 관하여 광범위한 입법재량을 가진다. 따라서 병역종류조항에 대하여 헌법불합치 결정을 선고하되, 다만 입법자의 개선입법이 이루어질 때까지 계속적용을 명하기로 한다. 입법자는 늦어도 2019. 12. 31.까지는 대체복무제를 도입하는 내용의 개선입법을 이행하여야 하고, 그때까지 개선입법이 이루어지지 않으면 병역종류조항은 2020. 1. 1.부터 효력을 상실한다.

〈사례 14〉의 해결 — 헌재의 2018년의 새로운 위 결정에 따라 병역종류조항에 대해서는 대체복무제를 인정하지 않은 것이 양심의 자유 침해이어서 이를 두어야 하는데 위 결정은 계속적용의 헌법불합치결정이고 반면 처벌규정은 합헌성을 인정하고 있어서 앞으로 대체복무제가 인정되어 A가 대체복무를 이행하면 처벌이 되지 않게 될 것이다.

* 2019. 12. 31.에 드디어 대체복무제를 도입하였다(개정 병역법 제5조 제1항에 제6호 신설, '대체역의 편입 및 복무 등에 관한 법률' 제정). * 판례 : 동법이 대체복무기관을 '교정시설'로 한정한 복무기관조항, 대체복무요원의 복무기간을 '36개월'로 한 기간조항, 대체복무요원으로 하여금 '합숙'하여 복무하도록 한 합숙조항이 대체복무요원의 양심의 자유를 침해한다는 주장이 제기되었다. 헌재는 교정시설에서 근무한다는 이유만으로 지나치게 제한적인 업무가 부여되어 징벌적인 처우를 하는 것이라고 보기는 어려운 점, 이례적 분단국가로서 우리나라 대체복무요원의 복무기간이 징벌적일 정도로 장기간이라고 보기는 어렵다는 점, 현역 등의 복무를 대신하여 병역을 이행한다는 대체복무제의 목적에 비추어 볼 때 합숙조항이 기본권의 지나친 제한이라고 보기는 어렵다는 점 등을 고려한 것으로 과도한 것이 아니어서 침해최소성을 갖추어 합헌이라고 보았다(2021헌마117등).

* 대법원의 판례변경 — 대법원도 양심적 병역거부에 대한 판단을 하게 되었는데 이전에 병역법 제88조 제1항의 '정당한 사유'에 양심적 병역거부가 해당되지 않는다고 부정하였다가(대법원 2004. 7. 15, 2004도2965 전원합의체) 이후 해당된다고 판례를 변경하였다(대법원 2018. 11. 1, 2016도10912 전원합의체). '양심적 예비군훈련 거부'에 대한 동지의 대법원 판결도 있었다(대법원 2021. 1. 28, 2018도4708; 2018도8716).

[사죄광고의 '강제'] 우리 헌재는 "사죄광고의 강제는 양심도 아닌 것이 양심인 것처럼 표현할 것의 강제로 인간양심의 왜곡 · 굴절이고 … 양심에 반하는 행위의 강제금지에 저촉되는 것"이라고 하여 "민법 제764조의 '명예회복에 적당한 처분'에 사죄광고를 포함시키는 것은 헌법에 위반된다"라는 한정위헌결정을 하였다(89헌마160). 자발적 사죄는 합헌이다.

3) **작위에 의한 양심실현의 자유** 자신의 양심에 따른 행위를 적극적으로 함에 있어서 방해받지 않을 자유, 자신의 양심을 실천하고 이에 따라 생활하는 것을 방해받지 않을 자유가 보장되어야 한다.

Ⅲ. 양심의 자유의 제한과 그 한계

1. 제한 문제

양심의 자유도 제한될 수 있는가 하는 문제를 두고 ① 내재적 한계설(양심이 외부에 표출되지 않더라도 그 자체가 도덕, 사회질서 등에 위반해서는 아니 되는 내면적 한계가 있다고 보는 설), ② 내면적 무제약설(양심이 내심에 머무는 한 절대적 기본권으로서 제한되지 않고 그 양심이 외부에 표현되는 경우에 제한이 가능하다고 보는 설), ③ 절대적 무제약설(외부에 표현된 경우이든 아니든 제한될 수 없다고 보는 설) 등으로 나누어지고 있다. 통설은 ②이다. 우리 헌재의 판례이론도 ②설을 취한다(96헌바35).

생각건대 내면에만 머물러 있는 상태에서의 양심결정이나 양심형성의 자유에 대한 제한은 불가하다. 외부에 표출되는 양심실현의 자유는 제한될 수 있다. 그러나 헌법 제37조 제2항에 따라 국가안전보장, 질서유지, 공공복리를 위한 필요성이 있어야 한다.

2. 제한의 한계

양심실현의 자유를 제한한다고 하더라도 국가안전보장, 질서유지, 공공복리를 위해서라는 제한필요성이 있어야 하고 법률에 의하여 제한하여야 하며 비례(과잉금지)원칙을 지켜야 하고 제한하더라도 본질적 내용을 침해할 수는 없다는 한계(제37조 제2항)가 있다. * 판례 : 헌재는 가해학생에 대한 조치로 피해학생에 대한 서면사과를 규정하고 학부모대표가 전체위원의 과반수를 구성하고 있는 자치위원회에서 일정한 요건을 갖춘 경우 반드시 회의를 소집하여 가해학생에 대한 조치의 내용을 결정하게 하고 학교의 장이 이에 구속되도록 규정하고 있는 구 '학교폭력예방 및 대책에 관한 법률' 조항 — 헌재는 가해학생에게 자신의 의사나 신념에 반하여 자신의 행동이 잘못되었다는 윤리적 판단의 형성을 강요하고 이를 서면으로 표명할 것을 강제하므로 양심의 자유를 제한하나 과잉금지원칙 준수하여 침해하지는 않고 그리고 인격권을 침해하지 않는다고 본다(2019헌바93등).

제 2 항 종교의 자유

우리 헌법 제20조는 "① 모든 국민은 종교의 자유를 가진다. ② 국교는 인정되지 아니하며, 종교와 정치는 분리된다"라고 규정하여 종교의 자유뿐 아니라 국교부인, 정교분리원칙도 함께 명시하고 있다.

Ⅰ. 종교의 자유의 개념과 성격

종교란 세속을 초월하는 초자연적 절대자인 신의 능력을 경외(敬畏)하고 신에의 귀의를 통하여 인간이 정신적인 의지와 평온, 구원을 받고자 하는 정신적·영적인 활동 내지 그러한 활동의 영역 세계(체계)를 말한다. 종교의 자유는 신에 의탁하고자 하는 인간의 내심의 의지, 인간의 정신적 세계에 관한 자유이므로 천부인권으로서 자연권적 성격의 권리이고 자유권적 성격을 가진다.

Ⅱ. 종교의 자유의 내용

종교의 자유는 일반적으로 신앙의 자유, 종교적 행위의 자유 및 종교적 집회·결사의 자유의 3요소를 내용으로 한다(2000헌마159). 종교의 자유는 무종교의 자유도 포함하는 것으로(2007헌바131등), 신앙을 가지지 않고 종교적 행위 및 종교적 집회에 참석하지 아니할 소극적 자유도 함께 보호한다(2019헌마941).

1. 신앙의 자유

어떠한 종교를 신봉하고 귀의하는 내심의 활동을 신앙이라고 한다. 신앙의 자유에는 어느 종교를 선택하고 그 종교를 믿을 자유, 종교를 가지지 않을 무신앙의 자유, 다른 종교로의 변경(개종)의 자유 등을 포함한다. 인구주택총조사(census)에서 '종교가 있는지 여부'와 '있다면 구체적인 종교명이 무엇인지'를 묻는 조사항목들에 응답할 것을 요구하고 있는 것이 종교의 자유 침해인지 논란된다. 헌재는 "통계의 기초자료로 활용하기 위한 조사사항 중 하나로서 특정 종교를 믿는다는 이유로 불이익을 주거나 종교적 확신에 반하는 행위를 강요하기 위한 것이 아니다. 결국 청구인의 위 주장은 종교를 포함한 개인정보의 수집·활용 등이 개인정보자기결정권을 침해하는가의 문제로 귀결되므로, 개인정보자기결정권에 대한 침해 여부에 포함시켜 판단하면 충분하다"라고 판시하고 있다(2015헌마1094). 종교적 신앙의 자유와 연관하여 양심적 병역거부 사건이 문제되었다. 양심적 병역거부에서 주로 종교적 신앙에 따른 양심이 문제되어 종교의 자유도 함께 제한되는데 헌재도 "종교적 신앙에 의한 행위라도 개인의 주관적·윤리적 판단을 동반하는 것인 한 양심의 자유에 포함시켜 고찰할 수 있"다고 본다. 그러면서도 헌재는 "그러나 종교적 신앙에 의한 행위라도 개인의 주관적·윤리적 판단을 동반하는 것인 한 양심의 자유에 포함시켜 고찰할 수 있고, … 양심적 병역거부의 바탕이 되는 양심상의 결정은 종교적 동기뿐만 아니라 윤리적·철학적 또는 이와 유사한 동기로부터도 형성될 수 있는 것이므로, … 양심의 자유를 중심으로 기본권 침해 여부를 판단하기로 한다"라고 하면서 결국 대체복무제를 규정하지 아니한 병역분류조항에 대해 과잉금지 위반의 양심의 자유의 침해로 위헌이라고 하여 헌법불치결정(2011헌바379)을 하였고 이후 대체복무제가 도입되었다(양심의 자유를 중심으로 살폈으므로 양심적 병역거부 결정에 대한 자세한 것은 앞의 양심의 자유 부분 참조).

2. 종교행위의 자유, 종교적 집회·결사의 자유 등

[개인적 종교행위의 자유] 개인이 신께 귀의하고 교감하고자 하는 기도, 수행 등의 자유와 신앙을 고백할 자유, 신앙고백을 강요당하지 않을 자유가 있다.

[종교결사의 자유] 종교단체를 결성하거나 결성하지 않을 자유, 이왕에 조직된 종교단체에 가입할 자유, 가입할 것을 강요당하지 않을 자유 등을 의미한다. 종교결사의 자유는 일반결사의 자유보다 더 강한 보장을 받는다는 것이 일반적인 견해이다.

[종교집회(종교행사·의식)의 자유] 종교적인 의식과 예배 등을 행하는 집회를 자유로이 개최할 수 있는 자유, 예배 등에 자유로이 참여하거나 참여를 강요당하지 않을 자유 등을 의미한다. 종교집회의 자유는 헌법 제21조의 집회의 자유보다 더 강한 보호를 받는 특별법적 자유이다. 그리하여 종교적 옥외집회

의 경우 일반집회와 달리 신고제를 적용하지 않고 개최할 수 있도록 하고 있다(집시법 제15조).

[선교의 자유] 어느 종교를 믿도록 이끄는 행위인 선교와 포교의 자유도 인정되고 선교의 자유에는 다른 종교를 비판하거나 타 종교의 신자에 대하여 개종을 권고하는 자유도 포함된다(대법원 96다19246).

[종교교육의 자유] 부모가 자녀에 대하여 종교적 교육을 하거나 종교단체가 신자들에 대한 종교교육을 할 자유를 가진다. 학교에서의 종교교육에 관해서는 사립학교에 의한 특정 종교의 교육은 허용된다고 보는 것이 일반적인 견해이다. 그러나 국·공립학교에서 여러 종교들에 대한 일반적인 종교교육은 가능하나 특정 종교를 위한 교육은 금지된다(교육기본법 제6조 제2항). 종교교육의 자유에는 종립학교를 설립할 자유도 포함된다. 특정 종교단체가 그 종교의 지도자와 교리자를 자체적으로 교육시킬 수 있는 종교교육의 자유도 포함된다(99헌바14).

Ⅲ. 종교의 자유의 제한과 그 한계

1. 제한가능성

신앙심 자체가 인간의 내면, 내심에 머물러 있는 경우에는 제한이 불가능하고 외부에 표출되는 종교행위의 자유에 대해서는 다른 사람들과 사회에 영향을 주어 국가안전보장, 질서유지, 공공복리의 필요가 있을 경우에는 법률로써 제한할 수 있다.

2. 종교행위의 자유에 대한 제한과 그 한계

[개인적 종교행위에 대한 제한] 그동안 집총거부, 종교적 양심적 병역거부(전술 참조)의 문제가 있었다. 순혈주의 교리를 가진 종교의 경우 수혈을 거부하는 문제도 논란된다. 각종 공무원선발시험이나 자격시험을 종교의식을 행하는 일요일 등에 행하더라도 시험관리의 이유 등 공공복리에 의한 제한으로서 합헌일 수 있다. 사법시험 제1차시험의 시행일자를 일요일로 정하여 공고한 것이 응시생의 종교의 자유를 침해한다는 주장의 헌법소원사건에서 헌재는 시험장소, 시험관리상의 이유를 들어 공공복리에 의한 제한으로서 합헌성을 인정하였다

(2000헌마159).

[종교결사·집회의 자유에 대한 제한] 폭력적·광신적 집회로 사회질서를 혼란하게 하고 혹세무민(惑世誣民)하는 사이비종교단체에 대해서는 종교결사·집회의 자유가 제한될 수 있다.

미결수용자에 대한 제한이 문제된 바 있다. ① 즉 구치소 내에서 실시하는 종교의식 또는 행사에 수형자 및 노역장유치자에 대하여만 참석을 허용하고 미결수용자의 참석을 금지한 행위에 대해 헌재는 무죄추정의 원칙이 적용되는 미결수용자들에 대한 기본권 제한은 징역형 등의 선고를 받아 그 형이 확정된 수형자의 경우보다는 더 완화되어야 할 것임에도 미결수용자에 대하여만 일률적으로 종교행사 등에의 참석을 불허한 것은 거꾸로 더욱 엄격하게 제한한 것이고, 침해의 최소성 요건, 법익의 균형성 요건을 충족하였다고 할 수 없어 과잉금지원칙(비례원칙)을 위배하여 위헌임을 확인한 바 있다(2009헌마527). ② 구치소장이 미결수용자 및 미지정 수형자(추가 사건이 진행 중인 자 등)에 대해 교정시설 안에서 매주 화요일에 실시하는 종교집회 참석을 제한한 행위(실제 연간 1회 정도의 종교집회 참석 기회를 부여)가 과잉금지원칙(피해최소성, 법익균형성)을 위반하여 종교의 자유를 침해하였다는 위헌확인결정도 있었다(2012헌마782).

[선교행위에 대한 제한] ⅰ) 위난지역 선교제한 — 선교활동이 오히려 선교주체들의 안전이 보장되지 못한 가운데 이루어진다면 이에 대한 제한이 필요하다. 이에 관한 헌재의 판례로는 아프가니스탄 등 전쟁 또는 테러위험이 있는 해외 위난지역에서 여권사용을 제한하거나 방문 또는 체류를 금지한 외교통상부 고시가 그 지역에서 선교활동을 하고자 하는 사람들의 종교의 자유를 제한한다고 하여 청구된 헌법소원사건이 있었다. 헌재는 종교전파의 자유는 국민에게 그가 선택한 임의의 장소에서 자유롭게 행사할 수 있는 권리까지 보장한다고 할 수 없으며, 그 선교행위가 제한된 것은, 여권의 사용제한을 통하여 국외 이전의 자유를 일시적으로 제한함으로써 부수적으로 나타난 결과일 뿐이라고 하여 선교의 자유를 침해하였다고 할 수 없다고 판단하였다(2007헌마1366). ⅱ) 사회복지사업을 통한 선교의 자유 — 헌재는 "양로시설과 같은 사회복지시설을 마련하여 선교행위를 하는 것은 오랜 전통으로 확립된 선교행위의 방법"이라고 한다. 그러면서 국가 또는 지방자치단체 외의 자가 양로시설을 설치하

고자 하는 경우 신고하도록 규정하고 이를 위반한 경우 처벌하는 노인복지법 규정은 과잉금지원칙을 준수하여 종교(선교)의 자유를 침해하지 않는다고 결정하였다(2015헌바46).

[종교교육의 자유의 제한] 종교단체가 운영하는 학교 형태 교육기관도 예외없이 학교설립인가를 받도록 하는 것을 헌재는 합헌이라고 보았다(99헌바14). 종립학교에서 채플(chapel, 예배) 등이 종교교육의 자유 차원에서 이루어지는데 이 경우 학교의 종교교육권과 학생의 종교의 자유 간의 충돌이 있을 수 있다. 종립학교가 고등학교 평준화정책에 따라 무시험 강제배정으로 학생 자신의 신앙과 무관하게 입학하게 된 학생들을 상대로 보편적인 교양교육으로서의 종교교육의 범위를 넘어서서 종파교육 형태의 종교교육을 실시하는 경우에 문제된다. 대체이수 등을 인정하여야 기본권보장의 법리에 합당할 것이다. 대법원은 종교교육의 구체적인 내용, 종교교육이 일시적인 것인지 여부, 학생들에게 사전에 충분한 설명을 하고 동의를 구하였는지 여부, 자유롭게 대체과목을 선택하거나 종교교육에 참여를 거부할 수 있었는지 여부 등의 구체적인 사정을 종합적으로 고려하여 사회공동체의 건전한 상식과 법감정에 비추어 볼 때 용인될 수 있는 한계를 초과한 종교교육이라고 보이는 경우에는 위법성을 인정할 수 있다는 기준을 설정하고 문제된 사안에서 학교에 대해 배상책임을 인정하였다(대법원 2008다38288).

[제한의 한계] 종교의 자유에 대한 제한에 있어서도 비례원칙을 준수하고 본질적 내용을 침해해서는 아니 되는(제37조 제 2 항) 한계가 있다.

* 실제의 예 — 위의 미결수용자에 대한 종교행사 참석 일률적 금지가 과잉금지원칙에 반하여 위헌이라고 확인된 예(2009헌마527).

Ⅳ. 국교부인과 정교분리원칙

[의의 · 성격] 헌법 제20조 제 2 항은 "국교(國敎)는 인정되지 아니하며, 종교와 정치는 분리된다"라고 규정하고 있다. 국교부인과 정교분리의 원칙은 종교의 자유를 적극적으로 신장하기 위한 원칙이라기보다는 종교의 자유를 침해할

소지를 막기 위한 예방적인 수단적 성격의 원칙들이다.

[국교부인의 원칙] 국교부인의 원칙은 공식적으로 어느 종교를 국교로 지정할 수 없음은 물론, 어느 종교를 우대하여 실질적으로 국교화해서는 아니 됨을 의미한다.

[정교분리원칙] 정교분리원칙은 종교에 정치나 국가권력이 개입하지 말고 반대로 종교도 정치나 국가권력행사에 개입하지 말라는 것이다. 문제는 여기서 종교와 분리되어야 하는 영역이 그야말로 정당들 활동처럼 정치의 장에서 이루어지는 활동만으로 좁게 볼 것인지 아니면 행정권, 사법권 등 공권력이 행사되는 활동도 포함하는 넓은 것으로 볼 것인지 하는 문제가 있다. 이 원칙은 그 분리를 통해 종교의 자유를 보장하는 데 그 취지가 있는바 좁게 보면 그 취지를 충분히 구현하지 못하므로 넓게 볼 필요가 있다. 따라서 공무원임용에서 특정 종교의 신자일 것을 요건으로 할 수 없다. 국가공무원법과 지방공무원법은 공무원은 종교에 따른 차별 없이 직무를 수행하여야 한다고 종교중립의무를 규정하고 있다(국공법 제59조의2; 지공법 제51조의2). 종교단체가 운영하는 학교 형태의 교육기관도 학교설립인가를 받도록 규정하고 있는 교육법 규정들은 결과적으로 감독청의 지도·감독하에서만 성직자를 양성하라는 것이 되고, 정부가 성직자양성을 직접 관장함이 되어 정교분리의 원칙에 위배된다는 주장이 있었으나 헌재는 국교금지 내지 정교분리원칙에 반하지 않는다고 보아 합헌성을 인정하였다(99헌바14). 어떤 종교를 국교로 인정하여 우대하는 것도 국가권력의 종교에의 개입이므로 이는 정교분리원칙의 위반이기도 하다. 따라서 정교분리원칙이 더 포괄적인 개념이고 국교부인의 원칙을 포함하는 개념이다. 헌재는 "헌법 제20조 제2항에서 정하고 있는 정교분리원칙은 종교와 정치가 분리되어 상호간의 간섭이나 영향력을 행사하지 않는 것으로 국가의 종교에 대한 중립을 의미한다. 정교분리원칙에 따라 국가는 특정 종교의 특권을 인정하지 않고 종교에 대한 중립을 유지하여야 한다. 국가의 종교적 중립성은 종교의 자유를 온전히 실현하기 위하여도 필요한데, 국가가 특정한 종교를 장려하는 것은 다른 종교 또는 무종교의 자유에 대한 침해가 될 수 있다"라고 한다(2007헌바131, 2019헌마941). **[위헌확인결정례]** 육군훈련소 내 종교행사 참석 강제 위헌확인 — 육군훈련소 내 종교 시설에서 개최되는 개신교, 불교, 천주교, 원불교 종교

행사 중 하나에 참석하도록 강제한 행위가 국가의 종교에 대한 중립성을 위반하여 특정 종교를 우대하는 것으로서 정교분리원칙을 위배하고 과잉금지원칙을 위반하여(수단의 적합성 없고 종교를 가지지 아니한 훈련병들의 정신전력 강화 방법으로 종교적 수단 이외에 일반적인 윤리교육 등 다른 대안도 택할 수 있다고 할 것이므로 이 사건 종교행사 참석조치는 불가피한 수단이 아니며 침해의 최소성을 충족한다고 보기 어렵다. 법익의 균형성도 충족하지 못한다) 청구인들의 종교의 자유를 침해한다(2019헌마941).

제 3 항 학문의 자유

Ⅰ. 학문의 자유의 개념과 성격 및 주체

학문이란 사물의 본질이나 이치, 인간의 본성과 도리에 대한 진리를 밝히려는 탐구와 사회현상의 원인에 대한 분석과 전망 등을 수행하며, 그러한 활동의 소산인 지식 등을 전달하는 지적 활동 내지는 그 결과물을 말한다. 그 대상은 인간, 사물 등 광범위하며 그 방법도 문헌을 조사하고 사색하는 방법, 실험, 탐사 등 자연과학적 방법의 다양한 방식과 경로로 학문 활동이 이루어질 수 있다.

학문의 자유의 성격에 대해서는 개인적인 연구를 방해받지 않고 할 수 있는 자유권이라는 기본권으로 보는 견해와 하나의 제도적 보장으로 보려는 견해, 양자의 성격을 모두 가진다고 보는 견해 등이 있다. 제도적 보장설은 대학의 자치제도를 염두에 둔 것이나 대학 외에 일반인의 학문의 자유도 있고 대학의 자치제도도 대학의 학문의 자유를 보장하기 위한 수단으로서 기본권이므로(후술 Ⅱ. 2. 참조) 학문의 자유는 자유권으로서의 성격을 가진다.

학문의 자유가 자연권이므로 이를 누릴 수 있는 사람은 자연인이고 따라서 국민이든 외국인이든 무국적자이든 주체가 될 수 있다. 법인이나 단체도 그 활동의 내용이 학문적 연구수행이라면 학문의 자유의 주체가 될 수 있다. 따라서 대학, 연구기관(연구소), 학회 등도 주체가 된다.

Ⅱ. 학문의 자유의 내용

1. 학문연구의 자유, 학문적 표현의 자유

학문의 자유의 내용으로는 우선 학문연구의 자유, 학문적 결사·집회의 자유 등이 있다. 문제는 학문의 자유가 이러한 탐구와 연구의 자유라는 내면적 활동에 그치는지 아니면 연구결과의 발표나 이를 전달하는 자유까지 포함하느냐 하는 것이다. 이를 포함하지 않는다고 보려는 입장은 학문의 자유가 아니더라도 표현의 자유 등으로 보호될 수 있다는 점을 이유로 들 것이다. 생각건대 학문의 자유가 내심의 자유로서 연구의 자유에 머물 수도 있으나 발표와 전달을 전제로 하는 학문연구수행을 보호하기 위해 연구결과발표의 자유도 포함된다고 본다. 헌재의 판례도 같은 입장이다(89헌마88). 학문의 자유에 연구결과발표, 전달의 자유가 포함된다고 하더라도 표현의 자유의 적용을 배제하는 것은 아니다. 언론·출판에 대한 허가제, 검열제의 금지를 규정한 헌법 제21조 제2항이 연구결과발표에도 적용된다. 학문에 관한 옥회집회의 경우 신고제가 적용되지 않는다(집시법 제15조).

2. 대학의 자치(자율성)

우리 헌법은 "대학의 자율성은 법률이 정하는 바에 의하여 보장된다"라고 규정하여 대학의 자율성에 대해 학문의 자유 규정이 아닌 헌법 제31조 제4항에서 별도로 규정하고 있다. 대학은 학문의 전당이므로 학문의 자유와 학문의 신장의 보장을 위하여 대학의 자치가 중시되어 왔다. 대학의 자치가 학문의 자유에서 다루어지고 있는 이유가 그 점에 있다.

대학의 자치에 대해서는 이를 제도적 보장이라고 보는 견해와 학문의 자유라고 보아 기본권이라고 보는 견해, 양자를 통합적으로 보는 견해 등이 대립된다. 헌재는 "대학의 자율성은 헌법 제22조 제1항이 보장하고 있는 학문의 자유의 확실한 보장수단으로 꼭 필요한 것으로서 이는 대학에게 부여된 헌법상의 기본권이다"라고 하여 기본권으로 보고 있다(92헌마68, 2021헌마1230, 2021헌마527, 2021헌마929). 이 논의는 실익은 그리 없다. 대학의 자치는 학문의 자유를 유지하기 위한 수단이라고 볼 수 있고 학문이 가지는 본질상 자율성을 바탕으로 한다면 학문의 자유의 한 속성이라고 할 수 있다. 요컨대 대학의 자치는 학문의 자유의 한 속성이자 수단으로서의 기본권이다.

대학자치의 내용은 교수들의 연구에 있어서 독립성보장, 이를 위한 교수자치회의 보장, 교과과정의 편성, 교육의 내용과 방법상의 자율성, 학생선발에서의 자율성 등이다. 헌재는 서울대 입시안 결정에서 "대학의 자율은 대학시설의 관리 · 운영만이 아니라 학사관리 등 전반적인 것이라야 하므로 연구와 교육의 내용, 그 방법과 그 대상, 교과과정의 편성, 학생의 선발, 학생의 전형도 자율의 범위에 속해야 하고 따라서 입학시험제도도 자주적으로 마련될 수 있어야 한다"라고 대학자치의 내용에 대해 밝힌 바 있다(92헌마68). i) 위헌성 인정례 : 헌재는 교육부장관이 ○○대학교 법학전문대학원의 2015학년도 및 2016학년도 신입생 각 1명의 모집을 정지한 행위가 과잉금지원칙에 반하여(2년간 법학전문대학원 정원의 2.5%에 해당하는 학생의 모집 정지라는 인적 · 물적 피해가 지나친 제한이라는 점 등에서) 헌법 제31조 제 4 항이 정하는 대학의 자율권을 침해하여 위헌임을 확인하고(2015학년도 정지행위), 또 취소한다는(2016학년도 정지행위) 결정을 하였다(2014헌마1149. 이 결정에서 과잉금지원칙심사를 한 것은 헌재가 대학의 자율권을 기본권으로 보기 때문이다). ii) 기각(합헌성 인정)례 : ① 서울대 입시과목에서 일본어 제외 사건(위 92헌마68), ② 서울대학교 정시모집 교과이수 가산점 사건(2021헌마1230).

Ⅲ. 학문의 자유의 제한과 그 한계

학문의 자유를 국가안전보장, 질서유지, 공공복리를 위하여 제한할 필요가 있더라도 법률로써 제한하여야 하며 본질적 내용을 침해할 수 없다(제37조 제 2 항). 학문의 자유가 국민의 알 권리, 인격형성 등에 관련되는 정신적 자유권이라는 점에서 그 제한은 신중하여야 하며 비례(과잉금지)원칙의 적용이 많을 수 있는 영역이라는 한계를 가진다.

* 유신하 긴급조치의 학문의 자유, 대학자율성 침해 — 헌재는 허가받지 않은 학생의 모든 집회 · 시위와 정치관여행위를 금지하고, 이를 위반한 자에 대하여는 주무부장관이 학생의 제적을 명하고 소속 학교의 휴업, 휴교, 폐쇄조치를 할 수 있도록 규정

한 긴급조치 제 9 호 규정에 대해 이는 학문의 자유와 대학의 자율성 내지 대학자치의 원칙을 본질적으로 침해하는 것이어서 위헌이라고 결정하였다(2010헌바132. 대법원도 2013. 4. 18, 2011초기689 결정에서 위 규정이 학문의 자유와 대학자율성을 침해하여 위헌무효라고 판결하였다). 대법원은 학교관계자 감독하의 수업 · 연구활동을 제외한 일체의 행위 등을 금지하고 문교부장관이 긴급조치에 위반한 학생 및 그 소속 학교에 대한 퇴학 · 폐교 등 조치를 하게 하는 유신헌법 하의 긴급조치 제 4 호가 학문의 자유, 대학의 자율성을 침해하여 위헌무효라고 판결하였다(대법원 2013. 5. 16, 2011도2631).

Ⅳ. 저작자 · 발명가 · 과학기술자의 권리 보호

헌법 제22조 제 2 항은 "저작자 · 발명가 · 과학기술자 … 의 권리는 법률로써 보호한다"라고 규정하고 있다. 이 조항을 재산권 보장 규정에 두는 것이 타당하다는 견해도 있으나 지적 활동, 연구활동의 소산이라는 점에서 우리 헌법은 여기에 규정을 두고 있다. 이 보호규정은 저작자 · 발명가 · 과학기술자의 권리를 보장함으로써 그들의 학문연구를 진작하기 위한 것이다. 헌법은 법률로써 보호하도록 하고 있는데 그러한 법률로, 저작권법, 발명진흥법, 특허법, 과학기술기본법 등이 있다.

제 4 항 예술의 자유

예술이란 인간에게 감응을 불러일으키는 작품이나 그 작품을 만들기 위한 활동을 말한다. 예술은 고대에서도 있었던 인류의 오래된 활동이다. 예술에는 회화 · 조각 · 조형 등의 미술의 전시, 음악의 작곡 · 연주, 공연연극 · 무용 · 영화 등의 무대영상예술, 건축예술, 소설 · 시 · 희곡 · 평론 등의 문학예술 등이 포함된다. 예술의 개념은 열려있는 개념이다. 예술의 자유는 자연권인 자유권이고 문화국가주의의 실현을 위한 기본권이기도 하다. 예술의 자유에는 예술창작의 자유, 예술적 집회 · 결사의 자유, 예술표현(예술물발표)의 자유 등이 포함된다(91헌바17). 예술적 집회의 자유는 일반적인 집회의 자유의 특별법적 성격을 가진다. 따라서 예술에 관한 옥외집회에는 신고제 등의 규정을 배제하고 있다(집시법 제15조). 예술표현의 자유도 그 표현이 외부에 표출이 되는 한 언론·출판의 자유로도 다루어질 수 있고 헌법 제37조 제 2 항이 정한 원칙대로 제한될 수 있다. 사전검열·허가는 금지된다. 예술의 자유를 제한하더라도 법률에 의해야 하고 그 본질적 내용을 침해할 수는 없는 등의 제한한계가 있다. 예술가의 권리는 법률로써 보호한다(제22조 제 2 항. 예술인 복지법, 대중문화예술산업발전법, '예술인의 지위와 권리의 보장에 관한 법률' 등이 있음).

제 5 절 표현의 자유권

표현의 자유권도 정신적 자유권이나 그 양이 많아 여기 별도의 절로 살펴본다.

제 1 항 '표현'의 자유의 개념

표현의 자유란 사상, 의견 등을 다른 사람들에게 나타내고 전달하는 행위인 표현행위를 방해받지 않고 자유로이 할 수 있는 권리를 말한다. 표현의 자유는 위에서 본 양심, 종교, 학문, 예술 등의 정신적 활동의 산물을 외부에 표출할 수 있는 권리로서 기능한다. 표현의 자유와 표현의 권리는 엄밀하게는 차이가 있다. 표현의 자유는 자유권이고 표현의 권리는 표현의 자유와 그 이전에 표현대상인 사상, 의견을 형성할 권리와 표현행위의 보호를 요구할 수 있는 청구권과 같은 적극적인 권리도 모두 포함하는 포괄적인 권리이다.

표현의 활동에는 언론과 출판이 있고, 집단적인 의사의 표출을 위한 집회의 개최, 특정한 목적을 수행하기 위한 단체나 조직을 구성하는 결사 등이 있으므로 표현의 자유에는 언론·출판·집회·결사의 자유가 있다. 바로 우리 헌법 제21조도 "모든 국민은 언론·출판의 자유와 집회·결사의 자유를 가진다"라고 명시하고 있다. 이하에서 언론·출판의 자유와 집회·결사의 자유를 각각 본다.

제2항 언론·출판의 자유

Ⅰ. 언론·출판의 자유의 연혁

사회적 동물인 인간이 사회를 형성하면서 서로의 생각을 말이나 글로 나타내고 서로 교환하고자 하는 욕구는 자연스러운 것이다. 반면 인간의 정치적 의사를 결집하여 권력에 도전하는 것을 막으려는 절대군주의 언론탄압이 있었다. 영국에서는 1695년 검열법의 폐지로 일찍이 17세기 말에 언론의 자유가 자리잡았다. 다른 국가들에서도 근대시민혁명의 결실인 1776년 버지니아 권리장전, 1789년 프랑스 인권선언, 1791년의 미국의 연방헌법 등에서 명시적으로 선언하였다. 오늘날 여러 나라 헌법에서 언론의 자유를 규정하고 있다.

Ⅱ. 언론·출판의 자유의 개념과 보호범위

1. 언론·출판(의 자유)의 개념

(1) 언론·출판의 개념 — 넓은 개념 — 의견·사상의 표현

언론이란 말이나 글, 또는 화상을 통하여 의견이나 생각, 사상을 표현하고 전달하는 행위를 의미하며 방송, 신문, 영화, 연극, 연설, 토론, 담화, 가요 등 음악, 도서, 시가(詩歌), 도화, 사진, 조각 등 어떠한 형태의 매체이든 모든 의사표현·전달매체를 통한 의견, 사상의 표현을 말한다. 출판이란 저작물 등을 종이 등에 인쇄하거나 복제하여 책, 도화(그림) 등을 발행하고 널리 배포하는 행위를 말한다. 오늘날 전자출판물도 있다.

(2) 언론·출판의 자유의 개념

언론·출판의 자유의 개념은 언론·출판을 자유로이 행할 수 있는 권리를 말한다. 일반적으로 의사표현행위뿐 아니라 의사의 전달·전파의 자유도 내포하는 개념이기에 신문의 자유 및 방송·방영의 자유 등과 신문발행, 방송 등을 수행하기 위한 언론사의 설립의 자유가 포함된다. 현대에 와서 언론의 자유를 보다 넓게 보려는 입장에서는 정보의 자유, 알 권리, 정보매체에의 접근(access)권까지도 포함하여 언론·출판의 자유의 개념을 이해한다. 그러나 언론·출판의 자유와 언론·출판의 권리는 구별되는 개념으로서 방해배제로서의 권리는 자유권으로서, 방해받지 않는 것은 물론 이를 넘어서 보다 적극적으로 정보를 청구할 수 있는 정보접근권 등은 적극적인 권리로서 언론·출판의 권리는 양자를 모두 포괄하는 기본권이다.

2. 언론·출판의 자유의 보호범위

언론·출판의 자유의 개념이 넓으므로 그 보호범위도 넓다. 아래에 그동안 보호범위에 들어가는지가 논의되어온 것들을 살펴본다.

(1) 광 고

① 정치광고 — 정치적 의사를 표현하고자 하는 정치적 광고는 표현의 자유의 보호범위 내에 들어간다. 다만, 선거에서 특정 후보에 대한 지지나 낙선을 위한 선거운동의 하나로서 하는 정치적 광고 같은 경우에는 제한이 가해질 가능성이 많아진다. 우리의 경우 공직선거법이 선거운동을 위한 신문·방송광고에 대해 규제를 하고 있다(전술 제 2 부 선거제도 참조). ② 상업적 광고 — 상업적 광고에 대해서는 논란이 있긴하나 긍정하여야 하고 헌재도 "광고물도 사상·지식·정보 등을 불특정다수인에게 전파하는 것으로서 언론·출판의 자유에 의한 보호를 받는 대상이 됨은 물론"이라고 하여(96헌바2) 긍정설을 취하고 있다. 그런데 헌재는 상업광고의 규제에 대한 위헌심사에서 다소 완화된 심사를, 즉 비례심사에 있어서 '피해최소성' 심사를 완화하여 한다(2003헌가3. '특정의료기관, 특정의료인의 기능·진료방법'에 관한 광고를 금지한 의료법 규정에 대해 피해최소성 심사를 완화하여 하였는데 위헌으로 결정하였음). 이러한 취지를 담고 있는 또다른 결정례로 헌재는 의료기관 또는 의료인이 아닌 자가 의료에 관한 광고를 할 경우에 이를 형사처벌하도록 한 의료법규정은 과잉금지원칙을 준수하여 의료인 아닌 자의 표현의 자유를 침해하는 것이 아니라고 결정했다(2012헌바293).

* 정부광고 업무 — 이를 한국언론진흥재단에만 위탁하도록 하고 있다('정부기관 및 공공법인 등의 광고시행에 관한 법률 시행령' 조항. 이 조항이 일반 시민 등의 알 권리가 아니라 민간 광고업자의 직업수행의 자유 침해 여부가 문제되었다. 헌재는 수익창출해야 하는 민간업체의 특성으로 인해 위 재단이 단일한 수탁기관이 되는 것이 정부광고 업무의 공공성과 투명성, 효율성을 도모하여 침해최소성을 충족하여 합헌이라고 판단했다. 2019헌마227).

(2) 상징적 표현, 패러디, 익명의 표현, 게임물 등

구체적 언어를 사용하지 않고 상징물의 게시나 제시를 통해 의사를 표시하는(흔히 저항 내지 반대의 표시로 예를 들어 ×표시, 평화를 나타내는 그림 등 상징물을 제시하거나 완장이나 띠를 착용하는 행위 등) 이른바 상징적 표현의 자유도 일정한 의사를 표시하겠다는 의도가 있는 한 언론의 자유에 포함된다. 풍자적인 표현인 패러디(parody)도 언론으로 보호된다. 다만, 저작권이나 명예권 등의 침해문제가 있을 수 있다.

표현자가 자신을 숨기고 표현할 자유가 있는지가 논란된다. 익명의 표현은 최근 인터넷상의 실명제와 관련하여 문제가 되고 있다. 헌재는 그동안 논란이 되어온 인터넷게시판의 이른바 실명제(본인확인제)가 "표현의 자유 중 게시판 이용자가 자신의 신원을 누구에게도 밝히지 아니한 채 익명으로 자신의 사상이나 견해를 표명하고 전파할 익명표현의 자유를 제한한다"라고 하면서 그 제한이 비례(과잉금지)원칙을 위반하여 위헌이라고 결정하였다(2010헌마47). 반면 위 본인확인제결정 이전에 헌재는 인터넷선거운동에서의 실명제에 대해서는 합헌성을 인정하는 결정을 한 바 있었다(2008헌마324). 그러나 2021. 1. 28.에 인터넷 선거운동 실명확인제를 규정한 공직선거법 제82조의6 제1항 등에 대해 과잉금지원칙을 위반하여 익명표현자유를 침해한 것으로 보아 결국 위헌결정을 하였다(2018헌마456등. 이 위헌결정에 대한 자세한 것은 후술, 인터넷규제 부분에 인용된 것 참조). 익명의 표현이 타인의 명예 등을 훼손할 수는 없고 기본권제한사유가 있다면 제한될 수 있다.

게임물도 표현의 자유의 보호범위 안에 들어간다. 헌재는 "게임물은 예술표현의 수단이 될 수도 있으므로 그 제작 및 판매·배포는 표현의 자유를 보장하는 헌법 제21조 제1항에 의하여 보장을 받는다"라고 한다(99헌바117).

헌재는 대북 전단 등의 살포를 금지·처벌하는 남북관계 발전에 관한 법률 조항은 북한 주민들을 상대로 자신의 의견을 표명하는 것을 금지하여 청구

인들의 표현의 자유를 제한하는데 그 제한이 과잉금지원칙 위배되어 위헌이라고 결정했다(2020헌마1724등. 침해최소성이 없다는 의견이 7인 다수의견(공통의견 : '경찰관 직무집행법'에 기한 조치로도 접경지역 주민 등의 생명·신체의 안전 보장이라는 입법목적을 달성할 수 있으면서 덜 침익적인 수단이 될 수 있음).

(3) '음란'의 문제

음란성을 가지는 표현도 언론·출판의 자유의 보호범위에 포함되는지에 대해서 긍정설과 부정설이 대립된다. 우리 헌재는 부정하는 이전의 판례를 변경하여 현재 긍정설을 취하고 있다(이에 대해서는, 후술 Ⅷ. '음란' 부분 참조).

(4) 차별·혐오표현 제한

헌재는 차별·혐오표현도 표현의 자유의 보호범위에 일단 들어온다고 본다. 헌재가 그렇게 판시한 예가 서울특별시 학생인권조례의 차별받지 않을 권리 조항(동 조례 제 5 조 제 3 항 : "학교의 설립자·경영자, 학교의 장과 교직원, 그리고 학생은 제 1 항에서 예시한 사유를 이유로 차별적 언사나 행동, 혐오적 표현 등을 통해 다른 사람의 인권을 침해하여서는 아니 된다")에 대한 헌법소원심판에서이다. 헌재는 민주주의를 위한 허용한계를 넘은 결과가 발생하는 '타인의 인권을 침해'하는 표현에 한하여 제한된다는 점에서 침해최소성을 충족하는 등 과잉금지원칙을 준수하여 합헌성이 인정된다고 판단하였다(2017헌마1356).

(5) 집 필

독자를 예정한 글쓰기인 집필도 언론·출판의 자유의 보호범위에 포함되는 것은 물론이다. 독자가 없을 수 있는 집필은 보호범위에 들어가는지 하는 문제가 논의될 수 있겠는데 이는 언론·출판의 자유의 개념과도 결부되는 문제이다. 이 문제에 대해 헌재는 "일반적으로 표현의 자유는 정보의 전달 또는 전파와 관련지어 생각되므로 구체적인 전달이나 전파의 상대방이 없는 집필의 단계를 표현의 자유의 보호영역에 포함시킬 것인지 의문이 있을 수 있으나, 집필은 문자를 통한 모든 의사표현의 기본 전제가 된다는 점에서 당연히 표현의 자유의 보호영역에 속해 있다고 보아야 한다"라고 판시한 바 있다. 이 판시는 구 행형법상 징벌의 일종인 금치처분을 받은 자에 대하여 금치기간 중 집필을 전면 금지한 구 행형법시행령 규정에 대한 위헌결정에서 나온 것이다.

즉 헌재는 위 규정이 법률유보의 원칙에 위반된다는 점, 집필의 목적과 내용 등을 묻지 않고, 또 대상자에 대한 교화 또는 처우상 필요한 경우까지도 예외 없이 일체의 집필행위를 금지하고 있음은 입법목적 달성을 위한 필요최소한의 제한이 아니라는 점에서 과잉금지의 원칙에 위반된다는 결정을 한 것이다(2003헌마289). 그런데 그 뒤 헌재는 미결수용자에 대한 사안에서, 위 위헌결정으로 인한 입법개선으로 소장이 금치기간 중 집필을 허가할 수 있도록 예외가 마련된 점, 집필금지 기간이 단축된 점, 미결수용자의 징벌집행 중 소송서류의 작성 등 수사 및 재판 과정에서의 권리행사는 제한 없이 허용되고 있는 점 등을 들어 침해의 최소성 원칙에 위반되지 아니한다고 하여 합헌성을 인정하는 결정을 하였다(2012헌마623, 2012헌마549).

Ⅲ. 언론 · 출판의 자유의 성격

언론 · 출판의 자유의 성격에 대해 학설은 ① 자유권설(언론 · 출판의 자유를 의견 · 사상을 국가나 공권력에 의해 방해받지 않고 자유로이 형성 · 표현할 수 있는 자유권이라고 보는 설), ② 제도보장설(언론 · 출판의 자유를 헌법이 언론 · 출판의 제도를 보장하는 제도적 보장으로 보는 설), ③ 이중설(언론 · 출판의 자유는 자유권의 성격을 가지면서 아울러 언론 · 출판의 제도적 보장으로서의 성격도 가진다고 보는 설), ④ 복합설(언론 · 출판의 자유는 자유권, 청구권, 제도적 보장으로서 성격을 모두 가진다고 보는 설) 등이 있으나 우리나라에서는 자유권으로서의 성격과 제도적 보장으로서의 성격을 이중적으로 가진다고 보는 견해(③)가 많다.

헌재는 언론 · 출판의 자유에 포함되는 방송의 자유가 "주관적 권리로서의 성격과 함께 신문의 자유와 마찬가지로 자유로운 의견형성이나 여론형성을 위해 필수적인 기능을 행하는 객관적 규범질서로서 제도적 보장의 성격을 함께 가진다"라고 판시한 바 있다(2002헌바49). 이러한 판시는 헌재가 언론 · 출판의 자유의 성격에 대해 이중설의 입장을 취하고 있음을 보여준다.

생각건대 언론 · 출판의 자유 자체의 성격은 기본권으로서 자유권이고 그것의 효과이자 그것을 뒷받침하는 수단으로서 제도인 언론 · 출판제도가 있다고 볼 것이다. 제도를 통하지 않는 언론도 있다.

Ⅳ. 언론·출판(표현)의 자유의 기능과 중요성

1. 기 능

언론·출판의 자유는 인간들 사이에 소통을 할 수 있도록 하여 ① 인격·개성을 발현하고 신장하며 자아실현을 도모한다. 그리고 언론·출판의 자유는 정치적 결정에 관련한 의사들이 자유롭게 형성되고 개진할 수 있게 하여 ② 민주정치를 가능하게 되는 초석이 된다. 또한 언론·출판의 자유는 다양한 의사를 수렴하여 ③ 다원주의를 실현하고 소수자를 존중함에 중요한 기능을 수행한다.

2. 언론·출판(표현)의 자유의 중요성(우월성) 보장을 위한 헌법이론

(1) 언론·출판의 자유의 우월성의 귀결 ― 제한의 엄격성

언론·출판의 자유는 위에서 살펴본 중요한 기능들 때문에 다른 자유권들에 비하여 그 우월한 지위가 인정된다. 이러한 우월성은 결과적으로 표현의 자유에 대해서는 가능한 한 제한을 하여서는 아니 되고 이를 규제할 필요가 있을 경우라고 할지라도 다른 기본권들에 비해 보다 더 엄격한 조건과 요건 하에 그 제한을 인정할 수 있음을 의미한다. 또한 이는 곧 그 규제를 위한 입법이 합헌인지 여부를 심사함에 있어서 심사기준은 보다 엄격하여야 함을 의미한다. 이러한 요구에 부응하기 위하여 여러 원칙들이 제시되고 적용되어 왔다. 이러한 원칙들은 표현의 자유에 대한 제한을 엄격하게 한다는 점에서 표현의 자유의 제한에 대한 한계로서의 의미를 가진다.

(2) 원 칙 들

1) 이중기준(二重基準)의 원칙 이중기준(double standard)의 원칙이란 표현의 자유 등 정신적 자유를 제한하는 법률에 대한 위헌심사에 적용될 기준은 경제적 자유를 제한하는 법률에 대한 위헌심사에 적용될 기준에 비해 보다 엄격하여야 한다는 원칙을 말한다. 오늘날 재산권 등 경제적 자유권에 대해서는 사회적 필요성 때문에 보다 제한이 더 많이, 강하게 가해지고 있다. 반면에 정신적 자유권은 인간의 사상을 자유로이 형성하게 하고 보다 다원화된 사회에서 다양한 의사들이 자유로이 표출되어 민주적 사회를 발달·유지하도록 하는

기초적인 중요한 기본권이므로 이에 대한 제한은 보다 덜 이루어지고 가능한 한 억제되어야 한다.

2) **사전억제금지원칙** 사전억제금지원칙이란 사상이나 의견이 외부에 발표되기 이전에 사전심사로 그 발표를 저지하는 것이 금지되어야 한다는 원칙을 말한다. 사상, 의견의 사전적 제약은 사상, 의견을 개진하는 것을 주저하게 만들어 자유로운 사상, 의견의 형성을 위축시키고(chilling effect, 위축효과) 정치적인 토론을 막아 집권자의 독재를 가능하게 하며 다원주의를 파괴하여 민주주의를 말살하기에 사전억제가 금지되는 것이 표현의 자유에서 1차적으로 요구된다. 주로 언론·출판에 대한 사전검열과 집회·시위에 대한 사전허가의 금지를 요구하는 원칙이다. 사전검열금지에 대해서는 언론·출판의 자유의 제한 부분에서 구체적으로 살펴본다(후술 참조).

3) **명확성의 원칙** 표현의 자유를 제한하는 법률의 문언은 이의 규율을 받는 국민이 이를 분명히 이해할 수 있게 명백하게 규정되어야 합헌이 되고 그 의미가 분명하지 않으면 그 모호성 때문에 무효(void for vagueness)라는 것이 명확성의 원칙이다. 헌재의 판례에서도 '명확성의 원칙'의 준수 여부를 심사한 예들이 많이 있다. 대표적인 예를 보면, ⅰ) 위헌성 인정결정례로 ① 구 전기통신사업법은 공공의 안녕질서 또는 미풍양속을 해하는 내용의 통신을 금지하는 규정을 두고 있었는데 헌재는 이러한 "공공의 안녕질서," "미풍양속"이라는 불온통신의 개념이 불명확하여 명확성원칙에 반한다고 보아 위헌이라고 결정한 바 있다(99헌마480). ② 또한 헌재는 "공익을 해할 목적으로 전기통신설비에 의하여 공연히 허위의 통신을 한 자"를 형사 처벌하는 구 전기통신기본법 제47조 제1항이 명확성원칙을 위반한다고 결정하였다(2008헌바157. 이른바 '미네르바' 사건). 헌재는 이 법률조항은 표현의 자유에 대한 제한입법이며, 동시에 형벌조항에 해당하므로, 엄격한 의미의 명확성원칙이 적용되는데 이 법률조항의 "공익"은 그 의미가 불명확하고 추상적이며 그 의미내용이 객관적으로 확정될 수 있다고 보기 어려워 결국 수범자인 국민에 대하여 어떤 목적의 통신이 금지되는 것인지 고지하여 주지 못한다고 보아 표현의 자유에서 요구하는 명확성의 요청 및 죄형법정주의의 명확성원칙을 위배하여 헌법에 위반된다고 보았다. ③ '제한상영가' 등급의 영화를 '상영 및 광고·선전에 있어서 일정한 제한

이 필요한 영화'라고 정의한 구 영화진흥법 규정, 이 법이 폐지된 뒤 나온 구 '영화 및 비디오물 진흥에 관한 법률'의 똑같은 규정에 대해서도 명확성원칙에 위배된다고 하여 헌법불합치결정을 하였다(2007헌가4). ④ '저속한 간행물' — 저속한 간행물이나 아동에 유해한 만화 등을 출판하여 공중도덕이나 사회윤리를 침해하였다고 인정되는 경우 출판사 또는 인쇄소의 등록을 취소할 수 있게 규정한 구 '출판사 및 인쇄소의 등록에 관한 법률'(1972. 12. 26. 법률 제2393호로 개정된 것. 현재 폐지된 법률) 제 5 조의2(등록취소)의 '저속한 간행물'에 관한 부분은 그 적용범위가 매우 광범위하여 명확성원칙에 반하는 위헌이라고 결정되었다(95헌가16). ⑤ "자치구 · 시 · 군의회의원선거의 후보자와 무소속후보자는 특정 정당으로부터의 지지 또는 추천 받음을 표방할 수 없다. 다만, 정당의 당원경력의 표시는 그러하지 아니하다"라고 규정했던 구 공직선거및선거부정방지법 규정에 대해 헌재는 기초의회의원 후보자는 선거운동 과정에서 소속 정당에 관한 정보를 어느 만큼 표방해도 좋은지 예측하기 힘들게 하여 명확성원칙에 위배되는 측면이 있다고 보아 위헌결정을 하였다(2001헌가4). ii) 합헌성 인정 결정례로 ① '건전한 통신윤리의 함양을 위하여 필요한 사항으로서 대통령령이 정하는 정보의 심의 및 시정요구'를 규정하고 있는 구 '방송통신위원회의 설치 및 운영에 관한 법률' 제21조 제 4 호 중 '건전한 통신윤리' 부분이 정보통신영역의 광범위성과 빠른 변화속도, 그리고 다양하고 가변적인 표현형태를 문자화하기에 어려운 점을 감안할 때 명확성원칙에 반하지 않는다고 합헌결정한 바 있다(2011헌가13, 이른바 '시멘트유독성 글' 사건). ② '그 밖에 범죄를 목적으로 하거나 교사 또는 방조하는 내용의 정보'의 유통을 금지하는 구 '정보통신망 이용촉진 및 정보보호 등에 관한 법률' 제44조의7 제 1 항 제 9 호는 '범죄', '교사', '방조'라는 용어는 형법을 비롯한 법률에서 널리 사용되고 있고, 그 의미는 판례에 의해 정립되어 왔다는 점에서 명확성원칙에 위배되지 않는다고 결정하였다(2008헌마500, 이른바 '광고게재중단 게시글' 사건). ③ 공연히 사람을 모욕한 자는 처벌되도록 한 형법 제311조(모욕죄)는 명확성원칙에 반하지 않는다고 결정하였다(2012헌바37). ④ 구 '아동 · 청소년의 성보호에 관한 법률(2011. 9. 15. 법률 제11047호로 개정되고, 2012. 12. 18. 법률 제11572호로 전부개정되기 전의 것) 제 8 조 제 2항 및 제 4 항 중 아동 · 청소년이용음란물 가운데 "아동 · 청소년으로 인식될 수 있는 사람이나 표현물이 등장하여 그 밖의 성적 행위를 하는 내용을 표현하는 것” 부분, 즉 가상의 아동・청소년이용음란물(예를 들어, 청소년으로 보이는 교복 입은 사람의 성행위를 하는 음란물) 배포 등을 처벌하는 부분이 죄형법정주의의 명확성원칙에 위반되지 아니하고, 표현의 자유를 과도하게 제한하지 아니하므로 헌법에 위반되지 않는다고 결정하였다(2013헌가17). ⑤ 상관 모욕을 처벌하는 군형법 규정(제64조 제2항의 상관 중 “명령복종 관계에서 명령권을 가진 사람”에 관한 부분. 2013헌바111)이 명확성원칙에 반하지 않고 표현의 자유를 침해하지 않는다고 결정되었다. ⑥ 헌재는 ‘정보통신망 이용촉진 및 정보보호 등에 관한 법률’의 ‘공포심이나 불안감을 유발하는 문언을 반복적으로 상대방에게 도달하게 한 자’ 규정 및 ‘공포심이나 불안감을 유발하는 문언을 반복적으로 상대방에게 도달하도록 하는 내용의 정보’ 규정은 명확하고 일정 행위의 반복을 구성요건요소로 하여 적용범위를 제한하고 있으므로 침해의 최소성에 반하지 않아 표현의 자유를 침해하지 않는 합헌이라고 보았다(2014헌바434. 소위 ‘사이버스토킹’ 처벌규정에 대한 위헌소원).

4) **명백하고도 현존하는 위험의 원칙** 이 원칙은 어느 표현이 그것으로 인하여 사회에 발생할 위험이 명백하고 또한 그 위험이 현재에 실제로 존재할 경우에만 그 표현을 규제하는 입법이나 공권력조치가 허용될 수 있다고 보는 원칙이다. 이 원칙은 1919년 미국연방대법원의 Schenck v. United States판결(249 U.S. 47)에서 Holmes 대법관에 의해 처음 제시되어 형성되기 시작한 것이다. 이 원칙은 문제의 말이 표현된 상황 그 말의 성질을 따져 제한의 합헌성을 판단한다는 것이고 현존성과 명백성은 ‘위험의 근접성과 정도’를 말한다. 우리 헌재도 ① 구 국가보안법에 대한 한정합헌결정에서 ‘명백하고 현존하는 위험의 원칙’을 적용한 예를 보여주었고(89헌가113), ② 유신헌법하 긴급조치 제1호는 유신헌법을 부정하거나 반대하고 폐지를 주장하는 행위 중 실제로 국가의 안전보장과 공공의 안녕질서에 대한 심각하고 중대한 위협이 명백하고 현존하는 경우 이외에도, 자신의 견해를 단순하게 표명하는 모든 행위까지 처벌하므로, 이는 표현의 자유 제한의 한계를 일탈한 것으로서 위헌이라고 결정한 바 있다(2010헌바132). ③ 정치적 표현인 선거운동에 있어서 ‘선거에 영향을 미치게 하기 위한 목적’의 집회나 모임(향우회・종친회・동창회・단합대회・야유회가 아닌 것)의 전면적 금지에 대한 위헌결정에서 헌재는 “집회의 금지는 원칙적으로 공공의 안녕

질서에 대한 직접적인 위협이 명백하게 존재하는 경우에 한하여 허용될 수 있다"라고 판시한 바 있다(2018헌바357등. 과도한 제한으로 보고 단순위헌결정).

5) **이익형량원칙** 표현의 자유는, 예를 들어 보도로 인하여 다른 사람의 명예가 침해되는 경우와 같이 다른 기본권들과 충돌될 수 있고 다른 사회적 이익과 충돌될 수도 있다. 이러한 충돌에서의 문제해결을 위해 표현의 자유에 의해 얻어지는 이익과 그 규제로 인해 침해되는 이익을 저울질하여 규제의 정도를 결정하는 것이 이익형량(비교형량)원칙이다. 우리 헌재도 국가보안법 결정 등에서 이익형량의 원칙을 적용하여 판단한 바 있다(89헌가113).

6) **필요최소한의 규제수단의 선택** 표현의 자유에 대한 제한에 있어서 가능한 한 보다 덜 제한적인 규제수단이 있다면 그것을 택하여 표현의 자유에 대한 제한이 최소한에 그치도록 하여야 한다는 원칙을 필요최소한의 규제수단(less restrictive alternative, LRA)의 선택원칙이라고 한다.

Ⅴ. 언론 · 출판의 자유의 효력

언론 · 출판의 자유는 입법, 행정, 사법의 모든 국가기관과 지방자치단체 등의 공공단체를 구속하는 효력을 가진다(대국가적 효력). 언론 · 출판의 자유는 사인들 간에도 효력을 가진다. 언론 · 출판은 사회구성원들 간의 의사의 교류와 소통을 이루게 하여 사회생활을 영위하도록 하는 기반이 되는 활동이므로 사인들 간에 언론 · 출판의 자유가 자연적인 권리로서 존재한다.

Ⅵ. 언론 · 출판의 자유의 내용

1. 표현의 자유의 다양한 유형

언론 · 출판은 방송, 신문, 영화, 도서, 가요, 도화 등 어떠한 형태의 매체이든 그 모든 매체를 통한 의견, 사상의 표현을 말하므로 여러 가지 매체를 통한 여러 표현방식들에 따라 다양한 유형과 내용이 있을 수 있다. 고전적인 표현수단인 신문, 방송, 출판뿐 아니라 오늘날 새로운 매체의 발달로 표현의 기회가 확대되고 정보에 대한 자유, 알 권리, 언론매체에 대한 접근권 등이 중시되고 있다. 특히 인터넷에 의한 정보와 의사의 교환은 언론의 광장을 넓혀가고 있다. 방송도 지상파, 케이블방송에서 나아가 인터넷을 통한 새로운 매체수단에 의한 방송유형들이 나타나고 있다(방송과 통신의 융합).

2. 의사표현과 의사전파 · 수령의 자유, 비표현의 자유

언론 · 출판의 자유는 표현자의 내면적 의사(意思)로 머물러서는 의미가 없고 표현자가 원한다면 그 의사를 다른 사람들에게 전달, 전파하고 상대편이 표현하는 의사를 받아들이는 데(수령) 방해받지 않을 자유가 보장되어야 한다. 소극적 자유로서 의사표현을 강제당하지 않을 자유도 포함한다.

3. 방송, 신문 등의 자유

[방송의 개념 · 기능 · 독립성] 방송법은 "방송"이라 함은 방송프로그램을 기획 · 편성 또는 제작하여 이를 공중에게 전기통신설비에 의하여 송신하는 것으로서 텔레비전방송, 라디오방송, 데이터방송, 이동멀티미디어방송을 말한다고 정의하고 있다(방송법 제2조 제1호). 오늘날 공중파에 의한 텔레비전방송, 라디오 방송뿐 아니라 인터넷을 이용한 인터넷방송(Web casting), IPTV방송과 DMB방송, 스마트폰에 의한 전송 등 다양한 유형들이 활용되고 있다. 따라서 오늘날 방송의 개념은 과거의 텔레비전, 라디오 같이 무슨 매체에 의한 전달이라는 물적 개념이라기보다는 질적 개념으로서 '내용'(contents, 일정한 프로그램으로 구성된 내용)을 전달하는 데에 그 개념의 요체가 있다. 방송은 정보전달기능, 문화적 기능, 사회교육적 기능 등을 수행한다. 방송은 그 영향력이 크므로 사회의 공기(公器)로서 올바른 여론형성 등을 위하여 독립성이 요구된다.

[방송의 자유의 내용] 방송의 자유로는 방송사설립 · 경영의 자유, 방송운영의 자유, 방송취재 · 보도 · 편성의 자유, 방송송출 · 방영의 자유, 시청자의 자유(수신 · 시청의 자유, 방송법은 '보편적 시청권'(동법 제76조 제1항), 시청자의 권익보호(시청자위원회 등. 동법 제87조 제1항) 등을 규정하고 있음) 등이 있다. i) 방송편성의 자유 — 누구든지 방송편성에 관하여 방송법 또는 다른 법률에 의하지 아니하고는 어떠한 규제나 간섭도 할 수 없다(방송법 제4조 제2항). 헌재도 이 자유야말로 "방송의 자유의 핵심"이라고 한다(2019헌바439). **[판례]** 헌재는 바로 이 방송법 제4조

제 2 항의 ‘간섭’에 관한 부분이 죄형법정주의의 명확성원칙에 위반되지 않고, 위 금지조항 및 그 위반 행위자를 처벌하는 구 방송법 제105조 제 1 호 중 제 4 조 제 2 항의 ‘간섭’에 관한 부분이 과잉금지원칙에 위반되지 않아(방송편성에 대한 일체의 의견 개진이나 비판을 금지하는 것이 아니라 그것이 ‘간섭’ 행위에 이르렀을 경우에 대해서만 이를 금지하여 침해최소성원칙 준수) 표현의 자유를 침해하지 않는다며 합헌이라 결정했다(2019헌바439. 대통령 비서실 ○○(직급생략)의 지위를 이용하여 KBS 보도국장에게 전화하여 ‘KBS 9시 뉴스’의 세월호 사건 비판 뉴스 보도에 항의하고 향후 비판 보도를 중단 내지 대체할 것을 요구함으로써 방송편성에 간섭하였다는 범죄사실로 기소된 형사재판에서 위 법조항에 대한 위헌소원이 제기되어 헌재가 판단하게 된 사건). ii) 방송운영의 자유 — 헌재는 한국방송공사 수신료 분리징수(수신료징수 업무 지정자의 고유업무와 관련된 고지행위와 결합하여 행하는 것을 금지)를 규정한 방송법시행령 제43조 제 2 항이 방송사의 방송사 운영에 필요한 재무 관련 사항을 규제함으로써 방송운영의 자유를 제한한다고 본다. 헌재는 이 분리징수조항이 법률유보원칙, 적법절차원칙, 신뢰보호원칙을 위반하지 않고, 입법재량 한계도 일탈하지 않아 그 제한이 합헌이라고 본다(2023헌마820등). iii) 방송광고 — 방송경영의 자유 속에 방송광고의 자유도 재정독립성을 위해서도 포함된다. 이와 관련 한국방송광고공사와 그 출자를 받은 회사가 아니면 방송광고 판매대행(이를 미디어렙(Media Representative)이라 하는데 이런 대행을 하게 한 이유는 광고주 압력을 방송사가 받는 걸 방지하기 위함)에 대한 헌법불합치결정이 있었다(2006헌마352). 이 결정에서 언론·출판의 자유가 직접 거론되지 않고 직업수행의 자유, 평등권 침해가 판단되어졌다. 헌재는 허가제나 보조금 지급제 등의 침해최소화방법이 있는데도 이를 외면하여 침해최소성을 지키지 않은 직업수행의 자유의 침해라고 보았다.

[신문의 자유] 사회의 정치적·경제적·문화적 등 여러 영역에서의 새로운 소식을 전하는, 정기적으로 발간되는 언론매체를 신문이라고 한다. 신문의 자유는 신문사를 설립하고 신문을 발행할 자유, 뉴스를 취재하고 보도할 자유 등을 포함한다. 신문발행의 자유와 독립을 위한 법률로 ‘신문 등의 진흥에 관한 법률’이 있다.

[정기간행물의 자유] 신문을 제외한 잡지 등 정기간행물에 대해서는 ‘잡지 등 정기간행물의 진흥에 관한 법률’이 규율과 지원을 규정하고 있다. 동법은

"정기간행물"이란 동일한 제호로 연 2회 이상 계속적으로 발행하는 간행물로서 신문을 제외한 잡지, 정보간행물, 전자간행물, 기타간행물을 말한다고 정의하고 있다. 정기간행물의 자유에는 잡지사 등의 설립의 자유, 취재의 자유, 편집의 자유, 발행의 자유 등이 포함된다.

4. 출판의 자유

출판이란 사상, 문학 등을 담은 저작물을 편집하여 종이 등에 인쇄 또는 복제하여 책 등을 발간하는 행위이다. 현재 출판에 대하여 '출판문화산업 진흥법'이 있다. 동법은 전자출판물도 출판 속에 포함하고 있다. 출판의 자유에는 출판사의 설립의 자유, 서적의 편집의 자유, 서적발간의 자유 등을 포함한다.

5. 알 권리와 Access권

(1) 알 권리(정보공개청구권)

[의의 · 성격] 알 권리란 어떠한 사실이 존재하는지, 그 사실이 어떠한 내용인지를 인식하고 이해할 수 있는 권리를 말한다. 정보사회인 오늘날 정보에 대한 접근 · 수집의 권리, 정보공개를 요구할 권리이다. 현재는 "'알 권리'란 모든 정보원(情報源)으로부터 일반적 정보를 수집하고 이를 처리할 수 있는 권리이고, 여기서 '일반적'이란 신문, 잡지, 방송 등 불특정다수인에게 개방될 수 있는 것을 말하며, '정보'란 양심, 사상, 의견, 지식 등의 형성에 관련이 있는 일체의 자료를 말한다"라고 한다(2008헌마638). 알 권리를 언론 · 출판의 자유의 내용으로도 파악하는 것은 표현을 하기 위해서는 표현의 대상이 되는 사실, 정보를 알 것이 전제되기 때문이다(88헌마22). * 일반적, 개방적 정보가 아니라는 이유로 알 권리는 그 제한되는 기본권에 해당되지 않는다고 본 예 : 금융회사 등에 종사하는 자에게 타인의 금융거래의 내용에 관한 정보 또는 자료를 요구하는 것의 금지 · 형사처벌하는 금융실명법 조항(2020헌가5. 타인의 금융거래정보는 불특정다수인에게 개방되어 일반적으로 접근할 수 있는 정보라고 보기 어렵기 때문. 위헌결정이 났는데 알 권리가 아니라 일반적 행동자유권이 과잉금지원칙에 반하여 침해되어 위헌이라고 봄). 알 권리는 어떤 사실을 자유로이 알 수 있는 소극적 자유권적 성격뿐 아니라 적극적으로 그 사실을 공개하고 파악할 수 있게 해줄 것을 청구할 수 있는 적극

적 성격도 가진다. 헌재도 "알 권리가 공공기관의 정보에 대한 공개청구권을 의미하는 경우에는 청구권적 성격을 지니지만, 일반적으로 접근할 수 있는 정보원으로부터 자유롭게 정보를 수집할 수 있는 권리를 의미하는 경우에는 자유권적 성격을 지니는 것"이라고 한다(2008헌마638. 자유권적 성질과 청구권적 성질을 공유하는 것으로 보는 또다른 결정례들: 90헌마133, 2019헌마158등).

[헌법적 근거] 알 권리가 헌법 제21조의 언론·출판의 자유 조항을 근거로 한다는 견해가 많고 헌재의 판례도 대체적으로 그러하다. 그러나 헌법 제21조는 자유권 조항이기에 알 권리의 자유권적 성격은 근거가 될 것이나 적극적 청구권적 성격은 우리 헌법상 명시되지 않은 기본권들을 파생시키는 근원이 되는 헌법 제10조에서 끌어내는 것이 타당하다. 따라서 헌법 제21조와 더불어 제10조도 근거가 된다.

[유형·내용] 알 권리의 유형으로는 ① 그 성격에 따라 ㉠ 소극적 알 권리(정보에의 접근·수집·수령을 방해받지 않을 자유권적 권리)와 ㉡ 적극적 알 권리(정보의 열람과 공개를 청구할 수 있는 권리)로, ② 정보의 내용에 따라 행정정보, 입법정보, 사법정보 등에 대한 알 권리로 나눌 수 있다. 공공기관이 보유하는 정보의 공개에 대해서는 '공공기관의 정보공개에 관한 법률'이 중요한 일반법으로서 그 절차 등에 관한 규정을 두고 있다.

[제한] 알 권리도 국가안전보장, 질서유지, 공공복리를 위하여 법률로써 제한될 수 있다. 다른 사람의 인격권, 사생활의 보장을 위하여 이익형량을 통하여 제한될 수 있다. 그러나 유명인의 사사(私事)에 대해서는 일반인에 비해 국민의 알 권리의 대상이 될 가능성이 더 많다.

[판례] 몇 가지 판례를 보면, i) 위헌결정 : ① 임야조사서, 토지조사부의 열람·복사 신청에 불응한 행정청의 부작위(위헌, 88헌마22), ② 형사소송기록의 열람·복사 거부(위헌, 90헌마133), ③ 구속적부심 피의자의 변호인의 알 권리(위헌, 2000헌마474), ④ "특정의료기관이나 특정의료인의 기능·진료방법"에 관한 광고금지(위헌, 2003헌가3), ⑤ 변호사시험성적공개금지(위헌, 2011헌마769. 변호사시험 성적 공개를 금지한 변호사시험법 제18조 제1항 본문이 청구인들의 알 권리(정보공개청구권)를 과잉금지원칙에 위배함으로써 침해하여 위헌. 이 결정에서 수험생 각자의 시험성적이 개인정보가 아니라고 판시하기도 하였는데 그 점에 대해서는 찬성할 수 없다. * 한편 변호사시험 석차 정보는 비공개 대상 정보

에 해당하지 않는다는 대법원의 판결(2020두43319)이 있었고 이 취지에 맞추어 합격자 공고일부터 5년 이내에 본인의 성적뿐만 아니라 총득점 순위도 공개청구할 수 있도록 변호사법 제18조 제1항이 개정됨), ⑥ 변호사시험 성적 공개를 규정한 개정규정 이전 합격자에 대한 6개월 청구기간(2017헌마1329. 위 ⑤의 위헌결정에 따라 개정된 변호사시험법 규정이 개정법 시행 전에 시험에 합격한 사람은 시행 후 합격한 사람에 대해 합격자 발표일부터 1년 내 성적공개 청구를 할 수 있도록 한 것과 달리 시행일부터 6개월 내에 성적 공개를 청구할 수 있도록 한 부칙 규정이 성적 공개 청구기간이 지나치게 짧아 정보에 대한 접근을 과도하게 제한하여 침해의 최소성 요건에 위배되고 법익균형성도 없어 알 권리 중 정보공개청구권을 침해하는 위헌이라고 결정하였다), ⑦ 정치자금 회계보고에 대한 알 권리 침해 — 헌재는 정치자금법에 따라 회계보고된 자료의 열람기간을 3월간으로 제한한 정치자금법 제42조 제2항 본문 중 '3월간' 부분이 알 권리를 침해하는 위헌이라고 결정하였다[2018헌마1168. 보고되는 영수증, 예금통장은 그 자료의 양이 많음에도 사본교부가 되지 않고, 열람 중 필사가 허용되지 않고 열람기간마저 3월간으로 지나치게 짧아 그 내용을 정확히 파악하고 분석하기 쉽지 않아 침해최소성이 없고, 법익균형성도 없음. * 이 결정은 이전의 합헌성 인정결정인 2009헌마466 결정을 변경한 것이다(판례변경)]. ⑧ 국회 정보위원회 회의 전면 비공개의 위헌성(구 국회법 제54조의2 제1항 본문에 대한 위헌결정, 2018헌마1162. [결정요지] 정보위원회의 회의 일체를 비공개하도록 정함으로써 정보위원회 활동에 대한 국민의 감시와 견제를 사실상 불가능하게 하고 있다. 또한 헌법 제50조 제1항 단서에서 정하고 있는 비공개사유는 각 회의마다 충족되어야 하는 요건으로 입법과정에서 재적의원 과반수의 출석과 출석의원 과반수의 찬성으로 의결되었다는 사실만으로 헌법 제50조 제1항 단서의 '출석위원 과반수의 찬성'이라는 요건이 충족되었다고 볼 수도 없다. 따라서 헌법 제50조 제1항에 위배되는 것으로 청구인들의 알 권리를 침해한다). ii) 한정합헌결정 : 군사기밀 — 군사상 기밀의 탐지·수집·누설을 처벌하는 군사기밀보호법 규정(한정합헌결정 — "군사상의 기밀이 비공지의 사실로서 적법절차에 따라 군사기밀로서의 표지를 갖추고 그 누설이 국가의 안전보장에 명백한 위험을 초래한다고 볼 만큼의 실질가치를 지닌 경우에 한하여 적용된다고 할 것이므로 그러한 해석 하에 헌법에 위반되지 아니한다." 89헌가104, 2011헌바358), iii) 합헌성 인정결정 : ① 수용소에서의 신문구독(기각 — 헌재는 수용소에서의 신문구독이 알 권리의 보호영역에 포함되고, 교화상 또는 구금목적에 특히 부적당하다고 인정되는 기사, 조직범죄 등 수용자 관련 범죄기사에 대해 신문을 삭제한 후 수용자에게 구독케 한 행위가 알 권리의 과잉침해에 해당하지 않는다고 보았다. 98헌마4), ② 선거기간 중 여론조사공표금지(기각, 97헌마362), ③

군인의 불온도서 소지·운반·전파·취득 금지(기각 — 이를 규정하고 있는 군인복무규율(대통령령) 제16조의2는 알 권리를 제한하지만 무엇이 금지되는 행위인지를 예측할 수 있으므로 명확성원칙에 위배되지 않고 과잉금지원칙, 법률유보원칙도 위반되지 않는다. 2008헌마638), ④ 사생활보호를 위한 정보공개 금지(기각 — 사생활의 비밀 또는 자유를 침해할 우려가 있다고 인정되는 경우에 이를 비공개할 수 있도록 규정하고 있는 '공공기관의 정보공개에 관한 법률' 제 9 조 제 1 항 제 6 호 본문규정이 과잉금지원칙을 준수하여 알권리(정보공개청구권)를 침해하지 않아 합헌이다(2009헌바258)), ⑤ 정보통신망을 통해 청소년유해매체물을 제공하는 자에게 이용자의 본인확인(공인인증서, 아이핀(I-PIN), 휴대전화를 통한 인증 등의 방법이고 주민등록번호 입력은 아님) 의무를 부과하고 있는 청소년 보호법 및 동법 시행령 규정(과잉금지원칙을 준수하여 알 권리를 침해하지 않는다는 기각(합헌성인정)결정을 하였다(2013헌마354)), ⑥ 인터넷 등 전자적 방법에 의한 판결서 열람·복사의 범위를 개정법 시행 이후 확정된 사건의 판결서로 한정하고 있는 군사법원법 부칙 제 2 조(2014헌마185), ⑦ 금치기간 중 신문 및 자비구매도서 열람제한(2012헌마549), ⑧ 금치기간 중 텔레비전 시청 제한(2014헌마45), ⑨ 신문 편집인 등이 아동보호사건에 관련된 아동학대행위자, 피해아동 등을 특정하여 파악할 수 있는 인적 사항 등을 신문 등에 싣거나 방송할 수 없도록 하는 '아동학대범죄의 처벌 등에 관한 특례법' 규정(2021헌가4. 피해아동의 2차 피해로 이어질 수 있는 점에서 금지가 침해최소성을, 익명화된 사건보도로도 언론기능, 국민의 알 권리는 충족될 수 있는 점에서 법익균형성을 갖추어 합헌이라고 판단함) 등에 대한 헌재 판례들이 있다.

(2) **정보매체접근(access)권**

언론매체 등에 접근하여 사상, 의견을 발표할 기회를 가지는 등 이를 이용할 수 있는 권리를 말한다. 오늘날 영향력이 강해진 방송 등의 언론매체가 더욱이 독과점화되었을 경우에 국민의 다양한 의견이 전달될 수 없어 여론형성이 왜곡될 수도 있으므로 국민들로 하여금 언론매체에 접근하여 의견표명의 기회를 가지도록 하는 것이 필요하다. 이는 언론의 자유시장이 기능하도록 하고 다원주의를 실현하기 위한 것이기도 하다.

언론매체에의 접근권은 좁은 개념의 반론적(피동적) access권과 넓은 개념의 적극적(능동적·開始的) access권으로 분류된다. 전자는 접근권자 자신에 관한 언론보도 등에 이의가 있는 경우에 언론매체에 반론, 해명 등을 게재할 것을 요구하는 권리이다. 이를 위해 '언론중재 및 피해구제 등에 관한 법률'이 정정보도청구권, 반론보도청구권, 추후보도청구권을 보장하고 있다. 후자의 적극적 접근권은 누구나 언론매체에 의견을 개진하기 위해 접근하여 이용할 수 있는 권리이다. 이는 언론사의 일방적 정보제공, 여론형성이 아니라 국민의 참여를 위한 것이다. 투고, 독자들의 의견제시 등이 활성화되고, 일정한 방송시간을 사회단체 등에 할애함으로써 보장된다. 방송법은 방송사업자는 시청자가 방송프로그램의 기획·편성 또는 제작에 관한 의사결정에 참여할 수 있도록 하여야 한다고 규정하고 방송미디어통신위원회는 방송 및 인터넷 멀티미디어 방송에 관한 시청자의 의견을 수렴하고 시청자의 정당한 권익 침해 등 시청자불만 및 청원사항에 관한 심의를 효율적으로 수행하기 위하여 시청자권익보호위원회를 둔다고 규정하고 있으며, 지상파 텔레비전 방송사업자, 종합편성을 행하는 방송채널사용사업자, 보도에 관한 전문편성을 행하는 방송사업자는 방송편성에 관한 의견제시 등을 하는 시청자위원회를 두도록 규정하고 있다(법 제3조, 제35조, 제87조, 제88조). '신문 등의 진흥에 관한 법률'은 독자권익위원회를 자문기구로 둘 수 있다고 규정하고 있다(법 제6조 제2항).

6. 정치적 표현의 자유

[중요성, 보호범위] 언론·출판의 자유(표현의 자유)가 정치적 영역에서 특히 중요하다. 특히 집권세력에 대한 반대의사의 표명이 방해받지 않아야 할 자유가 중요하게 보호되어야 한다. 그 반대의사표명으로 인한 불이익도 가해져서는 안 된다. 헌재는 "집권세력의 정책 등에 대하여 정치적인 반대의사를 표시하는 것은 헌법이 보장하는 정치적 자유의 가장 핵심적인 부분이며, 화자의 특정 견해, 이념, 관점에 근거한 제한은 표현의 자유에 대한 제한 중에서도 가장 심각하고 해로운 제한이다"라고 한다(2017헌마416).

[심사강도, 판례] 헌재는 정치적 표현의 자유를 제한하는 입법에 대하여는 엄격한 심사기준을 적용하여야 한다는 입장이다. ① 이른바 '문화예술계 블랙리스트' 사건 — 정부비판 단체 정부 지원사업 배제 : 야당 소속 후보를 지지하였거나 정부에 비판적 활동을 한 문화예술인이나 단체를 정부의 문화예술 지

원사업에서 배제하는 대통령 지시 — 위에서 언급한 대로 헌재는 가장 심각하고 해로운 제한인데 이 사건 지원배제 지시는 법적 근거가 없으며, 그 목적 또한 정부에 대한 비판적 견해를 가진 청구인들을 제재하기 위한 것으로 헌법의 근본원리인 국민주권주의와 자유민주적 기본질서에 반하므로 표현의 자유를 침해한다고 보아 위헌임을 확인하는 결정을 하였다(헌재 2020. 12. 23, 2017헌마416). ② 헌재의 판례들 중에 선거 등에 있어서 표현의 자유 문제를 정치적 표현의 자유 문제로 다룬 것들이 많다. 예를 들어 인터넷 활용, SNS활용 선거운동금지가 비례(과잉금지)원칙을 위배하는 것이라고 하여 심판대상 공직선거법 규정에 대해 한정위헌으로 결정한 판례를 들 수 있다(2007헌마1001. 이에 대해서, 그리고 선거운동에 대해서, 후술 제 5 장 제 5 절 Ⅳ. 참조). ③ 정당의 정치자금 문제는 정치적 의사표현의 자유 제한 문제를 가져온다고 본다. 헌재는 정당에 대한 후원회 금지가 정치적 의사표현의 자유를 과잉금지를 위반하여 침해하는 것으로서 헌법불합치라고 결정하였고(2013헌바168), 정치인에게 직접 정치자금을 기부한 경우 해당 후원회가 기부받은 것으로 의제하면서도, 무상대여의 방법으로 기부한 경우는 그 의제에서 제외하도록 한 정치자금법 규정은 과잉금지원칙을 준수하여 정치활동 내지 정치적 의사표현의 자유를 침해하지 않는다고 결정했다(2016헌바45).

Ⅶ. 통신 · 방송 시설기준과 신문기능 보장의 법률주의

헌법 제21조 제 3 항은 “통신 · 방송의 시설기준과 신문의 기능을 보장하기 위하여 필요한 사항은 법률로 정한다”고 규정하여 법률주의를 취하고 있다. 통신, 방송, 신문에 대해 각각 ‘뉴스통신 진흥에 관한 법률’, 방송법, ‘신문 등의 진흥에 관한 법률’이 있다(국가기간뉴스통신사를 지정하고 이에 대한 재정지원 등을 규정한 ‘뉴스통신진흥에 관한 법률’ 규정이 헌법 제21조 제 3 항의 위임에 근거하여 그 입법목적의 정당성을 긍정할 수 있다고 보고 합헌성을 인정한 헌재의 결정례, 2003헌마841 참조).

Ⅷ. 언론 · 출판의 자유의 제한

언론 · 출판(표현)의 자유가 중요하나 헌법 제37조 제 2 항에 따라 제한이 가능하다. 다만, 언론·출판의 자유의 중요성 때문에 제한의 경우에도 그 제한의 한계가 강하게 설정된다.

1. 엄격한 제한의 법리

앞서 서술한 대로 표현의 자유가 중요한 만큼 함부로 제한할 수 없고 제한을 허용하더라도 그 제한은 엄격하게 허용되어야 한다. 이를 위해 제한의 합헌성을 심사함에 있어서 중요한 원칙들이 설정되어 왔다. 이중기준(二重基準)의 원칙, 사전억제금지원칙(사전허가·사전검열의 금지), 명확성의 원칙, 명백하고도 현존하는 위험의 원칙, 이익형량원칙, 필요최소한의 규제수단의 선택원칙 등이 그것이다. 이러한 법리는 제한의 법리이면서도 표현의 자유에 대한 제한에 있어서 그 한계원리이기도 하다. 위의 법리들에 대해서는 앞서 살펴본 바 있다(전술 Ⅳ. 참조).

2. 사전적 제한 — 사전허가제의 금지

(1) 개념과 논의점

헌법 제21조 제2항은 "언론·출판에 대한 허가 … 는 인정되지 아니한다" 고 규정하여 사전허가제금지를 명시하고 있다. 행정법학상 허가란 일반적으로 금지한 뒤 일정한 경우에 금지를 해제하여 자유를 회복하는 제도이다. 방송법은 방송 중 지상파방송 등에 대해 주파수의 한정 등의 이유로 허가를 받아야 한다고 규정하고 있어 논란된다. 방송법상의 그 허가가 행정법상 허가인지 아니면 이름과 달리 권리설정행위인 특허 등으로 볼 것인지 검토를 요한다. 헌재는 유선방송 관련 사안에서 "내용규제 그 자체가 아니거나 내용규제의 효과를 초래하는 것이 아니라면" "허가"에는 해당되지 않는다고 하는데(2000헌바43) 역시 검토를 요한다. 바로 이러한 입장에서 헌재는 인터넷 신문의 경우 취재 인력 3명 이상을 포함하여 취재 및 편집 인력 5명 이상을 상시적으로 고용할 것과 그 사실을 확인할 수 있는 서류를 등록서류로 첨부하도록 한 구 '신문 등의 진흥에 관한 법률 시행령' 규정은 인터넷 신문에 대한 인적 요건의 규제 및 확인에 관한 것으로 인터넷 신문의 내용을 심사·선별하여 사전에 통제하기 위한 규정이 아님이 명백하여 헌법 제21조 제2항에 위배된다고 볼 수 없다고 판단하였다. 그러나 바로 아래 항을 달리하여 보듯이 과잉금지원칙의 위배로 판단되어 결국 위헌결정을 받았다(2015헌마1206. 아래 (2) 참조).

(2) **등 록 제**

신문, 정기간행물을 발행하기 위해서는 등록을 하도록 하여 등록제를 두고 있다. 등록제 자체는 합헌이라는 것이 판례의 입장이다. 등록요건이 엄격하여 사실상 허가제로 되는 것은 금지되어야 한다. i) **인쇄시설 소유 등록의 위헌성**: 구 정기간행물 관련 법이 등록요건으로 갖추도록 규정한 소정의 인쇄시설이 자기소유여야 하는 것으로 해석하는 것은 위헌이라는 헌재의 결정이 있었다(90헌가23). ii) **외국인·미성년자에 대한 제한**: 한국인이 아닌 사람은 신문·인터넷 신문의 발행인·편집인 등이 될 수 없다. 미성년자 등도 그러하다(미성년자 경우의 합헌성 인정 결정—2010헌마437). iii) **인터넷 신문의 고용 요건의 위헌성**: 인터넷 신문의 경우 취재 인력 3명 이상을 포함하여 취재 및 편집 인력 5명 이상을 상시적으로 고용할 것과 취재 담당자, 편집 담당자의 국민연금, 국민건강보험 또는 산업재해보상보험의 가입사실을 확인할 수 있는 서류를 등록서류로 첨부하도록 한 구 '신문 등의 진흥에 관한 법률 시행령' 규정은 다음과 같은 이유로 위헌결정을 받았다.

> 인터넷 신문의 부정확한 보도로 인한 폐해를 규제할 필요가 있다고 하더라도 다른 덜 제약적인 방법들이 신문법, 언론중재법 등에 이미 충분히 존재한다. 그런데 고용조항과 확인조항에 따라 소규모 인터넷 신문이 신문법 적용대상에서 제외되면 신문법상 언론사의 의무를 전혀 부담하지 않게 될 뿐만 아니라, 언론중재법에 따른 구제절차 대상에서도 제외된다. 또 소규모 인터넷 신문의 대표자나 임직원은 '부정청탁 및 금품 등 수수의 금지에 관한 법률'상 공직자 등에도 포함되지 않게 되어, 소규모 인터넷 신문의 언론활동으로 인한 폐해를 예방하거나 이를 구제하는 법률의 테두리에서 완전히 벗어나는 결과를 초래한다. 언론의 신뢰성과 사회적 책임의 제고라는 측면에서 종이신문과 인터넷 신문이 달리 취급되어야 할 아무런 이유가 없고 신뢰성 제고를 위하여 취재 및 편집 인력을 반드시 상시 고용해야 한다고 단정할 수 없으며 특정 주제만 다루거나 일정한 간격을 두고 전문적 주제를 취재·보도하는 인터넷 신문의 경우 5인 이상의 상시 고용 인력이 반드시 필요하다고 단정하기도 어렵다는 사정 등을 모두 종합하여 보면, 인터넷 신문에 대해서만 5인 이상의 취재 및 편집 인력을 갖출 것을 요구하고, 이를 확인할 서류를 제출하게 하는 고용조항 및 확인조항은 침해 최소성 원칙에 위배되고 법익균형성도 잃고 있다(2015헌마1206).

3. 사전적 제한 — 사전검열의 금지

헌법 제21조 제2항은 "언론·출판에 대한… 검열은 인정되지 아니한다"라고 규정하여 사전검열금지를 명시하고 있다. 이는 사전억제금지원칙의 구현이다.

(1) 사전검열의 개념

헌재는 헌법 제21조 제2항의 검열은 "행정권이 주체가 되어 사상이나 의견 등이 발표되기 이전에 예방적 조치로서 그 내용을 심사, 선별하여 발표를 사전에 억제하는, 즉 허가받지 아니한 것의 발표를 금지하는 제도를 뜻한다"라고 한다. 헌재가 판시하고 있는 헌법 제21조 제2항의 검열의 의미는 다음과 같다. i) **법률로써도 불허**: 검열제가 허용될 경우에는 국민의 예술활동의 독창성과 창의성을 침해할 위험, 이른바 관제의견이나 지배자에게 무해한 여론만이 허용되는 결과를 초래할 염려가 있기 때문에 헌법이 직접 그 금지를 규정하고 있는 것이다(따라서 사전검열은 절대적으로 금지된다). 그러므로 헌법 제21조 제2항이 언론·출판에 대한 검열금지를 규정한 것은 비록 헌법 제37조 제2항이 국민의 자유와 권리를 법률로써 제한할 수 있도록 규정하고 있다고 할지라도 언론·출판의 자유에 대하여는 검열을 수단으로 한 제한만은 법률로써도 허용되지 아니한다는 것을 밝힌 것이라고 한다. ii) **명칭·형식 불문**: 여기서 말하는 검열은 그 명칭이나 형식에 구애됨이 없이 실질적으로 위에서 밝힌 검열의 개념에 해당되는 모든 것을 그 대상으로 하는 것이라고 한다(즉 '심의'라는 명칭이라 하더라도 사전검열일 수 있다). iii) **행정권**: 헌재는 검열개념의 핵심을 행정권의 개입에 두고 있다(검열금지원칙 위배 여부가 문제된 사안들에서 행정권 개입 여부를 살핀 예들이 많다). 즉 헌재는 "그러나 검열금지의 원칙은 모든 형태의 사전적인 규제를 금지하는 것이 아니고, 단지 의사표현의 발표여부가 오로지 행정권의 허가에 달려있는 사전심사만을 금지하는 것을 뜻한다"라고 한다. iv) **제한적 해석**: 한편, 헌재는 검열은 위에서 본 바와 같이 법률로써도 허용될 수 없는 것이기 때문에 검열의 의미는 다음과 같이 제한적으로 해석한다. 즉 ① **사전성**(事前性) — 헌법 제21조 제2항이 금지하는 검열은 사전검열만을 의미하므로 사후심사나 검열의 성격을 띠지 아니한 그 외의 사전심사는 검열에 해당하지 아니한다. ② **사후적**

사법적 규제는 가능 — 검열금지의 원칙은 정신작품의 발표 이후에 비로소 취해지는 사후적인 사법적(司法的) 규제를 금지하는 것이 아니므로 사법절차에 의한 영화상영의 금지조치(예컨대 명예훼손이나 저작권침해를 이유로 한 가처분 등)나 그 효과에 있어서는 실질적으로 동일한 형벌규정(음란, 명예훼손 등)의 위반으로 인한 압수는 헌법상의 검열금지의 원칙에 위반되지 아니한다. ③ **사전심사를 모두 금지하는 것은 아님** — 검열금지의 원칙은 사전심사를 모두 금지하는 것은 아니고 특히 청소년이 음란, 폭력 등에 접근하는 것을 미리 막아야 할 필요성 매우 크므로 청소년보호를 위하여 미리 등급을 심사하는 이른바 등급심사제도는 사전검열에 해당하지 아니한다(이상 93헌가13 등). 위에서 헌재가 사후적 사법적 규제라고 본 영화상영금지 가처분과 같은 경우는 향후 상영이 안된다는 점에 역점을 두면 사전심사로 볼 수도 있다(사견).

(2) 사전검열금지원칙의 적용범위

이 원칙의 적용에 예외가 있는지 아니면 전면적용되는지를 둘러싸고 논란이 있었다. 2015년에 헌재는 "1962년 헌법과 같이 특정한 표현에 대해 예외적으로 검열을 허용하는 규정을 두고 있지 아니한 점, 이러한 상황에서 표현의 특성이나 이에 대한 규제의 필요성에 따라 언론·출판의 자유의 보호를 받는 표현 중에서 사전검열금지원칙의 적용이 배제되는 영역을 따로 설정할 경우 그 기준에 대한 객관성을 담보할 수 없어 종국적으로는 집권자에게 불리한 내용의 표현을 사전에 억제할 가능성을 배제할 수 없게 된다는 점 등을 고려하면" 사전검열은 예외 없이 금지되고 언론자유의 보호를 받는 모든 표현물의 경우에 사전검열금지원칙이 적용된다는 입장을 분명히 하고 있다(2015헌바75, 2016헌가8).

(3) 검열 인정의 요건

검열로 인정되기 위한 요건으로 헌재는 아래와 같은 4가지 요소를 들고 검열이 문제가 되는 심판사안에서 이에 해당되는지 여부에 따라 판단한다. 즉 헌재는 ① 일반적으로 허가받기 위한 표현물의 제출의무의 존재, ② 행정권이 주체가 된 사전심사절차의 존재, ③ 허가받지 아니한 의사표현의 금지 및 ④ 심사절차를 관철할 수 있는 강제수단의 존재 등의 요건을 모두 갖춘 경우에만 검열에 해당한다고 본다(93헌가13 등).

(4) 검열로 인정된 예

그동안 헌재가 사전검열이라고 하여 위헌성이 인정된 예로, ① 영화에 대한 공연윤리위원회에 의한 사전심의제(93헌가13. 행정권이 공연윤리위원회의 구성에 지속적인 영향을 미칠 수 있게 하였으므로 검열기관으로 볼 수밖에 없다고 보아 검열이라고 인정함), ② 음반에 대한 공연윤리위원회에 의한 사전심의제(94헌가6, 97헌가1), ③ 비디오물에 대한 공연윤리위원회의 사전심의제(96헌가23), ④ 비디오물에 대한 한국공연예술진흥협의회의 사전심의(99헌가1), ⑤ 영상물등급위원회에 의한 영화의 등급분류의 보류제도(2000헌가9), ⑥ 영상물등급위원회에 의한 비디오물 등급분류의 보류제도(2004헌가18), ⑦ 외국비디오물에 대한 필요적 수입추천제도(2004헌가8), ⑧ 영상물등급위원회에 의한 외국음반 국내제작 추천제도(2005헌가14), ⑨ 텔레비전 방송광고 사전심의제(2005헌마506), ⑩ 의료광고심의제도(헌재는 사전심의를 받지 아니한 의료광고를 금지하고 이를 위반한 경우 처벌하는 의료법 규정이 행정권이 주체가 되는 심의기구에 의한 심의로서 사전검열에 해당된다고 하여 헌법에 위반된다는 결정을 하였다(2015헌바75). 그 이유를 보면 다음과 같다. i) 이 사건 의료광고는 상업광고의 성격을 가지고 있지만, 헌법 제21조 제1항의 표현의 자유의 보호 대상이 됨은 물론이고, 동조 제2항도 당연히 적용되어 이에 대한 사전검열도 금지된다. ii) 헌법상 검열금지원칙은 검열이 행정권에 의하여 행하여지는 경우에 한한다. 이 사건 의료광고의 사전심의는 그 심의주체인 보건복지부장관이 행하지 않고 그로부터 위탁을 받은 각 의사협회가 행하고 있지만, 실질적으로 민간심의기구가 심의를 담당하는 경우에도 행정권의 개입 때문에 자율성이 보장되지 않는다면, 헌법이 금지하는 행정기관에 의한 사전검열에 해당하게 될 것이다. iii) 의료법상 사전심의의 주체는 보건복지부장관이며, 보건복지부장관은 언제든지 위탁을 철회하고 직접 의료광고 심의업무를 담당할 수 있다. 보건복지부장관은 공무수탁사인에 해당하는 각 의사협회에 대하여 위임사무 처리에 대한 지휘·감독권을 가지고 있으며, 의료법 시행령상 심의기관의 장은 심의 및 재심의 결과를 보건복지부장관에게 보고할 의무가 있다. 또한, 의료법상 보건복지부장관은 의료인 단체에 대해 재정지원을 할 수 있고, 심의기준과 절차 등에 대해 대통령령으로 정하도록 하고 있으므로, 행정권은 이를 통해 사전심의절차에 영향력을 행사할 수 있다. 그렇다면, 각 의사협회가 의료광고의 사전심의업무를 수행함에 있어서 보건복지부장관 등 행정권의 영향력에서 완전히 벗어나 독립적이고 자율적으로 사전심의를 하고 있다고 보기 어렵다. iv) 따라서 이 사건 의료광고 사전심의는 헌법이 금지하는 사전검열에 해당하므로 청구인들의 표현의 자유를 침해한다. * 유의 : 의료광고 사전심의제는 위에서 본 것처럼 사전검열이라고 하여 위헌으로 결정났는데 비해 비의료인의 의료광고금지조항 합헌결정(2015헌바325), '치료효과를 보장하는 등 소비자를 현혹할 우려가 있는 내용의 광고'를 한 경우 형사처벌하도록 규정한 의료법 규정에 대한 합헌결정(2013헌바28), '거짓이나 과장된 내용'의 의료광고 금지 및 처벌의 합헌성 인정결정(2012헌마685)과 혼동하지 말아야 한다) ⑪ 건강기능식품광고의 사전심의제도(이전에 2010. 7. 29.의 2006헌바75 결정에서 법정의견은 헌법 제36조 제 3 항에 따라 국민의 보건에 관한 보호의무도 지는 입법자가 국민의 표현의 자유와 보건 · 건강권 모두를 최대한 보장하여야 한다는 이유 등을 들어 사전검열금지원칙이 적용될 사안이 아니라는 취지를 표명하였고 합헌으로 선언되었으나 2018년에 판례를 변경하여 사전검열로서 위헌이라고 결정하였다. ⓐ 이 판례변경을 가져온 위헌결정의 심판대상조항은 구 '건강기능식품에 관한 법률'(2012. 10. 22. 법률 제11508호로 개정되고, 2018. 3. 13. 법률 제15480호로 개정되기 전의 것 등)이 건강기능식품의 기능성에 대한 표시 · 광고 심의제도를 두고 있었는데(동법 제16조) 이 심의조항에 따라 '심의받은 내용과 다른 내용의 광고'를 할 수 없게 금지한 조항(동법 제18조 제 1 항 제 6 호는 "심의를 받지 아니하거나 심의받은 내용과 다른 내용의 표시 · 광고"를 금지하고 있었는데 그 문언 중 '심의받은 내용과 다른 내용의 광고' 부분), 이를 위반한 경우에 처벌하는 조항, 이를 위반한 경우에 영업정지나 영업소의 폐쇄를 할 수 있게 한 조항이었는데 그 처벌과 제재의 원인이 심의제도에 있었으므로 이를 사전검열로 본 결과 이 조항들에 대해 위헌결정이 있게 된 것이다. 이하 그 결정을 본다. 헌재 2018. 6. 28, 2016헌가8. [결정요지] 건강기능식품법상 기능성 광고의 심의는 식약처장으로부터 위탁받은 한국건강기능식품협회에서 수행하고 있지만, 법상 심의주체는 행정기관인 식약처장이며, 언제든지 그 위탁을 철회할 수 있고, 심의위원회의 구성에 관하여도 법령을 통해 행정권이 개입하고 지속적으로 영향을 미칠 가능성이 존재하는 이상 그 구성에 자율성이 보장되어 있다고 볼 수 없다. 식약처장이 심의기준 등의 제정과 개정을 통해 심의 내용과 절차에 영향을 줄 수 있고, 식약처장이 재심의를 권하면 심의기관이 이를 따라야 하며, 분기별로 식약처장에게 보고가 이루어진다는 점에서도 그 심의업무의 독립성과 자율성이 있다고 어렵다. 결국 건강기능식품 기능성광고 심의는 행정권이 주체가 된 사전심사라고 할 것이다. 따라서 이 사건 건강기능식품 기능성광고 사전심의는 헌법이 금지하는 사전검열에 해당하므로 헌법에 위반된다. 종래 이와 견해를 달리하여 건강기능식품 기능성광고의 사전심의절차를 규정한 구 건강기능식품법 관련조항이 헌법상 사전검열금지원칙에 위반되지 않는다고 판단한 우리 재판소 결정(2006헌바75)은, 이 결정 취지와 저촉되는 범위 안에서 변경하기로 한다. ⓑ '심의를 받지 아니한 광고' 부분에 대한 동지의 다음 결정도 있었다. 헌재 2019. 5. 30. 2019헌가4. 이 결정은 위 ⓐ에 인용한 2016헌가8 결정에서 문제된 동법 제18조 제 1 항 제 6 호는 "심의를 받지 아니하거나 심의받은 내용과 다른 내용의 표시 · 광고"라고 규정되어 있었는데 이번에는 '심의를 받지 아니한' 부분이 위 ⓐ 결정에서 사전검열로 본 것과 같은 취지로 위헌으로 결정이 된 것이었다) 등이 있었다. 의료광고, 건강기능식품광고는 이후 모두 자율심의제로 변경되었다. ⑫ 의료기기 광고 사전심의제 — 의료기기와 관련하여 심의를 받지 아니하거나 심의받은 내용과 다른 내용의 광고를 하는 것을 금지하고 이를 위반한 경우 행정제재와 형벌을 부과하도록 한 의료기기법 제24조 제 2 항 제 6 호 및 구 의료기기법 제36조 제 1 항 제14호 중 '제24조 제 2 항 제 6 호를 위반하여 의료기기를 광고한 경우' 부분, 구 의료기기법 제52조 제 1 항 제 1 호 중 '제24조 제 2 항 제 6 호를 위반한 자' 부분(이하 위 조항들을 합하여 '심판대상조항'이라 한다)이 행정권이 주체가 된 사전심사로서 사전검열금지원칙에 위반되어 위헌이라고 결정되었다(헌재 2020. 8. 28, 2017헌가35등).

* 검열이라고 하여 위헌결정이 내려진 의료광고, 건강기능식품광고, 의료기기광고의 사전심의제 등은 자율심의제로 변경되었다.

위에서 본 등급분류보류제에 대한 위헌결정(위 ⑥)이 있기 이전에는 18세관람가로 분류하기 어려운 경우 분류를 보류하였던 영화에 대해서 위 위헌결정으로 등급분류보류제가 삭제되어 이후 '제한상영가'라는 등급을 설정하게 되었다. 그런데 구 영화진흥법 규정 등이 이 '제한상영가' 등급의 영화를 '상영 및 광고 · 선전에 있어서 일정한 제한이 필요한 영화'라고 정의한 것이 명확성원칙에 위배된다고 하여 헌법불합치결정된 바 있다(2007헌가4).

(5) 검열이 아닌 제도

법원에 의한 상영금지가처분은 행정권이 주체가 아닌 사법부가 행하는 것이므로 검열이 아니라고 본다(2000헌바36). 납본제도(90헌바26), 옥외광고물설치허가제(96헌바2), 검인정교과서제도(89헌마88), 음반 · 비디오물 · 게임물 유통관련업 등록제(99헌바117) 등도 검열제도가 아니라고 판단되었다. 건강기능성식품광고의 사전심의제도에 대해서는 2010. 7. 29.의 2006헌바75 결정에서 법정의견이 허위 · 과장 광고를 사전에 예방하지 않을 경우 광범위한 해악이 초래될 수 있는 반면에 건강기능식품의 광고는 정치적 · 시민적 표현행위 등과 별로 관련이 없고, 사전에 심사한다고 하여 표현의 자유 등이 크게 위축될 위험도 작으므로 헌법 제36조 제 3 항에 따라 국민의 보건에 관한 보호의무도 지는 입법자가 사전심의를 법률로 규정하였다 하여 사전검열에 해당한다고 보기는 어렵다는 의견을 제시하였고 합헌결정이 내려졌다. 그러나 이후 2018년에 사전검열금지원칙은 현행 헌법상 표현의 자유 보호대상이면 예외 없이 적용된다고 보고 건강기능식품법상 기능성 광고의 심의는 식약처장으로부터 위탁받은 한국건강기능식품협회에서 수행하고 있지만 행정권이 개입되어 사전검열이라고 보고 판례변경을 하여 위헌결정이 되었다(2016헌가8).

4. 사후적 제한

언론·출판이 발표된 후 사후적 제한은 가능하다. 그러나 사후제한도 법률에 의하여야 하는데 그 법률은 앞서 본 명확성원칙, 명백하고 현존하는 위험의 원칙, 이익형량원칙, 필요최소한의 규제수단의 선택원칙 등을 지켜야 한다.

5. 언론사의 소유·겸유·겸영 제한 — 언론시장의 독과점 방지

(1) 제한의 헌법적 근거 — 독립성, 소수자보호, 다원주의를 위한 제한

특정 자본이나 기업에 의하여 그리고 하나의 언론사가 여러 매체를 장악하여 언론시장의 독과점이 형성되면 그 자본이나 기업들이 선호하는 성향의 의견의 영향력이 강해지므로 공중의 다양한 의사를 전달하는 기능이 약화되고 소수자의 언로가 막혀 언론의 다원주의(多元主義)가 파괴될 수 있다. 그러므로 이를 막아 언론의 독립성과 소수자의 보호와 다원주의라는 헌법적 요구를 구현하기 위하여 언론에 대한 독과점을 방지할 필요가 있다. 그리하여 언론사의 소유에 대한 제한과 겸유·겸영에 대한 제한이 이루어지고 있다.

(2) 내 용

3가지 제한이 있다. ① 하나의 언론사에 있어서 주식 소유의 상한을 설정하고 있다. ② 다른 매체들 간의 겸유·겸영에 대한 제한이 있다. 종전에는 일간신문, 방송, 통신 간의 겸유·겸영이 전면적으로 금지되었으나 2009년에 이를 철폐하고 일정 비율 내의 겸유·겸영을 인정하고 있다. ③ 방송매체들 간의 겸유·겸영이 일정 비율을 초과할 수 없도록 하고 있다(위 각 방송법 제8조 등 규정 참조). 대기업의 지상파방송에 대한 소유상한제도 두고 있다. 텔레비전방송의 경우 시청점유율에 따른 제한도 있다. 신문의 복수소유를 일률적으로 금지하였던 구 '신문 등의 자유와 기능보장에 관한 법률' 규정이 필요 이상으로 신문의 자유를 제약하고 있다고 하여 헌법불합치결정이 있었다(2005헌마165). 동법의 신문사업자를 일반사업자에 비하여 더 쉽게 시장지배적 사업자로 추정되도록 한 규정은 단순위헌으로 결정되었다(2005헌마165).

6. 언론의 취재·보도의 자유에 대한 제한

[제한의 경우] 언론의 취재·보도는 가능한 최대한 존중되어야 한다. 그러나 공정한 재판을 받을 권리를 위하여 법정에서의 취재가 제한되기도 한다. 청소년보호를 위한 취재제한도 있다.

[취재원의 보호 여부 문제] 기자가 자신에게 취재의 단초를 제공하거나 정보를 제공한 취재원(取材源)을 보호하여 이를 밝히지 않을 권리를 취재원비닉(秘匿)권이라고 하는데 이 비닉권이 인정되느냐 하는 것이 문제된다. 이는 주로 재판에서의 진술거부권을 인정할 것인가 하는 문제로 다루어진다. 형사재판의 경우 이를 부정적으로 보는 경향이 많다. 취재원비닉권은 취재원보호를 통한 제보가능성을 더 가질 수 있도록 하여 진실을 밝히기 위한 언론의 의무를 실현하기 위한 것이기도 하다. 그 점에서 보장이 되어야 하나 이익형량이 필요할 것이다. 즉 형사재판에서 유·무죄가 취재원에 관한 진술을 통해서만 입증될 수밖에 없는 경우와 같이 실체적 진실을 밝혀야 할 공익이 있는 때 등에는 제한된다.

[통신비밀보호와 공적 관심에 대한 보도의 문제] 대법원은 공적 관심사항에 관한 언론의 자유는 헌법상의 중요한 권리로서 최대한 보장하나 절대적인 기본권이 아니어서 헌법 제37조 제2항에 따라 제한할 수 있고, 헌법 제21조 제4항에서 확인하고 있듯이 타인의 명예나 권리 또는 공중도덕이나 사회윤리를 침해할 수 없다고 하고 따라서 개인 간에 이루어지는 통신 또는 대화의 내용이 공적 관심의 대상이 되는 경우에도 이에 대한 언론기관의 보도는 통신의 비밀을 침해하지 아니하는 범위 내에서 이루어져야 한다고 본다. 대법원은 다만, 형법 제20조의 정당행위로서 위법성이 조각될 수 있다고 보고 불법 감청·녹

음 등에 관여하지 아니한 언론기관이 그 통신 또는 대화의 내용이 불법 감청·녹음 등에 의하여 수집된 것이라는 사정을 알면서도 그것이 공적인 관심사항에 해당한다고 판단하여 이를 보도하여 공개하는 행위가 형법 제20조의 정당행위로서 위법성이 조각되기 위한 요건을 설정한 바 있다(대법원 2011. 3. 17. 선고 2006도8839 전원합의체). 이에 대해서는 앞의 통신 비밀의 불가침 부분에서 살펴본 바 있다(전술 제3절 제4항 Ⅲ. 참조).

[아동학대 사망사건의 피해아동 보도의 정당행위성] 헌재는 '아동학대범죄의 처벌 등에 관한 특례법'에 따라 아동학대사건 피해아동의 사진 등의 보도가 금지되고 그 위반이 처벌되나, 방송의 경위와 구체적 사실관계를 살피면 그 보도에 목적의 정당성, 수단의 상당성이 인정되고, 오히려 피해아동의 이익에 부합한다고 볼 수 있는 경우로, 언론의 자유라는 기본권의 행사로서의 의미도 가져 법익균형성도 인정되어 형법 제20조 정당행위에 해당하여 위법성이 조각된다고 보아 기소유예처분을 취소한다는 결정을 한 바 있다(헌재 2025. 12. 18. 2023헌마1114).

7. 언론·출판의 내용상 책임과 의무

(1) 헌법직접적(확인적) 책임

헌법 제21조 제4항은 "언론·출판은 타인의 명예나 권리 또는 공중도덕이나 사회윤리를 침해하여서는 아니 된다. 언론·출판이 타인의 명예나 권리를 침해한 때에는 피해자는 이에 대한 피해의 배상을 청구할 수 있다"라고 규정하고 있다. 언론·출판에 대한 이러한 책임은 언론·출판에 대한 제한이 되며 이는 헌법이 직접적으로 그 제한을 확인하는 규정이다.

(2) 명예의 존중

언론의 자유가 중요하더라도 다른 사회구성원들의 명예 등 개인적 권리의 원천이 되기도 하는 인격권도 중요하므로 이를 위해 언론의 자유가 제한될 수 있고 이를 헌법 제21조 제4항이 명시한 것이다.

1) 명예의 개념 대법원 판례는 "명예라 함은 사람의 품성, 덕행, 명예, 신용 등"이라고 한다(대법원 96다17851). 보호되는 명예란 개인에 대한 외부적인 사회적 평가를 의미하는 외적 명예라고 보는 것이 일반적 견해이다. 헌재

도 "'명예'는 사람이나 그 인격에 대한 '사회적 평가', 즉 객관적 · 외부적 가치평가를 말하는 것이지 단순히 주관적 · 내면적인 명예감정은 포함되지 않는다"라고 하여 마찬가지 입장을 취한다(2008헌마517, 2016헌마626).

2) **민 · 형사상 명예 보호**(*자세한 것은 헌법학, 1065-1071면 참조) (가) 민사책임 : 고의 또는 과실로 위법한 명예훼손적 표현을 하여 타인에게 손해를 가한 경우에 민사상 손해배상책임을 지게 된다(민법 제750조, 제751조). (나) 형사책임 : 명예훼손죄로 형사처벌함으로써 보호되기도 한다. 가) 형법상 처벌유형 — 이에도 다음과 같은 처벌유형들이 있다. ① 공연히 사실을 적시하여 사람의 명예를 훼손한 행위(일반적 명예훼손, 형법 제307조)로서, 이에 다시 ⓐ 진실적시에도 처벌되고(형법 제307조 제1항), ⓑ 허위사실적시(동법 동조 제2항)는 가중처벌된다. ② 사자(死者)에 대한 명예훼손 행위(사자의 경우에는 공연히 '허위'의 사실을 적시한 데 한함. 형법 제308조), 그리고 ③ 출판물에 의하여 명예를 훼손한 행위도 처벌된다(형법 제309조. 출판물 명예훼손행위도 가중처벌). 나) 쟁점 : ⅰ) 형사처벌의 위헌성 여부 문제 — 명예훼손죄에 대한 헌법적 논의에서 주된 쟁점들 중 하나가 형사처벌까지 하는 것은 위헌, 특히 피해최소성 위배가 아닌가 하는 점이다. 헌재는 "개인의 외적 명예에 관한 인격권 보호의 필요성, 일단 훼손되면 완전한 회복이 사실상 불가능하다는 보호법익의 특성, … 명예훼손죄의 비범죄화에 관한 국민적 공감대의 부족" 등을 고려하면 … 징벌적 손해배상이 인정되지 않는 우리나라에서 민사적 구제방법만으로는 형벌과 같은 예방효과를 확보하기 어렵고 … 정정보도 등 언론중재제도는 언론사에 의한 행위에 대한 구제라는 점 등에서도 덜 침익적인 수단이 있다고 보기 어려워 피해최소성을 가진다고 본다(2017헌마1113). ⅱ) 진실한 사실 적시도 처벌하는 것의 위헌성 여부 문제 — 위헌이라고 보는 입장은 ① 표현의 자유를 중시하는 자유민주적 기본질서에서 진실을 말하는 것 자체는 죄가 되어서는 아니되고, ② 진실한 사실의 적시로서 손상을 입는 것은 '사실에 대한 부지를 통해 잘못 형성된 평판', 즉 '허명(虛名)'에 불과하므로 이를 보호하기 위해 표현의 자유를 제한하는 것은 목적의 정당성이 인정되지 않으며, 형사적 수단을 동원하는 등 피해최소성 및 법익균형성도 인정되지 않는다는 주장을 한다. 그러나 헌재는 합헌으로 본다. 그 논거로 주로 ① 형법 제310조의 '공공의 이익'이라는 위법성조각사유의 활용으로[이에 대

해서는 아래의 3) 위법성의 조각 부분 참조] 피해최소성을 위반하지 않는다고 보았고 피해최소성을 갖추기 위해 '사생활의 비밀에 해당하는 사실'로 한정하는 방향으로 일부위헌 결정을 하자는 의견(4인 반대의견)에 대해서도 '사생활의 비밀에 해당하는 사실'과 '그렇지 않은 사실' 사이의 불명확성에 따르는 위축효과가 발생할 가능성은 여전히 존재한다고 보고 덜 침해적인 다른 대체수단이 없는 점 등을 들어 피해최소성을 인정하였다(2017헌마1113). 다) 판례 : i) 진실한 사실 적시 명예훼손처벌 조항(형법 제307조 제 1 항)에 대한 합헌결정 — 헌재는 진실한 사실의 적시인데도 처벌하는 형법 제307조에 대해 합헌결정을 했고 위에서 논거를 살펴보았다. ii) 허위사실 적시 명예훼손처벌 조항(형법 제307조 제 2 항)에 대한 합헌결정 — 헌재는 침해최소성을 인정하는데 그 이유로, 허위사실적시로 침해된 후 회복이 어려워 인격권의 충실한 보호, 민주사회의 자유로운 여론 형성을 위한 공론의 장의 제 기능 보장을 위해 형사처벌할 필요가 있다고 하고 허위성이 입증된 경우에만 처벌되는데 그 증명책임은 원칙적으로 검사에게 있으며 손해배상, 언론중재제도, 정보통신망법상 정보삭제제도 등으로 형사처벌과 같은 구제효과를 기대할 수 없고 법정형이 적정하다고 한다. 법익균형성도 인정하여 과잉금지원칙 준수로 보아 합헌결정을 하였다(2016헌바84). 라) 정보통신망(인터넷)상 명예훼손에 대한 형사처벌 : 정보통신망(인터넷)에 의한 명예훼손에 대해서는 그 확산용이성, 파급중대성 등을 감안하여(연혁적인 이유도 있었지만) 이에 관한 법률규정을 형법과 별도로 두고 있다. 그래도 이 경우의 제재도 형사처벌이다. 그 구성요건에 차이를 두고 있고 처벌강도도 높이고 있다. **[규정과 판례]** i) 정보통신망 진실한 사실 적시 명예훼손처벌 조항(법 제70조 제 1 항)에 대한 합헌결정 — '정보통신망 이용촉진 및 정보보호에 관한 법률' 제70조 제 1 항은 "사람을 비방할 목적으로 정보통신망을 통하여 공공연하게 사실을 드러내어 다른 사람의 명예를 훼손한 자"를 형법 제307조 제 1 항의 일반적 명예훼손에 비해 '비방할 목적'이라는 가중적 주관적 요건을 두고(출판물에 의한 명예훼손처럼) 가중처벌하고 있다. 헌재는 이 규정은 명확성원칙에 위배되지 않고 아래에 요약한 이유로 피해최소성원칙을 준수하였다고 보아 합헌으로 결정하였다(2013헌바105).

[결정요지] … (나) 침해의 최소성 — 인터넷 등 정보통신망에서의 정보는 신속하고 광범위하게 반복·재생산되며 확대되기 때문에 명예훼손의 피해자가 명예훼손적인 정보를 모두 찾아내어 반박한다는 것이 현실적으로 가능하지 않고, 정보통신서비스 제공자에게 그 침해사실을 소명하여 정보의 삭제 또는 반박내용의 게재를 요청하는 방법(정보통신망법 제44조의2 제1항)은 피해자가 인터넷 등에서의 명예훼손사실을 알지 못하거나 이미 광범위하게 유포된 이후에는 사후에 일일이 확인하여 삭제 또는 반박 내용의 게재를 요청한다는 것이 어려워 명예훼손에 대한 실효적인 구제방법이라고 보기 어렵고 민사상 손해배상소송(민법 제751조) 등과 같은 민사적 구제방법은 형벌과 같은 위하력과 예방효과를 가지기 어렵다. 따라서 형사처벌을 대체하여 충분한 덜 제약적인 수단이 있다고 보기 어렵다. 그러므로 침해의 최소성원칙에 위배되지 않는다.

ii) 정보통신망 거짓 사실 적시 명예훼손 가중처벌조항(법 제70조 제2항)에 대한 합헌결정 — 위 정보통신망법 명예훼손을 '거짓의 사실을 드러내어 한 경우에는 가중처벌하는데 그 처벌규정이 동법 동조(제70조) 제2항이다. 이에 대해서도 헌재는 합헌결정을 하였다(2015헌바438). 헌재는 다음과 같이 명확성원칙을 준수한 것이라고 본다. '사람, 비방, 목적'이라는 용어는 정보통신망법에서만 사용되는 고유한 개념이 아니라 일반인이 일상적으로 사용되는 일반적인 용어로서 법관의 보충적 해석 작용 없이도 일반인들이 그 대강의 의미를 이해할 수 있는 표현이고 법관의 보충적 해석을 통해 피해자가 특정될 것을 요하는 것으로 '사람'의 의미가 분명하게 해석되고 있다. 그리고 헌재는 과잉금지원칙의 피해최소성은 갖추었다고 보고 그 이유로 "그 표현의 목적·매체·내용 등을 묻지 않고 모든 표현의 자유를 금지하고 있는 것이 아니라, '① 비방할 목적으로 ② 정보통신망을 통하여 ③ 공공연하게 ④ 거짓의 사실을 드러내어 ⑤ 다른 사람의 명예를 훼손하는 표현행위'만을 제한하고 있다"라고 판시하였다.

* iii) 위 '비방할 목적'의 의미 — 헌재는 "대법원은 공공의 이익에 관한 것에는 널리 국가·사회 기타 일반 다수인의 이익에 관한 것뿐만 아니라 특정한 사회집단이나 그 구성원 전체의 관심과 이익에 관한 것도 포함되며, 행위자의 주요한 동기 내지 목적이 공공의 이익을 위한 것이라면 부수적으로 다른 사익적 목적이나 동기가 내포되어 있더라도 비방할 목적이 인정되기는 어렵다

고 판시함으로써, '비방할 목적'의 의미를 엄격하게 해석 · 적용하고 있다(대법원 2011. 11. 24, 2010도10864 등 참조). '사람을 비방할 목적'이 있는지 여부는 당해 적시 사실의 내용과 성질, 당해 사실의 공표가 이루어진 상대방의 범위, 그 표현의 방법 등 그 표현 자체에 관한 제반 사정을 감안함과 동시에 그 표현에 의하여 훼손되거나 훼손될 수 있는 명예의 침해 정도 등을 비교 · 형량하여 판단하여야 한다(대법원 2006. 4. 14, 2004도207 등)"라고 한다(헌재 2023헌마739).

* 그 외 개별 특별법 — 방송법 제 5 조 제 3 항, '언론중재 및 피해구제 등에 관한 법률' 제 5 조 제 1 항 등에도 명예권, 인격권의 보호에 대해 규정하고 있다.

3) 위법성의 조각 — 명예보호와 언론의 자유의 조화

① **조화의 필요성** 언론은 국민의 알 권리를 위해, 그리고 민주정치에서의 의견전달, 여론형성 등의 중요한 역할수행을 위해 보도를 하게 되고 그 보도로 어떤 사람의 명예, 인격권이 제한될 수 있다. 언론의 자유의 중요성을 고려하자면 어느 정도의 인격권 제한은 받아들일 필요가 있다. 그러나 인격권도 중요한 기본권이므로 보다 더 중요한 공익을 위한 제한이어야 하고 따라서 양자의 조절(조화)이 요구된다.

② **조 절** **[공적 인물론, 공적 관심사론 등]** 헌재는 그 조절에 있어서 다음과 같은 사정을 고려하여야 한다고 본다. 즉 "당해 표현으로 인한 피해자가 공적 인물인지 아니면 사인(私人)인지, 그 표현이 공적인 관심 사안에 관한 것인지 순수한 사적인 영역에 속하는 사안인지, 피해자가 당해 명예훼손적 표현의 위험을 자초한 것인지, 그 표현이 객관적으로 국민이 알아야 할 공공성 · 사회성을 갖춘 사실(알 권리)로서 여론형성이나 공개토론에 기여하는 것인지 등을 종합하여 구체적인 표현 내용과 방식에 따라 상반되는 두 권리를 유형적으로 형량한 비례관계를 따져 언론의 자유에 대한 한계 설정을 할 필요가 있는 것"이라고 한다. 그리하여 "공적 인물과 사인, 공적인 관심 사안과 사적인 영역에 속하는 사안 간에는 심사기준에 차이를 두어야 하고," 더욱이 "공적 인물이 그의 공적 활동과 관련된 명예훼손적 표현은 그 제한이 더 완화되어야 하는 등 개별사례에서의 이익형량에 따라 그 결론도 달라지게 된다"라고 한다(97헌마265). 대통령에 대한 명예훼손을 인정한 기소유예처분을 헌재가 공적 인

물의 공적 활동에 대한 비판은 폭넓게 허용되어야 한다고 보면서 취소한 예가 있다(2009헌마747. 이 결정에서는 제 3 자의 표현물을 인터넷에 게시한 행위에 대한 판단도 포함되어 있는데 직접 적시한 것과 다름없는 경우에 책임이 있고 단순한 인용, 소개의 경우 책임이 없다고 봄).

③ 조절로서의 위법성조각사유와 그 적용 형법도 공연히 사실을 적시한 행위가 진실한 사실로서 오로지 공공의 이익에 관한 때에는 처벌하지 아니하도록 하여(형법 제310조) 위법성조각사유를 두고 있다. 두 가지 요건이다. ① 진실한 사실, ② 오로지 공공의 이익에 관한 때이다. 이러한 위법성조각이 바로 조절로서의 의미를 가지는데 그 적용을 위한 해석에 있어서 위와 같은 헌법적 조절원리가 담겨지게 된다. 헌재는 "첫째, 그 표현이 진실한 사실이라는 입증이 없어도 행위자가 진실한 것으로 오인하고 행위를 한 경우, 그 오인에 정당한 이유가 있는 때에는 명예훼손죄는 성립되지 않는 것으로 해석하여야 한다. 둘째, '오로지 공공의 이익에 관한 때에'라는 요건은 언론의 자유를 보장한다는 관점에서 그 적용범위를 넓혀야 한다. 국민의 알 권리의 배려라는 측면에서 객관적으로 국민이 알아야 할 필요가 있는 사실(알 권리)에는 공공성이 인정되어야 하고, 또 사인이라도 그가 관계하는 사회적 활동의 성질과 이로 인하여 사회에 미칠 영향을 헤아려 공공의 이익은 쉽게 수긍할 수 있도록 하여야 한다"라고 본다. 셋째, "명예훼손적 표현에서의 '비방할 목적'(형법 제309조)은 그 폭을 좁히는 제한된 해석이 필요하다. 법관은 엄격한 증거로써 입증이 되는 경우에 한하여 행위자의 비방 목적을 인정하여야 한다"라고 본다(97헌마265).

대법원의 판례도 "공공의 이익에 관한 것에는 널리 국가·사회 기타 일반 다수인의 이익에 관한 것뿐만 아니라 특정한 사회집단이나 그 구성원 전체의 관심과 이익에 관한 것도 포함하는 것"이라고 보고(대법원 2005도2049), 그 목적이 오로지 공공의 이익을 위한 것인 때에는 진실한 사실이라는 증명이 있으면 그 행위에 위법성이 없고, 또한 그 증명이 없더라도 행위자가 그것을 진실이라고 믿을 만한 상당한 이유가 있는 경우에는 위법성이 없다고 본다(대법원 85다카29, 2004다35199 등). 그리고 행위자의 부수적인 다른 사익적 동기가 내포되어 있었더라도 행위자의 주요한 목적이나 동기가 공공의 이익을 위한 것으로 보아야 한다고 한다(대법원 94다35718; 95다36329; 2006다15922).

(3) 공중도덕 · 사회윤리의 존중

1) 음란성의 문제 공중도덕이나 사회윤리의 침해와 관련해서는 음란성의 문제, 즉 음란표현이 언론 · 출판의 자유에 의해 보호되는지가 많이 문제된다.

2) 음란표현의 언론의 자유 보호 범위 내 여부 헌재는 1998. 4. 30.에 선고한 95헌가16 결정에서는 음란표현은 표현의 자유의 보호범위에서 아예 제외된다고 보는 입장을 취하였고, 2002. 4. 25.에 선고한 2001헌가27 결정에서는 보호영역 안에 있다고 판단하였다. 즉 판례가 제외한다고 한 것도 있고 포함된다고 한 것도 있어 엇갈리고 있었다. 그러다가 헌재는 2009년에 음란표현도 표현의 자유의 보호범위 내에 있다고 하여 명시적으로 위 95헌가16 결정의 의견을 변경하는 판례변경을 하였다(2006헌바109).

3) 음란성의 개념과 판단기준 음란성이 무엇이냐 하는 개념 내지 그 판단의 기준은 사회적 · 시대적 상황에 따라 달리 나타나기도 한다. 헌재는 "음란이란 인간존엄 내지 인간성을 왜곡하는 노골적이고 적나라한 성 표현으로서 오로지 성적 흥미에만 호소할 뿐 전체적으로 보아 하등의 문학적 · 예술적 · 과학적 또는 정치적 가치를 지니지 않은 것"이라고 정의한다(95헌가16, 2006헌바109, 2014헌바397). 대법원 판례는 과거 헌재보다 음란 개념을 넓게 보아왔는데 온라인상의 음란물 사안에 관한 2008년의 판결에서 음란 개념을 좁게 보아 헌재 판례와 비슷해졌다(대법원 2006도3558).

음란성의 판단기준에 관해서는 ① 주관설(표현물 제작자가 가지는 주관적 의도에 따라 판단하여야 한다는 학설), ② 객관설(문제의 표현물 자체, 매체의 성격, 그 표현행위의 구체적인 상황 등을 고려하여 판단하여야 한다는 학설) 등이 대립되고 있다. 대법원은 "표현물의 음란 여부를 판단함에 있어서는 표현물 제작자의 주관적 의도가 아니라 그 사회의 평균인의 입장에서 그 시대의 건전한 사회통념에 따라 객관적이고 규범적으로 평가하여야 한다"고 본다(대법원 2006도3558).

4) '저 속' 헌재는 '음란'의 개념과는 달리 '저속'의 개념은 명확성원칙에 반하여 위헌이라고 보았다. 그 적용범위가 매우 광범위하고, 보충적인 해석에 의한다 하더라도 그 의미내용을 확정하기 어려울 정도로 매우 추상

적이며 어느 정도 상스러운 표현이 저속에 해당되는지 도무지 알 수 없다고 본 것이다(95헌가16).

(4) 개별법이 규정하고 있는 의무

[방송법이 규정하는 의무] 방송법은 방송의 공적 책임(인간의 존엄과 가치 및 민주적 기본질서의 존중 의무, 국민의 화합과 조화로운 국가의 발전 및 민주적 여론형성에 이바지하여야 할 의무, 건전한 가정생활과 아동 및 청소년의 선도에 나쁜 영향을 끼치는 음란·퇴폐 또는 폭력을 조장하여서는 아니 될 의무 등), 공정성과 공익성 의무(보도는 공정하고 객관적이어야 하고, 방송편성에 차별을 두어서는 아니 되며, 국민의 기본권 옹호 및 국제친선의 증진에 이바지하여야 하고, 국민의 알 권리와 표현의 자유를 보호·신장하여야 하며, 국민의 알 권리와 표현의 자유를 보호·신장하여야 하고, 소수의 이익을 반영하도록 노력하여야 한다는 등의 의무)를 규정하고 있다(방송법 제5조, 제6조).

[규제기관] 의무준수 등을 규제하기 위한 기관으로 방송미디어통신위원회와 심의하는 기관으로 방송미디어통신심의위원회가 있다. 헌재는 방송통신심의위원회(현재의 방송미디어통신위원회)의 설립, 운영, 직무에 관한 내용을 종합하면 방송통신심의위원회를 공권력 행사의 주체인 국가행정기관이라고 본다(2011헌가13, 2008헌마500).

[심의규정] 방송의 공정성 및 공공성을 심의하기 위하여 방송미디어통신심의위원회가 헌법의 민주적 기본질서의 유지와 인권존중에 관한 사항, 아동 및 청소년의 보호와 건전한 인격형성에 관한 사항 등을 담은 심의규정을 제정·공표하여야 한다(동법 제33조 제1항·제2항). 방송법은 방송미디어통신심의위원회는 방송사업자가 심의규정을 위반한 경우에는 과징금을 부과하거나 ① 시청자에 대한 사과, ② 해당 방송프로그램 또는 해당 방송광고의 정정·수정 또는 중지, ③ 방송편성책임자·해당 방송프로그램 또는 해당 방송광고의 관계자에 대한 징계, ④ 주의 또는 경고의 제재조치를 명할 수 있게 규정하고 있었는데(동법 제100조 제1항) 이 중에 ①, 즉 심의규정을 위반한 방송사업자가 '시청자에 대한 사과'를 하도록 명할 수 있게 한 규정에 대해서는 헌재가 법인의 인격권을 비례(과잉금지)원칙에 반하여 침해하여 위헌이라고 결정하였다(2009헌가27). 헌재는 '주의 또는 경고'만으로도 반성을 촉구하고 여론의 왜곡 형성 등을 방지하는 한편, 시청률 하락 등의 불이익을 줄 수 있고, '시청자에 대한 사과'에 대

하여 '명령'이 아닌 '권고'의 형태를 취할 수도 있는데 이와 같이 기본권을 보다 덜 제한하는 다른 수단에 의하더라도 목적을 달성할 수 있으므로 침해의 최소성원칙에 위배되고 방송사업자의 인격권에 대한 제한의 정도가 추구하는 공익에 비해 결코 작다고 할 수 없으므로 법익의 균형성원칙에도 위배된다고 본 것이다.

8. 인터넷규제

트위터(twitter) 등의 예를 보더라도 오늘날 통신과 인터넷매체가 새로운 의사표현과 전달의 방식으로서 표현의 자유를 위하여 점점 더 중요한 비중을 차지해 가고 있음을 알 수 있다. 따라서 인터넷에 대한 규제도 언론·출판의 자유에 대한 중요한 규제이고 앞의 제한원리들이 적용되어야 하는데 인터넷이 쌍방향 의사전달기능을 가지는 등 기존의 매체와 다른 점에서 그 규제도 신중하여야 한다. 헌재도 "오늘날 가장 거대하고, 주요한 표현매체의 하나로 자리를 굳힌 인터넷상의 표현에 대하여 질서위주의 사고만으로 규제하려고 할 경우 표현의 자유의 발전에 큰 장애를 초래할 수 있다"라고 한다(99헌마480). 사실 인터넷에 있어서는 자율규제가 강조되고 있다. 그러면서도 인터넷에서 음란물과 청소년유해매체물, 명예훼손 등이 인터넷이 가지는 파급력 등으로 심각하게 문제되고 있다. '정보통신망 이용촉진 및 정보보호 등에 관한 법률'이 정보통신망이용음란과 명예훼손의 죄들을 규정하여 규율하고 있다.

① '건전한 통신윤리의 함양'을 위하여 필요한 '정보의 심의 및 시정요구(삭제 또는 접속차단)'제 규정('방송통신위원회의 설치 및 운영에 관한 법률' 제21조 제 4 호)과 ② '그 밖에 범죄를 목적으로 하거나 교사 또는 방조하는 내용의 정보'의 유통을 금지하는 규정(구 '정보통신망 이용촉진 및 정보보호 등에 관한 법률' 제44조의7 제 1 항 제 9 호)에 대해 합헌성을 인정하는 결정들(전자는 2011헌가13, 후자는 2008헌마500)이 있었다. ③ 또 헌재는 '국가보안법에서 금지하는 행위를 수행하는 내용의 정보'에 대한 정보통신망 유통의 금지요구에 따르지 아니한 서비스제공자 등에게 해당 정보의 취급거부 등을 명하도록 규정한 '정보통신망 이용촉진 및 정보보호 등에 관한 법률' 제44조의7 제 3 항이 과잉금지원칙을 준수하여 합헌이라고 결정하였다(2012헌바415. 웹사이트 폐쇄 사건).

④ 실명제 : ⓐ 논란이 많았던 이른바 인터넷실명제(본인확인제 : 인터넷게시판을 설치 · 운영하는 정보통신서비스(일일 평균 이용자 수가 10만명 이상인 경우) 제공자에게 본인확인조치 의무를 부과하여 게시판 이용자로 하여금 본인확인절차를 거쳐야만 게시판을 이용할 수 있도록 하는 제도)는 위헌으로 결정되었다. 즉 헌재는 구 '정보통신망 이용촉진 및 정보보호 등에 관한 법률' 제44조의5 제 1 항 제 2 호, 동법 구 시행령 제29조, 제30조 제 1 항이 아래와 같은 이유로 비례(과잉금지)원칙을 위반하여 인터넷게시판 이용자의 표현의 자유(익명표현의 자유), 개인정보자기결정권 및 인터넷게시판을 운영하는 정보통신서비스 제공자의 언론의 자유를 침해하여 위헌이라고 아래와 같이 결정하였다(2010헌마47).

> 위 법령조항들이 표방하는 건전한 인터넷 문화의 조성 등 입법목적은, 인터넷 주소 등의 추적 및 확인, 당해 정보의 삭제 · 임시조치, 손해배상, 형사처벌 등 인터넷 이용자의 표현의 자유나 개인정보자기결정권을 제약하지 않는 다른 수단에 의해서도 충분히 달성할 수 있음에도, 인터넷의 특성을 고려하지 아니한 채 본인확인제의 적용범위를 광범위하게 정하여 법집행자에게 자의적인 집행의 여지를 부여하고, 목적 달성에 필요한 범위를 넘는 과도한 기본권 제한을 하고 있으므로 침해의 최소성이 인정되지 아니한다.
>
> 또한 국내 인터넷 이용자들의 해외 사이트로의 도피, 국내 사업자와 해외 사업자 사이의 차별 내지 자의적 법집행의 시비로 인한 집행 곤란의 문제를 발생시키고 있고, 나아가 본인확인제 시행 이후에 명예훼손, 모욕, 비방의 정보의 게시가 표현의 자유의 사전 제한을 정당화할 정도로 의미 있게 감소하였다는 증거를 찾아볼 수 없는 반면에, … 이러한 인터넷게시판 이용자 및 정보통신서비스 제공자의 불이익은 본인확인제가 달성하려는 공익보다 결코 더 작다고 할 수 없으므로, 법익의 균형성도 인정되지 않는다.

ⓑ 인터넷 '선거운동'에서의 실명제 — 이에 대해서는 헌재는 합헌결정(2008헌마324)을 한 바 있었으나 바로 그 합헌결정이 있었던 공직선거법 제82조의6 제 1 항은 그 뒤 문언이 다소 차이가 있으나 실명인증방법으로 실명을 확인받도록 하는 기술적 조치를 하여야 한다는 부분은 계속 유지되어 왔는데 2021년 1월 28일에 위헌결정이 되었다(2018헌마456등). 정치적 의사표현을 자유롭게 할 수 있는 핵심적 기간이라 볼 수 있는 선거운동기간 중 익명표현의 제한이

구체적 위험에 기초한 것이 아니라는 점, 적용대상인 "인터넷언론사"가 명확성원칙에 반하지는 않는다고 하더라도 그 범위가 광범위하다는 점, 실명확인제가 표방하고 있는 선거의 공정성이라는 목적은 인터넷 이용자의 표현의 자유나 개인정보자기결정권을 제약하지 않는 다른 수단(공직선거법상 다른 규제들, 정보통신망법에 의한 삭제요청 등)에 의해서도 충분히 달성할 수 있고 인터넷을 이용한 선거범죄에 대하여는 명예훼손죄나 후보자비방죄 등 여러 사후적 제재수단이 이미 마련되어 있다는 점 등에서 피해최소성을 갖추지 못하였고 법익균형성도 없다고 하여 과잉금지원칙을 위반하여 게시판 등 이용자의 익명표현의 자유, 개인정보자기결정권과 인터넷언론사의 언론의 자유를 침해하는 위헌이라고 본 것이다.

ⓒ 공공기관등 게시판 실명제 — 위 2건과 달리 공공기관 등(국가기관, 지방자치단체, '공공기관의 운영에 관한 법률'에 따른 공기업·준정부기관 및 지방공기업법에 따른 지방공사·지방공단)으로 하여금 정보통신망 상에 게시판을 설치·운영하려면 게시판 이용자의 본인 확인을 위한 방법 및 절차의 마련 등 대통령령으로 정하는 필요한 조치를 하도록 규정한 '정보통신망 이용촉진 및 정보보호 등에 관한 법률' 제44조의5 제 1 항 제 1 호에 대해서는 합헌성을 인정했다(2019헌마654. [결정요지] 제한되는 기본권은 익명표현의 자유이다. 그 적용범위가 공공기관등 게시판에 한정되어 있고 대체로 공공성이 있는 사항이 논의되는 곳으로서 공공기관등이 아닌 게시판에 비해 공동체 구성원으로서의 책임이 더욱 강하게 요구되는 곳이다. 따라서 공공기관 게시판의 경우 본인확인조치를 통해 책임성과 건전성을 사전에 확보함으로써 공공성과 신뢰성을 유지할 필요성이 크며, 그 이용 조건으로 본인확인을 요구하는 것이 과도하다고 보기는 어렵고 이미 게시된 정보에 대한 삭제요청이나 임시조치, 손해배상 또는 형사처벌 등과 같은 사후적 구제수단이, 사전적 본인확인을 받도록 하는 것과 동일한 정도로 입법목적에 기여한다고 볼 수는 없으므로 침해최소성을 충족한다).

⑤ 한편 헌재는 인터넷 SNS활용 선거운동금지가 비례(과잉금지)원칙을 위배한 것이라고 하여 한정위헌으로 결정한 바 있다(2007헌마1001. 이에 대해서, 그리고 선거운동에 대해서, 후술 제 5 장 제 5 절 Ⅳ. 참조).

⑥ 인터넷언론사에 대해 선거일 전 90일부터 선거일까지 후보자 명의의 칼럼 등을 게재하는 보도를 제한하는 '인터넷선거보도 심의기준 등에 관한 규정' 조항에 관한 위헌결정 — 헌재는 이 규정 조항(2011. 12. 23. 인터넷선거보도심의위

원회 훈령 제9호, 2017. 12. 8. 인터넷선거보도심의위원회 훈령 제10호 제8조 제2항)이 사건 시기제한조항은 선거의 공정성을 해치지 않는 보도까지 일률적으로 광범위하게 제한할 수 있고, 그 심의의 대상이 되는 인터넷언론사의 개념은 매우 광범위하며 공직선거법에서 언론기관이 선거에 부당한 영향을 미치는 것을 방지하기 위해 다양한 규정들을 통해서도 이 조항들의 입법목적을 충분히 달성할 수 있다는 점에서 침해의 최소성원칙에 반하고 법익의 균형성원칙에도 반한다고 하여 과잉금지원칙 위반의 위헌으로 결정하였다(2016헌마90).

⑦ 온라인서비스제공자의 아동음란물 발견 · 삭제 · 전송방지 등 조치 의무 — 이 의무를 규정한 '아동 · 청소년의 성보호에 관한 법률' 조항 중 발견의무에 관한 부분이 포괄위임금지원칙에 위배되지 않고, 삭제 및 전송방지 조치에 관한 부분이 죄형법정주의의 명확성원칙에 위배되지 않으며, 위 조항이 과잉금지원칙을 준수하여 온라인서비스제공자의 영업수행의 자유, 서비스이용자의 통신의 비밀과 표현의 자유를 침해하지 않는다고 헌재가 보아 합헌성이 인정되었다(2016헌가15).

문제는 인터넷공간에서는 정보제공자와 전달자(매개자)가 달라 누구에게 책임을 지울 것인가 하는 것이 논란된다. 자신이 독자적으로 생산하지 않은 기사를 내보내는, 이른바 인터넷포털이라고 불리는 인터넷뉴스서비스사업자의 책임이 문제되는데 인터넷뉴스서비스사업자에 대한 정정 · 반론 · 추후보도청구가 인정되고 있다. 또한 청소년보호를 위한 필터링(filtering) 등 기술적 규제가 활용된다.

9. 기 타

[국기모독행위에 대한 처벌] 형법 제105조는 국기, 국장의 모독행위를 처벌하도록 규정하고 있다. 이중 국기모독 부분에 대한 헌재판단이 있었다. 국기는 헌법적 질서와 가치, 국가정체성을 표상하여 훼손행위를 처벌할 필요가 있고 과잉금지원칙을 준수하고 있다는 재판관 4인 의견과 국민이 정치적 의사를 효과적으로 표현하기 위해서는 국기를 훼손하는 방법을 선택할 수 있는데 그 처벌은 과도한 제한이라는 3인 재판관의 위헌의견, 그리고 국가기관이나 공무소에서 사용되는 '공용에 공하는 국기' 훼손만 처벌하는 것으로 처벌범위를 축

소하여야 한다는 2인 재판관 일부위헌의견으로 나뉘어져 정족수규정에 미달하여 합헌결정이 되었다(2016헌바96).

10. 비상계엄하 제한

비상계엄이 선포된 때에는 법률이 정하는 바에 의하여 언론 · 출판의 자유에 관하여 특별한 조치를 할 수 있다(제77조 제 3 항).

* 유신헌법하 긴급조치의 표현의 자유 침해 — 헌재는 과거 유신헌법의 부정 · 반대 · 왜곡, 개정 논의 자체를 전면적으로 금지한 긴급조치 제 1 호, 제 9 호 규정에 대해 국민의 정치적 표현의 자유를 지나치게 제한하거나 본질적으로 침해하여 위헌이라고 결정하였다(2010헌바132). 대법원도 위 규정과 긴급조치 제 4 호에 대해 언론의 자유를 침해하여 위헌무효라고 선언한 바 있다(대법원 2010. 12. 16, 2010도5986; 대법원 2013. 5. 16, 2011도2631; 대법원(결정) 2013. 4. 18, 2011초기689).

Ⅸ. 언론 · 출판의 자유의 제한의 한계

표현의 자유에 대한 제한의 법리인 이중기준의 원칙, 사전억제금지원칙, 명확성의 원칙, 명백하고도 현존하는 위험의 원칙, 이익형량원칙, 필요최소한의 규제수단의 선택원칙 등도 제한의 한계원리이다. 즉 표현의 자유를 제한함에 있어서 이들 원칙들을 위반한 경우에 위헌이 된다는 점에서 표현의 자유에 대한 제한에 있어서 제한의 법리이자 그 한계원리이기도 하다.

언론 · 출판의 자유를 법률로써 제한하더라도 국가안전보장, 질서유지, 공공복리라는 목적이 있어야 하고 그외 비례(과잉금지)원칙을 준수해야 하며 언론 · 출판의 자유의 본질적 내용을 침해할 수 없다는 한계가 있다.

* 비례원칙 위반 위헌결정의 예 : 대한민국 또는 헌법상 국가기관에 대하여 모욕, 비방, 사실 왜곡, 허위사실 유포 또는 기타 방법으로 대한민국의 안전, 이익 또는 위신을 해하거나 해할 우려가 있는 표현이나 행위에 대하여 형사처벌하도록 규정한 구 형법 제104조의2(국가모독죄 조항)가 국가의 안전, 이익, 위신 보전이 위 조항의 진정한 입법목적인지 의문이고, 형사처벌을 통한 일률적 표현행위 규제에 수단의 적합성을 인정할 수 없는 점, 의미내용이 불명확할 뿐만 아니라, 적용범위가 지나치게 광범위하

고, 기본권 침해 정도가 큰 형사처벌을 통해 표현의 자유를 지나치게 제한하는 점 등에 비추어 볼 때, 과잉금지원칙에 위반하여 표현의 자유를 침해한다(2013헌가20).

위에서 본 사전허가, 사전검열의 금지도 제한의 한계이고 이는 헌법이 직접 명시하고 있는 한계이기도 하다.

Ⅹ. 언론 · 출판에 의한 침해에 대한 구제

1. 정정보도청구 등

(1) 정정보도청구권

오보로 인해 개인의 명예 등 기본권을 침해당한 경우 이를 고쳐 알려야 한다. "정정보도"라 함은 언론의 보도내용의 전부 또는 일부가 진실하지 아니한 경우 이를 진실에 부합되게 고쳐서 보도하는 것을 말한다('언론중재 및 피해구제 등에 관한 법률'(이하 '언중법'이라 함). 제2조 제16호). 언중법은 정정보도청구의 요건으로 사실적 주장에 관한 언론보도 등이 진실하지 아니함으로 인하여 피해를 입은 자가 청구할 수 있도록 하고 정정보도청구에는 언론사 등의 고의 · 과실이나 위법성을 필요로 하지 아니한다(언중법 제14조). 그 절차는 언중법에 자세히 규정되어 있다(언중법 제15조). "인터넷뉴스서비스사업자"(이른바 인터넷포털 등), "인터넷 멀티미디어 방송사업자"에 대해서도 정정보도청구가 가능하다(언중법 제14조. 반론보도, 추후보도의 청구도 가능).

(2) 반론보도청구권

"반론보도"라 함은 언론의 보도내용의 진실 여부에 관계없이 그와 대립되는 반박적 주장을 보도하는 것을 말한다(언중법 제2조 제17호). 반론권이 언론의 자유를 침해하는 위헌인지가 논란된 바 있다. 과거에 구 '정기간행물의 등록 등에 관한 법률'은 실질적으로 반론권제도이면서 명칭은 정정보도청구권이라고 하였는데 이 청구권이 위헌이라는 주장의 헌법소원심판이 청구되었으나 헌재는 그 청구권은 언론의 자유를 일부 제약하는 성질을 가지면서도 반론의 범위를 필요 · 최소한으로 제한함으로써 양쪽의 법익 사이의 균형을 도모하고 있다고 하여 합헌이라고 결정한 바 있었다(89헌마165). 반론보도의 청구요건을 보면, 사실적 주장에 관한 언론보도 등으로 인하여 피해를 입은 자가 청구할 수 있고 언론사 등의 고의·과실이나 위법성을 필요로 하지 아니하며, 보도내용의 진실 여부와 상관없이 그 청구를 할 수 있다(언중법 제16조). 진실 여부를 불문하는 점이 정정보도청구와 다르다.

(3) 추후보도청구권

언론 등에 의하여 범죄혐의가 있거나 형사상의 조치를 받았다고 보도 또는 공표된 자는 그에 대한 형사절차가 무죄판결 또는 이와 동등한 형태로 종결되었을 때에는 그 사실을 안 날부터 3월 이내에 언론사 등에 이 사실에 관한 추후보도의 게재를 청구할 수 있다. 추후보도에는 청구인의 명예나 권리회복에 필요한 설명 또는 해명이 포함되어야 한다(언중법 제17조).

(4) 조정, 중재, 소송

정정보도청구, 반론보도청구, 추후보도청구와 관련하여 분쟁이 있는 경우에 언론중재위원회에 조정, 중재를 신청할 수 있다(언중법 제 3 장 제 2 절·제 3 절).

피해자는 법원에 정정보도청구 등의 소를 제기할 수 있다(언중법 제26조 제 1 항). 정정보도청구의 소에 대하여는 민사소송법의 소송절차에 관한 규정에 따라 재판하고, 반론보도 청구 및 추후보도 청구의 소에 대하여는 민사집행법의 가처분절차에 관한 규정에 따라 재판한다(언중법 제26조 제 6 항). 이전에는 정정보도청구의 소에 대해서도 가처분절차에 의하도록 하였는데 이는 위헌으로 결정되어(2005헌마165. 위헌이유는 가처분절차에서는 증명 아닌 소명에 의하는데 정정보도청구의 소를 가처분절차에 의하도록 하여 소명만으로 인용하고 언론사에게 충분한 증거제출이나 방어 기회를 제공하지 않는 것은 피해자의 보호만을 우선하여 언론의 자유를 합리적인 이유 없이 지나치게 제한한다는 데 있다) 현재 이처럼 민사소송법 절차에 따르도록 한 것이다.

2. 손해배상청구와 형사처벌

언론표현으로 손해가 발생된 경우에 손해에 대한 배상을 청구함으로써 사후적 권리구제를 받을 수 있다. 민법 제764조는 명예훼손의 경우에 법원은 피해자의 청구에 의하여 손해배상에 갈음하거나 손해배상과 함께 명예회복에 적당한 처분을 명할 수 있다고 규정하고 있는데 헌재는 여기의 적당한 처분에 사죄광고를 포함시키는 것은 헌법에 위반된다고 하였다. 즉 사죄광고의 강제는 양심의 자유와 인격권을 헌법 제37조 제2항의 비례의 원칙(과잉금지원칙)에 위반하여 과도하게 침해한다고 보아 위헌으로 선언하였다(89헌마160). 유의할 점은 그 강제가 위헌이라는 것이지 명예를 훼손한 사람이 스스로 사죄광고를 하거나 다른 방법으로 침해구제를 강구하는 것은 양심의 자유를 침해하는 것이 아니다. 헌재도 사죄광고의 강제는 위헌이지만 정정의 효과 있는 다른 방법(예 : ① 가해자의 비용으로 그가 패소한 민사손해배상판결의 신문·잡지 등에 게재, ② 형사명예훼손죄의 유죄판결의 신문·잡지 등에 게재, ③ 명예훼손기사의 취소광고 등)은 허용된다고 본다.

피해자가 형사고소를 하여 침해자를 명예훼손죄 등으로 처벌되도록 할 수 있다. 헌재는 형법의 모욕죄 규정은 명확성원칙에 위배되지 않고 비례원칙을 준수하여 표현의 자유를 침해하지 않는다고 보아 합헌으로 결정하였다(2012헌바37).

3. 가 처 분

출판물의 배포 또는 영화의 상영 등을 사전에 금지해줄 것을 법원에 가처분신청할 수 있다. 헌재는 가처분제도는 행정기관이 아니라 법원에 의한 판단이므로 검열금지원칙에 반하지 않는다고 한다(2000헌바36).

4. 인터넷상의 침해에 대한 구제

인터넷상의 침해에 대해서는 인터넷의 특성인 확산성 때문에 그 구제방법이 문제되는데 침해를 가져오는 글의 삭제요청('정보통신망 이용촉진 및 정보보호 등에 관한 법률' 제44조의2) 등의 방법이 있다. 물론 위에서 본 구제방법들 중에서도 활용될 수 있는 방법들이 있다.

제 3 항 집회 · 결사의 자유

Ⅰ. 집회의 자유

1. 성격과 기능

집회의 자유는 집회를 방해받지 않고 개최하고 진행할 수 있는 자유권으로서의 성격을 가진다. 헌재는 집회의 자유는 타인과의 의견교환을 통하여 공동으로 인격을 발현하는 자유를 보장하고, 국민들이 의견을 집단적으로 표명함으로써 여론의 형성에 영향을 미친다는 점에서 민주적 공동체가 기능하기 위한 불가결의 근본요소로 기능하며, 언론매체에 접근할 수 없는 소수집단에게 그들의 권익과 주장을 옹호하기 위한 적절한 수단을 제공한다고 본다(2000헌바67). 정치적 의사를 표명하기 위한 집회의 경우 집회의 자유는 민주정치의 수단으로서 기능한다.

2. 내 용

(1) 집회의 개념과 종류

집회란 여러 사람들이 공동의 목적을 가지고 평화적으로 일정한 장소에서 일시적으로 모이는 행위를 말한다. 다음과 같은 개념요소를 가진다. ① 인적 요소 — 여러 사람이 모여야 집회이므로 1인 시위는 집회가 아니다. ② 목적 요소 — 집회에서의 목적이란 내적인 유대 관계로 충분하다고 하여 가장 넓게 보는 견해, 일정한 의사표현의 목적이어야 한다는 견해, 공적인 성격을 가지는 의사표현을 한다는 목적이라고 더 좁게 보는 견해 등이 있으나 헌재는 "그 공동의 목적은 '내적인 유대 관계'로 족하다"라고 한다(2007헌바22). ③ 장소적 · 시간적 요소 — 집회는 일정한 장소를 전제로 모이는 것이다. 집회에는 장소이동적인 집회인 시위가 포함된다. 일시적이라는 점에서 지속적 모임단체인 결사와 차이가 있다. ④ 평화적(비폭력적) 성격 요소 — 폭력적 집회는 집회의 자유가 보호하는 범위에 포함되지 않는다. '집회 및 시위에 관한 법률'(이하 '집시법'이라 함) 제 5 조 제 1 항 제 2 호는 "집단적인 폭행, 협박, 손괴(損壞), 방화 등으로 공공의 안녕 질서에 직접적인 위협을 끼칠 것이 명백한 집회 또는 시위"를 금지하고 있다.

집회의 종류는 여러 기준으로 나누어질 수 있고 종류에 따라 그 보호의 정도가 다르다. ① 옥내집회와 옥외집회로 나누어진다. 옥외집회는 "천장이 없거나 사방이 폐쇄되지 아니한 장소에서 여는 집회"를 말한다(집시법 제2조 제1호). 옥외집회는 그 개방성 때문에 일반 시민에 미치는 영향 등을 고려하여 신고대상으로 하고 있다. ② 공개 여부에 따라 공개집회와 비밀집회가 있다. ③ 사전계획적·조직적 집회도 있고 계획성 없는 우발적 집회도 있다. 평화적이고 일시적인 우발적 집회도 보호되어야 한다. 이 점에서 현재의 신고제가 보다 명확히 될 필요가 있다. ④ 장소이동적인 집회인 시위도 있는데 집시법은 시위도 규율대상으로 한다.

(2) 집회의 자유의 구체적 내용

집회의 자유는 집회를 준비하고 개최하며 집회에 참가하는 것을 방해받지 않을 자유이다. 그뿐만 아니라 집회에 참여할 것을 강요당하지 않을 자유도 포함된다. 집회를 통하여 표현하고자 하는 사상이나 의사가 제대로 전달되기 위해서는 집회시간이 시의에 적절한 시점이어야 한다. 장소도 의사의 결집과 전달이 장소에 따라 효과에 차이를 보여준다는 점에서 중요하다. 집회에서 표명하고자 하는 의사가 전달되어야 할 대상이 존재하는 곳에서의 집회가 효과적이기 때문이다. 항의의 의사인 경우에 더욱 그러하다. 헌재도 "집회의 자유는 다른 법익의 보호를 위하여 정당화되지 않는 한, 집회장소를 항의의 대상으로부터 분리시키는 것을 금지한다"라고 판시한 바 있다(2000헌바67). 따라서 집회시간과 장소를 선택할 자유는 집회의 자유에서 중요한 내용을 구성한다(이런 취지로 "집회 장소를 선택할 자유는 집회의 자유의 실질적 부분을 형성한다"(2004헌가17, 2013헌바322, 2015헌가28, 2018헌바137, 2021헌가1, 2019헌마1417 등)). 집회의 목적과 방법을 결정할 자유도 포함된다. 헌재도 결국 집회의 자유는 "주최자가 집회의 시간, 장소, 방법과 목적을 스스로 결정할 권리를 보장하는 것"이라고 한다(2007헌마712). 집회에서의 발언(연설이나 토론 등)이 집회의 자유로 보호되는지 아니면 언론·출판의 자유로 보호되는지 하는 문제가 있는데 언론·출판의 자유로 보호된다고 본다.

3. 제한과 그 한계

(1) 사전허가제의 금지

헌법 제21조 제 2 항은 집회에 대한 허가는 인정되지 아니한다고 하여 사전허가금지를 명시하고 있다. 허가란 전면적으로 금지하고 일정한 경우에 예외적으로 허용하는 것을 말한다. 신고제는 허용된다고 보나 강한 신고요건을 요구하여 실질적인 허가제가 되어서는 아니 된다. 현행 집시법도 옥외집회와 시위에 대해 신고제를 설정하고 있는데 아래에 보듯이 논란이 있다. 야간옥외집회에 대한 헌법불합치결정(2008헌가25)에서 이를 전면금지하고 예외적으로 관할경찰관서장이 허용할 수 있게 한 집시법 제10조 규정에 대해 5인 재판관 다수의견은 허가제로 보았다. 그러나 아래에 언급하듯이 이후 2011헌가29 결정에서는 허가제가 아니라고 보았다.

(2) 금지되는 집회와 시위

헌법 제21조가 보호하는 집회는 평화적·비폭력적 집회이다. 현행 집시법도 "집단적인 폭행·협박·손괴·방화 등으로 공공의 안녕 질서에 직접적인 위협을 끼칠 것이 명백한 집회 또는 시위"를 금지하고 있다(법 제 5 조 제 1 항 제 2 호). 또한 "헌법재판소의 결정에 따라 해산된 정당의 목적을 달성하기 위한 집회 또는 시위"도 금지된다(동법 동조 동항 제 1 호). * 위헌결정례 : 과거 구 '집회 및 시위에 관한 법률'은 재판에 영향을 미칠 염려가 있거나 미치게 하기 위한 집회 또는 시위를 금지하고 이를 위반한 자를 형사처벌하는 규정이 있었는데 헌재는 이 규정이 재판에 대한 정당한 비판은 오히려 사법작용의 공정성 제고에 기여할 수도 있는 점을 고려하면 사법의 독립성을 확보하기 위한 적합한 수단인지 의문이고 사전적·전면적 금지로서 최소침해성 원칙에 반하며 법익균형성도 상실하여 과잉금지원칙에 위배되어 집회의 자유를 침해하여 위헌이라고 결정하였다(2014헌가3). 또 과거에 헌법의 민주적 기본질서에 위배되는 집회 또는 시위를 금지하고 이에 위반한 자를 형사처벌하는 구 집시법 규정이 있었는데 헌재는 이 규정이 규제대상인 집회·시위의 목적이나 내용을 구체적으로 적시하지 않은 채 헌법의 지배원리인 '민주적 기본질서'를 구성요건으로 규정하였을 뿐 기본권 제한의 한계를 설정할 수 있는 구체적 기준을 전혀 제시한 바 없어 이와 같은 규율의 광범성으로 인하여 우발적으로 발생한 일이 민주적 기본질서에 조금이라도 위배되는 경우 처벌이 가능할 뿐 아니라 수사기관과 법원의 법집행 과정에서 사실상 헌법 제21조 제2항이 명시적으로 금지하는 집회에 대한 허가제에 준하는 운용을 가능하게 할 여지가 있고, 사실상 사회현실이나 정부정책에 비판적인 사람들의 집단적 의견표명 일체를 봉쇄하는 결과를 초래함으로써 침해의 최소성 및 법익의 균형성을 상실하였으므로 과잉금지원칙에 위배되어 집회의 자유를 침해하여 위헌이라고 결정하였다(2014헌가3).

(3) 집회와 시위에 대한 시간적 · 장소적 제한

1) 시간적 제한 야간옥외집회가 금지되고 있었다(집시법 제10조). 그러나 2009년에 헌재는 5인 재판관이 허가제로서 위헌이라는 의견과 2인 재판관이 과잉금지원칙 위반이어서 위헌이라는 의견으로 결국 2010년 6월 30일을 시한으로 입법자가 개정할 때까지 계속적용된다는 헌법불합치결정을 하였다(2008헌가25). 위 시한까지 개정입법이 되지 않아 효력이 상실되었다. 한편 대법원 전원합의체는 소급적으로 무효가 된다고 보아 무죄판결을 한 바 있었다(2008도7562).

마찬가지로 집시법 조문이 야간 '시위'(해가 뜨기 전이나 해가 진 후의 '시위')도 금지하고 동법 제23조 제3호는 야간 '시위'에 참가한 자를 형사처벌하는데 이 규정들에 대해서는 헌재는 "각 '해가 진 후부터 같은 날 24시까지의 시위'에 적용하는 한 헌법에 위반된다"라는 한정위헌결정을 하였다(2010헌가2, 이후 동지의 결정 — 2011헌가29). 최소침해성, 법익균형성을 갖추지 못하여 과잉금지원칙에 반한다고 보면서 그 금지가 위헌인 시간대를 위와 같이 한정한 것이다. 그런데 헌재가 이렇게 일정 시간을 지정한 것에 대해 논란이 되었던 결정이다. 한달 이후 결정에서 헌재는 위 야간 옥외'집회'에 대해서도 이제는 그 부분 효력이 상실되었다고 하면서 위 시위와 같이 '일몰시간 후부터 같은 날 24시까지의 옥외집회'에 적용하는 한 헌법에 위반된다는, 한정위헌결정을 하여(2011헌가29) 사실상 판례변경을 하였다. 이 결정에 대해서도 헌재가 실질적인 입법개선도 한 것이라고 하는 비판이 있다. 이 2011헌가29 결정에서는 위 2008헌가25 결정에서와 달리 재판관 사이에 의견차이 없이 야간옥외집회 금지가 허가제가 아니라고 보았다. 결국 야간의 옥외집회와 시위에 대해 모두 한정위헌결정이 나온 것이다.

2) 장소적 제한

[국회의사당 등으로부터 일정범위의 금지] ⅰ) 국회의사당, 각급 법원, 헌법재판소 일정범위 내 금지 — 국회의사당 · 각급 법원 · 헌법재판소의 경계지점으로부터 1백미터 이내의 장소에서는 옥외집회 또는 시위를 하여서는 아니 된다(집시법 제11조 제1호 · 제2호)고 규정하고 원래 이 조문에 예외를 인정하지 않고 있었는데 2018년에 국회의사당, 각급 법원 부분에 대해서는 헌법불합치결정들이 있었고 개정되었다. 아래에 결정례들을 본다. ① 국회의사당 경계 100미터 이내 금지규정에 대한 헌법불합치결정 — 헌재는 입법 등 국가정책결정의 주요한 기능을 담당하는 특별한 국회의 기능상 그 안전보호를 위한 것이라는 목적정당성을 가지고, 수단적합성이 인정되나, 불필요하거나 또는 예외적으로 허용하는 것이 가능한 집회(국회의 기능을 직접 저해할 가능성이 거의 없는 '소규모 집회', 국회의 업무가 없는 '공휴일이나 휴회기 등에 행하여지는 집회' 등)까지도 이를 일률적 · 전면적으로 금지하고, 국회의사당 인근에서 폭력적이고 불법적인 대규모 집회가 행하여지는 상황에 대처할 수 있도록 다양한 규제수단들을 규정하고 있으며, 집회 과정에서의 폭력행위나 업무방해행위 등은 형사법상의 범죄행위로서 처벌된다는 점 등에서 침해최소성이 없고 법익균형성도 없어 과잉금지원칙을 위배하여 집회의 자유를 침해하는 위헌이라고 판단하였다. 그러면서 위헌인 부분과 합헌인 부분이 공존하여(이는 위에서 알 수 있듯이 허용될 집회가 있다는 의미) 위헌부분을 국회가 제거하도록 재량을 존중하기 위해 계속적용의 헌법불합치결정을 하였다(2013헌바322등. 이 결정은 이전의 합헌결정인 2006헌바20 결정을 판례변경한 것이다). 이후 2020. 6. 9.에 단서를 추가하여 "가. 국회의 활동을 방해할 우려가 없는 경우, 나. 대규모 집회 또는 시위로 확산될 우려가 없는 경우로서 국회의 기능이나 안녕을 침해할 우려가 없다고 인정되는 때"에는 옥외집회, 시위를 허용하는 개정을 하였다. ② 각급 법원 청사 경계 100미터 이내 금지규정에 대한 헌법불합치결정 — 헌재는 법관독립, 재판공정성확보라는 목적이 정당하고 방법적절성도 있으나 법관의 독립을 위협하거나 재판에 영향을 미칠 염려가 없는 집회도 있을 것인데 일률적 · 전면적으로 금지한 것은 침해최소성이 없고, 법익균형성 원칙

도 없어 과잉금지원칙을 위배하여 집회자유를 침해한 것으로 위헌이라고 보았다. 그러면서도 입법자가 허용되는 집회를 정하도록 재량을 존중하는 계속적용의 헌법불합치결정을 하였다(2018헌바137. 이 결정 역시 이전의 합헌결정인 2004헌가17 결정을 판례변경한 것이다). 이후 2020. 6. 9.에 단서를 추가하여 "가. 법관이나 재판관의 직무상 독립이나 구체적 사건의 재판에 영향을 미칠 우려가 없는 경우, 나. 대규모 집회 또는 시위로 확산될 우려가 없는 경우로서 각급 법원, 헌법재판소의 기능이나 안녕을 침해할 우려가 없다고 인정되는 때"에는 옥외집회, 시위를 허용하는 개정을 하였다. ii) 대통령 관저, 국회의장 공관, 대법원장 공관, 헌법재판소장 공관, 국무총리 공관의 저택 일정범위 금지 — 이 저택의 경계 지점으로부터 100미터 이내의 장소에서는 옥외집회 또는 시위를 하여서는 아니 된다(집시법 제 11조 제3·4 호). 이전 규정에 역시 예외를 인정하지 않은 것이 문제되어, 국무총리 공관, 대통령 관저, 국회의장 공관 부분에 대한 아래 ①, ②, ③의 헌법불합치결정이 있었고 개정이 있었다. ① 국무총리 공관의 경계 100미터 이내 금지규정에 대한 헌법불합치결정이 있었다. 헌재는 대통령의 보좌기관 및 행정부 제 2 인자로서의 지위라는 국무총리의 헌법상 지위를 고려하면 그의 직무수행 장소인 공관의 기능과 안녕을 보호하기 위한 목적정당성이 있고 수단적합성이 있다. 그러나 국무총리 공관의 기능과 안녕을 직접 저해할 가능성이 거의 없는 '소규모 옥외집회·시위의 경우', '국무총리를 대상으로 하는 옥외집회·시위가 아닌 경우'와 같이 예외적으로 허용하는 것이 가능한 집회까지도 이를 일률적·전면적으로 금지하여 침해최소성이 없고 법익균형성도 없어 과잉금지원칙을 위반하여 집회의 자유를 침해하는 위헌이라고 본다. 그러면서 예외적으로 허용될 집회에 관해 입법자의 판단에 맡기는 것이 바람직하여 계속적용의 헌법불합치결정을 선고하였다(2015헌가28). 이후 2020. 6. 9.에 단서를 추가하여 "가. 국무총리를 대상으로 하지 아니하는 경우, 나. 대규모 집회 또는 시위로 확산될 우려가 없는 경우로서 국무총리 공관의 기능이나 안녕을 침해할 우려가 없다고 인정되는 때"에는 옥외집회, 시위를 허용하는 개정을 하였다. ② 대통령 관저에 대해서도 헌법불합치결정이 있었다(2018헌바48. [결정요지] 대통령 관저 인근 일대를 광범위하게 집회금지장소로 설정함으로써, 집회가 금지될 필요가 없는 장소까지도 집회금지장소에 포함되게 한다. 대규모 집회로 확산될 우려가 없는 소규모 집회의 경우 직접적인 위협이 발생할 가능성은 상대적으로 낮다. '대통령 등의 안전이나 대통령 관저 출입과 직접적 관련이 없는 장소'에서 '소규모 집회'가 열릴 경우에는, 이러한 위험성은 더욱 낮아진다. 집시법은 폭력적이고 불법적인 집회에 대처할 수 있도록 다양한 규제수단을 두고 있고, '대통령 등의 경호에 관한 법률'은 이러한 상황에 대처할 수 있는 조항을 두고 있다. 그렇다면 대통령 관저 인근에서 열리는 모든 집회를 금지하는 것은 정당화되기 어렵다. 침해최소성에 위배된다. 법익균형성도 없다). ③ 국회의장 공관 10미터 인근에 대해서도 헌법불합치결정이 있었다(2021헌가1. [결정요지] 위 100미터 이내에 있는 장소'에는 옥외집회·시위가 국회의장에게 물리적 위해나 공관 출입과 안전에 위협을 가할 우려가 없는 장소까지 포함되어 있고 소규모 옥외집회·시위의 경우 직접적 위협 가능성은 상대적으로 낮다. 집시법은 국회의장 공관의 기능과 안녕을 보호할 다양한 규제 수단을 마련하고 있고, 집회·시위 과정에서의 폭력행위 등은 처벌되므로, 예외적으로 옥외집회·시위를 허용한다고 하더라도 국회의장 공관의 기능과 안녕은 충분히 보장될 수 있다. 그럼에도 광범위하게 전면적인 집회 금지 장소로 설정함으로써 입법목적 달성에 필요한 범위를 넘어 피해최소성원칙에 반한다). iii) 국내 주재 외국의 외교기관이나 외교사절의 숙소 일정범위 금지 — 구 집시법은 한국 내에 주재하는 외국의 대사관 등 외교기관의 청사, 외교사절의 숙소의 경계로부터 100미터 이내의 장소에서는 옥외집회 또는 시위를 하여서는 아니 된다고 예외 없는 금지를 하고 있었는데(구 집시법 제11조 제1·3호) 헌재는 원칙적으로 그러한 금지는 할 수 있으나 구체적인 경우에 대한 예외를 두지 않은 것은 최소침해의 원칙에 반하여 위헌이라고 결정하였다(2000헌바67). 이 위헌결정으로 국회는 집시법을 예외를 두는 개정을 하였다. 그리하여 국내 주재 외국의 외교기관이나 외교사절의 숙소의 청사 또는 저택의 경계 지점으로부터 100미터 이내의 장소에서는 옥외집회 또는 시위를 하여서는 아니 된다고 하면서도 예외로 100미터 이내라도 해당 외교기관 또는 외교사절의 숙소를 대상으로 하지 아니하는 경우, 대규모 집회 또는 시위로 확산될 우려가 없는 경우, 외교기관의 업무가 없는 휴일에 개최하는 경우로서 외교기관 또는 외교사절 숙소의 기능이나 안녕을 침해할 우려가 없다고 인정되는 때에는 옥외집회, 시위를 할 수 있는 것으로 바뀌었다(집시법 제11조 제5호).

[주거지역 등에서의 제한·금지] 신고장소가 다른 사람의 주거지역이나 이와 유사한 장소로서 집회나 시위로 재산 또는 시설에 심각한 피해가 발생하거나 사생활의 평온을 뚜렷하게 해칠 우려가 있는 경우, 신고장소가 초·중등교육

법에 따른 학교의 주변 지역으로서 집회 또는 시위로 학습권을 뚜렷이 침해할 우려가 있는 경우, 신고장소가 군사시설의 주변 지역으로서 집회 또는 시위로 시설이나 군 작전의 수행에 심각한 피해가 발생할 우려가 있는 경우로서 그 거주자나 관리자가 시설이나 장소의 보호를 요청하는 경우에는 집회나 시위의 금지 또는 제한을 통고할 수 있다(집시법 제8조 제5항).

[교통 소통을 위한 제한] 관할경찰관서장은 대통령령으로 정하는 주요 도시의 주요 도로에서의 집회 또는 시위에 대하여 교통 소통을 위하여 필요하다고 인정하면 이를 금지하거나 교통질서 유지를 위한 조건을 붙여 제한할 수 있다(집시법 제12조 제1항).

[조례에 의한 집회 장소 선택할 권리 제한의 침해(위헌결정)] 이에 관한 결정례로 집회·시위를 위한 인천애뜰 잔디마당의 사용을 제한하는 인천광역시 '인천애(愛)뜰의 사용 및 관리에 관한 조례' 조항에 대해 집회장소 선택의 자유가 집회 자유를 효과적으로 보장하는 것인데 특히 행정사무에 대한 의견표명 목적 집회의 관계 밀접성이 큰 시청사 앞 잔디마당에서의 집회를 전면적·일률적 금지를 하는 것은 침해최소성이 없어 과잉금지원칙에 위배된다는 위헌결정이 있었다(2019헌마1417).

(4) 신 고 제

[신고제의 위헌 논란] 현행 집시법은 옥외집회, 시위에 대하여 사전신고제를 두고 있다. 이 신고제가 허가제인지 논란되고 있다. 헌재는 집시법의 사전신고제가 협력의무로서의 신고이고 일정한 신고절차만 밟으면 일반적·원칙적으로 옥외집회 및 시위를 할 수 있도록 보장하고 있으므로 사전허가제가 아니고 과잉금지원칙 위반이 아니라고 본다(2007헌바22, 2011헌바174). 그리고 신고없는 옥외집회를 주최한 자에 과태료가 아닌 행정형벌을 부과하는 것(구 집시법 제19조 제2항, 집시법 제22조 제2항)이 과잉금지원칙에 위반되고 신고제를 사실상 허가제로 변화시켰다는 주장에 대해서도 헌재는 이를 받아들이지 않고 과잉금지원칙을 준수하여 합헌이라고 결정하였다(2007헌바22, 2011헌바174).

1) 신고대상과 신고서제출 현행 집시법의 신고대상은 옥외집회와 시위이다. 학문, 예술, 체육, 종교, 의식, 친목, 오락, 관혼상제 및 국경행사에

관한 집회는 신고대상이 아니다(집시법 제15조).

옥외집회나 시위를 주최하려는 자는 그에 관한 목적, 일시, 장소, 주최자·연락책임자·질서유지인의 주소·성명·직업·연락처, 참가 예정인 단체와 인원, 시위의 경우 그 방법(진로와 약도를 포함) 모두를 적은 신고서를 옥외집회나 시위를 시작하기 720시간 전부터 48시간 전에 관할 경찰서장에게 제출하여야 한다. 긴급집회의 경우 신고유예를 두지 않아 위헌이라는 주장이 있다. 헌재는 "48시간 이내에 신고를 할 수 없는 긴급한 사정이 있고, 옥외집회나 시위가 평화롭게 진행되어 타인의 법익이나 공공의 안녕질서에 대한 직접적인 위험이 명백하게 초래된 바가 없다면, 사회상규에 위배되지 아니하는 행위로서 위법성이 조각될 수 있고, 나아가 사안에 따라서는 적법행위에 대한 기대가능성이 없어 책임이 조각되는 경우도 있을 수 있다. 그리고 이는 구체적 사안을 전제로 헌법상 보장되는 집회의 자유의 내용과 심판대상조항이 보호하고자 하는 공익을 구체적으로 비교형량하여 법원이 판단하여야 할 개별사건에서의 법률의 해석·적용에 관한 문제이다. 따라서 심판대상조항은 집회의 자유를 실질적으로 제한하거나 형해화하지 아니하므로 최소침해성원칙에 위배되지 아니한다"라고 하고 있다(2011헌바174. 4인재판관 위헌의견 있음). 관할경찰관서장은 위 신고서를 접수하면 신고자에게 접수 일시를 적은 접수증을 즉시 내주어야 한다(집시법 제 6 조 제 1 항·제 2 항).

2) 금지의 통고와 이의신청 관할경찰관서장은 신고된 옥외집회 또는 시위가 위에서 본 금지된 집회, 시위(해산된 정당을 위한 집회, 안녕질서를 위협하는 집회)이거나 국회의사당 등으로부터 일정거리에서의 금지 등 장소적으로 금지된 경우와 교통 소통을 위하여 금지된 경우의 집회, 시위에 해당하는 때에는 신고서를 접수한 때부터 48시간 이내에 집회 또는 시위를 금지할 것을 주최자에게 통고할 수 있다(동법 제 8 조 제 1 항). 아래에 별도로 보는 중복 신고의 경우에도(바로 아래 3) 참조) 일정절차를 거쳐 금지를 통고할 수 있다(동법 제 8 조 제 3 항). 위에서 본 대로 다른 사람의 주거지역, 학교, 군사시설 주변 지역에서의 집회와 시위에 대한 금지 또는 제한의 통고도 할 수 있다(동법 동조 제 3 항). 금지통고에 대한 이의 신청제도가 있다(동법 제 9 조).

3) 중복신고의 경우 이전에는 시간, 장소가 중복되는 2개 이상의 옥

외집회 또는 시위의 신고가 있는 경우 그 목적으로 보아 서로 상반되거나 방해가 된다고 인정되면 뒤에 접수된 집회 또는 시위에 대하여 금지를 통고할 수 있도록 하고 있었다(구 집시법 제8조 제2항). 이러한 구 집시법 규정으로는 후 신고 옥외집회, 시위는 선신고된 그것과 상반되거나 방해되는 것이면 바로 금지되게 하므로 집회 또는 시위를 할 의도가 없으면서도 시간과 장소가 중복되게 먼저 신고만 하고 실제로는 개최하지 않음으로써 다른 사람의 집회 또는 시위를 방해할 목적으로 악용될 수 있었다. 이를 막기 위해 집시법이 개정되었다. 즉 관할경찰관서장은 목적이 상반되고 서로 충돌할 우려가 있는 옥외집회 또는 시위의 경우 분할 개최를 권유하는 등 각 옥외집회 또는 시위가 서로 방해되지 아니하고 평화적으로 개최·진행될 수 있도록 노력하여야 하고 그 권유가 받아들여지지 않을 경우에 후순위 옥외집회 또는 시위의 금지를 통고할 수 있도록 하고, 이렇게 금지 통고된 경우 선순위 옥외집회 또는 시위의 개최자는 집회 시작 1시간 전에 관할경찰관서장에게 개최 사실을 통지하도록 하고 있다(동법 제8조 제2·3·4항). 헌재는 시간, 장소가 중복되는 두 옥외집회의 주최자가 서로 먼저 신고하기 위하여 대립하여 동시에 신고서를 접수시켰기에 경찰서장이 일단 모두 접수한 다음, 상호 충돌을 피하기 위해 어쩔 수 없다는 이유로 양 신고서를 모두 반려한 행위에 대해 이는 아무런 법률적 근거없이 한 행위로 보아 법률유보원칙을 위반한 위헌이라고 확인하는 결정을 한 바 있다(2007헌마712).

(5) 질서유지선, 확성기 등 사용의 제한

집회신고를 받은 관할경찰관서장은 집회 및 시위의 보호와 공공의 질서유지를 위하여 필요하다고 인정하면 최소한의 범위를 정하여 질서유지선을 설정할 수 있다(집시법 제13조 제1항). 집회 또는 시위의 주최자는 확성기, 북 등의 기계·기구를 사용하여 타인에게 심각한 피해를 주는 소음으로서 대통령령으로 정하는 기준을 위반하는 소음을 발생시켜서는 아니 된다(동법 제14조 제1항).

(6) 비상계엄하 제한

비상계엄이 선포된 때에는 법률이 정하는 바에 의하여 집회의 자유에 관하여 특별한 조치를 할 수 있다(제77조 제3항).

(7) 집회의 자유의 제한에 대한 한계

앞서 본 사전허가제의 금지도 헌법직접적 한계이다. 법률유보원칙을 지켜야 함은 물론이다(헌재는 경찰서장이 2015. 5. 1. 22 : 13경부터 23 : 20경까지 사이에 최루액을 물에 혼합한 용액을 살수차를 이용하여 청구인들에게 살수한 행위가 법률유보원칙에 위배되어 청구인들의 신체의 자유와 집회의 자유를 침해한다는 결정을 하였다. 헌재 2018. 5. 31, 2015헌마476). 집회의 자유를 법률로 제한하더라도 비례원칙 등을 지켜야 하고 집회의 자유의 본질적 내용을 침해할 수 없다. '직사살수행위'(살수차를 이용하여 물줄기가 일직선 형태로 청구인에게 도달되도록 살수하는 행위)의 생명권, 집회의 자유 침해 — 헌재는 청구인이 홀로 경찰 기동버스에 매여 있는 밧줄을 잡아당기고 있는 상황인데 직사살수행위로 사망에 이르게 한 것은 수단적정성, 피해최소성을 결여하였고 법익균형성도 없어서 과잉금지원칙을 위반한 위헌임을 확인하는 결정을 하였다(2015헌마1149).

Ⅱ. 결사의 자유

1. 개념과 성격 및 기능, 주체

결사의 자유란 단체를 구성하고 활동하는 데 방해를 받지 않을 자유를 말한다. 결사의 자유 자체는 자유권으로서의 성격을 가진다. 인간은 모여서 교류하기를 원하고 사회조직을 구성하여 더불어 살아가고자 하는 본능이 있다. 이러한 결사의 자유를 뒷받침하기 위한 제도의 보장도 물론 중요하다. 예를 들어 조합제도, 회사제도, 법인제도 등이 그것이다. 그런데 이들 제도 자체가 자유인 것은 아니다. 결사의 자유는 단체의 집단적 활동을 통한 기본권행사를 가능하게 한다. 법인을 통한 직업의 자유라는 기본권의 행사가 대표적인 예이다. 이는 결사의 자유가 다른 기본권들의 행사를 위한 수단적 기능을 수행함을 의미하기도 한다. 결사는 인간들을 결속하여 인격을 발현시키기 위해 필요하다. 정치적 결사의 경우 정치적 의사를 형성하여 표명하는 정치적 기능을 수행한다.

결사의 자유는 자연인은 물론 법인도 가질 수 있다. 조합도 주체가 될 수 있다. 조합원이 조합원 자격이 없는 경우 당연히 탈퇴되고, 이사회가 이를 확인하여야 한다고 규정하고 있는 농업협동조합법 규정이 지역축산업협동조합의 결사의 자유 등을 침해하는지 여부가 논란된 사건에서 헌재는 위 규정이 조합이 단체의 조직 및 운영 등을 스스로 결정하고 형성할 권리를 제한하므로 위 지역축협의 결사의 자유를 제한한다고 보았다. 그러나 과잉금지원칙을 준수한 합헌이라고 결정하였다(2016헌바315).

2. 내 용

(1) 결사의 개념

결사란 다수의 자연인 또는 법인이 자유의사에 따라 공동목적을 위하여 결합하고 조직화된 의사형성이 가능한, 그리고 상당한 기간 존속하는 단체를 만드는 일 또는 그렇게 만들어진 단체를 말한다. 헌재는 헌법 제21조의 결사란 자연인이 자유의사에 기하여 결합하는 단체이므로 공법상의 결사는 이에 포함되지 아니한다고 보고(92헌바47), 공법상 단체에 강제로 가입하지 않을 자유는 일반적 행동자유권의 하나라고 한다(2000헌마801). 헌재는 농업협동조합은 공법인으로 볼 여지가 있으나 농업인의 자주적 협동조직으로 조합의 결성이나 가입이 강제되지 아니하다는 점에서 기본적으로 사법인적 성격을 지니고 있으므로(2011헌바154, 2015헌바62), 농협의 활동도 결사의 자유 보장의 대상이 된다고 본다(2011헌마562, 2015헌바62). 정당, 종교단체, 노동조합 등의 결사에는 헌법 제21조에 대한 특별규정이라고 할 수 있는 제 8 조, 제20조, 제33조가 우선적으로 적용된다고 볼 것이다.

(2) 구체적 내용

결사의 자유의 구체적 내용으로는 결사를 조직할 자유, 조직에 필요한 준비의 자유, 결사의 존속의 자유, 결사에 가입할 자유, 결사활동의 자유, 결사에의 가입·잔류의 자유가 포함된다. 소극적 내용으로는 결사 가입을 강요당하지 않을 자유, 탈퇴할 자유, 다른 결사조직에로의 소속을 변경할 자유 등이 포함된다. 헌재는 노동조합에 가입하지 않을 자유가 헌법 제10조에서 나오는 일반적 행동자유권에서 나온다고 본다.

헌재는 결사의 자유에는 ① 단체활동의 자유도 포함되는데, 단체활동의 자유는 단체 외부에 대한 활동뿐만 아니라 단체의 조직, 의사형성의 절차 등 단체의 내부적 생활을 스스로 결정하고 형성할 권리인 단체 내부 활동의 자유를 포함한다고 본다(2011헌마562). 헌재는 단체활동의 자유 문제 사안으로 조합에서의 선거 사안을 많이 다루었다. 사법상 조합에서의 선거는 선거권 보호범위 내에 들어가지 않는다고 본 자신의 입장(2011헌바154, 2011헌마562, 2015헌바62, 2016헌바372, 2016헌바364)에 따라 조합선거 문제는 조합의 단체활동문제로 보게 되기 때문이다. 여하튼 단체로서 조합활동에 관해 다음과 같은 결정례들이 있었다. ㉠ 위헌결정례 : 농협의 이사는 이사회의 구성원이 되어, 업무집행의 의사결정에 참여하고 의결된 사항에 대하여 조합장이나 상임이사의 업무집행상황을 감독하므로 선거를 통한 이사 선출행위는 결사 내 의사결정기관의 구성에 관한 자율적인 활동이고, 이사 선거 후보자의 선거운동은 결사의 자유의 보호범위에 포함된다고 본다. 그리하여 지역농협 이사 선거의 경우 전화(문자메시지) · 컴퓨터통신(전자우편을 포함)을 이용한 지지 호소의 선거운동방법을 금지하고, 이를 위반한 자를 처벌하는 구 농업협동조합법 등의 규정이 이사 선거 후보자의 결사의 자유를 제한한다고 보고 전화 · 컴퓨터통신을 이용한 지지 호소의 선거운동방법을 허용한다고 하더라도 후보자 간의 경제력 차이에 따른 불균형 내지 불공정이 심화될 우려는 거의 없어 침해의 최소성을 충족하지 않고 법익의 균형성도 없어 결사의 자유, 표현의 자유를 침해하여 위헌이라고 결정하였다(2015헌바62). ㉡ 합헌인정례 : ⓐ 조합장선거를 전국적으로 동시에 실시하도록 한 농업협동조합법 부칙규정(2011헌마562), ⓑ 직선제 조합장선거의 경우 후보자가 아닌 사람의 선거운동을 전면 금지하고, 이를 위반하면 형사처벌하는 구 '공공단체등 위탁선거에 관한 법률' 규정(2016헌가1, 2017헌바248), ⓒ 직선제 조합장선거의 경우 선거운동기간을 후보자등록마감일의 다음 날부터 선거일 전일까지로 한정하면서 예비후보자 제도를 두지 아니하고 합동연설회 또는 공개토론회의 개최 등을 허용하지 아니하는 동법 규정들(2016헌바372), ⓓ 새마을금고의 임원선거와 관련하여 법률에서 정하고 있는 방법 외의 방법으로 선거운동을 할 수 없도록 하고 이를 위반한 경우 형사처벌하도록 정하고 있는 새마을금고법 규정(2016헌바364), ⓔ 중소기업중앙회 회장선거에서 선거운동 기간 외에는 선거운동을 제한하는 중소기업협동조합법 규정(2020헌가9) 등이 전부 과잉금지원칙 준수로 합헌성을 인정받았다. ② 결사 잔류 자유 — 총사원 4분의 3 이상의 동의가 있으면 사단법인을 해산할 수 있도록 규정한 민법 제78조 전문은 사단법인의 자율성과 존속을 보장하고자 하는 입법목적을 달성하는데 필요한 정도를 넘어서지 않아 침해최소성을 갖추고 과잉금지원칙을 준수하여 결사 잔류의 자유를 침해하지 않는 합헌이라고 결정했다(2015헌바260). ③ 소극적 결사의 자유 — 헌재는 변리사의 대한변리사회 가입의무를 규정한 변리사법 규정이 과잉금지원칙을 준수하여 소극적 결사의 자유를 침해하지 않는다고 보았다(2015헌마1000. 이 결정은 재판관 4 : 5의 의견으로, 위헌의견이 한 명 많아도 합헌성을 인정한 결정이다. 동지의 선례 : 2006헌마666).

3. 제한과 그 한계

(1) 사전허가제의 금지

헌법 제21조 제 2 항은 결사에 대한 허가는 인정되지 아니한다고 사전허가의 금지를 명시하고 있다. 헌재는 결사에 대하여 헌법 제21조 제 2 항이 금지하는 '허가제'란 "행정권이 주체가 되어 예방적 조치로서 단체의 설립 여부를 사전에 심사하여 일반적인 단체 결성의 금지를 특정한 경우에 한하여 해제함으로써 단체를 설립할 수 있게 하는 제도, 즉 사전허가를 받지 아니한 단체 결성을 금지하는 제도"라고 한다(2011헌바53). 앞서 본 검열제와 비슷한 법리이다. 신고제는 그 신고요건이 지나쳐 실질적인 허가제가 되면 위헌이다. 우리 법제는 등록제, 신고제로 변천을 거듭하였으나 1997년에 '사회단체신고에 관한 법률'이 폐지되어 일반적인 신고제도 없어졌다. 헌재는 노동조합 설립에 있어서도 헌법 제21조 제 2 항의 사전허가제금지규정이 적용된다고 본다(2011헌바53). 그러나 헌재는 노동조합을 설립할 때 행정관청에 설립신고서를 제출하게 하고 그 요건을 충족하지 못하는 경우 설립신고서를 반려하도록 하고 있는 '노동조합 및 노동관계조정법' 제12조 제 3 항 제 1 호는 헌법 제21조 제 2 항 후단에서 금지하는 결사에 대한 허가제라고 볼 수 없다고 한다(2011헌바53).

(2) 개별법상의 금지

개별법률이 금지하고 있는 예로는, 형법 제114조의 범죄단체의 조직, 국가보안법 제 3 조의 반국가단체 구성 등의 금지·처벌이 있다. 그리고 정당법상 헌재의 위헌결정으로 해산된 정당의 대체조직이 금지된다(정당법 제40조). “약사 또는 한약사가 아니면 약국을 개설할 수 없다”라고 규정한 구 약사법 규정은 약사들로 구성되는 법인이 약국을 개설하는 것도 금지하여 약사들로 구성된 법인의 결사의 자유를 침해하였다고 하여 헌법불합치결정이 있었다(2000헌바84).

(3) 비상계엄하 제한

비상계엄이 선포된 때에는 법률이 정하는 바에 의하여 결사의 자유에 관하여 특별한 조치를 할 수 있다(제77조 제 3 항).

(4) 결사의 자유의 제한의 한계

결사의 자유를 법률로 제한하더라도 비례의 원칙을 준수하여야 하고 제한하더라도 그 본질적 내용을 침해할 수 없다. 사전허가제의 금지도 제한에서의 한계가 된다.

4. 결사의 자유의 특별법적 권리인 정당의 자유

헌재도 “정당에 관한 한 헌법 제 8 조는 일반결사에 관한 헌법 제21조에 대한 특별규정이므로”라고 하고(99헌마135, 2004헌마246, 2020헌마1729 등) “정당가입·활동의 자유 침해 여부를 판단하는 이상 결사의 자유 침해 여부는 별도로 판단하지 아니한다”라고 한다. 이 정당의 설립, 조직, 활동의 자유 등 정당의 자유에 대해서는 앞의 기본질서의 정치질서, 정당제도에서 살펴보았다(전술 참조).

제 6 절 경제적 자유권

제 1 항 재 산 권

Ⅰ. 재산권관념의 변천과 재산권의 성격

1. 재산권관념의 변화 — 절대적 권리에서 상대적 권리로

재산권은 근대에서 신성불가침한 자연권적인 절대적인 권리로 인정되고 시장경제원리, 사적 자치의 원칙(계약의 자유) 등과 더불어 자본주의의 발달에 핵심적이고도 필수적인 역할을 하였다. 그러나 재산권이 독점적이고 배타적인 절대적 권리라고 보아왔던 관념은 근대 말기에 들어와 힘을 잃고 수정되어 재산권을 상대적인 권리로 보는 관념이 자리잡게 되는 변화가 있었다(절대적 권리에서 상대적 권리로의 변화). 또한 재산은 그 소유자만을 위해서가 아니라 사회구성원들의 공익을 위해 제한될 수 있고 재산권은 공익에 적합하게 행사되어야 한다는 인식이 확산되었다. 그리하여 재산권은 사회의 공공복리를 위하여 제한될 수 있다는 사회적 의무성(＝사회적 제약성＝사회기속성)을 수반하는 권리로서 재산권에 대한 제한이 보다 폭넓게 받아들여지게 되었으며 다른 기본권들에 비해 그 제한의 가능성이 더 큰 상대적 권리로서 인식되었다.

2. 재산권의 성격과 재산권보장제도의 성격

재산권의 성격에 대해서는 ① 자유권설(재산권은 재산에 대한 지배를 할 수 있고 그 지배에 국가공권력 등이 간섭하지 않을 것을 요구하는 개인적인 천부인권으로서 자유권이라는 입장), ② 제도적 보장설(재산권은 사유재산제도라는 제도를 법률로도 폐기하지 못하도록 헌법 자체가 그 핵심을 정하여 이를 보장하는 제도적 보장이라고 보는 입장), ③ 이중설(재산권은 소유에 대한 간섭을 받지 않을 자유권이면서 사유재산제도의 제도적 보장으로서의 성격을 아울러 가진다는 입장) 등이 있다. 헌재는 헌법 제23조의 재산권보장은 "개인이 현재 누리고 있는 재산권을 개인의 기본권으로 보장한다는 의미와 개인이 재산권을 향유할 수 있는 법제도로서의 사유재산제도를 보장한다는 이중적 의미를 가지고 있다"라고 본다(92헌바20). 재산권 자체는 기본권이고 재산권보장제도는 재산권의 실현과 그 실현을 위한 수단이며 사유재산제는 그러한 보장을 위한 수단으로서의 제도라는 성격을 가진다. 권리 자체와 제도 자체의 성격을 구분하여 보아야 한다. 재산권은 그 사용, 수익, 처분에 간섭을 받지 않을 권리라는 점에서 자유권으로서의 성격을 가진다. 따라서 자유권설이 타당하다.

Ⅱ. 재산권의 내용과 한계

1. 법정주의

우리 현행 헌법은 제23조 제 1 항 후문에서 재산권의 "내용과 한계는 법률로 정한다"라고 규정하여 재산권의 내용에 관한 법정주의(法定主義, 법률주의)를 취하고 있다. 이 조항의 의미와 성격에 대하여는 기본권제한 법률유보로 보는 학설과 기본권 형성적 법률유보로 보는 학설이 대립되고 있다. 후자의 견해가 많고 판례도 기본권 형성적 법률유보로 본다(92헌바20). 그러나 제한유보로도 볼 것이다. 헌재도 "재산권의 내용과 한계를 법률로 정한다는 것은 헌법적으로 보장된 재산권의 내용을 구체화하면서 이를 제한하는 것으로 볼 수 있다"라고 한다(99헌바37, 2016헌바470). 재산권의 내용과 한계를 정하도록 하여 나온 대표적인 법률이 민법이다.

2. 넓은 입법형성권과 입법형성권의 한계

재산권의 내용과 한계를 법률로 형성하는 입법형성권은 넓게 인정되는 경향이다. 그러나 그 입법형성권에도 한계가 있다. 재산권들 중에 중요한 재산권을 배제함으로써 결과적으로 사유재산제도 자체를 부정하는 것과 같은 것은 입법형성권의 한계를 벗어난 것이다. 헌재는 재산권의 입법형성권의 한계로 사유재산제를 부정해서는 아니 된다는 한계(92헌바20), "재산권의 본질적 내용을 침해하여서는 아니 된다거나 사회적 기속성을 함께 고려하여 균형을 이루도록 하여야 한다는 등"의 한계(98헌마36)를 설정하고 있다. **[심사기준(정도)]** 결국 헌재는 헌법 제23조 제 1 항 후문(제 2 문)은 입법자에게 구체적 입법형성권을 부여한 것이므로 그 위배 여부 심사는 입법형성권의 한계를 일탈한 것인지를 살펴보는 것이라고 한다(그런 취지로 2019헌가26. 주택법상 사업주체가 공급질서 교란행위를 이유로 주택공급계약을 취소한 경우 선의의 제 3 자 보호규정을 두고 있지 않는 구 주택법 조항에 관한 위헌제청 사건이었음. 또 ⓐ 피상속인의 형제자매의 유류분을 규정한 민법 제1112조 제 4 호를 단순위헌으로 결정하고, ⓑ 유류분상실사유(예컨대 '패륜' 등)를 별도로 규정하지 아니한 민법 제1112조 제 1 호부터 제 3 호 및 기여분에 관한 민법 제1008조의2를 준용하는 규정을 두지 아니한(즉 피상속인 부양, 상속재산 형성 기여를 고려하지 않은 것) 민법 제1118조에 대한 헌법불합치결정(2020헌가4등)에서도 그런 취지를 판시함). 그러면서도 본질적 내용 침해 여부 심사를 한다.

3. 재산권의 개념과 대상

(1) 개 념

재산권이란 경제적 가치를 가지는 이익을 향유할 수 있는 권리를 말한다. 소유자가 배타적인 지배와 사용을 할 수 있고, 수익을 누리며 처분을 할 수 있는 권리이다. 헌재는 "재산권은 사적유용성 및 그에 대한 원칙적 처분권을 내포하는 재산가치 있는 구체적 권리"라고 한다(95헌바36). 그러나 "구체적인 권리가 아닌 단순한 이익이나 재화의 획득에 관한 기회 등," "단순한 재산상 이익의 기대"는 재산권보장의 대상이 아니라고 한다[95헌바36, 99헌마452, 98헌바14, 2001헌바55, 2011헌바33, 2017헌마374등. "영업활동의 사실적 · 법적 여건, 법질서가 반사적으로 부여하는 기회를 활용한 영업활동, 영업이익"도 아니라고 본다(예컨대 2020헌마651 ― 승합자동차 임차인에 대한 운전자 알선 요건 제한(이른바 '타다' 사건)의 경우. * 동지 : ① "택시운송사업자의 임금 지급에 있어서 고정급이 최저임금액 이상이 되도록 임금의 구성 비율에 제한을 가하고 있으며, 이는 임금의 구성체계에 관한 사실적 · 법적 환경의 일부를 이룬다. 따라서 심판대상조항이 택시운송사업자의 재산권을 제한한다고 볼 수 없다(2020헌바11등). ② 감염병예방법 제49조 제1항 제2호에 근거한, 코로나 때 집합제한 조치로 인하여 청구인들의 일반음식점 영업이 제한되어 영업이익이 감소되었다 하더라도, 청구인들이 소유하는 영업 시설 · 장비 등에 대한 구체적인 사용 · 수익 및 처분권한을 제한받는 것은 아니므로, 보상규정의 부재가 청구인들의 재산권을 제한한다고 볼 수 없다(2020헌마1669)]. "구체적 권리가 아닌 영리획득의 단순한 기회나 기업활동의 사실적 · 법적 여건은 기업에게는 중요한 의미를 갖는다고 하더라도 재산권 보장의 대상이 아니다"라고 한다(2017헌마1366등, 2011헌마552, 2019헌마500등). 헌재는 잔여 퇴직급여에 대한 이자를 지급하지 않는 것이 재산권 제한의 문제는 아니라고 보고 다만, 차별이 있을 경우에 그 차별이 불합리한 것으로서 평등원칙에 반하는지 여부가 문제된다고 본다. 그러한 예로 '수사가 진행 중이거나 형사재판이 계속 중이었다가 그 사유가 소멸한 경우'에는 잔여 퇴직급여 등에 대해 이자를 가산하는 규정을 두면서, '형이 확정되었다가 그 사유가 소멸한 경우'에는 이자 가산 규정을 두지 않은 군인연금법 규정에 대한 사안에 있어서 헌재는 재산권 침해가 아니라 불합리한 차별로서 평등원칙의 위반이라는 이유로 헌법불합치결정을 한 바 있다

(2015헌바20). * 영업권 : 헌재는 "일반적으로 문제되는 영업권이란 다년간에 걸쳐 확고하게 형성되거나 획득된 영업상의 고객관계, 입지조건, 영업상의 비결, 신용, 영업능력, 사업연락망 등을 포함하는 영업재산이나 영업조직으로서 경제적으로 유용하면서 처분에 의한 환가가 가능한 재산적 가치"라고 한다[2002헌바41, 2011헌마552(그러면서 헌재는 이 조항으로 인해 의사, 치과의사와 달리 물리치료사 고용을 통한 영업을 하지 못하고 있는 한의사(청구인)에게는 영업권이 문제될 여지가 없다고 한다)].

(2) 대 상

재산권보장의 대상(객체)에는 다음과 같은 것들이 있다. ① 공・사법상(公・私法上)의 권리 ― 경제적 가치와 유용성이 있다면 사법상의 권리뿐만 아니라 공법상의 권리라도 헌법이 보장하는 재산권의 대상이 될 수 있다(93헌가14). *헌재가 인정한 공법상 권리로서 재산권 ― 공적연금의 수급권(2002헌바15), 의료보험수급권(99헌마289), 장해보상연금(2005헌바20) 등. *사법상 재산권에는 물권, 채권, 상속권 등이 있다. ② 사적 재산권보장의 객체로서의 국유잡종재산・공유잡종재산 ― 헌재는 국유잡종재산을 시효취득의 대상에 포함시키지 않는 것에 대하여 국유잡종재산은 사권 설정과 사적 거래의 대상이 되고 시효취득의 대상이 되며 시효제도의 적용에 있어서도 동일하게 보아야 한다고 하면서 국유잡종재산을 시효취득의 대상에 포함시키지 않는 것은 평등원칙에 반한다고 보았다(89헌가97). ③ 저작권 등 무체재산권(지적 재산권) ― 헌법 제22조 제 2 항은 "저작자・발명가・과학기술자와 예술가의 권리는 법률로써 보호한다"라고 규정하고 있다. 헌재는 저작재산권을 헌법 제23조 제 1 항의 재산권으로 보는 결정을 한 바 있다(헌재 2019. 11. 28, 2016헌마1115. 청중이나 관중으로부터 당해 공연에 대한 반대급부를 받지 아니하는 경우에는 상업용 목적으로 공표된 음반 또는 상업용 목적으로 공표된 영상저작물을 재생하여 공중에게 공연할 수 있다고 규정한 저작권법 규정에 대해 과잉금지준수의 합헌이라고 봄). 헌재는 각종 지식재산 관련 법률에 따른 허가, 등록 등이 있는 경우에 재산권으로 인정된다고 보고 그렇지 않은 경우 부정된다고 본다(디자인보호법상의 요건을 갖춰 등록을 마친 디자인권은 재산권에 포함되나 디자인등록거절결정이 되어 독점배타적인 디자인권을 취득한 사실이 없다면 재산권 문제는 없다고 한다. 2020헌바497). ④ 한정면허를 일반면허로 전환하는 법규정 ― 문제된 것은 해상여객운송사업의 면허권으로서 헌재는 이를 재산권이라고 보고(사적 유용성 및 그에 대한 원칙적 처분권을 내포하는 재산적 가치가 있는 구체적 권리에 해당하므로) 이 법규정은 기존 일반면허를 받은 특허사업자의 독점적인 경영상태를 전면적인 경쟁상태로 전환시켜 독점에서 경쟁으로 나아가도록 하여 재산권의 제한이라고 본다(2015헌마552. 과잉금지심사 결과 합헌성을 인정함). 행정법에서 이른바 경원관계 문제이기도 한데 헌재는 반사적 이익이 아닌 기본권(재산권)이 문제된다고 본다. ⑤ 요양기관의 공단에 대한 요양급여비용 지급청구권 — 헌재는 공단의 지급결정이 있기 전이라도 경제적 가치가 있는 권리로서 헌법 제23조에 의하여 보장되는 재산권의 성격을 갖는다고 본다. 사안은 수사기관의 수사결과 사무장병원으로 확인된 의료기관에 대한 요양급여비용 지급을 보류할 수 있게 한 국민건강보험법 규정이 '지급보류처분의 취소'에 관한 명시적 규율이 없어 침해최소성, 법익균형성을 갖추지 않았다 하여 헌법불합치결정을 하였다(2018헌바433등. 같은 경우로 수사결과 사무장병원으로 확인된 의료기관에 대한 의료급여비용 지급보류를 규정한 의료급여법 조항에 대한 헌법불합치결정. 2019헌가19).

* 시혜적인 금전 급부로서 비재산권 : 헌재는 일제에 의하여 군무원으로 강제동원되어 그 노무 제공의 대가를 지급받지 못한 미수금피해자에게 당시의 일본국 통화 1엔에 대하여 대한민국 통화 2천원으로 환산한 미수금 지원금을 지급하도록 한 구 '태평양전쟁 전후 국외 강제동원희생자 등 지원에 관한 법률' 제 5 조 제 1 항이 그 지원금이 시혜적인 금전 급부로서 헌법상 보장되는 재산권이라고 할 수 없으나 이 지원금 산정방식은 입법자가 자의적으로 결정해서는 안 되고 미수금의 가치를 합리적으로 반영하는 것이어야 한다는 입법적 한계를 가진다고 하면서 그 산법은 나름의 합리적 기준으로 화폐가치를 반영하고 있다고 판단하여 합헌이라고 결정하였다(2009헌바317. * 비교 판례 : 헌재는 위 '태평양전쟁 … 법률'이 폐지되고 그 업무를 통합적으로 하도록 한 '대일항쟁기 강제동원 피해조사 및 국외강제동원 희생자 등 지원에 관한 특별법' 제 4 조 제 1 호는 국가는 국외강제동원 희생자 또는 그 유족에게 희생자 1명당 2천만 원의 위로금을 지급하도록 하고 있는데 이 규정에 대한 헌법소원사건에서는 "위로금을 인도적 차원의 시혜적인 금전 급부로 이해하는 이상, 그 위로금은 국외강제동원 희생자 유족의 재산권의 대상에 포함된다고 하기 어렵다. … 이 사건 심판청구는 기본권 침해 가능성의 요건을 갖추지 못하였다"라고 각하결정을 하였다(2010헌마620). 위 2009헌바317 사건은 그 실질이 위헌심판인 위헌소원심판사건이었다).

Ⅲ. 재산권의 제한의 법리와 실제

1. 기본적 이해

재산권도 기본권이므로 헌법 제37조 제 2 항에 따라 국가안전보장, 질서유지, 공공복리를 위하여 필요한 경우에는 제한된다. 다른 한편으로 헌법 제23조 제 2 항은 재산권의 행사는 공공복리에 적합하도록 하여야 한다고 규정하고 있다. 헌법 제37조 제 2 항에 '공공복리'에 의한 제한을 규정하고 있는데도 이처럼 헌법 제23조 제 2 항이 공공복리적합의무를 특별히 규정하고 있는 것은 위에서 언급한 대로 현대에서 재산권은 사회적 필요에 따라 제한될 필요가 나타나는 상대적 권리라는 점을 밝힌 것이다. 또한 헌법 제23조 제 3 항은 "공공필요에 의한 재산권의 수용·사용 또는 제한 및 그에 대한 보상은 법률로써 하되, 정당한 보상을 지급하여야 한다"라고 하여 '공공필요'라는 제한사유를 규정하고 있다. 이 '공공필요'는 제 2 항의 '공공복리'보다 더 강한 제약을 의미한다. 헌재도 "제 2 항은 재산권 행사의 공공복리 적합의무 즉 그 사회적 의무성을 규정한 것이고, 제 3 항은 재산권 행사의 사회적 의무성의 한계를 넘는 재산권의 수용·사용·제한과 그에 대한 보상의 원칙을 규정한 것이다"라고 한다(92헌가15).

2. 재산권의 공공복리적합의무

재산권의 공공복리적합의무는 재산권의 사회적 기속성, 사회적 구속성, 사회적 필요성, 사회적 의무성으로 불린다. 다 같은 의미의 말들이다. 헌재도 "재산권 행사의 공공복리 적합의무 즉 그 사회적 의무성"이라고 한다(92헌가15). '기속'이란 말은 그것에 따라야 함을 의미하기에 사회가 요구하는 바에 따라야 한다고 해서 사회적 기속성이라고 부르기도 하는 것이다. 재산권은 다른 여러 사회구성원들과 더불어 살아가야 하는 공동체생활에서에서의 조화와 균형을 유지하는 범위 내에서 보장된다는 것을 의미한다(같은 취지로 92헌바20). 예를 들어 자신이 소유하는 토지라고 하여 마음대로 활용할 수 있다고 하면서 그 토지에서 많은 사람의 인체에 해를 줄 수 있는 물질을 생산할 수 없고 사회적 기속성에 의하여 그 생산을 금지하는 제한이 가해져야 한다. 재산권의 공공복리적합의무를 도덕적·윤리적 의무라고 보는 견해도 있으나 법적 의무이다.

3. 재산권제한의 범위와 정도 — 사회적 기속성에 비례하는 제한정도

재산권의 행사가 재산권의 사회적 기속성을 따라야 한다면 재산권의 제한에 있어서도 제한의 대상인 재산권이 가지는 사회적 기속성의 정도에 따라 그 제한의 정도와 입법자의 재량 정도도 비례하게 된다. 헌재는 입법자는 "헌법상의 재산권보장(헌법 제23조 제1항 제1문)과 재산권의 제한을 요청하는 공익 등 재산권의 사회적 기속성(헌법 제23조 제2항)을 함께 고려하고 조정하여 양 법익이 조화와 균형을 이루도록 하여야 한다"라고 하고 "재산권 행사의 대상이 되는 객체가 지닌 사회적인 연관성과 사회적 기능이 크면 클수록 입법자에 의한 보다 광범위한 제한이 정당화된다 … 그 소유자 개인의 생활영역에 머무르지 아니하고 일반국민 다수의 일상생활에 큰 영향을 미치는 경우에는 입법자가 공동체의 이익을 위하여 개인의 재산권을 규제하는 권한을 더욱 폭넓게 가진다"라고 한다(89헌마214).

재산권 제한에 대한 위헌여부심사의 관점에서 보면 재산권의 사회적 필요성의 정도에 따라 완화심사 또는 엄격한 비례심사 등으로 심사정도에 차이를 두게 된다. 강한 사회적 필요성이 있다면 보다 완화된 심사를 하게 된다.

4. 토지재산권(土地財産權)에 대한 제한

재산권들 중에 사회적 기속성이 강하게 요구되어 자주 그 제한의 문제가 거론되는 것이 토지재산권이어서 그것의 제한에 관한 헌재 판례도 많다. 아래에 토지재산권의 제한을 다루는 이유가 거기에 있다.

(1) 토지재산권의 특성과 제한에서의 입법권의 범위

헌재는 "토지는 원칙적으로 생산이나 대체가 불가능하여 공급이 제한되어 있고, 우리나라의 가용토지면적은 인구에 비하여 절대적으로 부족한 반면에, 모든 국민이 생산 및 생활의 기반으로서 토지의 합리적인 이용에 의존하고 있으므로, 그 사회적 기능에 있어서나 국민경제의 측면에서 다른 재산권과 같게 다룰 수 있는 성질의 것이 아니므로 공동체의 이익이 보다 더 강하게 관철될 것이 요구된다"라고 본다(89헌마214). 그리하여 헌재는 "토지재산권의 강한 사회성 내지는 공공성으로 말미암아 이에 대하여는 다른 재산권에 비하여 보다 강한 제한과 의무가 부과될 수 있다. 그러나, 그렇다고 하더라도 토지재산권에 대한 제한입법 역시 다른 기본권을 제한하는 입법과 마찬가지로 과잉금지의 원칙(비례의 원칙)을 준수해야 하고, 재산권의 본질적 내용인 사용 · 수익권과 처분권을 부인해서는 아니 된다"라고 제한의 정도와 한계에 대해서 밝히고 있다.

(2) 제한의 실제

1) 토지거래허가제 등 부동산투기 등이 심각한 사회적 문제가 되어 토지소유권의 사회적 의무를 강조하는 이른바 '토지공개념'이론이 나왔고 여러 규제제도가 입법되었다. 국토이용관리법(현재 '국토의 계획 및 이용에 관한 법률')상의 토지거래허가제, 구 토지초과이득세법, 구 '택지소유상한에 관한 법률', '개발이익환수에 관한 법률' 등이 그것이었다.

① 합헌성이 인정된 예 토지거래허가제의 합헌성 — 헌재는 토지거래허가제는 사유재산제도의 부정이라 보기는 어렵고 다만 그 제한의 한 형태라고 봐야 할 것이므로 재산권의 본질적인 침해라고 할 수 없다고 하여 합헌성을 인정하였다(88헌가13).

② 위헌성이 인정된 예 ㉠ 택지소유상한제 — 택지보유가 투기를 가져온다고 하여 지나친 택지소유를 막기 위해 제정된 '택지소유상한에 관한 법률'은 서울특별시 · 광역시에서 택지소유상한을 660㎡으로 하고 있었는데 헌재는 과잉금지원칙에 어긋나고 동법 시행 이전부터 택지를 소유하고 있는 사람에게도 일률적으로 택지소유상한제를 적용하는 것은 신뢰보호원칙과 평등원칙에 위반된다는 등의 이유로 동법 전체를 위헌으로 결정하였다(94헌바37). ㉡ 토지초과이득세법 — 유휴토지에 대한 과세를 통해 토지투기를 억제하기 위한 법률이었는데 전체가 헌법불합치로 결정되었다(92헌바49). 위 두 법률은 모두 폐지되었다.

2) 개발제한구역지정제도 논란이 많았던 개발제한구역(Greenbelt)지정제도에 대해서는 헌법불합치결정이 있었다(89헌마214). 헌재는 지정제도 자체는 합헌이라고 보면서 보상이 필요한지 여부에 대한 판단을 2가지 경우로 나누어 판단하였다. 지정 후 토지를 종래의 목적으로 사용할 수 있는 경우에는(예를 들어 농경지의 경우 — 지정 후에도 경작할 수 있다) 종래의 용도대로 사용할 수 있는 한, "재산권의 내용과 한계를 비례의 원칙에 부합하게 합헌적으로 규율한 규정"이라고

보아야 하므로 보상이 필요없다고 보았다. 헌재는 토지를 원래 목적대로 사용가능하다면 그린벨트지정만으로는 사회적 기속성의 범위 내에 들어가는 제한이라고 본 것으로 이해된다. 그러나 지정 후 토지를 종래의 목적으로도 사용할 수 없거나 또는 토지를 전혀 이용할 수 있는 방법이 없는 예외적인 경우(① 나대지의 경우(지정으로 원래 목적용도인 건축이 금지됨), ② 사정변경으로 인한 용도의 폐지의 경우)에는 "재산권의 사회적 기속성으로도 정당화될 수 없는 가혹한 부담을 토지소유자에게 부과하는 것이므로 입법자가 그 부담을 완화하는 보상규정을 두어야만 비로소 헌법상으로 허용될 수 있기 때문"에 이러한 경우에도 아무런 보상 없이 재산권의 과도한 제한을 감수해야 하는 의무를 부과하는 점에서는 위헌이라고 보았다.

5. 주택재산에 대한 제한

이에 관해서는 주택분 종합부동산세 부과규정이 헌법불합치로 결정된 예가 있다. 그 이유로 헌재는 주거 목적으로 한 채의 주택만을 보유하고 있는 자에게 그 보유의 동기나 보유기간 등 주택 보유의 정황을 고려하지 아니한 채 다른 일반 주택 보유자와 동일하게 일률적 또는 무차별적으로, 그것도 재산세에 비하여 상대적으로 고율인 누진세율을 적용하는 것은 피해의 최소성 및 법익균형성의 원칙에 어긋난다고 보았다(2006헌바112). 이후 종부세법이 변화되어 왔는데 주택분 및 토지분 종부세의 과세표준, 세율 및 세액, 세부담 상한 등을 규정한 종부세법 제8조 제1항, 제9조, 제10조, 제13조 등이 종부세액에서 재산세가 공제되고 세부담 상한도 정해져 있는 점 등에서 침해최소성에 반하지 않는 등 과잉금지원칙에 위반되지 않아 재산권을 침해하지 않는 합헌이라는 결정이 있었다(2022헌바238등. 이 결정에서 그외 여러 조항들에 대한 조세법률주의, 포괄위임금지원칙, 조세평등주의, 소급입법금지원칙, 신뢰보호원칙 등에 위배 여부가 판단되어졌는데 전부 부정되고 합헌결정된 것이다).

6. 입법부작위로 인한 재산권의 침해

법률이나 행정입법이 제정되지 않아 재산권이 침해되는 경우도 있다. 헌재는 조선철도주식의 보상금청구사건에서 "대한민국의 법률에 근거한 수용에 대하여는 그 보상에 관한 법률을 제정하여야 하는 입법자의 헌법상 명시된 입법의무가 발생하였고 대한민국은 그 의무를 이행하지 아니하고 있다 할 것이다" 라고 하여 위헌성을 확인하였다(89헌마2). 행정입법의 부작위에 대한 예로는 산업재해보상금액 산정을 위해 필요한 평균임금을 노동부장관이 정하여 고시하지 아니하였는데 이러한 부작위로 말미암아 산업재해보상보험법에 따른 정당한 유족급여 및 장의비를 받게 될 재산권 및 인간다운 생활을 할 권리를 침해하였다고 하여 위헌임을 확인하는 결정을 한 것이 있다(2000헌마707). 군법무관 보수에 관한 시행령을 제정하지 않은 입법부작위에 대해서도 위헌임을 확인하는 결정이 있었다(2001헌마718).

7. 기 타

i) ① 연금법상의 퇴직급여·수당을 받을 권리는 생존권(사회권)인 사회보장수급권이자 재산권이기도 하다. 헌재는 공무원 또는 공무원이었던 자가 재직 중의 사유로 금고 이상의 형을 받은 때에는 퇴직급여 및 퇴직수당의 일부를 감액하여 지급하도록 한 구 공무원연금법 규정에 대해 직무상 범죄인지 여부와도 관계없이 필요적으로 감액하는 것은 과도한 재산권의 제한이라고 하여 헌법불합치결정을 한 바 있다(2005헌바33. 이 결정은 이전에 합헌으로 본 91헌마50, 94헌바27 결정을 변경한 것이다). ② 같은 취지의 구 사립학교교직원 연금법 규정에 대해서도 헌법불합치결정을 한 바 있다(2008헌가15). ③ 배우자의 국민연금 가입기간 중의 혼인 기간이 5년 이상인 자에게 분할연금 수급권을 부여하여 법률혼 관계에 있었지만 별거·가출 등으로 실질적인 혼인관계가 존재하지 않았던 기간을 일률적으로 혼인 기간에 포함시켜 분할연금을 산정하도록 하는 국민연금법의 노령연금분할에 관한 규정이 재산권을 침해한다고 한 헌법불합치결정도 있었다(2015헌바182). 이후 이 국민연금법 조항이 개정되었는데 이 개정조항을 개정법 시행 후 최초로 분할연금 지급사유가 발생한 경우부터 적용하도록 한 개정법 부칙 제2조가 평등원칙 위배라고 판단하여 또다시 헌법불합치결정이 내려졌다(2019헌가29. [결정요지] 종전 헌법불합치결정 이후 신법 조항 시행일 전에 분할연금 지급사유가 발생한 경우 신법 조항 시행일 이후에 이행기가 도래하는 분할연금 수급권까지 신법 조항을 적용하지 않도록 한 것은 차별을 정당화할 합리적인 이유가 없다). ④ 선출직 공무원으로서 받게 되는 보수가 기존의 연금에 미치지 못하는 경우에도 연금 전액의 지급을 정지하

도록 정한 구 공무원연금법 제47조 제1항 제2호 중 '지방의회의원'에 관한 부분 등의 위헌성을 인정한 결정(2019헌바161, 이 전액지급정지는 이중수혜 방지에 그 목적이 있으나 연금과 보수 중 적은 부분을 지급하지 아니하거나 다른 항목에서 공제하는 등 기본권을 덜 제한하면서 지급정지제도의 목적을 달성할 수 있는 다양한 방법이 있으므로, 침해최소성이 없어 재산권침해의 위헌이다. * 동지 : 2022헌가33. * 2019헌바161 결정은 합헌이라고 본 선례 2015헌마1052를 판례변경한 것임)이 있었고, ⑤ 헌재가 평등원칙 문제로 다루긴 하였으나 연금문제에 관한 것이라서 여기서 함께 언급하면 헌재는 "공무상 질병 또는 부상으로 퇴직 이후에 폐질상태가 확정된 군인에 대하여 상이연금 지급에 관한 규정을 두지 아니한 것은 평등원칙 위배로 헌법에 합치되지 않는다"는 취지의 헌법불합치결정(2008헌바128)을 하였는데 이후 개정된 군인연금법 규정은 위와 같이 시정되었으나, 이 신법 조항을 소급하여 적용한다는 경과규정은 두지 않았는바 이에 대해서도 헌법불합치결정(2015헌바208)이 있었다. ii) 헌재는 토양오염의 원인이 된 토양오염관리대상시설을 소유·점유 또는 운영하고 있는 자를 토양오염 피해를 배상하고 오염된 토양을 정화하여야 하는 오염원인자로 규정한 조항은 책임 완화 수단을 마련하지 아니하여 침해의 최소성원칙에 반하고 법익균형성에도 반하는 위헌이라고 보아 헌법불합치결정을 하였다(2010헌바167). iii) 헌재는 정리계획에 의하여 새로이 정리회사의 주주가 된 자가 3년 내에 주권의 교부를 청구하지 아니한 때에는 주주로서의 권리를 잃도록 한 것은 과잉금지원칙을 위반하는 재산권 제한으로써 위헌이라고 보았다(2010헌가85). iv) 상속 — ① 헌재는 ⓐ 피상속인의 형제자매의 유류분을 규정한 민법 제1112조 제4호를 단순위헌으로 결정하고, ⓑ 유류분상실사유(예컨대 '패륜' 등)를 별도로 규정하지 아니한 민법 제1112조 제1호부터 제3호 및 기여분에 관한 민법 제1008조의2를 준용하는 규정을 두지 아니한(즉 피상속인 부양, 상속재산 형성 기여를 고려하지 않은 것) 민법 제1118조는 재산권을 침해하여 헌법에 합치되지 아니하여 계속적용의 헌법불합치결정을 하였다(2020헌가4등). ② 상속개시 후 인지에 의하여 공동상속인이 된 자가 다른 공동상속인에 대해 그 상속분에 상당한 가액의 지급에 관한 청구권(상속분가액지급청구권)을 행사하는 경우에도 상속회복청구권에 관한 10년의 제척기간을 적용하도록 한 민법 조항이 법적 안정성만을 지나치게 중시한 나머지 사후에 공동상속인이 된 자의 권리구제 실효성을 외면하는 것이므로, 입법형성의 한계를 일탈하여 청구인의 재산권과 재판청구권을 침해하여 헌법에 위반된다는 결정을 했다(2021헌마1588).

Ⅳ. 재산권의 공공필요에 의한 제한 — 수용 · 사용 · 제한과 정당한 보상 — 재산권의 손실보상

1. 수용 · 사용 · 제한의 개념

(1) 손해와 손실

먼저 손해와 손실의 개념의 차이에 대한 이해가 필요하다. 법학에서 고의나 과실에 의하여 법을 위반한 행위로 인해 발생하는 희생 내지 권리침해는 '손해'라고 하고 이에 대해서는 '배상'의 책임이 생긴다. 반면에 공공필요 등에 의하여 법령에서 허용하는 행위로서 적법한 행위를 하였기 때문에 그로 인해 어느 특정인에게 발생한 희생 내지 불이익을 '손실'이라고 하고 이에 대해서는 '보상'의 책임이 생긴다. 따라서 공공의 필요에 의한 재산권의 수용 · 사용 · 제한이 적법하게 이루어진 경우에는 손실의 보상 문제가 생긴다.

(2) 수용 · 사용 · 제한

수용이란 소유권의 강제적 변동 즉 소유권의 강제적 이전을 말한다. 사용이란 소유권의 변동은 없는 상태에서 당해 재산권의 효용성을 강제적으로 활용하는 것을 의미한다. 제한이란 소유자가 재산권을 사용 · 수익 · 처분하려는 행위, 즉 소유권의 권능인 사용 · 수익 · 처분의 권능을 행사하려는 행위에 제약을 가하는 것을 말한다. 헌재는 이 헌법 제23조 제 3 항의 공용제한은 이미 형성된 구체적 재산권을 개별적, 구체적으로 제한하는 것이라고 본다. * 결정례 : ① 개성공단 전면중단 조치로 영업활동 중단시킴으로써 개성공단 내에 위치한 사업용 토지나 건물 등 재산을 사용할 수 없게 되는 제한은 개성공단이라는 특수한 지역에 위치한 사업용 재산이 받는 사회적 제약이 구체화된 것일 뿐이므로, 공익목적을 위해 개별적, 구체적으로 이미 형성된 구체적 재산권을 제한하는 공용 제한과는 구별된다(2016헌마364). ② 통일부장관이 2010. 5. 24. 발표한 북한에 대한 신규투자 불허 및 진행 중인 사업의 투자확대 금지 등의 대북조치 — 재산권의 사회적 제약을 구체화하는 것이므로 그 조치로 인한 보상입법을 마련해야 할 입법의무가 없다(2016헌마95). **[수용이 아닌 경우]** 강제적 박탈 아닌 소유관계 확정의 경우 — 판례의 기본입장 — 헌재는 이러한 경우 '수용'이 아니라고 보는데 대표적으로 도시정비사업, 토지구획정리사업 등의 시행으로 새로운 정비기반시설, 공공시설 부지의 소유관계를 정하는 것은 헌법 제23조 제3항의 '수용'이 아니라 동조 제1항의 재산의 내용과 한계를 정한 것이라고 본다(2011헌마169, 2011헌바355, 2019헌바444).

[헌법 제23조 제3항 적용문제가 아닌 재산권 내용 · 한계 설정상 수인의 한계를 넘어 가혹한 부담 발생시 완화하는 보상 필요] 이는 재산권 박탈 · 제한이 본질이 아니어서 헌법 제23조 제3항의 '정당한 보상'이 문제되지 않는 경우이다. 그런데 헌재는 이 경우 재산권 범위 형성의 문제라서 같은 조 제1항, 제2항의 재산의 내용과 한계를 규정하는 조항이 적용되는 경우라고 보고 이렇게 헌법 제23조 제1항 및 제2항에 따라 재산권의 사회적 제약을 구체화하는 법률조항이라 하더라도 권리자에게 수인의 한계를 넘어 가혹한 부담이 발생하는 예외적인 경우에는 이를 완화하는 보상규정을 두어야 한다고 본다[89헌마214, 2021헌가3(살처분된 가축의 소유자가 축산계열화사업(계약사육농가에 가축, 사료 등 사육자재 등을 공급하여 가축을 사육하게 하고, 사육된 가축 또는 그 가축으로부터 생산된 축산물을 계약사육농가로부터 다시 출하받는 사업)자인 경우에는 계약사육농가의 수급권 보호를 위하여 보상금을 계약사육농가에 지급한다고 규정한 '가축전염병 예방법' 제48조 제1항 제3호 단서가 축산계열화사업자의 재산권을 침해한다고 본 결정([결정요지] 살처분 보상금을 대상 가축의 소유자인 축산계열화사업자와 계약사육농가에게 개인별로 지급함으로써 대상 가축의 살처분으로 인한 각자의 경제적 가치의 손실에 비례한 보상을 실시하는 것은 입법기술상으로 불가능하지 않다)]. * 위 2021헌가3 결정 판례에서는 "재산권을 침해하는지 여부는 조정적 보상조치의 규율에 관하여 입법자가 갖는 입법형성재량의 한계를 일탈하였는지 여부로 심사"하였다. 그런데 제23조 제1항, 제2항이 적용된다고 하면서 입법형성재량 일탈심사가 아니라 비례심사하여 수인한도를 넘지 않아 합헌이라고 본 결정이 있었다[그런 결정으로 학교교육목적의 저작물 이용에 있어서 저작재산권자와 달리 출판권자에게 보상금을 전혀 인정하지 아니하고 있는 저작권법 조항에 대한 심판의 결정이 있었다. 헌재는 심판대상조항은 헌법 제23조 제1항, 제2항에 근거하여 재산권의 내용과 한계를 정한 규정으로 이해함이 타당하다. 일부의 '내용'을 발췌하여 교육목적으로 이용하는 것이고 저작물의 공정한 이용이라는

입법취지를 달성하기 위한 침해최소성을 갖추어 출판권자가 수인하여야 하는 사회적 제약의 범위 내에 있으므로 비례의 원칙에 위반되지 않아 재산권침해가 아니라고 보았다(2025. 7. 17. 2023헌가8)].

2. 법률주의 — 헌법 제23조 제 3 항의 성격

우리 헌법 제23조 제 3 항은 재산권의 수용·사용 또는 제한 및 그에 대한 보상은 법률로써 하도록 하여 법률주의를 취하고 있다. 문제는 보상하는 법률규정이 없을 경우에 어떻게 할 것인가 하는 것인데 이 문제는 헌법 제23조 제 3 항의 성격의 문제로서 논의된다.

1) 우리의 학설 보상법률이 없는 경우에 헌법규정만으로 보상이 가능한지에 대해, 학설은 ① 방침규정설(헌법규정은 보상에 대한 방향지침만을 설정하고 있을 뿐이고 보상에 관한 구체적인 법률규정이 있어야 보상이 가능하다는 설), ② 위헌무효설(보상규정이 없다면 그것으로 위헌이 되고 위법한 침해로서 그것에 대한 국가배상을 청구하는 것으로 해결해야 한다는 설), ③ 직접효력설(보상에 관한 법률규정이 없더라도 헌법규정 자체에 근거하여 보상이 이루어질 수 있다고 보는 설), ④ 수용유사침해설(보상법률이 없다고 하더라도 법원이 수용에 유사한 침해라고 보아 적절한 보상을 인정할 수 있다고 보는 설. 유추적용설이라고도 함) 등으로 나누어지고 있다.

2) 독일의 이론 독일에서도 보상에 관한 법률규정이 없는 경우에 어떻게 할 것인지 하는 문제에 대해 경계이론과 분리이론이 있고 우리나라에 많이 소개되고 있다.

① 경계이론 — 경계(境界)이론은 공공복리, 즉 사회적 제약을 넘어서는 특별한 희생일 경우에는 수용에 관한 법률규정이 없더라도 법원이 수용과 같은 것으로(수용유사) 인정해주어야 한다는 이론이다. 이 이론은 특별한 희생으로서 보상이 되는지 하는 경계선상의 문제로 보는 것이다. 이 이론은 독일연방의 통상재판소가 취하여 왔던 전통적 이론이다.

② 분리이론 — 분리이론은 재산권내용의 한계와 공용수용은 별개의 것으로 분리된 것으로 보아야 하고 재산권의 과도한 부담을 주는 내용인 경우에 어디까지나 위헌일 뿐이라고 보는 이론이다. 분리이론은 독일의 연방헌법재판소가 자갈채취판결(1981. 7. 15, BVerfGE 58, 300)에서 채택한 이론이다. 분리이론에 따르면 보상법률이 없는 경우에는 위헌이 되는 것이지 법원이 수용유사의 보

상을 하여야 하는 것은 아니다.

3) **우리 헌재의 판례** 헌재는 Greenbelt 결정에서 "수인의 한계를 넘어 가혹한 부담이 발생하는 예외적인 경우에는 이를 완화하는 보상규정을 두어야 한다"라고 하면서 그 경우에 보상을 두지 않아 위헌임을 인정하였다(89헌마214). 이는 보상법률이 없더라도 수용유사로 인정하는 것이 아니라 위헌선언을 한 것이므로 분리이론의 입장을 취한 것으로 분석되고 있다(그 외에도 2002헌바84 등도 분리이론적 판례로 이해되고 있다).

4) **검 토** 우리 학설 중 직접효력설과 수용유사설은 독일의 경계이론, 위헌무효설은 분리이론의 논리에 근접해 있다고 할 것이다. 방침규정설은 헌법 제23조 제1항이 재산권을 기본권으로 보장하고 있는 것에 부합되지 않고 위헌무효설은 그 구제방법이 손해배상(위헌이므로 적법한 것이 아니어서 손실이 아니라 손해이다. 위의 1. (1) 참조)이어서 고의·과실 등을 밝혀야 하고 직접 보상을 청구할 수 없다고 하므로 실효성이 문제된다. 결국 수용유사나 직접적 효력의 법리에 따라 구체적으로 판단함이 필요하다.

5) **불가분조항(결합조항)인지 여부** 위 논의와 관련하여 공용침해(공공필요에 의한 수용·사용·제한을 '공용침해'라고도 한다)규정에 보상규정을 항상 같이 두어야만 합헌이라고 보는 이론이 독일에서의 불가분조항(Junktim-Klausel)이론인데 우리나라에서도 불가분조항설을 취하는 견해가 있다. 독일 기본법 제14조 제3항은 공용수용은 보상의 방법, 정도를 규정하는 법률에 의해서만 시행될 수 있다고 규정하여 우리 헌법 제23조 제3항과는 문언상 차이가 있다. 우리 헌법 제23조 제3항을 불가분조항으로 볼 이유가 없다.

3. 공용수용의 주체

헌재는 헌법 제23조 제3항의 핵심은 당해 수용이 공공필요에 부합하는가, 정당한 보상이 지급되고 있는가 여부 등에 있는 것이지, 그 수용의 주체가 국가인지 민간기업인지 여부에 달려 있다고 볼 수 없기 때문에 수용 등의 주체를 국가 등의 공적 기관에 한정하여 해석할 이유가 없다고 본다(2007헌바114. 민간기업에 수용권을 부여한 '산업입지 및 개발에 관한 법률' 조항에 대한 합헌결정. 동지 : 2011헌바250).

4. 공용수용의 요건으로서 공공필요

[개념과 요건] 헌재는 헌법 제23조 제3항에서 규정하고 있는 '공공필요'의 개념은 ① '공익성'과 ② '필요성'이라는 요소로 구성되어 있다고 한다. ① '공익성' 요건 — 오늘날 공익성은 추상적인 공익 일반 또는 국가의 이익 이상의 중대한 공익을 요구하므로 기본권 일반의 제한사유인 '공공복리'보다 좁게 보는 것이 타당하며, 공익성의 정도를 판단함에 있어서는 공용수용을 허용하고 있는 개별법의 입법목적, 사업내용, 사업이 입법목적에 이바지하는 정도는 물론, 특히 그 사업이 대중을 상대로 하는 영업인 경우에는 그 사업 시설에 대한 대중의 이용·접근가능성도 아울러 고려하여야 한다고 한다. ② '필요성' 요건 — 또한 헌법적 요청에 의한 수용이라 하더라도 국민의 재산을 그 의사에 반하여 강제적으로라도 취득해야 할 정도의 필요성이 인정되어야 하고, 그 필요성이 인정되기 위해서는 공용수용을 통하여 달성하려는 공익과 그로 인하여 재산권을 침해당하는 사인의 이익 사이의 형량에서 사인의 재산권침해를 정당화할 정도의 공익의 우월성이 인정되어야 하며, 사업시행자가 사인인 경우에는 그 사업 시행으로 획득할 수 있는 공익이 현저히 해태되지 않도록 보장하는 제도적 규율도 갖추어져 있어야 한다고 한다(2011헌바172).

[판례] i) 헌법불합치결정례 : 헌재는 위와 같은 기준에 비추어 행정기관이 개발촉진지구 지역개발사업으로 실시계획을 승인하고 이를 고시하기만 하면 고급골프장 사업과 같이 공익성이 낮은 사업에 대해서까지도 시행자인 민간개발자에게 수용권한을 부여하는 구 '지역균형개발 및 지방중소기업 육성에 관한 법률' 규정은 헌법에 합치되지 아니한다는 결정을 하였다(2011헌바172). ii) 합헌성 인정결정례 : ① 산업입지의 원활한 공급을 통하여 지속적인 산업발전을 촉진함으로써 국민경제의 건전한 발전에 이바지하게 하고, 산업입지법 규정들이 산업단지개발사업의 시행자인 민간기업이 자신의 이윤추구에 치우친 나머지 공익목적을 해태하지 않도록 규율하고 있다는 점에서 민간기업이 수용을 할 수 있게 한 '산업입지 및 개발에 관한 법률' 조항이 헌법 제23조 제3항의 '공공필요성'을 갖추고 있다고 본다(2007헌바114. 과잉금지원칙도 준수하였다고 봄). ② 민간개발자에게 관광단지 조성계획상의 조성 대상 토지면적 중 사유지의 3

분의 2 이상을 취득한 경우에 남은 사유지에 대한 토지수용권을 부여할 수 있도록 한 관광진흥법 규정이 논란된 바 있다. 헌재는 관광단지의 조성은 외국관광객 유치를 위한 기반 등 그 사회경제적 중요성이 날로 더해가고 있고, 민간개발자에게 관광단지를 개발할 수 있는 지위를 부여하더라도, 관광진흥법상 공익목적이 해태되지 않도록 제도적으로 규율하고 있다는 점을 고려할 때 헌법 제23조 제3항의 공공필요에 위반되지 않는다고 하여 합헌이라고 결정하였다(2011헌바250. 3분의 2라는 위 비율이 지나치게 낮은 것이 아니라서 침해의 최소성을 갖추는 등 비례(과잉금지)원칙도 준수하였다고 봄).

5. 보상 — 정당(正當)한 보상(補償)

헌법 제23조 제3항 후단은 공용수용 등에 있어서 '정당한 보상'을 지급하여야 한다고 규정하고 있다. 여기서의 정당한 보상의 개념 내지 기준이 무엇인지가 문제된다. ① 완전보상설(공용수용 등으로 침해된 재산적 가치를 완전하게 보상해주어야 한다는 견해)과 ② 상당보상설(공용수용 등으로 침해된 재산가치를 완전히 보상하지 않더라도 사회통념상 합리적이고 타당하다고 보여지는 적정한 정도의 보상으로 충분하다는 견해), ③ 절충설(원칙적으로는 완전한 보상을 하여야 하지만, 예외적으로 특별한 경우에는 상당한 보상도 가능하다고 보는 견해) 등으로 나누어진다. 판례는 완전보상설을 취하고 있다(89헌마107; 2011헌바162).

Ⅴ. 재산권의 소급적 박탈금지

재산권에 대한 소급박탈의 금지는 국민의 재산권에 관한 법적 안정성과 예측가능성을 보장하기 위한 수단으로서의 의미를 가진다. 소급효에 대해서는 앞의 기본권총론에서 살펴본 바 있다(전술 제1편 기본권총론 제5장 제2항 Ⅵ. 4. 참조).

제 2 항 직업의 자유

Ⅰ. 직업의 자유의 개념

[직업의 개념 ─ 계속성 + 소득활동] 직업의 자유란 직업을 선택하고 수행함에 있어서 간섭을 받지 않을 자유를 말한다. 직업이란 소득을 가지기 위하여 계속적으로 어느 재화의 생산활동이나 서비스제공활동을 수행하는 것을 말한다. 계속성이 중요하고 그 종류는 포괄적이다. 즉 계속적이며 경제적 소득의 효과가 있는 활동이라면 그 성격, 유형에 관계없이 직업에 포함될 수 있다. **[유해성 여부 ─ 보호범위]** 사회에 유해성이 있는 소득활동은 직업에서 제외되는가 여부가 논란된다. ① 헌재는 '성매매알선 등 행위의 처벌에 관한 법률' 규정에 대한 합헌결정에서 "헌법 제15조에서 보장하는 '직업'이란 생활의 기본적 수요를 충족시키기 위하여 행하는 계속적인 소득활동을 의미하고, 성매매는 그것이 가지는 사회적 유해성과는 별개로 성판매자의 입장에서 생활의 기본적 수요를 충족하기 위한 소득활동에 해당함을 부인할 수 없다 할 것이므로, 심판대상조항은 성판매자의 직업선택의 자유도 제한하고 있다"라고 판시한 바 있다(2013헌가2). ② 부정경쟁행위 ─ 헌재는 "사회적으로 유해하다고 보더라도, '영업주체 혼동행위'와 같은 부정경쟁행위는 영업상 경쟁행위를 전제하는 것으로 생활의 기본적 수요를 충족시키기 위한 계속적 소득활동의 일환으로 이루어진다는 점"에서 직업의 자유의 보호영역에 들어간다고 본다(2019헌바217).

Ⅱ. 직업의 자유의 성격

1. 경제적 자유권성

직업의 자유는 국가공권력의 간섭이나 방해 없이 자신의 소득활동을 영위할 수 있는 주관적 공권으로서의 자유권적인 성격을 가지며 경제활동에서 자유권이므로 경제적 성격을 가지는 권리이다.

2. 객관적 법질서성 여부

직업의 자유가 주관적 공권으로서의 성격 외에 객관적 법질서로서의 성격을 가진다는 이론이 있다. 헌재도 "직업의 선택 혹은 수행의 자유는… 국민 개개인이 선택한 직업의 수행에 의하여 국가의 사회질서와 경제질서가 형성된다는 점에서 사회적 시장경제질서라고 하는 객관적 법질서의 구성요소이기도 하다"라고 판시한 바 있다(94헌마125). 이것은 기본권의 이중성이론에 입각한 것인데 이중성론에 대해서는 앞서 총론에서 살펴보았는바, 직업의 자유 자체는 권리이고 그 효과로서 질서를 이룬다고 볼 것이다.

3. 생존의 수단성, 개성발현 · 신장성

생존권을 실현하기 위한 재원의 획득, 즉 소득을 가능하게 하는 것이 직업활동이므로 직업의 자유는 생존권의 실현을 위한 수단으로서의 성격을 가지기도 한다. 한편 직업의 자유는 직업을 통하여 자신이 펼치고자 하는 개성의 발현 · 신장이 이루어진다.

Ⅲ. 직업의 자유의 주체와 내용

1. 직업의 자유의 주체

[자연인] 국민은 물론 외국인에게도 인정된다. 그러나 외국인에 대해서는 국민에 비해 제한이 많이 있다[예: "대한민국 국민이 아닌 사람"은 도선사가 될 수 없도록 규정(도선법 제6조 제1호)]. **[법인, 법인 아닌 사단 등 단체, 기업 등]** 직업의 자유의 주체가 될 수 있다. 법인의 직업의 자유가 침해되어 위헌결정이 내려진 사례로 구 약사법은 약사들로만 구성된 법인일지라도 약국설립 및 경영을 할 수 없도록 금지하고 있는바 헌재는 이는 법인의 직업수행의 자유의 본질적 내용의 침해로서 헌법불합치결정을 한 것이다[2000헌바84. 대비되는 결정 : 안경사들로만 구성된 법인일지라도 안경업소 개설을 못하도록 금지하는 '의료기사 등에 관한 법률' 규정은 4인 합헌의견에 따라 합헌결정(2017헌가31)되었다]. 또한 직업의 자유의 내용에는 영업의 자유와 기업의 자유가 포함되므로, 주식회사 등 기업들이 직업의 자유의 주체가 될 수 있

다고 보는 것이 헌재의 태도이다(96헌가18; 97헌마345 등).

2. 직업의 자유의 내용

[직업선택의 자유 + 직업수행의 자유, 구분실익] 현행 헌법 제15조는 직업'선택'의 자유라고 명시하고 있으나 이를 넓게 직업의 자유로 해석하여 직업선택(결정) 뿐 아니라 직업의 수행인 영업의 자유, 직종전환의 자유 등도 모두 직업의 자유에 포함된다. 직업선택자유와 직업수행자유의 구분실익은 뒤에 볼 '단계론'의 적용에 있어서 양자가 구분되는 데 있다. **[직장선택의 자유, '직업교육장 선택의 자유', 기업, 경쟁의 자유]** 직업의 자유의 장소적 효과로서 직장선택의 자유나 직장에서의 활동의 자유가 인정된다. 헌재는 직장선택의 자유가 직업선택의 자유에 포함된다고 본다(2001헌바50). 또 헌재는 "직업선택의 자유에는 자신이 원하는 직업 내지 직종에 종사하는데 필요한 전문지식을 습득하기 위한 직업교육장을 임의로 선택할 수 있는 '직업교육장 선택의 자유'도 포함된다"라고 한다(① 2007헌마1262. 사안은 로스쿨 입학자 중 법학 외의 분야에서 학사학위를 취득한 사람이 차지하는 비율이, 그리고 해당 법학전문대학원이 설치된 대학 외의 대학에서 학사학위를 취득한 사람이 차지하는 비율이 모두 3분의 1 이상이 되도록 강제하는 '법학전문대학원 설치 · 운영에 관한 법률' 규정이 심판대상이 된 것이다. 헌재는 변호사가 되기 위하여 필요한 전문지식을 습득할 수 있는 로스쿨에 입학하는 것을 제한하는 것이기 때문에 직업교육장 선택의 자유 내지 직업선택의 자유를 제한한다고 보면서 그러나 "다양하고 경쟁력있는 우수한 법조인" 양성을 위해 필요하여 과잉금지원칙을 준수한 합헌이라고 판단했다. ② 2025. 7. 17. 2021헌마1572. 지방대학 한의과대학의 입학자 중 해당지역출신자의 최소 입학 비율을 규정한 구 '지방대학 및 지역균형인재 육성에 관한 법률 시행령' 규정이 심판대상이 된 것인데 헌재는, 직업선택의 자유에는 … 직업교육장을 임의로 선택할 수 있는 '직업교육장 선택의 자유'도 포함된다고 하면서, 지역 출신의 인재를 양성함으로써 지역 간의 균형 있는 발전을 도모하기 위한 것으로 합헌이라고 보았다). 기업의 자유와 경쟁의 자유도 포함된다(96헌가18, 2019헌바217). * 기업자유, 경쟁자유에 관한 판례 : ㉮ 위헌결정례 : 자도소주(구입명령제도) 결정(96헌가18), ㉯ 합헌성 인정결정례 : ① 2018년, 2019년 적용 최저임금 고시에 대해 헌재는 소상공인 · 자영업자 등의 사익보다 근로자들의 인간다운 생활 보장과 이를 통해 노동력의 질적 향상을 꾀하기 위한 공익이 더 커서 과잉금지원칙을 준수하여 계약의 자유와 기업의 자유를 침해하지 않아 합

헌이라고 보아 기각결정을 했다(2017헌마1366), ② 대형마트 등과 중소유통업의 상생발전을 도모하기 위한 대형마트 영업시간 제한, 의무휴업일 명령제(2016헌바77등), ③ 부정경쟁행위(국내에 널리 인식된 타인의 성명, 상호, … 표지와 동일하거나 유사한 것을 사용하여 … 혼동하게 하는 행위)라고 규정하고 있는 '부정경쟁방지 및 영업비밀 보호에 관한 법률' 규정(2019헌바217), ④ 도서정가제 규정(2020헌마104) 등에 대한 합헌결정들도 있었다(위 ②, ③, ④결정 모두 과잉금지원칙 준수 인정으로 합헌).

Ⅳ. 직업의 자유의 제한과 그 한계

1. 이른바 '단계론'에 따른 차별적 제한

(1) 단계론의 개념

직업의 자유를 제한함에 있어서 직업의 자유의 어떠한 요소를 제한하느냐에 따라 제한의 강도를 달리하여야 한다는 이론이 독일연방헌법재판소 판례에서 제시된 이른바 단계론이다. 이에 따르면 직업의 자유의 제한에 있어서 제1단계는 직업'수행'의 자유에 대한 제한이고, 제2단계와 제3단계의 제한은 직업'결정'(선택)의 자유에 대한 제한이다.

① 제1단계는 규제가능성이 넓게 인정되는 직업수행의 자유를 제한함으로써 공익목적이 달성될 수 있다면 직업수행의 자유에 대한 제한을 먼저 택하고 그것에 그쳐야 한다는 것이다(직업결정의 자유는 중요한 선택의 문제이므로 제한하기가 어려우나, 결정 이후 선택된 직업수행에 있어서는 제한이 넓게 될 수 있다는 사고). ② 제2단계는 직업수행의 자유에 대한 제한으로는 목적이 달성될 수 없어서 직업결정(선택)의 자유를 제한하여야 할 상황이라면 먼저 주관적 사유에 의한 제한의 방법을 택하는 단계를 말한다. 이는 본인 스스로의 노력에 따라 요건을 갖출 수 있는 제한을 말하고 각종 자격제에 의한 제한이 이에 속한다. 주관적 사유에 의한 제한도 직업수행이 아니라 직업결정에 대한 제한이므로 제1단계 제한보다도 신중하여야 한다고 본다. ③ 제3단계는 객관적 사유에 의한 직업결정의 자유에 대한 제한을 말한다. 사회경제적 변화에 대응하기 위하여 일정한 영업을 금지하는 경우 등이다. 그 객관적 사유는 기본권주체 때문에 나타난 것이 아니고 기본권주체의 노력으로도 해결될 수 없는 상황의 것이라는 점에서 객

관적 사유에 의한 제한은 기본권주체에게 매우 심각한 제한을 가져오는 것이므로 그 제한에 있어서 더욱 신중하여야 한다는 것이다.

(2) 우리나라의 판례

우리 헌재는 "직업수행의 자유는 직업결정의 자유에 비하여 상대적으로 그 침해의 정도가 작다고 할 것이므로 이에 대하여는 공공복리 등 공익상의 이유로 비교적 넓은 법률상의 규제가 가능"하다고 하여 그 단계별로 그 제한의 정도에 차이가 있음을 인정하고 있다(92헌마264). **[직업선택자유에 대한 제한의 엄격성의 이유 ― 판례]** 헌재는 결국 직업선택의 자유에 대한 제한은 직업수행의 자유에 대한 제한보다 엄격한 제약을 받는다고 본다. 그 이유로 직업선택의 자유를 제한하는 것은 인격발현에 대한 침해의 효과가 직업수행의 자유를 제한하는 경우보다 일반적으로 크기 때문이라고 한다(2017헌마130등, 2019헌마813). 여하튼 주관적 사유에 의한 제한 문제로 심사한 판례들도 있었고, 객관적 사유에 의한 제한이라고 하여 엄격한 비례심사를 행한 판례도 있었다(아래 [결정례] 참조).

[결정례] 1) 제 1 단계 제한 심사 ― 이에 관한 결정례들이 많다. * 유의할 점 ― 제 1 단계로 제한이 가장 용이하다고는 하나 제 1 단계 제한에 대한 심사도 헌재는 비례심사를 한다(이를 판시한 판례는 2020헌바604 등 많다).

2) 제 2 단계 제한 심사로 보이는 결정례 ― "주관적 사유(요건)에 의한 직업결정(선택)의 자유 제한"이라고 직접 언급하면서 판단하였거나 그러한 언급 없으나 그런 취지로 이해하게 하는 몇 가지 결정례(주로 자격의 요건이나 결격 등에 관한 사안이 많았음) : i) 합헌성 인정 결정례 ― ① 외국 치과, 의과대학을 졸업한 우리 국민이 국내 의사면허시험을 치기 위해서 예비시험을 치도록 한 의료법 규정(2002헌마611, 기각합헌), ② '대학 졸업 이상의 학력 소지자일 것'을 일반학원 강사의 자격기준 중 하나로 규정한 것(2002헌마519, 기각합헌), ③ 제 1 종 운전면허의 취득요건으로 양쪽 눈의 시력이 각각 0.5 이상일 것을 요구하는 도로교통법시행령(2002헌마677, 기각합헌), ④ 건축사예비시험의 응시자격에 관한 건축사법 규정(2007헌바51, 합헌), ⑤ 건설업자가 부정한 방법으로 건설업의 등록을 한 경우 건설업 등록을 필요적으로 말소하도록 규정한 건설산업기본법 규정(2003헌바35, 합헌), ⑥ 감정평가사의 결격사유에 관한 '부동산 가격공시 및 감정평가에 관한 법률' 규정(2007헌마1037, 기각합헌), ⑦ 공인회계사 시험 응시자격의 제한(2011헌마801, 기각합헌), ⑧ 공인중개사무소의 개설결격사유, 등록취소사유(2007헌마419, 2013헌가7, 기각합헌, 합헌), ii) 위헌결정례 ― ① 학

원설립 · 운영자가 '학원의 설립 · 운영 및 과외교습에 관한 법률'을 위반하여 벌금형을 선고받은 경우 일률적으로 등록의 효력을 잃도록 규정하고 있는 동법 규정(일률적 등록상실이 되도록 규정하고 있어 지나친 제재로 최소침해성원칙에 위배되고 법익균형성원칙에도 위배된다고 하여 위헌으로 결정(2011헌바252)), ② 성범죄자에 대한 취업제한의 위헌성 인정 : ㉠ 성인대상 성범죄 형 확정자에 대한 의료기관 개설 · 취업제한(2013헌마585), ㉡ 성인대상 성범죄 형 확정자에 대한 교육기관 운영 · 취업제한(2013헌마436), ㉢ 아동 · 청소년대상 성범죄로 치료감호 선고확정된 자에 대한 10년간 아동 · 청소년 관련기관 등의 운영 · 취업금지(2015헌마98), ㉣ 성적목적공공장소침입죄 전과자 취업제한(2014헌마709)(* 위 ㉡, ㉢, ㉣ 결정에서는 '주관적 사유에 의한 제한'이란 말을 명시적으로 언급하지는 않았으나 그 취지상 여기에 분류함), ③ 아동학대관련범죄 : ㉠ 이 형 확정자에 대한 일정기간(그 형이 확정된 때부터 형의 집행이 종료되거나 집행을 받지 아니하기로 확정된 후 10년) 동안 체육시설 및 '초 · 중등교육법' 제2조 각 호의 학교를 운영하거나 이에 취업 또는 사실상 노무를 제공할 수 없도록 한 아동복지법의 금지(2017헌마130 [결정요지] 오직 아동학대관련범죄전력에 기초해 10년이라는 기간 동안 일률적으로 취업제한 등의 제재를 부과하는 점, 이 기간 내에는 취업제한 제재로부터 벗어날 수 있는 어떠한 기회도 존재하지 않는 점, 재범의 위험성의 경중에 대한 고려가 있어야 하는 점 등에 비추어 침해최소성이 없고 법익균형성도 없어 위헌이다), ㉡ 아동학대관련범죄로 벌금형이 확정된 날부터 10년이 지나지 아니한 사람은 어린이집을 설치 · 운영하거나 어린이집에 근무할 수 없고, 같은 이유로 보육교사 자격이 취소되면 그 취소된 날부터 10년간 자격을 재교부받지 못하도록 한, 영유아보육법 규정들(2019헌마813. 위 2017헌마130과 비슷한 취지), iii) 헌법불합치 결정례 — ① '마약류 관리에 관한 법률 위반자'의 20년 비경과의 택시운송사업의 운전업무 종사자격의 결격 · 취소사유(2013헌마575), ② 세무사 자격 보유 변호사로 하여금 세무사로서 세무사법 제2조에 의한 세무대리를 일체 할 수 없도록 규정한 구 세무사법 규정[2015헌가19. * 유의 : 이 결정은 헌법불합치결정이었다. 이후 개선입법이 되었는데 세무사 자격 보유 변호사로 하여금 세무사로서 장부작성대행업무와 성실신고확인업무를 수행할 수 없도록 한 세무사법 제20조의2 제2항에 대하여 합헌성 인정결정을 했다(헌재 2025. 12. 18. 2021헌마1464)], ③ 세무사 자격 보유 변호사라도 세무사 등록이 안 되게 한 결과 세무조정업무를 할 수 없도록 규정한 법인세법, 소득세법 규정이 과잉금지원칙을 위배하여 직업선택의 자유를 침해한다는 결정(2016헌마116) 등이 있었다.

* 한편 헌재는 자격제도에서 그 자격요건의 설정에 광범위한 입법재량이 인정되는 만큼 자격제에 관련된 직업의 자유를 침해하는지에 대한 심사의 기준은 완화될 수 밖에 없어 다른 방법으로 직업의 자유를 제한하는 경우에 비하여 보다 유연하고 탄력적인 심사가 필요하다고 보기도 한다(2007헌바51, 2007헌마419, 2011헌마801, 2013헌가7).

3) 제 3 단계 제한 심사로 보이는 결정례 — '객관적 사유'에 의한 제한이라고 언급하면서 엄격한 비례심사를 한 결정례 : 경비업을 경영하고 있는 자들이나 다른 업종을 경영하면서 새로이 경비업에 진출하고자 하는 자들로 하여금, 경비업을 전문으로 하는 별개의 법인을 설립하지 않는 한 경비업과 그 밖의 업종을 겸영하지 못하도록 금지하고 있는 경비업법 규정이 과잉금지원칙을 위배한 것이라고 한 위헌결정(2001헌마614).

* '주관적' 제한, '객관적' 둘다 언급함이 없이 직업'선택'의 자유의 침해로 위헌임을 확인한 결정례(피청구인 행위 종료로 인해 취소가 아닌 '확인'결정을 함, 위헌확인결정에 대해서는 뒤의 헌법재판, 헌법소원심판 부분 참조) — 변호사 자격을 취득할 수 있는 기회가 제한이 직업선택의 자유에 대한 제한 — 변호사시험에서 코로나19 확진환자의 응시를 금지하고, 자가격리자(사전 신청 마감 기한 제한) 및 고위험자(의료기관 이송)에 대한 응시를 제한한 법무부공고 해당규정들이 피해최소성 충족이 안되어 과잉금지원칙 위배로 직업선택의 자유를 침해한 위헌임을 확인한 결정(2020헌마1736).

(3) 단계론에 대한 검토

단계론은 단계구분이 상대적이라는 점에서 문제가 있다. 즉, 직업종사의 자유에 대한 제약이 결국 직업결정(선택)의 자유에 대한 제약이 되기도 한다. 앞으로 선택할 직업에 종사할 때 많은 제약이 따른다는 것을 미리 인식한다면 그 직업을 선택하고자 하는 수요가 상대적으로 줄어들 것은 당연하기 때문이다. 또한 제 2 단계인 주관적 사유에 의한 제한으로서 자격제를 들면서도 폭넓은 입법재량권을 이유로 보다 유연하고 탄력적인 심사가 필요하다고 판시하기도 하는데 그러면서도 "국민의 보건과 관련되어 있는 의료기사의 자격제도에 관한 것이라는 점에서 완화된 기준의 과잉금지원칙에 따라 심사한다"(2011헌마552), "국민의 법률생활 및 사법제도와 관련되어 있는 법무사의 자격제도에 관한 것이라는 점에서 과잉금지원칙 심사는 완화되어 적용된다"라고(2025. 8. 21. 2020헌마1491) 한다. 자격제가 2단계 심사라고 한 헌재는 무조건 자의심사에만 그치면 자신의 입장의 일관성에 의문이 있고 과잉금지심사도 하여야 할 것인데 국민보건, 법률생활 등이 관련되는 자격제에 관한 경우에 이처럼 완화된 과잉금지심사를 한다는 입장이다. 사실 자의심사를 한다고 판시한 2007헌바51 결정에서도 "목적의 정당성과 그 수단의 상당성" 심사는 하였다(사안은 건축사예비시험 응시자격 제한에 대한 것으로 헌재는 "건축사는 … 건축물이 안전하게 완공되게 하여 국민의 생명과 안전을 보호하는 역할을 수행하고 … 건축물이 점차 대형화, 고도화되어가는 오늘날에 있어 건축사의 전문성을 견고히 확보하려는 … 그 입법목적의 정당성과 그 수단의 상당성이 인정되고"라고 판시하였다). 정리하면 중요한 자격제에 대해서는 완화되긴 하나 과잉금지심사를 한다고 이해된다. 그렇다면 자격제에 관한 심사가, 역시 비례심사를 헌재가 행하는 제 1 단계 직업수행의 자유에 관련된 심사에 비해 그 강도에 있어서 어느 정도 차이를 가지는지도 명확하지 않다.

2. 직업의 자유의 각종 제한

① 겸직금지 ─ 겸직의 금지는 영업의 자유에 대한 중요한 제한들 중의 하나이다. 겸직금지의 취지는 업무의 공정성과 업무에의 전념성을 보장하기 위한 것이다. 그러나 포괄적·전면적 겸직금지는 '피해의 최소성 원칙'에 반할 수 있다(위헌결정례 : 95헌마90). ② 자격제 ─ 특별한 전문지식을 갖춘 사람이어야 안전성 있게 수행할 수 있는 업무 등의 경우에는 그 업무를 다루는 영업자에 대해 자격제를 두는 것이 필요하다. 헌재는 자격제도에서 입법자에게는 그 자격요건을 정함에 있어 광범위한 입법재량이 인정되는 만큼, 자격요건에 관한 법률조항은 합리적인 근거 없이 현저히 자의적인 경우에만 헌법에 위반된다고 한다(97헌바88, 2007헌바51 등). ③ 청소년보호를 위한 제한 ─ 청소년의 건강 등을 보호하기 위한 각종 영업에 대한 규제가 가해지고 있고 관련 판례가 많이 있다(예를 들어 92헌마264, 99헌마555). ④ 공권력불행사로 인한 직업의 자유의 침해 ─ 직업의 자유를 실현하기 위하여 필요한 공권력이 행사되지 않아(입법부작위, 행정부작위) 직업의 자유가 침해되거나 제한될 수 있다. ㉠ 치과전문의시험의 불실시 : 치과전문의자격시험을 실시할 수 있는 절차를 마련하지 않은 입법부작위가 위헌임을 확인하는 헌재의 판례가 있었다(96헌마246. 헌재는 "직업으로서 치과전문의를 선택하고 이를 수행할 자유를 침해당하고 있는"이라고 하여 선택자유를 양자를 다 포괄하는 듯함). ㉡ 부작위로 인한 직업수행의 자유의 침해 : 국내 치과의사면허취득자의 외국 전문의과정 이수의 불인정(위 치과전문의시험 불실시 사안도 치과전문의 자격 취득에 관한 것인데도 이 사안에서 헌재는 "청구인들은 국내에서 치과의사면허를 취득하였으므로 치과의사로서의 직업을 수행할 수 있지만, … 치과전문의 자격을 취득하여 자신이 수련한 전문과목을 표시하여 그 과목에 대해 보다 전문적으로 직업을 수행할 수 있는 '치과의사'로서의 직업수행의 자유를 제한한다"라고 하여 직업수행

의 자유가 제한된다고 봄), 즉 치과전문의 자격 인정 요건으로 '외국의 의료기관에서 치과의사 전문의 과정을 이수한 사람'을 포함하지 아니한 '치과의사전문의의 수련 및 자격 인정 등에 관한 규정'에 대해서도 이미 국내에서 치과의사면허를 취득하고 외국의 의료기관에서 치과전문의 과정을 이수한 사람들에게 다시 국내에서 전문의 과정을 다시 이수할 것을 요구하는 것은 지나친 부담을 지우는 것이므로, 침해의 최소성원칙에 위배되고 법익의 균형성도 충족하지 못한다고 하여 헌법불합치결정을 하였다(2013헌마197). ⑤ 필요적 제재의 위헌성 여부 — 직업수행(영업) 관련 행정적 의무를 위반한 데 대한 제재에 있어서 그 위반의 경중에 비추어 제재의 정도를 달리하여야 피해의 최소성원칙에 위반되지 않는다. 특히 가장 강한 강도의 제재인 필요적 취소제(위반시 반드시 취소하도록 하는 제도)에 대해서는 피해의 최소성원칙의 위반가능성이 있다. 판례를 보면, ⓐ 위헌결정례 : ㉠ 건축사업무범위를 위반한 데 대해 그 경중을 가리지 않고 필요적 등록취소를 하도록 한 것은 위헌이라는 결정이 있었다(93헌가1. 이 결정에서 헌재는 직업선택의 자유의 본질적 내용을 침해하였다고까지 보았다). ㉡ 여객자동차운수사업에서의 지입제경영시 면허의 필요적 취소규정에 대해서도 위헌이라고 결정되었다(99헌가11등). ㉢ 임원이 금고 이상의 형을 선고받은 경우 법인의 건설업 등록을 필요적으로 말소하도록 규정한 구 건설산업기본법 규정은 이 경우까지도 가장 강력한 수단인 필요적 등록말소라는 제재를 가하는 것은 최소침해성 원칙에도 위배된다는 위헌결정을 하였다(2013헌바25. 이 결정은 저지른 범죄의 종류가 건설업과 관련이 있는지 여부를 가리지 않고, 금고 이상의 형을 선고받은 경우 법인의 건설업 등록을 말소하도록 하고 있다는 점에서 방법적절성도 없다고 보았고, 또 법익균형성도 없다고 보았으며, 선례 2008헌가8 결정을 판례변경한 것임). ㉣ 법인의 임원이 '학원의 설립·운영 및 과외교습에 관한 법률'을 위반하여 벌금형을 선고받은 경우 법인의 등록이 효력을 잃도록 한 규정은 벌금형을 선고받으면 일률적으로 법인의 등록을 실효시켜 지나친 제재로서 침해최소성요건을 갖추지 못하여 과잉금지원칙에 위배하여 청구인 '법인'의 직업수행의 자유를 침해하여 위헌이라는 결정도 있다(2012헌마653. 이 결정은 법익균형성도 없다고 보았다). 또한 ㉤ 필요적 운전면허 취소사유의 위헌성 인정 (ㄱ) 자동차이용범죄행위의 필요적 운전면허취소의 위헌성 : 자동차 등을 이용하여 범죄행위를 한 모든 경우에 운전면허를 필요적으로(반드시) 취소하도록 한 구 도로교통법 제78조 제1항 제5호(2001. 12. 31. 법률 제6565호로 일부 개정되고 2005. 5. 31. 법률 7545호로 전문 개정되기 전의 것)에 대해 헌법재판소는 이는 너무 포괄적이고 광범위하게 운전면허 취소 사유를 정하고 있는 것으로 운전을 직업으로 하는 자에게는 직업의 자유를, 운전을 직업으로 하지 않는 일반인에게는 일반적 행동자유권을 명확성원칙과 과잉금지(비례)원칙에 위반하여 제한하고 있다는 이유로 위헌이라고 결정하였다(2004헌가28). ㉡ 비슷한 사안으로 위 위헌결정 이후 전부개정된 규정인 자동차이용범죄시 운전면허의 필요적 취소(운전면허자가 자동차 등을 이용하여 살인 또는 강간 등 행정안전부령이 정하는 범죄행위를 한 때 운전면허를 취소하도록 하는 구 도로교통법 규정은 임의적 취소 또는 정지제도만으로도 입법목적달성이 가능함에도 필요적 취소로 하고 있고 그 규제필요가 없는 행위까지 포함하여 침해최소성원칙에 위배되고 법익균형성도 없어 운전을 업으로 하는 사람의 직업의 자유를 과잉금지원칙을 위배하여 침해하여 위헌. 2013헌가6), ㉢ '다른 사람의 자동차등을 훔친 경우' 반드시 운전면허를 취소하도록 한 규정에 대해 헌재는 과잉금지원칙을 위배하여 직업의 자유 내지 일반적 행동의 자유를 침해한다고 보고 위헌결정(2016헌가6)을 하였다. ㉣ 거짓, 부정으로 받은 운전면허를 받은 경우 그 사람의 모든 운전면허의 필요적 취소제의 일부 위헌성 — 거짓이나 그 밖의 부정한 수단으로 운전면허를 받은 경우 그 사람이 받은 모든 범위의 운전면허를(거짓이나 그 밖의 부정한 수단으로 받은 것이 아닌 면허까지도) 필요적으로 취소하도록 한 구 도로교통법(2017. 7. 26. 법률 제14839호로 개정되기 전의 것) 제93조 제1항 단서 등의 해당 부분이 '거짓이나 그 밖의 부정한 수단으로 받은 운전면허'가 아닌 운전면허에 대한 것은 임의적 취소·정지 사유로 하는 등 기본권을 덜 제한하는 완화된 수단에 의해서도 입법목적을 같은 정도로 달성하기에 충분하므로 거짓, 부정 취득하지 않은 운전면허까지도 필요적으로 취소하도록 한 것은 피해최소성, 법익균형성을 갖추지 못하여 과잉금지원칙에 위배되어 일반적 행동의 자유 또는 직업의 자유를 침해한다고 보았다(헌재 2020. 6. 25, 2019헌가9등). 이후 법개정이 되었다. ㉤ 동력수상레저기구 조종면허의 필요적 취소(동력수상레저기구를 이용하여 범죄행위를 하는 경우에 조종면허를 필요적으로 취소하도록 하는 구 수상레저안전법 규정은 그 범죄의 유형, 경중 등 제반사정을 전혀 고려하지 않고 필요적으로 취소하도록 하여 침해 최소성원칙에 반하고 법익균형성도 없어 직업의 자유(생업으로 하는 자) 및 일반적 행동의 자유(취미활동자)를 침해하는 위헌. 2014헌가13)에 대한 위헌결정도 있었다. ㉦ 시설경비업 허가를 받은 경비업자가 허가받은 경비업무 외 업무에 경비원을 종사하게 하는 것을 금지하고, 이의 위반시 허가를 필요적으로 취소하도록 규정한 경비업법 조항에 대해 헌법불합치결정이 있었다([결정요지] 경비업무의 전념성이 훼손되는 정도를 고려하지 아니한 채 경비업자가 경비원으로 하여금 비경비업무에 종사하도록 하는 것을 일률적·전면적으로 금지하고, 이의 위반시 필요적으로 경비업 허가를 취소하도록 규정하고 있어 침해최소성을 갖추지 못하였다. 전념성이 직접적으로 훼손되지 않는, 경비원이 종사할 수 있는 비경비업무의 범위를 구체적으로 정하도록 하기 위해 헌법불합치로 결정(2020헌가19)). ⓑ 합헌결정례 : ㉠ 반면 위험방지, 안전확보 등의 필요성이 큰 경우에 필요적 취소제가 피해의 최소성원칙 등에 반하지 않는다고 본 판례도 있었다. 그 예로, ㈀ 건설업자가 명의대여행위를 한 경우 그 건설업 등록을 필요적으로 말소하도록 한 구 건설산업기본법 규정에 대해 필요적으로 건설업등록을 말소하도록 하는 것은 명의대여행위가 국민의 생명과 재산에 미치는 위험과 그 위험방지의 긴절성을 고려할 때 반드시 필요하다고 하여 합헌으로 결정한 것을 들 수 있다(2000헌바27). 또한 ㈁ 헌재는 국가기술자격증을 다른 자로부터 빌려 건설업의 등록기준을 충족시킨 경우 그 건설업 등록을 필요적으로 말소하도록 한 건설산업기본법 규정에 대해 임의적 등록말소만으로 시설물의 안전에 대한 위험을 방지하기에 충분하다고 단정하기 어려운 점에서 피해최소성을 갖춘 것이라고 보아 합헌이라고 결정하였다(2015헌바429). 그 외 국민의 생명, 신체, 건강에 영향을 줄 수 있는 사안으로서, ㈂ 위험물탱크안전성능시험자 지정을 받은 법인의 임원 중 금고 이상의 형의 집행유예의 선고를 받고(소방법의 위반만이 아닌 다른 법의 위반에 의한 선고도 포함함) 그 집행유예 기간 중에 있는 사람이 있게 된 경우에 그 임원을 3월 이내에 개임하지 않으면 필요적으로 그 지정을 취소하도록 한 소방법 규정에 대한 합헌결정(99헌바94), ㈃ 사위 기타 부정한 방법으로 등록을 한 주택관리업 등록에 대한 필요적 등록말소를 규정한 구 주택건설촉진법 규정에 대한 합헌결정(2001헌바31), ㈄ 여객자동차운송사업의 운전자격을 취득한 자가 도주차량죄를 범한 경우 그 운전자격을 취소하도록 한 '여객자동차 운수사업법' 규정에 대한 합헌결정(2016헌바339), ㈅ 성범죄로 금고 이상 형 집행유예 선고자에 대한 필요적 택시운전자격 취소를 규정한 '여객자동차 운수사업법' 해당규정에 대해 합헌결정(2016헌바14등), ㈆ 의료관련 법령상의 범죄로 금고 이상의 형을 선고받고 그 형의 집행이 종료되지 아니하였거나 집행을 받지 아니하기로 확정되지 아니한 자에 대한 의료인 면허의 필요적 취소 규정에 대한 합헌결정(2005헌바50, 2012헌바102, 2016헌바394)도 있었다. ㉡ 또 헌재는 거래질서의 공정성을 위한 필요적 취소제의 합헌성을 인정하는데 그 예로 '공인중개사의 업무 및 부동산 거래신고에 관한 법률' 위반행위로 벌금형을 선고받고 3년이 경과되지 않은 경우, 중개사무소 개설등록을 필요적으로 취소하도록 정한 위 구법 규정이 공인중개사의 직업의 자유(과잉금지 위배되지 않음)를 침해하지 않아 합헌이라는 결정을 하였다(2013헌가7). 금고 이상의 실형을 선고받고 그 집행이 종료된 날부터 3년이 경과되지 아니한 자는 중개사무소 개설등록을 할 수 없도록 한 규정(2007헌마419), 동물검역기관의 장의 승인을 받지 않고 지정검역물의 관리에 필요한 비용을 화주로부터 징수한 경우 보관관리인 지정을 필요적으로 취소하도록 한 가축전염병 예방법 규정(2014헌바405. 검역체계 혼란 방지, 검역시행장의 질서 시정의 목적)도 그 합헌성이 인정되었다. 전문성과 공정성을 확보하기 위한 필요적 취소제로 문화재수리 등에 관한 법률 위반으로 형의 집행유예를 선고받은 문화재수리기술자의 자격을 필요적으로 취소하는 '구 문화재수리 등에 관한 법률' 규정에 대한 합헌결정(2015헌바373)도 있었다. ⑥ 기타 — ⓐ 위헌성 인정 결정례 : 헌재는 ㉠ 자도소주구입명령제도(96헌가18), ㉡ 약사들로만 구성되는 법인이라도 약국개설 · 운영을 할 수 없도록 금지한 규정(2000헌바84. 헌법불합치), ㉢ 농협 · 축협 조합장이 금고 이상의 형을 선고받고 그 형이 확정되지 아니한 경우에도 이사가 그 직무를 대행하도록 한 농업협동조합법 규정(2010헌마562) 등에 대해 위헌성을 인정하였다. ㉣ 또 선거범죄로 100만 원 이상의 벌금형이 선고되면 임원의 결격사유가 됨에도, 구 새마을금고법 규정(2013헌바208. 헌법불합치) 제21조가 선거범죄와 다른 죄가 병합되어 경합범으로 재판하게 되는 경우 선거범죄를 분리 심리하여 따로 선고하는 규정을 두지 않은 것은 부진정 입법부작위 상태로서 과잉금지원칙에 반하여 새마을금고 임원이나 임원이 되고자 하는 사람의 직업선택의 자유를 침해하여 위헌이라는 결정을 하였다(2013헌바208). ㉤ 전문과목을 표시한 치과의원은 그 표시한 전문과목에 해당하는 환자만을 진료하여야 한다고 규정한 의료법 제77조 제3항은 치과전문의가 자신의 전문과목을 표시하는 경우 그 진료범위를 제한되게 하므로 현실적으로 대부분 전문과목을 표시하지 않음에 따라 치과전문의 제도를 유명무실하게 만들 위험이 있고 표시한 전문과목 이외의 다른 모든 전문과목에 해당하는 환자를 진료할 수 없게 되므로 기본권 제한의 정도가 매우 크다고 보아 수단의 적절성과 침해의 최소성을 갖추지 못한 직업수행의 자유 제한이라고 하여 위헌으로 결정되었다(2013헌마799. 평등권 침해도 인정됨). ㉥ '마약류 관리에 관한 법률'을 위반하여 금고 이상의 실형을 선고받고 그 집행이 끝나거나 면제된 날부터 20년이 지나지 아니한 것을 택시운송사업의 운전업무 종사자격의 결격사유 및 취소사유로 정한 '여객자동차 운수사업법' 및 동법 시행령 규정에 대해 헌재는 구체적 사안의 개별성과 특수성을 고려할 수 있는 여지를 일체 배제하고 그 위법의 정도나 비난의 정도가 미약한 경우까지도 획일적으로 20년이라는 장기간 동안 택시운송사업의 운전업무 종사자격을 제한하는 것이므로 침해의 최소성 원칙에 위배되고 법익균성원칙에도 위배되어 직업선택의 자유를 침해하는 위헌이라고 보았다(2014헌바446). ㉦ 운전면허를 받은 사람이 다른 사람의 자동차등을 훔친 경우에는 운전면허를 필요적으로 취소하도록 한 구 도로교통법 규정에 대해 과잉금지원칙 위반으로 위헌결정을 하였다(2016헌가6). 또 ㉧ 청원경찰이 금고 이상의 형의 선고유예를 받은 경우 당연 퇴직되도록 규정한 구 청원경찰법(2010. 2. 4. 법률 제10013호로 개정된 것) 규정이 당연퇴직이 필요한 범죄의 유형, 내용 등으로 그 범위를 가급적 한정하지 않고 저지른 범죄의 종류나 내용을 불문하고 금고 이상의 형의 선고유예를 받게 되면 당연히 퇴직되도록 규정함으로써 청원경찰에게 공무원보다 더 가혹한 제재를 가하고 있어서 침해최소성 원칙에 위배되고 법익균형성도 없다는 이유로 위헌결정이 있었다(2017헌가26).
* 2024.12.3. 위헌적 계엄선포 포고령에 대한 판단 중에 헌재는 "의료현장을 이탈한 모든 의료인으로 하여금 48시간 내에 본업에 복귀하도록 함으로써 직업의 자유도 제한하였다"라고 판시한 바 있다[2024헌나8. 대통령 탄핵인용(파면)결정].

ⓑ 합헌성인정 결정례 : ㉠ 청년할당제에 대한 헌재의 결정은 재판관의 위헌의견 : 합헌의견이 5 : 4로 결국 합헌성이 인정되었다(2013헌마553). ㉡ 또 헌재는 변호사시험 합격자의 6개월 실무수습 기간 중 단독 법률사무소 개설과 수임을 금지한 변호사법 제21조의2 제 1 항 등이 과잉금지원칙을 준수하여 변호사시험 합격자들의 직업수행의 자유나 평등권 등을 침해하지 아니한다는 결정을 하였

다(2013헌마424). 그 외 합헌성을 인정한 결정례로 ㉢ 이른바 의약품·의료기기 '리베이트' 처벌조항에 대한 합헌결정도 있었다(2013헌바374, 2016헌바201. 비급여대상인 의료기기와 관련된 리베이트 처벌조항에 대한 합헌결정도 있었다(2014헌바299)). ㉣ 일반음식점영업소를 금연구역으로 지정하여 운영하도록 한 국민건강증진법 규정은 과잉금지원칙을 준수하여 영업자의 직업수행의 자유를 침해하지 않는다(2015헌마813). ㉤ 사법시험폐지 — 과잉금지원칙을 준수하여 사법시험에 응시하여 법조인이 되고자 하는 사람들의 직업선택의 자유를 침해하지 않는다고 결정하였다(2012헌마1002, 2016헌마1152). ㉥ 식품·식품첨가물에 관하여 의약품과 혼동할 우려가 있는 표시·광고를 금지하는 구 식품위생법 조항이 청구인의 영업의 자유, 광고표현의 자유, 학문의 자유 및 평등권을 침해하지 않는다고 결정하였고(97헌마108, 2003헌바6) 이후 특허사실을 광고하는 것도 금지하여 위헌이라는 주장에 대해서도 특허등록하였다고 하더라도 특허대상의 사람에 대한 안전성·유효성이 충분히 검증되었다고 보기 어렵다고 하여 역시 합헌결정을 한 바 있다(2017헌바513). ㉦ 변호사시험의 응시기간과 응시횟수 제한과 그 예외에 대한 합헌성 인정 — 법학전문대학원의 석사학위를 취득한 달의 말일 또는 취득예정기간 내 시행된 시험일부터 5년 내에 5회로 제한한 변호사시험법 제 7 조 제 1 항(헌재 2016. 9. 29, 2016헌마47; 2018. 3. 29, 2017헌마387등; 2020. 9. 24, 2018헌마739등; 2020. 11. 26, 2018헌마733등)과 병역의무의 이행만을 응시기회제한의 예외로 인정하는 변호사시험법 제7조 제 2 항(헌재 2020. 11. 26, 2018헌마733등)을 합헌으로 보았다.

3. 직업의 자유의 제한의 한계

직업의 자유를 제한하더라도 그 본질적 내용을 침해할 수 없고 비례원칙, 신뢰보호원칙, 소급효금지원칙 등을 사안에 따라 준수하면서 제한하여야 한다.

제4장 생 존 권

제1절 총 론

Ⅰ. 발 달

19세기 근대 말기에 시장의 독과점, 부익부 빈익빈 등의 사회문제가 발생하여 생활능력과 수단을 가지지 못한 경제적·사회적 약자들에 대한 국가의 보조와 생존의 보장이 무엇보다도 절실하게 되었다. 그리하여 이들에 대해 국가가 생활에 필요한 재화와 서비스를 제공하여 인간다운 생활이 가능하도록 국가에 대해 요구할 수 있는 생존권사상이 자리잡기 시작하였다. 1919년 독일의 바이마르헌법 제151조는 경제생활의 질서는 각자로 하여금 "인간다운 생활"을 보장하는 것을 목적으로 하는 정의의 원칙에 부합하여야 한다고 규정하여 생존권에 관한 20세기 현대적 헌법의 모형이 되었다. 그 뒤 여러 나라에서 생존권에 관한 헌법규정들을 두었다. 현행 헌법 제34조 제1항은 "모든 국민은 인간다운 생활을 할 권리를 가진다"라고 규정하고 있다.

* 용어의 문제 : 우리나라에서 생존권적 기본권보다는 사회적 기본권이란 용어가 더 많이 사용되고 있다. 그러나 생존권 외 다른 기본권들도 '사회적'이라는 점에서(예를 들어 언론의 자유도 다른 사회구성원들과의 소통을 위한 것이라는 점에서 사회적이다) 우리는 생존권이라는 용어를 더 선호한다. 이 책에서 병용되기도 한다.

Ⅱ. 개 념

생존권적 기본권(사회권)은 국민의 생활에 요구되는 기본적인 재화나 서비스를 국가가 제공해줄 것을 요구할 수 있는 권리이다. 이러한 생존권의 보장은 국가의 개입을 적극적으로 요구하고 헌법이 사회보장 등 복지주의를 표방하게 하였다. 국가에 의한 재화·서비스의 제공을 요구할 수 있는 권리라는 점에서 생존권은 적극적인 권리이다.

Ⅲ. 성격과 효력

1. 종래 실정권적으로 보는 견해에 대한 검토

종래 생존권은 현실적으로 급부제공을 위한 국가의 예산, 재정이 요구된다는 점에서 입법에 의한 구체화가 되지 않고 실정제도가 구비되지 않으면 그 실현이 어렵다고 보아 실정권적인 권리로 보려는 경향이 강하였다. 그러나 이는 기본권 자체의 성격을 기본권의 실현이라는 현실에 결부하여 파악하는 것이 된다. 실정제도의 뒷받침을 받아야 실현되는 기본권은 생존권만이 아니다. 청구권도 예를 들어 재판청구권의 경우 재판제도가 구비되어야 실현된다. 생존권이 실정제도로 실현되어야 한다는 것은 실정화의 문제이지 생존권 자체의 성격은 아니다. 실정권으로 보면 보장되어야 할 생존권 영역이 한정된다. 그리하여 종래의 이론에 대한 검토가 요구된다.

2. 구체적 권리성, 직접적 효력성의 문제

(1) 문제제기

종래 생존권에 대해서는 헌법의 생존권규정 자체에서 국민의 생존에 필요한 급부를 제공해줄 것을 요구할 수 있는 구체적인 권리가 바로 인정되는가 인정되지 않는가 하는 문제를 두고 논란이 있어 왔다.

(2) 학 설

1) 입법방침(Programm)설 헌법상의 생존권규정들은 장래의 입법방침

을 설정하는 강령(綱領)적 규정의 의미를 가질 뿐이고 앞으로 국가가 입법을 통하여 그 구체적인 내용을 형성하여 규정할 때 비로소 국민이 권리로 요구할 수 있고 그렇지 않고서는 헌법규정만으로는 구체적 내용의 생존권을 국민이 요구할 수는 없다고 본다.

2) **국가목표설** 생존권적 기본권은 입법이나 정책의 결정에 있어서 나아갈 국가의 목표를 제시하고 있는 기본권이라고 본다. 국가목표설은 생존권이 국가목표를 설정하는 권리이기에 이를 실현하여야 할 국가의무가 인정된다고 본다.

3) **권 리 설**

① **추상적 권리설** 헌법규정이 권리로서 규정한 이상 생존권도 단순한 입법방침이 아니라 권리로서 성격을 가진다고 보나 사법적(私法的)인 권리와 같은 정도의 구체적인 권리는 아니며 생존권에 관한 구체적 입법이 존재하지 않는다면 재판을 통한 권리실현이 어렵다고 보아 생존권은 추상적인 권리라고 본다.

② **불완전한 구체적 권리설** 생존권의 구체적 내용은 입법으로 정해지고 입법부에게 구체적 입법을 할 의무를 부과하고 있으며 입법부가 그 입법을 하지 않고 있을 경우에는 헌법재판을 통해 구제를 받을 수 있다고 본다. 이 설은 비록 입법의 형성을 요하나 헌법재판이 가능하다는 점에서 불완전하나마 구체적 권리로 보는 것으로 이해된다.

③ **구체적 권리설** 헌법의 생존권의 규정으로부터 구체적인 법적 효과의 권리가 나타난다고 보아 그 내용을 구체화하는 법률이 만들어져 있지 않더라도 헌법규정 자체만으로 생존권이 자유권과 같이 직접적 효력을 발생하며 입법, 행정, 사법을 구속한다고 본다. 그리하여 구체적 법률규정이 없더라도 생존권이 실현될 수 있도록 할 조치를 취해줄 것을 요구할 수 있는 힘이 나온다고 본다.

4) **기 타** 그 외 헌법위임설(헌법이 입법자로 하여금 생존권을 형성하도록 위임하는 규정이라는 설), 상대적 권리설(R. Alexy의 견해로서 각 생존권별로 보호정도가 다르다고 보고 직접적 효력의 생존권, 불완전한 생존권 등으로 나누어 보는 설) 등이 있다.

(3) 판　　례

헌재는 "인간다운 생활을 할 권리로부터는 인간의 존엄에 상응하는 생활에 필요한 '최소한의 물질적인 생활'의 유지에 필요한 급부를 요구할 수 있는 구체적인 권리가 상황에 따라서는 직접 도출될 수 있다고 할 수는 있어도, 동 기본권이 직접 그 이상의 급부를 내용으로 하는 구체적인 권리를 발생케 한다고는 볼 수 없다고 할 것이다. 이러한 구체적 권리는 국가가 재정형편 등 여러 가지 상황들을 종합적으로 감안하여 법률을 통하여 구체화할 때에 비로소 인정되는 법률적 권리라고 할 것이다"라고 판시하였다(93헌가14). 이러한 입장은 최소한의 생존권에 대해서는 직접효력을 인정하고 그것보다 더 많은 것을 요구하는 생존권에 대해서는 추상적 권리설 내지 입법방침설을 취하려는 것으로 이해되게 하였다. 그러나 이 판시도 명확하지 않은 것이 최소한의 물질적 생활의 유지에 필요한 구체적인 권리가 헌법에서 직접 나오더라도 그런 경우는 "상황에 따라서는"이므로 모든 경우에 구체적 권리가 직접 도출될 수 있다는 것은 아니어서 그마저도 도출되지 않을 수 있다는 것이다. 이후 판례들에서는 아예 "헌법 제34조 제1항이 보장하는 인간다운 생활을 할 권리는 … 인간의 존엄에 상응하는 최소한의 물질적인 생활의 유지에 필요한 급부를 요구할 수 있는 권리를 의미하는데, 이러한 권리는 국가가 재정형편 등 여러 가지 상황들을 종합적으로 고려하여 법률을 통하여 구체화함으로써 법률적 권리로 인정된다"라고 판시하고 있어서(2017헌마103, 2007헌마734) 입법방침설적 입장으로 이해되게 한다.

(4) 검　　토

우리 헌법 제34조 제1항이 주된 생존권인 인간다운 생활을 할 권리에 대해, 제31조 제1항이 교육을 받을 권리에 대해, 제32조 제1항이 근로의 권리에 대해, 제33조 제1항이 근로3권에 대해, 그리고 제35조 제1항이 환경권에 대해 "권리를 가진다"라고 하여 그 권리성을 명시하고 있으므로 입법방침설, 국가목표설 등은 우리 헌법에 부합되기 어렵다. 추상적 권리설도 입법방침설과 별반 차이가 없다. 우리 헌법이 현대의 복지주의적 헌법이므로 생존권을 구체적인 권리로 보아야 하며 생존권의 적극적인 성격을 인정하여야 할 것이다. 생존권적 기본권의 효력을 약하게 본 것은 그 실현에 국가재정이 필요하다는 현실적·정책적 고려의 결과이지 헌법적 논리의 결과는 아니다. 국가가 적극적으로 재정을 확보하라고 요구할 수 있는 힘을 가진 기본권으로 보는 것이 법논리적이다. 국가의 부작위로 실현되지 않는 생존권이 있을 때 헌법소원 등의 헌법재판제도에 의하여 구현을 강제할 수 있다는 점에서도 구체적 권리설이 더욱 현실성을 가지게 한다. 한편 생존권의 실현이 안되어(부작위로) 불평등할 경우 평등권 침해 문제로 다툴 수 있다는 점에서도[실제 평등권 침해를 인정하여 위헌결정이 내려진 예로 침대형 휠체어만을 이용할 수 있는 장애인에 대한 아무런 고려 없이 표준 휠체어만을 기준으로 고정설비의 안전기준을 정하는 것이 불합리하여 평등권 침해라고 하여 위헌결정이 있었던 예를 들 수 있다(2019헌마1234)] 강제성을 가질 수 있다.

Ⅳ. 특 성

1. 적 극 성

생존권의 실현은 국가의 적극적 개입이 없이는 불가능하다. 인간답게 살 환경과 여건을 국가가 조성하여야 하고 생활능력이 없는 국민에 대해 능력을 보유할 수 있는 길을 열어주며 근로의 기회를 제공하고 스스로 소득을 누릴 수 있도록 직업교육을 제공하여야 하며 신체적 제약 때문에 소득활동이 부족할 경우 등에는 생활보조금을 부여하여야 한다.

2. 형성적 성격과 입법재량 부여적 성격

생존권은 빈곤한 생활을 하고 있는 사람들에 대해 공공부조를 하여야 할 상황에서 어떠한 종류의, 어느 정도의 공공부조를 할 것인지를 정하는 형성적 국가작용을 요구하는 성격의 기본권이다. 그리하여 자유권의 법률유보는 침해유보, 생존권의 법률유보는 형성유보라고 하는 것이 일반적인 견해이다.

입법에 구체적 실현조치를 형성하도록 위임한 바가 넓기에 입법자는 생존권의 내용을 형성함에 있어서 재량을 넓게 가진다고 보는 견해가 많다. 그러나 넓은 입법재량이 생존권의 구체적 실현요구를 회피하고 소극적 국가작용으로 도피할 수 있는 구실로 작용해서는 안 된다. 입법재량의 인정은 적극적인 국가작용을 열어주기 위한 것이라는 의미를 가져야 한다.

3. 생존권과 자유권과의 관계

자유권의 희생을 통해 생존권이 보장되기도 하므로(부유한 사람들로부터 조세를 거두어 그것을 재원으로 빈곤한 사람의 생계를 보장하면 조세는 자유권인 재산권의 제한이고 이로써 생존권이 보장된다) 생존권은 자유권과의 상충, 대립관계를 보여준다고 한다. 그러나 생존권의 보장이 자유권의 신장을 가져오고(예술가에 대한 생활보장으로 예술의 자유가 신장될 수 있다), 자유권의 보장이 생존권의 보장을 가져올 수 있다는(직업의 자유의 보장으로 생계가 보장된다) 점에서 오늘날 상호보완관계로 승화되어야 한다고 본다. 한편 생존권적 기본권들로 분류되는 기본권들에 생존권과 더불어 자유권적 성격도 인정하는 것은 다음과 같은 의미가 있긴 하다. 자유권에 대해서는 기초적 권리로서 중요성을 인정하는 입장에서 헌법재판소 심사기준을 엄격심사로 한다면 헌법재판에서의 심사강화가 오게 하는 효과가 있을 것이다.

제 2 절 인간다운 생활을 할 권리

Ⅰ. 인간다운 생활을 할 권리의 개념

인간다운 생활을 할 권리란 인간으로서 가치와 인격을 유지하고 그 존엄성이 보장되는 수준의 육체적 건강과 정신적 생활을 영위할 수 있는 권리와 그러한 생활을 뒷받침하기 위한 물질적·정신적 서비스를 국가에 대해 요구할 수 있는 적극적인 권리를 말한다.

Ⅱ. 인간다운 생활을 할 권리의 법적 성격

1. 생존권, 기본권으로서의 성격

인간다운 생활을 할 권리가 생존권임에는 의견의 일치를 보고 있다. 문제는 국가에 대해 어느 정도의 구속력을 가지는 권리이냐 하는 것이다. 여기서도 생존권에서 했던 것과 동일한 논의를 하게 된다. 앞서 정리한 바와 같이 학설은 입법방침(프로그램)설, 추상적 권리설, 구체적 권리설, 불완전한 구체적 권리설 등이 대립한다. 헌재는 "인간다운 생활을 할 권리로부터는 인간의 존엄에 상응하는 생활에 필요한 '최소한의 물질적인 생활'의 유지에 필요한 급부를 요구할 수 있는 구체적인 권리가 상황에 따라서는 직접 도출될 수 있다고 할 수는 있어도, 동 기본권이 직접 그 이상의 급부를 내용으로 하는 구체적인 권리를 발생케 한다고는 볼 수 없다"고 본다(93헌가14).

생각건대 인간다운 생활을 할 권리는 구체적 권리로서 적극적 성격의 권리이다. 이는 현대적 복지주의 헌법의 핵심을 이루고 있는 기본권이고, 헌법 제34조가 "권리를 가진다"라고 명시하고 있으므로 권리성을 부정할 수 없다. 또한 인간의 존엄성을 보장하기 위한 필수적인 권리이며, 헌법 제10조의 국가의 기본권보장의무의 대상이 되는 기본권이다.

2. 이념적 기초로서의 주생존권

인간다운 생활을 할 권리는 생존권의 주축으로서 다른 생존권들의 기초가 되고 있다. 우리 헌재도 "인간다운 생활을 할 권리는 여타 사회적 기본권에 관한 헌법규범들의 이념적인 목표를 제시하고 있는"이라고 판시하고 있다(93헌가14).

3. 인간다운 생활을 할 권리의 보장수준

어느 정도까지의 삶의 질의 수준을 국가가 보장하여야 하는가의 문제가 있다. 생각건대, ① 인간다운 생활을 하기 위해서는 육체적인 건강의 상태나 물질적인 생활기반의 수준뿐만 아니라 정신적·문화적 생활의 질을 보장하는 수준도 요구된다. ② 보다 이상적인 수준의 보장이 바람직하나 적어도 최저기준은 국가가 보장하여야 할 헌법상 책임을 지게 된다.

Ⅲ. 인간다운 생활을 할 권리 침해 여부 위헌심사 기준

헌재는 헌법의 인간다운 생활을 할 권리 "규정은 모든 국가기관을 기속하지만 그 기속의 의미는 동일하지 아니하다. 입법부나 행정부에 대하여는 국민소득, 국가의 재정능력과 정책 등을 고려하여 가능한 범위 안에서 최대한으로 모든 국민이 물질적인 최저생활을 넘어서 인간의 존엄성에 맞는 건강하고 문화적인 생활을 누릴 수 있도록 하여야 한다는 행위의 지침, 즉 행위규범으로서 작용하지만 헌법재판에 있어서는 다른 국가기관, 즉 입법부나 행정부가 국민으로 하여금 인간다운 생활을 영위하도록 하기 위하여 객관적으로 필요한 최소한의 조치를 취할 의무를 다하였는지를 기준으로 국가기관의 행위의 합헌성을 심사하여야 한다는 통제규범으로 작용하는 것"이라고 한다. 또한 "국가가 행하는 생계보호가 헌법이 요구하는 객관적인 최소한도의 내용을 실현하고 있는지 여부는 결국 국가가 국민의 '인간다운 생활'을 보장함에 필요한 최소한도의 조치를 취하였는가의 여부에 달려있다고 할 것인데 생계보호의 구체적 수준을 결정하는 것은 입법부 또는 입법에 의하여 다시 위임을 받은 행정부 등 해당 기관의 광범위한 재량에 맡겨져 있다고 보아야 할 것이므로 국가가 인간다운 생활을 보장하기 위한 헌법적 의무를 다하였는지의 여부가 사법적 심사의 대상이 된 경우에는, 국가가 생계보호에 관한 입법을 전혀 하지 아니하였다든가 그 내용이 현저히 불합리하여 헌법상 용인될 수 있는 재량의 범위를 명백히 일탈한 경우에 한하여 인간다운 생활을 할 권리를 보장한 헌법에 위반된다고 할 수 있다"라고 하여(헌재 2009. 11. 26, 2007헌마734; 2020. 4. 23, 2017헌마103 등) 소극적 최소한 심사의 입장을 취한다.

Ⅳ. 인간다운 생활을 할 권리의 내용

1. 사회보장을 받을 권리(사회보장수급권)

헌법 제34조 제2항은 "국가는 사회보장·사회복지의 증진에 노력할 의무를 진다"라고 규정하고 있다.

[개념] 사회보장을 받을 권리란 국가가 적극적인 급부작용으로 사회보장을 해줄 것을 요구할 수 있는 권리를 말한다. 사회보장기본법은 "사회보장"이란 출산, 양육, 실업, 노령, 장애, 질병, 빈곤 및 사망 등의 사회적 위험으로부터 모든 국민을 보호하고 국민 삶의 질을 향상시키는 데 필요한 소득·서비스를 보장하는 사회보험, 공공부조, 사회서비스를 말한다고 규정하고 있다(사회보장기본

법 제 3 조 제 1 호).

[성격] 사회보장수급권은 생존권적 적극적 권리성, 경제적 권리성과 사회연대적 권리성을 가진다.

[내용] ① 사회보험 — 사회보험이라 함은 국민에게 발생하는 사회적 위험을 보험의 방식으로 대처함으로써 국민건강과 소득을 보장하는 제도를 말한다(동법 제 3 조 제 2 호). 사회보험에는 건강보험, 연금, 고용보험, 산업재해보상보험 등이 있다. '공무원 재해보상법상'의 각종 보험급여는 헌법 제34조의 인간다운 생활을 할 권리에 근거하여 법률에 의해 구체화된 사회보장적 성격의 보험급여이다(2004헌바2; 2011헌바133; 2020헌마1587). 공무원에게 재해보상을 위하여 실시되는 급여의 종류로 휴업급여 또는 상병보상연금 규정을 두고 있지 않은 '공무원 재해보상법' 제 8 조가 공무원의 인간다운 생활을 할 권리, 평등권을 침해하는지에 대해 헌재는 부정하고 합헌이라고 본다(2020헌마1587). ② 공공부조 — 공공부조(公共扶助)라 함은 국가 및 지방자치단체의 책임 하에 생활유지능력이 없거나 생활이 어려운 국민의 최저생활을 보장하고 자립을 지원하는 제도를 말한다(동법 제 3 조 제 3 호). 위의 사회보험은 자기 기여(갹출)를 전제로 하나 공공부조는 수급자 국민의 기여를 요건으로 하지 않고 국가 등이 일방적으로 급부를 제공한다는 점에서 사회보험과 차이가 있다. 현재 공공부조제도의 주축으로서 국민기초생활 보장법이 시행되고 있다. 공공부조에 대해서는 아래의 3.에서도 다루게 된다. ③ 사회서비스 — 사회서비스란 국가 · 지방자치단체 및 민간부문의 도움이 필요한 모든 국민에게 복지, 보건의료, 교육, 고용, 주거, 문화, 환경 등의 분야에서 인간다운 생활을 보장하고 상담, 재활, 돌봄, 정보의 제공, 관련 시설의 이용, 역량 개발, 사회참여 지원 등을 통하여 국민의 삶의 질이 향상되도록 지원하는 제도를 말한다(동법 제 3 조 제 4 호). ④ "평생사회안전망" — 생애주기에 걸쳐 보편적으로 충족되어야 하는 기본욕구와 특정한 사회위험에 의하여 발생하는 특수욕구를 동시에 고려하여 소득 · 서비스를 보장하는 맞춤형 사회보장제도를 말한다(동법 제 3 조 제 5 호). ⑤ 국가유공자 등에 대한 사회적 보상 — 국가와 민족을 위해 희생한 유공자와 유가족의 생활안정과 복지향상을 위한 지원의 사회보상이 이루어진다('국가유공자 등 예우 및 지원에 관한 법률').

* ① 독립유공자의 손자녀 1명에게만 보상금을 지급하도록 하면서, 독립유공자의 선순위 자녀의 자녀에 해당하는 손자녀가 2명 이상인 경우에는 나이가 많은 손자녀를 우선하도록 한 구 '독립유공자예우에 관한 법률' 규정에 대해서는 합리성이 없어 평등권침해(사회보장수급권 침해 여부를 함께 판단한다고 한 뒤 평등원칙 위해 여부판단)라고 하여 헌재가 헌법불합치결정을 하였다(2011헌마724). ② 6·25전몰군경자녀수당을 지급하면서 그 수급권자를 6·25전몰군경자녀 중 1명에 한정하고, 나이가 많은 자를 우선하도록 정한 구 '예우법' 규정에 대해서도 헌재는 위 ①결정과 비슷한 취지로 합리적 이유가 없어 평등권을 침해한다고 보아 헌법불합치결정을 하였다(2018헌가6, ①, ② 모두 사회보장권 자체가 아니라 평등권의 침해로 봄).

2. 여자의 복지·권익향상과 노인·청소년의 복지향상

헌법 제34조 제3항은 "국가는 여자의 복지와 권익의 향상을 위하여 노력하여야 한다"라고 규정하고 있다. 복지뿐 아니라 그동안 여성의 사회적인 불이익, 불평등을 고려하여 특히 권익보호도 헌법이 직접 명시하고 있다. 따라서 각종 직업의 기회나 직장에서의 대우 등에서 여성에 대해 특별한 권익보호를 하여야 한다. 일과 가정의 양립이 가능하게 육아지원 등이 필요하고 현재 '남녀고용평등과 일·가정 양립 지원에 관한 법률'이 규정을 두고 있다.

헌법 제34조 제4항은 "국가는 노인과 청소년의 복지향상을 위한 정책을 실시할 의무를 진다"라고 규정하고 있다. 고령화 사회에서 노인의 복지가 중요하고 노인복지법이 관련규정들을 두고 있다. 청소년의 복지를 위한 법률로는 청소년복지 지원법 등이 있다. * 아동에 대한 결정례 : 자동차사고 피해가족 중 유자녀에 대한 대출을 규정한 구 '자동차손해배상 보장법 시행령' 조항이 무상지원하는 보조금이 아니라 상환의무를 전제로 한 대출의 형태로만 지원하는 것이어서 자녀인 청구인의 아동으로서의 인간다운 생활을 할 권리를 침해하는지 문제되었는데 헌재는 부정하여 기각하는 결정을 했다(2021헌마473).

3. 생활능력이 없는 국민에 대한 국가보호

헌법 제34조 제5항은 "신체장애자 및 질병·노령 기타의 사유로 생활능력이 없는 국민은 법률이 정하는 바에 의하여 국가의 보호를 받는다"라고 규정하고 있다. 생활능력이 없는 사람에 대한 국가보호에 관한 현행 법률이 국민기초생활 보장법이다.

(1) 급여종류와 수급권자

국민기초생활 보장법에 따른 급여의 종류는 생계급여, 주거급여, 의료급여, 교육급여, 해산급여, 장제급여, 자활급여 등이다(법 제 7 조 제 1 항). 위 급여 중 생계급여, 교육급여, 의료급여 수급권자는 부양의무자가 없거나, 부양의무자가 있어도 부양능력이 없거나 부양을 받을 수 없는 사람으로서 그 소득인정액이 중앙생활보장위원회의 심의·의결을 거쳐 결정하는 금액("급여 선정기준") 이하인 사람이다(법 제 8 조 제 2 항, 제12조 제 3 항, 제12조의3 제 2 항).

(2) 급여의 정도(수준)

생활능력이 없는 사람에 대해 생활에 필요한 비용 등을 어느 정도로 제공하여야 하는지에 대한 기준이 문제가 된다.

[헌재의 생계보호기준 판례] 심사의 정도 — 최소한의 심사 헌재는 국민기초생활 보장법으로 바뀌기 전 구 생활보호법 하에서 생계보호기준에 관한 결정을 한 바 있었다. 헌재는 인간다운 생활을 할 권리규정은 입법부, 행정부에는 최대한으로 누릴 수 있도록 하여야 한다는 행위규범으로 작용하나 헌법재판에 있어서는 입법부와 행정부가 필요한 최소한의 조치를 취할 의무를 다하였는지를 기준으로 합헌성을 심사한다는 통제규범으로서 작용한다고 하여 최소심사를 하였다. 그리하여 구체적 생계보호수준을 결정하는 것은 입법부 또는 입법에 의해 위임을 받은 행정부 등의 광범위한 재량에 맡겨져 있으므로 생계보호에 관한 입법을 전혀 하지 아니하였다든가 그 내용이 현저히 불합리하여 헌법상 용인될 수 있는 재량의 범위를 명백히 일탈한 경우에 한하여 헌법에 위반된다고 보았다. 그리고 생계보호수준이 그 재량의 범위를 명백히 일탈하였는지의 여부는 구 생활보호법에 의한 생계보호급여만을 가지고 판단하여서는 아니 되고 그 외의 법령에 의거하여 국가가 생계보호를 위하여 지급하는 각종 급여나 각종 부담의 감면 등을 총괄한 수준을 가지고 판단하여야 한다고 하였다(94헌마33, 2009헌바47, 2012헌바192). 당해 사안은 보건복지부장관이 구 생활보호법의 위임에 따라 정한 "생계보호기준"이 최저생계비에도 훨씬 미치지 못하여 인간다운 생활을 할 권리를 침해하는 위헌이라는 주장의 헌법소원 사건이었는데 헌재는 위와 같은 심사기준으로 판단한

결과 구 생활보호법에 의한 생계보호급여 외에도 각종 급여와 부담감면이 행하여지고 있다고 하여 비록 생계보호수준이 일반 최저생계비에 미치지 못한다고 하더라도 그 사실만으로 인간다운 생활을 할 권리를 침해한 것이라고는 볼 수 없다고 판단하였다.

[현행 국민기초생활 보장법상의 급여정도] 국민기초생활 보장법은 수급권자에 대한 급여는 수급자의 필요에 따라 생계급여, 주거급여, 의료급여, 교육급여, 해산급여, 장제급여, 자활급여까지의 급여의 전부 또는 일부를 실시하는 것으로 한다고 규정하고 있다(동법 제7조 제2항). 동법은 최저생계비를 "국민이 건강하고 문화적인 생활을 유지하기 위하여 필요한 최소한의 비용으로서" 보건복지부장관이 계측하는 금액이라고 정의하고 있다(동법 제2조 제7호).

(3) 신체장애자의 경우

장애인복지법이 국가보호를 규정하고 있다.

4. 재해예방과 그 위험에 대한 보호

국가는 재해를 예방하고 그 위험으로부터 국민을 보호하기 위하여 노력하여야 한다(제34조 제6항). 이 헌법규정을 구현하기 위한 기본법으로 '재난 및 안전관리 기본법'이 있다.

제3절 교육의 권리

제1항 교육을 받을 권리

Ⅰ. 교육을 받을 권리의 개념

헌법 제31조 제1항은 교육을 받을 권리를 규정하고 있다. 교육에 관한 권리는 받을 권리뿐 아니라 교육을 할 권리도 포함된다. 여기서는 교육을 받을 권리를 주로 살펴본다. 교육을 받을 권리라 함은 지식을 습득하게 하고 인성을 발달시키는 교육을 받을 수 있도록 요구할 수 있는 권리를 말한다.

Ⅱ. 교육을 받을 권리의 법적 성격

1. 교육적 생존권성

교육을 받을 권리를 자유권으로 파악하는 견해와 생존권으로 파악하는 견해, 양자의 성격을 모두 가지는 것으로 보는 견해, 그 외 복합적 성격의 권리라고 보는 견해 등이 있다. 생각건대 교육을 받을 권리는 교육의 기회를 가지도록 국가가 보장할 것을 요구하는 권리로서 교육은 생활을 영위하기 위한 지식과 지혜를 보유하도록 하고 생존을 위한 소득활동을 가능하게 하는 지식과 경험을 갖추도록 하는 것이므로 생존권으로서의 성격을 가진다.

2. 적극성·향상발전추구성

교육을 받을 권리는 국가가 적극적으로 교육제도를 확충하여 감으로써 보다 더 나은 보장을 받을 수 있는 권리이다. 교육은 지·덕·체의 성장을 요구하여 지식습득뿐 아니라 덕성과 육체적 성장을 위한 활동이므로 보다 적극적인 권리로서의 성격을 가진다. 교육은 학습자의 지식이나 품성 및 육체가 현재보다 장래에 더 나아지는 발전과 향상의 관념을 전제로 하는 것이다. 따라서 교육을 받을 권리도 향상과 발전을 추구하는 성격을 가진다.

Ⅲ. 교육을 받을 권리의 내용

1. 능력에 따라 균등하게 교육을 받을 기회 — 교육기회접근권

(1) 능력에 따른 교육 — 응능성

교육을 받는 사람의 능력에 따라 적절한 교육이 제공되어야 한다는 점에서 응능적인 성격(應能性)을 가지는 권리이다. 우리 헌법은 제31조 제1항에서 "모든 국민은 능력에 따라 균등하게 교육을 받을 권리를 가진다"라고 규정하고 있다. 능력에 따른 적절한 교육이라는 점에서 경쟁시험에 의한 선발은 헌법에 반하지 않는다. 그러나 국민으로서 습득하여야 할 기본적인 교육과 의무교육은 수학능력이 부족하더라도 일정 연령에 달하면 받을 수 있게 보장되어야 하고 수학능력이 부족한 학생의 학력신장을 위해 수준별 수업 등 적극적인 교육이 실시되어야 한다.

의무교육에 있어서는 입학에 있어서 연령주의를 취하는 것이 일반적인데 수학능력이 있음에도 연령에 달하지 않아 조기입학을 허용하지 않으면 위헌인가 하는 문제가 있다. 헌재는 지능이나 수학능력 등이 있다고 하여 제한 없이 다른 사람과 차별하여 어떠한 내용과 종류와 기간의 교육을 받을 권리가 보장된다는 것은 아니라고 하면서 조기입학을 허용하지 않는다고 해서 헌법 제31조 제1항의 능력에 따라 균등하게 교육을 받을 권리를 본질적으로 침해한 것으로 볼 수 없다고 하였다(93헌마192). 또 취학연령을 설정해 놓은 것은 의무교육을 실시하기 위하여 불가피한 것으로 보고 있다. 현재 조기입학이 인정되고 있다.

(2) 균등한 교육

i) 이는 먼저 차별금지의 권리이다. 이에 관한 판례로 '수시모집 지원' 제한에 대한 위헌확인결정례가 있다. 즉 11개 대학교의 '2017학년도 신입생 수시모집 입시요강'이 검정고시로 고등학교 졸업학력을 취득한 사람들의 수시모집 지원을 부정하는 것은 교육을 받을 권리를 침해한다고 위헌확인결정을 하였다(2016헌마649). 헌재는 완화된 심사(합리성심사)를 하여 수시모집에서 검정고시 출신자에게 수학능력이 있는지 여부를 평가할 수 있는 기회를 부여하지 아니하고 이를 박탈한다는 것은 수학능력에 따른 합리적인 차별이라고 보기 어렵다고 판단하였다. 정규 고등학교의 학교생활기록부가 없어 평가할 자료가 없다는 주장에 대해 자기의견서, 추천서, 등 다른 평가방법을 개발함으로써 평가할 수 있다고 보았고 이 제한은 공교육을 정상화하기 위한 조치라는 주장도 받아들이지 않았다. ii) 또한 균등한 교육을 받을 권리라 함은 차별의 금지라는 소극적인 내용뿐 아니라 경제적 빈곤계층이 동등하게 교육을 받을 수 있게 하기 위한 시책의 마련과 교육시설의 확충 등을 요구할 수 있는 적극적 내용도 포함하는 권리이다. 헌재도 정신적 · 육체적 능력 이외의 "성별 · 종교 · 경제력 · 사회적 신분 등에 의하여 교육을 받을 기회를 차별하지 않고, 즉 합리적 차별사유 없이 교육을 받을 권리를 제한하지 아니함과 동시에 국가가 모든 국민에게 균등한 교육을 받게 하고 특히 경제적 약자가 실질적인 평등교육을 받을 수 있도록 적극적 정책을 실현해야 한다"라고 설시한 바 있다(93헌마192). iii) 자사고를 지원한 학생에게 평준화지역 후기학교에 중복지원하는 것을 금지한

초·중등교육법 시행령(2017. 12. 29. 대통령령 제28516호로 개정된 것) 제81조 제 5 항 중 '제91조의3에 따른 자율형 사립고등학교는 제외한다' 부분(이하 '이 사건 중복지원금지 조항')에 대해 헌재는 엄격심사를 한다고 하면서 이 조항은 중복지원금지 원칙만을 규정하고 자사고 불합격자에 대하여 아무런 고등학교 진학 대책을 마련하지 않아 자사고 불합격자는 고등학교에 진학할 수 있는지 여부가 시·도별 교육감의 재량에 의해 좌우되는 매우 불안정한 상태에 처하게 되어 차별을 정당화할 수 있을 정도로 차별 목적과 차별의 정도 간에 비례성을 갖춘 것이라고 볼 수 없어 청구인 학생 및 학부모의 평등권을 침해하여 위헌이라고 결정하였다(2018헌마221). iv) 교육에 대한 접근 기회(즉 취학의 기회)가 균등하게 보장되어야 하는 권리 — 헌재는 해당지역출신자에게 지방대학 한의과대학 입학기회를 확대할 목적으로 해당 지역의 범위와 학생 최소 입학 비율 등을 정한 '지방대학 및 지역균형인재 육성에 관한 법률 시행령' 별표 규정이 지역 출신의 인재를 양성함으로써 지역 간의 균형 있는 발전을 도모하기 위한 것으로 의과대학 진학을 준비 중이던 사람의 '직업선택(직업교육장 선택)의 자유'의 자유와 균등하게 교육을 받을 권리(교육에 대한 접근 기회 즉 취학의 기회가 균등하게 보장되어야 하는 권리)를 침해하지 아니한다고(신뢰보호원칙, 과잉금지원칙 준수하여) 판단하여 기각(합헌인정)하였다(2025. 7. 17. 2021헌마1572). * 위 무시험전형 사안과 위 한의대 입학 규정 사안은 모두 교육을 받을 권리의 문제인데 과잉금지심사를 한 예들이어서 각별히 주목을 요한다.

2. 교육내용 등에 대한 권리

(1) 교 육

교육을 받을 권리에서의 '교육'에는 학교교육이 주축이 될 것이고 그 외 가정교육, 평생교육(사회교육), 공민교육 등 여러 유형의 교육이 포함된다. 국가는 평생교육을 진흥하여야 한다(제31조 제 5 항). 평생교육의 진흥을 위한 법률로는 평생교육법이 있다.

(2) 학교선택권

학교선택권이란 학습자가 받고자 하는 교육을 제공하는 학교를 선택할 수 있는 권리를 말한다. 부모는 자녀가 다닐 학교를 선택할 권리를 가진다. 부모의 자녀의 학교를 선택할 권리에 대해서는 그 헌법적 근거를 우리 헌재가 헌법 제31조 제1항이라고 보았던 초기의 판례도 있었으나(91헌마204) 그 후 부모의 자녀교육권에 학교선택권을 포함하여 보면서 부모의 자녀교육권을 제36조 제1항, 제10조, 제37조 제1항에서 끌어냄으로써 부모의 학교선택권의 헌법적 근거에 결국 헌법 제31조 제1항을 포함시키지 않고 있다(최근의 2005헌마514 결정).

무시험전형, 평준화정책 등이 학교선택권을 제한한다고 하여 논란되고 있다. 헌재는 무시험전형 추첨배정을 과잉금지원칙에 반하지 않는다는 이유로 합헌이라고 본다(2005헌마514).

(3) 교육과정, 교육방법 등

교육기본법 제12조 제2항은 "교육내용·교육방법·교재 및 교육시설은 학습자의 인격을 존중하고 개성을 중시하여 학습자의 능력이 최대한으로 발휘될 수 있도록 마련되어야 한다"라고 규정하고 있다. 초·중등교육법 제23조 제2항은 "국가교육위원회는 … 교육과정의 기준과 내용에 관한 기본적인 사항을 정하며, 교육감은 국가교육위원회가 정한 교육과정의 범위에서 지역의 실정에 맞는 기준과 내용을 정할 수 있다"라고 규정하고 있다. 교육과정이 학생의 지적·육체적 발달을 최대한 가져오도록 구성되어야 하고 교육의 자주성에 따라 교육주체들의 다양한 의견이 반영되어야 하며 국가행정의 일방적 설정이 되어서는 아니 된다. 대법원은 학기당 2시간 정도의 인권교육의 편성·실시가 지방자치법 제9조 제2항 제5호(법률 제12280호)에서 지방자치단체의 사무로 예시한 교육에 관한 사무로서 초등학교·중학교·고등학교 등의 운영·지도에 관한 사무에 속한다고 판단하였다(대법원 2015. 5. 14, 2013추98 판결, 지방자치단체의 학생인권조례).

Ⅳ. 교육의 의무와 의무교육의 무상

헌법 제31조 제2항은 "모든 국민은 그 보호하는 자녀에게 적어도 초등교육과 법률이 정하는 교육을 받게 할 의무를 진다"라고 하여 의무교육에 대해 규정하고 있다.

1. 의무교육제도의 법적 성격

헌재는 의무교육제도의 법적 성격에 대해서 교육의 자주성·전문성·정치적 중립성 등을 지도 원리로 하여 국민의 교육을 받을 권리를 뒷받침하기 위한, 헌법상의 교육기본권에 부수되는 제도보장이라고 판시한 바 있다(90헌가27). 그러나 최소보장을 의미하는 제도적 보장으로 볼 것은 아니고 국민의 교육을 받을 권리를 위한 헌법제도로 볼 것이다.

2. 의무교육의 범위와 의무주체

헌법 제31조 제 2 항은 의무교육의 범위에 대하여 초등교육과 '법률'이 정하는 교육이라고 규정하고 있다. 교육기본법은 "의무교육은 6년의 초등교육과 3년의 중등교육으로 한다"라고 규정하고 있다(법 제 8 조 제 1 항). 지금은 이처럼 중학의무교육이 전면 실시되고 있지만 과거 구 교육법 제 8 조의2가 법률이 아닌 대통령령이 정하는 바에 의하여 중학의무교육을 순차적으로 실시토록 규정하고 있었는데 이 규정이 헌법 제31조 제 2 항에 반하는 것이 아닌지 문제되었다. 헌재는 "중학교 의무교육의 실시 여부 자체라든가 그 연한은 교육제도의 수립에 있어서 본질적 내용으로서 국회입법에 유보되어 있어서 반드시 형식적 의미의 법률로 규정되어야 할 기본적 사항이라 하겠으나, 그 실시의 시기·범위 등 구체적인 실시에 필요한 세부사항에 관하여는 반드시 그런 것은 아니다"라고 합헌결정을 한 바 있었다(90헌가27).

의무교육을 받을 주체는 자녀이고 그 의무의 주체는 친권자 또는 후견인이다.

3. 의무교육의 무상성과 무상의 범위

의무교육은 무상으로 한다(제31조 제 3 항). 이는 교육을 의무화하는 만큼 그 비용을 국가가 지급함으로써 학부모의 부담을 완화하여야 하기 때문이다. 의무교육의 무상원칙에 반한다고 하여 위헌결정이 있었던 예로 신축 아파트를 분양받은 사람들에 대해 학교용지부담금을 부과하도록 한 '학교용지확보에 관한 특례법'에 대하여 위헌결정을 한 것을 들 수 있다. 헌재는 "의무교육에 필요한 학교

시설은 국가의 일반적 과제이고, 학교용지는 의무교육을 시행하기 위한 물적 기반으로서 필수조건임은 말할 필요도 없다. 따라서 이를 달성하기 위한 비용은 국가의 일반재정으로 충당하여야 한다. … 그렇다면 적어도 의무교육에 관한 한 일반재정이 아닌 부담금과 같은 별도의 재정수단을 동원하여 특정한 집단으로부터 그 비용을 추가로 징수하여 충당하는 것은 의무교육의 무상성을 선언한 헌법에 반한다"라고 하였다(2003헌가20). 그런데 의무교육 무상성원칙은 의무교육인 학교에 적용될 것인데 사안에서 문제의 학교용지부담금으로 설치될 학교에는 당시 의무교육이 아닌 고등학교에도 관련되어 있었다(이런 문제지적 등 의무교육의 무상성원칙에 대해서는 정재황, 의무교육에 관한 헌법적 고찰, 헌법학연구, 20권 3호, 2014. 9. 참조). 여하튼 이에 관해서는 헌재는 부담금이 특별한 공익사업에 한하여 부과되어야 하는데 학교용지부담금은 그러하지 않고 의무자집단의 동질성, 밀접한 관련성이 없어 평등원칙 위반 및 비례원칙의 위반이라고 보았다. 위 결정이 내려지기 직전에 이번에는 분양받은 사람이 아닌 개발사업자를 부과대상으로 하는 법개정이 있었다. 이 개정규정에 대해서도 이후 위헌심판제청이 있었는데 헌재는 의무교육의 무상성 규정은 의무교육 비용을 학령아동 보호자의 부담으로부터 공동체 전체의 부담으로 이전하라는 명령일 뿐 의무교육의 모든 비용을 조세로 해결해야 함을 의미하는 것은 아니므로, 학교용지부담금의 부과대상을 수분양자가 아닌 개발사업자로 한 것은 의무교육의 무상원칙에 위배되지 아니한다고 하여 합헌성을 인정하였다(2007헌가1, 헌법불합치결정이긴 하나 무상성원칙에 반하지 않는다는 점에 관한 동지의 결정으로 2007헌가9)(학교용지부담금에 대해 평등원칙 위반을 이유로 위헌성을 인정한 결정을 한 예들이 있다. 2007헌가9, 2011헌가32, 2013헌가28). 이런 맥락에서 헌재는 의무교육 무상의 원칙이 의무교육을 위탁받은 사립학교법인이 관련 법령에 의하여 부담하도록 규정되어 있는 경비까지 종국적으로 국가나 지방자치단체의 부담으로 한다는 취지까지 규정한 것으로 볼 수는 없다는 입장이다(2016헌바374)(사안은 중학의무교육을 수탁, 수행하는 사립학교법인이 공유재산을 점유한 데 대해 변상금이 부과되자 위 법인이 의무교육무상에 따라 점유에 대한 변상금예외를 인정하지 않는 것이 위헌이라고 주장한 것임).

의무교육경비를 국가만이 아니라 지방자치단체에 부담시키는 것이 후자의 권한침해라는 주장이 있었으나 헌재는 국가가 모든 무상교육비용을 부담하여야 하는 것은 아니라고 하여 받아들이지 않았다(2004헌라3).

의무교육의 무상범위에 대해서는 수업료면제설(수업료만 면제된다는 설), 취학필수비무상설(수업료뿐 아니라 교재, 학용품, 급식도 무상으로 하여야 한다는 설), 법정설(법률이 정한 범위라고 보는 설) 등이 있는데 취학필수비무상설이 다수설이다. 헌재는 "의무교육에 있어서 무상의 범위에는 의무교육이 실질적이고 균등하게 이루어지기 위한 본질적 항목으로, 수업료나 입학금의 면제, 학교와 교사 등 인적·물적 시설 및 그 시설을 유지하기 위한 인건비와 시설유지비, 신규시설투자비 등의 재원 부담으로부터의 면제가 포함된다 할 것이며, 그 외에도 의무교육을 받는 과정에 수반하는 비용으로서 의무교육의 실질적인 균등보장을 위해 필수불가결한 비용은 무상의 범위에 포함된다. 의무교육에 있어서 본질적이고 필수불가결한 비용 이외의 비용을 무상의 범위에 포함시킬 것인지는 국가의 재정상황과 국민의 소득수준, 학부모들의 경제적 수준 및 사회적 합의 등을 고려하여 입법자가 입법정책적으로 해결해야 할 문제이다"라고 한다(2010헌바164). 헌재는 위와 같은 자신의 법리에 비추어 ① 의무교육 대상인 중학생의 학부모에게 급식관련비용 일부를 부담하도록 하는 구 학교급식법 규정이 의무교육의 무상원칙을 위반한다는 주장에 대해 급식활동 자체가 의무교육에 필수불가결한 내용이라 보기 어렵고, 국가나 지방자치단체의 지원으로 부담을 경감하는 조항이 마련되어 있으며, 특히 저소득층 학생들을 위한 지원방안이 마련되어 있다는 점 등을 고려해 보면 입법형성권의 범위를 넘어 헌법상 의무교육의 무상원칙에 반하는 것으로 보기는 어렵다고 하여 합헌이라고 결정하였다(2010헌바164). ② 반면에 공립중학교 학생으로부터 학교운영지원비를 징수하도록 하는 구 초·중등교육법 규정은 의무교육의 무상원칙에 반하여 위헌이라고 결정하였다. 즉 앞서 밝힌대로 교사 등 인적 기반을 유지하기 위한 인건비의 재원 마련은 전적으로 국가와 지방자치단체의 몫임이 분명함에도 불구하고 그 일부를 학교운영지원비로 충당하는 것, 기본적 교육수입(또는 등록금)으로 분류된 학교운영지원비를 의무교육 대상자인 중학생으로부터 징수하는 것은 헌법이 천명하고 있는 의무교육의 무상원칙에 분명히 반하는 것이라고 보았다(2010헌바220).

Ⅴ. 교육을 할 권리의 문제

교육에 관한 권리에는 위에서 본 교육을 받을 권리 외에 지식과 경험을 다른 사람에게 제공하고 전수하며, 부모가 자녀를 교육하는 권리, 교육을 하는 데 방해받지 않을 교육의 자유 등도 포함된다. 이러한 교육을 할 권리에 대해 우리 헌법이 직접 명시하고 있지는 않다. 헌법 제31조 제1항의 균등한 교육을 받을 권리에서 끌어내는 견해, 헌법 제22조 제1항의 학문과 예술의 자유 조항에서 찾는 견해, 헌법 제10조에서 끌어내는 견해 등이 있다. 생각건대 교육할 권리의 적극적 권리성과 자유권적인 성격을 고려하고 교육을 통해 인격의 형성을 가져온다는 점에서 교육할 권리는 헌법 제31조 제1항 등뿐 아니라 헌법 제10조의 인간의 존엄·가치와 행복추구권에서도 나온다고 볼 것이다. 부모의 자녀에 대한 교육권의 근거에 대해 우리 헌재는 과외교습금지에 관한 결정 등에서 헌법 제36조 제1항, 제10조, 제37조 제1항에서 끌어냄으로써 복합적인 입장을 취한다(98헌가16. 헌법 제31조 제1항을 들고 있지는 않은데 검토를 요한다).

초·중·고등학교 교사의 수업과 교육은 학생들이 아직 성장과 인격형성의 과정에 있다는 점에서, 그리고 학생의 수학권보장을 위하여 제약을 받는다고 보는 견해가 많다. 헌재는 교사의 수업권은 그것이 헌법상 보장되는 기본권이라고 할 수 있느냐에 대하여서는 이를 부정적으로 보는 견해가 많으며, 설사 기본권에 준하는 것으로 간주하더라도 수업권을 내세워 수학권을 침해할 수는 없다고 보고, 국정교과서 결정에서 교사의 교육의 자유보다 학생의 수학권이 더 우선적으로 보호되어야 한다고 보아 기각결정을 한 바 있다(89헌마88).

부모의 자녀교육권에는 양육권, 교육내용선택권, 학교선택권, 가정생활에서의 지도권, 진로선택권 등이 포함된다.

제2항 교육의 자주성 등과 교육제도의 보장

Ⅰ. 교육의 자주성 · 전문성 · 정치적 중립성 및 대학의 자율성

헌법 제31조 제4항은 "교육의 자주성 · 전문성 · 정치적 중립성 및 대학의 자율성은 법률이 정하는 바에 의하여 보장된다"라고 규정하고 있다.

1. 교육의 자주성 · 전문성

교육의 자주성이란 교육의 내용이나 교육행정 등이 교육당사자들에 의한 자발성과 주도에 의한 민주적 의사결정으로 이루어져야 함을 의미한다. 국민의 일반적인 교육과 국가 전반의 기본적인 교육을 위하여 국가의 간여가 있을 수 있으나 가능한 한 최소한에 그쳐야 한다. 교육의 전문성은 특히 교육이 인간의 인성, 지적능력을 개발하는 것이므로 교육은 관련 전문성을 가진 사람에 의해 이루어질 것을 요구한다.

지방교육은 자치제로 이루어지고 있다. 교육의 자주성 및 전문성과 지방교육의 특수성을 살리기 위하여 '지방교육자치에 관한 법률'이 있다(동법 제1조 참조). 교육감은 주민에 의해 직선되고 있고 교육위원회는 2014년 6월 30일에 폐지되어 이후 시 · 도의회의 상임위가 그 임무를 담당하게 된다.

교육의 자치는 단위학교에서의 자치가 실질적으로 중요하다.

헌재는 교과용도서의 국정(국정교과서)제도가 교육의 자주성 · 전문성 · 중립성이라는 헌법원리에 무조건 모순되거나 이와 배치되는 것이라고 하기는 어려울 것이라고 하여 합헌성을 인정하였는데 그러면서도 가능한 한 국정제보다는 검 · 인정제를, 검 · 인정제보다는 자유발행제를 채택하는 것이 교육자주성 등을 고양하고 아울러 교육의 질을 제고할 수도 있을 것이라고 한다(89헌마88).

2. 교육의 정치적 중립성

교육의 정치적 중립성은 교육이 국가권력이나 정치세력의 영향과 압력을 받아서는 아니 되고 반대로 교육이 정치에 개입하여서도 아니 됨을 의미한다.

교원도 정치적으로 중립성을 지켜야 하는데 현행 교육기본법 제6조 제1항도 교육은 "정치적·파당적 또는 개인적 편견을 전파하기 위한 방편으로 이용되어서는 아니 된다"라고 규정하고 있다. '교원의 노동조합 설립 및 운영 등에 관한 법률' 제3조는 교원의 노동조합의 정치활동을 금지하고 있다.

교육감선거에서 후보자의 과거 당원경력 표시를 금지하고 있는데 헌재는 이 금지는 교육의 정치적 중립성을 확보하기 위한 것으로 후보자의 정치적 표현의 자유를 제한함에 있어 과잉금지원칙을 준수한 것이라고 하여 합헌성을 인정한 바 있다(2010헌마285).

헌재는 국정교과서제는 교육의 중립성에 반하지 않는다는 결정하였다(89헌마88).

3. 대학의 자율성

대학의 자율성, 자치성에 대해서는 학문의 자유에서 살펴보았다(전술 참조). 대학자율권 침해로 위헌이라고 결정한 예도 있다(2014헌마1149)(기각결정례 : 92헌마68, 2021헌마1230)(이 결정들에 대해서는 전술 학문의 자유 참조).

Ⅱ. 교육제도의 보장

1. 교육제도법률(법정)주의

헌법 제31조 제6항은 학교교육 및 평생교육을 포함한 교육제도와 그 운영, 교육재정 및 교원의 지위에 관한 기본적인 사항은 법률로 정한다고 하여 교육기본제도의 법률주의를 규정하고 있다. 이에 따라 교육기본법, 초·중등교육법, 사립학교법 등이 시행되고 있다.

* **교육제도 법정주의와 고시에의 위임** : 교육제도법률주의가 행정입법이 위임하는 것을 금지하지는 않는다. 헌법 제75조, 제95조가 이를 허용하기 때문이다. 그런데 대통령령, 총리령, 부령이 아닌 장관의 고시, 지침 등 행정규칙에 위임할 수 있는가 하는 문제가 있다. 판례는 긍정한다. 즉 헌재는 초등학교 1, 2학년 정규교과에서 영어 배제, 3-6학년의 영어교육을 일정한 시수로 제한한 교육과학기술부(당시 교육과학기술부였음) 고시가 교육현장을 가장 잘 파악하고 교육과정에 대해 적절한 수요 예측을

할 수 있는 해당 부처에서 정하도록 할 필요성을 들어 교육제도법정주의에 위반되지 않는다고 보았다(2013헌마838). 이 결정에서 헌재는 초·중등교육법 규정, 동법 시행령 규정이 위임한 범위도 지켰다고 보았고 영어과목의 학습을 초등학교 저학년인 1, 2학년에게는 금지하고, 3-6학년에 대해서는 시수를 제한한 것은 사교육 폐단, 양극화 방지, 전인적 교육과 정체성 형성이라는 공적 교육의 최소한을 담보하기 위한 것으로서(침해최소성도 갖추어) 과잉금지원칙을 준수한 것이어서 인격의 자유로운 발현권, 자녀교육권을 침해하지 않는다고 보아 합헌성을 인정하였다.

2. 교육재정법정주의와 교원지위법정주의

교육활동이 가능하기 위해서는 교육재정이 확보되어야 하는데 헌법 제31조 제6항은 교육재정에 관한 기본사항을 법률로 정하도록 하고 있다. 특히 지방교육재정의 확충이 중요한데 현재 지방교육재정교부금법이 있다.

헌법 제31조 제6항은 교원의 지위에 관한 기본사항은 법률로 정하도록 하여 교원지위법정주의를 규정하고 있다. 이와 관련하여 사립학교 교원의 노동운동금지 규정에 대한 위헌논란이 있었으나 헌재는 바로 이 교원지위법정주의에 따라 법률이 교원 노동운동금지를 규정하였기에 합헌이라고 보았다(89헌가106). 이후 제정된 '교원의 노동조합 설립 및 운영 등에 관한 법률'은 교원들의 노동조합 설립 등을 허용하고 있다. 그러나 쟁의행위는 금지하고 있다(법 제8조). 교원에 대한 예우와 처우를 개선하고 신분보장과 교육활동에 대한 보호를 강화함으로써 교원의 지위를 향상시키고 교육 발전을 도모하기 위하여 '교원의 지위 향상 및 교육활동 보호를 위한 특별법'이 있다. 교수재임용제도에 대해서는 객관적인 기준의 재임용 거부사유와 재임용 탈락하게 되는 교원이 진술할 수 있는 기회 그리고 재임용거부를 사전에 통지하는 규정 등이 없으며, 재임용이 거부되었을 경우 사후에 그에 대해 다툴 수 있는 제도적 장치를 전혀 마련하지 않아 교원지위법정주의의 위반이라고 하여 헌법불합치결정이 있었고 그뒤 법개정이 되었다(2000헌바26).

제4절 근로의 권리

Ⅰ. 근로의 권리의 개념과 특성

근로란 새로운 것을 창조하거나 기존의 물질을 변화시켜 생산에 기여하는 인간의 육체적 · 지적(정신적) 활동을 의미한다. 근로기준법도 "근로란 정신노동과 육체노동을 말한다"라고 근로를 정의하고 있다(법 제 2 조 제1항 제3호). 근로의 권리란 바로 이러한 근로의 기회를 제공받고 보장받을 권리를 말한다. 우리 헌법은 제32조 제 1 항에서 근로의 권리를 선언하면서 아울러 제 2 항에서 모든 국민은 근로의 의무를 진다고 규정하여 의무성을 선언하고 있기도 하다.

Ⅱ. 근로의 권리의 성격과 주체

1. 근로의 권리의 성격

근로의 권리의 성격은 그 보호범위에도 관련된다. 학설로는, ① 자유권설(근로의 종류, 기회를 선택함에 있어서 그리고 근로를 함에 있어서 국가권력으로부터 침해받지 않고 할 수 있다는 방해배제의 소극적 권리로서 자유권이라고 보는 설), ② 생존권설로 ㉠ 입법방침설(근로에 관한 구체적 사항을 규정한 법률이 없는 한 취업권이나 실업수당을 직접 요구할 수 있는 권리는 없고 헌법규정은 앞으로 근로의 권리에 관한 입법을 함에 있어서 방침을 입법자에 제시하는 것이라고 보는 설), ㉡ 추상적 권리설(근로권이 권리임에는 분명하나 앞으로 입법에 의하여 구체화되어야 할 추상적 권리라는 설), ㉢ 구체적 권리설(헌법상의 근로권규정은 직접적인 권리규정으로서 근로권에 관한 법률이 없더라도 헌법규정만으로도 실업자는 국가에 대해 직업의 마련이나 적어도 취업시까지의 실업수당 등을 요구할 수 있는 권리를 가지고 국가도 상응하는 법적 의무를 진다는 설), ㉣ 불완전한 구체적 권리설(국가나 공공단체에 대하여 근로의 기회를 제공하여 주도록 요구할 수 있는 불완전하나마 구체적 권리의 일종이라는 설) 등이 있다.

헌재의 입장은 명백하지는 않으나 적극적 권리로 보려는 입장이 아닌 것으로 이해된다. 헌재는 "근로의 권리는 사회적 기본권으로서, 국가에 대하여 직접 일자리(직장)를 청구하거나 일자리에 갈음하는 생계비의 지급청구권을 의미하는 것이 아니라, 고용증진을 위한 사회적 · 경제적 정책을 요구할 수 있는 권리에 그친다"라고 판시하였다(2001헌바50).

근로능력을 가지고 있으면서도 직장을 가지지 못하여 생존이 어려운 국민은 근로의 기회와 실업급여를 요구할 수 있는 권리가 주어진다고 볼 것이다. 따라서 근로의 권리가 단순한 입법방침이나 추상적 권리에 불과한 것이 아니라 구체적 권리이다.

2. 근로의 권리의 주체

국민은 근로의 권리의 주체가 된다. 외국인에 대해서 헌재는 근로의 권리가 사회권적 기본권의 성격이 강하므로 기본권주체성을 전면적으로 인정하기는 어렵다고 하면서 "그러나 근로의 권리가 '일할 자리에 관한 권리'만이 아니라 '일할 환경에 관한 권리'도 함께 내포하고 있는바, 후자는 인간의 존엄성에 대한 침해를 방어하기 위한 자유권적 기본권의 성격도 갖고 있어 건강한 작업환경, 일에 대한 정당한 보수, 합리적인 근로조건의 보장 등을 요구할 수 있는 권리 등을 포함한다고 할 것이므로 외국인 근로자라고 하여 이 부분에까지 기본권 주체성을 부인할 수는 없다. 즉 근로의 권리의 구체적인 내용에 따라, 국가에 대하여 고용증진을 위한 사회적 · 경제적 정책을 요구할 수 있는 권리는 사회권적 기본권으로서 국민에 대하여만 인정해야 하지만, 자본주의 경제질서 하에서 근로자가 기본적 생활수단을 확보하고 인간의 존엄성을 보장받기 위하여 최소한의 근로조건을 요구할 수 있는 권리는 자유권적 기본권의 성격도 아울러 가지므로 이러한 경우 외국인 근로자에게도 그 기본권 주체성을 인정함이 타당하다"라고 한다(2004헌마670, 2014헌마367).

Ⅲ. 근로의 권리의 내용

1. 고용의 증진을 통한 근로기회의 보장

[사회적 · 경제적 방법에 의한 고용증진] 헌법 제32조 제 1 항 제 2 문은 "국가는 사회적 · 경제적 방법으로 근로자의 고용의 증진 … 에 노력하여야 하며"라고 규정하고 있다. 고용증진노력의 방법으로 이처럼 헌법이 직접 명시하고 있는

'사회적 · 경제적 방법'이라 함은 고용증진을 위한 공공기관의 고용확대, 미취업자 등에 대한 직업능력개발훈련, 중소기업에 대한 고용지원, 정부의 행정지원체계 확보, 고용촉진이 될 수 있는 사회적 · 경제적 환경 · 여건을 조성하는 등의 방법을 말한다. 이를 위해 청년고용촉진 특별법, 장애인고용촉진 및 직업재활법, '고용상 연령차별금지 및 고령자고용촉진에 관한 법률' 등이 있다.

['일할 환경(근로환경)에 관한 권리' 포함] 헌재는 "헌법이 보장하는 근로의 권리에는 '일할 자리에 관한 권리'뿐만 아니라 '일할 환경에 관한 권리'도 포함되는데, 일할 환경에 관한 권리는 인간의 존엄성에 대한 침해를 막기 위한 권리로서 건강한 작업환경, 정당한 보수, 합리적 근로조건의 보장 등을 요구할 수 있는 권리를 포함한다"라고 한다(2004헌마670, 2014헌바3 등 참조). **[일할 환경 관련 판례]** ① 해고예고제도 근속기간 3월 미만 비적용(2016헌마640, 합헌), ② 부당해고 제한 4인 이하 사업장에 비적용(2017헌마820, 합헌), ③ 외국인근로자의 출국만기보험금(출국만기보험금이 퇴직금의 성질을 가지고 있어서 그 지급시기에 관한 것은 근로조건의 문제, 2014헌마367, 합헌).

[국가에 대한 직접적 일자리 청구권(생계비 지급청구권, 직장존속청구권) 비도출] 헌재는 "이러한 근로의 권리는 사회적 기본권으로서 국가에 대하여 직접 일자리를 청구하거나 일자리에 갈음하는 생계비의 지급청구권을 의미하는 것이 아니라 고용증진을 위한 사회적 · 경제적 정책을 요구할 수 있는 권리에 그치며, 근로의 권리로부터 국가에 대한 직접적인 직장존속청구권이 도출되는 것도 아니다"라고 한다. 그리하여 근로자가 퇴직급여를 청구할 수 있는 권리도 헌법상 바로 도출되는 것이 아니라 법률로 비로소 인정될 수 있는 것이라고 본다(2009헌마408. 계속근로기간 1년 미만 근로자 퇴직급여청구 부정의 합헌성 인정).

2. 고용(근로)의 안정

[고용의 안정과 해고의 제한] 주어진 근로의 기회를 유지할 수 있게 고용의 안정도 필요하다. 고용의 안정을 위한 법률로 고용정책 기본법, 근로기준법 등이 있다. 고용의 안정을 위하여 먼저 해고의 제한이 요구된다. 그러나 해고의 제한이 사기업의 경영의 자유와 충돌하기 때문에 해고의 제한가능성에 대해 헌법적 논의가 있어 왔다. ① 부정설(해고의 제한을 부정하고 기업의 해고의 자유를 전적

으로 인정해야 한다는설)과 ② 긍정설(헌법의 근로권규정은 생존권규정으로서 사인들 간에도 적용되어야 하므로 해고의 자유도 제한될 수 있다고 보는 설)이 대립된다. 근로권은 자유주의경제가 보여준 폐해를 극복하기 위하여 계약의 자유, 경제의 자유를 제한하고서 생존권으로서 자리잡은 것이고 근로의 안정이 근로권 보장의 중요한 한 내용이 되어야 한다는 점에서 해고의 자유가 절대적일 수 없고 부당한 해고는 금지되어야 한다.

[해고예고제도 비적용의 위헌성] 헌재는 월급근로자로서 6개월이 되지 못한 자를 해고예고제도의 적용예외 사유로 규정하고 있는 근로기준법 규정은 근로의 권리를 침해하고 평등원칙에도 위배되어 위헌이라고 아래와 같이 결정하였다.

> 헌재 2015. 12. 23. 2014헌바3. [결정이유] (가) 근로의 권리 침해 여부 — 근로의 권리를 담보하기 위하여 헌법 제32조 제 3 항은 "근로조건의 기준은 인간의 존엄성을 보장하도록 법률로 정한다"고 하여 근로조건 법정주의를 규정하고 있다. 근로기준법에 마련된 해고예고제도는 근로조건의 핵심적 부분인 해고와 관련된 사항일 뿐만 아니라, 근로자가 갑자기 직장을 잃어 생활이 곤란해지는 것을 막는 데 목적이 있으므로, 근로자의 인간 존엄성을 보장하기 위한 최소한의 근로조건 가운데 하나에 해당하므로, 해고예고에 관한 권리는 근로의 권리의 내용에 포함된다. 그렇더라도 구체적 내용인 적용대상 근로자의 범위를 어떻게 정할 것인지 또 예고기간을 어느 정도로 정할 것인지 여부 등에 대해서는 입법자에게 입법형성의 재량이 주어져 있다. 하지만 이러한 입법형성의 재량에도 한계가 있고, 근로조건의 기준은 인간의 존엄성을 보장하도록 법률로 정하도록 규정한 헌법 제32조 제 3 항에 위반되어서는 안 된다. 따라서 심판대상조항이 청구인의 근로의 권리를 침해하는지 여부는, 입법자가 해고예고제도를 형성함에 있어 해고로부터 근로자를 보호할 의무를 전혀 이행하지 아니하거나 그 내용이 현저히 불합리하여 헌법상 용인될 수 있는 재량의 범위를 벗어난 것인지 여부에 달려 있다. 해고예고제도는 돌발적 실직의 위험으로부터 근로자를 보호하려는 데 그 취지가 있고, 사용자에게는 대체근로자를 찾는 과정에서 해당 근로자의 해고를 재고하는 일종의 숙려기간으로 작용하기도 하고, 근로자에게는 정당한 해고 사유의 유무에 대한 자기변호의 기회를 부여하기도 한다. 이런 점을 종합하여 보면, 일반적으로 해고예고의 적용배제사유로 허용할 수 있는 경우는 근로계약의 성질상 근로관계 계속에 대한 근로자의 기대가능성이 적은 경우로 한정되어야 한다. 그런데 심판대상조항은 월급근로자에 대하여 근로관계의 성질과 관계없이 근무기간이 6개월 지나기 전에는 해고예고수당을 지급하지 않고 예고 없이 해고할 수 있도록 하고 있는데, 이처럼 월급근로자로서 6개월이 되지 못한 사람을 해고예고 적용대상

에서 제외하는 합리적 근거는 찾기 어렵다. 오히려 근로계약의 계속성에 대한 기대가 크다고 볼 수 있으므로, 이들에 대한 해고는 근로기준법 제35조의 다른 사유들과 달리 예상하기 어려운 돌발적 해고에 해당한다. 근무기간이 6개월 미만인 월급근로자의 경우 해고예고제도 적용대상에서 제외되면 전형적 상용근로자임에도 불구하고 단지 근무기간이 6개월이 되지 아니하였다는 이유만으로 아무런 예고 없이 직장을 상실하게 될 수 있다. 그렇다면 “월급근로자로서 6개월이 되지 못한 자”를 해고예고제도의 적용대상에서 배제하고 있는 심판대상조항은, 입법자가 근로자에 대한 보호의무에서 요구되는 최소한의 절차적 규율마저 하지 아니한 것으로 입법재량권의 행사에 있어 헌법상 용인될 수 있는 재량의 범위를 벗어난 것이라고 보아야 한다. 결론적으로 헌법상 허용되는 재량의 범위를 현저히 벗어나 합리적 이유 없이 “월급근로자로서 6개월이 되지 못한 자”를 해고예고제도의 적용에서 제외하고 있는 심판대상조항은, 청구인의 근로의 권리를 침해하여 헌법에 위반된다. (나) 평등원칙 위반 여부 — 근무기간이 6개월 미만인 근로자나 그 이상인 근로자나 근로계약의 계속성에 대한 기대에는 본질적 차이가 있다고 보기 어렵다. 또 6개월 미만 근로한 월급근로자도 전직을 위한 시간적 여유가 필요하고 실직으로 인한 경제적 곤란으로부터 보호받아야 할 필요성이 있고, 이러한 필요성이 6개월 이상 근무한 월급근로자보다 적다고 볼 수도 없다. 그렇다면 심판대상조항이 같은 월급근로자임에도 불구하고 해고예고제도를 적용할 때 근무기간 6개월 미만 월급근로자를 그 이상 근무한 월급근로자와 달리 취급하도록 하고 있는 것은 합리적 근거 없는 차별에 해당하므로, 헌법 제11조의 평등원칙에 위반된다. * 이 결정은 실질적으로 동일한 내용의 구법 규정에 대한 합헌성을 인정하였던 99헌마663 결정을 변경하는 것임.

헌재는 일용근로자로서 3개월을 계속 근무하지 아니한 자를 해고예고제도의 적용제외사유로 규정하고 있는 근로기준법 규정에 대해서는 합헌성을 인정하였다(2016헌마640).

* 4인 이하 사업장에 대한 근로기준법상 부당해고제한조항 비적용의 합헌성 인정 — 헌재는 부당해고를 제한하는 것은 근로의 권리의 내용에 포함된다고 보면서도 4인 이하 사업장에 대해서는 근로기준법상의 부당해고제한조항 및 노동위원회 구제절차를 적용하지 않더라도 특약가능성, 해고예고제도의 적용 등 최소한의 근로자보호가 이루어져 명백히 불합리하지 않으므로 근로의 권리를 침해하지는 않는다고 보았다(2017헌마820).

3. 최저임금제의 '의무적' 시행과 적정임금의 보장

우리 헌법 제32조 제 1 항 제 2 문은 국가는 법률이 정하는 바에 의하여 최저임금제를 반드시 시행하여야 함을 명시하고 있다. 이를 위하여 최저임금법이 제정되어 시행되고 있다. 최저임금이란 근로자의 기본적인 생활을 위하여 적어도 그 정도에 절대 미달되어서는 아니 될 액수의 임금을 말한다. 최저임금은 근로자의 생계비, 유사 근로자의 임금, 노동생산성 및 소득분배율 등을 고려하여 정한다(최저임금법 제 4 조). 최저임금은 근로자위원, 사용자위원, 공익위원으로 구성되는 최저임금위원회의 심의를 거쳐 결정된다(동법 제 8 조, 제14조 제 1 항). 2018년, 2019년 적용 최저임금 고시에 대해 소상공인 · 자영업자 등의 반발이 강했는데 이에 대한 헌법소원심판에서 헌재는 사업의 종류별, 지역별 구분 없이 전 사업장에 동일하게 적용하게 하였더라도 명백히 불합리하지 않고, 근로자들의 인간다운 생활 보장과 이를 통해 노동력의 질적 향상을 꾀하기 위한 공익이 사익보다 커서 과잉금지원칙을 준수하여 계약의 자유와 기업의 자유를 침해하지 않아 합헌이라고 보는 기각결정을 했다(2017헌마1366. 헌재는 최저임금액을 정한 것은 "사용자와 근로자 사이의 상반되는 사적 이해를 조정하기 위한 … 사회적 연관관계에 놓여 있는 경제 활동을 규제하는 사항"이므로 그것에 대한 과잉금지심사에서 완화된 심사기준이 적용된다고 한다).

헌법 제32조 제 1 항 제 2 문은 국가는 사회적 · 경제적 방법으로 적정임금의 보장에 노력하여야 할 것을 명시하고 있다. 적정임금은 최저임금을 상회하는 수준이 되어야 할 것이다.

[판례] i) 심사기준 : 헌재는 재량의 명백한 일탈을 심사하는 완화심사를 한다(2016헌마640, 2018헌마563). ii) 위헌 결정례 : 6개월이 되지 못한 월급근로자의 해고예고제도 적용 제외의 위헌성(2014헌바3)을, ii) 합헌성 인정 결정례 : ① 반면 근속기간 3월 미만의 일용근로자 해고예고 적용제외(2016헌마640), ② 5인 미만(4인) 근로자 사용 사업에 근로기준법 적용 제한, ③ 4인 이하 사업장에 대한 근로기준법 부당해고제한조항 적용제외(2017헌마820), ④ 축산업에 종사하는 근로자들에게 근로기준법의 근로시간 및 휴일에 관한 규정의 비적용(2018헌마563)에 대해 합헌성을 인정하였다.

4. 인간존엄성보장을 위한 근로조건기준의 법정주의

근로조건의 기준은 인간의 존엄성을 보장하도록 법률로 정한다(제32조 제3항). 강제노동과 인간학대적인 노동이 자행된 역사적 경험에 비추어 이를 방지함이 필요하기에 인간의 존엄성을 보장하는 근로조건기준을 설정하도록 하는 헌법적 명령사항이다. 근로조건기준법정주의에 따라 제정된 대표적인 법률이 근로기준법이다. 동법은 해고예고제도를 두고 있는데 이는 근로조건의 핵심적 부분인 해고와 관련된 사항이므로 근로자의 인간존엄성을 보장하기 위한 합리적 근로조건에 해당한다(2014헌바3).

5. 여자·연소자의 근로에 대한 특별 보호

헌법 제32조 제4항은 여자의 근로는 특별한 보호를 받으며, 고용·임금 및 근로조건에 있어서 부당한 차별을 받지 아니한다고 규정하고 있다. 헌법의 평등이념에 따라 고용에 있어서 남녀의 평등한 기회 및 대우를 보장하는 한편 모성을 보호하고 직장과 가정생활의 양립과 여성의 직업능력개발 및 고용촉진을 지원함으로써 남녀고용평등 실현을 목적으로 '남녀고용평등과 일·가정 양립 지원에 관한 법률'이 시행되고 있다.

헌법 제32조 제5항은 연소자의 근로는 특별한 보호를 받는다고 규정하고 있다. 근로기준법 제64조는 15세 미만인 자는 근로자로 사용하지 못하도록 규정하고 있다.

6. 국가유공자 등에 대한 우선적 근로기회부여

헌법 제32조 제6항은 국가유공자·상이군경 및 전몰군경의 유가족은 법률이 정하는 바에 의하여 우선적으로 근로의 기회를 부여받는다고 규정하고 있다. 이러한 우선적 부여의 대상이 되는 근로에는 공직도 포함된다. 국가유공자 자녀에 대한 가산점제도에 대해서는 헌법불합치결정이 있었기에(2004헌마675) 개정이 있었다.

Ⅳ. 근로의 의무

헌법 제32조 제 2 항 전문은 근로의 의무를 규정하고 있다. 근로의 의무는 근로의 권리를 실효성 있게 하기 위한 전제로서의 의무라는 성격을 가진다. 국민의 생존과 국가의 생산증대 및 생산성 향상을 위한 의무이기도 한다. 이 의무가 법적 구속력이 있는 의무인지 아니면 단순한 도덕적 의무에 불과한 것인지를 두고 견해가 갈린다.

헌법 제32조 제 2 항 후문은 "국가는 근로의 의무의 내용과 조건을 민주주의원칙에 따라 법률로 정한다"라고 규정하고 있다. 직업의 자유를 침해하거나 강제노역금지원칙(제12조 제 1 항)에 위배되는 강제근로의 부과 등은 위헌이다. 근로능력이 있음에도 근로를 하지 않는 데 대해 이익을 부여하지 않을 수 있다(국민기초생활 보장법 제30조 제 2 항 참조). 이익의 공평한 배분을 위한 것이다.

제 5 절 근로자의 근로 3 권

헌법 제33조 제 1 항은 "근로자는 근로조건의 향상을 위하여 자주적인 단결권 · 단체교섭권 및 단체행동권을 가진다"라고 규정하고 있다.

Ⅰ. 근로 3 권의 의의와 법적 성격

근로 3 권은 근로자의 근로조건의 개선과 복지증진 등 그들의 경제적 · 사회적 지위를 향상시키기 위하여 약하고 불리한 지위에 있는 근로자가 사용자와 대등한 지위에서 단결하고, 교섭하며, 단체로 행동할 수 있게 하는 기본권을 말한다.

근로 3 권의 법적 성격에 관하여 자유권설(단결, 교섭, 단체행동을 방해받지 않을 소극적 권리로서 자유권이라는 설), 생존권(사회권)설(근로자가 사용자와 대등한 지위에서 그들의 근로조건 향상을 위해 근로 3 권을 행사할 수 있도록 하는 적극적 권리로서 생존권이라는 설), 혼합권설(자유권과 생존권 양자의 성격을 모두 가진다고 보는 설) 등의 견해가 대립한다. 헌재는

"근로 3 권은 '사회적 보호기능을 담당하는 자유권' 또는 '사회권적 성격을 띤 자유권'이라고 말할 수 있다"라고 판시하여(94헌바13) 혼합권설을 취한다. 자유권적 성격도 있겠으나 생존권적 성격이 더 강하다고 볼 것이다.

Ⅱ. 근로 3 권의 주체와 효력

근로 3 권의 주체는 '근로자'이다. '노동조합 및 노동관계조정법'(이하 '노정법'이라 함)은 근로자란 "직업의 종류를 불문하고 임금·급료 기타 이에 준하는 수입에 의하여 생활하는 자"라고 규정하고 있다(노정법 제2조 제1호). 2021년 개정된 노정법은 사업 또는 사업장에 종사하지 아니하는 근로자에 대하여 기업별 노동조합에 가입할 수 있도록 허용하고 있다(동법 제5조, 구법 제2조 4호 라목 단서 삭제). 이는 "국제노동기구의 핵심협약인 「결사의 자유에 관한 협약」의 비준을 추진하면서 해당 협약에 부합하는 내용으로 법률을 개정하기 위하여"라고 한다(법제처 개정이유 참조). 이 개정에서는 노동조합의 업무에만 종사하는 근로자에 대한 급여지급 금지 규정을 삭제하기도 하였다.

근로 3 권은 대국가적 효력을 가진다. 근로 3 권은 그 연혁을 보면 근로자(사인)와 사용자(사인)와의 관계에서 발달된 기본권이라는 점에서도 제 3 자적 효력이 인정된다.

Ⅲ. 근로 3 권의 내용과 효과

1. 단 결 권

(1) 단결권의 내용

단결권이란 노동조합을 결성할 권리를 말한다. 노동조합은 "근로자가 주체가 되어 자주적으로 단결하여 근로조건의 유지·개선 기타 근로자의 경제적·사회적 지위의 향상을 도모함을 목적으로 조직하는 단체 또는 그 연합단체"를 말한다(노정법 제2조 제4호). 단결권은 ① 근로자 개인의 단결권과 ② 노동조합의 단결권으로 나눌 수 있다. ①은 다시 단결할 권리(노조를 결성하고 선택하며 가입할 권리)와 단결하지 않을 소극적 권리(노조에 가입하지 않을 자유)로 나누어진다. 소극적 단결권의 근거와 성격이 문제된다. 우리 헌재는 헌법 제33조 제 1 항의 단결권은 "단결할 자유만을 가리킬 뿐이다"라고 하여(98헌마141) 소극적 단결권은 헌법 제33조 제 1 항에 포함되지 않고 헌법 제10조의 행복추구권에서 파생되는 일반적 행동의 자유 또는 제21조 제 1 항의 결사의 자유에서 그 근거를 찾고 있다. 그리하여 생존권적 성격을 함께 가지는 노동조합의 집단적 단결권이 근로자의 소극적 단결권보다 더 중시되어야 한다고 본다(2002헌바95)(생존권의 우월). 한편 이제 복수노조가 허용되고 있다.

사용자가 단결권을 침해하는 행위를 하면 부당노동행위가 된다(동법 제81조 제 1 호 · 제 2 호 본문).

(2) 노동조합의 집단적 단결권 — 조직강제의 문제

노동조합원이 될 것을 고용조건으로 하여 탈퇴를 해고사유로 하는 조직강제인 이른바 유니언 숍(Union Shop)은 노동조합의 집단적 단결권이다. 노정법 제81조 제 2 호 단서는 "노동조합이 당해 사업장에 종사하는 근로자의 3분의 2 이상을 대표하고 있을 때에는 근로자가 그 노동조합의 조합원이 될 것을 고용조건으로 하는 단체협약의 체결"은 부당노동행위가 아니라고 규정하여 조직강제를 인정한다. 이 단서규정에 대해서는 위헌이라는 주장의 헌법소원이 제기되었다. 헌재는 2가지 쟁점, 즉 ① 근로자의 단결하지 아니할 자유와 노동조합의 집단적 단결권이 충돌하는 문제와 ② 근로자의 단결선택권이 노동조합의 집단적 단결권과 역시 충돌하는 문제로 나누어 판단하였다. ①에 대해서는 노동조합의 집단적 단결권이 더 중시된다고 보았고, ②에 대해서는 근로자의 단결선택권과 노동조합의 집단적 단결권 중에서 어느 기본권을 우선시할 수 없다고 보아 규범조화적 해석을 하여야 한다고 보아 비례심사를 하였다. 그리하여 제한에 있어서 적정한 비례관계를 유지하고 있으며, 또 근로자의 단결선택권의 본질적인 내용을 침해하는 것으로도 볼 수 없다고 하여 합헌결정을 하였다(2002헌바95). 이후 개정된 노정법은 그 노동조합을 탈퇴하여 새로 노동조합을 조직하거나 다른 노동조합에 가입한 경우에는 조직강제를 할 수 없도록 하여(동법 제81조 제 2 호 단서) 단결선택권과의 충돌, 즉 위 ②의 충돌은 없어졌다.

(3) 단결권행사(노동조합결성)에 대한 허가제의 금지와 설립신고서반려 문제

헌재는 "근로자의 단결권이 근로자 단결체로서 사용자와의 관계에서 특별한 보호를 받아야 할 경우에는 헌법 제33조가 우선적으로 적용되지만, 그렇지 않은 통상의 결사 일반에 대한 문제일 경우에는 헌법 제21조 제2항이 적용되므로 노동조합에도 헌법 제21조 제2항의 결사에 대한 허가제금지원칙이 적용된다"라고 한다(2011헌바53). 그러면서 헌재는 노동조합을 설립할 때 행정관청에 설립신고서를 제출하게 하고 근로자가 아닌 자의 가입을 허용하는 경우 등 법소정의 설립요건을 심사하여 충족하지 못하는 경우 설립신고서를 반려하도록 하고 있는 '노동조합 및 노동관계조정법' 제12조 제3항 제1호가 헌법 제21조 제1항상 금지된 단체결성에 대한 허가제에 해당하지 않는다고 보아 합헌결정을 하였다(2011헌바53). 헌재는 그 이유로, 설립 단계에서 노동조합이 자주성 등을 갖추고 있는지를 확인하기 위한 실질적인 심사가 필요하다는 점에서 설립신고서 반려제도는 부득이하고 설립신고서 수리 여부에 대한 결정은 재량사항이 아니라 의무 사항으로 그 요건 충족이 확인되면 설립신고서를 수리하고 그 신고증을 교부하여야 하므로 일반허가와 다르다는 점을 들고 있다. 생각건대 단체결성의 허가제, 단결권이 결사의 자유의 특별법적인 지위를 가진다고 한다면 노동조합결성에서의 사전허가금지는 헌법 제21조의 결사에 대한 사전허가금지로서 나타나는 효과라고 볼 것이 아니고 생존권적 성격에 따라 나타나는 성격이라고 보는 것이 논리적이다. 여하튼 허가제에 해당되지 않더라도 나아가 제한이 과잉금지(비례)원칙을 준수하는 것이어야 한다. 그리하여 헌재는 위 설립신고서반려사건에서 문제의 노정법규정이 노동조합의 실체를 갖추지 못한 노동조합들이 난립하는 사태를 방지하기 위한 것으로서 최소침해성원칙을 갖추는 등 과잉금지원칙을 위반하지 않아 근로자의 단결권을 침해하지 않는다고 보았다(2011헌바53).

(4) 대학교원에 대한 단결권 부정의 위헌성

'교원의 노동조합 설립 및 운영 등에 관한 법률'의 적용대상을 초·중등교육법 제19조 제1항의 교원이라고 규정함으로써, 고등교육법에서 규율하는 대학 교원들의 단결권을 인정하지 않는 동법 제2조 본문은 교육공무원이 아닌

대학 교원의 경우 단결권조차 전면적으로 부정한 측면에서 그 입법목적의 정당성을 인정하기 어렵고, 수단의 적합성 역시 인정할 수 없으며 대부분의 학교에서는 대학 측이 교수협의회의 법적 지위를 인정하지 않는 등 교수협의회는 법률상 보호를 받지 못하는 임의단체로 대학 측을 상대로 교섭할 권한이 없어 대학교원의 단결권을 전면적으로 부정하는 것으로 필요 최소한의 제한이라고 보기 어렵고 법익균형성도 없어서 과잉금지원칙을 위배하여 단결권을 침해한다고 보았고, 교육공무원인 대학 교원의 경우에도 단결권을 전면적으로 부정하여 입법형성의 범위를 벗어난 입법이라고 보아 헌재는 위헌성을 인정하면서 헌법불합치결정을 했다(2015헌가38).

2. 단체교섭권

단체교섭권이란 근로자의 단체가 근로조건에 관하여 교섭할 수 있는 권리이다. i) 노동조합의 대표자는 그 노동조합 또는 조합원을 위하여 사용자나 사용자단체와 교섭하고 단체협약을 체결할 권한을 가진다(동법 제29조 제1항). 이처럼 노동조합의 대표자(또는 수임자)에게 교섭권뿐 아니라 단체협약의 체결권까지 부여하는 것이 헌법에 위배되는 것인지가 논란되었는데 헌재는 단체협약제도의 기능확보라는 중요한 공공복리를 위한 제한으로 보아 합헌으로 결정하였다(이러한 논란은 어느 노동조합의 노동조합규약이 단체협약의 체결을 총회의 인준을 얻어 하도록 규정하였기에 일어난 것이었다. 이 규약은 대표자의 어용화를 방지하기 위한 것이라고 주장되었으나 헌재는 노사간의 합의가 도출되었더라도 다시 노동조합총회의 의결을 거쳐야만 효력이 발생할 수 있도록 하는 것은 근로자의 의사를 존중하는 것이기는 하나, 사용자가 결정권한이 없는 노동조합대표자를 상대로 하여 성실하고도 진지하게 교섭에 임하리라는 것을 기대하기는 어렵게 되고, 이로 말미암아 단체협약제도의 기능이 크게 저해된다는 이유로 노동조합의 대표자에게 단체교섭권만이 아니라 단체협약체결권도 부여한 것이므로 이는 단체협약제도의 기능확보라는 중요한 공공복리를 위하여 노동조합의 활동의 자유를 제한한 것이고, 더욱이 총회에서 사전에 의결할 수 있는 길이 열려 있으므로 합헌이라고 결정한 바 있다. 94헌바13). 노동조합과 사용자 또는 사용자단체는 정당한 이유 없이 교섭 또는 단체협약의 체결을 거부하거나 해태하여서는 아니 되고(동법 제30조 제2항) 사용자가 이를 위반하면 부당노동행위가 된다(동법 제81조 제3호). ii) 교섭창구 단일화 — 노조법 제29조의2 제1항 본문은 "하나의 사업 또는 사업장에서 조직형태에 관계없이 근로자가 설립하거나 가입한 노동조합이 2개 이상인 경우 노동조합은 교섭대표노동조합을 정하여 교섭을 요구하여야 한다"라고 규정하고 있다. 또 동법 제29조 제 2 항은 "제29조의2에 따라 결정된 교섭대표노동조합의 대표자는 교섭을 요구한 모든 노동조합 또는 조합원을 위하여 사용자와 교섭하고 단체협약을 체결할 권한을 가진다"라고 규정하고 있다. 위 규정들에 대해서는 합헌성 인정결정(2011헌마338. [결정요지] 복수의 노동조합이 유리한 단체협약 체결을 위해 서로 경쟁하는 경우 그 세력다툼이나 분열로 교섭력을 현저히 약화시킬 우려도 있으므로 자율교섭제도가 교섭창구단일화제도보다 단체교섭권을 덜 침해하는 제도라고 단언할 수 없어 최소침해성 위반이 없다)이 있었다. 위 규정들과 함께 대통령령으로 정하는 기한까지 교섭대표노동조합을 정하지 못하고 사용자의 동의를 얻지 못한 경우에는 교섭창구 단일화 절차에 참여한 노동조합의 전체 조합원 과반수로 조직된 노동조합이 교섭대표노동조합이 되도록 한 동법 제29조의2 제 4 항에 대해서도 합헌성 인정결정이 있었다(2020헌마237등. [결정요지] 사용자가 개별교섭에 동의한 경우에는 개별교섭이 진행되고(제29조의2 제 1 항 단서), 교섭단위의 분리가 필요한 경우라면 노동위원회의 결정을 얻어 분리하는 것이 가능하며 공정대표의무를 부과하고 있는 등 침해최소성을 충족함). * 또 이 결정에서 '교섭대표노동조합'에 의하여 주도되지 아니한 쟁의행위를 금지하는 조항인 동법 제29조의5 중 제37조 제 2 항에 관한 부분에 대해서도 합헌결정이 있었다([결정요지] 제41조 제 1 항은 노동조합법 제29조의2에 따라 교섭대표노동조합이 결정된 경우에는 교섭대표노동조합이 쟁의행위를 하기 위하여 교섭창구 단일화 절차에 참여한 노동조합의 전체 조합원의 직접·비밀·무기명투표에 의한 조합원 과반수의 찬성으로 결정하지 아니하면 이를 행할 수 없도록 하여 침해최소성 요건을 갖춤). iii) 단체교섭권에 관한 헌재판례로는 ① 위 노조대표자의 단체협약체결권에 관한 합헌결정(94헌바13), ② 교섭창구단일화 조항에 대한 합헌결정(위 2011헌마338, 2020헌마237등)이 있었고, ③ 인사에 관한 사항을 장관의 승인을 받도록 하거나, 퇴직금 등에 관한 사항을 법률로 제한한 데 대해 단체교섭권을 침해하였다는 주장의 헌법소원사건들에서 합헌성을 인정하는 결정들이 있었다(2003헌바28(합헌결정), 2003헌바58, 2005헌마337(기각결정)). ④ 또 최저임금 관련 취업규칙 변경에 노조 동의가 불필요하다고 규정한 최저임금법 규정이 단체교섭권 침해가 아니라고 보았다(2018헌마629). 반면 헌법불합치결정례로, ⑤ 사용자가 '노동조합의 운영비를 원조하는 행위'를 부당노동행위로 금지하는 구 '노동조합 및 노동관계조정법' 제81조 제 4 호 부분이 운영비 원조 행위를 일률적으로 부당노동행위로 간주하여 금지하는 규정으로 침해최소성원칙에 반하고 법익균형성원칙에도 반하여 노동조합의 단체교섭권을 침해한다고 보아 헌법불합치결정을 하였다(2012헌바90). 이후 "그 밖에 이에 준하여 노동조합의 자주적인 운영 또는 활동을 침해할 위험이 없는 범위에서의 운영비 원조행위"는 예외로 한다는 문구를 단서에 추가하는 개정이 있었다.

3. 단체행동권

단체행동권이라 함은 노동쟁의가 발생한 경우 쟁의행위를 할 수 있는 권리를 말한다(97헌바23). 노정법은 "쟁의행위라 함은 파업·태업·직장폐쇄 기타 노동관계 당사자가 그 주장을 관철할 목적으로 행하는 행위와 이에 대항하는 행위로서 업무의 정상적인 운영을 저해하는 행위"라고 규정하고 있다(동법 제 2 조 제 6 호). 직장폐쇄는 사용자측에서 하는 것으로 단체행동권의 주체는 근로자라는 점에서 이를 기업의 자유로 인정함은 몰라도 쟁의행위에 포함한 것은 문제이다. 쟁의행위는 조정절차를 거쳐야 할 수 있다(동법 제45조 제 2 항). 필수공익사업의 직권중재제도가 논란되었으나(헌재의 합헌결정이 있었음. 2001헌가31) 폐지되었다. 필수유지업무(그 업무가 정지되거나 폐지되는 경우 공중의 생명·건강 또는 신체의 안전이나 공중의 일상생활을 현저히 위태롭게 하는 업무)의 정당한 유지·운영을 정지·폐지 또는 방해하는 행위는 쟁의행위로서 이를 행할 수 없다고 규정하여 필수유지업무에 대해서는 쟁의행위가 제한되는데(동법 제42조의2 제 2 항) 이 금지규정이 위헌이라는 주장이 제기되었다. 그러나 헌재는 이 금지규정이 과잉금지원칙을 준수하여 합헌이라고 결정하였다(2010헌바385). 쟁의기간 중 대체근로, 도급, 하도급이 금지된다(필수공익사업의 경우에는 허용된다. 동법 제43조).

4. 정당한 단체교섭·쟁의행위의 효과

정당한 단체교섭·쟁의행위(단체행동)는 정당행위(형법 제20조)로서 처벌받지 않고(노정법 제 4 조), 사용자는 노정법에 의한 단체교섭 또는 쟁의행위로 인하여 손해를 입은 경우에 노동조합 또는 근로자에 대하여 그 배상을 청구할 수 없도록 하여(동법 제 3 조) 형사상, 민사상 책임을 지지 않도록 하고 있다.

Ⅳ. 근로 3 권의 한계

① 근로조건향상과 자주성 — 헌법 제33조 제1항은 "근로조건의 향상을 위하여 자주적인"이라고 명시하여 한계를 설정하고 있다. 정치적 파업은 금지되는데 근로조건향상과 불가분 관계에 있는 국가정책, 입법에 대한 사항을 쟁점으로 하는 경우는 정치적 파업이 아니라고 본다. ② 정당한 행위일 것 — 노정법 제4조 단서는 "어떠한 경우에도 폭력이나 파괴행위는 정당한 행위로 해석되어서는 아니 된다"라고 규정하고 있다(동법 제42조도 참조). 그런데 헌재는 폭행·협박 등의 위법행위를 수반하지 않는 단순한 집단적 노무제공의 거부행위를 구 형법 제314조(위력업무방해죄)가 규정하는 '위력'에 해당한다고 보아 정당행위로서 위법성이 조각되지 않는 한 형사처벌할 수 있다는 대법원 판례(90도2771판결 등)의 해석에 대해서 합헌으로 본 바 있었다(97헌바23). 그런데 2010년 헌재는 형법 제314조를 다시 합헌으로 보면서도 위와 같은 해석보다 엄격히 하려는 입장을 보여준 바 있다. 즉 "형법상 업무방해죄는 모든 쟁의행위에 대하여 무조건 적용되는 것이 아니라, 단체행동권의 행사에 정당성이 없다고 판단되는 쟁의행위에 대하여만 적용되는 조항임이 명백하다"라고 판시하였다. 헌재는 쟁의행위는 업무에 지장을 초래하는 것을 당연한 전제로 하여 헌법상 단체행동권 행사에 본질적으로 수반되는 것으로서 헌법적으로 정당화되는 행위를 범죄행위의 구성요건에 해당하는 행위임을 인정하되 다만 위법성을 조각하도록 한 취지라는 해석은 헌법상 기본권의 보호영역을 하위 법률을 통해 지나치게 축소시키는 것이라고 보았다. 그리하여 구체적 사안에서 쟁의행위가 업무방해죄로 처벌될 수 있는지 여부는 법원이 판단하여야 할 사항이나, 헌법 제33조에 의하여 보장되는 근로자의 단체행동권의 보호영역을 지나치게 축소시켜서는 아니될 것이라고 판시하였다(2009헌바168). 대법원도 판례를 변경하였는데 "쟁의행위로서의 파업이 언제나 업무방해죄에 해당하는 것으로 볼 것은 아니고, 전후 사정과 경위 등에 비추어 사용자가 예측할 수 없는 시기에 전격적으로 이루어져 사용자의 사업운영에 심대한 혼란 내지 막대한 손해를 초래하는 등으로 사용자의 사업계속에 관한 자유의사가 제압·혼란될 수 있다고 평가할 수 있는 경우에 비로소 그 집단적 노무제공의 거부가 위력에 해당하여 업무방해죄가

성립한다고 봄이 상당하다"라고(대법원 전원합의체 2011. 3. 17, 2007도482) 하여 이전의 90도2771 판결 등을 변경하였다. 그런데 변경된 판례도 적용범위를 넓게 본다고 하여 논란이 되었다. 이후 헌재는 근로조건 향상을 위한 쟁의행위 가운데 적극적 행위를 수반하지 않는 집단적 노무제공 거부행위인 단순파업에 관한 부분이 피해최소성(정당성을 결여한 단순파업의 문제를 형사처벌 외에도 해결할 방법이 있음에도 처벌하도록 함은 단체행동권에 대한 과도한 제한이라는 이유), 법익균형성을 갖추지 않아 단체행동권을 침해한다는 5인 일부위헌의견이 있었으나 6인의견이 안 되어 정족수 미달로 합헌결정했다(2012헌바66).

Ⅴ. 근로 3 권의 제한

1. 헌법상 제한(제33조에 의한 제한)

(1) 공무원 등에 대한 제한

i) 헌법 제33조 제2항은 공무원인 근로자는 "법률이 정하는 자"에 한하여 근로3권을 가진다고 규정하고 있다. '공무원의 노동조합설립 및 운영 등에 관한 법률'이 제정되어 공무원노조를 인정하고 있다. 다만, 그 가입이 6급 이하의 일반직공무원 등에 한정하여 인정되고 있는데 이러한 한정에 대해서는 논란이 되었으나 헌재는 합헌성을 인정하였다(2005헌마971). 공무원노조의 단체교섭권은 인정되지만 단체행동권(쟁의행위권)은 금지되고 있어 근로3권이 완전히 인정되지 않고 있다. 국가공무원법 제66조 제1항은 "공무원은 노동운동이나 그 밖에 공무 외의 일을 위한 집단 행위를 하여서는 아니 된다. 다만, 사실상 노무에 종사하는 공무원은 예외로 한다"라고 규정하고 있다. 지방공무원법 제58조 제1항도 동일한 규정을 두고 있는데 다만, 지방공무원법 제58조 제2항은 그 예외가 되는 '사실상 노무에 종사하는 공무원'의 범위는 조례로 정하도록 하고 있는바 이 조례가 제정되지 않은 입법부작위에 대해서 헌재가 위헌임을 확인하는 결정을 한 바 있다(2006헌마358).

ii) 교원도 과거 근로3권을 인정받지 못하였고 그 금지에 대해 합헌결정(89헌가106)도 있었으나 이후 '교원의 노동조합 설립 및 운영 등에 관한 법률'로 단결권, 단체교섭권을 인정받고 있다. 그러나 쟁의행위는 금지된다.

* 법외노조 문제 — 한편 해직교사 참여를 이유로 한 법외노조 통보('노동조합으로 보지 아니함'을 통보) 사건이 논란되었다. 이에 관한 규정은 구 '교원의 노동조합 설립 및 운영 등에 관한 법률'의 적용을 받는 교원의 범위를 초·중등학교에 재직 중인 교원으로 한정하고, 다만, 해고된 사람으로서 노동위원회에 부당노동행위의 구제신청을 한 사람은 중앙노동위원회의 재심판정이 있을 때까지 교원으로 본다(따라서 이러한 구제신청을 하지 않은 해직교원, 즉 교원소청심사청구 절차나 행정소송으로 부당해고를 다투는 해직교원은 법외노조로 보게 하는 해직교원에 해당된다)고 한 동법 제 2 조였다. 헌재는 이 조문에 대해 법외노조로 할 것인지 여부는 행정당국의 재량적 판단에 달려 있고 적법한 재량의 범위 안에 있는 것인지 법원이 충분히 판단할 수 있어 법외노조통보 조항의 해석 내지 법 집행의 운용에 달린 문제이므로 최소침해성을 갖추었고 과잉금지원칙을 준수하고 있다고 하여 합헌으로 결정하였다(헌재 2015. 5. 28, 2013헌마671등). 그러나 이후 대법원은 법외노조 통보에 관한 노동조합 및 노동관계조정법 시행령 제 9 조 제 2 항은 법률의 구체적이고 명시적인 위임도 없이 헌법이 보장하는 노동 3 권에 대한 본질적인 제한을 규정한 것으로서 헌법상 법률유보의 원칙에 위반되어 그 자체로 무효이므로 그에 기초한 법외노조 통보도 법적 근거를 상실하여 위법하다고 판결하였다(대법원 2020. 9. 3, 2016두32992 전원합의체 판결). 이후 2021. 1. 5.에 교원노조법은 개정되었는데 위 제 2 조 단서가 삭제되었고 '교원으로 임용되어 근무하였던 사람'으로서 노동조합 규약으로 정하는 사람도 노동조합에 가입할 수 있다고 개정되었다(동법 제 4 조의2 제 2 호. 시행 : 2021. 7. 6).

iii) 청원경찰의 경우 공무원이 아님에도 공무원의 노동운동을 금지한 국가공무원법 제66조 제 1 항을 준용하는 청원경찰법 규정으로 근로 3 권 전부가 금지되고 있어서 논란되었는데 목적정당성, 수단적합성은 있으나 아래와 같은 이유로 침해최소성과 법익균형성이 없다고 하여 과잉금지원칙위반이라고 판단하였다.

(1) 목적정당성 및 수단적합성 — 청원경찰이 관리하는 중요시설의 안전을 도모하려는 목적의 정당성이 인정되고 수단의 적합성도 인정될 수 있다. (2) 침해의 최소성 — 청원경찰은 일반근로자일 뿐 공무원이 아니므로 원칙적으로 헌법 제33조 제 1 항에 따라 근로 3 권이 보장되어야 한다. 청원경찰은 제한된 구역의 경비를 목적으로 필요

한 범위에서 경찰관의 직무를 수행할 뿐이며, 그 신분보장은 공무원에 비해 취약하다. 또한 국가기관이나 지방자치단체 이외의 곳에서 근무하는 청원경찰은 근로조건에 관하여 공무원뿐만 아니라 국가기관이나 지방자치단체에 근무하는 청원경찰에 비해서도 낮은 수준의 법적 보장을 받고 있으므로, 이들에 대해서는 근로 3 권이 허용되어야 할 필요성이 크다. 헌법은 주요방위산업체 근로자들의 경우에도 단체행동권만을 제한하고 있고, 경비업법은 무기를 휴대하고 국가중요시설의 경비 업무를 수행하는 특수경비원의 경우에도 쟁의행위를 금지할 뿐이다. 청원경찰은 특정 경비구역에서 근무하며 그 구역의 경비에 필요한 한정된 권한만을 행사하므로, 청원경찰의 업무가 가지는 공공성이나 사회적 파급력은 군인이나 경찰의 그것과는 비교하여 견주기 어렵다. 그럼에도 심판대상조항은 군인이나 경찰과 마찬가지로 모든 청원경찰의 근로 3 권을 획일적으로 제한하고 있다. 이상을 종합하여 보면 모든 청원경찰의 근로 3 권을 전면적으로 제한하는 것은 과잉금지원칙을 위반하여 청구인들의 근로 3 권을 침해하는 것이다. 이상을 종합하여 보면, 심판대상조항이 모든 청원경찰의 근로 3 권을 전면적으로 제한하는 것은 입법목적 달성을 위해 필요한 범위를 넘어선 것이므로 침해의 최소성 원칙에 위배된다. (3) 법익의 균형성 — 근로 3 권의 전면적 박탈이라는 점에서, 심판대상조항은 법익의 균형성도 인정되지 아니한다.

위 결정은 단순위헌결정을 하여 즉시 효력을 상실시킨다면, 근로 3 권의 제한이 필요한 청원경찰까지 근로 3 권 모두를 행사하게 되는 혼란이 발생할 우려가 있다고 하여 2018. 12. 31.까지 개선입법을 하도록 하는 헌법불합치결정이었고(2015헌마653) 이전의 합헌결정(2004헌바9)을 폐기한 것이다.

iv) 특수경비원의 파업·태업 그 밖에 경비업무의 정상적인 운영을 저해하는 일체 쟁의행위를 금지하는 경비업법 조항의 합헌성 인정 — 헌재는 5인이 위헌의견이었으나 위헌결정 정족수를 못 채워 4인 의견(특수경비원 업무의 중요성과 특수성, 공공성을 고려하면, 특수경비원에게 일반근로자와 같은 수준으로 제한 없이 단체행동권을 보장하기 어려운 점, 쟁의행위 외에 업무의 정상적인 운영을 저해하지 않는 단체행동은 가능하다는 점에서 침해최소성을 갖추어 합헌)에 따라 합헌이라고 본다(2019헌마937).

(2) 방위산업체 근로자에 대한 제한

헌법 제33조 제 3 항은 "법률이 정하는 주요방위산업체에 종사하는 근로자의 단체행동권은 법률이 정하는 바에 의하여 이를 제한하거나 인정하지 아니할 수 있다"라고 규정하고 있다. 이러한 제한은 '주요'방위산업체 근로자에 대한 것이고 또한 '단체행동권'에 한한 것으로 단결권과 단체교섭권에 대한 것은 아니며, 단체행동권의 일부제한만이 아니라 전면부인도 가능하다.

2. 법률에 의한 제한

근로 3 권도 헌법 제37조 제 2 항에 의하여 법률로써 제한될 수 있다. 위에서 다룬 사안 외에도 제 3 자개입금지규정이 논란되었는데 헌재의 합헌결정(92헌바33)이 있었으나 폐지되었다. 근로 3 권을 법률로 제한하더라도 비례원칙, 본질적 내용금지원칙 등 제한 한계를 준수하여야 한다. 근로 3 권의 제한에 있어서는 비례원칙이 적용되지 않는다는 견해가 있으나 우리 헌재는 비례원칙을 적용하여 심사하고 있다(2001헌가31; 2011헌바53; 2014헌가21, 2007헌마1359, 2012헌바66, 2019헌마937 등 참조).

* 초헌법적 법률(특조법)에 의한 근로 3 권의 본질적 내용 침해 : 헌재는 근로자의 단체교섭권 또는 단체행동권의 행사는 미리 주무관청에 조정을 신청하여야 하며, 그 조정결정에 따라야 한다고 하고 위반시에 처벌하도록 하는 구 '국가보위에 관한 특별조치법' 조항은 근로 3 권의 본질적 내용을 초헌법적으로 침해하는 조항이라고 결정하였다. 헌재는 특별조치법 자체가 초헌법적 국가긴급권을 대통령에게 부여하고 있으나 헌법이 요구하는 국가긴급권의 실체적 발동요건, 사후통제 절차, 시간적 한계에 위반되어 위헌이고 이를 전제로 한 특별조치법상의 그 밖의 규정들도 모두 위헌이므로(이 특별조치법이 위헌이라는 결정은 이미 92헌가18에서 있었다) 문제의 위 특별조치법 조항도 위헌이며 그 조항 자체도 단체교섭권·단체행동권이 제한되는 근로자의 범위를 구체적으로 제한함이 없이, 단체교섭권·단체행동권의 행사요건 및 한계 등에 관한 기본적 사항조차 법률에서 정하지 아니한 채, 그 허용 여부를 주무관청의 조정결정에 포괄적으로 위임하고 이에 위반할 경우 형사처벌하도록 하고 있어서 근로 3 권의 본질적인 내용을 침해하는 위헌이라고 결정한 것이다(2014헌가5).

3. 근로 3 권의 개별성 여부 문제

근로 3 권의 본질적 내용침해 금지와 관련하여 단결권, 단체교섭권, 단체행동권 3 권리가 ① 각각 하나인 세 권리로 존재하는지 아니면 ② 일체를 이루어 하나의 권리로 존재하는 것인지 하는 문제가 있다(근로 3 권의 개별성 또는 일체성 여부 문제). 이 논의는 근로 3 권 중 어느 하나를 부정하는 것이(예를 들어 단결권, 단체교섭권은 인정하나 단체행동권은 전면 부정하는 것이) 헌법위반이 아니냐 하는 문제를 두고 제기된다. 각각을 하나의 기본권으로 보면 그 어느 하나가 전면부정될 경우, 예를 들어 단체행동권이 전면부정될 경우 헌법 제37조 제 2 항 후문의 본질적 내용침해 금지규정에 반하여 헌법 제33조 제 1 항의 단체행동권의 본질적 내용을 침해하는 것이 아닌지 하는 것이 문제된다. 반면 근로 3 권을 하나의 권리로 보면 3권 중 어느 하나가 전면부정되더라도 기본권의 제한의 문제로 보게 되어 헌법 제33조 제 1 항의 근로 3 권을 제한함에 있어서 그 한계를 벗어나 헌법 제37조 제 2 항 본문을 위배한 것이 아닌가 하는, 비례원칙 등의 기본권제한의 한계 준수 여부가 문제된다. 노동법학계에서는 견해가 나누어지고 있는데 우리 헌재는 전교조 결정(89헌가106), 특수경비원 결정(2007헌마1359) 등에서 단체행동권을 인정하지 않아도 위헌이 아니라는 입장을 취하였다.

제 6 절 환 경 권

우리 헌법 제35조 제 1 항은 “모든 국민은 건강하고 쾌적한 환경에서 생활할 권리를 가지며, 국가와 국민은 환경보전을 위하여 노력하여야 한다”라고 규정하고 있다.

Ⅰ. 환경권의 법적 성격

환경권도 생존권으로서의 성격을 가지는데 그 법적 성격에 대하여 프로그램규정으로 보는 견해, 추상적 권리로 보는 견해, 구체적 권리로 보는 견해 등이 있다. 헌재는 환경권침해에 대해 헌법재판소에 구제를 청구할 수 있다고 보면서 그 국가의 보호의무 위반 여부를 과소보호금지원칙 위반 여부를 기준으로 판단하는 예를 보여주고 있다(2006헌마711). 환경권은 환경침해의 배제를 요구할 수 있는 점에서 자유권적 성격도 가진다. 헌재는 “환경권은 그 자체가 종합적 기본권으로서의 성격을 지닌다”라고 한다(2020헌마389).

Ⅱ. 환경권의 내용과 효력

1. 자연환경과 넓은 개념의 환경

좁은 개념으로는 환경은 자연환경을 의미하나 환경은 그 외에도 넓게 생활환경(인공환경), 사회적 · 문화적 · 교육적 환경 등 여러 환경을 포함한다. 환경정책기본법 제3조도 "환경"이라 함은 자연환경과 생활환경을 말한다고 하고 "자연환경"이라 함은 지하 · 지표(해양을 포함한다) 및 지상의 모든 생물과 이들을 둘러싸고 있는 비생물적인 것을 포함한 자연의 상태(생태계 및 자연경관을 포함한다)를 말하며 "생활환경"이라 함은 대기, 물, 토양, 폐기물, 소음 · 진동, 악취, 일조, 인공조명 등 사람의 일상생활과 관계되는 환경을 말한다고 규정하고 있다. 공직선거법이 선거운동시 확성장치의 출력수 등 소음에 대한 허용기준 조항을 두지 아니하여 환경권을 침해한다는 주장의 헌법소원심판이 청구되었는데 헌재는 과소보호금지 의무를 위반한 것이라는 의견이 6인 의견이 되지 못하여 기각결정이 된 바 있었다(2006헌마711). 그러나 이후 헌재는 판례변경하여 사용시간과 사용지역에 따른 수인한도 내에서 확성장치의 최고출력 내지 소음 규제기준에 관한 규정을 두지 아니한 것은, 국민이 건강하고 쾌적하게 생활할 수 있는 양호한 주거환경을 위하여 노력하여야 할 국가의 의무를 부과한 헌법 제35조 제3항에 비추어 보면, 적절하고 효율적인 최소한의 보호조치를 취하지 아니하여 국가의 기본권 보호의무를 과소하게 이행한 것이어서 과소보호금지원칙 위반이라고 하고 헌법불합치결정을 하였다(2018헌마730).

2. 구체적 내용

(1) 건강하고 쾌적한 환경에서 생활할 권리

이는 헌법 제35조 제1항이 직접 명시하고 있는 것이다. 육체만이 아닌 정신적으로도 안온한 정서의 환경과 깨끗한 자연환경뿐 아니라 편안한 사회적 환경에서 살 수 있는 권리를 말한다. 맑은 물과 공기를 마실 권리 등이 보장되어야 한다. 국민은 이를 위해 공해배제청구권, 생활환경조성청구권 등을 가진다. 일조권, 숙면권, 조망권 등도 보장되어야 한다.

(2) 쾌적한 주거생활의 권리

헌법 제35조 제 3 항은 "국가는 주택개발정책 등을 통하여 모든 국민이 쾌적한 주거생활을 할 수 있도록 노력하여야 한다"라고 규정하고 있다. 쾌적한 주거생활권은 환경권에 속하기도 하지만 인간다운 생활을 위한 권리이기도 하다. 국가는 공동주택, 임대주택 등의 공급을 확대하고 주택의 질을 개량·향상하는 등의 주택개발정책에 노력하여야 한다.

(3) 문화적·교육적 환경 등에 대한 권리

역사적 문화유산을 보전하고 문화생활을 쾌적하게 향유할 수 있는 공간이나 시설이 마련되어야 하고 양질의 교육이 이루어질 수 있는 환경이 조성되어야 한다.

* 지속가능발전의 권리로서 환경권 — 지속가능발전법 제 2 조는 "지속가능성"이란 현재 세대의 필요를 충족시키기 위하여 미래 세대가 사용할 경제·사회·환경 등의 자원을 낭비하거나 여건을 저하시키지 아니하고 서로 조화와 균형을 이루는 것을 말한다고 하고 "지속가능발전"이란 지속가능한 경제 성장과 포용적 사회, 깨끗하고 안정적인 환경이 지속가능성에 기초하여 조화와 균형을 이루는 발전을 말한다고 규정하고 있다.

3. 환경권법률주의

헌법 제35조 제 2 항은 "환경권의 내용과 행사에 관하여는 법률로 정한다"라고 규정하고 있다. 이에 근거하여 기본법인 환경정책기본법, 개별법인 자연환경보전법, 대기환경보전법, 물환경보전법, 소음·진동관리법 등이 있으며 환경분쟁 조정법이 있다. 헌재는 "이 헌법조항의 취지는 특별히 명문으로 헌법에서 정한 환경권을 입법자가 그 취지에 부합하도록 법률로써 내용을 구체화하도록 한 것이지 환경권이 완전히 무의미하게 되는데도 그에 관한 입법을 전혀 하지 아니하거나, 어떠한 내용이든 법률로써 정하기만 하면 된다는 것은 아니다. 그러므로 일정한 요건이 충족될 때 환경권 보호를 위한 입법이 없거나 현저히 불충분하여 국민의 환경권을 침해하고 있다면 헌법재판소에 그 구제를 구할 수 있다고 해야 할 것이다"라고 한다(2018헌마730, 2020헌마107).

4. 환경권의 효력

환경권도 대국가적 효력을 가진다. 사인들 간에서도 효력을 가진다. 헌법이 국민의 환경보전노력의무를 명시하고 있기도 하다. 그러나 대법원 판례는 헌법상 환경권 규정만으로는 직접 구체적인 사법(私法)상의 권리로 인정되기 어렵다고 보는 입장이다(대법원 94마2218, 2004마1148).

Ⅲ. 환경권의 제한

환경권도 헌법 제37조 제2항에 의하여 법률로써 제한될 수 있으나 그 제한은 환경에 변화를 가져오면 회복이 어렵다는 점 등에서 매우 신중하여야 한다. 제한하더라도 본질적 내용을 침해할 수는 없다.

Ⅳ. 환경보전의무와 환경권의 침해 및 그 구제

헌법 제35조 제1항은 "국가와 국민은 환경보전을 위하여 노력하여야 한다"라고 규정하여 환경보전의무를 국가뿐 아니라 국민에게도 부과되는 의무로 규정하고 있다. 이 의무를 윤리적·도덕적 의무로 보는 견해도 있으나 헌법에 규정된 법적 의무이다. 이 의무에 따라 개인의 재산권 등 기본권이 제한될 수 있다. 그러나 헌재는 이는 헌법상 추상적 의무일 뿐 구체적, 특정적 작위의무가 위 헌법규정에서 도출되는 것은 아니라고 한다. 헌재는 도로주행시 배출가스 저감장치의 성능이 크게 약화되는 자동차들의 교체명령을 하여야 할 헌법에서 유래하는 구체적 작위의무가 환경부장관에게 인정되지 않아 그 행정부작위에 대한 헌법소원심판청구는 공권력의 불행사를 대상으로 한 것이어서 부적법하다고 각하결정한 바 있다(2016헌마795). 헌재는 "국가는 사인인 제3자에 의한 국민의 환경권 침해에 대해서도 적극적으로 기본권 보호조치를 취할 의무를 부담한다"라고 한다(2020헌마107).

환경의 침해에 있어서 공권력에 의한 침해에 대해서는 행정소송, 헌법소원 등을 통하여 구제될 수 있고 입법부작위, 행정부작위의 경우 헌법소원을 통하여 구제될 수 있다. **[환경권 위헌심사에서의 과소보호금지원칙 적용]** 환경권 보호를 하기 위한 조치를 취할 작위의무를 이행하지 않거나 그 이행이 부족하다는 위헌주장이 제기될 수 있다. 이 부작위에 대한 판단에서 헌재는 "국가가 국민의 건강하고 쾌적한 환경에서 생활할 권리에 관한 보호의무를 다하지 않았는지를 헌법재판소가 심사할 때에는 국가가 이를 보호하기 위하여 적어도 적절하고 효율적인 최소한의 보호조치를 취하였는가 하는 이른바 '과소보호금지원칙'의 위반 여부를 기준으로 삼아야 한다"라고 한다(2018헌마730, 2020헌마389등). **[과소보호 여부 판단기준]** "어떠한 경우에 과소보호금지원칙에 미달하게 되는지가"(*이 표현은 판시에서 그대로 옮긴 것인데 어색한 표현이다, "과소보호금지원칙을 준수하지 못한 것인지가", 또는 "과소보호에 해당되는지가"라고 해야 할 것이다) 문제된다. 이에 대해서는 헌재는 "일반적 · 일률적으로 확정할 수 없다. 이는 개별 사례에 있어서 관련 법익의 종류 및 그 법익이 헌법질서에서 차지하는 위상, 그 법익에 대한 침해와 위험의 태양과 정도, 상충하는 법익의 의미 등을 비교 형량하여 구체적으로 확정하여야 한다"라고 본다(2018헌마730; 2020헌마389등). * **[환경권 과소보호금지원칙에 위배한 것이라고 판단하여 헌법불합치결정을 한 결정례들]** 환경권 관련 과소보호금지원칙 위반, 즉 불충분한 국가보호의무를 이유로 헌법불합치결정을 한 예들[1. 공직선거운동시 확성장치 소음 규제기준 부재(2018헌마730), 2. 기후위기 대응을 위한 국가 온실가스 감축목표 정량적 기준 비제시사건(2020헌마389등) 두 결정이다. 헌재는 이 2. 기후재판에서 그 "보호가 필요한 '위험상황'의 성격 등은 '과학적 사실'과 '국제기준'에 근거하여 객관적으로 검토되어야 한다"라고 하였다(2008헌마419등; 2012헌마38; 2012헌마89등; 2020헌마389등 참조)]. * **[과소보호금지원칙을 준수한 것으로 보는 합헌성인정 결정례]** 학교 마사토 운동장 유해물질의 유지 · 관리 기준 문제(2020헌마107 [쟁점] 학교시설에서의 유해중금속 등 유해물질의 예방 및 관리 기준을 규정한 학교보건법 시행규칙 조항에 마사토 운동장에 대한 규정을 두지 아니한 것이 재학생의 환경권을 침해하는지 여부 [결정요지] 법령이나 지침, 조례 등을 통해 마사토 운동장에 대한 유해중금속 등의 관리가 이루어지고 있는 점을 고려하면, 심판대상조항에 마사토 운동장에 관한 기준이 도입되지 않았다는 사정만으로 국민의 환경권을 보호하기 위한 국가의 의무가 과소하게 이행되었다고 평가할 수는 없다).

사인에 의한 침해의 경우 사후적으로 손해배상소송 등으로 구제될 수 있으나 환경은 침해되고 나면 복구가 어렵다는 점에서 예방적인 가처분소송 등의 방법이 효율적이다. 환경소송은 시간소요 등 한계가 있기에 환경분쟁의 알선 ·

조정 및 재정 등 환경분쟁조정제도가 신속·공정하고 효율적인 해결을 도모하고 있다(환경분쟁 조정법 참조).

제 7 절 혼인과 가족생활·모성보호·국민보건

Ⅰ. 혼인과 가족생활의 기본권

1. 헌법규정

헌법 제36조 제 1 항은 “혼인과 가족생활은 개인의 존엄과 양성의 평등을 기초로 성립되고 유지되어야 하며, 국가는 이를 보장한다”라고 규정하고 있다.

2. 법적 성격

법적 성격에 대해 자유권설, 제도보장설, 생존권설 등이 대립하고 있다. 우리 헌재는 헌법 제36조 제 1 항의 헌법적 성격에 대해 “인간의 존엄과 양성의 평등이 가족생활에 있어서도 보장되어야 한다는 요청에서 인간다운 생활을 보장하는 기본권 보장의 성격을 갖는 동시에 그 제도적 보장의 성격도 갖고 있는 것으로” 보고 있다(2000헌바53). 혼인과 가족생활에 관한 권리 자체는 기본권인 생존권이다. 이를 보장하는 제도로서 혼인제도·가족제도가 있다.

3. 개념과 내용

(1) 혼인과 가족생활의 개념

혼인(婚姻)은 남녀 간의 결합을 가져오는 법적 행위를 말한다. 가족이란 부부를 중심으로 한 부모, 자녀, 형제들의 공동체를 말한다. 민법은 1. 배우자, 직계혈족 및 형제자매, 2. 생계를 같이 하는 직계혈족의 배우자, 배우자의 직계혈족 및 배우자의 형제자매를 가족으로 한다고 규정하고 있다(민법 제779조). 가족생활은 인간의 사회생활의 출발이자 생존의 기초가 되는 터전이다.

(2) 내 용

1) **생존권적 내용** 혼인과 가족생활의 적극적 보호를 요구할 권리이다. 입법과 행정의 재량이 넓긴 하나 특히 저출산의 상황에서 국가정책의 적극적 조치가 필요하다. 혼인과 가족의 결성 그 자체뿐 아니라 혼인에 적극적이도록 신혼부부를 위한 주택의 마련, 영유아 보육 등의 지원에 복지예산을 적극적으로 배정할 필요가 있다.

2) **개인의 존엄과 양성의 평등** 혼인행위, 혼인·가족생활 유지에 있어서 개인의 존엄과 양성의 평등이 보장되어야 한다. 혼인퇴직제는 금지된다('남녀고용평등과 일·가정 양립 지원에 관한 법률' 제11조 제2항). 혼인의 상대방을 선택할 수 있는 자기결정권을 인정하고 혼인할 남녀 간에 존엄이 보장되는 자율적 의사결정으로 혼인방식, 시기 등을 정할 수 있도록 하여야 하며 혼인에서의 남녀 간 평등이 보장되어야 한다. * 심사기준 — 엄격심사 : 앞서 평등권 부분에서 본 대로 헌재는 헌법 제36조 제1항의 혼인과 가족생활에서의 양성평등 규정을 헌법에서 특별히 평등을 요구하고 있는 경우로 보아 엄격(비례성)심사를 하는 사유라고 하여 엄격심사한다[그 예로, 배우자의 직계존·비속의 재산을 등록하도록 규정한 공직자윤리법 부칙 규정 위헌결정(2019헌가3. 아래 ⑥ 참조), 부부합산과세 위헌결정(2001헌바82. 아래 iii) ① 참조) 등]. i) 위헌성 인정 결정례 : ① 혼인 상대방 결정권에 관해서는 동성동본 간의 혼인을 금지한 구 민법 제809조 제1항에 대해 헌법불합치결정이 내려진 바 있다(95헌가6). 이 동성동본 금혼조항 결정 이후 조정된 범위인 8촌 이내 혈족 사이의 혼인을 무효로 하는 민법 제815조 제2호에 대해서는 헌법불합치결정되었다[2018헌바115. 이 결정에 대해서는 아래 3) 부분 참조]. ② 호주제에 대해 헌법불합치결정(2001헌가9), ③ 친생부인의 소의 제소기간을 단기로 한 민법규정, 혼인 종료 후 300일 이내에 출생한 자를 전남편의 친생자로 추정하는 민법규정에 대한 헌법불합치결정(95헌가14, 2013헌마623), ④ 그리고 아버지의 성과 본을 따르도록 한 부성주의(父姓主義)에 관한 헌법불합치결정(2003헌가5)이 헌법 제36조 제1항을 위반하였다는 이유로 있었다. ⑤ 헌재는 간통죄규정에 대해서는 오히려 헌법 제36조 제1항에 부합한다고 보아 왔으나(89헌마82, 2000헌바60), 2015년에 과잉금지원칙에 위배하여 국민의 성적 자기결정권 및 사

생활의 비밀과 자유를 침해하는 것이라고 하여 위헌결정을 하였다(2009헌바17). ⑥ 이전 규정에 따라 이미 배우자의 직계존·비속의 재산을 등록한 혼인한 여성 등록의무자의 경우에만 종전과 동일하게 계속해서 배우자의 직계존·비속의 재산을 등록하도록 규정한 공직자윤리법 부칙 규정이 엄격(비례성 심사) 대상이라고 하면서 심사결과 심사평등원칙에 위배된다고 결정하였다(2019헌가3, 목적정당성부터 없다고 보고 더 이상 심사를 하지 않고서도 위헌으로 결정함). ii) 합헌성 인정 결정례 : ① 사실혼 배우자 상속권 부정 — 사실혼 배우자에게 상속권을 인정하지 않는 민법 제1003조 제1항 규정이 헌법 제36조 제1항에 위반되지 않는다고 헌재는 보았다(2013헌바119). ② 절가상속 문제(합헌) — "여호주가 사망하거나 출가하여 호주상속이 없이 절가된 경우, 유산은 그 절가된 가(家)의 가족이 승계하고 가족이 없을 때는 출가녀(出家女)가 승계한다"는 구 관습법에 대해 합헌결정이 있었다(그런데 다수의 합헌의견은 헌법 제36조 제1항이 아니라 그냥 평등원칙에 위배되지 않아 합헌으로, 소수의 위헌의견은 헌법 제36조 제1항을 적용하여 위헌이라고 보았다. 2013헌바396). ③ 자녀이름을 지을 부모의 자유 — 헌재는 이 자유를 "부모가 자녀의 이름을 지어주는 것은 자녀의 양육과 가족생활을 위하여 필수적인 것 … 따라서 … '부모의 자녀의 이름을 지을 자유'는 혼인과 가족생활을 보장하는 헌법 제36조 제1항과 행복추구권을 보장하는 헌법 제10조에 의하여 보호받는다"라고 한다. 생각건대 이름이란 가족공동체에서 중요하기도 하지만 근본적으로 자녀 개인의 입장에서는 본인의 정체성 보유를 위한 출발이자 기초이므로 그 보호의 헌법적 근거로 헌법 제10조의 인간의 존엄과 가치에서 찾는 것이, 아울러 헌법 제36조 제1항도 근거로서 인정할 수 있을 것이나, 더 중요할 것이다. 여하튼 헌재는 위 판시를 하게 된 사안에서 출생신고시 자녀의 이름에 사용할 수 있는 한자의 범위를 '통상 사용되는 한자'로 제한하고 있는 '가족관계의 등록 등에 관한 법률' 규정이 통상 사용되지 아니하는 한자를 사용하는 경우에는 그와 사회적·법률적 관계를 맺는 데에 상당한 불편을 겪게 되는 등 그 한자의 범위를 제한하는 것은 불가피한 측면이 있어 과잉금지원칙을 준수하고 따라서 '부모가 자녀의 이름을 지을 자유'를 침해하지 않는다고 결정하였다(2015헌마964). iii) 부부 간 합산과세 : 이에 대한 결정들이 있었다. ① 위헌성 인정결정례 — ㉠ 부부 간의 소득세, 종합부동산세의 부과에 있어서 합산과세 -

이는 혼인한 사람을 불리하게 하는 차별이라고 하여 헌법 제36조 제 1 항에 위반된다고 결정되었다(2001헌바82, 2006헌바112). ㉡ 헌재는 1세대 3주택 이상 보유자에 대해 양도소득세를 중과세하도록 한 소득세법 규정 - 이는 혼인으로 인하여 1세대 3주택 보유자가 된 사람에 대한 완화규정을 두지 아니한 것은 최소침해성원칙에 반하여 헌법 제36조 제 1 항이 정하고 있는 혼인의 자유를 침해하고, 혼인에 따른 차별금지원칙에 위배되어 위헌이라고 하여 헌법불합치결정을 하였다(2009헌바146). ② 합헌성 인정결정례 — 반면 공동사업합산과세제도에 대해서는 헌재는 헌법 제36조 제 1 항에 위반되지 않는다고 보았다(그러나 다른 이유로, 즉 가족에 의한 경제활동의 자유를 비례원칙에 반하여 제한한다는 이유로 결국 위헌이라고 결정되었다(2004헌가19)).

3) 혼인과 가족생활을 스스로 결정하고 형성할 자유의 제한과 한계

헌재는 이 자유에 대해 다음과 같이 설시한다. 헌법 제36조 제 1 항은 "혼인과 가족생활은 개인의 존엄과 양성의 평등을 기초로 성립되고 유지되어야 하며, 국가는 이를 보장한다."라고 규정하여, 혼인과 가족생활을 스스로 결정하고 형성할 수 있는 자유를 기본권으로서 보장하고, 혼인과 가족에 대한 제도를 보장한다(2001헌바82, 2018헌바115). 즉, 소극적으로는 국가권력의 부당한 침해에 대한 개인의 주관적 방어권으로서 국가권력이 혼인과 가정이란 사적인 영역을 침해하는 것을 금지하면서, 적극적으로는 혼인과 가정을 제 3 자 등으로부터 보호해야 할 뿐만 아니라 개인의 존엄과 양성의 평등을 바탕으로 성립되고 유지되는 혼인 · 가족제도를 실현해야 할 국가의 과제를 부과하고 있다(98헌가16등, 2018헌바115). 따라서 입법자는 혼인 및 가족관계가 가지는 고유한 특성, 예컨대 계속적 · 포괄적 생활공동체, 당사자의 의사와 관계없는 친족 등 신분관계의 형성과 확장가능성, 구성원 상호간의 이타(利他)적 유대관계의 성격이나 상호 신뢰 · 협력의 중요성, 시대와 사회의 변화에 따른 공동체의 다양성 증진 … 가족의 순기능이 더욱 고양될 수 있도록 혼인과 가정을 보호하고, 개인의 존엄과 양성의 평등에 기초한 혼인 · 가족제도를 실현해야 한다. 이를 위해 개인이 혼인과 가족생활을 스스로 결정하고 형성할 수 있는 자유를 제한하는 경우에는 기본권 제한의 헌법적 한계를 준수하여야 함은 물론이다.

[8촌 이내 혈족 사이 혼인금지(민법 제809조 제 1 항)의 합헌, 그 무효규정(동법 제815

조 제2호)의 헌법불합치－혼인의 자유 문제] 위 설시는 위에서 서술한 대로 8촌 이내 혈족 사이의 혼인을 금지하는 민법 제809조 제1항 그 8촌 이내 혼인을 무효로 하는 민법 제815조 제2호에 대한 헌재결정에서 나온 것이다. 헌재는 전자의 금지조항은 목적정당성 있는 근친혼발생을 억제하는 데 기여하여 그 달성에 적합한 수단에 해당하고 8촌 이내라는 것은 제777조 제1호에서 정한 혈족의 범위를 기준으로 한 것이고 이는 헌재가 한 위 95헌가6 결정의 취지를 존중하는 한편, 우리 사회에서 통용되는 친족의 범위 및 양성평등에 기초한 가족관계 형성에 관한 인식과 합의에 기초하여 근친의 범위를 한정한 것이므로 그 합리성이 인정되어 침해최소성을 가져 혼인의 자유를 침해하지 않는다는 합헌결정을 했다. 그러나 후자의 무효조항은 근친혼의 구체적 양상을 살피지 아니한 채 8촌 이내 혈족 사이의 혼인을 일률적·획일적으로 혼인무효사유로 규정하고, 혼인관계의 형성과 유지를 신뢰한 당사자나 그 자녀의 법적 지위를 보호하기 위한 예외조항을 두고 있지 않으므로, 입법목적 달성에 필요한 범위를 넘는 과도한 제한으로서 침해최소성을 가지지 못하고 법익균형성이 없어 과잉금지원칙에 위배하여 혼인의 자유를 침해한다고 하여 헌법불합치결정을 했다(2018헌바115).

4) **자녀양육권과 자녀교육권** 헌재는 자녀양육권과 자녀교육권은 헌법 제36조 제1항, 행복추구권을 보장하는 헌법 제10조 및 "국민의 자유와 권리는 헌법에 열거되지 아니한 이유로 경시되지 아니한다"라고 규정한 헌법 제37조 제1항에서 나오는 기본권이라고 본다(2005헌마1156, 98헌가16). ① 학교교과교습학원 및 교습소의 심야교습을 제한하고 있는 '서울특별시 학원의 설립·운영 및 과외교습에 관한 조례'가 학생의 인격의 자유로운 발현권, 청구인 학부모의 자녀교육권, 청구인 학원운영자의 직업수행의 자유를 침해하는지 여부에 대해 헌재는 이를 부정하였다(2014헌마374. 이전에도 학원 심야교습금지 헌법소원 기각(합헌성 인정) 결정들(2008헌마454, 2008헌마635)이 있었다). ② 초·중등학교에서 한자교육을 선택적으로 받도록 한 '초·중등학교 교육과정'(교육과학기술부 고시) 규정이 우리나라의 어문정책과 문자생활의 흐름에 맞추어 그에 맞는 교육목표와 방향을 설정하고, 학생들의 연령과 발달수준을 고려하여 국어 능력 향상에 도움이 될 수 있는 적절한 국어교육의 내용과 방법을 정할 필요가 있고 요즘에는 인터넷이 상용

화되어 한글만 사용하더라도 지식과 정보 습득에 아무런 문제가 없다는 점 등을 종합하면 학생의 자유로운 인격발현권 및 학부모의 자녀교육권을 침해하지 않는다고 보았다(2012헌마854). 헌재는 육아휴직신청권에 대해서는 사회권으로서 법률상의 권리에 불과하다고 보아(2005헌마1156) 소극적으로 보는 경향이다.

5) **입양의 자유** 헌재는 "헌법 제36조 제 1 항이 보호하는 가족생활을 스스로 결정하고 형성할 수 있는 자유는 입양과 관련하여서는 입양당사자가 자신의 의사에 따라 입양 여부를 결정할 수 있는 자유로 나타난다. 이는 입양당사자가 적극적으로 자신의 의사에 따라 입양을 하거나 입양될 자유뿐만 아니라, 입양의 의사가 없을 때에는 강제로 입양을 하거나 입양되는 것을 방지하여 원하지 않는 가족관계를 형성하지 아니할 자유도 모두 포함한다"라고 한다. 이 판시가 나온 결정은 입양신고 시 신고사건 본인이 출석하지 아니하는 경우에는 그의 주민등록증 등 신분증명서를 제시하도록 한 가족관계의 등록 등에 관한 법률 제23조 제 2 항에 대한 합헌결정이다(2019헌바108. [판시] 신분증명서를 요구하는 것이 허위의 입양을 방지하기 위한 완벽한 조치는 아니라고 하더라도 원하지 않는 가족관계의 형성을 방지하기에 전적으로 부적합하거나 매우 부족한 수단이라고 볼 수는 없다).

Ⅱ. 모성의 보호

헌법 제36조 제 2 항은 "국가는 모성의 보호를 위하여 노력하여야 한다"라고 하여 국가의 보호의무를 규정하고 있다. 헌법이 국가의 노력의무로 규정하고 있긴 하지만 모성보호의 권리도 국가의 적극적 보호를 요구할 수 있는 생존권이라고 보아야 한다. 세 번째 이후의 자녀에 대해 과거에 분만급여를 제한하였는데 이 제한에 대해 헌재는 모성의 보호 규정에 위배되지 않는다고 보았다(95헌마390).

Ⅲ. 보건권(保健權)

헌법 제36조 제 3 항은 "모든 국민은 보건에 관하여 국가의 보호를 받는다"라고 규정하고 있다. 이 국가의무는 국민의 건강을 침해해서는 아니 될 소극적 의무뿐 아니라 적극적으로 국민의 보건을 위한 정책을 수립하고 시행하여야 할 의무를 말한다(91헌바11). 보건의료에 관한 국민의 권리·의무와 국가의 보건의무의 구현을 위해 보건의료기본법이 있다. 의료인이 아니면 누구든지 의료행위를 할 수 없도록 하는 의료법규정으로 비의료인에 의한 침구, 대체의학 치료 등을 금지하는 데에 대해 위헌논란이 있다. 헌재는 무면허의료행위를 일률적·전면적으로 금지하는 것은, "대안이 없는 유일한 선택"으로서 실질적으로도 비례의 원칙에 합치되는 것이고 헌법 제10조의 인간으로서의 존엄과 가치를 보장하고 헌법 제36조 제3항의 국민보건에 관한 국가의 보호의무를 다하고자 하는 것으로서 보건권을 보장하는 것이라고 하여 합헌성을 인정해 오고 있다(94헌가7, 2001헌마370, 2001헌바87, 2003헌바86, 2005헌바29. 그런데 최근 2008헌가19 사건에서도 합헌결정이 있었는데 이는 위헌의견이 5인 재판관의견으로 다수의견이었으나 정족수 6인을 채우지 못하여 합헌결정이 된 것이다). 건강기능식품의 광고에 대한 사전심의제가 논란되었으나 헌재는 정치적·시민적 표현행위 등과 별로 관련이 없고 헌법 제36조 제3항에 따라 국민의 보건에 관한 보호의무도 지는 입법자가 사전심의를 법률로 규정하였다 하여 사전검열에 해당한다고 보기는 어렵다는 의견으로 합헌결정을 한 바 있었다(2006헌바75). 그러나 2015년에 판례를 변경하여 사전검열로서 위헌이라고 결정하였다. 행정권이 주체가 된 사전심사이기 때문이라는 것이다(헌재 2018. 6. 28, 2016헌가8. 그리고 '심의를 받지 아니한 광고' 부분에 대해서도 사전검열로 위헌이라고 본 동지의 결정도 있었다. 헌재 2019. 5. 30, 2019헌가4. 이에 대해서는 앞의 언론·출판의 자유 검열제 부분 참조). 또한 최근 2016헌가8, 2019헌가4 사건에서는 위 사전심의에 관하여 행정권이 주체가 된 사전검열로서 위헌으로 판단하였으며, 현재는 자율심사제로 변경되었다.

보건에 관하여 헌법은 국가의 보호를 받는 것으로 규정하고 있으나 보건권은 오늘날 국민의 질병치료나 감염병예방뿐 아니라 적극적으로 국가가 국민의 보건향상, 의료에 관한 개선, 건강관리를 위한 국가의 시책 등을 행할 것을 요구할 수 있는 적극적인 권리로서의 생존권이다. 국민의 질병·부상에 대한 예방·진단·치료·재활과 출산·사망 및 건강증진에 대하여 보험급여를 실시함으로써 국민보건을 향상시키고 사회보장을 증진함을 목적으로 국민건강보험법이 있다.

제 5 장 선거권·직접민주 참정권·공무담임권

제 1 절 총 론

Ⅰ. 개념과 기능

이 권리는 국민 내지 주민의 대표자를 선출하고 국가나 지방자치단체의 공무를 수행하는 권리를 말한다. 선거 외에 국민이 직접적 의사표시를 할 수 있게 하는 직접민주제적 참정권인 국민투표의 권리도 포함된다.

민주정치가 이루어지는 사회에서 선거권이란 대표자를 선출하고 그 대표자에게 정당성을 부여하게 하는 중요한 기능을 한다는 것은 두말할 나위가 없다. 또한 피선거권이나 공무담임권은 국가의 공권력 등을 담당하는 기회를 제공하여 국민이 정치와 행정수행을 담당하게 하는 보다 적극적인 성격의 권리로서 기능을 가진다. 선거권은 국가제도의 구성을 가능하게 하고 공무담임권은 국가의 경영과 기능을 가능하게 한다는 점에서 기초적인 중요한 권리이다.

* 용어의 문제: 선거권, 공무담임권을 묶어 종래 참정권이란 용어를 사용하여 왔다. 문제는 공무담임권에 피선거권 외에 직업공무원이 될 권리도 포함되는데 직업공무원은 정치적 중립성을 가져야 하기에 '참정'이란 말을 쓰는 것은 적절한지 의문이다. 본서에서 이 장의 제목을 선거권, 공무담임권으로 나열한 것은 바로 그 이유 때문이다. 우리 헌법 제13조 제 2 항은 참정권이란 용어를 규정하고 있다. 직업공무원의 공무담임권에

대해서도 정책의 결정 · 집행에 참여한다는 의미로 새기면서 참정권이란 용어를 사용할 수 있겠다. 본서에서도 참정권이란 용어를 위와 같은 점을 고려하면서 사용한다.

Ⅱ. 성격과 효력

1. 실정권성 문제

선거제도의 정비와 더불어 선거권이, 그리고 공무원제도의 정비와 더불어 공무담임권이 향유될 수 있다는 점에서 종래 참정권이라 불리던 선거권과 공무담임권을 국가내적 권리 내지 실정권으로 파악하는 경향이 있다. 그러나 제도는 권리를 뒷받침하는 수단이고 제도가 마련되어 있지 않다고 하여 권리성을 부정하거나 약하게 볼 수는 없으므로 종래의 견해에 대한 재검토가 필요하다.

2. 능동성과 적극성

선거권과 공무담임권은 국민이 적극적으로 정치에 참여하게 하고 국가의 공무를 수행하는 능동성을 요구하는 권리이다.

3. 의무성 여부

선거에 참여하는 것이 국민의 의무인지 여부, 즉 참여하지 않은 경우에 제재를 가하여 강제할 수 있는가 하는 문제에 대해 긍정설, 부정설이 있다. 생각건대 참정권이 기본권이고 강제는 제한이므로 이 문제는 기본권의 제한 문제로 파악될 수 있다. 따라서 법률로써 강제를 할 수 있되 본질적 내용을 침해할 수 없고 비례(과잉금지)원칙을 지켜야 한다. 현재 강제하는 법률규정은 없다. 한편 저조한 투표율이 대표성부족을 가져오기에 최소투표율을 도입하여야 한다는 주장도 있는데 우리 헌재는 최소투표율 채택이 자유선거의 원칙에 반할 수 있다고 본다(2003헌마259).

제2절 선 거 권

Ⅰ. 선거권의 의의와 보호범위

선거권이란 공직자를 선출하기 위한 행위에 참여할 수 있는 기본권을 말한다. 선거와 투표는 구별된다. 투표는 선거의 한 방법이고 연장자 순으로 선출하거나 추천에 의한 무투표 방식으로 선출할 수도 있기 때문이다. 따라서 투표권이란 개념보다 선거권이란 개념이 더 넓은 개념이다. 현실적으로 선거는 투표로 이루어지는 경우가 많다.

[사법(私法)적 단체 선거 배제 → 결사의 자유로] 헌재는 "사법적인 성격을 지니는 농협의 조합장선거에서 조합장을 선출하거나 조합장으로 선출될 권리, 조합장선거에서 선거운동을 하는 것은 헌법에 의하여 보호되는 선거권의 범위에 포함되지 않는다"라고 판시하고 있다(2011헌바154, 2011헌마562, 2015헌바62, 2016헌바372, 2016헌가1, 2016헌바364, 2020헌가9). 그리하여 헌재는 사법상 조합에서의 선거에 관해서는 결사의 자유에서 주로 다룬다(앞의 결사의 자유, 단체활동의 자유 부분 참조).

Ⅱ. 선거권의 법적 성격 – 권리성

선거권 등이 권리성을 가지는지 여부에 관한 학설로는 ① 개인적·주관적 공권설(선거에 참여할 수 있는 개별 국민 각자가 주관적으로 가지는 개인적 공권이라고 보는 설이다. 개인적 공권으로 보는 설에도 ㉠ 실정권설과 ㉡ 자연권설로 나누어진다), ② 기능(공무)설(선거란 공직자를 선출하는 기능 내지 공무수행이라고 보는 설), ③ 권한설(선거인으로서 선거에 참여하는 권한, 지위, 자격을 의미한다고 보는 설), ④ 양면설(선거권은 개인의 권리이자 공직자를 선출하는 기능을 수행하는 이중적인 성격을 가진다고 보는 설. 우리의 다수설) 등이 있다. 주권이론 중 국민주권설에 따르면 선거라는 기능으로 파악되고 선거권이란 권리를 인정하지는 않는 반면 인민주권설에 따르면 국민 각자의 권리라는 관념을 인정한다(전술 제2부 제2장 제1절 제2항 Ⅳ. 참조).

선거와 선거권은 구별하여 볼 것이다. 선거는 공직자를 선출하는 제도로서 기능이고 선거권이란 개별 국민이 선거에 참여할 수 있는 법적 권리로서 기본권이다. 모든 기본권은 그 권리의 행사의 결과 기능을 발휘하는 것이므로(예를 들어 청원권도 권리이면서 그것의 행사는 권리구제기능, 정치참여적인 기능을 수행한다) 이러한 양면성이 선거권이라는 권리 자체의 성격은 아니다.

Ⅲ. 선거권의 내용

1. 선거권법정주의

헌법 제24조는 "모든 국민은 법률이 정하는 바에 의하여 선거권을 가진다"라고 규정하고 있다. 이러한 법정주의는 선거권이 법률상의 권리라는 것이 아니라 선거권의 내용을 법률로 구체적으로 규정하라는 의미이다. 이에 따라 제정된 중심적인 법률이 공직선거법이다. 선거권의 내용으로 선거에 참여하여 투표를 할 선거권, 선거운동을 할 권리 등이 있다. 선거운동권은 별도로 살펴본다(후술 제 5 절 참조).

2. 선거원칙

선거권에 있어서 선거의 원칙인 보통 · 평등 · 직접 · 비밀 · 자유선거의 원칙이 적용된다. 이 원칙들에 대해서는 앞에서 살펴보았다(전술 제 2 부 제 2 장 제 3 절 제 2 항 선거제도 참조).

3. 선거권자

(1) 국　민

① 국민이 주체임은 물론이다. 민주국가에서 보통(보편)선거를 시행하는 것은 당연하나 앞서 보통선거원칙에서 살핀 대로 보통선거원칙이 일정한 최소사항을 선거권행사의 요건으로 설정하는 것을 배척하지는 않고 분별력 등을 고려하여 선거권자로 모든 국민이 아닌 일정 연령 이상의 최소한의 요건을 설정하고 있다. 우리나라의 경우 선거권자는 만 18세 이상의 한국 국적을 가진 국민이다(공직선거법 제15조). 지방선거의 경우 18세 이상 국민으로서 선거인명부작성기준일 현재 해당 지방자치단체의 관할 구역에 주민등록이 되어 있는 사람

이라고 하여(동법 동조 제 2 항 제 1 호) 지방선거권에 있어서는 거주요건을 두고 있다. 그런데 공직선거법은 선거인명부에 올라 있지 아니한 자는 투표할 수 없다고 규정하고(동법 제156조 제 1 항) 선거인명부에 오르기 위해서는 주민등록이 되어 있는 선거권자여야 하므로(동법 제37조 제 1 항) 선거인명부에의 등재와 주민등록이 실제적으로 투표권행사의 요건이 되고 있다. ② 재외국민 — 재외국민의 경우에도 선거권을 가진다. 이전의 공직선거법 규정들은 대통령선거, 국회의원선거의 선거권 행사에 위에서 본 대로 주민등록을 요구하여 주민등록을 할 수 없는 재외국민의 선거권을 부정하였고 공직선거법 규정이 재외국민에 대해 부재자신고를 불허하여 투표권을 행사할 수 없도록 하였는데 이러한 규정들에 대해 헌재는 헌법불합치결정을 하였다(2004헌마644). 이후 재외선거에 관한 규정들을 두고 있다(동법 제14장의2). 그런데 임기만료 지역구국회의원선거권은 재외선거인(즉 주민등록이 되어 있지 않고 국내거소신고도 하지 않은 재외국민)에게 공직선거법이 인정하지 않고 있는데(대통령선거권, 비례국회의원선거권은 인정) 헌재는 지역구국회의원은 '해당 지역과의 관련성'이 인정되어야 하고 주민등록과 국내거소신고를 기준으로 지역구국회의원선거권을 인정하는 것은 해당 국민의 지역적 관련성을 확인하는 합리적인 방법이라는 점을 들어 이를 인정하지 않고 있는 공직선거법 규정들이 재외선거인의 선거권을 침해하지 않고 보통선거원칙에 위배되지 않는다고 결정하였다(2009헌마256). 그러나 지역구국회의원이라도 당선 후에는 지역에 기속되는 것이 아니라 국민전체의 대표위임이라는 점에서 재검토를 요하는 결정이다. 재외선거인에게 국회의원 재・보궐선거의 선거권을 인정하지 않은 것도 재・보궐선거의 투표율이 높지 않을 것으로 예상되는 점, 재・보궐선거에 많은 비용과 시간이 소요된다는 점 등을 들어 합헌성을 인정하였고 인터넷투표방법이나 우편투표방법을 채택하지 아니하고 원칙적으로 공관에 설치된 재외투표소에 직접 방문하여 투표하는 방법을 채택한 공직선거법 규정에 대해서도 합헌성을 인정하였다(2009헌마256). 그러나 국민투표권을 재외선거인에 부정하는 것은 국민투표가 선거와 달리 국민이 직접 국가의 정치에 참여하는 절차이므로 국민투표권은 대한민국 국민의 자격이 있는 사람에게 반드시 인정되어야 하는 권리라는 점을 들어 그 국민투표법 규정에 대해 헌법불합치결정을 하였다(2009헌마256).

국내거주 재외국민에 대해 지방선거권을 행사함에 있어서 주민등록을 요건으로 함으로써 지방선거권을 부정한 것도 헌법불합치로 결정되었다(2004헌마644). 이후 국내거주 재외국민의 경우 국내거소신고인명부에 일정기간 계속 올라 있을 것을 요건으로 지방선거권을 인정하는 개정이 있었다가 이후 또 다시 재외국민의 국내거소신고제도가 폐지되고 재외국민용 주민등록증을 발급하도록 주민등록법이 개정됨에 따라 국내거주 재외국민에 대해서 주민등록법상 재외국민에 해당하는 사람으로서 주민등록표에 소정 기간 이상 계속 올라 있을 것을 요건으로 개정되었다. 이 개정은 지방선거권뿐아니라 대통령 및 국회의원의 선거권에 대해서도 동일하다(공직선거법 제15조 제 1 항 제 2 호, 제 2 항 제 2 호. 이 개정은 2016년 7월 1일부터 시행에 들어갔음). 해상에 장기 기거하는 선원들에 대한 부재자투표를 인정하지 않은 것에 대해서도 헌법불합치로 결정되었다(2005헌마772). 현재 선상투표제(동법 제38조)가 마련되어 있다.

국내 국민에 대한 주민등록요건은 여전히 있다.

(2) 외 국 인

외국인의 경우에도 일부 선거권이 인정된다. 즉 ① 지방선거에 한하여 ② 일정한 요건을 갖춘(즉 영주의 체류자격 취득일 후 3년이 경과한 18세 이상의 외국인으로서 해당 지방자치단체의 외국인등록대장에 올라 있는 사람) 외국인은 선거권을 가진다(공직선거법 제15조 제 2 항 제 3 호).

Ⅳ. 선거권의 제한과 그 한계

[선거권결격사유] 현행 공직선거법은 선거권이 없는 사유로, ① 금치산선고(현행 민법상 성년후견개시의 심판)를 받은 자, ② 1년 이상의 징역 또는 금고의 형의 선고를 받고 그 집행이 종료되지 아니하거나 그 집행을 받지 아니하기로 확정되지 아니한 사람. 다만, 그 형의 집행유예를 선고받고 유예기간 중에 있는 사람은 제외한다(이 규정은 원래 "금고 이상의 형의 선고를 받고 그 집행이 종료되지 아니하거나 그 집행을 받지 아니하기로 확정되지 아니한 자"이었는데 이 규정에서 '유기징역 또는 유기금고의 선고를 받고 그 집행이 종료되지 아니한 자('수형자')', '유기징역 또는 유기금고의 선고를 받고 그 집행유예기간 중인 자('집행유예자')' 부분이 그들의 선거권을 침해하고, 보통선거원칙에 위반되며 평등원

칙에도 어긋난다고 하여 위헌성을 인정하고 집행유예자에 대한 부분은 단순위헌결정, 수형자에 대한 부분은 헌법불합치결정을 하였던바(2012헌마409. 이 결정에 대해서는 앞의 기본질서의 선거제도의 보통선거원칙 부분 참조. 집행유예 경우의 동지 결정 — 2013헌마105) 이 결정에 따라 개정된 규정이다. 수형자에 대하여는 1년 이상의 징역 또는 금고형을 선고받은 경우에만 선거권을 제한하도록 개정된 것이다. 이 개정된 규정 중 "1년 이상의 징역 또는 금고의 형의 선고를 받고 그 집행이 종료되지 아니하거나" 부분에 대해 1년 이상 징역형으로 수형 중인 사람과 가석방된 사람에 의해 헌법소원심판이 청구되었으나 헌재는 합헌성을 인정하는 결정을 했다(2016헌마292)), ③ 선거범, 정치자금부정수수죄, 선거비용관련 위반행위, 대통령 · 국회의원 · 지방의회의원 · 지방자치단체의 장 등의 재임 중 직무관련 수뢰죄 등을 범한 자로서, 100만원 이상의 벌금형을 선고받고 그 형이 확정된 후 일정 기간을 경과하지 아니한 자 등[이 규정에 대한 합헌결정들로, 2015헌마821, 2019헌마986(선거권 제한의 대상과 기간이 제한되어 있는 점, 공정한 선거를 보장하면서도 선거권을 덜 제한하는 입법대안을 상정하기 어려운 점 등을 종합하여 보면, 침해최소성 가짐. '퇴직조항'도 합헌으로 봄). 합헌 선례의 입장을 유지한 이후 결정: 2024헌바450], ④ 법원의 판결 또는 다른 법률에 의하여 선거권이 정지 또는 상실된 자로 규정하고 있다(동법 제18조 제 1 항).

[선거연령 · 거주요건] 선거연령을 만 18세로 하고 있고(대통령 및 국회의원의 선거권연령을 19세로 규정한 데 대해 평등권침해가 아니므로 합헌이라고 본 결정이 있었다. 2012헌마174, 지방의원선거권 연령을 19세로 규정한 데 대해 합헌성을 인정한 결정례도 있었다. 2012헌마287), 지방선거에서 거주요건을 설정하고 있는 것도 선거권의 제한이다.

[선거구 인구 편차의 선거권 침해 여부 문제] 선거구 간에 인구의 편차가 선거권, 그리고 평등권의 침해가 될 수 있다. 이에 대해서는 앞의 제 2 장 제 3 절 정치제도 제 2 항 선거제도에서 'Ⅱ. 선거의 원칙, 2. 평등선거원칙 (2) 평등선거를 위한 선거구의 획정 문제' 부분 참조. * 유의 : 국회의원지역구와 시 · 도(광역)의회의원지역선거구는 법률인 공직선거법으로, 자치구 · 시 · 군의회(기초의회)의원지역구는 시 · 도조례로 정한다.

[사전투표제의 합헌성 인정] 헌재는 "사전투표조항은 선거일 전에 미리 투표할 기회를 부여하는 조항으로, 선거권 자체를 부여 또는 박탈하 … 는 것은 아니다. 그러나 사전투표기간은 … 선거일과 시차가 있는 만큼, … 후보자들에 대한 정보 수집의 기회나 숙려기간이 … 적은 상태에서 투표할 가능성이 … 있으

므로 사전투표자의 선거권 침해 여부가 문제된다."라고 한다. 그러나 헌재는 사전투표제도가 선거일 투표자에 비해 짧은 숙려기간을 갖더라도 예비후보자의 선거운동이나 다른 다양한 매체 등을 통해 후보자에 대한 정보를 획득할 수 있고, 사전투표기간을 선거일 전 4일까지 마치도록 한 것이 합리적이라고 하면서 합헌성을 인정했다(2025. 10. 23. 2023헌마1383등).

[투표시간의 제한] 공직선거법 제155조 제 1 항은 "투표소는 선거일 오전 6시에 열고 오후 6시(보궐선거등에 있어서는 오후 8시)에 닫는다"라고 규정하여 투표시간을 제한하고 있다. 부재자투표의 경우 구 공직선거법 제155조 제 2 항은 부재자투표시간을 오전 10시부터 오후 4시까지로 정하고 있었는데 헌재는 이로써 일과시간에 학업이나 직장업무를 하여야 하는 부재자투표자는 일과시간 이전에 투표소에 가서 투표할 수 없게 되어 과잉금지원칙에 위배하여 선거권과 평등권을 침해하는 것이라고 보고 헌법불합치결정을 하였다(2010헌마601). 법이 개정되어 현재 오전 6시가 개시시각이다. 유의할 점은 부재자투표 종료시각인 오후 4시에 대해서는 헌재가 합헌성을 인정하였다는 점이다(입법개선모색필요의견도 제시됨). 사전투표의 투표시간도 오전 6시에서 오후 6시까지이다(동법 제155조 제 2 항).

[재외투표기간 개시일 전에 귀국한 재외선거인의 선거권 보장] '재외투표기간 개시일에 임박하여 또는 재외투표기간 중에 재외선거사무 중지결정(코로나19의 여파로 공직선거법 제218조의29 제 1 항에 따른 결정)이 있었고 그에 대한 재개결정이 없었던 예외적인 상황에서 재외투표기간 개시일 이후이지만 국내에선 투표일 전일 때 귀국한 재외선거인 및 국외부재자신고인이 국내에서 선거일에 투표할 수 있도록 하는 절차를 마련하지 아니한 공직선거법 제218조의16의 부진정입법부작위'에 대한 헌법불합치결정이 있었다(2020헌마895. [결정요지] 재외투표기간 개시일에 임박하여 또는 재외투표기간 중에 재외선거사무 중지결정이 있었고 그에 대한 재개결정이 없었던 예외적인 경우 재외투표기간 개시일 이후에 귀국한 재외선거인등의 귀국투표를 허용하여 재외선거인등의 선거권을 보장하면서도 중복투표를 차단하여 선거의 공정성을 훼손하지 않을 수 있는 대안이 존재하므로, 심판대상조항은 침해의 최소성 원칙에 위배된다).

[제한의 한계] 법률로써 제한하더라도 본질적 내용을 침해할 수 없고 소급입법에 의한 선거권 박탈이 금지된다(제13조 제 2 항).

[지방자치단체의 장의 선거권] 헌재는 이전에는 지방자치단체의 장의 선거권

을 헌법상 기본권이라 단정하기는 어렵다고 보면서, 하지만 지방자치단체의 장의 선거권을 법률상의 권리로 본다 할지라도, 비교집단 상호간에 차별이 존재할 경우에 헌법상 기본권인 평등권 심사는 한다는 입장이었다(2004헌마644). 이후 헌재는 지방자치단체의 장 선거권 역시 다른 선거권과 마찬가지로 헌법 제24조에 의해 보호되는 헌법상의 권리로 인정하여야 할 것이라고 하여(2014헌마797) 명시적으로 밝히지 않은 판례변경을 하였다. 이 판례변경된 사안은 지방자치단체의 장 선거에서 후보자가 1인일 경우 무투표 당선을 규정한 공직선거법 조항에 대한 위헌 여부 판단 문제였는데 헌재는 선거운동, 투표관리 및 참관, 개표 등에 소요되는 선거비용을 절감하는 등의 필요성을 인정하여 과잉금지원칙을 준수하는 것으로서 선거권침해가 없는 합헌이라고 판단하였다.

제 3 절 직접민주 참정권

Ⅰ. 직접민주 참정권의 개념과 내용

직접민주 참정권은 국가의 중요한 의사나 정책의 결정 등에 국민이 직접 참여하는 참정권을 의미한다. 직접민주제적 제도로는 국민발안제, 국민표결(투표)제, 국민소환(해면)제 등이 있는데(자세한 내용은, 후술 제 4 부 국가권력규범론, 국민대표제 참조) 우리나라에서는 현재 국가전체 차원에서 헌법상 국민투표제만 두고 있다. 지방차원에서는 법률상 조례의 제정·개폐 청구(지방자치법 제19조), 주민투표제도(주민투표법), 주민소환제도('주민소환에 관한 법률')가 있다. 헌재는 주민투표권, 조례의 제정 및 개폐청구권, 주민소환권 등은 법률(지방자치법이라는 법률)이 보장하는 권리일 뿐이지 헌법이 보장하는 기본권으로 볼 수 없다고 한다(2000헌마735, 2004헌마643, 2007헌마843).

국민투표권에는 헌법개정을 위한 국민투표권(제130조 제 2 항), 국가중요정책에 대한 국민투표권(제72조)이 있다. 헌재는 후자의 정책국민투표에 신임을 묻거나 정책에 연계한 신임을 묻는 국민투표는 포함되지 않고 이를 할 수 없다고 보고(후술 제 4 부 제 4 장 제 1 절 제 2 항 Ⅳ. 참조) 대통령에 대한 탄핵소추심판에서

'신임투표를 제안한 대통령의 행위'는 위헌이라고 판단하였다(2004헌나1). 헌재는 유신헌법의 개정 또는 폐지를 주장 · 발의 · 제안 또는 청원하는 일체의 행위 등을 전면금지한 긴급조치 제 1 호가 참정권적 기본권인 국민투표권 등의 권리를 지나치게 제한하는 것이라고 판시하였다(2010헌바132, 위헌결정).

Ⅱ. 직접민주 참정권의 제한

19세 이상의 국민이 국민투표권을 가진다(국민투표법 제 7 조. 국회의원선거 등에서와 달리 여전히 19세). 선거권이 없는 자는 투표권이 없다(동법 제 9 조). 국민투표에 관한 운동에 대한 국민투표법상 규제가 있다(동법 제25조 이하).

주민등록을 요건으로 함으로써 재외국민의 국민투표권을 인정하지 않은 구 국민투표법 규정에 대해서, 그리고 국내거주 재외국민에 대한 주민투표권을 인정하지 않은 구 주민투표법 규정이 평등권침해라고 하여 각 헌법불합치결정이 있었다(2004헌마644, 2004헌마643). 그런데 국민투표의 경우 이처럼 국내거소신고로 바뀌었지만 주민등록이 되어 있지 않고 국내거소신고도 하지 않은 재외국민(재외선거인)에 대해서는 부정되는 것이고 그래서 다시 헌법불합치결정이 있었다(2014. 7. 24. 2009헌마256).

현행 '주민소환에 관한 법률'은 주민소환의 청구사유를 규정하지 않고 있다. 이에 관해서는 시장의 공무담임권의 침해로 위헌이라는 주장의 헌법소원심판이 청구된 바 있는데 헌재는 비민주적 · 독선적인 정책추진 등을 광범위하게 통제한다는 주민소환제의 필요성에 비추어 청구사유에 제한을 둘 필요가 없다는 등의 이유로 합헌성을 인정하는 기각결정을 하였다(2007헌마843).

제4절 공무담임권

Ⅰ. 공무담임권의 개념과 성격

1. 개 념

공무담임권이란 국가나 공공단체의 공무를 맡을 권리를 말한다. 공무담임권은 피선거권보다도 더 넓은 포괄적인 개념의 기본권이다. 공무를 담당하게 되는 계기에는 선거뿐 아니라 시험 등을 통한 임용도 있기 때문이다. 즉 피선거권이란 선거로 공직에 선출될 수 있는 권리를 의미하는데 비해 공무담임권은 선거를 통해서이든 임용시험을 통해서이든 공무를 맡을 수 있는 권리이다.

2. 법적 성격

(1) 주관적 공권성, 참정권성, 능동적 · 적극적 권리성

공무담임권은 공직에 취임할 수 있는 주관적 공권으로서의 권리이다. 공무담임권에는 정치적 공무원으로 피선될 권리인 피선거권도 있으나 비정치적 직업공무원이 되는 권리도 있으므로 참정권을 정치적 참여권이라고 한다면 공무담임권 전체를 참정권이라고 볼 수는 없다. 참정권을 정치뿐 아니라 정책결정 · 집행에 참여하는 것이라고 보면 포괄될 수 있을 것이다. 우리 헌법 제13조 제2항은 '참정권'이란 말을 사용하고 있다.

공무담임권은 국가나 지방자치단체 등의 공무를 수행하게 하는 권리로서 능동성과 적극성을 가지는 권리이다.

(2) 공무담임권과 직업의 자유와의 관계

전자는 적극적인 권리이고 후자는 자유권이다. 공무도 직업이란 점은 분명하다. 양자와의 관계가 문제이다. 특별법적 관계로 보는 견해가 많다. 헌재도 "공무원직에 관한 한 공무담임권은 직업의 자유에 우선하여 적용되는 특별법적 규정"이라고 보고(99헌마135), 공직취임권과 관련된 사건에서는 직업선택의 자유 침해 여부에 대하여 따로 판단하지 아니한다는 입장이다(2020헌마1181).

Ⅱ. 공무담임권의 내용

헌법 제25조는 모든 국민은 "법률이 정하는 바에 의하여" 공무담임권을 가진다고 규정하여 공무담임권의 구체적 내용의 형성을 법률에 맡기고 있다.

1. 공직취임권, 공무수행권

공무담임권은 공직에 취임할 권리를 포함하는 것은 물론이다. 나아가 공무를 계속 수행할 권리까지 포함하느냐에 대해서는 논란이 있다. 헌재 판례 중에는 공직취임권이라고 본 판례도 있고 "공무담임권의 보호영역에는 공직취임 기회의 자의적인 배제뿐 아니라, 공무원 신분의 부당한 박탈이나 권한(직무)의 부당한 정지도 포함된다"라고 본 판례도 있다(2002헌마699).

2. 비선거공직의 취임권

비정치적인 공무원은 주로 임용시험이나, 특별채용 등으로 선발된다. 임용시험에 응시하기 위해서나 또는 특별채용에 지원하기 위해서 일정한 자격을 요하기도 한다.

3. 피선거권

선거로 선출되는 공직에 있어서 선거에 후보자가 될 수 있는 권리, 당선되어 공직자가 될 수 있는 권리를 그 내용으로 한다.

(1) 대통령선거, 국회의원선거의 피선거권

대통령선거의 경우 헌법은 "대통령으로 선거될 수 있는 자는 국회의원의 피선거권이 있고 선거일 현재 40세에 달하여야 한다"라고 직접 피선거권에 대해 규정하고 있고(제67조 제 4 항), 공직선거법은 선거일 현재 5년 이상 국내에 거주하고 있는 40세 이상의 국민으로 규정하고 있어 연령요건 외에 거주요건도 부과되고 있다(법 제16조 제 1 항). 국회의원선거의 경우 피선거권자를 18세 이상의 국민으로 정하고 있다(동법 제16조 제 2 항).

(2) 지방의회의원 및 지방자치단체의 장 등의 피선거권

지방의회의원 및 지방자치단체의 장의 피선거권자는 18세 이상의 국민으로서 선거일 현재 계속하여 60일 이상 당해 지방자치단체의 관할 구역 안에 주민등록이 되어 있는 주민이어야 한다(동법 제16조 제 3 항). 주민등록을 요구함으로써 국내거주 재외국민에 대한 지방선거 피선거권을 부인한 데 대해 헌재는 헌법불합치결정을 하였다(2004헌마644). 이후 국내거주 재외국민의 경우 국내거소신고인명부에 선거일 현재 계속하여 60일 이상 올라 있을 것을 요건으로 피선거권을 인정하는 법개정이 있었다. 그리고 재외국민 국내거소신고제도를 폐지하고 재외국민용 주민등록증을 발급하도록 하였고(2015년 1월 22일 주민등록법 개정, 재외국민 국내거소신고증은 2016년 7월 1일부로 효력 상실), 이에 따라 2015년 8월 13일 개정 공직선거법 제16조 제 3 항에서 '국내거소신고인명부' 부분이 삭제되었다. 따라서 현행법하에서 국내거주 재외국민의 피선거권은 18세 이상으로 관할구역에 주민등록이 60일 이상 올라 있을 것을 요건으로 한다.

교육감도 선출직인데 그 피선거권을 보면, 교육감후보자가 되려는 사람은 당해 시 · 도지사의 피선거권이 있고 후보자등록신청개시일부터 과거 1년 동안 정당의 당원이 아닌 사람으로서 일정한 교육경력 또는 교육행정경력(또는 양 경력을 합한 경력)을 갖추어야 한다(지방교육자치에 관한 법률 제24조).

Ⅲ. 공무담임권의 제한

1. 구체적 제한 문제

공무담임권도 국가안전보장, 질서유지, 공공복리를 위하여 제한될 수 있다. 다음과 같은 제한의 문제들이 있다.

[자격 · 퇴직사유] 공무원은 일정한 자격을 갖춘 자이어야 한다. 국가공무원법, 지방공무원법에 결격사유가 규정되어 있다(국공법 제33조; 지공법 제31조). ⅰ) 금고 이상의 형의 선고유예를 받은 경우에 그 선고유예 기간 중에 있는 자는 공무원으로 임용될 수 없다(국가공무원법 제33조 제 5 호). 따라서 이러한 자는 임용부터 될 수 없다(구 국가공무원법에도 이처럼 금고 이상의 형의 선고유예를 받고 그 기간 중에

있는 자를 임용결격사유로 삼고, 위 사유에 해당하는 자가 임용되더라도 이를 당연무효로 하는 규정이 있었는데 이 구 국가공무원법 규정에 대해 헌재의 합헌결정이 있었다. 2014헌바437). 그런데 임용 후 재직 중에 위와 같은 금지에 대해서는 위헌결정들이 있었다. 즉 재직 중 금고 이상의 형의 선고유예(경미한 범죄의 경우)를 받은 때에도 범죄의 종류와 내용을 가리지 않고 모두 당연퇴직되도록 한 공무원 관련 법규정들이 많았는데 최소침해원칙 위반이라는 이유로 위헌결정되었다(2001헌마788, 2002헌마684, 2003헌마293, 2004헌가12, 2004헌마947). 그런데 후일 개정된 국가공무원법 제69조 단서는 수뢰죄(형법 제129조 제 1 항)를 범하여 금고 이상의 형의 선고유예를 받은 국가공무원은 당연퇴직하도록 하고 있는데 헌재는 이 규정이 선례에 반하지 않고 과잉금지원칙을 준수하여 합헌이라고 결정하였다(2012헌바409). 선례들은 무조건 모든 범죄에 대해 당연퇴직되도록 함으로써 최소침해원칙을 위반한 것이라는 뜻이므로 선별적 당연퇴직은 가능하다고 보는 입장이라고 이해된다(헌재는 "수뢰죄로 그 종류를 한정하고 있는 점"에서 "단순한 반복입법으로 볼 수 없다"고 판시한바 그 판시에서 그러한 취지를 알 수 있다). ii) 성폭력범죄, 미성년자에 대한 성폭력범죄, 아동 · 청소년대상 성범죄 관련 결격사유도 있다(동법 제33조 6의3, 6의4). * 판례 ① 아동 성적 학대행위자(성적 수치심을 주는 성희롱 등의 성적 학대행위)에 대한 공무원 결격사유(국가공무원법 제33조 제 6 호의4 나목 중 아동복지법 제17조 제 2 호 가운데 '아동에게 성적 수치심을 주는 성희롱 등의 성적 학대행위로 형을 선고받아 그 형이 확정된 사람은 국가공무원법 제 2 조 제 2항 제 1 호의 일반직공무원으로 임용될 수 없도록 한 것'에 관한 부분 및 군인사법 제10조 제 2 항 제 6호의4 나목 중 아동복지법 제17조 제 2 호 가운데 '아동에게 성적 수치심을 주는 성희롱 등의 성적 학대행위로 형을 선고받아 그 형이 확정된 사람은 부사관으로 임용될 수 없도록 한 것'에 관한 부분)에 대한 헌법불합치결정(2020헌마1181. 범죄의 경중이나 재범의 위험성 등 구체적 사정을 고려하지 아니하고 직무의 종류에 상관없이 일반직공무원과 부사관에 임용되는 것을 영구적으로 제한하고 있는 심판대상조항은 침해의 최소성에 위반된다고 판단함). ② 아동 · 청소년이용음란물소지죄로 형이 확정된 자(이를 공무원 결격사유로 규정한 국가공무원법 제33조 제 6 호의4 나목 중 해당조항, 지방공무원법 제31조 제 6 호의4 나목 중 동지의 해당조항) — 이들 조항들에 대해 헌법불합치결정이 있었다. 헌재는 아동 · 청소년과 관련이 없는 직무를 포함하여 모든 일반직공무원에 임용될 수 없도록 하므로, 제한이 지나치게 넓고 포괄적이다. 또한, 영구적으로 임용을 제한하고, 개별 범죄의 비난가능성 및 재범 위험성 등을 고려하여 상당 기간 동안 임용을 제한하는 덜 침해적인 방법으로도 입법목적을 충분히 달성할 수 있다. 따라서 침해최소성에 위반되는 등 과잉금지원칙에 위배되어 공무담임권을 침해한다(2020헌마1605등. 헌법불합치).

[공무원선발에서의 능력주의와 임용시험] 공무원의 선발과 임용, 인사에 있어서 능력주의가 적용되어야 하는데 제대군인에 대해 임용시험 등에서 가산점을 부여하는 규정에 대해서는 능력주의의 위반으로 위헌으로 결정되었다(98헌마363). 국가유공자가족에 대한 가산점제도에 대한 헌법불합치결정도 있었다(2004헌마675). 공무원임용시험 응시 상한연령은 이제 철폐되었다. 이전에 5급 공개경쟁채용시험의 응시연령 상한에 대해서는 헌법불합치결정이 있었다(2007헌마1105). 그리고 2012년에 헌재는 순경 공개채용시험, 소방사 등 공개경쟁채용시험 및 특별채용시험 등의 응시연령의 상한을 "30세 이하"로 규정한 경찰공무원임용령, 소방공무원임용령의 규정에 대해 과잉금지원칙을 위배하여 공무담임권을 침해한 것이라고 보고 헌법불합치결정을 한 바 있다(2010헌마278).

[겸직금지] 공직에 대해 일정한 직업과의 겸직이 금지되고 있다. 그 필요성은 권력분립, 직무의 공정성·전념성, 정치적 중립성의 확보 등에 있다. 헌재는 공무원이 아닌 농협조합장과 지방의회의원 간 겸직을 금지한 것은 위헌이라고 보았다(90헌마28).

[정년제] 정년제에 관한 사항은 입법자에게 넓은 재량이 인정되는 사항이라는 것이 헌재의 판례이다(96헌바86).

[제한의 한계] 법률로써 제한하더라도 본질적 내용을 침해할 수 없고 소급입법에 의한 참정권 박탈이 금지된다(제13조 제 2 항).

2. 피선거권에 대한 제한

(1) 피선거권(후보) 결격사유

현행 공직선거법은 피선거권이 없는 사유로 ① 금치산선고를 받은 자, ② 선거범, 정치자금부정수수죄, 선거비용관련 위반행위, 대통령·국회의원·지방의회의원·지방자치단체의 장 등의 재임 중 직무관련 수뢰죄 등을 범한 자로서, 100만원 이상의 벌금형을 선고받고 그 형이 확정된 후 일정 기간을 경과하지 아니한 자 등('선거범으로서 100만 원 이상의 벌금형의 선고를 받고 그 형이 확정된 후 5년을 경과하지 아니한 자' 부분에 대해서 합헌성을 인정하는 기각결정이 있었다. 2004헌마41, 2009헌마476, 2015헌마821), ③ 법원의 판결 또는 다른 법률에 의하여 선거권이 정지 또는 상실된 자, ④ 금고 이상의 형의 선고를 받고 그 형이 실효되지 아니한 자, ⑤ 법원의 판결 또는 다른 법률에 의하여 피선거권이 정지되거나 상실된 자, ⑥ 국회법 제166조(국회 회의 방해죄)의 죄를 범한 자로서 법 소정에 해당하는 자, ⑦ 공직선거법 제47조의2(정당의 후보자추천 관련 금품수수금지) 규정을 위반한 자로서 벌금형의 선고를 받고 그 형이 확정된 후 10년을 경과하지 아니한 자(형이 실효된 자도 포함한다)로 규정하고 있다(공직선거법 제19조).

(2) 입후보에 대한 제한

[연령 · 거주요건] 앞서 본 연령요건, 거주요건도 입후보에 대한 제한이다.

[사전 사직] 공무원 등은 후보자가 되려면 선거일 전 90일까지 그 직을 그만두어야 한다(동법 제53조 제1항. 사전 사직규정에 대한 합헌성 인정결정례들 : 95헌마53, 2006헌마547, 2013헌마185. * 교육감선거에서의 사전 사직규정에 대한 합헌성 인정 결정례 : 2018헌마222). 다만, 보궐선거 등에 입후보하는 경우, 또는 비례대표국회의원선거나 비례대표지방의회의원선거에 입후보하는 등의 특별한 사유가 있는 때에는 30일까지 그 직을 그만두도록 예외를 두고 있다(동법 동조 제2항). 지방자치단체의 장의 경우 제한이 더 강한데, 선거구역이 당해 지방자치단체의 관할 구역과 같거나 겹치는 지역구국회의원선거에 입후보하고자 하는 때에는 당해 선거의 선거일 전 120일까지 그 직을 그만두어야 한다(동법 동조 제5항. 지방자치단체의 장에 대한 입후보제에 대해서는 이전에 위헌결정(98헌마214, 2003헌마106)이 있어 현재의 규정이 되었다).

[당내경선] 공직선거법 제57조의2 제2항은 정당이 당내경선을 실시하는 경우 경선후보자로서 당해 정당의 후보자로 선출되지 아니한 자는 당해 선거의 같은 선거구에서는 후보자로 등록될 수 없다고 규정하고 있다. 한편, 동항 단서에서는 그러한 경우에도 후보자로 선출된 자가 사퇴 · 사망 · 피선거권 상실 또는 당적의 이탈 · 변경 등으로 그 자격을 상실한 때에는 후보자 등록을 허용하는 예외 규정을 두고 있다.

[기탁금제도] 선거후보의 등록시에 일정한 금액의 금전을 맡겨야만 후보등록이 가능하고 선거에서 당선 내지 일정 비율의 득표를 한 경우에만 반환하는 제

도가 기탁금제도(寄託金制度)이다(공직선거법 제56조, 예비후보자의 경우 동법 제60조의2 제2항). 기탁금제도는 입후보에 신중을 기하게 하고 입후보남발, 선거난립을 막기 위한다는 입법취지로 도입되어 있다. 그러나 지나친 고액으로 재력에 따라 선거에의 입후보를 어렵게 하는 것은 평등선거의 원칙뿐 아니라 보통(보편)선거의 원칙에도 반할 여지가 많다. 헌재 출범 초기에 ① 국회의원선거에서의 무소속후보에 대한 2,000만원과 ② 광역지방의회의원선거 후보에 대한 700만원의 기탁금이 위헌이라고 본 2건의 헌법불합치결정이 있었다(88헌가6, 91헌마21). 그 뒤 합헌결정례들(91헌마44, 92헌마269, 95헌마108)도 있었으나 ③ 2001년에는 국회의원선거의 2,000만원의 기탁금규정에 대한 단순위헌결정이 있었고(2000헌마91. 이후 1,500만원으로 낮춤), ④ 2008년에 대통령선거 후보자등록 요건의 5억원의 기탁금 규정에 대해 헌법불합치결정(2007헌마1024. 이후 3억원으로 낮춤)이 있었다. ⑤ 또한 헌재는 비례대표국회의원선거에 있어서도 지역구국회의원선거에서와 같이 1,500만원 기탁금을 요구하는 것은 과도하다고 하여 헌법불합치결정을 하였다(2015헌마1160). ⑥ 지역구국회의원선거예비후보자의 기탁금 반환 사유로 예비후보자가 당의 공천심사에서 탈락하고 후보자등록을 하지 않았을 경우를 규정하지 않은 공직선거법 규정이 청구인의 재산권을 침해하였다고 보고 헌법불합치결정을 하되 계속적용을 명한 결정도 있다(2016헌마541). ⑦ 지방자치단체의 장선거의 예비후보자가 공천심사에서 탈락한 경우 기탁금 1,000만원을 반환하지 않게 한 공직선거법 제57조 제1항 중 제1호 다목의 '지방자치단체의 장선거'에 관한 부분에 대해서도 위 ⑥과 동일한 취지의 헌법불합치결정을 하였다(헌재 2020. 9. 24, 2018헌가15등). 위 ⑥, ⑦과 같은 경우(공천심사탈락 경우) 향후 반환가능성을 열어두는 것으로 규정이 2020. 3.에 개정되었다. ⑧ 또 헌재는 국립대총장선거에서의 1,000만 원의 기탁금에 대해 헌재는 총장후보자 지원자들의 무분별한 난립을 방지하고자 하여 목적정당성, 수단적합성은 인정되나 총장후보자의 자격요건 강화, 총장후보자 선정규정상 부정행위 금지 및 이에 대한 제재조항으로 선거의 과열을 방지할 수도 있고 기탁금 1,000만 원이 과다한 액수이므로 침해최소성을 갖추지 못하였고 법익균형성도 갖추지 못하여 위헌이라고 결정하였다(2014헌마274). ⑨ 대학교 총장임용후보자선거에서 강한 반환기준, 반액의 발전기금 귀속의 위헌성 — 제1차 투표에서 최종 환산득표율의 100분의 15 이상을 득표한 경우에만 기탁금의 반액을 반환하도록 하고 나머지 기탁금은 발전기금에 귀속되도록 규정한 '대구교육대학교 총장임용후보자 선정규정'은 위헌이라는 결정(2019헌마825)도 있었다. * 기탁금 문제는 그 액수 자체의 과다성과 반환요건의 고율성 양자의 문제가 있다. 전자에 관한 위헌성 인정결정들은 위에서 인용되었고 후자의 위헌성이 인정된 예들도 전자의 예들에 많이 포함되어 있어서 여기선 별도로 보지 않았다(정리된 후자의 결정례들에 대해서는 헌법학, 제 2 판, 1245면 참조).

반면 합헌성인정의 결정례들도 있었다. 헌재는 ① 시 · 도지사 후보자 기탁금 5천만 규정이 공무담임권이나 평등권을 침해하지 않는다고 판단하였고(95헌마108, 2002헌마383등, 2018헌마128등), ② 대통령선거 예비후보자등록신청자에게 대통령선거 기탁금의 100분의 20에 해당하는 금액인 6,000만원을 기탁금으로 납부하도록 정한 공직선거법 규정은 대통령선거가 가장 중요한 국가권력담당자를 선출하는 선거로서 후보난립의 유인이 다른 선거에 비해 훨씬 더 많다는 점 등을 고려하면 기탁금 액수가 적정하여 과잉금지원칙을 준수한 것이라고 보고 기각결정을 했다(2012헌마402).

(3) 기　타

헌재는 비례대표지방의회의원 당선인이 선거범죄로 인하여 당선무효된 때 차순위후보자의 승계를 인정하지 않는 것은 차순위후보자의 귀책사유에서 비롯된 것이 아니라 당선인의 선거범죄로 인한 것이므로 자기책임의 범위를 벗어나고 과잉금지원칙을 위배하여 차순위후보자의 공무담임권을 침해한 것이라고 하여 위헌결정을 하였다(2007헌마40, 2009헌마350). 임기만료일 전 180일 이내에 비례대표국회의원에 궐원이 생긴 때에 승계를 부정하는 규정에 대해서도 헌재는 과잉금지원칙을 위배하여 차순위후보자의 공무담임권을 침해한 위헌이라고 보아 헌법불합치결정을 하였고(2008헌마413), 이후 현행법은 120일 이내로 축소되었다(동법 제200조 제 2 항 참조).

제 5 절 선거운동권

선거운동은 선거권자가 할 수도 있고 피선거권자인 입후보자에 있어서는 선거운동권이 물론 중요하므로 선거운동 문제는 선거권이나 피선거권 어디에서나 살펴볼 대상이다. 여기서 별도로 보는 이유도 거기에 있다. 선거운동권은 앞의 언론·출판의 자유와도 밀접하다.

Ⅰ. 선거운동권의 개념과 헌법적 근거

공직선거법 제58조 제 1 항은 이 법에서 "선거운동"이라 함은 당선되거나 되게 하거나 되지 못하게 하기 위한 행위를 말한다고 개념정의를 하면서, 다만, 1. 선거에 관한 단순한 의견개진 및 의사표시, 2. 입후보와 선거운동을 위한 준비행위, 3. 정당의 후보자 추천에 관한 단순한 지지·반대의 의견개진 및 의사표시, 4. 통상적인 정당활동, 5. 설날·추석 등 명절 및 석가탄신일·기독탄신일 등에 하는 의례적인 인사말을 문자메시지로 전송하는 행위는 선거운동으로 보지 아니한다. 헌재는 공선법 제58조 제 1 항의 '선거운동'이란, 특정 후보자의 당선 내지 이를 위한 득표에 필요한 모든 행위 또는 특정 후보자의 낙선에 필요한 모든 행위 중 당선 또는 낙선을 위한 것이라는 목적의사가 객관적으로 인정될 수 있는 능동적·계획적 행위를 말한다고 본다(93헌가4, 2011헌바153). 시민단체가 부적격후보라고 보아 낙선운동을 전개했던 이른바 제 3 자편의 낙선운동(서로 경쟁하는 양후보자가 아닌 시민단체가 제 3 자로서 벌인 낙선운동)이 논란된 바 있다. 헌재는 제 3 자편의 낙선운동이 경쟁하는 후보자편의 낙선운동이 취하는 운동방법과 실제로 다를 것이 없다고 보고 이를 규제하는 것은 불가피한 조치라고 하여 기각결정을 하였다(2000헌마121).

선거운동을 할 권리는 선거권(제24조), 피선거권(제25조)에서 나온다. 선거운동과정에서 정치적 의사의 표명이 이루어진다는 점에서는 언론·출판·집회·결사의 표현의 자유(제21조)로도 보호될 수 있다.

[투표참여 권유활동] 누구든지 투표참여를 권유하는 행위를 할 수 있다. 다만, 특정 정당 또는 후보자(후보자가 되려는 사람 포함)를 지지 · 추천 · 반대하는 내용을 포함하여 하는 경우 등에는 그러하지 아니하다(공직선거법 제58조의2). 헌재는 여기 특정 정당, 후보자 지지 · 추천 · 반대 권유행위가 '선거운동'에 해당하는 권유행위에 한정되지 않는다고 본다. 선거운동 목적이 인정되지 않아도 선거의 공정성을 침해할 우려가 있으면 규제필요성이 있기 때문이라고 본다(2020헌마1275).

Ⅱ. 선거운동 자유의 원칙

공직선거법은 "누구든지 자유롭게 선거운동을 할 수 있다"라고 하여 선거운동의 자유주의를 명시하고 있다(법 제58조 제 2 항 본문). 동법은 선거의 자유를 방해하는 경우에 처벌하도록 규정하고 있다(동법 제237조 제 1 항). 선거의 자유는 선거의 5대원칙의 하나이기도 하다. 그러나 공직선거법은 동법 또는 다른 법률의 규정에 의하여 금지 또는 제한되는 경우에는 그러하지 아니하다고 규정하여(동법 제58조 제 2 항 단서) 선거의 자유에 대한 제한을 가하고 있다.

Ⅲ. 선거운동방법

선거운동의 방법으로는 지지를 호소하는 집회개최 및 집회에서의 연설, 대담이나 토론회를 통한 운동, 그리고 후보 자신의 장점을 부각시키려는 선전벽보, 선거공보 등의 인쇄물에 의한 운동, 현수막 등에 의한 운동, 신문 · 방송에 의한 광고, 연설을 통한 운동 등이 있다. 오늘날 전기통신, 방송, 인터넷 등 여러 가지 multimedia 대중매체, SNS(Social Network Service) 등에 의한 선거운동 등 그 방식이 확대되고 있다. 공직선거법은 여러 선거운동방법에 대한 규제를 가하고 있다.

Ⅳ. 선거운동권의 제한

1. 법정주의와 선거공영제

선거공영제란 선거의 관리를 국가가 담당하게 하고 선거에 소요되는 경비를 후보자나 정당이 아닌 국가가 부담하게 하는 제도를 말한다. 우리 헌법은 "선거운동은 각급 선거관리위원회의 관리 하에 법률이 정하는 범위 안에서 하되, 균등한 기회가 보장되어야 한다"라고 규정하고 "선거에 관한 경비는 법률이 정하는 경우를 제외하고는 정당 또는 후보자에게 부담시킬 수 없다"라고 규정하여(제116조 제 1 항 · 제 2 항) 선거운동에 관한 규제를 법률에 맡기는 ① 법정주의(法定主義)를 채택하고 있고, 후보자들 간의 선거운동의 기회를 동등하게 보장하도록 ② 균등주의를 그 원칙으로 하며 ③ 선거공영제를 명시하고 있다.

2. 시간적 제한

(1) 사전선거운동의 금지, 선거일 선거운동금지

현행 공직선거법은 "선거운동은 선거기간개시일부터 선거일 전일까지에 한하여 할 수 있다"라고 하여 선거운동기간을 한정하고 사전선거운동금지원칙을 규정하고 있다(법 제59조 본문). 사전선거운동금지가 위헌인지가 논란되었으나 헌재는 합헌으로 보아 왔다(93헌가4, 94헌마97, 2005헌바32, 2011헌바153, 2014헌바253, 2021헌바301, 2024헌바450). 그런데 지금은 허용되고 있으나 금지되던 이전 제59조 중 각 선거운동기간 전에 '개별적으로 대면하여 말로 하는 선거운동' 부분은 위헌이라고 판단한 2018헌바146 결정(이 결정은 바로 아래 '말로 하는 선거운동' 부분 참조)이 "제59조 본문이 헌법에 위반되지 않는다고 판시하였던 헌재 2016. 6. 30. 2014헌바253 결정 등은 이 결정과 저촉되는 범위 안에서 이를 변경하기로 한다"라고 판시하였다. 즉 '개별적으로 대면하여 말로 하는 선거운동'은 사전선거운동금지원칙의 예외로 허용되어야 하는 것으로 보는 판례변경이 된 것이다. **[선거일 운동의 원칙적 금지]** "선거일에 투표마감시각전까지 이 법에 규정된 방법을 제외하고 선거운동을 한"(즉 선거일 당일) 경우에도 처벌된다[동법 제254조 제 1 항. 이 조항(구법 조항이나 선거일 선거운동금지 처벌은 같은 취지 규정임)에 대한 합헌결정(2018헌바152)].

(2) 예 외

현행 공직선거법은 사전선거운동금지원칙에 다음의 예외를 인정하여 시간적 제한을 다소 완화하고 있다.

[예비후보자] 선거운동기간 이전이라도 예비후보자로 등록한 사람은 선거사무소를 설치하거나 명함을 직접 주거나 지지를 호소하는 행위(명함 배부, 지지호소는 예비후보자의 배우자 등도 가능), 예비후보자홍보물 우편발송행위, 선거운동을 위한 어깨띠 또는 예비후보자임을 나타내는 표지물 착용행위 등의 선거운동을 할 수 있도록 허용하고 있다(동법 제59조 단서 제 1 호, 제60조의3 제 1 항 · 제 2 항).

[문자메시지 전송] 후보자 또는 예비후보자는(이들에 한함) 선거운동 기간 전에 문자메시지를 전송하는 방법으로 선거운동을 할 수 있다(동법 제59조 단서 제 2 호. 다만, 횟수 8회를 넘을 수 없으며, 1개의 전화번호만을 사용해야 함).

[인터넷 홈페이지에 의한 사전운동] 인터넷 홈페이지 또는 그 게시판 · 대화방 등에 글이나 동영상 등을 게시하거나 전자우편을 전송하는 방법의 사전선거운동을 허용하고 있다. 다만 전자우편 전송대행업체에 위탁하여 전자우편을 전송할 수 있는 사람은 후보자와 예비후보자에 한한다(동법 제59조 단서 제 3 호).

[전화, 말로 하는 선거운동] 선거일이 아닌 때에 자동 송신장치가 설치되지 않은 전화로 직접 통화하거나 말(확성장치를 사용하거나 옥외집회에서 다중을 대상으로 하는 경우를 제외)로 하는 사전선거운동을 허용하고 있다(동법 제59조 단서 제 4 호). 지금은 이렇게 허용되나 이전에 이 '말'로 하는 선거운동은 금지되어 있었는데 헌재는 '개별적으로 대면하여 말로 지지를 호소하는 방식'의 선거운동은 돈이 들지 않는 방법으로서 후보자 간 경제력 차이에 따른 선거운동기회의 불균형 문제 등을 초래할 위험성이 낮은 데도 이까지도 금지함으로써 정치적 표현을 제한하는 것은 피해최소성을 갖추지 못한 것이고 법익의 균형성도 없어 위헌이라고 결정한 바 있다(2018헌바146). 이제는 2020년 12월 개정 후 위와 같이 개정된 범위에서 허용되고 있다.

[후보자가 되려는 사람이 명함을 직접 주는 선거운동] 후보자가 되려는 사람이 선거일 전 180일(대통령선거의 경우 선거일 전 240일)부터 해당 선거의 예비후보자등록 신청 전까지 자신의 성명 · 사진 · 전화번호 · 학력 · 경력, 그 밖에 홍보에 필요

한 사항을 게재한 명함을 직접 주거나 지지를 호소하는 행위의 사전선거운동을 허용하고 있다(동법 제59조 단서 제 5 호).

3. 인적(운동주체에 대한) 제한

(1) 선거운동이 금지되는 사람, 단체

현행 공직선거법 제58조 제 2 항 본문은 “누구든지 자유롭게 선거운동을 할 수 있다”라고 규정하여 원칙적인 자유를 선언하고 있으면서도 일정한 신분자, 즉 대한민국 국민이 아닌 자(지방선거권을 가지는 외국인은 지방선거운동을 할 수 있음), 18세 미만의 미성년자(이에 대한 합헌성인정결정 — 2012헌마287), 선거권이 없는 자(이 규정에 대한 합헌성인정결정으로 2015헌마821), 공무원(예외 있음), 각급선거관리위원회 위원, 사립학교교원(다만, 사립대학의 총장 · 학장 · 교수 · 부교수 · 조교수는 선거운동을 할 수 있다) 등은 선거운동을 할 수 없다고 규정하여 선거운동을 할 수 없는 신분을 한정열거하고 있다(동법 제60조 제 1 항). i) 위헌결정례 : (ㄱ) 상근직원에 관한 위헌결정례 — ① 한국철도공사의 상근직원에 대하여 선거운동을 금지하고 이를 위반한 경우 처벌하도록 규정한 구 공직선거법 제60조 제 1 항 제 5 호 중 해당규정과 제255조 제 1 항 제 2 호 중 해당규정에 대해 헌재는 직급이나 직무의 성격에 대한 검토 없이 일률적으로 모든 상근직원에게 선거운동을 전면적으로 금지하고 있고, 이 금지조항 아니더라도 공직선거법은 직무상 행위를 이용하여 선거운동을 하는 행위를 할 수 없고(제85조 제 3 항), 선거에 영향을 미치는 전형적인 행위도 할 수 없도록 규정하고 있어(제86조 제 1 항) 일체의 선거운동 금지 및 그 처벌은 선거운동의 자유에 대한 과도한 제한으로서 침해최소성이 없고, 법익균형성도 없어서 위헌이라고 결정하였다(2015헌바124). ② 지방공단 상근직원 — ⓐ 지방공단인 광주광역시 광산구 시설관리공단 상근직원의 경선운동을 금지 · 처벌하는 구 공직선거법 규정(제57조의6 제 1 항 본문의 ‘제60조 제 1 항 제 5 호 중 제53조 제 1 항 제 6 호 가운데 해당규정)에 대한 위헌결정(2019헌가11, [결정요지] 이 사건 공단의 상근직원은 경영에 관여하거나 실질적인 영향력을 미칠 수 있는 권한을 가지고 있지 아니하므로, 경선운동을 한다고 하여 그로 인한 부작용과 폐해가 크지 않고, 직급에 따른 업무의 내용등의 검토 없이 상근임원의 경선운동을 금지하는 데 더하여 모든 상근직원에게 금지하며, 공직선거법은 이미 이 사건 공단의 상근직원이 당내경선에 영향력을 행사하는 행위들을 금지 · 처벌하는 규정들을 마련하고 있어 일률적으로 금지 · 처벌하는 것은 정치적 표현의 자유를 과도하게 제한하는 것으로 침해최소성원칙에 위배되고 법익균형성도 없어 과잉금지원칙에 반하여 정치적 표현의 자유를 침해하므로 위헌이다), ⓑ 지방공단인 안성시시설관리공단의 상근직원의 경선운동을 금지 · 처벌하는 구 공직선거법 규정(2021헌가36. 위 ⓐ의 제57조의6 같은 항 가운데 안성시설관리공단 상근직원 해당규정. [결정요지] 위 ⓐ와 비슷한 취지) ③ 지방공사 상근직원 — ⓐ 지방공사인 서울교통공사의 상근직원의 경선운동을 금지 · 처벌하는 구 공직선거법 규정(제57조의6 제 1 항 본문의 '제60조 제 1 항 제 5 호 중 제53조 제 1 항 제 6 호 가운데 지방공기업법 제 2 조에 해당되는 부분 규정 등)에 대해서도 비슷한 취지의 위헌결정(2021헌가24)이 있었다. ⓑ 지방공사 상근직원 선거운동을 금지하고 그 위반에 대해 처벌하는 공직선거법 규정에 대한 위헌결정도 있었다(2021헌가14. [결정요지] 지방공사 상근직원의 지위와 권한에 비추어 볼 때, 지방공사의 상근직원이 공직선거에서 선거운동을 한다고 하여 그로 인한 부작용과 폐해가 일반 사기업 직원의 경우보다 크다고 보기 어렵다. 지방공사의 상근직원은 심판대상조항에 의하지 않더라도 직무상 행위를 이용하여 선거운동을 하거나 하도록 하는 행위를 할 수 없고, 선거에 영향을 미치는 전형적인 행위도 할 수 없다. 그럼에도 불구하고 선거운동 일체를 금지하고 이에 위반한 경우 처벌하는 것은 지방공사 상근직원의 선거운동의 자유를 과도하게 제한하여 침해최소성이 없어 과잉금지원칙을 위반하여 선거운동의 자유를 침해하므로, 헌법에 위반된다). ㈁ 언론인의 선거운동 금지 — 대통령령으로 정하는 언론인의 선거운동을 금지하고 그 위반 시 처벌하도록 한 구 공직선거법 규정(제60조 제 1 항 제 5 호 중 '제53조 제 1 항 제 8 호에 해당하는 자' 부분 등)에 대해 헌재는 다양한 언론매체 중에서 어느 범위의 언론인지 예측하기 어려워 포괄위임금지원칙을 위반하고 시민이 언론에 적극 참여하는 것이 보편화된 오늘날 심판대상조항들에 해당하는 언론인의 범위는 지나치게 광범위하므로 피해최소성, 법익균형성이 없어 과잉금지원칙을 위배하여 선거운동의 자유를 침해하여 위헌이라고 보았다(2013헌가1). ii) 합헌결정례 : 위의 18세 미만, 선거권없는 자 부분 등에 대한 합헌결정례는 인용했는데 그 외에 '선거에 의하여 취임하는 지방자치단체의 장'의 선거운동금지는 사인으로서의 활동과 직무상 활동이 구분되기 어려운 점 등에서 침해최소성을 가져 합헌이라고 본다(2018헌바90).

(2) 공무원의 선거중립의무

공직선거법 제 9 조 제 1 항은 공무원 기타 정치적 중립을 지켜야 하는 자는 선거에 대한 부당한 영향력의 행사 기타 선거결과에 영향을 미치는 행위를 하여서는 아니 된다고 공무원의 중립의무를 규정하고 있다. 여기서의 공무원의 범위가 어떠한지 특히 대통령이 포함되는지 하는 문제가 논란이 되었다. 선거의 중립에 영향을 미칠 수 있는 공무원들은 모두 포함된다고 볼 것이다. 헌재 판례도 같은 입장으로 대통령도 포함된다고 본다(2004헌나1. 비슷한 취지로 2007헌마700). 다만, 헌재는 국회의원과 지방의회의원은 정당의 대표자이자 선거운동의 주체로서의 지위로 말미암아 선거에서의 정치적 중립성이 요구될 수 없으므로 중립의무를 지지 않는다고 본다.

[결정례] ① 공무원지위 이용금지규정에 대한 위헌결정 : 형벌체계상 불균형 — 헌재는 공직선거법 제85조 제 1 항 중 “공무원이 지위를 이용하여 선거에 영향을 미치는 행위” 부분은 합헌이라고 보았으나 그 행위를 처벌하는 규정인 동법 제255조 제 5 항 중 제85조 제 1 항의 “공무원이 지위를 이용하여 선거에 영향을 미치는 행위” 부분은 다른 금지조항인 동법 제86조 제 1 항 위반에 대한 처벌조항 등에 비하여 강한 형벌을 규정하여 형벌체계상의 균형에 어긋나 위헌이라고 결정하였다(2015헌바6). ② 공무원의 선거운동의 기획에 참여하거나 그 기획의 실시에 관여하는 행위 금지부분(구 공직선거법 제86조 제 1 항 제 2 호 해당 부분 등)은 “공무원의 지위를 이용하지 아니한 행위에 대하여 적용하는 한” 위헌이라는 한정위헌결정이 있었다(2006헌마1096). ③ 지방의회의원의 ‘공무원 지위이용’ 선거운동 금지의 합헌성 인정 — 앞서 선거에서의 공무원의 정치적 중립의무 대상 범위에 지방의회의원은 제외되는 것이 헌재의 입장임을 언급하였는데 그러나 헌재는 ‘공무원 지위이용 선거운동죄 조항’(공직선거법 제85조 제 2 항과 그 위반에 대해 처벌하는 조항)은 지방의회의원에 대해서도 적용된다고 한다(2018헌바3 합헌).

4. 방법상 제한 등

선거운동방법에 대하여는 공직선거법이 많은 규제를 하고 있다. 중요 규제들을 살펴본다.

* 선거운동 방법 규제에 대한 헌법재판에서는 ‘정치적 표현의 자유’의 침해 여부 문제로 판단하는 헌재 판례가 많다.

(1) 탈법방법에 의한 문서 · 도화의 배부 · 게시 등 금지

바로 아래에 i), ii)에서 보듯이 2022년에 적지 않은 부분들이 헌법불합치결정들이 난 공직선거법 제93조 제 1 항이 논란되어 왔고 이전의 합헌결정들이 있었는데 이 헌법불합치결정들로 판례변경도 많이 되었다. 이 헌법불합치결정들로 앞으로 개정이 있겠는데 아직 개정되지 않은 그 조항은 "누구든지 선거일 전 180일(2023년 8월 30일 개정 시 120일로 변경)부터 선거일까지 선거에 영향을 미치게 하기 위하여 공직선거법의 규정에 의하지 아니하고는 정당 또는 후보자를 지지 · 추천하거나 반대하는 내용이 포함되어 있거나 정당의 명칭 또는 후보자의 성명을 나타내는 광고, 인사장, 벽보, 사진, 문서 · 도화, 인쇄물이나 녹음 · 녹화테이프 그 밖에 이와 유사한 것을 배부 · 첩부 · 살포 · 상영 또는 게시할 수 없다"라고 규정하고 있다.(동법 제93조 제 1 항 본문). i) **[제93조 제 1 항 본문 중 '광고, 문서 · 도화 첩부 · 게시' 부분, 그 처벌조항에 대한 헌법불합치결정(포괄적 금지규정인 점이 문제)]** 헌재는 위 제93조 제 1 항 본문 중 '광고, 문서 · 도화 첩부 · 게시' 부분, 그리고 그 위반에 대한 처벌조항인 제255조 제 2 항 제 5 호 중 '제93조 제 1 항 본문의 광고, 문서 · 도화 첩부 · 게시'에 관한 부분에 대해 2022년에 다음의 이유로 헌법불합치결정을 했다(2018헌바357등). 광고, 문서 · 도화는 시설물 등과 비교하여 보더라도 투입되는 비용이 상대적으로 적어 경제력 차이로 인한 선거 기회 불균형의 문제가 크지 않고, 선거 기회의 불균형에 대한 우려는 공직선거법상 선거비용 제한 · 보전 제도나 그 종류나 금액 등을 제한하는 수단을 마련하여 방지할 수 있으며, 무분별한 흑색선전, 허위사실유포 등에 대한 규제도 공직선거법에 이미 도입되어 있다. 문서 · 도화게시 등 금지조항은 입법목적 달성을 위하여 필요한 범위를 넘어 광고, 문서 · 도화의 첩부 · 게시를 통한 정치적 표현을 장기간 동안 포괄적으로 금지 · 처벌하고 있으므로 침해의 최소성에 반한다. 또한 법익의 균형성에도 위배된다. 따라서 이 금지조항은 과잉금지원칙에 반하여 정치적 표현의 자유를 침해한다(종전 합헌결정을 판례변경한 것임). ii) **[같은 제93조 제 1 항 본문 중 '벽보 게시, 인쇄물 배부 · 게시'에 관한 부분 및 그 처벌조항에 대한 헌법불합치결정]** 또 헌재는 위 제93조 제 1 항 본문 중 '벽보 게시, 인쇄물 배부 · 게시'에 관한 부분 및 그 위반에 대한 처벌조항인 제255조

제 2 항 제 5 호 중 '제93조 제 1 항 본문의 벽보 게시, 인쇄물 배부 · 게시'에 관한 부분에 대해 2022년에 위 결정과 비슷한 이유로 헌법불합치결정을 했다(2017헌바100등). iii) 한편 위 조항 본문에서 '그 밖에 이와 유사한 것'에 해당되는 경우라고 하여 규제한 데 대해 명확성원칙, 비례(과잉금지)원칙 위배 여부가 논란이 된 사안들이 있었다. 그러한 사안들에 대한 다음과 같은 중요한 결정례들이 있었다. ① 휴대전화 문자메시지 전송 금지의 합헌성 인정 — 후보자의 성명을 나타내는 일정한 내용의 휴대전화 문자메시지 전송을 위 '기타 이와 유사한 것'에 의거하여 금지하는 것은 선거운동의 자유를 침해한다는 주장의 헌법소원심판이 청구된 바 있다. 위헌의견이 재판관 5인의견으로 다수의견이었으나 위헌결정에 필요한 6인의 찬성요건을 충족하지 못하여 합헌으로 결정되었다(2007헌바24). ② 인터넷 활용, SNS활용 선거운동금지의 위헌성 인정 — 헌재는 위 '기타(그 밖에) 이와 유사한 것'에 인터넷 활용, 트위터 등 SNS에 의한 방법, 즉 '정보통신망을 이용하여 인터넷 홈페이지 또는 그 게시판 · 대화방 등에 글이나 동영상 등 정보를 게시하거나 전자우편을 전송하는 방법'이 포함되는 것으로 해석하는 한 헌법에 위반된다는 한정위헌결정을 하였다. 그 결정이유로서 정치적 표현 및 선거운동의 자유의 중요성을 고려하면, 그리고 인터넷은 누구나 손쉽게 접근 가능한 매체이고, 비용이 매우 저렴하여 선거운동비용을 획기적으로 낮출 수 있는 정치공간으로 오히려 매체의 특성 자체가 '기회의 균형성, 투명성, 저비용성의 제고'라는 공직선거법의 목적에 부합하는 것이라고도 볼 수 있어 그 제한이 후보자 간의 경제력 차이에 따른 불균형이라는 폐해를 방지한다는 입법목적의 달성을 위한 적절한 수단이라 할 수 없고, 금지기간이 장기라는 점(이 결정 당시인 2011년에 선거일 전 180일부터 선거일까지), 허위사실공표나 비방 등을 처벌하는 조항을 따로 두고 있다는 점에서 피해최소성 요건을 충족시키지 못하며 법익균형성도 갖추지 못하여 비례(과잉금지)원칙에 위배하여 선거운동의 자유 내지 정치적 표현의 자유를 침해하는 것으로서 헌법에 위반된다고 판단하였다(헌재 2011. 12. 29, 2007헌마1001). ③ UCC활용 금지의 위헌성 인정— 정당 또는 후보자를 지지 · 추천하거나 반대하는 내용이 포함되어 있거나 정당의 명칭 또는 후보자의 성명을 나타내는 'UCC'(User-Created Contents, 이용자제작콘텐츠)의 제작 · 배포를 위 '기타 이와 유사한 것'에 의거하여 금지하는 것은 선거인의 표현의 자유를

침해한다는 주장의 헌법소원심판사건에서 위헌의견이 재판관 5인의 다수의견이었으나 기각(합헌성인정)된 바 있었다(2007헌마718). 그러나 위 ②의 2007헌마1001 결정으로 UCC활용 금지가 위헌으로 결정되었다(선례인 기각결정 2007헌마718 결정을 폐기하는 판례변경. UCC활용이 인터넷활용이므로 위 ② 결정으로 판례변경됨).

(2) 위헌성 인정례

위 위헌성 결정례들 외 아래와 같은 위헌성 인정례들이 있다.

[인터넷선거운동실명제] 인터넷언론사는 선거운동기간 중 당해 인터넷홈페이지의 게시판 · 대화방 등에 정당 · 후보자에 대한 지지 · 반대의 문자 · 음성 · 화상 또는 동영상 등의 정보를 게시할 수 있도록 하는 경우에는 실명을 확인받도록 하는 기술적 조치를 하여야 하고 “실명인증”의 표시가 없는 정당이나 후보자에 대한 지지 · 반대의 정보 등이 게시된 경우에는 지체 없이 이를 삭제하여야 한다고 하여 실명제가 실시되고 있었다(동법 제82조의6). 헌재는 이 실명제가 비례(과잉금지)원칙을 준수하여 합헌이라고 결정(2008헌마324, 2012헌마734)하였다가 비슷한 취지의 실명확인제를 규정한 이후의 같은 법 같은 제82조의6 제1항 등에 대해 위헌으로 결정하였다(2018헌마456. 앞의 언론의 자유 부분 참조).

[선거운동에서의 명함교부에 관한 위헌결정] ① 예비후보자의 배우자가 그와 함께 다니는 사람 중에서 지정한 각 1명이 명함을 주거나 지지를 호소할 수 있도록 한 규정은 배우자 없는 예비후보자의 평등권을 침해하여 위헌이라고 결정하였다(2011헌마267). ② 예비후보자가 아닌 본후보자의 경우에도 동지의 위헌결정이 있었다. 즉 본후보자의 배우자가 그와 함께 다니는 사람 중에서 지정한 1명도 명함교부를 할 수 있도록 한 공직선거법에 대해 배우자 없는 후보자의 평등권을 침해한다는 위헌결정이 있었다(2016헌마287).

[선거에 영향을 미치게 하기 위한 시설물설치 등 금지 · 처벌조항에 관한 헌법불합치결정들] 공직선거법 제90조 제1항 제1호는 “누구든지 선거일 전 180일 … 부터 선거일까지 선거에 영향을 미치게 하기 위하여 화환 · 풍선 · 간판 · 현수막 · 애드벌룬 · 기구류 또는 선전탑, 그 밖의 광고물이나 광고시설을 설치 · 진열 · 게시 · 배부하는 행위를 할 수 없다”라고 규정하고 동항 제2호는 “표찰이나 그 밖의 표시물을 착용 또는 배부하는 행위”를 할 수 없다고 규정하고 있다.

이 조항 중 부분 규정들에 대한 아래의 헌법불합치결정들이 있었다.

i) 헌법불합치결정된 부분 : ① 제90조 제 1 항 제 1 호 중 '현수막, 그 밖의 광고물 게시'에 관한 부분, 제256조 제 3 항 제 1 호 아목 중 '제90조 제 1 항 제 1 호의 현수막, 그 밖의 광고물 게시'에 관한 부분, ② 제90조 제 1 항 제 1 호 중 '현수막, 그 밖의 광고물 설치 · 게시'에 관한 부분(* 설치도 포함), 같은 항 제 2 호 중 '그 밖의 표시물 착용'에 관한 부분, 제256조 제 3 항 제 1 호 아목 중 위 금지조항 위반시의 처벌조항 부분(2017헌가100등), ③ 제90조 제 1 항 제 1 호 중 '그 밖의 광고물 게시'에 관한 부분, 제256조 제 3 항 제 1 호 아목 중 위 금지조항 위반시의 처벌조항 부분(2021헌바301), ④ 제90조 제 1 항 제 1 호 중 '그 밖의 광고물 설치 · 진열 · 게시'에 관한 부분, 같은 항 제 2 호 중 '그 밖의 표시물 착용'에 관한 부분, 제256조 제 3 항 제 1 호 아목 중 위 금지조항 위반시의 처벌조항 부분(2017헌가1등).

ii) 결정이유요지 — * 위 결정들의 이유는 전부 비슷한 취지인데 아래와 같이 요약된다. * 위 조항들은 광고물 · 표시물은 투입되는 비용에 따라 홍보 효과에도 상당한 차이가 발생할 수 있어 선거에서의 기회 불균형을 야기할 수 있으나 이 같은 문제는 공직선거법상 선거비용 규제(선거비용 제한 · 보전 제도, 공직선거법 제121조, 122조의2 등) 등을 통해서도 충분히 해소할 수 있어 과도한 비용을 들여 광고물 등을 설치 · 게시하는 행위를 제한하는 등의 다른 수단에 의하더라도 입법목적을 달성할 수 있음에도, 그리고 무분별한 흑색선전, 허위사실유포나 비방 등을 방지하기 위한 불가피한 수단에 해당한다고 보기 어려운데도(이러한 비난, 비방 등은 직접적으로 금지하는 규정으로 대처해야 할 문제이고, 공직선거법에 이미 그 금지규정이 있다) 광고물 게시 등을 통한 정치적 표현을 장기간(선거일 전 180일부터 선거일까지 장기간) 포괄적으로 금지하고 처벌하여 침해최소성을 충족하지 못하고 법익의 균형성에도 위배된다고 본다(계속적용의 헌법불합치결정 2017헌가1등, 2017헌바100등, 2018헌바357. 이 결정들을 그대로 따르면서 '그 밖의 광고물 게시'에 관한 부분, 그 처벌조항인 제256조 제 3 항 제 1 호 아목 중 위 금지조항 위반시 처벌조항 부분에 대해 "헌법에 합치되지 아니함을 확인한다"라는 주문의 결정한 예 : 2021헌바301)(위 결정들은 종전 합헌결정들을 판례변경한 것임).

[선거에 영향을 미치게 하기 위한 화환의 설치의 금지 · 처벌조항에 대한 헌법불합치결정] 위 제90조 제 1 항 제 1 호의 화환설치 금지와 위반시 처벌하는 제256조 해당 조항에 대해서도 헌재는 헌법불합치결정을 했다(2023헌가12. [결정요지] 규제기간을 '선거일 전 180일부터 선거일까지'로 장기간이 국민들의 정치적 표현의 자유를 상시적으로 제한하게 되어 기본권 제한의 정도가 지나치게 크다. 화환 설치는 경제적 차이로 인한 선거 기회 불균형을 야기

할 수 있으나, 그런 우려가 있더라도 공직선거법상 선거비용 규제 등을 통해서도 충분히 해소할 수 있다. 후보자 비방 금지 규정 등을 통해 무분별한 흑색선전 등의 방지도 가능하여 불가피하다고 보기도 어렵다. 이런 점들에서 침해최소성이 없고 법익균형성도 없어 과잉금지원칙에 위배되어 정치적 표현의 자유를 침해한다).

[선거에 영향을 미치게 하기 위한 인쇄물 살포의 금지 · 처벌조항에 대한 헌법불합치결정] 헌재는 이를 금지하고 위반시 처벌하는 공직선거법 제93조 제 1 항 본문 해당 조항 등이 인쇄물은 투입비용이 상대적으로 적어 경제력 차이로 인한 선거 기회 불균형의 문제가 크지 않고, 그러한 우려도 선거비용 규제나 인쇄물의 금액 제한 등을 통해 방지할 수 있고 공직선거법상 후보자 비방금지 규정 등을 통해 무분별한 흑색선전 등의 방지도 가능한 점을 종합하면 침해최소성에 반하여, 법익균형성도 없어 정치적 표현의 자유를 침해한다고 하여 헌법불합치결정을 했다(2023헌가4).

[선거에 영향을 미치게 하기 위한 집회나 모임(향우회 · 종친회 · 동창회 · 단합대회 · 야유회가 아닌 것) 개최 금지 · 처벌조항에 대한 단순위헌결정] 이 금지 · 처벌조항(구 공직선거법 제103조 제 3 항 중 해당 부분, 제256조 제 2 항(이후 제 3 항) 제 1 호 카목 중 위 금지위반에 대한 처벌 규정)에 대해 헌재는 후보자의 선거비용 제한 · 보전 제도와 함께, 일반 유권자가 과도한 비용을 들이거나 참석자에게 금전적 이익 등을 제공하는 집회 개최, 선거의 공정성에 구체적인 해악을 발생시키는 것이 명백한 집회(* 필자 주—'명백하고도 현존하는 위험 원칙')에서의 정치적 표현 행위 등을 한정적으로 제한하고 위반행위를 제재하는 수단을 통해서도, 선거에서의 기회 균등과 선거의 공정과 평온을 달성하려는 입법목적은 충분히 달성할 수 있는데도 일률적 · 전면적으로 금지하고 있으므로 침해의 최소성에 반하고 법익균형성도 없다고 하여 위헌결정을 하였다(2018헌바357등, 동지 : 2018헌바164)(종전 합헌결정을 판례변경한 것임).

[선거운동기간 중 표시물(어깨띠, 모양과 색상이 동일한 모자나 옷, 표찰 · 수기 · 마스코트 등) 사용 선거운동 금지 · 처벌 조항에 대한 헌법불합치결정] 헌재는 이를 규정한 구 공직선거법 제68조 제 2 항 및 제255조 제 1 항 제 5 호 중 '제68조 제 2 항'에 관한 부분이, 표시물 투입비용에 따른 홍보 효과 차이로 기회불균형을 야기할 수 있으나 이는 공직선거법상 선거비용 제한 규정이나 표시물의 가액, 종류 등에 대한 제한 수단 마련을 통해 선거에서의 기회 균등이라는 목적 달성이

가능하며, 공직선거법상 별도로 후보자 비방 금지 규정 등이 있어 그 방지 등을 위한 불가피한 수단이라고 보기도 어려우므로, 심판대상조항은 필요한 범위를 넘어 표시물을 사용한 선거운동을 포괄적으로 금지·처벌하는 것으로서 침해최소성에 반하고 법익균형성도 없어 과잉금지원칙에 반하여 정치적 표현의 자유를 침해한다고 보아 헌법불합치결정했다(2017헌가4).

[후보자가 되고자 하는 사람에 대한 비방죄 조항에 대한 단순위헌결정] 헌재는 '후보자가 되고자 하는 자'를 비방한 행위를 처벌하는 공직선거법 제251조의 그 부분이 처벌대상이 넓혀져 있고, 비방의 대상은 그것이 사실이기만 하면 허위의 사실인지 진실한 사실인지는 불문하며, 형법 제307조 제 1 항의 사실 적시 명예훼손죄로 처벌하여 그 가벌성을 확보할 수 있으며 표현의 자유에 대한 위축효과가 발생할 수 있어 침해최소성을 가지지 않아 위헌이라고 결정했다(2023헌바78. 이 결정은 합헌결정 선례 2011헌바75 결정을 변경한 것이고 이 결정에서 허위사실공표처벌 조항은 선례 유지하여 합헌으로 결정함).

5. 그외 합헌성 인정례

[공무원 당내 경선운동 금지] 공무원에 대한 이 금지에 대해서는 지방공단, 지방공사 등의 상근직원과 달리 합헌으로 결정되었다(2018헌바149).

['직무이용금지조항'의 합헌성 인정] 공직선거법 제85조 제 3 항 중 '누구든지 종교적인 기관·단체 등의 조직 내에서의 직무상 행위를 이용하여 그 구성원에 대하여 선거운동을 하거나 하게 할 수 없다' 부분에 대해서는 합헌성 인정 결정들(2021헌바233, 2024헌바450)이 있었다.

[선거여론조사공표금지] 누구든지 선거일 전 6일부터 선거일의 투표마감시각까지 선거에 관하여 정당에 대한 지지도나 당선인을 예상하게 하는 여론조사(모의투표나 인기투표에 의한 경우를 포함)의 경위와 그 결과를 공표하거나 인용하여 보도할 수 없다(동법 제108조 제 1 항). 헌재는 지금의 금지기간인 6일보다 더 긴 금지기간을 두었던 이전의 공표금지규정들에 대해 합헌성을 인정하는 결정들을 한 바 있었다(92헌마177, 97헌마362, 98헌바64).

[사퇴대가 금전제공 처벌의 합헌성] 헌재는 교육감선거와 관련하여 후보자를 사퇴한 데 대한 대가를 목적으로 후보자이었던 자에게 금전을 제공한 사람을

형사처벌하도록 하고 있는 공직선거법 제232조 제 1 항 제 2 호 부분을 합헌으로 결정하였다(2012헌바47).

[기부행위금지조항 합헌성 인정] 이 조항(공직선거법 제113조) 중 '후보자가 되고자 하는 자' 부분이 명확성원칙, 과잉금지원칙을 준수하여 합헌결정을 하였다(2007헌바29, 2009헌바201, 2013헌바106, 2018헌바149, 2018헌바223).

제6장 청 구 권

제1절 총 론

Ⅰ. 개념과 기능

청구권은 기본권이 침해되었을 때에 이를 구제해주고 기본권의 보호를 해줄 것을 국가에 대해 요구할 수 있는 권리를 말한다. 기본권이 실효성을 가지기 위하여서는 기본권이 침해되었을 때에 그 침해에 대한 구제가 전제되지 않으면 안 된다. 따라서 청구권은 기본권의 실효화라는 중요한 기능을 수행하는 기본권이다. 청구권은 이와 같이 사후적 구제기능이 중점적이나 사전적·예방적 구제제도로서의 기능을 할 수 있는 청구권도 있다.

Ⅱ. 법적 성격

1. 권리성, 실정권성 문제

청구권은 기본권구제를 위한 국가제도가 운영됨으로써 얻는 반사적 이익이라는 견해가 있었으나 청구권은 기본권구제를 국가에 대해 요구할 수 있는 힘을 가진 것이므로 어디까지나 권리로서의 성격을 가진다. 또한 청구권이 이를 실현하는 국가의 제도(예를 들어 재판제도 등)의 정비를 필요로 한다는 현실적

이유로 실정권으로 보는 경향이 강하나 청구권이 실정제도로 실현되어야 한다는 것은 실정화의 문제이지 청구권 자체의 성격은 아니다.

2. 권리구제수단성, 적극적 권리성

청구권은 권리침해에 있어서 구제를 위한 것이라는 수단적인 성격을 가지고 과정실현적인 의미를 가지는 기본권이다. 또한 청구권은 기본권구제를 위한 제도의 마련과 확충(예를 들어 재판제도의 확충), 기본권구제활동을 국가에 요구할 수 있는 권리라는 점에서 적극성을 가지는 권리이다.

3. 직접적 권리성

청구권의 실현에 구제에 관한 법률이나 국가제도의 정비가 요구되는 것은 사실이다. 그러나 그렇다고 하여 청구권을 입법방침(Programm)적인 것에 불과하다거나 추상적 권리라고만 말할 수 없고 직접적이고 구체적 권리로서의 효력을 가진다. 왜냐하면 법률이 청구권실현을 위한 구체적 제도를 규정하지 않아 기본권의 구제를 받지 못하고 있을 경우에 그 제도를 규정할 것을 국민이 요구할 힘이 청구권 규정에서 나온다고 보아야 하기 때문이다. 더구나 청구권이 기본권구제를 위한 기본권이고 기본권의 침해시 구제가능성이 없다면 기본권이 그 존재의미를 상실한다.

4. 절차적 권리성

청구권은 기본권을 회복해가기 위한 과정상에서 권리구제를 위한 절차를 밟거나 필요한 조치를 취해줄 것을 요구할 수 있는 절차법적인 권리로서의 성격을 강하게 가진다. 대표적으로 재판제도와 소송절차가 청구권의 절차적 권리성을 잘 보여준다.

Ⅲ. 내용 · 분류

현행 우리 헌법상의 청구권으로는 청원권, 재판청구권, 형사보상청구권, 국가배상청구권, 범죄피해자구조청구권 등이 있다. 이 외에도 자유권의 침해에 대한 청구권으로서 신체의 자유를 침해하는 경우에 대비한 구속적부심사청구권, 재산권침해에 대한 손실보상청구권 등이 있다. 성질상으로는 사후적 구제권으로서의 청구권과 사전예방적 보호를 위한 청구권으로 나눌 수도 있을 것이다. 청원권은 사후적 구제뿐 아니라 사전예방적 보호를 위해서도 행사될 수 있고, 재판청구권에도 가처분재판의 청구권과 같이 사전예방적인 것이 있다.

제 2 절 청 원 권

Ⅰ. 청원권의 개념과 법규정

청원이란 국민이 국가기관이나 지방자치단체의 기관에 대해 희망이나 요구사항을 들어줄 것을 바라는 내용이나 의견을 진술할 수 있는 권리를 말한다.

헌법 제26조 제 1 항은 "법률이 정하는 바에 의하여" 청원할 권리를 가진다고 규정함으로써 청원권의 행사절차 등을 법률로 정하도록 하고 있는데 이러한 헌법의 위임을 받아 제정된 법률이 청원법이다. 특별법규정으로는 국회법과 지방자치법 등에 청원에 관한 규정들이 있다.

Ⅱ. 청원의 법적 성격과 유용성 및 특색

1. 법적 성격과 유용성 문제

청원권은 자신의 기본권이나 이익이 침해된 사람이 이의 구제를 받기 위하여 행정기관 등에 그 시정을 요구하는 권리로서 기본권구제적 권리로서 청구권의 성격을 가지는 것은 물론이다. 청원권은 사전적 · 예방적 구제권으로서의 성격도 가진다. 청원은 권리구제적 기능 외에 청원에는 정치적 의사의 표시를 담을 수도 있으므로 민주제적 기능을 하기도 한다.

오늘날 쟁송제도의 발달 등으로 청원의 유용성에 대해 회의적인 견해가 있다. 그러나 쟁송제도가 가지는 번거로움이나 시간적 · 경제적 비용에 비해 그 행사절차가 간편하므로 여전히 유용성이 있다.

2. 특색 — 타 권리구제제도(행정쟁송)와의 비교

행정쟁송(행정심판과 행정소송)은 자신의 법률상 이익이 침해된 경우에만 제기할 수 있는데 비해 청원은 법적 권리나 이익이 침해되지 않더라도 행사가 가능하여 자신의 권리가 침해되지 않은 제3자가 타인의 권리를 위해, 시민이 공익을 위하여도 그리고 장래 발생할 침해에 대해서도 청원을 할 수 있다. 행정쟁송 중에 취소쟁송 등에는 제기기간이 있는 반면에 청원은 기간의 제한이 없이 언제든지 행사가 가능하다.

Ⅲ. 청원권의 주체와 대상기관 및 청원의 내용

1. 주체와 대상기관

헌법 제26조는 '국민'이라고 명시하고 있으나 외국인에게도 인정되고 법인에게도 인정된다. 제3자를 통한 청원도 가능하다(2003헌바108). 현행 헌법 제26조 제1항은 청원대상기관으로 국가기관만 명시하고 하고 있으나 헌법규정의 국가기관은 예시규정이고 국가기관 외에 지방자치단체나 행정권을 행사하는 기관들도 그 대상기관이 된다.

2. 청원의 내용

청원법 제5조는 청원사항으로, 피해의 구제, 공무원의 위법·부당한 행위에 대한 시정이나 징계의 요구, 법률·명령·조례·규칙 등의 제정·개정 또는 폐지 등으로 규정하고 있다. 청원법 제6조는 청원처리를 하지 아니할 수 있는 사항으로, 국가기밀 또는 공무상 비밀에 관한 사항으로 감사·수사·재판·행정심판 등 다른 법령에 의한 조사·불복 또는 구제절차가 진행중인 때, 허위의 사실로 타인으로 하여금 형사처분 또는 징계처분을 받게 하거나 국가기관 등의 명예를 실추시키는 사항, 사인간의 권리관계 또는 개인의 사생활에 관한 사항인 때 등을 규정하고 있다. 또한 청원법 제25조는 타인을 모해(謀害)할 목적으로 허위의 사실을 적시한 청원을 하여서는 아니 된다고 규정하고 있다.

Ⅳ. 청원의 요건과 방식 및 절차

1. 방식과 요건

(1) 문서주의

청원은 문서(전자문서를 포함)로 하여야 한다(제26조; 청원법 제 9 조).

(2) 소개요건

국회나 지방의회에 청원을 하기 위해서는 의원의 소개를 얻어야 한다(국회법 제123조 제 1 항, 지방자치법 제85조 제 1 항). 헌재는 의원의 소개를 얻도록 한 것은 불필요한 청원을 억제하여 청원의 효율적인 심사를 제고하기 위한 것이라고 보아 합헌으로 판단하였다(2005헌마604, 97헌마54).

한편, 이후 국회법 제123조 제 1 항이 의원의 소개를 받지 않더라도 국회규칙으로 정하는 기간 동안 국회규칙으로 정하는 일정한 수 이상의 국민의 동의를 받으면 국회에 청원할 수 있도록 개정되어 청원의 요건이 보다 완화되었다.

2. 절 차

청원서는 해당 청원사항을 담당하는 청원기관에 제출하여야 한다(청원법 제11조 제 1 항). 청원기관의 장은 청원사항이 다른 기관 소관인 경우에는 지체 없이 소관 기관에 청원서를 이송하고 이를 청원인에게 알려야 한다(동법 제15조 제 2 항).

3. 처리결과 통지의 기간

청원기관의 장은 청원심의회의 심의를 거쳐 청원을 처리하여야 한다(심의생략가능, 동법 제21조 제 1 항). 청원기관의 장은 청원을 접수한 때에는 특별한 사유가 없으면 90일 이내에 처리결과를 청원인에게 알려야 하고 청원기관의 장은 부득이한 사유로 90일 이내에 청원을 처리하기 곤란한 경우에는 60일의 범위에서 한 차례만 처리기간을 연장할 수 있는데 이 경우 그 사유와 처리예정기한을 지체 없이 청원인에게 알려야 한다(동법 동조 제 2, 3 항).

Ⅴ. 청원권행사의 효과

청원권의 보호범위로서 청원권행사는 대상기관에 대해 3가지의 의무를 지운다. ① 수리(접수), ② 심사(조사)·처리, ③ 처리결과통지를 할 의무가 그것이다(동법 제12조, 제14조, 제18조, 제21조 참조). 헌재는 "청원권의 보호범위에는 청원사항의 처리결과에 심판서나 재결서에 준하여 이유를 명시할 것까지를 요구하는 것은 포함되지 아니한다"라고 한다(93헌마213). 누구든지 청원을 하였다는 이유로 차별대우하거나 불이익을 강요당해서는 아니 된다(동법 제26조).

청원의 처리결과가 통지되었다면 그 결과가 청원인에게 만족스럽지 못하다고 하여 이후에 청원처리의 결과 자체를 대상으로 다른 사법적 구제, 즉 헌법소원이나 행정쟁송을 청구하거나 제기할 수는 없다(93헌마213). 청원처리결과 자체에 대한 것이 아니라 청원의 원인이 된 공권력작용 자체에 대해 본인이 헌법소원을 청구하거나 행정쟁송을 제기할 수는 있으나, 단 헌법소원의 청구요건, 행정쟁송의 제기요건을 갖추어야 가능하다.

〈사례15〉

A라는 사람이 어떤 행정작용으로 인해 기본권이 침해되고 있어 친구 B가 소관 국가기관에 전자문서로 청원을 하였는데 접수일부터 30일이 지난 날에 그 국가기관이 그 행정작용을 하게 된 사유 등을 검토한 뒤 불가하다는 처리결과를 그 이유를 밝히면서 통지하였다. 이후 A는 그 통지가 아니라 그 행정작용 자체를 대상으로 행정쟁송을 제기하려고 한다. 이 사안에 대해 청원권의 법리에 비추어 살펴보세요.

기본권이 직접 침해되지 않은 친구라도 청원을 할 수 있고 전자문서도 문서이므로 그 청원은 적법하게 이루어진 것이었고 그 국가기관이 통지기간을 준수하여 청원처리절차도 적법하였다. 본인인 A가 청원처리결과가 아닌 문제의 행정작용 자체를 대상으로 행정쟁송을 제기할 수는 있는데 단 그 제기요건을 갖추어야 한다.

Ⅵ. 청원권의 한계

청원법 제 6 조 소정의 사항에 해당하는 경우에는 처리를 하지 아니할 수 있다. 국회법도 재판에 간섭하거나 국가기관을 모독하는, 또는 국가기밀에 관한 내용의 청원은 접수하지 않도록 규정하고 있다(국회법 제123조 제 4 항). 타인을 모해할 목적으로 허위의 사실을 적시한 청원도 금지된다(청원법 제25조). 청원처리결과 자체에 대해 행정쟁송, 헌법소원을 청구할 수 없다는 앞서 본 효과상의 한계도 있다.

* 유신헌법하 긴급조치의 청원권 침해 — 유신헌법의 개정 또는 폐지를 주장, 발의, 제안 또는 청원하는 일체의 행위를 금하는 긴급조치 제 1 호, 제 9 호 등의 규정에 대해 대법원은 청원권을 심각하게 제한하는 것이라고 판시하고 무효선언하였다(대법원 2010. 12. 16, 2010도5986; 대법원(결정) 2013. 4. 18, 2011초기689). 헌재도 같은 취지의 결정을 한 바 있다(2013. 3. 21, 2010헌바132).

제 3 절 재판청구권

Ⅰ. 재판청구권의 개념과 법적 성격

1. 개 념

재판청구권이란 자신의 기본권을 침해당하였거나 기본권을 보호받지 못한 사람 또는 기본권침해를 예방하고자 하는 사람이 재판절차를 통해 적절한 구제의 판결을 구할 수 있는 권리를 말한다.

2. 법적 성격

학설로는 ① 청구권설(국가에 대하여 재판을 청구하는 것을 내용으로 하는 청구권적 기본권이라는 설)과 ② 양면설(재판을 청구할 수 있는 적극적 측면의 청구권과 헌법과 법률이 정한 법관이 아닌 자에 의한 재판 및 법률에 의하지 아니한 재판을 받지 않을 소극적 측면의 자유권이라는 양면성을 가진다고 보는 설), ③ 제도적 보장설(절차적 기본권으로서 제도적 보장이라는 설) 등이 대립되고 있다. 헌재판례는 "재판청구권과 같은 절차적 기본권은 원칙적으로 제도적 보장의 성격이 강하기 때문에, 자유권적 기본권 등 다른 기본권의 경우와 비교하여 볼 때 상대적으로 광범위한 입법형성권이 인정된다"라고 한다 (2003헌가7, 2008헌바162, 2013헌바178, 2014헌가7 등). 생각건대 헌법과 법률에 의한 재판을 받지 않을 권리라는 것은, 공정한 재판을 통하여 침해된 권리를 원래 상태로 회복하는 등의 적극적 권리구제를 받을 권리로서의 기능을 한다는 점에서 적극적 성격의 청구권이다. 한편 재판청구권은 재판을 제기함에 방해를 받지 않을, 자유권에서와 같은 소극적인 방해배제효과를 포함하는데 이는 다른 청구권도 마찬가지이다.

재판청구권은 실체적인 권리의 회복에 이르는 과정으로서 절차적 공권으로서의 성격을 강하게 가진다는 점에 특색이 있다. 재판청구권의 실현을 위한 법률로는 헌법재판소법, 민사소송법, 형사소송법, 행정소송법 등 많다. 재판청구권의 행사는 절차적인 과정으로서 절차를 통하여 권리의 실현과 보장이 이루어지고 그렇게 보장되는 권리관계가 실체법적 내용을 형성하게 된다.

Ⅱ. 재판청구권의 구성요소(내용)

1. '법관'에 의한 재판을 받을 권리

(1) '헌법과 법률이 정한 법관' — 자격 있는 법관에 의한 재판을 받을 권리

헌법 제27조 제1항은 "헌법과 법률이 정한 법관"이라고 명시하고 있다. "헌법과 법률이 정한 법관"이란 다음과 같다. ① 헌법과 법률이 정한 자격을 갖추어야 한다(제101조 제3항). ② 헌법과 법률에 정해진 임명절차에 따라 임명된 법관이어야 한다. 대법원장은 국회의 동의를 얻어, 대법관은 대법원장의 제청으로 국회의 동의를 얻어 대통령이 임명하고 일반법관은 대법관회의의 동의를 얻어 대법원장이 임명한다(제104조). ③ 신분보장이 되는 법관이어야 한다. ④ 헌법 제103조에 따라 물적(직무상 · 재판상) 독립된, 즉 헌법과 법률에 의하여 그 양심에 따라 독립하여 심판하는 법관이어야 한다. ⑤ 법률상 제척(除斥)이나 기타의 사유로 당해 재판에 관여하는 것이 금지되어 있지 아니한 법관이어야 한다.

(2) 적용범위

모든 재판은 사실관계를 입증하고 확정하는 단계의 재판인 사실심과 밝혀진 사실관계에 법률을 해석 · 적용하여 결론을 내리게 되는 법률심의 재판이라는 2가지 심리로 이루어진다. 법률심뿐 아니라 사실심도 법관에 의한 판단을 받을 기회가 보장되어야 한다. 대법원은 원칙적으로 법률심만 관할하므로 법원에 소송을 제기할 수 있는 기회를 하급법원이 아니라 대법원부터 인정하는 것은 법관에 의하여 사실관계의 판단을 받을 권리를 박탈하는 결과를 가져온다. ① 그리하여 과거 특허소송의 경우 법률심인 대법원에의 소송제기만을 인정하는 특허법규정이 법관에 의한 재판을 받을 권리의 본질적 내용을 침해하여 위헌이라고 판단된 바 있다(92헌가11. 변호사징계결정에 관해서도 비슷한 취지의 위헌결정이 있었다. 2001헌가18 참조). 지금은 특허소송이 2심제로 되어 있다. ② 비슷한 취지로 과거 대한변호사협회징계위원회에서 징계를 받은 변호사는 법무부변호사징계위원회에서의 이의절차를 밟은 후 곧바로 대법원에 즉시항고하도록 하고 있었던 구 변호사법(2000. 1. 28. 법률 제6207호로 개정된 것) 제100조 제 4 항 내지 제 6 항이 법관에 의한 사실확정 및 법률적용의 기회를 박탈한 것으로서 헌법상 국민에게 보장된 "법관에 의한" 재판을 받을 권리를 침해하는 위헌규정이라고 결정하여(99헌가9, 2001헌가18) 지금은 법무부징계위원회의 결정에 대해 행정법원에 소를 제기할 수 있도록 하고 있다. ③ 반면 법관에 대한 징계처분 취소청구소송을 대법원의 단심재판에 의하도록 한 구 법관징계법 제27조는 합헌이라고 결정하였다(2009헌바34). 헌재는 독립적으로 사법권을 행사하는 법관이라는 지위의 특수성 및 준사법절차인 법관에 대한 징계절차의 특수성을 입법자가 감안하여 재판의 신속을 도모한 것이어서 그 합리성을 인정할 수 있다고 한다. 그리고 대법원이 법관에 대한 징계처분 취소청구소송을 단심으로 재판하는 경우에는 법률심인 상고심으로서 사실확정에는 관여하지 않는 다른 재판과 달리 심리의 범위에 관하여 아무런 제한이 없어 사실확정도 대법원의 권한에 속하므로, 법관에 의한 사실확정의 기회가 박탈되었다고 볼 수도 없다고 하여 결국 헌법 제27조 제 1 항에 위반된다고 할 수 없다고 그 합헌이유를 밝히고 있다.

(3) 법관에 의한 재판인지가 논란되는 경우들

1) **통고처분** 　통고처분이란 헌재에 따르면 "법원에 의하여 자유형 또는 재산형에 처하는 과벌제도에 갈음하여 행정관청이 법규위반자에게 금전적 제재를 통고하고 이를 이행한 경우에는 당해 위반행위에 대한 소추를 면하게 하는 것"을 말한다(96헌바4). 현재 통고처분제도가 도입되어 있는 예로, 도로교통법의 범칙행위, 출입국사범, 관세범, 조세에 관한 범칙사건, 경범죄처벌법의 범칙사건 등의 경우가 있다. 모든 처벌은 법원의 형사재판을 거쳐서 부과되어야 하는 것이나 통고처분은 경미한 범죄라서 정식의 형사재판을 거쳐 처벌하기에는 그 재판의 비용이나 시간이 소모적이라는 이유로 마련된 제도이다. 통고처분에 대해서는 그 자체가 법관에 의한 판단이 아니라 행정청에 의한 처벌의 부과라는 점에서 논란이 될 수 있으나 통고처분을 이행하지 않은 경우 통고처분은 효력을 잃고 이후 법관에 의한 형사재판의 기회가 예정되어 있다는 점에서 법관에 의한 재판을 받을 권리가 침해되지 않는다는 것이 학설과 판례(2002헌마275, 96헌바4)이다.

2) **즉결심판, 약식절차** 　즉결심판은 판사들이 담당하고 이후 정식재판을 청구할 수 있기에('즉결심판에 관한 절차법' 제14조), 약식절차(형소법 제448조 제1항)도 법원에 의한 재판이고 이후 정식재판을 청구할 수 있기에 헌법위반의 문제가 없다.

3) **행정심판, 국가배상심의전치 문제** 　행정심판도 실질적으로는 행정작용을 둘러싼 사법적 판단작용임에도 법관에 의한 것이 아닌 행정청에서 행하여지는 것이다. 그러나 현행 헌법 제107조 제3항 전문은 "재판의 전심절차로서 행정심판을 할 수 있다"라고 명시적으로 그 헌법적 근거를 두고 있다. 과거 국가배상소송은 배상심의회의 배상결정을 거친 후에야 제기할 수 있도록 한 전치주의도 논란되었으나 합헌으로 결정된 바 있었고(99헌바17) 이후 임의전치주의로 바뀌었다.

4) **군사법원** 　군사법원의 구성에는 일반 법관이 아닌 재판관이 참여한다. 그러나 헌법 자체가 재판관의 자격은 법률로 정하도록 하여 근거를 두고 있다(제110조 제1항·제3항, 93헌바25).

5) 배심제, 참심제 문제

[배심제와 참심제의 개념] 배심제란 법률심은 법관만이 담당하되 사실심에 있어서만 직업법관이 아닌 일반 시민들이 판단자로 참여하여 그 판단(평결)에 법관이 구속되어 판결하는 제도를 말한다. 참심제란 사실심에서뿐 아니라 법률심에도 일반 시민이 직업법관과 더불어 판단자로서 참여하는 제도를 말한다.

[현행 헌법 하에서의 도입(합헌성 여부) 문제] 배심제와 참심제의 도입이 국민의 사법참여를 가져오는 민주적 의의를 가지는 것이다. 문제는 현행 헌법 하에서 배심제, 참심제가 합헌인지, 그리하여 헌법개정 없이도 도입할 수 있는지 여부이다. ① 전면긍정설, ② 제한적 긍정설(참심제는 위헌이나 배심제는 사실문제에만 시민이 참여하므로 합헌이라고 보는 설), ③ 전면부정설 등이 있다. 문제의 주된 쟁점은 헌법 제27조의 법관은 제101조 제 3 항에 따라 자격이 법률로 정해지고 제105조 제 3 항 · 제 4 항, 제106조에 따라 임기제, 정년제, 신분상 독립이 보장되는 법관(직업법관)만을 의미하는지, 아니면 직업법관이 사실심, 법률심 모두를 재판하면서 일반 시민이 참여하는 것은 가능한지 하는 점이다. 또한 배심제에서는 사실심의 판단을 배심단에 맡기는데 사실심재판은 직업법관에 의하지 않아도 되는 것인지 하는 점도 문제되는데 이 문제에 대해서는 위에서 본 대로 우리 헌재는 사실심재판도 직업법관에 의하여 재판받을 권리가 보장되어야 한다고 보기에(위의 (2) 참조) 부정적인 결론에 이르게 된다. 이 점에서 헌법개정을 통한 헌법상 근거규정 마련 없이 배심제를 도입하는 데에 논란이 있었던 것이다.

[부분적 도입] 2007년 6월에 '국민의 형사재판 참여에 관한 법률'이 제정되어 완전한 성격의 배심제는 아니지만 국민참여재판 배심원제도가 시행되고 있다. 동법은 국민참여재판이 적용되는 대상사건, 배심원의 자격요건과 선정절차, 국민참여재판 배심원의 평의 및 평결절차 등에 대해 규정하고 있다. 피고인이 국민참여재판을 원하지 아니하거나 배제결정이 있는 경우는 국민참여재판을 하지 아니한다(법 제 5 조 제 2 항). 헌재는 배심재판을 받을 권리를 헌법상 권리로 보장하고 있는 미국의 경우와 달리 우리 헌법상 재판을 받을 권리의 보호범위에는 배심재판을 받을 권리가 포함되지 아니한다고 하여 "그 밖에 국민참여재판으로 진행하는 것이 적절하지 아니하다고 인정되는 경우" 국민참여재판을 하지 아니하기로 하는 결정을 할 수 있다고 규정한 위 법률 제 9 조 제 1

항 제3호에 대해 재판청구권침해가 아니고, 그 권리가 위 법률에서 정하는 대상 사건에 해당하는 한 피고인은 원칙적으로 국민참여재판으로 재판을 받을 법률상 권리를 가진다고 하면서 적법절차 위반이 아니라고 보아 합헌결정을 하였다(2012헌바298)('국민참여재판을 받을 권리'는 헌법 제27조 제1항에서 규정한 재판을 받을 권리의 보호범위에 속하지 않는다고 본 다른 결정례 : 2001헌가18; 2008헌바12; 2014헌바447 등). 배심원의 자격으로 동법 제16조가 만 20세 이상으로 정한 것은 자의적인 차별이 아니라고 합헌결정을 했다(2019헌가19). 배심원이 유죄평결을 한 경우 양형에 관한 의견도 개진하도록 하고 있다. 위에서 본 대로 배심제가 위헌논란이 있기에 위헌의 소지를 없애기 위해 배심원의 평결과 양형에 관한 의견은 법원을 기속하지 아니하도록 하고 있다(동법 제46조 제5항).

2. '헌법과 법률'에 의한 재판을 받을 권리

[헌법에 의한 재판] 헌법 제27조 제1항은 '법률에 의한 재판을 받을 권리'만을 명시하고 있지만 '헌법'에 의한 재판은 당연하다. 더구나 헌법에 위반되는 법률을 적용하여 재판을 할 수 없으므로 헌법에 의한 재판이 되어야 한다.

[법률에 의한 재판] 재판에서 법관은 형사법, 민사법 등 모든 분야의 법률들 중에 당해 재판에서 관련되는 법률들을 해석하고 적용하여 재판한다. 실체법적인 법률뿐 아니라 절차법적인 법률도 물론 재판에서 적용된다(90헌바35). 형식적 법률뿐 아니라 긴급명령이나 긴급재정경제명령과 같은 법률의 효력을 가지는(제76조 제1항·제2항) 규범과 법률의 효력을 가지는 국제조약도 실질적 의미의 법률로 재판에 적용될 수 있다. 재판에 적용되는 법률은 합헌인 법률이어야 함은 물론이다. 법률이 헌법에 위반되는 여부가 재판의 전제가 된 경우에는 법원은 헌재에 제청하여 그 심판에 의하여 재판한다(제107조 제1항).

[합헌·합법적 명령에 의한 재판] 법률의 위임을 받아 제정되는 대통령령 등도(제75조) 재판에 적용된다. 위헌·위법명령심사권이 법원에 주어져 있고 위헌·위법인 명령을 적용해서는 아니 된다. 대법원규칙(제108조), 헌법재판소규칙(제113조 제1항)도 재판에 적용된다.

[불문법 등의 경우] 법규범의 부재를 이유로 재판을 거부할 수는 없고 명시적 법규범을 찾을 수 없을 때에는 조리(條理) 등의 불문법도 재판에 적용된다.

3. 여러 유형의 '재판'을 받을 권리

[헌법재판] 국민은 자신의 기본권이 침해되었을 때에 헌재에 헌법소원심판을, 법원재판에서 재판의 전제가 된 법률이 헌법에 위반된다고 보면 법원이 헌법재판소에 위헌심판을 제청해줄 것을 신청할 수 있다(제111조 제 1 항 제 5 호, 제107조 제 2 항). 법원이 제청신청을 받아들이지 않을 때(기각할 때) 국민은 헌법소원을 통하여 그 법률의 위헌 여부를 심판받을 수 있다(헌재법 제68조 제 2 항).

[민사재판 · 형사재판 · 행정재판] 국민은 민사재판, 형사재판을 청구할 권리가 있고 행정청의 처분 등에 대하여 행정소송을 청구할 수 있다.

4. 대법원의 재판을 받을 권리

법원은 최고법원인 대법원과 각급법원으로 조직되므로(제101조 제 2 항), 국민은 최고법원인 대법원의 재판을 받을 권리를 가진다. 상고심의 제한 문제 등에 대해서는 재판청구권 제한에서 살펴본다(후술 참조).

5. 군사법원의 재판을 받지 않을 권리

헌법은 일정한 경우에 군사법원의 재판을 받도록 하고 있는데(후술 참조) 그러한 경우에 해당되지 않는 한 일반 국민은 군사법원의 재판을 받지 않는다.

6. 재판출석 · 변론권

재판청구권은 재판에 출석하여 변론하는 권리를 포함함은 물론이다. 수용자에 대한 출정제한행위의 재판출석 · 변론권 침해를 인정한 다음의 예가 있다. '민사재판 등 소송 수용자 출정비용 징수에 관한 지침' 규정에 의하면, 교도소장은 수형자가 출정비용을 예납하지 않았거나 영치금과의 상계에 동의하지 않았다고 하더라도 우선 수형자를 출정시키고 사후에 출정비용을 받거나 영치금과의 상계를 통하여 출정비용을 회수하여야 한다. 헌재는 이러하여야 함에도 교도소장이 출정비용납부거부 또는 상계동의거부를 이유로 수용자의 행정소송 변론기일 출정을 제한한 행위는 위 지침을 위반하여 직접 재판에 출석하여 변론할 권리를 침해함으로써, 형벌의 집행을 위하여 필요한 한도를 벗어나 청구인의 재판청구권을 과도하게 침해한 것으로서 위헌임을 확인하는 결정을 한 바 있다(2010헌마475).

7. 공정한 재판, 공개재판, 신속한 재판을 받을 권리

(1) 공정한 재판을 받을 권리

[개념] 공정한 재판을 받을 권리가 현행 우리 헌법에 직접 명시되어 있지는 않으나 정의를 구현하여 권리구제를 하여야 할 재판은 당연히 공정한 재판을 의미하므로 헌법 제27조 제1항의 재판청구권의 일반적 규정에 내재되어 있다. 공정한 재판을 받을 권리란 ① 헌법과 법률이 정한 자격이 있는 법관에 의한 재판, ② 신분보장과 독립성을 갖춘 법관에 의한 양심에 따른 재판, ③ 헌법과 합헌적 법률에 따른 재판, ④ 공개된 재판, ⑤ 당사자주의와 구두변론주의, 공격과 방어권이 보장되는 재판 등의 요소를 갖춘 재판을 말한다(95헌가5 참조).

[구체적 문제] i) 위헌성인정례 : 형사재판에 있어서 공정한 재판을 받을 권리를 침해하여 헌재가 위헌이라고 본 대표적인 몇 가지 예를 보면, ① 그 인정범위가 지나친 궐석재판의 인정, 중형을 선고할 사안에서의 궐석재판의 인정은 위헌이라고 보았다(97헌바22, 95헌가5). ② 특히 형사재판에서 증거조사절차 등의 공정성이 공정한 재판을 받을 권리에서 핵심적으로 중요한데 헌재는 제1회 공판기일 전 증인신문제도에서 피고인 등의 참여를 법관의 재량사항으로 하고 있었던 구 형사소송법 규정에 대해 위헌이라고 보았다(94헌바1). ③ 검사 수사기록에 대한 공판기일 전의 열람·등사신청을 정당한 사유를 밝히지 않은 채 전부 거부한 것은 위헌임을 확인한 바 있다(94헌마60). ④ 사복착용불허의 위헌성 — ㉠ 미결수용자에 대한 수사·재판시 재소자용 의류를 착용하게 하는 것은 모욕감, 수치감으로 방어권 등을 제대로 행사할 수 없게 하여 기본권제한의 비례원칙을 위반하여 공정한 재판을 받을 권리를 침해한 것으로 판결한 바 있다(97헌마137). ㉡ 헌재는 수형자의 경우에도, 즉 '형의 집행 및 수용자의 처우에 관한 법률'이 형사재판의 피고인으로 출석하는 수형자(기결수용자)에 대하여, 사복착용을 허용하는 동법 제82조를 준용하지 아니한 것(사복착용불허)이 공정한 재판을 받을 권리, 인격권, 행복추구권을 침해한다고 하여 헌법불합치 결정을 하였다(2013헌마712). 미결인 형사재판에 출석한 상황에서만큼은 어디까

지나 미결수용자와 동일한 지위에 있으므로 수형자에 대해 아무런 예외 없이 일률적으로 사복착용을 금지하는 것은 침해의 최소성 원칙을 위배하고, 법익 균형성 원칙도 위배하여 위헌성이 인정된다는 것이다. * 그런데 이 결정에서 민사재판의 당사자로 출석하는 경우에 사복 불허는 그렇지 않다고 결정하였다. ⑤ 형사소송의 항소가 제기된 경우 소송기록을 검사를 경유하여 항소법원에 송부하도록 규정한 구 형사소송법 규정이 항소심에서 피고인이 방어권행사를 제대로 하지 못하게 되는 결과를 초래할 수 있다고 하여 위헌으로 결정한 바 있다(92헌마44). ⑥ 법원의 열람·등사 허용 결정에도 불구하고 검사가 이를 신속하게 이행하지 아니하는 거부행위 — 헌재는 "수사서류에 대하여 피고인이나 변호인의 접근이 허용되지 않는다면 피고인의 방어활동이 충분히 보장되기 어렵고, … 따라서 검사가 보관하는 수사서류에 대한 변호인의 열람·등사는 실질적인 당사자 대등을 확보하고, 피고인의 신속·공정한 재판을 받을 권리를 실현하기 위하여 필요불가결하다"라고 한다. 그리하여 수사서류에 대한 "법원의 열람·등사 허용 결정에도 불구하고 검사가 이를 신속하게 이행하지 아니하는 거부행위는 피고인의 신속·공정한 재판을 받을 권리"를 침해하여 위헌으로 확인하였다(2009헌마257. 수사서류에 대한 법원의 열람·등사 허용결정에도 불구하고 검사가 열람은 허용하면서 '등사'는 거부한 행위에 대한 동지의 결정 : 2015헌마632). ⑦ 압수물은 공소사실의 입증뿐만 아니라 피고인에게도 유리한 자료(반증 및 양형자료 등)로 사용될 수 있는데, 위험발생의 염려가 없는 압수물임에도 사건종결 전에 임의로 이를 폐기한 행위는 공정한 재판을 받을 권리를 침해하여 위헌임을 확인한다는 결정이 선고된 바 있다(2011헌마351). ⑧ 정정보도청구의 소를 구 '언론중재 및 피해구제 등에 관한 법률' 규정이 민사집행법상의 가처분절차에 의하여 재판하도록 규정하고 있었는데 이로써 정정보도청구의 소송에서는 그 청구원인을 구성하는 사실의 인정을 '증명' 대신 '소명'으로 할 수 있게 하여 증명을 배제하고 그 대신 간이한 소명으로 이를 대체할 수 있게 함으로써 소송을 당한 언론사에게 충분한 증거제출이나 방어기회를 주지 않는 것은 피해자의 보호만을 우선하여 언론사의 방어권을 심각하게 제약하므로 공정한 재판을 받을 권리를 침해한다고 하여 위헌으로 선언되었다(2005헌마165). ⑨ 검사가 증인으로 채택된 수감자를 그 증언에 이르기까지 145회 검사실로 소환하여 피고인 측

변호인의 접근을 차단하고 증인을 회유·압박하는 한편, 편의를 제공하기도 한 행위(99헌마496), ⑩ 국가정보원직원법 제17조 제2항 중 "직원(퇴직한 자를 포함한다)이 사건당사자로서 직무상의 비밀에 속한 사항을 진술하고자 할 때에는 미리 원장의 허가를 받아야 한다"라는 규정(2001헌가28), ⑪ 사건종결 전 위험하지 않은 압수물의 폐기행위(2011헌마351), ⑫ '성폭력범죄의 처벌 등에 관한 특례법' 제30조 제6항 중 '제1항에 따라 촬영한 영상물에 수록된 피해자의 진술은 공판준비기일 또는 공판기일에 조사 과정에 동석하였던 신뢰관계에 있는 사람 또는 진술조력인의 진술에 의하여 그 성립의 진정함이 인정된 경우에 증거로 할 수 있다' 부분 가운데 19세 미만 성폭력범죄 피해자에 관한 부분(2018헌바524. [결정요지] 증인지원제도들, 즉 심리의 비공개, 피해자의 신상정보의 누설 방지, 피고인과의 대면 등으로 인한 충격 방지를 위한 피고인 퇴정, 비디오 등 중계장치에 의한 증인신문제도 등을 마련하고 있다. 위와 같은 조화적 방법을 상정할 수 있음에도 피고인의 반대신문권을 실질적으로 배제, 방어권을 과도하게 제한하여 피해최소성을 갖추지 못하였고, 법익균형성 요건도 갖추지 못하여 공정한 재판을 받을 권리를 침해하는 위헌이다) 등도 공정한 재판을 받을 권리를 침해한 것으로 위헌이라 결정한 바 있다.

ii) 합헌성인정례 : ① 소송구조에 대한 재판을 소송기록을 보관하고 있는 법원이 하도록 한 민사소송법 규정이 원심법원의 선입견 때문에 소송구조 신청인의 공정한 재판을 받을 권리를 침해한다는 주장에 대해 본안사건의 판단으로부터 자유로운 소송구조 전담재판부가 소송구조 여부를 판단함으로써 원심법원의 선입견을 배제할 수 있다고 보아 합헌성을 인정하였다(2015헌마105). ② 헌법재판에 있어서도 재판관에 대한 제척·기피 및 회피제도가 있는데(동법 24조) 당사자는 동일한 사건에 대하여 2명 이상의 재판관을 기피할 수 없도록 제한하고 있다(동법 동조 제4항). 이 제한에 대해 헌재는 '공정한 헌법재판을 받을 권리'도 '공정한 재판을 받을 권리'에 포함되는데 이 규정은 재판관의 결원은 곧 결원되는 수만큼 합헌 또는 기각의견이 확정되는 것과 같은 결과가 된다는 점, 기피제도 외에도 공정한 재판을 보장하기 위한 방법으로 제척과 회피제도가 마련되어 있는 점 등에서 침해최소성을 갖추는 등 과잉금지원칙을 준수하여 합헌성이 인정된다고 결정하였다(2015헌마902).

(2) 공개재판을 받을 권리

헌법은 "형사피고인은 상당한 이유가 없는 한 지체없이 공개재판을 받을 권리를 가진다"라고 규정하여(제27조 제 3 항 후문) 공개재판원칙을 형사재판에 대해 명시하고 있다. 이는 국민의 신체의 자유에 대한 제약을 가져올 수 있는 중요한 문제를 다루는 형사재판에서 특히 공개재판을 강조한 것이다. 그러나 공개재판의 원칙은 형사재판만이 아니라 모든 재판에 적용된다. 즉 헌법 제109조는 "재판의 심리와 판결은 공개한다. 다만, 심리는 국가의 안전보장 또는 안녕질서를 방해하거나 선량한 풍속을 해할 염려가 있을 때에는 법원의 결정으로 공개하지 아니할 수 있다"라고 규정하고 있다. 재판의 심리가 비공개로 진행되었더라도 판결은 공개되어야 한다. 공개재판에 대해서는 사법부의 사법절차 부분에서 살펴본다(후술 제 4 부 법원 참조).

(3) 신속한 재판을 받을 권리

[의의 · 성격] 모든 국민은 신속한 재판을 받을 권리를 가진다(제27조 제 3 항 전문). 형사피고인은 상당한 이유가 없는 한 '지체없이' 공개재판을 받을 권리를 가진다(제27조 제 3 항 후문). 형사재판의 경우에 신속한 재판의 요구가 더 강하여 헌법이 이를 특별히 직접 명시하고 있다. 재판의 신속성이 요구되는 이유는 재판이 장기화되었다면 승소를 하더라도 그동안의 고통이나 비용으로 권리구제가 효과적이지 못한 것이 되고 또한 재판의 장기화로 입증의 어려움과 법관계의 불안정이 지속되기에 이를 막기 위함에 있다. 어느 특정의 재판에서 당사자가 판결을 언제까지는 내려줄 것을 요구할 구체적 권리가 신속한 재판을 받을 권리의 헌법규정으로부터 나오느냐 하는 문제가 있는데 헌재는 신속한 재판을 받을 권리로부터 재판기간을 일률적으로 규정해야 할 국가의 입법의무가 도출된다고 할 수 없다고 하여 부정적으로 본다(98헌마75). 헌법상 보장되는 기본권인 '신속한 재판을 받을 권리'에는 '신속한 헌법재판을 받을 권리'도 포함된다(2012헌마2, 2024헌사1250).

[구체적 문제] 위헌성 인정례 : ① 구속기간의 연장(90헌마82 — 구성요건이 특별히 복잡한 것도 아니고 사건의 성질상 증거수집이 더욱 어려운 것도 아님에도 불구하고 연장할 수 있게 한 것의 위헌성. 2002헌마193 — 군사법원법의 적용대상이 되는 모든 범죄에 대하여 수사기관의 구속

기간의 연장을 허용하는 것은 그 과도한 광범성으로 인하여 과잉금지의 원칙에 어긋나 위헌임), ② 검사 수사기록에 대한 공판기일 전 열람·등사신청을 정당한 사유없이 거부한 행위(94헌마60), ③ 형사소송에서 항소를 제기한 경우 원심 소송기록을 검사를 거쳐서 항소법원에 송부하도록 한 구 형사소송법 규정(92헌마44), ④ 법원의 열람·등사 허용 결정에도 불구하고 검사가 이를 신속하게 이행하지 아니하는 거부행위(2009헌마257. 수사서류에 대한 법원의 열람·등사 허용결정에도 불구하고 검사가 열람은 허용하면서 '등사'는 거부한 행위에 대한 동지의 결정 : 2015헌마632), ⑤ 별건 확정기록 열람·등사거부 — 청구인에 대한 공소제기 후 별건으로 공소제기되고 확정되어 검사가 보관하고 있는 서류에 대하여 법원의 열람·등사 허용 결정이 있었음에도 검사가 청구인 형사사건과의 관련성을 부정하면서 그 열람·등사를 거부한 행위가 청구인의 신속하고 공정한 재판을 받을 권리 및 변호인의 조력을 받을 권리를 침해하여 위헌으로 확인한 결정(2019헌마356. 헌재는 법원이 열람·등사를 허용하도록 명한 이상, 법치국가와 권력분립의 원칙상 검사로서는 당연히 법원의 그 결정에 지체 없이 따라야 하며, 이는 별건으로 확정된 관련 형사사건 기록에 관한 경우에도 마찬가지라고 본다) 등이 신속한 재판을 받을 권리의 침해로 위헌이라고 판단되었다.

8. 형사피해자의 재판절차진술권

[의의·기능] 헌법 제27조 제5항은 "형사피해자는 법률이 정하는 바에 의하여 당해 사건의 재판절차에서 진술할 수 있다"라고 규정하고 있다. 이 권리는 형사피해자가 받은 기본권침해에 대해 기본권구제기관인 법원의 재판과정에서 자신의 주장을 담은 진술을 할 기회를 가짐으로써 직접 그 구제를 도모할 수 있는 권리이다. 헌재는 이 권리의 인정이유를 "피해자 등에 의한 사인소추를 전면 배제하고 형사소추권을 검사에게 독점시키고 있는 현행 기소독점주의"를 들고 있다(2002헌마533). 검사가 기소하지 않으면 물론이고 기소하더라도 민사재판과 달리 당사자가 되지 못하는 피해자가 재판에서의 진술의 기회를 가지지 못하면 자신의 권리구제가 충분히 실현되지 못할 수 있다는 고려에서 형사피해자에게 인정되는 기본권이다. 재판절차진술권은 아울러 피해자의 진술을 법관이 청취하고 이를 살핌으로써 실체적 진실발견에 조력하고 공정한 재판을 이끌게 하는 기능도 가질 수 있다. 재판절차진술권은 특히 불기소처분

에 대해 헌법소원심판을 청구할 수 있는 근거가 되었다는 점에서 의미가 컸다. 검사가 불기소처분을 하여 형사재판이 이루어지지 않으면 재판절차진술권의 침해가 되고 그리하여 불기소처분이 기본권(재판절차진술권)의 침해가 되므로 불기소처분에 대해서는 기본권구제제도인 헌법소원심판을 청구할 수 있는 것이다. 과거에 검사의 불기소처분에 대한 시정방법인 법원에 의한 재정신청제도가 한정된 범죄에 대해서만 인정되고 있었기에 헌법소원심판제도가 중요한 기능을 하였다. 개정된 형사소송법은 재정신청 대상을 모든 범죄로 확대하여 지금은 범죄피해자가 고소인인 경우에는 재정신청이 가능하므로 불기소처분에 대한 헌법소원심판청구의 가능성은 없어졌다. 그러나 범죄피해자가 고소하지 않은 경우에는 헌법소원심판을 청구할 수 있다(자세한 것은 뒤의 헌법소원심판 부분 참조).

[주체] 이 권리의 주체는 형사피해자이다. 헌법 제30조의 범죄피해자구조청구권의 주체로서의 범죄피해자보다 넓은 개념이다. 범죄피해자구조청구권의 주체는 사망, 장해 또는 중상해를 입은 사람인데 비해 재판절차진술권의 주체는 모든 범죄의 피해자이다. 또한 헌재는 피해자가 그 범죄로부터 지키려는 보호법익의 주체가 아닐지라도 그 범죄로 인하여 법률상 불이익을 받게 될 경우에도 형사피해자에 해당된다고 본다. 그리하여 위증죄가 직접적으로는 개인적 법익에 관한 범죄가 아니고 그 보호법익은 원칙적으로 국가의 심판작용의 공정(公正)이라 하여도 위증으로 인하여 불이익한 재판을 받게 되는 사건 당사자는 재판절차진술권의 주체인 형사피해자가 된다고 하여 형사피해자의 개념을 넓게 인정한다(90헌마91).

[형성적 법률유보와 심사정도] 헌재는 "형사피해자의 재판절차진술권에 관한 헌법 제27조 제5항이 정한 법률유보는 이른바 기본권 형성적 법률유보에 해당하고, … 어떠한 내용으로 구체화할 것인가에 관하여는 입법자에게 입법형성의 자유가 부여되고 있으므로, 그것이 재량의 범위를 넘어 명백히 불합리한 경우에 비로소 위헌의 문제가 생길 수 있다. 따라서 … 명백히 불합리하여 … 재판절차진술권을 침해하는지 여부를 살펴본다"라고 한다(2020헌마468).

[내용] 형사소송법이 피해자의 진술권에 관한 구체적 내용을 규정하고 있다. 법원은 범죄로 인한 피해자, 그 법정대리인 등의 신청이 있는 때에는 그 피해자 등을 증인으로 신문하여야 한다. 법원은 그 신문에서 피해의 정도 및

결과, 피고인의 처벌에 관한 의견, 그 밖에 당해 사건에 관한 의견을 진술할 기회를 주어야 한다(형소법 제294조의2 제1항·제2항).

[구체적 문제] 재판절차진술권의 침해라고 하여 문제가 된 사항을 몇 가지 보면, i) 위헌(확인)결정례 : ① 교통사고처리특례법의 불처벌특례규정(교통사고를 중과실로 발생시켜 불구, 난치의 질병 등 이른바 중상해를 입힌 경우에도 그 차량이 단순히 자동차종합보험 등에 가입하였다는 이유만으로 공소제기조차 하지 못하도록 한 규정)의 재판절차진술권 침해 여부가 논란되었다. 헌재는 1997년에는 합헌으로 결정하였으나(90헌마110) 2009년에 재판절차진술권 침해를 인정하고 판례변경을 하여 위헌으로 결정하였다(2005헌마764). ② 가습기살균제 제품의 표시·광고 5 내지 7을 심사대상에서 제외한 공정거래위원회의 행위는 청구인(가습기살균제 건강피해를 인정받은 사람)의 평등권과 재판절차진술권을 침해한 것이므로 위헌임을 확인한다는 결정이 있었다(2016헌마773). ii) 헌법불합치결정례 : 직계혈족, 배우자, 동거친족, 동거가족 또는 그 배우자간의 권리행사방해죄는 그 형을 면제하도록 한 형법 제328조 제1항(친족상도례 조항)은 형사피해자의 의사 등에 관계없이 법원이 형을 면제하는 판결을 하도록 규정하므로 형사피해자의 재판절차진술권을 제한하는데 이 조항이 입법재량의 명백한 일탈이라고 보아 적용중지의 헌법불합치결정을 했다(2020헌마468등. [결정요지] 재판절차진술권을 어떠한 내용으로 구체화할 것인가에 관하여는 입법자에게 입법형성의 자유가 부여되고 있으므로, 재량의 범위를 넘어 명백히 불합리한 경우에 비로소 위헌문제가 생길 수 있다. 일정한 친족관계가 존재하기만 하면 피해자와 가해자 사이에 실제 어떠한 유대관계가 존재하는지 묻지 않고, 피해자의 가해자에 대한 처벌 의사 유무나 범죄행위의 태양, 피해의 규모 등을 구체적으로 고려하지 않은 채 법관으로 하여금 필요적으로 형을 면제하는 판결을 선고하도록 한 것이다. 그 적용대상 친족의 범위가 지나치게 넓다. 재산범죄의 불법성이 일반적으로 경미하여 피해자가 수인 가능한 범주에 속한다거나 피해의 회복 및 친족간 관계의 복원이 용이하다고 단정하기 어렵다. 검찰 실무상, 법률에 따라 형이 면제되는 경우에는 공소권없음의 불기소처분을 하도록 한 검찰사건사무규칙에 따라 불기소처분을 하고 있어 거의 대부분의 사안에서는 기소가 이루어지지 않고, 이에 따라 형사피해자는 재판절차에 참여할 기회를 전적으로 상실하고 있다. 형사피해자가 법관에게 적절한 형벌권을 행사하여 줄 것을 청구할 수 없도록 하는바, 이는 입법재량을 명백히 일탈하여 현저히 불합리하거나 불공정한 것으로서 형사피해자의 재판절차진술권을 침해한다. 적용중지 헌법불합치결정의 필요성: 친족 사이 신뢰와 유대의 회복가능성 등을 고려한 피해자의 가해자에 대한 처벌의 의

사표시를 소추조건으로 하는 등 여러 가지 선택가능성이 있을 수 있으며, 입법자는 충분한 사회적 합의를 거쳐 그 방안을 강구할 필요가 있다. 따라서 심판대상조항에 대하여 단순위헌결정을 하는 대신 헌법불합치결정을 선고하되 그 적용을 중지한다). 이 결정 이후 위 친족상도례조항은 일정한 재산범죄를 저지른 사람이 피해자와 친족인 경우 해당 범죄를 피해자의 고소가 있어야 공소를 제기할 수 있는 친고죄로 하고, 이 경우 자기 또는 배우자의 직계존속을 고소할 수 있도록 개정되었다. iii) 합헌결정례 : ① 14세 미만의 자를 형사책임이 면제되는 형사미성년자로 규정하고 있는 형법 제 9 조가 형사미성년자의 행위로 피해를 입은 사람의 재판절차진술권을 침해한다는 주장에 대해 헌재는 침해가 아니라고 보았다(2002헌마533). ② 형사피해자에게 약식명령을 고지하지 않고, 정식재판청구권도 인정하지 않는 형사소송법(1954. 9. 23. 법률 제341호로 제정된 것) 제452조 및 제453조 제 1 항이 재판절차진술권을 침해하지 않는다고 결정하였다(2018헌마1015).

9. 형사사건이 아닌 경우의 변호인 조력 = 재판청구권의 한 내용

헌재는 변호인의 조력을 받을 권리는 헌법과 법률의 규정 및 취지에 비추어 보면, '형사사건'에서의 변호인의 조력을 받을 권리를 의미한다고 보므로(전술 신체의 자유, 변호인조력권 부분 참조) "따라서 수형자가 형사사건의 변호인이 아닌 민사사건, 행정사건, 헌법소원사건 등에서 변호사와 접견할 경우에는 원칙적으로 헌법상 변호인의 조력을 받을 권리의 주체가 될 수 없다"라고 하고 대신 "수형자인 청구인의 입장에서는 변호사와의 자유로운 접견을 방해받게 되고, 그로 인하여 민사소송, 행정소송, 헌법소송 등에서 충분하고도 효과적인 소송수행이 어려울 수 있다"라고 하여 "따라서 수형자의 민사사건 등에 있어서의 변호사와의 접견교통권은 헌법상 재판을 받을 권리의 한 내용 또는 그로부터 파생되는 권리로서 보장될 필요가 있다"라고 한다(2002헌마478, 2011헌마122, 2011헌마398, 2012헌마858). 요컨대 수형자(형이 확정되어 수용 중인 수형자)이든 미결수용자이든 형사사건이 아닌 민사재판, 행정재판, 헌법재판의 경우에는 변호인 접견 등을 방해받으면 변호인조력권의 침해가 아니라 재판청구권의 침해가 된다는 것이 헌재의 입장이다. 이러한 헌재의 입장은 재판이 계속 중이지 않거나 재판절차와 무관한 경우에 변호인의 조력을 받을 권리는 어떻게 하는가 하는 공백문제를 제기하게 한다. 여하튼 그리하여 헌재는 ① 수용 중 교도소 측 신체검사의 위헌확인을 구하는 헌법소원을 제기한 수용자가 그 헌법소원의 국선대리인 변호사와 접촉차단시설이 설치된 녹음녹화접견실에서 접견이 이루어진 데 대해 청구한 헌법소원사건에서 헌재는 그렇게 접촉차단시설에서 수용자와 변호사가 접견하도록 규정한 구 '집행 및 수용자의 처우에 관한 법률 시행령' 제58조 제 4 항에 대해 과잉금지원칙을 위반한 재판청구권의 침해라고 보아 헌법불합치 결정을 하였다(2011헌마122). ② 수형자인 청구인이 헌법소원 사건의 국선대리인인 변호사를 접견함에 있어서 그 접견내용을 녹음, 기록한 피청구인의 행위가 청구인의 재판을 받을 권리를 침해한 것으로서 위헌임을 확인한다는 헌재결정도 있었다(2011헌마398). ③ 또한 헌재는 수용자와 민사소송 대리 변호사와의 접견을, 시간은 일반 접견과 동일하게 회당 30분 이내로, 횟수는 다른 일반 접견과 합하여 월 4회로 제한하는 것은 재판청구권을 비례원칙에 반하여 침해하는 것이어서 위헌이라고 보아 헌법불합치결정을 한 바 있다(2012헌마858. [결정요지] 일반접견으로 필요한 시기에 변호사의 조력을 받지 못할 가능성도 높아지는데, 그 성격이 전혀 다른 일반접견에 포함시켜 접견 시간 및 횟수를 제한하는 것은 침해최소성원칙에 반하고 법익균형성도 없다고 본 것이다. * 이 결정은 선례 2002헌마478 합헌결정을 변경하는 것임).

10. 변호인의 기본권 제한 — 변호사의 직업수행의 자유의 제한

헌재는 다음과 같은 제한이 변호인이 되려는 변호사의 입장에서는 직업수행의 자유의 제한이 된다고 본다. 이 점을 보여준 결정례가 소송사건의 대리인인 변호사가 수용자를 접견하고자 하는 경우에는 '소송계속 사실'을 소명할 수 있는 자료를 제출하도록 규정한 구 '형의 집행 및 수용자의 처우에 관한 법률 시행규칙' 제29조의2 제 1 항 제 2 호 중 '수형자 접견'에 관한 부분에 대한 위헌결정이다(여기서 소송사건에는 민사 · 행정 · 헌법소송 사건 외에 형사소송법상 상소권회복 및 재심 청구사건도 포함). 헌재는 "변호사접견은 앞에서 본 바와 같이 접촉차단시설이 설치되지 않은 장소에서 이루어지고 일반접견 횟수에 포함되지 않는 월 4회, 회당 60분의 추가적인 접견이 가능하여 일반접견과 상당한 차이가 있다. 따라서 소송계속 사실 소명자료를 제출하지 못하는 경우 변호사접견이 아니라 일반접견만 가능하도록 규정한 심판대상조항은 변호사인 청구인의 직업수행의 자유를 제한한다"라고 본다. 그리고 "접견의 상대방인 수형자의 재판청구권이 제한되는 효과도 함께 고려되어야 하므로, 그 심사의 강도는 일반적인 경우보다 엄격하게 해야 할 것"이라고 하여 과잉금지심사를 하였고 다음과 같이 그 위배라고 보았다. 즉 이른바 '집사 변호사' 등 소송사건과 무관하게 수형자를 접견하는 변호사의 접견권 남용행위를 방지하여 수형자들의 변호사 접견을 원활하게 실시하기 위한 입법목적은 정당하다고 보나 집사 변호사라면 오히려 얼마든지 불필요한 소송을 제기하고 변호사접견을 이용할 수 있고 보통 이를 위한 충분한 자력이 있어 접견권 남용행위 방지에 실효적인 수단이라고 보기 어려울 뿐 아니라 수형자의 재판청구권 행사에 장애를 초래할 뿐이므로 수단의 적합성이 인정되지 아니한다고 보았다. 또 접견권 남용 문제는 사후적 제재로 방지할 수 있고 그러한 금지로부터 벗어날 수 있는 예외조차 전혀 규정하지 않고 있고 특히 수형자를 위해 곧 소송을 제기하고자 하는 변호사의 접견까지도 차단하게 된다. 형사소송법상의 재심청구 사건이나 상소권회복청구 사건 등과 같이 그 요건이나 절차가 까다로운 사건에 있어서는 접견기회 부족에 따른 수형자의 재판청구권 침해 문제가 더욱 심각할 수 있어 침해최소성이 없다고 보았다(헌재 2021. 10. 28, 2018헌마60).

* 수용자의 민사재판, 행정재판, 헌법재판 등에서 대리인이 되려는 변호사는 아직 선임되기 전이라는 이유로 접촉차단시설이 설치된 장소에서 일반접견의 형태로 수용자를 접견하도록 하고 있던 구 '형의 집행 및 수용자의 처우에 관한 법률 시행령' 제58조 제 4 항 제 2 호(현행 시행령에서는 삭제)가 변호사가 수임단계에서는 수용자에게 직접 서류를 보여주는 등 충분한 정보제공, 자유로운 의사소통을 할 수 없게 하여 청구인 변호사의 직업수행의 자유를 제한한다고 헌법소원이 제기되었다. 헌재는 4인 합헌의견의 기각결정을 내렸다(2018헌마1010).

* 2022년 말에 수용자의 재판청구권 등을 실질적으로 보장하기 위하여 대통령령으로 정하는 경우에도 접촉차단시설이 설치되지 아니한 장소에서 변호인과 접견할 수 있도록 하는 '형의 집행 및 수용자의 처우에 관한 법률'의 개정이 있었다.

11. 헌법재판소 위헌결정으로 인한 재심청구권

헌법재판소법에는 법률규정에 대한 헌법소원심판에서 위헌결정이 내려진 경우('헌법소원이 인용된 경우')에 법원의 관련 재판이 이미 확정된 후라면 청구인의 기본권구제가 안되니 그 구제를 위하여 재심을 청구할 수 있게 규정하고 있다(헌재법 제75조 제 7 항, 제47조 제 3 항 및 제 4 항, 제75조 제 6 항). 이 재심청구권도 재판청구권에 포함된다고 볼 것이다. 헌재는 위 규정들에서 '헌법소원이 인용된 경우'에는 헌법재판소가 한정위헌결정을 한 경우도 포함된다고 보고 한정위헌결정을 재심사유로 인정하지 않고 있는 대법원과 달리 이를 인정하여 재심청구를 기각한 법원판결들을 재판청구권의 침해라고 하여 취소하는 결정을 하였다(2014헌마760; 2013헌마242; 2013헌마496; 2013헌마497).

12. 기　　타

i) 위헌성인정례 : 디엔에이감식시료채취영장 발부 과정에서 채취대상자에게 자신의 의견을 밝히거나 영장 발부 후 불복할 수 있는 절차 등에 관하여 규정하지 아니한 '디엔에이신원확인정보의 이용 및 보호에 관한 법률'(2010. 1. 25. 법률 제9944호로 제정된 것) 제 8 조가 위와 같은 입법상의 불비가 있어서 채취대상자들의 재판청구권을 과도하게 제한하므로 침해최소성이 없고 법익균형성도 없어 과잉금지원칙에 위배되어 재판청구권을 침해한다는 헌재의 헌법불합치 결정례가 있었다(2016헌마344). ii) 합헌성인정례 : 전자송달 간주 조항(민사소송 등에서의 전자문서 이용 등에 관한 법률 조항)은 입법자의 형성적 재량을 일탈하지 않아 재판청구권을 침해하지 않아 합헌이라는 결정이 있었다(2024. 7. 18. 2022헌바4).

Ⅲ. 재판청구권의 제한과 그 한계

1. 헌법직접적 제한

(1) 군사법원에 의한 재판

1) **평 상 시**　　군인 또는 군무원은 평상시에도 군사법원의 재판을 받는 제한이 있다. 일반 국민이 헌법규정상 평상시에 군사법원의 재판을 받는 경우는 대한민국의 영역 안에서 중대한 군사상 기밀 · 초병 · 초소 · 유독음식물공급 · 포로 · 군용물에 관한 죄 중 법률이 정한 경우이다(제27조 제 2 항 전문). 헌재는 '군사시설'에 해당하는 구 군형법 제69조 중 '전투용에 공하는 시설'을

손괴한 일반 국민이 비상계엄이 선포되지 아니한 평시에도 군사법원에서 재판받도록 규정하고 있는 구 군사법원법 규정은 위헌이라는 결정을 하였다. 평시 민간인에 대한 군사법원의 재판권 행사의 근거인 현행 헌법 제27조 제2항은 구 헌법과 달리 군사시설에 관한 죄를 삭제하였는데 이러한 헌법 개정의 취지, 군사법원의 재판권 범위에 대한 엄격해석의 필요성 등을 종합하면, 현행 헌법 제27조 제2항의 '군용물'은 '군사시설'을 포함하지 아니하는 것으로 해석함이 상당하므로 위 규정은 헌법 제27조 제2항에 위반되어, 군인 또는 군무원이 아닌 일반 국민의 헌법과 법률이 정한 법관에 의한 재판을 받을 권리를 침해하여 위헌이라고 판단한 것이다(2012헌가10).

2) **비상계엄 하** 비상계엄이 선포된 경우에는 일반 국민도 군사법원의 재판을 받는다고 헌법이 직접 명시하고 있다(제27조 제2항).

* 유신헌법 하의 비상군법회의 재판의 위헌성 — 유신헌법 하의 대통령긴급조치 제1호는 대한민국 헌법을 부정, 반대, 왜곡 행위 등을 일체금지하고 이 조치에 위반한 자는 비상군법회의에서 심판, 처단한다고 규정하였는데 헌재는 일반 국민의 헌법과 법률이 정한 법관에 의한 재판을 받을 권리를 자의적으로 광범위하게 제한함으로써 그 본질적인 내용을 침해한 것이라고 하여 위헌으로 결정하였다(2010헌바132). 대법원은 비상군법회의 규정을 두었던 긴급조치 제4호가 법관에 의한 재판을 받을 권리를 침해한 위헌무효라고 판결하였다(2011도2631).

3) **군사법원법의 개정** 이전에 군사법원제도에 있어 평상시의 군사법원의 재판, 군판사 외 심판관 재판참여, 관할관 확인제 등에 대해 논란이 있었는데 군사법원법은 2021년 개정되었다(2022. 7. 1. 시행). 이 개정으로 군사법원의 재판권에서 일정 사건들(성폭력범죄 등)을 제외하고 군사재판 항소심을 서울고등법원으로 이관하며, 관할관 확인제도 폐지와 함께 군사법원의 재판관 구성을 민간 법원의 조직구성과 유사하게 변경하는 등의 변화가 있었다(이 개정의 자세한 내용에 대해서는 후술 제4부 국가권력규범, 제4장 법원, 군사법원 부분 참조).

(2) 비상계엄 하의 단심제 — 대법원 재판을 받을 권리의 헌법직접적 제한

비상계엄 하의 군사재판은 군인·군무원의 범죄나 군사에 관한 간첩죄의 경우와 초병·초소·유독음식물공급·포로에 관한 죄 중 법률이 정한 경우에 한하여 단심으로 할 수 있다. 다만, 사형을 선고한 경우에는 그러하지 아니하다(제110조 제4항).

(3) 국회의원 신분에 관한 제소금지

국회의원의 자격심사, 징계, 제명에 대해서는 법원에 제소할 수 없다(제64조 제4항). 그 대신 헌법소원심판은 청구할 수 있는지가 논의되고 있다.

2. 법률에 의한 제한

재판청구권에 대한 일반적인 제한은 법률에 의한 제한이다. 국가안전보장, 질서유지, 공공복리를 위하여 필요한 때에는 법률로써 재판청구권을 제한할 수 있다. 재판청구권을 제한하는 규정을 두고 있는 대표적인 법률들로, 헌법재판소법, 법원조직법, 민사소송법, 형사소송법, 행정소송법, 가사소송법, 군사법원법 등이 있다. 법률에 의한 제한으로서 중요한 제한문제이거나 논란이 되고 있는 문제들로 다음과 같은 것들을 들 수 있다.

(1) 제소요건에 의한 제한

어떤 재판이든 어느 국민이든 언제든지 제기할 수 있는 것은 아니고 제소요건을 갖추어야 한다는 한계가 있다. ① 당사자능력, ② 당사자적격의 요건, ③ 권리보호이익의 요건, ④ 제소기간 등의 요건을 갖추어야 한다. 제소가 사실상 불가능하게 할 정도로 제소기간이 너무 짧거나 명확하지 않으면 위헌이다. ㉠ 위헌결정례 : ⓐ 인신보호법상 즉시항고 기간 — 헌재는 인신보호법에 의하면, 피수용자에 대한 수용이 위법하게 개시된 경우 등에 피수용자 등이 법원에 구제를 청구할 수 있고(제3조), 그 청구에 대한 법원의 결정에 대하여 구제청구자(피수용자)가 3일 이내에 즉시항고를 제기할 수 있도록 하고 있는데 이처럼 '3일'로 한정한 인신보호법 규정이 수용시설에 수용 · 보호 또는 감금되어 있는 피수용자가 즉시항고를 제기하는 것을 현저히 곤란하게 하는 지나치게 짧은 기간이어서 피수용자의 재판청구권을 입법재량을 벗어나 침해한다고 위헌결정을 하였다(2013헌가21). ⓑ 형사소송법상 즉시항고 제기기간 3일 제한 — 헌재는 즉시항고 제기기간을 3일로 제한한 것이 오늘날의 형사사건은 그 내용이 더욱 복잡해져 즉시항고 여부를 결정함에 있어서도 과거에 비하여 많은 시간이 소요되는 점 등에서 입법재량의 한계를 일탈하여 재판청구권을 침해한다고 하여 헌법불합치결정을 하였다(2015헌바77. 이 결정은 선례인 2010헌마499, 2011헌마789 결정을 변경한 판례변경의 결정이다). ㉡ 합헌결정례 : 보상증감청구소송 제기기간 — 토지수용위원회의 수용재결서를 받은 날로부터 60일 이내에 보상금증감청구소송을 제기하도록 한 '공익사업을 위한 토지 등의 취득 및 보상에 관한 법률' 규정이 보상금을 둘러싼 분쟁을 조속히 확정하여야 할 필요가 있으므로 입법재량의 한계를 벗어나지 않아 위 소송을 제기하려는 토지소유자의 재판청구권을 침해하지 않아 합헌이라고 결정하였다(2014헌바206).

(2) 헌법재판소의 헌법재판상의 제한

헌법재판소가 담당하는 기본권구제수단의 전형인 헌법소원심판에 있어서의 제한으로는 청구요건에서의 제한들이 많다. 이에 대해서는 뒤의 헌법재판에서 살펴본다(후술 제 5 부 헌법재판 참조).

(3) 민사재판상의 제한

불필요한 소송의 남발을 억제하고 남소로 인한 법원의 업무과중을 없앰으로써 법원업무의 질과 효율성을 높이기 위해 민사소송을 제기함에 인지(印紙)를 붙이도록 하고 있는데 이는 경제력에 의한 재판청구권의 제한이 된다. 인지액이 너무 고액인 경우에 위헌이 된다.

(4) 행정재판상의 제한

[행정심판에서의 사법절차의 필수적 준용, 무용한 강제전치의 위헌성] 과거에는 행정소송을 하기 전에 행정심판을 반드시 거쳐야 하는 강제적 전치주의가 원칙이었으나 현재는 임의적 전치주의가 원칙이 되어 행정심판이 반드시 행정재판청구권의 제한은 아니라고 할 수 있다. 그러나 예외적으로 강제전치를 법률로 정할 수도 있다(행정소송법 제18조 제 1 항 단서). 강제전치할 경우에도 한계를 지켜야 한다. 무엇보다도 그 행정심판에 사법절차가 준용되어야 한다(제107조 제 3 항 후문). 당사자 간에 대심적 구조를 이루어 상호 공격과 방어를 행하게 하고 행정심판위원회가 이에 대한 객관적이고 중립적인 판단을 수행하여야 한다. 이러한 사법절차적 원칙이 적용되지 않는 행정심판은 위헌이다. 헌재는 사법절차가 충분히 준용되지 않고 비효율적이며 행정의 자기통제적인 기능 등이 살려

지지 못하면서 국민의 재판청구권행사에 제약을 가져오는 무용한 행정심판을 강제로 전치하게 하는 것은 위헌이라고 하면서 지방세 부과처분에 대하여 행정소송을 제기하기 위해서는 반드시 이의신청 및 심사청구를 거치도록 규정한 구 지방세법 규정에 대해 위헌결정한 바 있다(2000헌바30. * 이에 반해 불필요한 행정심판을 거치도록 강요하는 것이 아니라고 보아 합헌결정을 한 예 : 2015헌바229(주세법상 의제주류판매업면허취소처분에 대한 행정소송에 관한 필요적 행정심판전치주의 적용)).

[제소기간에 의한 제한] 제소기간에 의한 제한이 있더라도 다음의 한계를 지켜야 한다. ① 제소기간의 적정성 — 제소기간의 설정이 필요하다고 하더라도 그 기간이 너무 단기여서는 아니 되고 적정한 기간을 부여하여야 한다. ② 기산점의 명확성 — 국민이 제소기간을 파악하여 자신의 권리구제를 위한 소송의 제기가 가능한 기간이 넘어가지 않는 동안 소송제기 여부를 결정할 수 있도록 하기 위해서는 그 기간 자체가 명확하여야 함은 물론이고 그 기간이 시작되는 기산점도 명확하여야 한다(위헌결정례 : 90헌바2, 97헌가15, 92헌가12, 96헌가15, 92헌바11 등). ③ 국세정보통신망에 저장하는 방법에 의한 전자송달의 효력발생시점을 송달할 서류가 국세정보통신망에 저장된 때로 정한 국세기본법 규정에 대해 전자송달의 효력발생시점은 조세'소송'의 필요적 전심절차인 심사청구기간의 기산점이 되므로, 심판대상조항은 납세자의 권리구제를 위한 재판청구권을 제한하는데 헌재는 입법자의 합리적인 재량 범위 내에 있는 제한으로서 합헌이라고 보았다(2016헌가19).

[국가를 상대로 하는 당사자소송 경우의 가집행선고 금지] 이를 규정한 행정소송법 제43조가 국가를 우대, 즉 국가 아닌 또 다른 당사자소송 피고일 수 있는 공공단체와 그 밖의 권리주체[행소법 제39조("당사자소송은 국가·공공단체 그 밖의 권리주체를 피고로 한다")이고 공공단체는 공공조합, 지방자치단체, 영조물법인 등을 말하고, 그 밖의 권리주체는 공무수탁사인 및 사인(私人) 등을 말함]와 달리 국가를 우대하고 합리적 이유없이 차별하는 것이므로 평등원칙에 위배된다(2020헌가12. * 평등원칙 위반으로 위헌선언된 것임. 이 사안의 평등원칙 심사기준을 헌재가 완화심사로 함. [결정요지] 집행가능성 여부에 있어서도 국가와 지방자치단체 등이 실질적인 차이가 있다고 보기 어렵다. 한편 가집행 후 상소심에서 판결이 번복되었으나 원상회복이 어려운 경우 국고손실이 발생할 수 있으나, 이는 국가가 피고일 경우에만 생기는 문제가 아니라 법원이 판결을 할 때 가집행을 붙이지 아니할 상당성의 유무를 신중히 판단하고 담보

제공명령이나 가집행 면제제도를 이용하여 사전에 예방할 수 있는 것이므로 위와 같은 문제가 국가에 대하여 예외적으로 가집행선고를 금지할 이유가 될 수 없으므로 국가가 아닌 공공단체 그 밖의 권리주체가 피고인 경우에 비하여 합리적인 이유 없이 차별하고 있으므로 평등원칙에 반한다. * 대조 : 이전에 헌재가 국가를 상대로 하는 소송에서 가집행 선고를 할 수 없다고 규정한 구 '소송촉진 등에 관한 특례법' 규정에 대해 위헌결정(88헌가7)을 한 바 있는데 그 결정은 국가를 상대로 하는 재산권의 청구에 관한 것이고 이후 법개정으로 국가 상대 재산권 청구에서 가집행이 가능해졌는데 이번 사안은 행정소송으로서 당사자소송의 경우라서 가집행 문제라도 다른 사안이다. * 당사자소송 문제라 행정소송 + 헌법재판의 변호사시험 공법복합형 문제임).

(5) 대법원의 재판(상고심 재판)을 받을 권리의 제한

[문제의 소재] 상고가 남발되고 불필요한 상고에 의한 업무과중으로 대법원의 법률심으로서의 기능을 집중적으로 수행할 수 없게 되는 것을 막고 신속한 재판·분쟁의 종결을 위하여 상고를 제한하는 규정들이 있는데 이들 규정들이 대법원의 재판을 받을 권리의 침해로 위헌인지가 논란되어 왔다.

[헌재 판례의 입장 — 입법정책적·입법형성적 문제] 헌재는 "심급제도는 사법(司法)에 의한 권리보호에 관하여 한정된 법발견자원(法發見資源)의 합리적인 분배의 문제인 동시에 재판의 적정과 신속이라는 서로 상반되는 2가지 요청을 어떻게 조화시키느냐의 문제로 돌아가므로 기본적으로 입법자의 형성의 자유에 속하는 사항이다"라고 판시하여 왔다. 그 이유로 헌재는 "심급을 여러 번 되풀이함으로 말미암은 절차의 지연은 헌법 제27조 제 3 항에 의한 '신속한 재판을 받을 권리'라는 재판청구권의 또 다른 측면과는 어긋나는 것이 될 수 있고, 국가가 재판에 사용할 수 있는 인적 및 물적 자원은 제한되어 있어 모든 사건에 대하여 아무런 제한 없이 상소를 허용할 경우에는 반드시 대법원에서 심리함이 마땅한 사건들에 대한 충분한 심리의 기회를 빼앗게 되는 결과를 가져올 수 있을 뿐만 아니라 필연적으로 권리확정의 지연과 절차비용 및 노력의 증대를 초래하게 되기 때문이다"라고 설명하고 있다(90헌바1).

[제한의 한계와 상고이유] 상고에 대한 제한을 인정하더라도 부분적인 제한, 즉 상고이유를 제한하는 등의 부분적 제한에 그쳐야 하고 일률적이고 포괄적인 상고금지, 사건의 유형 내지 범주별 전면적 상고금지는 위헌이 된다. 소액

사건심판법의 상고이유제한 규정에 대해(90헌바25, 94헌바28), 과거의 '소송촉진 등에 관한 특례법'의 상고허가제에 대해(90헌바1) 헌재는 합헌으로 결정하였다. 상고허가제가 폐지된 뒤 현재 상고심리불속행제(上告審理不續行制)가 '상고심절차에 관한 특례법'에 근거하여 시행되고 있다. 동법 제4조 제1항은 "대법원은 상고이유에 관한 주장이 다음 각 호의 어느 하나의 사유를 포함하지 아니한다고 인정하면 더 나아가 심리를 하지 아니하고 판결로 상고를 기각한다"라고 규정하고 그 각 호의 사유로 "1. 원심판결이 헌법에 위반되거나, 헌법을 부당하게 해석한 경우, 2. 원심판결이 명령·규칙 또는 처분의 법률위반 여부에 대하여 부당하게 판단한 경우" 등 주로 법적 문제가 쟁점일 경우를 규정하고 있다. 상고기각에 이유를 적지 아니할 수 있다(동법 제5조 제1항). 상고심리불속행제에 대해서 헌재는 헌법 제27조의 재판청구권이 모든 사건에 대하여 상고심재판을 받을 권리를 의미한다고 할 수 없고, 심급제도는 원칙적으로 입법자의 형성의 자유에 속하는 사항인바, 심리불속행제도는 "상고심재판을 받을 수 있는 객관적 기준을 정함에 있어 개별적 사건에서의 권리구제보다 법령해석의 통일을 더 우위에 둔 규정으로서 합리성이 있으므로" 헌법에 위반되지 아니한다고 하고, 상고기각판결에 이유를 기재하지 않을 수 있게 한 것도 이유기재를 요구하는 것은 심리불속행제도의 입법취지에 반하는 결과를 초래할 수 있어 위헌이 아니라고 본다(97헌바37, 2001헌마781, 2006헌마466, 2006헌마551, 2010헌마344).

[재항고의 제한 문제] 검사가 혐의 없음의 불기소처분을 한 경우에 고등법원에 재정신청을 할 수 있는데 형사소송법 제262조 제4항은 이 재정신청에 대하여 행한 고등법원의 기각결정에 대해서는 '불복'을 할 수 없도록 규정하고 있다. 헌재는 이 재정신청 기각결정에 대해 형사소송법 제415조의 재항고(재판에 영향을 미친 헌법·법률·명령 또는 규칙의 위반이 있음을 이유로 대법원에 하는 즉시항고)를 할 수 없도록 하는 것은 지나친 재판청구권의 제한이라고 보아 위 제262조 제4항 전문의 '불복'에 위 제415조의 재항고가 포함되는 것으로 해석하는 한 헌법에 위반된다는 결정을 하였다(2008헌마578).

(6) 심급제 문제

바로 위 대법원의 재판을 받을 권리 문제와도 연관되는 문제이다. 3심제가 반드시 요구되는 것인지 하는 문제가 있고 이는 뒤의 국가권력규범론의 법원의 사법절차, 재판의 심급제와 연관된다. 일반적으로 3심제가 예정되어 있으나 절대적인 것은 아니고 중요한 것은 대법원의 재판을 받을 권리를 보장해야 한다는 점과 두 가지 재판, 즉 법관에 의한 사실심, 법률심 두가지 재판을 모두 법관에 의해 받을 권리를 보장해야 한다는 점이다(92헌가11). 이에 대한 위반으로 과거 특허소송의 대법원 단심제(92헌가11), 변호사징계에서의 대법원 단심제(2001헌가18)에 대한 위헌결정들이 있었고(대법원은 법률심으로서 대법원 단심제는 사실판단을 법관에 의해 받을 권리를 박탈한다는 점이 위헌이유), 반면에 법관징계처분에 대한 대법원 단심제는 법률심법원인 대법원이 사실문제도 판단할 수 있다고 하여 합헌으로 결정한 예(2009헌바34)가 있었다(이에 대해서는 앞의 Ⅱ. 재판청구권의 구성요소, 1. 법관에 의한 재판을 받을 권리, (2) 적용범위 부분 참조). 현재 특허소송, 선거소송, 주민소환소송 등의 2심제, 단심제가 있다(후술 국가권력규범론, 법원 부분 참조). 단심제 문제로서는 대법원에서만의 단심제가 위에서 보듯이 특허소송, 변호사징계제 등에서 문제되었으나 상급법원이나 대법원에의 상소가 인정되지 않는 경우의 위헌성이 인정된 예도 있다. 바로 아래에 보는 구 형사보상법이 보상을 하는 결정에 대해 상소를 부정한 것이 위헌으로 결정난 예이다[아래 (7) 참조)].

(7) 단심재판(상소금지)의 재판청구권 본질적 내용의 침해

형사보상의 경우 청구가 이유 있을 때에는 보상결정을 하는데 구 형사보상법 제19조 제 1 항은 이 보상결정에 대해서는 불복을 신청할 수 없게 하였다(이유없어 기각하는 결정을 할 때에는 즉시항고할 수 있게 하였음). 헌재는 이 금지가 단심재판으로서 재판청구권의 본질(형사보상청구권이 충분히 보장되어야 하고 상소제도는 오판으로 인한 불이익으로부터 구제하기 위하여 없어서는 안 될 제도라는 점에서)을 침해하는 위헌이라고 결정하였다(2008헌마514).

(8) 간주규정에 의한 제한의 위헌성

헌재는 ① 구 국가배상법 제16조 중 "심의회의 배상결정은 신청인이 동의한 때에는 민사소송법의 규정에 의한 재판상의 화해가 성립된 것으로 본다"라는 간주규정부분은 과잉금지원칙을 준수하지 않아 헌법과 법률이 정한 법관에 의한 재판을 받을 권리의 과도한 제한으로서 위헌이라고 결정하였고(91헌가7), ② 학교안전

사고에 대한 공제급여결정에 대하여 학교안전공제중앙회 소속의 학교안전공제보상재심사위원회가 재결을 행한 경우 재심사청구인이 위 재심위원회의 재결서 정본이 재심사청구인에게 송달된 날부터 60일 이내에 공제급여와 관련된 소송을 제기하지 아니하거나 제기한 소송을 취하한 경우에는 공제회와 재심사청구인 간에 당해 재결 내용과 동일한 합의가 성립된 것으로 본다는 '학교안전사고 예방 및 보상에 관한 법률' 제64조는 합리적인 이유 없이 분쟁의 일방당사자인 공제회의 재판청구권 제한의 침해로서 위헌이라고 결정한 바 있다(2014헌가7).

(9) 소송비용 부담에 의한 재판청구권 제한

소송비용의 과도한 부담은 재판청구를 주저하게 한다. 형사소송의 경우에는 국선대리인제도가 있다. 민사소송의 경우의 사례로 **[판례]** ① 헌재는 소취하간주의 경우 소송비용을 원칙적으로 원고가 부담하도록 하고 변호사보수를 소송비용에 산입하도록 한 민사소송법 규정에 대해 과잉금지원칙을 준수하여 재판청구권을 침해하지 않는다고 보아 합헌결정을 하였다(2015헌바1). ② 형의 선고시 피고인에게 소송비용의 부담을 명하는 근거가 되는 형사소송법 제186조 제1항에 대한 합헌결정도 있었다(2018헌바224, 피고인 방어권 행사의 적정성, 경제적 능력 등을 종합적으로 고려하여 소송비용 부담 여부 및 그 정도를 재량으로 정함으로써 사법제도의 적절한 운영을 도모할 수 있어 합헌).

(10) 제척기간에 의한 제한

상속개시 후 인지에 의하여 공동상속인이 된 자가 다른 공동상속인에 대해 그 상속분에 상당한 가액의 지급에 관한 청구권(상속분가액지급청구권)을 행사하는 경우에도 상속회복청구권에 관한 10년의 제척기간을 적용하도록 한 민법 조항이 법적 안정성만을 지나치게 중시한 나머지 사후에 공동상속인이 된 자의 권리구제 실효성을 외면하는 것이므로, 입법형성의 한계를 일탈하여 재판청구권을 침해하여 헌법에 위반된다는 결정을 했다(2021헌마1588).

(11) 비상계엄 하의 법원의 권한에 대한 특별조치

비상계엄이 선포된 때에는 법률이 정하는 바에 의하여 법원의 권한에 관하여 특별한 조치를 할 수 있다(제77조 제3항). 법원에 대한 특별한 조치가 국민의 재판청구권에 제한적 효과를 가져올 수 있다. 비상계엄에서만의 제한이고 경비계엄의 경우에는 이러한 제한을 가할 수 없다.

3. 제한의 한계

아무리 국가안전보장, 질서유지, 공공복리를 위한 제한이 필요하더라도 재판청구권의 본질적 내용을 침해하게 되는 제한은 금지된다(제37조 제 2 항 단서).

4. 제한에 대한 심사의 기준

헌재가 재판청구권은 원칙적으로 "제도적으로 보장되는 성격이 강하므로, 그에 관하여는 상대적으로 폭넓은 입법형성권이 인정된다"라고 하면서 합리성 심사에 그치는 예를 본다(예컨대, 2019헌바117. 사안은 한국과학기술원 총장을 국 · 공립학교 교원에 대한 징계 등 처분권자와 마찬가지로 교원소청심사결정에 대해 행정소송을 제기할 수 없도록 한 '교원의 지위 향상 및 교육활동 보호를 위한 특별법' 규정이 재판청구권의 침해라는 주장에 대해 헌재는 공공단체인 한국과학기술원의 운영상 특수성과 공공성을 반영하고 교원의 신분 보장을 공고히 하여 궁극적으로 그 설립취지를 실현하기 위한 것으로 합리적인 이유가 있으므로 심판대상조항은 청구인의 재판청구권을 침해한다고 할 수 없다고 본 것임). 그러나 재판청구권이 제도적 보장이라는 것도 문제이거니와 재판청구권 제한에 대해 헌재 스스로도 과잉금지원칙심사한 예들도 있는데 마치 일률적으로 완화심사만 하는 것으로 오해할 소지가 있다(청구권제한 심사기준 문제에 대한 더 자세한 것은, 헌법학, 제 2 판, 박영사, 1263면 참조). 위 판례 외에도 "재판청구권을 보장하기 위해서는 입법자에 의한 재판청구권의 구체적 형성이 불가피하므로, 입법자에게는 상대적으로 광범위한 입법형성권이 인정된다 … 따라서 … 민사소송절차를 형성함에 있어 합리적인 입법형성의 범위 내에 있는 한 위헌이라고 볼 수 없다"라고 판시한 판례를 보여주고 있다(2024. 7. 18. 2022헌바4. 앞서 본 전자송달 간주 조항이 합헌이라고 본 결정). 일률적 완화심사를 한다는 이러한 헌재의 원칙적인 입장에 대해서는 재판청구권이 기본권 보장의 보루라는 점에서 검토를 요한다.

5. 기 타

법률상의 권리로서의 형사재판 비용보상청구권 — 헌재는 "형사재판 비용보상청구권은, 형사보상청구권이 헌법에 명시된(제28조) 것과 달리 적용요건, 적용대상 등 구체적인 사항을 법률에 규정하여 제정함으로써 비로소 형성된 권리”라고 한다(2011헌바19, 2020헌바252 등). 이 판시가 나온 것은 비용보상청구권의 제척기간을 무죄판결이 확정된 날부터 6개월 이내로 규정한 구 군사법원법 제227조의12 제 2 항에 대한 위헌결정에서였다(2020헌바252. [결정요지] 위헌사유가 갈림. 4인 재판관의견: 신속히 확정하여 분쟁을 방지할 필요가 없어 단기로 규정할 합리적인 이유가 있다고 볼 수 없어 최소침해성 없음. 과잉금지원칙을 위반하여 비용보상청구권자의 재판청구권 및 재산권을 침해함. 다른 4인 의견: 과잉금지위반은 아님. 그러나 비용보상청구권은 군사재판의 특수성이 적용될 영역이 아님. 따라서 더 장기로 규정된 형사소송법 적용을 받는 비용보상청구권자와 자의적으로 다르게 취급하여 평등원칙에 위반됨).

제 4 절 국가배상청구권

Ⅰ. 국가배상청구권의 개념과 성격 및 주체

1. 개 념

국가배상이란 국가에 소속된 공무원이 직무를 수행함에 있어서 어느 국민에게 손해를 발생시킨 경우에 그 공무원이 아니라 국가가 손해를 물어주는 법적 책임을 지는 것을 의미한다. 지방자치단체의 소속 공무원의 불법행위에 대해서도 지방자치단체가 그 손해에 대해 배상책임을 지게 된다.

헌법 제29조 제 1 항은 “공무원의 직무상 불법행위로 손해를 받은 국민은 법률이 정하는 바에 의하여 국가 또는 공공단체에 정당한 배상을 청구할 수 있다”라고 규정하고 있다.

2. 성 격

(1) 청 구 권

국가배상청구권은 재산권이라는 견해, 청구권이라는 견해, 그리고 양자의 성격을 가지는 권리라는 복합설이 있다. 국가배상청구권은 권리구제를 가져오는 효과를 가지는 권리이므로 청구권이다. 국가배상청구권의 행사로 획득되는 배상금 등은 물론 재산권으로서의 성격을 가지나 배상을 요구할 수 있는 단계에서의 권리 자체는 청구권이다.

⑵ 공권성 여부 및 국가배상법의 성격 문제

국가배상청구권은 하나의 사권인가 아니면 공권인가 하는 논란이 있어 왔다. 이와 더불어 국가배상법의 성격도 사법인가 아니면 공법인가 하는 논의가 있다. 공・사법(권)을 구별하는 전통적 분류에 따르면 국가배상청구권도 공권인 기본권이고 특히 가해자인 공무원에 대하여서가 아니라 국가에 대하여 배상을 청구할 수 있는 권리라는 점에서 공권이라고 볼 것이며 국가배상법도 공법이라고 볼 것이다. 그런데 오늘날 공・사권 구별론에 대해 검토가 가해지고 있다.

⑶ 헌법 제29조의 성격

헌법 제29조 제 1 항은 "법률이 정하는 바에 의하여" 배상을 청구할 수 있다고 규정하고 있다. 이를 입법방침규정으로 볼 것인지 직접적 효력을 가지는 것인지 하는 논의가 있는데 직접효력설이 타당하다.

3. 현행 국가배상의 종류

헌법은 공무원의 직무상 행위로 인한 위법행위에 대한 국가배상만을 규정하고 있으나 현행 국가배상법은 그 외에도 영조물(공공시설)설치・관리의 하자로 인한 국가배상을 인정하고 있다(법 제 5 조). 이하에서 공무원의 직무상 위법행위의 경우를 살펴본다.

4. 주 체

공무원의 직무상 불법행위로 손해를 받은 국민과 법인이 국가배상청구권의 주체가 된다. 다만, 군인・군무원・경찰공무원 기타 법률이 정하는 자가 전투・훈련 등 직무집행과 관련하여 받은 손해에 대하여는 국가배상을 청구할 수 없다(제29조 제 2 항). 외국인에 대해서는 국가배상법상의 배상에 있어서 상호주의를 적용하고 있다. 즉 동법은 "이 법은 외국인이 피해자인 경우에는 해당 국가와 상호 보증이 있을 때에만 적용한다"라고 규정하고 있다(법 제 7 조).

Ⅱ. 국가배상책임의 성립요건 — 공무원의 직무행위로 인한 손해의 경우

1. 공 무 원

불법행위를 행한 사람이 공무원이어야 한다. 공무원의 개념은 가장 넓은 개념으로서 공무원법상의 공무원뿐 아니라 이른바 공무수탁사인도 국가배상책임을 발생케 하는 직무행위를 행하는 공무원에 해당된다(국가배상법 제2조 제1항).

2. 직무상 행위

공무원의 직무상 행위로 손해가 발생하여야 한다. 여기의 직무상 행위란 좁게 보는 견해는 공법상의 권력작용만이라고 보고(협의설), 보다 넓게 보는 견해는 권력작용 외에 공법상 비권력작용도 포함된다고 본다(광의설). 가장 넓게 보는 견해는 공법상의 권력작용, 비권력작용은 물론이고 사법(私法)상의 작용인 국고작용(國庫作用)도 포함된다고 본다(최광의설). 대법원의 판례는 광의설을 취하고 있다. 즉 국가배상법이 정한 손해배상청구의 요건인 '공무원의 직무'에는 국가나 지방자치단체의 권력적 작용뿐만 아니라 비권력적 작용도 포함되지만 단순한 사경제의 주체로서 하는 작용은 포함되지 않는다고 본다(대법원 2002다10691). 생각건대 헌법 제29조 제1항이 공법적 작용과 사법적 작용을 구별하여 규정하고 있지 않으므로 모든 직무행위가 포함된다고 보아야 한다. 직무상 행위의 범위는 본 행위 외에 직무부수행위도 포함된다. 직무행위인지에 대한 판별기준이 문제되는데 외관을 객관적으로 보아 직무행위로 보여질 때에는 직무행위로 인정되어야 한다고 본다(외견설).

3. 불법행위

공무원의 고의·과실로 인하여 법령에 위반한 직무행위를 하였을 경우여야 한다. 국가배상법 제2조 제1항 본문의 전문은 "공무원 또는 공무를 위탁받은 사인(이하 '공무원'이라 함)이 직무를 집행하면서 고의 또는 과실로 법령을 위반하여 타인에게 손해를 입히거나"라고 하여 이 요건을 명시하고 있다.

[고의·과실] 고의란 손해가 발생할 것을 인식하면서도 행위를 한 경우이고 과실이란 발생을 인식하지는 못했으나 부주의로 발생에 이르게 된 것을 말한

다. ① 헌재는 고의 · 과실을 요하는 것이 헌법 제29조 제 1 항 제 2 문이 '공무원 자신의 책임은 면제되지 아니한다'고 규정하여 헌법상 국가배상책임은 공무원의 책임을 일정 부분 전제하는 것으로 해석될 수 있고, 원활한 공무수행 위한 것이라는 점 등을 들어 합헌이라고 본다(2013헌바395). ② 헌재에 의해 위헌·무효결정이 된 긴급조치 제 1 호, 제 9 호의 발령 및 이에 따른 수사 및 재판, 그 과정에서의 불법체포 · 구금, 가혹행위 등의 불법행위에 대한 국가배상청구에 관련된 위헌주장의 사건에서도 헌재는 위 ①선례를 그대로 유지하면서 위와 같은 경우에도 고의 · 과실 요건을 두는 것은 청구인들의 헌법상 국가배상청구권을 침해하는 것이 아니라고 판단하였다(2016헌바55등. 소수의견은 '긴급조치 제 1 호, 제 9 호의 발령 · 적용 · 집행을 통한 국가의 의도적 · 적극적 불법행위에 관한 부분'에도 고의 · 과실을 인정하는 것은 국가배상청구권을 침해하여 위헌이라는 의견을 개진하였다).

[법령위반] 법령의 위반이란 헌법이나 법률을 위반한 것은 물론이고 법규명령의 위반도 해당된다. 행정규칙의 위반에 대해서는 논란이 될 수 있으나 해당된다고 볼 것이다.

4. 손해의 발생

실제로 손해가 발생하여야 한다.

5. 인과관계

손해가 직무행위로 인한 결과라는 인과관계(因果關係)가 인정되어야 한다.

6. 타 인 성

손해는 위법행위를 한 공무원이 아닌 다른 사람에게 발생한 것이어야 한다. 국가배상법 제 2 조 제 1 항은 "타인에게 손해를 입히거나"라고 타인성을 명시하고 있다.

Ⅲ. 국가배상의 책임

1. 책임의 본질적 성격

국가나 지방자치단체가 지게 되는 국가배상책임의 성격을 어떻게 보느냐를 두고 견해의 대립이 있어 왔는데 ① 대위책임설(공무원의 책임을 국가나 공공단체가 대신 책임을 지게 된다고 보는 설), ② 자기책임설(위법행위 자체에 대한 책임은 아니나 공무원의 선임과 감독에 대한 책임을 국가나 공공단체가 지게 되는데 이는 국가나 공공단체 자신의 책임이라고 보는 설), ③ 양분설(절충설. 공무원의 고의나 중과실에 의한 위법행위의 경우에는 기관의 행위라고 보기 곤란하므로 공무원 자신의 책임이고 만약 이 경우에 국가가 책임을 진다면 이는 국가가 대신 책임을 지는 대위책임라고 보고 경과실의 경우에는 국가나 공공단체 자신의 자기책임이라고 보는 설) 등으로 나누어진다.

원래의 국가배상의 취지는 공무원 개인의 책임을 국가가 대신 진다는 것이었으므로 대위책임이론이 그 바탕이었다. 그러나 국가가 자기책임을 지게 함으로써 가능한 한 피해자 국민이 받은 손해가 최대한 복구되도록 하는 것이 이상적이므로 자기책임화하는 것이 바람직스럽긴 하다. 그런데 다른 한편으로 대위책임으로 할 것인가, 자기책임으로 할 것인가 아니면 양분적으로 인정할 것인가 하는 등은 국민의 기본권보장에 긍정적인 방향으로의 검토, 국가의 공무수행상의 질서 등도 고려하게 하는 정책적인 판단사항이기도 하다.

2. 책 임 자

(1) 국가, 지방자치단체

손해를 발생한 가해 공무원이 소속한 국가나 지방자치단체, 공공단체가 배상의 책임을 지는 것이 원칙이다. 헌법 제29조 제1항은 '국가 또는 공공단체' 라고 명시하고 있고 국가배상법 제2조 제1항은 "국가나 지방자치단체"라고 규정하고 있다.

(2) 공무원의 개인적 책임

〈사례16〉

> 공무원의 불법행위로 피해를 입은 A는 국가에 대해 국가배상청구를 하면서 해당 공무원 개인에 대해서도 손해배상청구를 하려고 한다. 헌법 제29조 제1항 후문의 "공무원 자신의 책임"을 해당 공무원이 피해자 A에게 직접 책임을 지는 것으로도 해석할 수 있는가?

우리 헌법 제29조 제1항 후문은 "공무원 자신의 책임은 면제되지 아니한다"라고 규정하고 있다. 여기서 면제되지 아니하는 공무원 개인의 책임에는 민사상, 형사상의 책임이나 국가 등의 기관 내부에서의 징계책임 등 모든 법률상의 책임이 원칙적으로 포함된다. 그런데 헌법 제29조 제 1 항 후문의 규정이 가해 공무원이 피해자 국민에 대해 책임을 지는 것을 포함하는 의미인지에 대해서 견해대립이 있다. 우리 대법원 판례는 이 헌법규정에 대해 공무원의 행위가 경과실에 의한 경우인지, 고의·중과실에 의한 것인지에 따라 달리 보아 후자의 경우에만 공무원 개인의 책임을 인정하는 취지로 해석하고 있다(대법원 전원합의체 95다38677).

〈사례 16〉의 경우 위 대법원 판례에 따르면 헌법 제29조 제 1 항 후문을 해당 공무원이 중과실이 있을 때에만 A에게 직접 책임을 지는 것으로 보게 된다.

(3) 선택적 청구의 문제

국가의 책임을 대위책임으로 보게 되면 가해 공무원의 책임이 국가로 넘어가므로 국가만이 청구대상이 되어 피해자로서는 국가에 대해서만 청구를 하여야 한다. 자기책임으로 보면 국가와 공무원 중에 선택하여 청구할 수 있다. 위에서 본 대법원의 판례에 따른다면 고의·중과실의 경우 피해자가 가해한 공무원 자체를 대상으로도 배상책임을 물을 수 있고 국가책임도 중첩적으로 긍정하므로 피해자로서는 국가나 공무원 중 선택적 청구가 가능하나 경과실의 경우에는 국가의 책임만을 인정하고 국가에 대한 청구만 가능하게 된다.

3. 구상(求償)관계

국가배상법 제 2 조 제 2 항은 "공무원에게 고의 또는 중대한 과실이 있으면 국가나 지방자치단체는 그 공무원에게 구상(求償)할 수 있다"라고 규정하고 있다. 구상이란 국가가 배상한 것을 당해 공무원으로부터 상환받는 것을 말한다. 고의 또는 중과실일 경우에 구상관계가 되고 경과실일 경우에 구상관계가 없다. 여기서 공무원의 중과실이라 함은 공무원에게 통상 요구되는 정도의 상당한 주의를 하지 않더라도 약간의 주의를 한다면 손쉽게 위법, 유해한 결과를 예견할 수 있는 경우임에도 만연히 이를 간과함과 같은 현저한 주의를 결여한 상태를 의미한다(대법원 2002다65929).

Ⅳ. 배상의 기준, 절차 등

1. 배상기준

국가배상법 제3조가 배상기준을 설정하고 있다.

2. 배상절차

(1) 배상심의

1) 임의적 전치　　국가배상법에 의한 손해배상의 소송은 배상심의회에 배상신청을 하지 아니하고도 이를 제기할 수 있다(동법 제9조).

2) 절　차　　국가배상법에 규정되어 있다. 과거의 국가배상법은 심의회의 배상결정은 신청인이 동의한 때에는 민사소송법의 규정에 의한 재판상의 화해(和解)가 성립된 것으로 본다고 규정하고 있었는데(구 국가배상법 제16조) 재판상 화해는 확정판결과 같은 효력을 가져 이 구법 규정은 결국 신청인의 재판청구권을 제한하는 것이었다. 헌재는 배상결정절차에 있어서 심의회의 제3자성·독립성이 희박한 점, 심의절차의 공정성·신중성도 결여되어 있는 점, 심의회에서 결정되는 배상액이 법원의 그것보다 하회하는(밑도는) 점 등에서 이 규정이 배상결정에 재판상의 화해와 같은 강력하고 최종적인 효력까지 부여하여 재판청구권을 제한하는 것은 신청인의 재판청구권을 과도하게 제한하는 것이어서 위헌이라고 결정하였고(91헌가7) 이후 그 규정은 폐지되었다.

(2) 법원의 배상소송

피해자는 배상심의회를 거치지 않고 바로 법원에 국가배상소송을 제기할 수 있고(국가배상법 제9조) 배상심의회의 결정을 거치고도 그것에 만족하지 못하면 역시 국가배상소송을 제기할 수 있다.

V. 국가배상청구권의 제한

1. 헌법직접적 제한 — 군인 등에 대한 제한

(1) 위헌성 논란

헌법 제29조 제 2 항은 "군인 · 군무원 · 경찰공무원 기타 법률이 정하는 자가 전투 · 훈련 등 직무집행과 관련하여 받은 손해에 대하여는 법률이 정하는 보상 외에 국가 또는 공공단체에 공무원의 직무상 불법행위로 인한 배상은 청구할 수 없다"라고 규정하고 있다. 이 규정은 원래 국가배상법에 있었는데 1971년 대법원이 위헌결정을 하자(대법원 70다1010) 위헌논란을 없애려 유신헌법에 옮겨놓은 것이 그대로 이어져 온 것이다. 6공화국 들어 헌법 제29조 제 2 항이 헌법 제11조, 헌법 제29조 제 1 항에 위배된다는(이는 헌법단계구조론에 입각하여 헌법규범들 간에 우열관계가 있다는 것을 전제한다) 주장이 제기되었다. 헌재는 어느 헌법규정에 대해 다른 헌법규정에의 위반을 심판할 수 없다는 입장이고 이에 따라 헌법 제29조 제 2 항의 군인 등에 대한 배상금지규정의 위헌성을 심사할 수 없다고 하여 헌법 제29조 제 2 항이 평등원칙규정인 헌법 제11조 등에 위반된다는 주장에 대해 심사대상이 안 된다고 하여 각하결정하였고 국가배상법 제 2 조 제 1 항 단서가 이 헌법 제29조 제 2 항에 직접 근거하고, 실질적으로 그 내용을 같이하는 것이므로 합헌이라고 결정한 바 있다(95헌바3).

(2) 공동불법행위의 경우

헌재는 일반 국민이 직무집행중인 군인과의 공동불법행위로 직무집행중인 다른 군인에게 공상(公傷)을 입혀 그 피해군인에게 공동의 불법행위로 인한 손해를 전부 배상한 경우에, 그 일반 국민이 공동불법행위자인 군인의 부담부분에 관하여 그 군인의 사용자(使用者)인 국가에 대하여 구상권을 행사하는 것이 허용되지 아니한다고 국가배상법 제 2 조 제 1 항 단서를 해석하는 한 헌법에 위반된다고 결정한 바 있다(한정위헌결정, 93헌바21).

2. 법률상의 제한

[군인 등에 대한 제한] 법률에 의한 제한으로는 국가배상법에 의한 제한이

주가 된다. 먼저 군인 등에 대한 배상금지의 제한이 있다(법 제2조 제1항 단서). 이는 헌법직접적 제한이기도 한데 앞서 살펴보았다.

[민법규정 적용의 합헌성] 국가배상법 제8조가 동법에 규정된 사항 외에는 민법의 규정에 의하도록 하여 국가배상청구권에도 민법의 소멸시효 규정이 적용되는데 이러한 소멸시효적용이 국가배상청구권을 침해하는 위헌이라는 주장에 대해 헌재는 합헌으로 결정하였다(96헌바24, 2010헌바116).

[과거사, 민주화운동 관련 국가배상청구 제한의 위헌성]

i) 과거사 국가배상청구에 '소멸시효'의 객관적 기산점 적용의 위헌성 : 헌재는 민법 제166조 제1항, 제766조, 국가재정법 제96조 제2항, 구 예산회계법 제96조 제2항이 일반적인 공무원의 직무상 불법행위로 손해를 받은 국민의 손해배상청구에 관한 소멸시효 기산점과 시효기간을 정하고 있는 것은 합헌이라고 보았다. 그러나 민법 제166조 제1항, 제766조 제2항 중 '진실·화해를 위한 과거사정리 기본법' 제2조 제1항 제3호의 '민간인 집단 희생사건', 제4호의 '중대한 인권침해사건·조작의혹사건'에 적용되는 부분은 국가배상청구권을 침해하여 위헌이라고 아래와 같이 결정하였다.

헌재 2018. 8. 30. 2014헌바148. [결정요지] (가) 국가배상법 제8조에 따라, 심판대상조항들은 국가배상청구권의 소멸시효 기산점을 피해자나 법정대리인이 그 손해 및 가해자를 안 날(주관적 기산점, 민법 제766조 제1항점) 및 불법행위를 한 날(객관적 기산점, 민법 제166조 제1항, 제766조 제2항)로 정하되, 그 시효기간을 주관적 기산점으로부터 3년(단기소멸시효기간, 민법 제766조 제1항) 및 객관적 기산점으로부터 5년(장기소멸시효기간, 국가재정법 제96조 제2항, 구 예산회계법 제96조 제2항)으로 정하고 있다. 민법상 소멸시효제도의 일반적인 존재이유는 '법적 안정성의 보호, 채무자의 이중변제 방지, 채권자의 권리불행사에 대한 제재 및 채무자의 정당한 신뢰 보호'에 있다. 이와 같은 민법상 소멸시효제도의 존재 이유는 국가배상청구권의 경우에도 일반적으로 타당하고, 특히 국가의 채무관계를 조기에 확정하여 예산수립의 불안정성을 제거하기 위해서는 국가채무에 대해 단기소멸시효를 정할 필요성도 있다. 그러므로 심판대상조항들이 일반적인 공무원의 직무상 불법행위로 손해를 받은 국민의 국가배상청구권에 관한 소멸시효 기산점과 시효기간을 정하고 있는 것은 합리적인 이유가 있다. (나) 그러나 일반적인 국가배상청구권에 적용되는 소멸시효 기산점과 시효기간에 합리적 이유가 인정된다 하더라도, 과거사정리법 제2조 제1항 제3호에 규정된 '민간인 집단희생사건', 제4호에 규정된 '중대한 인권침해·조작의혹사건'의 특수성을 고려하지 아니한 채 민법 제166조 제1항, 제766조 제2항의 '객관적 기산점'이 그대로 적용되도록 규정하는 것은 국가배상청구권에 관한 입법형성의 한계를 일탈한 것인데, 그 이유는 다음과 같다. 민간인 집단희생사건과 중대한 인권침해·조작의혹사건은 국가기관이 국민에게 누명을 씌워 불법행위를 자행하고, 소속 공무원들이 조직적으로 관여하였으며, 사후에도 조작·은폐함으로써 오랜 기간 진실규명이 불가능한 경우가 많아 일반적인 소멸시효 법리로 타당한 결론을 도출하기 어려운 문제들이 발생하였다. 이에 2005년 여·야의 합의로 과거사정리법이 제정되었고, 그 제정 경위 및 취지에 비추어볼 때 위와 같은 사건들은 사인간 불법행위 내지 일반적인 국가배상 사건과 근본적 다른 유형에 해당됨을 알 수 있다. 이와 같은 특성으로 인하여 과거사정리법에 규정된 위 사건 유형에 대해 일반적인 소멸시효를 그대로 적용하기는 부적합하다. 왜냐하면 위 사건 유형은 국가가 현재까지 피해자들에게 손해배상채무를 변제하지 않은 것이 명백한 사안이므로, '채무자의 이중변제 방지'라는 입법취지가 국가배상청구권 제한의 근거가 되기 어렵기 때문이다. 또한 국가가 소속 공무원을 조직적으로 동원하여 불법행위를 저지르고 그에 관한 조작·은폐를 통해 피해자의 권리를 장기간 저해한 사안이므로, '채권자의 권리불행사에 대한 제재 및 채무자의 보호가치 있는 신뢰 보호'라는 입법취지도 그 제한의 근거가 되기 어렵기 때문이다. 따라서 위와 같은 사건 유형에서는 '법적 안정성'이란 입법취지만 남게 된다. 그러나 국가배상청구권은 단순한 재산권 보장의 의미를 넘어 헌법 제29조 제 1 항에서 특별히 보장한 기본권으로서, 헌법 제10조 제 2 문에 따라 개인이 가지는 기본권을 보장할 의무를 지는 국가가 오히려 국민에 대해 불법행위를 저지른 경우 이를 사후적으로 회복·구제하기 위해 마련된 특별한 기본권인 점을 고려할 때, 국가배상청구권의 시효소멸을 통한 법적 안정성의 요청이 헌법 제10조의 국가의 기본권 보호의무와 헌법 제29조 제 1 항의 국가배상청구권 보장 필요성을 완전히 희생시킬 정도로 중요한 것이라 보기 어렵다. 구체적으로 살펴보면, 불법행위의 피해자가 '손해 및 가해자를 인식하게 된 때'로부터 3년 이내에 손해배상을 청구하도록 하는 것은 불법행위로 인한 손해배상청구에 있어 피해자와 가해자 보호의 균형을 도모하기 위한 것이므로, 과거사정리법 제 2 조 제 1 항 제 3, 4 호에 규정된 사건에 민법 제766조 제 1 항의 '주관적 기산점'이 적용되도록 하는 것은 합리적 이유가 인정된다. 그러나, 국가가 소속 공무원들의 조직적 관여를 통해 불법적으로 민간인을 집단 희생시키거나 장기간의 불법구금·고문 등에 의한 허위자백으로 유죄판결을 하고 사후에도 조작·은폐를 통해 진상규명을 저해하였음에도 불구하고, 그 불법행위 시점을 소멸시효의 기산점으로 삼는 것은 피해자와 가해자 보호의 균형을 도모하는 것으로 보기 어렵고, 발생한 손해의 공평·타당한 분담이라는 손해배상제도의 지도원리에도 부합하지 않는다. 그러므로 과거사정리법 제 2 조 제 1 항 제 3, 4 호에 규정된 사건에 민법 제166조 제 1 항, 제766조 제 2 항의 '객관적 기산점'이 적용되도록 하는 것은 합리적 이유가 인정되지 않는다. 결국, 민법 제166조 제 1 항, 제766조 제 2 항의 객관적 기산점을 과거사정리법 제 2 조 제 1 항 제 3, 4 호의 민간인 집단희생사건, 중대한 인권침해·조작의혹사건에 적용하도록 규정하는 것은, 소멸시효제도를 통한 법적 안정성과 가해자 보호만을 지나치게 중시한 나머지 합리적 이유 없이 위 사건 유형에 관한 국가배상청구권 보장 필요성을 외면한 것으로서 입법형성의 한계를 일탈하여 청구인들의 국가배상청구권을 침해한다.

ii) '민주화운동' 관련 '정신적 손해'에 대한 국가배상청구권 배제의 위헌성 : 헌재는 '민주화운동 관련자 명예회복 및 보상 심의 위원회'의 보상금 등 지급결정에 동의한 경우 "민주화운동과 관련하여 입은 피해"에 대해 재판상 화해가 성립된 것으로 간주하는 구 '민주화운동 관련자 명예회복 및 보상 등에 관한 법률' 제18조 제2항의 의미 내용이 명확성원칙에 반하지 않는다고 판단했다. 헌재는 또 이 간주규정이 법관에 의하여 법률에 의한 재판을 받을 권리를 제한한다는 주장에 대해 재판청구권을 침해하지 않는다고 보았다. 그러나 이 간주조항의 '민주화운동과 관련하여 입은 피해' 중 불법행위로 인한 정신적 손해에 관한 부분은 헌법에 위반된다고 아래와 같이 결정하였다.

헌재 2018. 8. 30, 2014헌바180등. [결정요지] (가) 민주화보상법의 입법취지, 관련규정의 내용, 신청인이 작성·제출하는 동의 및 청구서의 기재내용 등을 종합하면, 심판대상조항의 "민주화운동과 관련하여 입은 피해"란 공무원의 직무상 불법행위로 인한 정신적 손해를 포함하여 그가 보상금 등을 지급받은 민주화운동과 관련하여 입은 피해 일체를 의미하는 것으로 합리적으로 파악할 수 있다. 따라서 심판대상조항은 명확성원칙에 위반되지 아니한다. (나) 민주화보상법은 관련규정을 통하여 보상금 등을 심의·결정하는 위원회의 중립성과 독립성을 보장하고 있고, 심의절차의 전문성과 공정성을 제고하기 위한 장치를 마련하고 있으며, 신청인으로 하여금 위원회의 지급결정에 대한 동의 여부를 자유롭게 선택하도록 정하고 있다. 따라서 심판대상조항은 관련자 및 유족의 재판청구권을 침해하지 아니한다. (다) 헌법은 제23조 제1항에서 일반적 재산권을 규정하고 있으나, 제29조 제1항에서 국가배상청구권을 별도로 규정함으로써, 공무원의 직무상 불법행위로 손해를 받은 경우 국민이 국가에 대해 적극적·소극적·정신적 손해에 대한 정당한 배상을 청구할 수 있는 권리를 특별히 보장하고 있다. 민주화보상법은 1999. 12. 28. 여·야의 합의에 따라 만장일치의 의견으로 국회 본회의에서 심의·의결되었는바, 이는 자신의 생명·신체에 대한 위험 등을 감수하고 헌법에 보장된 국민의 기본권을 침해한 권위주의적 통치에 항거함으로써 민주헌정질서의 확립에 기여하고 현재 우리가 보장받고 있는 자유와 권리를 회복·신장시킨 사람과 유족에 대한 국가의 보상의무를 회피하는 것이 부당하다는 사회적 공감대에 근거하여 제정된 것이다. 이러한 맥락에서 심판대상조항은 민주화운동을 위해 희생을 감수한 관련자와 유족에 대한 적절한 명예회복 및 보상이 사회정의를 실현하는 첫 걸음이란 전제에서, 관련자와 유족이 위원회의 지급결정에 동의하여 적절한 보상을 받은 경우 지급절차를 신속하게 이행·종결시킴으로써 이들을 신속히 구제하고 보상금 등 지급결정에 안정성을 부여하기 위해 도입되었다. 심판대상조항의 "민주화운동과 관련하여 입은 피해"에는 적법한 행위로 발생한 '손실'과 위법한 행위로 발생한 '손해'가 모두 포함되므로, 민주화보상법상 보상금 등에는 '손실보상'의 성격뿐만 아니라 '손해배상'의 성격도 포함되어 있다. 그리고 민주화보상법 및 같은 법 시행령에 규정되어 있는 보상금 등의 지급대상과 그 유형별 지급액 산정기준 등에 의하면, 민주화보상법상 보상금, 의료지원금, 생활지원금은 적극적·소극적 손해 내지 손실에 대한 배·보상 및 사회보장적 목적으로 지급되는 금원에 해당된다. 이를 전제로 먼저 심판대상조항 중 적극적·소극적 손해에 관한 부분이 국가배상청구권을 침해하는지 여부를 본다. 앞서 본 바와 같이 민주화보상법상 보상금 등에는 적극적·소극적 손해에 대한 배상의 성격이 포함되어 있는바, 관련자와 유족이 위원회의 보상금 등 지급결정이 일응 적절한 배상에 해당된다고 판단하여 이에 동의하고 보상금 등을 수령한 경우 보상금 등의 성격과 중첩되는 적극적·소극적 손해에 대한 국가배상청구권의 추가적 행사를 제한하는 것은, 동일한 사실관계와 손해를 바탕으로 이미 적절한 배상을 받았음에도 불구하고 다시 동일한 내용의 손해배상청구를 금지하는 것이므로, 이를 지나치게 과도한 제한으로 볼 수 없다. 다음 심판대상조항 중 정신적 손해에 관한 부분이 국가배상청구권을 침해하는지 여부를 본다. 민주화보상법 및 같은 법 시행령의 관련조항을 살펴보더라도 정신적 손해 배상에 상응하는 항목은 존재하지 아니하고, 위원회가 보상금·의료지원금·생활지원금 항목을 산정함에 있어 정신적 손해를 고려할 수 있다는 내용도 발견되지 아니한다, 이처럼 정신적 손해에 대해 적절한 배상이 이루어지지 않은 상태에서 적극적·소극적 손해에 상응하는 배상이 이루어졌다는 사정만으로 정신적 손해에 대한 국가배상청구마저 금지하는 것은, 해당 손해에 대한 적절한 배상이 이루어졌음을 전제로 하여 국가배상청구권 행사를 제한하려 한 민주화보상법의 입법목적에도 부합하지 않으며, 국가의 기본권 보호의무를 규정한 헌법 제10조 제 2 문의 취지에도 반하는 것으로서, 국가배상청구권에 대한 지나치게 과도한 제한에 해당한다. 따라서 심판대상조항 중 정신적 손해에 관한 부분은 민주화운동 관련자와 유족의 국가배상청구권을 침해한다.

* 위 2014헌바180등 위헌결정 이전의 소 각하판결에 대해 헌법소원대상이 아니라고 한 결정이 있었다(2017헌마1056. [판시] 헌법재판소는 2018. 8. 30. 화해간주조항이 신청인의 정신적 손해에 관한 국가배상청구권을 침해한다는 이유로 화해간주조항의 '민주화운동과 관련하여 입은 피해' 중 불법행위로 인한 정신적 손해에 관한 부분은 헌법에 위반된다고 결정하였다(2014헌바180등 참조). 따라서 위 위헌결정이 있었음에도 불구하고 법원이 청구인들에게 정신적 손해에 관한 부분까지 화해간주조항을 적용하여 재판을 하였다면 이는 위헌결정된 법률을 적용한 재판으로서 취소의 대상

이 된다. 그런데 청구인 이○○, 김○○의 소는 헌법재판소의 위 위헌결정이 선고되기 전에 화해간주조항에 따라 각하되었는바, 이 사건 판결이 헌법재판소가 위헌으로 결정한 화해간주조항을 적용한 재판이라고 볼 수 없다. 따라서 이 사건 판결의 취소를 구하는 이 부분 심판청구는 허용될 수 없어 부적법하다).

iii) 5 · 18민주화운동 관련 정신적 손해에 대한 재판상 화해 간주의 재판청구권 침해 : 헌재는 5 · 18민주화운동과 관련하여 보상금 지급 결정에 동의하면 그 피해에 대해 화해가 성립된 것으로 보는 구 '5 · 18(광주)민주화운동 관련자 보상 등에 관한 법률' 제16조 제2항은 위 법률에서 정신적 손해에 대한 배상은 전혀 고려되고 있지 않음에도 정신적 손해에 대해서도 재판상 화해가 성립한 것으로 간주하고 있는바, 정신적 손해에 대해 적절한 배상이 이루어지지 않은 상태에서, 적극적 · 소극적 손해의 배상에 상응하는 보상금 등 지급결정에 동의하였다는 사정만으로 정신적 손해(불법행위로 인한 손해에는 일반적으로 적극적 · 소극적 · 정신적 손해로 분류)에 대한 국가배상청구마저 금지하는 것은 국가배상청구권에 대한 과도한 제한으로 헌법 제10조 제2문의 취지에도 반하는 침해최소성을 갖추지 않아, 그리고 법익균형성도 없어 국가배상청구권을 침해하여 위헌이라고 결정하였다(2019헌가17).

제5절 손실보상청구권

이에 관해서는 앞의 재산권보장에서 살펴보았다(전술 제3장 제6절 제1항 Ⅳ. 참조).

제6절 형사보상청구권과 명예회복

Ⅰ. 형사보상청구권의 개념과 법규정

형사보상청구권은 국가가 무죄인 사람을 범죄피의자로 다루었거나 또는 범죄자로 판단하여 형벌을 가함으로써 그 사람에게 발생한 물질적 · 정신적 손실을 국가가 회복(전보)해줄 것을 요구할 수 있는 청구권이다.

우리 헌법 제28조는 “형사피의자 또는 형사피고인으로서 구금되었던 자가 법률이 정하는 불기소처분을 받거나 무죄판결을 받은 때에는 법률이 정하는 바에 의하여 국가에 정당한 보상을 청구할 수 있다”라고 규정하고 있다. 형사보상에 관한 일반 법률로는 “법률이 정하는 바에 의하여”라는 헌법의 위임에 따라 제정된 법률인 ‘형사보상 및 명예회복에 관한 법률’(이하 ‘형명법’이라 함)이 있다.

Ⅱ. 형사보상청구권의 법적 성격과 효력

형사보상의 본질에 대해 손해배상설, 손실보상설, 양분설 등이 견해를 달리하는데 우리나라에서는 손실보상설이 통설이다. 형사보상은 청구권으로서의 성격을 가진다. 형사보상청구권에 관한 헌법규정 자체가 직접적 효력을 가진다(직접효력설 — 우리나라의 통설). * 대조 : 헌재는 형사보상청구권이 헌법적 차원(헌법 제28조)에서 명시적으로 규정되어 보호되고 있는 것과 달리 형사재판 비용보상청구권은 법률상의 권리라고 본다는 점(2011헌바19, 2020헌바252 등. 앞의 Ⅲ. 5. 참조)에 유의할 일이다.

Ⅲ. 형사보상청구권의 내용

1. 형사보상청구권의 성립요건

형사피고인뿐 아니라 형사피의자도 형사보상청구를 할 수 있으므로 형사피의자의 경우(피의자보상)와 형사피고인(피고인보상)의 경우로 나누어 본다(* 형사피고인은 공소가 제기되었던 사람이고 형사피의자는 공소가 제기되지 않았던 사람이다).

(1) 피의자보상의 경우

1) **구금(拘禁)되었을 것** 신체의 자유가 박탈되는 구속의 상태, 즉 피의자가 구치소에 감금되는 등의 상태에서 수사를 받았어야 한다. 따라서 불구속상태에서 조사나 수사의 대상이 되었던 피의자는 형사보상을 받을 수 없다.

2) **법률이 정하는 불기소처분을 받았을 것** 형사피의자로서 구금되

었던 자가 법률이 정하는 불기소처분을 받은 경우에 보상을 받을 수 있다(피의자보상). 현행 '형명법'은 '공소권없음', '혐의없음', '죄안됨'의 불기소처분을 받거나 사법경찰관으로부터 불송치결정을 받은 경우 보상대상으로 하고, 다만, 구금된 이후에 불기소처분 또는 불송치결정의 사유가 있는 경우와 해당 불기소처분 또는 불송치결정이 종국적인 것이 아니거나 형사소송법 제247조(기소유예)에 따른 것일 경우에는 보상대상에서 제외하고 있다(법 제27조 제1항).

본인이 수사 또는 재판을 그르칠 목적으로 거짓 자백을 하는 경우 등 동법이 정한 경우에 해당되면 피의자보상의 전부 또는 일부를 지급하지 아니할 수 있다(동조 제2항).

3) **무과실책임** 불기소처분에 이르게 된 데에 고의·과실이 있을 것을 요하지 아니한다. 다만, 고의·과실 유무는 보상금액산정에서의 고려사항이다(동법 제29조 제1항, 제5조 제2항).

(2) 피고인보상의 경우

1) **구금(拘禁)되었을 것** 구금이란 피고인을 교도소에 감금하여 신체의 자유를 박탈한 상태로 두는 강제처분으로서 형사소송법상의 구금을 말한다. 이러한 구금이 되었을 것을 요하므로 불구속 상태로 기소되어 무죄판결을 받은 경우에는 보상을 받지 못한다.

2) **무죄의 판결을 받았을 것** '형명법'은 무죄재판을 받아 '확정'된 경우로 규정하고 있다. 동법은 당해 일반절차에 의한 무죄재판뿐 아니라 상소권회복에 의한 상소, 재심 또는 비상상고의 절차에서 무죄재판을 받아 확정된 경우도 청구사유로 규정하고 있다(동법 제2조 제2항). 형사미성년자, 심신장애의 사유로 무죄재판을 받은 경우나 본인이 수사 또는 심판을 그르칠 목적으로 거짓 자백을 하는 경우 등 동법이 정한 사유에 해당되면 법원은 재량으로 보상청구의 전부 또는 일부를 기각할 수 있다(동법 제4조).

3) **무과실책임** 무죄재판이 나오게 된 데에 고의·과실이 있을 것을 불문한다. 다만, 고의·과실 유무는 보상금액산정에서의 고려사항이다(동법 제5조 제2항).

4) **면소 등의 경우** 형사소송법에 따라 면소 또는 공소기각의 재판을

받아 확정된 피고인이 면소 또는 공소기각의 재판을 할 만한 사유가 없었더라면 무죄재판을 받을 만한 현저한 사유가 있었을 경우, 치료감호사건이 범죄로 되지 아니하거나 범죄사실의 증명이 없는 때에 해당되어 청구기각의 판결을 받아 확정된 경우에도 구금에 대한 보상을 청구할 수 있다(동법 제26조 제 1 항). * 이 조항에 대한 헌법불합치결정 — 헌재는 원판결의 근거가 된 특별법상 가중처벌규정에 대하여 헌법재판소의 위헌결정이 있었음을 이유로 개시된 재심절차에서 위헌적인 처벌규정을 적용한 공소사실에 대하여 헌재는 형사소송법 제325조 전단에 따라 무죄판결을 선고받을 수 있었는데도 각 재심절차에서 위헌결정된 특별법상 가중처벌규정을 일반법인 형법규정으로 변경하는 공소장의 교환적 변경이 이루어져 무죄재판을 받을 수 없게 되었고 원판결보다 가벼운 형으로 유죄판결이 확정된 경우 원판결집행의 그 초과 구금에 대하여 보상요건을 전혀 규정하지 아니한 것은 현저히 자의적인 차별로서 평등원칙을 위반하여 위헌이나 법적 공백을 막기 위해 헌법불합치결정을 했다(2018헌마998. 결국 침해된 기본권은 형사보상청구권이 아니라 평등권).

2. 청구기간, 청구 · 결정

'형명법'에 청구기간, 청구방식, 보상결정, 지급청구 등에 관한 구체적 규정들이 있다. 청구기간의 경우 구 형사보상법이 피고인보상의 경우 무죄재판이 확정된 때로부터 1년으로 하여 헌법에 위반된다는 헌재의 헌법불합치결정(2008헌가4)이 있었다. '형명법'은 구 형사보상법에 비해 청구기간을 더 늘렸다(피고인보상의 경우 무죄재판이 확정된 사실을 안 날부터 3년, 무죄재판이 확정된 때부터 5년 이내(동법 제 8 조), 피의자 보상의 경우 불기소처분의 고지 또는 통지를 받은 날부터 3년 이내(동법 제28조 제 3 항)). 구 형사보상법은 보상의 결정에 대한 불복을 금지하고 있었는데 헌재는 형사보상청구권과 그 실현을 위한 재판청구권의 본질적 내용을 침해하는 위헌이라고 결정하였고(2008헌마514) 이후 현행 '형명법'은 즉시항고를 할 수 있다고 규정하고 있다(동법 제20조 제 1 항).

3. 보상결정의 공시

법원은 보상의 결정이 확정되었을 때에는 보상결정의 요지를 관보에 게재하여 공시하여야 한다(동법 제25조 제1항).

4. 정당한 보상

헌법 제28조 자체도 '정당한' 보상을 직접 명시하고 있다. 정당한 보상이란 손실의 완전한 보상을 의미한다. '형명법'은 그 구금일수에 따라 1일당 보상청구의 원인이 발생한 연도의 「최저임금법」에 따른 일급(日給) 최저임금액 이상의 보상금을 지급하도록 규정하여 구 형사보상법에 비해 상향조정하였다(동법 제5조 제1항).

Ⅳ. 명예회복

무죄재판 등이 확정되더라도 이를 널리 알리지 않으면 언론보도 등으로 훼손된 명예가 회복되기 어려우므로 이를 개선하기 위하여 무죄재판 등이 확정된 사실을 게재하도록 하는 명예회복의 제도를 두고 있다. 즉 '형명법'은 무죄, 면소, 공소기각의 재판 또는 치료감호 독립 청구에 대한 기각의 판결을 받아 확정된 경우에는 무죄재판서 등을 법무부 인터넷 홈페이지에 게재하도록 청구할 수 있게 하고 있다(동법 제30조 이하).

제7절 범죄피해자구조청구권

Ⅰ. 범죄피해자구조청구권의 개념과 의의 및 법규정

타인의 범죄행위로 인해 신체에 피해를 입은 국민이나 생명을 잃은 국민의 유족이 가해자(범죄자)로부터 그 피해에 대한 배상을 받지 못하거나 충분한 배상을 받지 못하여 생활에 어려움이 있을 때에 국가가 대신 그 구조를 해줄 것을 요구할 수 있는 권리가 범죄피해자구조청구권이다.

헌법 제30조는 "타인의 범죄행위로 인하여 생명·신체에 대한 피해를 받은 국민은 법률이 정하는 바에 의하여 국가로부터 구조를 받을 수 있다"라고 규정하고 있다. 이 헌법의 위임을 받아 제정된 일반적인 법률이 바로 범죄피해자 보호법이다.

Ⅱ. 범죄피해자구조청구권의 법적 성격과 효력

범죄피해자구조청구권의 성격에 대해서, ① 국가배상청구권이라는 견해, ② 생존권(사회적 기본권)이라는 견해, ③ 청구권이자 생존권이기도 하다는 복합설이 대립되고 있다. 범죄피해자구조제도의 본질이 국가책임이자, 사회보장·생존의 보장을 위한 것에 있기에 범죄피해자구조청구권도 생존권적인 기본권이자 청구권으로서의 복합적인 성격을 가진다.

헌법 제30조를 입법방침규정으로 보는 견해도 있을 수 있으나 동조가 "법률이 정하는 바에 의하여"라고 규정한 것은 단순한 입법방침이 아니라 그 구조의 방법, 기준, 절차 등을 구체적으로 설정하도록 법률에 위임한 형성유보의 의미를 가지는 것일 뿐이다. 헌법 제30조 자체만으로도 구조를 요구할 국민의 권리가 나온다(직접효력설).

Ⅲ. 범죄피해자구조청구권의 내용

1. 구조금수급주체

범죄피해자 보호법은 국가는 구조대상 범죄피해를 받은 사람이 다음 각 호의 어느 하나에 해당하면 구조피해자 또는 그 유족에게 범죄피해구조금을 지급한다고 규정하고 있다(법 제16조). 즉 1. 구조피해자가 피해의 전부 또는 일부를 배상받지 못하는 경우, 2. 자기 또는 타인의 형사사건의 수사 또는 재판에서 고소·고발 등 수사단서를 제공하거나 진술, 증언 또는 자료제출을 하다가 구조피해자가 된 경우이다.

외국인이 구조피해자이거나 유족인 경우에는 해당 국가의 상호보증이 있는 경우에만 적용한다(동법 제23조).

2. 수급요건

과거의 범죄피해자구조법에서는 범죄피해의 범위를 사망, 중장해로 규정하고 있었으나 현행 범죄피해자 보호법은 사망, 장해 또는 중상해까지 확대하고 있다(동법 제3조 제1항 제4호). 또한 과거 범죄피해자구조법과 달리 가해자의 불명 또는 무자력일 것을 수급요건에서 제외하여 범죄피해자의 구조범위를 확대하였다.

구조대상 범죄피해의 범위에 해외에서 발생한 범죄피해는 포함하고 있지 아니하다(동법 제3조 제1항 제4호). 구 범죄피해구조법의 경우에도 마찬가지였는데 이에 대해서는 합헌이라는 헌재의 결정이 있었다(2009헌마354).

범죄행위 당시 구조피해자와 가해자 사이에 부부, 직계혈족 등에 해당하는 친족관계가 있는 경우와 구조피해자가 해당 범죄행위를 교사 또는 방조하는 행위, 과도한 폭행·협박 또는 중대한 모욕 등 해당 범죄행위를 유발하는 행위 등을 한 때에는 구조금을 지급하지 아니한다(동법 제19조 제1항·제3항).

3. 피해구조금의 지급신청·결정절차

범죄피해자 보호법에 자세한 규정을 두고 있다. 구조금의 지급신청은 해당 구조대상 범죄피해의 발생을 안 날부터 3년이 지나거나 해당 구조대상 범죄피해가 발생한 날부터 10년이 지나면 할 수 없다(동법 제25조 제2항). 구 범죄피해자구조법은 범죄피해의 발생을 안 날로부터 2년 또는 당해 범죄피해가 발생한 날로부터 5년이 경과한 때에는 이를 할 수 없다고 규정하고 있었는데 이에 대해서는 합헌성을 인정하는 결정이 있었다(2009헌마354).

제7장 국민의 기본의무

Ⅰ. 헌법상의 기본의무

국민은 기본권을 누리지만 한편으로는 국가의 구성원으로서 기본적인 의무를 진다. 우리 헌법은 국민의 기본의무로 재산권행사의 공공복리적합의무(제23조 제2항), 의무교육을 받게 할 의무(제31조 제2항), 근로의 의무(제32조 제2항), 납세의 의무(제38조), 국방의 의무(제39조 제1항), 환경보전을 위하여 노력할 의무(제35조 제1항) 등을 규정하고 있다. 이들 의무들에 대해서는 국방의무 외에 앞서 관련 기본권들에서 언급된 바도 있기에(납세의 의무에 관련해서는, 후술 제4부 제3장 제6절 제4항 Ⅰ. 참조) 여기서는 생략하고 국방의 의무에 대해서 살펴보고자 한다.

Ⅱ. 국방의 의무

1. 개념과 범위

헌재는 "헌법 제39조 제1항에 규정된 국방의 의무는 외부 적대세력의 직·간접적인 침략행위로부터 국가의 독립을 유지하고 영토를 보전하기 위한 의무"라고 개념정의하고 있다(98헌마363). 국방의 의무의 개념 속에는 징집에 응하여 군생활을 하는 병역의 의무만 포함되는 것은 아니다. 헌재는 "군복무에 임하는 등의 직접적인 병력형성의무만을 가리키는 것으로 좁게 볼 것이 아니라, 향토예비군설치법(* 현재 예비군법), 민방위기본법, '비상대비에 관한 법률', 병역법 등에 의한 간접적인 병력형성의무 및 병력형성 이후 군작전명령에 복종하고 협력하여야 할 의무도 포함하는 넓은 의미의 것"으로 본다(91헌마80). 국방의 의무의 범위는 비군사적 활동도 포함된다고 볼 것이다. 헌재도 "현대전이 고도의 과학기술과 정보를 요구하고 국민 전체의 협력을 필요로 하는 이른바 총력전인 점, 그리고 오늘날 국가안보의 개념이 군사적 위협뿐만 아니라 자연재난이나 사회재난, 테러 등으로 인한 안보 위기에 대한 대응을 포함하는 포괄적 안보 개념으로 나아가고 있는 점 등을 고려할 때, 국방의 의무의 내용은 군에 복무하는 등의 군사적 역무에만 국한되어야 한다고 볼 수 없다. 즉, 전시・사변 또는 이에 준하는 비상사태, 재난사태 발생 시의 방재(防災)・구조・복구 등 활동이나, 그러한 재난사태를 예방하기 위한 소방・보건의료・방재(防災)・구호 등 활동도 넓은 의미의 안보에 기여할 수 있으므로, 그와 같은 비군사적 역무 역시 입법자의 형성에 따라 국방의 의무 또는 그 주요한 부분을 이루는 병역의무의 내용에 포함될 수 있다. 현행 병역법에 의하면 보충역의 일종인 사회복무요원은 사회복지, 보건・의료, 교육・문화, 환경・안전 등 사회서비스업무의 지원업무 등 비군사적 역무에 종사하고(병역법 제26조 제1항), 이는 예술・체육요원(동법 제33조의7), 공중보건의사(동법 제34조), 공익법무관(동법 제34조의6) 등 다른 보충역의 경우도 마찬가지이다"라고 한다(2011헌바379등).

2. 불이익처우의 금지

이 조항의 적용대상은 국방의무 중 '병역의무'의 이행의 경우이다. 즉 헌법은 "누구든지 병역의무의 이행으로 인하여 불이익한 처우를 받지 아니한다"라고 규정하고 있다(제39조 제2항). 이 조항에서 금지하는 '불이익한 처우'라 함은 "단순한 사실상, 경제상의 불이익을 모두 포함하는 것이 아니라 법적인 불이익을 의미하는 것으로 보아야 한다"는 것이 헌재의 판례이다(98헌마363). 헌재는 "병역의무 이행의 일환으로 병역의무 이행 '중'에 입는 불이익은 여기서 말하는 '병역의무의 이행으로 인한' 불이익에 해당하지 않는다"라고 한다(97헌바3, 2006헌마627, 2017헌마374 등). 이 조항은 병역의무 이행을 직접적 이유로 차별적 불이익을 가하거나, 또는 병역의무를 이행한 것이 결과적, 간접적으로 그렇지 아니한 경우보다 오히려 불이익을 받는 결과를 초래하여서는 아니 된다는 것이 그 일차적이고도 기본적인 의미이기 때문이라고 한다.

그리고 헌법 제39조 제 2 항은 병역의무를 이행한 사람에게 적극적 보상조치를 취할 의무나 특혜를 부여할 의무를 국가에 지우는 것이 아니라는 것이 헌재의 판례이다. 그리하여 헌재는 제대군인 가산점제도는 제대군인에게 일종의 적극적 보상조치를 취하는 제도이므로 헌법 제39조 제 2 항에 근거한 제도라고 할 수 없다고 보았고, 평등원칙에 위반된다고 하여 위헌으로 결정하였다(98헌마363).

군법무관이 전역한 후 변호사로 개업함에 있어 그 개업지가 제한되게 한 변호사법규정은 병역의무의 이행으로 인한 불이익한 처우라고 하여 헌법 제39조 제 2 항에 위반된다고 결정되었다(89헌가102). 그런데 이후 전관예우의 방지를 위하여 퇴직 전 1년부터 퇴직한 때까지 근무한 법원, 검찰청, 군사법원 등이 처리하는 사건을 퇴직한 날부터 1년 동안 수임할 수 없도록 하는 변호사법의 개정이 있었는데 병역의무를 이행하기 위하여 군인·공익법무관 등으로 근무한 자의 경우는 이러한 제한에서 제외하고 있다(법 제31조 제 3 항 이하).

제4부 국가권력규범론

국가는 국민의 기본권을 실현함에 있어서 필요한 활동을 수행하기 위하여 그리고 국가의 안전과 사회질서를 유지하기 위하여 권력을 행사하게 된다. 이러한 국가권력은 그 조직과 행사가 헌법에 입각하여 국민적 정당성을 지녀야 하며 국민의 기본권을 보장하여야 한다는 지침 하에 행사되어 남용이 방지되어야 한다. 이를 위하여 국가권력을 나누어 여러 국가기관에 부여하고 국가권력을 통제하는 헌법규범이 국가권력규범이다. 이하에서 먼저 국가권력의 조직·행사에 관한 기본적인 원리를 살펴보고 다음으로 입법권, 집행권(행정권), 사법권 등 각 권력별로 그 조직·행사에 관한 헌법규범을 살펴보고자 한다.

* 통치기구라는 용어의 문제점 : 제 3 공화국 헌법 제 3 장의 제목이 '통치기구'(統治機構)였다. '통치'라는 용어는 군림하여 다스린다는 의미를 가진 전근대적인 용어이다. 따라서 국민이 주권자이고 국가권력을 통제하는 현대에 와서는 적절하지 못한 용어이므로 가능한 한 '국가권력조직·행사'로 바꾸어 부르려고 한다.

제 1 장 기본원리

국가권력조직 · 행사의 기본원리로는 ① 국민주권주의, ② 국민대표주의, ③ 권력분립주의, ④ 정부형태원리 등이 있다. 국민주권주의에 대해서는 앞에서 다루었기에(전술 제 2 부 제 2 장 제 1 절 제 2 항 국민주권주의 참조) 여기서는 국민대표주의부터 살펴본다.

제 1 절 국민대표주의(대의제)

Ⅰ. 국민대표주의의 개념과 발달

1. 개 념

국민대표주의(國民代表主義, 대의제)란 국민이 직접 주권과 국가권력을 행사하지 않고 자신의 대표자를 선출하여 그 대표자로 하여금 이를 행사하게 하는 국가운영의 원리를 말한다. 대표자에 의하여 국정의 운영이 이루어지므로 간접민주정치의 원리라고 불리기도 한다.

* 용어의 문제 : 국민대표주의를 흔히 '대의제(代議制)'라고 부른다. 이는 역사적으로 먼저 의회가 국민의 대표기관으로서 자리잡고 중심이 되어 왔으므로 널리 사용되어 온 것이기도 하다. 그런데 오늘날 국민을 대표하는 기관은 의회 외에도 국민에 의해 선출된 대통령 등도 있기 때문에 이를 포괄하는 국민대표주의라는 용어를 주로 사용하고자 한다.

2. 분리이론, 권력의 비인격화(제도화)

국민대표주의는 종래 이를 '분리이론'으로 설명하여 왔다. 분리이론이란 주권보유자와 주권행사자가 구분되어 존재한다는 이론이다. 즉 국민은 주권자로서 존재하지만 주권을 직접 행사하지는 않고 주권자와 구분되는 주권행사자가 주권을 행사한다는 것이다. 물론 주권행사자는 주권자인 국민이 선출한다. 고대나 중세 때 절대군주가 권력 전체를 장악하고 또 직접 행사하여 권력은 곧 군주를 의미하는 권력의 인격화가 있었으나 국민대표주의에 따라 주권보유자와 주권행사자가 분리되어 '권력의 비인격화'(非人格化), '권력의 제도화'를 가져왔다. 유의할 것은 국민대표주의에서 분리이론이 국민과 대표자 간의 무관계함을 의미하지는 않는다는 점이다(후술 국민대표주의의 법적 성격 참조).

3. 국민대표주의의 발달

국민대표주의는 고대에 부족대표 등 회의제제도가 없지는 않았으나 근대에 주권이 국민에게 있음을 인정한 국민주권주의가 자리잡고 주권자 국민을 대신하는 진정한 대표성을 지니는 의회제가 확립되면서 본격적인 발달이 이루어졌다. 의회제는 영국에서 일찍이 자리잡았고, 프랑스의 경우 삼부회 등 등족회의의 역사를 거쳐 프랑스 대혁명 이후 의회제도가 정착되었다.

국민대표주의는 선거제도의 발달에 힘입은 바 크다. 특히 보통선거제도의 확충과 비례대표제의 도입 등으로 국민의 대표성이 더욱 확보되었다. 근대에 와서 형성된 정당제도의 발달도 국민대표주의에 중요한 영향을 미쳤다.

Ⅱ. 국민대표주의의 헌법적 기초근거

국민대표주의를 뒷받침하는 헌법적 기초근거는 국민에게 주권이 있다는 점이다. 국민이 주권자이므로 주권의 행사도 국민이 하여야 하는데 국민이 이를 직접 행사할 수 없기 때문에 대표자를 선출하여 대표자로 하여금 국가권력을 행사하게 된 것이므로 국민대표주의는 국민주권주의에 기초한다.

국민대표주의의 근거를 헌법 자체에서 찾는 것이 중요하다. 우리 헌법의 경우에도 통상 국민이 직접 국가권력을 행사하지 않고 헌법 제40조가 입법권을 국회에, 제66조 제4항이 행정권을 대통령을 수반으로 하는 정부에, 제101조가 사법권을 법원에 부여하여 대표기관들이 주권에서 나오는 국가권력(즉 입법권, 행정권, 사법권)을 행사하게 함으로써 주권을 대표기관들이 대신 행사하게 한다. 바로 이것이 국민대표제(간접민주제)의 헌법적인 근거이자 헌법적 확인이라고 할 수 있다.

Ⅲ. 국민대표주의의 법적 성격(대표자와 국민·선거인과의 관계)

대표자는 자신을 선출한 국민과 법적으로 어떠한 관계에 있는가 하는 문제가 국민대표주의의 법적 성격의 문제이다. 이 문제는 다시 2가지 문제로 나타난다. 첫째는 대표자가 국민에 대해 법적인 의무를 지는 법적 관계가 존재하는가 하는 것이고(아래의 1.), 둘째는 법적 의무를 지는 관계라면 이는 전체국민과의 관계에서만 그러한 것인지 아니면 국민 개개인 내지 대표자를 선출한 일부 지역의 국민들과의 관계에서 그러한 것인지 하는 문제이다(아래의 2.).

1. 국민과의 법적 구속관계 유무

(1) 학 설

1) 법적 무관계설 대표자와 국민 간에 법적 관계가 없다고 보는 학설로는 정치적 대표설, 정당대표설 등이 있다. 정치적 대표설은 대표자는 정치적 또는 이념적으로만 국민을 대표할 뿐이고 국민에 대해 법적 의무를 지지 않으며 대표자가 국민의 이익을 위하여 성실한 직무를 수행하여야 한다는 의무는 정치적·도의적 의무에 불과하다고 본다. 정당대표설은 오늘날 정당의 역할이 중요하고 국민의 의사가 정당에 의하여 형성되기 때문에 정당이 국민을 대표한다고 보는 이론이다. 사회적 이익의 대표관계라고 보는 사회적 대표설도 있다. 요컨대 법적 무관계설은 국민이 대표자를 법적으로 구속하는 힘을 가지는 관계가 아니며, 대표자가 국민의사에 반하는 행위를 하더라도 법적 제재를 가할 수 없다고 본다.

2) 법적 관계설 대표자와 국민 간에 법적 관계가 있다고 보는 학설로

는 법정대리설, 헌법적 대표설, 법적 위임관계설 등이 있다. 법정대리설은 Jellinek에 의해 주창된 학설로 1차적 기관인 국민이 2차적 기관인 의회를 선거로 구성하고 이 의회가 국민의 의사결정을 대리하는 법적 관계가 있다고 본다. 헌법적 대표설은 법적 관계를 헌법 그 자체에서 찾으려는 견해로 "모든 권력은 국민으로부터 나온다"라고 규정한 헌법 제 1 조 제 2 항에 의하여 권력을 행사하는 대표자와 국민과의 관계가 헌법적 관계가 될 수밖에 없다는 입장이다. 법적 위임관계설은 대표자와 국민 간에는 법적인 위임관계의 책임이 있다고 보는 학설이다. 이때의 위임은 민법상의 위임과는 다르다.

(2) 검　　토

법적 무관계설은 우리 헌법이 탄핵제도, 국가배상제도, 재판제도 등 대표자에 대한 법적 책임을 추궁할 수 있는 제도들을 규정하고 있음을 간과한 점에서부터 타당성이 없는 이론이다. 따라서 법적 관계설이 타당하다. 국민대표제의 헌법적 기초근거가 국민주권주의에 있고 헌법은 국민주권주의를 확인하고 있으며 국민으로부터 나오는 권력을 대표자들이 행사하도록 헌법이 각 대표기관들에 부여하고 있으므로 대표자와 국민 간의 관계는 헌법적 대표관계가 된다(헌법적 대표설).

2. 구체적 성격

(1) 위임이론

대표자와 국민 간에 법적 관계가 있다고 보면 그 관계가 구체적으로 어떠한 것인지가 문제된다. 이는 대표자가 국민전체와의 관계에서만 법적 관계가 있는 것인지 아니면 자신을 선출한 지역구 국민들과의 관계에서만 법적 관계에 있는 것인지에 대한 문제이다. 이 문제에 대해서는 전통적으로 국민주권주의 이론에 결부된 위임이론에 따라 논의되어 왔고 기속위임(명령위임, le mandat impératif) 이론과 대표위임(무기속위임, le mandat représentatif)이론이 대립된다. 양 이론은 주권의 보유자가 누구인가 하는 문제에서 입장을 달리한 인민주권론과 국민주권론에서 각각 나온 것으로서 앞서 국민주권주의 이론을 보면서 이미 살펴보기도 하였는데 다시 정리하면 다음과 같다. 인민주권론은 국민 개개인을 주권자라고 보고 기속위임을 주장한다. 기속위임이란 자신을 선출해준 선거인의 지시나 명령에 그대로 따라야 하는 위임을 말한다. 반면에 국민주권론은 국민전체를 주권자라고 보고 대표자는 국민전체를 대표하여야 한다고 보는 대표위임을 주장한다. 이 양 이론의 대립과 그 연유 및 기속위임, 대표위임의 이론에 대해서는 앞의 국민주권주의에서 살펴본 바 있다(전술 제 2 부 민주적 기본질서의 국민주권주의 부분 참조).

(2) 우리나라 헌법과 판례의 입장 — 기속위임의 금지

1) 헌법과 국회법 규정 우리 헌법 제46조 제 2 항은 "국회의원은 국가이익을 우선하여 양심에 따라 직무를 행한다"라고 규정하여 기속위임금지의 원칙을 채택하고 있다. 지역구나 일부 국민이 아니라 전체인 '국가'의 이익을 우선하라고 규정하고 있기 때문이다. 헌법 제 7 조 제 1 항은 "공무원은 국민전체에 대한 봉사자이며, 국민에 대하여 책임을 진다"라고 규정하여 국민 일부가 아니라 전체 국민에 대한 책임을 규정하고 있다. 국민으로부터 선출된 대표자도 공무원이므로 국민전체를 대표하여야 한다. 헌법 제45조는 "국회의원은 국회에서 직무상 행한 발언과 표결에 관하여 국회 외에서 책임을 지지 아니한다"라고 규정하여 대표자인 의원의 활동에 있어서 자신의 의사에 따른 발언·표결을 할 수 있게 함으로써 선거인이나 소속 정당 등에 대하여 기속되지 않도록 보장하고 있다. 따라서 헌법 제46조 제 2 항과 더불어 제 7 조 제 1 항과 제45조도 우리 헌법상 기속위임금지의 근거가 된다고 본다.

한편 국회법에도 기속위임을 금지하는 취지의 명시적인 규정을 두고 있다. 국회법 제114조의2는 "의원은 국민의 대표자로서 소속정당의 의사에 기속되지 아니하고 양심에 따라 투표한다"라고 하여 '자유투표'의 원칙을 명백히 함으로써 기속위임을 금지하고 있다.

2) 헌법재판소의 판례 헌재도 대표위임(자유위임)이 우리 헌법상의 원칙임을 인정하고, 헌법 제 7 조 제 1 항, 제45조, 제46조 제 2 항의 규정들이 대표위임(자유위임)의 근거라고 본다(92헌마153). ① 전국구의원 미승계(92헌마153), ② 국회구성권(96헌마186), ③ 당론에 배치되는 활동을 한 국회의원에 대한 상임위원 강제사임(2002헌라1) 등에 대한 헌법재판에서 대표위임의 문제가 다루어졌다.

(3) 대표위임과 법적 책임

위에서 본 대로 우리 헌법은 기속위임을 금지하고 대표위임을 헌법상 원칙으로 하므로 대표자들로 구성되는 의회는 국민전체를 위해 활동하여야 하고 의회의 구성원인 의원 개개인도 자신의 출신 지역구나 소속 정당을 대표하는 것이 아니라 국민전체를 대표하여야 한다. 대표자와 지역구 간에는 기속관계가 없고 관용되는 표현에 따르면 의원은 지역구에 "의해" 선출되는 것이 아니라 지역구 "속에서" 선출될 뿐인 것이다.

유의할 점은 기속위임이 금지되고 선거인들의 의사와 무관하게 의정활동을 하여야 한다고 하여 대표자와 국민 간에 아무런 법적 책임이 없다고 보아서는 아니 된다. 왜냐하면 대표위임관계에서도 대표자는, 비록 선거구민의 의사로부터는 자유로우나, 국민전체의 의사는 따라야 한다는 구속을 받기 때문이다. 그래서 '대표'위임이라고 하는 것이다.

Ⅳ. 국민대표제의 정당성 조건

국민대표제가 정당성을 가지기 위해서는 다음과 같은 전제적 요소들이 갖추어져야 할 것이다. ① 민주적 정당성의 확보를 위한 민주적 선거제도 등 — 국민대표제는 국민의 정당성을 가지는 대표자의 선출을 전제로 한다. 이를 위해 선거제도가 대표성을 충분히 가지는 공직자를 선출하는 방식으로 자리잡아야 한다. 선거제도가 국민의 의사를 왜곡없이 제대로 전달되도록 뒷받침되어야 국민대표주의의 구현을 가져오게 할 수 있다. ㉠ 헌재는 비례대표국회의원이 선거범죄로 인하여 당선이 무효로 된 때에는 후보자명부상의 차순위후보자가 그 의석을 승계하지 못하도록 제한하고 있었던 구 공직선거법 제200조 제2항 단서 일부규정은 선거권자의 의사를 무시하고 왜곡하는 결과를 초래할 수 있다는 점에서 대의제 민주주의 원리에 위배된다고 보았다(2007헌마40). ㉡ 또한 헌재는 임기만료일 전 180일 이내에 비례대표국회의원에 궐원이 생긴 때에는 승계를 인정하지 않도록 한 구 공직선거법 제200조 제2항 단서 규정이 대의제 민주주의 원리에 위배된다고 보아 헌법불합치결정을 한 바 있다(2008헌마413. 이후 120일 이내로 개정됨). ② 정치적 참여기회의 충분한 보장 — 국민들이 선거를 통한 대표자의 선출에 적극적으로 참여함은 물론 직접 정치에 참여할 기회도 충분히 보장되어야 한다. 이를 위하여 정치적 기본권의 보장이 중요하다. ③ 정치적 표현의 자유의 보장 — 국민대표제는 국민의 진정한 의사가 제대로 반영되어야 할 것을 전제로 한다. 따라서 국민의 여론이 자유로이 표출될 수 있도록 정치적 표현의 자유가 최대한 보장되어야 한다. ④ 정당의 민주화와 정당정치의 성숙성 — 정당이 민의를 충실히 반영하기 위해서는 정당의 민주화가 요구된다. 또한 당리당략이 아닌 국민전체의 이익을 제대로 반영하는 대표정치를 구현하기 위해서는 정당정치가 성숙하여야 한다. ⑤ 정권교체의 가능성이 열려 있어야 한다.

Ⅴ. 국민대표주의의 현대적 문제점과 그 치유방안

1. 문 제 점

오늘날 국민대표제의 현실적 문제점으로는, ① 선거제도의 불충분성으로 인한 대표성·정당성의 문제, ② 대표자가 국민의 의사에 부합되는 활동이 아니라 정당의 이해관계에 따라 당론에 기속되어 활동하는 당리당략적 정당국가의 문제, ③ 전문성을 요하는 사안이 확대됨에도 불구하고 대표자의 자질 내지 전문성이 부족한 문제, ④ 정치적 무관심 등이 거론되고 있다.

2. 치유·보완방안

(1) 치유방안

위의 문제점들에 대한 치유책으로 대표성을 충분히 반영할 수 있는 선거제도·정치제도의 확충, 정당의 민주화와 정책정당화, 의원이 자신의 소신에 따라 활동하도록 교차투표(cross voting, 소속 정당의 당론에 따르지 않고 상대 당의 당론에 찬성할 수도 있는 소신표결)가 인정되어야 할 것이며 대표자들의 전문성, 자질 향상을 도모하여야 한다. 또한 국민의 정치적 관심과 참여를 높이기 위한 방안들이 마련되어야 한다.

(2) 반직접민주제에 의한 보완

대표제의 문제점을 보완하기 위하여 국민발안, 국민투표와 같은 직접민주정치제도가 가미되고 있다. 대표제를 원칙으로 하면서 이러한 직접민주제를 혼합하고 있다고 하여 프랑스에서는 이를 반직접민주제(la démocratie semi-directe)라고 부른다.

1) 직접민주제도 ① 국민발안(l'initiative populaire) — 법률의 제정이나 헌법의 개정 등을 국민이 주창하고 발의할 수 있는 제도를 말한다. 스위스 헌법 제193조 내지 제194조와 이탈리아 헌법 제71조가 규정하고 있다. 우리의 경우에도 제1공화국 제2차 개정헌법(1954. 11. 29. 개정헌법) 제98조 제1항이 "헌법개정의 제안은 대통령, 민의원 또는 참의원의 재적의원 3분지 1 이상 또는 민의원의원선거권자 50만인 이상의 찬성으로써 한다"라고 규정하여 처음으로 국민발안제도를 헌법개정에 도입한 바 있다. 현행 헌법은 국민발안제도를 두고 있지 않다. 현재 지방자치에서는 법률상 조례의 제정 · 개폐 청구를 인정하여(지방자치법 제19조) 주민발안제도를 두고 있다.

② 국민소환(la révocation populaire) — 국민해면(國民解免)이라고도 한다. 공직자를 임기가 종료되기 전에 그 직에서 해임하기 위한 국민결정제도가 국민소환제도이다. 이 제도는 주권의 위임이론에 있어 기속위임(강제위임)을 받아들이는 입장에서 인정된다. 기속위임을 금지하는 헌법에서는 이의 예외적 인정을 위해서 헌법에 근거를 두는 것이 필요하다. 오늘날 서구국가에서는 기속위임이 금지되는 것이 일반적이므로 이 제도의 도입은 예외적이다. 현행 우리 헌법은 국민소환제도를 두고 있지 않다. 지방자치에서는 주민소환제도를 두고 있다(지방자치법 제25조).

③ 국민표결(국민결정, réferendum) — 어떠한 중요한 정책이나 법률안, 헌법개정안에 대해 그 채택 여부를 결정하는 국민투표제도를 말한다. 국민결정은 위의 국민발안의 결과로 이루어지기도 한다. 국민결정이 의무적인 경우도 있고 임의적인 경우도 있다. 우리 헌법은 헌법개정에 있어서 국민투표(제130조 제2항)는 필수적인 것으로, 국가안위에 관한 중요정책에 대한 국민투표(제72조)는 임의적인 것으로 규정하고 있다. 지방자치 차원에서 주민투표제도가 있다(지방자치법 제18조).

2) **직접민주제의 한정성과 한계** 간접민주제(대표제)의 보완을 위하여 직접민주제의 도입이 요구되기도 하지만 어디까지나 한정적일 수밖에 없다. 직접민주제는 인민주권론에 따를 때 원칙적인 것이 되고 직접민주제의 도입은 헌법에 그 근거가 특별히 없어도 된다. 그러나 현대의 대부분 국가들과 우리나라에서는 간접민주제가 원칙이므로 직접민주제적 제도는 제한적이고 보충적이며 그 사유가 한정적이다.

직접민주제의 한계도 지적되고 있다. 국민투표의 경우에 이것이냐 저것이냐 식의 일도양단적(一刀兩斷的)인 국민투표로는 다양한 국민의 의사가 제대로 반영되지 않을 수 있다. 직접민주제에서 의사결정은 대체로 국민의 다수결에 의하므로 소수의 국민의 이익을 고려하지 않을 수도 있다. 또한 populism의 폐해도 문제될 수 있다.

제 2 절 권력분립주의

제 1 항 권력분립의 이론적 고찰

Ⅰ. 고전적(古典的) 권력분립주의의 발달

1. J. Locke의 권력분립사상

근대의 국가권력분립을 본격적으로 주장한 사상가는 바로 J. Locke이다. J. Locke는 그의 시민정부이론(Two Treatises of Civil Government)에서 국가권력을 입법권, 집행권, 동맹권 등으로 나누었다. 로크의 권력분립론의 중요한 대상은 입법권과 집행권이다. 그는 법률을 집행하는 집행권이 법률을 만드는 입법권을 행사하는 자에게 함께 주어진다면 자의적인 법률의 집행이 이루어질 것이므로 입법권과 집행권의 담당자는 서로 분리되어야 한다고 보았으며 입법권이 집행권보다 우위에 있어야 한다고 보았다. 동맹권은 전쟁을 선포, 수행하거나 강화를 하고 국가 간의 협상을 할 수 있는 권력을 의미한다. 동맹권은 집행권을 담당하는 사람에게 함께 귀속되어야 한다고 보았다. 그리하여 그에게 있어서는 입법권과 집행권 간의 권력분립이 주된 과제였다고 평가된다.

2. Montesquieu의 사상

Montesquieu는 1748년에 출간된 그의 기념비적 저서인 「법의 정신」(De l'Esprit des lois)에서 권력분립이론을 전개하였다. 그의 주된 관심사는 독재적인 권력을 막아 시민의 자유를 보장하는 정부체제를 모색하는 것이었고 이를 위하여 영국의 정부제도를 고찰하고 권력의 분립을 제안하게 된다. 이처럼 그의 권력분립론은 자유의 보장을 위한 것이라는 점에서 Montesquieu는 자유주의적 성향을 가진 사상가로 평가되고 자유주의적 요소가 그의 권력분립론의 핵심이다. 그의 권력분립론의 요소와 특징은 다음과 같다. ① 권력을 단순히 나누어 놓는 것이 아니라 국가기능별로 분할하는 것이다. 그리하여 영국의 예를 들어 입법, 집행, 사법으로 나누어 설명하였다. ② 각각의 권한들은 2가지 상태, 즉 전문화되고 독립적일 것을 요한다고 보았다. 그는 국가제도들의 조화로운 운영을 원한다면 국가권력들은 동일한 기관들의 수중에 집중되어서는 아니 되고 강한 권력에 대해 경계하며 절제된 정부(gouvernement modéré)를 모색하여야 한다고 보았다.

3. 고전적 권력분립주의 개념요소

고전적 권력분립주의는 위에서 본 ① 전문화원칙과 ② 독립성원칙에 따라 다음과 같은 요소를 가진다.

(1) 국가기능, 국가권력의 분배

권력분립주의는 먼저 국가기능의 분장이 있고 이러한 국가기능의 분장에 맞추어 국가권력이 나누어져서 별개의 국가기관들에 귀속되게 하는 원리이다. 이처럼 국가기능의 분장이 먼저 출발점이 된다. 그리하여 국가기능(직무)을 일반적인 법규범을 설정하는 입법기능, 법규범의 집행기능, 분쟁을 해결하는 사법기능으로 나누고 각각의 기능(직무)의 행사에 상응하는 국가권력인 입법권, 집행권, 사법권을 별개의 국가기관에 각각 부여하여 분속시키는, 즉 입법권을 의회에, 집행권을 국가원수 또는 행정부의 수반 내지 내각에, 사법권을 재판기관에 부여한다(전문화의 원칙).

(2) 독립성과 균형·견제성

권력분립의 두 번째 개념요소는 독립성이다. 권력분립의 원리는 배분된 권력들이 상호 독립적으로 견제와 균형을 유지하면서 행사되도록 한다. 이는 균형과 견제를 통한 권력의 남용을 막기 위한 것이다.

Ⅱ. 권력분립주의의 성격

1. 자유주의적 성격

권력분립주의는 자유의 보장에 주안을 두고 있다. 권력분립의 사상이 절대왕정에 대한 저항으로 계몽철학과 관련을 맺어 근대혁명시기를 전후하여 나온 것이고 근대혁명에서 자유주의의 이데올로기가 먼저 제창된 점에서도 권력분립주의의 자유주의적 성격이 나타난다.

2. 수단성, 기술성, 실용성

권력분립주의는 권력의 분리와 상호 견제·균형을 통하여 권력의 남용가능성, 독재를 방지하여 국민의 자유와 기본권을 보장하는 '수단'으로서의 의미를 가지고 이를 위하여 국가의 기능을 어떻게 나누고 어느 기관에 각각의 기능을 부여할 것인가 하는 헌법적인 기술의 원칙이다. 또한 권력분립주의는 현실에서 어떻게 실질적으로 자유를 보장하게 할 것인가 하는 문제에 응하기 위하여 제시된 것으로서 실용성을 갖는다.

3. 소극성, 인간에 대한 회의성

권력분립주의는 직접적·적극적인 권력통제보다는 권력을 가능한 한 분리하고 상호 견제하게 함으로써 권력남용을 막겠다는, 즉 권력억지라는 소극적인 성격을 가지는 원리이다. 권력분립주의는 권력을 가진자는 그 권력을 남용하게 된다는(Montesquieu) 인간에 대한 불신 내지 회의적 인간상의 영향을 받은 것이다.

Ⅲ. 권력분립주의의 현대적 문제상황과 그 과제

1. 고전적 권력분립주의의 현대적 상황과 '현실적' 한계

고전적 권력분립주의는 다음과 같은 현대적 상황을 겪고 있으며 그에 따른 문제점을 보여주고 있다. ① 오늘날 의회가 집행부에 대하여 고전적 권력분립주의가 요구한 통제의 소임을 충분히 행하고 있다고 보기가 어렵다. 의원내각제의 경우에는 수상과 내각이 의회의 다수파에 의해 선임된다는 점에서부터 사실상 상호 의존적 협력관계를 유지하여야 국정운영이 가능하므로 의회의 통제기능이 약화될 수 있다. 또한 대통령제의 정부라고 할지라도 대통령이 속한 정당이 의회의 다수파를 형성하고 있을 때에는 사실상 대통령에 대한 의회의 견제기능은 약화될 수 있다. ② 오늘날 입법, 집행, 사법 중 집행 영역이 확대되고 있고 이는 특히 복지행정이나 전문행정의 영역이 확대된 데 기인한다. 그리하여 권력분립의 구도가 변화되고 있다. ③ 고전적 권력분립론이 형성된 당시와 달리 오늘날에는 정당이 발달하여 정당이 의회를 움직이고 있기 때문에 권력분립의 구도가 행정부 대 입법부가 아닌 행정부와 정당의 관계구도로 나타나고 있기도 하다. ④ 사법권은 국민의 기본권을 보장하는 보루라는 점에서 중요한 국가권력이며 그 독립성이 보장될 때 진정한 3권의 하나로서 자리잡게 된다. 따라서 오늘날 사법권의 독립이 권력분립에서 중요한 요소를 이루고 그것은 국민의 기본권을 보장하기 위해서도 필수적이므로 사법권의 독립성 보장이 중요한 과제이다.

2. 현대적 시도

고전적 권력분립주의가 가지는 한계를 극복하기 위하여 새로운 관점에서 방안이 제시되기도 한다. 대표적으로 K. Loewenstein의 동태적(動態的) 권력분립론을 들 수 있다. 그는 국가권력을 ① 정책결정권, ② 정책집행권, ③ 정책통제권으로 구분한다. 우리나라 학자들은 기능적 분립론, 합리적 권력구조론 등을 주장하기도 한다. 현대에서 새로이 시도되고 있는 권력분립론은 복합적으로 권력통제기능을 확대하고 다각화한 점에 공헌이 있다. 그런데 새로운 권력분립론은 고전적 권력분립론이 가지는 한계를 실제로 극복하기 위한 것이어야 함에도 이 역시 한계가 지적되고 있다.

3. 현대사회에서의 권력분립주의의 과제

고전적 권력분립주의가 위와 같은 한계를 가진다고 하여 권력남용을 막기 위한 권력분립의 필요성이 현대사회에서는 사라졌다고 볼 것은 아니며 그 한계에 대응하기 위한 치유 내지 보완책을 모색하여야 한다. ① 의회의 통제력을 강화하기 위하여 국민전체의 이익을 위해 활동하는 의원들의 소신을 보호하고 의회의 소수파, 야당의 의견이 존중되도록 하여야 한다. ② 행정영역이 확대되는 것을 반대할 수는 없다. 복지국가주의를 실현하기 위한 복지행정을 포기할 수 없기 때문이다. 그러나 행정이 확대되는 데 따라 행정에 대한 통제도 확대되어야 한다. ③ 정당국가화 경향의 폐해를 없애는 데 주력하여야 한다. 정당이 민주화되어야 하고 대표위임이론에 따라 의원들의 교차투표를 인정해야 한다. ④ 의회의 입법심사기능이 강화되어야 한다. 의원들이 행정부 구성원에 비해 전문적 지식이 부족하나 적극적인 지식습득 등으로 전문성을 제고해 나가야 한다. ⑤ 사법부의 독립이 강화되어야 한다. 입법부가 만든 법률에 대한 위헌심판권과, 국가권력의 획정에 관한 권한쟁의심판을 담당하는 헌법재판소의 역할이 중요하다. ⑥ 지방분권이 확대되어 중앙권력이 지방으로 이양됨으로써 권력분립의 현장화가 이루어질 필요가 있다.

제2항 우리나라의 권력분립

Ⅰ. 전반적 권력분립의 구도와 특색

과거에 비해 현행 제6공화국 헌법은 대통령의 권한을 약화시키고 국회의 권한을 복구함으로써 상당히 균형성을 찾았다. 헌법재판소를 별도로 설치하여 권력을 보다 분화하였고 헌법재판소의 권한쟁의심판 등의 헌법재판으로 권력분립원칙의 준수를 감시하게 한다. 사법부의 권한과 독립성도 다소 강화되었다. 전체적으로 권력 간에 상호 견제가 강화되었다.

Ⅱ. 상호적(수평적) · 기능적 권력분립

1. 권력의 분리

우리 헌법도 입법권은 국회(제40조)에, 행정권은 대통령을 수반으로 하는 정부(제66조 제 4 항)에, 사법권은 법관으로 구성된 법원(제101조 제 1 항)에 속한다고 규정하고, 헌법재판권도 헌법재판소를 설치하여 부여함으로써(제111조 제 1 항) 입법권, 집행권(행정권), 사법권을 나누어 별개의 국가기관에 분속시켜 수평적 · 상호적 · 기능적 권력분립을 형성하고 있다.

2. 견제와 균형

중요 국가권력을 담당하는 국회, 집행부(정부), 법원, 헌법재판소를 중심으로 견제와 균형이 다음과 같이 이루어지고 있다.

1) 국회의 타 국가기관 견제 국회는 정부조직법률의 제 · 개정권(제96조), 대통령의 국무총리 · 대법원장 · 대법관 · 헌법재판소장 · 감사원장 등의 임명에 대한 동의권(제86조 제 1 항, 제104조 제 1 항 · 제 2 항, 제111조 제 4 항, 제98조 제 2 항), 기채동의권(제58조), 예산안심의 · 확정권(제54조), 조약의 체결 · 비준, 선전포고, 국군의 외국에의 파견 등에 대한 동의권(제60조), 국정감사 · 조사권(제61조) 등으로 집행부를 견제한다. 그리고 법원조직법률의 제 · 개정권(제102조 제 3 항), 대통령의 대법원장 · 대법관임명에 대한 동의권(제104조 제 1 항 · 제 2 항), 법원에 대한 국정감사 · 조사권(제61조) 등에 의하여 법원을 견제한다. 또한 헌법재판소 조직 · 운영법률의 제 · 개정권(제113조 제 3 항), 헌법재판소장임명동의권(제111조 제 4 항), 3인의 헌법재판관 선출권(제111조 제 3 항), 헌법재판소에 대한 국정감사 · 조사권(제61조) 등으로 헌법재판소를 견제한다.

2) 집행부의 타 국가기관 견제 집행부는 대통령의 법률안거부권(제53조 제 2 항), 임시회소집요구권(제47조 제 1 항 후문), 긴급명령 · 긴급재정경제명령권(제76조), 헌법개정제안권(제128조 제 1 항), 정부의 예산안제출권(제54조 제 2 항) 등으로 국회를 견제한다. 그리고 대통령의 대법원장 · 대법관임명권(제104조 제 1 항 · 제 2 항), 사면 · 감형 · 복권권(제79조 제 1 항), 법원예산안편성 · 제출권(제54조 제 2 항), 긴급명령권(제76조 제 2 항), 계엄선포권(제77조 제 3 항) 등에 의하여 법원을 견제한

다. 또한 대통령의 헌법재판소장임명권, 3인 헌법재판관지명권 및 9인 헌법재판관임명권(제111조 제 4 항 · 제 2 항), 헌법재판소예산안편성 · 제출권(제54조 제 2 항) 등으로 헌법재판소를 견제한다.

3) 법원의 타 국가기관 견제 법원은 국회에서 의결하여 시행중인 법률에 대한 위헌법률심판제청권(제107조 제 1 항), 국회에서 행한 행정작용에 대한 행정재판권(제101조) 등에 의하여 국회를 견제한다. 또한 행정재판(제101조 제 1 항), 명령 · 규칙에 대한 위헌 · 위법(헌법위반, 법률위반)여부심판(제107조 제 2 항), 정부제출로 성립된 법률에 대한 위헌법률심판제청(제107조 제 1 항) 등을 통하여 집행부를 견제한다.

4) 헌법재판소의 타 국가기관 견제 헌법재판소는 위헌법률심판, 국회가 소추한 탄핵심판, 국회와 타 국가기관 간 권한쟁의심판, 국회가 행한 공권력작용에 대한 헌법소원심판(제111조 제 1 항)을 통하여 국회를 견제한다. 또한 정부제출로 성립된 법률에 대한 위헌여부심판, 대통령 · 국무총리 · 국무위원 · 행정각부장관 등에 대한 탄핵심판, 정부가 제소한 정당해산심판, 집행부소속의 국가기관과 타 국가기관 간 권한쟁의심판, 집행부가 행한 공권력작용에 대한 헌법소원심판(제111조 제 1 항)을 통하여 집행부를 견제한다.

3. 상호 의존적 · 협력적 관계

권력분립은 견제와 균형을 이루되 권력 상호 간에 협력할 것을 요구하기도 한다. 예를 들어 어느 국가기관의 조직, 권한행사에 필요한 법률을 국회가 제정하여야 그 국가기관이 활동할 수 있다는 점에서 이는 국회의 입법권 자체가 다른 기관들에 대한 견제권이자 의존적 · 협력적 기능을 한다는 것을 의미한다. 국회의 각종 동의권 · 승인권, 예산안심의 · 확정권도 그러하다. 국회의 소추, 정부(집행부)의 제소가 있어야만 헌법재판소가 탄핵심판, 정당해산심판을 수행할 수 있다(제65조, 제 8 조 제 4 항)는 것도 상호 의존적 · 협력적 견제제도로 작용함을 의미한다.

제3절 정부형태론

제1항 정부형태의 유형

정부형태론에서 집행부만을 두고, 또는 집행부와 입법부를 두고 논할 수도 있고 더 넓게 사법부까지 포함하여 논할 수도 있다. 여기서는 정부의 개념을 넓게 보아 입법부, 집행부, 사법부의 권력구도와 그 관계가 어떠한지 하는 정부형태론을 살펴보는데 주로 입법부와 집행부 간의 관계가 고찰중심이 된다.

Ⅰ. 권력분립형과 권력집중형

K. Loewenstein에 따르면 권력의 분산, 분립이 이루어진 정부인지가 형태분류에 있어서 중요한 지표가 된다고 보고 권력분립 내지 권력분산형은 입헌주의를 구현하는 정부형태이기에 입헌주의적 정부형태라고 부르고 권력집중형은 전제주의적 정부형태라고 불렀다.

입헌주의적 정부란 헌법에 의하여 국가권력이 배분, 부여되고 적절히 통제되어 국민의 기본권이 보장되는 체제로서 사상과 사조의 자유와 다양성이 보장되며 복수정당제와 집권을 위한 자유로운 경쟁이 이루어지고, 자유시장경제체제가 자리잡고 있는 정부를 말한다. 입헌주의적 정부형태로는 대통령제, 의원내각제, 혼합정부제 등이 있다.

전제주의적 정부는 국가권력이 특정한 한 개인이나 하나의 정당 내지 집단에 집중되어 국가권력의 행사가 독단적으로 이루어지는 정부를 말한다. 전제주의적 정부에는 전체주의적(全體主義的) 정부와 권위주의적 정부가 있다. 전체주의는 국가우월적 내지 민족우위적 이데올로기를 표방하면서 국민을 위한 국가가 아니라 국가를 위한 국민으로서 국민이 국가의 지배대상으로서 국가목적을 위한 도구, 수단에 불과하다고 보고 국민은 전체를 위하여 희생될 수 있다는 사상이다. 권위주의적 정부는 권력이 어느 유일한 국가기관, 특정인에 집중되어 행사되고 견제가 이루어지지 않는 독재정부이다. 전체주의적 정부로 나찌즘

(Nazism)정부, 파시즘(Fascism)정부, 공산주의정부, 인민민주주의정부를, 권위주의적 정부형태로는 신대통령제(대통령에 권력이 집중되는 독재체제)를 들 수 있다.

Ⅱ. 현대의 중요 정부형태와 이하의 고찰범위

현대국가들이 채택하고 있는 정부형태들로서 의원내각제, 대통령제, 혼합정부제 등이 기본적인 중요유형이므로 이러한 정부형태들에 대해 각각 항을 달리하여 살펴본다.

제2항 대통령제

Ⅰ. 대통령제의 개념과 본질적 요소·특색

1. 개 념

대통령제는 입법권, 집행권, 사법권 3권이 엄격히 분리되어 상호 견제와 균형을 이루는 가운데 국민으로부터 직선된 대통령이 집행부의 수장으로서 실질적인 집행권을 의회, 사법부로부터 독립적으로 행사하여 국정을 운영하는 정부형태를 말한다. 대통령제는 엄격한 권력분립주의를 실현하려는 정부형태이고 집행부의 체제가 대통령을 정점으로 일원적(一元的)이다. 의원내각제 하의 대통령과 달리 실질적인 권력을 대통령이 보유한다. 대통령제의 전형적인 형태는 미국의 정부이다. 라틴아메리카 등에서는 변형된 대통령제가 채택되기도 하였다. 이하에서는 고전적이고 전형적인 미국식의 대통령제에 대해 살펴본다.

2. 본질적 요소와 특색

(1) 권력분립의 구도

[엄격분립] 대통령제의 권력분립유형은 엄격분립형이다. 즉 입법부와 집행부가 엄격히 분립되고 상호 독립되어 견제와 균형을 이룬다. 독립적이라는 것의 요소는 ① 입법부는 입법권을 전적으로 행사하고 집행부는 집행권을 전적

으로 행사한다는 점, ② 대통령직이 임기제라는 점, ③ 의원과 장관 간의 겸직이 금지된다는 점 등에 있다. 입법부의 의원들은 임기 동안 해임되지 않고 대통령에게도 임기가 보장되어 그 기간 동안 독립적으로 행정권을 행사한다. 이러한 독립성에서 ① 대통령은 법률안제안권을 가지지 않으며 입법기능에 간여할 수 없고 입법부도 집행작용에 개입하지 못하며, ② 입법부와 집행부는 상호 간에 압력을 가할 수 없어 의회가 내각불신임권을 가지지 않고 대통령도 의회해산권을 가지지 않는다.

[견제균형] 상호 독립성과 더불어 상호 견제·균형의 제도가 또한 자리 잡고 있다. 의회는 상원이 집행부의 고위공무원이나 대법관의 임명 등에 대한 인준권과 조약의 비준에 대한 동의권, 대통령에 대한 탄핵결정권 등을 가짐으로써 집행부(대통령과 행정부)를 견제한다. 반면 대통령은 법률안거부권을 행사하여 의회를 견제할 수도 있다.

(2) 집행부의 일원성과 집중성

대통령제는 집행부의 정점에 있는 대통령에게 권력이 집중되는 일원적인 정부형태이다(le monocéphalisme exécutif). 대통령은 국가원수이자 집행부의 수반이고, 내각을 구성하는 장관들을 재량으로 임명할 수 있으며, 필요에 따라 자유로이 해임할 수 있다(국무장관의 임명에는 상원의 인준이 필요하다는 의회의 간여가 있긴 하다).

국무총리나 수상이 없고 부통령이 존재한다. 대통령후보의 지명으로 동반 당선되는 부통령은 실질적인 권한을 행사하지 않고 대통령의 궐위시 승계한다.

(3) 대통령의 직선

대통령제 하에서는 대통령의 권한이 일원적이고 강한 만큼 그 민주적 정당성의 확보가 필요하기 때문에 대통령을 국민의 직접선거로 선출하는 것이 요구된다. 미국의 경우에는 간접선거제이기는 하나 선거인단에 대한 기속위임원칙이 적용되기 때문에 실질적으로는 직접선거와 같은 효과를 가져오게 한다.

Ⅱ. 대통령제의 장단점

1. 장 점

첫째, 대통령을 정점으로 하는 집행부의 일원적 체제로 응집력과 신속성이 있는 집행작용이 가능하다. 또한 대통령의 리더십에 따라 강력한 추진력을 가질 수 있다.

둘째, 대통령제는 대통령의 임기 동안 집행부의 안정성을 유지한다. 그러나 집행부가 의회의 다수파의 지지를 받지 못할 경우에는 마찰과 대립으로 정국의 불안이 올 수도 있다.

셋째, 의회의 졸속과 다수파의 횡포에 대해 대통령의 법률안거부권 등으로 소수의 보호를 가져올 수 있다는 점을 장점으로 드는 견해도 있다.

2. 단 점

첫째, 입법부와 집행부 간의 충돌과 마찰을 해소하고 조정할 제도가 없거나 불충분하다. 의원내각제는 내각불신임제, 의회해산제와 같은 해소장치가 있는데 비해 대통령제는 그렇지 못하다. 집행부가 어떤 정책을 추진하기 위해서는 입법이 필요함에도 법률안제안권이 없음은 물론이고 입법과정에 개입할 수도 없으므로 그 추진에 어려움이 있다.

둘째, 대통령제 하에서는 중요한 국가권력이 대통령에 집중되고 대통령이 국회에 대하여 책임을 지지 않으므로(탄핵과 같은 책임제도가 있을 수 있긴 하다) 국정비판이 이루어지는 민주적인 체제와 사법통제 등이 확립되어 있지 않은 나라에서는 독재화의 가능성이 크다.

Ⅲ. 대통령제의 유형

① 전형(고전)적 대통령제 — 권력분립이 엄격히 이루어져 입법부와 집행부가 분리되어 있고 집행부가 입법부에 간여할 수 없는 원래 모습의 대통령제이다. 현재 미국 외에 전형적인 대통령제를 찾아보기 힘들다. ② 변형된 대통령제 — 대통령제를 택하면서 의원내각제적 요소를 가미한 정부형태로 그 예를 남미국

가에서 볼 수 있다. ③ 이른바 신대통령제(新大統領制)가 있다. 신대통령제는 형식적으로는 대통령제이면서도 집행부의 수반인 대통령에 권력을 집중시킴으로써 집행부가 입법부와 사법부에 대한 절대적 우위를 가지며 대통령의 자의적인 권력행사를 가능하게 하는 권위주의적 정부형태로서 전제적 정부형태이다. 대통령의 권력남용을 막기 위한 실질적인 통제장치가 없기 때문에 사실상 권력 통합적이다.

제 3 항 의원내각제

Ⅰ. 의원내각제의 개념과 본질적 요소 · 특색

1. 개 념

의원내각제란 내각의 존속이 의회의 신임에 달려있고 내각이 의회 앞에서 책임을 지는 정부형태를 말한다.

2. 본질적 요소

(1) 신임성(상호 의존성), 책임성

① 신임성(상호 의존성) — 내각이 의회다수파에 의해 구성되고 의회가 내각불신임권을 가진다는 점에서 신임성이 중요한 요소이다. 의회가 불신임을 하면 내각은 의회를 해산할 수 있다는 점에서 상호 의존성을 가진다. ② 책임성 — 내각불신임제를 통해 의회가 내각에 대한 책임을 물을 수 있고 의회해산제에 의해 국민 앞에서 책임을 물을 수 있다는 점에서 책임성이 중요한 요소이자 의원내각제의 중요한 특징적 장점이다.

(2) 내각불신임제와 의회해산제

결국 위 2요소를 뒷받침하는 것은 내각불신임제와 의회해산제이다. 내각불신임제는 의회 앞에서의 책임제도이다. 의회해산제에 대해서는 의회가 행하는 내각불신임에 대해 내각이 가지는 대응수단(무기)으로 의회와 내각 간의 균형을 부여하는 제도라고 인식되기도 한다. 그러나 의회해산으로 총선거가 실시되는데 총선거는 국민 앞에서의 직접적 심판을 의미하므로 의회해산제도도 양 부 간의 균형을 넘어 국민 앞에 책임을 지는 제도라는 점에 더 본질적 의미가 있다.

3. 특 색

(1) 권력분립상 특색 ― 연성의 권력분립(협력관계 · 권력의 공화)

의원내각제는 의회의 다수파가 내각을 구성하고 의회의 신임이 존재하는 한 내각이 존속될 수 있다. 바로 이 점에서 의원내각제에서는 의회와 내각 간의 협력(collaboration)과 공존 내지 공화(共和)가 자연스럽게 중요한 특징적 요소로 나타나게 된다. 공화관계는 평상시 입법부와 집행부 간에 공조가 지속되고 집행부, 내각이 법률안제안권을 가지며 법률의 제정에 적극적으로 참여한다는 점, 의회의원들과 각료 간의 겸직이 가능하고 내각의 구성원이 의회에 출석 답변 · 발언하는 점 등에서도 나타난다. 그리하여 의원내각제에서의 권력분립은 대통령제에서의 엄격분립과 달리 연성(軟性)의 분립관계에 있다.

(2) 집행부의 이원적(二元的) 구조

의원내각제 하에서는 집행부가 국가원수(대통령 또는 군주)와 행정부로 그 조직이 이원화되어 있고 국가원수의 직무와 행정부 수반의 직무가 분리되어 있다는 점에서 직무상에서도 이원화되어 있는 정치체제이다. 그러나 국가원수인 군주가 전통적으로 보유하였던 중요한 권한들이 행정부 수반에 이전되었고 의원내각제 국가마다 차이가 있기는 하지만 일반적으로 국가원수는 실질적인 권한을 그다지 가지지 않고 대체적으로 상징적이고 형식적인 권한을 가진다. 주로 내각과 내각 수반인 수상이 국가의 정책의 형성과 집행을 담당하므로 의회 앞에서 책임을 지는 주체도 내각과 수상이다.

Ⅱ. 의원내각제의 장단점

1. 장 점

의원내각제의 장점으로 다음과 같은 점들이 지적되고 있다. ① 입법부와 집행부 간의 협력으로 국정이 신속하게 운영될 수 있다. ② 집행부가 의회의 다수파의 지지를 받음으로써 입법부와 집행부 간의 불필요한 마찰과 대립을 피하고 입법부의 협조로 적극적인 정책추진이 가능하다. ③ 집행부와 의회 간의 마찰이 발생한 경우에도 이를 해소할 수 있는 내각불신임제와 의회해산제라는 제도적 장치가 마련되어 있다.

2. 단 점

의원내각제의 단점으로 다음과 같은 점들이 지적되고 있다. ① 다수의 군소정당들이 난립하는 경우에 정국의 불안정을 초래할 수 있다. 이러한 단점은 다당체제 하의 군소정당이 난립할 때의 상황에서이고 양당체제의 의원내각제에서는 그러하지 않다는 점에 유의를 요한다. 다당제라도 정국안정제도가 있으면 안정적일 수 있다. ② 의원내각제는 총선에서 승리한 정당이 의회의 다수파로서 내각을 구성하므로 의회의 견제력이 약화된다. 정당의 영향력이 강할 경우에 다수당의 정치적 독점과 정당정치의 폐해가 있을 수 있고 다수당의 지지를 받고 있는 내각의 전횡이 있을 가능성이 있다. ③ 의회중심적 운영으로 의회가 정권쟁취의 장으로 되어 정쟁이 격화될 수도 있다.

Ⅲ. 의원내각제의 유형

의원내각제의 유형으로 의회우위형, 균형형, 내각우위형 등으로 나눌 수 있다. 이 유형은 법논리적 유형이 아니라 헌정의 경험상 의회와 내각 간의 우위가 현실적으로 어떠하였느냐에 따라 분류한 것이다. 즉 의회가 불신임권을 주도하여 왔으므로 의회가 우위를 보이는 유형, 반대로 불신임권행사가 거의 이루어지지 않아 내각이 우위를 보이는 유형, 의회와 내각이 비교적 대등한 관계를 형성하고 있는 균형형 등으로 분류된다.

Ⅳ. 의원내각제의 안정화 제도

의원내각제는 정국 불안정의 가능성이 문제점으로 지적되어 왔다. 그러나 현대에 와서 정국의 불안정을 막기 위한 헌법적 제도를 마련하는 데 부심하여 오기도 하였다.

1. 합리적 의회주의

정국안정을 가져오기 위하여 불신임제출의 요건을 까다롭게 하는 등 불신임제도가 쉽게 남발되지 않게 하기 위하여 의회의 절차를 합리화하고 있다. 이런 현상을 합리화된 의회주의(parlementarisme rationalisé)를 지향하는 것이라고 한다.

2. 안정화를 위한 제도

(1) 건설적 불신임제도

독일에서의 건설적 불신임제도란 하원이 재적의원 과반수 찬성으로 차기 수상을 선임하지 않고서는 수상에 대한 불신임 의결을 할 수 없도록 하여 불신임 의결을 어렵게 하는 제도이다. 군소 야당들이 당장은 내각불신임 의결을 위한 결속을 하기는 쉽겠지만 차기 수상을 선출할 결속을 하기는 쉽지 않을 것이므로 내각불신임의결을 어렵게 하기 때문에 건설적 불신임제라고 하는 것이다.

(2) 기타의 안정화 제도

의원내각제의 안정화를 위한 또 다른 제도로는 내각 최소존속기간의 설정을 들 수 있다. 예를 들어 새로이 내각이 구성된 지 최소한 1년 이후부터 불신임이 가능하도록 하여 적어도 1년 간의 존속을 보장함으로써 안정을 가지게 하는 것이다. 또한 군소정당의 난립을 막기 위해 비례대표제에서 일정 비율의 득표를 하지 못한 정당은 비례대표의석을 배분받지 못하도록 하는 저지(봉쇄) 조항을 두기도 한다.

제4항 혼합정부제

Ⅰ. 혼합정부제의 개념

혼합정부제는 의원내각제적 요소와 대통령제적 요소가 혼합되어 있는 정부형태이다(의원내각제 + 대통령제). 한국에서 혼합정부제에 대해 독재화의 우려가 있다거나 바람직하지 않다고 일방적으로 폄훼하는 견해가 일부 있다. 그러나 유럽의 적지 않은 나라들이 혼합정부제를 취하고 있고, 독재화 가능성은 혼합정부제보다 대통령의 권한이 더 강한 대통령제에서 더욱 크다.

* 용어의 문제 : 종래 한국에서는 프랑스식의 혼합정부제를 '이원정부제'(二元政府制)라고 불러왔다. 그러나 앞서 서술한 대로 의원내각제도 국가원수와 내각의 이원적 정부제이다. 따라서 혼합정부제를 이원정부제라고 부른다면 의원내각제 등과의 구별이 어렵고 혼합정부제라고 부르는 것이 제도의 본 모습을 제대로 표현한다고 본다.

* 프랑스식 혼합정부제에 대한 자세한 것은, 정재황, "프랑스 혼합정부제의 원리와 실제에 대한 고찰,"『공법연구』 제27집 제3호, 1999 등 참조.

Ⅱ. 혼합정부제의 특색과 장단점

1. 특 색

(1) 대통령제적 요소(대통령의 직선), **의원내각제적 요소**

혼합정부제는 의원내각제에 대통령제적 요소를 혼합한 것으로서 대통령의 권한이 의원내각제의 대통령과는 달리 내각구성권, 조약체결권, 외교권, 국군통수권 등 실질적이고 중요한 권한들을 가진다. 대통령의 실질적 권한을 뒷받침하는 국민적 정당성을 확보하기 위해 대통령은 국민으로부터 직선된다. 이 점 때문에 혼합정부제에서 대통령직선제가 중요한 요소가 된다.

혼합정부제에서는 의원내각제적 요소도 가지므로 내각불신임제, 의회해산제가 있다.

(2) 집행부의 이원성

혼합정부제도 집행부가 대통령과 내각으로 이원화(二元化)되어 있다. 이 점은 의원내각제와 마찬가지이나 대통령의 권한이 실질적으로 더 강하다는 점에서 차이가 있다.

(3) 동거정부

혼합정부제에서는 의회의원의 총선거 결과 대통령이 속한 정파가 의회의 소수파가 된 경우, 즉 여소야대의 경우가 되면 대통령이 수상을 의회의 다수파인 반대파에서 지명할 수밖에 없고(자파인 소수파에서 수상을 지명할 경우에 앞으로 내각불신임을 받을 가능성이 있기에 반대파에서 수상을 지명할 수밖에 없는 상황이 된다) 내각이 반대파로 구성되면 대통령이 속한 정파와 수상 및 내각이 속한 정파가 달라질 수 있다. 이러한 상황을 하나의 집행부 내에 서로 다른 정파 소속의 대통령과 내각이 공존한다고 하여 프랑스에서는 이른바 동거정부(同居政府, cohabitation)라고 부른다. 동거정부에서는 의원내각제적 운영이 나타날 가능성이 크다(* 프랑스식 혼합정부제에서의 동거정부 현상에 대해서는, 정재황, "프랑스에서의 동거정부에 대한 헌법적 일고찰," 『공법연구』 제27집 제 1 호, 1998 참조).

2. 장 단 점

혼합정부제는 의원내각제와 대통령제의 혼합형이므로 양 정부형태가 가지는 장단점이 아울러 나타날 수 있다. 혼합정부제에서는 대통령의 권한도 실질적이어서 대통령과 수상(내각) 간의 권한분담 문제가 논의되기도 한다(* 이에 대해서는 정재황, "프랑스식 혼합정부제의 집행부 내 권한분담 ― 대통령과 수상·내각 간의 권한분담을 중심으로 ―," 『헌법학연구』 제23권 제 3 호, 2017 참조)(* 프랑스식 혼합정부제의 적실성 문제에 대해서는, 정재황, "프랑스식 혼합정부제의 한국적 적실성," 『성균관법학』 제29권 제 3 호, 2017 참조).

Ⅲ. 혼합정부제의 유형

혼합정부제는 이론적으로는 의원내각제와 대통령제의 혼합적 운영이나 그 실제의 운영현실에 따라 서로 차이가 있는 다음과 같은 유형들을 볼 수 있다.

① 대통령제적 운영의 유형(대통령이 의회 다수파의 지지를 받고 헌법규정상의 권한을 제대로 충분히 행사하여 상당히 대통령제적으로 운영되는 국가)이 있다. 프랑스의 드골정부 등의 경우를 그 예로 들 수 있다. ② 의원내각제적 운영의 유형(대통령이 헌법규정상의 권한 이하로 그 권한행사를 자제함으로써 상당히 의원내각제적으로 운영되는 국가)도 있다. 대표적으로 오스트리아, 아일랜드, 아이슬란드 등을 들 수 있다. 또한 ③ 균형형(제3의 유형으로 대통령과 내각의 권한행사가 적절히 조화있게 이루어지는 국가)도 있을 수 있는데, 대표적으로 핀란드를 들 수 있다.

제5항 우리나라 현행 헌법상의 정부형태

Ⅰ. 대통령제적 요소와 의원내각제적 요소

1. 대통령제적 요소

① 대통령이 실질적 권한을 가진다. ② 대통령의 임기가 보장되어 있다(제70조). ③ 대통령이 국민으로부터 직접 선출된다는 점도 그 실질적 권한에 대한 정당성을 더 강하게 해준다는 점에서 대통령제적 요소가 될 수 있다. ④ 대통령은 국회 앞에서 책임을 지지 않고(탄핵소추의 경우를 제외하고), 국회해산권을 가지지도 않는다. ⑤ 대통령은 법률안거부권을 가진다.

2. 의원내각제적 요소

① 부통령제를 두지 않고 국무총리제도를 두고 있다. 그러나 의원내각제하의 수상에 비하여 국무총리의 헌법상 권한이 약하여 그리 강한 의원내각제적 요소라고 할 수는 없다. ② 국무회의제도를 두고 있다. 그러나 국무회의의 권한이 의원내각제의 내각회의에 비하여 약하다. ③ 국무총리가 행정각부의 통할권을 가진다. 이 행정각부통할권은 대통령의 명을 받는 것이어서 약한 권한이다. ④ 국회의 국무총리·국무위원에 대한 해임건의 의결이 대통령을 구속하는 효과를 가지는 것이라면 상당한 의원내각제적 요소라고 할 수 있다. ⑤ 국무총리·국무위원의 국회출석·발언의 의무와 권한이 있다. ⑥ 대통령의 국법상 행

위에 대한 국무총리와 관계 국무위원의 부서(副署)가 필요하다. ⑦ "정부"에게 법률안제출권을 주고 있다. 이는 가장 중요하고 뚜렷한 의원내각제적 요소라고 할 것이다. 그 이유는 첫째, 대통령제 하에서는 대통령과 행정부에 법률안제출권이 없고 의원내각제 하에서는 행정부도 법률안제출권을 가진다는 점, 둘째, 나아가 그러한 법률안제출권은 의원내각제 하에서 수상 등 어느 단독기관이 아니라 합의제 연대기관으로서 행정부 전체에게 주어지는데(독일 기본법 제76조 제 1 항 참조) 우리 헌법 제52조가 법률안제출권의 주체를 대통령 단독이 아니라 '정부'라고 명시하고 있다는 점은 바로 이와 유사한 경우가 되기 때문이다. ⑧ 국무총리, 국무위원의 국회의원의 겸직가능성(국회법 제29조 제 1 항 본문)을 의원내각제적 요소로 들기도 한다.

Ⅱ. 현행 우리 정부형태의 유형

위에서 본 대로 우리 헌법상의 정부형태는 대통령제를 골격으로 하면서 의원내각제적 요소를 다소 가미하고 있다. 의원내각제적 요소가 적지 않으나 실질적으로 그리 강하지 않아 다소 가미된 것으로 볼 수 있으며 전체적으로 대통령제적 성격이 강하다고 할 것이다. 우리 헌재 판례 중에는 "우리나라의 정부형태는 약간의 의원내각제적 요소도 있기는 하나 기본적으로는 대통령제(또는 대통령중심제)"라고 한 판례가 있다(89헌마86, 92헌마177). 국민대표제를 원칙으로 하면서 직접민주제도인 국민투표제도도 채택하고 있다(제72조, 제130조 제 2 항).

제2장 국 회

제1절 의회제도의 기본원리

Ⅰ. 의회주의

1. 개념과 표지

주권자인 국민이 선출한 대표자들로 합의체인 의회를 구성하여 그 의회가 국가의 중요한 의사를 결정하고 법률제정 등 입법을 행하며 국정을 통제하도록 하는 원리를 의회주의(議會主義)라고 한다. 의회는 입법기능을 주로 하면서 국정통제기능도 수행한다.

의회주의의 표지 내지 요소는 ① 구성적 요소로서 주로 민선의원(공선의원)들이 주축이 되도록 조직된다는 점(의사결정을 지배할 수 있을 정도의 수의 민선의원), ② 권한적 요소로서 입법권과 국정통제권을 가진다는 점, ③ 기능적 요소로 합의제의 의결기관이라는 점 등을 들 수 있다.

2. 본질적 요소(원리)

(1) 국민대표기능성

의회는 국가의 중요한 정책을 합의제로 결정하는 기관으로서 국민의 의사를 대표하는 기능을 그 본질로 하고 국민을 대표함에 있어서 정당성을 지녀야 한다. 의회의 국민대표기능성을 충실히 실현하기 위해서는 의원선거제도가 국민의 대표성을 정확히 반영하는 것이어야 하고 선거가 주기적으로 이루어져야 한다. 의원의 국민대표행위는 기속위임에 의한 것이어서는 아니 되고 국민전체의 이익과 의사를 존중하는 대표위임에 의한 것이어야 한다.

(2) 다원주의(多元主義)

의회의 구성과 활동에 있어서 다원주의가 실현되어야 한다. 구성상 의회가 다양한 계층의 국민들을 대표하는 의회가 되도록 여러 계층들에서 대표자들이 선출될 수 있는 가능성이 열려 있어야 한다. 의회는 다양한 계층의 국민의 의사를 수렴하고 반영하여야 한다. 이는 여러 의견들의 수렴과 반영을 통하여 가능한 한 보다 합리적인 국민의사를 찾고 도출하기 위한 것이다.

(3) 소수의견의 존중

다원주의의 실현은 소수의견의 존중을 전제로 한다. 다양한 의견들의 존재란 다양한 소수의견들의 존재를 전제로 함은 물론이고 소수의견이 무시된다면 다수의견이라는 단독의 의견만이 있을 것이기 때문이다. 다수의견이 항상 타당하다고 보거나 당연시 할 것이 아니라 다수의견도 소수의견에 의하여 수정될 수 있다는 것을 전제로 하여야 한다.

(4) 충실한 토론·합의기능

활발하고 충실한 토론과 의사교환, 상호이해, 양보, 타협이 이루어짐으로써 보다 합리적이고 발전적인 의견이 형성될 수 있어야 한다. 의회에서의 토론과 합의과정은 투명하게 국민들에게 알려져야 할 것이므로 공개되어야 하고 이성적인 절차를 통해 이루어져야 함은 물론이다.

(5) 질적 다수결(質的 多數決)

민주주의에서의 의사결정에 있어서 흔히 요구되는 다수결의 원칙은, 예를 들어 123 대 56으로 가결되었다는 양적(수적)인 개념의 것이 아니라 질적인 개념의 것이어야 한다. 질적 다수결이란 다수결에 회부되기 전에 다양한 의사들이 충분히 개진되고 이러한 의사들의 교환과 토론을 충분히 거쳐서, 서로 간의 타협, 양보 등 조절이 이루어진 다음에, 즉 위의 (2), (3), (4)가 구현되는 과정을 거친 다음에 표결로 마무리되어야 함을 말한다. 이 점에서 이성적인 토론이 이루어지지 않은 채 이른바 '변칙(날치기)처리'된 경우에도 가결행위가 무효가 아니라고 보는 헌재의 판례(96헌라2)는 질적 다수결원리에 부합되지 않는다.

3. 현대 의회주의의 위기와 대응방안

(1) 위기현상 및 원인

나라마다 차이가 있겠지만 현대 의회주의가 다음과 같은 위기를 맞고 있다는 지적이 많다. ① 국회의원의 불충분한 대표성 — 선거제도, 선거구획정상의 문제가 그 한 원인이다. ② 당리당략 · 정당국가화 — 국민전체의 이익보다 정당의 이익과 정략에 따라 국회의원이 정당에 기속되어 활동하는 경향이 있다. ③ 국가사무의 전문성, 의원의 자질 내지 능력 문제 — 국가사무는 복잡하고 전문화되어 가지만 대표자의 자질 내지 능력은 그것에 미치지 못한다. ④ 집행기능의 확대 · 전문화, 입법기능의 약화 현상 — 집행기능은 급부행정의 발달 등으로 확대되고 전문화되어 간다. 이에 비해 입법기능은 전문성 부족 등으로 실질적으로 충분히 수행되지 못하여 약화되고 있다. ⑤ 의사방해, 장외투쟁 — 소수파의 의견이 제대로 존중되지 않을 경우에 의사방해, 장외투쟁에 의존하는 모습을 보여줄 수 있다.

(2) 대응방안

위와 같은 문제점들을 치유하기 위하여 ① 국민의 의사를 제대로 반영할 수 있는 자질 있는 대표자들이 선출되도록 선거제도가 개선되어야 하고, ② 정당의 민주화가 이루어지고 정책정당으로서 국민의 의사에 부합하는 정책들이 개발되어야 하며 의원들도 무기속의 대표위임의 원리에 따라 자신의 소신에 따라 활동할 수 있게 교차투표(cross voting)가 인정되어야 한다. ③ 의원의 전문성을 제고하는 방안을 모색하여야 한다. ④ 집행부의 행정영역이 확대되는데 따라 입법부의 통제도 확대되어야 한다. ⑤ 국회의사운영의 민주화(특히 소수파의 존중), 의사절차의 합리화와 효율성을 제고하는 방안이 모색되어야 한다. ⑥ 헌법재판에 의한 통제가 강화되어야 한다. 헌법재판이 여 · 야 간에 비이성적 물리적 투쟁을 억제하도록 이끄는 효과를 가져야 한다.

Ⅱ. 의회의 구성적 원리 — 단원제와 양원제

의회의 구성형태에는 주로 단원제와 양원제, 즉 하나의 합의체기관으로 구성되는 단원제와 2개의 합의체기관(상원과 하원)으로 구성되는 양원제가 있다.

[양원제의 유형] 귀족적 상원제(신분제적 양원제)와 민선(민주적) 양원제, 연방제 상원제, 지역대표형 상원제, 경제(직능)적 · 사회적 상원제 등이 있다. 귀족적 상원제에서는 하원은 민선되고 상원은 귀족의 대표자들로 구성된다. 민선 양원제에서는 상원도 하원과 같이 일반 국민에 의해 선출되는 의원들로 구성된다. 양원제가 많이 요구되는 국가형태는 연방국가의 경우인데 이는 상원으로 하여금 각 주를 대표하도록 할 필요가 있기 때문이다(연방제 상원제). 지역대표형 상원제는 상원이 각 지방자치단체의 이익을 대변하는 기능을 수행하는 경우를 말한다. 일본이나 우리나라 제 2 공화국의 참의원을 지역대표형으로 들고 있는 한국의 교과서가 있는데 이는 잘못이다. 일본과 우리 제 2 공화국의 참의원은 지방자치단체 대표가 아니라 하원과 마찬가지로 국민전체의 대표라는 점에서 민선 양원제이기 때문이다. 경제(직능)적 · 사회적 상원제는 노동조합단체, 사용자단체, 농업인단체, 상공인단체 등의 경제적 집단이나 사회적 계층을 대변하게 하기 위하여 그 대표자들로 상원이 구성되는 의회제를 말한다.

[양원제의 장단점 · 비판론] 양원제의 장점으로 ① 하원의 경솔을 방지하고 심사숙고하는 의정활동을 기대할 수 있고, ② 지역구에서 선출되는 의원들로 구성되는 하원보다는 상원이 보다 전국가적인 이익을 추구하고 안정성을 유지할 수도 있으며(연방제의 경우 상원이 주를 대표하므로 다를 수 있음), ③ 하원과 행정부 간의 충돌을 상원이 완화할 수도 있고, ④ 양원 간에 견제로 의회 내에서도 견제작용이 이루어질 수 있다는 점 등이 지적되고 있다. 양원제의 단점으로 ① 국정처리의 지체, ② 양원 간의 마찰, 책임의 회피가 나타날 수 있고, ③ 하원의 대정부견제를 상원이 약화시킬 수도 있다는 점 등이 지적되고 있다. 양원제에 대해서는 국민대표의 단일성원칙에 반하고 그 구성이 민선이 아니어서 민주성이 약하다는 등의 비판이 있다. 그러나 양원을 모두 거쳐 결국 단일 의사가 결정되고 민선이 아닌 것은 귀족제 상원의 경우이므로 일반적으로는 타당하지 못한 비판이라는 반론이 있다.

[단원제의 장단점] 양원제의 장점, 단점이 단원제에서는 반대로 나타날 수 있다. 단원제의 장점으로 국정처리의 신속성, 의회경비의 절감 등이, 단점으로 국정처리의 경솔, 의원들의 지역적 이익추구의 가능성 등이 지적된다.

제2절 국회의 헌법상 지위

Ⅰ. 국민주권행사기관, 국민대표기관으로서의 지위

국회는 주권에서 나오는 입법권을 국민을 대신하여 행사하므로 국민주권행사기관이자 국민대표기관으로서의 지위를 가진다.

Ⅱ. 입법기관으로서의 지위

국회의 고유한 기능은 법률을 제정하는 것으로서 국회는 입법기관으로서의 지위를 가진다. 입법기능을 국회의 본질적이고도 고유한 기능으로 보는 이유는 국회가 국민의 의사를 집약하는 합의체기관이라는 점에서 국회의 입법을 통한 법률은 결국 국민의 의사로 간주될 수 있다는 관념에 있다. 우리 헌법은 "입법권은 국회에 속한다"라고 하여 입법권의 국회귀속원칙을 명시하고 있고 그 외에도 국회는 긴급명령 등에 대한 승인권을 가지며 국회의원들은 헌법개정을 제안할 수 있고 국회는 헌법개정안을 의결하는 권한을 가져 입법적 기능을 수행한다. 오늘날 집행부에서 제출한 법안을 충분히 검토하지 못하고 통과시켜 '통법부'(通法府)라고 불리기도 하는 등 입법기능의 약화가 지적되기도 하지만 국회의 입법기관으로서의 지위는 여전히 국회의 핵심적인 지위임에는 분명하다.

Ⅲ. 국정통제기관으로서의 지위

국회는 권력분립원리상 다른 국가기관들의 국정운영에 대한 통제의 기관으로서 활동한다. 우리 국회는 국정감사·조사권, 각종 동의권, 승인권, 국무총리 · 국무위원 국회출석 · 답변요구권, 국무총리 · 국무위원해임건의권, 탄핵소추권 등을 통해 다른 국가기관들을 통제한다.

Ⅳ. 최고기관으로서의 지위

국회는 최고기관이다. 다만, 국회만이 유일한 최고기관은 아니고 대통령, 대법원, 헌법재판소 등 다른 최고기관들과 더불어 최고기관들 중의 하나라고 본다.

제 3 절　국회의 구성과 조직

Ⅰ. 단 원 제

과거 제헌헌법은 단원제를 채택하였다가 제 1 차개헌(1952)으로 양원제가 도입된 바 있었으나 참의원선거를 하지 않아 단원제로 운영되었고 제 2 공화국 헌법에서는 양원제를 채택하였다가 이후 단원제로 구성되고 있다.

Ⅱ. 국회의원의 정수, 선출 등

1. 국회의원 정수

헌법은 "국회의원의 수는 법률로 정하되, 200인 이상으로 한다"라고 규정하여(제41조 제 2 항) 국회의원 정수의 확정을 법률에 위임하면서도 이처럼 하한선을 두고 있다. 전체 국회의원 정수는 300인으로, 지역구국회의원의 정수는 253인이고 비례대표국회의원의 정수는 47인이다.

2. 국회의원선거

이에 관해서는 앞의 대한민국의 기본질서와 기본권각론의 선거권, 피선거권 부분에서 다루었다(전술 제 2 부 한국헌법의 기본원리와 기본질서 제 3 부 기본권론 참조).

Ⅲ. 국회의 조직

1. 국회의장, 부의장(의장단)

국회는 의장 1인과 부의장 2인을 선출한다(제48조). 부의장의 수를 2인으로 하는 것은 헌법에서 직접 명시하고 있는 것이다. 의장과 부의장의 임기는 2년으로 한다(국회법 제9조).

의장이 사고가 있을 때에는 의장이 지정하는 부의장이 그 직무를 대리하고(동법 제12조), 의장과 부의장이 모두 사고가 있을 때에는 임시의장을 선출하여 의장의 직무를 대행하게 한다(동법 제13조). 우리 국회법은 의장이 당파성을 가지지 않고 중립적인 의사정리를 수행하도록 임기 중 당적을 보유할 수 없게 금지하고 있다(동법 제20조의2).

의장은 ① 국회대표권(각종 국가행사에 대표로 참석할 권한, 타 국가기관에 대한 국회권한의 행사에서의 국회를 대표할 권한 등), ② 의사정리권(임시회집회공고권, 연간 국회운영기본일정의 결정권, 유회, 회의의 중지 · 산회의 선포권, 의사일정의 작성 · 변경권, 제출된 의안의 위원회에의 회부권 등), ③ 질서유지권(국회 내에서의 경호권, 회의장의 질서문란행위에 대한 경고 · 제지권, 회의장출입의 허가권 등), ④ 사무감독권, ⑤ 국회의 조직에 관한 권한(사무총장 등 국회직원에 대한 임면권, 상임위원회 위원의 선임 및 개선에 관한 권한) 등을 가진다.

2. 위원회제도

(1) 의 의

의회의 위원회란 본회의의 의사를 보다 효율적이고도 신속하게 이끌고 본회의의 의사절차 이전에 의안을 집중적으로 심의, 검토하기 위하여 소수의 의원들로 구성되고 영역별로 전문화된 부분적 회의체조직을 말한다. 모든 의안을 본회의에서 다룰 수 없으므로 전문적 영역별로 의안을 집중적으로 다룰 필요가 있기에 위원회의 구성과 활동이 요구된다. 오늘날 의안의 심의가 실질적으로 위원회에서 이루어지고 사실상 본회의에서는 위원회에서의 의결을 추인하는 경우가 빈번하여 '상임위원회중심주의'가 되고 있고 이에 상임위원회를 소입법부(little legislature)라고도 부른다.

(2) 장단점 및 보완책

위원회가 정상적으로 활동할 경우에 나타날 그 장점으로는 ① 분업화를 가져오고, ②심의에 있어서 집약성, 효율성, 신축성을 가져올 수 있으며, ③ 의안에 대한 전문적인 검토가 이루어질 수 있다. 위원회제도가 정상적으로 가동하지 못할 경우의 그 단점 내지 문제점으로는 ① 소속 의원(위원)들의 전문성이 부족하면 충분한 심의가 이루어지지 못하고, ② 위원회를 장악하고 있는 소수의 의원들에 의한 과두적 결정이 이루어질 수 있으며, ③ 의원들에 대한 정당의 기속성이 강하면 위원회가 국민전체의 의사보다 정당의 의사를 앞세울 수 있어 정당의 대리인들의 집합체로 전락될 수 있다. 또한 ④ 이해관련 집단의 로비 등이 용이하며, ⑤ 여러 위원회들에 관련되는 사안의 경우에 그 분담이나 상호 유기적인 심의가 쉽지 않을 수 있고, ⑥ 위원회는 대응하는 행정각부의 사무를 그 소관사항으로 하는바 소관 행정각부와 위원회가 밀접되어 있으면 권력분립의 견제기능이 약화될 가능성이 있다는 점 등을 들 수 있다.

위의 문제점을 막기 위한 방안으로는, 전문적 지식과 경험을 가진 의원들로 상임위원회가 구성되어야 하며 결정과정의 투명성을 제고하고 당리당략을 떠나 국민전체의 의사를 반영하는 의원의 노력과 이를 위한 교차투표가 이루어질 수 있어야 한다. 의원의 이권개입 등에 대비하여 헌법 자체가 타인을 위하여 그 취득을 알선하는 것을 금지하고 있고(제46조 제3항) 국회법도 위원의 직무 관련 영리행위를 금지하고 있다(국회법 제40조의2). 여러 위원회들이 관련되는 의안에 대해서 현행 국회법은 관련 상임위원회에의 회부제도를 두고 있고(동법 제83조), 모든 의원들이 참여하는 '전원위원회'제도(동법 제63조의2)를 두고 있다.

(3) 위원회의 종류

국회의 위원회는 상임위원회와 특별위원회의 2종으로 한다(동법 제35조).

(4) 상임위원회

1) 의의와 종류 상임위원회란 국가사무를 영역별로 나누어 그 소관사항별로 안건을 심의·처리하기 위해 구성된 상설의 위원회를 말한다. 상임위원회는 이처럼 국가사무의 영역별로 분할, 조직되는데 행정각부나 중앙행정기관의 소관사항을 나누어 각 상임위원회별 소관으로 하여 구성된다. 상임위

원회의 수는 모두 17개로, 국회운영위원회, 법제사법위원회, 정무위원회, 재정경제기획위원회, 교육위원회, 과학기술정보방송통신위원회, 외교통일위원회, 국방위원회, 행정안전위원회, 문화체육관광위원회, 농림축산식품해양수산위원회, 산업통상자원중소벤처기업위원회, 보건복지위원회, 기후에너지환경노동위원회, 국토교통위원회, 정보위원회, 성평등가족위원회가 있다(동법 제37조 제1항).

2) 구 성 상임위원회의 위원정수는 국회규칙으로 정하고(동법 제38조), 상임위원회 위원(이하 '상임위원'이라 함)은 교섭단체소속의원수의 비율에 의하여 각 교섭단체대표의원의 요청으로 의장이 선임 및 개선한다(동법 제48조 제1항). 의원은 둘 이상의 상임위원회의 위원이 될 수 있고 상임위원의 임기는 2년으로 한다(동법 제39조, 제40조 제1항). 상임위원회에 위원장 1명을 두는데(동법 제41조 제1항) 상임위원장은 본회의에서 선거된다.

3) 활 동 상임위원회는 그 소관에 속하는 의안과 청원 등의 심사, 그 밖에 법률에서 정하는 직무를 수행한다(동법 제36조).

(5) 특별위원회

1) 의의와 성격 및 유형 특별위원회란 특정한 사안을 심의하기 위하여 임시적으로 활동하는 국회의 위원회를 말한다. 안건의 한정성, 존속의 한시성이 그 성격이다. 특별위원회에는 일반적인 특별위원회와 국회법상 특정한 임무가 미리 주어진 특정화된 특별위원회가 있다.

2) 일반적인 특별위원회 일반적인 특별위원회는 둘 이상의 상임위원회와 관련된 안건이거나 특히 필요하다고 인정한 안건을 효율적으로 심사하기 위하여 본회의의 의결로 두는 특별위원회이다(동법 제44조 제1항). 일반적 특별위원회는 미리 정해진 특정임무를 수행하는 것이 아니라 예를 들어 규제개혁특위처럼 여러 상임위가 관련되어 어느 한 상임위에 배당하기 곤란한 사안을 다루기 위하여 또는 어떤 구체적 사건의 진상을 조사하기 위해 설치되는 특별위원회이다(예를 들어 정치자금의혹을 규명하기 위한 국정조사 특별위원회도 일반적 특별위원회 중의 하나이다). 일반적 특별위원회는 물론 한시적인 것이다.

특별위원회에 위원장 1명을 두되 위원회에서 호선하고 본회의에 보고한다(동법 제47조 제1항). 호선된다는 것이 상임위원회 위원장이 본회의에서 선임되는 것과 다르다.

특별위원회는 임시적으로 활동하는 비상설 회의체이므로 활동시한이 정해져 있다. 즉 일반적인 특별위원회는 구성할 때에 그 활동기한을 정하여야 한다(동법 제44조 제2항).

3) **특정화된 특별위원회** 국회법이 이미 특정한 임무를 명시한 몇 개의 특별위원회가 있다. 예산결산특별위원회, 윤리특별위원회, 인사청문특별위원회가 그것이다. 유의할 점은 예산결산특별위원회는 특별위원회이면서도 상설기관이라는 점이다.

① **상설의 특정화된 특별위원회** 예산결산특별위원회 — 예산안,기금운용계획안 및 결산을 심사하기 위하여 예산결산특별위원회를 둔다(동법 제45조 제1항). 예산결산특별위원회의 위원의 임기는 1년으로 한다(동법 동조 제3항).

② **윤리특별위원회** 의원의 자격심사·징계에 관한 사항을 심사하기 위하여 제44조 제1항에 따라 윤리특별위원회를 구성한다(동법 제46조 제1항).

③ **인사청문특별위원회** 국회는 헌법에 의하여 그 임명에 국회의 동의를 요하는 대법원장·헌법재판소장·국무총리·감사원장 및 대법관에 대한 임명동의안과 국회에서 선출하는 헌법재판소의 3인 재판관 및 중앙선거관리위원회의 3인 위원의 선출안 등을 심사하기 위하여 인사청문특별위원회를 둔다(동법 제46조의3 제1항 본문). 인사청문특별위원회의 구성과 운영에 관하여 필요한 사항은 따로 법률로 정한다(동법 동조 제2항). 이 법률이 인사청문회법이다.

(6) 전원위원회

어느 특정 상임위원회의 의견만이 아니라 국회의원 전원의 의견을 수렴하여야 할 중요한 의안에 대해 전체 국회의원이 참여하여 심사하는 회의체를 전원위원회(全院委員會)라고 한다. 전원위원회의 개회사유 내지 심의사항으로 현행 국회법은 "위원회의 심사를 거치거나 위원회가 제안한 의안 중 정부조직에 관한 법률안, 조세 또는 국민에게 부담을 주는 법률안 등 주요의안"이라고 규정하고 있다. 또 그 개회시기로 이러한 주요의안의 "본회의 상정 전이나 본회의 상정 후에" 그리고 개회요구정족수로 "재적의원 4분의 1 이상이 요구할 때"라고 규정하고 있다(동법 제63조의2 제1항). 전원위원회는 재적위원 5분의 1 이상의 출석으로 개회하고, 통상의 상임위원회에서의 의결정족수와는 달리 재적위원 4분의 1 이상의 출석과 출석위원 과반수의 찬성으로 의결한다(동법 동조 제4항). 전원위원회가 개최된 적은 드물다. 2003년 3월 28일, 29일에 국군부대의이라크 전쟁파병동의안을 두고 전원위원회가 개최된 바 있다.

(7) 소위원회, 안건조정위원회

위원회는 특정한 안건의 심사를 위하여 소위원회를 둘 수 있다. 상임위원회(정보위원회 제외)는 그 소관사항을 분담·심사하기 위하여 상설소위원회를 둘 수 있다(동법 제57조 제1항·제2항). 쟁점안건의 심의과정에서 물리적 충돌을 방지하고 대화와 타협을 통한 안건심의, 소수의견 개진 기회를 보장하기 위해 이른바 국회선진화 규정의 하나로, 이견을 조정할 필요가 있는 안건을 심사하기 위한 안건조정위원회 제도가 신설되어 있다(이 제도에 대해서는 뒤의 제6절 제2항 Ⅲ. 2. 법률안심사절차 부분 참조).

3. 교섭단체

교섭단체란 동일한 정당에 소속한 의원들의 모임을 말하며 의회 내의 정당(원내정당, Fraktion)이라고 불린다. 원내교섭단체의 목적 내지 기능은 ① 동일 정당에 소속한 의원들 간의 결속을 도모하고, ② 의원들의 의견을 수렴하며 정당의 방침이나 의견을 전달하는 기능을 수행하며, ③ 정당들 간의 대화창구를 단일화하여 정당들 간의 의견조정에 있어서의 능률과 편의성, 신속성 등을 가져오게 하고 정당들 간의 교류 등을 촉진하는 데 있다. 그러나 정당수뇌부에 의해 정당운영이 좌우되는 경우, 원내교섭단체를 통해 소속 의원들의 활동을 지시하고 구속하는 경우에 의원들의 무기속 대표위임을 막는 폐해가능성이 있을 수 있다. 국회에 20인 이상의 소속의원을 가진 정당은 하나의 교섭단체가 된다. 무소속이나 교섭단체가 아닌 정당 소속의 의원들이더라도 20인 이상이 되면 따로 교섭단체를 구성할 수 있다(국회법 제33조 제1항). 각 교섭단체에는 의원총회와 대표의원이 있다. 국회법에서 상임위원회의 구성이나 의사과정에서의 발언자, 토론자 등의 선정에 있어서 교섭단체를 중심으로 정하도록 하는 경우가 많다(동법 제48조, 제104조 내지 제106조, 제122조의2 등 참조).

제4절 국회의 운영과 의사절차

제1항 국회의 활동기간과 집회

Ⅰ. 의회기(입법기)

의회기(legislature)란 의회의원 전원에 대한 총선거로 새로운 의회가 구성되어 다음 총선거에 의해 새로이 의회가 구성되기까지의 활동기간을 의미한다. 흔히 제 몇 대 국회라고 할 때의 그 국회의 기간을 말한다. 입법기라고도 한다. 따라서 통상적으로는 의회의원의 임기가 곧 의회기가 된다. 그러나 임기와 의회기가 반드시 일치하지 않는 경우도 있다. 의회해산제도가 있는 국가에서 의회기가 다 채워지기 전에 중도에 의회가 해산된 경우에는 의회기가 임기보다 짧게 끝날 수 있기 때문이다.

Ⅱ. 회 기

회기(session)란 하나의 의회기 내에서 의회가 한번의 집회를 개회하여 폐회할 때까지의 기간의 일수를 말한다. 현행 헌법은 국회의 회기에 있어서 "정기회의 회기는 100일을, 임시회의 회기는 30일을" 초과할 수 없게 제한하고 있다(제47조 제2항). 그러나 연간 총 회기는 제한하지 않고 있다. 임시회를 연속적으로 소집할 경우에는 연간 상설의 국회가 가능하다.

'회기결정의 건'은 그 본질상 국회법 제106조의2에 따른 무제한토론의 대상이 되지 않는다고 헌재는 본다(헌재 2020. 5. 27, 2019헌라6등).

Ⅲ. 집 회

1. 정 기 회

현행 헌법은 "국회의 정기회는 법률이 정하는 바에 의하여 매년 1회 집회

되며"라고 규정하고 있다(제47조 제1항). 국회가 집회시기를 법률로 정하게 한 것은 국회의 자율권을 부여하기 위한 것이다. 정기회는 매년 9월 1일에(공휴일인 때에는 그 다음날에) 집회한다(국회법 제4조). 현행 헌법은 정기회의 회기를 100일을 초과할 수 없게 하고 있다(제47조 제2항). 정기회의 주관업무는 결산·예산안의 심의, 대정부질문, 법률안의 심의 등이다.

2. 임 시 회

임시회이므로 일정한 집회시기가 고정되어 있지 않는 것은 물론이고 수시로 임시회 집회가 가능하다. 헌법은 "국회의 임시회는 대통령 또는 국회재적의원 4분의 1 이상의 요구에 의하여 집회된다"라고 요구권자를 규정하고 있고, "대통령이 임시회의 집회를 요구할 때에는 기간과 집회요구의 이유를 명시하여야 한다"라고 그 요건을 규정하고 있다(제47조 제1항·제3항). 또한 헌법은 임시회의 회기는 30일을 초과할 수 없다고 규정하고 있다(제47조 제2항 후문). 국회법은 국회운영기본일정은 2월·3월·4월·5월 및 6월 1일과 8월 16일에 임시회를 집회하도록 작성하고 2월, 4월 및 6월에 집회하는 임시회의 회기 중 1주는 대정부 질문을 행하도록 하고 있다(국회법 제5조의2 제2항). 임시회의 주관업무는 의원과 정부가 발의·제출한 법률안에 대한 심의·표결을 하고 추가경정예산안 등을 심의하며 대정부질문 등을 하는 것이다.

제2항 국회의 의사절차

Ⅰ. 현황과 지침

1. 현황 — 국회관련법률중심주의 및 상임위원회중심주의

우리나라 현행 헌법은 국회는 법률에 저촉되지 아니하는 범위 안에서 의사에 관한 규칙을 제정할 수 있다고 규정하고 있다(제64조 제1항). 의사절차원칙을 주로 의회의 의사규칙으로 구체적으로 정하는 나라들이 있다. 그런데 우리나라의 현실은 국회규칙보다는 법률인 국회법, 그리고 헌법과 국회법의 위임을 받아 제정된 그 외 국회 관련 법률들(예를 들어 '국정감사 및 조사에 관한 법률', 인사청문회법 등)에 의사절차 관련 규정들을 구체적으로 두고 있어 이른바 헌법·국회관련법률중심주의를 보여주고 있다.

주로 상임위원회에서 의안의 실질적인 심사가 이루어지고 국회 본회의에서는 주로 최종표결이나 대정부질문 등이 행하여져 상임위원회중심주의가 현실이다.

2. 지 침

국회의 의사절차는 국민대표주의가 실질적으로 구현되도록, 즉 국민의 의사가 충분히 반영되도록 사안에 대한 심의와 토론이 충실성을 가지도록 설정되어야 한다. 특히 의회주의의 요소들인 다원주의, 소수의 존중, 충실한 토론·합의기능, 질적 다수결 등의 원칙이 준수될 수 있는 의사절차가 확립되어야 한다. 또한 의사절차가 효율성, 생산성, 합리성을 갖출 것이 요구된다.

Ⅱ. 의사의 주요 원칙

1. 회기계속의 원칙(의안계속·유지의 원칙)

회기계속의 원칙이란 어느 한 회기에 심의되었으나 의결되지 않은 의안은 회기가 종료되었다고 하여 폐기되지 않고 다음 회기에서 다시 계속하여 심의를 하고 의결대상이 될 수 있다는 원칙을 말한다. 정확하게 표현하면 회기는 시간이 지나면 종료되므로 의안이 계속되는 것이다. 회기불계속원칙을 취하는 나라도 있지만 우리 헌법은 회기계속의 원칙을 취하고 있다. 즉 "국회에 제출된 법률안 기타의 의안은 회기 중에 의결되지 못한 이유로 폐기되지 아니한다"라고 규정하고 있다(제51조 본문). 그러나 이는 어디까지나 하나의 입법기 내에서 계속이고 입법기가 바뀌면 불계속이 된다. 우리 헌법도 "다만, 국회의원의 임기가 만료된 때에는 그러하지 아니하다"라고 규정하고 있다(제51조 단서).

2. 정 족 수

(1) 개념과 유형

정족수에는 개의(의사)정족수, 의결정족수가 있다.

1) **개의(의사)정족수** 개의(의사)정족수(開議(議事)定足數)란 국회의 의사를 개회하기(열기) 위하여 참석하여야 할 최소한의 의원의 수를 말한다. 헌법은 일반적인 개의정족수에 관한 규정을 두고 있지 않고 국회법이 본회의는 재적의원 5분의 1 이상의 출석으로, 상임위원회는 재적위원 5분의 1 이상의 출석으로 개의한다고 규정하고 있다(국회법 제73조, 제54조).

2) **의결정족수** 의결정족수란 일정한 의안에 대하여 가부의 결정을 하는 데 참여하여야 할 최소한의 의원 수를 말한다. 헌법 제49조는 "국회는 헌법 또는 법률에 특별한 규정이 없는 한 재적의원 과반수의 출석과 출석의원 과반수의 찬성으로 의결한다"라고 일반적인 의결정족수를 규정하고 있다. i) 헌법 제49조에 대한 해석문제로 '재적의원 과반수의 출석'이 안 된 경우에는 표결성립 자체가 안 된 것으로 볼 것인지 아니면 부결된 것으로 볼 것인지 하는 문제가 제기되었다. 2009년의 이른바 미디어법 파동결정에서 헌재 4인 재판관은 전자로, 5인 재판관은 후자로 보았다. 이 사건은 첫 번째 표결에서는 '재적의원 과반수의 출석'이 안 되었는데 이후 재표결을 하였으므로 논란이 되었고, 따라서 일사부재의 원칙의 위배 문제와 결부되었다. 왜냐하면 부결된 것으로 보는 견해를 취하면 부결된 것을 재표결에 부쳤으므로 일사부재의 원칙에 반하기 때문이다. 5인 재판관은 부결로 보고 일사부재의 원칙에 위배된다고 보았고 결국 권한침해를 인정하였다(2009헌라8, 그러나 가결선포행위를 무효로 선언하지는 않았다). ii) 이른바 국회선진화법이라 불리는 국회법 제85조 제1항은 안건의 심사기간을 지정할 수 있는 경우를 한정하고 그 경우의 하나로 그 조항 제3호가 '각 교섭단체 대표의원과 합의하는 경우'를 규정하고 있는데 이에 대해 이는 과반수로 지정을 요구하더라도 합의를 해야 한다는 것이어서 의안에 대하여 사실상 만장일치로 의결할 것을 규정하는 것으로 하위법인 국회법이 헌법 제49조의 규정을 배제하고 형해화하여 헌법상 다수결 원리의 본질을 침해하고 있다는 주장의 권한쟁의심판이 청구되었다. 헌재의 다수 법정의견은 일반정족

수는 의결대상 사안의 중요성과 의미에 따라 헌법이나 법률에 의결의 요건을 달리 규정할 수 있고 다수결의 원리를 실현하는 국회의 의결방식 중 하나로서 국회의 의사결정시 합의에 도달하기 위한 최소한의 기준일 뿐 이를 헌법상 절대적 원칙이라고 보기는 어려워 권한침해의 가능성이 없다고 하여 각하결정을 하였다(2015헌라1. 이에 대해서는 뒤의 법률안 심사절차 부분 참조. 이 결정은 바로 아래 3. 다수결 원칙에서도 인용된다. 정족수가 다수결과 연관되기 때문이다).

3) **가부동수**　　가부동수인 때에는 부결된 것으로 본다(제49조 후문). 따라서 의장에 대한 결선투표권(casting vote)을 인정하지 않고 있다.

4) **특별정족수**　　일반정족수란 그 정족수를 달리 정한 특별한 규정이 없는 한 일반적으로 요구되는 정족수를 말하고 위에서 살펴보았다. 특별정족수란 개별적인 사안에 따라 일반정족수와 다른 수(보다 더 가중된 수 또는 완화된 수)의 의원 수를 요구하는 경우를 말한다. 예를 들어 헌법개정안의 의결은 재적의원 3분의 2 이상의 찬성을 얻어야 한다고 규정하고 있는 경우이다(제130조 제1항).

(2) 정족수규정의 효과

정족수규정을 위배하여 정족수에 이르지 못한 수의 의원들이 참여한 가운데 회의의 개의, 의결이 되면 그 회의와 의결의 법적 효력을 인정할 수 없고 무효이다.

(3) 발의정족수

발의정족수(의원수)란 법률안 등 어느 특정한 의안을 제출하기 위해 필요한 의원수로서 그 의안의 제출에 찬성하는 최소한의 의원의 수를 말한다. 국회법 제79조는 의원은 10명 이상의 찬성으로 의안을 발의할 수 있다고 규정하고 있다.

3. 다수결원칙

다수결원칙이란 의제가 된 사항에 대하여 많은 수의 국회의원의 찬성 여부의 의사표시로 가부의 결정이 이루어져야 한다는 원칙을 말한다. 어느 정도의 많은 수를 요하는가 하는 문제는 의결정족수의 문제이고 바로 위에서 살펴보았다. 오늘날의 다수결은 양적인 다수결이 아니라 여·야 간의 충분한 토론과 심의가 이루어진, 다시 말해서 충실한 의안심사를 거쳐 합리적 의사결정에 이르러 그것을 확인하고 마무리하는 의미에서의 다수결이 이루어지는 질적 다수결이 진정한 다수결원칙에 부합한다(전술 의회주의의 본질적 요소 참조). 헌재도 헌법 제49조는 단순히 재적의원 과반수의 출석과 출석의원 과반수에 의한 찬성을 형식적으로 요구하는 것에 그치지 않고 "국회의 의결은 통지가 가능한 국회의원 모두에게 회의에 출석할 기회가 부여된 바탕 위에 재적의원 과반수의 출석과 출석의원 과반수의 찬성으로 이루어져야 한다는 것으로 해석하여야 한다"라고 판시하였다. 그리하여 국회 외교통상통일위원회 위원장이 소수당 소속 위원들의 출입을 봉쇄한 상태에서 외통위 전체회의를 개의하여 한미 FTA 비준동의안을 상정한 행위 등에 대한 권한쟁의심판사건에서 헌재는 비록 의사정족수가 충족된 상태에서 이루어진 것이라 하더라도, 그 봉쇄는 질서유지권의 한계를 벗어난 위법한 행사로서 그 봉쇄된 상태에서 이루어진 상정행위는 헌법 제49조의 다수결의 원리에 반하는 위헌행위라고 보았고 그로 인하여 위 위원들의 비준동의안 심의권을 침해한 것이라고 결정하였다(2008헌라7). 그러나 위 상정행위를 무효라고 선언하지는 않았다.

[판례] i) 안건의 심사기간을 지정할 수 있는 경우를 한정한, 이른바 국회선진화법이라 불리는 국회법 제85조 제1항은 그 경우의 하나로 동항 제3호가 '의장이 각 교섭단체 대표의원과 합의하는 경우'를 규정하고 있는데 이에 대해 이는 과반수로 지정을 요구해도 합의되어야 한다는 점에서 법률안에 대하여 사실상 만장일치로 의결할 것을 규정하는 것으로 하위법인 국회법이 헌법 제49조의 규정을 배제하고 형해화하여 헌법상 다수결 원리의 본질을 침해하고 있다는 주장의 권한쟁의심판이 청구되었다. 헌재의 다수 법정의견은 일반정족수는 의결대상 사안의 중요성과 의미에 따라 헌법이나 법률에 의결의 요건을 달리 규정할 수 있고 다수결의 원리를 실현하는 국회의 의결방식 중 하나로서 국회의 의사결정시 합의에 도달하기 위한 최소한의 기준일 뿐 이를 헌법상 절대적 원칙이라고 보기는 어려워 권한침해의 가능성이 없다고 하여 각하결정을 하였다(2015헌라1. 이에 대해서는 뒤의 법률안 심사절차 부분 참조). ii) 변칙처리의 다수결원칙 위반 인정례 — 국회의원의 심의·표결권 침해를 인정한 몇 건의 결정례들이 있었다. ① 본회의에서의 변칙처리에 대한 권한침해인정결정들(헌재 1997. 7. 16, 96헌라2), ② 상임위원회에서 권한침해가 인정된 결정례(2008헌라

7등. 위에서 인용함). 위 결정들에서 권한침해는 인정하였으나 가결선포행위에 대한 무효선언은 하지 않았다(그런 헌재의 입장이 지금까지 지속되어 오고 있다). 청구취하로 심판절차종료로 선언된 예(2000헌라1)도 있었다.

4. 의사공개의 원칙

[개념·기능] 의사공개의 원칙이라 함은 의회에서의 의사활동이 의회 외부의 일반 국민들이 방청이나 보도 등을 통해 알아 볼 수 있게 개방되어야 한다는 원칙을 말한다. 우리 헌법도 "국회의 회의는 공개한다"라고 하여 의사공개의 원칙을 명시적으로 확인하고 있다(제50조 제1항 본문). 의사공개원칙은 의사과정에 대한 국민의 평가와 그것을 의식한 심의·표결의 충실성을 가져오게 하여 실질적 국민대표주의를 구현하는 기능과 국민의 알 권리라는 기본권을 보장하는 기능을 수행한다.

[공개범위] 국회의 임무를 수행하기 위한 회의이면 모두 공개대상이 된다. 따라서 본회의에서뿐 아니라 위원회의 경우에도 역시 적용된다(국회법 제75조, 제71조, 98헌마443). 회의 장소가 국회 내이든 국회 외이든 관계없이 공개대상이 된다.

[내용] 의사공개의 원칙은 국회의 의사과정에 대한 ① 일반 국민들의 방청의 자유, ② 언론 등에 의한 보도의 자유, 중계방송, ③ 회의록 등 회의의 기록의 공표를 그 내용으로 한다(98헌마443, 2008헌라7).

[예외적 비공개] 헌법은 ① 출석의원 과반수의 찬성이 있거나 ② 의장이 국가의 안전보장을 위하여 필요하다고 인정할 때에는 공개하지 아니할 수 있다고 규정하여(제50조 제1항 단서) 예외적 비공개의 경우를 인정하고 있다. 공개하지 아니한 회의내용의 공표에 관하여는 법률이 정하는 바에 의한다(동조 제2항). 유의할 점은 헌법 제50조 제1항 단서가 위와 같은 비공개 경우를 인정한다고 하여 그것은 어디까지나 예외이지 일절의 전면적, 일률적 비공개를 허용한다는 것은 아니다. 헌재도 국회 정보위원회 외의 비공개 국회법 조항에 대한 위헌결정(2018헌마1162. 아래 공개원칙 위반례 참조)에서 "헌법 제50조 제1항으로부터 일체의 공개를 불허하는 절대적인 비공개가 허용된다고 볼 수는 없다. … 특정한 내용의 국회의 회의나 특정 위원회의 회의를 일률적으로 비공개한다고 정하면서 공개의 여지를 차단하는 것은 헌법 제50조 제1항에 부합하지 아니한

다"라고 판시하고 있다.

위원회에서의 방청에 대해서는 국회법이 "의원이 아닌 사람이 위원회를 방청하려면 위원장의 허가를 받아야 한다"라고 하여 허가제를 두고 있는데(국회법 제55조 제 1 항) 헌재는 방청불허사유는 장소적 제약으로 불가피한 경우, 회의의 원활한 진행을 위하여 필요한 경우 등 결국 회의의 질서유지를 위하여 필요한 경우로 제한된다고 한다. 그러면서도 이러한 방청불허사유가 구비되었는지에 관한 판단은 국회의 자율권 존중의 차원에서 위원장에게 폭넓은 판단재량을 인정하여야 한다고 본다. 그리하여 헌재는 국회예산결산특별위원회 계수조정소위원회와 국회상임위원회가 방청을 불허한 행위에 대해 합헌성을 인정하는 기각결정을 한 바 있다(98헌마443등. [결정이유] 헌재는 예산심의에 관하여 이해관계를 가지는 많은 국가기관과 당사자들에게 계수조정 과정을 공개할 수는 없으며, 위원들의 허심탄회한 충분한 토론·심의의 보장을 위하여 비공개로 하며, 이것이 국회의 확립된 관행이라는 피청구인의 주장, 청구인들이 국정감사장에서의 의원들의 질의를 평가하여 "worst 의원"과 "best 의원"을 발표하였는데, 피청구인들은 그 평가기준의 공정성에 대한 검증절차가 없었고 평가의 언론공표로 의원들의 정치적 평판 내지 명예에 대한 심각한 훼손의 우려가 있어 방청을 불허하기에 이르렀다는 피청구인의 주장을 받아들여 기각결정을 하였음).

[공개원칙 위반 인정례] ① 위에서 본 판례로, 헌재는 국회 외교통상통일위원회 위원장이 회의가 시작되기 훨씬 전에 회의장의 출입문을 폐쇄하고 바리케이드를 설치하게 함으로써 외통위 위원인 소수당 국회의원의 출입까지 불가능하게 한 상태에서 개의하여 한미 FTA 비준동의안을 상정한 행위 등은 헌법 제50조 제 1 항의 의사공개의 원칙에 반하는 행위라고 보았다(2008헌라7). 그러나 무효라고 선언하지는 않았다. ② 국회 정보위원회 회의 전면 비공개의 위헌성(구 국회법 제54조의2 제 1 항 본문에 대한 위헌결정, 2018헌마1162. [결정요지] 정보위원회의 회의 일체를 비공개하도록 정함으로써 정보위원회 활동에 대한 국민의 감시와 견제를 사실상 불가능하게 하고 있다. 또한 특정한 내용의 국회의 회의나 특정 위원회의 회의를 일률적으로 비공개한다고 정하면서 공개의 여지를 차단하는 것은 헌법 제50조 제 1 항에 반한다(* 위 예외적 비공개 서술 참조). 헌법 제50조 제 1 항 단서에서 정하고 있는 비공개사유는 각 회의마다 충족되어야 하는 요건으로 입법과정에서 재적의원 과반수의 출석과 출석의원 과반수의 찬성으로 의결되었다는 사실만으로 헌법 제50조 제 1 항 단서의 '출석위원 과반수의 찬성'이라는 요건이 충족되었다고 볼 수도 없다. 따라서 헌법 제50

조 제1항에 위배되는 것으로 청구인들의 알 권리를 침해한다).

5. 일사부재의(一事不再議) 원칙

일사부재의 원칙이란 어느 의안에 대해 하나의 회기에서 이미 국회가 부결을 하였다면 동일한 그 사안을 같은 회기 중에 국회가 다시 심의, 의결의 대상으로 할 수 없다는 원칙을 말한다. 우리 현행 헌법은 이 원칙을 명시적으로 규정하고 있지 않고 국회법이 "부결된 안건은 같은 회기 중에 다시 발의하거나 제출할 수 없다"라고 하여 일사부재의 원칙을 명시하고 있다(동법 제92조). 일사부재의 원칙은 의사방해 등을 막고 국회활동의 경제성, 효율성을 가져오기 위한 것이다. 일사부재의 원칙은 다음과 같은 내용을 가진다. ① 시간적으로 하나의 회기에서만 적용된다. 따라서 부결된 안건도 다음 회기에서는 다룰 수 있다. * 판례 : 대통령에 대한 탄핵소추안이 의결정족수 부족으로 투표가 불성립하였는데 다음 회기에 다시 발의된 것은 일사부재의 위반이 아니라는 헌재 판례(2025. 4. 4. 2024헌나8. 헌재는 "여기서 부결된 안건을 다시 발의하거나 제출할 수 없는 시기는 같은 회기 중으로 제한된다"라고 한다)가 있다. ② 부결된 안건을 다시 제출할 수 없다는 것이고 가결된 사안에 대해서는 적용되지 않는다. ③ 위원회에서 부결된 사안이라 하더라도 본회의에서 번복하여 달리 결정하는 것은 일사부재의 원칙에 반하지 않는다.

2009년 방송법 등 미디어법 파동사건에서 일사부재의 원칙에 위배되었다고 본 예가 있었음은 위의 정족수 부분에서 살펴보았다(전술 2009헌라8).

6. 심의(질의 · 토론) · 발언 · 표결 · 질문제도

(1) 심의(질의 · 토론 · 무제한 토론 등)

심의가 의회의 본질적 임무이고 심의의 충실성이 입법이나 정책결정의 질에 영향을 미치므로 의원들의 질의, 토론이 이루어지는 심의가 중요한 의사과정임은 물론이다. 위원회와 본회의 각각에서의 심의절차를 살펴볼 일이나 여기서 본회의에 대해서 보면, 본회의는 안건을 심의할 때 그 안건을 심사한 위원장의 심사보고를 듣고 질의 · 토론을 거쳐 표결한다. 다만, 위원회의 심사를 거치지 아니한 안건에 대하여는 제안자가 그 취지를 설명하여야 하고, 위원회의

심사를 거친 안건에 대하여는 의결로 질의와 토론을 모두 생략하거나 그 중 하나를 생략할 수 있다(동법 제93조). ① 의원의 심의·표결권 침해를 인정한 예—첫번째 권한침해인정결정례로 헌재 1997. 7. 16, 96헌라2 결정이 있었다. 또 헌재는 이른바 미디어법결정에서 신문법안에 대한 질의·토론기회를 주지 않은 것은 청구인(의원)들의 심의·표결권을 침해한 것이라고 결정한 바 있다(2009헌라8). 또 반대토론을 허가하지 않고 토론절차를 생략하기 위한 의결을 거치지도 않은 채 표결절차를 진행하여 가결을 선포한 행위는 국회법 제93조를 위배하여 국회의원의 법률안 심의·표결권을 침해한 것이라고 결정한 바 있다(2009헌라7). 그러나 위 결정들에서 가결행위를 무효로 선언하지는 않았다. ② 상임위원회를 거치지 않은 안건에 대해 본회의에서 취지설명이 있어야 하는데 헌재 판례는 그 취지설명의 방식에는 제한이 없고, 제안자의 구두설명이 아니라도 서면이나 컴퓨터 단말기에 의한 설명 등으로 대체할 수 있다고 한다(2004헌나1, 2006헌라2, 2010헌라6). ③ 위 국회법규정에 따르면 상임위원회의 심사를 거치지 않은 안건에 대해서는 본회의에서의 질의·토론을 생략할 수 없다. 그런데 질의와 토론 절차 모두 생략된 채 표결절차에 바로 나아간 의장의 행위에 대해 헌재는 심의과정에서 서면으로든 구두로든 미리 질의·토론을 신청할 수 있는 기회가 충분하였음에도 신청이 없었다면 곧바로 표결절차로 진행하였더라도 국회법 제93조에 위반된다고 볼 수 없다고 하여 청구를 기각한 예가 있었다(2010헌라6).

* 위원회에서의 심의권침해를 확인한 예로는 위에서 인용한 한미 FTA 비준동의안 사건 결정이 있었다(2008헌라7). 위원회의 심의절차에 대해서는, 후술 제 6 절 제 2 항 Ⅲ. 2. 법률안심사절차 부분을 참조.

* 이른바 국회선진화제도로서의 무제한 토론제 : 첨예한 쟁점 안건을 심의하는 과정에서 물리적 충돌을 방지하고 대화와 타협을 통한 심의, 소수의견 개진기회를 보장하기 위해 이른바 국회선진화제도로 불리는 제도들을 두고 있다. 그 하나로, 시간의 제한을 받지 않는 무제한 토론제가 있다. 이는 본회의에서 가능한 것이고 재적의원 3분의 1 이상이 발의요건이고 이 정족수가 갖추어지면 의장은 당연히 실시하여야 하며 의원 1명당 한 차례에 한정하여 토론할 수 있다(동법 제106조의2 제 1 항·제 3 항). 무제한 토론 종결 선포 전까지 산회하지 아니하고 회의를 계속하며 회의 중 통상의 개의정족수인 재적의원 5분의 1 이상이 출석하지 아니한 때에도 회의를 계속한

다(동법 동조 제 4 항. 이는 본회의 '1일 1차 회의'의 원칙의 예외이다). 무제한 토론 종결은 재적의원 3분의 1 이상이 제출한 토론 종결동의를 재적의원 5분의 3 이상의 찬성으로 의결한 경우 또는 더 이상 토론할 의원이 없는 경우에 하고 무제한 토론 중 회기가 종료된 경우에 종결 선포된 것으로 본다(동법 제106조의2 제 5 · 6 · 7 · 8 항). 예산안 등에 대해서는 일자에 제한을 두고 있다(동법 동조 제10항). * 헌재는 '회기결정의 건'은 그 본질상 국회법 제106조의2에 따른 무제한토론의 대상이 되지 않는다 본다(헌재 2020. 5. 27, 2019헌라6 등).

* 안건조정위원회 : 국회선진화제도의 하나로 상임위원회 단계에서는 안건조정위원회 제도가 신설되어 있다(이에 대해서는 뒤의 제 6 절 제 2 항 Ⅲ. 2. 법률안심사절차 부분 참조).

(2) 발 언

의원이 발언하려고 할 때에는 미리 의장에게 통지하여 허가를 받아야 하고 발언통지를 하지 아니한 의원은 통지를 한 의원의 발언이 끝난 다음 의장의 허가를 받아 발언할 수 있다(동법 제99조 제 1 항 · 제 2 항). 의제 외 발언이 금지되고(동법 제102조), 발언횟수의 제한(동법 제103조)이 있다. 5분자유발언제도(동법 제105조)도 있다.

(3) 표결절차

1) 자유표결(교차표결) 원칙 헌법 제45조는 국회의원은 국회에서 직무상 행한 표결에 관하여 국회 외에서 책임을 지지 아니한다고 규정하고 있다. 국회법은 "의원은 국민의 대표자로서 소속정당의 의사에 기속되지 아니하고 양심에 따라 투표한다"라고 하여(동법 제114조의2) 자유투표(자율투표, 교차투표(cross voting), 소신표결) 원칙을 규정하고 있다.

2) 회의장 참석 표결 원칙 및 의사변경금지의 원칙 ⅰ) 표결을 할 때 회의장에 있지 아니한 의원은 표결에 참가할 수 없다(다만, 기명투표 또는 무기명투표로 표결할 때에는 투표함이 폐쇄될 때까지 표결에 참가할 수 있다(동법 제111조 제 1 항). ⅱ) 의원은 표결에 대하여 표시한 의사를 변경할 수 없다(동법 동조 제 2 항).

3) 표결의 방식 · 절차

ⅰ) 원칙 : 기록표결 — 전자투표 : 국회에서의 표결절차는 원칙적으로 기록표결로 이루어진다. 기록표결의 방법은 전자투표에 의한다. 즉 국회법 제112조 제 1 항은 표결방법으로서 "표결할 때에는 전자투표에 의한 기록표결로 가부를

결정한다"라고 규정하고 있다[투표기기의 고장 등 특별한 사정이 있어 전자투표를 할 수 없을 때에는 기립표결로, 기립표결이 어려운 의원이 있는 경우에는 의장의 허가를 받아 본인의 의사표시를 할 수 있는 방법에 의한 표결로 가부를 결정할 수 있다(동법 동조 제1항, 단서)]. 이처럼 전자투표를 하는 경우 재적의원 5분의 1 이상의 요구가 있을 때에는 전자적인 방법 등을 통하여 정당한 투표권자임을 확인한 후 실시한다(동법 제112조 제8항). 이는 이른바 미디어법 파동에서 보았듯이 표결과정 중 특별한 사정 등에 의하여 표결 결과의 신뢰성에 대하여 논란이 발생하는 경우가 있었으므로 이를 막고자 신설된 것이다. ii) 기명 등 기타의 방법 : 중요한 안건으로서 의장의 제의 또는 의원의 동의로 본회의의 의결이 있거나 재적의원 5분의 1 이상의 요구가 있을 때에는 기명·호명 또는 무기명투표로 표결한다(동법 동조 제2항). 의장은 안건에 대한 이의의 유무를 물어서 이의가 없다고 인정한 때에는 가결되었음을 선포할 수 있으나 이의가 있을 때에는 전자투표, 기명·호명 또는 무기명투표의 방법으로 표결하여야 한다(동법 동조 제3항).

기명투표로 표결하는 경우로는 헌법개정안에 대한 표결이 있고(동법 동조 제4항), 무기명투표로 표결하는 경우로는 대통령으로부터 환부된 법률안과 그 밖에 인사에 관한 안건, 국회에서 실시하는 각종 선거, 국무총리·국무위원에 대한 해임건의안에 대한 표결이 있다(동법 동조 제5·6·7항). 이러한 기명, 무기명투표의 결과를 집계하는 시간이 과다하게 소요되는 것을 막기 위해 기명 또는 무기명투표를 전자장치를 이용하여 실시할 수 있도록 하되 각 교섭단체대표의원과 합의를 하는 경우에 그렇게 실시할 수 있도록 하고 있다(동법 동조 제9항).

(4) 질문제도

[성격·기능] 질문제도는 정부 등에 대한 추궁, 통제제도로서의 기능을 가지는 것은 물론이나 의원들의 정보수집기능을 수행하기도 한다. 또한 국민의 알 권리를 국민대표자인 국회의원이 대신 실현하는 기능을 하기도 한다.

[구두질문·서면질문] 구두질문은 회의장에 출석하여 의문사항을 말로써 묻는 방식의 질문이고 서면질문은 문서에 의문사항을 기재하여 답변을 요구하는 방식의 질문이다. 구두질문은 즉석에서 보충적 질문을 할 수 있다는 장점이 있다. 서면질문은 명확하고 정리된 문건에 의한 이성적이고 조리 있는 질문을

가능하게 하여 시간절약과 질문의 집약성 등의 장점이 있다.

[대정부질문] 대정부질문을 통해 국회의 국정에 대한 통제가 이루어진다. 본회의는 회기 중 기간을 정하여 국정전반 또는 국정의 특정분야를 대상으로 정부에 대하여 질문을 할 수 있다(동법 제122조의2 제 1 항). 이 대정부질문은 일문일답의 방식으로 한다(동법 제122조의2 제 2 항). 정부에 대한 서면질문제도도 있다. 의원이 정부에 서면으로 질문하려고 할 때에는 질문서를 의장에게 제출하여야 하고 의장은 지체없이 정부에 이송하며 정부는 질문서를 받은 날로부터 10일 이내에 서면으로 답변하여야 한다(동법 제122조 제 1, 2, 3 항).

[긴급현안질문] 의원이 회기 중 현안이 되고 있는 중요한 사항을 대상으로 정부에 대하여 하는 질문을 긴급현안질문이라고 한다(동법 제122조의3). 갑자기 발생한 중요한 사안에 대해 적기에 진상파악과 정부의 대책 촉구 등을 하기 위한 질문제도이다. 긴급현안질문 요구는 의원 20명 이상의 찬성으로 할 수 있다(동법 동조 제 1 항).

7. 동의, 철회, 번안

[동의] 동의는 국회법에 다른 규정이 있는 경우를 제외하고 동의자 외 1명 이상의 찬성으로 의제가 된다.

[철회] 의원은 그가 발의한 의안 또는 동의를 철회할 수 있다. 공동발의된 의안의 철회에 있어서는 발의의원 2분의 1 이상이 철회의사를 표시하는 경우에 할 수 있다(동법 제90조 제 1 항). 그러나 본회의 또는 위원회에서 의제가 된 후에는 본회의 또는 위원회의 동의를 얻어야 한다. 정부제출의 의안의 경우도 같다(동법 제90조 제 2 항, 제 3 항). 국회법 제90조 제 2 항의 '본회의에서 의제가 된 의안'은 "'국회법 등이 정하고 있는 형식적 요건을 갖추어 국회에 제출된 의안 중 의사일정에 기재되고 당일 본회의에 상정되어 논의의 대상이 되는 안건'을 의미한다"라고 한다(2023헌라9). 철회한 의안을 다시 제출할 수 있는가에 대해서는 이를 긍정할 것이다. 철회된 의안은 의결대상이 되기 전에 철회된 것이고 따라서 이를 부결한 바 없으므로 일사부재의가 되지 않는다고 보기 때문이다 [헌재는 탄핵소추안도 철회가 가능한데 "국회법 제92조의 '부결된 안건'에 적법하게 철회된 안건은 포함되지 아니하므로, 이 사건 탄핵소추안과 동일한 내용으로 발의된 재발의 탄핵소추안은 적법하게 발

의된 의안으로 일사부재의 원칙에 위배되지 아니"한다고 본다(2023헌라9)].

[수정동의] 수정동의란 원래의 의안의 본질을 그대로 두고 이에 대해 일부 삭제하거나 새로이 추가하거나 일부 내용을 바꾸는 등의 변경을 가하고자 하는 동의를 말한다. 본회의에서의 수정동의안의 제출은 이미 위원회의 의결을 거친 원래의 의안에 대한 수정을 하는 것이므로 무제한으로 인정될 수 없고 한계가 설정되어야 한다. 수정안은 다음과 같은 개념을 가지고 내용 · 범위에서의 한계를 지닌다. ① 수정안은 원래의 의안과 별개의 독립된 것이 아니라 그것에 종속되어야 하고 견련성을 가져야 한다(종속성). ② 수정안이 위원회의 의결을 거친 원래의 의안의 내용을 전면적으로 대체하는 다른 내용의 것이거나 그 본질 내지 본 취지를 변경하는 것이어서는 안 된다(본질유지성). 헌재는 수정안의 개념 · 범위를 폭넓게 보는 입장이다.

헌재는 "원안이 본래의 취지를 잃고 전혀 다른 의미로 변경되는 정도에까지 이르지 않는다면 이를 국회법상의 수정안에 해당하는 것으로 보아 의안을 처리할 수 있는 것으로 볼 수 있다고 보았다(2005헌라6). 무분별한 수정안 제출을 막기 위해 국회법에 "수정동의는 원안 또는 위원회에서 심사보고한 안의 취지 및 내용과 직접 관련이 있어야 한다"라는 규정을 신설했다(동법 제95조 제5항).

* 수정동의에 관한 판례 : 준연동형비례대표제 입법절차 관련 사안(2019헌라6); 이른바 '검사의 수사권을 제한하는 검찰청법' 일부개정법률안 입법과정 관련 사안(2022헌라2).

Ⅲ. 국회 회의의 보장

국회법은 국회 회의가 정상적으로 진행될 수 있게 질서를 유지하고 의회주의를 자리잡도록 하기 위하여 국회의 회의를 방해할 목적으로 회의장 또는 그 부근에서 폭력행위 등을 하는 것을 금지하고(국회법 제165조), 국회 회의를 방해할 목적으로 폭력행위 등을 한 자를 「형법」상 폭행죄 · 공무집행방해죄 등 보다 높은 형량으로 처벌하도록 하고 있다(동법 제166조). 이러한 국회 회의 방해죄(국회법 제166조)로 인하여 처벌받은 자로서 법소정에 해당하는 자에 대해 일정기간 피선거권을 제한하는 규정도 공직선거법에 신설되었다(공직선거법 제19조 제4호).

제5절 국회의원의 지위와 특권, 권한 및 의무

Ⅰ. 국회의원의 지위

1. 국회구성원으로서의 지위

국회는 국회의원으로 구성한다(제41조 제1항). 국회의원은 국회를 구성하는 인적 요소이다. 국회는 합의체기관으로서 그 구성원인 개별 국회의원의 의사활동으로 국가의 정책결정 등을 수행하게 된다.

2. 국민대표자로서의 지위

국회의원은 국민의 보통·평등·직접·비밀선거에 의하여 선출된(제41조 제1항) 국민의 대표기관이다. 국민과 국회의원의 관계는 단순한 정치적·사회적·이념적 관계가 아니라 헌법에 의해 대표관계가 형성되는 법적 관계이다(헌법적 대표설). 이러한 법적 대표관계는 법적 위임의 관계이고 기속위임으로서가 아니라 국민전체의 의사를 반영하고 전달하여야 하는 위임이다(기속위임·강제위임의 금지, 대표위임).

3. 국가기관으로서의 지위

국회의원도 법률안의 심의권, 표결권 등의 권한을 행사하여 국가권력행사의 담당자로서 개별적으로 헌법상의 국가기관으로서의 지위를 가진다(96헌라2). 따라서 국회의원도 헌법재판소에서 행하는 권한쟁의심판의 당사자가 될 수 있다.

4. 정당대표자로서의 지위

〈사례 17〉

A는 국회의원으로서 국회 상임위원회의 하나인 보건복지위원회의 위원이었다. A의 소속정당은 건강보험재정문제와 관련하여 재정분리를 주장함에 반해 A 자신은 재정통합이 옳다고 생각하여 소속정당과 갈등이 있었다. 그 일로 A의 소속 정당의 대표의원이 A를 보건복지위원회의 위원에서 강제로 사임시킬 것을 국회의장에게 요청하여 국회의

장이 그 요청서에 결재함으로써 A를 강제로 사임시켰다. A를 강제로 사임시킨 행위는 대표위임원칙에 반하는 것인가?

국회의원은 정당의 당원으로서 정당을 대표하는 지위를 가진다. 이 지위는 물론 무소속 국회의원에 대해서는 인정되지 않는다. 원내교섭단체를 구성하는 정당의 국회의원은 원내교섭단체의 구성원으로서의 지위도 가진다. 오늘날 정당국가화의 경향과 국민대표주의의 한계에서 지적되는 대로 정당 수뇌부에 의한 결정 내지 이른바 당론을 소속 국회의원이 그대로 전달하는 문제점이 나타나고 있다.

정당대표자로서의 지위와 국민대표자로서의 지위가 충돌할 경우에 후자가 우선한다. 즉 의원은 무기속위임(대표위임)의 원칙에 따라 소신에 따라 당론과 다른 의견을 표명하고 국민 전체의 이익을 위한 활동을 할 수 있다. 그런데 당론에 반하는 의견을 표명한 의원을 상임위원회 위원에서 강제로 사임시킨 행위에 대해 그 의원이 청구한 권한쟁의심판에서 헌재는 소속 국회의원을 당해 교섭단체의 필요에 따라 다른 상임위원회로의 전임(사·보임)하는 조치는 특별한 사정이 없는 한 헌법상 용인될 수 있는 "정당내부의 사실상 강제"의 범위 내에 해당하므로 그렇게 강제로 사임시킨 행위가 자유위임원칙(무기속위임, 대표위임)에 반하지 않는다고 판단하여 청구를 기각하는 결정을 한 바 있다(2002헌라1). 〈사례 17〉의 경우 판례에 따르면 A를 강제로 사임시킨 행위는 대표위임의 원칙에 반하지 않는다고 보게 된다. 그러나 오늘날 국회의 의사활동이 상임위원회중심주의로 이루어지고 있으므로 상임위원회의 활동문제는 정당내부만의 문제가 아니라는 점에서 대표위임원리에 반한다고 보았어야 했다.

* 특별위원회에서의 대표(자유)위임 문제 — 헌재는 위 상임위원회에서 인용하고 분석했던 2003년의 2002헌라1 결정 이후 다시 특별위원회 위원의 강제개선에 대해 위 2002헌라1 결정과 같은 비슷한 결론을 내렸는데 자유위임원칙이 국회의 기능 수행을 위해서 필요한 범위 내에서 제한될 수 있다는 입론을 제시하고 있다. 헌재는 "이 사건 개선행위의 자유위임원칙 위배 여부는 국회의 기능 수행을 위하여 필요한 정도와 자유위임원칙을 제한하는 정도를 비교형량하여 판단하여야 한다"라고 판시한 뒤 기각결정을 하였다(헌재 2020. 5. 27, 2019헌라1). 사안은 피청구인(국회의장)이

2019. 4. 25. 사개특위의 바른미래당 소속 위원을 청구인에서 국회의원 채이배로 개선한 행위(이하 '이 사건 개선행위')가 청구인의 권한을 침해하는지 여부 및 이 사건 개선행위가 무효인지 여부에 대한 권한쟁의심판 사건이었다.

Ⅱ. 국회의원의 신분

1. 임 기

국회의원의 임기는 4년으로 한다(제42조). 국회의원이 임기 도중에 사망하거나 자격을 상실한 경우에는 보궐선거를 행한다.

2. 자격의 발생·소멸

현행 공직선거법은 국회의원의 임기는 총선거에 의한 전임의원의 임기만료일의 다음 날부터 개시된다고 규정하고 있다(공직선거법 제14조 제2항). 임기만료, 사직, 퇴직, 제명, 자격심사에 의한 자격부인 등으로 인해 자격이 소멸한다. 사직은 스스로 의원직에서 벗어나려는 의사에 의한 것이나 국회법은 의원의 사직을 허가사항으로 하고 있다. 즉 국회는 그 의결로 의원의 사직을 허가할 수 있고 다만, 폐회 중에는 의장이 이를 허가할 수 있다고 규정하고 있고 본회의에서의 사직의 허가여부는 토론을 하지 아니하고 표결한다(국회법 제135조 제1항·제3항).

Ⅲ. 국회의원의 특권

1. 불체포특권

(1) 의의와 법적 성격

국회의원이 형사처벌을 가져올 범죄행위를 한 혐의가 비록 있다고 하더라도 국회의 동의없이는 체포 또는 구금이 되지 않고 이미 체포, 구금이 된 의원에 대해서는 국회가 요구하면 석방이 되는 특권을 의미한다.

이 특권은 국회의원의 체포, 구속으로 국회활동에 지장을 초래하고 그 계속성을 깨트리는 것을 막기 위한 목적으로 부여되는 것이다. 따라서 이 특권은 결과적으로는 의원에 대한 개인적 특권의 효과를 가지겠지만 근본적인 성격은 국회의 정상적인 활동과 자율성을 보장하기 위한 제도로서의 성격을 가진다. 따라서 의원 개인이 포기할 수 없는 특권이다.

불체포특권은 의원이 체포 또는 구금을 받지 않는다는 범위 내의 특권일 뿐이지 범죄행위에 대한 형사적 책임을 지지 않도록 면제하는 것은 아니다. 즉 책임의 면제가 아니다. 불체포특권으로 불구속상태에 있더라도 재판을 받아 그 결과 유죄가 확정된다면 형사책임을 지게 된다. 책임이 면제되지 않는다는 점에서 발언·표결에 대한 면책특권과 차이가 있다.

(2) 내 용

국회의원은 현행범인인 경우를 제외하고는 회기 중 국회의 동의없이 체포 또는 구금되지 아니한다(제44조 제1항). 국회의원만이 누리고 정책보좌관이나 비서관에게는 인정되지 않는 특권이다. 회기에는 정기회뿐 아니라 임시회가 포함되고 그 회기의 집회일부터 폐회일까지의 기간을 말하며 정회, 휴회도 포함된다. '체포 또는 구금'이란 형사소송법에 따른 체포·구인·구금뿐만 아니라 경찰관직무집행법에 의한 보호조치, 행정상 강제적인 조치도 의원의 정상적 활동을 막는 것이라면 해당된다. 또한 국회의원이 회기 전에 체포 또는 구금된 때에도 현행범인이 아닌 한 국회의 요구가 있으면 회기 중 석방된다(동조 제2항). 석방의 효과는 회기 '중'에 한정되어 회기가 종료된 후에는 미치지는 않고 회기가 종료되면 다시 체포·구금될 수 있다. 계엄 시행 중 국회의원은 현행범인인 경우를 제외하고는 체포 또는 구금되지 아니한다(계엄법 제13조. 헌재는 이 계엄법 규정을 두고 "회기 중인지 여부 및 국회의 동의 여부와 무관하게 더욱 강화된 형태로 보장되고" 있고 "계엄의 상황에서 특별히 중요한 의미를 지니는 것"으로 이해한다. 그리하여 대통령이 2024. 12. 3.에 행한 위헌적 계엄선포에 대한 탄핵심판에서 헌재는 당시 피청구인이 군경을 투입하여 국회의장 및 국회의원들이 국회에 자유롭게 출입하는 것을 방해하는 한편 이들을 끌어내라고 지시한 것은 계엄의 상황에서 특별히 중요한 의미를 지니는 국회의원의 불체포특권을 침해한 것이라고 판시했다. 2024헌나8).

(3) 절 차

1) **체포동의절차** 의원을 체포 또는 구금하기 위하여 국회의 동의를 받으려고 할 때에는 관할 법원의 판사는 영장을 발부하기 전에 체포동의요구

서를 정부에 제출하여야 하며, 정부는 이를 수리한 후 지체 없이 그 사본을 첨부하여 국회에 체포동의를 요청하여야 한다(국회법 제26조 제1항). 의장은 체포동의를 요청받은 후 처음 개의하는 본회의에 이를 보고하고, 본회의에 보고된 때부터 24시간 이후 72시간 이내에 표결한다. 다만, 체포동의안이 72시간 이내에 표결되지 아니하는 경우에는 그 이후에 최초로 개의하는 본회의에 상정하여 표결한다(동법 제26조 제2항. 이 단서는 표결지연을 막기 위해 2016. 12. 16.에 도입된 것임).

2) **석방요구절차** 국회의원이 회기 전에 체포 또는 구금된 때에는 현행범인이 아닌 한 국회의 요구가 있으면 회기 중 석방된다(제44조 제2항). 정부는 체포 또는 구금된 의원이 있을 때에는 지체 없이 의장에게 영장의 사본을 첨부하여 이를 통지하여야 하고, 구속기간의 연장이 있을 때에도 또한 같다(동법 제27조). 의원이 체포 또는 구금된 의원의 석방요구를 발의할 때에는 재적의원 4분의 1 이상의 연서로 그 이유를 첨부한 요구서를 의장에게 제출하여야 한다(동법 제28조).

2. 발언 · 표결에 대한 면책특권

헌법 제45조는 "국회의원은 국회에서 직무상 행한 발언과 표결에 관하여 국회 외에서 책임을 지지 아니한다"라고 규정하여 발언 · 표결에 대한 면책특권을 명시하고 있다.

(1) 제도의 의의 · 기능 및 법적 성격

소신 있는 의사활동을 보장하여 국민의 의사를 충분히 성실히 전달하고, 비판적 견해표명을 한 의원에 압력이 가해지지 않게 함으로써 국정통제의 임무를 제대로 소신껏 수행할 수 있게 하고 의회주의의 기능과 의회의 정상적 활동, 적극적 의사활동을 확보하기 위한 특권이다. 또한 국회의 자율성을 보장하기 위한 것이기도 하다. 발언 · 표결의 면책특권은 불체포특권이 체포가 되지 않을 뿐이고 책임이 면제되지 않는 것과 달리 책임 자체가 면제되는 특권이라는 성격을 가진다. 이 면책특권은 그 종국적 목적이 국회의 정상적 기능을 보장하기 위한 데 있는 것이므로 의원이 개인적으로 스스로 포기할 수는 없다.

(2) 면책의 주체

국회의원만이 면책의 주체가 된다. 국무위원, 정부위원, 증인, 참고인 등이 원내에서 발언, 답변, 증언, 진술한 것은 면책이 되지 않고 따라서 그들은 면책주체가 아니다.

(3) 면책대상행위의 범위

[직무상 발언과 표결 — 직무관련행위] 국회의원이 한 발언과 표결이 직무관련행위로서 이루어진 경우에 면책이 된다. 면책대상이 되는 직무행위는 본회의에서뿐 아니라 상임위원회 등에서의 직무행위도 포함된다. 국회 외부의 장소라 할지라도 직무행위가 이루어지는 곳이라면 그 곳에서의 직무행위도 포함된다(예를 들어 법원 청사에서 이루어지는 국정감사에서 의원의 발언·표결행위도 포함). 그러나 국회에서의 발언을 자신의 인터넷홈페이지에 게재하는 행위는 포함되지 않는다는 것이 대법원판례(2011도15315)이다.

[직무부수행위] 직무행위에는 직무에 부수하는 행위도 포함된다(대법원 91도3317, 2005다57752, 2009도14442, 2011도15315(이른바 안기부 X파일사건. 국회에서 보도자료를 사전에 배포한 행위에 대해서는 면책특권이 인정되었으나 인터넷 홈페이지 게재에 의한 통신비밀보호법 위반의 점은 면책특권이 인정되지 않고 유죄로 인정되었음)). 우리 대법원 판례는 부수행위인지 여부의 판단기준으로, 회의의 공개성, 시간적 근접성, 장소 및 대상의 한정성과 목적의 정당성을 들고 있다(대법원 91도3317). 그리하여 부수적 행위로서의 ① 보도자료의 사전배포행위(대법원 91도3317, 2009도14442), ② 질문·질의 및 자료제출요구(대법원 96도1742) 등을 면책대상으로 인정한 바 있다.

[폭력행위 등] 폭력행위 등은 정상적인 직무행위가 아니므로 면책대상행위가 되지 못한다.

[모욕, 명예훼손 등의 문제] 험담, 모욕적 발언 등도 면책되는지 견해가 갈린다. 직무행위로서의 질을 가지는 것인지에 따라 판단하여야 할 것인데 중한 험담, 모욕은 직무행위범위에 넣을 수 없다고 보아 면책되지 않는다고 볼 것이다. 우리 국회법 제146조도 "의원은 본회의나 위원회에서 다른 사람을 모욕하거나 다른 사람의 사생활에 대한 발언을 하여서는 아니 된다"라고 규정하여 이를 금지하고 있고 이를 위반한 경우를 징계사유로 명시하고 있다(국회법 제155조 제9호).

명예훼손적 내용이 면책대상에 포함되는 것인지에 대해서도 견해가 갈린다. ⅰ) 학설 : ① 포함설 ② 불포함설, ③ 개별설(포함 여부를 사안에 따라 개별적으로 판단하자는 견해) 등이 대립되고 있다. 역시 의원으로서의 품격을 잃고 직무행위라고 볼 수 없는 명예훼손에 대해서는 면책이 되지 않는다고 볼 것이다. 아래 판례도 그러한 입장인 것으로 이해할 수 있다. 모욕이나 명예훼손에 대해서는 엄격한 요건 하에 판단하여야 야당탄압 등의 빌미를 제공하지 않게 된다. 결국 직무수행에 관련성이 없거나 직무수행을 위한 필요성이 전혀 없는 심한 중상모략의 모욕, 명예훼손이나 명백히 허위인 사실인 줄 인식하면서 행한 명예훼손 발언은 면책에서 제외된다. ⅱ) 판례 : 대법원은 “발언 내용 자체에 의하더라도 직무와는 아무런 관련이 없음이 분명하거나, 명백히 허위임을 알면서도 허위의 사실을 적시하여 타인의 명예를 훼손하는 경우 등까지 면책특권의 대상이 될 수는 없지만, 발언 내용이 허위라는 점을 인식하지 못하였다면 비록 발언 내용에 다소 근거가 부족하거나 진위 여부를 확인하기 위한 조사를 제대로 하지 않았다고 하더라도, 그것이 직무 수행의 일환으로 이루어진 것인 이상 이는 면책특권의 대상이 된다”라고 한다(대법원 2005다57752).

(4) 면책의 효과

‘국회 외’에서 ‘형사책임 · 민사책임’을 지지 않는다. 형사책임이 면제되므로 어느 직무행위가 비록 범죄를 구성하는 행위라고 할지라도 그 직무행위가 면책대상이라면 검찰은 공소를 제기할 수 없고 법원도 범죄행위로 판단할 수 없으며 설령 검사의 공소제기가 있더라도 공소기각의 판결을 하게 된다. 손해배상 등 민사책임도 지울 수 없다.

위와 같은 법적 책임의 면제는 의원으로서 재임(在任)하고 있는 동안에만 주어지는 것이 아니라 영구적인 것으로 의원직을 떠난 후에도 면책된다. 그러나 국회 외에서의 정치적 책임은 질 수 있다.

Ⅳ. 국회의원의 권한

1. 의안발의권

국회의원은 법률안(제52조)과 각종 의안을 발의할 수 있는 권한을 가진다. 발의는 10명 이상의 의원의 찬성으로 한다(국회법 제79조).

2. 심의 · 토론 · 표결권

이는 국회의원이 의제가 된 의안 등에 대하여 검토하고 의견을 표명하는 심의 · 토론에 참여하고 의제에 대해 의원들의 찬반의 의사표시로 결정에 이르는 표결에 참여할 수 있는 권한을 말한다. 의회주의의 요소로서 토론 · 합의기능에서 당연히 인정되는 권한이다. 우리 현행 헌법에 의원의 심의 · 토론 · 표결권을 직접 명시하는 규정은 없으나 국회는 국민의 보통 · 평등 · 직접 · 비밀선거에 의하여 선출된 국회의원으로 구성되어(제41조 제1항), 이러한 국회구성원으로서의 의원이 헌법상 입법권(제40조) 등 국회에 부여된 권한의 행사에 심의 · 표결을 통해 참여함이 당연하므로 심의 · 토론 · 표결권은 헌법 제41조 제1항, 제40조 등에 의해서도 인정되는 헌법상의 권한이다(96헌라2, 99헌라1, 2009헌라8). 헌재는 국회의원의 법률안 심의 · 표결권은 국민에 의하여 선출된 국가기관으로서 국회의원이 그 본질적 임무인 입법에 관한 직무를 수행하기 위하여 보유하는 권한으로서의 성격을 갖고 있으므로 국회의원의 개별적인 의사에 따라 포기할 수 있는 것은 아니라고 본다(2009헌라8). 국회의원의 심의 · 토론 · 표결권에 대한 침해는 권한쟁의심판으로 다툴 수 있다(96헌라2, 2009헌라8).

* 심의 · 토론 · 표결권 침해를 인정한 예 — ① 심의 · 표결의 권한을 침해한 것으로 인정된 예 : 96헌라2, 2009헌라8. ② 반대토론권을 인정하지 않아 심의 · 표결의 권한을 침해한 것으로 인정된 예 : 국회의장이 적법한 반대토론 신청이 있었음에도 반대토론을 허가하지 않고 토론절차를 생략하기 위한 의결을 거치지도 않은 채 법률안들에 대한 표결절차를 진행한 것이 국회의원의 법률안 심의 · 표결권을 침해한 것이라고 결정한 바 있다(2009헌라7). 그러나 헌재는 법률안 가결선포행위를 무효로 선언하지는 않았다. ③ 그런데 위 2009헌라8 결정은 이른바 미디어법결정으로 법률안 심의 · 표결권의 침해를 인정한 결정이었는바 이후 위 결정에서 침해확인된 법률안 심

의 · 표결권을 회복할 수 있는 조치를 국회의장이 취하지 아니하는 부작위가 법률안 심의 · 표결권을 침해한다고 하는 권한쟁의심판이 청구되었는데 헌재는 기각결정을 하였다(2009헌라12).

* 대통령이 2024. 12. 3.에 행한 위헌적 계엄선포 당시 대통령(피청구인)이 군경을 투입하여 국회의장 및 국회의원들이 국회에 자유롭게 출입하는 것을 방해하는 한편 이들을 끌어내라고 지시한 것, 그리고 계엄사령관으로 하여금 국회의 활동을 금지하는 포고령을 발령하게 한 것은 국회가 제 기능을 충실히 실현할 수 없도록 하는 것으로서 대의민주주의와 권력분립원칙에 정면으로 반하고, 국민의 대표인 국회의원의 심의 · 표결권 등 헌법상 권한을 침해한 것이라고 헌재는 판시했다(2024헌나8).

3. 질문권과 질의권

국회의원은 국무총리 · 국무위원 · 정부위원에 대해 질문을 할 권한을 가진다. 질문에는 서면질문과 구두질문이 있다(질문제도에 대해서는, 전술 참조). 질의권은 당해 의제가 되고 있는 안건에 대하여 묻는 권한을 의미하고 따라서 질의권은 질문권에 비해 그 범위가 한정된다.

Ⅴ. 국회의원의 의무

1. 헌법과 법률준수의무

국회의원은 헌법을 준수하고 자신들이 제정한 법률을 준수함으로써 입헌주의와 법치주의를 확립하여야 한다.

2. 헌법직접명시적 의무 — 청렴의무 · 국익우선의무 · 지위남용금지의무 · 법적 겸직금지의무

헌법이 직접 명시하고 있는 국회의원 의무로, ① 청렴의 의무(제46조 제 1 항), ② 국익우선의무(제46조 제 2 항), ③ 지위남용금지의무(제46조 제 3 항 : “국회의원은 그 지위를 남용하여 국가 · 공공단체 또는 기업체와의 계약이나 그 처분에 의하여 재산상의 권리 · 이익 또는 직위를 취득하거나 타인을 위하여 그 취득을 알선할 수 없다”), ④ 겸직금지의무(제43조 : “국회의원은 법률이 정하는 일정한 직업을 겸할 수 없다”) 등의 의무가 있다. 헌법의 겸직금지의무를 구체화한 국회법은 소속 상임위원회 직무와 관련된 영리행위가 아니면 영리업무 종사에 대하여 별도의 금지 규정이 없어 의정활동의 공정성과 국회의원의 청렴 의무에 부합하지 않는다는 지적이 있어 2013년에 국회의원의 겸직과 영리업무 종사를 엄격히 제한하는 개정이 있었다. 즉 국회의원은 국무총리 또는 국무위원의 직 이외에는 원칙적으로 다른 직을 겸할 수 없도록 하되, 예외적으로 공익목적의 명예직 등은 겸할 수 있도록 하고, 의원은 그 직무 외에 영리를 목적으로 하는 업무에 종사할 수 없다고 규정하고 있다(동법 제29조 제 1 항, 제29조의2 제 1 항). 또한 겸직 금지 및 영리업무 종사 금지 위반을 징계사유로 추가하고, 징계시 출석정지를 90일로 강화하고 있다(동법 제155조 제 2 호 및 제 3 호, 제163조 제 1 항 제 3 호).

3. 국회법에 명시된 의무

국회법상 ① 선서의무(국회법 제24조), ② 품위유지의 의무(동법 제25조), ③ 본회의 · 위원회출석의무(동법 제155조 제12호), ④ 의제 외 발언의 금지의무(동법 제102조), ⑤ 질서유지의무(동법 제145조), ⑥ 모욕 · 사생활발언금지의무(동법 제146조), ⑦ 발언방해 등의 금지의무(동법 제147조), ⑧ 회의진행 방해 물건 등의 반입 금지의무(동법 제148조), ⑨ 비공개회의의 내용공표금지의무(동법 제118조 제 4 항 본문). ⑩ 불게재회의록의 타인 열람 · 전재 · 복사금지의무(동법 제118조 제 3 항), ⑪ 윤리의무(국회의원윤리강령 · 국회의원윤리실천규범 · 공직자윤리 준수의무. 동법 제155조 제15호 · 제16호), ⑫ 정보위원회 위원의 국가기밀공개 · 누설금지의무(동법 제54조의2 제 2 항), ⑬ 탄핵소추사건 조사상 주의의무(동법 제155조 제13호), ⑭ 이해충돌 방지 의무(동법 제 4 장의2 제155조 15의2) 등이 규정되어 있다.

그동안 의장석점거, 몸싸움 등의 무질서가 비난을 받았고 이를 없애기 위해 국회법은 "의원은 본회의장 의장석이나 위원회 회의장 위원장석을 점거해서는 아니 된다"라는 규정을 신설하였다(동법 제148조의2), 이를 위반하여 의장석 또는 위원장석을 점거하고 점거 해제를 위한 의장 또는 위원장의 조치(경고 또는 제지, 이에 응하지 않을 때 발언금지하거나 퇴장시키는 조치)에 불응한 때 징계사유로 하고 있다(동법 제155조 제10호). 또한 "누구든지 의원이 본회의 또는 위원회에 출석하기 위하여 본회의장이나 위원회 회의장에 출입하는 것을 방해해서는 아니

된다"라는 규정을 신설하였고 이를 위반한 경우에 징계사유로 하고 있다(동법 제148조의3, 제155조 제11호). 겸직금지의무가 국회법규정의 개정으로 강화되었는데 이는 앞서 서술하였다.

4. 의무위반에 대한 제재

국회의원이 의무를 준수하지 못하면 제재를 받게 되는데 제재로 징계가 가해질 수 있는바 국회법 제155조는 그 징계사유를 열거하고 있다(1. 헌법 제46조 제1항 또는 제3항을 위반하는 행위를 하였을 때, 2. 제29조의 겸직 금지 규정을 위반하였을 때, 3. 제29조의2의 영리업무 종사 금지 규정을 위반하였을 때, 3의2. 제32조의2 제1항 또는 제2항에 따른 사적 이해관계의 등록·변경등록을 하지 아니하거나 등록·변경등록 사항을 고의로 누락 또는 허위로 제출하였을 때, 3의3. 제32조의4 제1항에 따른 이해충돌의 신고 규정을 위반하였을 때, 3의4. 제32조의5 제1항에 따라 표결 및 발언을 회피할 의무가 있음을 알면서 회피를 신청하지 아니하였을 때, 4. 제54조의2 제2항을 위반하였을 때, 5. 제102조를 위반하여 의제와 관계없거나 허가받은 발언의 성질과 다른 발언을 하거나 이 법에서 정한 발언시간의 제한 규정을 위반하여 의사진행을 현저히 방해하였을 때, 6. 제118조 제3항을 위반하여 게재되지 아니한 부분을 다른 사람에게 열람하게 하거나 전재 또는 복사하게 하였을 때, 7. 제118조 제4항을 위반하여 공표 금지 내용을 공표하였을 때, 8. 제145조 제1항에 해당되는 회의장의 질서를 어지럽히는 행위를 하거나 이에 대한 의장 또는 위원장의 조치에 따르지 아니하였을 때, 9. 제146조를 위반하여 본회의 또는 위원회에서 다른 사람을 모욕하거나 다른 사람의 사생활에 대한 발언을 하였을 때, 10. 제148조의2를 위반하여 의장석 또는 위원장석을 점거하고 점거 해제를 위한 제145조에 따른 의장 또는 위원장의 조치에 따르지 아니하였을 때, 11. 제148조의3을 위반하여 의원의 본회의장 또는 위원회 회의장 출입을 방해하였을 때, 12. 정당한 이유 없이 국회 집회일부터 7일 이내에 본회의 또는 위원회에 출석하지 아니하거나 의장 또는 위원장의 출석요구서를 받은 후 5일 이내에 출석하지 아니하였을 때, 13. 탄핵소추사건을 조사할 때 「국정감사 및 조사에 관한 법률」에 따른 주의의무를 위반하는 행위를 하였을 때, 14. 「국정감사 및 조사에 관한 법률」 제17조에 따른 징계사유에 해당할 때, 15. 「공직자윤리법」 제22조에 따른 징계사유에 해당할 때, 15의2. 「공직자의 이해충돌 방지법」을 위반하였을 때, 16. 「국회의원윤리강령」이나 「국회의원윤리실천규범」을 위반하였을 때). 징계의 종류에는 ㉠ 공개회의에서의 경고, ㉡ 공개회의에서의 사과, ㉢ 30일 이내의 출석정지(겸직 금지 및 영리업무 종사 금지 위반시 90일), ㉣ 제명이 있다(동법 제163조 제1항). 회의장질서문란행위, 의장석·위원장석 점거행위, 회의장

출입 방해행위에 대한 징계는 공개회의에서의 경고 또는 사과(이 경우 2개월간 수당 등 월액의 2분의 1을 감액), 30일 이내의 출석정지(이 경우 3개월간 수당 등을 지급하지 않음)하도록 하여 징계정도를 강화하고 있다(동법 제163조 제 2 항). 징계절차는 윤리특별위원회의 심사를 거쳐 본회의가 의결한다(동법 제156조 – 제162조). 의장석 · 위원장석 점거행위에 대한 징계의 경우에는 다른 사유의 징계의 경우와 달리 윤리특별위원회의 심사를 거치지 아니하고 징계안을 바로 본회의에 부의하여 지체 없이 의결하여야 하도록 하고 있다(동법 제155조 단서, 제156조 제 7 항). 징계 중에서 가장 강한 징계인 제명을 하려면 국회재적의원 3분의 2 이상의 찬성이 있어야 한다(제64조 제 3 항). 국회의원의 징계, 제명의 처분에 대하여는 법원에 제소할 수 없다(제64조 제 4 항). 헌법소원은 가능한지가 논의되고 있다. 금지하는 명문규정이 없어 헌법소원제기는 가능하다고 본다(자세한 것은, 정재황, 헌법학 제 2 판, 1433면 참조).

* 징계 가결선포행위에 대한 권한쟁의심판의 예 : 국회의원인 청구인이 자신에 대한 출석정지의 징계안(국회법 제148조의2를 위반하여 위원장석을 점거하여 회의 진행을 심각하게 방해하였고, … 제145조에 따른 위원장 질서도모에 응하지 않고 계속 의사진행을 방해하였다는 취지의 징계사유로 청구인을 국회법 제155조 제10호, 제163조 제 2 항 제 2 호에 따라 30일의 출석정지에 처하는 징계안)의 가결선포행위가 국회 출석권, 법률안 심의 · 표결권 등 국회의원의 권한을 침해하여 무효라고 주장하며 제기한 권한쟁의심판청구를 하였고 동시에 그 출석정지 처분'의 효력정지를 구하는 가처분신청도 했는데 그 가처분신청에 대한 인용 결정(2022헌사448)이 있었고 그 출석정지 처분은 정지된 상태였다. 그런데 그 본안 권한쟁의심판청구에 대해서는 심판절차 중 제21대 국회의원 임기가 만료되었다는 이유로 그 심판절차가 종료되었음을 선언한 결정을 하였다(2022헌라3).

제6절 국회의 권한

제1항 입 법 권

Ⅰ. 국회입법권의 개념과 범위

국회의 입법권의 개념이 어떠하냐에 따라 그 범위가 설정되므로 그 개념과 범위를 함께 살펴본다.

1. 개 념

학설로는 ① 실질설, ② 형식설, ③ 헌법기준설 등이 있다. ① 실질설은 국회입법권을 법규(국민의 권리, 의무에 영향을 미치는 법규범)를 정하는 국회의 권한이라고 본다(또 다른 실질설로 일반적·추상적 법규범을 정립하는 국회의 권한이라는 학설도 있다). 실질설에 따를 때 국회입법권에는 법규사항을 정하는 것이라면 법률제정권뿐 아니라 헌법개정안심의·의결권, 중요조약체결비준동의권, 긴급명령·긴급재정경제명령승인권, 국회규칙제정권이 모두 포함된다. ② 형식설은 '법률'이라는 이름과 형식의 법규범을 정립하는 국회의 권한, 즉 법률제정권만을 국회입법권으로 본다. ③ 헌법기준설은 국회입법권의 개념과 범위는 바로 헌법을 기준으로 파악되어야 하며 국회입법권은 헌법에 규정된 국회의 권한들 중에 법규범의 정립에 관한 권한이라고 본다. 따라서 헌법기준설에 따르면 헌법상 국회가 제정주체인 법규범 사항과 국회가 제정주체가 아니나 그 제정에 관여할 권한을 가지는 법규범 사항들 모두가 국회입법권의 범위에 들어간다고 본다.

형식설은 '법률' 외에 헌법개정안심의·의결권 등 다른 법규범에 관한 권한은 왜 국회입법권에서 제외되는지 설명하지 못한다. 실질설은 헌법이 법규 외의 사항도 법률사항으로 위임한 경우가 있고(예를 들어 행정각부조직에 관한 사항을 법률사항으로 하고 있다. 제96조) 국회가 제정하지 않는 대통령령 등 명령에도 법규사항이 담겨질 수 있기에 모순을 보여준다. 양설은 위와 같이 문제가 있다. 한편 형식설도 자신의 기준에서 국회입법권에서 제외되는 헌법개정안의결권 등도 헌법 제128조 등 헌법규정에 따라 국회의 권한으로 설명하고 있고 실질설도 자신의 기준에서 국회입법권에서 제외되는 사항이더라도 헌법이 국회의 소관으로 규정하면 국회입법권에 포함된다고 보는바 이는 양설이 자신의 기준에 따르면 제외될 사항도 헌법이 인정하면 국회의 권한으로 본다는 것을 의미한다. 이런 점을 두고 보더라도 결국은 국회입법권의 개념과 범위는 이를 헌법에 비추어 판단되고 설정되어야 한다(헌법기준설).

2. 범　　위

헌법기준설에 따라 국회입법에는 국회가 주체가 되어 행하는 법규범정립과 대통령이 주체가 되어 행하더라도 국회가 관여하는 법규범정립이 모두 들어간다. 따라서 국회입법권에는 법률제정권뿐 아니라 헌법개정안심의·의결권, 중요조약체결비준동의권, 긴급명령·긴급재정경제명령승인권, 국회규칙제정권이 모두 포함된다. 이 점에서 실질설과 대상규범의 종류에 관한 한 차이가 없다. 그러나 실질설은 그런 권한의 행사 중 법규적 사항을 대상으로 할 경우를 국회입법이라고 보고 헌법기준설은 그러한 제한을 두지 않는다는 점에서 차이가 있다. 즉 헌법기준설에 따를 때 그 범위가 더 확대된다. 예산심의확정권에 대해서는 대한민국은 예산법률주의 국가가 아니므로 제외된다고 볼 수도 있겠으나, 예산이 법률은 아니지만 국가기관들을 법적으로 구속하는 법규범이라는 점에서 여기에 포함시켜도 될 것이다.

Ⅱ. 이하의 서술 체제

위에서 헌법기준설에 따라 국회입법권에는 법률제정권, 헌법개정안심의·의결권, 중요조약체결비준동의권, 긴급명령·긴급재정경제명령승인권, 국회규칙제정권이 모두 포함된다고 보았는데 이하에서 국회입법권 중 중심이 되는 법률제정권을 제 2 항에서, 그 외 입법권에 대해서는 제 3 항에서 살펴본다.

제 2 항 법률제정권

Ⅰ. 법률제정권의 의의와 범위

국회의 법률제정권은 '법률'이란 이름의 법규범, 즉 형식적 법률을 제정하는 권한을 말한다. 법률제정권은 국회입법권에 있어서 가장 많은 비중을 차지하고 있다.

헌법이 법률로 정하도록 한 사항으로는 형벌에 관한 사항(죄형법정주의, 제12조 제1항), 재산권의 내용과 한계(제23조 제1항), 각종 청구권(제26조 등), 선거권(제24조), 기본권의 제한의 일반유보(제37조 제2항), 납세의 의무 등 각종 국민의 의무(제38조) 등이 있다. 또한 헌법은 국가조직에 관한 사항으로 대통령·국회의원의 선거와 행정각부, 대법원·각급법원, 헌법재판소 등의 조직(제67조 제5항, 제41조 제3항, 제102조 제3항, 제113조 제3항 등)을 법률로 정하도록 하고 있다. 그 외에도 헌법이 법률사항으로 규정한 것으로 국토의 이용·개발, 사영기업의 국·공유화, 공무원의 신분 등에 관한 사항이 있다.

Ⅱ. 법률의 요건

법률은 일반성, 추상성을 가질 것이 요구된다. 그러나 오늘날 처분적 법률도 예외적으로 인정될 수 있다. 법률의 또 다른 내용적 요건으로 기본권을 제한하는 법률과 같은 경우에는 특히 그 내용이 명확하여야 하며(명확성) 비례원칙, 신뢰보호원칙 등을 준수해야 하는 등의 요건을 갖추어야 한다(이러한 요건들과 처분적 법률 등에 대해서는, 전술 제3부 기본권론 제1편 기본권총론, 기본권의 제한 참조).

Ⅲ. 법률안의 제출과 심사절차

1. 법률안의 제출

(1) 제출권자와 의원발의정족수

헌법 제52조는 국회의원과 정부에 법률안제출권을 부여하고 있다. 국회법상 국회의원이 법률안을 낼 때에는 '발의'라고 하고, 정부가 법률안을 낼 때에는 '제출'이라고 한다. 법률안의 발의정족수는 의원 10인 이상이다(국회법 제79조 제 1 항). 의안을 발의하는 의원은 그 안을 갖추고 이유를 붙여 찬성자와 연서하여 이를 의장에게 제출하여야 한다(동법 동조 제 2 항). 국회의장이 전산정보시스템인 국회 입안지원시스템을 통한 의원 입법의 발의를 접수한 것이 국회의원의 법률안 심의·표결권의 침해라는 주장에 대해 헌재는 그 침해될 가능성 또는 위험은 각 국회의원이 해당 법률안을 심의할 수 있는 상태가 되었을 때 비로소 현실화될 수 있으므로 안건 상정, 본회의 부의 등과는 별도로 오로지 전자정보시스템으로 제출된 법률안을 접수하는 수리행위만으로는 사개특위 및 정개특위 위원인 청구인들의 법률안 심의·표결권이 침해될 가능성이나 위험성이 없다고 보아 그 부분 청구를 각하하였다(헌재 2020. 5. 27, 2019헌라3). 법안실명제를 하고 있다(동법 동조 제 3 항).

(2) 제출·상정시기의 분산

법안제출이 한꺼번에 어느 시기에 몰리지 않도록 분산되도록 하여 심도 있고 집중적인 입법심사를 이끌게 하기 위하여 법률안 제출계획제도를 두고 있다(동법 제 5 조의3).

2. 법률안 심사절차와 입법예고제

(1) 상임위원회의 심사

상임위원회에서의 법안심사의 과정을 보면, 먼저 그 취지의 설명과 전문위원의 검토보고를 듣고 대체토론과 축조심사 및 찬반토론을 거쳐 표결한다(동법 제58조 제 1 항). 축조심사를 생략할 수도 있으나 제정법률안 및 전부개정법률안에 대하여는 반드시 축조심사를 하여야 한다. 청문회, 공청회 절차도 있다. 제정법률안 및 전부개정법률안에 대하여는 공청회 또는 청문회를 개최하여야 하는데 위원회의 의결로 생략할 수 있다(동법 제58조 제6항). 이견을 조정할 필요가 있는 안건에 대한 안건조정위원회제도가 있다.

* 안건조정위원회제도(동법 제57조의2) : 위원회는 이견을 조정할 필요가 있는 안건을 심사하기 위하여 재적위원 3분의 1 이상의 요구로 안건조정위원회를 구성하고 해당 안건을 대체토론이 끝난 후 조정위원회에 회부한다. 조정위원회의 활동기한은 그 구성일부터 90일로 한다. 조정위원회는 조정위원회의 위원장 1명을 포함한 6명의 조정위원회의 위원으로 구성하는데 소속 의원수가 가장 많은 교섭단체(이하 "제1교섭단체"라 한다)에 속하는 조정위원의 수와 제1교섭단체에 속하지 아니하는 조정위원의 수를 같게 한다. 조정위원회는 회부된 안건에 대한 조정안을 재적 조정위원 3분의 2 이상의 찬성으로 의결한다. 이렇게 의결한 안건에 대하여는 소위원회의 심사를 거친 것으로 보며, 위원회는 조정위원회의 조정안이 의결된 날부터 30일 이내에 그 안건을 표결한다. 조정위원회에서 그 활동기한 내에 안건이 조정되지 아니하거나 조정안이 부결된 경우에는 위원장은 해당 안건을 소위원회에 회부한다. 안건조정위원회는 재적위원 3분의 1 이상 요구로 구성될 수 있어 야당이 어렵지 않게 여당 독주 견제를 할 수 있게 한다. 국회선진화제도의 하나로 도입된 것이다.

* **[판례]** 안건조정위 활동기한 전 가결, 비공개 조정 등 모두 적법하다고 본 권한쟁의심판 기각결정(2019헌라5, 헌라6, 정개특위 사건).

위원회에서의 심도 있는 법률안 심사가 이루어지기 위해서는 위원들에게 상정될 법률안에 대하여 사전에 검토할 시간을 부여할 필요가 있다(심사대기기간 또는 숙려기간). 이를 위하여 우리 국회법 제59조도 위원회는 법률안이 그 위원회에 회부된 날부터 일부개정법률안의 경우 15일, 제정법률안, 전부개정법률안 및 폐지법률안의 경우 20일, 체계·자구심사를 위하여 법제사법위원회에 회부된 법률안의 경우 5일(법률안 외의 의안은 20일)의 기간이 경과하지 아니한 때에는 이를 상정할 수 없고 다만, 긴급하고 불가피한 사유로 위원회의 의결이 있는 경우에는 그러하지 아니하다고 규정하고 있다.

(2) 입법예고제

국회법 제82조의2 제1항은 상임위원회 위원장은 간사와 협의하여 회부된 법률안에 대하여 그 입법 취지와 주요 내용 등을 국회공보 또는 국회 인터넷 홈페이지 등에 게재하는 방법 등으로 입법예고하여야 한다고 하여 의무화하고 있다(의무적 예고제). 다만, 입법이 긴급을 요하는 경우 등에는 위원장이 간사와 협의하여 입법예고를 하지 아니할 수 있다. 입법예고제는 국민의 '알 권리'를 보장하고 국민의 의견수렴을 충분히 거쳐 보다 타당성이 있는 법률을 제정하게 하는 중요한 입법절차제도이다. 상임위원회 단계 이후에서 입법예고제를 시행하는 것으로 되어 있고 그 이전 단계에서는 입법예고제의 시행을 예정하고 있지 않다. 입법예고기간은 10일 이상으로 한다. 다만, 특별한 사정이 있는 경우에는 단축할 수 있다(동법 제82조의2 제2항). 입법예고의 시기·방법·절차, 그 밖에 필요한 사항은 국회규칙으로 정한다(동법 동조 제3항).

(3) 심사기간의 지정

의장은 1. 천재지변의 경우, 2. 전시·사변 또는 이에 준하는 국가비상사태의 경우, 3. 의장이 각 교섭단체대표의원과 합의하는 경우의 어느 하나에 해당하는 경우에는 위원회에 회부하는 안건 또는 회부된 안건에 대하여 심사기간을 지정할 수 있다(동법 제85조 제1항).

위 규정이 이른바 국회선진화법규정으로 들어온 규정들 중의 하나이다. 이전에 직권상정을 위한 심사기간 지정사유나 대상에 아무런 제한이 없었기 때문에 직권상정 때마다 여야간 물리적 충돌이 일어나 이를 막기 위해 위와 같은 사유를 두게 되었다.

* 이 규정에 관련한 심사기간 지정 거부행위에 대한 권한쟁의심판청구의 각하결정: 2015년에 당시 여당 국회의원들이 재적의원 과반수 찬성으로 심사기간 지정을 요청하였으나 국회의장이 거부하자 위 국회법 제85조 제1항 제3호가 '각 교섭단체대표의원과의 합의'를 심사기간 지정사유로 규정한 것과 위 국회법 제85조 제1항이 '천재지변'이나 '국가비상사태' 또는 '각 교섭단체대표의원과 합의'하는 경우에만 국회의장이 법안에 대해 심사기간을 지정할 수 있도록 규정하여 동항에 국회 재적의원 과반수가 의안에 대하여 심사기간 지정을 요청하는 경우 국회의장이 그 의안에 대하여 의무적으로 심사기간을 지정하도록 규정하지 아니한 입법부작위가 국회의원의 심의·표결권을 침해한다는 주장의 권한쟁의심판이 청구되었다. 헌재는 다음과 같은 이유로 권한침해가능성이 없다고 보아 각하결정을 하였다. 즉 ① 국회법 제85조 제1항에 따르면 국회의장이 해당 법안을 직권상정하지 않는 경우에는 통상적인 입법절차를 통해, 즉 상임위원회의 전체회의에서 재적위원 과반수의 출석과 출석위원 과반수의 찬성으로 의결하여(국회법 제54조, 제58조), 본회의에 부의되고 상정된 법안에

대하여 법률안 심의·표결권을 행사할 수 있을 뿐인 것이다. 그러므로 이 사건 심사기간 지정 거부행위로 말미암아 청구인들의 법률안 심의·표결권이 직접 침해당할 가능성은 없다. 국회법 제85조 제1항 제3호가 다수결의 원리 등에 반하여 위헌이 되더라도, 법률안에 대한 심사기간 지정 여부는 여전히 국회의장의 권한이라는 점에서 피청구인 국회의장에게 위 법률안에 대한 심사기간 지정 의무가 곧바로 발생하는 것은 아니라고 할 것이다. 그렇다면 국회법 제85조 제1항 제3호의 위헌 여부는 이 사건 심사기간 지정 거부행위의 효력에 아무런 영향도 미칠 수 없으므로, 청구인들의 이 부분 주장은 받아들이기 어렵다. ② 입법부작위 부분에 대한 판단 : (가) 이 사건 입법부작위의 성격 및 국회법 제85조 제1항과의 관계 — 국회의장의 직권상정제도가 비상적이고 예외적인 입법절차라는 점은 앞서 본 바와 같고, 국회 재적의원 과반수의 요청이 있으면 국회의장이 의무적으로 직권상정하여야 하는 규정을 반드시 국회법 제85조 제1항에 두어야 한다고 볼 수 없다. 다시 말해, 이 같은 내용의 비상입법절차는 국회법 제85조 제1항의 국회의장의 직권상정제도와는 전혀 별개의 절차에 해당하는 것이다. 따라서 이 사건 입법부작위는 입법자가 재적의원 과반수의 요구에 의해 위원회의 심사를 배제할 수 있는 비상입법절차와 관련하여 아무런 입법을 하지 않음으로써 입법의 공백이 발생한 경우라 할 것이므로 '진정입법부작위'에 해당한다. 결국 이 사건 입법부작위는 규범의 부재를 의미하는 진정입법부작위에 해당하고, 이 사건 입법부작위의 위헌 여부와 국회법 제85조 제1항은 아무런 관련이 없으므로, 그 위헌 여부가 이 사건 심사기간 지정 거부행위에 어떠한 영향도 미칠 수 없다 할 것이다. (나) 국회의 의사자율권 — 대화와 타협에 의한 의회정치의 정상화를 위하여 국회법 제85조 제1항 제3호에 의장이 각 교섭단체대표의원과 합의하는 경우라는 심사기간 지정사유를 두어 합의제를 강화한 것을 두고, 국회의 입법형성권이나 의사자율권을 벗어난 것이라 보기도 어렵다. 상임위원회에서의 입법교착상태로 인해 의결에 이르지 못하는 입법기능장애가 야기될 수는 있으나 이는 국회 내부에서 민주적인 방법으로 대화와 토론, 설득과 타협을 통해 스스로 해결해야 할 문제이고 제도개선을 함으로써 민주적이고 자율적인 방법으로 입법의 잘못이나 결함을 스스로 바로잡아야 하지, 이 사건처럼 국회의 다수파 의원들이 권한쟁의심판을 통하여 이를 해결하려고 하는 것은 바람직하지 않다. (다) 헌법상 또는 헌법해석상 유래하는 입법의무의 부존재 — 1) 의회민주주의와 다수결의 원리 (a) 의회민주주의의 기본원리의 하나인 다수결의 원리는 다수파와 소수파가 공개적이고 합리적인 토론을 거쳐 다수의 의사로 결정한다는 데 그 정당성의 근거가 있는 것이다. 헌법 제49조 전문은 "국회는 헌법 또는 법률에 특별한 규정이 없는 한 재적의원 과반수의 출석과 출석의원 과반수의 찬성으로 의결한다"라고 규정하여, 의회민주주의의 기본원리인 다수결의 원리를 선언하고 있다. 이러한 일반정족수는 다수결의 원리를 실현하는 국회의 의결방식 중 하나로서 국회의 의사결정시 합의에 도달하기 위한 최소한의 기준일 뿐 이를 헌법상 절대적 원칙이라고 보기는 어렵다. 헌법 제49조에 따라 어떠한 사항을 일반정족수가 아닌 특별정족수에 따라 의결할 것인지 여부는 국회 스스로 판단하여 법률에 정할 사항이다. (b) 우리 국회는 의안 심의에 관한 국회운영의 원리로 '위원회 중심주의'를 채택하고 있으므로, 상임위원회의 심사는 법률을 제정하는 데 있어서 무엇보다도 중요한 과정이라 할 수 있다. 국회 재적의원 과반수가 요구하면 국회의장이 의무적으로 해당 법안을 본회의에 상정하여야 한다는 의견은, 다수파 의원들이 원하는 법안은 상임위원회의의 논의 등 모든 입법절차를 생략한 채 본회의를 통과할 수 있어야 한다는 결론에 도달하는 것으로서 다수파의 독재를 허용하여야 한다는 것과 다름없고, 이는 결국 소수의 참여 및 토론과 설득의 기회를 배제하자는 것이어서 오히려 다수결의 원리의 정당성 근거를 정면으로 부인하고 있는 것이다. ③ 소결 : 헌법재판소가 근거규범도 아닌 이 사건 입법부작위의 위헌 여부에 대한 심사에까지 나아가는 것은 부적절하므로 그 심사를 최대한 자제하여 의사절차에 관한 국회의 자율성을 존중하는 것이 바람직할 것이나, 위에서 살펴본 바와 같이 헌법의 규정이나 해석에 의하더라도 국회에게 국회 재적의원 과반수가 의안에 대하여 심사기간 지정을 요청하면 국회의장이 의무적으로 심사기간을 지정하고 본회의에 부의하는 방법으로 비상입법절차를 마련해야 할 의무는 도출되지 않으므로 국회법 제85조 제1항에서 이러한 내용을 규정하지 않은 것이 다수결의 원리, 나아가 의회민주주의에 반한다고 볼 수 없다(헌재 2016. 5. 26. 2015헌라1).

위 1 또는 2에 해당하는 때(즉 천재지변의 경우, 2. 전시 · 사변 또는 이에 준하는 국가비상사태의 경우)에는 의장이 각 교섭단체대표의원과 협의하여 해당 호와 관련된 안건에 대하여만 심사기간을 지정할 수 있다(동법 동조 본문 후문. * 위 국회선진화법 이전의 국회법규정이긴 하나 '협의'의 의미에 대한 판례로, 헌재가, 전화를 통한 협의도 허용된다 할 것이고, 비록 교섭단체대표의원에게 한 의장의 전화통화의 내용이 확정된 심사기간 지정의 결과를 일방적으로 통보하는 식이었다 하더라도 국회법 제85조에서 요구하는 협의 절차를 거쳤다고 보고 2시간 정도의 심사기간 지정도 위법하지 않아 의원의 심의 · 표결권을 침해한 것이 아니라고 보아 청구를 기각한 예가 있다. 2010헌라6 결정 참조).

법제사법위원회에서의 체계 · 자구의 심사에 있어서도 비슷한 심사기간 지정제도가 있다(동법 제86조 제2항).

(4) 법제사법위원회에서의 체계 · 자구심사, 본회의에서의 심의 및 의결

위원회의 심사가 끝난 법률안은 법제사법위원회에서 체계와 자구(字句)에 대한 심사(국회법 제86조 제1항. * 유의 : 그간 비판을 받아와 "체계와 자구의 심사 범위를 벗어나 심사하여서는 아니 된다"라는 5항 신설)를 거친 후 본회의에 회부된다. 법사위가 이유 없이 회부된 날부터 60일 이내에 심사를 마치지 아니하였을 때에는 심사대상 법률안의 소관 위원회 위원장은 간사와 협의하여 이의가 없는 경우에는 의장에게 그 법률안의 본회의 부의를 서면으로 요구한다(동법 동조 제3항). 다만, 이의가 있는 경우에는 표결과정을 거쳐(해당 위원회 재적위원 5분의 3 이상의 찬성으로) 의장은 각 교섭단체 대표의원과 합의하여 바로 본회의에 부의한다. 다만, 본회의 부의 요구가 있었던 날부터 30일 이내에 합의가 이루어지지 아니하였을 때에는 그 기간이 지난 후 처음으로 개의되는 본회의에서 해당 법률안에 대한 본회의 부의 여부를 무기명투표로 표결한다(동법 동조 제3항 단서, 제4항). * 판례 : 헌재는 "국회가 국회법 제86조 제3항 및 제4항이 정하고 있는 일련의 절차를 준수하여 법률안을 본회의에 부의하기로 결정을 하였다면, 이러한 결정은 가급적 존중됨이 마땅하고, 절차의 진행과정에서 헌법적 원칙이 현저히 훼손되었다는 등의 특별한 사정이 없는 한, 국회 이외의 기관이 그 판단에 개입하는 것은 자제함이 바람직하다. … 또한 '이유 없이' 여부에 대하여 실체적으로 판단한다고 하더라도, … 각각의 사건에서 국회의 입법 관행, 법사위에 회부된 법률안의 구체적인 내용과 중요성, 이에 대한 체계·자구 심사의 필요성과 그 정도, 법사위의 심사지연 경위, 소관 위원회의 심사정도 … 등의 구체적이고 개별적인 사정을 일일이 고려하여 법사위의 심사기간 경과에 합리적 이유가 있는지 여부를 판단해야 한다고 해석하는 것은 국회법 제86조의 전체적인 개정취지에 부합하지 아니한다. 법사위가 종전의 심사 관행에서 벗어나 체계·자구 심사권의 범위 내에서 법률안에 대한 심사를 최대한 신속하게 진행하도록 함으로써 입법절차를 효율적으로 진행시키고자 하는 국회법 제86조 제3항의 입법취지에 비추어 볼 때, 국회법 제86조 제3항의 '이유'의 유무는 법사위가 '법사위의 책임 없는 불가피한 사유로 그 기간을 준수하지 못하였는지 여부'를 기준으로 엄격하게 판단된다고 봄이 타당하다"라고 하고 이를 위배하여 심의·표결권을 침해하여 무효라는 주장의 권한쟁의심판청구들을 기각한 바 있다(2023헌라2, 2023헌라3).

(5) 상임위원회에서의 신속처리 제도

상임위원회에서 신속처리대상안건이 지정되는 것에 동의가 있으면 일정 기간 내에 심사를 마쳐야 하는 제도를 두고 있다. 신속처리에 관한 국회법규정은 아래와 같다.

* 제85조의2(안건의 신속 처리) ① 위원회에 회부된 안건(체계·자구 심사를 위하여 법제사법위원회에 회부된 안건을 포함한다)을 제2항에 따른 신속처리대상안건으로 지정하려는 경우 의원은 재적의원 과반수가 서명한 신속처리대상안건 지정요구 동의(動議)(이하 이 조에서 "신속처리안건 지정동의"라 한다)를 의장에게 제출하고, 안건의 소관 위원회 소속 위원은 소관 위원회 재적위원 과반수가 서명한 신속처리안건 지정동의를 소관 위원회 위원장에게 제출하여야 한다. 이 경우 의장 또는 안건의 소관 위원회 위원장은 지체 없이 신속처리안건 지정동의를 무기명투표로 표결하되, 재적의원 5분의 3 이상 또는 안건의 소관 위원회 재적위원 5분의 3 이상의 찬성으로 의결한다.
② 의장은 제1항 후단에 따라 신속처리안건 지정동의가 가결되었을 때에는 그 안건을 제3항의 기간 내에 심사를 마쳐야 하는 안건으로 지정하여야 한다. 이 경우 위원회가 전단에 따라 지정된 안건(이하 "신속처리대상안건"이라 한다)에 대한 대안을 입안한 경우 그 대안을 신속처리대상안건으로 본다.
③ 위원회는 신속처리대상안건에 대한 심사를 그 지정일부터 180일 이내에 마쳐야 한다. 다만, 법제사법위원회는 신속처리대상안건에 대한 체계·자구 심사를 그 지정일, 제4항에 따라 회부된 것으로 보는 날 또는 제86조 제1항에 따라 회부된 날부터 90일 이내에 마쳐야 한다.
④ 위원회(법제사법위원회는 제외한다)가 신속처리대상안건에 대하여 제3항 본문에 따른 기간 내에 심사를 마치지 아니하였을 때에는 그 기간이 끝난 다음 날에 소관 위원회에서 심사를 마치고 체계·자구 심사를 위하여 법제사법위원회로 회부된 것으로 본다. 다만, 법률안 및 국회규칙안이 아닌 안건은 바로 본회의에 부의된 것으로 본다.
⑤ 법제사법위원회가 신속처리대상안건(체계·자구 심사를 위하여 법제사법위원회에 회부되었거나 제4항 본문에 따라 회부된 것으로 보는 신속처리대상안건을 포함한다)에 대하여 제3항 단서에 따른 기간 내에 심사를 마치지 아니하였을 때에는 그 기간이 끝난 다음 날에 법제사법위원회에서 심사를 마치고 바로 본회의에 부의된 것으로 본다.
⑥ 제4항 단서 또는 제5항에 따른 신속처리대상안건은 본회의에 부의된 것으로 보는 날부터 60일 이내에 본회의에 상정되어야 한다.
⑦ 제6항에 따라 신속처리대상안건이 60일 이내에 본회의에 상정되지 아니하였을 때에는 그 기간이 지난 후 처음으로 개의되는 본회의에 상정된다.

⑧ 의장이 각 교섭단체 대표의원과 합의한 경우에는 신속처리대상안건에 대하여 제 2항부터 제7항까지의 규정을 적용하지 아니한다.

위 신속처리규정은 이른바 국회선진화법 규정이라고 불리워지는 것이다. 역시 다수파의 일방적인 상임위원회 처리를 막고 타협을 위해 도입된 규정이다.

* 신속처리규정에 관련된 헌재판례 : ① 기획재정위원회 신속처리 요청 표결실시 거부 사건(헌재 2016. 5. 26, 2015헌라1) — 기획재정위원회(이하 '기재위') 위원장이 2015. 1. 29. 서비스산업발전 기본법안에 대한 신속처리대상안건 지정 요청에 대해 기재위 재적위원 과반수가 서명한 신속처리안건지정동의가 아니라는 이유로 표결실시를 거부한 행위에 대해 당시 여당 국회의원이 재적과반수의 동의와 재적 5분의 3 이상의 찬성으로 의결할 것을 요구하고 있어 하위법인 국회법이 헌법 제49조의 규정을 배제하고 형해화하여 헌법상 다수결 원리의 본질을 침해하여 위헌이며, 이 조항들에 근거한 거부행위가 국회의원인 청구인들의 법률안 심의·표결권을 침해하였다고 주장하면서 권한쟁의심판을 청구하였다. 헌재는 다음과 같은 이유로 청구가 부적법하다고 보아 각하결정을 하였다. 재적위원 과반수의 서명요건을 갖추지 못하였으므로, 이 사건 표결실시 거부행위로 인하여 청구인의 신속처리안건지정동의에 대한 표결권이 직접 침해당할 가능성은 없다. 가사 국회법 제85조의2 제1항 중 재적위원 5분의 3 이상의 찬성을 요하는 부분이 위헌으로 선언되더라도, 피청구인 기재위 위원장에게 신속처리대상안건 지정요건을 갖추지 못한 신속처리안건지정동의에 대하여 표결을 실시할 의무가 발생하는 것은 아니므로 그 위헌 여부는 이 사건 표결실시 거부행위의 효력에는 아무런 영향도 미칠 수 없다. 따라서 이 사건 표결실시 거부행위에 대한 심판청구는 청구인의 신속처리안건지정동의에 대한 표결권을 침해하거나 침해할 위험성이 없으므로 부적법하다(헌재 2016. 5. 26. 2015헌라1). ② 사개특위, 정개특위 신속처리대상안건 지정[이른바 패스트트랙(fast track)] 사건(헌재 2020. 5. 27, 2019헌라3, 2019헌라2(병합)) — [사건개요] 국회 사법개혁특별위원회(사개특위) 및 정치개혁특별위원회(정개특위) 소관 법률안에 대한 신속처리대상안건 지정과 관련된 일련의 행위들[이른바 패스트트랙(fast track) 사건]에 관하여 당시 자유한국당 소속 국회의원들이 청구한 권한쟁의심판에서 각하와 기각의 결정들이 있었다. [헌재결정] 아래 신속처리 사건에 관련되는 각 심판대상과 그 결과를 정리한다.

1. 국회의장(피청구인)의 이 사건 법률안 수리행위 부분에 관한 판단 — 각하
2. 피청구인 사개특위 위원장의 신속처리안건 지정동의안 가결선포행위 부분에 관한 판단 — 기각
3. 피청구인 국회의장의 사개특위 소관 법률안 신속처리대상안건 지정행위 부분에 관한 판단 — 기각

4. 피청구인 정개특위 위원장의 신속처리안건 지정동의안 가결선포행위 부분에 관한 판단 — 기각
5. 피청구인 국회의장의 정개특위 소관 법률안 신속처리대상안건 지정행위 부분에 관한 판단 — 기각

* 신속처리대상안건에 대한 수정동의 가능성 — 헌재는 이를 긍정한다(2019헌라6등).

(6) 상임위원회를 배제한 본회의에서의 의결

다음과 같은 경우가 있다. i) 심사시간 도과에 따른 본회의 직권상정 — 위원회가 이유없이 위 (3)으로 지정된 기간 내에 심사를 마치지 아니한 때에는 의장은 중간보고를 들은 후 다른 위원회에 회부하거나 바로 본회의에 부의할 수 있다(동법 제85조 제 2 항).

ii) 위에서 살펴본 대로, 신속처리안건지정동의가 된 법률안이 소정의 기간 내에 심사되지 못하여 본회의에 부의되는 경우도 있다(동법 제85조의2(안건의 신속처리)).

iii) 위원회의 해임(위원회에서 폐기된 의안) — 위원회에서 폐기된 의안이더라도 위원회의 결정이 본회의에 보고된 날부터 폐회 또는 휴회 중의 기간을 제외한 7일 이내에 의원 30명 이상의 요구가 있을 때에는 그 의안을 본회의에 부의하여야 한다(동법 제87조 제 1 항). 이를 '위원회의 해임'이라고 한다.

(7) 본회의의 심의 · 의결

본회의는 위원회가 법률안에 대한 심사를 마치고 의장에게 그 보고서를 제출한 후 1일이 지나지 아니하였을 때에는 그 법률안을 의사일정으로 상정할 수 없다. 다만, 의장이 특별한 사유로 각 교섭단체대표의원과의 협의를 거쳐 이를 정한 경우에는 그러하지 아니하다(동법 제93조의2. 헌재가 의장이 직권상정하기 전에 교섭단체대표의원에게 팩시밀리로 의사일정안을 송부한 이상 국회법 제93조의2 제 1 항에서 말하는 협의 절차를 거쳤다고 보아 의원의 심의 · 표결권을 침해한 것이 아니라고 하여 청구를 기각한 예로 2010헌라6 결정 참조). 본회의는 안건을 심의할 때 그 안건을 심사한 위원장의 심사보고를 듣고 질의 · 토론을 거쳐 표결한다. 다만, 위원회의 심사를 거치지 아니한 안건에 대해서는 제안자가 그 취지를 설명하여야 하고, 위원회의 심사를 거친 안건에 대해서는 의결로 질의와 토론을 모두 생략하거나 그 중 하나를 생략할 수 있다(동

법 제93조). 본회의에서의 심의(질의 · 토론 · 무제한 토론)에 대해서는 앞서 본 바 있다(전술, 제4절 제2항 Ⅱ 6. 참조).

Ⅳ. 법률의 확정과 공포, 발효 등

1. 법률의 확정

i) 대통령의 공포에 의한 확정 — 국회에서 의결된 법률안은 정부에 이송되어 15일 이내에 대통령이 공포한다(제53조 제1항). 이 15일의 기간 내에 공포가 되는 경우에는 공포와 동시에 법률이 확정된다. ii) 공포기한 도과에 의한 확정 — 대통령이 이 15일의 기간 내에 공포나 재의의 요구를 하지 아니한 때에도 그 법률안은 그 기간이 지난 때 법률로서 확정된다(제53조 제5항). iii) 재의결에 따른 확정 — 대통령의 법률안에 대한 재의의 요구가 있을 때에는 국회는 재의에 붙이고, 재적의원과반수의 출석과 출석의원 3분의 2 이상의 찬성으로 전과 같은 의결을 하면 그 법률안은 그 의결이 있는 때 법률로서 확정된다(제53조 제4항).

2. 법률의 공포와 발효

(1) 법률의 공포의 개념과 의의

법률의 공포는 널리 법률의 존재와 내용을 알리는 절차를 말한다. 공포는 법률이 효력을 발생하기 위한 요건으로서의 의의를 가진다. 국민이 알고 있어야 그 법률이 구속력을 가지는 것이 정당하기 때문에 널리 알리는 공포가 발효요건이 된다.

* 공포가 발효요건이라는 것이지 특별한 규정이 없는 한 공포로 즉시 효력을 발생하는 것은 아니고 일정 기간(20일)이 지나야 시행에 들어가 효력이 발생한다(아래의 (4) 발효 — 시행 참조). 이는 공포가 되었다 하더라도 이후 국민이 주지하기 위해 일정 기간이 필요하기 때문이다. 요컨대 일정 기간이 지났더라도 공포가 없었다면 효력이 발생되지 않는다는 점에서 공포가 발효'요건'인 것이다.

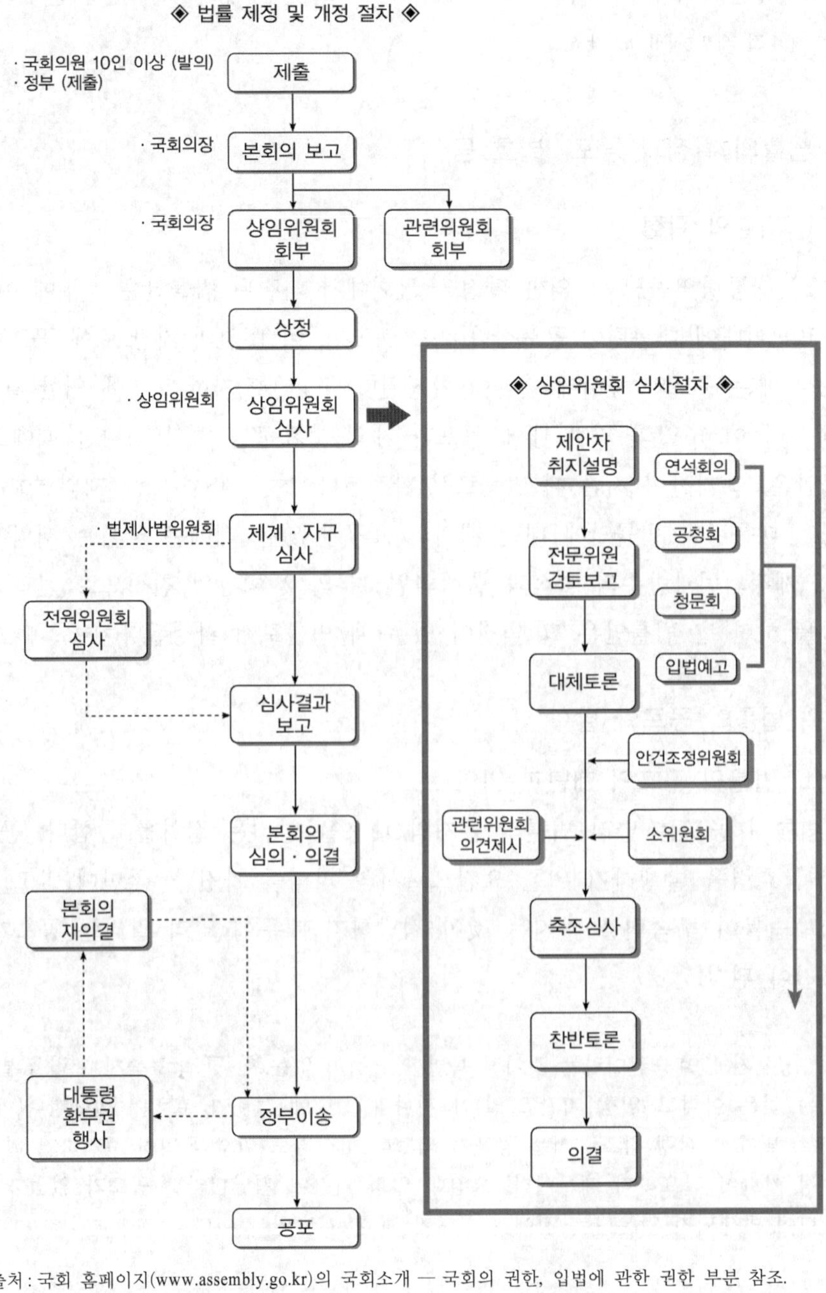

• 출처 : 국회 홈페이지(www.assembly.go.kr)의 국회소개 — 국회의 권한, 입법에 관한 권한 부분 참조.

(2) 법률의 공포권자와 공포기간

ⅰ) 공포권자는 대통령이다. 국회에서 의결된 법률안은 정부에 이송되어 15일 이내에 대통령이 공포한다(제53조 제1항). 대통령의 재의요구로 재의에 붙여 재의결된 경우에도 공포권자는 대통령이다(제53조 제6항 전문). ⅱ) 국회의장이 공포권자가 될 경우도 있다. 즉 법률안이 정부에 이송되어 15일이 지나도록 대통령이 공포나 재의요구를 하지 아니하여도 법률안은 법률로서 확정되는데 이 확정된 법률을 대통령이 지체 없이 공포하여야 함에도 확정 후 5일 이내에 대통령이 공포하지 않으면 국회의장이 공포한다. 또한 대통령의 재의요구로 재의에 붙인 결과 재의결되어 법률이 확정된 경우에도 대통령이 지체 없이 공포하여야 하는데 그럼에도 그 확정법률이 정부에 이송된 후 5일 이내에 대통령이 공포하지 아니할 때에는 국회의장이 공포한다(제53조 제6항 후문).

(3) 공포의 방식과 공포일

법률의 공포는 관보에 게재함으로써 한다('법령 등 공포에 관한 법률' 제11조). 공포일은 그 법률을 게재한 관보 또는 신문이 발행된 날로 한다(동법 제12조).

(4) 발효 — 시행

법률은 국민이 그것을 주지한 뒤 발효(시행)되도록 할 필요가 있어 특별한 규정이 없는 한 공포한 날로부터 20일을 경과함으로써 효력을 발생한다(제53조 제7항). 국민의 권리 제한 또는 의무 부과와 직접 관련되는 법률은 그 기간을 더 부여할 필요가 있어, 긴급히 시행하여야 할 특별한 사유가 있는 경우를 제외하고는, 공포일부터 적어도 30일이 경과한 날부터 시행되도록 하여야 한다(동법 제13조의2).

Ⅴ. 법률제정권의 한계

① 법단계구조적 한계로서 합헌적인 법률이어야 한다는 한계가 있고 헌법적 효력을 가지는 조약과 국제법규(일반적으로 승인된 국제법규)에 위반되는 법률을 제정할 수 없다는 한계가 있다. ② 시적 한계로는 소급효가 원칙적으로 금지된다는 한계가 있고, ③ 절차상 한계로는 국회입법과정을 준수한 입법이어야

한다는 한계가 있다. ④ 법률이 어떤 사항을 행정입법에 위임할 경우에 포괄적으로 위임하여서는 아니 된다(구체적 위임 원칙. 제75조)는 한계도 있다.

Ⅵ. 법률제정권에 대한 통제

국회 내부적 통제로는 국회법에 규정된 입법절차(예를 들어 축조심사, 공청회, 청문회 등을 거쳐야 하는 절차)를 준수하도록 하는 것이 통제의 기능을 한다. 국회 외부적 통제로는 헌법재판소의 위헌법률심판, 헌법소원심판, 권한쟁의심판 등 헌법재판에 의한 통제, 국민들이 헌법소원심판 등을 청구하는 것에 의한 통제, 대통령의 재의요구(법률안거부권)에 의한 통제 등이 있다. 권한쟁의심판의 경우 헌재의 판례는 다음과 같은 한계를 보여주고 있다. 즉 ① 권한쟁의심판에 있어 '제3자 소송담당'을 허용하는 명문의 규정이 없는 현행법 체계 하에서 국회의 구성원인 국회의원이 국회의 권한침해를 이유로 권한쟁의심판을 청구할 수 없고 ② 국회의원의 심의·표결권은 국회의 대내적인 관계에서 행사되고 침해될 수 있을 뿐 다른 국가기관과의 대외적인 관계에서는 침해될 수 없다고 한다(2015헌라5. 사안은 국민안전처 등을 세종시로 이전하는 내용의 행정자치부장관의 처분('중앙행정기관 등의 이전계획'을 변경한 행위)이 국회의 입법권을 침해하고 자신들의 심의·표결권을 침해당하였다고 주장하여 국회의원들이 권한쟁의심판을 청구한 사건이다). 시정되어야 할 판례이론이다.

* 헌법재판소 위헌결정의 송부의무와 위원회 심사 — 헌법재판소는 종국결정이 법률의 제정 또는 개정과 관련이 있으면 그 결정서 등본을 국회로 송부하여야 하고 의장은 이에 따라 송부된 결정서 등본을 해당 법률의 소관 위원회와 관련위원회에 송부하며 위원장은 송부된 종국결정을 검토하여 소관 법률의 제정 또는 개정이 필요하다고 판단하는 경우 소위원회에 회부하여 이를 심사하도록 한다(국회법 제58조의2. 위헌결정된 법률규정을 즉시 검토하게 하여 국민의 기본권보장을 도모하기 위해 2016. 12. 16. 신설된 규정임).

제3항 그 외 국회입법권

Ⅰ. 헌법개정안심의 · 의결권

헌법개정은 대통령의 발의뿐 아니라 국회재적의원 과반수의 발의로 제안된다(제128조 제1항). 국회는 제안된 헌법개정안에 대한 심의권, 의결권을 가진다. 즉 제안된 헌법개정안은 대통령이 20일 이상의 기간 이를 공고하여야 하고(제129조), 국회는 헌법개정안이 공고된 날로부터 60일 이내에 의결하여야 하며, 국회의 의결은 재적의원 3분의 2 이상의 찬성을 얻어야 한다(제130조 제1항). 국회가 의결한 헌법개정안은 의결 후 30일 이내에 국민투표에 부쳐 국회의원 선거권자 과반수의 투표와 투표자 과반수의 찬성을 얻어야 하고 이러한 찬성을 얻은 때에는 헌법개정은 확정된다(제130조 제2항 · 제3항). 이처럼 '헌법개정안'의 심의 · 의결은 국회의 권한이나 '헌법개정'의 확정은 국민투표사항이다. 국회의 헌법개정에 관한 권한은 ① 국민에 의한 국민투표, ② 대법원에 의한 국민투표 무효소송 등에 의하여 통제될 수 있다.

Ⅱ. 중요조약의 체결 · 비준에 대한 동의권

1. 의의와 성격

중요한 국제조약은 국익이나 국민의 권리, 의무에 관련되는 것일 수 있으므로 민주적 정당성을 갖추도록 하기 위해 국민의 대표기관이자 입법기관인 국회가 그 체결 · 비준에 있어서 동의를 하도록 하고 있다(제60조). 조약에 대한 체결 · 비준을 할 권한은 대통령에 있으므로(제73조) 국회의 동의권이 대통령에 대한 통제권의 성격을 가지는 것이기도 하다. 중요조약에 관한 한 국회의 동의는 반드시 거쳐야 하는 필요적인 동의이다(통설). 헌재는 동의를 결여하였다는 주장으로 국회의원이 권한쟁의심판을 청구하면 동의권이 의원의 권한이 아니라 국회 자체의 권한이므로 제3자소송이 되어 부적법하다고 각하결정을 하여 왔다(2005헌라8, 2006헌라5, 2011헌라2, 2013헌라3 등). 그러나 국회동의는 결국 국회의원들의 표결로 이루어진다는 점에서 타당성이 없는 법리이다.

2. 동의대상조약과 동의의 시기

체결 · 비준에 국회의 동의를 받아야 할 대상인 조약은 헌법 제60조에 열거된 조약에 한정된다고 볼 것(열거설)이냐 아니면 헌법 제60조에 명시된 조약은 예시적인 것일 뿐이고 그 외의 조약도 대상이 된다고 볼 것(예시설)이냐 하는 문제가 있다. 우리 학설은 열거설이 통설이다. 즉 국회의 체결 · 비준을 거쳐야 하는 조약들은 모든 조약들이 아니라 헌법 제60조에 명시한 중요한 조약들인 "상호원조 또는 안전보장에 관한 조약, 중요한 국제조직에 관한 조약, 우호통상항해조약, 주권의 제약에 관한 조약, 강화조약, 국가나 국민에게 중대한 재정적 부담을 지우는 조약 또는 입법사항에 관한 조약"(제60조 제 1 항)에 한정된다.

중요조약의 체결 · 비준에 대한 국회의 동의는 사전에 이루어져야 한다. 통상조약의 체결절차 및 이행에 관하여 필요한 사항을 규정함으로써 통상조약 체결의 절차적 투명성을 제고하기 위해 '통상조약의 체결절차 및 이행에 관한 법률'이 제정되어 있다.

3. 수정동의의 가능성 문제

국회가 조약의 원안내용을 수정하면서 동의를 할 수 있는지에 대해 긍정설과 부정설이 대립된다. 생각건대 수정동의는 매우 어려울 것인데 정부도 수정된 내용에 합의하고 상대국가와의 협의를 통해서 상대국의 동의를 받는다는 조건 하에서 예외가 인정될 수 있을 것이다.

4. 동의안부결의 법적 효과

국회가 동의를 거부하면 당해 조약이 성립되지 않는다.

Ⅲ. 긴급명령 · 긴급재정경제명령에 대한 승인권

대통령이 긴급명령 · 긴급재정경제명령을 한 때에는 지체 없이 국회에 보고하여 그 승인을 얻어야 한다(제76조 제 3 항). 이 승인제도에 대해서는 대통령의 긴급명령 · 긴급재정경제명령권에 대해서 보면서 함께 살펴본다(후술 대통령 부분 참조).

Ⅳ. 국회규칙제정권

의회의 의사절차에 관한 사항, 그리고 내부의 규율에 관한 사항을 정하는 의회의 자율적인 법규범을 의회규칙이라고 한다. 국회규칙제정권에 대해서는 국회 자율권 부분에서 살펴본다(후술 제7항 참조).

제4항 국회의 재정(財政)에 관한 권한

Ⅰ. 조세법률주의

1. 개념과 기능

조세법률주의란 조세의 종류와 범위, 세율, 절차 등을 사전에 법률로 규정해두어야만 국민에게 조세를 부과할 수 있다는 원칙을 말한다. 조세법률주의는 기본권을 보장하는 기능을 수행한다. 조세는 국민의 재산에서 징수되는 것이고 재산권이라는 기본권을 침해하는 결과를 가져오므로 국민의 기본권에 대한 침해는 국민의 의사인 법률에 의하여야 한다는 원리에 따른 것이다. 법치주의의 조세영역에서의 구현이라고 할 수 있고 조세사항에 대하여 미리 법률에 규정을 두도록 함으로써 예측가능성과 법적 안정성을 부여하고 조세징수를 담당하는 행정청의 자의를 막는 중요한 기능을 수행한다.

2. 적용범위

(1) 조세의 개념

조세란 국가나 지방자치단체가 상응하는 반대급부를 부담하지 않으면서 일방적으로 국민이나 주민에게 그 납부를 요구하며 부과하는 금전을 의미한다. A가 주민센터에서 주민등록등본을 발급받은 데 대해 내는 수수료는 발급업무라는 반대급부가 있으므로 조세가 아니다. 시가 소유하는 건물을 사용한 대가로 지불하는 사용료도 사용이라는 반대급부가 있으므로 조세가 아니다. 국민연금 보험료도 조세가 아니다(99헌마365). 이처럼 조세는 국민의 일방적 금전적 의무이고 국가, 지방자치단체의 반대급부의무가 없다는 점을 가장 큰 특징으로 가진다.

(2) **조세유사적 부담 — 부담금, 특별부담금**

[개념] 부담금이란 특정의 공익사업과 특별한 관계를 가지는 사람에게 그 사업비용의 충당을 위해 부과되는 금전적 납부의무를 말한다(인적 공용부담). 특별부담금이란 특별한 과제를 위한 재정충당을 위해 특정집단으로부터 징수되는 공과금인데 납부의무자가 반드시 그가 받는 특별이익의 범위 안에서 납부의무를 부담하는 것이 아니어서 전통적인 수익자부담금과는 다르다고 본다(97헌바84). 부담금과 특별부담금은 이처럼 특정집단에만 부과된다는 점에서 일반국민에게 부담을 지우는 조세와 구별된다(97헌바84). 그러나 부담금, 특별부담금도 강제적으로 징수된다는 점에서 기본권제한의 정도가 강하므로 법률에 의함은 물론이고 비례(과잉금지)원칙을 준수하여야 하고 평등원칙을 위반해서는 아니 된다.

[부담금의 종류] ① 재정조달목적 부담금(순수하게 재정조달 목적만 가진 것. 예 : 보건의료기관개설자에 대한 손해배상금 대불비용 부담 — 2018헌바504), ② 정책실현목적 부담금[재정조달 목적 + 특정한 사회 · 경제정책 실현 목적을 가진 것. 이에는 다시 유도적 부담금(국민의 행위를 일정한 정책적 방향으로 유도. 예 : 환경개선부담금 — 2019헌바440) 또는 조정적 부담금(특정의무의 이행자와 비이행자 간, 특별이익 얻은 자와 그 외의 사람 간 등 형평성 문제를 조정하는 수단이 되는 경우)으로 양분].

[재정조달목적 부담금의 헌법적 정당화 요건] 헌재는 이 요건으로 다음을 들고 이의 위배 여부를 판단한다. 즉 ① 부담금은 조세에 대한 관계에서 어디까지나 예외적으로만 인정되어야 하며, 어떤 공적 과제에 관한 재정조달을 조세로 할 것인지 아니면 부담금으로 할 것인지에 관하여 입법자의 자유로운 선택권을 허용하여서는 안 된다(즉, 국가 등의 일반적 재정수입에 포함시켜 일반적 과제를 수행하는 데 사용할 목적이라면 반드시 조세의 형식으로 해야 하지, 거기에 부담금의 형식을 남용해서는 안 된다). ② 부담금 납부의무자는 재정조달 대상인 공적 과제에 대하여 일반국민에 비해 '특별히 밀접한 관련성'을 가져야 한다(당해 과제에 관하여 납부의무자 집단에게 특별한 재정책임이 인정되고 주로 그 부담금 수입이 납부의무자 집단에게 유용하게 사용될 때 위와

같은 관련성이 있다). ③ 부담금이 장기적으로 유지되는 경우에 있어서는 그 징수의 타당성이나 적정성이 입법자에 의해 지속적으로 심사될 것이 요구된다(2002헌바42, 2003헌가20, 2007헌가1).

* 위헌결정례 : ① '회원제로 운영하는 골프장 시설의 입장료에 대한 부가금' ― 헌재는 일반 국민에 비해 특별히 객관적으로 밀접한 관련성을 가진다고 볼 수 없는 골프장 부가금 징수 대상 시설 이용자들을 대상으로 하는 것으로서 합리적 이유가 없는 차별을 초래하므로, 헌법상 평등원칙에 위배된다고 결정하였다(2017헌가21). ② 수분양자에 대한 학교용지 부담금 부과의 위헌성[2003헌가20. * 개발사업자에 대한 부과는 합헌이라고 보았다(2007헌가1)], ③ 그 외 학교용지부담금에 대한 헌법불합치결정례(2007헌가9, 2011헌가32, 2013헌가28). ④ '특별부담금'으로 부르면서 위헌으로 본 결정례[교통안전기금 분담금(97헌가8), 문화예술진흥기금(2002헌가2), 텔레비전방송수신료(98헌바70) 등]. ⑤ 부담금 자체가 아니라 그 부담의 금액에 관한 대통령령 위임이 포괄적이라 하여 포괄위임금지원칙 위반으로 헌법불합치결정된 예(보건의료기관개설자에 대한 손해배상금 대불비용 부담, 2018헌바504. [결정요지] 대불비용 부담금액의 산정기준이나 추가 징수의 요건 등에 관하여 대통령령에 규정될 내용의 대강을 예측할 수 없고, 얼마나 부담할 것인지를 행정권의 전적인 재량에 맡긴 것이나 다름없어 그 위임조항 중 '그 금액' 부분은 포괄위임금지원칙에 위배된다. 합헌결정 선례를 판례변경한 것임).

(3) 미실현 이득에 대한 과세

토지초과이득세, 종합부동산세에 대해서는 미실현 이득에 대한 과세라고 하여 헌법위반이라는 주장이 있었다. 그러나 헌재는 미실현 이득에 대한 과세 자체도 과세목적, 과세소득의 특성 등을 고려하여 판단할 입법정책의 문제일 뿐, 헌법상의 조세개념에 저촉되는 것이 아니라고 본다(92헌바49, 2006헌바112).

3. 내 용

조세법률주의는 과세요건·절차법정주의와 과세요건명확성원칙을 그 주요 내용으로 한다.

(1) 과세요건·절차법정주의

과세의 대상(과세물건), 과세표준, 세율, 과세기간 등 과세요건에 관한 사항과 조세의 부과 및 징수 등에 관한 방법과 절차에 관하여 법률로 규정을 두어야 한다는 원칙을 말한다. 헌재는 조세감면특별법이 전부 개정된 경우에는 특별한 사정이 없는 한 종전의 법률 부칙의 경과규정도 실효된다고 보아야 하므로 문제의 부칙조항이 실효되지 않은 것으로 해석하여 과세의 근거로 삼는 것은 과세근거의 창설을 국회가 제정하는 법률에 맡기고 있는 헌법상의 권력분립원칙과 조세법률주의의 원칙에 위배된다고 하는 한정위헌결정을 한 바 있다(2009헌바123, 2009헌바35). 대법원의 판례는 결론이 달랐기에 이 결정을 둘러싸고 논란이 있었다.

(2) 과세요건명확성원칙

과세요건·절차법정주의만 이루면, 즉 과세의 종목과 세율을 단순히 형식적으로 법률로 규정하기만 하면 조세법률주의가 준수되는 것이 아니다. 과세요건이 분명히 인식될 수 있도록 법률이 명확하게 규정되어야 한다. 이를 과세요건명확성원칙이라고 한다. 과세요건이 불명확하면 국민이 사전에 이를 예측하기 어렵고 행정청의 자의가 개입될 소지가 있으므로 실질적인 조세법률주의를 구현하지 못하기 때문에 중요한 원칙이다. 명확성의 정도는 내용이 일의적이면 이상적이겠지만 헌재는 그 내용이 다소 다의적이더라도 해석을 통하여 당해 조세법의 일반이론이나 그 체계 및 입법취지 등에 비추어 그 의미가 분명해질 수 있다면 조세법률주의에 합치된다고 본다(94헌바40).

4. 행정입법에의 위임과 그 한계

경제적 상황이 수시로 변화할 경우 조세사항을 일일이 미리 법률로 정해두기가 쉽지 않을 수 있어 법률이 부득이 하위 행정입법에 조세에 관한 사항을 위임할 필요가 있다. 그러나 불가피하게 위임하더라도 조세가 국민의 재산권이라는 기본권을 제한하는 것이고 조세법률주의가 중요한 헌법적 원칙이므로 헌법 제75조가 규정하는 구체적 위임의 한계를 엄격히 지켜야 한다. 헌재는 다음과 같은 확립된 판례를 제시하고 있다. 즉 법률에 대통령령 등 하위법규에 규정될 내용 및 범위의 기본사항이 가능한 한 구체적이고도 명확하게 규정되어 있어서 누구라도 당해 법률 그 자체로부터 대통령령 등에 규정될 내용의 대강을 예측할 수 있어야 한다. 이 예측가능성 유무는 당해 특정조항 하나만이 아니라 관련 법조항 전체를 유기적·체계적으로 종합판단하여야 하며, 기본권의 직접적 제한·침해소지가 있는 조세법규에서는 구체성, 명확성의 요구가 강화되어 위임요건·범위가 더 엄격하게 제한적으로 규정되어야 한다.

* 조세법의 행정입법이 포괄위임이어서 위헌성이 인정된 예들 : 91헌바1, 96헌바95, 97헌가13, 99헌가2, 2002헌가6, 2004헌가26 등.

Ⅱ. 조세평등주의 등

1. 조세평등주의

조세평등주의는 조세합형평성원칙이라고도 하여 조세부담이 국민들 간에 공평하게 배분될 것을 요구하는 원칙으로서 헌법 제11조의 평등원칙에서 나온다. 조세의 평등한 부과는 실질과세를 요구하고(실질과세의 원칙), 조세평등주의가 국민들 간에 조세부담의 평등을 요구하는 것이므로 담세능력에 상응하여 조세가 부과될 것을 요구한다('응능과세'(應能課稅)의 원칙).

2. 조세의 우선징수

조세는 국가나 지방자치단체가 국가나 지방의 목표를 달성하기 위한 사업과 행정활동에 소요되는 경비를 위한 재원이므로 이의 확보가 필수적이어서 다른 일반 채권들보다 조세채권이 우선징수되게 할 수 있다. 그러나 일반 채권자의 예측가능성을 침해해서는 아니 된다는 한계가 있다(* 조세우선징수에 관한 위헌결정례 : 89헌가95, 92헌가5, 91헌가6. 한정합헌결정례 : 91헌가1, 97헌바8, 98헌바91. 합헌결정례 : 93헌바46, 93헌마83, 94헌바18, 96헌가21).

3. 납세자의 권리의 기본권성 문제

세금과 예산이 적절하고도 타당성 있게 사용되고 그 운용과 집행이 적법하고 투명하며 효율적으로 이루어질 것을 요구할 수 있는 국민의 권리가 기본권으로서 인정되는가가 논란된다. 헌재는 이와 같은 의미의 납세자의 권리를 기본권으로 보지 않는다(2005헌마579).

Ⅲ. 예산안심의 · 확정권과 결산심사권

국회는 국가의 예산안을 심의 · 확정하고(제54조 제 1 항), 감사원의 결산검사에 대한 결과보고를 받는다(제99조).

1. 예산의 개념과 성격

(1) 개　　념

국가예산이란 한 국가에서 하나의 회계연도(1년) 동안 국가의 활동을 위하여 필요한 비용을 충당하기 위한 수입(세입)과 그 비용의 지출(세출)에 관하여 미리 정하고 편성하여 의회의 의결을 받아 설정되는 예정준칙을 말한다.

(2) 성　　격

예산도 하나의 법률로 정해두는(예산법률주의) 나라도 있고, 예산을 법률이 아닌 독자적 형식으로 정하는(예산비법률주의) 나라들도 있다. 우리나라는 예산비법률주의를 취하고 있다. 이 때문에 우리나라에서의 예산이 가지는 법적 성격에 대해서는 의견이 나누어질 수 있다. 훈령설(국가원수가 내리는 훈령이라는 설), 승인설(정부의 세출을 국회가 승인하는 행위라는 설), 법규범설(법률은 아니나 하나의 법규범이라는 설), 법률설(예산도 하나의 법률이라는 설) 등이 있다. 예산도 수입과 지출의 범위(금액), 예산지출의 목적 · 시기 등에 관한 준칙을 정한 것이고 이를 국가기관들이 준수하여야 하므로 법적 구속력을 가진다는 점에서 아래에서 보듯이 법률과는 차이가 있으나 하나의 법규범으로서의 성격을 가진다(법규범설).

2. 예산과 법률

(1) 예산과 법률의 차이

① 형식상 차이 — 형식상 예산은 법률의 형식이 아닌 독자적 형식의 법규범이다. ② 편성권 · 제출권자와 제출시기의 차이 — 예산안은 정부만이 편성권과 제출권을 가지는 반면 법률안은 정부뿐 아니라 국회의원도 발의권을

가진다. 예산안은 회계연도 개시 90일 전까지 국회에 제출하여야 하고, 법률안은 제출시기에 관하여 헌법상 특별한 제한이 없다. ③ 수정가능성, 재의요구권(거부권) 유무의 차이 — 예산의 삭감은 정부의 동의가 없어도 국회가 스스로 결정할 수 있으나 국회는 정부의 동의없이 정부가 제출한 지출예산 각항의 금액을 증가하거나 새 비목을 설치할 수 없다(제57조). 법률안에 대해서는 삭제와 새로운 규정의 추가도 정부의 동의 없이 할 수 있다. 예산안에 대한 국회의결에 대해서는 대통령이 재의요구권(거부권)을 가지지 않으나, 법률안에 대해서는 가진다. ④ 효력상의 차이 — 예산은 국회의 의결로 효력을 발생하나, 법률은 특별한 규정이 없는 한 국회의 의결 후 공포한 날로부터 20일을 경과함으로써 효력을 발생한다(제53조 제7항). 예산은 1년간 효력을 가지나, 법률은 한시법이 아닌 한, 그리고 개정이나 폐지가 되지 않는 한 계속적으로 적용된다. ⑤ 수범자의 차이 — 예산은 국가기관들만을 구속하는 반면에 법률은 국가기관들과 국민들 모두에 대해서 구속력을 가지는 것이 원칙이다. ⑥ 헌법소원대상성부정 — 헌재도 "예산도 일종의 법규범이고 법률과 마찬가지로 국회의 의결을 거쳐 제정되지만 예산은 법률과 달리 국가기관만을 구속할 뿐 일반국민을 구속하지 않는다"라고 하고 따라서 헌법소원의 대상이 되지 아니한다고 한다(2006헌마409; 2020헌마389등).

(2) 예산과 법률의 관계 및 불일치 문제

예산과 법률의 관계를 보면, 예산과 법률은 각각 별개의 법규범형식이기도 하거니와 상호 간에 그 변경을 가할 수 없다(상호변경금지관계). 그런데 예산이 소요되는 법률이 있더라도 예산에 그 비용이 계상되어 있지 않으면 법률시행을 할 수 없고 예산이 마련되어 있더라도 이의 지출을 명하는 법률이 없으면 지출할 수 없다(상호구속관계). 이 때문에 예산과 법률이 일치하지 않을 경우에 문제가 발생한다. 이를 막기 위한 사전적 조치로 상임위원회는 안건이 예산상의 조치를 수반하는 경우에는 정부의 의견을 들어야 하며, 필요하다고 인정하는 경우에는 의안의 시행에 수반될 것으로 예상되는 비용에 관하여 국회예산정책처의 의견을 들을 수 있게 하며(국회법 제58조 제7항), 법률안 제출에 있어 그 시행에 수반될 것으로 예상되는 비용 추계서 등을 함께 제출하도록 하고(동법 제79조의2),

상당한 규모의 예산을 수반하는 법률안을 심사하는 소관위원회는 미리 예산결산특별위원회와의 협의를 거치도록 하고 있다(동법 제83조의2 제 1 항). 사후교정적 조치로는 예비비지출, 추가경정예산에 의한 방법이 있다.

3. 예산의 종류와 원칙

예산에는 본예산과 추가경정예산(제56조), 준예산(임시예산) 등이 있다. 예산의 원칙에 관하여 국가재정법이 규정을 두고 있는데 1년예산주의, 회계연도 독립의 원칙, 예산총계주의, 단일회계원칙, 목적전용금지원칙 등이 있다.

4. 예산의 성립절차

정부는 회계연도마다 예산안을 편성하여 회계연도 개시 90일 전까지 국회에 제출하여야 한다(제54조 제 2 항 전반). 정부의 예산안은 국무회의의 심의를 거쳐야 한다(제89조 제 4 호). 헌재는 기획재정부장관의 예산편성 행위는 헌법 제54조 제 2 항, 제89조 제 4 호, 국가재정법 제32조, 제33조에 따른 것으로서, 이는 국무회의의 심의, 대통령의 승인 및 국회의 예산안 심의·확정을 위한 전 단계의 행위로서 국가기관 간의 내부적 행위에 불과하고, 국민에 대하여 직접적인 법률효과를 발생시키는 행위라고 볼 수 없으므로 헌법소원의 대상이 되는 '공권력의 행사'에 해당하지 않는다고 판시하였다(2016헌마383. 사안은 세월호 피해자들이 세월호 특조위의 활동기간이 만료되는 시점은 2017. 2. 4.인데도 2016년도 정부 예산안을 편성함에 있어 세월호진상규명법을 자의적으로 해석하여 특조위 예산을 2016. 6. 30.분까지만 편성함으로써, 청구인들의 인간으로서의 존엄과 가치, 행복추구권 및 알 권리 등을 침해하였다고 하여 제기된 헌법소원심판사건이었다). 제출된 예산안은 소관 상임위원회에 회부되고, 소관 상임위원회는 예비심사를 하여 그 결과를 의장에게 보고하는데 본회의에서 예산에 대해 정부의 시정연설을 듣는다(국회법 제84조 제 1 항). 의장은 예산안과 결산을 소관 상임위원회에 회부할 때에는 심사기간을 정할 수 있으며, 상임위원회가 이유 없이 그 기간 내에 심사를 마치지 아니한 때에는 이를 바로 예산결산특별위원회에 회부할 수 있다(동법 동조 제 6 항). 의장은 소관 상임위원회의 심사 이후 예산안을 예산결산특별위원회에 회부하고 예산결산특별위원회의 예산안의 심사에서는 제안설명과 전문위원의 검토보고를 듣고 종합정책질의, 부별심사 또는 분과위원회심사 및 찬반토론을 거쳐 표결한다(동법 동조 제2항 · 제3항). 의장은 예산결산특별위원회의 심사가 끝난 후 본회의에 부의하여 의결로 확정한다. 국회는 이러한 과정을 거쳐 회계연도 개시 30일 전까지 예산안을 의결하여야 한다(제54조 제2항).

* 예산안 본회의 자동부의제도 : 예산안이 자주 시한을 넘겨 의결되곤 하였는데 이를 막기 위해 국회법은 이른바 국회선진화제도의 하나로 예산안 본회의 자동부의제도 규정을 두고 있다. 즉 위원회는 예산안 등과 세입예산안 부수 법률안의 심사를 매년 11월 30일까지 마쳐야 하는데 위원회가 예산안 등과 세입예산안 부수 법률안에 대하여 이 기한 내에 심사를 마치지 아니한 때에는 그 다음 날에 위원회에서 심사를 마치고 바로 본회의에 부의된 것으로 본다(동법 제85조의3 제1항 · 제2항). 이 규정의 압박으로 2014년에 2015년도 예산안은 시한 내 의결되었다. 그러나 이후 조금씩 시한을 넘겨오곤 했다.

5. 계속비, 예비비, 준예산(임시예산)

계속비란 여러 해에 걸쳐 계속하여 지출이 소요되어 이를 예정하여 예산에 계상하는 비용을 말한다. 계속비는 1년예산주의에 대한 예외가 된다. 이는 대규모의 국가사업이 국회의결을 받지 못하여 예산의 집행이 이루어질 수 없어 중단되는 것을 막기 위한 제도이다. 헌법은 한 회계연도를 넘어 계속하여 지출할 필요가 있을 때에는 정부는 연한을 정하여 계속비로서 국회의 의결을 얻어야 한다고 하여(제55조 제1항) 계속비에 대해 국회의 사전의결을 의무로 하고 있다.

예비비란 예산안의 편성, 제출, 의결과정에서 예측하지 못한 경비의 지출에 대비하기 위한, 예산에 포함된 비용을 말한다. 정부는 일반회계 예산총액의 100분의 1 이내의 금액을 예비비로 세입세출예산에 계상할 수 있다(국가재정법 제22조 제1항 본문). 예비비는 총액으로 국회의 의결을 얻어야 하고 예비비의 지출은 차기국회의 승인을 얻어야 한다(제55조 제2항).

국회에서 새로운 회계연도가 시작되기 전까지 예산을 확정하지 못하는 경우에 국가활동에 마비가 올 수 있고 이에 대한 대비로서 준예산(임시예산)제도가 있다. 우리 헌법 제54조 제3항은 “새로운 회계연도가 개시될 때까지 예산안이 의결되지 못한 때에는 정부는 국회에서 예산안이 의결될 때까지 다음의 목적을 위한 경비는 전년도 예산에 준하여 집행할 수 있다"라고 규정하여 준예산제도를 두고 있다. 헌법이 그 목적을 "1. 헌법이나 법률에 의하여 설치된 기관 또는 시설의 유지·운영, 2. 법률상 지출의무의 이행, 3. 이미 예산으로 승인된 사업의 계속"이라고 직접 명시하고 있다(동조 동항). 준예산은 예산의결시까지만 집행될 수 있다.

6. 결산심사권

결산이란 하나의 회계연도에서의 국가의 확정된 세입과 세출의 실적계수를 나타내는 행위를 말한다. 헌법은 "감사원은 세입·세출의 결산을 매년 검사하여 대통령과 차년도 국회에 그 결과를 보고하여야 한다"라고 규정하여(제99조) 국회는 보고된 감사원의 결산검사에 대한 심사를 행한다. 국가재정법은 정부는 감사원의 검사를 거친 국가결산보고서를 다음 연도 5월 31일까지 국회에 제출하여야 한다고 규정하고 있다(국가재정법 제61조). 국회에 제출된 결산에 대한 심사절차는 국회법에 규정되어 있다(국회법 제84조). 국회는 결산에 대한 심의·의결을 정기회 개회 전까지 완료하여야 한다(동법 제128조의2). 결산의 심사결과 위법하거나 부당한 사항이 있는 경우에 국회는 본회의 의결 후 정부 또는 해당 기관에 변상 및 징계조치 등 그 시정을 요구하고, 정부 또는 해당 기관은 시정 요구를 받은 사항을 지체 없이 처리하여 그 결과를 국회에 보고하여야 한다(동법 제84조 제2항 후문).

Ⅳ. 그 외 재정에 관한 권한

1. 기채의결권(起債議決權)

정부가 국채를 모집하려고 할 때에는 미리 국회의 의결을 얻어야 한다(제58조). 국채는 국가재정의 세입부분이 부족하여 이를 보충하기 위한 채무이다. 국채의 모집은 국가재정의 악화를 초래할 수 있고 국민의 부담이 될 수 있으므로 국회의 통제가 필요하다. '미리'라고 규정하고 있으므로 사전의결이어야 한다.

2. 예산 외 국가부담부계약에 대한 의결권

예산 외에 국가의 부담이 될 계약을 체결하려 할 때에는 정부는 미리 국회의 의결을 얻어야 한다(제58조). 예를 들어 국가보증행위 등이 해당된다. 역시 사전의결이어야 한다.

3. 중대한 재정적 부담의 조약체결 · 비준동의권

국회는 국가나 국민에게 중대한 재정적 부담을 지우는 조약의 체결 · 비준에 대한 동의권을 가진다(제60조 제1항). 국가의 재정악화와 국민의 기본권침해가 올 수 있으므로 국회의 통제가 필요하여 인정되는 국회통제권이다. 역시 사전동의권이다.

4. 긴급재정경제명령 · 처분에 대한 승인권

재정 · 경제상의 위기에 있어서 대통령이 발하는 긴급재정경제명령 · 처분을 대통령이 한 때에는 지체없이 국회에 보고하여 그 승인을 얻어야 한다. 승인을 얻지 못한 때에는 그 처분 또는 명령은 그때부터 효력을 상실한다(제76조 제3항 · 제4항). 이는 사후승인이다.

제5항 헌법기관구성과 주요 공무원의 임명에 관한 권한

Ⅰ. 권한의 본질적 기능

국회는 헌법기관의 구성원을 선출하거나 임명에 동의를 함으로써 헌법기관의 구성에 관한 권한을 가진다. 이 권한은 다음의 기능과 의미를 가진다. ① 민주적 정당성 부여 — 이 권한은 국회가 국민의 대표자이므로 국회에 의한 선출 · 동의란 곧 국민대표자에 의한 헌법기관의 선출과 구성에 대한 국민의 승인이라고 볼 수 있다는 점에서 그에 의하여 구성되는 헌법기관의 민주적 · 헌법적 정당성을 부여한다는 본질적 기능과 의미를 가진다. ② 통제의 기능 —

임명동의권은 임명권자, 임명되는 기관(기관구성자)에 대한 견제적·통제적 기능을 가지는 것이기도 하다.

Ⅱ. 내 용

1. 선 출 권

대통령은 국민의 직접선거에 의하여 선출하나 그 직접선거에 있어서 최고득표자가 2인 이상인 때에는 국회의 재적의원 과반수가 출석한 공개회의에서 다수표를 얻은 자를 당선자로 선출한다(제67조 제 2 항). 국회는 헌법재판소의 3인의 재판관을 선출하고(제111조 제 3 항), 중앙선거관리위원회의 3인 위원을 선출한다(제114조 제 2 항).

2. 동 의 권

(1) 동의 대상

국회는 헌법재판소장, 대법원장과 대법관의 임명에 대한 동의권을 가진다(제111조 제 4 항, 제104조 제 1 항·제 2 항). 대법관의 경우 대법원장의 제청이 요구된다(법원조직법은 대법관후보추천위원회 추천제도를 두고 있다. 후술 사법부 참조). 국회동의의 의미는 국민으로부터 직선되지 않는 헌법재판소장, 최고법원의 수장과 구성원에 대해 국민에 의해 직선된 국회의 동의를 통하여 민주적 정당성을 부여하려는 데에 있다. 대법원장, 대법관으로서의 자질을 보유하였는지에 대한 검증과 더불어 대통령의 임명에 대한 통제라는 의미도 있다.

국무총리는 국회의 동의를 얻어 대통령이 임명한다(제86조 제 1 항).

감사원장은 국회의 동의를 얻어 대통령이 임명한다(제98조). 감사원은 더구나 대통령에 소속되어 있어서(제97조) 국회가 감사원장의 임명에 관여함으로써 자질 있는 사람인지의 검증을 통해 감사원의 독립성과 중립성의 확보를 가져오게 하고 감사원의 민주적 정당성을 부여하는 의미를 가진다.

(2) 비동의 대상

헌법재판관 중 대통령이 임명하거나 대법원장이 지명하는 6인의 헌법재판관, 6인의 중앙선거관리위원회 위원은 그 지명, 선출, 임명에 있어서 국회의 동의대상이 아니다(국회의 청문회 대상이긴 하다). 중앙선거관리위원회의 위원장, 감사위원 등도 동의대상이 아니다.

3. 인사청문권

국회의 인사청문절차는 주요 헌법기관이나 중앙기관을 구성하는 공무원 후보자에 대하여 그 권한업무를 충실히 수행할 수 있을 것인지에 대해 국민의 대표자인 국회가 그 자질을 검증하는 기능을 수행한다. 인사청문의 대상은 헌법상 국회가 선출하거나 임명에 동의권을 행사하는 공무원 후보들과 법률이 대상으로 정한 공무원 후보들이다. 그것에 따라 인사청문권의 유형은 다음의 2가지로 나누어진다.

(1) 국회가 선출하거나 임명동의를 하는 대상인 공무원 후보자의 경우

이 후보자들에 대해서는 인사청문특별위원회에서 청문을 실시한다. '대통령직인수에 관한 법률' 규정에 의하여 대통령당선인이 국무총리후보자에 대한 인사청문의 실시를 요청하는 경우에도 그러하다(국회법 제46조의3 제1항).

(2) 법률로 국회의 인사청문 대상으로 규정된 공무원 후보자의 경우

① 대상 — ㉠ 대통령이 각각 임명하는 헌법재판소 재판관 · 중앙선거관리위원회 위원 · 국무위원 · 방송미디어통신위원회 위원장 · 국가정보원장 · 공정거래위원회 위원장 · 금융위원회 위원장 · 국가인권위원회 위원장 · 국세청장 · 검찰총장 · 경찰청장 · 합동참모의장 · 한국은행 총재 · 특별감찰관 또는 한국방송공사 사장의 후보자, ㉡ 대통령당선인이 '대통령직인수에 관한 법률' 제5조 제1항에 따라 지명하는 국무위원후보자, ㉢ 대법원장이 각각 지명하는 헌법재판소 재판관 또는 중앙선거관리위원회 위원의 후보자이다(국회법 제65조의2 제2항). ② 담당위원회 — 위 후보자들에 대해서는 (1)의 경우와 달리 소관 상임위원회가 인사청문을 행한다(동법 동조 제2항). 상임위원회가 구성되기 전에는 국회법 제44조 제1항에 따라 구성되는 특별위원회에서 실시할 수 있다(동법 동조 제3항). ③ 법적 구속력 문제 — 이 경우 국회가 선출권, 동의권을 가지지 않으므로 인사청문의 법적 구속력이 문제된다. 헌재는 대통령은 상임위원회의 인사

청문회의 견해를 수용해야 할 의무를 지지는 않는다고 본다(2004헌나1).

제6항 국회의 국정통제에 관한 권한

Ⅰ. 서 설

1. 통제권의 의의와 기능

국회가 집행부, 사법부 등 다른 국가기관들의 활동을 감시하고 위법적인 활동에 대하여 제재를 가하며 이를 시정하도록 이끌어가는 권한을 국정(국가활동)통제권이라고 한다. 국회의 국정통제권의 정당성의 근원은 국회가 국민에 의해 직선된 대표기관이라는 점에 있다.

국회의 국정통제권의 기능은 우선 ① 국가기관 간 상호 견제하는 권력분립원칙의 구현을 위한 것이다. ② 국회에서의 입법이나 정책결정을 위한 사전적 조사의 의미를 가질 수 있다. 각종 청문회나 국정조사와 같은 경우가 그러한 기능을 수행한다. ③ 통제권의 제도들 중에는 견제효과라는 소극적 의미뿐만 아니라 국회의 정부에 대한 협력의 효과를 가져오는 제도도 있다. 예를 들어 각종 동의·승인권은 국회의 정부활동에 대한 통제라는 기능을 가지면서도 법적 효력을 완성하는 기능을 가져 협력의 기능도 한다.

2. 고찰체계

종래 국회의 국정통제권에 관해서는 '대정부'(對政府) 견제권이라고 분류하여 살펴보고 있으나 우리 헌법조문은 '정부'를 대통령과 행정부를 지칭하고 있으므로 그 외 국가기관들에 대한 통제를 포함하지 못한다. 아래에서는 먼저 대정부 통제권을 보고(Ⅱ, Ⅲ, Ⅳ), 다음으로 모든 국가기관에 공통되는 통제권으로서 국정감사·조사권, 탄핵소추권에 대해 살펴본다(Ⅴ, Ⅵ). 앞서 해당 부분에서 살펴본 국회의 입법권, 재정에 관한 권한, 인사에 관한 권한 등도 여러 국가기관들에 대한 견제의 기능을 한다.

Ⅱ. '정부'에 대한 통제

대통령과 행정부 모두에 대한 통제권으로서, ① 정부의 입법적 활동에 대한 통제를 들 수 있다. 국회는 정부가 제출한 법안(제52조)에 대해 법률제정·개정심의·의결을 통해 정부의 입법적 행위에 대한 통제를 한다. ② 정부의 재정적 활동에 대한 통제를 들 수 있다. 정부가 편성·제출한 예산안(제54조 제2항)과 추가경정예산안에 대한 심의·확정권(제54조 제1항), 예비비의 지출에 대한 차기국회의 승인권(제55조 제2항)을 행사함으로써 정부의 재정행위를 통제한다. 앞서 본 국회의 기채의결권, 예산 외 국가부담부계약에 대한 의결권(제58조)도 재정적 통제이다. ③ 정부의 조직·운영에 관한 의원발의의 법률제·개정, 정부 관련 예산안에 대한 심의·확정권을 통해 정부를 통제할 수 있다.

Ⅲ. 대통령에 대한 통제

1. 인사권(人事權)에 대한 통제

대통령제를 기본적인 정부형태로 하면서도 국무총리제를 두고 대통령의 국무총리임명에 대하여 국회의 동의를 거치도록 하고 있다(제86조 제1항). 이는 의원내각제적 요소라고 볼 것이다. 이 통제권은 대통령의 조각권(내각구성권)에 대한 통제권이자 내각 전체에 대한 통제권으로서의 성격을 가진다. 대통령이 내각의 구성원인 국무위원을 임명함에 있어서 국무총리의 제청이 필수적이기(제87조 제1항) 때문이다. 국무총리 외에도 헌법재판소장, 대법원장, 대법관, 감사원장에 대한 대통령의 임명에 있어서 국회의 동의를 받아야 한다(제111조 제4항 등).

2. 입법과 예산에 관한 권한에 대한 통제

위의 정부에 대한 통제권에서 이미 살펴보았지만, 입법과 예산에 관한 정부의 권한행사에 대한 국회의 통제는 대통령에 대한 통제이기도 하다. 법률안제출권, 예산안편성·제출권의 권한주체는 '정부'이지만 대통령이 정부의 수반이기(제66조 제4항) 때문이다. 대통령의 법률안거부권(재의요구권)의 행사에 대해서도 국회가 재의결로 통제할 수 있다(제53조 제4항).

3. 승인 · 동의 · 요구제도

국회는 대통령이 발한 긴급명령 · 긴급재정경제명령 · 긴급재정경제처분에 대한 승인권(제76조 제3항)을 가진다.

국회는 ① 대통령의 헌법재판소장 · 대법원장 · 대법관 · 국무총리 · 감사원장 등 임명에 대한 동의권(제111조 제4항 등), ② 대통령의 일반사면권행사에 대한 동의권(제79조 제2항), ③ 대통령이 체결하는 중요조약의 체결 · 비준에 대한 동의권(제60조 제1항), ④ 선전포고, 국군의 외국에의 파견 또는 외국군대의 대한민국 영역 안에서의 주류에 대한 동의권(제60조 제2항) 등을 갖는다.

요구권으로서는 비상계엄에 대한 해제요구권을 들 수 있다(제77조 제5항. 헌재는 대통령이 2024. 12. 3.에 행한 위헌적 계엄선포 당시 대통령(피청구인)이 군경을 투입하여 국회의장 및 국회의원들이 국회에 자유롭게 출입하는 것을 방해하는 한편 이들을 끌어내라고 지시한 것, 그리고 계엄사령관으로 하여금 국회의 활동을 금지하는 포고령을 발령하게 한 것은 국회에 계엄해제요구권을 부여한 헌법 제77조 제5항을 위반한 것이라고 판시했다. 2024헌나8).

4. 대통령에 대한 탄핵소추

대통령이 그 직무집행에 있어서 헌법이나 법률을 위배한 때에는 국회는 탄핵의 소추를 의결할 수 있다(제65조 제1항). 대통령에 대한 탄핵소추는 공통적인 통제제도로 후술한다.

5. 국무총리 등에 대한 해임건의권

국무총리 등에 대한 해임건의를 통해 국회는 대통령과 행정부를 견제할 수 있다. 국무총리 등에 대한 해임건의권에 관해서는 행정부에 대한 통제 부분에서 후술한다.

Ⅳ. 행정부(국무총리 · 국무위원)에 대한 통제

1. 국무총리 · 국무위원의 국회출석 · 답변의무

국회나 그 위원회의 요구가 있을 때에는 국무총리 · 국무위원 또는 정부위원은 출석 · 답변하여야 하며, 국무총리 또는 국무위원이 출석요구를 받은 때에는 국무위원 또는 정부위원으로 하여금 출석 · 답변하게 할 수 있다(제62조 제2항). 이 제도는 의원내각제적 성격의 제도로서 출석 · 답변은 국무총리 · 국무위원의 의무이자 권한이기도 하다(제62조 제1항). 그 기능은 통제기능 외에 정보수집적 기능, 국민의 알 권리를 보장하는 기능 등을 가진다. 이는 본회의뿐 아니라 위원회에 대해서도 지는 의무이고 질문유형이나 방식에 대해서는 앞서 의사절차에서 살펴본 바 있다. 출석에 응하지 않으면 탄핵소추와 해임건의의 사유가 된다.

2. 국무총리 · 국무위원해임건의권

(1) 의의와 성격

헌법 제63조 제1항은 국회는 국무총리 또는 국무위원의 해임을 대통령에게 건의할 수 있다고 하여 국무총리 등의 해임건의권을 규정하고 있다. 이는 국무총리나 국무위원의 직을 강제적으로 그만두게 할 것을 대통령에게 요구하는 국회의 통제권이다.

해임건의권의 성격은 ① 권력분립적 견제권한이다. 국가정책을 집행하는 행정부에 대하여 국회가 비판과 통제를 가한다. ② 해임건의권은 행정부의 책임을 추궁하는 제도이다. 이 점에서는 의원내각제적 성격을 가진 제도이다. 이는 해임건의권제도가 내각불신임제도와 동일하다는 것은 아니나 내각에 대해 책임을 물을 수 있는 제도라는 점에서 의원내각제적 성격이 있다는 의미이다. ③ 국회 앞에서의 책임을 별로 지지 않는 대통령에 대해 견제하는 기능을 하는 의미도 있다.

(2) 해임건의의 사유

헌법은 해임건의의 사유를 적시하지 않고 있으므로 해임건의사유는 넓고 포괄적이다. 헌법이나 법률에 위반한 직무행위뿐 아니라 위법행위는 아닐지라도 정책적 결정·선택과 판단상의 과오, 무능력, 대통령에 대한 보필에서의 미숙, 실정 등도 그 사유가 될 수 있다. 즉 법적 책임이 아닌 정치적 책임을 묻기 위한 해임건의의 발의도 가능하다. 이 점이 위헌·위법의 직무행위만을 그 사유로 하는 탄핵소추의 경우와 다르다.

(3) 절차와 정족수

해임건의안이 발의된 때에는 의장은 그 해임건의안이 발의된 후 처음 개의하는 본회의에 이를 보고하고, 본회의에 보고된 때로부터 24시간 이후 72시간 이내에 무기명투표로 표결한다. 이 기간 내에 표결하지 아니한 때에는 그 해임건의안은 폐기된 것으로 본다(국회법 제112조 제 7 항).

해임건의는 국회재적의원 3분의 1 이상의 발의에 의하여 국회재적의원 과반수의 찬성이 있어야 한다(제63조 제 2 항). 신중을 기하도록 가중된 정족수로 하고 있다.

(4) 해임건의의 효과

1) **문 제 점** 국회의 해임건의가 있으면 대통령이 반드시 이에 따라 해임을 하여야 하는가가 논란되고 있다. 제 3 공화국 헌법에서는 "건의가 있을 때에는 대통령은 특별한 사유가 없는 한 이에 응하여야 한다"라고 하여(제 3 공화국 헌법 제59조 제 3 항) 구속력을 명시하고 있었는데 현행 헌법에는 이러한 명시 규정이 없어서 논란되고 있다.

2) **학설과 판례** 이 문제에 대해 학설은 부정설(정치적 책임설 — 해임건의가 의결되더라도 정치적 책임을 질 뿐이고 대통령은 이에 따르지 않아도 된다는 견해)과 긍정설(법적 구속설 — 대통령은 국회의 해임건의의 의결이 있으면 이에 반드시 따라야 한다는 견해)이 대립되고 있다.

헌재는 "국회의 해임건의는 대통령을 기속하는 해임결의권이 아니라, 아무런 법적 구속력이 없는 단순한 해임건의에 불과하다"라고 하여(2004헌나1, 2024헌나6) 부정설의 입장에 있다.

3) **사 견** 다음과 같은 이유로 해임건의의 의결은 대통령에 대한 구속력을 가진다. ① 우리 헌법상의 국가권력 구도 전반에서의 체계조화적 헌

법해석이 필요한데 현행 헌법에서의 대통령의 권한은 전형적인 대통령제에서의 대통령의 권한에 비해 강하기에 권력균형을 잡아주는 통제권으로서 해임건의권이 자리잡고 있으므로 이에 대한 법적 구속력을 인정하여야 한다. ② 우리나라의 정부형태는 대통령제에 의원내각제적 요소가 다소 가미되었다고 보는 견해가 많고 이 해임건의제도를 그러한 의원내각제적 요소로 본다. 물론 해임건의제가 의원내각제의 내각불신임제와 동일한 것이라는 의미는 아니지만 해임건의도 행정부에 대한 책임을 묻는 제도라는 점에서 의원내각제적 요소라면 법적 구속력이 있다고 보아야 한다. 부정론 중에는 정부형태론에서 해임건의제도를 우리나라에서의 의원내각제적 요소라고 하면서도 여기서는 대통령에 대한 구속력이 없다고 보는 견해가 있는데 이는 논리적 일관성을 결여한 것이다. ③ 헌재는 “대통령에게 국회해산권을 부여하고 있지 않는 현행 헌법상의 권력분립질서와도 조화될 수 없다”라고 하는 것을 중요한 논거로 한다. 그러나 국회해산제도를 전제하지 않고도 책임정치 구현을 위하여 대통령과 행정부에 대한 통제를 하는 국회의 해임건의제도를 둘 수 있기에 설득력이 약하다. ④ 정치적 책임제도에 불과하다면, 해임건의제도가 헌법에 명시되어 있지 않더라도 국회가 일반 의결정족수인 출석의원 과반수의 찬성으로도 더 쉽게 해임건의를 할 수 있을 것인데 현행 헌법이 특별히 해임건의제도를 명시하고 그것도 가중정족수로 의결하도록 하고 있는 점을 이해할 수 없게 된다.

4) **연대책임의 문제** 국무총리에 대한 해임건의가 있는 경우에 다른 내각구성원인 국무위원들도 함께 해임되어야 하는가 하는 연대책임의 문제가 있다. 현행 헌법에서 국무총리는 ① 대통령을 보좌하며, ② 국무총리가 행정각부를 통할하는 권한을 가지나 행정에 관하여 “대통령의 명을 받아” 행정각부를 통할하는 지위에 있고(제86조 제2항) ③ 의원내각제의 수상에 비해 내각구성원에 대한 권한이 약하다는 점에서 의원내각제에서의 내각불신임제가 가지는 연대책임을 인정하기는 어렵다(개별책임론).

3. 서면질문제도

위에서 본 대로 국무총리·국무위원의 국회출석·답변의무를 통한 통제가 있지만 출석 없이 서면질문을 통한 정부통제도 이루어질 수 있다(국회법 제122조).

4. 국무총리 · 국무위원 · 행정각부의 장에 대한 탄핵소추

국무총리 · 국무위원 · 행정각부의 장이 그 직무집행에 있어서 헌법이나 법률을 위배한 때에는 국회는 탄핵의 소추를 의결할 수 있다(제65조 제1항). 탄핵소추제는 공통적인 통제제도로 후술한다.

Ⅴ. 국정감사권 · 국정조사권

헌법 제61조 제1항은 "국회는 국정을 감사하거나 특정한 국정사안에 대하여 조사할 수 있으며, 이에 필요한 서류의 제출 또는 증인의 출석과 증언이나 의견의 진술을 요구할 수 있다"라고 규정하여 국정감사 · 조사권을 규정하고 있다.

1. 의의와 기능 및 적용법률

국정감사제도란 국가기관 등이 국가작용 등을 적법하고도 적정하게 수행하고 있는지에 대하여, 그리고 국회의 입법, 재정통제(예산심의 등)에 필요한 자료를 수집하기 위하여 국정전반에 걸쳐 매년 국회가 감시하고 조사하는 제도를 말한다. 국정조사제도란 국정과 관련한 특정한 사안이 발생하여 그 진상의 규명이 필요한 경우에 그리고 위와 같은 목적으로(통제와 자료수집) 국회가 실시하는 조사를 말한다.

국정감사 · 국정조사의 기능으로는 ① 국정통제기능, ② 정보기능(국회의원들이 입법, 예산심의 등을 위하여 필요한 관련 준비자료를 획득하기 위한 기회로 활용), ③ 보조기능(②의 기능은 국정감사와 조사제도가 보조기능으로서도 시행된다는 것을 의미), ④ 국민의 알 권리의 보장기능 등이 있다.

국정감사 및 조사에 관한 절차 기타 필요한 사항은 법률로 정하는데(제61조 제2항) 그 법률이 '국정감사 및 조사에 관한 법률'(이하 '국감법'이라고 함)이다. 국회법은 국정감사나 국정조사를 위한 증언 · 감정 등에 관한 절차는 다른 법률이 정하는 바에 따른다고 규정하고 있는데(국회법 제129조 제3항) 이에 따라 제정된 법률이 '국회에서의 증언 · 감정 등에 관한 법률'(이하 '증감법'이라고 함)이다. 따라서 국정감사와 국정조사에 관해서 국회법, 국감법, 증감법이 주로 적용된다.

2. 국정감사 · 국정조사의 성격

(1) 본 질

1) 독자성 여부 국정감사와 국정조사가 국회의 활동들 중에 하나의 독자적인 활동으로 독립된 기능을 가지는지 아니면 국회의 본연의 임무를 보조하는 성격을 가지는 것에 불과한지 하는 문제가 있다. ① 독립적 기능설, ② 보조적 기능설, ③ 분리설(국정감사는 독립적 기능을 가지고 국정조사는 보조적 기능을 가진다고 보는 설), ④ 복합설(국정감사와 국정조사 각각이 경우에 따라 독립적 기능 또는 보조적 기능을 수행한다고 보는 설) 등이 있을 수 있다. 생각건대 국정감사나 국정조사 모두 국정통제권으로서 기능하고 국정통제권이 국회의 본래의 권한이기에 독립적 기능을 양 제도 모두 수행한다고 볼 것이다. 다른 한편으로는 양 제도가 국회의 또 다른 본무인 입법과 예산심의 등의 활동을 위하여 필요한 자료의 수집이나 사전준비의 기능을 수행하는 경우에는 보조적 기능을 행하는 성격의 제도로 볼 수 있다. 요컨대 복합설이 타당하다.

2) 국정조사의 고유성 국정조사는 위에서도 살펴본 바 있지만 오늘날 국정통제라는 의회의 본질적 활동을 이루는 것으로서 의회주의의 불가결한 제도이다. 따라서 국정조사는 헌법에 명시적인 근거조문이 있는지와 상관없이 국회 고유의 본질적인 권한으로서의 성격을 가진다. 이 때문에 헌법조문에 규정이 없던 시절에도(제 1 공화국에서 제 4 공화국까지) 국정조사제도가 당연한 것으로 받아들여졌고 실제 국회의 특별조사 등으로 실시되었으며 국회법에 자리잡게 되기도 하였다.

(2) 국정감사와 국정조사 간의 차이

국정감사제도는 국정전반을 그 대상으로 하고 매년 실시되는 반면에 국정조사제도는 국정의 특정사안에 대해, 그리고 부정기적이고 수시로 실시될 수 있다는 점에서 양자의 차이가 있다. 요컨대 ① 대상에 있어서 국정감사는 전반성 · 포괄성 · 일반성을, 국정조사는 특정성 · 한정성 · 중점성을 가지고, ② 시기에 있어서 국정감사는 필수적으로 매년 실시되는 것인 반면에 국정조사는 수시적 · 부정기적이라는 점에서 차이가 있다.

3. 활동주체와 그 구성

헌법 제61조 제1항은 '국회'를 국정감사·조사를 하는 주체로 규정하고 있다. 그러나 국회 전체가 활동할 수는 없고 실제의 활동주체는 위원회인데 국감법은 국정감사의 경우와 국정조사의 경우를 달리하여 규정하고 있다. 즉 국정감사는 소관 상임위원회별로, 국정조사는 특별위원회를 구성하여 행하거나 또는 상임위원회가 행한다(국감법 제2조 제1항, 제3조 제1항).

4. 국정조사의 발의·시행

국정감사는 매년 당연히 실시된다. 국정조사는 재적의원 4분의 1 이상의 요구가 있어야 시행될 수 있다(동법 제3조 제1항). 의장은 조사요구서가 제출되면 지체 없이 본회의에 보고하고 각 교섭단체 대표의원과 협의하여 조사를 할 특별위원회를 구성하거나 해당 상임위원회에 회부하여 조사를 할 위원회를 확정한다. 그 조사위원회는 조사의 목적, 조사할 사안의 범위와 조사방법, 조사에 필요한 기간 및 소요경비 등을 기재한 조사계획서를 본회의에 제출하여 승인을 받아 조사를 한다(동법 동조 제3항·제4항).

5. 국정감사·조사의 대상

국정감사는 국정전반을 그 대상으로 하고, 국정조사는 국정의 특정사안에 관하여 실시한다. 이처럼 대상의 범위나 양적 차이는 있지만 국정조사도 사안이 특정화된다는 것일 뿐 그 사안의 성격이 다양할 수 있다. 그 대상에는 입법적 사항, 재정적 사항, 행정적 사항, 사법적(司法的) 사항, 국회내부적 사항 등이 있다.

6. 대상기관

국정감사는 행정부뿐 아니라 사법부의 기관들도 대상이 될 수 있고, 지방자치단체와 소속 기관들, 공공기관들에 대해서도 감사가 이루어질 수 있다. 모든 기관들이 대상인 것은 아니고 현행 국감법은 ① 정부조직법, 그 밖의 법률에 따라 설치된 국가기관, ② 지방자치단체 중 특별시·광역시·도(다만, 그 감사

범위는 국가위임사무와 국가가 보조금 등 예산을 지원하는 사업으로 한다). ③ '공공기관의 운영에 관한 법률' 제 4 조에 따른 공공기관, 한국은행, 농업협동조합중앙회, 수산업협동조합중앙회, ④ 위 ①부터 ③까지 외의 지방행정기관, 지방자치단체, 감사원법에 따른 감사원의 감사대상기관(이 ④의 경우 본회의가 특히 필요하다고 의결한 경우로 한정한다)으로 규정하고 있다(동법 제 7 조).

7. 활동기간, 장소, 방법 · 절차

(1) 활동기간

국정감사는 매년 정기회 집회일 이전에 감사시작일부터 30일 이내의 기간을 정하여 감사를 실시한다. 다만, 본회의 의결로 정기회 기간 중에 감사를 실시할 수 있다(동법 제 2 조 제 1 항). 국정조사의 경우에는 조사계획서에 정한 기간까지 활동한다.

(2) 방법 · 절차

[공개의 원칙] 국정감사 및 국정조사는 공개로 하되, 다만, 위원회의 의결로 달리 정할 수 있다(국감법 제12조).

[서류제출 · 증인 등의 출석 · 증언절차 · 검증 · 청문회 등] 국정감사 · 조사에서는 증인 등을 출석하게 하여 그들의 증언을 듣고 진상을 밝히는 것이 핵심적인 절차가 된다. 또한 서류제출을 요구하여 검토할 수도 있고 검증이나 청문회 등을 거쳐 진실을 밝히는 감사 · 조사를 행하기도 한다(동법 제10조).

[선서와 증인의 보호] 증인 · 감정인에게 증언 · 감정을 요구할 때에는 선서하게 하여야 한다(증감법 제 7 조 제 1 항). 증감법에서 정한 처벌을 받는 외에 그 증언 · 감정 · 진술로 인하여 어떠한 불이익한 처분도 받지 아니한다(동법 제 9 조 제 3 항).

[동행명령] 국정감사나 국정조사를 위한 위원회는 증인이 정당한 이유없이 출석하지 아니하는 때에는 그 의결로 해당 증인에 대하여 지정한 장소까지 동행할 것을 위원장이 동행명령장을 발부하여 명령할 수 있다(동법 제 6 조 제 1 항 · 제 2 항).

[의무위반에 대한 제재와 고발] 증감법은 ① 불출석, ② 국회모욕, ③ 동행명령

거부, ④ 위증의 경우 처벌하도록 규정하고 있고, 본회의 또는 위원회는 위와 같은 죄를 범하였다고 인정한 때에는 고발하여야 한다(동법 제12조 내지 제15조). 국회노동위원회 국정감사에 증인으로 출석하라는 국회노동위원회 위원장 명의의 증인출석요구서를 받고도 출석하지 아니한 사람을 검찰에 고발하였으나 검사가 범죄혐의없음의 불기소처분을 하였고 이 불기소처분에 대해 헌법소원심판이 청구되었으나 위 위원회는 국가기관으로서 기본권주체가 아니라는 이유로 청구가 각하된 예가 있다(93헌마120).

8. 국정감사 · 조사의 한계

(1) 목적, 대상, 시기, 방법 · 절차에 따른 한계

국정감사 · 조사는 입법조사, 비리의 추궁 및 책임규명 등 그 목적에 부합되게 실시되어야 한다. 위에서 본 대상, 시기, 방법 · 절차에 따른 한계가 있다.

(2) 기본권보장을 위한 한계

국정감사, 국정조사는 개인의 사생활을 침해하기 위한 목적으로 실시되어서는 안 된다(국감법 제8조). 이러한 한계는 명시되지 않더라도 우리 헌법 제17조가 보장하는 사생활의 보호규정에서 당연히 인정되는 한계라고 볼 것이다.

국회에서 증언하는 증인 · 참고인이 중계방송 또는 사진보도 등에 응하지 아니한다는 의사를 표명할 때에는 본회의 또는 위원회의 의결로 중계방송 또는 녹음 · 녹화 · 사진보도를 금지시킬 수 있다(증감법 제9조 제2항). 초상권 등의 인격권의 보호를 위한 것이다. 또한 증인 · 참고인이 특별한 이유로 회의의 비공개를 요구할 때에는 본회의 또는 위원회의 의결로 회의의 일부 또는 전부를 공개하지 아니할 수 있다(동법 동조 동항).

(3) 사법권독립을 위한 한계

국정감사 · 조사는 계속(係屬) 중인 재판에 관여할 목적으로 실시되어서는 아니 된다(국감법 제8조). 법관은 헌법과 법률에 의하여 그 양심에 따라 독립하여 심판하여야 하므로(제103조) 이러한 법관의 심증을 깨기 위하여나 법관의 판단을 흩뜨릴 수 있는, 또는 법관에 대하여 압력을 가하여 일정한 방향으로의 판결이나 특정인에 유리한 결과를 가져오는 판결로 이끌기 위한 국정감사 · 조사를 할 수 없다. 따라서 계속 중인 특정재판에 관여하기 위하여 재판기록 등의 제출을 요구하거나 담당법관을 증인으로 출석할 것을 요구할 수 없다. 다만, 법원이 재판중인 사안이라 하더라도 국회가 자신의 고유업무를 수행하기 위하여 독자적인 조사를 실시할 수는 있다. 예를 들어 국무위원의 비위에 관한 재판이 진행중인데 그 국무위원에 대한 해임건의나 탄핵소추 등을 하기 위하여 법원재판에 개입함이 없이 국회가 조사를 실시할 수는 있다.

(4) 검찰사무의 공정성보장을 위한 한계

감사 또는 조사는 수사중인 사건의 소추에 관여할 목적으로 행사되어서는 아니 된다(국감법 제8조). 이는 검찰사무의 공정성을 보장하기 위한 한계이다. 검찰의 수사활동은 국민의 기본권에 직접적으로 영향을 미칠 수 있는 것이고 검찰의 수사나 소추는 준사법적(準司法的) 성격을 가져 그 공정성이 형사재판 단계에서의 공정성과도 연결된다는 점에서 검찰수사 단계에서부터의 공정성이 확보되어야 한다. 따라서 수사검사에 대한 압력을 행사하기 위한 감사와 조사는 금지된다. 소추관여의 목적이 아닌 국회의 탄핵소추, 해임건의를 위한 조사는 할 수 있다.

(5) 국익보호를 위한 한계

공무원 또는 공무원이었던 자가 증언할 사실이나 제출할 서류 등의 내용이 군사·외교·대북관계의 국가기밀에 관한 사항으로서 그 발표로 말미암아 국가안위에 중대한 영향을 미친다는 주무부장관의 소명이 있는 경우에는 국정감사·조사에서 증언이나 서류 등의 제출이 거부될 수 있다(증감법 제4조 제1항 단서).

9. 국정감사·조사의 결과보고 및 처리

감사 또는 조사를 마친 위원회는 지체없이 보고서를 작성하여 의장에게 제출하여야 하고 의장은 이를 지체없이 본회의에 보고하여야 한다(국감법 제15조).

국회는 감사 또는 조사 결과 위법하거나 부당한 사항이 있을 때에는 그 정도에 따라 정부 또는 해당 기관에 변상, 징계조치, 제도개선, 예산조정 등 시정을 요구하고, 정부 또는 해당 기관에서 처리함이 타당하다고 인정되는 사항은 정부 또는 해당 기관에 이송한다(동법 제16조 제 3 항). 정부 또는 해당기관은 위와 같은 시정요구를 받거나 이송받은 사항을 지체없이 처리하고 그 결과를 국회에 보고하여야 한다(동법 동조 제 4 항).

10. 감사원에 대한 감사요구

국회는 의결로 감사원에 대하여 감사원법에 따른 감사원의 직무범위에 속하는 사항 중 사안을 특정하여 감사를 요구할 수 있다. 이 경우 감사원은 감사요구를 받은 날부터 3개월 이내에 감사결과를 국회에 보고하여야 한다(국회법 제127조의2 제 1 항).

Ⅵ. 탄핵소추권

1. 탄핵제도의 개념과 성격

(1) 개 념

탄핵(impeachment)제도란 고위 공무원이 헌법이나 법률에 위반되는 직무행위를 한 경우에 일반적인 징계절차나 형사절차가 아닌 의회에서의 특별한 소추절차에 의해 파면 또는 처벌하는 제도를 말한다. 신분상의 강한 독립성을 가지는 고위 공직자에 대해서는 그의 직무상 위헌·위법의 행위가 있더라도 그 독립성 때문에 통상의 징계절차나 형사절차에 의해서는 징계(파면) 또는 형벌 등의 제재를 가하기 어렵기에 이러한 고위직 공직자에 대하여 책임을 지우기 위해 마련된 헌법상의 특별한 제재절차이다.

(2) 우리나라 탄핵제도의 성격

① 징계책임성 — 우리 헌법 제65조 제 4 항은 "탄핵결정은 공직으로부터 파면함에 그친다. 그러나 이에 의하여 민사상이나 형사상의 책임이 면제되지는 아니한다"라고 규정하고 있으므로 탄핵은 형사처벌이나 민사책임이 아닌 파면이라는 징계책임의 성격을 가진다('파면'은 징계의 하나임). ② 헌법보장기능성 — 위헌·위법적 직무행위를 행한 고위공무원을 배제시켜 헌법의 침해를 막기 위한 헌법보장의 기능을 수행한다. ③ 국정통제기능도 수행한다. ④ 국회의 의무성

여부 — 헌재는 국회가 소추 여부에 대한 재량을 가진다고 본다(93헌마186).

2. 탄핵 대상 공직자

탄핵소추의 대상이 되는 공직자는 대통령 · 국무총리 · 국무위원 · 행정각부의 장 · 헌법재판소 재판관 · 법관 · 중앙선거관리위원회위원 · 감사원장 · 감사위원 기타 법률이 정한 공무원이다(제65조 제1항; 헌재법 제48조). '기타 법률이 정한 공무원'에 차관, 외교관, 검찰총장, 각군 참모총장, 경찰청장 등이 포함될 수 있을 것이라는 견해들이 있다. 현재 법률로 탄핵대상으로 규정된 예로, 검사(검찰청법제37조), 각급 선거관리위원회 위원(선거관리위원회법 제9조 제2호), 방송미디어통신위원회 위원장('방송미디어통신위원회의 설치 및 운영에 관한 법률' 제6조 제5항), 원자력안전위원회 위원장('원자력안전위원회의 설치 및 운영에 관한 법률' 제6조 제5항), 고위공직자범죄수사처의 처장, 차장, 수사처검사('고위공직자범죄수사처 설치 및 운영에 관한 법률' 제14조), 특별검사 및 특별검사보('특별검사의 임명 등에 관한 법률' 제16조), 경찰청장과 국가수사본부장('국가경찰과 자치경찰의 조직 및 운영에 관한 법률' 제14조 제5항, 제16조 제5항) 등이 있다.

3. 탄핵소추의 사유

(1) 위헌성 · 위법성

현행 헌법과 헌재법은 탄핵소추의 대상이 되는 공직자가 "그 직무집행에 있어서 헌법이나 법률을 위배한" 경우를 탄핵(소추)의 사유로 포괄적으로 규정하고 있다(제65조 제1항; 헌재법 제48조). ① 탄핵소추의 사유가 헌법위반에 한하지 않고 법률의 위반도 포함한다. * 따라서 헌법 또는 법률 규정에 해당하지 않는 감사원 사무처리규칙 위반만으로는 탄핵소추사유를 인정하기 어렵다(2024헌나2). 방통위규칙은 방통위의 회의 운영 등에 필요한 세부사항을 정하는 행정규칙으로서 헌법 또는 법률에 해당하지 아니하므로 그 위반주장도 판단의 대상에서 제외된다고 한다(2024헌나1). ② 그러나 탄핵소추의 사유는 헌법이나 법률을 위반한 위헌 · 위법행위에 한정되고 정치적 사유는 해당되지 않는다. 정치적 · 정책적 결정 · 선택과 판단상의 과오, 무능력, 미숙, 실정 등은 탄핵소추사유가 될 수 없다(통설, 판례 — 2004헌나1). 이 점에서 국무총리 · 국무위원에 대한 해임건의제도와 차이가 있다. ③ 여기에서 말하는 헌법이란 현행 성문헌법전의 규정들뿐 아니라 헌법관습법, 헌법조리법과 이를 발견하고 확인하는 헌법판례 등 실질적 의미의 불문헌법(2004헌나1, 2016헌나1), 헌법적 효력의 국제법규범도 포함된다. 법률도 형식적 의미의 법률뿐 아니라 법률과 같은 효력을 가지는 국제조약과 일반적으로 승인된 국제법규 등도 포함된다(2004헌나1, 2016헌나1, 2023헌나1, 2023헌나2, 2023허나4, 2024헌나1, 2024헌나2, 2024헌나6, 2024헌나8 등). 법률의 효력을 지닌다고 헌법 제76조 제1·2항이 명시하고 있는 긴급명령·긴급재정경제명령 등도 포함된다. ④ 여기에서 법률은 형사법에 한정되지 아니한다(2016헌나1).

헌재는 공무원 징계의 경우 징계사유의 특정은 그 대상이 되는 비위사실을 다른 사실과 구별될 정도로 기재하면 충분하므로(대법원 2005. 3. 24. 선고 2004두14380 판결), 탄핵소추사유도 그 대상 사실을 다른 사실과 명백하게 구분할 수 있을 정도의 구체적 사정이 기재되면 충분하다고 한다(2016헌나1, 2023헌나4, 2024헌나6).

(2) 직무집행관련성 — 직무의 개념

여기서의 직무란 탄핵대상 공무원에게 헌법상, 법률상 부여된 권한을 행사하고 의무를 이행하기 위한 모든 공무를 포괄하는 의미이다. 대통령의 경우에 있어서, 그 직무상 행위는 "법령에 근거한 행위뿐만 아니라, '대통령의 지위에서 국정수행과 관련하여 행하는 모든 행위'를 포괄하는 개념"으로서(2004헌나1, 2016헌나1, 2024헌나8), 예컨대 준공식·공식만찬 등 각종 행사에 참석하는 행위, 방송에 출연하여 정부의 정책을 설명하는 행위, 기자회견에 응하는 행위 등을 모두 포함한다고 본다(2004헌나1, 2016헌나1). 행정각부의 장의 경우 헌재는 "여기에서 '직무'란 법제상 소관 직무에 속하는 고유 업무와 사회통념상 이와 관련된 업무를 말하고, 법령에 근거한 행위뿐만 아니라 행정각부의 장의 지위에서 국정수행과 관련하여 행하는 모든 행위를 포괄하는 개념"이라고 한다(2023헌나1, 2024헌나6). 검사(2023헌나2, 2023헌나3 등), 방송통신위원회 위원장(2024헌나1), 감사원장(2024헌나2), 경찰청장(2024헌나7)의 경우도 그러하다(대통령, 장관의 경우 '국정수행'이라 하면서 감사원장, 방통위원장, 검사, 경찰청장 등의 경우 '직무수행', '직무행위'란 말을 판례는 쓰고 있다). 또 헌재는 "구체적으로 외부에 표출되고 현실화되는 것을 말한다. 따라서 순수한 직무행위 그 자체만을 뜻하는 것은 아니고 직무행위의 외형을 갖춘 행위까지도 포함되나, 직무집행과 관계가 없는 행위는 탄핵의 사유가 될 수 없다" 라고 한다(2023헌나4. 그리하여 이 사안에서 헌재는 "이 사건 소추사유 중 집합금지명령위반 부분 및 위장전입은 검사의 지위에서 이루어진 행위가 아니므로 … 피청구인의 직무집행에 관한 것으로 볼 수 없어 탄핵의 사유가 될 수 없으므로, 이 부분 소추사유들에 대하여는 더 나아가 살펴보지 않는다" 라고 판시하였다).

(3) 위헌 · 위법행위시기의 문제 — 재직 전의 위헌 · 위법행위의 사유성 문제

위헌 · 위법행위가 재직 중에 있는 경우는 물론 탄핵사유가 된다. 그런데 ① 현직 이전의 위헌 · 위법행위도 탄핵소추사유가 되는지 여부, ② 대통령과 같이 선거로 선출되는 공무원의 경우에 당선 후 취임 사이 기간에 행해진 위헌 · 위법행위가 탄핵소추사유가 되는지 여부가 문제가 된다. 학설은 긍정설과 부정설이 있고 판례는 부정한다(2004헌나1).

4. 탄핵소추기관과 탄핵결정기관

현행 우리 헌법은 탄핵의 소추는 국회의 권한으로, 탄핵의 심판과 결정은 헌법재판소의 권한으로 나누어 분장하고 있다. 즉 국회가 소추하면 헌법재판소가 심리하여 탄핵 여부를 결정한다.

5. 탄핵소추의 절차

(1) 탄핵소추발의, 보고, 조사 등, 탄핵소추안 발의철회 가능성

탄핵소추는 국회재적의원 3분의 1 이상의 발의가 있어야 하며, 다만, 대통령에 대한 탄핵소추는 국회재적의원 과반수의 발의가 있어야 한다(제65조 제2항).

탄핵소추의 발의가 있은 때에는 의장은 발의된 후 처음 개의하는 본회의에 보고하고, 본회의는 의결로 법제사법위원회에 회부하여 조사하게 할 수 있다(국회법 제130조 제1항). 헌법재판소는 조사가 반드시 이루어져야 하는 것은 아니고 조사 여부는 국회의 재량에 속한다고 본다(2004헌나1, 2016헌나1, 2023헌나4, 2024헌라1, 2024헌나6, 2024헌라8).

탄핵소추안 발의철회 가능성 — 헌재는 탄핵소추안에 대해서도 국회법 제

90조(국회법 제90조는 제 1 항에서 국회의원이 그가 발의한 의안을 철회할 수 있다고 정하면서, 제 2 항에서 '본회의에서 의제가 된 의안'을 철회할 때에는 본회의의 동의를 받아야 한다고 정하고 있다)가 적용되며, 탄핵소추안도 일반 의안과 마찬가지로 국회의장이 표결을 위해 이를 본회의의 안건으로 상정한 이후에 비로소 국회법 제90조 제 2 항의 '본회의에서 의제가 된 의안'이 된다고 판단하였다. 이어 헌재는, 피청구인은 이 사건 탄핵소추안이 발의되었음을 본회의에 보고하였을 뿐 이 사건 탄핵소추안을 본회의의 안건으로 상정한 바가 없으므로, 이 사건 탄핵소추안은 국회법 제90조 제 2 항의 '본회의에서 의제가 된 의안'에 해당하지 아니하고, 그 결과 이를 발의한 국회의원이 본회의의 동의 없이 이를 철회할 수 있다고 하였다(2023헌라9). 이렇게 철회된 후 재발의된 탄핵소추안도 일사부재의 원칙 위반이 아니라고 보았다(2023헌라9). 그리고 헌재는 탄핵소추안이 적법하게 철회된 이상 다시 발의되었다는 사정만으로 국회 또는 국회의원이 탄핵소추권을 남용한 것이라고 보기 어렵다고 한다(2024. 8. 29. 2023헌나4. 검사에 대한 탄핵심판). * 대통령에 대한 탄핵소추안이 의결정족수 부족으로 투표가 불성립하였는데 다음 회기에 다시 발의된 것은 일사부재의 위반이 아니라고 헌재가 판시했다(2025. 4. 4. 2024헌나8).

(2) 탄핵소추의결절차

헌재는 탄핵소추의 중대성에 비추어 소추의결을 하기 전에 충분한 찬반토론을 거치는 것이 바람직하나 국회법에 반드시 토론을 거쳐야 한다는 명문 규정은 없고 고의로 토론을 못하게 하거나 방해한 사실은 없어서 그러한 절차적 부적법 주장을 배척하였다(2016헌나1). 소추의결 당시 피청구인에게 의견진술의 기회를 부여하지 않았더라도 그것으로 인하여 헌법이나 법률을 위반하였다고 볼 수 없다는 것이 헌재의 판례이다. 헌재는 의견진술의 기회를 부여할 것을 요청하는 명문의 법률규정이 없는 점, 탄핵심판절차는 형사절차나 일반 징계절차와 성격을 달리하므로 형사절차나 일반 징계절차에 필요한 모든 절차가 반드시 요구된다고 보기 어려운 점, 탄핵소추는 헌재의 탄핵심판을 예정하는 절차로서 탄핵심판절차에서 의견진술의 기회가 부여될 수 있다는 점 등을 그 이유로 든다(2024헌나1). 국회가 여러 개 탄핵사유 전체에 대하여 일괄하여 의결하고 각각의 탄핵사유에 대하여 별도로 의결절차를 거치지 않은 것이 위헌이라는 주장도 배척했다(2016헌나1).

탄핵소추의 의결은 국회재적의원 과반수의 찬성이 있어야 한다. 다만, 대통령에 대한 탄핵소추는 국회 재적의원 3분의 2 이상의 찬성이 있어야 한다(제65조 제 2 항).

본회의가 법제사법위원회에 회부를 하기로 의결하지 아니한 때에는 본회의에 보고된 때로부터 24시간 이후 72시간 이내에 탄핵소추의 여부를 무기명투표로 표결한다. 이 기간 내에 표결하지 아니한 때에는 그 탄핵소추안은 폐기된 것으로 본다(국회법 제130조 제 2 항).

(3) 탄핵소추의결서의 송달

탄핵소추의 의결이 있은 때에는 의장은 지체없이 소추의결서의 정본을 법제사법위원장인 소추위원에게, 그 등본을 헌법재판소 · 피소추자와 그 소속기관의 장에게 송달한다(동법 제134조 제 1 항).

6. 탄핵소추의결의 효과

[권한행사의 정지] 탄핵소추의 의결을 받은 자는 헌법재판소의 심판이 있을 때까지 그 권한행사가 정지된다(제65조 제 3 항; 헌재법 제50조). 국회법은 소추의결서가 송달된 때에 피소추자의 권한행사는 정지된다고 규정하고 있다(국회법 제134조 제 2 항, 국회법 동조 제 1 항은 송달에 관해 "탄핵소추가 의결되었을 때에는 의장은 지체 없이 소추의결서 정본(正本)을 법제사법위원장인 소추위원에게 송달하고, 그 등본(謄本)을 헌법재판소, 소추된 사람과 그 소속 기관의 장에게 송달한다"라고 규정하고 있다). 권한행사정지에 대해서는 헌법규정이긴 하나 논란이 있다. 헌재는 "고위공직자가 수행하는 업무가 국가적으로 중요하다는 점을 고려하면 그 권한행사의 정지로 인한 업무 공백은 국가와 국민에게 큰 손해를 발생시킬 수도 있다. 그럼에도 불구하고 우리 헌법이 … 정지되도록 규정하고 있는 것은 그만큼 피소추자의 법 위반 행위가 중대할 경우를 상정하고 있기 때문이다. 따라서 국회가 탄핵소추사유의 위헌 · 위법성에 대하여 심사숙고한 후 신중하게 탄핵소추권을 행사하지 아니하고, 법 위반의 의혹에만 근거하여 탄핵심판제도를 오로지 정부에 대한 정치적 압박수단으로 이용하는 것은 탄핵심판제도의 본래적 취지에 부합한다고 보기 어렵다"라

고 한다(2024헌나8). 그러나 2024. 12. 3. 위헌적 계엄선포에 대한 탄핵심판에서 헌재는 그런 설시를 한 뒤 당해 사안에서 국회 탄핵소추가 그렇지 않았다고 부정했다(2024헌나8. [판시요약] 헌재는 대통령이 계엄 선포 이유로 주장한 국회가 다수 고위공직자를 탄핵하거나 탄핵의 시도로 업무를 마비시켰다고 한 데 대해 이렇게 설시한 뒤 당시 22건의 탄핵소추안이 철회, 폐기되었고, 소추의결된 사건들 중애 헌재가 이미 기각한 것도 있으며 소추안 발의되더라도 국회의 의결이 있어야 권한행사가 정지되는 것이며 당시 검사, 방송통신위원장에 대한 2건의 탄핵심판만이 진행되어 권한행사가 정지된 상황이었고 헌재가 각하 또는 기각할 수 있으므로 "국회의 탄핵소추의결이 평상시의 헌법질서에 따른 권력행사방법으로 대처할 수 없는 국가비상사태를 발생시킨다고 볼 수도 없다"라고 판시했다). 소추의결이 피청구인의 직무를 정지시키기 위한 정치적 목적에서 이루어졌다는 피청구인 주장이 그동안 더러 제기되기도 했는데 헌재는 "국회의 탄핵소추안 의결 과정에서 법정절차가 준수되고 피소추자의 헌법 내지 법률 위반행위가 일정한 수준 이상 소명되었다면, 해당 탄핵소추은 피소추자의 법적 책임을 추궁하고 동종의 위반행위가 재발하는 것을 예방함으로써 헌법을 수호하기 위한 것으로 보아야 하고, 설령 부수적으로 정치적 목적이나 동기가 내포되어 있다 하더라도 그러한 점만으로 탄핵소추권이 남용되었다고 볼 수 없다"라고 판시하여 왔다(2024헌나1, 2024헌나3, 2024헌나4, 2024헌나5, 2024헌나6 등). **[권한쟁의심판에서 권한침해가능성 부정(각하)]** 탄핵소추로 권한행사가 정지되어 있으므로 그 정지되는 동안 그 권한이 침해되는(될 가능성이 있는) 경우가 없다. 따라서 청구가 되면 권한침해 가능성이 없다고 각하된다. 대통령에 대한 예로서 헌재가 고위공직자범죄수사처장의 2025. 1. 6. 윤석열에 대한 체포 및 수색 영장 청구 행위와 서울서부지방법원 영장전담판사의 2025. 1. 7. 윤석열에 대한 체포 및 수색 영장 발부 행위가 각각 대통령의 국군통수권 및 계엄선포권을 침해하여 무효라고 주장하며 대통령이 제기한 권한쟁의심판 사건에서 탄핵소추로 권한행사가 정지되어 있고, 권한대행이 되고 있는 시점이므로 그렇다고 판시했다. 같은 결정에서 헌재는 이후 탄핵심판의 인용(파면)결정이 되었으므로 헌법재판소법 제61조 제2항의 '권한을 침해할 현저한 위험이 있는 경우'라고 볼 수도 없다고 판시했다(2025. 11. 27. 2025헌라2, 모두 각하함). **[사직·해임 금지]** 임명권자는 소추된 사람의 사직원을 접수하거나 해임할 수 없다(국회법 제134조 제2항). 이는 파면보다 사직이나 해임이 유리하기 때문이다.

7. 헌법재판소에서의 탄핵심판절차

헌법재판소에서의 탄핵심판절차와 그 결정 등에 대해서는 뒤의 헌법재판에서 살펴본다(후술 제5부 헌법재판 참조).

제7항 국회의 자율권

Ⅰ. 국회자율권의 개념

국회자율권이란 국회가 스스로 자신의 내부를 조직하고 의사절차에 관한 규정을 두어 의사절차를 진행하며 내부를 규율하고, 국회의원의 신분에 관한 사항 등을 처리할 수 있는 자율적 권한을 말한다. 국회에 대해서 폭넓은 자율권을 부여하는데 이는 국회가 국민의 대표기관이고 국민의 의사를 집약하여 국가정책의 방향을 정하며, 특히 입법기관으로서 역할이 중요하기에 국회가 보다 독립적인 상태에서 국회의원들의 소신 있는 의정활동을 할 수 있도록 하는 것이 필요하기 때문이다. 함부로 제명 등을 할 수 없게 자율권이 소수파의 보호기능도 한다.

Ⅱ. 국회자율권의 범위와 내용

1. 국회규칙제정권

(1) 국회규칙의 개념과 기능

의회의 의사절차, 내부의 규율에 관한 사항을 정하는 의회의 자율적인 법규범을 의회규칙이라고 한다. 우리 헌법도 “국회는 법률에 저촉되지 아니하는 범위 안에서 의사와 내부규율에 관한 규칙을 제정할 수 있다”라고 규정하고 있다(제64조 제1항). 국회규칙은 권력분립상 국회의 독립성확보, 입법 및 국정통제의 충실한 수행, 국회의 자율성·자주성을 위한 것이다.

(2) 국회규칙의 성격

국회규칙의 성격에 대해서는 ① 국회법의 시행을 위한 세칙규정으로 마치 법률의 시행령과 같이 명령적인 성격의 법규범으로 보는 견해(명령설), ② 의회의 자율적이고 자주적인 법규범이므로 명령이 아니라 독자적인 법형식을 가진 법규범이라는 견해(자주법설), ③ 그 형식적 효력이 명령에 준하는 것과 행정규칙에 준하는 것으로 나누어 보려는 견해 등이 있다. 생각건대 국회법의 시행세칙적 기능을 가지긴 하나 국회규칙의 본질이 국회의 자율성에 따른 법규범이라는 점에 있으므로 자주법설이 타당하다.

(3) 국회규칙의 내용(대상)

우리 헌법은 '의사와 내부규율'을 그 제정대상으로 명시하고 있다. 영국, 미국, 독일과 같은 외국에서는 국회의 조직, 의사운영에 대해 의회규칙에 많이 맡기고 있는 반면 우리나라의 경우에는 법률인 국회법과 국회관련법들에서 의사절차와 내부규율에 대한 자세한 규정들을 많이 두고 있어 국회규칙은 보다 기술적이고 절차적인 사항을 담게 되는 상황이다. 국회법은 상임위원회의 위원정수(법 제38조), 공청회, 청문회 운영사항(동법 제64조 제 5 항, 제65조 제 7 항) 등 국회규칙으로 정할 사항을 규정하고 있다. 다른 법률이 국회규칙으로 정하도록 하는 경우도 있다. 예를 들어 '국정감사 및 조사에 관한 법률'은 동법의 시행에 관하여 필요한 사항을 국회규칙으로 정하도록 하고 있다(법 제18조).

(4) 국회규칙의 제정절차

국회운영위원회가 국회규칙안을 마련하면 법제사법위원회의 체계·형식과 자구의 심사를 거쳐 본회의의 의결로 확정된다.

(5) 국회규칙의 효력과 한계

우리 헌법은 "법률에 저촉되지 아니하는 범위 안에서" 국회규칙을 제정할 수 있다고 규정하고 있으므로 헌법은 물론이고 법률보다 하위의 법규범으로서의 효력을 가진다. 따라서 헌법은 물론이고 법률에도 위반되어서는 아니 된다는 한계를 가진다.

2. 내부조직구성권

국회가 소속 기관들의 조직과 그 구성원들의 선출을 자율적으로 할 수 있는 권한을 말한다. 국회의장, 부의장, 상임위원회, 특별위원회, 국회사무처 등 국회의 내부조직을 구성할 권한이 자율권으로서 행사된다.

3. 의사절차(議事節次)에 관한 자율권

국회는 자율적으로 집회를 개회하고 폐회한다. 국회의장의 의사진행 자율권이 인정되고 의사일정의 작성, 의안의 발의, 심의, 토론, 표결 등에서 자율성이 인정된다. 물론 헌법과 법률, 국회규칙이 정한 바에 따르면서 자율권을 누리게 된다.

4. 질서유지권과 자위권

국회는 내부경찰권과 국회가택권을 가진다. 내부경찰권이란 원내에 있는 의원, 방청인에 대하여 질서유지를 위하여 명령하고 강제할 수 있는 권한을 말하고 국회가택권이란 국회의 출입을 금지하고 통제할 수 있는 권한을 말한다. 의원이 본회의 또는 위원회의 회의장에서 회의장의 질서를 문란하게 한 때에는 의장 또는 위원장은 이를 경고 또는 제지할 수 있고, 응하지 아니한 의원이 있을 때에는 의장 또는 위원장은 당일의 회의에서 발언함을 금지하거나 퇴장시킬 수 있다(국회법 제145조 제1항 · 제2항. 질서유지권 행사의 한계를 벗어난 위법성을 인정한 결정례로 2008헌라7 결정이 있었는데 이 결정에 대해서는 아래 Ⅲ, 2. 참조). 회기 중 국회의 질서를 유지하기 위하여 의장은 국회 안에서 경호권을 행한다(동법 제143조). 국회 회의 방해금지(동법 제165조)와 국회 회의 방해죄(동법 제166조)를 두고 있기도 하다.

5. 국회의원의 신분에 관한 자율권 — 의원자격심사, 징계 등

(1) 의원자격심사

의원자격심사란 의원의 신분을 유지하기 위한 자격요건을 갖추었는지 여부, 즉 피선거권을 보유하는지, 당선이 유효한 것이었는지 등의 여부를 심사하는 것을 말한다. 의원이 다른 의원의 자격에 대하여 이의가 있을 때에는 30인 이상의 연서로 자격심사를 의장에게 청구할 수 있고 윤리특별위원회의 심사를 거쳐 본회의는 피심 의원의 자격의 유무를 의결로 결정하되 그 자격이 없는 것을 의결함에는 재적의원 3분의 2 이상의 찬성이 있어야 한다(동법 제138조 내지 제142조 참조). 자격심사결과에 대해서는 법원에 제소할 수 없다(제64조 제4항).

(2) 징 계

국회는 의원을 징계, 제명할 수 있다(제64조 제2항 · 제3항). 국회의원의 징계에 관해서는 앞에서 국회의원의 의무에 관해 살펴보면서 기술하였다(전술 참조).

Ⅲ. 국회자율권의 한계

1. 목적적 · 성격적 한계

국회자율권은 효율적인 의사활동을 통하여 국민의 기본권보장과 법치주의를 위한 양질의 입법 및 통제기능을 충실히 수행하게 하기 위한 것이다. 또한 국회자율권은 국회가 다른 국가기관들의 간섭을 받지 않고 독립적으로 의정활동이 수행되도록 하고 의원들이 소신을 가지고 활동하게 하기 위한 것이다. 그러므로 국회자율권에도 위와 같은 목적을 벗어나지 않아야 한다는 한계가 있다.

2. 헌법 · 법률합치적 한계

국회의 권한도 헌법에 의해 부여된 것이고 법률은 국회가 국민의 의사를 집약하여 스스로 제정한 법규범이다. 따라서 이를 위반할 수 없다는 한계가 있음은 물론이다. 헌재도 "국회의 의사절차나 입법절차에 헌법이나 법률의 규정을 명백히 위반한 흠이 있는 경우에도 국회가 자율권을 가진다고는 할 수 없고 헌법재판소가 심사할 수 있다"라고 한다(96헌라2).

헌재는 상임위원회 위원장의 질서유지권은 상임위원회에서 위원들을 폭력으로부터 보호하고 안건이 원활하게 토의되게 하기 위한 목적으로 행사되어야 하는 한계를 지닌다고 한다. 그리하여 국회 외교통상통일위원회 위원장이 회의 개의 무렵부터 회의종료시까지 외통위 회의장 출입문의 폐쇄상태를 유지하여 소수당 소속 위원들의 외통위 회의장 출석을 원천봉쇄한 행위는 '상임위원회 회의의 원활한 진행'이라는 질서유지권의 인정목적에 정면 배치되는 것으로서 이를 정당화할 만한 불가피한 사정이 있었다고 보기 어려워 질서유지권 행사의 한계를 벗어난 행위로서 위법하다고 보았다(2008헌라7).

3. 자율권한계준수 여부에 대한 사법적 통제

(1) 법원의 제소

국회가 자율권의 한계를 벗어난 행정작용을 함으로써 국민이 권리를 침해받은 경우에 법원에 의한 행정재판을 통한 통제가 이루어질 수 있다. 국회의 장이 행한 처분에 대한 행정소송의 피고는 사무총장으로 한다(국회사무처법 제4조 제3항). 다만, 의원의 자격심사, 징계의 처분에 대하여는 헌법 제64조 제4항이 법원에 제소할 수 없다고 규정하여 이를 명시적으로 금지하고 있다.

(2) 헌법재판소에 의한 통제

① 위헌법률심판 — 헌법재판소는 국회가 자율권의 한계를 벗어난 의사절차(議事節次)로 가결한 법률에 대해 위헌법률심판에서 이를 통제할 수 있느냐에 대해 부정설과 긍정설이 대립된다. 그러나 적법절차원칙은 모든 국가작용에 적용되기도 하므로 입법절차가 적법하게 이루어지지 않으면 법률의 위헌성을 가져온다는 점에서 긍정하여야 한다(실제 통제례 : 92헌바6 참조). ② 헌법소원심판 — 국회가 자율권의 한계를 벗어나 어느 국민의 기본권을 침해하는 공권력행사를 한 경우에 헌법소원심판을 통해 통제가 이루어질 수 있다(실제 통제례 : 94헌마201 참조). ③ 권한쟁의심판 — 국회자율권을 벗어난 국회의 권한행사로 인하여 국회 외부의 기관이나 지방자치단체 또는 국회의원이 권한을 침해받았을 때에는 권한쟁의심판을 통해서 통제를 할 수 있다. 그러나 국회의 의사절차에서의 이른바 변칙처리에 대한 권한쟁의심판에서는 권한침해는 인정해도 가결행위의 무효를 선언하지 않는 것이 우리 헌재 판례이다(2009헌라8 등).

제 3 장 정부(집행부)

* 용어의 문제 : 현행 우리나라 헌법전이 '정부'라는 용어를 입법부, 사법부까지 모두 포함하는 의미로 규정하지 않고 대통령과 행정부를 묶어 지칭하는 용어로 '정부'라고 규정하고 있다(우리나라 현행 헌법전의 '제 4 장 정부'는 '제 1 절 대통령', '제 2 절 행정부'로 구성되어 있다). 따라서 본서에서도 정부라는 용어로 대통령, 행정부에 대해 살펴보되 집행부라는 용어도 병용한다.

제 1 절 대 통 령

제 1 항 대통령의 헌법상 지위와 신분 및 의무

Ⅰ. 대통령의 헌법상 지위와 신분

1. 헌법상 지위

(1) 정부형태별 고찰

1) 대통령제 대통령제 하의 대통령은 그 임기가 보장되고 실질적인 중요한 권력을 가진다. 이러한 실질적 권력이 민주적 정당성을 가지기 위해서 대통령은 직선된다. 대통령은 집행권의 수반으로서 내각을 구성하고 국가의 안보에 관한 권한과 국군통수권을 가진다. 대외적으로 국가를 대표하는 국가의 원수로서의 지위를 가지고 조약체결권 등의 외교에 관한 권한을 가진다.

그러나 고전적 대통령제 하의 대통령은 엄격한 권력분립이론에 따라 입법부에 의한 견제를 받고 의회해산권을 가지지 않는다.

2) **의원내각제** 의원내각제를 취하고 있는 국가에서도 국가원수로서 군주나 대통령을 두기도 한다. 그러나 의원내각제 하에서는 내각의 수반인 수상이 실질적인 권한을 가지고 군주나 대통령은 상징적·의례적·형식적인 권한을 가지며 설령 실질적인 권한을 가지더라도 그 범위가 제한적이고 약하다.

3) **혼합정부제** 혼합정부제 하에서의 대통령은 대통령제 하에서의 대통령에 비해서는 약하나 의원내각제 하의 대통령에 비해서는 상당히 실질적인 권한을 가진다. 특히 대통령이 속한 정당이나 정파가 의회에서 다수파를 형성하여 이 다수파의 지지를 대통령이 받고 있을 때에는 강한 대통령의 권한 행사가 나타나기도 한다.

(2) 현행 헌법상의 대통령의 지위

1) **국가원수로서의 지위** 헌법은 "대통령은 국가의 원수이며, 외국에 대하여 국가를 대표한다"라고 규정하고 있다(제66조 제 1 항). 이러한 국가원수로서의 지위에서 대외적으로는 국가를 대표하는 권한과 외교에 관한 권한을 가진다. 대내적으로는 집행부 수반으로서의 권한이라고 보기 힘든 권한(헌법재판소장·대법원장 임명권, 법률공포권, 사면권, 영전수여권)은 이 지위로 설명되기도 한다.

2) **주권행사기관으로서의 지위** 대통령은 집행권을 행사하는데 이 집행권은 주권으로부터 나오는 것이고 따라서 대통령은 주권행사기관의 하나이다. 국가원수로서 대외적으로 국가를 대표하는 것도 주권이 대외적 국가독립성을 의미한다는 점에서 주권행사 내지 주권대표기관으로서의 지위를 지닌다는 것을 의미하기도 한다.

3) **국가수호자로서의 지위** 대통령은 국가의 독립·영토의 보전·국가의 계속성과 헌법을 수호할 책무를 진다(제66조 제 2 항). 국가의 단일성과 영속성은 국가의 통일을 요구하고 통일은 이 시대의 과제이다. 따라서 우리 헌법이 명시하고 있는 "조국의 평화적 통일을 위한 성실한 의무"도(동조 제 3 항) 이 지위에서 당연히 나오는 의무이다. 대통령은 취임시에도 "국가를 보위하며 조국의 평화적 통일"에 노력할 것을 선서하여야 한다(제69조).

4) 헌법 및 기본권보장의 의무자로서의 지위 대통령은 헌법과 법령을 준수하고 국민의 기본권과 삶의 질이 보다 나아지도록 경제와 사회의 발전에 노력할 의무를 진다. 취임시 "헌법을 준수하고 … 국민의 자유와 복리의 증진"에 노력할 것을 선서하여야 한다(제69조).

5) 정부, 행정권의 수반으로서의 지위 — 최고의 정부기관으로서의 지위

행정권은 대통령을 수반으로 하는 정부에 속한다(제66조 제 4 항). 이러한 최고의 정부기관으로서의 지위에서 국무총리, 국무위원 그리고 공무원들을 임명하고 국무회의를 의장으로서 주재한다. 또한 국가의 정책을 추진하는 법률들을 집행하며 법률의 위임을 받아 대통령령(행정입법)을 제정하기도 한다.

2. 대통령의 신분

(1) 선 출

대통령의 임기가 만료되는 때에는 임기만료 70일 내지 40일 전에 후임자를 선거한다(제68조 제 1 항). 대통령이 궐위된 때 또는 대통령 당선자가 사망하거나 판결 기타의 사유로 그 자격을 상실한 때에는 60일 이내에 후임자를 선거한다(제68조 제 2 항). 대통령선거에 대해서는 앞서 살펴본 바 있다(전술 기본질서, 참정권 등 참조). 대통령당선인으로서의 지위와 권한을 명확히 하고 대통령직의 원활한 인수에 필요한 사항을 규정함으로써 국정운영의 계속성과 안정성을 도모함을 목적으로 '대통령직 인수에 관한 법률'이 제정되어 있다(법 제 1 조). 대통령당선인은 국무총리후보자를 미리 지명할 수 있다.

(2) 임 기

현행 헌법상 대통령의 임기는 5년이다(제70조). 대통령의 임기는 전임대통령의 임기만료일의 다음날 0시부터 개시된다. 다만, 전임자의 임기가 만료된 후에 실시하는 선거와 궐위로 인한 선거에 의한 대통령의 임기는 당선이 결정된 때부터 개시된다(공직선거법 제14조 제 1 항). 현행 헌법은 대통령의 중임을 금지하고 단임제를 채택하고 있다(제70조). 이는 과거의 장기집권의 폐단을 경험하였기에 이를 방지하기 위한 헌법제정권자의 의사이다. 중임의 금지는 연임금지보다도 넓은 개념이다. 중임금지는 연임은 물론 금지되고 기(期)를 건너뛰어 다시 대통령이 될 수도 없다는 의미이다. 중임으로의 개헌논의가 있고 찬반이 있다.

(3) 취임선서

헌법 제69조는 대통령은 취임에 즈음하여 "나는 헌법을 준수하고 국가를 보위하며 조국의 평화적 통일과 국민의 자유와 복리의 증진 및 민족문화의 창달에 노력하여 대통령으로서의 직책을 성실히 수행할 것을 국민 앞에 엄숙히 선서합니다"라는 선서를 하도록 하고 있다. 헌법 제69조의 선서의 법적 성격에 대해 헌재는 "단순히 대통령의 취임선서의무만을 규정한 것이 아니라, 헌법 제66조 제 2 항 및 제 3 항에 규정된 대통령의 헌법적 책무를 구체화하고 강조하는 실체적 내용을 지닌 규정이다"라고 본다(2004헌나1).

(4) 재직 중 형사상 불소추특권

[특권의 성격 · 의의] 대통령은 내란 또는 외환의 죄를 범한 경우를 제외하고는 재직 중 형사상의 소추를 받지 아니한다(제84조). 이 특권은 그 성격이 직무상 특권이다. 즉 대통령직 수행에 지장을 주지 않도록 하여 국정운영의 계속성을 보장하고 국가대표자로서 외국에 대해 국가의 체신을 유지하게 하기 위한 이유 등으로 불소추특권을 인정하고 있는 것이다(비슷한 취지로 94헌마246 참조).

[특권의 범위] ① 내란, 외환의 죄 이외의 죄 — 소추되지 않는다. 이러한 특권은 재직 중에만 적용될 뿐이고 소추가 되지 않을 특권일 뿐이다. 따라서 퇴직 후에는 소추가 될 수 있고 형사책임을 질 수도 있으며 재직 중에는 공소시효가 정지된다(94헌마246). 그러나 탄핵소추는 가능하다. 탄핵책임은 징계책임이므로 별개이기 때문이다. ② 내란, 외환의 죄 — 특권적용이 배제되어 재직 중에도 소추대상이 된다. 사실 내란으로 집권한 대통령에 대한 소추가 어렵기에 공소시효의 적용배제가 필요하다. 그리하여 현행 '헌정질서 파괴범죄의 공소시효 등에 관한 특례법' 제 2 조, 제 3 조는 내란죄, 외환죄 등을 '헌정질서 파괴범죄'로 규정하고 공소시효를 적용하지 않도록 하고 있다.

(5) 대통령의 권한대행

1) 권한대행자와 권한대행사유 대통령이 궐위되거나 사고로 인하여 직무를 수행할 수 없을 때에는 국무총리, 법률이 정한 국무위원의 순서로 그

권한을 대행한다(제71조). 궐위란 대통령이 사망하였거나 탄핵결정으로 파면된 경우, 피선거권이 상실되었거나 스스로 사임하여 현직 대통령이 없게 된 상태를 말한다. 사고란 대통령이 존재하고 있긴 하나 신병의 악화, 해외에서의 귀국이 곤란하거나 국회의 탄핵소추의결 등으로 직무가 정지되는 경우를 말한다.

그동안 대통령 권한대행을 국무총리가 맡는 경우가 있어 왔는데 2024년 대통령 탄핵소추의결 이후 국무총리가 권한대행을 하다가 국무총리에 대해서도 국회의 탄핵소추의결이 있어 당시 기획재정부 장관인 부총리가 대통령 권한대행을 하였고 국무총리, 기획재정부장관인 부총리 모두 사임한 뒤 교육부장관인 부총리가 대통령 권한대행을 수행하는 초유의 일이 역사에 남게 되었다.

2) **대행범위** 권한대행자의 대행직무의 범위에 관하여 주로 현상유지적 업무에 국한되어야 하는지를 두고 견해대립이 있다. 생각건대 권한대행자인 국무총리 등은 민선이 아니라는 점과 궐위, 사고는 비정상적인 상황이라는 점을 고려하여야 한다. 따라서 원칙적으로 현상유지적인 직무에 국한되고 정책변경이나 새로운 정책의 결정 · 집행은 대행범위에서 제외되어야 한다. 그러나 국민의 안전과 권리나 국가의 존립과 국익을 위한 적극적 조치를 긴급히 요구할 경우에는 궐위나 사고의 경우를 구분함이 없이 적극적 직무수행이 가능하다고 볼 것이다.

* 실제례 : ① 법률안거부권 대행 문제 — 대통령의 특별사면권을 제한하는 법률안을 권한대행자가 거부하였다. ② 대통령이 탄핵소추로 직무정지가 된 가운데 헌법재판소장이 임기 만료로 퇴임하여 공석이 발생한 상황에서 대통령 권한대행인 국무총리가 후임 헌법재판소장을 임명할 수 있는지 여부에 관하여 논란이 있었다. 헌재는 8인 재판부에 의한 탄핵심판으로 공정한 재판을 받을 권리가 침해되지 않는다고 보아 본안판단에 들어갔다(2016헌나1. 후술 제 5 부 탄핵심판 참조).

3) **권한쟁의심판청구요건의 침해가능성 부정** 대통령에 대한 탄핵소추의 결로 권한행사정지 중 대통령이 자신에 대한 영장 청구 · 발부행위로 국군통수권, 계엄선포권 권한이 침해되었다는 주장으로 했던 권한쟁의심판 청구를 헌재가 권한행사의 정지 및 권한대행 중이라 침해가능성이 부정된다고 하여 각하했다(2025. 11. 27. 2025헌라2, 이 결정에 대해서는 앞의 앞의 국회, 탄핵수초의결 효과 부분도 참조).

4) **권한대행자에 대한 탄핵소추의결, 탄핵심판** 대통령 권한을 대행하는 국무총리, 부총리 등에 대해서도 직무집행에 있어서 헌법이나 법률을 위배한 때에는 탄핵소추와 탄핵심판의 대상이 된다. 실제 권한대행 중인 국무총리에 대해 국회에서 탄핵소추안이 발의되었고 그 소추의결에서의 정족수가 논란되었다. 대행되는 권한이 대통령권한이므로 권한대행되는 대통령과 같이 가중정족수로 국회재적의원 3분의 2 이상 찬성이어야 한다는 견해와 권한대행 행위는 국무총리로서의 권한행사이고 대통령이라는 지위에서의 권한행사가 아니므로 국무총리에 대한 탄핵소추의 경우와 같이 국회재적의원 과반수 찬성이면 된다는 견해가 대립되었다. 헌재는 과반수설의 입장을 취한다. 그 논거는 아래 판시에 나온다. 국무총리라는 신분상 지위에 따라 판단되어야 한다는 취지이다.

2025. 3. 24. 2024.허나9. [관련판시] … (2) 헌법 제65조 제 2 항 단서가 대통령에 대한 탄핵소추에 국회재적의원 3분의 2 이상의 찬성이라는 가중 의결정족수를 요구한 취지는, 대통령은 국가원수인 동시에 행정부 수반으로서(헌법 제66조 제 1 항 및 제 4 항) 대통령이 갖는 민주적 정당성의 비중, 헌법상 지위 및 권한의 중요성 등을 고려하여 탄핵소추가 신중하게 행사되도록 하기 위함이다. 헌법 제71조가 대통령이 궐위나 사고로 그 직무를 수행할 수 없을 때, 대통령직의 '승계'가 아니라 '대행'이 이루어지도록 규정한 이유도, 해당 공권력 주체가 행사하는 권한의 크기는 민주적 정당성의 크기에 상응해야 한다고 이해되는 민주적 정당성의 원리에 기반한 것이기 때문이다. (3) 국무총리는 헌법 제86조에 따라 그 임명에 국회의 동의를 얻어 대통령이 임명하기는 하지만, 이는 국민으로부터 직접 선출된 대통령의 민주적 정당성과 비교하여 상당히 축소된 간접적인 민주적 정당성만을 보유하고 있으므로, 가사 국무총리가 대통령의 모든 업무를 수행한다고 하더라도 대통령 권한대행자로서 국무총리는 대통령과는 확연히 구분되는 지위에 있다. (4) 한편, 헌법 제65조 제 4 항은 "탄핵결정은 공직으로부터 파면함에 그친다."라고 규정하고, 헌법재판소법 제53조 제 1 항은 "탄핵심판 청구가 이유 있는 경우에는 … 피청구인을 해당 공직에서 파면하는 결정을 선고한다."라고 규정하여, 그 직의 박탈을 탄핵의 효과로서 규정한다. 탄핵결정으로 인한 파면의 대상은 '수행 업무'가 아니라 '해당 공직'(신분)인데, 헌법 제71조가 규정하는 대통령 권한대행은 별도의 공직이라 볼 수 없고, 대통령을 대신하는 국무총리 또는 정부조직법에 정한 순서에 따른 국무위원 등이 그 권한을 행사하는 행위를 의미하는 것일 뿐이다. 피청구인이 국무총리이기 때문에 대통령의 권한을 대행할 수 있는 것이지, 국무총리와 권한대행이 별개의 지위로 존재하는 것이 아니다. 결국 해당 공직의 박탈을 통하여 국민으로부터 위임된 권한을 환수함으로써 헌법을 수호하

고자 하는 탄핵심판 제도의 취지에 비추어 보아도 본래의 신분상 지위에 따라 탄핵소추 의결정족수를 적용함이 타당하다. (5) 이처럼 피청구인의 본래 신분상 지위인 국무총리에 대한 탄핵소추 의결정족수인 국회재적의원 과반수의 찬성으로 의결되어 적법하다. * 헌법재판소 탄핵심판 본안에서 기각결정이 났었다.

(6) 후임자의 선출

대통령의 후임자가 선출되어야 하는 정상적인 경우로서 대통령의 임기가 만료된 때로서 이 경우에는 임기만료 70일 내지 40일 전에 후임자를 선거한다(제68조 제 1 항).

대통령이 궐위된 때 또는 대통령 당선자가 사망하거나 판결 기타의 사유로 그 자격을 상실한 때에는 60일 이내에 후임자를 선거한다(제68조 제 2 항).

(7) 전직대통령의 신분과 예우

전직대통령의 신분과 예우에 관하여는 법률로 정한다(제85조). 이 법률이 '전직대통령 예우에 관한 법률'이다.

(8) 대통령의 의무

이에 대해서는 아래 Ⅱ.에서 따로 살펴본다.

Ⅱ. 대통령의 의무

1. 국가수호·평화적 통일노력의 의무

대통령은 국가의 독립·영토의 보전·국가의 계속성을 수호할 책무를 지고(제66조 제 2 항) 조국의 평화적 통일을 위한 성실한 의무를 지며(제66조 제 3 항), 취임에 즈음하여 "국가를 보위하며 조국의 평화적 통일"에 노력할 것을 선서한다(제69조).

2. 헌법수호·준수 및 법률집행의 의무

대통령은 헌법과 법률을 준수할 의무를 진다. 대통령은 헌법을 수호할 책무를 지며(제66조 제 2 항), 취임에 즈음하여 헌법을 준수하고 국민의 자유·복리의 증진에 노력할 것을 선서한다(제69조). 대통령은 자신의 권한을 헌법의 원칙과 이념에 부합되게 행사하여야 한다. 2016헌나1 대통령탄핵심판사건에서 헌재는 대통령이 사인의 국정개입을 허용하고 권한을 남용한 행위는 공익실현의무를 중대하게 위반하였고 헌법과 법률 위배행위는 국민의 신임을 배반한 행위로서 헌법수호의 관점에서 용납될 수 없는 중대한 법 위배행위라고 보아야 한다고 하면서 파면결정을 하였다.

대통령은 집행부의 수반으로서 국민의 대표기관인 의회가 제정한 법률을 충실히 집행하여야 한다. 위헌의 의심이 있는 법률이라고 판단되면 국회에 법률개정을 요구하거나 재판에서 이의 위헌성을 주장하여 헌법재판소의 판단을 받는 것이 필요하다. 그리고 그 이전 입법단계에서 위헌적이라고 판단되면 법률안거부(재의요구)권을 행사할 수 있다(제53조 제 2 항).

3. 기본권보장의무

대통령은 국민의 기본적인 권리들을 보호하고 국민의 복지를 향상시켜야 할 의무를 진다. 대통령은 취임에 즈음하여 "국민의 자유와 복리의 증진"에 노력할 것을 선서한다(제69조). 특히 대통령은 집행권(행정권)을 담당하고 집행작용은 국민의 기본권에 직접적이고도 일차적인 영향을 미치므로 이러한 기본권보장의무가 중요하다.

4. 겸직금지의 의무

대통령은 국무총리 · 국무위원 · 행정각부의 장 기타 법률이 정하는 공사의 직을 겸할 수 없다(제83조).

5. 직무의 성실의무

대통령은 직책을 성실히 수행할 의무를 진다. 대통령은 취임에 즈음하여 "대통령으로서의 직책을 성실히 수행할 것을" 국민 앞에 엄숙히 선서한다(제69조). 헌재는 "대통령의 '직책을 성실히 수행할 의무'는 헌법적 의무에 해당하지만, '헌법을 수호해야 할 의무'와는 달리 규범적으로 그 이행이 관철될 수 있는 성격의 의무가 아니므로 원칙적으로 사법적 판단의 대상이 되기는 어렵다"라고 하면서 다음과 같이 판시하고 있다.

"대통령이 임기 중 성실하게 직책을 수행하였는지 여부는 다음 선거에서 국민의 심판의 대상이 될 수 있다. 그러나 대통령 단임제를 채택한 현행 헌법 하에서 대통령은 법적으로 뿐만 아니라 정치적으로도 국민에 대하여 직접적으로는 책임을 질 방법이 없고, 다만 대통령의 성실한 직책수행 여부가 간접적으로 그가 소속된 정당에 대하여 정치적 반사이익 또는 불이익을 가져다 줄 수 있을 뿐이다. 헌법 제65조 제1항은 탄핵사유를 '헌법이나 법률에 위배한 경우'로 제한하고 있고, 헌법재판소의 탄핵심판절차는 법적 관점에서 단지 탄핵사유의 존부만을 판단하는 것이므로, 이 사건에서 청구인이 주장하는 것과 같은 세월호 참사 당일 피청구인이 직책을 성실히 수행하였는지 여부는 그 자체로 소추사유가 될 수 없어, 탄핵심판절차의 판단대상이 되지 아니한다(헌재 2004. 5. 14. 2004헌나1 참조)"(2016헌나1).

제2항 대통령의 권한

Ⅰ. 국가수호 · 통일에 관한 권한

대통령의 국가수호 · 통일에 관한 권한은 위에서 본 대로 의무이자(제66조 제2항 · 제3항) 권한으로서의 성격을 가진다. 이러한 국가수호 · 통일에 관한 의무를 수행하기 위해 대통령은 국가위기시에 긴급명령, 긴급재정경제명령 · 처분을 발하는 권한(제76조), 계엄선포권(제77조)을 가진다. 대통령은 또한 외교 · 국방 · 통일 기타 국가안위에 관한 중요정책을 국민투표에 부칠 수 있는 권한(제72조)을 가지고 국가안전보장에 관련되는 대외정책 · 군사정책과 국내정책의 수립에 관하여 국가안전보장회의에 자문을 할 권한(제91조 제1항), 평화통일정책의 수립에 관하여 민주평화통일자문회의에 자문을 할 권한(제92조 제1항) 등을 가진다.

Ⅱ. 국가대표 · 외교에 관한 권한

1. 국가대표권

대통령은 국가의 원수이며, 외국에 대하여 국가를 대표하고(제66조 제1항), 다른 국가나 국제단체 등을 승인한다.

2. 조약체결 · 비준권

대통령은 조약을 체결 · 비준하는 권한을 가진다(제73조). 대통령이 체결 · 비준하는 조약의 안에 대해서는 국무회의의 심의를 거쳐야 하고(제89조 제 3 호), 헌법 제60조에 열거된 중요조약일 경우에는 사전에 국회의 동의를 거쳐야 한다.

3. 외교사절의 신임 · 접수 또는 파견의 권한

대통령은 조약을 체결 · 비준하고, 외교사절을 신임 · 접수 또는 파견하는 권한을 가진다(제73조).

4. 선전포고 · 강화권

대통령은 선전포고와 강화를 할 권한을 가진다(제73조). 선전포고란 외국과의 전쟁개시를 공식적으로 선언하는 것이며, 강화란 전쟁의 종식을 위한 적국과의 합의를 말한다. 대통령의 선전 · 강화 기타 중요한 대외정책은 국무회의의 심의를 거쳐야 하고(제89조 제 2 호), 선전포고에 대하여는 국회의 동의를 거쳐야 하며 강화조약에 대해서도 국회의 동의가 있어야 한다(제60조). 국가안전보장에 관한 대외정책 · 군사정책의 수립에 관하여는 국무회의의 심의에 앞서 대통령이 국가안전보장회의에 자문한다(제91조 제 1 항).

5. 국군의 외국에의 파견권

대통령은 국제평화에 이바지할 목적 등으로 국군을 외국에 파견할 수 있다. 그러나 침략전쟁을 위한 파견은 금지된다. 파견은 국무회의의 심의를 거쳐 국회의 사전동의를 거쳐야 한다(제89조 제 6 호, 제60조 제 2 항). 국무회의심의와 국회의 사전동의는 대통령의 결정에 대한 통제로서의 의미를 가진다. 헌재는 국무회의의 의결은 국가기관의 내부적 의사결정행위에 불과하다고 보아 그 자체로 국민에 대하여 직접적인 법률효과를 발생시키는 행위가 아니므로 헌법소원의 대상이 되지 않는다고 본다(2003헌마225). 대통령의 파견결정에 대한 국회의 동의에 대해 헌재는 "국군의 외국에의 파견에 관한 국회의 동의권은 대통령의 국군통수권 행사를 통제하기 위한 수단으로서, 국회의 파견동의는 그 대상인 대통령의 행위에 법적 효력을 부여하는 것이고 그 자체만으로는 대국민 관계에서 법적인 효과를 발생시킬 수 있는 공권력의 행사라고 하기 어렵다"라고 본다(2003헌마255).

6. 외국군대의 대한민국 영역 안에서의 주류허용권

대통령은 우리의 국가안보와 국제평화 등을 위하여 외국군대가 대한민국 영역 안에서 주류하도록 할 수 있다. 그러나 이 주류에 대해서는 국무회의의 심의를 거쳐 국회의 사전동의를 받아야 한다(제89조 제6호, 제60조 제2항).

7. 외교·통일에 관한 중요정책에 대한 국민투표부의권

대통령은 필요하다고 인정할 때에는 외교·통일에 관한 중요정책을 국민투표에 부칠 수 있다(제72조). 이 국민투표부의권에 대해서는 별도로 살펴본다(후술 Ⅳ. 참조).

Ⅲ. 헌법개정에 관한 권한

대통령은 헌법개정제안권을 가진다(제128조 제1항). 헌법개정에 대해서는 앞서 보았다(전술 제1부 헌법서설 참조). 대통령은 헌법개정안 공고권을 가지고(제129조), 헌법개정 공포권을 가진다(제130조 제3항).

Ⅳ. 국민투표에 관한 권한 — 헌법 제72조의 국민투표부의권

대통령의 국민투표에 관한 권한으로는 헌법개정을 위한 국민투표부의권과 헌법 제72조의 국민투표부의권으로 나누어 볼 수 있다. 헌법개정을 위한 국민투표권은 앞에서 살펴본 바 있으므로 이하에서는 헌법 제72조의 국민투표부의권을 본다.

1. 헌법 제72조의 국민투표부의권의 성격

헌법 제72조에 의한 국민투표는 "대통령은 필요하다고 인정할 때에는 …

국민투표에 붙일 수 있다"라고 하여 실시에 있어서 임의적인 성격을 가진다. 헌법 제130조 제 2 항의 헌법개정안에 대한 국민투표가 필수적인 것과 다르다.

2. 국민투표의 현실적 유형과 합헌적 유형

역사적으로 국민투표의 현실적 유형으로 정책결정적 국민표결(국민결정, Referendum)과 신임투표(Plebiszit), 신임 · 정책연계적 국민표결이 있었다. 정책결정적 국민표결은 정책의 결정을 그 대상으로 하여 국민의 의사를 직접 묻는 국민표결을 말한다. 반면 신임투표는 국가원수나 집권자가 자신의 신임을 국민에게 묻기 위하여 실시하는 국민투표를 말한다. 신임투표는 집권자가 자신의 권력을 합리화하거나 연장하기 위하여 악용할 가능성이 있고 역사적으로 우리나라에서도 그러한 경험이 있었다. 위 둘을 결합한 신임 · 정책연계적 국민표결도 있을 수 있는데 이는 어느 정책을 집권자가 국민표결에 붙이면서 가결시 자신의 신임을 확인받은 것으로, 부결시에는 신임을 얻지 못한 것으로 간주하겠다는 선언을 함께 하는 국민표결이다. 사실 역사적으로 볼 때, 결합형이 적지 않았다. 이 결합형은 신임결부를 통한 압박으로 집권자의 의도에 따른 정책을 국민이 선택하도록 유도하는 효과가 있었기에 실질적으로 결국 신임투표가 가지는 위험성과 문제점을 가진다. 헌법 제72조의 국민투표로 신임 · 정책연계적 국민표결은 가능하다는 견해도 있으나 신임투표뿐 아니라 신임 · 정책연계적 국민표결도 모두 인정되지 않는다. 헌재도 같은 입장이다(2004헌나1).

3. 헌법 제72조 국민투표의 사유(대상)

(1) 국민투표의 성격과 사유의 제한성

국민투표는 직접민주제로서의 성격을 가진다. 따라서 간접민주제(국민대표제, 대의제)를 택하는 헌법 하에서 예외가 되므로 국민투표에 부칠 수 있는 사유는 헌법에 규정된 것에 한정된다.

(2) '외교 · 국방 · 통일 기타 국가안위'에 관한 '중요'정책

위에서 본 대로 국민투표사유의 제한성에 따라 헌법 제72조가 규정한 "외교 · 국방 · 통일 기타 국가안위에 관한 중요정책"에 한하여 부칠 수 있다고 보아야 한다. '기타'라고 하였다 하여 예시로 보는 설이 있으나 외교·국방·통일 영역 외 다른 영역도 어디까지나 국가안위에 관한 것이어야 하므로 '국가안위'에 한정된다고 보는 것이 중요하다.

헌법 제72조는 외교·국방·통일 기타 국가안위에 관한 단순한 정책이 아니라 '중요'정책을 국민투표로 부칠 수 있게 하고 있다.

(3) 신임투표, 신임·정책연계적 국민투표의 부정

따라서 신임을 묻는 것은 "외교·국방·통일 기타 국가안위에 관한 중요정책"에 포함되지 않으므로 사유(대상)가 될 수 없다. 앞서 살펴본 대로 우리 헌재도 '중요정책'에는 대통령에 대한 '국민의 신임'이 포함되지 않는다고 하여 대통령의 재신임이나 정책연계적 신임을 묻는 국민투표를 할 수 없다고 한다(2004헌나1). **[부정의 논거]** 헌재는 그 논거로 ① 국민의 결정행위에 부당한 압력을 가하고 국민투표를 통하여 간접적으로 자신에 대한 신임을 묻는 행위로서, 대통령의 헌법상 권한을 넘어서는 것이다. ② 헌법은 대통령에게 국민투표를 통하여 직접적이든 간접적이든 자신의 신임여부를 확인할 수 있는 권한을 부여하지 않고 국민투표는 국민에 의한 국가권력의 행사방법의 하나로서 명시적인 헌법적 근거를 필요로 한다는 점 등을 들었다(2004헌나1).

(4) 국민투표입법 등의 인정 여부

헌법 제72조의 국민투표로 법률을 제정할 수 있는지 하는 문제에 대해 긍정하는 견해가 없진 않으나 국민투표사유는 헌법에 예외에 대한 근거가 있어야 한다는 점에서도 현행 헌법 하에서 부정설이 타당하다. 헌법 제130조 제 2 항이 아닌 제72조의 국민투표로 헌법개정을 확정할 수 있는가 하는 문제도 논의되나 이는 헌법에 근거가 없음은 물론이고 헌법 제130조 제 2 항을 위배하는 것으로 역시 부정된다.

4. 부의의 재량성 문제

헌법 제72조는 "대통령은 필요하다고 인정할 때에는 … 국민투표에 붙일 수 있다"라고 규정하고 있는데 대통령은 부의에 재량을 가지는지가 논의된다. 헌재는 헌법 제72조가 대통령에게 국민투표의 실시 여부, 시기, 구체적 부의사항,

설문내용 등을 결정할 수 있는 임의적인 국민투표발의권을 독점적으로 부여하였다고 본다(2004헌나1, 2005헌마579). 대통령이 부의하면서 내세운 실시사유가 실제로 존재하여야 한다는 점 등에서는 재량에도 한계가 있다고 볼 것이다.

5. 국민투표의 방법과 절차

대통령의 국민투표안은 국무회의의 심의를 거쳐 국무총리와 관계국무위원의 부서가 있어야 한다(제89조 제 3 호). 국민투표안의 게시, 국민투표 운동, 투표, 개표, 결과의 공표, 대통령 · 국회의장에 대한 통보 등의 절차와 국민투표소송에 관한 자세한 사항들은 국민투표법에 규정되어 있다. 문제는 가결정족수에 관한 규정이 없다는 점이다.

6. 국민투표결과의 효력과 한계

학설은 구속설과 임의설이 대립된다. 헌법 제72조가 "붙일 수 있다"라고 한 것은 국민투표를 실시할 것인지 여부에 대한 재량성을 의미하는 것일 뿐이고 일단 실시하여 나온 국민투표의 결과는 국민의 의사의 직접적 표현이므로 구속성을 가진다고 할 것이다.

국민투표사유가 한정적이라는 점, 신임투표로 활용될 수 없다는 점 등의 한계가 있다. 사실 정책결정으로서의 국민표결도 일도양단적(一刀兩斷的)인 표결로 이루어지면 다양한 국민의 의사가 반영되기 힘들고 선정(populism)적 내지 여론조작적인 분위기에 끌려갈 수 있다는 문제가 있으므로 대표제정치를 보완하는 선에서 받아들여진 직접민주제로서의 국민투표가 제대로 기능을 발휘하도록 하는 것이 필요하다.

Ⅴ. 헌법기관구성에 관한 권한

1. 내 용

대통령은 헌법에서 규정하고 있는 주요 국가기관의 구성을 주도하거나 관여한다. ① 사법부의 최고기관인 대법원의 구성에 관여한다. 즉, 대통령은 대법원장을 국회의 동의를 얻어 임명하고, 대법관을 대법원장의 제청으로 국회의 동의를 얻어 임명한다(제104조 제1항·제2항. 법원조직법은 대법원장의 대법관후보자 제청에 있어 대법관후보추천위원회의 추천제도를 두고 있다. 후술 사법부 참조). ② 헌법재판소를 구성하는 데 관여하는바 대통령은 헌법재판소의 9인의 재판관을 임명한다(제111조 제2항). 9인의 재판관 중 3인은 국회에서 선출하고 3인은 대법원장이 지명하나(제111조 제3항), 그들 6인의 재판관에 대해서도 임명은 어디까지나 대통령이 하도록 하여 결국 9인의 재판관 전원에 대해 대통령이 임명권을 가진다. 헌법재판소장도 국회의 동의를 얻어 재판관 중에서 대통령이 임명한다(제111조 제4항). ③ 대통령은 중앙선거관리위원회의 9인의 위원 중 3인을 임명한다(제114조 제2항). 중앙선거관리위원회의 경우 국회에서 선출하는 3인의 위원과 대법원장이 지명하는 3인의 위원은 선출과 지명으로 위원이 되며 대통령의 임명대상이 아니고, 위원장도 위원 중에서 호선하므로 대통령의 임명대상자가 아니고, ④ 대통령은 행정부를 구성하는데, 국무총리를 국회의 동의를 얻어 임명하고, 국무총리의 제청으로 국무위원을 임명하며, 국무위원 중에서 국무총리의 제청으로 행정각부의 장을 임명한다(제86조 제1항, 제87조 제1항, 제94조). ⑤ 대통령은 감사원장을 국회의 동의를 얻어 임명하고, 원장의 제청으로 감사위원을 임명한다(제98조 제2항·제3항).

2. 통 제

헌법기관구성에 관한 대통령의 권한은 국회의 동의, 대법원장의 제청, 국무총리의 제청 등의 통제를 받도록 하고 있다. 대법원장·헌법재판소장·국무총리·감사원장·헌법재판관·대법관·중앙선거관리위원회 위원·국무위원 등에 대한 임명에 있어서는 국회의 인사청문회를 거쳐야 한다는(국회법 제46조의3 제1항; 인사청문회법 제2조 제1호) 통제도 있다.

Ⅵ. 국회에 대한 권한

1. 국회출석·발언·서한의견권

대통령은 국회에 출석하여 발언하거나 서한으로 의견을 표시할 수 있다(제81조). 대통령이 자신의 국정방향에 대해 국회를 설득하고 협조를 구하기 위하여 국회에 출석하여 발언하고 서면으로서 의견을 제시할 수 있다. 이는 대통령의 권한이지 의무는 아니므로 국회가 대통령의 출석, 발언을 강제할 수는 없다.

2. 임시회 집회요구권

대통령은 국회의 임시회의 집회를 요구할 수 있다. 대통령이 임시회의 집회를 요구할 때에는 기간과 집회요구의 이유를 명시하여야 한다(제47조 제 1 항·제 3 항). 대통령이 국회의 임시회 집회를 요구하기 위해서는 국무회의의 심의를 거쳐야 한다(제89조 제 7 호).

Ⅶ. 입법에 관한 권한

대통령의 입법에 관한 권한은 ① 국회입법에 대한 권한으로서 법률안제출권, 법률안거부권, 법률공포권이 있고 ② 대통령령을 발할 수 있는 권한으로서 행정입법권이 있다. 국회입법에 대한 권한은 위 국회에 대한 권한에서 다루어도 될 권한이다.

1. 법률안제출권

헌법 제52조는 법률안을 제출할 수 있는 권한의 주체로서 국회의원 외에 '정부'라고 규정하고 있다. 따라서 법률안제출권은 대통령 단독의 권한이 아니라 정부 전체의 권한이다. 정부의 법률안제출은 국무회의의 심의를 거쳐(제89조 제 3 호) 국무총리와 관계 국무위원이 부서하여 행한다.

2. 법률안거부권(법률안재의요구권)

(1) 의의와 성격

국회가 의결한 법률안에 대통령이 이의가 있다고 판단할 때 그 법률안을 국회로 환부하여 국회로 하여금 재의를 해줄 것을 요구할 수 있는 권한을 말한다(제53조 제 2 항). 재의요구권은 적극적으로 어떠한 효력을 발생하게 하는 권한이 아니라 정지의 권한으로서 소극적 성격의 권한이다. 정지의 성격을 가지므로 대통령은 국회의 재의결이 있기 전에 이를 철회할 수도 있다. 재의요구권은 대통령의 대 국회 견제권임은 물론이다.

(2) 유형 — 보류거부의 인정문제

법률안재의요구권의 유형으로는 환부거부와 보류거부가 있다. 환부거부란 대통령이 국회에서 의결된 법률안에 대하여 지정된 기일 안에 국회에 환부하고 재의를 요구하는 것을 말한다. 우리 헌법 제53조 제2항은 환부거부를 인정하고 있다.

우리 헌법상 보류거부도 인정되는지 문제되는데 보류거부(pocket veto)란 대통령이 의회의 회기가 만료되어 폐회된 경우 그로 인하여 환부가 불가능한 때에는 그 법률안이 자동적으로 폐기되는 것을 말한다. 우리 헌법 제53조 제2항 후문은 국회의 폐회 중에도 환부거부할 수 있도록 규정하고 있으므로 보류거부는 인정되지 않는다. 일부 학설은 임기만료로 인한 폐기(제51조 단서)를 보류거부로 인정하고 있다. 그러나 이는 보류거부가 아니다. 그런데 보류거부가 아니라는 견해들은 이 경우가 입법기의 종료로 인한 회기불계속의 경우라서 아니라는 이유를 제시하고 있다. 그러나 보류거부가 인정되지 않은 것은 맞으나 그 논거로 헌법 제51조 단서를 들 수는 없다. 헌법 제51조 단서 조항을 법률안거부제도에는 적용할 수 없다고 보기 때문이다. 제51조 본문이 '의결되지 못한 이유로'라고 규정하고 있는데 법률안거부는 국회에서 법률안이 의결된 후 하는 것이기 때문이다. 따라서 대통령의 법률안 거부가 있고 나서 입법기가 종료된 경우에는 의결된 법률안은 폐기되지 않고 다음 입법기에서의 재의대상이라고 볼 것이다.

(3) 환부시기

국회에서 의결된 법률안이 정부에 이송되어 15일 이내에 환부할 수 있고 폐회 중에도 환부가 가능하다(제53조 제1항).

(4) 일부환부·수정환부의 금지

대통령은 법률안의 일부에 대하여 또는 법률안을 수정하여 재의를 요구할 수 없다(제53조 제3항).

(5) 재의요구(거부권행사)의 사유

이에 관해서 명시적인 헌법규정이 없지만 헌법위반, 기본권 침해의 법률안, 실현(집행)불가능한 법률안, 국익에 위배되는 법률안의 경우 등에 재의요구가 가능하다고 볼 것이다.

* "법률안 재의요구권은 대통령의 의회에 대한 권력통제수단으로 헌법상 부여받은 대통령의 고유 권한이므로, 대통령은 의회와 국민에 의한 정치적 통제 하에서 법률안 재의요구권의 행사 이유나 행사 여부 등에 관하여 원칙적으로 폭넓은 판단 재량을 가진다"라는 2024헌나9 결정(대통령권한대행 중인 국무총리에 대한 탄핵심판 기각결정인 2024헌나9 결정)에서의 4인 재판관 법정의견이 있었다.

(6) 재의요구에 대한 국회의 처리

대통령의 재의의 요구가 있을 때에는 국회는 재의에 부치고, 재적의원과반수의 출석과 출석의원 3분의 2 이상의 찬성으로 전과 동일한 의결을 하면 그 법률안은 법률로서 확정된다(제53조 제 4 항). 이 재의결 여부에 대한 국회의 표결은 무기명투표로 하도록 하고 있는데(국회법 제112조 제 5 항 본문) 소신표결을 위한 기록표결이 되어야 할 것이다.

3. 법률공포권

대통령은 국회에서 의결된 법률안이 정부에 이송되면 15일 이내에 공포한다(제53조 제 1 항). 그 외 재의결로 법률이 확정된 경우, 정부 이송 후 15일 이내 공포나 재의요구를 하지 않아 법률로 확정된 경우에도 지체없이 공포하여야 한다(제53조 제 6 항).

4. 행정입법권

(1) 행정입법

대통령령, 총리령, 부령 등을 행정입법이라고 한다. 먼저 행정입법 전반에 대해 개관한다.

[필요성] 행정입법은 행정의 전문성·신속성의 요구에 대처하기 위한 것이다. 오늘날 행정은 점차 전문화되어 가고 복잡다단해지면서 또 그 영역도 확

대되어 가고 있다. 따라서 행정에 관련된 사항들을 법률에 일일이 미리 규정해두기는 현실적인 어려움이 있으므로 법률이 하위 행정입법에 위임하는 것을 허용하고 있다.

[종류] 행정입법에는 법규명령과 행정규칙(행정명령)이 있다. 법규명령은 국민의 권리의무에 영향을 미치는 등의 법규성을 가지는 것으로 대통령령, 총리령, 부령이 그것인데 법명으로는 시행령(대통령령), 시행규칙(총리령, 부령)이라고 불린다. 법규명령에는 법률이나 상위 법규명령의 위임을 받아 제정되는 위임명령과 그러한 위임 없이 법률이나 상위 법규명령을 집행하기 위하여 필요한 사항들을 정하기 위한 집행명령이 있다. 헌법 제75조가 "대통령은 법률에서 구체적으로 범위를 정하여 위임(①)받은 사항과 법률을 집행(②)하기 위하여 필요한 사항에 관하여 대통령령을 발할 수 있다"라고 규정하고 있는데(*밑줄 필자) 밑줄 그은 ①이 위임명령이고 ②가 집행명령이다.

행정규칙은 원칙적으로 행정 외부의 국민에게는 영향을 직접 미치지 않는 행정내부의 사무처리 등을 위한 지침으로서 훈령, 내규, 예규, 고시 등의 명칭으로 불리는 것이다. 헌재는 헌법이 인정하고 있는 위임입법의 형식(즉 대통령령, 총리령, 부령)은 예시적인 것으로 보아야 할 것이고, 법률이 어떤 사항을 행정규칙에 위임하더라도 그 행정규칙은 위임된 사항만을 규율할 수 있는 것이므로, 국회입법의 원칙과 상치되지 않는다고 한다(이른바 '법령보충규칙'의 인정. 이에 대해서는 앞의 기본권론의 법률유보 부분 참조). 다만, 행정규칙은 법규명령과 같은 엄격한 제정 및 개정절차를 요하지 아니하므로, 기본권을 제한하는 작용을 하는 법률이 입법위임을 할 때에는 대통령령, 총리령, 부령 등 법규명령에 위임함이 바람직하고, 고시와 같은 형식으로 입법위임을 할 때에는 적어도 행정규제기본법 제4조 제2항 단서에서 정한 바와 같이 법령이 전문적·기술적 사항이나 경미한 사항으로서 업무의 성질상 위임이 불가피한 사항에 한정된다 할 것이고, 그러한 사항이라 하더라도 포괄위임금지의 원칙상 법률의 위임은 반드시 구체적·개별적으로 한정된 사항에 대하여 행하여져야 할 것이라고 한다(2005헌바59, 2005헌마667, 2009헌마318).

(2) 행정입법의 한계

1) 위임의 한계 헌법 제75조는 "대통령은 법률에서 구체적으로 범위를 정하여 위임받은 사항과 법률을 집행하기 위하여 필요한 사항에 관하여 대통령령을 발할 수 있다"라고 규정하여 포괄위임(백지위임)을 금지하고 구체적 위임이어야 한다는 한계를 설정하고 있다.

2) 구체적 위임의 개념과 기준 구체적 위임의 개념과 그 기준이 중요하다. 구체적 위임인지 여부를 둘러싸고 실제로 논란되어 헌법재판에서 이를 다룬 판례들이 많다. 헌재의 확립된 판례는 아래와 같다.

[헌법재판소 판례의 기본법리] (* 아래 법리는 확립된 것이어서 위 법리를 판시한 결정들은 많은데 이를 판시하고 있는 전형적인 결정례의 하나로, 2009헌바244 참조).

• '구체적으로 범위를 정하여'라 함은 법률에 이미 대통령령 등 하위법규에 규정될 내용 및 범위의 기본사항이 가능한 한 구체적이고도 명확하게 규정되어 있어서 당해 법률 그 자체로부터 대통령령 등에 규정될 내용의 **대강**을 **예측**할 수 있어야 함을 의미한다.

• 예측가능성의 유무는 당해 특정조항 하나만을 가지고 판단할 것은 아니고 관련 법조항 전체를 **유기적 · 체계적**으로 **종합 판단**하여야 하며, 각 대상법률의 성질에 따라 구체적 · 개별적으로 검토하여야 한다.

• 이와 같은 위임입법의 구체성, 명확성의 요구 정도는 그 규율대상의 종류와 성격에 따라 달라진다. 처벌법규나 조세법규 등 국민의 기본권을 직접적으로 제한하거나 침해할 소지가 있는 법규에서는 구체성 · 명확성의 요구가 강화되어 그 위임의 요건과 범위가 일반적인 급부행정법규의 경우보다 더 엄격하게 제한적으로 규정되어야 하는 반면에, 규율대상이 지극히 다양하거나 수시로 변화하는 성질의 것일 때에는 위임의 구체성 · 명확성의 요건이 완화된다(완화하여 판단한 결정례로, 2001헌바52, 2007헌마1083 참조).

* 기본권침해 관련 영역에서는 급부행정 영역에서보다 위임의 구체성의 요구가 강화된다고 본 예 : 2010헌마139(고졸검정고시 응시자격제한 문제였음)

* 포괄위임으로 위헌성이 인정된 예로는 범죄의 구성요건을 행정입법에 위임하여 문제된 사안들이 많았다. 이 결정례들에 대해서는 제 3 부 제 2 편 기본권각론 제 3 장 제 2 절 제 2 항 Ⅰ. 2. [행정입법에의 위임] 부분에 인용된 결정례들 참조. 조세법률의 포괄위임으로 위헌성이 인정된 예들도 적지 않다. 이 결정례들에 대해서는 제 4 부 제 2 장 제 6 절 제 4 항 Ⅰ. 4.에 인용된 결정례들 참조.

* 그 외 포괄위임으로 위헌성이 인정된 결정례들로, 2001헌가30, 2000헌가10, 2000헌바94, 2002헌가15, 2004헌가24, 2003헌바40, 2003헌가2, 2004헌가20, 2004헌가30, 2005헌가1, 2007헌가4, 2009헌가4, 2008헌바116, 2010헌가93, 2015헌가26 등도 참조.
* 행정입법의 위헌성과 위임해 준 법률규정의 위헌성의 무관성 ― 헌재는 양자는 무관하다고 보는 입장이다(2005헌바6, 2010헌바205, 2014헌바382).

3) 집행명령의 한계 집행명령은 법률을 집행하기 위하여 필요한 사항만을 정할 수 있을 뿐이고 법률에서 정하지 않은 새로운 사항을 규정할 수는 없다는 한계가 있다. 헌재도 "집행명령의 경우 법률의 구체적·개별적 위임 여부 등이 문제되지 않고, 다만 상위법의 집행과 무관한 독자적인 내용을 정할 수 없다는 한계가 있다"라고 한다. 이 판시는 한국방송공사 수신료 분리징수(수신료징수 업무 지정자의 고유업무와 관련된 고지행위와 결합하여 행하는 것을 금지)를 규정한 방송법시행령 제43조 제2항이 법률유보원칙에 반하지 않는가 하는 판단에서 나온 것이다. 헌재는 "수신료를 징수할 때 고유업무와 관련된 고지행위와 결합하여 이를 행하지 않도록 하는 수신료 징수업무의 구체적인 시행방법을 규정하고 있을 뿐이라는 점에서, 방송법 제65조 및 제67조 제2항의 집행과 무관한 새로운 법률사항을 정한 것이라고 보기 어렵고, 집행명령의 한계를 일탈하였다고 볼 수도 없다. 따라서 심판대상조항은 법률유보원칙에 위배된다고 볼 수 없다"라고 판시하였다(2023헌마820등).

(3) 행정입법에 대한 통제

1) 행정내부적 통제 법제처에 의한 법안심사, 공청회 제도, 국무회의의 심의(제89조 제3호), 부서제도 등의 행정내부적 통제가 있다.

2) 국회에 의한 통제 국정감사·조사, 대정부질문 등을 통한 통제가 있다. 특히 행정입법이 제정·개정 또는 폐지된 때에 국회 소관상임위원회에 제출하도록 하는 제도가 중요하다. 국회법은 중앙행정기관의 장은 법률에서 위임한 사항이나 법률을 집행하기 위하여 필요한 사항을 규정한 대통령령·총리령·부령·훈령·예규·고시 등이 제정·개정 또는 폐지된 때에는 10일 이내에 이를 국회 소관상임위원회에 제출하여야 한다고 규정하여(국회법 제98조의2 제1항) 그 제도를 두고 있다. 상임위원회는 검토 결과 대통령령 또는 총리령이

법률의 취지 또는 내용에 합치되지 아니한다고 판단되는 경우에는 검토결과보고서를 의장에게 제출하여야 하고 의장은 이 검토결과보고서를 본회의에 보고, 국회는 본회의 의결로 이를 처리하고 정부에 송부하며, 정부는 송부받은 검토결과에 대한 처리결과를 국회에 제출하여야 한다(동법 동조 제4·5·6항). 이는 대통령, 총리령의 경우이고 부령의 경우 상임위원회는 법률의 취지 또는 내용에 합치되지 아니하다고 판단되는 경우에는 소관중앙행정기관의 장에게 그 내용을 통보할 수 있다(동법 동조 제7항). 모법률의 개정으로 통제할 수도 있다.

3) **법원에 의한 통제** 행정입법에 대한 법원의 통제로 우리 헌법은 구체적 규범통제를 규정하고 있다. 구체적 규범통제(具體的 規範統制)란 문제되는 법규범이 적용되는 구체적 사건이 발생하여 이를 해결하기 위한 재판이 제기되면 이 재판에서 그 법규범의 상위 법규범에의 위반 여부를 심사하는 제도를 말한다. 즉 헌법 제107조 제2항은 명령·규칙이 "헌법이나 법률에 위반되는 여부가 재판의 전제가 된 경우에는 대법원은 이를 최종적으로 심사할 권한을 가진다"라고 규정하고 있다. 또한 헌법 제107조 제2항이 대법원이 '최종적으로' 심사할 권한을 가진다고 하여 하급법원도 명령, 규칙에 대한 심사권을 가진다. 헌법·법률에 위배된다고 판단될 때에는 구체적 규범통제체제에서는 적용거부를 한다고 하는데 우리 대법원은 무효선언을 하고 있다(예를 들어 대법원 2006두19693).

4) **헌법재판소에 의한 통제** 행정입법도 공권력의 하나이고 헌법소원심판은 공권력의 행사·불행사로 인한 기본권의 침해가 있을 때 제기할 수 있기 때문에(헌재법 제68조 제1항) 행정입법이 직접 어느 국민의 기본권을 침해하는 경우에 헌법소원의 대상이 되어 헌재의 위헌여부심사를 받을 수 있다. 또한 어느 국가기관의 행정입법이 다른 국가기관이나 지방자치단체의 권한을 침해하는 경우에 권한쟁의심판에서 헌재의 심사를 받을 수 있다.

5) **국민에 의한 통제** 국민은 행정소송, 헌법소원을 청구하거나 행정입법의 개정청원을 통하여 통제할 수 있다. 사전적으로 공청회, 입법예고 등에 참여함으로써 통제할 수 있다.

Ⅷ. 사법(司法)에 관한 권한 — 사면권

대통령의 사법에 관한 권한에는 사법의 조직에 관여할 수 있는 헌법재판소장·대법원장·헌법재판관·대법관 임명권이 있고, 법원판결 등의 효과를 변경할 수 있는 사면권이 있다. 여기서는 앞서 살펴보지 않은 사면권을 본다.

1. 사면권의 의의

사면은 좁게는 형의 선고의 효력이나 공소권을 소멸시키는, 또는 형의 집행면제를 가져오는 조치를, 넓게는 좁은 의미의 사면뿐 아니라 그 외에 감형, 복권을 하는 조치를 말한다. 우리 헌법은 "대통령은 법률이 정하는 바에 의하여 사면·감형 또는 복권을 명할 수 있다"라고 규정하여(제79조 제 1 항) 좁은 의미의 사면권 외에 감형, 복권의 권한을 포함하여 대통령에게 넓게 그 권한을 부여하고 있다. 사면·감형 및 복권에 관한 사항은 법률로 정하는데(제79조 제 3 항) 그 법률이 사면법이다.

2. 사면의 종류와 내용

좁은 의미의 사면으로는 일반사면, 특별사면이 있다. 일반사면이란 죄의 종류를 정하여 그 죄를 범한 자에 대하여 형 선고의 효력을 상실시키거나 형을 선고받지 않은 사람에 대하여는 공소권을 상실시키는 것을 말한다(사면법 제 3 조 제 1 호, 제 5 조 제 1 항 제 1 호). 특별사면이란 형을 선고받은 자들 중 특정한 사람에 대해 형의 집행을 면제하는 것을 말한다(동법 제 3 조 제 2 호, 제 5 조 제 1 항 제 2 호).

넓은 의미의 사면에 포함되는 감형과 복권을 보면 감형에도 형을 변경하는 일반감형과 형의 집행을 경감하는 특별감형이 있다(동법 제 5 조 제 1 항 제 3 호·제 4 호). 복권은 형 선고의 효력으로 인하여 상실되거나 정지된 자격을 회복시켜 주는 것을 말한다(동법 제 3 조 제 3 호, 제 5 조 제 1 항 제 5 호). 복권에도 일반복권과 특정한 자에 하는 특별복권이 있다.

3. 사면권행사의 절차와 효과

일반사면, 일반감형, 일반복권의 경우에는 대통령령에 의하도록 하고 있다

(동법 제 8 조). 대통령의 사면·감형과 복권은 국무회의심의를 거쳐야 한다(제89조 제 9 호). 일반사면은 국회의 동의를 얻어야 한다(제79조 제 2 항).

사면법은 형의 선고에 따른 기성의 효과는 사면, 감형 및 복권으로 인하여 변경되지 않는다고 규정하여(법 제 5 조 제 2 항) 사면은 소급효를 가지지 않는다. 헌재는 특별사면의 대상을 "형"으로 규정할 것인지, "사람"으로 규정할 것인지는 입법재량사항에 속한다고 하면서 여러 형이 병과된 경우 일부에 대해서만 특별사면을 하더라도 위헌이 아니라고 본다(97헌바74). 헌재는 공무원이거나 공무원이었던 사람이 재직 중의 사유로 금고 이상의 형을 받거나 형이 확정된 경우 퇴직급여 및 퇴직수당의 일부를 감액하여 지급하는데 그 이후 형의 선고의 효력을 상실하게 하는 특별사면 및 복권을 받은 경우에도 퇴직급여 등을 여전히 감액하는 것은 사면이 범죄사실 그 자체까지 부정하는 것은 아니어서 그 합리적인 이유가 인정되므로 재산권 및 인간다운 생활을 할 권리를 침해하지 않는다고 본다(헌재 2020. 4. 23, 2018헌바402).

4. 사면권의 한계와 통제 문제

사면권의 한계에 대해서는 부정론이 없지 않으나 권력분립원칙에 따라 사법권의 본질적 기능을 훼손하지 않아야 하고 특히 정치적 이해관계에 따라 자파 인물에 대한 구제를 위한 것이거나 정당 간 당리당략적인 타협에 따라 일반사면권을 행사하여서는 아니 된다는 한계가 있다. 대통령의 사면권의 행사는 사법부의 판결에 대한 번복을 의미하므로 그 행사가 신중하고도 제한적으로 이루어져야 한다. 특히 특별사면권이 그동안 남용되어 왔다는 비판이 많았다.

사면은 국무회의의 심의를 거쳐야 하며 일반사면은 국회의 동의를 얻어야 하는 통제가 설정되어 있다(제79조 제 2 항). 사면권행사에 대해 국민의 알 권리를 위해 관련정보를 공개하게 하는 것도 사면권 통제의 한 방편이 될 수 있다(대법원 2005두241). 국회의 동의없이 이루어지는 특별사면에 대한 통제가 특히 필요하다. 이 때문에 사면심사위원회와 그 공개제도를 두고 있다. 즉 법무부장관이 대통령에게 특별사면, 특정한 자에 대한 감형 및 복권을 상신할 때에는 민간인이 다수로 참여하는 사면심사위원회의 심사를 거치도록 하고(사면법 제10조 제 2 항) 사면심사위원회의 위원의 명단과 경력사항은 임명 또는 위촉한 즉시, 심의서는 해당 특별사면 등을 행한 후부터 즉시, 회의록은 해당 특별사면 등을 행한 후 5년이 경과한 때부터 공개되도록 하여(동법 제10조의2 제5항 본문) 특별사면의 남용을 막고자 하고 있다. 한계를 벗어난 대통령의 사면권 행사에 대해서는 탄핵소추가 가능하다.

Ⅸ. 집행부(정부)의 수반으로서의 권한

1. 정부수반으로서 최고행정지휘권

헌법은 "행정권은 대통령을 수반으로 하는 정부에 속한다"라고 규정하고 있다(제66조 제4항). 대통령은 정부에 속하는 행정권을 정부의 최고의 지위에서 집행하고 지휘하는 권한을 가진다. 대통령은 행정각부에서 법률과 국가의 정책을 집행하는 것을 지휘, 통제, 감독한다.

2. 집행부 소속 공무원의 임면권

"대통령은 헌법과 법률이 정하는 바에 의하여 공무원을 임면한다"(제78조). 현행 국가공무원법은 대통령의 업무과중과 개별 공무원의 능력 파악 등의 어려움이 있기에 행정기관 소속 5급 이상 공무원 및 고위공무원단에 속하는 일반직공무원은 소속 장관의 제청 등 일정한 절차를 거쳐 대통령이 임용하고, 6급 이하 소속 공무원은 소속 장관이 임용하도록 규정하고 있다(법 제32조 제1항·제2항). 국무총리 등 그 임명에 있어서 국회의 동의를 거쳐야 하는 공무원과 법이 정한 공무원의 경우에는 국회의 인사청문을 거친다. 검찰총장, 합동참모의장 등의 임명은 국무회의의 심의를 거쳐야 한다(제89조 제16호). 대통령은 소속 공무원의 면직권을 가진다.

3. 국군통수권

(1) 개 념

국군통수권이란 국군을 조직하고 지휘하며 국군의 훈련, 작전과 군사행정 등을 통솔하고 넓게 군사력을 관리하는 권한을 말한다. 헌법은 "대통령은 헌법과 법률이 정하는 바에 의하여 국군을 통수"하며, "국군의 조직과 편성은 법률로 정한다"라고 하여(제74조) 통수권입헌주의 · 통수권법정주의를 규정하고 있다. 이에 따라 국군조직법, 군인사법 등이 있다.

(2) 통수권의 범위와 통제

[군령 · 군정통합주의] 군사제도는 군령(軍令)과 군정(軍政)으로 이루어지는데 군령은 용병, 군사훈련, 군작전, 군통솔의 작용을 말하고 군정은 군의 조직, 편제, 행정관리 등을 말한다(헌재도 "국군통수권은 군령(軍令)과 군정(軍政)에 관한 권한을 포괄하고, 여기서 군령이란 국방목적을 위하여 군을 현실적으로 지휘 · 명령하고 통솔하는 용병작용(用兵作用)을, 군정이란 군을 조직 · 유지 · 관리하는 양병작용(養兵作用)을 말한다"라고 하고 있다(2013헌바111)). 과거 군국주의 하에서는 군령과 군정을 분리해서 군령을 통치자 직속의 독립된 기관에서 관장하도록 하여 군령에 대한 의회의 통제가 이루어지지 못했고 군이 통치자에 예속되었다. 오늘날 민주국가에서는 군령과 군정을 통합하여 모두 행정부에서 관장하도록 하는 통합주의를 채택하여 군령도 의회의 통제를 받도록 하고 있는데 우리 헌법도 통합주의에 따라 대통령이 군정, 군령 전체에 대한 최고의 통수권을 가진다. 대통령 모독행위에 대한 군형법상 상관모독죄 적용이 논의된 바 있는데 헌재는 군인복무규율 제 2 조 제 4 호는 "상관이란 명령복종관계에 있는 사람 사이에서 명령권을 가진 사람으로서 국군통수권자로부터 바로 위 상급자까지를 말한다"라고 규정함으로써 국군통수권자인 대통령이 상관임을 명시하고 있다고 하여 불명확하지 않고 과잉금지원칙도 준수한 것이라고 판단하고 따라서 위 처벌규정은 군인의 표현의 자유를 침해하지 않아 합헌이라고 결정하였다(2013헌바111).

[대통령의 국군통수의무] "대통령이 정치적 목적으로 국군통수권을 행사하여 국군을 이용하는 것은 헌법 제74조 제 1 항이 정한 헌법에 따른 국군통수의무를 위반하는 것이다"(2025. 4. 4. 2024헌나8). 이 결정에서 헌재는 2024. 12. 3. 계엄 선포, 그리고 당시 정당의 활동을 제약하고자 하는 정치적 목적으로 국회에 병력을 투입하여 본회의장에서 국회의원들을 끌어내라고 지시하였고, 주요 정치인에 대한 위치 확인 지시에 관여한 것, 그리고 국회와의 대립 상황을 타개하는 등의 의도로 국회의 활동을 금지하는 포고령을 계엄사령관이 발령하게 한 것이 국군통수권조항을 위반한 위헌이라고 선언했다(아래 [관련판시] 참조).

[관련판시] 계엄은 병력으로써 위기상황을 대처하기 위하여 선포하는 것이므로(헌법 제77조 제1항), 필연적으로 대통령의 국군통수권 행사를 수반한다(헌법 제74조 제1항). … 피청구인은 자신의 의견에 반대하는 야당이 다수의석을 차지하고 있는 국회와의 대립 상황을 타개할 의도로 병력을 동원하기 위해서 이 사건 계엄을 선포하였다. 따라서 피청구인은 헌법 제5조 제2항 및 제74조 제1항을 위반하였다. … 피청구인은 국회의 헌법상 권한인 계엄해제요구권 행사를 막고 정당의 활동을 제약하고자 하는 정치적 목적으로 국회에 병력을 투입하여 본회의장에서 국회의원들을 끌어내라고 지시하였고, 주요 정치인에 대한 위치 확인 지시에 관여하였다. … 피청구인이 정치적 목적으로 그 권한을 남용함으로써 국가의 안전보장과 국토방위의 신성한 의무를 수행함을 사명으로 하여 나라를 위하여 봉사해 온 군인들이 또다시 일반 시민들과 대치하는 상황이 발생하게 된 것이다. 그렇다면 피청구인은 국군의 정치적 중립성에 반하여, 그리고 피청구인은 국회와의 대립 상황을 타개하는 등의 의도로 계엄사령관으로 하여금 이 사건 포고령을 발령하게 하여 국군의 정치적 중립성에 반하여 국군통수권을 행사하였으므로 헌법 제5조 제2항 및 제74조 제1항을 위반하였다.

[통제] 대통령의 국군통수권은 국군의 정치적 중립성(제5조 제2항), 선전포고와 국군의 외국에의 파견에 대한 국회의 동의권 등에 의한 통제를 받는다.

4. 행정입법권

이에 관해서는 앞서 입법에 관한 권한에서 살펴보았다.

5. 정당해산제소권

정당의 목적이나 활동이 민주적 기본질서에 위배될 때에는 정부는 헌법재판소에 그 해산을 제소할 수 있고, 정당은 헌법재판소의 심판에 의하여 해산된다(제8조 제4항). 이 권한은 대통령 단독의 권한이 아니라 정부의 권한으로 규정되어 있다. 따라서 대통령은 정부의 수반으로서 정부가 가지는 이러한 정당해산심판의 제소권을 대표하여 수행한다. 정당해산의 제소는 국무회의의 심의를 거쳐서 해야 한다(제89조 제14호).

6. 재정(財政)에 관한 권한

헌법은 예산편성권, 기채(起債) 등에 관해 '정부'를 권한주체로 명시하고 있는데 대통령이 정부의 수반이므로 대표로 수행하게 되는 권한이다. 예산 등에 대해서는 앞서 국회 부분에서 살펴보았다(전술 참조).

7. 영전수여권(榮典授與權)

대통령은 법률이 정하는 바에 의하여 훈장 기타의 영전을 수여한다(제80조). 영전수여에 대해서는 상훈법이 규정을 두고 있다. 대통령의 영전수여는 먼저 국무회의의 심의를 거치고(제89조 제 8 호) 국무총리와 관계 국무위원의 부서를 받아 하여야 한다. 영전수여권의 행사에 있어서는 영전일대의 원칙과 영전특권불수반원칙(제11조 제 3 항)에 따른 제한을 받는다.

Ⅹ. 국가긴급권

1. 개　　념

국가긴급권이란 전쟁, 대형 재난, 경제적 공황 등 통상의 조치로 극복하기 어려운 중대한 국가적, 헌법적 위기의 비상사태라는 긴급상황에서 국민의 안전과 국가의 존립을 보장하고 헌법질서를 수호하기 위하여 비상적인 조치를 취할 수 있는 권한을 말한다. 헌법이 예정하지 않고 있는 비상의 조치권인 초헌법적 국가긴급권은 헌법에 반하고 인정될 수 없다. 우리 헌정사에서도 제 3 공화국 당시 박정희 대통령이 1971년 비상사태를 선포하고 '국가보위에 관한 특별조치법'을 통과시켜 초헌법적 국가긴급권을 인정한 예가 있었는데 제 6 공화국 들어와 헌재도 위 특별조치법이 헌법을 부정하고 파괴하는 반입헌주의, 반법치주의의 위헌법률이라고 선언한 바 있다(92헌가18, 2014헌가5). 유신헌법하의 긴급조치 제 1 호, 제 2 호, 제 9 호에 대해서도 헌재는 위헌결정을 한 바 있고(헌재 2013. 3. 21. 2010헌바132), 대법원도 긴급조치 제 1 호, 제 4 호, 제 9 호에 대해 위헌무효라고 선언한 바 있다(대법원 2010. 12. 16, 2010도5986; 대법원 2013. 5. 16, 2011도2631; 대법원(결정) 2013. 4. 18, 2011초기689).

국가긴급권은 헌법과 국가의 보장기능을 수행한다.

현재 우리나라 헌법은 국가긴급권으로서 긴급명령, 긴급재정경제명령, 긴급재정경제처분, 계엄의 제도를 두고 있다.

2. 긴급명령권

(1) 의의와 성격

대통령의 긴급명령권은 국가의 위기시에 이를 극복하기 위해 법률적 조치가 필요함에도 국회의 입법권행사가 불가능하기에 대통령이 명령으로써 대신하여 그 조치에 관한 규정을 제정하는 권한을 말한다. 긴급명령은 국가비상상황의 극복을 위하여 권력분립원리의 일시적 예외를 인정하는 법률대체적 명령의 성격을 가진다. 우리 헌법은 국가위기의 실제가능성이 존재한다고 보고 정상적인 법률로써는 이에 대처할 수 없는 경우에 대통령에게 예외적으로 긴급입법을 인정한 것이다. 이러한 긴급명령의 제도적 취지를 고려하면 그 발동에 있어서는 엄격한 요건이 설정되어야 하고 사후에 국회의 통제가 가해져야 함은 물론이다.

(2) 요　　건

긴급명령의 발동요건으로 헌법은 "국가의 안위에 관계되는 중대한 교전상태에 있어서 국가를 보위하기 위하여 긴급한 조치가 필요하고 국회의 집회가 불가능한 때에 한하여"라고 규정하고 있다(제76조 제 2 항).

① 상황적 요건 : ㉠ 국가의 안위에 관계되는 중대한 교전상태 — 중대한 교전이란 대통령이 국회의 동의를 얻어(제73조, 제60조 제 2 항) 선전포고를 함으로써 개전되는 전쟁뿐 아니라 이에 준하는 것으로 볼 수 있는 사변이나 내란 등도 포함된다. 그러나 국가안위가 직접적으로 관계되는 중대한 경우여야 한다. ㉡ 긴급한 상황 — 국가를 보위하기 위하여 때를 놓치지 않고 신속히 조치를 취하여야 할 긴급한 상황이어야만 긴급명령을 발할 수 있다. ㉢ 국회의 집회가 불가능한 때 — 국회의 집회가 비상사태로 인해 물리적으로 불가능한 때, 즉 국회의 재적의원 과반수가 그 소재나 행방을 알 수 없거나 집회에 참석할 수 없어서 의결정족수를 갖추지 못하는 상황을 말한다. 이 점이 국회의 집회를 기다릴 여유가 없을 때에 발할 수 있는 긴급재정경제명령 · 처분의 경우와 다르다.

② 목적상 요건 : 국가보위라는 소극적 목적으로만 가능하고 적극적인 공공복리를 위한 목적으로 발령할 수 없다.

③ 법률적 효력의 조치의 필요성, 보충성의 원칙 요건 : 긴급한 조치인 긴급명령이 법률의 효력을 가지는 것이므로 법률적 규정에 의해서만 국가보위라는 목적달성이 가능하고 단순한 처분이나 조치로는 그 목적달성을 할 수 없다는 필요성이 존재하여야 한다. 즉 법률적 효력의 조치가 아닌 다른 방법에 의해서는 위기극복이 불가능한 경우에 최종적으로 긴급명령을 발하여야 한다는 보충성의 원칙이 적용된다.

④ 절차적 · 형식적 요건 : 긴급명령을 대통령이 발하기 위해서는 국무회의의 심의를 거쳐야 한다(제89조 제 5 호). 문서의 형식으로 하여야 하며, 그 문서에는 국무총리와 관계국무위원의 부서가 있어야 한다(제82조).

(3) 내용과 한계

긴급명령은 국가보위를 위한 긴급한 조치를 그 내용으로 하는 법률적 명령이다. 긴급명령으로 국회해산을 할 수는 없다. 국회의 사후승인을 받아야 하기 때문이다(제76조 제 3 항). 긴급명령으로 헌법을 개정할 수 없고 법원, 헌법재판소의 권한에 특별한 조치를 취할 수 없다. 위에서 살펴본 요건들도 한계를 이룸은 물론이다.

* 국가긴급권의 한계 — 유신헌법하 긴급조치권의 한계일탈 : 대법원도 국가긴급권의 한계로서 "국가긴급권은 국가가 중대한 위기에 처하였을 때 그 위기의 직접적 원인을 제거하는 데 필수불가결한 최소의 한도 내에서 행사되어야 하는 것으로서, 국가긴급권을 규정한 헌법상의 발동 요건 및 한계에 부합하여야 하고, 이 점에서 유신헌법 제53조에 규정된 긴급조치권 역시 예외가 될 수는 없다"라고 판시한 바 있다(대법원 2010. 12. 16, 2010도5986; 대법원 2013. 5. 16, 2011도2631). 그리하여 문제의 긴급조치 제 1 호, 제 4 호, 제 9 호 규정들은 "이른바 유신체제에 대한 국민적 저항을 탄압하기 위한 것임이 분명하여 긴급조치권의 목적상의 한계를 벗어난 것"이고 당시 비상사태로서 국가의 중대한 위기상황 내지 국가적 안위에 직접 영향을 주는 중대한 위협을 받을 우려가 있는 상황에 해당한다고 할 수 없어 긴급조치요건을 결여한 것이라고 판시한 바 있다(대법원 2010. 12. 16, 2010도5986; 대법원 2013. 5. 16, 2011도2631; 대법원(결정) 2013. 4. 18, 2011초기689). 헌재도 긴급조치 제 1, 2, 9 호가 입법목적의 정당성이나 방법의 적절성을 갖추지 못한 것이라고 판시한 바 있다(2010헌바132). 헌재

는 현재의 긴급명령권에 대한 사안은 아니었으나 긴급권의 한계에 관한 법리라는 점에서 중요하다고 볼 수 있는 판시를 제3공화국 말에 제정된 '국가보위에 관한 특별조치법'에 대하여 하고 있는데 그 판시에서 "국가긴급권의 행사는 헌법질서에 대한 중대한 위기상황의 극복을 위한 것이기 때문에, 본질적으로 위기상황의 직접적인 원인을 제거하는 데 필수불가결한 최소한도 내에서만 행사되어야 한다는 목적상 한계가 있다. 또한 국가긴급권은 비상적인 위기상황을 극복하고 헌법질서를 수호하기 위해 헌법질서에 대한 예외를 허용하는 것이기 때문에 그 본질상 일시적·잠정적으로만 행사되어야 한다는 시간적 한계가 있다"라고 하였다(2014헌가5. 이 결정에서 헌재는 이전 결정에서와 같이 다시 위 특조법이 위헌이라고 선언하였다).

(4) 효력과 국회의 사후승인

긴급명령은 법률의 효력을 가진다. 대통령은 긴급명령을 발동한 경우 지체없이 국회에 보고하여 그 승인을 얻어야 한다(제76조 제3항). 국가긴급시에 국회가 아닌 대통령이 위기극복을 위하여 발하는 긴급명령이지만 법률의 효력을 가지는 법규범으로서 적용되는 것이고 국민의 기본권과 의무에 관련되는 사항을 정하기도 하므로 국민의 의사를 대표하는 국회가 통제하여야 한다는 데 이 승인제도의 필요성이 있다. 대통령은 긴급명령이 국회의 승인을 얻었거나 얻지 못한 경우에 그 사유를 지체없이 공포하여야 한다(제76조 제5항). 국회의 승인을 얻지 못한 때에는 그 때부터 효력을 상실한다. 이 경우 긴급명령에 의해 개정 또는 폐지되었던 법률은 그 명령이 승인을 얻지 못한 때부터 당연히 효력을 회복한다(제76조 제4항).

(5) 통 제

사전적으로 국무회의 심의를 거쳐야 한다. 국회는 승인거부, 탄핵소추, 긴급명령을 폐지하는 법률제정 등을 통해 통제할 수 있다. 헌재는 긴급명령이 법률의 효력을 가지므로 위헌법률심판을 통하여, 그리고 긴급명령이 국민의 기본권을 직접 침해하는 것일 때에는 헌법소원심판을 통하여 통제할 수 있다. 법원은 위헌법률심판제청을 통하여 통제할 수 있다.

3. 긴급재정경제명령 · 긴급재정경제처분

(1) 의 의

긴급재정경제명령 · 긴급재정경제처분이란 재정이나 경제의 영역에서 중대한 위기가 발생한 상황에서 통상의 재정적 · 경제적 법률이나 처분에 의해서는 국가의 안전이나 공공의 안녕질서를 유지하기 어려운 경우에 이에 대처하기 위하여 법률의 효력을 가지는 명령을 발하거나 처분을 행하는 권한을 말한다.

(2) 요 건

헌법 제76조 제 1 항은 "내우 · 외환 · 천재 · 지변 또는 중대한 재정 · 경제상의 위기에 있어서 국가의 안전보장 또는 공공의 안녕질서를 유지하기 위하여 긴급한 조치가 필요하고 국회의 집회를 기다릴 여유가 없을 때에 한하여" 라고 규정하고 있다.

① 상황적 요건 : ㉠ 내우 · 외환 · 천재 · 지변 또는 중대한 재정 · 경제상의 위기 — 단순한 발생의 가능성이 있어서 사전에 예방하기 위하여 발동되어서는 아니 되고 재정상 · 경제상 위기가 실제로 현재 존재하여야 한다. ㉡ 긴급한 상황 — 국가의 안전보장 또는 공공의 안녕질서를 유지하기 위하여 때를 놓치지 않고 신속히 조치를 취하여야 할 긴급한 상황이어야만 발할 수 있다. ㉢ 국회의 집회를 기다릴 여유가 없을 때 — 국회의 집회를 기다릴 여유가 없다는 것은 집회를 기다려서 국회에 의한 수권이 있고 난 다음 조치를 취할 경우에는 이미 위기가 고착되고 극복되기 힘든 정도의 상황을 말하고 휴회 중이든 폐회 중이든 국회집회를 소집할 여유가 없는 경우뿐 아니라 국회집회가 불가능한 경우도 포함된다.

② 목적상 요건 : 국가의 안전보장 또는 공공의 안녕질서를 유지하기 위한 것일 것 — 실제로 발생한 중대한 경제상 · 재정상 위기를 제거하여 국가의 안전을 보장하고, 질서를 회복하기 위한 소극적 목적을 위한 것이어야 하고 새로운 정책을 시행하거나 공공복리를 증진하기 위한 적극적 목적으로는 긴급재정경제명령을 발할 수 없다(93헌마186).

③ 필요성, 보충성 요건 : 일반적인 법률이나 처분에 의해서는 위기극복이

되지 않는 경우에 발할 수 있다.

④ 최소필요성 요건 : 재정 · 경제상 위기를 극복하는 데 필요한 정도의 최소한의 명령이나 처분에 그쳐야 한다.

⑤ 절차적 · 형식적 요건 : 긴급재정경제명령 · 긴급재정경제처분을 대통령이 발하기 위해서는 국무회의의 심의를 거쳐야 한다(제89조 제 5 호). 문서의 형식으로 하여야 하며, 그 문서에는 국무총리와 관계국무위원의 부서가 있어야 한다(제82조).

(3) 내용과 한계

재정, 경제에 관한 사항을 내용으로 하고 최소한의 명령, 처분에 그쳐야 한다.

(4) 효력과 국회의 사후승인

긴급재정경제명령은 법률의 효력을 가지고 긴급재정경제처분은 구체적 효과를 가져오는 개별적 처분이다(법률과 처분의 구분은 기본권론에서 언급한 바 있다). 국회의 사후승인제도는 긴급명령에서와 같다.

(5) 통 제

사전적으로 국무회의 심의를 거쳐야 한다. 국회는 승인거부, 탄핵소추, 긴급재정경제명령 · 처분을 폐지하는 법률제정 등을 통해 통제할 수 있다. 긴급재정경제명령은 법률의 효력을 가지는 것이므로 법원은 위헌법률심판제청을, 헌법재판소는 위헌심판을 통하여 통제를 할 수 있다. 긴급재정경제명령이 어느 국민의 기본권을 직접 침해하는 경우에는 그 국민은 헌법소원심판을 바로 청구할 수 있는데 이러한 헌법소원심판을 통해서도 헌법재판소가 통제할 수 있다. 긴급재정경제처분은 처분이므로 법원의 행정소송을 통하여 또는 헌재의 헌법소원심판을 통하여 통제될 수 있다. 통치행위이론을 들어 위와 같은 사법적 통제를 부정하는 견해도 있으나 우리 헌재는 “비록 고도의 정치적 결단에 의하여 행해지는 국가작용이라고 할지라도 그것이 국민의 기본권 침해와 직접 관련되는 경우에는 당연히 헌법재판소의 심판대상이 될 수 있는 것”이라고 하여 긍정한다(93헌마186). 통치행위이론에 대해서는 사법부 부분에서 살펴본다(후술 참조).

4. 긴급권행사요건과 기본권제한요건

긴급권행사로 기본권이 제한될 경우 긴급권행사의 요건을 준수한 것으로도 기본권제한의 요건을 갖추는 것인지 하는 문제가 있다. 헌재는 헌법 제76조 소정의 요건들을 준수한 긴급재정경제명령은 기본권제한의 요건인 헌법 제37조 제 2 항의 비례의 원칙(과잉금지원칙)을 준수한 것으로 본다(93헌마186).

* 유신헌법하의 긴급조치 제 1 호에 대한 위헌성을 인정한 대법원판결 : 대법원은 과거 유신헌법하 긴급조치 제 1 호가 유신헌법 등에 대한 논의 자체를 전면금지함으로써 이른바 유신체제에 대한 국민적 저항을 탄압하기 위한 것임이 분명하여 긴급조치권의 목적상의 한계를 벗어난 것이고 유신헌법 제53조가 규정하고 있는 요건을 결여한 것이며 국민의 자유와 권리를 지나치게 제한함으로써 헌법상 보장된 국민의 기본권을 침해한 것이므로, 긴급조치 제 1 호가 해제 내지 실효되기 이전부터 유신헌법에 위배되어 위헌이고, 나아가 긴급조치 제 1 호에 의하여 침해된 위 각 기본권의 보장 규정을 두고 있는 현행 헌법에 비추어 보더라도 위헌으로 무효라고 판시하였다(대법원 2010도5986 전원합의체).

5. 계 엄 권

(1) 계엄의 개념

계엄이란 전시 등의 국가비상사태에 있어서 군사상의 필요나 공공의 안녕질서를 유지할 필요가 있는 경우에 한하여 특정지역 내 행정권 또는 사법권을 군대가 관할하고 국민의 기본권의 일부에 대해 제한을 가할 수 있는 국가긴급권제도를 말한다. 병력의 사용이 특징적 요소이다.

(2) 계엄선포요건

1) 실체적 요건　　헌법은 “대통령은 전시 · 사변 또는 이에 준하는 국가비상사태에 있어서 병력으로써 군사상의 필요에 응하거나 공공의 안녕질서를 유지할 필요가 있을 때에는 법률이 정하는 바에 의하여 계엄을 선포할 수 있다”라고 요건을 규정하고 있다(제77조 제 1 항). ① 상황요건 : 전시 · 사변 또는 이에 준하는 국가비상사태 — 여기서 “준하는 국가비상사태”란 사회질서를 교란하는 무장폭동, 반란 등의 경우를 말한다. ② 목적요건 : 현재실제성(극복필요성),

군사상의 필요, 공공안녕질서유지 — 전시의 적군의 격퇴, 사회질서의 회복을 위하여 필요한 경우이어야 한다. 현재의 위기상황이 있어 이를 극복해야 할 필요가 있어야 하고 "위기상황이 발생할 우려가 있다는 이유만으로 사전적 · 예방적으로 선포할 수는 없고"(2024헌나8), 공공안녕질서유지, 기존질서를 유지 · 회복을 위한 것이므로 "공공복리의 증진과 같은 적극적 목적을 위하여 선포할 수도 없다"(93헌마186, 2024헌나8). ③ 병력사용의 필요성 — 통상적인 경찰력 등으로는 회복불가능하여 병력에 의존할 수밖에 없는 상황이어야 한다.

[헌재판례] 헌재도 다음과 같이 그 실체적 요건을 설시한다.

> 비상계엄 선포가 헌법 및 계엄법이 정한 실체적 요건을 충족하기 위해서는 ① 전시 · 사변 또는 이에 준하는 국가비상사태로 적과 교전 상태에 있거나 사회질서가 극도로 교란되어 행정 및 사법 기능의 수행이 현저히 곤란한 상황이 현실적으로 발생하여야 하고, ② 병력으로써 군사상의 필요에 응하거나 공공의 안녕질서를 유지할 필요가 있어야 하며, ③ 비상계엄 선포의 목적이 군사상 필요에 따르거나 공공의 안녕질서를 유지하기 위한 것이어야 한다. 따라서 비상계엄은 위와 같은 위기상황이 현실적으로 발생하였으나 경력(警力)만으로는 이를 수습할 수 없는 경우에 병력으로써 기존질서를 유지 · 회복하기 위하여 선포할 수 있는 것이므로, 위기상황이 발생할 우려가 있다는 이유만으로 사전적 · 예방적으로 선포할 수는 없고, 공공복리의 증진과 같은 적극적 목적을 위하여 선포할 수도 없다(2025. 4. 4. 2024헌나8).

아래에서 중요 실체적 요건들을 좀더 자세히 판례와 더불어 살펴본다.

i) 전시 · 사변 또는 이에 준하는 국가비상사태로 적과 교전 상태에 있거나 사회질서가 극도로 교란되어 행정 및 사법 기능의 수행이 현저히 곤란한 상황 요건 : 이는 객관적 사실로 존재해야 한다. 이러한 곤란한 상황이 현실로 발생해야 한다. 헌재는 "이에 관하여는 헌법에 따라 계엄 선포권을 부여받은 피청구인에게 일정 정도의 판단재량이 인정되는 것으로 보아야 한다. 그러나 피청구인에게 판단재량을 인정한다는 것이 객관적으로 위기상황이 아님에도 주관적 확신만 존재하면 비상계엄을 선포할 수 있다는 의미는 아니므로, 객관적으로 피청구인의 판단을 정당화할 수 있을 정도의 위기상황이 존재하여야 하고, 피청구인의 판단이 현저히 비합리적이거나 자의적인 경우에는 헌법 제77

조 제 1 항 및 계엄법 제 2 조 제 2 항을 위반한 것으로 보아야 한다"라고 한다(2024헌나8). 그리고 헌재는 "'전시'란 상대국이나 교전단체에 대하여 선전포고나 대적행위를 한 때부터 그 상대국이나 교전단체와 휴전협정이 성립된 때까지의 기간을 말하고, '사변'이란 국토를 참절하거나 헌법질서를 문란하게 할 목적으로 봉기한 모든 형태의 무장반란집단의 폭동을 의미한다. 앞에서 살펴본 헌법상 국가긴급권의 인정 취지와 헌법 제77조 제 1 항의 문언을 고려할 때, '전시 · 사변에 준하는 국가비상사태'란 전쟁에 해당되지 아니하는 외적의 침입, 국토를 참절하거나 헌법질서를 문란하게 할 목적이 없는 무장 또는 비무장의 집단 또는 군중에 의한 사회질서교란, 자연적 재난으로 인한 사회질서교란 등으로 인하여 국가의 존립이나 헌법질서의 유지가 위태롭게 되어 평상시의 헌법질서에 따른 권력행사방법으로는 대처할 수 없는 중대한 위기상황을 말한다"라고 한다(2024헌나8). 그리하여 2024. 12. 3. 대통령의 "계엄 선포 당시 정치상황과 사회상황이 전시 · 사변에 해당한다거나 적과 교전 상태에 있었다고 볼 수 없음은 명백하다"라고 판시했다(2024헌나8).

[위 2024헌나8 결정의 요지] 대통령은 국회가 ① 다수의 고위공직자를 탄핵하거나 그 탄핵을 시도함으로써 사법 업무 및 행정업무를 마비시켰고, ② 위헌적이거나 국익에 반하거나 정치적 편향성이 높은 법안을 추진하거나 여야 합의 없이 일방적으로 통과시키고, 여당이 추진하는 법안에 반대하였으며, ③ 2025년도 주요 예산을 전액 삭감하여 국가의 본질적 기능을 훼손하고 마약 천국, 민생 치안 공황 상태로 만들었으며 안보 공백을 초래하였고, ④ 대통령 퇴진, 탄핵 집회를 열고, 안보 · 외교 분야 등에서 반국가 행위를 하였다고 하면서, 이러한 국회의 전횡으로 국정이 마비되고 행정과 사법의 정상적인 수행이 불가능한 상황이 되었다고 주장한다. 피청구인은 이러한 국회의 행위로 헌법 제77조 제 1 항 및 계엄법 제 2 조 제 2 항이 정한 위기상황이 발생하였다고 주장하므로, 살펴본다. 가) 발의된 소추안들 중 상당수 철회, 폐기되고 당시 2건의 탄핵심판만 진행되고 있고 헌재가 각하, 기각할 수도 있으므로 국회의 탄핵소추의결이 평상시의 헌법질서에 따른 권력행사방법으로 대처할 수 없는 국가비상사태를 발생시킨다고 볼 수도 없다.… 나) 계엄 선포 당시 피청구인은 본회의에서 가결된 상당수 법률안들에 대하여 재의를 요구하거나(헌법 제53조 제 1 항 내지 제 4 항) 이를 공포하지 않음으로써 그 효력이 발생되는 것을 막고 있었으므로, 위 법률안들에 대한 국회의 의결로 평상시의 헌법질서에 따른 권력행사방법으로 대처할 수 없는 국가비상사태가 발생하였다고 볼 수 없다. 다) 2025년도 예산안은 정

부가 2025년에 지출할 예산에 관한 것이므로, 2024년 예산을 집행하고 있었던 이 사건 계엄 선포 당시에는 국가의 존립이나 헌법질서, 사회질서, 행정 및 사법 기능의 수행에 현실적으로 영향을 미치고 있었다고 볼 수 없다. 여당과 야당이 추가적으로 예산안을 심의함으로써 대응할 수 있는 상황을 두고 평상시의 헌법질서에 따른 권력행사방법으로 대처할 수 없는 국가비상사태가 발생하였다고 평가할 수도 없다. 감액에 여야가 합의한 부분도 있었다. 라) 야당이 피청구인과 다른 정치적 견해를 표시하거나, 피청구인의 정책을 비판하고 피청구인의 권한행사를 견제하거나, 피청구인의 퇴진을 요구하는 것은 헌법상 보장되고 있는 대의민주주의와 복수정당 체제를 고려할 때 비상계엄을 정당화할 수 있는 이유가 될 수 없다. 마) 피청구인은 부정선거 의혹을 해소하기 위하여 이 사건 계엄을 선포하였다고도 주장하나, 단순히 어떠한 의혹이 있다는 것만으로 전시 · 사변에 준하는 국가비상사태로 사회질서가 극도로 교란되어 행정 및 사법 기능의 수행이 현저히 곤란한 상황이 발생하였다고 볼 수는 없다. … 결국 피청구인이 … 주장하는 사정들은 … 국회가 국민의 대표기관으로서 헌법상 부여받은 탄핵소추권, 입법권, 예산안 심의 · 확정권을 행사하거나, 야당이 헌법상 보장된 정당의 자유를 행사한 것에 해당한다. 그로 인하여 피청구인의 국정 운영에 상당한 지장이 초래되었다고 하더라도, 이는 대통령제를 채택하고 있는 우리나라에서 이른바 여소야대 정국이 형성되는 경우 국회에서 다수의 지위를 점하고 있는 야당이 헌법 및 법률에 따라 국회에 부여된 정부에 대한 견제권을 최대한 행사함으로써 발생할 수 있는 상황이므로, 이를 국가긴급권의 발동이 요청되는 국가비상사태라고 볼 수는 없다. … 피청구인은 헌법이 대통령에게 부여한 평상시의 권력행사방법으로 대처하였어야 한다. … 전시 · 사변에 준하는 국가비상사태로 사회질서가 극도로 교란되어 행정 및 사법 기능의 수행이 현저히 곤란한 상황이 발생하였다는 피청구인의 판단을 객관적으로 정당화할 수 있을 정도의 위기상황이 이 사건 계엄 선포 당시 존재하였다고 볼 수 없으므로, 위와 같은 피청구인의 판단은 현저히 비합리적이거나 자의적인 것으로 볼 수밖에 없다.

ii) 군사상의 필요에 응하거나 공공의 안녕질서를 유지할 필요가 있을 때 : '군사상의 필요에 응하거나' 요건은 아래 '병력동원 필요성' 요건이 뜻을 같이한다고 볼 것이다. 그런데 계엄법 제 2 조 제 2 항도 이러한 목적이 규정되어 있는데 2024헌나8 결정에서는 이러한 목적 요건에도 위배되어 계엄법 제 2 조 제 2 항도 위반했다고 보았다.

[관련판시] 피청구인은 이 사건 계엄이 야당의 전횡과 국정 위기상황을 국민에게 알리고 호소하기 위한 목적으로 즉각적인 해제를 전제로 하여 잠정적 · 일시적 조치로

서 선포된 '경고성 계엄' 또는 '호소형 계엄'이라고 주장하는데, 이러한 주장만으로도 피청구인이 이 사건 계엄을 중대한 위기상황에서 비롯된 군사상 필요에 따르거나 위기상황으로 인하여 훼손된 공공의 안녕질서를 유지하기 위하여 선포한 것이 아님을 알 수 있다. … '경고성 계엄' 또는 '호소형 계엄'이라는 것은 존재할 수 없다. 비상계엄이 선포되는 즉시 피청구인은 평상시에 허용되는 범위를 넘어서서 국민의 기본권을 제한하고 정부나 법원의 권한에 관하여 특별한 조치를 할 권한을 보유하게 된다(헌법 제77조 제 3 항). … 중대한 위기상황을 병력으로써 극복하는 것이 비상계엄의 본질이므로, 그 선포는 단순한 경고에 그칠 수 없는 것이다. 따라서 이 사건 계엄이 '경고성 계엄' 또는 '호소형 계엄'에 불과하다는 피청구인의 주장은 받아들일 수 없다.

iii) 병력 동원의 필요성 요건 : 계엄이 다른 국가긴급권과 구별되는 것은 바로 '병력 동원'에 있다. 헌재는 "병력의 동원이 위기상황을 수습하는 데에 적합하지 않거나 경력(警力)만으로 위기상황이 수습될 수 있는 경우에는 비상계엄을 선포할 수 없다"라고 한다(2024헌나8). 2024헌나8 결정에서 이 요건의 충족이 부정되었다. 아래에 그 결정이유요지가 있다.

[결정이유] 피청구인이 주장하는 국회의 권한행사로 인한 국익 저해 및 국정 마비 상태는 정치적 · 제도적 수단을 통하여 해결하여야 할 문제이지 병력을 동원하여 해결할 수 있는 것이 아니다. 헌법 역시 비상계엄이 선포된 때에도 '정부나 법원'의 권한에 관하여 특별한 조치를 할 수 있도록 규정하고(제77조 제 3 항), 국회만큼은 계속하여 그 권한을 행사함을 전제로 국회에 계엄해제요구권을 부여하고 있다(제77조 제 5 항). 또한 앞에서 살펴본 것처럼 부정선거 의혹은 사법절차를 통하여 해소할 수 있는 것이므로, 이를 해소하기 위해서 병력을 동원할 필요가 있다고 볼 수도 없다.

2) 절차적 요건 ① 국무회의의 심의를 거쳐야 한다(제89조 제 5 호. 2024헌나8. [결정요지] 적법한 국무회의 소집 통지가 없었고, 개의 선포, 의안 상정, 제안 설명, 토의, 산회 선포, 회의록 작성 등 통상적인 국무회의 절차에 따라 회의가 진행되지 않았다). ② 문서형식과 부서 — 계엄선포는 국법상 행위이므로 문서로써 하여야 하고 이 문서에는 국무총리와 관계 국무위원의 부서가 있어야 한다(헌법 제82조. 2024헌나8 결정에서 이 결여를 지적하고 있다). ③ 국회 통보 — 대통령은 계엄을 선포한 때에는 지체 없이 국회에 통고하여야 한다(제77조 제 4 항, 계엄법 제 4 조 제 1 항). ④ 계엄법상 공고요건 —

대통령이 계엄을 선포할 때에는 그 이유, 종류, 시행일시, 시행지역 및 계엄사령관을 공고하여야 한다(계엄법 제3조). * 2024헌나8 결정에서 헌재는 2024. 12. 3. 계엄 선포는 절차적 요건, 위에서 지적한 ①, ② 요건뿐 아니라 ③, ④ 요건도 결여되었다고, 즉 절차적 요건들 모두가 결여되었다고 판단했다.

(3) **계엄의 종류와 내용**

계엄에는 비상계엄과 경비계엄이 있다(제77조 제2항).

1) **비상계엄** 비상계엄은 대통령이 전시·사변 또는 이에 준하는 국가비상사태에 있어서 적과 교전상태에 있거나 사회질서가 극도로 교란되어 행정 및 사법기능의 수행이 현저히 곤란한 경우에 군사상의 필요에 따르거나 공공의 안녕질서를 유지하기 위하여 선포한다(계엄법 제2조 제2항). 비상계엄의 선포와 동시에 계엄사령관은 계엄지역의 모든 행정사무와 사법사무를 관장한다(동법 제7조 제1항).

i) "비상계엄이 선포된 때에는 법률이 정하는 바에 의하여 영장제도, 언론·출판·집회·결사의 자유, 정부나 법원의 권한에 관하여 특별한 조치를 할 수 있다"(제77조 제3항). ii) 국회에 대한 조치는 불가하다. 헌법 제77조 제3항이 특별한 조치를 할 수 대상으로 국회가 명시되어 있지 않기 때문이다(헌재도 비상계엄이 선포된 경우에도 국회의 권한을 제한할 수는 없다고 보는데 그 논거로 "헌법 제77조 제5항은 국회가 재적의원 과반수의 찬성으로 계엄의 해제를 요구한 때에는 대통령은 이를 해제하여야 한다고 규정함으로써 대통령의 계엄 선포권의 남용을 통제할 수 있는 권한을 국민의 대표기관인 국회에 부여하고 있으므로, … 그렇지 않으면 대통령이 비상계엄을 선포함으로써 헌법에 따른 국회의 통제권한을 유명무실하게 만들 수 있기 때문이다"라고 한다(2024헌나8. 헌재도 이 결정에서 "헌법 제77조 제3항은 비상계엄 선포 시 '법률이 정하는 바에 의하여 정부나 법원의 권한에 관하여 특별한 조치를 할 수 있다'고 규정하는바, 특별한 조치의 대상이 되는 정부나 법원을 아무리 넓게 해석한다고 하더라도 여기에 국회가 포함될 수는 없는 것이다"라고는 한다. 그러면서도 위반인 조문으로 헌법 제77조 제5항을 들고 있는 것이다). 비상계엄지역에서 계엄사령관은 군사상 필요할 때에는 체포·구금(拘禁)·압수·수색·언론·출판·집회·결사 또는 단체행동에 대하여 특별한 조치를 할 수 있다. 이 경우 계엄사령관은 그 조치내용을 미리 공고하여야 한다(계엄법 제9조 제1항). 헌재는 헌법상 국가긴급권의 인정 취지 및

계엄사령관의 특별한 조치가 국민의 기본권을 제한하는 점을 고려하면, 특별한 조치는 위기상황의 직접적인 원인을 제거하는 데 필수불가결한 최소한도 내에서만 취해질 수 있다(93헌마186; 2014헌가5, 2024헌나8). 그리하여 2024. 12. 3. 위헌적 계엄선포 당시 포고령은 계엄법 제 9 조 제 1 항에서 정한 '군사상 필요할 때'에 해당하지 않고 필수불가결한 최소한도 내 기본권 제한도 아니라서 헌법 제77조 제 3 항 및 계엄법 제 9 조 제 1 항을 위반하여 포고령을 발령하게 함으로써 국민의 정치적 기본권, 언론·출판·집회·결사의 자유, 정당의 자유, 단체행동권, 직업의 자유, 신체의 자유를 침해하였다고 판시했다(2024헌나8). iii) 구 계엄법 제 9 조는 헌법 제77조 제 3 항이 명시하지 않은 거주·이전의 자유, 단체행동권, 재산권에 대하여서도 특별한 조치를 할 수 있다고 규정하여 위헌 여부의 논란이 있었다. 2025년 계엄법의 개정으로 거주·이전의 자유 부분은 삭제되었고 이전 2011년에는 작전상 부득이 파괴하거나 소훼한 국민의 재산에 대해 정당한 보상을 하도록 하는 규정이 신설되었다(법 제 9 조의2).

iv) 비상계엄시 영장제도에 대한 특별한 조치를 할 수 있다는 헌법 제77조 제 3 항의 규정이 영장제도의 완전한 배제를 인정하는 것인가 하는 데 대해 헌재는 국가보안법위반죄 등을 범한 자를 법관의 영장 없이 구속, 압수, 수색할 수 있도록 했던 구 '인신구속 등에 관한 임시 특례법'(1961. 7. 3. 제정되고, 1963. 9. 30. 법률 제1410호로 폐지되기 전의 것) 제 2 조 제 1 항에 대한 위헌결정에서 "영장주의를 완전히 배제하는 특별한 조치는 비상계엄에 준하는 국가비상사태에 있어서도 가급적 회피하여야 할 것이고, 설사 그러한 조치가 허용된다고 하더라도 지극히 한시적으로 이루어져야 할 것이며, 영장 없이 이루어진 수사기관의 강제처분에 대하여는 사후적으로 조속한 시간 내에 법관에 의한 심사가 이루어질 수 있는 장치가 마련되어야 할 것"이라고 판시한 바 있다(2011헌가5).

헌재는 2024. 12. 3. 위헌적 계엄선포시 다음의 대통령 행위들에 대해 영장주의 위반이라고 인정했다. ① 대통령이 계엄사령관으로 하여금 포고령 금지사항 위반자에 대해 영장없이 체포, 구금, 압수수색을 할 수 있도록 하는 포고령을 발령하게 하여 국가긴급권이 발동되는 상황이라 하더라도 지켜져야 할 영장주의의 본질을 침해하는 것이라고 아래와 같이 판시했다.

2024헌나8. [관련판시] 피청구인은 이 사건 포고령을 통하여 '일체의 정치활동', '자유민주주의 체제를 부정하거나, 전복을 기도하는 일체의 행위', '사회혼란을 조장하는 파업, 태업, 집회행위' 등 광범위한 행위를 금지하고 그 위반자에 대해서 영장 없이 체포 · 구금 · 압수 · 수색을 할 수 있도록 하였다. 이는 어떠한 제약 조건도 두지 아니하고 법관의 구체적 판단 없이 체포 · 구금 · 압수 · 수색을 할 수 있도록 하고, 이에 대하여 법관에 의한 사후적 심사장치도 두지 아니한 것이므로, 국가긴급권이 발동되는 상황이라 하더라도 지켜져야 할 영장주의의 본질을 침해하는 것이다.

② 중앙선관위에 대한 영장없는 압수 · 수색 — 영장주의 예외에 해당되지 않아 영장주의에 위배된다고 판시했다.

2024헌나8. [관련판시] 현행 헌법상 압수 · 수색은 제77조 제 3 항, 제12조 제 3 항, 제16조에서 엄격한 요건하에서만 허용되는 예외에 해당하지 않는 한, 법관이 발부한 영장에 의하여야 한다. 헌법 제77조 제 3 항 및 계엄법 제 9 조 제 1 항에 따르면, 비상계엄지역에서 '군사상 필요할 때' 계엄사령관이 압수 · 수색에 대하여 특별한 조치를 할 수 있으나 이 경우 '계엄사령관은 그 조치내용을 미리 공고'하여야 한다. 그런데 이 계엄 선포 당시의 상황이 위 조항의 특별한 조치가 군사상 필요한 경우였다고 볼 수 없고, 계엄사령관이 미리 공고한 바도 없다. 따라서 헌법 제77조 제 3 항에 규정된 예외의 요건은 충족되지 않는다. 다음으로 헌법 제12조 제 3 항 단서 예외(증거인멸 우려 등) 및 제16조 후문 예외(긴급한 사정이 있는 경우 등)에 해당하는지 본다. 선관위가 헌법기관이고 사법부 관계자들이 위원으로 있어 영장에 의한 압수 · 수색이 사실상 불가능하다는 이유를 들고 있으나, 앞서 살펴본 바와 같이 선관위는 수사기관의 압수 · 수색에 응하여 왔고, 그러한 이유만으로 사전에 영장을 발부받기 어려운 긴급한 사정 등을 인정할 수는 없다. 따라서 헌법해석상 인정되는 예외의 요건도 충족되지 않는다. 결국 피청구인이 선관위에 대하여 영장 없는 압수 · 수색을 하도록 한 행위는 영장주의에 위반된다.

v) 계엄사령부 포고령 문제 — 헌재나 대법원은 이 포고령이 "계엄법 제9조 제 1 항(바로 앞에 인용한 계엄사령관의 특별조치권한 조항), 제14조 제 2 항(동법 제 9 조 제 1 항에 따른 계엄사령관의 조치에 따르지 아니하거나 이를 위반한 경우의 처벌 조항)의 내용을 보충하는 기능을 하고 그와 결합하여 대외적으로 구속력이 있는 법규명령으로서 효력을 가진다(대법원 2016도14781, 헌재 2024헌나8). 헌재는 대통령의 2024. 12. 3. 계엄선포시 계엄사령관 포고령을 통해서 국회의 권한, 정당활동 자유 침해, 나아가 국민의 기본권의 광범위한 제한으로 헌법위반을 했음을 분명히 했다. 아

래가 그 판시요지이다.

2024헌나8. [결정요지] 계엄사령관으로 하여금 국회, 지방의회, 정당의 활동과 정치적 결사, 집회, 시위 등 일체의 정치활동, 사회혼란을 조장하는 파업 등을 금지하고 모든 의료인 본업 복귀를 명하며 이 포고령 위반자에 대해 영장 없이 체포, 구금, 압수수색을 할 수 있도록 하는 이 사건 포고령을 발령하게 함으로써 헌법 제 5 조 제 2 항, 제74조 제 1 항, 제77조 제 5 항, 대의민주주의, 권력분립원칙을 위반하였고 국민의 대표인 국회의원의 심의 · 표결권 등 헌법상 권한을 침해하였으며, 지방자치의 본질적 내용을 침해하고 헌법 제 8 조, 국민주권주의 및 자유민주적 기본질서를 위반하였다. 국민의 기본권을 광범위하게 제한하는 내용을 담고 있고 나아가 이 사건 포고령을 통하여 헌법 제77조 제 3 항 및 계엄법 제 9 조 제 1 항, 영장주의를 위반하여(위 v)에서 언급한 요지 참조) 국민의 정치적 기본권, 언론 · 출판 · 집회 · 결사의 자유, 정당의 자유, 단체행동권, 직업의 자유, 신체의 자유를 침해하였다.

vi) 비상계엄 하의 군사재판은 군인 · 군무원의 범죄나 군사에 관한 간첩죄의 경우와 초병 · 초소 · 유독음식물공급 · 포로에 관한 죄 중 법률이 정한 경우에 한하여 단심으로 할 수 있다. 다만, 사형을 선고한 경우에는 그러하지 아니하다(제110조 제 4 항).

2) **경비계엄** 경비계엄은 대통령이 전시 · 사변 또는 이에 준하는 국가비상사태에 있어서 사회질서가 교란되어 일반행정기관만으로는 치안을 확보할 수 없는 경우에 공공의 안녕질서를 유지하기 위하여 선포한다(계엄법 제 2 조 제 3 항). 경비계엄에서는 위 비상계엄 하의 조치와 같은 조치를 취할 수 없고 계엄사령관은 계엄지역의 군사에 관한 행정사무와 사법사무만을 관장하여(동법 제 7 조 제 2 항) 주로 치안의 회복과 유지를 위한 소극적 목적의 작용만 한다.

(4) 계엄의 해제

대통령은 평상상태로 회복되면 국무회의의 심의를 거쳐 지체없이 계엄을 해제하고 이를 공고하여야 한다(제89조 제 5 호; 계엄법 제11조). 국회가 재적의원 과반수의 찬성으로 계엄의 해제를 요구한 때에는 대통령은 이를 해제하여야 한다(제77조 제 5 항). 대통령은 계엄 상황이 평상상태로 회복되거나 국회가 계엄의 해제를 요구한 경우에는 지체 없이 계엄을 해제하고 이를 공고하여야 하는데 대통령이 이렇게 계엄을 해제하려는 경우에는 국무회의의 심의를 거쳐야 한다

(계엄법 제11조 제 1 항, 제 2 항). 헌법 제77조 제 5 항은 국회의 계엄해제요구가 있으면 "해제하여야 한다"라고 규정되어 있는데 이렇게 국무회의심의를 거치게 하는 것이다. 계엄의 해제에도 헌법 제89조 제 5 호는 국무회의심의를 거친다고 규정하고 있긴 하나 이는 국회 해제요구 없는, 대통령 직권이나 국방부장관, 행정안전부장관의 건의(계엄법 제11조 제 3 항)로 인한 해제의 경우가 해당된다고 볼 것이다.

계엄이 해제된 날부터 모든 행정사무와 사법사무는 평상상태로 복귀한다(계엄법 제12조 제 1 항). 비상계엄 시행 중 제10조에 따라 군사법원에 계속(係屬) 중인 재판사건의 관할은 비상계엄 해제와 동시에 일반법원에 속한다(동법 동조 제 2 항. 구 계엄법 제12조 단서는 군사법원의 재판권을 1월 이내에 한하여 연기할 수 있다고 규정하고 있었고 이 조항에 대해서 위헌론이 있었는데 합헌이라고 본 대법원판례가 있었다(대법원 81도1045). 그러다가 2025년 7월 계엄법 개정으로 이 군사법원의 재판연기권을 삭제하여 국민의 기본권 보장을 강화한 것임).

(5) 계엄권에 대한 통제

계엄을 선포한 때에는 대통령은 지체없이 국회에 통고하여야 한다(제77조 제 4 항). 이는 계엄선포의 절차적 요건이기도 하고 위 요건에서도 보았다. 국회는 이러한 통고제도와 계엄해제요구권에 의해[헌재는 이 계엄해제요구권을 비상계엄선포시 국회권한은 제한할 수 없는 근거로 봄은 바로 위에서 언급했다. 그리하여 대통령이 2024. 12. 3.에 행한 위헌적 계엄선포에 대한 탄핵심판에서 헌재는 당시 피청구인이 군경을 투입하여 국회의장 및 국회의원들이 국회에 자유롭게 출입하는 것을 방해하는 한편 이들을 끌어내라고 지시한 것과 국회의 활동을 금지하는 포고령을 계엄사령관이 발령하게 한 것이 국회에 계엄해제요구권을 부여한 헌법 제77조 제 5 항을 위반한 것이라고 판시했다(2024헌나8)], 그리고 계엄해제요구에 응하지 않을 때 탄핵소추에 의하여 통제할 수 있다. 법원은 "계엄선포의 요건 구비 여부나, 선포의 당·부당을 심사하는 것은 사법권의 내재적인 본질적 한계를 넘어서는 것"이라고 보는 소극적 판결(대법원 1979. 12. 7, 79초70 재정)을 하여 왔는데 1997년에 "비상계엄의 선포나 확대가 국헌문란의 목적을 달성하기 위하여 행하여진 경우에는 법원은 그 자체가 범죄행위에 해당하는지의 여부에 관하여 심사할 수 있다"라고 하여 제한적으로 심사가능성을 인정하는 판례도 있었다(대법원

1997. 4. 17, 96도3376). 적어도 포고령, 계엄에 따른 구체적 조치 등에 대해서는 소송대상성을 부정할 이유가 없다(포고령 : 대통령이 계엄사령관으로 하여금 위헌적인 포고령을 발령하게 함으로써 헌법 제77조 제 5 항을 위반했고, 국민의 기본권을 침해했음을 인정한 2024헌나8 결정에 대해서는 앞서 살펴본 바 있다). 헌재는 헌법소원심판이나 탄핵심판을 통하여 통제를 할 수 있다. * 2024. 12. 3. 대통령이 위법하게 계엄을 선포한 행위로 인한 탄핵심판의 인용(파면) 결정이 바로 그 예로서 있었다(2025. 4. 4. 2024헌나8. [결정요지] 실체적, 절차적 요건을 모두 위반한 위헌이었다. * 위 계엄선포요건 부분 참조. 결국 헌재는 "… 이 사건 계엄 선포는 헌법 제77조 제 1 항 및 계엄법 제 2 조 제 2 항을 … 헌법 제77조 제 4 항 및 계엄법 제 4 조 제 1 항을 위반하였다."라고 선언했다).

* 2025년 계엄법 개정 : 앞서도 개정된 조항들을 언급되긴 했으나 그 외에도 여러 조항 개정이 있었다. 이는 물론 2024. 12. 3. 위헌적 계엄과 그 해제 등 일련의 과정에서 나온 경험에 따른 입법개선인 것이다. 주요 내용을 아래에 살펴본다.

[주요내용]

가. 대통령이 계엄을 선포하거나 변경하고자 할 때에는 국무회의의 심의를 거쳐야 하므로, 이 경우 국무회의의 일시 · 장소, 출석자의 수 및 성명, 발언 내용 등을 기록한 회의록을 즉시 작성하도록 함(제 2 조 제 5 항 후단 신설).

나. 대통령이 계엄 선포에 대한 국회 통고 시에 국무회의 회의록을 국회에 제출하도록 함(제 4 조 제 1 항).

다. 계엄사령관이 비상계엄지역에서 군사상 필요할 때 특별한 조치를 할 수 있는 대상에서 거주 · 이전을 삭제함(제 9 조 제 1 항).

라. 누구든지 계엄 선포 이후 국회의원 및 국회 소속 공무원의 국회 경내 출입 및 회의를 방해하여서는 아니 됨을 규정함(제11조의2 신설).

마. 국방부장관, 계엄사령관 및 각 행정기관의 장은 계엄 해제 이후 계엄 관련 지휘 · 감독 사항 및 사무 내용 등을 국회에 보고하도록 함(제11조의3 신설).

바. 비상계엄 해제 후 군사법원의 1개월 재판연기권을 삭제함(제12조 제 2 항 단서 삭제).

사. 국회가 계엄 해제를 요구하기 위하여 본회의를 개의하는 경우 현행범인 국회의원을 체포 또는 구금하고 있는 행정기관 등은 해당 국회의원이 본회의에 출석할 수 있도록 조치하도록 함(제13조 제 2 항 신설).

아. 계엄 시행 중에 국회의 권한 행사를 보장하기 위하여 계엄사령관의 지휘 · 감독

을 받는 군인, 경찰, 정보·보안기관 직원 등은 국회 경내에 출입할 수 없도록 하되, 국회의장이 요청하거나 허가한 경우에는 그러하지 아니하도록 예외 규정을 둠(제13조의2 신설).

자. 제11조의2를 위반하여 국회의원 및 국회 소속 공무원의 국회 경내 출입 및 회의를 방해한 자는 5년 이하의 징역이나 금고에 처하도록 함(제14조 제3항 신설).

차. 제13조의2를 위반하여 국회 경내에 출입한 자는 3년 이하의 징역이나 금고 또는 1천만원 이하의 벌금에 처하도록 함(제14조 제4항 신설). 〈법제처 제공〉

6. 국가긴급권에 대한 국민의 통제

국민은 청원권행사, 행정소송, 헌법소원, 국가배상청구 등을 통한 통제를 직·간접적으로 할 수 있고 위헌적인 국가긴급권 행사에 대해 최종적으로 저항권을 행사할 수 있다(저항권에 대해서는, 전술 제1부 헌법서설 참조).

XI. 대통령의 권한행사에 대한 통제

1. 정부 내부적 통제 — 문서주의·부서·국무회의의 심의 등

대통령의 국법상 행위는 문서로써 해야 하고 군사에 관한 것도 또한 같다(제82조 전단). 문서주의는 대통령의 권한행사의 방식이지만 명확성과 책임성을 더욱 가지도록 하기 위하여 대통령의 모든 국법상 행위를 문서로 하도록 강제한 것이라는 점에서 통제의 의미를 가진다. 이 문서에는 국무총리와 관계 국무위원이 부서(副署)하여야 한다(제82조 후단). 부서는 대통령이 국법상 행위를 함에 있어서 국무총리, 국무위원이 그 보좌의 책임을 다하였음을 확인하는 의미를 가지는 것이다. 문서주의와 부서의 범위는 대통령의 모든 국법상의 행위이고 군사에 관한 것도 포함된다(제82조). 국무총리는 모든 국법상 행위에 대해, 국무위원은 관계되는 국법상 행위에 대해서만 부서한다. 부서를 결여한 경우 효력이 없다.

또한 대통령이 그 행사를 위해서는 국무회의의 심의 내지 의결을 거쳐야 하는 권한이 있고(제89조. 우리는 국무회의가 심의기구에 그치지 않고 의결을 할 경우도 있다고 봄 — 뒤의 국무회의 부분 참조), 대통령은 국가원로자문회의, 국가안전보장회의 등에 자문할 수 있다(제90조 등).

2. 정부 외부적 통제

정부 외부적 통제로 국민에 의한 통제, 국회에서의 통제, 법원에 의한 통제 등이 있다. ① 국민은 위헌법률심판의 제청신청과, 헌법소원심판의 청구와 행정소송의 제기, 대통령이 부의한 안건에 대한 국민투표 등을 통하여 통제할 수 있다. ② 국회는 국정감사·국정조사, 각종 동의와 승인, 인사청문, 국무총리·국무위원에 대한 해임건의, 고위공무원에 대한 탄핵소추 등으로 통제할 수 있다. ③ 헌법재판소는 헌법소원심판, 위헌법률심판, 탄핵심판, 권한쟁의심판, 정부제소의 위헌정당해산심판을 통하여 통제할 수 있다. ④ 법원은 행정소송을 통하여 또한 행정소송 도중에 위헌법률심판제청이나 명령규칙의 위헌·위법심사를 통하여, 그리고 국가배상소송 등을 통하여 통제할 수 있다.

제 2 절 국무총리·국무위원·국무회의·행정각부 등

Ⅰ. 국무총리

1. 국무총리의 헌법상 지위와 신분

(1) 헌법상 지위

1) 대통령의 보좌기관으로서의 지위 국무총리는 대통령을 보좌하며, 행정에 관하여 대통령의 명을 받아 행정각부를 통할한다(제86조 제 2 항). 의원내각제 하의 수상이 국정을 주도적으로 이끄는 위치에 있는 것과 달리 대통령제를 주축으로 하고 있는 우리 정부형태에서는 국무총리가 대통령의 보좌기관의 지위에 있다. 판례도 같은 취지의 입장이다[89헌마221. "국무총리는 국회의 동의를 얻어 대통령이 임명하고, 국무총리는 대통령을 보좌하며, 행정에 관하여 대통령의 명을 받아 행정각부를 통할한다(헌법 제86조 제 1 항, 제 2 항). 여기에 대통령에게 법적 제한 없이 국무총리해임권이 있는 점(헌법 제78조, 제86조 제 1 항 참조) 등을 더하여 보면, 국무총리는 단지 대통령의 첫째가는 보좌기관으로서 행정에 관하여 독자적인 권한을 가지지 못하고 대통령의 명을 받아 행정각부를 통할하는 기관으로서의 지위만을 가진다"(대통령권한대행 중인 국무총리에 대한 탄핵심판 기각결정인 2024헌나9 결

정에서의 4인 재판관 법정의견이 있었다)].

2) 정부의 제2위적 지위 국무총리는 정부에서 대통령 다음 서열에 위치하며 다른 국무위원들보다 상위에 위치하여 정부에서의 제2인자적인 지위를 가진다.

3) 국무회의부의장으로서의 지위 국무총리는 국무회의의 구성원이자 부의장으로서의 지위를 가진다(제88조 제3항). 그러나 심의권의 행사에 있어서 다른 국무위원과 동등하다.

4) 다른 국무위원에 우월하는 지위 국무총리는 행정에 관하여 대통령의 명을 받기는 하나 행정각부를 통할하는 권한을 가지므로(제86조 제2항) 행정에 관하여 다른 국무위원들에 우월하는 지위를 가진다.

5) 중앙행정관청으로서의 지위 국무총리도 정부조직상 중앙행정관청의 하나이다. 국무조정실(정부조직법 제20조), 기획예산처(동법 제23조), 인사혁신처(동법 제24조), 법제처(동법 제25조), 식품의약품안전처(동법 제26조), 국가데이터처(동법 제27조), 지식재산처(동법 제28조) 등 국무총리에 소속하는 행정기관들이 있다.

(2) 국무총리의 신분

1) 선 임 국무총리는 국회의 동의를 얻어 대통령이 임명한다(제86조 제1항). 이처럼 임명에 국회의 동의를 받도록 한 것은 약한 의원내각제적 요소라고 본다.

2) 문민원칙, 국회의원 겸직 문민원칙이라 함은 관직에 임명될 사람은 군인이어서는 아니 되고 민간인이어야 한다는 원칙을 말한다. 현행 헌법은 국무총리에 대해서 "군인은 현역을 면한 후가 아니면 국무총리로 임명될 수 없다"라고 규정하여(제86조 제3항) 이 원칙을 적용하고 있다. 헌법 제5조 제2항이 규정하는 국군의 정치적 중립성의 보장을 위한 의미를 가진다.

국무총리는 국회의원직을 겸할 수 있는데(국회법 제29조 제1항 본문) 이는 의원내각제적 운영을 위한 것이라고 한다.

3) 국무총리의 직무대행 국무총리가 사고로 직무를 수행할 수 없는 경우에는 재정경제부장관이 겸임하는 부총리, 과학기술정보통신부장관이 겸임하는 부총리의 순으로 직무를 대행하고, 국무총리와 부총리가 모두 사고로 직

무를 수행할 수 없는 경우에는 대통령의 지명이 있으면 그 지명을 받은 국무위원이, 지명이 없는 경우에는 정부조직법 제29조 제 1 항에 규정된 순서에 따른 국무위원이 그 직무를 대행한다(정부조직법 제22조). 궐위의 경우에도 사고에 해당되는지가 논란되었는데 이는 국무총리서리제를 인정할 수 있느냐 하는 문제에 결부된다. 궐위도 사고에 해당된다고 보면 직무대행으로 할 수 있으므로 서리제도를 인정할 수 없다는 결론에 이르기 때문이다. 헌재는 이 문제가 제기된 권한쟁의심판의 청구를 각하하여 결론을 내리지는 못하였다(98헌라1). * 국무총리 직무대행을 수행한 부총리가 국무총리 직무대행 겸 대통령 권한대행을 한 초유의 2건의 역사가 2024, 2025년에 있었다. 그 한 건은 대통령 권한대행 중이던 국무총리에 대한 탄핵소추의결이 있어 기획재정부장관인 부총리가 그리하였고, 다른 한 건은 이후에 국무총리, 부총리 모두 사임을 하였으므로 또 다른 부총리(교육부장관)가 그리하게 되었다.

4) 해 임 　임명에는 국회의 동의를 받아야 하지만 대통령은 국회의 동의 없이 해임할 수 있다. 국회는 해임건의를 할 수 있다(제63조 제 1 항).

2. 국무총리의 권한

(1) 대통령권한대행권

대통령이 궐위되거나 사고로 인하여 직무를 수행할 수 없을 때에는 그 권한대행을 하는 제 1 순위가 국무총리이다(제71조).

(2) 국무위원 · 행정각부 장의 임명제청, 국무위원해임건의권

국무위원과 행정각부의 장을 대통령이 임명함에 있어서 국무총리는 제청을 한다(제87조, 제94조). 국무총리는 국무위원의 해임을 대통령에게 건의할 수 있다(제87조 제 3 항). 해임건의에 대통령이 따라야 하는가에 대해서는 견해가 갈릴 것인데 대통령제 정부이고 국무총리의 행정각부 통할권도 대통령의 명을 받아 행사된다는 점(제86조 제 2 항)에서 비구속적이라고 볼 것이다.

(3) 행정각부통할 · 감독권

국무총리는 “행정에 관하여 대통령의 명을 받아 행정각부를 통할한다”(제86조 제 2 항). 이 통할권이 미치는 범위가 헌법은 행정각부라고 규정하고 있는데 행정각부와 그 소속된 중앙행정기관들이 모두 국무총리의 통할 대상인지 하는 문제가 헌법소원사건에서 제기된 바 있다. 헌재는 국무총리가 대통령의 보좌기관으로서 대통령의 명을 받아 통할한다는 점을 들어 국무총리의 통할을 받는 행정각부에 모든 행정기관이 포함된다고 볼 수 없고 따라서 법률로 국무총리의 통할을 받지 않는 중앙행정기관을 규정할 수도 있다고 보았다(89헌마221). 국무총리는 대통령의 명을 받아 각 중앙행정기관의 장을 지휘·감독하고, 중앙행정기관의 장의 명령이나 처분이 위법 또는 부당하다고 인정될 경우에는 대통령의 승인을 받아 이를 중지 또는 취소할 수 있다(정부조직법 제18조).

(4) 부 서 권

국무총리는 대통령의 국법상 행위에 부서(副署)하여야 한다. 이 부서는 대통령에 대한 보좌책임을 분명히 하는 성격을 띤다. 현재 우리 헌법의 경우에 대통령의 모든 국법상 행위에 대해, 군사에 관한 것도 포함하여, 국무총리가 반드시 부서하도록 규정하고 있다(제82조). 국무위원은 부서대상행위가 자신의 권한에 관계되는 것일 경우에만 부서하도록 하고 있는 반면에 국무총리는 전반적인 대통령의 모든 국법상 행위에 관하여 부서하도록 하고 있다.

(5) 국무회의 부의장, 심의권

국무총리는 국무회의의 부의장이 된다(제88조 제3항). 국무회의에서 다른 국무위원들과 더불어 국정현안에 대해 심의할 권한을 가진다.

(6) 국회출석·발언권(의무)

국회출석·발언은 권한이자 의무이기도 하다. 국무총리는 국회나 그 위원회에 출석하여 국정처리상황을 보고하거나 의견을 진술하고 질문에 응답할 수 있으며 국회나 그 위원회의 요구가 있을 때에는 국무총리는 출석·답변하여야 하고, 국무총리가 출석요구를 받은 때에는 국무위원 또는 정부위원으로 하여금 출석·답변하게 할 수 있다(제62조).

(7) 총리령을 발할 권한

국무총리는 "소관사무에 관하여 법률이나 대통령령의 위임 또는 직권으로 총리령을 발할 수 있다"(제95조). 총리령에는 위임명령과 직권명령이 있다. 위임명령이란 상위의 법률이나 대통령령이 특정한 사항에 대하여 총리령으로 정하도록 위임한 경우에 제정된 총리령이다. 직권명령으로서의 총리령은 소관사무에 관하여 법률이나 대통령령 등을 시행하기 위하여 필요한 사항들을 규정하고 있는 총리령이다. 총리령도 행정입법의 하나이므로 총리령의 한계, 통제문제 등에 대해서는 대통령의 권한 중 행정입법권에 대한 것을 적용하여 살펴보면 될 것이다(전술 참조. 총리령에 대한 위임이 예측가능성이 없어 포괄위임으로서 위헌결정이 된 예 : '식품접객영업자 등 대통령령으로 정하는 영업자'는 '영업의 위생관리와 질서유지, 국민의 보건위생 증진을 위하여 총리령으로 정하는 사항'을 지켜야 한다고 규정한 구 식품위생법 규정에 대해 헌재는 식품 관련 영업자가 준수하여야 할 사항이 무엇인지는 시행규칙의 내용을 보지 않는 한 그 구체적 내용을 예측하기 어렵다고 하여 위헌결정하였다(2014헌가6)). 총리령과 부령의 관계에서 동등하다고 보는 견해도 있으나 총리령이 우위에 있다.

3. 국무총리의 의무와 책임

국무총리는 위에서 살펴본 대로 국회출석 · 답변의무, 부서와 보필의 책임, 해임건의에 따른 책임 등을 진다.

4. 부총리 제도

국무총리가 특별히 위임하는 사무를 수행하기 위하여 부총리 2명을 두고, 부총리는 국무위원으로 보하며, 부총리는 재정경제부장관과 과학기술정보통신부장관이 각각 겸임하고, ⅰ) 재정경제부장관은 경제정책에 관하여 국무총리의 명을 받아 관계 중앙행정기관을 총괄 · 조정하며, ⅱ) 과학기술정보통신부장관은 과학기술 및 인공지능 정책에 관하여 국무총리의 명을 받아 관계 중앙행정기관을 총괄 · 조정한다(정부조직법 제19조).

Ⅱ. 국무위원

1. 헌법상 지위와 신분

(1) 헌법상 지위

① 대통령의 보좌기관으로서의 지위 — 국무위원은 국정에 관하여 대통령을 보좌한다(제87조 제 2 항). ② 국무회의의 구성원으로서의 지위 — 국무위원은

국무회의의 구성원으로서 국정을 심의한다(제87조 제2항). 국무위원들은 국무회의에서 서로 동등하게 심의에 참여한다.

(2) 신　분

국무위원은 국무총리의 제청으로 대통령이 임명한다(제87조 제1항). 국무위원에 대해서도 "군인은 현역을 면한 후가 아니면 국무위원으로 임명될 수 없다"라고 규정하여(제87조 제4항) 문민원칙을 적용하고 있다. 국무위원은 국회의 원직을 겸할 수 있다(국회법 제29조 제1항 본문).

2. 권한과 의무

국무위원의 권한과 의무로는 대통령의 보좌의무(제87조 제2항 전문), 대통령 권한대행권, 국무총리직무대행권(제71조), 국무회의의 심의권(제87조 제2항 후문), 정책집행권(소관업무별 집행은 국무위원인 행정각부의 장, 즉 장관이 담당하고 장관이 아닌 국무위원으로서 특정 정책에 대한 임무가 부여된 국무위원인 경우 그 특정 정책의 집행권을 담당), 부서권(제82조), 국회출석·발언권(제62조, 의무이기도 하다) 등이 있다.

Ⅲ. 국무회의

1. 헌법상 지위

(1) 문제의 의미

국무회의가 헌법상 어떠한 지위를 가지느냐 하는 문제는 현실적으로 국무회의의 심의를 반드시 거쳐야 하는가 하는 문제와 국무회의에서의 결정이 의원내각제의 경우와 같이 구속력을 가져 의결기관으로서 자리잡고 있느냐 아니면 단순한 자문기관이나 심의기관에 불과한가 하는 문제와 결부된다(후술 국무회의심의의 법적 효과 참조).

(2) 현행 우리 국무회의의 성격과 헌법상 지위

국무회의는 정부의 권한에 속하는 중요한 정책을 심의한다(제88조 제1항). 현행 헌법에서의 국무회의의 법적 성격에 대해 ① 국무회의의 심의결과가 대통령과 정부를 구속하지 않는 단순한 자문의 의미만을 가진다고 보아 국무회의를 자문기관으로 보는 설(자문기관설), ② 국무회의의 심의결과가 대통령과 정부를 구속하지는 않지만 그래도 심의는 반드시 거쳐야 한다는 점에서 심의기능의 역할을 하는 것으로 보아 국무회의를 심의기관으로 보는 설(심의기관설), ③ 국무회의에서의 심의결과 내린 결정에 대통령과 정부도 따라야 한다고 보아 국무회의는 의결기관이라고 보는 설(의결기관설) 등의 견해가 나올 수 있다.

우리 학설은 대체적으로 심의기관설을 취하고 있다. 그 논거로 우리 정부형태가 의원내각제가 아니고 대통령제라는 점, 헌법조문이 '심의'라고 규정하고 있으므로 의결기관이라고 보기 힘들고 그렇다고 순수 대통령제의 자문기관에 불과하다고 보기도 어렵다는 점 등을 들고 있다.

(3) **필수기관, 최고심의기관, 대통령주재의 회의체기관**

헌법 제89조 제 1 항은 "심의를 거쳐야 한다"라고 규정하고 있으므로 필수적 기관이다. 또한 정부 내에서 국무회의는 최고의 최종적인 심의기관이다. 국무회의의 심의의 결과에 대해 이를 번복할 수 있는 기관이 없다. 국무회의는 대통령이 주재하는 회의체이다.

2. 구　　성

국무회의는 대통령 · 국무총리와 15인 이상 30인 이하의 국무위원으로 구성한다(제88조 제 2 항). 대통령은 국무회의의 의장이 되고, 국무총리는 부의장이 된다(동조 제 3 항).

3. 운　　영

대통령은 국무회의 의장으로서(제88조 제 3 항) 회의를 소집하고 이를 주재한다(정부조직법 제12조 제 1 항). 의장이 사고로 직무를 수행할 수 없는 경우에는 부의장인 국무총리가 그 직무를 대행하고, 의장과 부의장이 모두 사고로 직무를 수행할 수 없는 경우에는 재경제부장관이 겸임하는 부총리, 과학기술정보통신부장관이 겸임하는 부총리 및 정부조직법 제29조 제 1 항에 규정된 순서에 따라 국무위원이 그 직무를 대행한다(동법 동조 제 2 항). 실제의 예가 있었다. 헌재는 통합진보당 해산심판결정에서 "대통령이 직무상 해외 순방 중이던 2013.

11. 5. 국무총리가 주재한 국무회의에서 피청구인에 대한 정당해산심판청구서 제출안이 의결되었고, 위 의안에 대하여는 차관회의의 사전 심의를 거치지 않은 사실이 인정된다. 대통령이 해외 순방 중인 경우는 일시적으로 직무를 수행할 수 없는 경우로서 (여기의) '사고'에 해당된다고 할 것이므로(직무대리규정 제2조 제4호 참조), 위 국무회의의 의결이 위법하다고 볼 수 없다"라고 하여 적법한 청구라고 보았다(2013헌다1. 차관회의를 사전에 거치지 않은 것도 긴급성 인정의 정부판단에 재량의 일탈, 남용이 없다고 하여 역시 적법하다고 봄). 국무위원은 의장에게 의안을 제출하고 국무회의의 소집을 요구할 수 있다(동법 동조 제3항). 국무회의의 운영에 관하여 필요한 사항은 대통령령으로 정한다(동법 제12조 제4항).

4. 심의의 범위(사항)

국무회의는 정부의 권한에 속하는 중요한 정책을 심의한다(제88조 제1항). 필수적 심의사항이 헌법에 명시되어 있다. "1. 국정의 기본계획과 정부의 일반정책, 2. 선전·강화 기타 중요한 대외정책, 3. 헌법개정안·국민투표안·조약안·법률안 및 대통령령안, 4. 예산안·결산·국유재산처분의 기본계획·국가의 부담이 될 계약 기타 재정에 관한 중요사항, 5. 대통령의 긴급명령·긴급재정경제처분 및 명령 또는 계엄과 그 해제, 6. 군사에 관한 중요사항, 7. 국회의 임시회 집회의 요구, 8. 영전수여, 9. 사면·감형과 복권, 10. 행정각부 간의 권한의 획정, 11. 정부안의 권한의 위임 또는 배정에 관한 기본계획, 12. 국정처리상황의 평가·분석, 13. 행정각부의 중요한 정책의 수립과 조정, 14. 정당해산의 제소, 15. 정부에 제출 또는 회부된 정부의 정책에 관계되는 청원의 심사, 16. 검찰총장·합동참모의장·각군참모총장·국립대학교총장·대사 기타 법률이 정한 공무원과 국영기업체관리자의 임명, 17. 기타 대통령·국무총리 또는 국무위원이 제출한 사항"은 반드시 국무회의의 심의를 거쳐야 한다(제89조).

5. 심의의 법적 효과

(1) 심의의 필수성

헌법 제89조가 규정하고 있는 사항들은, 국무회의의 심의를 거치지 않더라도 유효하다는 견해가 있으나, "심의를 거쳐야 한다"라고 명시하고 있으므로 심의를 거치지 않은 경우에 그 사항에 대한 정책결정이나 집행은 효력이 없다.

(2) 심의결과의 구속력 여부

국무회의의 심의결과가 대통령이나 정부를 구속하느냐 하는 문제는 바로 앞에서 본 국무회의의 헌법적 지위에 관련되는 문제이다. 우리나라의 대체적인 학설의 입장은 국무회의심의는 반드시 거쳐야 하나 그 심의결과가 대통령을 구속하지는 않는다는 심의기관설이다. 생각건대 심의대상 사항이 대통령만의 권한으로 헌법이 규정하고 있는가, 그렇지 않고 대통령과 행정부를 포함한 '정부' 전체의 권한으로 헌법이 규정하고 있는가에 따라 달리 보아야 하고, 후자의 경우에는 어느 정도의 구속성을 가진다고 본다(개별설). 예를 들어 법률안, 예산안제출권은 국무회의의 심의를 거쳐야 하는데(제89조 제 3 호 · 제 4 호) 헌법이 그 주체를 대통령만이 아닌 '정부'라고 명시하고 있으므로(제52조, 제54조 제 2 항) 그 경우에도 국무회의를 단순히 심의기관으로 보기는 곤란하다.

(3) 사법적 통제의 문제

국무회의의 심의결과에 대해 법원이나 헌법재판소의 판단이 이루어질 것인지 하는 문제가 있다. 헌재는 이라크전쟁파견동의안에 대한 국무회의의 의결에 대한 헌법소원심판에 있어서 국무회의의 의결은 국가기관의 내부적 의사결정행위에 불과하여 헌법소원의 대상이 되지 않는다고 보아 부정적이다(2003헌마225).

Ⅳ. 자문회의

국정의 중요한 사항에 관한 대통령의 자문에 응하기 위하여 국가원로로 구성되는 국가원로자문회의(제90조), 국가안전보장에 관련되는 대외정책 · 군사정책과 국내정책의 수립에 관하여 국무회의의 심의에 앞서 대통령의 자문에 응하기 위한 국가안전보장회의(제91조), 평화통일정책의 수립에 관한 대통령의 자문에 응하기 위한 민주평화통일자문회의(제92조), 국민경제의 발전을 위한 중요정책의 수립에 관하여 대통령의 자문에 응하기 위한 국민경제자문회의(제93조) 등이 있다. 다른 자문회의는 모두 "둘 수 있다"라고 하여 임의기관이지만 국가안전보장회의는 “둔다”라고 하여 의무적으로 설치되어야 하는 강제적 기관이다. 이 자문회의들의 조직 · 직무범위 기타 필요한 사항은 법률로 정한다(제90조 제3항 등).

Ⅴ. 행정각부

1. 장관의 지위

행정각부의 장은 국무위원 중에서 국무총리의 제청으로 대통령이 임명한

[정부조직도]

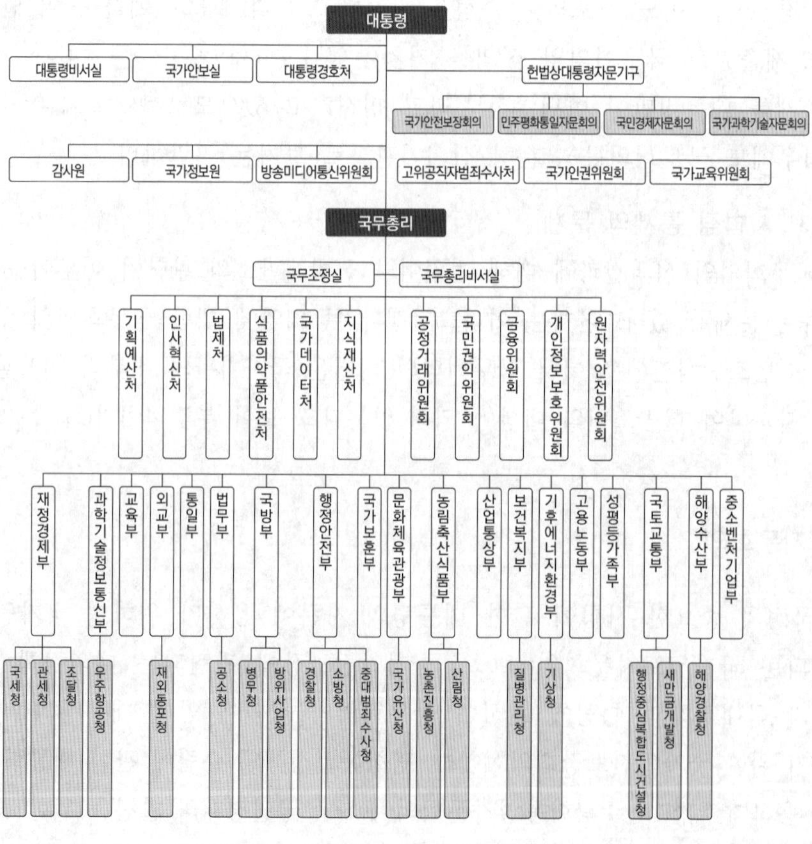

• 출처 : https://www.gov.kr/portal/orgInfo(방문일자 : 2024년 7월 1일)에 탑재된 그림에 2026. 1. 2. 시행에 들어간 새 정부조직법에서 개정된 부분을 반영하여 저자가 수정한 것임.

다(제94조). 행정각부의 장인 장관은 국무위원 중에서 임명되므로 장관은 반드시 국무위원이어야 한다. 반대로 국무위원 중에 장관이 아닌 국무위원도 있다. 이를 무임소 장관(minister without portfolio)이라고 한다.

2. 장관의 권한과 책임

(1) 소관사무집행감독권

행정각부장관은 소관사무를 집행하고 그 집행에 대한 감독권을 가진다. 행정각부의 소관사무는 재정경제부부터 중소벤처기업부까지 정부조직법에 명시되어 있다(동법 제30조부터 제48조까지).

(2) 부령발령권

행정각부의 장은 소관사무에 관하여 법률이나 대통령령의 위임 또는 직권으로 부령을 발할 수 있다(제95조). 부령에 대한 위임에 있어서도 포괄위임금지원칙이 적용된다(위헌결정례로, 2010헌가93 참조).

(3) 지방행정의 장에 대한 지휘 · 감독권

장관은 소관사무에 관하여 지방행정의 장을 지휘 · 감독한다(정부조직법 제26조 제 3 항).

3. 행정각부조직법정주의

"행정각부의 설치 · 조직과 직무범위는 법률로 정한다"(제96조). 이 법률이 정부조직법이고 행정각부와 정부의 구성은 아래와 같다.

* 차관 — 행정각부에 장관 1명과 차관 1명을 두되, 재정경제부 · 과학기술정보통신부 · 외교부 · 문화체육관광부 · 보건복지부 · 기후에너지환경부 · 국토교통부 · 중소벤처기업부에는 차관 2명을 둔다(정부조직법 제29조 제 2 항).

Ⅵ. 행정권행사에 대한 통제

1. 정부 내부적 통제

정부가 행한 행정권행사에 대한 내부적 통제로는 사전적 통제와 사후적 통제로 나누어 볼 수 있다. 사전적 통제로는 자문회의 자문, 국무회의의 사전적 심의 등을 거치는 것을 들 수 있다. 또한 대통령의 국법상 행위에 대하여 국무총리와 국무위원의 부서를 받아야 하는 제도 등이 있다. 사후적 통제로는 행정조직위계상의 감독, 감사원에 의한 회계검사 · 직무감찰을 들 수 있다.

2. 정부 외부적 통제

(1) 국민에 의한 통제

국민은 청원권 행사, 법원에의 행정소송의 제기, 헌재에의 헌법소원심판 · 위헌법률심판의 제청신청을 통하여 정부에 대한 통제를 간접적으로 행할 수 있다.

(2) 국회에 의한 통제

국회는 국무총리 · 국무위원의 국회출석 · 답변요구권, 국정감사 · 조사권, 국무총리 · 국무위원에 대한 해임건의권, 탄핵소추권, 국무총리임명동의권, 정부가 편성한 예산안에 대한 심의 · 의결권, 정부조직에 대한 법률제정 · 개정권, 정부가 제안한 법률안에 대한 심의 · 의결권, 결산심사권, 국채의 모집(기채) · 예산 외 국가부담이 될 계약의 체결에 대한 국회의 의결권 등의 행사를 통하여 행정부를 통제한다.

(3) 사법적 통제

법원은 국민이 제기해 온 행정소송을 통하여 행정부의 작용에 대해 통제를 하게 된다. 헌재는 국민이 청구해 온 헌법소원심판, 정부가 제안하여 성립되었고 시행이 되고 있는 법률에 대한 위헌법률심판, 국무총리 · 국무위원 등에 대한 탄핵심판, 행정부의 국가기관 간이나 국가기관과 지방자치단체 간의 권한쟁의심판, 정부가 제소한 정당해산심판 등을 통해서 통제를 할 수 있다.

Ⅶ. 감사원(監査院)

1. 지 위

(1) 헌법기관성, 필수기관성

감사원은 헌법에 그 근거와 조직, 임무 등에 대해 명시되어 있는 헌법상의 기관이다. 헌법은 감사원을 '둔다'라고 규정하여(제97조) 필수적으로 설치하여야 하는 기관이다.

(2) 대통령직속의 기관

감사원은 대통령 소속 하에 있다(제97조).

(3) 직무독립기관

감사원은 대통령에 소속되어 있으나 직무에 관하여는 독립의 지위를 가진다(감사원법 제 2 조 제 1 항). 감사원 소속공무원의 임용, 조직 및 예산의 편성에 있어서는 감사원의 독립성이 최대한 존중되어야 한다(동법 제 2 조 제 2 항).

(4) 합의제기관

감사원은 감사위원으로 구성된(제98조 제 1 항) 합의제기관이다.

2. 조직과 구성

"감사원은 원장을 포함한 5인 이상 11인 이하의 감사위원으로 구성한다"(제98조 제 1 항). 현재 감사원장을 포함한 7인의 감사위원으로 구성되어 있다(감사원법 제 3 조). 감사위원의 자격은 법률로 정하도록 하고 있는데(제100조) 감사원법 제 7 조에 규정되어 있다. 원장은 국회의 동의를 얻어 대통령이 임명하고, 감사위원은 원장의 제청으로 대통령이 임명한다(제98조 제 2 항 · 제 3 항).

감사원의 조직 · 직무범위 기타 필요한 사항은 법률로 정하는데(제100조) 바로 감사원법이 그 법률이다. 감사원은 합의제기관으로서 '감사위원회의'가 그 합의 · 의결기능을 수행한다. 즉 감사위원회의는 감사원의 중요 권한인 결산의 확인, 변상책임의 판정, 공무원에 대한 징계 및 문책처분의 요구, 시정 등의 요구, 개선요구 등에 대하여 결정한다(감사원법 제12조). 감사위원회의는 원장을 포함한 감사위원 전원으로 구성하며, 원장이 의장이 된다(동법 제11조 제 1 항).

3. 감사원장 · 감사위원의 임기 및 신분보장 등

원장의 임기는 4년으로 하며, 1차에 한하여 중임할 수 있고, 감사위원의 임기는 4년으로 하며, 1차에 한하여 중임할 수 있다(제98조 제 2 항 · 제 3 항). 대통령의 임기가 5년이고 대통령직속기관인 점에서 대통령 임기 초에 임명된 감사위원의 경우에 그 독립성에 문제가 제기될 수 있다.

감사위원은 ① 탄핵결정이나 금고 이상의 형의 선고를 받았을 때, ② 장기의 심신쇠약으로 직무를 수행할 수 없게 된 경우가 아니면 본인의 의사에 반하여 면직되지 아니한다(감사원법 제8조 제1항).

4. 권 한

(1) 회계검사권, 결산검사권

감사원은 국가의 세입·세출의 결산, 국가 및 법률이 정한 단체의 회계검사를 하는 권한을 가진다(제97조). 감사원은 세입·세출의 결산을 매년 검사하여 대통령과 차년도 국회에 그 결과를 보고하여야 한다(제99조).

(2) 직무감찰권(비위감찰권과 행정감찰권)

직무감찰권이란 공무원이 성실하게 공무를 수행하는지를 감사하는 권한을 말한다. 감사원의 감사대상공무원의 범위는 법률로 정한다(제100조). 감사원법이 대상공무원을 규정하고 있는데 국회·법원 및 헌법재판소에 소속한 공무원은 제외된다(동법 제24조 제1항·제3항). 직무감찰에는 공무원의 비위적발을 위한 비위감찰과 법령·제도 또는 행정관리상의 모순이나 문제점의 개선 등에 관한 감찰이 있다. 헌재는 감찰대상인 '사무'나 '직무'의 범위도 한정되어 있지 않다고 하고, "감사원법은 감찰사항인 '사무'나 '직무'의 범위를 한정하고 있지 않기 때문에, 개별 공무원의 비위행위뿐만 아니라 공무원의 인사관리(근무평정)나 행정관리의 적부심사분석과 그 개선 등에 관한 사항도 모두 감찰사항에 포함된다고 해석된다"라고 한다(2005헌라3, 2024헌나2). **[감사대상과 범위 관련 판례]** ① 기각결정 : 감사원이 지방자치단체에 대하여 자치사무의 합법성뿐만 아니라 합목적성에 대하여도 감사할 수 있는 근거가 되는 감사원법 제24조 제1항 제2호 등 관련규정이 논란되었으나 헌재는 지방자치권의 본질적 내용을 침해하였다고는 볼 수 없다고 하여 기각결정을 하였다(2005헌라3). ② 인용결정 : 중앙선거관리위원회에 대해 감사원이 실시한 '선거관리위원회 채용 등 인력관리실태'에 관한 직무감찰은 헌법 및 선거관리위원회법에 의하여 부여받은 청구인의 독립적인 업무 수행에 관한 권한을 침해한 것이라는 결정이 있었다(2023헌라

5. [결정이유] 1. 관권선거가 자행된 이른바 3·15 부정선거로 대의민주주의와 국민주권주의의 위기를 경험한 우리 국민은 헌법적 결단을 통해 선거관리사무를 행정부로부터 기능적·조직적으로 분리하여 독립된 헌법기관인 선거관리위원회에 부여하고 있는바, 공정한 선거관리를 위해서는 대통령을 수반으로 하는 정부의 영향력을 제도적으로 차단하여야 한다는 것이 헌법개정권자의 확고한 의사라고 할 수 있다. 이와 같이 청구인을 정부와 독립된 헌법기관으로 둔 헌법적 결단을 고려하면, 선거관리사무가 행정작용에 해당한다는 이유만으로 헌법상 대통령 소속으로 행정부에 속한 피청구인의 직무감찰 대상에 청구인이 당연히 포함된다고 볼 수 없다. 2. 헌법상 대통령 소속으로 행정부에 속한 피청구인의 직무감찰 대상에 청구인이 당연히 포함된다고 볼 수 없다. 또한 피청구인의 직무감찰권은 행정부 내부의 통제장치로서의 성격을 갖는다고 볼 수 있는바, 정부와 독립된 헌법기관인 국회, 법원, 헌법재판소는 물론 이들 헌법기관과 마찬가지로 독립된 헌법기관으로 설치된 선거관리위원회도 헌법 제97조가 정한 피청구인의 직무감찰 대상에 포함되지 않는다고 봄이 타당하다. 더욱이 피청구인은 대통령에 소속된 행정부 기관이고 그 구성에 있어서도 대통령이 감사원장과 감사위원을 임명하고 있으며, 감사원법 제42조 제 1 항은 피청구인이 감사 결과 중요하다고 인정되는 사항을 대통령에게 보고하도록 규정하고 있다. 대통령은 정당민주주의 하에서 특정 정당의 당원으로서 해당 정당의 정책이나 이익과 밀접하게 관련될 가능성이 있는바, 대통령 소속기관인 피청구인이 청구인에 대하여 직무감찰을 할 수 있게 된다면 선거관리의 공정성과 중립성에 대한 국민의 신뢰가 훼손될 위험이 있다. 따라서 헌법 제97조가 정한 피청구인의 직무감찰 대상인 '행정기관 및 공무원'에 청구인과 그 소속 공무원은 포함되지 않는다고 봄이 타당하다. 이 헌법 제97조를 구체화한 감사원법 제24조 제 1 항 제 1 호의 '행정기관 및 그 소속 공무원'에도 청구인과 그 소속 공무원은 제외된다고 보는 것이 합헌적 법률해석의 원칙상 명백하다. 한편 감사원법 제24조 제 3 항은 "제 1 항의 공무원에는 국회·법원 및 헌법재판소에 소속한 공무원은 제외한다."라고 규정하여 청구인 소속 공무원을 직무감찰 제외대상으로 명시하고 있지 않다. 그러나 감사원법 제24조 제 3 항은 예시적·확인적 규정에 불과하다고 할 것이다. 따라서 감사원법 제24조 제 3 항이 청구인을 직무감찰 제외대상으로 명시하지 않았다고 하더라도 청구인이 피청구인의 직무감찰 대상에 포함되지 않는다는 결론에는 아무런 차이가 없다. 이상에서 살핀 우리 헌법의 체계 및 헌법 제97조와 감사원법 제24조의 해석 등을 종합하면, 피청구인에게는 청구인에 대한 직무감찰권이 부여되어 있다고 볼 수 없다. 3. 피청구인에게 청구인에 대한 직무감찰권이 부여되어 있지 않은 이상, 이 사건 직무감찰은 헌법 및 법률상 권한 없이 이루어진 것으로서 헌법과 선거관리위원회법에 의하여 부여받은 청구인의 독립적인 업무 수행에 관한 권한을 침해한다).

(3) 국회의 감사원에 대한 감사요구

국회법에는 국회가 감사원에 대해 감사를 요구할 수 있는 제도를 두고 있다(법 제127조의2 제1항. 전술 국회 부분 참조).

(4) 감사결과에 따른 처리권한

감사원은 감사결과에 따라 ① 변상책임유무판정 및 변상책임자에 대한 변상책임을 부과하는 권한, ② 징계 · 문책요구권, ③ 시정 · 주의요구권, ④ 법령 · 제도개선요구권, ⑤ 개선권고 · 통보권, ⑥ 고발권 등의 권한을 행사할 수 있다(감사원법 제31조 내지 제35조).

재심의 청구(동법 제36조 내지 제40조), 심사청구(동법 제43조 내지 제48조)의 제도를 두고 있다.

제4장 법 원

제1절 법원의 조직과 권한

Ⅰ. 대법원의 헌법상 지위

1. 주권행사기관

사법은 법적 분쟁을 국가권력에 의해 해결하는 작용이고 그 국가권력은 사법권으로서 국가권력은 주권에서 나오므로 사법권은 주권의 한 내포이다. 흔히 재판관할권이 어느 나라에 속하는지가 주권의 문제로서 대두됨은 그 점을 보여준다. 주권에서 나오는 사법권을 최고기관의 위치에서 행사하는 대법원은 따라서 주권행사기관들 중의 하나로서의 지위를 가진다.

2. 최고 · 최종심법원

"법원은 최고법원인 대법원과 각급법원으로 조직된다"(제101조 제2항). 따라서 대법원은 최고의 사법기관이고 대법원에서 담당하는 사건들은 상고사건으로 최종심으로서 판단된다.

3. 기본권 · 헌법 보장자

대법원은 기본권을 침해당한 국민이 제기한 소송을 담당하여 국민의 기본권을 보호하기 위한 재판권을 행사함으로써 기본권보장자로서의 지위를 가진다. 또한 법률에 대한 위헌결정권을 가지지는 않지만 법률이 헌법에 위반된다고 판단되면 헌법재판소에 위헌법률심판제청을 하여 그 심판에 의하여 재판하고(제107조 제 1 항), 명령 · 규칙 또는 처분이 헌법에 위반되는지의 여부가 재판의 전제가 된 경우에는 대법원은 이를 최종적으로 심사함으로써(동조 제 2 항) 헌법을 수호하는 지위와 권한을 가진다.

4. 최고사법행정기관

대법원은 법원구성원의 인사, 법원예산의 집행, 시설의 관리, 재판업무를 보조하는 행정을 법원의 최고기관으로서 관장하므로 최고사법행정기관으로서의 지위를 가지기도 한다. 대법원장은 이러한 사법행정사무를 총괄하며, 사법행정사무에 관하여 관계 공무원을 지휘 · 감독한다(법원조직법 제 9 조 제 1 항, 제13조).

Ⅱ. 법원조직법정주의

헌법 제102조 제 3 항은 "대법원과 각급 법원의 조직은 법률로 정한다"라고 규정하여 법원의 조직에 관한 구체적인 사항을 법률에 위임하고 있다. 그 법률이 법원조직법(이하 '법조법'이라 함)이다.

Ⅲ. 대법원의 조직

1. 조직요소

대법원은 대법원장과 대법관으로 구성된다(제102조 제 2 항). 대법관의 수는 대법원장을 포함하여 14인으로 한다(법조법 제 4 조 제 2 항). 법원행정처장도 대법관 중에서 보하므로(동법 제68조 제 1 항) 14인의 대법관 속에 포함된다. 대법원에 부를 둘 수 있다(제102조). 대법원의 심판권은 대법관전원의 3분의 2 이상의 합의체나 대법관 3인 이상으로 구성된 부에서 행한다(법조법 제 7 조 제 1 항). 대법원장은 필요하다고 인정하는 경우에 특정한 부로 하여금 행정 · 조세 · 노동 · 군사 · 특허 등의 사건을 전담하여 심판하게 할 수 있다(동법 제 7 조 제 2 항). 대법원에 법률이 정하는 바에 의하여 대법관이 아닌 법관을 둘 수 있다(제102조 제 2 항 단서). 대법원에 대법관회의가 있다. 대법원에 법원행정처, 사법연수원, 사법정책연구원, 법원공무원교육원, 법원도서관 등을 하부기관으로 두고 있다(법조법 제19조 내지 제22조).

[법원조직도]

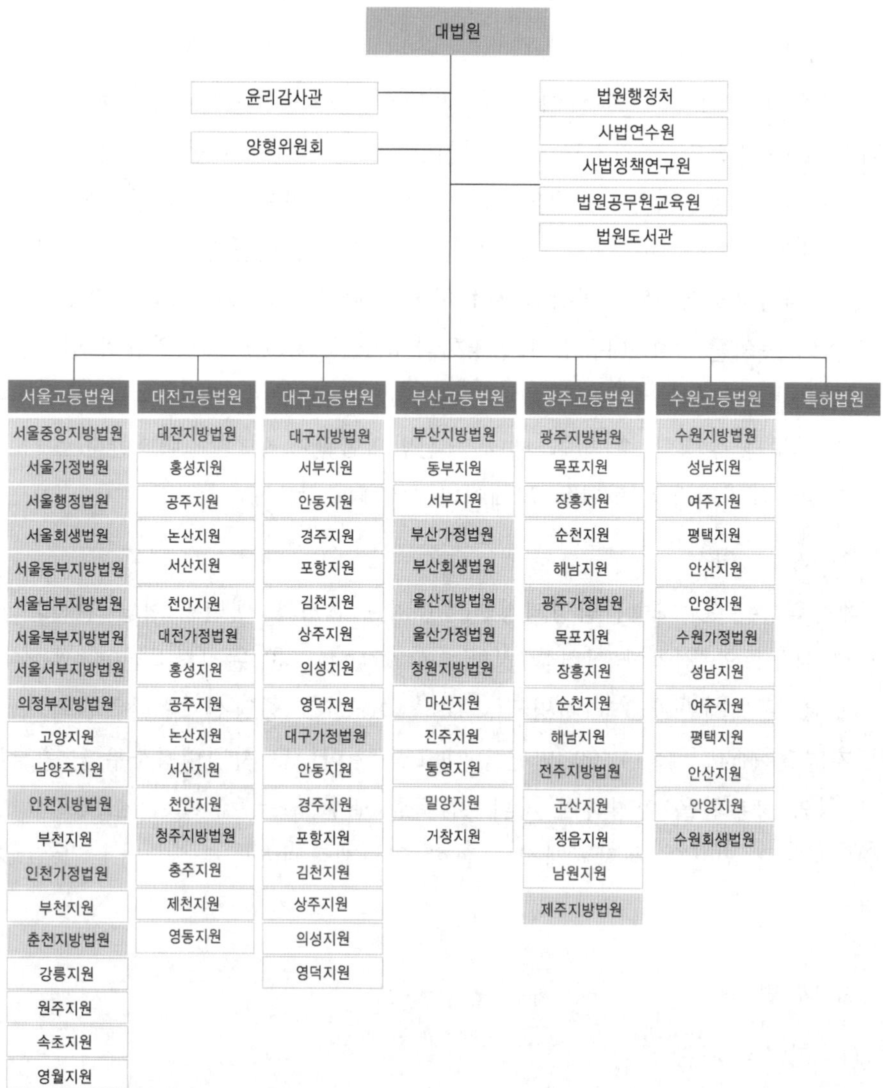

• 출처 : https://www.scourt.go.kr/region/organization/regionOrgan.jsp 방문일자 : 2025년 12월 1일.

2. 대법원장

(1) 헌법상 지위

대법원장은 ① 대법원의 수장으로서의 지위, ② 대법관회의의 의장으로서의 지위, ③ 전원합의체 재판장으로서의 지위를 가진다.

(2) 신분상 지위

대법원장의 자격은 20년 이상 ① 판사 · 검사 · 변호사이거나, ② 변호사의 자격이 있는 자로서 국가기관, 지방자치단체, 「공공기관의 운영에 관한 법률」 제 4 조에 따른 공공기관, 그 밖의 법인에서 법률에 관한 사무에 종사한 자이거나, ③ 변호사의 자격이 있는 자로서 공인된 대학의 법률학 조교수 이상의 직에 있던 사람으로서 45세 이상인 사람이어야 한다(동법 제42조 제 1 항). "대법원장은 국회의 동의를 얻어 대통령이 임명한다"(제104조 제 1 항). 대법원장의 임기는 6년으로 하며, 중임할 수 없다(제105조 제 1 항). 대법원장이 궐위되거나 부득이한 사유로 직무를 수행할 수 없을 때에는 선임대법관이 권한을 대행한다(법조법 제13조 제 3 항). 대법원장의 정년은 70세이다(동법 제45조 제 4 항).

(3) 권 한

대법원장은 ① 대법관임명제청권(제104조 제 2 항), ② 대법관 아닌 법관을 대법관회의의 동의를 얻어 임명할 권한(제104조 제 3 항), ③ 판사보직권(법조법 제44조 제 1 항), ④ 헌법재판관 3인 지명권(제111조 제 3 항), ⑤ 중앙선거관리위원회 위원 3인 지명권(제114조 제 2 항), ⑥ 법원을 대표할 권한, ⑦ 사법행정사무를 총괄하고 법원의 공무원을 임명하며 지휘 · 감독할 권한(법조법 제 9 조 제 1 항, 제53조), ⑧ 법원업무관련 법률의 제정 · 개정에 관한 의견제출권(동법 제 9 조 제 3 항) 등을 가진다.

3. 대 법 관

(1) 헌법상 지위

대법관은 대법원의 구성원, 대법관회의의 구성원, 전원합의체의 구성원으로서의 지위를 가진다.

(2) 신분상 지위

대법관의 임용자격은 대법원장과 동일하다(법조법 제42조 제1항). "대법관은 대법원장의 제청으로 국회의 동의를 얻어 대통령이 임명한다"(제104조 제2항). 대법원장이 제청할 대법관 후보자의 추천을 위하여 대법원에 대법관후보추천위원회를 두는데 이 추천위원회는 외부인도 참여하는 10명의 위원으로 구성되며 제청할 대법관의 3배수 이상을 대법관 후보자로 추천하여야 하고 대법원장은 대법관 후보자를 제청하는 경우에는 추천위원회의 추천 내용을 존중한다(법조법 제41조의2 제1·2·3·6·7항). 대법관의 임기는 6년으로 하며, 법률이 정하는 바에 의하여 연임할 수 있다(제105조 제2항). 정년은 70세이다(법조법 제45조 제4항).

(3) 권 한

대법관은 부나 전원합의체에서 심판할 권한과 대법관회의에서 심의·표결할 권한을 가진다.

4. 대법관회의

(1) 구성과 운영

대법관회의는 대법관으로 구성되며, 대법원장이 그 의장이 된다(법조법 제16조 제1항). 대법관회의는 대법관전원의 3분의 2 이상의 출석과 출석인원 과반수의 찬성으로 의결하고, 의장은 의결에서 표결권을 가지며, 가부동수인 때에는 결정권을 가진다(동법 동조 제2항·제3항).

(2) 권 한

대법관회의는 판사의 임명 및 연임에 대한 동의, 대법원규칙의 제정과 개정 등에 관한 사항, 판례의 수집·간행에 관한 사항, 예산 요구, 예비금 지출과 결산에 관한 사항, 다른 법령에 따라 대법관회의의 권한에 속하는 사항, 특히 중요하다고 인정되는 사항으로서 대법원장이 회의에 부친 사항에 대한 의결을 한다(동법 제17조).

5. 법원행정처 등

사법행정사무를 관장하기 위하여 대법원에 법원행정처를 둔다(동법 제19조 제1항). 법원행정처는 법원의 인사 · 예산 · 회계 · 시설 · 통계 · 송무 · 등기 · 가족관계등록 · 공탁 · 집행관 · 법무사 · 법령조사 및 사법제도연구에 관한 사무를 관장한다(동법 동조 제2항). 법원행정처장은 대법관 중에서 대법원장이 보하고 처장은 대법원장의 지휘를 받아 법원행정처의 사무를 관장하고, 소속 직원을 지휘 · 감독하며, 법원의 사법행정사무 및 그 직원을 감독한다(동법 제68조 제1항, 제67조 제2항).

그 외 대법원에 법원공무원교육원, 법원도서관, 대법원장비서실, 재판연구관을 두고 대법원장은 필요하다고 인정할 경우에는 대법원장의 자문기관으로 사법정책자문위원회를 둘 수 있다(동법 제21조 - 제25조).

6. 법관인사위원회, 법관징계위원회, 양형위원회 등

법관의 인사에 관한 기본계획의 수립에 관한 사항, 판사의 임명 · 연임 · 퇴직에 관한 사항, 그 밖에 대법원장이 중요하다고 인정하여 회의에 부치는 사항을 심의하기 위하여 대법원에 법관인사위원회를 두는데 법관이 아닌 외부인사도 위원이 되도록 하고 있다(동법 제25조의2). 또 법관징계위원회(동법 제48조), 양형위원회(동법 제81조의2)를 대법원에 둔다.

7. 사법연수원, 사법정책연구원

판사의 연수와 사법연수생의 수습에 관한 사무를 관장하기 위하여 대법원에 사법연수원을 둔다(동법 제20조). 사법제도 및 재판제도의 개선에 관한 연구를 하기 위하여 대법원에 사법정책연구원을 둔다(동법 제20조의2). 사법정책연구원에 원장 1명, 수석연구위원 1명, 연구위원 및 연구원을 두고, 원장은 대법원장의 지휘를 받아 사법정책연구원의 사무를 관장하며, 소속 직원을 지휘 · 감독한다(동법 제76조의2 제1항 · 제2항). 사법정책연구원은 매년 다음 연도의 연구 추진계획과 해당 연도의 연구실적을 담은 연간 보고서를 발간하고, 이를 국회에 보고하여야 한다(동법 제76조의7).

Ⅳ. 대법원의 권한

1. 대법원의 재판권

(1) 대법원의 관할

대법원은 ① 상고심, ② 명령·규칙의 헌법·법률 위반 여부의 최종심사, ③ 위헌법률심판제청, ④ 선거소송(대통령선거, 국회의원선거, 시·도지사선거 및 비례대표 시·도의원선거의 소송은 대법원 단심으로, 그 외 선거의 소송은 고등법원에서 시작하여 대법원이 상고심으로 관할함), ⑤ 국민투표 무효소송, ⑥ 기관소송 등을 관할한다(그 외 대법원이 단심으로 관할하는 소송사건에 대해서는, 후술 제3절 Ⅰ. 2. 참조).

(2) 대법원의 심판권 행사구조 — 전원합의체와 부

대법원의 심판권은 대법관전원의 3분의 2 이상의 합의체에서 행사하며 대법원장이 재판장이 된다. 그러나 대법관 3명 이상으로 구성된 부에서 먼저 사건을 심리하여 의견이 일치한 경우에 한정하여 그 부에서 재판할 수 있다(동법 제7조 제1항). ① 명령 또는 규칙이 헌법에 위반된다고 인정하는 경우, ② 명령 또는 규칙이 법률에 위반된다고 인정하는 경우, ③ 종전에 대법원에서 판시한 헌법·법률·명령 또는 규칙의 해석적용에 관한 의견을 변경할 필요가 있다고 인정하는 경우, ④ 부에서 재판함이 적당하지 아니하다고 인정하는 경우에는 전원합의체에서 심판한다. 실제 부에서 많은 사건을 심판한다.

2. 사법입법권(대법원규칙제정권)

대법원은 법률에 저촉되지 아니하는 범위 안에서 소송에 관한 절차, 법원의 내부규율과 사무처리에 관한 규칙을 제정할 수 있다(제108조).

[인정이유·성격] 대법원이 소송절차의 최고전문기관이라는 점에서 스스로 제정하도록 한 것이고 이는 법원의 독립성과 자주성을 보장하기 위한 것이다. 즉 대법원규칙의 인정근거는 법원의 ① 전문성, ② 독립성·자주성의 보장에 있다. 대법원규칙의 성격에 대해서는 법률과 같은 규범으로 보는 견해가 있을 수 있으나 법률에 저촉되어서는 아니 된다는 점을 고려하면, 그리고 우리 헌법 제108조는 소송에 관한 절차도 대법원규칙의 대상으로 하고 있는바 소송절

차는 국민의 재판청구권의 행사에 직접적인 영향을 미칠 수 있어 법규성을 가진다는 점에서 이러한 대법원규칙은 법규명령적인 규범이다.

[효력·내용] 법률하위의 효력을 가진다. 대법원규칙으로 정할 사항을 헌법 제108조가 소송에 관한 절차, 법원의 내부규율과 사무처리라고 규정하고 있는데 이는 예시적인 것으로 그 외 사항들을 정할 수 있다. 법원조직법에 대법원규칙으로 정할 사항들이 많이 규정되어 있다.

[통제] 대법원규칙에 대해 헌재는 헌법소원심판대상이 됨을 인정하여(89헌마178) 논란이 된 바 있다.

[대법원규칙에의 위임에서의 포괄위임금지원칙의 적용 문제] 위에서 본대로 대법원규칙은 법규명령인바 그렇다면 대법원규칙에 법률이 어떤 사항을 위임함에 있어서도 대통령령, 부령 등에 위임하는 경우와 같이 2가지 문제, 즉 ① 법률의 위임이 필요한가, 그리고 ② 포괄위임금지원칙이 적용되는가가 논의된다. 헌재의 법정의견은 둘다 긍정한다. 즉 헌법 제75조는 "법률에 구체적으로 범위를 정하여"라고 규정하여 위임입법의 근거와 아울러 그 범위와 한계를 제시하고 있고 헌법 제108조는 "대법원은 법률에 저촉되지 아니하는 범위 안에서 소송에 관한 절차, 법원의 내부규율과 사무처리에 관한 규칙을 제정할 수 있다"라고 규정하고 있으므로, 대법원규칙도 소송절차에 관하여는 법률의 위임을 받아 일정한 사항을 규율할 수 있으며 헌법 제75조에 근거한 포괄위임금지원칙은 하위법규에 규정될 내용의 대강을 예측할 수 있어야 함을 의미하는데, 위임입법이 대법원규칙인 경우에도 수권법률에서 이 원칙을 준수하여야 하는 것은 마찬가지라고 한다. 또 예시설도 인정논거로 제시된다, 즉 "헌법이 위임입법의 형태로 제75조와 제95조에서 대통령령, 총리령 또는 부령의 행정입법만을 명시적으로 규정하고 있다 하더라도, 헌법이 인정하고 있는 위와 같은 위임입법의 형식은 예시적인 것으로 보아야 할 것이므로, 대법원 역시 입법권의 위임을 받아 규칙을 제정할 수 있다고 할 것(2014헌바456; 2014헌바242등)"이라고 한다. 예시설이 위임에 관한 것이므로 이처럼 예시설을 내세우는 것은 대법원규칙제정에 법률위임이 필요하다고 보는 것으로 이해되게 한다(2013헌바368, 2014헌바456, 2013헌바27. 김이수, 이진성, 강일원 헌법재판관은 헌법 제75조와 달리 헌법 제108조는 법률의 위임을 요구하지 않고 '법률에 저촉되지 아니하는 범위 안에서' 소송절차 등에 관하여 대법원규칙을

제정할 수 있도록 하고 있으므로, 대법원규칙에는 법률에 저촉되지 않는 한 법률에 명시적인 위임규정이 없더라도 소송절차에 관한 행위나 권리를 제한하는 규정을 둘 수 있다는 부정설을 취한다). **[판례입장의 정리]** 결국 헌재의 판례입장을 정리하면 위 i), ii)의 문제들에 대해 모두 긍정하여, 대법원규칙의 제정에 i) 법률의 위임이 필요하고 ii) 포괄위임금지원칙이 적용되는데 그 구체성은 완화될 수 있다는 것이다.

다만, 대법원규칙으로 규율될 내용들은 소송에 관한 절차와 같이 법원의 전문적이고 기술적인 사무에 관한 것이 대부분일 것인바, 법원의 축적된 지식과 실제적 경험의 활용, 규칙의 현실적 적응성과 적시성의 확보라는 측면에서 수권법률에서의 위임의 구체성·명확성의 정도는 다른 규율 영역에 비해 완화될 수 있을 것이라고 한다(2014헌바456, 2013헌바27). **[판례]** * 포괄위임이 아니라고 하여 합헌결정된 예들 : ① 부동산 매각허가결정에 대한 즉시항고가 기각된 경우 항고인이 공탁한 항고보증금 중 반환하지 아니하는 금액의 이율을 상한의 제한 없이 대법원규칙에 위임한 민사집행법 규정(2013헌바368), ② 회생계획 불인가결정에 대한 재항고시 공탁하여야 할 금전이나 유가증권의 범위 등에 관하여 대법원규칙에 위임하고 있는 '채무자 회생 및 파산에 관한 법률' 규정(2014헌바456), ③ 컴퓨터용디스크 등의 증거조사방식에 관하여 필요한 사항을 대법원규칙으로 정하도록 한 형사소송법 규정(2013헌바27), ④ 소송구조요건의 구체적인 내용과 소송구조절차에 관한 상세한 사항을 대법원규칙에 위임한 민사소송법 제128조 제4항(2014헌바242), ⑤ 판사의 근무성적평정에 관한 사항을 대법원규칙으로 정하도록 위임한 구 법원조직법 규정(2015헌바331) 등.

3. 사법행정권

사법행정권이란 법원구성원의 인사에 관한 행정, 재판을 보조하기 위한 행정적 지원, 법원예산의 집행, 회계·시설의 관리 등에 관한 권한을 말한다. 대법원은 이러한 사법행정권을 관할하는 최고의 기관이다. 대법원장은 이러한 사법행정사무를 총괄하며, 사법행정사무에 관하여 관계공무원을 지휘·감독한다(법조법 제9조 제1항, 제13조). 대법관회의는 판사의 임명 및 연임에 대한 동의, 판례의 수집·간행에 관한 사항, 예산요구, 예비금지출과 결산에 관한 사항 등 행정에 관한 사항들을 의결한다(동법 제17조). 법원행정처가 사법행정사무를 관장하고 있다(동법 제19조 제1항). 법관인사위원회는 법관의 인사에 관한 중요사항을 심의한다(동법 제25조의2).

Ⅴ. 각급법원의 조직과 권한

1. 고등법원

현재 전국에 6개의 고등법원이 있다(2028. 3. 1. 인천고등법원이 개원예정됨). 고등법원에 고등법원장이 있으며 부를 둔다(동법 제26조 제1항, 제27조 제1항). 이전에 부에 고등법원 부장판사를 두고 재판장이 되게 하였으나(구 동법 제27조 제2항) "사실상 승진 개념으로 운용되어 법관의 관료화를 심화시킨다는 비판"을 받아왔다는 이유로 고등법원 부장판사 직위는 폐지되었고(법제처 설명 참조) 부의 구성원 중 1인이 재판장이 되도록 하였다(동법 제27조 제2·3항). 고등법원의 심판권은 판사 3명으로 구성된 합의부에서 행사한다(동법 제7조 제3항). 고등법원은 ① 지방법원합의부·가정법원합의부, 회생법원 합의부 또는 행정법원의 제1심 판결·심판·결정·명령에 대한 항소 또는 항고사건, ② 지방법원단독판사·가정법원단독판사의 제1심 판결·심판·결정·명령에 대한 항소 또는 항고사건으로서 형사사건을 제외한 사건 중 대법원규칙으로 정하는 사건, ③ 다른 법률에 따라 고등법원의 권한에 속하는 사건을 심판한다(동법 제28조). 다른 법률에 따른 관할사건으로는 지방선거소송(단, 시·도지사선거, 비례시·도의원선거의 소송은 대법원관할임), 시·군 및 자치구의 주민투표의 효력에 관한 소송 등이 있다.

재판업무 수행상의 필요한 경우 대법원규칙으로 정하는 바에 따라 고등법원의 부로 하여금 그 관할구역의 지방법원 소재지에서 사무를 처리하게 할 수 있다(동법 제27조 제4항).

2. 특허법원

특허법원에 특허법원장이 있으며 부를 둔다(동법 제28조의2 제1항, 제28조의3 제1항). 특허법원은 고등법원급이다. 특허법원 부장판사 직위는 폐지되었다.특허법원의 심판권은 판사 3명으로 구성된 합의부에서 행사한다(동법 제7조 제3항). 특허법원은 특허법 제186조 제1항, 실용신안법 제33조, 디자인보호법 제166조 제1항 및 상표법 제162조에서 정하는 제1심사건과 다른 법률에 따라 특허법원의 권한에 속하는 사건을 심판한다(동법 제28조의4).

3. 지방법원, 지원, 시 · 군법원

지방법원은 지방법원장과 판사로 구성되고 부를 둔다(동법 제29조 제1항, 제30조 제1항). "부에 부장판사를 둘 수 있다"라고 하여 이전에 필수적인 직위였던 지방법원 부장판사를 임의적인 것으로 개정하였다(동법 제30조 제2항). 지방법원 및 가정법원의 사무의 일부를 처리하게 하기 위하여 그 관할구역에 지원과 가정지원, 시법원 또는 군법원 및 등기소를 둘 수 있다(동법 제3조 제2항). 지방법원과 그 지원, 시 · 군법원의 심판권은 단독판사가 행사하고, 합의심판을 하여야 하는 경우에는 판사 3명으로 구성된 합의부에서 심판권을 행사한다(동법 제7조 제4 · 5항). 지방법원과 그 지원의 합의부는 ① 합의부에서 심판할 것으로 합의부가 결정한 사건, ② 민사사건에 관하여는 대법원규칙으로 정하는 사건, ③ 사형 · 무기 또는 단기 1년 이상의 징역 또는 금고에 해당하는 사건 등을 제1심으로 심판한다(동법 제32조 제1항).

4. 가정법원, 그 지원, 가정지원

가정법원은 가정법원장과 판사로 구성된다(동법 제37조 제1항). 가정법원과 그 지원, 가정지원의 심판권은 단독판사가 행사하고, 합의심판을 하여야 하는 경우에는 판사 3명으로 구성된 합의부에서 심판권을 행사한다(동법 제7조 제4 · 5항). 가정법원 및 가정법원 지원의 합의부는 가사소송 등의 사건을 제1심으로 심판한다(동법 제40조 제1항).

5. 행정법원

현재 행정소송은 3심제로 운영되고 따라서 그 제1심을 담당하는 행정법원은 지방법원급이다. 행정법원에 행정법원장을 두어 행정법원의 사법행정사무를 관장하며, 소속 공무원을 지휘 · 감독하게 하며 부를 둔다(동법 제40조의2 제1항 · 제3항, 제40조의3 제1항). 부장판사 직위는 임의적이다. 행정법원의 심판권은 판사 3명으로 구성된 합의부에서 행사하되, 다만, 단독판사가 심판할 것으로 행정법원 합의부가 결정한 사건의 심판권은 단독판사가 행사한다(동법 제 7 조 제 3 항). 행정법원은 행정소송법에서 정한 행정사건과 다른 법률에 따라 행정법원의 권한에 속하는 사건을 제 1 심으로 심판한다(동법 제40조의4). 현재 서울에 행정법원이 설치되어 있는데 행정법원이 설치되지 않은 지역에 있어서의 행정법원의 권한에 속하는 사건은 행정법원이 설치될 때까지 해당 지방법원본원 및 춘천지방법원 강릉지원(행정사건에 관한 춘천지법 강릉지원 관할은 '강릉시 · 동해시 · 삼척시 · 속초시 · 양양군 · 고성군'임. 따라서 예를 들어 속초시의 행정처분에 대한 행정소송 관할은 속초지원이 아니라 강릉지원임에 유의!)이 관할한다(동법 부칙 1994. 7. 27. 제 2 조. 개정 2005. 3. 24. '각급 법원의 설치와 관할구역에 관한 법률' 제 4 조 제 7 호).

6. 회생법원

근래 세계적인 금융위기 이후 지속적인 경기불황으로 인한 한계기업 증가, 가계부채 증가로 어려움을 겪는 채무자에 대한 구조조정 필요성이 상시화되어 오늘날 보다 공정하고 효율적인 구조조정 절차를 담당하기 위하여 도산사건을 전문적으로 처리하는 회생법원이 신설되었다(2016. 12. 27. 법제처 해설 취지). 지방법원급이다. 회생법원에 회생법원장을 두어 그 법원의 사법행정사무를 관장하며, 소속 공무원을 지휘 · 감독하게 하고 부를 둔다(동법 제40조의5 제 1 항 · 제 3 항, 제40조의6 제 1 항). 회생법원의 심판권은 단독판사가 행사하되 합의심판을 하여야 하는 경우에는 판사 3명으로 구성된 합의부에서 심판권을 행사한다(동법 제 7 조 제 4 항 · 제 5 항). 그 관할을 보면, 회생법원의 합의부는 ① '채무자 회생 및 파산에 관한 법률'에 따라 회생법원 합의부의 권한에 속하는 사건, ② 합의부에서 심판할 것으로 합의부가 결정한 사건, ③ 회생법원판사에 대한 제척 · 기피사건 및 '채무자 회생 및 파산에 관한 법률' 제16조에 따른 관리위원에 대한 기피사건, ④ 다른 법률에 따라 회생법원 합의부의 권한에 속하는 사건을 제 1 심으로 심판한다(동법 제40조의7 제 1 항). 회생법원 합의부는 회생법원단독판사의 판결 · 결정 · 명령에 대한 항소 또는 항고사건을 제 2 심으로 심판한다(동법 동조 제 2 항). 서울회생법원이 현재 설치되어 있고 회생법원이 설치되지 아니한 지역에 있어서의 회생법원의 권한에 속하는 사건은 회생법원이 설치될 때까지 해당 지방법원 본원이 관할한다. 다만, '채무자 회생 및 파산에 관한 법률' 제 3 조 제10항에 따라 제기된 개인채무자에 대한 파산선고 또는 개인회생절차개시의 신청사건은 춘천지방법원 강릉지원이 관할한다(2016. 12. 27. 동법 부칙 제 2 조).

7. 군사법원

(1) 헌법규정과 성격

군사재판을 관할하기 위하여 특별법원으로서 군사법원을 둘 수 있다(제110조 제 1 항). 군사법원의 상고심은 대법원에서 관할한다(동조 제 2 항). 군사법원의 조직·권한 및 재판관의 자격은 법률로 정한다(동조 제 3 항). 그 법이 군사법원법이다. 비상계엄하의 군사재판은 군인·군무원의 범죄나 군사에 관한 간첩죄의 경우와 초병·초소·유독음식물공급·포로에 관한 죄 중 법률이 정한 경우에 한하여 단심으로 할 수 있다. 다만, 사형을 선고한 경우에는 그러하지 아니하다(제110조 제 4 항).

(2) 군사법원법의 개정

평상시 군사법원재판에 대해, 그리고 군판사 외 심판관 재판참여, 관할관 확인 등에 대해 논란이 있었는데 군사법원법은 "군 사법(司法)제도에 대한 국민적 신뢰를 회복하고 피해자의 인권보장과 사법정의의 실현이라는 헌법적 가치를 구현하기 위하여"(법제처 국가법령정보센터 해설) 2021. 9. 24. 개정되었다(2022. 7. 1. 시행). 이 개정된 중요내용은 다음과 같다. ① 성폭력범죄, 군인등의 사망사건의 원인이 되는 범죄 및 군인등이 그 신분을 취득하기 전에 저지른 범죄를 군사법원의 재판권에서 제외하여 일반 법원이 재판권을 행사하도록 함(제 2 조 제 2 항), ② 군 사법제도 개혁을 통한 사법의 독립성과 군 장병의 공정한 재판을 받을 권리를 실질적으로 보장하기 위하여 군사재판 항소심을 서울고등법원으로 이관하는 한편, 군단급 이상의 부대에 설치되어 1심 군사재판을 담당하던 보통군사법원을 폐지하고 국방부에 각 군 군사법원을 통합하여 중앙지역군사법원·제 1 지역군사법원·제 2 지역군사법원·제 3 지역군사법원·제 4 지역군사법원을 설치함(* 이전에 "군사법원은 고등군사법원, 보통군사법원 2종류로 한다"라고 규정한 이전의 구 군사법원법 제 5 조를 삭제, 제 6 조 및 제10조, 별표 1 신설), ③ 공정한 법원에서 법관에 의한 재판을 받을 권리를 보장하기 위하여, 관할관 확인제도를 폐지함과 아울러 심판관 관련 규정도 삭제함으로써 군판사 외에 심판관이 재판에 참여하던 군사법원의 재판관 구성을 민간 법원의 조직구성과 유사하게 변경하는 한편, 군사법원에서는 군판사 3명을 재판관으로 하고, 군사법원에 부(部)를 둠(군사법원법 제 8 조 및 제22조), ④ 수사의 공정성 및 군검찰의 독립성을 확보하기 위하여 이전의 보통검찰부가 아니라 국방부장관 및 각 군 참모총장 소속으로 검찰단을 설치하며, ⑤ 국방부장관 및 각 군 참모총장은 군검사를 일반적으로 지휘·감독하고, 구체적 사건에 관하여는 국방부장관은 각 군 참모총장과 국방부검찰단장만을, 각 군 참모총장은 소속 검찰단장만을 지휘·감독하도록 하고(동법 제36조, 제38조 및 제39조), 군검사가 구속영장을 청구할 때 부대의 장의 승인을 받는 제도를 폐지함, ⑥ 전시 군사법원의 설치근거와 관할, 재판관으로 심판관 지정·판결의 확인조치 등 관할관의 권한, 전시 군검찰부의 설치근거와 군검찰부에 대한 지휘관의 지휘권 등 전시 특례를 신설(동법 제534조의2부터 제534조의18까지 신설. * 즉 관할관제도, 심판관제도는 전시나 사변에 한해 가동되게 축소).

8. 예외법원과 특수법원

(1) 예외법원의 금지

예외법원이란 대법원을 최종심으로 하지 않는 법원 또는 헌법과 법률이 정한 자격을 가진 법관이 아닌 사람들이 재판을 담당하는 법원을 말한다. 우리 헌법은 대법원을 최고법원으로 규정하고 있으므로(제101조 제 2 항) 대법원을 최종심으로 하지 않는 예외법원을 인정할 수 없다. 또한 우리 헌법은 모든 국민은 “헌법과 법률이 정한 법관”에 의하여 법률에 의한 재판을 받을 권리를 가진다고 규정하고 있으므로(제27조 제 1 항) 헌법과 법률이 정한 자격을 가진 법관이 아닌 사람들에 의해 재판이 이루어지는 예외법원도 인정할 수 없다. 그러나 현재 일반 법관이 아닌 재판관이 관여하는 군사법원은 현행 헌법이 직접 근거를 두고 있으므로(제110조 제 3 항) 예외법원이 아닌 특별법원으로서 합헌이다(군사법원 재판관의 자격 등에 관한 군사법원법 규정들에 대한 합헌결정으로, 93헌바25 참조).

(2) 특수법원의 인정

특수한 영역의 사건들, 예를 들어, 노동, 복지, 조세, 환경 등의 각 영역에서만의 특수한 사건들을 전담하여 다루는 특수법원은 예외법원이 아닌 한 인정할 수 있다.

Ⅵ. 법원직원 — 법관 외 공무원, 재판연구원, 사법보좌관, 기술심리관 등

법원조직법은 제 5 편에 '법원직원'이라는 제목으로 법관 외의 법원공무원, 재판연구원, 사법보좌관, 기술심리관, 조사관, 집행관 등을 규정하고 있다.

① 법원직원 — 법관 이외의 법원공무원은 대법원장이 임명하며, 그 수는 대법원규칙으로 정한다(법조법 제53조). ② 재판연구원 — 각급 법원에 재판연구원을 둘 수 있다. 재판연구원은 소속 법원장의 명을 받아 사건의 심리 및 재판에 관한 조사 · 연구, 그 밖에 필요한 업무를 수행한다. 재판연구원은 변호사 자격이 있는 사람 중에서 대법원장이 임용한다(동법 제53조의2 제 1 · 2 · 3 항). ③ 사법보좌관 — 대법원과 각급 법원에 사법보좌관을 둘 수 있다. 사법보좌관은 민사소송법 및 '소송촉진 등에 관한 특례법'에 따른 소송비용액 · 집행비용액 확정결정절차, 독촉절차, 공시최고절차 등에서의 법원의 사무, 가사소송법에 따른 상속의 한정승인 · 포기 신고의 수리와 한정승인취소 · 포기취소 신고의 수리절차에서의 가정법원의 사무 등의 업무 중 대법원규칙으로 정하는 업무를 할 수 있다. 사법보좌관은 법관의 감독을 받아 업무를 수행하며, 사법보좌관의 처분에 대해서는 대법원규칙으로 정하는 바에 따라 법관에게 이의신청을 할 수 있다(동법 제54조 제 1 · 2 · 3 항). ④ 기술심리관 — 특허법원에 기술심리관을 둔다(동법 제54조의2 제 1 항). ⑤ 조사관, 집행관 — 대법원과 각급 법원에 조사관을 둘 수 있다(동법 제54조의3). 지방법원 및 그 지원에 집행관을 두며, 집행관은 법률에서 정하는 바에 따라 소속지방법원장이 임면한다(동법 제55조).

제2절 사법권의 독립

Ⅰ. 사법권독립의 의미와 목적

사법권독립은 그 자체가 목적이 아니라 공정한 재판을 받을 권리라는 국민의 기본권을 보다 충실히 보장하여야 한다는 궁극적 목적을 위한 실현수단이라는 데에 그 의미가 있다. 신분이 두텁게 보장되는 법관일수록, 그리고 재판에서 다른 사회적 세력이나 상급 재판기관으로부터 독립되어 재판을 할 수 있을수록 양심과 소신에 따른 더욱 공정한 재판이 이루어질 가능성이 커지기 때문이다.

Ⅱ. 사법권독립의 내용

사법권의 독립은 법원 자체의 독립, 법관의 독립을 그 내용으로 하고 법관의 독립은 다시 법관의 신분상에 관한 인적 독립과 재판상 독립인 물적 독립으로 이루어진다.

1. 법원의 독립

[개념 · 요소] 법원의 독립은 법원이라는 기관의 독립을 말하며 다른 국가기관들인 입법부, 집행부의 간섭을 받지 않고 법원들이 독립된 지위를 유지하고 조직되며 운영되어야 한다는 것을 의미한다. 법원의 독립은 인사상 · 행정상 · 재정상 독립을 요한다.

[입법부로부터의 독립] 국회는 법원의 독립을 침해하는 법률을 제정할 수 없다. 대법원장은 법원 관련 법률의 제정 · 개정이 필요하면 국회에 서면으로 그 의견을 제출할 수 있다(법조법 제9조 제3항). 국회의 국정감사 · 조사는 계속 중인 재판에 관여할 목적으로 행사되어서는 아니 된다(국감법 제8조). 대법원규칙제정권도 법원의 독립성을 위한 사법입법권이다.

[집행부로부터의 독립] 대통령, 행정부는 법원의 행정, 인사 등의 독립성을

침해할 수 없다. 예산편성을 담당하는 행정부는 사법부의 예산편성도 담당하여 법원의 예산상 독립성이 약하다. 법원의 예산을 편성함에 있어서는 사법부의 독립성과 자율성을 존중하여야 한다(법조법 제82조 제2항). 대통령의 사면권도 남용되어서는 아니 된다.

[상호견제] 입법부, 집행부와 법원 간에는 상호 견제를 하기도 하나 이는 권력분립원칙상 요구되는 것으로 법원의 기관독립성이 최대한 인정되어야 한다. 대통령에 의한 대법원장·대법관임명 및 국회의 임명동의는 직선된 대통령, 국회를 통한 간접적인 민주적 정당성을 주기 위한 것이다.

2. 법관의 독립

법관의 독립에는 법관의 신분보장을 내용으로 하는 인적 보장과 법관의 직무인 재판상의 독립을 내용으로 하는 물적 독립이 요구된다. 전자는 후자를 위한 수단적인 기능을 한다. 법관이 신분을 두텁게 보장받음으로써 직무상의 양심에 입각하여 외압을 받지 않고 공평무사한 판단을 행할 수 있기 때문이다.

(1) 법관의 인적(신분상) 독립

[개념·요소] 법관의 인적 독립은 신분상 독립을 말하는 것으로 법관의 자격이 객관적으로 규정되고, 그 임용, 보직, 인사 등에 있어서 공정성과 투명성을 가지며 퇴임의 압박을 받지 않는 신분보장이 이루어질 것을 요한다. 대법원장·대법관에 대해서는 앞서 대법원조직에서 보았기에 여기서는 주로 대법원장·대법관이 아닌 일반 법관(판사)을 중심으로 살펴본다.

[자격제 — 법관자격의 법정주의] 헌법 제101조 제3항은 "법관의 자격은 법률로 정한다"라고 하여 법관자격의 법정주의를 규정하고 있다. 법원조직법은 판사는 ① 사법시험에 합격하여 사법연수원의 소정 과정을 마친 자 또는 ② 변호사의 자격이 있는 자 중에서 임용하도록 규정하고 있다(법 제42조 제2항). 그러나 이는 2012년까지이고 개정된 법원조직법은 2013년 1월 1일부터는 10년 이상 ① 판사·검사·변호사, ② 변호사의 자격이 있는 자로서 국가기관, 지방자치단체, '공공기관의 운영에 관한 법률' 제4조에 따른 공공기관, 그 밖의 법인에서 법률에 관한 사무에 종사한 자, ③ 변호사의 자격이 있는 자로서 공인

된 대학의 법률학 조교수 이상의 직에 있던 자에 있던 사람 중에서 임용하도록 규정하여 판사의 자격요건을 강화하고 있다[동법 제42조 제2항. 그런데 부칙은 경과규정을 두어 제42조 제2항 규정에도 불구하고 2013년 1월 1일부터 2017년 12월 31일까지 판사를 임용하는 경우에는 3년 이상 위 직에 있던 사람 중에서, 2018년 1월 1일부터 2019년 12월 31일까지 판사를 임용하는 경우에는 5년 이상 위 직에 있던 사람 중에서, 2020년 1월 1일부터 2021년 12월 31일까지 판사를 임용하는 경우에는 7년 이상 위 직에 있던 사람 중에서 임용할 수 있다고 규정하고 있다. 판사임용에 관한 위와 같은 규정은 개정법부칙이 2013. 1. 1.부터 시행에 들어가도록 규정하였는데 이 부칙규정에 대해서는 "2011. 7. 18(개정법공포시점) 당시 사법연수생의 신분을 가지고 있었던 자가 사법연수원을 수료하는 해의 판사 임용에 지원하는 경우에 적용되는 한 헌법에 위반된다"라는 한정위헌결정이 있었다. 신뢰보호원칙에 반한다는 이유에서였다. 2011헌마786 결정 참조. 이후 부칙규정이 개정되어 판사임용소요 법조경력요건 단계별 이행기가 연장되어 다소 완화되었다(2014. 1. 7. 개정부칙 참조). 이후 다시 2021. 12.에 법조일원화제도에 따라 충분한 사회적 경험과 전문성 등을 갖춘 인력을 신규로 임용할 수 있도록 하기 위해 판사 임용에 필요한 최소 법조경력 '5년 이상' 적용시기를 현행 2021년에서 2024년까지로 3년 유예하고, '7년 이상' 법조경력을 적용하는 시점도 2025년부터 2028년까지로 조정하였다(제10861호 법원조직법 부칙 제2조 개정)]. 판사의 임용에는 성별, 연령, 법조경력의 종류 및 기간, 전문분야 등 국민의 다양한 기대와 요청에 부응하기 위한 사항을 적극 반영하여야 한다(동법 제42조 제2항 후문. * 임용과정, 결과 등의 국회 소관상임위 보고의무도 신설, 동조 제4항). 임용결격사유도 규정되어 있다(동법 제43조). * 판례: 그 규정된 결격사유들 중 하나인 "당원의 신분을 상실한 날부터 3년이 경과되지 아니한 사람"(동법 제43조 제1항 제5호)에 대해서는 헌재가 "과거 3년 이내의 모든 당원 경력을 법관 임용 결격사유로 정하는 것"으로 정치적 중립성을 보장하여 궁극적으로는 국민의 공정한 재판을 받을 권리를 보장하기 위한 것으로 목적정당성, 수단의 적합성은 인정되나 입법목적 달성을 위해 합리적인 범위를 넘어 정치적 중립성과 재판 독립에 긴밀한 연관성 없는 경우까지 과도하게 공직취임의 기회를 제한한다는 이유로 침해최소성, 법익균형성이 인정되지 않아 과잉금지원칙의 위반이라고 하여 위헌결정을 하였다(2024. 7. 18. 2021헌마460).

[임명제] 일반 법관은 대법관회의의 동의를 얻어 대법원장이 임명하는데(제104조 제3항) 법원조직법은 법관인사위원회의 심의도 거치도록 하고 있다(법 제41

조 제3항).

[임기제 · 연임제 · 정년제] i) 임기 · 연임제 : 일반 법관의 임기는 10년으로 하며, 법률이 정하는 바에 의하여 연임할 수 있다(제105조 제3항). 연임은 법관인사위원회의 심의를 거치고 대법관회의의 동의를 받아 대법원장의 연임발령으로 하도록 하고 있는데 연임불가사유(1. 신체상 또는 정신상의 장해로 판사로서 정상적인 직무를 수행할 수 없는 경우, 2. 근무성적이 현저히 불량하여 판사로서 정상적인 직무를 수행할 수 없는 경우, 3. 판사로서의 품위를 유지하는 것이 현저히 곤란한 경우)가 규정되어 있다(법조법 제45조의2 제1 · 2항). * 헌재판례 : 연임결격사유인 "근무성적이 현저히 불량하여 판사로서 정상적인 직무를 수행할 수 없는 경우"라는 위 법원조직법 제45조의2 제2항 제2호와 같은 구법규정에 대해 명확성원칙, 사법의 독립을 침해한다는 주장의 헌법소원심판이 청구되었다. 헌재는 판사의 직무수행에 관한 평가결과가 뚜렷이 드러날 정도로 나쁜 경우로 충분히 해석할 수 있어 명확성원칙에 반하지 않고, 재판의 독립성을 해칠 우려가 있는 사항을 평정사항에서 제외하며, 연임 심사과정에서 해당 판사에게 의견진술권 및 자료제출권이 보장되고, 연임하지 않기로 한 결정에 불복하여 행정소송을 제기할 수 있는 점 등을 고려할 때, 판사의 신분보장과 관련한 예측가능성이나 절차상의 보장이 현저히 미흡하다고 볼 수도 없으므로, 이 사건 연임결격조항은 사법의 독립을 침해한다고 볼 수 없다고 판시하여 합헌결정을 하였다(2015헌바331). ii) 정년제 : 법관의 정년제를 두느냐 아니면 종신제로 하느냐를 두고 종신제가 신분보장을 강하게 하여 독립적 판결을 이끄는 데 바람직하다는 견해와 법원의 보수화 · 관료화 · 노쇠화 방지 등을 막기 위해 정년제가 필요하다는 견해가 대립된다. 우리 헌법은 "법관의 정년은 법률로 정한다"라고 규정하여(제105조 제4항) 정년제의 헌법적 근거를 두고 있고 법원조직법이 판사의 정년을 65세로 하고 있다(법 제45조 제4항). 정년제가 위헌이라는 주장, 그리고 일반 법관의 정년연령과 대법관 등과의 그것에 차이가 있어 평등권 침해라는 주장의 헌법소원이 제기되었으나 헌재는 합헌이라고 보았다(2001헌마557).

[평정제] 법관의 근무성적에 대한 평정제가 논란되기도 한다. 대법원장은 판사에 대한 평정을 실시하고 그 결과를 연임, 보직 및 전보 등의 인사관리에 반영하도록 규정하고(동법 제44조의2 제3항) 있기 때문이다. 결국 평정기준의 공정

성이 중요하다. 동법도 대법원장은 판사에 대한 근무성적과 자질을 평정(評定)하기 위하여 공정한 평정기준을 마련하여야 한다고 규정하면서 그 평정기준에는 근무성적평정인 경우에는 사건 처리율과 처리기간, 상소율, 파기율 및 파기사유 등이 포함되어야 하고, 자질평정인 경우에는 성실성, 청렴성 및 친절성 등이 포함되어야 한다고 규정하고 있다(동법 제44조의2 제 1 항 · 제 2 항). 동법은 이렇게 동법에 규정된 사항들 외에 근무성적과 자질의 평정에 필요한 사항은 대법원규칙으로 정한다고 규정하고 있다(동법 제44조의2 제 4 항). * 헌재판례 : 바로 이러한 대법원규칙에의 위임과 관련하여, 즉 판사의 근무성적평정에 관한 사항을 대법원규칙으로 정하도록 위임한 구 법원조직법규정에 대한 헌법소원심판이 청구되었다. 헌재는 합헌결정하였는데 논점이 2가지였다. 논점 1. 대법원규칙에 위임함에 있어서도 포괄위임금지원칙이 적용되는가? 논점 2. 위 법원조직법규정이 포괄위임금지원칙에 위배되는가? 논점 1에 대해서는 법정의견이 긍정하고(이에 대해서는 앞의 대법원의 권한, 사법입법권 부분 참조), 논점 2에 대해서는 관련조항의 해석과 판사에 대한 연임제 및 근무성적평정제도의 취지 등을 고려할 때, 여기서 말하는 '근무성적평정에 관한 사항'이란 판사의 연임 등 인사관리에 반영시킬 수 있는 것으로 사법기능 및 업무의 효율성을 위하여 판사의 직무수행에 요구되는 것, 즉 직무능력과 자질 등과 같은 평가사항, 평정권자 및 평가방법 등에 관한 사항임을 충분히 예측할 수 있다고 하여 포괄위임금지원칙을 준수하였다고 보고 결국 합헌결정을 하였다(2015헌바331). 위 결정의 대상이 된 구 법원조직법규정 당시에는 평정기준에 관한 아무런 예시적 규정조차 없었는데 그 뒤 2011년 법개정으로 위에서 인용한 대로 사건처리율, 기간, 상소율 등이 포함되도록 하는 기준을 제시하고 있다.

[법관인사위원회] 법관인사의 투명성, 객관성, 공정성을 담보하기 위하여 독립된 인사위원회의 역할이 중요하다. 현재 외부인사도 참여하는 법관인사위원회가 심의기관으로서 판사의 임명, 연임, 퇴직 등에 관한 사항을 심의하도록 하고 있다(동법 제25조의2).

[법관의 신분보장 — 파면제한 · 징계에 의하지 않은 불리한 처분의 금지 등] 법관은 탄핵 또는 금고 이상의 형의 선고에 의하지 아니하고는 파면되지 아니하며, 징계처분에 의하지 아니하고는 정직 · 감봉 기타 불리한 처분을 받지 아니한다

(제106조 제 1 항). 이는 헌법이 직접 명시하고 있는 신분보장규정이다. 징계에 관한 사항을 정한 법률로 법관징계법이 있다. 법관징계법은 "1. 법관이 직무상 의무를 위반하거나 직무를 게을리한 경우, 2. 법관이 그 품위를 손상하거나 법원의 위신을 떨어뜨린 경우"를 법관에 대한 징계 사유로 규정하고 있다(동법 제 2 조). 위 2.와 비슷한 문언의 구 법관징계법 규정에 대해 헌재는 명확성원칙, 과잉금지원칙에 위배되지 아니한다고 결정한 바 있다(2009헌바34). 대법원에 외부인사가 참여하는 법관징계위원회가 있다(법조법 제48조 제 1 항; 법관징계법 제 4 조). 법관이 중대한 심신상의 장해로 직무를 수행할 수 없을 때에는 법률이 정하는 바에 의하여 퇴직하게 할 수 있다(제106조 제 2 항). 법관이 중대한 신체상 또는 정신상의 장해로 직무를 수행할 수 없을 때에는, 대법관인 경우에는 대법원장의 제청으로 대통령이, 판사인 경우에는 법관인사위원회의 심의를 거쳐 대법원장이 퇴직을 명할 수 있다(법조법 제47조). 그 외 휴직, 파견근무, 겸임 등에 대해 법원조직법이 규정하고 있다.

[정치적 중립성 · 겸직금지 · 영리행위금지 등] 법원조직법은 법관의 재직 중 국회 또는 지방의회의 의원이 되는 일과 정치운동에 관여하는 일을 금지하여 법관의 정치적 중립성을 보장하고 있다(법 제49조 제 1 호 · 제 3 호). 법관은 재직 중 행정부서의 공무원이 될 수 없고, 금전상 이익을 목적으로 하는 업무에 종사하는 일 등이 금지된다(동법 동조 제 2 호 · 제 4 호 – 제 7 호).

(2) 법관의 물적(재판상) 독립

1) 헌법과 법률에 따른 재판 헌법 제103조는 "법관은 헌법과 법률에 의하여 … 독립하여 심판한다"라고 규정하고 있다. 여기의 헌법은 헌법전뿐 아니라 불문헌법도 포함된다. 법률도 형식적 법률뿐 아니라 긴급명령, 조약 등 실질적 법률도 포함된다. 다만, 형사재판에서는 관습형법이 배제된다(죄형법정주의). 법관이 따라야 할 법률은 합헌적인 법률이어야 한다. 적용될 법률이 위헌적 법률이라는 합리적인 의심이 들 경우 직권으로 제청을 하여 동 법률에 대한 헌법재판소의 위헌심사를 받아 위헌성이 제거된 법률에 의한 재판이 되도록 하여야 한다.

2) 양심에 따른 재판 — 법조적 · 법리적 양심 헌법 제103조는 "법관

은 … 그 양심에 따라 독립하여 심판한다"라고 규정하고 있다. 여기서의 양심은 법관 개인의 주관적 양심이 아니라 법조적 · 법리적 양심으로서 객관적 양심을 말한다. 따라서 법관은 재판에 있어서 개인적으로 가지는 주관적 양심과의 갈등이 있더라도 법리에 따르는, 법조인으로서의 양심에 따라 재판하여야 한다.

3) **타 국가기관으로부터의 독립** 법관의 직무상의 독립을 위해서는 법관이 재판을 행함에 있어서 다른 어떠한 국가기관으로부터도 지휘 · 감독 기타의 간섭을 받지 않아야 한다. 법관의 타 국가기관으로부터의 독립을 규정한 예로 국감법 제 8 조는 감사 또는 조사는 계속 중인 재판에 관여할 목적으로 행사되어서는 안 된다고 규정하고 있다.

* 2024. 12. 3. 위법한 계엄선포시 퇴임 법조인에 대한 위치 확인 시도의 사법권독립 침해

2024헌나8. [관련판시] 사법부가 행정부 및 입법부를 견제하는 데에도 중요한 역할을 수행하기 때문에, 모든 국가기관에게는 사법권의 독립을 지키고 존중할 의무가 있으며 과도한 간섭과 통제 등으로 이를 침해하여서는 안 된다. 행정부의 수반인 피청구인(대통령)은, 퇴임한 지 얼마 되지 않은 전 대법원장 및 전 대법관에 대하여 필요시 체포할 목적으로 행해진 위치 확인 지시에 관여하였다. 이는 현직 법관들로 하여금 자신들도 언제든지 행정부에 의하여 체포 대상이 될 수도 있다는 압력을 받게 하여 소신 있는 재판업무 수행에 중대한 위협이 될 수 있다. 이와 같이 개별 법관의 신분보장 및 재판상 독립에 위협을 주는 행위는 종국적으로 법원 전체의 독립을 뒤흔드는 결과로 이어져, 국민의 공정한 재판을 받을 권리를 보장하고 법치주의 및 권력분립원칙을 실현하기 위해 마련된 사법권 독립의 제도적 기반까지 무너뜨릴 수 있다.

4) **법원 내부, 상급법원으로부터의 독립** 재판상 독립은 사법부 내부에서도 보장되어야 한다. 법원의 재판은 담당 재판부나 법관이 독립적으로 수행하여야 하고 법원장이 지휘나 지시를 하여서는 아니 된다. 상급법원으로부터도 독립하여야 한다. 다만 법원조직법 제 8 조는 상급법원 재판에서의 판단은 해당 사건에 관하여 하급심을 기속한다고 규정하고 있는데 이는 파기환송 사건의 경우 일관성을 유지하기 위한 것일 뿐이고 심급제도상 요구될 수밖에 없는 것으로서 법관의 독립을 침해하는 것이 아니다(2002헌마18).

5) **소송당사자로부터의 독립** 법관은 공정한 재판을 하기 위하여 소

송의 당사자·이해관계인으로부터 독립하여야 한다. 이를 위하여 제척·기피·회피제도가 있다. 또한 행정소송의 경우 행정기관으로부터도 독립하여야 함은 물론이다.

6) **사회적 세력, 여론으로부터의 독립** 법관은 정치적 단체에 의한 압력, 사회단체의 압력을 받지 않아야 하고 여론으로부터도 영향을 받지 않고 독립하여 재판하여야 한다. 형사재판의 피고인에게 불리한 자료의 공개나 유죄라고 단정짓는 악의의 보도로 법관의 심리나 증인의 증언에 영향을 주어서는 아니 된다. 이는 무죄추정원칙에도 반한다. 학자의 평석 등 법리연구적 재판비판 등은 인정된다.

7) **법관의 양형판단권** 죄질에 따라, 정상의 참작 등을 함으로써 적정한 형벌이 부과되도록 하기 위하여 법관에게 양형재량이 인정된다. 그러나 이로써 형평성논란과 사법불신이 올 수 있기에 투명성을 제고하고자 대법원에 양형위원회를 두어 양형기준을 설정하게 하고 있다(동법 제81조의2). 양형기준이 법적 구속력을 갖는 것은 아니나 법원이 양형기준을 벗어난 판결을 하는 경우에는 양형의 이유를 적어야 하도록 하고 있다(동법 제81조의7).

제3절 사법절차

Ⅰ. 재판의 심급제

1. 삼 심 제

헌법 제101조 제2항은 법원은 최고법원인 대법원과 각급법원으로 구성된다고 하며 법원조직법은 각급법원으로 고등법원과 지방법원을 규정하여 3심제를 예정하고 있다. 그러나 3심제가 절대적인 것이 아니다. 중요한 것은 대법원의 재판을 받을 기회가 열려있어야 한다는 것과 헌재 판례에 따르면 사실심과 법률심 모두 헌법과 법률이 정한 법관에 의하여 재판되는 기회가 부여되어야 한다는 것이다(92헌가11). 심급문제는 앞서 본 기본권 중 재판을 받을 권리와 연관되는 문제이기도 하다.

2. 삼심제의 예외

(1) 2 심 제

현재 고등법원의 1심을 거쳐 대법원에 상고할 수 있는 2심제로 되어 있는 경우로는, ① 지방선거 중에 기초지방자치단체장(자치구 · 시 · 군의 장)선거와 광역지방의회의원(시 · 도의회의원)선거의 지역구시 · 도의원선거, 기초지방의회의원(자치구 · 시 · 군의원)선거에서의 선거소송 · 당선소송(공직선거법 제222조, 제223조), ② 시 · 군 및 자치구의 주민투표의 효력에 관한 소송(주민투표법 제25조 제2항), ③ 지역구시 · 도의원, 지역구자치구 · 시 · 군의원 또는 시장 · 군수 · 자치구의 구청장을 대상으로 한 주민소환투표의 효력에 관한 소송('주민소환에 관한 법률' 제24조 제2항)의 경우에 관할 고등법원에 소를 제기할 수 있다고 하여 고등법원을 1심, 대법원을 상고심으로 하여 2심제로 하고 있다. ④ 특허소송도 2심제로 변경되었는데 특허법원(고등법원급)의 1심을 거쳐 대법원에 상고할 수 있다. 행정소송의 경우 과거 2심제였다가 현재 3심제이다. ⑤ '독점규제 및 공정거래에 관한 법률'에 의한 공정거래위원회의 처분에 대하여 불복의 소는 서울고등법원을 전속관할로 한다(동법 제100조).

(2) 단 심 제

헌법 제110조 제4항은 "비상계엄 하의 군사재판은 군인 · 군무원의 범죄나 군사에 관한 간첩죄의 경우와 초병 · 초소 · 유독음식물공급 · 포로에 관한 죄중 법률이 정한 경우에 한하여" 단심으로 할 수 있도록 하고 다만, 사형을 선고한 경우에는 그러하지 아니하도록 하고 있다.

대법원에서의 단심제로, ① 대통령선거, 국회의원선거, 광역지방자치단체장(시 · 도지사)선거, 비례대표시 · 도의원선거에 관한 선거소송 · 당선소송(공직선거법 제222조, 제223조), ② 국민투표 무효소송(국민투표법 제92조), ③ 특별시 · 광역시 및 도의 주민투표의 효력에 관한 소송(주민투표법 제25조 제2항), ④ 시 · 도지사를 대상으로 한 주민소환투표의 효력에 관한 소송('주민소환에 관한 법률' 제24조 제2항), ⑤ 지방자치단체장이 지방의회의 재의결에 대해 제기하는 기관소송(지방자치법 제120조 제3항, 제192조 제4항), 교육감이 제기하는 비슷한 기관소송('지방교육자치에 관한 법률' 제28조 제3항), 주무부장관 등이 지방의회 재의결에 대해 직접제소하는 경우(지방자치법 제192조 제5항, 제7항), 교육부장관이 시·도의회 재의결에 대해 직접제소하는 경우('지방교육자치에 관한 법률' 제28조 제4·6항), 자치사무에 관한 지방자치단체장의 명령·처분에 대한 주무부장관 등의 취소·정지에 대해 지방자치단체장이 이의가 있어 제기하는 소송, 주무부장관 등의 직무이행명령에 대해 지방자치단체장이 이의가 있어 제기하는 소송(지방자치법 제188조 제6항, 제189조 제6항), ⑥ '공유수면 관리 및 매립에 관한 법률'에 따른 매립지가 귀속되는 지방자치단체 결정을 위한 소송(매립지가 속할 지방자치단체를 행정안전부장관이 결정한 데 대해 관계 지방자치단체 장이 이의가 있는 경우에 제기하는 소송. 지방자치법 제5조 제9항. 실제의 판례: 대법원 2013. 11. 14, 2010추73, 새만금방조제일부구간귀속지방자치단체결정취소), ⑦ 법관의 징계처분에 대한 취소청구사건(법관징계법 제27조) 등이 있다(이 법관징계법 제27조에 대해서는 합헌결정이 있었다. 2009헌바34).

Ⅱ. 재판의 공개주의

1. 공개의 원칙

재판의 공개는 공정한 재판과 재판에 대한 신뢰를 강하게 하기 위하여 필요하다. 헌법은 "재판의 심리와 판결은 공개한다"라고 하여(제109조 본문) 재판공개원칙을 명시하고 있다. 또한 "형사피고인은 상당한 이유가 없는 한 지체없이 공개재판을 받을 권리를 가진다"라고 규정하고 있다(제27조 제3항 후문).

2. 공개의 범위

형사재판뿐 아니라 민사·행정·특허·선거소송 등의 재판이 공개대상이다. 재판의 심리와 판결이 공개되어야 한다. 심리란 법정에서 법관 앞에서 당사자가 심문을 받고 변론을 행하며, 사실관계의 진실을 입증하기 위한 증거의 제출, 증언의 청취 등을 행하는 것을 말한다. 판결이란 실체에 대한 법원의 판단결과를 말한다. 따라서 소송준비절차상 등의 재판장의 명령은 판결에 포함되지 않아 비공개로 할 수 있다.

3. 공개원칙의 위반의 효과

공개되어야 할 재판이 비공개되어 헌법원칙인 공개원칙에 반한 것은 헌법위반이며, 민사소송법은 이를 절대적 상고이유로 규정하고 있고(법 제424조 제1항 제5호), 형사소송법은 항소이유로 규정하고 있다(법 제361조의5 제9호).

4. 비공개대상

판결은 어떠한 경우에도 공개되어야 하나 심리는 예외적으로 공개되지 않을 수 있다. 헌법 제109조 단서는 "다만, 심리는 … 공개하지 아니할 수 있다"라고 규정하고 있다.

(1) 헌법규정 — 국가안전보장 등을 위한 심리의 비공개

심리에 있어서 예외적인 비공개에 대해 우리 헌법은 그 사유를 규정하고 있다. 즉 "심리는 국가의 안전보장 또는 안녕질서를 방해하거나 선량한 풍속을 해할 염려가 있을 때에는 법원의 결정으로 공개하지 아니할 수 있다"(제109조 단서).

(2) 비공개의 경우

소년법은 보호사건의 심리는 공개하지 아니하고, 다만 소년부 판사는 적당하다고 인정하는 자에게 참석을 허가할 수 있도록 규정하고 있다(법 제24조 제2항). 비송사건절차법은 심문은 공개하지 아니한다고 비공개를 규정하면서 법원은 심문을 공개함이 적정하다고 인정하는 자에게는 방청을 허가할 수 있도록 하고 있다(법 제13조).

5. 재판방청과 보도

재판의 공개는 방청의 자유를 의미한다. 그러나 방청석의 부족 등으로 방청이 제한될 수도 있고, 재판장은 법정의 존엄과 질서를 해칠 우려가 있는 사람의 입정금지 또는 퇴정을 명할 수 있고 그 밖에 법정의 질서유지에 필요한 명령을 할 수 있다(법조법 제58조 제2항). 재판과정의 보도는 당사자의 인격존중 등을 이유로 제한될 수 있다. 누구든지 법정 안에서는 재판장의 허가없이 녹화 · 촬영 · 중계방송 등의 행위를 하지 못한다(동법 제59조). 이러한 방청과 보도의 제한은 아래에서 보는 법정질서유지와도 관련된다. 가정법원 사건에 관하여는 본인이 누구인지 미루어 짐작할 수 있는 정도의 사실이나 사진을 신문, 잡지, 그 밖의 출판물에 게재하거나 방송할 수 없다(가사소송법 제10조). 조사 또는 심리 중에 있는 소년보호사건에도 비슷한 제한을 두고 있다(소년법 제68조).

Ⅲ. 법정질서의 유지

법정의 질서유지는 재판장이 담당한다(법조법 제58조 제 1 항). 재판장은 법정의 존엄과 질서를 해칠 우려가 있는 사람의 입정(入廷) 금지 또는 퇴정(退廷)을 명할 수 있고, 그 밖에 법정의 질서유지에 필요한 명령을 할 수 있다(동법 동조 제 2 항). 재판장은 법정에 있어서의 질서유지를 위하여 필요하다고 인정할 때에는 국가경찰공무원의 파견을 요구할 수 있다(동법 제60조). 법원은 직권으로 법정 내외에서 법정의 질서유지에 필요한 명령 또는 녹화 등의 금지를 위반하는 행위를 하거나 폭언, 소란 등의 행위로 법원의 심리를 방해하거나 재판의 위신을 현저하게 훼손한 사람에 대하여 감치에 처하거나 과태료를 부과할 수 있고 이 경우 감치와 과태료는 병과할 수 있다(동법 제61조 제 1 항).

제 4 절 사법권의 범위와 한계

Ⅰ. 사법권의 개념

헌법 제101조 제 1 항은 “사법권은 법관으로 구성된 법원에 속한다”라고 규정하고 있다. 여기서 말하는 ‘사법권’이 무엇인지가 사법권의 범위가 어느 정도에 걸쳐있고 그 한계는 어떠한가 하는 문제와 관련된다.

학설로는 주로 실질설과 형식설이 대립된다. 실질설은 사법의 본질이 구체적인 분쟁사건(쟁송사건)을 두고 법을 해석하고 적용하여 그 분쟁을 해결하는 기능에 있다고 본다. 실질설에 따르면 헌법 제101조의 사법권은 분쟁해결을 위한 재판권만을 의미한다. 형식설은 법원이라는 국가기관이 담당하는 모든 작용을 사법이라고 본다. 입법기관과 행정기관의 권한을 제외한 사법기관으로서의 법원이 담당하는 작용이라면 모두 사법이라고 보는 것이다. 그리하여 형식설에 따르게 되면 우리 헌법 제101조의 사법권은 법원이 담당하는 재판권뿐 아니라 행정, 입법의 작용들에 관한 권한(사법행정권, 대법원규칙제정권)도 모두 포함하게 된다. 양 설의 병합적 입장을 취하는 병립설도 있다.

생각건대 사법권을 넓게 보든 좁게 분쟁해결권으로만 보든 헌법이 법원에 부여한 모든 권한의 범위와 한계 문제가 결국 논의되어진다(헌법기준설). 앞서 대법원규칙제정권, 사법행정권 등은 법원의 조직과 권한을 살펴보면서 다루었기에 여기서는 주로 분쟁해결권(재판권)으로서의 사법권의 범위와 한계를 살펴보고자 한다.

Ⅱ. 사법권의 범위

1. 포괄적 권한

헌법 제101조 제1항은 단순히 '사법권'이라고 규정하여 포괄적 재판권을 법원에 부여하고 있다. 법원조직법도 "법원은 헌법에 특별한 규정이 있는 경우를 제외한 모든 법률상의 쟁송을 심판하고"라고 명시하여 포괄적 재판권을 명백히 하고 있다(법조법 제2조 제1항 전문).

2. 사법권(= 재판권)의 범위

(1) 민사소송, 가사소송

민사소송은 사인 간에 권리나 의무 등을 두고 다투는 분쟁을 해결하고 조정하는 절차를 말한다. 가족관계에 관한 가사소송도 있다.

(2) 형사소송

형사소송은 범죄의 혐의가 있다고 하여 공소가 제기된 사람에 대해 변론, 증거조사 등을 통하여 유·무죄 여부를 가리는 재판절차를 말한다.

(3) 행정소송, 특허소송

행정소송은 행정청의 위법한 처분 그 밖에 공권력의 행사·불행사 등으로 인한 국민의 권리 또는 이익의 침해를 구제하고, 공법상의 권리관계 또는 법 적용에 관한 다툼을 적정하게 해결함을 목적으로 하는 소송절차를 말한다(행정소송법 제1조). 행정소송을 어느 기관이 담당하느냐에 따라 행정형(일반 민·형사법원과는 구별되는 특별한 법원으로서 행정부에 속하는 행정법원이 별도로 있고 이 행정법원에서 행정소송을 담당하는 유형. 대륙국가에서 볼 수 있는 유형이라고 하여 대륙형이라고도 함)과 사법형(민·형사사건을 담당하는 일반 법원이 행정소송도 함께 담당하는 유형. 영미국가에서 볼 수 있는 유형이라고 하여 영미형이라고도 함)이 있다. 우리나라는 일반 법원이 행정소송을 담당하고 있어 사법형을 취하고 있다.

특허법, 실용신안법, 상표법 등이 정하는 사건을 재판하는 특허소송도 있다.

(4) 헌법재판, 선거소송(재판)

헌법재판은 헌법규범을 해석하고 적용하여 헌법적 분쟁 등을 해결하고 헌법규범에 위반되는 법률이나 공권력작용 등을 무력화함으로써 헌법이 담고 있는 기본권을 보장하고 입헌주의를 수호하는 재판을 말한다. 주로 헌법재판소가 관할한다. 법원은 위헌법률심판제청권, 위헌명령규칙심사권을 가진다.

선거소송(재판)은 선거의 효력이나 당선의 효력에 다툼이 있는 경우에 이를 해결하기 위한 소송(재판)을 말한다. 선거소송(재판)을 넓게 헌법재판에 포함시키기도 한다.

Ⅲ. 사법권의 한계

1. 실정법적 한계 — 법원관할제외사항

(1) 헌법재판소 관할사항

헌법재판소의 관할사항인 위헌법률심판, 탄핵심판, 위헌정당해산심판, 권한쟁의심판, 헌법소원심판은 법원의 관할이 아니다. 법원은 위헌법률심판을 제청할 수는 있다. 대법원은 권한쟁의심판이 아닌 기관소송을 담당한다.

(2) 국회의원의 자격심사 · 징계 · 제명

국회가 소속 국회의원에 대해 행한 자격심사 · 징계 · 제명의 처분에 대하여는 법원에 제소할 수 없다고 헌법 자체가 명시하고 있다(제64조 제4항).

(3) 비상계엄 하의 군사법원재판의 단심

비상계엄 하의 일정한 범죄에 대하여 사형을 선고한 경우를 제외하고는 단심으로 할 수 있도록 규정하고 있으므로(제110조 제4항) 이러한 경우에 대법원의 관할이 제한된다.

2. 국제법적 한계

(1) 치외법권

치외법권이란 외국인이 그 국적 국가인 외국의 법의 적용을 받고 그 외국인이 거주하고 있는 국가의 국내법의 적용을 받지 않는 국내법적용면제의 특권을 말한다. 외국의 국가원수, 그 가족, 수행원, 신임장을 제정한 외교사절 및 그 직원과 가족, 그 주류가 승인된 외국군대의 군인 등이 치외법권을 향유한다. 미합중국 군대의 구성원과 군무원, 가족들에 대해서는 한미행정협정 및 그 시행법령 등의 규정에 의해 한국의 형사재판권이 미치고 있는데(동 협정 제22조) 사실상 우리 재판권행사에 한계가 있다.

(2) 조 약

조약이 사법심사의 대상이 되느냐 하는 문제에 대해서는 긍정설과 부정설이 대립되나 우리나라에서는 긍정설이 우세하다. 그런데 체결 · 비준에 있어서 국회의 동의를 받은 조약의 경우 법률적 효력의 조약이라고 보는 견해가 많고 따라서 법률적 효력의 조약은 법원이 아니라 헌법재판소의 위헌심판의 대상이 되며 법원은 단지 위헌법률심판제청을 할 수 있다. 명령적 효력의 조약에 대해서는 법리상 법원이 사법심사를 할 수 있을 것이나 외교문제를 통치행위라고 보아 법원이 심사를 회피할 가능성이 있다.

3. 재판본질적 한계

재판이란 법적 분쟁이 발생하였을 때 법을 해석하고 법을 적용하여 그 분쟁을 해결하는 작용을 말하므로 사건성, 원고적격 내지 소의 이익, 권리보호이익, 사건의 성숙성 등의 요건을 갖추었을 때 법원이 본안판단에 들어가게 되고 그 요건들을 갖추지 못한 경우에는 판단에 들어가지 않아 이들 요건들이 사법본질적 한계를 이룬다고 한다.

자신의 법적인 권리나 이익이 침해된 사람만이 법원에 소송을 제기할 수 있는데 이러한 권익침해가 있어야 한다는 요건을 원고적격(소의 이익)이라고 한다. 어떠한 행정처분으로 기본권이 침해된 사람 등은 이 원고적격을 가진다. 우리 행정소송법도 취소소송은 처분 등의 취소를 구할 법률상 이익이 있는 자가 제기할 수 있다고 규정하고 있다(행정소송법 제12조 전문). 법원의 소송은 소송을 제기한 사람의 권익을 구제하는 데 효과가 있어야 한다. 이를 권리보호이익이라고 한다. 권리를 침해하는 어떤 행정작용을 대상으로 행정소송을 제기했지만 그 행정작용이 이미 집행되어 종료된 경우에 행정소송에서 그 행정작용을 취소하는 판결이 권리구제에는 의미가 없을 수 있다. 이러한 경우에 권리보호이익이 결여되었다고 한다. 그러나 예외가 인정된다.

4. 현실·정책고려적 한계

(1) 훈시규정, 방침규정

훈시규정은 강제성을 띠지 않는 규정이고 방침규정은 현재에 구속력이 있는 규정이 아니라 하나의 지침을 설정하는 규정이다. 훈시규정과 방침규정은 결국 법원이나 당사자를 구속하지 못하는 것으로 그 규정의 위반을 이유로 재판을 제기하기 어렵다는 점에서 한계로 지적되고 있다.

(2) 자유재량행위

과거의 행정소송법이론은 행정청의 재량이 인정되는 행정작용에 대해서는 사법심사가 어렵다고 보았으나 점점 행정소송이 그 영역과 심사정도를 확대하여 오늘날 행정청의 재량에도 한계가 있다고 보고 재량행위가 그러한 한계를 벗어난 것이 아닌지 또한 재량권남용이 아닌지를 법원이 심사한다. 우리 행정소송법도 "행정청의 재량에 속하는 처분이라도 재량권의 한계를 넘거나 그 남용이 있는 때에는 법원은 이를 취소할 수 있다"라고 규정하여(행정소송법 제27조) 행정소송의 대상이 됨을 인정하고 있다.

(3) **특수신분관계**(과거의 특별권력관계)

앞서 기본권주체 문제에서 본 대로(전술 제3부 기본권론 참조) 과거의 특별권력관계이론은 공무원 등 특별권력관계에 있는 사람은 기본권주체가 될 수 없으며 소송도 제기할 수 없다고 보았다. 이러한 특별권력관계론은 오늘날 받아들이기 곤란하고 특수신분에 있는 사람도 자신과 관련된 사건(예를 들어 징계처분)에 있어서 법원에 소송을 제기할 수 있다. 법원은 특수신분관계자가 받은 징계처분 등에 대해 사법심사를 할 수 있으며, 징계처분에 다소 넓은 징계권자의 재량을 인정함에 따라 법원의 판단이 좁혀질 수는 있으나 이를 사법권이 관여할 수 없는 사법권의 한계라고 볼 수는 없다.

(4) **통치행위**

1) **의 의** 통치행위란 고도의 정치적 고려나 판단이 개재된 정부의 결정이나 행위라고 하여 사법부가 이를 심사하기에 적절하지 않다고 보고 그리하여 사법심사의 대상이 되지 않는다고 보는 행위를 말한다. 이를 인정할 것인가를 둘러싸고 논란이 있어 왔다.

2) **인정 여부 등**

① **학 설** 긍정설에는 다음과 같은 학설이 있다. ㉠ 권력분립설(내재적 제약설) — 권력분립의 원리에 따라 사법권에도 그 자체에 내재하고 있는 한계가 있다고 보고 고도의 정치적 문제는 사법부의 그 내재적 한계에 속하며 이에 대한 판단은 사법부가 아닌 정치적 의사결정을 하는 행정부나 입법부 등에 위임된 사항이라고 보는 설이다. ㉡ 자유재량행위설 — 고도의 정치적 행위는 정부의 자유재량에 의해 형성되는 행위이고 자유재량행위에 대해서는 사법적 통제가 가해질 수 없다고 보아 고도의 정치적 행위는 사법통제의 대상이 아닌 통치행위가 된다고 보는 설이다. ㉢ 사법적 자기제약설(사법자제설) — 고도의 정치적 문제에 대해서는 그 결정을 행한 국가기관의 판단을 존중하는 것이 바람직하고 사법부가 정치적 성격의 문제에 대해 판단할 경우 사법부가 정치화될 우려가 있으므로 이를 막기 위해 스스로 판단을 회피, 자제하여야 한다고 보는 설이다. ㉣ 독자성설 — 통치행위로 볼 수 있는 행위는 그 자체의 본질상

입법, 행정, 사법 등의 원래의 국가작용과는 구별되는 독자성을 가지는 국가행위로서 사법의 판단에 적절하지 못한 성격의 행위이고 국민에 의한 정치적 평가 내지 비판의 대상이 되는 것이 합리적이고 현실적이라고 보는 설이다.

제한적 긍정설(정책적 고려설)은 법이론적으로는 통치행위를 인정하기 어렵지만 국가의 존속에 극심한 혼란을 가져올 수 있는 중대한 정치적 사안에 있어서는 정책적인 관점에서 통치행위를 인정할 수밖에 없다고 보는 학설이다.

부정설은 헌법이 사법적 판단에서 배제되는 통치행위를 인정하고 있지 않고 권력의 상호 통제의 원리에 따를 때 아무리 고도의 정치성을 띠는 행위일지라도 집행부에 의한 행위인 이상 집행부의 통제를 담당하는 사법부로서는 이를 심사하여야 하며 따라서 통치행위를 인정할 수 없다는 이론이다.

② 우리나라의 판례이론

[헌재] ㉠ 부정적 판례 — ⓐ 기본권관련 사안의 경우 : 우리 헌재는 긴급재정경제명령이 국민의 기본권을 직접 침해할 경우에는 헌법소원의 대상이 됨을 인정하고 있다. 대통령의 금융실명거래 및 비밀보장에 관한 긴급재정경제명령 발포행위는 이른바 통치행위의 영역에 속하여 헌법소원의 대상이 되지 아니한다는 법무부장관의 주장을 헌재는 받아들이지 않고, “비록 고도의 정치적 결단에 의하여 행해지는 국가작용이라고 할지라도 그것이 국민의 기본권 침해와 직접 관련되는 경우에는 당연히 헌법재판소의 심판대상이 될 수 있는 것일 뿐만 아니라, 긴급재정경제명령은 법률의 효력을 갖는 것이므로 마땅히 헌법에 기속되어야 할 것이다”라고 판시함으로써 긴급재정경제명령이 헌법소원의 대상이 될 수 있음을 인정하고 있다(93헌마186). ⓑ 연례적 군사훈련결정 : 헌재는 대통령이 한미연합 군사훈련의 일종인 2007년 전시증원연습을 하기로 한 결정이 연례적으로 실시되어 왔고, 특히 이 연습은 대표적인 한미연합 군사훈련으로서, 새삼 국방에 관련되는 고도의 정치적 결단, 통치행위에 해당된다고 보기 어렵다고 하여 통치행위가 아니라고 본다(2007헌마369). ⓒ 대통령 계엄 선포행위 — 헌재는 탄핵심판절차에서 그 위헌, 위법 여부를, 비록 그 계엄 선포가 고도의 정치적 결단을 요하는 행위라 하더라도, 심사할 수 있다고 본다(2025. 4. 4. 2024헌나8. 이 결정의 판시는 뒤 헌법재판의 탄핵심판 부분 참조).

㉡ 긍정한 판례 — 대통령의 국군(자이툰 부대 이라크)파견결정에 대한 헌법소

원에서 헌재는 "이 사건 파견결정은 그 성격상 국방 및 외교에 관련된 고도의 정치적 결단을 요하는 문제로서, 헌법과 법률이 정한 절차를 지켜 이루어진 것임이 명백하므로, 대통령과 국회의 판단은 존중되어야 하고 우리 재판소가 사법적 기준만으로 이를 심판하는 것은 자제되어야 한다"라고 하여 통치행위를 긍정한 바 있다(2003헌마814).

㉢ 다시 국민의 기본권침해와 직접 관련되는 경우에는 헌재의 심판대상이 될 수 있다고 본 판례(부정적 판례) — '신행정수도의 건설을 위한 특별조치법'에 대한 위헌결정(2004헌마554)에서 위 ㉠판례의 취지를 다시 확인한 바 있다.

㉣ 기본권이 관련되는 외교행위— 한편 외교행위에 대해 통치행위이론이 적용된다는 견해들이 있는데 우리 헌재는 일본군위안부결정, 원폭피해자결정에서, 외교행위라는 영역도 사법심사의 대상에서 완전히 배제되는 것으로는 볼 수 없다고 하고 특정 국민의 기본권이 관련되는 외교행위에 있어서, 법령에 규정된 구체적 작위의무의 불이행이 헌법상 기본권 보호의무에 대한 명백한 위반이라고 판단되는 경우에는 기본권 침해행위로서 위헌이라고 선언되어야 한다고 판시한 바 있다(2006헌마788, 2008헌마648. '작위'란 행위를 하는 것을 말하고, '부작위'란 하여야 할 어떤 행위를 하지 않고 있는 것을 말함).

㉤ 긴급조치에 대한 통치행위성 부정 — 유신헌법 제53조 제4항은 "긴급조치는 사법적 심사의 대상이 되지 아니한다"라고 규정하고 있었다. 그러나 현재의 헌재는 "비록 고도의 정치적 결단에 의하여 행해지는 국가긴급권의 행사라고 할지라도 그것이 국민의 기본권침해와 직접 관련되는 경우에는 헌법재판소의 심판대상이 될 수 있다는 점(93헌마186), 이러한 사법심사 배제조항은 근대입헌주의에 대한 중대한 예외가 될 뿐 아니라 기본권보장 규정이나 위헌법률심판제도에 관한 규정 등 다른 헌법 조항들과 정면으로 모순·충돌되는 점, 현행헌법에서는 그 반성적 견지에서 긴급재정경제명령·긴급명령에 관한 규정(第76조)에서 사법심사 배제 규정을 삭제하여 제소금지조항을 승계하지 아니한 점 및 긴급조치의 위헌 여부는 원칙적으로 현행헌법을 기준으로 판단하여야 하는 점에 비추어 보면, 이 사건에서 유신헌법 제53조 제4항 규정의 적용은 배제되고, 모든 국민은 현행헌법에 따라 이 사건 긴급조치들의 위헌성을 다툴 수 있다고 보아야 한다"라고 판시하였다(2010헌바132).

ⓑ 개성공단 전면중단 조치의 통치행위성 부정 — 헌재는 "이 조치가 북한의 핵무기 개발로 인한 위기에 대처하기 위한 조치로서 국가안보와 관련된 대통령의 의사 결정을 포함하고 그러한 의사 결정이 고도의 정치적 결단을 요하는 문제이기는 하나, 그 의사 결정에 따른 조치 결과 투자기업인 청구인들의 영업의 자유 등 기본권에 제한이 발생하였다. 그리고 국민의 기본권 제한과 직접 관련된 공권력의 행사는 고도의 정치적 고려가 필요한 대통령의 행위라도 … 그 한도에서 헌법소원심판의 대상이 될 수 있다"라고 보았다(2016헌마364. 헌법과 법률에 근거하고 적법절차를 준수한 임시조치이므로 피해최소성을 갖춘 신뢰보호원칙을 준수하여 합헌이라고 봄).

[대법원] ㉠ 과거 "법원이 계엄선포의 요건 구비 여부나, 선포의 당·부당을 심사하는 것은 사법권의 내재적인 본질적 한계를 넘어서는 것이 되어 적절한 바가 못된다"라고 판시한 바 있었고(대법원 1979. 12. 7, 79초70 재정), 이후 ㉡ 내란죄 사건에서 "계엄선포의 요건 구비 여부나 선포의 당·부당을 판단할 권한이 사법부에는 없다고 할 것이나, 비상계엄의 선포나 확대가 국헌문란의 목적을 달성하기 위하여 행하여진 경우에는 법원은 그 자체가 범죄행위에 해당하는지의 여부에 관하여 심사할 수 있다"라고 판시하였고(대법원 1997. 4. 17, 96도3376), ㉢ 남북정상회담관련 사건에서 "통치행위의 개념을 인정한다고 하더라도 과도한 사법심사의 자제가 기본권을 보장하고 법치주의 이념을 구현하여야 할 법원의 책무를 태만히 하거나 포기하는 것이 되지 않도록 그 인정을 지극히 신중하게 하여야 하며, 그 판단은 오로지 사법부만에 의하여 이루어져야 하는 것이다"라고 판시한 바 있다(대법원 2004. 3. 26, 2003도7878). ㉣ 대법원은 위 ㉢의 판시를 재인용하면서 유신헌법 제53조에 근거한 긴급조치 제1호는 국민의 기본권에 대한 제한과 관련된 조치로서 형벌법규와 국가형벌권의 행사에 관한 규정을 포함하고 있으므로 기본권 보장의 최후 보루인 법원으로서는 마땅히 긴급조치 제1호에 규정된 형벌법규에 대하여 사법심사권을 행사하여야 한다고 하면서 긴급조치 제1호가 헌법에 위배되어 무효라고 판시하였다(대법원 2010. 12. 16, 2010도5986 전원합의체). ㉤ 서훈취소의 통치행위성 부정 — 대법원은 "서훈취소는 서훈수여의 경우와는 달리 이미 발생된 서훈대상자 등의 권리 등에 영향을 미치는 행위로서 관련 당사자에게 미치는 불이익의 내용과 정도 등

을 고려하면 사법심사의 필요성이 크다. 따라서 기본권의 보장 및 법치주의의 이념에 비추어 보면, 비록 서훈취소가 대통령이 국가원수로서 행하는 행위라고 하더라도 법원이 사법심사를 자제하여야 할 고도의 정치성을 띤 행위라고 볼 수는 없다"라고 판시하였다(대법원 2015. 4. 23, 2012두26920 판결). ㉥ "긴급조치 제9호가 사후적으로 법원에서 위헌·무효로 선언되었다고 하더라도, 유신헌법에 근거한 대통령의 긴급조치권 행사는 고도의 정치성을 띤 국가행위로서 대통령은 국가긴급권의 행사에 관하여 원칙적으로 국민 전체에 대한 관계에서 정치적 책임을 질 뿐 국민 개개인의 권리에 대응하여 법적 의무를 지는 것은 아니므로, 대통령의 이러한 권력행사가 국민 개개인에 대한 관계에서 민사상 불법행위를 구성한다고는 볼 수 없다"라는 대법원 판례(대법원 2015. 3. 26, 2012다48824 판결)도 있어 논란된 바 있었다. 이 판결의 법리를 토대로 하고 있는 대법원판결들에 대한 헌법소원이 제기되었으나 헌재는 재판소원 대상요건인 '헌재가 위헌으로 결정한 법령을 적용하여 기본권을 침해한 재판'이 아니라는 이유로 대상성을 부정하여 모두 각하결정을 하였다(2015헌마861. 이 결정에서 재판관 김이수, 재판관 안창호의 반대의견은 긴급조치가 위헌이라는 헌재의 결정(2010헌바132)의 기속력에 반하여 청구인들의 헌법상 보장된 기본권인 국가배상청구권을 침해하므로 대상성이 인정되고 또 취소되어야 한다는 의견을 냈다. 반대의견이 타당하다). 그러나 위 대법원 2015. 3. 26. 선고 2012다48824 판결 등에 대해 2022년 대법원 전원합의체는 판례를 변경하였고 다음과 같은 논거로 긴급조치 9호로 인한 국가의 배상책임을 인정하였다. 광범위한 다수 공무원이 관여한 일련의 국가작용에 의한 기본권 침해에 대해서 국가배상책임의 성립이 문제되는 경우에는 전체적으로 보아 객관적 주의의무 위반이 인정되면 충분하다. 고의 또는 과실을 개별적·구체적으로 엄격히 요구한다면 일련의 국가작용이 국민의 기본권을 침해한 경우에 오히려 국가배상책임이 인정되기 어려워지는 불합리한 결론에 이르게 된다. 긴급조치 제9호의 발령 및 적용·집행이라는 일련의 국가작용의 경우, 영장주의 전면배제 등 국민의 기본권 침해와 관련한 위헌성이 명백하게 존재함에도 그러한 위헌성이 제거되지 못한 채 영장 없이 체포·구금하는 등 구체적인 직무집행을 통하여 개별 국민의 신체의 자유가 침해되기에 이르렀다. 그러므로 긴급조치 제9호의 발령과 적용·집행에 관한 국가작용 및 이에 관여한 다수 공무원들의 직무수행은 법치국가 원리에 반하여 유신헌법 제8조가 정하는 국가의 기본권 보장의무를 다하지 못한 것으로서 전체적으로 보아 객관적 주의의무를 소홀히 하여 그 정당성을 결여하였다고 평가되고, 그렇다면 개별 국민의 기본권이 침해되어 현실화된 손해에 대하여는 국가배상책임을 인정하여야 한다(대법원 2022. 8. 30, 2018다212610 전원합의체 판결. * 이 전합체 판결에서는 당시 영장없이 체포·구금하고 공소제기한 수사기관의 직무행위, 긴급조치 제9호를 적용하여 유죄판결을 선고한 법관의 재판상 직무행위가 당시 유신헌법이 긴급조치가 사법심사의 대상이 되지 않는다고 규정한 점, 당시 긴급조치 제9호가 위헌·무효임이 선언되지 아니하였던 점 등을 들어 공무원의 고의, 과실을 부정하여 국가배상책임을 부정했던 대법원 2014. 10. 27, 2013다217962 판결도 판례변경을 하였다).

③ **국내 긍정설이 취하는 통치행위범위** 국내에 통치행위의 관념을 긍정하는 학설들이, 차이가 있으나 통치행위 범주에 넣고 있는 것을 보면, 국회의 의사, 국회의 자율사항, 대통령의 외교행위, 선전포고, 국민투표회부 등이다. 그러나 헌재는 국회의 자율사항, 조약 등에 대해서도 심사한 바 있고 국민투표의 무효소송제도도 마련되어 있다. 국내 긍정설 중에는 기본권이 관련되는 한 제외되어야 한다는 견해들도 있다.

④ **검 토** 실질적 권력분립이론에서 분쟁해결기능은 사법부가 맡아야 하므로 고도의 정치적 작용일지라도 분쟁이 있다면 사법부에 의해 해결되어야 함이 권력분립론에 오히려 충실한 것이라는 점에서 권력분립론을 근거로 하는 긍정설은 타당하지 못하다. 자유재량행위설은 오늘날 재량행위도 재량의 한계를 벗어난 것인지 등을 법원이 심사하므로 타당하지 못하다. 사법자제설은 정치적인 영향력을 고려한다는 것 자체가 사법부가 정치적 판단을 하는 것이어서 역시 법논리적이지 않다. 독자성설도 오늘날 국가행위나 국가권력행사는 헌법적 근원과 정당성을 가져야 하는데 우리 헌법상 통치행위에 대해 규정을 두고 있지 않아 통치행위라는 독자적 영역이 헌법상 용인된다고 볼 수 없다. 결국 통치행위의 관념은 헌법의 법리로는 설명할 수 없고 정책적·현실적 고려에서 나온 것으로 볼 수밖에 없다. 그러나 아무리 정책적이라고 하더라도 국가의 존재목적은 국민의 기본권보장에 있는 것이므로 특히 국민의 기본권이 관련되는 사안에서 통치행위의 관념을 인정할 수 없고 헌법재판소와 법원은 적극적으로 심사를 하여야 한다.

제5장 선거관리위원회

"선거와 국민투표의 공정한 관리 및 정당에 관한 사무를 처리하기 위하여 선거관리위원회를 둔다"(제114조 제1항). 선거와 정당사무의 관리를 위하여 중앙선거관리위원회를 비롯하여 각급 선거관리위원회가 있다.

Ⅰ. 중앙선거관리위원회의 헌법상 지위

1. 헌법상의 독립기관, 필수기관

중립적이고 독립적인 기관으로 헌법에 규정되어 있다. 이는 물론 위원회의 사무가 선거에 관한 것이고 선거에서의 공정성을 확보하기 위해서는 더욱 독립성이 중요하기 때문이다. 헌법 제114조 제1항은 "둔다"라고 하여 필수기관으로 규정하고 있다.

* 2024. 12. 3. 위헌적 계엄선포 당시 중앙선관위에 대한 압수·수색의 선관위 독립성 침해, 영장주의 위배

2024헌나8. [관련판시] 행정부에 의해 관권선거가 자행된 이른바 3·15 부정선거로 대의민주주의와 국민주권주의의 위기를 경험한 우리 국민은, 헌법적 결단을 통해 선거관리사무를 행정부로부터 분리하여 독립된 헌법기관에 맡기고 있다. 선거관리사무는 그 성격상 행정작용에 해당함에도 불구하고 우리 헌법이 독립된 합의제 헌법기관으로 규정하면서 그 독립성과 중립성을 강조하는 체계를 택한 것은, 공정한 선거관리를 위해서는 외부 권력기관, 특히 대통령을 수반으로 하는 행정부의 영향력을 제

도적으로 차단하여야 한다는 확고한 의사가 반영된 것이다(2023헌라5). 그런데 피청구인은 헌법과 법률이 예정하지 않은 방법으로 군대를 동원하여 중앙선관위 청사에 무단으로 들어가 선거관리 전산시스템을 압수 · 수색하도록 하였다. 이는 선관위의 선거관리사무에 대한 부당한 간섭이자 선거가 지니는 본래의 민주정치적 기능에 위협을 가하는 행위로서, 선관위의 독립성을 철저히 보장하고자 하는 우리 헌법의 취지에 반하는 것이다. * 이 결정에서는 영장주의 예외에 해당되는 사유가 없음에도 영장없이 선관위 압수 · 수색하게 한 행위가 영장주의 위반이라는 판시도 있었다.

2. 합의제기관

중앙선거관리위원회는 합의제의 위원회 형식으로 운영되는데 이는 바로 독립성을 제고하기 위한 것이기도 하다.

Ⅱ. 선거관리위원회의 조직과 구성

1. 중앙선거관리위원회의 조직과 구성

중앙선거관리위원회는 대통령이 임명하는 3인, 국회에서 선출하는 3인과 대법원장이 지명하는 3인의 위원으로 구성한다(제114조 제2항). 위원들은 국회의 인사청문회를 거쳐 임명 · 선출 · 지명된다(선거관리위원회법(이하 '선위법'이라 함) 제4조 제1항). 위원장은 위원 중에서 호선한다(제114조 제2항).

선거소송의 관할이 법원이라는 점에서 소송의 피고가 되는 선거관리위원회의 구성원을 대법원장이 지명하는 것은 문제라는 지적이 있다.

2. 각급 선거관리위원회의 조직과 구성

각급 선거관리위원회의 조직 · 직무범위 기타 필요한 사항은 법률로 정한다(제114조 제7항). 이 법률이 선거관리위원회법이다. 각급 선거관리위원회의 위원장은 당해 선거관리위원회위원 중에서 호선한다(선위법 제5조 제2항).

Ⅲ. 선거관리위원의 임기와 독립성 및 신분보장

중앙선거관리위원회 위원 및 각급 선거관리위원회 위원의 임기는 6년이다

(제114조 제3항; 선위법 제8조). 위원은 정당에 가입하거나 정치에 관여할 수 없다(제114조 제4항). 위원이 정당에 가입하거나 정치에 관여한 경우에는 해임된다(선위법 제9조 제1호). 이는 선거의 공정성보장을 위한 선거관리업무에서의 정치적 독립성을 확보하기 위한 것이다.

업무의 독립성보장을 위하여 위원에 대한 신분보장이 이루어지고 있다. 즉 위원은 탄핵 또는 금고 이상의 형의 선고에 의하지 아니하고는 파면되지 아니한다(제114조 제5항). 각급 선거관리위원회의 위원은 정당에 가입하거나 정치에 관여한 때, 탄핵결정으로 파면된 때 등에 해당할 때가 아니면 해임·해촉 또는 파면되지 아니한다(선위법 제9조).

Ⅳ. 선거관리위원회의 운영

각급 선거관리위원회의 회의는 당해 위원장이 소집한다. 다만, 위원 3분의 1 이상의 요구가 있을 때에는 위원장은 회의를 소집하여야 한다(선위법 제11조). 각급 선거관리위원회는 위원 과반수의 출석으로 개의하고 출석위원 과반수의 찬성으로 의결한다. 위원장은 표결권을 가지며 가부동수인 때에는 결정권을 가진다(동법 제10조).

Ⅴ. 선거관리위원회의 권한과 사무

선거관리위원회는 선거와 국민투표의 공정한 관리 및 정당에 관한 사무를 처리하는 권한을 가진다(제114조 제1항). 선거관리위원회는 선거에 관한 사무로서 국가 및 지방자치단체의 선거에 관한 사무 외에 '공공단체 등 위탁선거에 관한 법률'에 따른 위탁선거(농·수협 및 산림조합 등의 조합장 선거 등)에 관한 사무와 주민투표, 주민소환투표에 관한 사무 등을 행한다(선위법 제3조 제1항 등).

1. 중앙선거관리위원회의 권한과 사무

(1) 선거·국민투표에 관한 사무의 통할·관리

중앙선거관리위원회는 선거·국민투표에 관한 사무를 통할·관리한다(선위법 제 3 조 제 3 항). 중앙선거관리위원회는 하급선거관리위원회 및 재외선거관리위원회와 재외투표관리관의 위법 · 부당한 처분에 대하여 이를 취소하거나 변경할 수 있다(공직선거법 제12조 제 1 항).

(2) 정당에 관한 사무, 정치자금의 배분 · 통제

중앙선거관리위원회는 정당의 등록, 변경, 소멸 등에 관한 감독의 사무를 수행하고 정치자금의 배분, 국고보조금지급, 후원회 감독 등의 사무를 수행한다. 정당법과 정치자금법에 이에 관한 규정들이 있다.

(3) 규칙제정권

"중앙선거관리위원회는 법령의 범위 안에서 선거관리 · 국민투표관리 또는 정당사무에 관한 규칙을 제정할 수 있으며, 법률에 저촉되지 아니하는 범위 안에서 내부규율에 관한 규칙을 제정할 수 있다"(제114조 제 6 항). 중앙선거관리위원회의 규칙은 선거규제방법, 정당사무 등에 관한 것이 많은데 공직선거법과 정당법에 규칙으로 정할 사항들이 규정되어 있다.

2. 각급 선거관리위원회의 권한과 사무

각급 선거관리위원회는 선거 · 국민투표관리사무(선거절차사무의 관리, 공명선거 홍보활동, 선거법위반행위의 예방 및 감시 · 단속 업무 등), 정당에 관한 사무(정당의 등록, 등록취소, 정당의 지원에 관한 업무 등), 정치자금에 관한 사무(후원회의 등록, 변경, 소멸에 관한 업무, 후원회의 운영에 대한 감독의 업무, 정당에 대한 국고보조금의 산출과 예산에의 계상, 그 지급 등에 관한 업무, 정치자금의 기탁의 접수와 그 배분에 관한 업무, 정당 · 후원회의 회계보고 등 정치자금운영에 대한 감독 등의 업무) 등을 수행한다.

제6장 지방자치

제1절 지방자치의 개념과 법적 성격

Ⅰ. 지방자치의 개념과 기능 및 유형

* 용어 문제 : 사실 우리 헌법이 '지방'이란 말을 쓰고 있어서 이하에서도 그렇게 쓰나, 중앙에 대비되어 주변, '변방'이란 어감을 주는 용어라는 인식을 줄 수 있는 용어라 '지역'으로 바꾸는 것이 낫다고 본다. 그런 취지의 헌법개정 제안도 필자는 했다(정재황, 헌법학, 제2판, 박영사, 2022, 1587면; 정재황, 지역균형발전을 위한 헌법개정 방향, 지방자치법연구 통권 제78호 제23권 제2호, 2023. 6; 정재황, 개헌의 헌정사적 맥락과 대한민국의 새로운 헌법가치 지향, 공법연구, 2025. 10. 등 참조).

지방자치란 특정한 지방의 지역에서 그 지역에 거주하는 주민들이 생활을 영위하고 그들의 복지가 증진되도록 그 지역에 고유한 사무와 행정을 스스로 수행하는 활동을 의미한다. 지방자치는 특정한 지방의 지역이라는 지리적 개념요소와 고유한 사무의 자율적 처리라는 권한적 개념요소를 내포하는 개념이다.

지방자치는 민주주의를 실현하는 기능을 한다(풀뿌리 민주주의, 민주주의의 학교). 헌재도 "지방의 공동 관심사를 자율적으로 처결함과 동시에 주민의 자치역량을 배양하여 국민주권주의와 자유민주주의의 이념구현에 이바지함을 목적으로 하는 제도"라고 한다(2007헌마843). 또한 지방자치는 수직적 권력분립의 기능을 한다.

지방자치에는 주민의 참여를 중점으로 하는 영미식의 '주민자치'와 독립된 지방자치단체가 스스로 사무를 수행하는 데 중점을 두는 '단체자치'가 있다. 헌재는 "전통적으로 지방자치는 주민의 의사에 따라 지방행정을 처리하는 '주민자치'와 지방분권주의를 기초로 하여 국가 내의 일정한 지역을 토대로 독립된 단체가 존재하는 것을 전제로 하여 그 단체의 의회와 기관이 그 사무를 처리하는 '단체자치'를 포함"한다고 본다(2007헌마843). 우리의 지방자치는 단체자치에 입각하면서도 주민투표제 등 주민자치적 요소를 포함하고 있다.

Ⅱ. 지방자치와 지방자치단체의 성격 및 요소

지방자치권의 법적 성격에 대해서는 지방자치단체의 고유한 권한으로 보는 고유권설과, 국가에서부터 나오는 권한으로 보는 전래권설(자치위임설)이 있는데 우리나라에서는 주민에게 본질적으로 요구되는 자치권을 국민의 의사인 헌법에 의해 확인, 인정되는 것이라고 보는 것이 타당할 것이다. 종래 우리나라에서는 지방자치제도의 보장을 '제도적 보장'으로 파악하고 있고 헌재 판례도 그러하다(2005헌마403). 제도적 보장이 최소보장이라는 점에서 제도적 보장으로 보는 것에 대한 재검토가 필요하다(제도적 보장이론에 대해서는, 전술 제 3 부 기본권론 참조). 그리고 헌재는 자치제도의 보장은 "자치행정을 일반적으로 보장한다는 것일 뿐이고 특정 자치단체의 존속을 보장한다는 의미가 아니라고" 한다(94헌마175). 실제로 특정 지방자치단체가 다른 지방자체단체와 합쳐져 사라지는 폐치·분합 사례가 있다.

지방자치단체는 공법상의 법인으로서(지방자치법 제 3 조 제 1 항) 일정한 권리·의무의 주체가 될 수 있다. 그러나 일반적인 기본권주체는 아니라고 본다. 지방자치단체는 일정한 지역(구역)을 가지며 그 구역 안에 주소를 가진 사람들(주민)이 있다.

제2절 지방자치단체의 종류와 조직

Ⅰ. 지방자치단체의 종류 — 법정주의

헌법은 "지방자치단체의 종류는 법률로 정한다"라고 하여(제117조 제2항) 법정주의를 취하고 있다. 이에 따라 지방자치법에 의해 현재 ① 광역지방자치단체 — 특별시, 광역시, 특별자치시, 도, 특별자치도, ② 기초지방자치단체 — 시, 군, 구 2가지 종류가 있다(지방자치법 제2조 제1항). 특별자치시로는 세종특별자치시, 특별자치도로는 제주특별자치도, 강원특별자치도, 전북특별자치도가 있다.

Ⅱ. 지방자치단체의 조직

지방자치단체에는 의결기관인 지방의회와 집행기관인 지방자치단체장 등이 있다. "지방자치단체의 조직과 운영에 관한 사항"은 법률로 정한다(제118조 제2항). 이러한 법정주의에 따라 지방자치법이 있다.

1. 지방의회

[구성] 헌법이 "지방자치단체에 의회를 둔다"라고 규정하고 있는 대로(제118조 제1항) 지방의회는 필수적 기관이다. "지방의회의 조직 · 권한 · 의원선거"는 법률로 정한다(동조 제2항). 지방의회의원의 임기는 4년이다.

[지위 · 권한] 지방의회는 ① 주민대표기관, ② 의결기관, ③ 자치입법기관, ④ 통제기관 등으로서의 지위를 가진다. 지방의회는 ① 입법에 관한 권한으로 조례의 제정 · 개정권, ② 재정에 관한 권한으로 예산의 심의 · 확정권 등, ③ 통제권으로 행정사무에 대한 감사 · 조사권 등을 가진다. 조례제정권에 대해서는 아래에서 별도로 본다.

* 2024. 12. 3. 위헌적 계엄선포 당시 지방의회의 활동을 전면적으로 금지하는 포고령 발령 지시의 지방자치 본질적 내용 침해 — 이러한 포고령을 계엄사령관으로 하여금 발령하게 한 대통령의 행위는 "이 사건 포고령을 통하여

지방의회의 활동을 전면적으로 금지하였으므로, 이는 지방자치의 본질적 내용을 침해한 것"이라고 헌재는 판시했다.

2024헌나8. [관련판시] 지방자치는 주권의 지역적 주체로서의 주민에 의한 자기통치의 실현을 위한 것으로, 지방자치의 본질적 내용인 핵심영역은 어떠한 경우라도 입법 기타 중앙정부의 침해로부터 보호되어야 한다(헌재 2014. 6. 26. 2013헌바122 참조). 헌법이 직접 규정한 지방자치단체의 기관인 지방의회는 지역주민이 선출한 지방의회의원으로 구성된 주민의 대표기관으로서 지방행정사무와 법령의 범위 안에서의 지방자치단체의 의사를 결정하며, 지방행정사무에 관한 조례를 제정하고, 집행기관의 업무를 감시, 감독하는 역할을 한다(2005헌라7). 지방자치단체의 존재 자체를 부인하거나 각종 권한을 말살하는 것은 지방자치의 본질적 내용을 침해하는 것이다(2000헌바78). 피청구인은 이 사건 포고령을 통하여 지방의회의 활동을 전면적으로 금지하였으므로, 이는 지방자치의 본질적 내용을 침해한 것이다. * 이 결정에 대한 판시는 여러 곳에 있으니 참조.

2. 지방자치단체의 장

정책과 조례를 집행하는 집행기관인 지방자치단체장이 있다. "지방자치단체의 장의 선임방법"은 법률로 정한다(동조 제2항). 따라서 지방자치단체의 장을 주민직선으로 할 것인지 지방의회에서 간접선거할 것인지는 법률로 정해질 수 있다. 현재 직선제로 선출된다. 임기는 4년이고 계속 재임은 3기에 한한다(지방자치법 제108조. 이 3기 한정 규정은 그 합헌성이 인정되었다. 2005헌마403). 지방자치단체장의 권한을 보면, 당해 지방자치단체의 사무를 총괄하고 하부기관을 감독하며 소속 직원을 지휘 · 감독한다. 재정에 관하여 예산편성권을 가지고 의회에 대해 재의요구권을 가진다. 또한 규칙제정권을 가진다.

3. 교육 · 과학 및 체육에 관한 기관

지방자치단체의 교육 · 과학 및 체육에 관한 사무를 분장하기 위하여 별도의 기관을 두는데 그 기관의 조직과 운영에 관하여 필요한 사항은 따로 법률로 정한다(동법 제135조). 이 법률이 '지방교육자치에 관한 법률'이다. 현재 그 기관으로 교육위원회와 교육감이 있다. 교육위원회는 2014년 6월 30일에 폐지되었고 이후 시·도의회의 상임위가 담당하게 되었다.

제3절 지방자치단체의 사무

지방자치단체는 "주민의 복리에 관한 사무를 처리하고 재산을 관리"한다(제117조 제1항). 지방자치의 사무에는 ① 자치사무(고유사무)와 ② 위임사무가 있다. 자치사무는 주민의 복리에 관한 고유한 사무를 말하고 자율성을 가지며 지방자치단체가 그 경비를 부담할 의무를 진다. 위임사무란 법령에 의해 국가나 지방자치단체가 위임한 사무로서 위임사무에는 ㉠ 지방자치단체 자체에 위임된 단체위임사무와 ㉡ 지방자치단체의 장에게 위임된 기관위임사무가 있다. 단체위임사무와 기관위임사무는 그 법적 책임, 법적 효과의 귀속이 어떠한가 하는 문제가 있다. 아래에서 보듯이 조례제정대상 여부에서 차이가 있다. 또한 헌법재판에서도 차이를 보여주는데 단체위임사무에 관해서는 권한쟁의심판을 청구할 수 있는 반면 기관위임사무에 관해서는 단체 자체의 사무가 아니기 때문에 청구할 수 없다. * 자치사무(고유사무), 위임사무의 구분론에 대한 검토가 필요하다는 지적도 나오고 있다(이에 대해서는 정재황, 국가권력규범론, 제2판, 박영사, 2021 참조).

제4절 지방자치단체의 자치권

Ⅰ. 지방자치단체의 자치권의 내용

지방자치단체는 조직자치권, 자치입법권, 행정자치권, 인사자치권, 재정자치권, 계획자치권, 주민결정권 등을 가진다.

위 자치권 중 자치입법권(조례제정권)을 이하에서 살펴본다.

Ⅱ. 조례제정권

1. 조례의 개념과 법적 성격

조례란 지방자치단체가 지방의회의 의결로 제정하는 자치적인 법을 말한다. 헌법은 지방자치단체는 "법령의 범위 안에서 자치에 관한 규정"(조례)을 제정할 수 있다고 규정하고 있다(제117조 제 1 항). 조례는 자주법(自主法)의 성격을 가진다.

2. 조례제정권의 범위

조례제정대상은 지방자치단체 자체의 사무인 자치사무와 단체위임사무이고 집행기관인 지방자치단체의 장에게 위임된 사무인 기관위임사무는 제정대상이 아니라고 본다(대법원 2001추57). 다만, 기관위임사무의 경우에도 개별 법령의 위임이 있으면 제정될 수 있다고 본다(대법원 99추30).

3. 조례제정권의 한계

(1) '법령의 범위 안에서'의 제정

헌법 제117조 제 1 항 후문은 "법령의 범위 안에서" 자치에 관한 규정을 제정할 수 있다고 규정하여 자치규정제정권의 한계를 설정하고 있다. 여기서의 '법령'이란 헌법과 법률은 물론 포함이 되고 법규명령(대통령령 · 총리령 · 부령)도 포함된다. 훈령, 예규, 고시, 지침 등의 이름의 행정규칙도 포함이 되느냐 하는 문제가 있는데 헌재는 비록 행정규칙이더라도, 그것이 "상위법령의 위임한계를 벗어나지 아니하는 한, 상위법령과 결합하여 대외적인 구속력을 갖는 법규명령으로서 기능하는 행정규칙"은 포함된다고 본다(2001헌라1, 2002헌라2). 그러므로 이러한 법규명령으로서 기능하는 행정규칙도 조례가 따라야 한다는 것이다.

(2) 법률유보(法律留保)의 문제

지방자치법 제28조 제 1 항 단서는 주민의 권리 제한 또는 의무 부과에 관한 사항이나 벌칙을 정할 때에는 법률의 위임이 있어야 한다고 규정하고 있다. 이 규정이 지방자치단체의 조례제정권을 침해한 것이 아닌지를 두고 위헌설과 합헌설의 대립이 있다.

헌재와 대법원은 주민의 권리와 의무에 관한 사항을 규율하는 조례를 제정함에 있어서는 법률의 위임이 필요하다고 하여 법률유보를 긍정한다. 다만, 조례에 대한 법률의 위임은 반드시 구체적으로 범위를 정하여 할 필요가 없으며 포괄적인 것으로 족하다고 한다(92헌마264, 2017헌마1356). 포괄위임의 인정의 근거로서 ① 조례제정권자인 지방의회는 지역적 정당성을 지닌 주민대표기관이고, ② 헌법이 지방자치단체에 대한 포괄적인 자치권을 보장하고 있다는 점을 들고 있다(92헌마264, 2017헌마1356, 2019헌마1417). * 포괄적 위임이라도 괜찮다고 보는 이 이론에 따라 합헌성이 인정된 또다른 예 : 시장 · 군수 · 구청장이 지방자치단체의 조례로 정하는 바에 따라 일정한 구역을 지정 · 고시하여 가축의 사육을 제한할 수 있도록 한 '가축분뇨의 관리 및 이용에 관한 법률' 제8조 제1항 본문에 대한 합헌결정(2020헌바374([결정요지] 조례에 대한 법률의 위임은 포괄적인 것으로 족하다. 생활환경이나 상수원의 수질이 오염되는 것을 방지하려는 심판대상조항의 목적을 종합적으로 고려하면, 사육대상인 축종이나 사육규모 외에 각 지역의 지형, 상주인구 분포, 인구밀집시설의 존부, 지역 내 가축사육농가의 수, 상수원지역에 미치는 영향 등을 고려하여 구체적인 가축사육제한구역이 정해질 수 있다는 점이 충분히 예측가능하다).

4. 조례제정권에 대한 통제

지방자치단체의 장이나 주무부장관, 광역지방자치단체의 장의 재의요구에 의한 통제가 있다(지방자치법 제32조, 제192조). 사법적 통제로는 법원의 행정소송[취소소송 등에서의 조례에 대한 심사, 지방자치단체의 장 등이 지방의회를 상대로 대법원에 제기하는 기관소송(지방자치법 제120조 제3항, 제192조 제4항)(기관소송은 대법원 관할이다. 재의요구, 기관소송에 의한 통제과정을 보면 다음과 같다. 지방자치법 제192조 제1항은 "지방의회의 의결이 법령에 위반되거나 공익을 현저히 해친다고 판단되면 시 · 도에 대하여는 주무부장관이, 시 · 군 및 자치구에 대하여는 시 · 도지사가 재의를 요구하게 할 수 있고, 재의요구를 받은 지방자치단체의 장은 의결사항을 이송받은 날부터 20일 이내에 지방의회에 이유를 붙여 재의를 요구하여야 한다"라고 규정되어 있다. 이 요구에 대해 지방의회가 재의결하면 지방자치단체의 장은 재의결된 사항이 법령에 위반된다고 판단되면 재의결된 날부터 20일 이내에 대법원에 기관소송을 제기할 수 있는데(동법 동조 제5항) 이를 하지 않을 때 주무부장관이나 시 · 도지사는 그 지방자치단체의 장에게 제소를 지시하거나 직접 제소할 수 있다(동법 동조 제 5 항). 이 제소는 '법령위반'의 경우만이고 공익을 해치는 경우는 해당이 안된다. 한편 주무장관이 기초자치단체의 장(시장 · 군수 및 자치구의 구청장)에게 직접 재의요구와 제소를 요구할 수 있기도 하다(이 경우는 시 · 도지사가 재의를 요구하게 하지 아니한 경우인데 '법령위반'에 한한다. 동법 동조 제 2, 5 항)], 헌법재판소의 권한쟁의심판과 헌법소원심판(조례가 기본권을 직접 침해한 경우)에 의한 통제가 있다. 주민에 의한 조례의 제정 · 개폐 청구제도도 있다(동법 제19조). 조례의 제정 · 개정 또는 폐지 청구의 청구권자 · 청구대상 · 청구요건 및 절차 등에 관한 사항은 따로 법률로 정하는데 이 위임에 따라 제정된 법률이 '주민조례발안에 관한 법률'이다. 이 법률은 주민조례청구권자(18세 이상의 주민. 주민조례발안법 제 2 조), 주민조례청구 제외 대상(법령을 위반하는 사항 등. 동법 제 4 조), 주민조례청구 요건(동법 제 5 조) 등을 규정하고 있다.

Ⅲ. 국가와 지방자치단체 간, 지방자치단체 간의 관계

1. 협력의무. 지도와 지원

국가와 지방자치단체는 주민에 대한 균형적인 공공서비스 제공과 지역 간 균형발전을 위하여 협력하여야 한다(지방자치법 제183조). 지방자치단체의 사무에 대한 지도와 지원(동법 제184조), 중앙지방협력회의, 행정협의조정위원회를 둔다(동법 제186조, 제187조).

2. 위법 · 부당한 명령이나 처분의 시정, 지방자치단체의 장에 대한 직무이행명령

지방자치단체의 사무에 관한 지방자치단체의 장의 명령이나 처분이 법령에 위반되거나 현저히 부당하여 공익을 해친다고 인정되면 시 · 도에 대해서는 주무부장관이, 시 · 군 및 자치구에 대해서는 시 · 도지사가 기간을 정하여 서면으로 시정할 것을 명하고, 그 기간에 이행하지 아니하면 이를 취소하거나 정지할 수 있다(동법 제188조 제 1 항). 이에 따르지 않을 경우 직접 취소, 정지할 수도 있다(동법 동조 제 3 항, 제 4 항). 자치사무에 관한 명령이나 처분의 경우에는 법령을 위반한 것에 한정한다(동법 동조 제 5 항). 지방자치단체장이 위 취소, 정지에 이의가 있으면 대법원에 제소할 수 있다(동법 동조 제6항). 또한 지방자치단체의 장에 대한 직무이행명령, 행정대집행, 대법원에의 제소, 집행정지 신청 등의 제도도 있다(동법 제189조).

3. 지방자치단체의 '자치'사무에 대한 감사

지역공동체의 자치권이 중요하더라도 그 사무에 대해 감사가 이루어지기도 한다. 그 자치권의 행사가 주민복리 구현을 위해 제대로 수행되도록 하기 위함이다. 여기서 지방자치권의 문제들을 살펴보므로 '자치'사무에 대한 감사의 범위, 요건 등을 살피는 것이 중요한 문제이다. 지방자치법은 "행정안전부장관이나 시·도지사는 지방자치단체의 자치사무에 관하여 보고를 받거나 서류·장부 또는 회계를 감사할 수 있다. 이 경우 감사는 법령 위반사항에 대해서만 한다"라고 규정하고 있다(동법 제190조 제1항). 또 "행정안전부장관 또는 시·도지사는 제1항에 따라 감사를 하기 전에 해당 사무의 처리가 법령에 위반되는지 등을 확인하여야 한다"라고 규정하고 있다(동법 동조 제2항). 그동안 판례도 축적되어 오고 있다.

[감사범위] 헌재는 "자치사무에 대한 감사는 합법성 감사로 제한되어야 하는바"라고 한다(2021헌라1, 2006헌라6). * 유의 : 감사원 감사는 합목적성 감사를 포함 — 이에 비해 헌재는 감사원이 지방자치단체에 대하여 자치사무의 합법성뿐만 아니라 합목적성에 대하여도 감사할 수 있도록 한 감사원법 규정이 지방자치권의 본질을 침해하지 않는다고 판단하여 감사원의 지방자치단체의 자치사무에 대한 감사에는 사전적·포괄적 감사, 합목적성 감사도 포함된다고 본다(2005헌라3).

[판례 — 자치사무 감사의 개시요건] ① 특정성 — 중앙행정기관 및 광역지방자치단체의 지방자치단체의 자치사무에 대한 자치사무에 대한 감사에 착수하기 위해서는, 자치사무에 대한 감사권을 사전적·일반적인 포괄감사권이 아닌 그 대상과 범위가 한정된 감사권으로 보는 이상, 감사대상이 특정되어야 함은 당연하고 위법사항을 특정하지 않고 개시하는 감사 또는 법령위반사항을 적발하기 위한 감사는 허용될 수 없다(왜냐하면 법령위반 여부를 알아보기 위하여 감사하였다가 위법사항을 발견하지 못하였다면 법령위반사항이 아닌데도 감사한 것이 되기 때문 — 헌재의 2006헌라

6결정의 설명)(2006헌라6, 2020헌라5). ② 위 개시요건으로서 법령 위반 확인 여부에 대한 심사 기준 — 헌재는 자치사무에 관하여 특정한 법령위반행위가 확인되었거나 위법행위가 있었으리라는 합리적 의심이 가능한 경우이어야 한다고 보며, 따라서 시·도지사 등이 제보나 언론보도 등을 통해 감사대상 지방자치단체의 자치사무의 위법성에 관한 정보를 수집하고, 객관적인 자료에 근거하여 해당 정보가 믿을 만하다고 판단함으로써 위법행위가 있었으리라는 합리적 의심이 가능한 경우라면, 의혹이 제기된 사실관계가 존재하지 않거나 위법성이 문제되지 않는다는 점이 명백하지 아니한 이상 감사를 개시할 수 있을 정도의 위법성 확인은 있었다고 봄이 타당하다고 본다(2020헌라5). **[구체적 판례]** ① 장부 합동감사 사건 — 감사실시를 통보한 [별지] 목록 기재 사무는 청구인의 거의 모든 자치사무를 감사대상으로 하고 있어 사실상 피감사대상이 특정되지 아니하였다고 보여질 뿐만 아니라 어떠한 자치사무가 어떤 법령에 위반되는지 여부를 전혀 밝히지 아니하였는바, 그렇다면 이 사건 합동감사는 위에서 본 이 사건 관련규정상의 감사의 개시요건을 전혀 충족하지 못하였다고 판례(2006헌라6). ② 헌재는 자치사무에 대한 감사는 합법성 감사로 제한되어야 한다고 하면서 자치사무에 대한 감사는 특정한 법령위반행위가 확인되었거나 위법행위가 있었으리라는 합리적 의심이 가능한 경우로 그 대상과 범위가 제한된다고 판단한 위 2006헌라6 결정을 인용하면서 경기도가 2021. 4. 1. 남양주시에 통보한 '경기도 종합감사(남양주시) 실시계획 알림'에 따른 '사전조사 자료 재요구'에서 특정한 자치사무에 관한 '사전조사 자료 재요청 목록' 기재 항목에 해당하는 부분은 헌법 및 지방자치법에 의하여 부여된 남양주시의 지방자치권을 침해한 것이라고 결정했다(2021헌라1. [결정요지] 그 자료제출요구는 구 지방자치법 제171조 제1항 전문 전단에 따라 허용되는 보고수령 권한의 한계를 벗어난 것이고, 실질적으로 감사 절차의 일환이라고 볼 수 있으며 이 제출요구에 의한 포괄적인 정보수집을 통하여 포괄적인 감독권한을 행사하는 것은 합법성 감사로 제한되는 자치사무에 대한 감사의 한계를 벗어난 것으로서 지방자치권을 침해하는 것이다). ③ 경기도가 2020. 11. 16.부터 2020. 12. 7.까지 남양주시에 대하여 실시한 [별지 1] 목록 기재 각 항목에 대한 감사 중 일부 항목에 대한 감사는 감사의 개시요건을 갖추지 못한 위법한 감사로서 헌법 및 지방자치법에 의하여 부여된 청구인의 지방자치권을 침해하였다고 본 결정도 있었다(2020헌라5).

제5절 주민의 권리(주민자치)

지방자치제도에서 주민의 권리를 보장하고 주민참여, 주민자치를 구현하는 제도로는 현재 주민투표제도(지방자치법 제18조), 조례의 제정·개폐 청구제도(동법 제19조), 감사청구제도(동법 제21조), 주민소송제도(동법 제22조), 주민소환제도(동법 제25조) 등이 있다. '주민소환에 관한 법률'이 주민소환의 청구사유에 관하여 규정을 두지 아니한 데 대해 논란이 있었으나 헌재는 정책적으로 실패하거나 무능한 공직자까지도 그 대상으로 삼아 공직에서의 해임이 가능하도록 하여 책임행정의 실현을 기하려는 데 입법목적이 있고, 독선적인 정책추진 등을 광범위하게 통제한다는 주민소환제의 필요성 등에 비추어 과잉금지원칙을 위반하지 않았다고 보아 합헌성을 인정하였다(2007헌마843, 2008헌마355). 주민소환투표 청구를 위한 서명요청 활동을 '소환청구인서명부를 제시'하거나 '구두로 주민소환투표의 취지나 이유를 설명하는' 것으로만 제한하고 위반할 경우 형사처벌하도록 하는 '주민소환에 관한 법률' 규정이 명확성원칙에 반하지 아니하고, 표현의 자유를 제한함에 있어 과잉금지원칙에 위반되지 않는다는 합헌결정을 하였다(2010헌바368).

제5부 헌법재판

제 1 장 헌법재판 서설

* 헌법재판의 권한도 국가권력에 속하므로 제 4 부에서 다루어야 하나 헌법재판이 권력행사에 대한 헌법적 통제이므로 여기 제 5 부에서 별도로 살펴본다.

제 1 절 헌법재판의 개념과 기능

Ⅰ. 헌법재판의 개념

헌법재판이란 헌법규범을 해석하고 적용하여 헌법적 분쟁 등을 해결하고 헌법규범에 위반되는 법률이나 공권력작용 등을 무력화함으로써 헌법이 담고 있는 기본권을 보장하고 입헌주의를 수호하는 재판을 말한다.

우리나라에서는 법원도 위헌법률심판제청, 위헌명령·규칙심사 등 넓은 의미의 헌법재판을 수행하고 있지만, 주로 헌법재판소에서 중요한 헌법재판을 중심적으로 관할하고 있으므로 여기서는 헌법재판소에서 행하는 헌법재판을 살펴보고자 한다.

Ⅱ. 헌법재판의 기능

헌법재판은 다음과 같은 기능을 수행한다. ① 기본권보장의 기능 — 헌법재판은 법률이나 공권력작용 등이 헌법에 위반하여 국민의 기본권을 침해하는 경우에 헌법위반임을 규명하여 그 침해행위를 제거함으로써 국민의 기본권을 보장하는 구제기능을 한다. ② 실질적 입헌주의의 구현 — 헌법위반에 대한 제재가 없다면 입헌주의는 형식적인 것에 그치게 된다. 헌법위반행위에 대한 제재로 뒷받침될 때 실질적인 입헌주의가 구현될 수 있다. 바로 그 제재수단으로서 헌법재판이 기능한다. ③ 헌법의 규범력 확보 — 헌법재판은 헌법을 위반하고 기본권을 침해하는 행위들을 제재함으로써 헌법이 힘을 발휘하는, 헌법의 규범력, 강제력을 강화한다. ④ 통제기능 — 헌법재판은 권력행사에 대한 합헌성통제를 통해 국가권력 간의 권한획정과 조정의 기능도 수행한다. ⑤ 다원주의·의회주의·소수의 존중 기능 — 다원주의·의회주의가 제대로 실현되지 않은 가운데 제정된 법률을 위헌선언함으로써 다원주의와 의회주의의 준수, 소수의 보호가 헌법재판을 통해 이루어질 수 있다. ⑥ 정치의 평화화 — 의회에서 여·야 간의 치열한 정치적 대립이 있는 법률의 제정에서 헌법재판에 의한 판단을 기다리도록 함으로써 정쟁을 막거나 완화하는 효과를 가져올 수도 있다.

제 2 절 헌법재판의 유형

헌법재판의 유형은 여러 종류의 헌법재판 중 위헌법률심판(법률이 헌법에 위반되는지 여부를 심사하는 심판)을 중심대상으로 하여 여러 기준에 따라 분류하는 경향인데 그 경향에 따라 보면 다음과 같은 중요 유형 분류들이 있다. ① 담당기관 기준: 법원형(사법심사형), 특별헌법재판기관형(헌법재판소형), 혼합형 — 이는 위헌법률심판을 어느 기관이 담당하느냐에 따른 분류이다. 사법심사형은 일반법원이 담당하는 유형이고, 특별헌법재판기관형은 법원 외에 특별한 헌법재판기관을 두어 그곳에서 담당하게 하는 유형이다. 이를 혼합한 유형도 있다. ② 규범통제의 계기 기준: 구체적 규범통제, 추상적 규범통제, 병존형 — 이는 규범통제(규범통제라 함은 법률, 명령 등 법규범이 상위 법규범에 위반되는지 여부를 판단하는 심사를 말한다. 그래서 위헌법률심사나 명령에 대한 위헌심사 등을 규범통제라고도 부르는 것이다)가 어떠한 계기로 이루어지는가에 따른 분류이다. 구체적 규범통제란 법률이 구체적 사건에 적용되어야 할 상태에서 그 법률이 헌법에 위반되는지 여부를 심사하는 방식이고, 추상적 규범통제란 구체적 사건이 없는 상태에서도 문제의 법률이 헌법에 위반되는지 여부를 바로 심사하는 방식을 말한다. 따라서 구체적 규범통제는 구체적 사건이 발생하여 그 사건의 해결을 위한 재판이 제기되고 그 재판 도중에 심사가 이루어진다. 양 규범통제를 모두 행하는 병존형의 국가(독일, 프랑스)도 있다. ③ 심사시기 기준: 사후적 규범통제, 사전적 규범통제, 병존형 — 이는 위헌법률심판이 언제 이루어지는지, 특히 법률이 공포된 이후에 심판이 이루어지는지 아니면 공포 이전에 이루어지는지에 따른 분류이다. 법률이 공포되어 시행에 들어간 뒤에 심사를 하는 것을 사후적 심사(사후적 규범통제)라고 하고, 법률의 공포 이전에 행하는 심사를 사전적 심사(사전적 규범통제)라고 한다. 양자가 모두 행해지는 병존형의 나라(프랑스)도 있다.

현재 우리나라의 헌법재판 유형은 헌법재판소형, 구체적 규범통제형, 사후적 규범통제형이다.

제2장 헌법재판소의 지위와 구성 및 운영

제1절 헌법재판소의 지위와 구성

Ⅰ. 헌법재판소의 법적 지위와 성격

1. 기본권보장기관, 헌법보장기관 등의 지위

헌재는 위헌법률심판, 헌법소원심판 등의 헌법재판을 통하여 국민의 기본권을 보장하며 헌법침해행위로부터 헌법을 보장하는 기관으로서의 지위를 가진다. 또한 헌법재판을 수행하면서 헌법을 최종적으로 해석하는 기관으로서의 지위도 가진다.

2. 사법기관으로서의 성격

헌재는 헌법적 분쟁에 대해 헌법을 해석하고 적용하여 분쟁을 해결하고 그 해결의 결과인 결정이 구속력을 가지는 사법기관(司法機關)으로서의 성격을 가진다. 헌재 자신도 스스로를 사법기관이라고 한다(92헌마126).

Ⅱ. 헌법재판소의 구성과 조직

1. 헌법재판소장

헌법재판소장은 헌법재판소를 대표하고, 헌법재판소의 사무를 총괄하며, 소속 공무원을 지휘·감독한다(헌법재판소법(줄여서'헌재법'이라고도 함) 제12조 제3항).

헌법재판소의 장은 재판관 중에서 대통령이 임명하는데 그 임명에 국회의 동의를 얻어야 한다(제111조 제4항). 헌법재판소장의 임기나 연임 여부에 관해서는 헌법이 직접 규정을 두지 않아 논란이 있다. 지금까지 헌법재판소장은 4기까지는 바로 임명되어 6년 단임하였지만 이후 재판관으로서의 임기의 잔임기간 동안 소장으로서 있었다. 헌법재판소장의 정년은 70세이다(헌재법 제7조 제2항). 헌법재판소장이 궐위되거나 부득이한 사유로 직무를 수행할 수 없을 때에는 다른 재판관이 헌법재판소규칙으로 정하는 순서에 따라 그 권한을 대행한다(동법 제12조 제4항).

2. 헌법재판관

헌법재판소는 법관의 자격을 가진 9인의 재판관으로 구성하며 9인 모두 대통령이 임명한다(제111조 제2항). 9인의 재판관 중 3인은 국회에서 선출하는 자를, 3인은 대법원장이 지명하는 자를 임명한다(제111조 제3항).

[대통령의 헌법재판관 임명권의 성격] 헌재는 대통령은 국회가 "헌법 제111조 제3항에 따라 재판관으로 선출한 사람에 대하여 임의로 그 임명을 거부하거나 선별하여 임명할 수 없고, 다만 헌법 제111조 제2항과 헌법재판소법 제5조에서 정한 자격요건을 갖추지 못한 사람이 재판관으로 선출되거나 그 선출과정에 의회민주주의를 원칙으로 하는 헌법 및 국회법 등 법률을 위반한 하자가 있는 경우에 임명을 보류하고 재선출을 요구할 수 있다. 이와 달리 대통령에게 청구인이 선출한 사람을 실질적으로 심사하여 재판관 임명 여부를 결정할 재량권이 있다고 보는 것은, 헌법재판소 구성에 관하여 입법부·행정부·사법부가 동등하게 참여하도록 하여 3부(府)의 대등한 관여를 보장함으로써 헌법재판소 구성에 있어 권력의 균형을 도모하고자 하는 헌법의 취지에 반한다"라고 한다[2025. 2. 27. 2025헌라1. 이 결정은 국회가 선출한 재판관 3인 중 1인을 대통령권한대행이

임명하지 않은 부작위에 대한 권한쟁의심판 청구가 있었고 헌재가 인용(국회의 재판관 선출권 침해를 인정)한 결정이었다(후술 권한쟁의심판, 결정 부분 참조)].

헌법재판소 재판관(이하 '헌법재판관'이라고도 함)의 임기는 6년이며, 법률이 정하는 바에 의하여 연임할 수 있다(제112조 제1항). 재판관의 정년은 70세이다(헌재법 제7조 제2항). 헌법재판관은 정당에 가입하거나 정치에 관여할 수 없다(제112조 제2항; 헌재법 제9조). 헌법재판관은 탄핵 또는 금고 이상의 형의 선고에 의하지 아니하고는 파면되지 아니하도록 하여(제112조 제3항; 헌재법 제8조) 그 신분을 보장하고 있다.

* 재판관 후임선출을 하지 않은 국회의 부작위에 대한 헌법소원심판이 청구되었는데 국회의무가 있음에도 상당기간 지체되었음을 인정하면서도 후임선출이 있었고 9인재판부 재판이 이루어져 청구인 목적도 달성되어 권리보호이익이 없다고 하여 각하결정을 한 예가 있다(2012헌마2)

3. 재판관회의

재판관회의는 재판관 전원으로 구성하며, 헌법재판소장이 의장이 된다(헌재법 제16조 제1항). 재판관회의는 재판관 전원의 3분의 2를 초과하는 인원의 출석과 출석인원 과반수의 찬성으로 의결한다(동조 제2항). 의장은 의결에서 표결권을 가진다(동조 제3항). 재판관회의의 의결을 거쳐야 하는 사항은 헌법재판소규칙의 제정과 개정 등 헌법재판소법에 명시되어 있다(동조 제4항).

4. 사무처장 · 사무차장, 사무처

헌법재판소의 행정사무를 처리하기 위하여 헌법재판소에 사무처를 둔다(동법 제17조 제1항). 사무처장은 헌법재판소장의 지휘를 받아 사무처의 사무를 관장하며, 소속공무원을 지휘 · 감독한다(동조 제3항). 사무차장은 사무처장을 보좌한다(동조 제6항).

5. 헌법연구관 · 헌법연구관보 · 헌법연구위원

헌법연구관은 헌법재판소장의 명을 받아 사건의 심리 및 심판에 관한 조사 · 연구에 종사한다(동법 제19조 제 3 항). 헌법연구관을 신규임용하는 경우에는 3년간 헌법연구관보로 임용하여 근무하게 한 후 그 근무성적을 고려하여 헌법연구관으로 임용한다(동법 제19조의2 제 1 항). 헌법연구위원은 사건의 심리 및 심판에 관한 전문적인 조사 · 연구에 종사한다(동법 제19조의3 제 1 항).

6. 헌법재판연구원(憲法裁判研究院)

헌법 및 헌법재판 연구와 헌법연구관, 사무처 공무원 등의 교육을 위하여 헌법재판소에 헌법재판연구원을 둔다(동법 제19조의4 제 1 항).

제 2 절 헌법재판소의 권한

Ⅰ. 헌법재판소의 관장사항

헌법재판소는 위헌법률심판, 탄핵심판, 정당해산심판, 권한쟁의심판, 헌법소원심판의 5가지 심판을 담당한다(제111조 제 1 항).

Ⅱ. 규칙제정권

1. 의 의

헌법 제113조 제 2 항은 "헌법재판소는 법률에 저촉되지 아니하는 범위 안에서 심판에 관한 절차, 내부규율과 사무처리에 관한 규칙을 제정할 수 있다"라고 규정하여 규칙제정권을 헌법재판소에 부여하고 있다. 이 규칙제정권은 헌법재판의 전문성을 지니는 헌법재판소로 하여금 헌법재판의 실무에 보다 적절한 규범들을 자율적으로 정할 수 있게 하고 헌법재판소의 독립성도 제고하게 하는 권한이다.

2. 대 상

헌법은 심판에 관한 절차, 내부규율과 사무처리에 관한 사항을 규칙의 대상으로 규정하고 있다. 헌재법은 규칙으로 정할 사항을 규정하고 있다(법 제12조 제4항, 제16조 제5항, 제17조 제9항, 제36조 제5항, 제70조 제6항, 제72조 제6항 등 적지 않음). 그런데 헌법재판소가 심판에 관한 절차, 내부규율, 사무처리에 관한 사항으로서 필요한 사항이라고 판단하는 경우에는 법률에 저촉되지 않는 한 제정대상이 되고 반드시 법률에서 제정사항을 둘 때에만 규칙을 정할 수 있는 것은 아니라고 볼 것이다.

3. 규칙의 제정절차와 공포

헌법재판소규칙은 재판관회의의 의결을 거쳐서(동법 제16조 제4항 제1호) 제정된다. 헌법재판소규칙은 관보에 게재하여 공포한다(동법 제10조 제2항).

제3절 심판절차(審判節次)의 일반원칙

Ⅰ. 재판부의 구성

1. 전원재판부

헌법재판소의 심판은 헌재법에 특별한 규정이 있는 경우를 제외하고는 재판관 전원으로 구성되는 재판부에서 관장한다(동법 제22조 제1항). 재판관에 대한 제척·기피 및 회피제도가 있다(동법 제24조). 당사자는 동일한 사건에 대하여 2명 이상의 재판관을 기피할 수 없다(동법 동조 제4항). 이 제한에 대해 헌재는 합헌성을 인정한 바 있다(2015헌마902).

2. 지정재판부

헌법소원심판에 있어서는 그 청구요건을 갖춘 적법한 심판청구인지를 사전에 심사하게 하기 위하여 헌법재판소장은 헌법재판소에 재판관 3명으로 구성되는 지정재판부를 둘 수 있다(동법 제72조 제1항). 지정재판부가 3명 전원의 일치된 의견으로 헌법소원심판의 청구가 부적법하다고 판단한 경우 결정으로 헌법소원의 심판청구를 각하한다. 각하결정을 하지 아니하는 경우에는 결정으로 전원재판부의 심판에 회부하여야 하는데, 헌법소원심판의 청구 후 30일이 지날 때까지 각하결정이 없는 때에는 심판에 회부하는 결정이 있는 것으로 본다(동법 제72조 제 3 항 · 제 4 항).

Ⅱ. 대표자 · 대리인

각종 심판절차에 있어서 정부가 당사자인 경우에는 법무부장관이 이를 대표하고, 당사자인 국가기관 또는 지방자치단체는 변호사 또는 변호사의 자격이 있는 소속직원을 대리인으로 선임하여 심판을 수행하게 할 수 있다. 각종 심판절차에서 당사자인 사인(私人)은 변호사를 대리인으로 선임하지 아니하면 심판청구를 하거나 심판수행을 하지 못한다(동법 제25조). 이를 변호사대리강제주의라고 하며 사인이 당사자인 경우는 주로 헌법소원심판의 경우인데 변호사대리강제가 헌법소원심판의 청구요건이 된다(헌법소원심판의 경우 국선대리인 선임 신청제도가 있다. 동법 제70조).

Ⅲ. 심판의 청구

헌법재판소에의 심판청구는 심판절차별로 정하여진 청구서를 헌법재판소에 제출함으로써 한다. 다만, 위헌법률심판에서는 법원의 제청서, 탄핵심판에서는 국회의 소추의결서의 정본(正本)으로 청구서를 갈음한다(동법 제26조 제 1 항).

Ⅳ. 심 리

탄핵심판, 정당해산심판 및 권한쟁의심판은 구두변론에 의한다(동법 제30조 제 1 항). 위헌법률심판과 헌법소원에 관한 심판은 서면심리에 의하되, 재판부는 필요하다고 인정하는 경우에는 변론을 열어 당사자, 이해관계인, 그 밖의 참고인의 진술을 들을 수 있다(동조 제 2 항).

재판부는 재판관 7명 이상의 출석으로 사건을 심리한다(동법 제23조 제 1 항).

이 헌재법 이 조항 중 "헌법재판소 재판관이 임기만료로 퇴직하여 재판관의 공석 상태가 된 경우에 적용되는 부분의 효력은 헌법재판소 2024헌마900 헌법소원심판청구사건의 종국결정 선고 시까지 이를 정지한다"라는 헌재의 가처분 인용결정(2024. 10. 14. 2024헌사1250. 이 결정의 이유에 대해서는 뒤의 헌법소원심판, 가처분 부분 참조)이 있었다.

Ⅴ. 종국결정

재판부가 심리를 마쳤을 때에는 종국결정을 한다(동법 제36조 제1항). 헌법재판소는 심판사건을 접수한 날부터 180일 이내에 종국결정의 선고를 하여야 한다. 다만, 재판관의 궐위로 7명의 출석이 불가능한 경우에는 그 궐위된 기간은 심판기간에 산입하지 아니한다(동법 제38조). 헌법재판소는 "180일 이내에"라는 이 규정을 강제규정으로 보고 있지 않다. 재판부는 종국심리에 관여한 재판관 과반수의 찬성으로 사건에 관한 결정을 하되, 법률의 위헌결정, 탄핵의 결정, 정당해산의 결정 또는 헌법소원에 관한 인용결정을 하는 경우, 종전에 헌법재판소가 판시한 헌법 또는 법률의 해석적용에 관한 의견을 변경하는 경우에는 재판관 6명 이상의 찬성이 있어야 한다(제113조 제1항, 헌재법 제23조 제2항).

헌법재판소는 이미 심판을 거친 동일한 사건에 대하여는 다시 심판할 수 없다(일사부재리, 동법 제39조 * 이전에 헌재법 제68조 제1항에 따른 본래 의미의 헌법소원심판을 청구했다가 헌재법 제68조 제2항의 위헌소원심판(이에 대해서는 제3장, 제1절 위헌법률심판 부분 참조)으로 청구유형을 바꾸어 청구한 경우 일사부재리 원칙 위반이 아니다. 2020헌바39).

Ⅵ. 다른 법령의 준용

헌법재판소의 심판절차에 관하여는 헌재법에 특별한 규정이 있는 경우를 제외하고는 헌법재판의 성질에 반하지 아니하는 한도에서 민사소송에 관한 법령을 준용한다. 이 경우 탄핵심판의 경우에는 형사소송에 관한 법령을 준용하고, 권한쟁의심판 및 헌법소원심판의 경우에는 행정소송법을 함께 준용하는데 형사소송에 관한 법령 또는 행정소송법이 민사소송에 관한 법령에 저촉될 때에는 민사소송에 관한 법령은 준용하지 아니한다(헌재법 제40조).

[참 고]

1. 헌법재판소 결정의 사건번호 어떠한 종류의 심판사건인지를 다음과 같은 사건부호를 통하여 알 수 있다. ①「헌가」— 위헌법률심판사건, ②「헌나」— 탄핵심판사건, ③「헌다」— 정당해산심판사건, ④「헌라」— 권한쟁의심판사건, ⑤「헌마」— 헌법소원심판사건, ⑥「헌바」— 법원이 위헌제청신청을 기각한 경우 당사자가 헌법재판소법 제68조 제 2 항에 따라 헌법소원을 통하여 위헌심사를 청구한 사건(위헌소원심판사건), ⑦「헌사」— 각종 신청사건, ⑧「헌아」— 각종 특별사건.

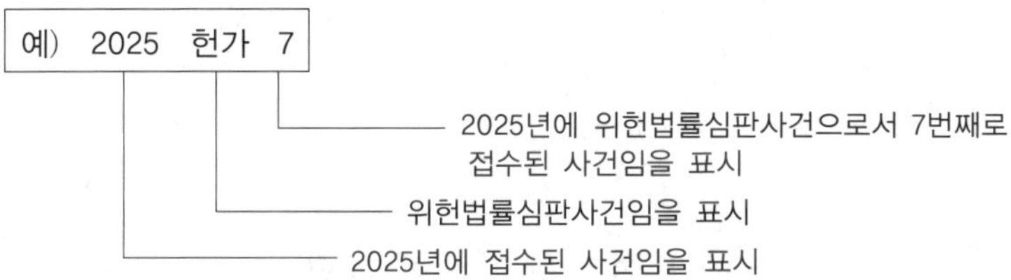

2. 헌법재판소 판례 문헌과 검색 헌법재판소의 판례를 찾을 수 있는 문헌으로는, ① 헌법재판소판례집(1년에 2집씩 간행. 판례가 많을 경우 하나의 집이 상·하로 나누어 간행될 때도 있다), ② 헌법재판소 공보(매달 발행)가 있다. 헌법재판소의 판례는 인터넷에서도 찾을 수 있다(www.ccourt.go.kr).

제3장 헌법재판소의 심판

제1절 위헌법률심판

Ⅰ. 위헌법률심판의 개념과 특성 및 개관

1. 우리나라의 위헌법률심판의 개념과 특성

위헌법률심판이란 어떠한 법률규정이 헌법규범에 위반되는지를 심사하고 위헌으로 판단되는 경우 그 효력의 상실 등을 가져오게 하는 헌법재판을 말한다. 헌법은 "법률이 헌법에 위반되는 여부가 재판의 전제가 된 경우에는 법원은 헌법재판소에 제청하여 그 심판에 의하여 재판한다"라고 규정하고 있다(제107조 제1항) 이처럼 법률이 헌법에 위반되는지의 여부가 구체적 사건해결을 위한 법원의 재판의 전제가 된 경우에 비로소 심판이 이루어지므로 사후적·구체적 규범통제로서의 성격을 가진다.

2. 우리나라의 위헌법률심판의 개관

우리나라에서 행해지는 위헌법률심판절차를 개관하면, 어떠한 구체적 사건의 해결을 위한 재판(소송)이 법원에 제기된 후 어떠한 법률규정이 헌법에 위반되는지가 그 재판의 전제가 되어 법원이 그 위헌여부를 가리기 위한 심판을 헌법재판소에 제청하면 헌법재판소의 심판이 이루어지게 된다. 예를 들어 어떤 불리한 행정작용으로 자신의 권리가 침해되었다고 주장하는 A가 먼저 행정심판을 거쳐(거치지 않을 경우도 있음) 법원에 행정재판을 청구하고 그 재판에서 문제의 행정작용이 근거한 S법률 제 7 조가 헌법에 위반된다고 주장하면서 위헌여부심판을 제청해 줄 것을 신청하고 법원이 이를 받아들여 헌법재판소에 제청을 하면 심판이 이루어지게 된다. 법원의 제청은 직권으로도 할 수 있다. 위헌심판제청신청을 법원이 기각한 경우에도 헌법재판소법(줄여서 '헌재법'이라고도 함) 제68조 제 2 항에 의하여 헌법소원(이른바 '위헌소원', '헌바', '위헌소원'에 대해서는 후술 참조)을 청구함으로써 위헌심판을 받을 수 있다. 이것은 우리나라에서의 특징적 제도이다. 위의 예를 그림으로 정리하면 아래와 같다.

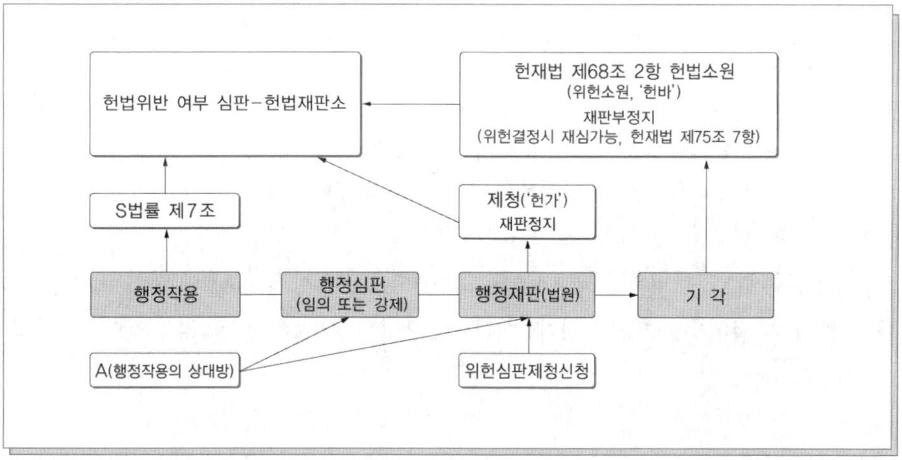

Ⅱ. 위헌법률심판의 적법요건

1. 대상성 — 실질적 법률(긴급명령, 조약, 관습법 등) 포함

위헌법률심판의 대상은 법률이다. 국회에서 제정된 형식적 의미의 법률을 의미할 뿐만 아니라 실질적으로 법률의 효력을 가지는 긴급명령, 긴급재정경제명령(93헌마186)이나 조약(97헌가14 등) 등도 포함한다. 폐지된 법률일지라도 그 법률에 의한 법익의 침해가 계속되는 경우 등에는 위헌법률심판의 대상이 된다

(89헌마32). 미군정청 법령 조항도 대상이 된다(폐지된 재조선 일본인 재산의 처리 및 귀속에 관한 미군정청 법령 조항에 대한 대상성 긍정, 2018헌바88).

* 실질적 법률인 관습법 — 헌재는 ① 딸에게 분재청구권을 인정하지 아니한 구 관습법이 위헌심판의 대상이 된다고 보았다. 즉 헌재는 "이 사건 관습법은 민법 시행 이전에 상속을 규율하는 법률이 없는 상황에서 재산상속에 관하여 적용된 규범으로서 비록 형식적 의미의 법률은 아니지만 실질적으로는 법률과 같은 효력을 갖는 것이므로 위헌법률심판의 대상이 된다"라고 판시하였다. 그러나 당해 사안에서는 재판의 전제성이 없다고 하여 결국 각하결정을 하였다(2009헌바129). ② 절가상속의 구 관습법("여호주가 사망하거나 출가하여 호주상속이 없이 절가된 경우, 유산은 그 절가된 가(家)의 가족이 승계하고 가족이 없을 때는 출가녀(出家女)가 승계한다")에 대한 동지의 결정(2013헌바396). ③ 분묘기지권에 관한 관습법 중 "타인 소유의 토지에 소유자의 승낙 없이 분묘를 설치한 경우에는 20년간 평온·공연하게 그 분묘의 기지를 점유하면 지상권과 유사한 관습상의 물권인 분묘기지권을 시효로 취득하고, 이를 등기 없이 제3자에게 대항할 수 있다."는 부분 및 "분묘기지권의 존속기간에 관하여 당사자 사이에 약정이 있는 등 특별한 사정이 없는 경우에는 권리자가 분묘의 수호와 봉사를 계속하는 한 그 분묘가 존속하고 있는 동안은 분묘기지권은 존속한다."는 부분에서도 동지로 대상성을 인정하였다(2017헌바208).

법률이 아닌 법규범, 즉 대통령령, 부령, 장관지침, 조례, 법인의 정관 등은 대상성이 부정된다. 헌법규정에 대해서는 대상성이 부인된다는 것이 헌재의 입장이다(95헌바3).

* 대법원은 헌재의 위헌심사대상이 되는 '법률'이란 '국회의 의결을 거친 이른바 형식적 의미의 법률'을 의미하고, 형식적 의미의 법률이 아닌 때에는 그와 동일한 효력을 갖는 데에 국회의 승인이나 동의를 요하는 등 국회의 입법권 행사라고 평가할 수 있는 실질을 갖춘 것이어야 헌재의 위헌심사의 대상이 되는 규범이라고 하면서 '유신헌법'(제4공화국 헌법)의 대통령 긴급조치는 국회의 동의 내지 승인 등을 얻도록 하는 규정을 두고 있지 아니하고 따라서 헌재의 위헌심판대상이 되는 '법률'에 해당한다고 할 수 없고, 긴급조치의 위헌 여부에 대한 심사권은 최종적으로 대법원에 속한다고 한다. 그리하여 대법원은 긴급조치 제1호가 위헌이라고 선언하였다(대법원 2010. 12. 16, 2010도5986 전원합의체).

* 헌재도 긴급조치 제1, 2, 9호에 대해 위헌결정을 하였다. 헌재는 이 결정에서 긴

급조치에 대해서는 헌재에 전속심사권이 있다고 다음과 같은 취지로 판시하여 대법원 입장과 반대되는 입장을 표명하였다. [판시] 헌법 제107조 제 1 항, 제 2 항은 법원의 재판에 적용되는 규범의 위헌 여부를 심사할 때, '법률'의 위헌 여부는 헌법재판소가, 법률의 하위 규범인 '명령 · 규칙 또는 처분' 등의 위헌 또는 위법 여부는 대법원이 그 심사권한을 갖는 것으로 권한을 분배하고 있다. 일정한 규범이 위헌법률심판의 대상이 되는 '법률'인지 여부는 그 제정 형식이나 명칭이 아니라 그 규범의 효력을 기준으로 판단하여야 한다. 유신헌법 제53조는 긴급조치의 효력에 관하여 명시적으로 규정하고 있지 않으나 긴급조치는 유신헌법 제53조에 근거한 것으로서 그에 정해진 요건과 한계를 준수해야 한다는 점에서 이를 헌법과 동일한 효력을 갖는 것으로 보기는 어렵고, 표현의 자유 등 국민의 기본권을 직접적으로 제한하는 내용이 포함된 이 사건 긴급조치들의 효력을 법률보다 하위에 있는 것이라고 보기도 어렵다. 결국 이 사건 긴급조치들은 최소한 법률과 동일한 효력을 가지는 것으로 보아야 하고, 따라서 그 위헌 여부 심사권한도 헌법재판소에 전속한다(2010헌바132).

2. 재판의 전제성

위헌법률심판을 제기하려면 당해 법률이 헌법에 위반되는 여부가 재판의 전제가 되는 경우이어야 한다(헌재법 제41조). 헌법재판소는 재판 전제성의 인정기준으로 ① 구체적 사건이 법원에 계속 중일 것, ② 위헌 여부가 문제되는 법률이 당해 소송사건의 재판과 관련하여 적용되는 것일 것, ③ 그 법률의 위헌 여부에 따라 법원이 다른 내용의 재판을 하게 되는 경우일 것을 들고 있다("다른 내용의" 재판을 하게 되는 경우라 함은 "원칙적으로 제청법원이 심리 중인 당해 사건의 재판의 결론이나 주문에 어떠한 영향을 주는 것뿐만 아니라, 문제된 법률의 위헌 여부가 비록 재판의 주문 자체에는 아무런 영향을 주지 않는다고 하더라도 재판의 결론을 이끌어내는 이유를 달리하는 데 관련되어 있거나 또는 재판의 내용과 효력에 관한 법률적 의미가 전혀 달라지는 경우"도 포함한다. 92헌가8).

* **취소송에서의 재판전제성 문제** — 당해 재판이 행정소송일 경우에 다음과 같은 문제가 있다. 행정소송에는 행정처분을 취소해달라는 취소소송과 무효임을 확인해달라는 무효확인소송이 있는데 취소소송에는 제소기간이 있고 무효확인소송에는 제소기간이 없다. 그리고 취소와 무효의 구별에 관한 우리 대법원의 판례는 중대명백설을 취한다(중대하고도 명백하면 무효이고 중대하나 명백하지 않은 경우 취소사유에 그친다는 이론). 그런데 취소소송의 제소기간이 지난 뒤 제기된 무효확인소송에서 처분의 근거법률규정이 위헌이라고 주장하면서 제청신청을 하는 경우 재판의 전제성이 있는지가 논란된다. 헌재는 법률이 헌법에 위반된다는 사정은 헌법재판소의 위헌결정이 있

기 전에는 객관적으로 명백한 것이라고 할 수 없으므로 특별한 사정이 없는 한 이러한 하자는 행정처분의 취소사유에 해당할 뿐 당연무효 사유는 아니라고 하여 재판전제성을 부정한다(2003헌바113, 2010헌바251, 2014헌바420, 2015헌바66 등).

* **고도의 공권적 행위로서, 국제관습법상 재판권이 면제되는 주권적 행위에 대한 소송에서의 재판전제성** — 헌재는 이러한 소송에서의 위헌제청신청은 소송 자체가 부적법하다고 하여 재판전제성을 부정한다. 그 사안은 제 2 차 세계대전 직후 남한 내 일본화폐 등을 금융기관에 예입하도록 한 미군정법령 제57조가 위헌임을 전제로 한 미합중국에 대하여 한국법원에 제기한 손해배상 등 청구소송에서의 위헌제청신청사건이었는데 헌재는 미합중국 소속 미군정청이 이 군정법령을 제정한 행위는, 제 2 차 세계대전 직후 일본은행권을 기초로 한 구 화폐질서를 폐지하고 북위 38도선 이남의 한반도 일대에서 새로운 화폐질서를 형성한다는 목적으로 행한 고도의 공권적 행위로서, 국제관습법상 재판권이 면제되는 주권적 행위에 해당한다. 따라서 이 사건 법령이 위헌임을 근거로 한 미합중국에 대한 손해배상 또는 부당이득반환 청구는 그 자체로 부적법하여 이 사건 법령의 위헌 여부를 따져 볼 필요 없이 각하를 면할 수 없으므로, 이 사건 심판청구는 재판의 전제성이 없어 부적법하다고 판시하였다(2016헌바388).

3. 법원의 제청

당해 사건을 담당하는 법원이 직권 또는 당사자의 신청(유의 : 보조참가인도 제청신청을 할 수 있음. 2001헌바98, 2020헌바387)에 의한 결정으로 제청을 하여야 위헌법률심판이 이루어질 수 있다(동법 제41조 제 1 항. 제청주체가 법관이 아닌 법원임에 유의). 법원이 법률의 위헌 여부의 심판을 헌법재판소에 제청한 때에는 당해 소송사건의 재판은 헌법재판소의 위헌 여부의 결정이 있을 때까지 정지된다(동법 제42조 제 1 항 본문). 당사자의 제청신청이 법원에 의해 기각되면 당사자가 헌법재판소에 헌법소원심판을 청구하여 위헌심판을 받을 수 있다(동법 제68조 제 2 항). 이를 '위헌소원'이라고 한다(후술 헌법소원 부분 참조). 위헌소원심판이 청구되더라도 재판이 정지되지 않는다. 따라서 법원재판이 확정되고 나서 헌법재판소가 위헌결정을 하는 경우가 있고 이에 대비하여 재심제도가 마련되어 있다(동법 제75조 제 7 항).

Ⅲ. 위헌법률심판의 심리 및 결정범위

1. 심리의 원칙과 방식

위헌법률심판은 여러 사안과 사람들에 영향을 미칠 수 있는 법규범인 법률이 헌법에 위배되는지 여부를 심사하는 것이므로 그 여부를 객관적으로 명확히 밝혀야 하므로 헌재에 의한 직권판단이 더욱 요구된다. 위헌법률심판에서는 사건이 많을 것을 예상하여 서면심리주의를 택하고 있다.

2. 결정범위

헌법재판소는 제청된 법률 또는 법률 조항의 위헌 여부만을 결정한다. 다만, 법률 조항의 위헌결정으로 인하여 해당 법률 전부를 시행할 수 없다고 인정될 때에는 그 전부에 대하여 위헌결정을 할 수 있다(헌재법 제45조). 다른 법률 조항에 대한 위헌결정, '부수적 위헌선언'을 하기도 한다.

3. 정 족 수

(1) 심리정족수

헌재법 제23조는 재판관 7명 이상의 출석으로 사건을 심리한다고 규정하여 심리에 필요한 정족수를 7명 이상으로 하고 있다.

(2) 결정정족수

법률의 위헌결정에는 재판관 6명 이상의 찬성이 있어야 한다(제113조 제 1 항).

[변형결정에도 적용] 헌재는 변형결정도 위헌결정의 일종이라고 하고 변형결정에도 재판관 6인 이상의 찬성이라는 정족수 규정을 적용한다.

[재판관 의견분립의 경우] 그러다 보니 재판관의 의견이 나누어졌을 때 강한 위헌의견이 작은 위헌의견을 포함한다고 보아(강도는 단순위헌, 헌법불합치, 한정위헌 … 순이다) 예를 들어 단순위헌의견이 3명, 헌법불합치의견이 1명, 한정위원의견이 5명일 경우 한정위헌결정이 된다고 본다(2000헌가5등).

[판례변경을 위한 정족수] 판례변경의 경우에도 정족수를 재판관 6명 이상으로 가중하고 있다(헌재법 제23조 제 2 항 제 2 호).

Ⅳ. 위헌법률심판 결정의 형식

위헌법률심판의 심리결과 내려지는 결정에는 여러 가지가 있다. 결정형식은 주문의 문언에 따라 판단된다.

1. 위헌심판제청각하결정

위헌법률심판의 제청이 심판의 대상성을 결여하거나(예를 들어 조례에 대한 제청), 재판전제성 등을 결여하여 적법요건을 갖추지 못한 것이면 각하결정을 한다(일반적으로 재판절차에서 재판을 제기하기 위하여 갖추어야 할 요건을 '적법요건'이라 말하고 이를 갖추지 못하면 '부적법하다'라고 하고 본안판단에 들어가지 않고 각하한다. 실체법에서의 적법, 예를 들어 어떤 행정처분이 실체법적으로 위법이 아님을 의미하는 적법과 다른 의미이다).

2. 단순위헌, 단순합헌결정

아무런 제한이나 조건 없이 위헌이라고 하거나 합헌이라고 하는 결정이다. 즉 단순위헌결정은 주문이 예를 들어 "A법률 제9조는 헌법에 위반된다"라고 하는 결정이고, 단순합헌결정은 주문이 "A법률 제9조는 헌법에 위반되지 아니한다"라고 하는 결정이다. 법률의 위헌결정에는 재판관 6명 이상의 찬성이 있어야 한다(제113조 제1항과 헌재법 제23조 제2항 제1호). 그런데 위헌의견이 재판관 5명의 의견이고, 합헌의견이 재판관 4명의 의견인 경우처럼 위헌의견이 다수의견인 경우에 과거에는 "헌법에 위반된다고 선언할 수 없다"라는 주문의 이른바 '위헌불선언' 결정을 하였다. 그러나 1996년부터 판례변경을 하여 위헌불선언 주문의 결정을 하지 않고 단순합헌선언의 주문으로 결정하고 있다.

* 유신하 긴급조치에 대한 위헌 여부 심사기준 : 헌재는 유신헌법에는 권력분립의 원리에 어긋나고 기본권을 과도하게 제한하는 규정이 포함되어 있었는데 주권자인 국민이 제8차 및 제9차 개헌으로 이 규정들을 폐지하였고 헌재가 행하는 구체적 규범통제의 심사기준은 원칙적으로 헌법재판을 할 당시에 규범적 효력을 가지는 헌법이라고 하면서 유신헌법하 긴급조치들의 위헌 여부를 유신헌법이 아니라 현행헌법에 비추어 판단한다고 판시하였다(2010헌바132).

3. 변형결정

(1) 의의와 필요성

변형결정이란 단순히 위헌결정 또는 합헌결정이 아니라 위헌심판의 대상이 된 법률규정에 대하여 위헌성을 인정하면서도 일정기간 효력을 지속하게 하거나 일정한 해석 하에 위헌 또는 합헌이라고 하거나 하는 형식의 결정이다. 헌재가 행하였거나 행하는 변형결정으로는 헌법불합치결정(아래(2)), 한정합헌결정, 한정위헌결정(아래(3)) 등이 있다.

헌재는 이러한 변형결정을 하는 이유로, 국회의 입법권과 권위를 존중할 필요가 있다는 점, 헌법재판소의 유연·신축성 있는 적절한 판단을 위해 위헌 아니면 합헌이라는 양자택일에만 그치는 것이 아니라 그 성질상 사안에 따라 위 양자의 사이에 개재하는 중간영역으로서의 여러 가지 변형결정이 필수적으로 요청된다는 점, 단순위헌결정을 할 경우 법적 공백으로 인한 혼란이 생길 수 있다는 점 등을 들고 있다(88헌가6).

헌재는 변형결정도 위헌결정의 일종이라고 하고 변형결정에도 재판관 6인 이상의 찬성이라는 정족수 규정을 적용한다.

(2) 헌법불합치결정

헌법불합치결정은 심판대상이 된 법률의 위헌성을 인정하면서도 단순위헌결정을 할 경우에 즉시 효력이 상실되어 법적 공백이 생기므로 이로 인한 문제점이 발생할 것을 막기 위하여 입법자가 개정할 때까지 또는 일정기간 동안은 형식적으로만 존속을 인정하고 그 적용을 중지하게 하거나(최근의 적용중지의 한 예 : 헌재 2020. 11. 26, 2019헌바131) 아니면 그 기간 동안 잠정적으로 계속적용하도록 하는(계속적용의 예가 많다) 변형된 결정을 말한다.

헌법불합치결정의 주문은 기본적으로 "헌법에 합치되지 아니한다"라는 문언을 담고 있다. "A법률 제 9 조는 헌법에 합치되지 아니한다"라는 것이다. 그러한 문언과 더불어 효력(개정)시한을 주문에서 설정하는 헌법불합치결정도 있고(예를 들어 "2011년 12월 31일을 시한으로 입법자가 개정할 때까지 계속 적용된다(또는 적용을 중지하여야 한다)"라고 하여 효력이 다하는 날, 즉 개정시한을 주문에서 정하는 경우), 그러한 효력(개정)시한을 설정하지 않거나 "입법자가 개정할 때까지 계속 적용된다(또는 적용을 중지하여야 한다)"라고 하는 헌법불합치결정도 있다.

(3) 한정합헌결정 · 한정위헌결정

한정합헌결정이란 법률에 대한 여러 해석의 가능성을 가지고 있을 때 그 해석들 중 합헌적인 해석을 택하여 그 해석 하에서는 합헌이라고 선언하는 결정이다. 주문은 "A법률 제9조는 … 라고 해석하는 한 헌법에 위반되지 아니한다"라고 한다.

한정위헌결정이란 법률에 대한 여러 해석의 가능성을 가지고 있을 때 그 해석들 중 위헌해석을 택하여 그 해석 하에서 위헌이라고 선언하는 결정이다. 주문은 "A법률 제9조는 … 라고 해석하는 한(… 인 것으로 해석하는 한) 헌법에 위반된다"라고 한다. **[성격 – 일부위헌결정, 기속력인정]** 한정위헌결정 선고는 단순히 법률을 헌법에 비추어 해석하는 것에 지나지 않는 것이 아니라 헌법규범을 기준으로 하여 법률의 위헌성 여부를 심사하는 작업이며, 헌재가 법률의 위헌성 심사를 하면서 합헌적 법률해석을 하고 그 결과로서 이루어지는 한정위헌결정은 비록 법문의 변화를 가져오는 것은 아니나 법률조항 중 특정의 영역에 적용되는 부분이 위헌이라는 것을 뜻하는 일부위헌결정으로, 법률에 대한 위헌심사권을 가진 헌법재판소의 권한에 속한다. 따라서 한정위헌결정도 법 제47조 제1항에서 정한 기속력이 인정되는 '법률의 위헌결정'에 해당한다(2014헌마760; 2013헌마242; 2013헌마496; 2013헌마497).

Ⅴ. 위헌결정의 효력

1. 기 속 력

(1) 개념과 내용

헌재법 제47조 제1항은 "법률의 위헌결정은 법원과 그 밖의 국가기관 및 지방자치단체를 기속한다"라고 규정하여 법률의 위헌결정의 기속력을 명시하고 있다. 기속력이란 국가기관과 지방자치단체 등이 위헌결정의 취지를 존중하고 이에 위배되는 행위를 하여서는 아니 되는 구속을 받게 하는 힘을 말한다. 기속력은 법원 기타 모든 국가기관, 지방자치단체에 대한 효력이므로 원칙적으로 당사자에만 미치는 기판력과는 구별된다.

(2) 한정위헌결정의 경우

[대법원과 헌재 간의 대립] 변형결정인 한정위헌결정의 경우 헌재는 그 기속력을 인정하나 대법원은 부정하여 기속력 인정에 논란이 있다. i) 대법원의 부정논거 — 변형결정인 한정위헌결정에 대하여 대법원은 자신에 대한 기속력을 다음과 같은 논거로 부정한다. 즉 한정위헌결정의 경우에는 그 결정에도 불구하고 법률조항 문언이 그냥 존속하고 있는 것이므로 한정위헌결정은 법률조항의 의미, 내용 등을 정하는 법률해석이라고 보아야 한다. 그런데 구체적 사건에 있어서 법령의 해석·적용 권한은 바로 사법권의 본질적 내용을 이루는 것으로서 법원에 전속하고 만일 법원의 이러한 권한이 훼손된다면 이는 사법권 독립을 보장한 헌법 제103조에도 위반되는 결과를 초래한다. 그러므로 한정위헌결정에 표현되어 있는 헌재의 법률해석에 관한 견해는 법원에 전속되어 있는 법령의 해석·적용 권한에 대하여 기속력을 가질 수 없다는 것이다(대법원 95누11405). ii) 헌재의 긍정논거 — 한정위헌결정은 구체적 사건에서 법률조항에 대한 법원의 특정한 해석·적용의 당부를 심사한 것이 아니라, 법률조항의 규범 영역 중 일부가 헌법에 위반되어 무효라는 내용의 일부위헌결정이다. 구체적 사건에서 법원의 법률의 해석·적용 권한이 사법권의 본질적 내용을 이루는 것은 부정할 수 없다. 그러나 법률조항의 문언 자체에 변화가 없고 헌법재판소가 법률조항의 규범 영역 중 헌법에 위반되어 효력을 상실하는 부분을 '해석'이라는 표현을 사용하여 지칭하였다는 이유로 법률에 대한 위헌성 심사의 결과인 한정위헌결정을 규범통제가 아닌 구체적 사건에서의 법원의 법률의 해석·적용 권한에 대한 통제라고 볼 수는 없다. 따라서 헌재의 한정위헌결정은 일부위헌결정으로서 법률에 대한 위헌결정에 해당하고 기속력이 있다(2013헌마242. 동지 : 2014헌마760; 2013헌마496; 2013헌마497). **[한정위헌결정의 기속력을 부정한 법원의 판결을 헌재가 취소한 예]** 96헌마172(과세처분에 관한 대법원의 행정소송 상고기각판결), 2013헌마242; 2014헌마760; 2013헌마496; 2013헌마497(이 네 개 결정들은 법원의 재심기각결정(판결)을 취소한 것임). * 이 법원판결 취소에 대해서는 뒤의 제 3 절 헌법소원심판, Ⅲ.

헌법소원심판의 청구요건, 1. 헌법소원심판의 대상성, (3) 대상성이 부정되는 경우 2) 법원의 재판, [예외적 인정] 부분 참조.

2. 위헌결정의 장래효

(1) 원칙적 장래효, 예외적 소급효

헌재법 제47조 제2항은 "위헌으로 결정된 법률 또는 법률의 조항은 그 결정이 있는 날부터 효력을 상실한다"라고 하여 이른바 장래효를 원칙으로 규정하고 있다(장래효원칙의 합헌성인정 : 92헌가10, 2001헌바7등; 2010헌마533, 2020헌바401). 장래효로 규정한 이유는 소급효를 인정하였을 때 법적 불안정이 초래되는 것을 막기 위한 데에 있다. 그러나 장래효만 인정하고 소급효를 부정하면 위헌결정을 얻어낸 당사자라도 기본권을 침해하는 공권력작용이 있었던 당시에는 법률이 유효했던 것으로 되어 구제가 되지 못하는 문제가 생긴다. 이 때문에 위헌결정의 장래효를 규정한 헌재법 제47조 제2항이 위헌인지 여부가 문제되었으나 헌재는 합헌으로 보았다. 그러나 헌재는 예외적으로 소급효의 인정이 가능하다고 본다. 즉, "법원의 제청 · 헌법소원의 청구 등을 통하여 헌법재판소에 법률의 위헌결정을 위한 계기를 부여한 당해 사건, 위헌결정이 있기 전에 이와 동종의 위헌 여부에 관하여 헌법재판소에 위헌제청을 하였거나 법원에 위헌제청신청을 한 경우의 당해 사건, 그리고 따로 위헌제청신청을 아니하였지만 당해 법률 또는 법률의 조항이 재판의 전제가 되어 법원에 계속 중인 사건에 대해서는 소급효를 인정하여야 할 것"이라고 본다. 그리고 "당사자의 권리구제를 위한 구체적 타당성의 요청이 현저한 반면에 소급효를 인정하여도 법적 안정성을 침해할 우려가 없고 나아가 구법에 의하여 형성된 기득권자의 이득이 해쳐질 사안이 아닌 경우로서 소급효의 부인(否認)이 오히려 정의와 형평 등 헌법적 이념에 심히 배치되는 때"에는 소급효가 인정될 수 있다고 본다(92헌가10).

(2) 형벌에 관한 법률(조항)의 소급효

위와 같은 원칙적 장래효에도 불구하고 형벌에 관한 법률 또는 법률의 조항은 소급하여 그 효력을 상실한다. 다만, 해당 법률 또는 법률의 조항에 대하여 종전에 합헌으로 결정한 사건이 있는 경우에는 그 결정이 있는 날의 다음

날로 소급하여 효력을 상실한다(헌재법 제47조 제3항. 위 단서규정은 소급효제한을 위해 2014. 5. 20. 신설된 규정인데 평등원칙 위반이라는 주장의 위헌소원심판이 청구된 바 있다. 헌재는 신뢰와 법적 안정성을 확보하는 것이 중요하다는 입법자의 결단에 따라 위헌결정의 소급효를 제한한 것이므로, 이러한 소급효 제한이 불합리하다고 보기는 어렵다고 하여 합헌결정을 하였다(2015헌바216)). 위와 같은 소급효의 경우에 위헌으로 결정된 법률 또는 법률의 조항에 근거한 유죄의 확정판결에 대하여는 재심을 청구할 수 있다(헌재법 제47조 제4항).

* 헌법재판소 위헌결정의 송부의무와 위원회 심사 — 헌법재판소는 종국결정이 법률의 제정 또는 개정과 관련이 있으면 그 결정서 등본을 국회로 송부하여야 하도록 의무화하고 소관 법률의 제정 또는 개정이 필요하다고 판단하는 경우 소위원회에 회부하여 이를 심사하도록 하고 있다(국회법 제58조의2. 2016. 12. 16. 신설된 규정임).

제2절 권한쟁의심판

Ⅰ. 권한쟁의심판의 개념과 기능 및 종류

권한쟁의심판이란 국가기관 상호 간, 국가기관과 지방자치단체 간 및 지방자치단체 상호 간에 권한의 유무 또는 범위에 관하여 다툼이 있을 때 이를 해결하는 헌법재판을 말한다. 권한쟁의심판은 국가기관 간의 권한에 관한 다툼을 해결함으로써 권력분립의 원리를 실현하고 권력에 대한 법적 통제를 하며 이로써 헌법을 수호하는 기능을 가진다. 현재 권한쟁의심판의 유형으로는 ① 국가기관 상호 간, ② 국가기관과 지방자치단체 간[국가기관과 특별시, 광역시, 특별자치시, 도, 특별자치도(이하 편의상 '광역지방자치단체라'라 함) 간, 국가기관과 시, 군, 구(이하 편의상 '기초지방자치단체라'라 함) 간], ③ 지방자치단체 상호 간(기초지방자치단체와 광역지방자치단체 간, 기초지방자치단체와 기초지방자치단체 간, 광역지방자치단체와 광역지방자치단체 간)의 권한쟁의심판이 있을 수 있다(헌재법 제62조 제1항). 지방자치단체 상호 간 권한쟁의심판, 즉 위 ③의 경우에는 서로 상이한 권리주체간 권한쟁의를 의미한다고 헌재는 보고(2009헌라11) '지방교육자치에 관한 법률'은 교육감을 명시적으로 시·도의 교육·학예에 관한 사무의 '집행기관'으로 규정하고 있으므로(제18조 제1

항), 교육감을 지방자치단체 그 자체라거나 지방자치단체와 독립한 권리주체로 볼 수 없고 따라서 교육감과 지방자치단체 상호간의 권한쟁의심판은 '서로 상이한 권리주체간'의 권한쟁의심판청구로 볼 수 없다고 한다(2014헌라1. 따라서 지방자치단체의 의결기관을 구성하는 지방의회 의원과 그 기관의 대표자인 지방의회 의장 사이의 내부적 분쟁에 관련된 심판청구도 헌법재판소가 관장하는 지방자치단체 상호간의 권한쟁의심판에 속하지 아니하여 제62조 제1항 제2호의 국가기관과 지방자치단체 상호간의 권한쟁의심판에 해당하지 않는다고 한다(2009헌라11). 이 문제는 당사자능력에도 해당되므로 아래에서 다시 보게 된다).

Ⅱ. 권한쟁의심판의 청구요건

1. 당사자능력

[개념] 당사자능력(당사자적격(?))이란 재판을 제기하거나 제기받는 지위에 있을 수 있는 일반적인 능력을 말한다. **[예시설]** 헌재법 제62조 제1항 제1호는 국가기관 상호간의 권한쟁의심판의 당사자로 국회, 정부, 법원 및 중앙선거관리위원회를 규정하고 있다. 문제는 위 제1호의 규정이 열거규정인가 예시규정인가 하는 것이다. 헌재는 이전에는 열거규정으로 보았으나, 판례를 변경하여 예시규정으로 보고, **[판별기준]** 헌법 제111조 제1항 제4호 소정의 '국가기관'에 해당하는지 아닌지를 판별함에 있어서는 그 국가기관이 헌법에 의하여 설치되고 헌법과 법률에 의하여 독자적인 권한을 부여받고 있는지 여부, 헌법에 의하여 설치된 국가기관 상호간의 권한쟁의를 해결할 수 있는 적당한 기관이나 방법이 있는지 여부 등을 종합적으로 고려하여야 할 것이라고 한다(96헌라2). **[인정례]** 그리하여 국회의원이나 국회의장 등 그 외의 국가기관의 경우에도 당사자가 될 수 있다고 보고(96헌라2), 구·시·군 선거관리위원회도 당사자가 될 수 있다고 본다(2005헌라7). 국회 상임위원회 위원장도 피청구인이 될 수 있다고 본다(2008헌라7, 2022헌라2). * 법무부장관과 청구인 검사들 : 헌재는 이들의 일반적인 당사자능력이 인정된다고 한다(2022헌라4. 사건은 국회가 검찰청법 및 형사소송법을 개정한 행위가, 헌법과 법률에 의하여 부여된 검사들의 수사·소추권 및 법무부장관이 관장하는 검사에 관한 사무 권한을 침해한다고 주장하며 그들의 권한침해확인 및 그 행위의 무효확인을 구하는 권한쟁의심판사건이었다. 이렇게 당사자능력은 인정되었으나 당사자적격, 권한침해가능성이 부정된다고 하여 결

국 각하결정이 되었다). **[부정례]** 그러나 i) 국회의 소위원회 및 그 위원장은 헌법에 의하여 설치된 국가기관에 해당한다고 볼 수 없다고 하여 당사자능력을 부정한다(2019헌라4, 2024헌라7). 안건조정위원회 위원장도 부정되었다(2019헌라5). 마찬가지로 원내교섭단체에 대해서도 부정한다(2019헌라6등). ii) 그외 법률에 의해 설치된 기관에 대한 부정 : ① 국가인권위원회 — 헌재는 국가인권위원회는 법률에 의하여 설치된 기관이어서 당사자능력이 인정되지 아니한다고 한다(2009헌라6. * 비판 — 그러나 국가인권위가 독립성을 가지는 점, 권한쟁의심판에서는 법률상 권한침해도 판단대상이 된다는 점 등에서 이러한 판례를 받아들이기 어렵다). ② 원자력위원회 등 법률상 위원회 — 부정되었다(2019헌사1121). ③ 국가경찰위원회 — 법률('국가경찰과 자치경찰의 조직 및 운영에 관한 법률')에 의하여 설치된 국가기관으로서 권한쟁의심판을 청구할 당사자능력이 없다고 헌재는 결정했다[2022헌라5, 국가경찰위원회와 행정안전부장관 간의 권한쟁의(행정안전부장관의 소속청장 지휘에 관한 규칙 권한쟁의 사건)].

[정당에 대한 부정] 헌재는 정당은 권한쟁의심판의 청구인이 될 수 없다고 본다. 그 이유로 정당은 "그 법적 성격은 일반적으로 사적 · 정치적 결사 내지는 법인격 없는 사단으로 파악된다"라고 한다(2019헌라6 등).

[지방자치단체의 경우] i) 기반적 법리 — 지방자치단체가 관련되는 권한쟁의사건에서는 어디까지나 지방자치단체 자체가 당사자가 된다. 예 : S시의 시장이 아니라 S시 자체가 당사자가 되어야 한다는 것이다. ii) 예시설의 부정 — 헌재는 '지방자치단체'의 경우에는 지방자치단체 상호간의 권한쟁의심판을 규정하고 있는 헌법재판소법 제62조 제 1 항 제 3 호를 예시적으로 해석할 필요성 및 법적 근거가 없다고 한다(2009헌라11; 2014헌라1). 그리하여 지방자치단체 내부의 기관들 간의 분쟁은 헌재법상의 권한쟁의심판에 해당하지 않는다고 본다(즉 시 · 도의 교육 · 학예에 관한 집행기관인 교육감과 해당 지방자치단체 사이의 내부적 분쟁과 관련된 심판청구, 지방의회 의원과 그 기관의 대표자인 지방의회 의장 사이의 내부적 분쟁에 관련된 심판청구, 지방자치단체의 의결기관과 지방자치단체의 집행기관 사이의 내부적 분쟁과 관련한 권한쟁의심판청구는 헌법 제111조 제 1 항 제 4 호 및 헌법재판소법 제62조 제 1 항 제 3 호의 지방자치단체 상호간의 권한쟁의심판에 해당한다고 볼 수 없다고 한다. 2009헌라11; 2014헌라1; 2018헌라1).

[제 3 자소송 담당의 부정] 한편 헌재는 권리주체가 아닌 제 3 자가 권리주체를 위하여 소송을 수행하는 소위 '제 3 자 소송담당'을 권한쟁의심판에서는 이를

허용하는 현행법률의 규정이 없다고 하여 부정한다. 이러한 입장에서 헌재는 국회의원이 '국회'의 조약에 대한 체결·비준동의권의 침해를 주장하는 권한쟁의심판을 청구할 수 없다고 하여 청구를 각하하였다(2005헌라8; 2006헌라5; 2011헌라2; 2013헌라3 등). 입법권행사에 관련하여서도 마찬가지 판례이론이다. 즉 국회의원이 국회의 입법권침해를 이유로 권한쟁의심판을 청구할 수 없다고 각하한 동지의 판례도 있다(2015헌라5). 국회동의권은 결국 의원의 권한(표결권 등)으로 행사된다는 점 등에서 이 판례이론은 문제가 있다(이에 대해서는, 정재황, 헌법재판론, 박영사, 2020 참조).

[국회의 청구에 있어서 본회의 의결이 있어야 하는지 여부 문제] 이 문제는 국회가 2024. 12. 26. 헌법재판관으로 선출한 3인 중 1인을 대통령권한대행이 헌법재판관으로 임명하지 아니한 부작위가 국회의 헌법상·법률상 권한을 침해하는지 여부에 관한 청구에서 제기되었다. 즉 그 청구가 적법하기 위해서는 그 제기 여부를 별도의 독립된 안건으로 하는 본회의 의결이 필요한지 여부가 쟁점이 되었다. 헌재는 국회 권한 침해의 확인, 헌법적 해명필요성 등을 보아 판단한다는 입장인 것으로 이해된다. 헌재는 이 사안에서 그 확인과 헌법적 해명필요성이 있다는 취지의 다음과 같은 이유로 본회의의 의결을 거치지 않았다고 하더라도 국회의장의 대표권 범위 내에서 적법하게 제기된 것으로 본다(2025. 2. 27. 2025헌라1. [결정이유] 권한쟁의심판제도의 의의가 헌법기관의 침해된 권한을 회복하여 헌법적 권한질서와 헌법의 규범적 효력을 보호하고자 하는 데에 있고, 헌법이나 국회법, 헌법재판소법 등에서 청구인의 권한쟁의심판청구에 관한 절차적 규제를 두고 있지 않은 점을 고려하면, 청구인이 권한쟁의심판을 통해 보호하고자 하는 권한과 관련하여 이미 본회의 의결을 통해 그 권한 실현 의사를 결정하고 나아가 그와 같이 결정된 의사가 다른 국가기관에 의하여 침해되었음을 확인한 경우에는, 청구인(국회)을 대표하는 국회의장은 그 대표권에 기하여 청구인의 권한이 침해받고 있는 데에 대한 방어적 행위로서 해당 국가기관을 상대로 권한쟁의심판을 청구할 수 있고, 권한쟁의심판을 청구하기 위한 별도의 본회의 의결은 필요하지 않다고 보는 것이 타당하다. 이 권한침해확인 청구 부분은 이미 2024. 12. 26.자 본회의 의결로 이루어진 청구인의 재판관 선출에 기초한 것으로, 청구인은 위 본회의 의결을 통해 청구인의 헌법상 권한인 선출권 행사에 관한 의사를 결정하였다. 또한 그 무렵 대통령 권한대행이던 국무총리가 여야합의가 확인되어야 청구인이 선출한 사람을 재판관으로 임명할 수 있다는 의사를 피력하자 청구인은 2024. 12. 27. 본회의에서 국무총리에 대한 탄핵소추를 의결하였는데, 이는

청구인의 선출권이 대통령 권한대행이던 국무총리의 재판관 미임명에 의하여 침해되었음을 위 본회의의 의결을 통해 확인한 것으로 볼 수 있다. 이러한 사정에다가 청구인의 권한 회복과 관련될 뿐만 아니라 재판관 미임명으로 인한 헌법재판소 구성에 관한 헌법질서의 침해를 회복하기 위하여 헌법적 해명을 할 필요성이 큰 점 등을 더하여 보면, 국회의장이 청구인을 대표하여 제기한 이 부분 심판청구는 그 제기 여부를 독립된 안건으로 하여 본회의의 의결을 거치지 않았다고 하더라도 국회의장의 대표권 범위 내에서 적법하게 제기된 것으로 보아야 한다).

[피청구인] 피청구인이 될 수 있는 '국가기관'에 해당하는지 여부는 위 [판별기준]에서 서술한 대로 "그 국가기관이 헌법에 의하여 설치되고 헌법과 법률에 의하여 독자적인 권한을 부여받고 있는지, 권한의 존부를 둘러싼 다툼을 해결할 적당한 기관이나 방법이 있는지 등을 종합적으로 고려하여 판단"하여야 한다. 그 기준에 따라 피청구인으로서 당사자능력이 부정된 예로, "문화재청 및 문화재청장은 정부조직법 제36조 제 3 항, 제 4 항에 의하여 행정각부 장의 하나인 문화체육관광부장관 소속으로 설치된 기관 및 기관장으로서", 오로지 법률로 설치된 기관으로서 피청구인으로서 당사자능력이 부정되었다(2023헌라1). 그리고 피청구인은 처분 또는 부작위를 통해 권한침해의 법적 책임을 질 수 있는 지위에 있는 기관이 된다. 헌재는 법률의 제 · 개정 행위를 다투는 권한쟁의심판의 경우에는 국회가 피청구인적격을 가지므로, 청구인들이 국회의장 및 기재위 위원장에 대하여 제기한 이 사건 국회법 개정행위에 대한 심판청구는 피청구인적격이 없는 자를 상대로 한 청구로서 부적법하다고 한다(2015헌라1).

[용어의 혼동] 헌재는 당사자'능력'과 당사자'적격'이란 말을 혼용하는 예들을 보여주는데 일반적으로 재판절차법상 '적격'이란 자신의 권리의 침해가 해당 사안에 관련하여 발생할 수 있을 가능성을 의미한다면 뒤에서 보는 또 다른 요건인 권한 침해성 등이 '적격' 문제인데 이와 구별이 어려워 구분되어야 하고 양자를 구분하여 쓰는 결정례(2010헌라2; 2016헌라8등)도 있으나 당사자적격을 처분성 문제로 주로 따지고 마찬가지로 적격문제인 권한침해가능성 문제는 별도로 판시하여 혼란을 여전히 보여주고 있다. 정리되어야 할 부분이다.

[당사자적격] 우리는 바로 위에서 적격이란 말을 권한침해성을 말하는 것이라고 서술했는데 최근 헌재는 "피청구인의 처분 또는 부작위로 침해당했다고

주장하는 헌법상 또는 법률상 권한과 적절한 관련성이 인정되는 기관만이 '청구인적격'을 갖고, 그러한 처분 또는 부작위를 야기한 기관으로서 적절한 관련성이 인정되는 기관만이 '피청구인적격'을 가진다"라고 한다(2022헌라4). 그리하여 헌재는 이 기준에 따라 국회가 2022. 5. 9. 검찰청법을 개정(그 주요내용은 검사가 수사를 개시할 수 있는 범죄의 범위를 부패범죄 및 경제범죄 등으로 축소하고, 검사는 자신이 수사개시한 범죄에 대하여는 공소를 제기할 수 없도록 함 등)한 행위 및 같은 날 형사소송법을 개정(그 주요 내용은 사법경찰관으로부터 송치 받은 사건에 대하여 검사가 직접 보완수사를 할 수 있는 범위를 축소하여, 시정조치요구 불이행, 체포 · 구속 장소 감찰 시 위법한 체포 · 구속의 의심, 사법경찰관의 불송치결정에 대한 이의신청에 따라 송치된 사건의 경우에는 해당 사건과 동일성을 해치지 아니하는 범위 내에서만 검사가 수사할 수 있도록 함 등)한 행위에 대한 권한쟁의심판에서 '검사'와 '법무부장관'이 당사자적격을 가지는지 판단했다. (1) '검사'의 경우 : '검사'는 앞서 살펴본 바와 같이 영장신청권을 행사하고(헌법 제12조 제 3 항, 제16조), 공익의 대표자로서 범죄수사, 공소제기 및 그 유지에 필요한 사항 등에 관한 직무를 담당하여(검찰청법 제 4 조 제 1 항), 헌법과 법률에 의해 독자적인 권한을 부여받고 있다. 이 법률개정행위는 이와 같은 검사의 수사 및 공소제기에 관한 권한 중 일부를 조정 · 제한하는 것을 주요 골자로 하고 있으므로, 검사는 이 법률개정행위에 대하여 권한쟁의심판을 청구할 적절한 관련성을 가지고 있고 따라서 청구인적격이 인정된다. (2) '법무부장관'의 경우 : 법무부장관에게는 일반적으로 검사를 지휘 · 감독하고 구체적 사건에 대하여는 검찰총장만을 지휘 · 감독할 권한이 있으나(검찰청법 제 8 조), 이 사건 법률개정행위가 이와 같은 법무부장관의 지휘 · 감독권한을 제한하는 것이 아님은 명백하며, … 수사권 · 소추권을 직접적으로 행사하지 아니하는 법무부장관에게 이 사건 법률개정행위에 대하여 권한쟁의심판을 청구할 적절한 관련성이 있다고 보기 어렵다. 따라서 법무부장관은 청구인적격이 인정되지 아니한다. * 비평 : 여하튼 '적격'이란 말을 '능력'이란 말과 구분해 쓰는 것은 진전이라고 본다. 다만, 아래에 볼 3.에서 말하는 '침해가능성'과 '관련성'을 같이 볼 것인지 구분할 것인지는 보다 선명해질 필요가 있겠다. 헌재는 적격 판단에 연이어 '침해기능성'을 따져 별개로 보는 입장으로 이해된다. 생각건대 바로 자신의 권한으로 관련되지 않으면 침해가능성도 없다는 점에서 어떻게 구분되는지 의문이다. 외부에 의한 침해가능성을 의미한다는 생각이라면 그것은 피청구인의 처분 또는 부작위(아래 3.)가 침해를 가져올 가능성 문제로 귀결된다.

2. 피청구인의 처분 또는 부작위의 존재

헌재법 제61조 제2항은 피청구인의 처분 또는 부작위('부작위'란 행위를 하지 않는 것을 말하고 '불행사'라고도 함)가 헌법 또는 법률에 의하여 부여받은 청구인의 권한을 침해하였거나 침해할 현저한 위험이 있는 경우에만 권한쟁의심판을 청구할 수 있다고 규정하고 있다. 여기서의 처분은 행정청의 행정행위로서의 처분보다 넓은 개념이다. 헌재도 권한쟁의심판의 대상이 되는 처분은 입법행위와 같은 법률의 제정 또는 개정과 관련된 권한의 존부 및 행사상의 다툼, 행정처분은 물론 행정입법과 같은 모든 행정작용 그리고 법원의 재판 및 사법행정작용 등을 포함하는 넓은 의미의 공권력처분을 의미하는 것으로 보아야 한다고 한다[2005헌라4(종부세법 제정행위의 처분성은 인정하였으나 청구기간 도과로 각하함), 2005헌라7(지방자치단체가 부담하는 선거비용을 증가시키는 공직선거법 개정행위에 대해 국회를 피청구인으로 한 청구였음. 본안판단 결과 기각함), 2015헌라1(국회법 개정행위를 대상으로 국회의장, 기재위 위원장을 피청구인으로 한 심판이었는데 국회가 피청구인이 아니라는 이유로 각하함) * 한편 2023년에 나온 2022헌라2 결정에서도 피청구인이 국회의장이었는데 해당 법률개정행위가 국회의장의 처분이 아니라고 설시하면서 아예 심판대상에서 제외함]. 헌재는 국회의 법률제정·개정행위에 대해 처분성을 인정한 바 있다(2005헌라4, 2005헌라7). 그런데 헌재는 "여기서 '처분'이란 법적 중요성을 지닌 것에 한하는 것으로, 청구인의 법적 지위에 구체적으로 영향을 미칠 가능성이 있는 행위여야 한다"라고 한다(2005헌라7). 그리하여 피청구인 강남구선거관리위원회의 청구인 서울특별시 강남구에 대한 지방자치단체 선거관리경비 산출 통보행위는 청구인 서울특별시 강남구의 법적 지위에 어떤 변화도 가져오지 않아 권한쟁의 심판의 대상이 되는 처분이 아니라고 보았다(2005헌라7). 그리고 국무총리 소속 사회보장위원회가 '지방자치단체 유사·중복 사회보장사업 정비 추진방안'을 의결한 행위는 내부 행위로 대외적 효력이 없어 처분성이 부정되었고 보건복지부장관이 광역지방자치단체의 장에게 '지방자치단체 유사·중복 사회보장사업 정비지침'에 따라 정비를 추진하고 정비계획(실적) 등을 제출해주기 바란다는 취지의 통보를 한 행위도 업무협조 요청에 불과하여 헌법상·법률상 보장된 지방자치단체 권한들이 박탈되거나 권한행사에 제약을 준다고 할 수 없어 처분성이 부정되어 나온 각하결정이 있었다(2015헌라4).

장래처분에 대해서는 권한쟁의심판의 청구가 원칙적으로 부정되나 헌재는 ① 피청구인의 장래처분이 확실하게 예정되어 있고, ② 피청구인의 장래처분에 의해서 청구인의 권한이 침해될 위험성이 있어서 청구인의 권한을 사전에 보호해 주어야 할 필요성이 매우 큰 예외적인 경우에는 피청구인의 장래처분에 대해서도 청구할 수 있다고 본다(2000헌라2, 2005헌라2, 2005헌라9등, 2009헌라3, 2009헌라4, 2009헌라5, 2015헌라2, 2022헌라1).

부작위의 경우에 헌재는 일정한 요건을 설정하고 있다. 즉 "피청구인의 부작위에 의하여 청구인의 권한이 침해당하였다고 주장하는 권한쟁의심판은 피청구인에게 헌법상 또는 법률상 유래하는 작위의무가 있음에도 불구하고 피청구인이 그러한 의무를 다하지 아니한 경우에 허용된다"고 한다(98헌라3).

3. 권한의 유무 또는 범위에 관한 다툼의 존재

권한의 유무 또는 범위에 관하여 청구인과 피청구인 사이의 다툼이 있어야만 권한쟁의심판을 청구할 수 있다(헌재법 제61조 제1항).

4. 권한을 침해하였거나 침해할 현저한 위험이 있을 것

(1) 권 한

피청구인의 처분 또는 부작위가 청구인의 권한을 침해하였거나 침해할 현저한 위험이 있는 경우에만 권한쟁의심판을 청구할 수 있다는 것은 피청구인의 처분 또는 부작위로 인하여 침해되는 청구인의 권한이 법적으로 존재할 것을 전제하여야 한다. 여기의 권한은 헌재법 제61조 제2항이 "헌법 또는 법률에 의하여 부여받은 청구인의 권한을 침해하였거나"라고 규정하고 있으므로 헌법뿐 아니라 법률에 의하여 부여된 권한도 포함된다. 헌재는 행정관습법에 비추어 권한을 인정하기도 하였다. 그 예로 지방자치단체의 관할구역을 국가기본도상의 해상경계선을 관습법상 해상경계선으로 인정하여 이를 토대로 확정하기도 하였었다(2000헌라2 등). 그러나 해상경계선 확정에 있어서 헌재는 2015년에 위와 같은 선례의 법리를 변경하여 형평의 원칙에 따라 확정하여야 한다고 보면서, 등거리 중간선 원칙, 관련 법령의 현황, 연혁적인 상황, 행정권한 행사 내용, 사무 처리의 실상, 주민의 사회·경제적 편익 등을 종합적으로 고려하여 합리적이고 공평하게 획정해야 한다고 판시하였다(2010헌라2).

지방자치단체는 국가사무(2010헌라3. 사립대학의 신설, 학생증원은 국가사무. 2017헌라2. 군 공항 이전사업도 국가사무로서 지방자치단체인 청구인의 자치권한을 침해하였다거나 침해할 현저한 위험이 있다고 보기 어렵다), 기관위임사무에 관하여 청구할 수 없다(98헌라4, 2000헌라2, 2009헌라3, 2009헌라4, 2009헌라5, 2011헌라1, 2012헌라3(전라북도교육감과 교육과학기술부장관 간의 권한쟁의)). 기관위임사무는 지방자치단체 자체가 아니라 지방자치단체의 장이라는 집행기관에 위임된 것이기 때문이다.

헌재는 국회의원의 심의·표결권은 국회의 대내적인 관계에서 행사되고 침해될 수 있을 뿐 다른 국가기관과의 대외적인 관계에서는 침해될 수 없는 것이므로 국회 외부기관인 대통령이 국회의 동의 없이 조약을 체결·비준하였다 하더라도 국회의원인 청구인들의 심의·표결권이 침해될 가능성은 없다고 한다(2005헌라8, 2006헌라5). 입법권행사에 관련하여서도 마찬가지 판례이론이다. 즉 장관의 처분(세종시 '중앙행정기관 등의 이전계획'을 변경한 행위)이 국회의 입법권을 침해하고 자신들의 심의·표결권을 침해당하였다고 주장하여 국회의원들이 권한쟁의심판을 청구한 사건에서 침해가능성을 부정하여 각하한 동지의 판례도 있다(2015헌라5).

(2) 권한의 '침해', '침해할 현저한 위험'

헌재는 이의 판단기준을 아래와 밝히고 있다.

헌재 2019. 4. 11, 2016헌라3. [판시] 여기서 '권한의 침해'란 피청구인의 처분 또는 부작위로 인한 청구인의 권한침해가 과거에 발생하였거나 현재까지 지속되는 경우를 의미하고, '권한을 침해할 현저한 위험'이란 아직 침해라고는 할 수 없으나 조만간 권한침해에 이르게 될 개연성이 상당히 높은 상황, 즉 현재와 같은 상황의 발전이 중단되지 않는다면 조만간에 권한침해가 발생할 것이 거의 확실하게 예상되며, 이미 구체적인 법적 분쟁의 존재를 인정할 수 있을 정도로 권한침해가 그 내용에 있어서나 시간적으로 충분히 구체화된 경우를 말한다. * 사안 : 지방자치단체가 협의·조정을 거치지 아니하거나 그 결과를 따르지 아니하고 사회보장제도를 신설 또는 변경하여 경비를 지출한 경우 행정안전부장관이 교부세를 감액하거나 반환을 명할 수 있는 것으로 대통령령을 개정한 행위가 서울특별시의 자치권한을 침해 또는 침해할 현저한 위험성이 있다고 하여 청구된 사안인데 헌재는 협의 결렬과 경비 지출, 지방교부세 감액이라는 일련의 조건이 모두 성립하여야만 비로소 권한침해가 구체적으로 발생하는 것이라는 이유로 부정하고 각하결정함.

* 위에서도 각하한 결정례들이 인용되었지만 그 외에도 다음과 같은 결정들이 있었다. ① 국회특별위원회 위원 개선(교체)행위에 대한 권한쟁의심판에서 의안에 관한 심의·표결절차에 들어갈 때 비로소 침해(침해위험성)가 있다는 이유로 청구시 위험성이 부정된다고 하여 각하한 결정이 있다(헌재 2020. 5. 27, 2019헌라3, 2019헌라2(병합)). ② 매립지 관련 결정들이 적지 않은데 헌재는 "행정안전부장관의 결정이 확정됨으로써 비로소 관할 지방자치단체가 정해지며, 그 전까지 해당 매립지는 어느 지방자치단체에도 속하지 않는다 할 것이다. 그렇다면 이 사건 매립지의 매립 전 공유수면에 대한 관할권을 가졌을 뿐인 청구인들이, 그 후 새로이 형성된 이 사건 매립지에 대해서까지 어떠한 권한을 보유하고 있다고 볼 수 없으므로, 이 사건에서 청구인들의 자치권한이 침해되거나 침해될 현저한 위험이 있다고 보기는 어렵다"라고 하여 각하결정을 하였다(헌재 2020. 7. 16, 2015헌라3). ③ 국회의장이 대통령 권한대행인 국무총리에 대한 탄핵소추안에 대통령에 대한 탄핵소추의결정족수인 헌법 제65조 제2항 단서의 국회재적의원 3분의 2 찬성(가중정족수)이 아니라, 동조 동항 본문의 '국회재적의원 과반수의 찬성' 의결정족수를 적용하여 이를 가결로 선포한 행위가, 그 의결정족수 적용에 반대하는 국회의원들의 이 탄핵소추안에 관한 심의·표결권을 침해할 가능성이 없다고 보아 각하하였다(2025. 4. 10. 2024헌라8. [결정요지] 대통령 권한대행 국무총리에 대한 탄핵소추 의결정족수는 헌법 제65조 제2항의 해석에 관한 문제여서 국회의 심의·표결로 결정할 사안이 아닌바, 최종 판단은 헌법재판소에 달려 있음은 별론으로 하고, 그에 관한 확립된 해석이 없는 상황에서 피청구인이 일정한 의견수렴을 거쳐 '일반 의결정족수'를 적용한 것을 두고 헌법이나 법률을 명백히 위반한 흠이 있다거나 그로 인해 청구인들의 심의·표결권이 침해될 가능성이 있다고까지 단정하기는 어렵다. 게다가 청구인들 대부분이 본회의 표결 과정에 자유롭게 참여할 기회가 보장되었음에도 이를 스스로 행사하여 반대에 투표하지 아니한 이상, 청구인들의 이 사건 탄핵소추안에 대한 심의·표결권이 침해될 가능성이 있다고 볼 수 없다). ④ 대통령에 대한 탄핵소추의결로 권한행사정지 중 대통령이 자신에 대한 영장청구·발부행위로 국군통수권, 계엄선포권 권한이 침해되었다는 주장으로 했던 권한쟁의심판 청구를 헌재가 권한행사 정지 및 권한대행 중이라 침해가능성이 부정된다고 하여 각하하였다(2025. 11. 27. 2025헌라2, 앞의 국회, 탄핵소초의결 효과 부분 참조).

*사실 위 ②의 결정을 헌재가 내놓았지만 새로 생긴 매립지를 둘러싼 경계획정의 관할을 헌재가 가지는지 대법원이 지방자치법 제5조 제9항에 따라 가지는지가 명확하지 않다.

[권한침해가능성에 있어] '침해의 원인'과 '침해의 대상'의 관계 헌재는 최근 "국회·정부·법원·중앙선거관리위원회의 처분 또는 부작위가 권한 침해의 원인인 피청구인의 행위로 인정될 수 있다. 다만, 이와 같이 다양한 침해의 원인 중 '국회의 입법행위'는 침해의 대상 중 '법률에 의하여 부여받은 권한'과의 관계에서 특별한 의미를 가진다. 국가기관의 '헌법상 권한'은 헌법에 의하여 직접 부여된 권한이므로, 국회의 입법행위를 비롯한 다양한 국가기관의 작위 또는 부작위로 침해될 가능성이 있다. 그러나 국가기관의 '법률상 권한'은, … 국회의 입법행위로는 침해될 수 없다. 국가기관의 헌법상 권한이 아닌 법률상 권한은, 헌법에 의해 부여된 권한이 아니라 국회의 구체적인 입법행위에 의하여 비로소 그 내용과 범위가 형성되어 부여되는 것이기 때문이다. 국가기관의 법률상 권한은 국회의 입법행위에 의하여 형성·부여된 권한일 뿐, 역으로 국회의 입법행위를 구속하는 기준이 될 수 없으므로, 청구인이 문제 삼고 있는 침해의 원인이 '국회의 입법행위'인 경우에 청구인의 '법률상 권한'을 침해의 대상으로 삼는 심판청구는 그 권한침해가능성을 인정할 수 없다"라고 한다.

그리하여 헌재는 검찰청법, 형사소송법 개정(검사의 수사권 축소 등에 관한 개정) 행위에 대해 검사들이 청구한 권한쟁의심판에서 검사들의 헌법상 권한 침해가능성은 인정되지 아니한다고 보았다.

2022헌라4. [결정요지] (1) … (2) 청구인 검사들이 다투고자 하는 '침해의 원인'의 내용 — 검사들이 국회의 위 법률개정행위를 침해의 원인으로 설정함으로써 권한쟁의심판청구를 통해 궁극적으로 권한 침해를 다투고자 하는 법률조항은, 검사는 부패범죄·경제범죄 등 대통령령으로 정하는 중요 범죄에 대하여 수사개시할 수 있고(개정 검찰청법 제 4 조 제 1 항 제 1 호 가목), 자신이 수사개시한 범죄에 대하여는 공소제기할 수 없고(개정 검찰청법 제 4 조 제 2 항), 형사소송법 제197조의3 제 6 항, 제198조의2 제 2 항 및 제245조의7 제 2 항에 따라 사법경찰관으로부터 송치받은 사건에 관하여는 해당 사건과 동일성을 해치지 아니하는 범위 내에서 수사할 수 있도록 하여 해당 영역에 관한 구체적인 수사권 및 소추권을 조정 또는 배분하는 내용을 담고 있다. 그러므로 국회의 입법행위(이 사건 법률개정행위)를 '침해의 원인'으로 설정한 이 사건 심판청구에서, '침해의 대상'인 검사의 권한에 대한 침해가능성을 판단하기 위해서는, 해당 법률조항이 조정 또는 배분하는 구체적인 수사권 및 소추권이 '검사의 헌법상 권한'인지 여부가 선결적으로 검토되어야 한다. (3) '침해의 대상'인

수사권·소추권이 검사의 헌법상 권한인지 여부 — 수사와 공소제기·유지는 원칙적으로 입법권과 사법권에 포함되지 않는 국가기능으로서 우리 헌법상 본질적으로 행정에 속하는 사무이고, 법률로써 폐지·소멸시킬 수 없는 헌법상 기능이므로, 특별한 사정이 없는 한 수사권 및 소추권은 입법부·사법부가 아닌 '대통령을 수반으로 하는 행정부'에 부여된 '헌법상 권한'이라 할 것이다. 그러나 수사권 및 소추권이 행정부 중 어느 '특정 국가기관'에 전속적으로 부여된 것으로 해석할 헌법상 근거를 발견하기는 어렵다. 행정부 내에서 수사권·소추권의 구체적인 조정·배분은 헌법사항이 아닌 입법사항이라는 맥락에서… 수사권 및 소추권을 특정 국가기관에 독점적·배타적으로 부여하지 않고 '대통령을 수반으로 하는 행정부' 내의 국가기관 사이에서 구체적으로 조정·배분하고 있다. (4) 영장신청권 조항에서 '헌법상 검사의 수사권' 도출 여부 — 검사의 영장신청권은, 종래 빈번히 야기되었던 검사 아닌 다른 수사기관의 영장신청에서 오는 인권유린의 폐해를 방지하기 위한 것으로서, 수사과정에서 남용될 수 있는 강제수사를 '법률전문가인 검사'가 합리적으로 '통제'하기 위하여 도입된 것임을 알 수 있다. 수사기관이 추진하는 강제수사의 오류와 무리를 통제하게 하기 위한 취지에서 영장신청권을 헌법에 도입한 것으로 해석되므로, 검사의 영장신청권 조항에서 검사에게 헌법상 수사권까지 부여한다는 내용까지 논리 필연적으로 도출된다고 보기 어렵다. (5) 소결 — 이 사건 법률개정행위로 인해 검사의 '헌법상 권한'(영장신청권)이 침해될 가능성은 존재하지 아니하고, 국회의 구체적인 입법행위를 통해 비로소 그 내용과 범위가 형성되어 부여된 검사의 '법률상 권한'(수사권 및 소추권)은 그 자체로 국회의 법률개정행위로 인해 침해될 가능성이 없으므로, 피청구인의 이 사건 법률개정행위로 인한 청구인 검사들의 헌법상 권한 침해 가능성은 인정되지 아니한다.

5. 권리보호이익(심판(청구)의 이익)

권한쟁의심판을 통하여 권한침해가 제거되고 권한이 회복되는 등의 효과가 있어야 한다는 요건을 말한다. 따라서 이미 권한침해상태가 종료되어 피청구인의 권한행사를 취소할 여지가 없어진 경우 등에는 설령 청구가 받아들여지는(인용되는) 결정이 있더라도 권한회복에 도움이 되지 아니하므로 권리보호이익이 없다고 한다. 그러나 헌재는 그러한 경우에도 같은 유형의 침해행위가 앞으로도 반복될 위험이 있고, 헌법질서의 수호·유지를 위하여 그에 대한 헌법적 해명이 긴요한 사항에 대하여는 예외적으로 심판청구의 이익(* 용어주의! : 예외적으로 권리보호이익이 있다는 판시가 있으나 권리보호이익은 소멸되면 더 이상 없는 것이고 그럼에도 예외로 인정되는 것은 당사자 권리구제에 도움이 안되더라도 헌법해명필요성 등으로 '심판할 이익'이 있는 것이므로 예외로서는 '심판이익'이라고 해야 한다)을 인정한다[2002헌라1(국회의원 위원회 강제사임 후 새 원 구성), 2006헌라6(정부합동감사의 종료), 2020헌라5(경기도 감사에 대한 남양주시의 청구 — 감사종료), 2023헌라5(중앙선거관리위원회에 대한 감사원의 감사종료), * 반복위험성, 헌법적 해명 필요성을 부인하여 각하한 예 : 2010헌라4. * 헌재가 사용하는 '심판청구'의 이익이라는 말은 그것을 인정하는 판단기관이 헌재이지 청구인이 아니므로 그냥 '심판'이익이라고 하는 것이 더 적절한 용어로 보인다)].

* 국회의원의 심의 · 표결권 침해를 이유로 한 권한쟁의심판에서 피청구인 등이 청구인들이 다른 국회의원들의 투표를 방해하는 등 권한 침해를 유도한 측면이 있으므로 심판을 청구한 것은 소권의 남용에 해당하여 심판청구의 이익이 없다는 주장을 한 데 대해 헌재는 이를 받아들이지 않았다. 즉 헌재는 이 권한쟁의심판의 경우는 헌법상의 권한질서 및 국회의 의사결정체제와 기능을 수호 · 유지하기 위한 공익적 쟁송으로서의 성격이 강하므로, 청구인들 중 일부가 자신들의 정치적 의사를 관철하려는 과정에서 피청구인의 의사진행을 방해하거나 다른 국회의원들의 투표를 방해하였다 하더라도, 그러한 사정만으로 이 사건 심판청구 자체가 소권의 남용에 해당하여 부적법하다고 볼 수는 없다고 판시한 바 있다(2009헌라8).

6. 청구기간

권한쟁의의 심판은 그 사유가 있음을 안 날부터 60일 이내에, 그 사유가 있은 날부터 180일 이내에 청구하여야 한다(동법 제63조 제 1 항). 이 기간은 불변기간이어서(동법 동조 제 2 항) 그 기간을 넘기면(도과하면) 각하된다. 예를 들어 2008년 9월 7일에 피청구인의 권한을 침해하는 어떤 행정작용이 있었는데 2010년 8월 12일에 알게 되어 2010년 9월 2일에 권한쟁의심판을 청구하면 '안 날'부터 60일의 청구기간은 도과하지 않았으나 '있은 날'부터 180일의 청구기간이 지났으므로 이 경우 권한쟁의심판 청구는 각하된다. 즉 두 기간 중 어느 하나만이라도 넘기면 그 청구는 부적법하여 각하되는 것이다. 그러나 부작위에 대한 권한쟁의심판에는 청구기간의 제한이 없고(2004헌라2) 부작위인 상태에 있는 한 언제든지 심판청구를 할 수 있다. 장래처분 경우도 청구기간 제한 없다(2015헌라7).

7. 청구서 기재

그 외 청구요건으로 청구서에 1. 청구인 또는 청구인이 속한 기관 및 심판수행자 또는 대리인의 표시, 2. 피청구인의 표시, 3. 심판대상이 되는 피청구인의 처분 또는 부작위, 4. 청구 이유, 5. 그 밖에 필요한 사항을 적어야 한다(동법 제64조).

Ⅲ. 권한쟁의심판에서의 가처분제도

[개념] '가처분'이라 함은 헌재가 직권 또는 청구인의 신청에 의하여 종국결정의 선고시까지 심판대상이 된 피청구인의 처분의 효력을 정지하는 결정을 하는 것을 말한다(동법 제65조). 권한쟁의심판의 종국결정이 내려지기까지는 상당한 시일이 요구될 것인데 그 결정이 있기 전에 집행이 완료되는 경우 등에는 회복하기 힘든 손해가 발생할 수 있다. 그것을 막기 위하여 둔 제도가 가처분제도이다.

[가처분인용여부 판단방법 ─ 이익형량] 가처분을 받아들일 것인지(인용할 것인지)에 대한 판단은 이익형량에 의한다. 즉 "본안사건이 부적법하거나 이유없음이 명백하지 않는 한', 가처분을 인용한 뒤 종국결정에서 청구가 기각되었을 때 발생하게 될 불이익과 가처분을 기각한 뒤 청구가 인용되었을 때 발생하게 될 불이익에 대한 비교형량의 결과 후자의 불이익이 전자의 불이익보다 큰 때에 한하여 가처분결정을 허용할 수 있다"(98헌사98, 2022헌사448 등).

[결정례] ⅰ) 가처분인용례 : 위 판단에 따른 가처분을 인용하는 결정에는 효력정지결정과 집행정지결정이 있다. * 효력정지결정례 : ① 근린공원 골프연습장 진입도로 사건[위 98헌사98. [결정요지] 가처분신청을 인용한 뒤 종국결정이 기각되었을 경우의 불이익(공사지연)과 이 가처분신청을 기각한 뒤 결정이 인용되었을 경우의 불이익(공사진행으로 교통불편을 초래하고 공공공지를 훼손)을 비교형량하면 후자가 크므로 종국결정시 효력정지함이 상당하다], ② 국회의원 출석정지 징계안의 가결선포행위가 국회 출석권, 심의·표결권 등 국회의원의 권한을 침해하여 무효라고 주장하며 제기한 권한쟁의심판사건[2022헌사448. [결정요지] 이 사건 가처분신청의 인용은 징계처분 집행을 본안심판의 종국결

정 선고 시까지 미루는 것에 불과하다. 반면 가처분을 기각한 뒤 종국결정에서 권한쟁의심판청구가 인용되는 경우에는 이미 신청인에 대한 징계처분의 집행이 종료된 이후이므로 신청인은 출석정지기간 동안 침해받은 법률안 심의·표결권을 회복하여 행사할 방법이 없게 된다. 따라서 후자의 불이익이 더 크므로 가결선포행위 효력을 종국결정시까지 효력정지한다. * 본안 종국결정에서는 정작 의원임기 만료로 심판절차종료(이 형식 결정에 대해서는 아래 Ⅳ. 2. 참조) 결정이 있었다]. ii) 기각결정례 (2022헌사366; 2022헌사574; 2023헌사386; 2023헌사584; 2023헌사584; 2023헌사386).

Ⅳ. 권한쟁의심판의 결정 및 결정의 효력

1. 결정정족수

권한쟁의심판에서는 종국심리에 관여한 재판관 과반수의 찬성으로 사건에 관한 결정을 한다(동법 제23조 제 2 항). 따라서 청구를 받아들이는 인용결정은 9명 재판관 중 5명이 찬성해도 이루어질 수 있다. 이 점이 위헌법률심판에서의 법률에 대한 위헌결정의 경우와 다르다.

2. 결정형식

권한쟁의심판에서는 다음과 같은 결정형식들이 있다.

[각하결정] 청구요건을 결여한 경우에 한다.

[청구취하, 사망, 신분상실 등으로 인한 심판절차종료선언] '취하'란 청구인이 스스로 청구를 포기하는 것을 말하고 취하가 있을 경우에 피청구인의 동의가 있으면 더 이상 심판을 계속하지 않는 종료선언을 한다(2000헌라1). 심판도중 청구인이 사망하였는데 승계될 수 없는 경우(일신전속적 권한인 경우)에도 종료선언을 한다(2009헌라12). 국회의원 신분으로 청구한 권한쟁의심판이 그 심판 계속 중에 그 신분(의원직)이 상실되어 심판절차가 종료된 예도 있다(2015헌라5, 2023헌라9).

[본안결정] 청구요건을 모두 갖춘 사건은 헌법 또는 법률에 의하여 부여받은 청구인의 권한을 실제로 침해했는지 등의 여부에 대한 판단인 본안판단에 들어가서 본안결정을 하게 된다. 본안결정에는 ① 인용결정(청구인의 주장을 받아들이는 결정)과 ② 기각결정(청구인의 주장을 배척하는 결정)이 있다.

[인용결정] 인용결정에는 다시 다음과 같은 결정들이 있다.

i) 권한존부(유무)·범위확인결정(관할권한확인결정 — 예: 2000헌라2), 권한침해인정결정 — ㈀ 권한존부·범위확인결정 : 헌재는 청구인에게 그 관할권한이 존재하고 그 권한의 범위가 어떠한지(관할의 인정 등. 동법 제66조 제1항("헌법재판소는 심판의 대상이 된 국가기관 또는 지방자치단체의 권한의 유무 또는 범위에 관하여 판단한다"))를 밝히고 확인하는 결정을 한다. 그런데 단순히 이런 확인을 하는 결정(2022헌라1)도 하고 나아가 이 관할확인결정에서 아래 ㈂, ii)에 보는 '권한침해확인'이나 청구인 관할권한에 속하는 영역에 대한 피청구인의 처분이 '무효임을 확인'하는 결정도 한다. ㈁ 그동안 많았던 헌재판례 : 지방자치단체의 관할구역 결정 — 관할권한의 존부, 권한범위 확인을 한 결정례들로는 그동안 지방자치단체의 관할구역을 둘러싼 권한쟁의심판사건들의 결정들이 많았는데 그 중 공유수면, 공유수면매립지를 둘러싼 분쟁이 많았다. 헌재판례가 설정하는 그 기준이 따라서 중요한데 그동안 판례변경도 있어 각별히 유의를 요한다. ① 공유수면 — 판례변경 — 헌재는 이전에 국가기본도상의 해상경계선을 공유수면에 대한 불문법상 해상경계선으로 보아왔는데(2000헌라2, 2003헌라1, 2005헌라9 등) 이 법리를 폐기하는 판례변경을 하였고(2010헌라2), 결국 헌재는 국가기본도가 아닌 다른 불문법, 즉 경계를 정하는 행정관습법이 존재하는지 살펴보고(그 이전에 공유수면에 대한 행정구역 경계에 관한 명시적인 법령상의 규정이 존재한다면 그 법령에 따라야 할 것이고 없으면 행정관습법 살핌) 행정관습법과 같은 불문법이 존재하지 않으면 위에서 언급한 대로 "헌법재판소로서는 그 지리상의 자연적 조건, 관련 법령의 현황, 연혁적인 상황, 행정권한 행사 내용, 사무 처리의 실상, 주민의 사회·경제적 편익 등을 종합하여 '형평의 원칙'에 따라 합리적이고 공평하게 이 사건 쟁송해역에서의 해상경계선을 획정할 수밖에 없다"고 한다(2010헌라2). 그리하여 이 형평원칙 법리를 적용한 결정례들을 보여주고 있는데 등거리 중간선 원칙을 적용하고 있다. 그리하여 위 형평원칙 법리를 적용한 아래 결정례들을 살펴본다. 헌재는 "첫째, 등거리 중간선 원칙이 고려되어야 한다. 둘째, 이 사건 공유수면의 지리적 특성상 일정한 도서들의 존재를 고려해야 한다. 셋째, 관련 행정구역의 관할 변경도 고려되어야 한다. 넷째, 이 사건 쟁송해역에 대한 행정권한의 행사 연혁이나 사무 처리의 실상, 주민들의 편익도 함께 살펴보아야 한다"라고 한다. 그리하여 다른 고려요소를 살펴본 뒤 결정요소에 넣지 않고 등거

리 중간선 원칙 적용대로 한 것(2010헌라2, 홍성군과 태안군 등 간의 권한쟁의. 인용결정), 다른 요소들(도서들 존재, 관할변경, 주민편익 등)도 고려한 것(2016헌라8등, 고창군과 부안군 간의 권한쟁의. 인용결정)도 있다. ② 공유수면 매립지 — 판례변경 — 헌재는 공유수면 매립지에 대한 관할구역 경계 결정에 있어서 매립 전 공유수면의 해상경계선을 매립지의 관할구역 경계선으로 보아온 선례를 변경하여 이를 별도로 보아야 한다고 판례변경을 하였다(2015헌라2). 그리하여 헌재는 그 기준설정은 공유수면 해상경계선 결정 기준의 법리와 비슷하게 경계를 정하는 행정관습법이 존재하는지 살펴보고(그 이전에 공유수면에 대한 행정구역 경계에 관한 명시적인 법령상의 규정이 존재한다면 그 법령에 의해야 할 것이고 없으면 행정관습법 살핌) 행정관습과 같은 불문법이 존재하지 않으면 형평의 원칙에 따라야 한다고 본다(2015헌라2, 경상남도 사천시와 경상남도 고성군 간의 권한쟁의. 기각결정. * 기각결정이었으나 공유수면 매립지 관할분쟁사건에서 헌재의 기준법리가 판례변경된 것이어서 그 기준의 변경을 유의하여 볼 필요가 있어서 여기서 다룬 것임). ㈐ 권한침해인정결정 : ① 국회 상임위에서 야당의원들의 조약비준동의안 심의권 침해인정결정(2008헌라7), ② 국회의장의 법률안(대안)' 가결선포 행위가 국회의원의 법률안 심의 · 표결권 침해한 것을 인정하는 결정들(96헌라2, 2009헌라7, 2009헌라8), ③ 국회가 헌법재판관재판관으로 선출한 사람을 대통령권한대행이 헌법재판관으로 임명하지 않은 부작위가 국회의 헌법재판소 재판관 선출을 통한 헌법재판소 구성권을 침해한 것임을 인정한 결정(2025. 2. 27. 2025헌라1. [결정이유] 헌법 제111조 제 3 항이 청구인에게 부여한 선출권은 독자적이고 실질적인 것으로서, 대통령은 청구인이 선출한 사람이 헌법과 헌법재판소법에서 정한 자격요건을 갖추고 그 선출과정에 의회민주주의를 원칙으로 하는 헌법 및 국회법 등 법률을 위반한 하자가 없는 한 임의로 그 임명을 거부하거나 선별하여 임명할 수 없고(선출한 사람을 실질적으로 심사하여 재판관 임명 여부를 결정할 재량권이 없고), 재판관으로 임명하여 청구인의 재판관 선출이 완성될 수 있도록 하여야 한다. 대통령의 재판관 임명권 행사는 그의 권한인 동시에 헌법기관인 헌법재판소가 구성되어 헌법 수호와 국민의 기본권 보장을 위하여 중립적인 지위에서 헌법재판기능을 수행할 수 있도록 할 헌법상 의무이기도 하다. 대통령의 권한을 대행하게 된 때부터 재판관 공석 상태를 해소함으로써 헌법재판소 구성을 완성하여야 할 구체적인 작위의무를 부담한다. 이로써 청구인의 재판관 선출을 통한 헌법재판소 구성권은 온전히 행사되는 것이다. 대통령이 자신에게 재판관 임명권이 있음을 이유로 정당한 사유 없이 청구인이 인사청문도 거쳐 선출한 사람을 임명하지 않는 것은, 헌법(제111조 제 2 항, 제 3 항)이 헌법재판소에 민주적 정당성을 부여함과 동시에 헌법기관 간 권력의 균형을 도모하기 위하여 국민의 대표기관인 청구인에게 부여한 헌법재판소 구성권을 형해화하는 것으로서 허용될 수 없다. 이는 대통령만이 아니라 헌법 제71조에 따라 대통령의 권한을 대행하는 국무총리 또는 국무위원의 경우도 마찬가지이다. 그런데 피청구인은 대통령 권한대행으로서 청구인이 선출한 3인을 재판관으로 임명하여야 할 헌법상 작위의무를 부담함에도 그 중 현재에 이르기까지 1인을 재판관으로 임명하지 않고 있는데, 이는 헌법상 구체적인 작위의무의 불이행에 해당하고 이 부작위는 헌법에 의하여 부여된 청구인의 재판관 선출을 통한 헌법재판소 구성권을 침해한 것이므로 이 부분 심판청구는 이유 있어 이를 인용한다), ④ 지방자치권침해인정결정들 : ⓐ 서울특별시의 일정 자치사무에 대하여 실시한 정부합동감사는 헌법 및 지방자치법에 의하여 부여된 청구인의 지방자치권을 침해한 것이라는 결정(2006헌라6), ⓑ 헌재는 자치사무에 대한 감사는 합법성 감사로 제한되어야 한다고 하면서 경기도가 2021. 4. 1. 남양주시에 통보한 자치사무에 관한 '사전조사 자료 재요청 목록' 기재 항목에 해당하는 부분은 헌법 및 지방자치법에 의하여 부여된 남양주시의 지방자치권을 침해한 것이라고 결정한 바 있다(2021헌라1. 이 결정의 요지는 앞의 지방자치 부분 참조. 경기도의 남양주시에 대한 감사상 또 다른 권한침해가 인정된 예 : 2020헌라5). ⑤ 중앙선거관리위원회에 대해 감사원이 실시한 '선거관리위원회 채용 등 인력관리실태'에 관한 직무감찰은 헌법 및 선거관리위원회법에 의하여 부여받은 청구인의 독립적인 업무 수행에 관한 권한을 침해한 것(2023헌라5)이라는 결정들이 있었다.

ii) 무효확인결정, 취소결정 — 위 침해인정에서 나아가 침해를 가져온 처분을 무효로 확인하거나 취소하는 결정을 한다(동법 제66조 제2항 전문. 무효확인의 예 : 98헌라4, 2003헌라1, 2010헌라2, 2016헌라8. 취소결정의 예 : 2004헌라2).

iii) 위헌확인결정 · 위법확인결정 — 이는 부작위나 처분의 집행이 종료된 경우에 아무런 행위(작위)가 없어 취소하거나 무효로 확인할 대상이 없으므로 위헌 또는 위법이라고 확인하는 결정이다. 위법확인결정이란 법률상 부여된 권한침해에도 권한쟁의심판을 청구할 수 있으므로 부작위로 '법률'상의 권한이 침해된 경우에는 위헌이 아니라 '위법'으로 확인하여 내려지게 되는 결정이다(실례 : 2004헌라2).

* 권한쟁의심판에서의 선결문제로서 법률의 위헌심사 — 지방자치단체에 대한 우선

조정교부금을 점차 줄여 폐지하려는 지방재정법 시행령 제36조 제 3 항, 제 4 항을 개정한 행위가 관련 청구인 기초지방자치단체들의 자치재정권을 침해한다는 주장으로 제기한 권한쟁의심판에서 모법인 지방재정법 제29조 제 2 항의 위헌 여부 판단을 한 예가 있다(2016헌라7. 합헌성 인정, 기각결정).

iv) 유의 : 일정한 법적 관계를 형성할 수 있도록 하는 내용의 결정 — 헌재는 국가기관의 부작위가 다른 국가기관의 권한을 침해할 경우 헌법재판소가 그 권한침해를 확인하는 것을 넘어 일정한 법적 관계를 형성할 수 있도록 하는 내용의 결정은 이를 할 수 있는 규정을 두고 있지 않아(헌재법 제66조 제 1 항이 권한의 유무 또는 범위에 관하여 판단한다고 규정하고, 동조 제 2 항이 처분의 취소, 규정하고 부작위에 대한 심판청구를 인용하는 결정을 한 때에는 결정 취지에 따른 처분을 하여야 한다고 규정하고 있을 뿐), 불가하다고 본다(2025. 2. 27. 2025헌라1. 사안은 국회에서 선출된 헌법재판관 1인을 대통령권한대행이 임명하지 않은 부작위로 제기된 권한쟁의심판에서 그 사람의 헌법재판관의 지위의 확인을 구하는 청구 또는 대통령권한대행으로 하여금 헌법재판관 임명을 명하는 결정을 구하는 청구가 허용되는지 여부가 쟁점이 된 것인데 헌재는 이처럼 부정하였다).

[국회 의사절차 관련 결정례들] 위에 인용된 것들 외에 다음의 결정들이 있었다.

1. 사개특위 위원 개선 사건(헌재 2020. 5. 27, 2019헌라1) — 피청구인 국회의장이 2019. 4. 25. 사법개혁 특별위원회의 바른미래당 소속 위원을 청구인 국회의원 오○○에서 국회의원 채○○로 개선한 행위(이하 '이 사건 개선행위'라 한다)는 청구인의 법률안 심의·표결권을 침해하지 않는다고 판단하고 이 사건 개선행위에 대한 권한침해확인청구 및 무효확인청구를 모두 기각하였다.
2. 국회 정개특위 안건조정위원회 활동기간 관련 권한쟁의 사건(헌재 2020. 5. 27, 2019헌라5)
   ① 피청구인 조정위원장의 가결선포행위에 대한 청구는 권한쟁의심판의 당사자가 될 수 없는 피청구인을 대한 청구로서 부적법하다. — 각하
   ② 국회 정치개혁특별위원회 위원장이 2019. 8. 29. 정개특위 전체회의에서 조정안을 정개특위 심사 법률안으로 상정하여 가결을 선포한 행위에 대한 권한침해 및 무효 확인 청구를 기각하였다. — 기각
3. 국회의장의 무제한토론 거부행위와 공직선거법 본회의 수정안의 가결선포행위에 관한 권한쟁의 사건(헌재 2020. 5. 27, 2019헌라6)
   ① 청구인 국회의원들의 피청구인 국회의 이 사건 공직선거법 개정행위에 대한

청구에 관한 판단 — 각하

② 청구인 국회의원들의 피청구인 국회의장의 이 사건 회기 수정안 가결선포행위에 대한 청구에 관한 판단 — 기각

③ 청구인 국회의원들의 피청구인 국회의장의 이 사건 수정안 가결선포행위에 대한 청구에 관한 판단 — 기각

4. 신속처리대상안건 지정[이른바 패스트트랙(fast track) 사건](헌재 2020. 5. 27, 2019헌라3, 2019헌라2(병합)) — 국회 사법개혁특별위원회(사개특위) 및 정치개혁특별위원회(정개특위) 소관 법률안에 대한 신속처리대상안건 지정과 관련된 일련의 행위들[이른바 패스트트랙(fast track) 사건]에 관하여 당시 자유한국당 소속 국회의원들이 청구한 권한쟁의심판에서 각하와 기각의 결정들이 있었다. 아래 각 심판대상과 그 결과를 정리한다.

① 피청구인(국회의장)의 국회의원 오○○, 권○○에 대한 각 개선행위 부분에 관한 판단 — 각하

② 국회의장(피청구인)의 이 사건 법률안 수리행위 부분에 관한 판단 — 각하

③ 피청구인 사개특위 위원장의 신속처리안건 지정동의안 가결선포행위 부분에 관한 판단 — 기각

④ 피청구인 국회의장의 사개특위 소관 법률안 신속처리대상안건 지정행위 부분에 관한 판단 — 기각

⑤ 피청구인 정개특위 위원장의 신속처리안건 지정동의안 가결선포행위 부분에 관한 판단 — 기각

⑥ 피청구인 국회의장의 정개특위 소관 법률안 신속처리대상안건 지정행위 부분에 관한 판단 — 기각

5. 안건조정위원 선임의 위법성으로 인한 심의·표결권 침해(헌재 2023. 3. 23. 2022헌라2, 검사 수사권 제한에 관한 입법과정 사건)

① 5인 다수의견에 따라 법사위 위원장의 가결선포행위의 권한침해성 인정. [결정이유] 위원장이 미리 가결의 조건을 만들어(제1교섭단체 정당을 탈당한 의원을 비교섭단체 몫의 안건조정위원으로 선임한 것을 의미) 쟁점안건을 대화와 타협을 통해 처리하도록 한 안건조정제도에 관한 국회법 제57조의2를 위반하였고, 실질적인 조정심사 없이 조정안이 의결되게 하여 위원회의 심사 및 표결에 관한 국회법 제58조를 모두 위반한 것임.

② 그러나 가결행위를 무효로 선언하지는 않음.

③ 그리고 본회의의 가결행위에 대해서는 권한침해를 인정하지 않았고 물론 무효선언도 하지 않음.

3. 결정의 효력

(1) 기 속 력

헌재법 제67조 제 1 항은 "헌법재판소의 권한쟁의심판의 결정은 모든 국가기관과 지방자치단체를 기속한다"라고 하여 권한쟁의심판의 기속력을 규정하고 있다. 동조 동항은 그냥 '결정'이라고만 명시하고 있으므로 권한쟁의심판에 있어서는 인용결정만이 아니라 기각결정 등 다른 모든 결정이 기속력을 가진다. 기각결정의 경우에도 청구인과 피청구인의 각 권한을 획정하는 효과를 가지므로 권한획정에 관한 이러한 판단이 모든 기관들에 의해 존중되어야 하기 때문이다.

처분에 의해 권한이 침해되었음을 인용하는 결정이 있으면 피청구인은 다시 그 처분을 하여서는 아니 되고 더 이상 청구인의 그 권한을 행사하여서는 안 된다(반복금지효). 반면에 부작위에 대한 위헌확인·위법확인의 인용결정을 한 때에는 피청구인은 결정취지에 따른 처분을 하여야 한다(처분의무. 동법 제66조 제 2 항 후문).

(2) 취소결정에서의 소급효배제

헌재법 제67조 제 2 항은 "국가기관 또는 지방자치단체의 처분을 취소하는 결정은 그 처분의 상대방에 대하여 이미 생긴 효력에 영향을 미치지 아니한다"라고 규정하고 있다. 이는 물론 법적 안정성, 그리고 처분의 상대방의 권익을 보호하기 위한 것이다. 그러나 처분상대방이 아닌 다른 제 3 자에게는 불이익이 되는 처분(복효적 처분)의 경우 그 제 3 자의 보호가 문제된다. 상대방의 이익과 제 3 자의 이익간의 형량이 필요할 것이다. 이 소급효배제는 '취소'결정에만 적용되고 '무효'확인결정에는 적용되지 않는다.

제3절 헌법소원심판

Ⅰ. 헌법소원심판의 개념과 성격

1. 개 념

헌법소원심판이란 어느 공권력작용으로 인해 기본권을 침해받은 사람이 그 구제를 위해 청구하면 그 공권력작용 등이 위헌성이 있는지를 헌법재판기관이 판단하여 위헌성이 인정될 경우에 그 공권력작용 등을 취소하거나 위헌임을 인정함으로써 구제를 받을 수 있게 하는 헌법재판이다.

2. 본질적 성격

헌법소원심판은 기본권구제제도로서 개인이 가지는 기본권에 대한 침해로부터 기본권을 보호하기 위한 제도라는 본질을 가진다. 그러나 헌법소원의 본질은 개인의 주관적 권리구제뿐 아니라 객관적인 헌법질서의 보장도 겸하고 있다고 본다(91헌마111). 객관적 헌법질서유지기능이 있기에 헌법소원심판 청구요건이 완화된다. 주관적 권리구제를 위해 요구되는 청구요건이 갖추어지지 않았다 하더라도 객관적 헌법질서보장의 의미가 있으면 심판청구를 받아들이기도 하기 때문이다(예를 들어 후술 Ⅲ. 4. 권리보호의 이익 요건 부분 참조).

Ⅱ. 헌법소원심판의 유형

1. 본래 의미의 헌법소원(권리구제형 헌법소원)

이는 헌법소원의 원래의 기능, 즉 기본권침해에 대한 구제의 기능을 하는 본래의 헌법소원을 말한다. 헌재법 제68조 제1항이 규정하는 대로 "공권력의 행사 또는 불행사로 인하여 헌법상 보장된 기본권을 침해받은" 경우에 그 구제를 위한 헌법소원이다. 이를 권리구제형 헌법소원이라고도 한다. 사건부호는 '헌마'이다.

2. 위헌소원(헌재법 제68조 제 2 항의 헌법소원)

이는 위헌법률심판을 제청해 줄 것을 법원에 신청하였으나 법원이 그 신청을 기각하였을 때 위헌법률심판을 받기 위하여 당사자가 헌법재판소에 청구하는 헌법소원심판을 말한다. 헌재법 제68조 제 2 항에 따른 헌법소원이다. 이를 위헌소원이라 부르고 그 사건부호는 '헌바'이다.

Ⅲ. 헌법소원심판의 청구요건

1. 헌법소원심판의 대상(대상성 요건)

헌재법 제68조 제 1 항은 "공권력의 행사 또는 불행사로 인하여"라고 하여 공권력행사뿐 아니라 공권력의 불행사(부작위)도 대상이 된다.

(1) 공권력의 행사

[통치행위] 헌재는 "고도의 정치적 결단에 의하여 행해지는 국가작용이라고 할지라도 그것이 국민의 기본권침해와 직접 관련되는 경우에는 당연히 헌법재판소의 심판대상이 될 수 있는 것"이라고 하여 대상성을 인정하였다(93헌마186. 통치행위 대해서는, 전술 제 4 부 제 5 장 제 4 절 Ⅲ. 사법권의 한계 참조).

[법령소원] 법률 · 긴급명령 · 긴급재정경제명령 · 법규명령 · 조약 등의 법령과 조례의 규정 자체도 헌법소원심판의 대상이 될 수 있다. 법령 자체에 대한 헌법소원을 '법령소원'이라고 부르기도 한다. 행정규칙(훈령 · 예규 · 고시 등)도 재량준칙일 경우 또는 상위법령과 결합하여 대외적 구속력을 갖는 법규명령으로 기능하는 경우(이렇게 법규명령 기능의 행정규칙을 '법령보충규칙'이라고 한다. 법령보충규칙에 대해서는 앞의 기본권론 부분 참조)에는 대상이 된다[2005헌마161. 헌재는 법령보충규칙이 헌법소원대상이 되는 요건으로 일반 · 추상적 성격을 가질 것을 요구한다. 구체적 성격일 경우 행정처분이어서 대상성이 없다고 보는 것이다. 일반 행정청의 법령보충규칙으로서 헌법소원대상성이 된 예들은 많다(앞의 기본권론, 기본권제한, 법률유보 부분 참조). 일반 행정청 아닌 단체의 규정도 법령보충규칙으로서 헌법소원대상성이 인정된 예가 있다. 그 예로 상위 법률인 변호사법의 위임을 받아 제정된 대한변호사협회의 '변호사 광고에 관한 규정'이 있다(2021헌마619)]. 재량준칙인 행정규칙도 대

상이 될 수 있다고 본다(90헌마13). 헌법규정 자체에 대해서는 헌재가 대상성을 부정한다(95헌바3).

[비구속적 행정계획] 행정계획이란 행정청의 장래 행정작용의 예정계획을 말하는데 이에는 국민에게 구속력이 있는 것도 있고 비구속적인 것도 있다. 구속적 행정계획은 헌법소원의 대상이 되는데 비구속적 행정계획은 "국민의 기본권에 직접적으로 영향을 끼치고, 앞으로 법령의 뒷받침에 의하여 그대로 실시될 것이 틀림없을 것으로 예상될 수 있을 때"에 대상이 된다[이 요건을 갖추지 않았다고 보아 대상성이 부정된 예 — 99헌마538, 2009헌마330, 2011헌마291, 2013헌마576(총장직선제 개선대학에 대한 재정지원 사건(2012년도 기본계획 중 총장직선제 개선을 국공립대 선진화 지표로 규정한 부분은 행정계획으로서 대상이 아니라고 보았다))].

[권력적 사실행위] 헌재는 권력적 사실행위는 헌법소원의 대상이 된다고 보면서 "일반적으로 사실행위가 권력적 사실행위에 해당하는지 여부는, 당해 행정주체(行政主體)와 상대방과의 관계, 그 사실행위에 대한 상대방의 의사·관여정도·태도, 사실행위의 목적·강제수단의 발동가부 등, 그 행위가 행하여질 당시의 구체적 사정을 종합적으로 고려하여 개별적으로 판단하여야 할 것"이라고 한다(89헌마35). 단순한 사실행위, 비권력적 사실행위는 대상성이 부정된다(예를 들어 ① 제20대 국회의원 선거 및 제19대 대통령 선거에서 투표지분류기 등을 이용하는 행위. 2015헌마1056, ② 방송사업자에 대하여 한, '보도가 심의규정을 위반한 것으로 판단되며, 향후 관련 규정을 준수할 것'을 내용으로 하는 '의견제시'는 비권력적 사실행위. 2016헌마46, ③ 가상통화공개(ICO)를 금지하기로 한 '관계기관 합동 TF'의 방침, 2018헌마1169).

[규제적·구속적 행정지도] 행정지도도 행정법이론상 사실행위이다(* 행정지도는 그래서 공법복합형으로 중요). 헌재는 임의적 협력을 기대하여 행하는 비권력적·유도적인 권고·조언 등의 단순한 행정지도로서의 한계를 넘어 규제적·구속적 성격을 상당히 강하게 갖는 것이라고 보고 헌법소원대상성을 인정한다[i) 대상성 인정례 : ① 학칙시정요구, 2002헌마337등(그러나 자기관련성이 없다고 하여 결국 각하결정이 내려짐), ② 구 방송위원회의 방송사·제작책임자에 대한 '경고 및 관계자 경고, 2004헌마290(방송사의 방송의 자유를 침해하여 취소결정을 함), ③ 방송통신심의위원회의 시정요구, 2008헌마500, 그러나 법원의 항고소송(행정소송)의 대상이기도 한데 항고소송을 거치지 않아 보충성원칙을 결여하였다고 하여 결국 이 시정요구에 대한 청구는 각하됨, ④ 종교행사 참석조치, 2019헌마941([결정요지] 육군훈련소

내 종교 시설에서 개최되는 개신교, 불교, 천주교, 원불교 종교행사 중 하나에 참석하도록 한 행위(이하 '이 사건 종교행사 참석조치'라 한다)는 피청구인이 청구인들의 임의적 협력을 기대하여 행한 비권력적 권고, 조언 따위의 단순한 행정지도로서의 한계를 넘어 우월적 지위에서 청구인들에게 일방적으로 강제된 것이라고 할 수 있고, 이는 헌법소원심판의 대상이 되는 권력적 사실행위에 해당한다. 인용되어 위헌확인결정이 내려짐), ⑤ 방송통신심의위원회가 2019. 2. 11. 9개 정보통신서비스제공자 등에 대하여 895개 웹사이트에 대한 접속차단의 시정을 요구한 행위(2019헌마158등. [결정요지] 시정요구는 정보통신서비스제공자에게 조치결과 통지의무를 부과하고 있고, 시정요구에 따르지 않는 경우 방송통신위원회에 의하여 해당 정보의 취급거부·정지 또는 제한명령이라는 법적 조치가 내려질 수 있으며, 이를 따르지 않는 경우에는 형사처벌까지 예정하고 있으므로, 이 시정요구는 단순한 행정지도로서의 한계를 넘어 규제적·구속적 성격을 갖는 것으로서 헌법소원심판의 대상이 되는 공권력의 행사라고 봄이 상당함. 본안판단결과 기각결정함). ii) 대상성 부정례 : 최근의 예를 하나 보면, 불법 해외 인터넷사이트 접속 차단 기능 고도화 조치 위헌확인 결정에서 '방송통신위원회'가 정보통신서비스제공자 등에게 앞으로 기존의 인터넷 주소('URL') 차단 방식뿐만 아니라 서버 이름 표시('SNI') 차단 방식을 함께 적용하도록 협조를 요청한 행위 2019헌마164. [결정요지] 이 사건 협조요청은 행정주체가 소관 사무에 관하여 이미 협의된 사항을 전제로 행정객체의 임의적 의사에 따른 협력을 기대하고 행정목적 달성을 위해 행하는 비권력적 사실행위로서 행정지도에 해당함. 각하)].

[행정청의 거부행위] 헌재는 행정청의 거부행위도 대상이 된다고 보나 "국민이 행정청에 대하여 신청에 따른 행위를 해줄 것을 요구할 수 있는 권리가 있어야" 할 것을 대상성요건으로 설정하고 있다(97헌마315).

[기타] 그 외 구체적 효과가 발생하는 '공고'(행정청이 어떤 구체적 사안에 대해 결정한 바를 알리는 것으로서 그 공고에 따라 확정이 되고 어떠한 구체적 효과가 발생하는 경우(공고를 통해 세부 내용들이 비로소 확정되는 경우)에는 그 공고는 헌법소원의 대상이 된다는 것이 헌재 판례의 입장이다(헌재 2000. 1. 27, 99헌마123; 2001. 2. 22, 2000헌마29; 2004. 3. 25, 2001헌마882; 2007. 5. 31, 2004헌마243; 2010. 4. 29, 2009헌마399; 2018. 8. 30, 2018헌마46; 2019. 5. 30, 2018헌마1208등). 헌재는 법령에 정해지거나 이미 다른 공권력 행사를 통하여 결정된 사항을 단순히 알리는 것 또는 대외적 구속력이 없는 행정관청의 내부의 해석지침에 불과한 것인 때에는 공권력의 행사에 해당하지 아니한다고 본다. 법무부장관의 "2014년 제 3 회 변호사시험 합격자는 원칙적으로 입학정원 대비 75%(1,500명) 이상 합격시키는 것으로 한다"는 공표는 행정관청 내부의 지침을 대외적으로 공표하는 것에 불과하여 대상이 아니라는 헌재결정이 있었다(2013헌마523)), 국민의 권리·의무에 영향

을 미치는 행정기관 상호 간 내부의사결정(91헌마190), 실질적 처분성이 인정되는 민원회신(2005헌마645), 공정거래위원회의 무혐의처분(2001헌마381, 2010헌마83)·심의절차종료결정(2010헌마539)·심사불개시결정(2011헌마100), 국민감사청구에 대한 기각결정(2004헌마414) 등이 대상이 된다. 그동안 검사의 불기소처분사건이 대상이 되었고 그 수 또한 많았는데 형사소송법 개정으로 법원에 재정신청을 할 수 있는 대상이 확대되어 상황이 달라졌다. 범죄피해자가 고소인인 경우에는 재정신청이 가능하므로 불기소처분에 대한 헌법소원심판청구의 가능성은 없어졌다. 그러나 범죄피해자가 고소하지 않은 경우에는 고소인이 아니라서 불기소처분에 대한 검찰청법상의 검찰에 대한 항고, 재항고 또는 형사소송법상의 재정신청제도에 의한 구제를 받을 길이 없기 때문에 범죄피해자는 헌법소원심판을 청구할 수 있다. 결국 재정신청제도 확대 이후에도 재정신청제도로 구제가 불가할 때에는 헌법소원이 가능하다. 검사의 유죄취지의 기소유예처분에 대해 무죄라고 주장하는 피의자는 재정신청을 할 수 없으므로 헌법소원심판을 할 수 있다. 고발인의 경우에는 고소인이 아니어서 재정신청을 할 수 없으므로 검찰청법상의 항고·재항고를 거친다면 헌법소원심판을 청구할 수 있다. 헌재는 이전에 국가인권위원회의 진정각하·기각결정도 대상성이 있고 보충성 요건도 충족한 것이라고 하여 본안판단에 들어갔었으나(2006헌마440) 2015년에 자신의 판례를 변경하여 행정소송의 대상이 된다는 이유로 보충성원칙이 적용되어(보충성원칙에 대해서는 후술 참조) 곧바로 헌법소원을 제기할 수는 없다고 하여(2013헌마214) 결국 각하결정을 하고 있다.

(2) 공권력의 불행사(부작위)

1) 작위의무의 존재 공권력의 불행사가 헌법소원의 대상이 되기 위해서는 헌법에서 도출되는 작위(행위)의무가 존재하여야 한다. 즉 그러한 작위의무가 있음에도 불구하고 부작위로 있어 기본권을 침해한 경우에 헌법소원의 대상이 된다.

2) 입법부작위

[유형·재판형식] 헌재는 입법부작위를 ① 진정입법부작위(입법이 전혀 없는 경우)와 ② 부진정입법부작위(입법이 있긴 하나 불완전·불충분한 경우)로 나누어 달리 다

루고 있다. 진정입법부작위의 경우는 법령이 전혀 없는 경우이므로 입법부작위 그 자체를 대상으로 하는 본래 의미의 헌법소원심판을 제기할 수 있다고 한다. 부진정입법부작위의 경우 불완전하긴 하나 법령이 있는 상태이므로 입법부작위가 아니라 있는 그 불완전한 법령을 대상으로 하는 적극적인 헌법소원, 즉 법령소원을 제기하여야 한다고 한다(94헌마108. 또는 '법률'의 부진정입법부작위의 경우에는 위헌법률심판이나 위헌소원심판을 제기할 수도 있다. 2020헌바475등, 2020헌바494). 요컨대 부작위소원의 대상으로는 진정입법부작위만 인정된다는 것이다.

[진정입법부작위의 대상성요건] 그러나 진정입법부작위라고 하여 모두 대상이 되는 것은 아니고 헌재는 다음과 같은 요건 하에 대상성을 인정하고 있다. 즉 "① 기본권보장을 위하여 법령에 명시적인 입법위임을 하였음에도 불구하고 입법자가 상당한 기간 내에 이를 이행하지 아니한 경우, ② 헌법의 해석상 특정인에게 구체적인 기본권이 생겨 이를 보장하기 위한 국가의 행위의무 내지 보호의무가 발생하였음이 명백함에도 불구하고 입법자가 아무런 입법조치를 취하지 않고 있는 경우"이어야 대상이 된다(대상성이 인정되어 본안에서 위헌으로 확인된 예 — 89헌마2. 독서실과 같이 정온을 요하는 사업장의 실내소음 규제기준을 제정하여야 할 입법의무를 부정하여 각하한 예 — 2016헌마45).

3) **행정부작위** 행정이 이루어지지 않은 행정부작위의 경우에도 작위의무가 있음을 전제로 대상성이 인정된다. 즉 헌재는 행정권력의 부작위에 대한 헌법소원은 공권력의 주체에게 헌법에서 유래하는 작위의무가 특별히 구체적으로 규정되어 있음에도 공권력의 주체가 그 의무를 해태하는 경우에만 허용된다고 한다. 그리고 여기에서 말하는 "공권력의 주체에게 헌법에서 유래하는 작위의무가 특별히 구체적으로 규정되어"가 의미하는 바는, 첫째, 헌법상 명문으로 공권력 주체의 작위의무가 규정되어 있는 경우, 둘째, 헌법의 해석상 공권력 주체의 작위의무가 도출되는 경우, 셋째, 공권력 주체의 작위의무가 법령에 구체적으로 규정되어 있는 경우 등을 포괄하고 있는 것으로 볼 수 있다고 한다(2006헌마788; 2014헌마1002(이 사안은 독도에 대피시설이나 의무시설, 관리사무소, 방파제 등을 설치하지 아니한 피청구인(대한민국정부)의 부작위가 헌법소원 대상이 될 수 있는지 여부가 문제된 것인데 헌재는 구체적 작위의무가 없다고 보아 부정하고 각하결정을 하였다)).

4) **행정입법부작위** 헌재는 "행정입법의 지체가 위법으로 되어 그에

대한 법적 통제가 가능하기 위해서는 우선 행정청에게 시행명령을 제정·개정할 법적 의무가 있어야 하고, 상당한 기간이 지났음에도 불구하고 명령제정·개정권이 행사되지 않아야 한다"라고 한다(96헌마246, 2011헌마198, 2016헌마626 등).

(3) 대상성이 부정되는 경우

1) 공권력행사로 볼 수 없는 행위 사법상(私法上) 행위, 국민에 대한 직접적 법률효과가 없는 기관 내부적 행위(98헌마472), 내부 감독작용으로서의 통보나 지시(92헌마293, 2001헌마579), 내부 대책지시(91헌마55), 국가기관 사이의 내부적·절차적 행위(대통령비서실 기록관장등이 각 2017. 4. 17.에서 2017. 5. 19.경 '박근혜 전 대통령의 직무수행에 관련한 대통령기록물'을 중앙기록물관리기관에 이관한 행위 및 대통령 권한대행이 2017. 4. 하순에서 2017. 5. 초순경 위 대통령기록물 중 일부 기록물의 보호기간을 정한 행위, 헌재 2017헌마359. 이처럼 이관하고 보호기간을 지정하는 행위가 4·16세월호참사 관련 대통령기록물 등을 열람할 수 없도록 하여 알권리를 침해한다는 주장으로 헌법소원심판이 청구된 사안이다), 처분성이 없는 민원회신(2000헌마37), 어린이헌장의 제정·선포행위(89헌마170) 새로운 법적 권리의무를 부과하거나 일정한 작위 또는 부작위를 구체적으로 지시하는 내용이라고 볼 수 없는 고지행위(교도소 수용자가 외부인으로부터 연예인 사진을 교부받을 수 있는지를 문의하자 교도소장이 불허될 수 있다고 고지한 행위. 2014헌마626) 등은 공권력행사로 볼 수 없어 대상성이 부정된다. * '일본군 위안부 피해자 문제 관련 합의'의 대상성 부정 — 헌재는 이는 절차와 형식 및 실질에 있어서 구체적 권리·의무의 창설이 인정되지 않고, 이를 통해 일본군 '위안부' 피해자들의 권리가 처분되었다거나 대한민국 정부의 외교적 보호권한이 소멸하였다고 볼 수 없는 이상 이 사건 합의가 일본군 '위안부' 피해자들의 법적 지위에 영향을 미친다고 볼 수 없으므로 헌법소원심판청구의 대상이 되지 않는다고 보아 심판청구를 각하하였다(2016헌마253). * 예산 또는 국회의 예산안 의결에 대한 대상성 부정 — 예산은 법률과 달리 국가기관만을 구속할 뿐 일반국민을 구속하지 않는다. 가사 국민의 기본권에 영향을 미친다고 하더라도 부의 구체적인 집행행위로 나타나는 것이므로 예산 또는 국회의 예산안 의결은 헌법소원의 대상이 되지 아니한다[2006헌마409; 2020헌마389등(정부가 2023. 4. 11. 수립한 '제1차 국가 탄소중립 녹색성장 기본계획' 중 '1. 재정투자 계획' 부분에 대한 대상성 부정)].

2) 법원의 재판

[원칙적 불인정] 헌재법 제68조 제 1 항 본문은 공권력의 행사 또는 불행사로 인하여 헌법상 보장된 기본권을 침해받은 자는 "법원의 재판을 제외하고는" 헌법재판소에 헌법소원심판을 청구할 수 있다고 규정하여 법원의 재판을 헌법소원의 대상에서 제외하고 있다. 이러한 제외가 위헌인지 여부가 논란이 되고 있다. 헌재는 평등권 내지 재판청구권의 침해가 없다고 하여 합헌으로 본다(96헌마172).

[예외적 인정] 다만 헌재는 법원재판도 헌법소원의 대상이 되는 예외를 인정한다. i) 초기 — 그 인정에 2가지 요건을 설정하고 있었다. 즉 "① 헌법재판소가 위헌으로 결정한 법령을 적용함으로써 ② 기본권을 침해한 재판"에 한해서 헌법소원 대상이 된다고 보았다(96헌마172이 2가지 요건에 한정해 인정했으므로 이 172 결정 또한 한정위헌결정이었음). 이 2가지 요건은 모두 갖추어야 한다. 헌재가 이러한 예외를 인정하는 주된 논거는 위헌법령을 적용하는 법원재판은 헌재의 위헌결정의 기속력을 위반하는 것이라는 데에 있다. 위 요건에 해당된다고 하여 헌법소원대상이 된다고 보고 그 대법원판결을 취소하는 결정을 한 예가 있었는데 앞서 본 바 있는 사안, 즉 한정위헌결정의 기속력을 부정한 대법원판결(전술 제 1 절 Ⅳ. 1. (2) 참조)을 취소한 결정이 있었다(96헌마172). 헌재는 변형결정도 기속력을 가지는 것으로 본다. ii) 2016헌마33 결정 — 헌재는 위 96헌마172 결정 이후 헌재는 같은 취지의 한정위헌결정(헌재 2016. 4. 28, 2016헌마33)을 선고함으로써 그 위헌 부분을 제거하는 한편 그 이후에는 위헌 부분이 제거된 나머지 부분으로 그 내용이 축소된 이 사건 재판소원금지조항이 합헌이라고 판단하여 왔었다(2015헌마940; 2015헌마861등; 2018헌마1093; 2020헌마271 등). iii) 추가 확대와 법원재판취소 결정례 — (ㄱ) 추가확대 — 여하튼 위 96헌마172 결정 이후 그 외에 대상성이 인정된 예가 없고 줄곧 각하결정이 되고 있었다(법원재판에 대한 청구로서 각하결정된 예 : 2014헌바62, 2012헌바280, 2015헌마861등, 2018헌마827, 2017헌마1065, 2018헌마140). 그러다가 헌재는 2022. 6. 30. 2014헌마760 결정에서 '기본권을 침해한' 이 빠진, 확대된 예외인정을 하는 주문을 내놓았다. 헌재는 이 2014헌마760 결정에서 ① 먼저 헌법은 법률에 대한 위헌심사권을 헌법재판소에 부여하고 있고(헌법 제107조, 제111조, 헌재의 위헌심사권), ② 위헌심사권을 행사한 결과인 법률에

대한 위헌결정은 법원을 포함한 모든 국가기관과 지방자치단체를 기속하며(헌재법 제47조 제 1 항, 제75조 제 6 항, 제75조 제 1 항, 위헌결정의 기속력), ③ 한정위헌결정도 기속력을 가진다["한정위헌결정은 비록 법문의 변화를 가져오는 것은 아니나 법률조항 중 특정의 영역에 적용되는 부분이 위헌이라는 것을 뜻하는 일부위헌결정으로, 법률에 대한 위헌심사권을 가진 헌법재판소의 권한에 속한다(89헌가104; 96헌마172등). 따라서 한정위헌결정도 법 제47조 제 1 항에서 정한 기속력이 인정되는 '법률의 위헌결정'에 해당"한다]라고 하고, ④ 주문 확대의 이유 — 그러면서 "하지만, 한정위헌결정은 법률에 대한 위헌심사의 결과로서 법률조항 중 특정의 영역에 적용되는 부분은 위헌이라는 것을 뜻하고, 한정위헌결정의 경우 헌법재판소가 주문에서 해당 법률조항 중 적용이 배제된다고 밝힌 부분에 한하여 법원을 비롯하여 모든 국가기관 및 지방자치단체에도 위헌결정의 기속력이 미치므로, 법 제68조 제 1 항 본문의 '법원의 재판' 중 종전의 한정위헌결정(2016헌마33)으로 효력을 상실한 부분은 헌법재판소의 위헌결정의 기속력에 반하는 재판 중 '헌법재판소가 위헌으로 결정한 법령을 적용함으로써 국민의 기본권을 침해한 재판' 부분에 국한된다. 따라서 법 제68조 제 1 항 본문이 정하는 재판소원금지의 적용 영역에서 '법률에 대한 위헌결정의 기속력에 반하는 재판' 부분을 모두 제외하기 위해서는 이 사건 재판소원금지조항 중 해당 부분에 대한 별도의 위헌결정이 필요하다"라고 하고 "그렇다면 이 사건 재판소원금지조항 가운데 '법률에 대한 위헌결정의 기속력에 반하는 재판' 부분은 헌법에 위반된다"라는 주문으로 확대하여 예외적 헌법소원대상인 법원재판의 범위를 넓힌 것으로 이해된다. ㈁ 법원재판(재심기각결정)들의 헌법소원대상성 인정 — 위 결정에서 헌재는 "법원의 재심기각결정들은 '법률조항 자체는 그대로 둔 채 그 법률조항에 관한 특정한 내용의 해석 · 적용만을 위헌으로 선언하는 이른바 한정위헌결정…은 법원을 기속할 수 없고 재심사유가 될 수 없다'라는 이유를 들어 재심청구를 기각하였다. 이는 일부위헌결정으로서 … 기속력이 인정되는 이 사건 한정위헌결정(* 헌재의 2012. 12. 27, 2011헌바117 결정이었다)의 기속력을 부인한 것이므로, 이 사건 재심기각결정들은 '법률에 대한 위헌결정의 기속력에 반하는 재판'에 해당한다. 따라서 이 사건 재심기각결정들에 대해서는 예외적으로 그 취소를 구하는 헌법소원심판청구가 허용된다"라고 판시하였다. ㈂ 법원재판(재심기각결정)들을 취소, 또 취소한 이유 — 헌법 제27조는 재판청구권을 보장하고 있고 헌재법 제75조 제 7 항, 제 6 항에 따른 재심청구권이 인정되는데 이 재심사유에 헌재가 한정위헌결정을 한 경우도 포함되어 "한정위헌결정의 기속력을 부인하여 재심사유로 받아들이지 아니한 이 사건 재심기각결정들은 청구인들의 재판청구권을 침해하는 것"이므로 헌재법 제75조 제 3 항에 따라 취소되어야 한다고 결정했다(* 정리 — 헌재의 법리를 결국 정리하면 ① 예외인정의 주문은 "헌재법 제68조 제 1 항 본문 중 '법원의 재판' 가운데 '법률에 대한 위헌결정의 기속력에 반하는 재판' 부분은 헌법에 위반된다"이고 이는 이전 법리에 비해 '기본권을 침해한'이란 요건이 요구되지 않는 면에서 예외인정이 추가·확대되었다고 일단 이해된다. ② 그 인정의 논거는 헌재에 부여된 위헌심사권과 그 위헌심사 결과 나온 위헌결정의 기속력이고 한정위헌결정도 일부위헌결정으로서 기속력을 가진다는 것이다. ③ 그리하여 한정위헌결정에 따라 재심청구를 하였으나 청구를 기각하는 법원의 재심결정들은 한정위헌결정의 기속력을 인정하지 않은 '법률에 대한 위헌결정의 기속력에 반하는 재판'으로서 헌법소원의 대상이 예외적으로 인정되는 법원재판이다. ④ 그 법원재판인 재심기각결정들은 재심청구권이라는 재판청구권을 침해한 것으로 취소된다). iv) 재심청구대상 판결(유죄판결)들에 대한 취소 불가 — 헌재는 그 이유로 헌재가 위헌을 선언하기 전까지는 모든 법률은 합헌으로 추정되므로, … 이에 위헌결정이 있기 이전의 단계에서 그 법률을 판사가 적용하는 것은 제도적으로 정당성이 보장된다. 따라서 아직 위헌으로 선언된 바가 없는 법률이 적용된 재판을 그 뒤에 위헌결정이 선고되었다는 이유로 위법한 공권력의 행사라고 할 수 없다. 그러므로 이 사건 한정위헌결정 이전에 확정된 이 사건 유죄판결들은 법률에 대한 위헌결정의 기속력에 반하는 재판이라고 볼 수 없고, 따라서 헌법소원심판의 대상이 되는 예외적인 재판에 해당하지 아니하므로 이에 대한 심판청구는 부적법하다. v) 이후 동지의 판결들 — 위 760 결정 바로 직후 2022. 7. 21.에 또 법원재판(재심청구기각판결)들을 헌재가 위 760 결정과 같은 취지의 법리로 취소한 결정들을 다시 3건 내렸다[헌재 2022. 7. 21, 2013헌마242(문제된 것은 구 조세감면규제법 부칙 제23조가 "실효되지 않은 것으로 해석하는 것은 헌법에 위반된다"라는 한정위헌결정(헌재 2012. 7. 26, 2009헌바35등)이 문제된 것이다), 같은 날 또 다른 2건 2013헌마496, 2013헌마497(동 부칙 동조에 관한 같은 취지의 한정위헌결정인 헌재 2012. 5. 31, 2009헌바123등 결정이 문제된 것이다)]. 결국 지금까지 헌재가 재판취소를 한 결정은 위 96헌마172 이래 모두 5건이 있다. 위 3개 결정들 중 2013헌마496, 2013헌마497에서도 재심대상판결에 대한 청구도 있었으나 한정위헌결정 있기 전 판결이라는 이유로, 즉 위 2014헌마760 결정에서와 같은 취지로 각하하였다. 또 위 3개 결정들 모두에서 원행정처분(즉 재심대상판결의 대상이었던 처분. 사안들에서는 과세처분)에 대해서는 재심대상판결이 헌법소원대상이 안 되어 취소되지 않아서 그리고 헌재가 취소한 재심기각판결 및 이 사건 재심상고기각판결은 원행정처분인 이 사건 과세처분을 심판의 대상으로 삼았던 법원의 재판이 아니어서 원행정처분도 그 대상성이 인정되지 않는다고 하여 역시 각하되었다(바로 아래 원행정처분 부분 참조).

3) **원행정처분** **[원칙 – 부정]** 법원재판이 대상이 되지 않는다 하더라도 행정처분과 같은 경우에는 법원의 행정재판을 모두 거친 뒤 그 행정재판의 대상이 되었던 원래의 행정처분을 대상으로 헌법소원을 제기할 수 있는지가 문제된다(후술하는 대로 헌법소원의 또 다른 청구요건인 보충성원칙 때문에(아래 5. 참조) 법원의 행정재판을 모두 거쳐야 하는 것이고 그렇게 거친 행정처분이므로 원래의 행정처분, 즉 원행정처분이라고 부르는 것이다). 학자들은 원행정처분도 공권력작용이라는 점을 들어 대상성을 긍정하는 견해가 많으나 헌재는 원행정처분에 대한 헌법소원의 청구는 법원의 확정판결의 기판력에 어긋난다는 등의 이유로 부정한다(91헌마98). **[예외 인정]** 다만, 예외적으로 원행정처분을 심판의 대상으로 삼았던 법원의 재판이 예외적으로 헌법소원심판의 대상이 되어 그 재판 자체가 취소되는 경우에는 신속하고 효율적인 국민의 기본권 구제를 위해 원행정처분에 대하여도 헌법소원심판청구를 허용하고 이를 취소할 수 있다(96헌마172등; 2013헌마242; 2013헌마497). * 원행정처분을 취소한 예 : 96헌마172([결정요지] 법원판결이 취소되는 경우에는 원래의 행정처분에 대한 헌법소원심판의 청구도 이를 인용하는 것이 상당하다). * 청구각하한 예 : 2013헌마242; 2013헌마496; 2013헌마497([결정요지] 재심대상판결(즉 원행정처분을 그 대상으로 삼았던 법원재판)이 예외적으로 헌법소원의 대상이 되어 취소되는 경우에 해당하지 아니하므로, 또 이 결정에서 헌재가 취소한 재심기각판결 및 이 사건 재심상고기각판결은 원행정처분인 이 사건 과세처분을 심판의 대상으로 삼았던 법원의 재판이 아니므로 이 사건 과세처분에 대한 심판청구는 부적법하다).

2. 청구인능력

헌법소원은 기본권침해에 대한 구제를 위한 헌법재판제도이므로 헌법소원의 청구인능력은 기본권을 누릴 수 있는 기본권주체가 될 수 있는 사람에게 인정됨은 물론이다. 자연인 외에 법인이나 법인 아닌 사단, 재단, 정당, 노동조합 등에 대해서도 청구인능력이 인정된다. 그러나 국가나 그 소속기관, 국가조직의 일부, 지방자치단체, 공법인이나 그 소속기관 등은 기본권주체가 아니고 오히려 국민의 기본권을 보호 내지 실현해야 할 '책임'과 '의무'를 지니고 있는 지위에 있을 뿐이므로 원칙적으로 청구인능력이 없다(전술 제 3 부 기본권론 제 3 장 기본권의 주체 참조).

3. 청구인적격

(1) 침해되는 기본권의 존재, 기본권의 침해가능성

헌재법 제68조 제 1 항이 명시하는 대로 헌법소원심판은 '헌법상 기본권'을 침해받은 사람이 청구할 수 있으므로 침해되는 기본권이 있고 기본권침해의 가능성이 있어야 적법하게 청구할 수 있다(2003헌마837, 2008헌마517). 따라서 반사적 이익의 침해를 이유로 한 헌법소원심판의 청구는 부적법하다(99헌마163).

(2) 기본권침해의 관련성 요건 — 자기관련성, 직접성, 현재성

기본권의 침해는 청구인 자신의 기본권을 직접, 그리고 현재 침해하고 있어야 한다.

1) 자기관련성

[개념] 기본권침해의 자기관련성이란 공권력의 행사·불행사로 발생한 기본권침해는 헌법소원심판을 청구한 사람 자신에게 관련되는 침해이어야 한다는 것을 의미한다.

[제 3 자의 자기관련성 문제] 따라서 공권력작용의 상대방이 아닌 제 3 자는 원칙적으로 기본권침해의 자기관련성이 부정되나 그 공권력작용에 직접적·법적 이해관계가 있는 제 3 자에 대해서는 예외적으로 기본권침해의 자기관련성이 인정된다(89헌마123). 헌재는 제 3 자의 자기관련성 인정 여부는 "입법의 목적, 실질적인 규율대상, 법규정에서의 제한이나 금지가 제 3 자에게 미치는 효과나 진지성의 정도 및 규범의 직접적인 수규자에 의한 헌법소원제기의 기대가능성 등을 종합적으로 고려하여 판단해야" 한다고 본다(99헌마289). 예를 들어 문화계 블랙리스트 지원배제 지시 — 피청구인 대통령이 피청구인 비서실장에게, 문체

부 소속 사무관이 예술위 소속 직원들에게 지원 대상에서 배제하라고 지시한 행위로 인한 제 3 자인 청구인의 기본권침해가 자기관련성 있다고 본 결정(2017헌마416, 청구인들에 대한 지시가 물론 아니어서 제 3 자에 가해진 것이나 예술위 등을 이용한 것에 불과하여 자기관련성이 인정된다고 본 것이다).

2) 직 접 성

[개념] 직접성이란 헌법소원을 제기하게 한 기본권의 침해는 그 침해를 야기한 공권력행사 그 자체로 인해 바로 청구인에게 발생되는 침해이어야 할 것을 요구함을 의미한다. 문제되는 공권력작용으로 바로 기본권침해가 발생하지 않고 그 공권력작용을 집행하는 행위가 있어야(매개되어야)만 기본권의 침해가 청구인에게 발생할 수 있다면 그 공권력작용으로 인한 기본권침해의 직접성이 없다고 본다.

[법령소원에서의 직접성 요건] 법령소원에서 직접성이 특히 중요한 요건이 된다. 왜냐하면 법령은 원칙적으로 추상적이므로 집행작용이 있어야 그 효과가 발생하고 집행작용 없이 법령 자체로 기본권침해의 효과가 발생하지 않아 직접성 요건을 갖추지 못하여 법령소원이 부적법하게 될 것인데, 반면에 법령 그 자체로 바로 직접 기본권침해의 효과가 나타나는 경우에는 직접성을 갖춘 법령소원이 될 것이기 때문이다. 헌재는 법령소원에서의 기본권침해의 직접성이 있는지를 판단하는 준거로 법령 그 자체에 의하여 “자유의 제한, 의무의 부과, 법적 지위의 박탈”이 발생하는 경우라고 한다(2001헌마894, 2025. 6. 27. 2022헌마1505). 헌재는 “법규범이 집행행위를 예정하고 있더라도, 첫째, 법령이 일의적이고 명백한 것이어서 집행기관이 심사와 재량의 여지없이 그 법령에 따라 일정한 집행행위를 하여야 하는 경우(90헌마214 참조)와 둘째, 당해 집행행위를 대상으로 하는 구제절차가 없거나, 구제절차가 있다고 하더라도 권리구제의 기대가능성이 없고 다만 기본권 침해를 당한 청구인에게 불필요한 우회절차를 강요하는 것밖에 되지 않는 경우(90헌마82)에는 예외적으로 당해 법령의 직접성을 인정할 수 있다고 한다(2015헌마165, 2013헌마403). 법률규정이 그 규정의 구체화를 위하여 하위규범의 시행을 예정하고 있는 경우 당해 법률 자체는 기본권 침해의 직접성이 인정되지 아니한다(94헌마213, 2007헌마1189, 2017헌마438, 2015헌마1060 등).

3) 현 재 성 현재성이란 장래에 발생할 기본권침해가 아니라 현

재(헌법소원심판청구시)에 기본권침해가 있어야 헌법소원을 청구할 수 있음을 말한다. 그러나 헌재는 장래에 발생이 확실한 기본권침해인 경우, 장래에 발생할 침해에 대해 기본권구제의 실효성을 기하기 위한 경우 등에는 기본권침해의 현재성을 인정함으로써 이 요건을 상당히 완화하여 적용하고 있다(92헌마68 등).

4. 권리보호의 이익

[개념] 재판절차법에서 일반적으로 "권리보호의 이익이 있다"라고 함은 당해 재판이 현실적·실제적으로 구제의 효과를 가져올 수 있는 상황을 말한다. 기본권의 침해행위가 이미 종료 내지 경과된 경우 등에는 민사상 손해배상청구를 하는 등의 다른 구제방법은 의미가 있겠지만 헌법소원을 통하여 이미 종료 내지 경과된 침해행위에 대한 취소결정을 구하는 것은 헌재가 취소할 대상도 없어져(종료되었으므로 대상이 없어짐) 청구인의 권리구제에 의미가 없다. 따라서 이러한 경우 헌법소원 청구는 권리보호이익이 없다고 본다. 권리보호이익은 헌법소원 제기 당시뿐 아니라 헌재가 결정을 할 시점에서도 존재하여야 한다(92헌마273).

[예외적 심판이익의 인정] 그러나 헌재는 기본권침해행위가 종료한 후라도 심판이익을 다음과 같은 기준에 의해 예외적으로 인정한다. 즉 ① 침해행위가 앞으로도 반복될 위험이 있거나 ② 헌법적 해명이 중요한 의미를 지니는 경우에는 심판이익을 인정한다(91헌마111, 2009헌마527). 이러한 완화는 헌법소원의 객관적 헌법질서유지기능에 근거한다. 청구인의 개인적 권리구제에는 의미가 없으나 그래도 심판을 하여 헌법적 해명을 통해 객관적 헌법질서를 유지하게 되기 때문이다(용어주의! : 예외적으로 권리보호이익이 있다는 판시가 있으나 권리보호이익은 소멸되면 더 이상 없는 것이고 그럼에도 예외로 인정되는 것은 당사자 권리구제에 도움이 안되더라도 헌법해명 필요성 등으로 '심판할 이익'이 있는 것이므로 예외로서는 '심판이익'이라고 해야 한다). 그런데 헌재는 "헌법적 해명의 필요성이 인정되지 아니하며, 이와 같이 공권력 행사의 위헌성이 아니라 단지 위법성이 문제되는 경우에는 설사 유사한 침해행위가 앞으로도 반복될 위험이 있다고 하더라도, 공권력 행사의 위헌 여부를 확인할 실익이 없어 심판청구의 이익이 부인된다"라고 한다(2002헌마106, 2005헌마126, 2014

헌마626(교도소 수용자가 임의로 염색한 러닝셔츠 폐기 등 위헌확인 사건)(용어상 심판'청구'이익보다 심판이익이라고 하는 것이 타당하다. 심판이익은 청구인에게 이익이 되지 않아도 인정되는데 청구한다는 것은 어색하다)). [부정례] 위 부정례 외에도 ① 지방의회 위원회 방청불허사건에서 헌재는 반복가능성이 없고(앞으로 다른 회의에서도 언제나 방청을 불허할 것이라고는 보기 어렵고) 법률적 해명이 필요할 뿐(방청불허행위가 지방자치법 제60조 제 1 항의 적법한 요건을 갖추고 있는가에 관한 위법성이 문제될 뿐) 헌법적 해명의 필요가 없다고 하여 권리보호이익을 부정한 결정례도 있다(2016헌마53. 이 결정은 재판관 안창호, 재판관 강일원, 재판관 이선애의 반대의견이 설득력이 있다). ② 중등교사 임용시험에서 코로나19 확진자 응시를 금지한 강원도교육청 공고 — 이후 허용변경으로 권리보호이익 없는데 보건당국과 교육부가 이를 허용하는 방향으로 지침을 변경함에 따라 피청구인도 허용하였고 이후에 실시된 변리사 시험, 행정고시 등 전국단위 자격시험과 공무원시험도 이 변경에 따라 확진자의 응시를 허용하였다. 이를 고려할 때 향후 유사 감염병 재유행하더라도 이 사건 확진자 응시금지와 같은 기본권제한이 반복될 가능성이 있다거나 이에 관한 헌법적 해명의 필요성이 인정된다고 보기 어렵다(2021헌마48). [긍정례] 한 가지를 보면, 문화계 블랙리스트 정보수집행위, 지원배제 지시행위 — 대통령 비서실장 등이 정부에 비판적 활동을 한 문화예술인 등을 지원사업에서 배제할 목적으로 정치적 견해에 관한 정보를 수집·보유·이용한 행위, 그들에 대한 지원배제를 지시한 행위 — 이미 종료되었으나 예술인들이 크게 의존하는 정부의 문화예술분야에 대한 정책적 지원이 오랜 기간 지속되고 확대되고 있어 앞으로도 정부의 개입 가능성이 있어 그 위헌 여부에 대한 해명이 중대한 의미를 가진다(2017헌마416).

5. 보충성의 원칙

[개념] 헌법소원은 기본권의 최종적, 최후의 법적 구제수단이다. 따라서 헌법소원 외에 법률상의 다른 권리구제절차가 있을 경우에 그 절차를 모두 거친 후에 헌법소원심판을 청구할 수 있고 이를 일컬어 보충성의 원칙이라고 한다. 헌재법 제68조 제 1 항 단서가 이를 규정하고 있다. 보충성원칙에서 말하는 다른 권리구제절차란 헌법소원의 대상인 공권력행사·불행사 그 자체를 직접 취소하거나 효력을 다투는 절차를 말한다(88헌마3). 따라서 그렇게 그 자체를 직접

다투는 절차가 아닌 손해배상, 손실보상의 절차는 해당되지 않는다. * 행정심판이나 행정소송(둘 합쳐서 행정쟁송이라 함)의 대상이 되는 것을 처분이라고 하는데 그 처분성이 인정되어 그 자체를 다툴 수 있는 행정심판이나 행정소송이라는 구제절차를 거쳤어야 함에도, 이러한 구제절차를 거치지 아니하고 제기된 것이므로 보충성 요건을 충족하지 못하였다고 하여 각하한 예 : 코로나바이러스감염증-19의 예방을 위한 방역조치를 명하는 서울특별시고시에 대한 헌법소원심판 청구사건(2021헌마21).

[보충성원칙의 비적용과 예외] i) 비적용 — 다른 구제절차가 없으면 보충성원칙이 아예 적용될 수 없다(보충성원칙의 비적용). 바로 법령소원의 경우가 대표적이다. 일반법원에 법령 자체의 효력을 직접 다투는 것을 소송물로 하여 제소하는 것은 인정되지 않아 구제절차가 없기 때문이다.

ii) 예외 — 헌재는 다른 권리구제절차(전심절차)가 있더라도 다음과 같은 경우에는 그 절차를 거치지 않아도 되는 예외를 인정한다(예외). 즉 "청구인이 그의 불이익으로 돌릴 수 없는 정당한 이유있는 착오로 전심절차를 밟지 않은 경우, 다른 권리구제절차에 의하더라도 구제의 기대가능성이 없는 경우, 다른 구제절차의 허용 여부가 객관적으로 불확실하여 전심절차이행의 기대가능성이 없을 경우, 다른 구제절차가 있더라도 구제의 기대가능성이 없고 다만 기본권침해를 당한 청구인에게 불필요한 우회절차를 강요하는 것밖에 되지 않는 경우"이다(88헌마22. 권력적 사실행위에 대한 보충성 예외인정의 예가 상당히 있다. 그 예로 법원의 수사서류 열람·등사 허용결정에 대한 헌법소원의 경우 : 2009헌마257).

6. 청구기간

[원칙] 헌재법 제68조 제 1 항의 규정에 의한 헌법소원의 심판은 그 사유가 있음을 안 날부터 90일 이내에, 그 사유가 있는 날부터 1년 이내에 청구하여야 한다. 다만, 다른 법률에 따른 구제절차를 거친 헌법소원의 심판은 그 최종결정을 통지받은 날부터 30일 이내에 청구하여야 한다(법 제69조 제 1 항). 사유가 있음을 안 날부터 90일과 사유가 있는 날부터 1년이란 두 기간은 모두 지켜져야 하고 어느 한 기간이라도 도과한(넘어간) 경우에는 청구요건을 갖추지 못한 부적법한 헌법소원이 된다. 진정입법부작위에 대한 헌법소원의 경우에는 부작위가 계속

되는 한 기본권침해도 계속되므로 청구기간의 제약없이 청구할 수 있다(89헌마2).

['정당한 사유' 적법] 헌재는 청구기간이 도과된 경우라도 정당한 사유가 있으면 적법한 헌법소원 청구임을 인정한다. 행정소송법 제20조 제2항 단서를 준용한 결과이기도 하다. 정당한 사유의 의미를 헌재는 ㈀ 사회통념상 상당한 경우(민소법 소송행위 추완사유보다 넓게 인정), ㈁ 행정심판법의 객관적 불능사유보다 넓게 일반적 주의를 다하여도 준수불가한 경우를 포함한다고 본다. * 정당성 인정례 : ① 국제그룹해체지시결정(89헌마31), ② 기소유예처분 불통지 사건(2001헌마39), ③ 문화계블랙리스트 위헌확인결정(2017헌마416), ④ 수사기관 등에 의한 통신자료 제공요청 사건(2016헌마388. [판시] 이 요청에 따라 전기통신사업자가 수사기관 등에 통신자료를 제공한 경우에 … 취득한 시점으로부터 1년이 도과된 이후에 이 사건 심판청구를 하였으나, 전기통신사업법에 사후통지를 받을 수 있는 방법이 마련되어 있지 않았으므로, 청구인들이 기본권침해의 사유가 발생하였음을 인지하지 못한 데에 과실이나 책임이 있다고 할 수 없다. 따라서 그 도과에 정당한 사유가 인정된다). * 일반적 주의를 다하여도 기본권 침해사유가 발생한 날로부터 1년이라는 청구기간을 준수하지 못한 데에는 정당한 사유가 인정된다고 본 예(2021헌마473. 자동차사고 피해가족 중 유자녀에 대한 대출을 규정한 구 '자동차손해배상 보장법 시행령' 조항 중 생계유지 및 학업을 위한 자금의 대출' 부분이 자녀인 청구인의 아동으로서의 인간다운 생활을 할 권리를 침해하는지 여부가 문제된 사안. 어린 나이라 상환의무 존재를 알기가 어려웠을 것이고 일반적 주의를 다하여도 청구기간을 준수할 수 없었을 것이므로, '안'날부터는 2명 청구인 중 한 명에게는 도과로 보고 다른 한 명은 비도과. 결국 본안판단 들어감. 본안판단 결과 기각됨).

[법령소원의 경우] 법령소원의 경우 법령의 시행과 동시에 기본권침해를 받은 경우에는 그 법령이 시행된 사실을 안 날부터 90일 이내에, 그 법령이 시행된 날부터 1년 이내에, 법령 시행 후 비로소 법령해당사유가 발생하여 기본권침해를 받게 된 경우에는 그 사유가 발생하였음을 안 날부터 90일 이내에, 그 사유가 발생한 날부터 1년 이내에 청구하여야 한다(2000헌마349). 유예기간이 있는 경우 — 헌재는 이전에 줄곧 유예기간이 있는 경우에도 법령의 시행을 기산점으로 하는 위 법리에 따른다고 하였는데(93헌마198, 2002헌마516, 2011헌마372 등) 2020년에 유예기간이 경과한 때(유예기간 종료 후 다음날)를 청구기간의 기산점으로 한다고 판례를 변경하였다(헌재 2020. 4. 23, 2017헌마479).

[다른 구제절차를 거친 경우] 그 다른 법률에 따른 구제절차의 최종결정을 통

지받은 날부터 30일 이내에 청구하여야 한다(헌재법 제69조 제 1 항 단서). 통지받은 날은 최종결정을 송달받은 날이다(90헌마149).

7. 변호사대리강제주의

헌재법 제25조 제 3 항은 헌법소원심판에서의 변호사대리강제주의를 취하고 있으므로 변호사에 의한 대리가 청구요건이고 변호사 대리가 이루어지지 않으면 청구가 각하된다(변호사 대리인 선임 없어 각하된 근간의 예 : 코로나바이러스 백신 미접종자 차별행위 위헌확인, 헌재 2022. 3. 31, 2021헌마1380). 이러한 변호사강제주의에 대하여 헌재는 합헌으로 보고 있다(89헌마120). 헌법소원심판을 청구하려는 자가 변호사를 대리인으로 선임할 자력이 없는 경우에는 헌재에 국선대리인을 선임하여 줄 것을 신청할 수 있다. 이 경우 제69조에 따른 청구기간은 국선대리인의 선임신청이 있는 날을 기준으로 정한다(법 제70조 제 1 항). 헌재는 그 심판청구가 명백히 부적법하거나 이유 없는 경우 또는 권리의 남용이라고 인정되는 경우에는 국선대리인을 선정하지 아니할 수 있다(동조 제 3 항).

8. 피청구인

[원칙] 헌재는 행정소송법 제13조 제 1 항을 준용하여 처분행정청이 피청구인이 되며 대한민국이 아니라고 보고(90헌마182) 명령권자가 아닌 대통령은 피청구인적격이 없다고 본다(92헌마204).

[법령소원의 경우] 헌재는 법령소원의 경우 "피청구인의 개념은 존재하지 않는다"라고 한다(2007헌마992).

[조례부작위] 조례가 제정되지 않은 부작위에 대한 헌법소원심판에서 피청구인이 조례가 지방의회의 의결로 제정되나 헌법 제117조가 자치규정제정주체로 명시하고 있는 '지방자치단체' 자체가 피청구인이 된다(헌재판례이기도 하다. 2006헌마358).

9. 청구서 기재

그 외 청구요건으로 헌법소원의 심판청구서에는 1. 청구인 및 대리인의 표시, 2. 침해된 권리, 3. 침해의 원인이 되는 공권력의 행사 또는 불행사, 4. 청구 이유, 5. 그 밖에 필요한 사항을 적어야 한다(법 제71조).

Ⅳ. '위헌소원' 심판의 청구요건

유의할 점은 '위헌소원'의 경우 위에서 본 권리구제형 헌법소원에서 요구하는 기본권침해의 자기관련성 · 직접성 · 현재성요건이라든지 보충성원칙 등은 요구되지 않는다는 것이다.

[대상] 헌재법 제68조 제 2 항의 위헌소원도 실질적으로 위헌법률심판이므로 그 대상은 원칙적으로 법률이다(대통령령인 시행령에 대한 위헌소원 대상성 부정으로 인해 각하결정이 같이 있었던 최근의 한 가지 예 : 2021헌바74). 실질적 의미의 법률도 포함한다. 제청신청에 대한 기각결정이 있었던 법률규정들만이 원칙적으로 대상이 된다(89헌마221, 2021헌바74).

[청구인] 헌재법 제68조 제 2 항은 위헌여부심판제청의 "신청을 한 당사자"를 청구인으로 보고 있다.

[재판의 전제성] 위헌소원도 실질적으로 위헌법률심판이고 따라서 법률의 위헌 여부가 재판의 전제가 되어야 한다는 재판전제성 요건이 매우 중요한 청구요건이다. 재판전제성 여부가 실제 심판에서 많이 따져진다.

[제청신청의 기각] 헌재법 제68조 제 2 항은 법원이 당사자의 제청신청을 기각한 경우에 위헌소원심판을 청구할 수 있다고 규정한다(각하의 경우에도 가능하다는 것이 판례의 입장이다). 이 경우 그 당사자는 당해 사건의 소송절차에서 동일한 사유를 이유로 다시 위헌 여부 심판의 제청을 신청할 수 없다(헌재법 제68조 제 2 항 후문).

[권리보호이익] 헌재의 결정례 중에는 헌재법 제68조 제 2 항의 위헌소원의 경우에도 심판청구의 이익이 있을 것을 그 요건의 하나로 보는 결정례가 있다. 문제가 있다. 위헌결정된 법규정 적용의 확정판결에 대한 위헌소원사건에서 재심이 가능하므로 심판의 이익이 없다고 본 다음의 결정례가 있다. 사안은 노역장유치기간의 하한을 중하게 변경한 형법 부칙조항에 대한 위헌결정(2015헌바239)으로 인하여 소급하여 그 효력을 상실하였고, 형법 부칙조항에 근거한 유죄의 확정판결에 대하여는 재심을 청구할 수 있다고 헌재는 보아 결국

청구인은 자신의 벌금형에 대한 노역장유치를 선고한 확정판결에 대하여 재심을 청구할 수 있으므로, 청구인의 위 형법 부칙조항에 대한 심판청구는 심판의 이익이 없어 부적법하다고 본 것이다(2016헌바202).

[한정위헌결정을 구하는 위헌소원심판청구의 적법성요건] 헌재는 이전에는 한정위헌결정을 구하는 청구는 헌재법 제68조 제 2 항의 청구로 원칙적으로 부적합하다고 하면서도 단순히 법률조항의 해석을 다투는 것이 아니라, 그러한 해석의 여지를 주는 법률조항 자체의 불명확성을 다투는 경우로 이해되는 경우에는 적법한 청구로 받아들일 수 있다고 하여 왔다(98헌바2. 헌재가 한정위헌 청구를 받아들여 판단한 경우들의 분류에 대해서는, 2000헌바20 참조). 그러나 2012년에 판례를 변경하여 한정위헌청구의 적법성을 원칙적으로 인정하는 결정을 하였는데 이 결정에서 헌재는 '법원의 해석'을 대상으로 하였다고 하여 논란이 되었다(2011헌바117). 그런데 헌재는 한정위헌청구의 형식을 취하고 있으면서도 실제로는 당해 사건 재판의 기초가 되는 사실관계의 인정이나 평가 또는 개별적·구체적 사건에서의 법률조항의 단순한 포섭·적용에 관한 문제를 다투거나, 의미 있는 헌법문제를 주장하지 않으면서 법원의 법률해석이나 재판결과를 다투는 경우 등은 모두 현행의 규범통제제도에 어긋나는 것으로서 허용될 수 없다고 하여(2011헌바117, 이 법리에 따라 부정된 예 : 2013헌바194, 2015헌바223, 2016헌바357, 2017헌바377, 2018헌바433) 한계를 설정하고 있다. 이는 재판소원을 금지하고 있는 헌법재판소법 제68조 제 1 항의 취지 때문이라고 한다.

[청구기간] 헌재법 제68조 제 2 항의 규정에 의한 헌법소원심판은 위헌여부심판의 제청신청을 기각하는 결정을 통지받은 날부터 30일 이내에 청구하여야 한다(헌재법 제69조 제 2 항).

[변호사대리강제주의] 헌법재판소는 위헌소원사건에서도 변호사대리강제주의가 적용된다고 한다. 이는 재검토할 필요가 있다.

Ⅴ. 가 처 분

헌재법은 헌법소원심판절차에 있어서 가처분에 대해 명시하고 있지 않다. 그러나 헌재는 헌법소원심판에서도 가처분의 필요성은 있을 수 있고, 달리 가처분을 허용하지 아니할 상당한 이유를 찾아볼 수 없으므로 허용된다고 한다(2000헌사471).

헌재는 가처분의 요건으로서 회복하기 어려운 손해의 예방과 효력정지의 긴급한 필요성이 있어야 한다고 하면서 가처분을 인용한 뒤 종국결정에서 청구가 기각되었을 때 발생하게 될 불이익과 가처분을 기각한 뒤 청구가 인용되었을 때 발생하게 될 불이익에 대한 비교형량을 하여 후자의 불이익이 전자의 불이익보다 크다면 가처분을 인용할 수 있다고 한다(2000헌사471). 헌재는 본안심판이 부적법하거나 이유없음이 명백하면 가처분을 명할 수 없다고 한다.

[가처분 인용례] 가처분을 인용하는 결정에는 효력정지 결정(많은 경우의 결정들), 집행정지결정, 속행정지결정(아래의 ⑨의 경우), 부작위 · 거부행위에 대한 헌법소원에서의 '임시의 지위를 정하기 위한 인용' 결정(아래 ④의 경우 — 변호인접견허가) 등이 있다. ① 사법시험 응시횟수제한 규정(2000헌사471), ② 군사법원 재판받는 미결수용자의 면회횟수 제한 규정(2002헌사129), ③ 대학교원 기간임용제 탈락자 구제를 위한 특별법 제9조 제1항(2005헌사754), ④ 외국인 난민 관련 소송 수행을 위한 변호인접견 허가 가처분(2014헌사592), ⑤ 변호사시험 합격자 명단 공고 규정(2018헌사242등, 가처분은 인용되었으나 본안 종국결정에서 청구가 기각되었음), ⑥ 자사고 사건(2018헌사213), ⑦ 변호사시험에서 코로나19 확진환자의 응시를 금지하고, 자가격리자(사전 신청 마감 기한 제한) 및 고위험자(의료기관 이송)에 대한 응시를 제한한 법무부공고 해당 규정(2020헌사1304, 가처분 기각 후 본안 종국결정에서 인용될 경우 불이익이 변호사시험은 1년에 한 번 치러지는 자격시험이라 가처분 인용 후 본안 종국결정에서 기각될 경우 시험관리의 부담이라는 불이익보다 큼). ⑧ 헌재법 제23조 제1항("재판부는 재판관 7명 이상의 출석으로 사건을 심리한다") 중 "헌법재판소 재판관이 임기만료로 퇴직하여 재판관의 공석 상태가 된 경우에 적용되는 부분의 효력은 헌법재판소 2024헌마900 헌법소원심판청구사건의 종국결정 선고 시까지 이를 정지한다"라는 헌재의 가처분인용결정이 있었다(2024. 10. 14. 2024헌사1250. [결정요지] 가처분을 인용하더라도 이는 의결정족수가 아니라 심리정족수에 대한 것에 불과하므로, 공석인 재판관이 임명되기를 기다려 결정을 할 수도 있다. 다만 보다 신속한 결정을 위하여 후임 재판관이 임명되기 전에 쟁점을 정리하고 증거조사를 하는 등 사건을 성숙시킬 필요가 있다. 그런데 가처분신청을 기각하면, 그 후 본안심판의 종국결정에서 청구가 인용되더라도 이러한 절차를 제때에 진행하지 못하여 신청인의

신속한 재판을 받을 권리 등 기본권은 이미 침해된 이후이므로 이를 회복하기는 매우 어렵다. 결국 이 사건에서 가처분을 인용한 뒤 종국결정에서 청구가 기각되었을 때 발생하게 될 불이익보다 가처분을 기각한 뒤 청구가 인용되었을 때 발생하게 될 불이익이 더 크다. 다만 이 사건에서는 재판관이 임기만료로 퇴직하여 재판관의 공석 상태가 된 경우가 문제되는 것이므로 헌법재판소법 제23조 제 1 항 중 재판관이 임기만료로 퇴직하여 재판관의 공석 상태가 된 경우에 적용되는 부분에 한하여 그 효력을 정지함이 상당하다). ⑨ 대통령 권한대행 국무총리가 임기만료로 퇴임할 예정인 헌법재판소 재판관의 후임자로 2인을 지명한 사안에서 위 지명행위에 기초한, 국회에의 인사청문요청안 제출, 인사청문경과보고서 송부 요청 및 헌법재판소 재판관 임명 등 일체의 임명절차의 속행을 헌법재판소 2025헌마397 헌법소원 심판청구사건의 종국결정 선고 시까지 정지하도록 인용한 결정도 있었다(2025. 4. 16. 2025헌사399. [결정요지] 대통령의 권한을 대행하는 국무총리가 재판관을 지명하여 임명할 권한을 행사할 수 있다고 단정할 수 없고, 만약 그러한 권한이 없다면 헌법소원심판을 청구하여 그 사건이 계속 중인 신청인은 재판을 받을 권리를 침해받게 될 수 있다. 피신청인이 이 사건 후보자를 재판관으로 지명함으로써 그 임명절차가 공식적으로 개시된 이상, 피신청인이 가까운 장래에 이 사건 후보자를 재판관으로 임명할 것임이 확실히 예측된다고 볼 수 있으므로, 이 사건 가처분신청의 본안심판이 명백히 부적법하거나 이유 없다고 단정할 수 없다. 피신청인이 이 사건 후보자를 재판관으로 임명하고 나면, 신청인이 적시에 이 사건 후보자의 재판관 지위를 다투거나 이 사건 후보자가 심리에 관여하는 것을 막을 수 있을지 불분명하고, 종국결정이 선고되는 경우 재심이 허용되지 않을 가능성도 존재하므로, 신청인은 회복하기 어려운 중대한 손해를 입을 위험이 있고, 손해를 방지할 긴급한 필요도 인정된다. 가처분을 인용할 경우 재판관 2인의 임명이 지연될 것이나, 7인의 재판관이 사건을 심리하여 결정할 수 있다. 반면 가처분이 기각되었다가 종국결정에서 청구가 인용될 경우 이 사건 후보자가 관여한 결정 등의 효력에 의문이 제기되는 등 헌법재판소의 심판 기능 등에 극심한 혼란이 발생하게 되고, 만일 재심이 허용되지 않는다면 헌법재판의 규범력이 현저히 약화될 것이며, 재심이 허용되는 경우에도 법적 안정성을 심각하게 저해할 수 있다. 결국 이 사건에서 가처분을 인용한 뒤 종국결정에서 청구가 기각되었을 때 발생하게 될 불이익보다 가처분을 기각한 뒤 청구가 인용되었을 때 발생하게 될 불이익이 더 크므로, 이 사건 신청을 인용함이 상당하다).

Ⅵ. 헌법소원심판의 결정형식

1. 본래 의미의 헌법소원심판의 결정

[각하결정] 청구요건을 결여한 경우에 한다. 3인 재판관 지정재판부에 의한 사전심사에서의 각하결정도 있다.

[심판절차종료선언] 심판도중에 청구인의 ① 사망 또는 청구인 스스로 청구를 포기하는 ② 청구취하가 있을 때 절차를 종료한다(예 : 90헌바13, 95헌마221. 사망시 수계할 수 있으면 심판절차진행이 계속되나 수계신청이 없으면 절차종료한다. 후자의 예로 일본군 위안부 합의에 대한 심판청구에서 일부 청구인들의 사망으로, 그리고 수계신청이 없었다고 하여 각하한 결정례가 있었다. 2016헌마253). 청구취하의 경우 피청구인의 동의를 요한다. ③ 당사자능력상실을 이유로 심판절차종료결정을 한 예도 있었다(헌재 2020. 12. 23. 2017헌마416). 사안은 폐업신고에 따른 당사자능력상실의 경우이었다.

[본안결정과 인용결정 정족수] 각하되지 않고 본안판단에 들어가 본안결정을 하게 되는데 본안결정에는 인용결정과 기각결정이 있다. 인용결정은 청구를 받아들여 위헌인 기본권침해가 있음을 인정하는 결정이다. 기각결정은 청구인의 주장을 배척하는 결정이다. 인용결정에는 재판관 6명 이상의 찬성이 있어야 한다(동법 제23조 제 2 항 제 1 호). 따라서 재판관 5명이 인용의견으로 다수이더라도 기각결정이 된다. 변형결정도 6인정족수가 요구되고 재판관 의견분립의 경우 등은 앞의 위헌법률심판 부분 참조. 위헌(인용)의견 4인과 각하의견이 대립하는 경우 각하결정한 예가 있었다(2016헌마1034).

[인용결정의 유형] 인용결정에는 다음과 같은 유형들이 있다.

① 취소결정 — 침해의 원인이 된 공권력행사를 취소하는 결정이다(동법 제75조 제 3 항).

② 위헌확인결정 — 이는 ㉠ 부작위의 경우와 ㉡ 침해행위가 종료된 경우의 인용결정이다. 이 두 경우에는 취소대상이 있을 수 없기 때문에 확인결정을 하는 것이다. ㉠ 헌재법 제75조 제 3 항은 "그 불행사가 위헌임을 확인할 수 있다"라고 규정하고 있다(부작위 위헌확인결정례 — 89헌마2, 96헌마246, 2000헌마707, 2001헌마718, 88헌마22). ㉡ 침해행위가 이미 종료된 경우에는 권리보호이익이 없으나 앞서 본 대로 그 예외적 심판이익이 인정될 때 본안에 들어가 위헌이 인

정되면 위헌확인결정을 하게 된다(위헌결정례 — 91헌마111, 89헌마31, 92헌마144, 94헌마60, 97헌마137, 2000헌마546, 99헌마496, 2000헌마327, 2000헌마474, 2020헌마1736).

③ 부수적 위헌결정 — 헌재는 "공권력의 행사 또는 불행사가 위헌인 법률 또는 법률의 조항에 기인한 것이라고 인정될 때에는 인용결정에서 해당 법률 또는 법률의 조항이 위헌임을 선고할 수 있다"(동법 제75조 제 5 항. 이를 적용하여 위헌결정을 한 예로, 2013헌마789 등 참조).

2. '위헌소원'심판의 결정형식

위헌소원심판의 결정에는 각하결정, 심판절차종료선언(90헌바13), 본안결정 등이 있다. 본안결정에는 합헌결정, 위헌결정, 변형결정 등이 있다.

Ⅶ. 인용결정의 효력

1. 기 속 력

헌법소원의 인용결정은 모든 국가기관과 지방자치단체를 기속한다(동법 제75조 제 1 항). 헌법재판소가 헌법소원의 인용결정으로 취소한 공권력작용을 다시 반복해서는 아니 된다(반복금지효). 헌법재판소가 공권력의 불행사(부작위)에 대한 헌법소원을 인용하는 결정을 한 때에는 피청구인은 결정취지에 따라 새로운 처분을 하여야 한다(적극적 처분의무, 동법 제75조 제 4 항).

2. '위헌소원'에서의 재심

위헌소원이 인용된 경우에 해당 헌법소원과 관련된 소송사건이 이미 확정된 때에는 당사자는 재심을 청구할 수 있다(동법 제75조 제 7 항). 이는 위헌소원의 경우 청구가 되더라도 당해 법원재판이 정지되지 않기 때문에 법원재판(소송)이 확정된 뒤 위헌결정이 있게 된 경우의 구제를 위하여 인정되는 것이다. 여기에는 2가지 문제가 있다. ① 헌재는 이 재심은 당해 소송사건의 당사자만 청구할 수 있다고 보고, 위헌소원을 제기한 바 없었던 다른 사건의 당사자는 재심을 청구할 수 없다고 한다(99헌바66; 2020헌바401). ② 대법원은 한정위헌결정의 경우는 재심사유가 되지 않는다고 본다(대법원 95재다14, 2012재두299). 이는 대법원이 한정위헌결정에 대해 기속력을 부정하기 때문이다. **[헌재의 긍정]** 그러나 헌재는 한정위헌결정도 위헌결정으로서 기속력이 있으므로 재심사유가 된다고 보아 이를 부정한 법원의 재심기각판결(결정)들을 취소하는 결정들을 2022년에 내렸다(2014헌마760; 2013헌마242; 2013헌마496; 2013헌마497. 앞의 헌법소원대상, 대상성이 부정되는 경우, 법원재판 부분 참조).

* 위의 문제와 구별되는 것으로 헌재결정에 대한 '헌재의 재심'이 인정되느냐 하는 것이다. 법령에 대한 심판, 즉 위헌법률심판, 위헌소원심판, 법령에 대한 헌법소원심판에서의 자신의 결정에 대해서는 재심을 인정하지 않는다는 것이다. 부정하는 논거를 보면 위헌법률심판의 경우 제청신청인은 당사자가 아니라 재심청구능력을 가지지 못하고 위헌소원심판, 법령소원의 경우 인용결정의 일반효, 대세효, 그리고 법적 안정성 때문에 부정된다고 한다(2003헌아61, 90헌아1, 2002헌아5). 그러나 헌재는 법령 아닌 다른 공권력작용에 대한 본래의미의 헌법소원심판에서 자신이 행한 결정에 대한 재심을 다음과 같은 사유로 인정한다. 즉 민사소송법 제451조 제 1 항 제 9 호의 '판결에 영향을 미칠 중요한 사항에 관하여 판단을 누락한 때'에 준하면 자신의 결정에 대한 재심사유가 있다고 한다(2006헌아53, 2008헌아23, 2008헌아4. 이 결정들은 재심사유가 있어 재심대상 헌재결정을 헌재가 취소한 결정례이기도 하다).

제 4 절 탄핵심판과 정당해산심판

Ⅰ. 탄핵심판

1. 개념과 성격

탄핵심판이란 고위 공직자 또는 신분상 강한 독립성을 가지는 공직자 등에 대해서는 그의 직무상 위헌, 위법의 행위가 있더라도 그 독립성 때문에 통상의 절차에 의해서는 징계(파면)이나 형사처벌 등의 제재를 가하기 어렵기에 이러한 고위직 공직자에 대하여 책임을 지우기 위하여 마련된 특별한 헌법재판제도이다. 우리나라에서는 탄핵결정으로 '파면'에 그치기 때문에(제65조 제 4 항) 탄핵이 징계책임의 성격을 가진다. 다만, 특별한 징계제도이다. 헌재는 "탄핵결정은 대상자를 공직으로부터 파면함에 그치고 형사상 책임을 면제하지 아니한다(헌법 제65조 제 4 항)는 점에서 탄핵심판절차는 형사절차나 일반 징계절차와는 성격을 달리한다"라고 한다(2023헌나4). 헌재는 "헌법재판소가 탄핵심판을 관장하게 함으로써 탄핵절차를 정치적 심판절차가 아닌 규범적 심판절차로 규정하고 있다"라고 한다(2016헌나1).

2. 탄핵소추의 대상 공직자, 사유, 소추절차

이에 관해서는 앞서 국회의 탄핵소추권에서 살펴보았다(전술 제 4 부 제 2 장 제 6 절 제 6 항 Ⅵ. 탄핵소추권 참조). 현 6공화국 들어 탄핵소추가 된 공직자로는 대통령(2004헌나1, 2016헌나1, 2024헌나8), 대통령 권한대행 중인 국무총리(2025. 3. 24. 2024헌나9), 감사원장(2024. 3. 13. 2024헌나2), 방송통신위원회 위원장(2024헌나1. [판시] 방통위원장에 대한 탄핵심판은 위헌·위법적인 직무집행으로 침해된 방송의 공적 기능의 회복을 통하여 방송의 자유 및 언론의 자유 보장에 기여할 수 있다), 장관(2023헌나1), 판사(2021헌나1), 검사들(2023헌나2, 2023헌나3, 2023헌나4), 경찰청장(2025. 12. 18. 2024헌나7) 등이 있었다.

3. 탄핵심판절차

(1) 심판의 청구

소추위원(국회법제사법위원회 위원장)은 헌법재판소에 소추의결서의 정본을 제출하여 탄핵심판을 청구한다(헌재법 제49조 제 2 항).

(2) 심리의 방식과 절차 등

탄핵심판은 구두변론에 의한다(동법 제30조 제 1 항). 피청구인에 대한 탄핵심판 청구와 동일한 사유로 형사소송이 진행되고 있는 경우에는 재판부는 심판절차를 정지할 수 있다(동법 제51조).

(3) 탄핵심판의 이익

초유의 법관에 대한 탄핵심판사건 결정에서 헌재의 4인 다수의견(이것이 결국 법정의견이 되었다)은 '탄핵심판의 이익'을 탄핵심판의 적법요건으로 설정하여 판단한 바 있다. 이 4인 다수의견은 "탄핵심판의 이익은 헌법 제65조 제 4 항 전문 및 헌법재판소법 제53조 제 1 항에서 규정한 바와 같이 '탄핵심판청구가 이유 있는 경우에 피청구인을 해당 공직에서 파면하는 결정을 선고'할 수 있는 가능성을 상정하여 탄핵심판의 본안심리에 들어가서 그 심리를 계속할 이익이다. 이것은 본안판단에 나아가는 것이 탄핵심판절차의 제도적 목적에 기여할 수 있는지 여부에 관한 문제로서 본안판단에서 상정할 수 있는 결정의 내용과 효력을 고려하여 판단되는 탄핵심판의 적법요건이다"라고 한다. 그리고 헌법 제65조 제1항 및 헌법재판소법 제48조에 규정된 탄핵대상 공직들은 탄핵심판에 따른 파면결정을 받을 수 있는 현직을 의미한다고 한다. 그리하여 탄핵소추의결이 국회에 있은 후인 2021. 2. 28. 임기만료로 피청구인이 2021. 3. 1. 법관직에서 퇴직함에 따라 더 이상 해당 공직을 보유하지 않게 된 사실이 인정되므로, 탄핵심판의 이익을 인정할 수 없다고 하여 탄핵심판청구를 각하해야 한다고 한다(* 2021헌나1. 이 결정에는 모두 5인의 각하의견이 있었는데 다수 의견인 4인 의견 외 1인 각하의견이 있었는데 이 1인 의견을 합해 결국 5인 각하의견으로 각하결정이 되었다).

* 대통령 계엄에 관한 탄핵심판에서 계엄이 국회의 해제 요구로 단시간 안에 해제되었고, 이로 인한 피해가 발생하지 않았으므로 보호이익이 흠결되어 탄핵심판청구가 부적법하다는 주장이 있었다. 그러나 헌재는 "계엄이 해제되었다 하더라도 이 사건 계엄으로 인하여 이미 발생한 이 사건 탄핵사유를 이유로 피청구인에 대한 탄핵 여부를 심판할 이익이 부정된다고 볼 수 없으므로, 피청구인의 이 부분 주장을 받아들이지 아니한다"라고 판시하였다(2025. 4. 4. 2024헌나8).

(4) 심리의 범위

탄핵심판에서는 탄핵소추된 고위 공무원의 헌법·법률을 위반한 직무행위가 있는지를 국회의 소추사유에 따라 판단하는 심리가 이루어진다. 헌재는 탄핵소추의결서에 기재되지 아니한 소추사유를 판단의 대상으로 삼을 수 없다고 한다. 다만, 탄핵소추의결서에서 그 위반을 주장하는 법규정의 판단에 관하여 헌재는 원칙적으로 구속을 받지 않으므로, 청구인이 그 위반을 주장한 법규정 외에 다른 관련 법규정에 근거하여 탄핵의 원인이 된 사실관계를 판단할 수 있다고 한다(2004헌나1, 2016헌나1, 2024헌나2). 헌재는 국회가 탄핵심판을 청구한 뒤 별도의 의결절차 없이 소추사유를 추가하거나 기존의 소추사유와 동일성이 인정되지 않는 정도로 소추사유를 변경하는 것은 허용되지 아니한다고 한다(2016헌나1, 2024헌나2, 2024헌나1). * 대통령 계엄에 관한 탄핵심판에서 형법상 내란죄 등에 관한 소추사유 철회, 변경 관련 주장에 대한 헌재의 부정 : 이 사건 계엄 선포를 비롯한 일련의 행위에 대하여 형법상 내란죄(제87조, 제91조) 등 형법 위반 행위로 구성하였다가 이 사건 탄핵심판청구 이후에 이를 별도의 의결절차를 거치거나 '소추사실변경서' 등을 제출하지 아니하고 헌법 위반 행위로 포섭하여 주장하는 것은 소추사유의 철회 내지 변경에 해당하여 이 사건 탄핵심판청구가 부적법하다는 취지의 피청구인 주장이 있었다. 그러나 헌재는 이처럼 자신이 '법규정의 판단'에 관하여는 원칙적으로 구속을 받지 않는다는 입장을 다시 확인하면서 "동일한 사실에 대하여 단순히 적용법조문을 추가 · 철회 · 변경하는 것은 '소추사유'의 추가 · 철회 · 변경에 해당하지 아니한다. 살피건대, 청구인이 형법 위반 행위로 구성하였던 사실관계를 헌법 위반으로 포섭하는 것은 소추의결서에 기재하였던 기본적 사실관계는 동일하게 유지하면서 그 위반을 주장하는 법조문을 철회 또는 변경하는 것에 지나지 않으므로 위에서 본 허용되지 않는 소추사유의 철회 내지 변경에 해당한다고 볼 수 없고, 이를 전제로 한 특별한 절차를 거쳐야 한다고 보기도 어렵다"라고 하여 주장을 배척했다(2025. 4. 4. 2024헌나8).

[대통령의 비상계엄 선포행위 ― 고도의 정치적 결단이라도 탄핵심판 심사할 수 있음] 고도의 통치행위로서 사법심사의 대상이 아니라는 주장에 대해 헌재는 계엄 선포가 고도의 정치적 결단을 요하는 행위라 하더라도 탄핵심판절차에서 심사할 수 있음을 다음의 이유판시로 분명히 했다.

> "대통령의 계엄 선포권은 전시 · 사변 또는 이에 준하는 국가비상사태에 있어서 병력으로써 … 발동되는 국가긴급권으로, 그 행사에 대통령의 고도의 정치적 결단을 요한다고 볼 수 있다. 그러나 국가긴급권은 평상시의 헌법질서에 따른 권력행사방법만으로는 대처할 수 없는 중대한 위기상황에 대비하여 헌법이 중대한 예외로서 인정한 비상수단이므로, 헌법이 정한 국가긴급권의 발동요건 · 사후통제 및 국가긴급권에 내재하는 본질적 한계는 엄격히 준수되어야 한다(2014헌가5 참조). 계엄의 선포에 관해서는 헌법 제77조 및 계엄법에서 그 요건과 절차, 사후통제 등에 대하여 규정하고 있고, 탄핵심판절차는 고위공직자가 권한을 남용하여 헌법이나 법률을 위반하는 경

우 그 권한을 박탈함으로써 헌법질서를 지키는 헌법재판이라는 점을 고려하면(2016헌나1 참조), 비록 계엄 선포가 고도의 정치적 결단을 요하는 행위라 하더라도 탄핵심판절차에서 그 헌법 및 법률 위반 여부를 심사할 수 있다고 봄이 상당하다"(2025. 4. 4. 2024헌나8).

(5) 심리정족수

재판부는 재판관 7명 이상의 출석으로 탄핵심판사건을 심리한다(심판정족수, 동법 제23조 제1항). 헌법재판소장이 임기 만료로 퇴임하여 8인의 재판관에 의한 탄핵심판이 진행되었는데 이에 대해 9인으로 구성된 재판부로부터 '공정한 재판을 받을 권리'를 침해하는 것이라는 주장에 대해 헌재는 9인 의 재판이 바람직하긴 하나 대통령 권한행사 정지의 심각한 헌정위기 상황에 서 8인의 재판부가 탄핵심판을 심리하고 결정하는 데 헌법과 법률상 아무런 문제가 없고 결원 상태인 1인의 재판관은 사실상 탄핵에 찬성하지 않는 의견을 표명한 것과 같은 결과를 가져 오므로, 오히려 피청구인에게 유리하게 작용할 것이라는 점에서 피청구인의 공정한 재판을 받을 권리가 침해된다고 보기도 어렵다고 하여 배척하였다.

4. 탄핵심판의 결정

(1) 정족수

탄핵의 결정에는 종국심리에 관여한 재판관 6명 이상의 찬성이 있어야 한다(동법 동조 제2항 제1호).

(2) 결정형식(유형)

탄핵심판의 결정유형(형식)에는 ① 각하결정[탄핵소추의 요건을 갖추지 못한 경우. 탄핵심판의 이익이 없을 때에도 각하결정을 한다. 탄핵심판의 이익에 대해서는 앞의 3. 탄핵심판절차에서 살펴보았다(전술 참조). 헌재가 탄핵심판의 이익이 없다고 하여 각하한 예가 바로 탄핵소추의결이 국회에서 있은 후 피청구인의 법관의 임기 만료로 퇴임하였다고 하여 각하결정을 한 예이다(2021헌나1)], ② 인용(파면)결정(탄핵심판 청구가 이유 있는 경우, 즉 파면의 사유가 있는 경우에 피청구인을 해당 공직에서 파면하는 결정, 동법 제53조 제1항), ③ 기각결정(파면의 사유가 없을 경우와 결정선고 전에 해당 공직에서 파면되었을 때(동법 동조 제2항)) 등이 있다.

탄핵심판의 결정서에 소수의견이 표시되어야 하는 문제가 2004년 대통령 탄핵심판결정에서 소수의견이 없이 선고되었기에 논란되었다. 이후 헌재법 제36조 제 3 항을 개정하여 현재는 소수의견을 표시할 것을 명확히 하고 있다.

(3) 인용(파면) 여부의 판단기준 — 헌법이나 법률 위배의 중대성

인용(파면)결정의 사유는 물론 직무집행에 있어서 헌법과 법률을 위배한 때(제65조 제 1 항)인데 헌재는 그 위배가 있다고 바로 인용(파면)결정을 하는 것이 아니라 그렇게 할 것인가 여부, 즉 파면할 것인지 여부에 대해 판단하는 기준으로서 '헌법이나 법률 위배의 중대성'이 있는지를 살펴서 있다고 판단되면 인용(파면)결정을 한다. 즉 헌재법 제53조 제 1 항은 '탄핵심판 청구가 이유 있는 경우' 피청구인을 파면하는 결정을 선고하도록 규정하고 있는데 여기서 '탄핵심판 청구가 이유 있는 경우'란 피청구인의 파면을 정당화할 수 있을 정도로 중대한 헌법이나 법률 위반이 있는 경우를 말한다고 한다.

1) 대통령의 경우 — 헌법이나 법률 위배의 중대성 헌재는 대통령의 경우 그 위배의 중대성을 다음과 같이 요구한다.

"대통령에 대한 파면결정은 국민이 선거를 통하여 대통령에게 부여한 민주적 정당성을 임기 중 박탈하는 것으로서 국정 공백과 정치적 혼란 등 국가적으로 큰 손실을 가져올 수 있으므로 신중하게 이루어져야 한다. 따라서 대통령을 탄핵하기 위해서는 대통령의 법 위배행위가 헌법질서에 미치는 부정적 영향과 해악이 중대하여 대통령을 파면함으로써 얻는 헌법 수호의 이익이 대통령 파면에 따르는 국가적 손실을 압도할 정도로 커야 한다. 즉, '탄핵심판청구가 이유 있는 경우'란 대통령의 파면을 정당화할 수 있을 정도로 중대한 헌법이나 법률 위배가 있는 때를 말한다. 대통령의 파면을 정당화할 수 있는 헌법이나 법률 위배의 중대성을 판단하는 기준은 탄핵심판절차가 헌법을 수호하기 위한 제도라는 관점과 파면결정이 대통령에게 부여한 국민의 신임을 박탈한다는 관점에서 찾을 수 있다. 탄핵심판절차가 궁극적으로 헌법의 수호에 기여하는 절차라는 관점에서 보면, 파면결정을 통하여 손상된 헌법질서를 회복하는 것이 요청될 정도로 대통령의 법 위배행위가 헌법 수호의 관점에서 중대한 의미를 가지는 경우에 비로소 파면결정이 정당화된다. 또 대통령이 국민으로부터 직접 민주적 정당성을 부여받은 대의기관이라는 관점에서 보면, 대통령에게 부여한 국민의 신임을 임기 중 박탈하여야 할 정도로 대통령이 법 위배행위를 통하여 국민의 신임을 배반한 경우에 한하여 대통령에 대한 탄핵사유가 존재한다고 보아야 한다(2004헌나1, 2016헌나1, 2024헌나8).

2) 대통령 권한대행 중인 국무총리, 방송통신위원회 위원장, 감사원장, 장관, 검사, 경찰청장 등에 대한 법위반 중대성 요구 헌재는 대통령뿐 아니라 대통령 권한대행 중인 국무총리(2025. 3. 24. 2024헌나9), 감사원장(2024. 3. 13. 2024헌나2), 장관(2023헌나1), 방송통신위원회 위원장(2025. 1. 23. 2024헌나1), 경찰청장(2025. 12. 18. 2024헌나7), 검사(2023헌나2, 2023헌나4) 등에 대한 탄핵심판에서도 위법의 중대성을 요구한다(2023헌나1, 2023헌나2). 다만 차이가 있다고 보기도 하는 판시가 있었던 판례, 즉 대통령과 행정각부장관·경찰청장 사이 차이를 두어야 한다는 판시가 있었던 판례[바로 다음의 i)], 검사에 대해서 대통령, 장관과 차이를 두어 판단해야 한다는 점을 명시적으로 밝힌 소수의견이 있었던 판례[(바로 다음의 ii)] 등이 있었다. i) 행정각부장(장관) — 헌재는 "국가 원수이자 행정부의 수반으로서 국민의 선거에 의하여 선출되어 직접적인 민주적 정당성을 부여받은 대통령(헌법 제66조 제1항, 제4항, 제67조)과 행정각부의 장은 정치적 기능이나 비중에서 본질적 차이가 있고, 양자 사이의 직무계속성의 공익이 다름에 따라 파면의 효과 역시 근본적인 차이가 있다(2004헌나1, 2023헌나1, 2024헌나6). 따라서 '법 위반행위의 중대성'과 '파면 결정으로 인한 효과' 사이의 법익형량을 함에 있어 이와 같은 점이 고려되어야 한다. ii) 검사 — 대통령 또는 행정각부의 장과 비교할 때, 검사는 정치적 기능이나 비중에서 본질적인 차이가 있고, 검사에 대한 파면 결정이 중대한 국가적 손실을 가져올 가능성이 높다고 보기 어려운 점을 고려하면 파면의 효과 측면에서도 근본적인 차이가 있어 '법 위반행위의 중대성'과 '파면 결정으로 인한 효과' 사이의 법익형량을 함에 있어 이 같은 점이 고려되어야 한다는 의견(2023헌나2의 2인 기각의견과 4인 인용의견)이 있다.

(4) 결정례

1) 대통령에 대한 결정례 이에는 아래에 보듯이 2건의 인용(파면)결정례(2016헌나1, 2024헌나8)와 1건의 기각결정례(2004헌나1)가 있었다.

2) 인용(파면)결정례 2건의 대통령에 대한 인용(파면)결정례뿐 아니라 경철청장에 대한 인용(파면)결정례도 있었다.

(가) 대통령에 대한 인용(파면)결정례 ① 2016헌나1 결정에서 그 중대성이 인정되어 대통령에 대한 첫인용(파면)결정이 내려졌다. 헌재는 (1) 사인의

국정개입 허용과 대통령 권한 남용 여부, (2) 공무원 임면권 남용 여부, (3) 언론의 자유 침해 여부, (4) 생명권 보호의무 등 위반 여부로 나누어 판단하였는데 (1)에 대해서만 긍정하고 나머지는 소추사유가 아니라고 보았다. (1)에 대한 평가로 1) 공익실현의무 위반(헌법 제7조 제1항 등 위반), 2) 기업의 자유와 재산권침해(헌법 제15조, 제23조 제1항 등 위반), 3) 비밀엄수의무 위배를 인정하였고 결국 헌재는 피청구인을 파면할 것인지 여부에 대해 다음과 같이 판시하여(요약함) 파면결정을 하였다.

[결정요지] 피청구인은 최○원에게 공무상 비밀이 포함된 국정에 관한 문건을 전달했고, 공직자가 아닌 최○원의 의견을 비밀리에 국정 운영에 반영하였다. 피청구인의 이러한 위법행위는 피청구인이 대통령으로 취임한 때부터 3년 이상 지속되었다. 피청구인은 국민으로부터 위임받은 권한을 사적 용도로 남용하여 적극적·반복적으로 최○원의사익 추구를 도와주었고, 그 과정에서 대통령의 지위를 이용하거나 국가의 기관과 조직을 동원하였다는 점에서 법 위반의 정도가 매우 중하다. 대통령은 공무수행을 투명하게 공개하여 국민의 평가를 받아야 한다. 그런데 피청구인은 최○원의 국정개입을 허용하면서 이 사실을 철저히 비밀에 부쳤고, 그에 관한 의혹이 제기될 때마다 이를 부인하며 의혹 제기 행위만을 비난하였다. 따라서 권력분립원리에 따른 국회 등 헌법기관에 의한 견제나 언론 등 민간에 의한 감시 장치가 제대로 작동될 수 없었다. 이와 같은 피청구인의 일련의 행위는 대의민주제의 원리와 법치주의의 정신을 훼손한 것으로서 대통령으로서의 공익실현의무를 중대하게 위반한 것이다. 결국 피청구인의 이 사건 헌법과 법률 위배행위는 국민의 신임을 배반한 행위로서 헌법수호의 관점에서 용납될 수 없는 중대한 법 위배행위라고 보아야 한다. 그렇다면 피청구인의 법 위배행위가 헌법질서에 미치게 된 부정적 영향과 파급 효과가 중대하므로, 피청구인을 파면함으로써 얻는 헌법수호의 이익이 대통령 파면에 따르는 국가적 손실을 압도할 정도로 크다고 인정된다.

② 2024헌나8 결정 : 대통령이 2024. 12. 3. 행한 계엄선포행위 등에 대해 탄핵소추되었고 헌재의 아래와 같은 이유의 인용(파면)결정이 있었다.

[결정요지] … 5. 이 사건 계엄 선포에 관한 판단 (1) 비상계엄 선포의 실체적 요건 위반 여부 — 대통령은 국회가 ① 다수의 고위공직자를 탄핵하거나 그 탄핵을 시도함으로써 사법 업무 및 행정업무를 마비시켰고, ② 위헌적이거나 국익에 반하거나 정치적 편향성이 높은 법안을 추진하거나 여야 합의 없이 일방적으로 통과시키고, 여

당이 추진하는 법안에 반대하였으며, ③ 2025년도 주요 예산을 전액 삭감하여 국가의 본질적 기능을 훼손하고 마약 천국, 민생 치안 공황 상태로 만들었으며 안보 공백을 초래하였고, ④ 대통령 퇴진, 탄핵 집회를 열고, 안보 · 외교 분야 등에서 반국가 행위를 하였다고 하면서, 이러한 국회의 전횡으로 국정이 마비되고 행정과 사법의 정상적인 수행이 불가능한 상황이 되었고 피청구인은 이러한 국회의 행위로 헌법 제77조 제 1 항 및 계엄법 제 2 조 제 2 항이 정한 위기상황이 발생하였다고 주장하므로, 살펴본다. … 결국 피청구인이 … 주장하는 사정들은 … 국회가 국민의 대표기관으로서 헌법상 부여받은 탄핵소추권, 입법권, 예산안 심의 · 확정권을 행사하거나, 야당이 헌법상 보장된 정당의 자유를 행사한 것에 해당한다. 그로 인하여 피청구인의 국정 운영에 상당한 지장이 초래되었다고 하더라도, 이는 대통령제를 채택하고 있는 우리나라에서 이른바 여소야대 정국이 형성되는 경우 국회에서 다수의 지위를 점하고 있는 야당이 헌법 및 법률에 따라 국회에 부여된 정부에 대한 견제권을 최대한 행사함으로써 발생할 수 있는 상황이므로, 이를 국가긴급권의 발동이 요청되는 국가비상사태라고 볼 수는 없다. … 피청구인은 헌법이 대통령에게 부여한 평상시의 권력행사방법으로 대처하였어야 한다. … 전시 · 사변에 준하는 국가비상사태로 사회질서가 극도로 교란되어 행정 및 사법 기능의 수행이 현저히 곤란한 상황이 발생하였다는 피청구인의 판단을 객관적으로 정당화할 수 있을 정도의 위기상황이 이 사건 계엄 선포 당시 존재하였다고 볼 수 없으므로, 위와 같은 피청구인의 판단은 현저히 비합리적이거나 자의적인 것으로 볼 수밖에 없다. (2) 비상계엄 선포의 절차적 요건 위반 여부 — 국무회의 심의, 문서주의 · 부서, 계엄법상 공고절차, 국회통보절차 모두 준수하지 않았다(* 이 (1), (2) 부분 자세한 결정이유는 앞의 대통령 계엄권, 계엄선포 요건 부분 참조). (3) 헌법에 따른 국군통수의무 등 위반 여부 : 피청구인은 자신의 의견에 반대하는 야당이 다수의석을 차지하고 있는 국회와의 대립 상황을 타개할 의도로 병력을 동원하기 위해서 이 사건 계엄을 선포하였다. 따라서 피청구인은 헌법 제5조 제 2 항 및 제74조 제 1 항을 위반하였다. 6. 국회에 대한 군경 투입에 관한 판단 — 피청구인은 군경을 투입하여 국회의장 및 국회의원들이 국회에 자유롭게 출입하는 것을 통제하는 한편 이들을 끌어내라고 지시하여 계엄해제요구권을 비롯한 국회의 권한행사가 제대로 이루어지지 못하도록 방해하고, 필요시 체포할 목적으로 행해진 각 정당 대표 등에 대한 위치 확인 지시에 관여함으로써, 헌법 제 5 조 제 2 항, 제74조 제 1 항, 제77조 제 5 항 및 대의민주주의, 권력분립원칙을 위반함과 동시에 국회의원의 심의 · 표결권 및 불체포특권 등 헌법상 권한을 침해하였으며 정당활동의 자유도 침해하였다. 또 국군의 정치적 중립성에 반하여 국군통수권을 행사하였으므로, 헌법 제 5 조 제 2 항 및 제74조 제 1 항을 위반하였다. 7. 이 사건 포고령 발령에 관한 판단 — 피청구인은 이 사건 포고령을 통하여 국회, 지방의회, 정당의 활동을 금지함으로써 국회에 계엄해제요구권을 부여한 헌법 조항, 정당제도를 규정한 헌법

조항과 대의민주주의, 권력분립원칙 등을 위반하였고, 비상계엄하에서 기본권을 제한하기 위한 요건을 정한 헌법 및 계엄법 조항, 영장주의를 위반하여 국민의 정치적 기본권, 단체행동권, 직업의 자유 등을 침해하였다. 8. 중앙선관위에 대한 압수·수색에 관한 판단 — 피청구인은 선관위에 대하여 영장 없이 압수·수색하도록 함으로써 영장주의를 위반하였고, 독립된 헌법기관인 선관위에 대하여 헌법과 법률이 예정하지 않은 방법으로 군대를 동원한 압수·수색을 함으로써 선관위의 독립성도 침해하였다. 9. 법조인에 대한 위치 확인 시도에 관한 판단 — 피청구인은 … 필요시 체포할 목적으로 행해진 위치 확인 지시에 관여함으로써 그 대상에는 퇴임한 지 얼마 되지 않은 전 대법원장 및 전 대법관도 포함되어 있어 현직 법관들로 하여금 언제든지 행정부에 의한 체포 대상이 될 수 있다는 압력을 받게 하므로 사법권의 독립을 침해하였다. 10. 피청구인을 파면할 것인지 여부 — 피청구인의 이 사건 헌법과 법률 위배 행위는 국민의 신임을 배반한 행위로서 헌법수호의 관점에서 용납될 수 없는 중대한 법 위배 행위에 해당한다. 피청구인의 법 위배 행위가 헌법질서에 미치게 된 부정적 영향과 파급 효과가 중대하므로, 국민으로부터 직접 민주적 정당성을 부여받은 피청구인을 파면함으로써 얻는 헌법수호의 이익이 대통령 파면에 따르는 국가적 손실을 압도할 정도로 크다고 인정된다. * 헌재는 결론 부분에서 여소야대 정국에서 협치 노력이 필요했다는 취지의 설시를 했고 "피청구인으로서는 야당이 중심이 된 국회의 권한행사가 다수의 횡포라고 판단했더라도 헌법이 예정한 자구책을 통해 견제와 균형이 실현될 수 있도록 하였어야 했다"라고 지적한다. 그리고 계엄선포로 국가긴급권 남용의 역사를 재현하여 국민을 충격에 빠트리고, 사회·경제·정치·외교 전 분야에 혼란을 야기하였으며 헌법과 법률을 위배하여, 헌법수호의 책무를 저버리고 민주공화국의 주권자인 대한국민의 신임을 중대하게 배반하였으므로 피청구인을 대통령직에서 파면한다고 판시했다.

(나) 경찰청장에 대한 인용(파면)결정례 대통령의 2024. 12. 3. 대통령의 위헌·위법한 계엄선포 당시 대통령의 위헌·위법적인 지시에 따라 국회 봉쇄 및 출입 통제를 한 행위는 헌법 제77조 제 5 항, 대의민주주의와 권력분립원칙에 위배되고 국회의원의 심의·표결권 등 헌법상 권한을 침해한 것이며, 중앙선관위 과천청사 및 수원 선거연수원에 대한 경찰 배치는 선관위의 독립성을 침해한 것이라고 판단하고, 그 법 위반이 파면을 정당화할 수 있을 정도로 중대하다고 보아, 재판관 전원의 일치로 인용(파면)결정을 하였다(2025. 12. 18. 2024헌나7).

3) 기각결정례

(가) 대통령에 대한 기각결정례 헌재는 2004헌나1 결정에서 대통령이

일부 직무집행에 있어서 헌법이나 법률을 위반했음을 인정하였음에도 그 위헌·위법이 중대사유가 아니어서 파면을 하지 않는다고 하여 기각결정을 한 바 있다.

(나) 대통령 권한대행 중인 국무총리에 대한 기각결정례 헌재는 i) 대통령 권한대행 중인 국무총리에 대하여 국회가 헌법 제65조 제2항 본문에 따라 국회재적의원 과반수의 찬성으로 탄핵소추 의결을 하여 탄핵심판 청구를 한 것이 적법하다고 판단하여(이에 대해서는 앞의 대통령 권한대행 부분 참조) 본안판단으로 들어갔다. ii) 탄핵소추 사유로 ① 특별검사 임명 법률안에 대한 재의요구권 행사 관련, ② 비상계엄 선포 및 내란행위 관련, ③ 공동 국정운영 관련, ④ 특별검사 후보자 추천 의뢰 관련, ⑤ 헌법재판관 임명 부작위 관련하여 피청구인의 헌법 또는 법률 위반 여부가 쟁점이었는데 재판관 4인 법정의견은 ①, ②, ③, ④에 대해서는 청구인(국회)의 주장을 뒷받침하는 증거나 객관적 자료가 없다는 등의 이유로 피청구인이 헌법과 법률을 위반하였다고 볼 수 없다고 판단하였고, ⑤에 대해서는 재판관임명을 해야 하는 헌법과 법률에 따른 구체적 작위의무를 위반한 것으로서 헌법과 법률에 위반한 때에 해당된다고 보되 다만, 피청구인의 재판관 임명 거부가 현직 대통령에 대한 탄핵심판을 진행하는 헌법재판소를 무력화시키기 위한 목적 또는 의사에 기인하였다고까지 인정할 증거나 객관적 자료는 발견되지 않는 점 등을 고려하면, 대통령을 통하여 간접적으로 부여된 국민의 신임을 배반한 경우에 해당한다고 단정할 수 없어 파면 결정을 정당화하는 사유가 존재하지 않는다고 보았다. 재판관 1인은 위 재판관 4인의 기각 결론에 동의하면서, 헌법재판관 임명 부작위에 대해서도 피청구인의 헌법과 법률 위반을 인정할 수 없다고 하였다. 재판관 1인은 인용의견을, 재판관 2인은 앞의 탄핵소추의결정족수가 국회재적의원 3분의 2 가중정족수여야 하는데 과반수의 찬성만으로 의결하여 부적법한 청구이므로 각하하자는 의견을 각 개진했다. 결국 헌재는 재판관 5인이 기각의견, 재판관 1인이 인용의견, 재판관 2인이 각하의견이어서 탄핵심판 청구를 기각하였다(2025. 3. 24. 2024헌나9).

(다) 방송통신위원회 위원장에 대한 기각결정례 전체회의에서 ① 안건을 2인의 재적위원에 의하여 의결한 것, ② 방송문화진흥회 임원 임명 안건

에 대하여 회피하지 않은 것, ③ 자신에 대한 기피신청 의결에 참여하여 각하한 것 및 ④ 이 사건 심의 · 의결로써 한국방송공사 이사를 추천하고 및 방문진 이사를 임명한 것이 모두 헌법이나 법률을 위반하였는지 여부를 두고 4인의 재판관 기각의견(방통위법 제13조 제 2 항으로부터 의결 시 위원 3인 이상의 재적 또는 위원 3인 이상의 의사정족수를 요구하는 법해석이 도출된다고 보기 어려워 위 법조항에 위반된다고 볼 수 없다 등의 의견), 4인의 재판관 인용의견(5인의 재적위원으로 구성된 상태를 전제로 재적위원 과반수의 찬성으로 의결하도록 한 규정이고, 불가피하더라도 3인 이상의 위원 찬성이 필요하다고 보아야 하므로 방통위법 제13조 제 2 항을 위반한 것이고 위반이 중대하다는 등의 의견)으로 나뉘어져, 6인 정족수 미달로 기각결정되었다(2024. 1. 23. 2024헌나1).

(라) **감사원장에 대한 기각결정례** 피청구인(감사원장)이 주심위원의 열람 없이 감사보고서의 시행이 가능하도록 전자문서 시스템을 변경한 행위 및 국회의 현장검증에서 기록 열람을 거부한 행위는 법률에 위반되나, 피청구인을 파면할 정도로 중대한 헌법이나 법률의 위배(감사원 독립성, 중립성에 위협이 되는 행위를 하여 감사기능에 심각한 장애를 초래하였다면 중대한 위반인데)가 아니라고 판단하여 기각했다(2025. 3. 13. 2024헌나2, 전원일치 기각의견).

(마) **장관에 대한 기각결정례들** 장관에 대해서 2건이 있었다. ① 행정안전부장관에 대한 기각결정례 : 헌재는 ⓐ 재난안전법 위반 여부, 국가공무원법상 성실의무 위반 여부에 대해 모두 부정하였고 ⓑ 헌법상 기본권 보호의무 위반 여부에 대해서도 그 심사기준을, 헌법재판소는 제한적으로만 보호의무의 이행을 심사할 수 있다고 보고 국민의 생명 · 신체의 안전을 보호하기 위한 조치가 필요한 상황인데도 국가가 아무런 보호조치를 취하지 않았든지 또는 전적으로 부적합하거나 매우 불충분한 조치에 그치는 등 적절하고 효율적인 보호조치를 하지 않았음이 명백한 경우에 한하여 국가의 기본권 보호의무 위반을 확인할 수 있다고 하면서 위반하였다고 볼 수 없다고 판단했다. ⓒ 피청구인의 사후 발언에 관한 판단에서도 의무위반을 부정하였다. 결국 탄핵사유 불인정으로 기각결정을 하였다(2023헌나1). ② 법무부장관에 대한 기각결정례 : 헌재는 소추사유들 중 하나인 국회 법제사법위원회가 제출을 요구한 수용시설 수감자의 출정 관련 자료 제출 거부가 국회증언감정법 제 4 조 제 1 항 및 제12조 제 1 항을 위반하였다고 보았다. 이 자료가 개인의 사생활에 관한 사항이라고

보기는 어렵고, 국회증언감정법 제 2 조에 의하면 자료제출을 요구받은 자는 다른 법률을 이유로 제출을 거부할 수 없다는 이유 때문이었다. 그러나 헌재는 사후적으로나마 서울구치소 현장검증을 통해 일부 자료를 국회의원들에게 열람하게 하였으며 일부 위원들에게 추가 자료를 보고하기도 한 점 등을 종합할 때 피청구인이 법질서에 역행하고자 하는 적극적인 의도로 법률을 위반하였다고 보기는 어렵다고 하여 법위반의 정도가 중대하지 않다고 보아 파면 정당화 사유가 없다고 보았다(2025. 4. 10. 2024헌나6. 재판관 일치의 기각결정).

(바) 검사에 대한 기각례들 여러 결정례들이 있었다. ① 검사에 대한 본안판단까지 간 첫 결정례로 ⓐ 피청구인 검사가 공소를 제기한 행위가 헌법 또는 법률을 위반한 것인지 여부 및 (법위반이 인정된다면) 피청구인에 대한 파면 결정을 정당화하는 사유가 인정되는지 여부 ⓑ 이 사건 공소제기가 공소권남용에 해당한다는 이유로 공소를 기각한 항소심판결에 대하여 상고한 행위와 관련하여 피청구인의 헌법 또는 법률 위반을 인정할 수 있는지 여부가 심판대상이었는데 기각의견이 5인 다수로 결국 기각결정이 되었다(2023헌나2). * 이하 판단된 사항들과 결과만 옮김 * ② 검사가 뇌물죄 관련 형사재판에서 증인신문 전에 증인을 면담한 행위 등[2024. 8. 29. 2023헌나4. 법정의견(재판관 7인)은 헌법 또는 법률위반을 인정할 수 없다고 보았고 2인 재판관은 법위반이지만 파면을 정당화하는 사유는 아니라고 보아 기각], ③ 검사의 도이치모터스 주가조작 사건의 수사, 불기소처분 뒤 기자회견 및 국정감사에서의 발언 등에 관련된 탄핵심판사건(2024헌나3, 전원일치 기각), ④ 앞의 ③과 비슷한 사안(2024헌나4. 전원일치 기각), ⑤ 앞의 ③과 비슷한 사안(2024헌나5. 전원일치 기각), ⑥ 피청구인(검사)이 대검찰청 수사정보정책관으로서 미래통합당 국회의원 후보자에게 실명 판결문 및 범여권 인사들을 피고발인으로 하는 고발장을 전달한 데 대해 헌재는 피청구인이 해당 메시지들을 직접 전달한 상대방이 밝혀지지 않았다고 하더라도, 유통 가능한 상태로 누군가에게 전달한 행위만으로도 충분히 정치적 중립 의무를 위반한 것으로 검사의 정치적 중립의무를 정한 구 검찰청법 제 4 조 제 2 항과, 공무원의 공익실현의무를 천명한 헌법 제 7 조 제 1 항을 위반한 것이라고 보았다. 그러나 고위공직자범죄수사처 검사가 피청구인의 직권남용권리행사방해죄 혐의사실에 대하여 혐의없음 처분(증거불충분)을 한 점 등을 고려하면, 헌법질서에 미치는 부정적 영

향이나 해악이 중대하다고 단정하기는 어려워 파면을 정당화하는 사유가 존재하지 않는다고 기각했다(2025. 7. 17. 2023헌나3).

5. 탄핵(파면)결정의 효력

파면하는 결정인 탄핵결정은 공직파면으로 그친다. 그러나 피청구인의 민사상 또는 형사상의 책임을 면제하지 아니한다(제65조 제 4 항; 헌재법 제54조 제 1 항). 탄핵결정에 의하여 파면된 사람은 결정 선고가 있은 날부터 5년이 지나지 아니하면 공무원이 될 수 없다(헌재법 제54조 제 2 항). 사면도 안 된다는 견해가 지배적이다.

Ⅱ. 정당해산심판

1. 의 의

우리 헌법은 정당의 목적이나 활동이 민주적 기본질서에 위배될 때에는 정부는 헌법재판소에 그 해산을 제소할 수 있고, 정당은 헌법재판소의 심판에 의하여 해산되도록 하여(제 8 조 제 4 항) 이른바 방어적 민주주의의 입장에서 위헌적인 활동을 행한 정당을 해산시킬 수 있는 제도를 마련하고 있다. 정당해산심판제도는 조직화된 정당의 헌법위반행위로부터 헌법을 보호하기 위한 것이다.

2. 정당해산의 사유

정당의 목적이나 활동이 민주적 기본질서에 위배될 때이다(제 8 조 제 4 항). 견해대립이 있으나 자유민주적 기본질서만이 아니라 사회복지적 민주적 기본질서도 포함된다(전술 제 2 부 제 2 장 제 1 절 제 1 항 민주적 기본질서 참조).

3. 정당해산심판절차

(1) 청구절차

현행 헌법과 헌재법은 정당에 대한 해산심판을 제소(청구)할 수 있는 자를 '정부'로 규정하고 있고(제 8 조 제 4 항; 헌재법 제55조) 정부는 국무회의의 심의를 거쳐야 제소(청구)할 수 있다(제89조 제14호; 헌재법 제55조). 헌재는 대통령이 직무상 해외 순방 중인데 국무총리가 주재한 국무회의에서 정당해산심판 청구서 제출안이 의결되었다고 하여 그 의결이 위법하다고 볼 수 없고 국무회의에 제출되는 의안은 긴급한 의안이 아닌 한 차관회의의 심의를 거쳐야 하나, 의안의 긴급성에 관한 판단은 정부의 재량이므로, 피청구인 소속 국회의원 등이 관련된 내란 관련 사건이 발생한 상황에서 제출된 이 사건 정당해산심판청구에 대한 의안이 긴급한 의안에 해당한다고 본 정부의 판단에 재량의 일탈이나 남용이 있다고 단정하기 어렵다고 한다(2013헌다1). 정당해산심판의 청구가 있는 때에는 헌법재판소장은 그 사실을 국회와 중앙선거관리위원회에 통지하여야 한다(헌재법 제58조 제1항).

(2) 가 처 분

헌법재판소는 정당해산심판의 청구를 받은 때에는 직권 또는 청구인의 신청에 의하여 종국결정의 선고 시까지 피청구인의 활동을 정지하는 결정을 할 수 있다(동법 제57조). 이 정당해산심판에서의 가처분제도에 대해서는 그 합헌성을 인정하는 헌재결정이 있었다(2014헌마7). 가처분결정을 한 때에는 헌법재판소장은 그 사실을 국회와 중앙선거관리위원회에 통지하여야 한다(동법 제58조 제1항). 정부는 통합진보당에 대한 정당활동정지가처분신청도 하였는데 헌재는 해산심판청구에 대한 종국결정을 한 날에 가처분신청에 대해서도 기각결정(2013헌사907)을 한 바 있다.

(3) 정당해산심판의 심리

정당해산심판은 구두변론에 의한다(동법 제30조 제1항). 재판관 7명 이상의 출석으로 정당해산심판사건을 심리한다(동법 제23조 제1항). 재판부는 사건의 심리를 위하여 필요하다고 인정하는 경우에는 직권 또는 당사자의 신청에 의하여 증거조사를 할 수 있다(동법 제31조 제1항).

(4) 준 용

헌법재판소의 정당해산심판절차에 관하여는 헌법재판소법에 특별한 규정이 있는 경우를 제외하고는 헌법재판의 성질에 반하지 아니하는 한도에서 민사소송에 관한 법령을 준용한다(동법 제40조 제1항). 헌재법은 탄핵심판, 권한쟁의 심판, 헌법소원심판의 경우와 달리 정당해산심판의 경우 민사소송 법령 외에 함께 준용할 다른 법을 규정하고 있지 않다. 이 준용규정이 논란되었으나 합헌성을 인정하는 헌재결정이 있었다(2014헌마7).

4. 정당해산심판의 결정과 정당해산결정의 효력

(1) 정당해산심판의 결정

정부가 해산을 요구하는 정당의 목적이나 활동이 민주적 기본질서에 위배된다고 헌재가 판단한 때에는 정당해산결정을 한다. 청구가 이유가 없을 때에는 기각결정을 한다.

정당해산의 결정에는 재판관 6명 이상의 찬성이 있어야 한다(제113조 제 1 항; 헌재법 제23조 제 2 항). 통합진보당에 대한 해산심판청구사건에서 8 : 1로 해산결정이 내려졌다(2013헌다1).

(2) 정당해산결정의 집행과 효력

정당의 해산을 명하는 헌법재판소의 결정은 중앙선거관리위원회가 '정당법'에 따라 집행한다(헌재법 제60조). 정당해산결정의 창설적 효력, 등록말소, 소속 국회의원의 국회의원 자격 자동상실 여부 등은 앞의 정당제도에서 살펴보았다(전술 제 2 부 제 2 장 제 3 절 제 1 항 Ⅸ. 참조). 헌재는 국회의원직의 자동상실을 인정하였다(2013헌다1). 반면 소속 지방의회의원들은 의원자격 자동상실을 선언하지 않았는데 논란이 되었다(앞의 정치질서, 정당제도 부분 참조).

(3) 재 심

헌재는 정당해산결정에 대한 재심이 허용된다고 본다. 그런데 통합진보당 해산(재심) 사건에서는 재심사유 해당성이 부정되어 각하결정이 있었다(2015헌아20).

대한민국헌법

전 문

유구한 역사와 전통에 빛나는 우리 대한국민은 3·1운동으로 건립된 대한민국임시정부의 법통과 불의에 항거한 4·19민주이념을 계승하고, 조국의 민주개혁과 평화적 통일의 사명에 입각하여 정의·인도와 동포애로써 민족의 단결을 공고히 하고, 모든 사회적 폐습과 불의를 타파하며, 자율과 조화를 바탕으로 자유민주적 기본질서를 더욱 확고히 하여 정치·경제·사회·문화의 모든 영역에 있어서 각인의 기회를 균등히 하고, 능력을 최고도로 발휘하게 하며, 자유와 권리에 따르는 책임과 의무를 완수하게 하여, 안으로는 국민생활의 균등한 향상을 기하고 밖으로는 항구적인 세계평화와 인류공영에 이바지함으로써 우리들과 우리들의 자손의 안전과 자유와 행복을 영원히 확보할 것을 다짐하면서 1948년 7월 12일에 제정되고 8차에 걸쳐 개정된 헌법을 이제 국회의 의결을 거쳐 국민투표에 의하여 개정한다.

1987년 10월 29일

제1장 총 강

제1조 ① 대한민국은 민주공화국이다.

② 대한민국의 주권은 국민에게 있고, 모든 권력은 국민으로부터 나온다.

제2조 ① 대한민국의 국민이 되는 요건은 법률로 정한다.

② 국가는 법률이 정하는 바에 의하여 재외국민을 보호할 의무를 진다.

제3조 대한민국의 영토는 한반도와 그 부속도서로 한다.

제4조 대한민국은 통일을 지향하며, 자유민주적 기본질서에 입각한 평화적 통일 정책을 수립하고 이를 추진한다.

제5조 ① 대한민국은 국제평화의 유지에 노력하고 침략적 전쟁을 부인한다.

② 국군은 국가의 안전보장과 국토방위의 신성한 의무를 수행함을 사명으로 하며, 그 정치적 중립성은 준수된다.

제6조 ① 헌법에 의하여 체결·공포된 조약과 일반적으로 승인된 국제법규는 국내법과 같은 효력을 가진다.

② 외국인은 국제법과 조약이 정하는 바에 의하여 그 지위가 보장된다.

제7조 ① 공무원은 국민전체에 대한 봉사자이며, 국민에 대하여 책임을 진다.

② 공무원의 신분과 정치적 중립성은 법률이 정하는 바에 의하여 보장된다.

제8조 ① 정당의 설립은 자유이며, 복수정당제는 보장된다.

② 정당은 그 목적·조직과 활동이 민주적이어야 하며, 국민의 정치적 의사형성에 참여하는데 필요한 조직을 가져야 한다.

③ 정당은 법률이 정하는 바에 의하여 국가

의 보호를 받으며, 국가는 법률이 정하는 바에 의하여 정당운영에 필요한 자금을 보조할 수 있다.

④ 정당의 목적이나 활동이 민주적 기본질서에 위배될 때에는 정부는 헌법재판소에 그 해산을 제소할 수 있고, 정당은 헌법재판소의 심판에 의하여 해산된다.

제9조 국가는 전통문화의 계승·발전과 민족문화의 창달에 노력하여야 한다.

제2장 국민의 권리와 의무

제10조 모든 국민은 인간으로서의 존엄과 가치를 가지며, 행복을 추구할 권리를 가진다. 국가는 개인이 가지는 불가침의 기본적 인권을 확인하고 이를 보장할 의무를 진다.

제11조 ① 모든 국민은 법 앞에 평등하다. 누구든지 성별·종교 또는 사회적 신분에 의하여 정치적·경제적·사회적·문화적 생활의 모든 영역에 있어서 차별을 받지 아니한다.

② 사회적 특수계급의 제도는 인정되지 아니하며, 어떠한 형태로도 이를 창설할 수 없다.

③ 훈장등의 영전은 이를 받은 자에게만 효력이 있고, 어떠한 특권도 이에 따르지 아니한다.

제12조 ① 모든 국민은 신체의 자유를 가진다. 누구든지 법률에 의하지 아니하고는 체포·구속·압수·수색 또는 심문을 받지 아니하며, 법률과 적법한 절차에 의하지 아니하고는 처벌·보안처분 또는 강제노역을 받지 아니한다.

② 모든 국민은 고문을 받지 아니하며, 형사상 자기에게 불리한 진술을 강요당하지 아니한다.

③ 체포·구속·압수 또는 수색을 할 때에는 적법한 절차에 따라 검사의 신청에 의하여 법관이 발부한 영장을 제시하여야 한다. 다만, 현행범인인 경우와 장기 3년 이상의 형에 해당하는 죄를 범하고 도피 또는 증거인멸의 염려가 있을 때에는 사후에 영장을 청구할 수 있다.

④ 누구든지 체포 또는 구속을 당한 때에는 즉시 변호인의 조력을 받을 권리를 가진다. 다만, 형사피고인이 스스로 변호인을 구할 수 없을 때에는 법률이 정하는 바에 의하여 국가가 변호인을 붙인다.

⑤ 누구든지 체포 또는 구속의 이유와 변호인의 조력을 받을 권리가 있음을 고지받지 아니하고는 체포 또는 구속을 당하지 아니한다. 체포 또는 구속을 당한 자의 가족등 법률이 정하는 자에게는 그 이유와 일시·장소가 지체없이 통지되어야 한다.

⑥ 누구든지 체포 또는 구속을 당한 때에는 적부의 심사를 법원에 청구할 권리를 가진다.

⑦ 피고인의 자백이 고문·폭행·협박·구속의 부당한 장기화 또는 기망 기타의 방법에 의하여 자의로 진술된 것이 아니라고 인정될 때 또는 정식재판에 있어서 피고인의 자백이 그에게 불리한 유일한 증거일 때에는 이를 유죄의 증거로 삼거나 이를 이유로 처벌할 수 없다.

제13조 ① 모든 국민은 행위시의 법률에 의하여 범죄를 구성하지 아니하는 행위로 소추되지 아니하며, 동일한 범죄에 대하여 거듭 처벌받지 아니한다.

② 모든 국민은 소급입법에 의하여 참정권의 제한을 받거나 재산권을 박탈당하지 아니한다.

③ 모든 국민은 자기의 행위가 아닌 친족의 행위로 인하여 불이익한 처우를 받지 아니한다.

제14조 모든 국민은 거주·이전의 자유를 가진다.

제15조 모든 국민은 직업선택의 자유를 가진다.

제16조 모든 국민은 주거의 자유를 침해받지 아니한다. 주거에 대한 압수나 수색을 할 때에는 검사의 신청에 의하여 법관이 발부한 영장을 제시하여야 한다.

제17조 모든 국민은 사생활의 비밀과 자유를 침해받지 아니한다.

제18조 모든 국민은 통신의 비밀을 침해받지 아니한다.

제19조 모든 국민은 양심의 자유를 가진다.

제20조 ① 모든 국민은 종교의 자유를 가진다.

② 국교는 인정되지 아니하며, 종교와 정치

는 분리된다.

제21조 ① 모든 국민은 언론·출판의 자유와 집회·결사의 자유를 가진다.

② 언론·출판에 대한 허가나 검열과 집회·결사에 대한 허가는 인정되지 아니한다.

③ 통신·방송의 시설기준과 신문의 기능을 보장하기 위하여 필요한 사항은 법률로 정한다.

④ 언론·출판은 타인의 명예나 권리 또는 공중도덕이나 사회윤리를 침해하여서는 아니된다. 언론·출판이 타인의 명예나 권리를 침해한 때에는 피해자는 이에 대한 피해의 배상을 청구할 수 있다.

제22조 ① 모든 국민은 학문과 예술의 자유를 가진다.

② 저작자·발명가·과학기술자와 예술가의 권리는 법률로써 보호한다.

제23조 ① 모든 국민의 재산권은 보장된다. 그 내용과 한계는 법률로 정한다.

② 재산권의 행사는 공공복리에 적합하도록 하여야 한다.

③ 공공필요에 의한 재산권의 수용·사용 또는 제한 및 그에 대한 보상은 법률로써 하되, 정당한 보상을 지급하여야 한다.

제24조 모든 국민은 법률이 정하는 바에 의하여 선거권을 가진다.

제25조 모든 국민은 법률이 정하는 바에 의하여 공무담임권을 가진다.

제26조 ① 모든 국민은 법률이 정하는 바에 의하여 국가기관에 문서로 청원할 권리를 가진다.

② 국가는 청원에 대하여 심사할 의무를 진다.

제27조 ① 모든 국민은 헌법과 법률이 정한 법관에 의하여 법률에 의한 재판을 받을 권리를 가진다.

② 군인 또는 군무원이 아닌 국민은 대한민국의 영역 안에서는 중대한 군사상 기밀·초병·초소·유독음식물공급·포로·군용물에 관한 죄 중 법률이 정한 경우와 비상계엄이 선포된 경우를 제외하고는 군사법원의 재판을 받지 아니한다.

③ 모든 국민은 신속한 재판을 받을 권리를 가진다. 형사피고인은 상당한 이유가 없는 한 지체없이 공개재판을 받을 권리를 가진다.

④ 형사피고인은 유죄의 판결이 확정될 때까지는 무죄로 추정된다.

⑤ 형사피해자는 법률이 정하는 바에 의하여 당해 사건의 재판절차에서 진술할 수 있다.

제28조 형사피의자 또는 형사피고인으로서 구금되었던 자가 법률이 정하는 불기소처분을 받거나 무죄판결을 받은 때에는 법률이 정하는 바에 의하여 국가에 정당한 보상을 청구할 수 있다.

제29조 ① 공무원의 직무상 불법행위로 손해를 받은 국민은 법률이 정하는 바에 의하여 국가 또는 공공단체에 정당한 배상을 청구할 수 있다. 이 경우 공무원 자신의 책임은 면제되지 아니한다.

② 군인·군무원·경찰공무원 기타 법률이 정하는 자가 전투·훈련등 직무집행과 관련하여 받은 손해에 대하여는 법률이 정하는 보상외에 국가 또는 공공단체에 공무원의 직무상 불법행위로 인한 배상은 청구할 수 없다.

제30조 타인의 범죄행위로 인하여 생명·신체에 대한 피해를 받은 국민은 법률이 정하는 바에 의하여 국가로부터 구조를 받을 수 있다.

제31조 ① 모든 국민은 능력에 따라 균등하게 교육을 받을 권리를 가진다.

② 모든 국민은 그 보호하는 자녀에게 적어도 초등교육과 법률이 정하는 교육을 받게 할 의무를 진다.

③ 의무교육은 무상으로 한다.

④ 교육의 자주성·전문성·정치적 중립성 및 대학의 자율성은 법률이 정하는 바에 의하여 보장된다.

⑤ 국가는 평생교육을 진흥하여야 한다.

⑥ 학교교육 및 평생교육을 포함한 교육제도와 그 운영, 교육재정 및 교원의 지위에 관한 기본적인 사항은 법률로 정한다.

제32조 ① 모든 국민은 근로의 권리를 가진다. 국가는 사회적·경제적 방법으로 근로자의 고용의 증진과 적정임금의 보장에 노력하여야 하며, 법률이 정하는 바에 의하여 최저임금제를 시행하여야 한다.

② 모든 국민은 근로의 의무를 진다. 국가는 근로의 의무의 내용과 조건을 민주주의원칙에 따라 법률로 정한다.

③ 근로조건의 기준은 인간의 존엄성을 보장하도록 법률로 정한다.

④ 여자의 근로는 특별한 보호를 받으며, 고용·임금 및 근로조건에 있어서 부당한 차별을 받지 아니한다.

⑤ 연소자의 근로는 특별한 보호를 받는다.

⑥ 국가유공자·상이군경 및 전몰군경의 유가족은 법률이 정하는 바에 의하여 우선적으로 근로의 기회를 부여받는다.

第33조 ① 근로자는 근로조건의 향상을 위하여 자주적인 단결권·단체교섭권 및 단체행동권을 가진다.

② 공무원인 근로자는 법률이 정하는 자에 한하여 단결권·단체교섭권 및 단체행동권을 가진다.

③ 법률이 정하는 주요방위산업체에 종사하는 근로자의 단체행동권은 법률이 정하는 바에 의하여 이를 제한하거나 인정하지 아니할 수 있다.

第34조 ① 모든 국민은 인간다운 생활을 할 권리를 가진다.

② 국가는 사회보장·사회복지의 증진에 노력할 의무를 진다.

③ 국가는 여자의 복지와 권익의 향상을 위하여 노력하여야 한다.

④ 국가는 노인과 청소년의 복지향상을 위한 정책을 실시할 의무를 진다.

⑤ 신체장애자 및 질병·노령 기타의 사유로 생활능력이 없는 국민은 법률이 정하는 바에 의하여 국가의 보호를 받는다.

⑥ 국가는 재해를 예방하고 그 위험으로부터 국민을 보호하기 위하여 노력하여야 한다.

第35조 ① 모든 국민은 건강하고 쾌적한 환경에서 생활할 권리를 가지며, 국가와 국민은 환경보전을 위하여 노력하여야 한다.

② 환경권의 내용과 행사에 관하여는 법률로 정한다.

③ 국가는 주택개발정책등을 통하여 모든 국민이 쾌적한 주거생활을 할 수 있도록 노력하여야 한다.

第36조 ① 혼인과 가족생활은 개인의 존엄과 양성의 평등을 기초로 성립되고 유지되어야 하며, 국가는 이를 보장한다.

② 국가는 모성의 보호를 위하여 노력하여야 한다.

③ 모든 국민은 보건에 관하여 국가의 보호를 받는다.

第37조 ① 국민의 자유와 권리는 헌법에 열거되지 아니한 이유로 경시되지 아니한다.

② 국민의 모든 자유와 권리는 국가안전보장·질서유지 또는 공공복리를 위하여 필요한 경우에 한하여 법률로써 제한할 수 있으며, 제한하는 경우에도 자유와 권리의 본질적인 내용을 침해할 수 없다.

第38조 모든 국민은 법률이 정하는 바에 의하여 납세의 의무를 진다.

第39조 ① 모든 국민은 법률이 정하는 바에 의하여 국방의 의무를 진다.

② 누구든지 병역의무의 이행으로 인하여 불이익한 처우를 받지 아니한다.

제3장 국 회

第40조 입법권은 국회에 속한다.

第41조 ① 국회는 국민의 보통·평등·직접·비밀선거에 의하여 선출된 국회의원으로 구성한다.

② 국회의원의 수는 법률로 정하되, 200인 이상으로 한다.

③ 국회의원의 선거구와 비례대표제 기타 선거에 관한 사항은 법률로 정한다.

第42조 국회의원의 임기는 4년으로 한다.

第43조 국회의원은 법률이 정하는 직을 겸할 수 없다.

第44조 ① 국회의원은 현행범인인 경우를 제외하고는 회기 중 국회의 동의없이 체포 또는 구금되지 아니한다.

② 국회의원이 회기 전에 체포 또는 구금된 때에는 현행범인이 아닌 한 국회의 요구가 있으면 회기 중 석방된다.

第45조 국회의원은 국회에서 직무상 행한 발언과 표결에 관하여 국회외에서 책임을 지지 아니한다.

제46조 ① 국회의원은 청렴의 의무가 있다.

② 국회의원은 국가이익을 우선하여 양심에 따라 직무를 행한다.

③ 국회의원은 그 지위를 남용하여 국가·공공단체 또는 기업체와의 계약이나 그 처분에 의하여 재산상의 권리·이익 또는 직위를 취득하거나 타인을 위하여 그 취득을 알선할 수 없다.

제47조 ① 국회의 정기회는 법률이 정하는 바에 의하여 매년 1회 집회되며, 국회의 임시회는 대통령 또는 국회재적의원 4분의 1 이상의 요구에 의하여 집회된다.

② 정기회의 회기는 100일을, 임시회의 회기는 30일을 초과할 수 없다.

③ 대통령이 임시회의 집회를 요구할 때에는 기간과 집회요구의 이유를 명시하여야 한다.

제48조 국회는 의장 1인과 부의장 2인을 선출한다.

제49조 국회는 헌법 또는 법률에 특별한 규정이 없는 한 재적의원 과반수의 출석과 출석의원 과반수의 찬성으로 의결한다. 가부동수인 때에는 부결된 것으로 본다.

제50조 ① 국회의 회의는 공개한다. 다만, 출석의원 과반수의 찬성이 있거나 의장이 국가의 안전보장을 위하여 필요하다고 인정할 때에는 공개하지 아니할 수 있다.

② 공개하지 아니한 회의내용의 공표에 관하여는 법률이 정하는 바에 의한다.

제51조 국회에 제출된 법률안 기타의 의안은 회기중에 의결되지 못한 이유로 폐기되지 아니한다. 다만, 국회의원의 임기가 만료된 때에는 그러하지 아니하다.

제52조 국회의원과 정부는 법률안을 제출할 수 있다.

제53조 ① 국회에서 의결된 법률안은 정부에 이송되어 15일 이내에 대통령이 공포한다.

② 법률안에 이의가 있을 때에는 대통령은 제1항의 기간내에 이의서를 붙여 국회로 환부하고, 그 재의를 요구할 수 있다. 국회의 폐회중에도 또한 같다.

③ 대통령은 법률안의 일부에 대하여 또는 법률안을 수정하여 재의를 요구할 수 없다.

④ 재의의 요구가 있을 때에는 국회는 재의에 붙이고, 재적의원과반수의 출석과 출석의원 3분의 2 이상의 찬성으로 전과 같은 의결을 하면 그 법률안은 법률로서 확정된다.

⑤ 대통령이 제1항의 기간내에 공포나 재의의 요구를 하지 아니한 때에도 그 법률안은 법률로서 확정된다.

⑥ 대통령은 제4항과 제5항의 규정에 의하여 확정된 법률을 지체없이 공포하여야 한다. 제5항에 의하여 법률이 확정된 후 또는 제4항에 의한 확정법률이 정부에 이송된 후 5일 이내에 대통령이 공포하지 아니할 때에는 국회의장이 이를 공포한다.

⑦ 법률은 특별한 규정이 없는 한 공포한 날로부터 20일을 경과함으로써 효력을 발생한다.

제54조 ① 국회는 국가의 예산안을 심의·확정한다.

② 정부는 회계연도마다 예산안을 편성하여 회계연도 개시 90일전까지 국회에 제출하고, 국회는 회계연도 개시 30일전까지 이를 의결하여야 한다.

③ 새로운 회계연도가 개시될 때까지 예산안이 의결되지 못한 때에는 정부는 국회에서 예산안이 의결될 때까지 다음의 목적을 위한 경비는 전년도 예산에 준하여 집행할 수 있다.

1. 헌법이나 법률에 의하여 설치된 기관 또는 시설의 유지·운영
2. 법률상 지출의무의 이행
3. 이미 예산으로 승인된 사업의 계속

제55조 ① 한 회계연도를 넘어 계속하여 지출할 필요가 있을 때에는 정부는 연한을 정하여 계속비로서 국회의 의결을 얻어야 한다.

② 예비비는 총액으로 국회의 의결을 얻어야 한다. 예비비의 지출은 차기국회의 승인을 얻어야 한다.

제56조 정부는 예산에 변경을 가할 필요가 있을 때에는 추가경정예산안을 편성하여 국회에 제출할 수 있다.

제57조 국회는 정부의 동의없이 정부가 제출한 지출예산 각항의 금액을 증가하거나 새 비목

을 설치할 수 없다.

제58조 국채를 모집하거나 예산외에 국가의 부담이 될 계약을 체결하려 할 때에는 정부는 미리 국회의 의결을 얻어야 한다.

제59조 조세의 종목과 세율은 법률로 정한다.

제60조 ① 국회는 상호원조 또는 안전보장에 관한 조약, 중요한 국제조직에 관한 조약, 우호통상항해조약, 주권의 제약에 관한 조약, 강화조약, 국가나 국민에게 중대한 재정적 부담을 지우는 조약 또는 입법사항에 관한 조약의 체결·비준에 대한 동의권을 가진다.

② 국회는 선전포고, 국군의 외국에의 파견 또는 외국군대의 대한민국 영역안에서의 주류에 대한 동의권을 가진다.

제61조 ① 국회는 국정을 감사하거나 특정한 국정사안에 대하여 조사할 수 있으며, 이에 필요한 서류의 제출 또는 증인의 출석과 증언이나 의견의 진술을 요구할 수 있다.

② 국정감사 및 조사에 관한 절차 기타 필요한 사항은 법률로 정한다.

제62조 ① 국무총리·국무위원 또는 정부위원은 국회나 그 위원회에 출석하여 국정처리상황을 보고하거나 의견을 진술하고 질문에 응답할 수 있다.

② 국회나 그 위원회의 요구가 있을 때에는 국무총리·국무위원 또는 정부위원은 출석·답변하여야 하며, 국무총리 또는 국무위원이 출석요구를 받은 때에는 국무위원 또는 정부위원으로 하여금 출석·답변하게 할 수 있다.

제63조 ① 국회는 국무총리 또는 국무위원의 해임을 대통령에게 건의할 수 있다.

② 제1항의 해임건의는 국회재적의원 3분의 1 이상의 발의에 의하여 국회재적의원 과반수의 찬성이 있어야 한다.

제64조 ① 국회는 법률에 저촉되지 아니하는 범위 안에서 의사와 내부규율에 관한 규칙을 제정할 수 있다.

② 국회는 의원의 자격을 심사하며, 의원을 징계할 수 있다.

③ 의원을 제명하려면 국회재적의원 3분의 2 이상의 찬성이 있어야 한다.

④ 제2항과 제3항의 처분에 대하여는 법원에 제소할 수 없다.

제65조 ① 대통령·국무총리·국무위원·행정각부의 장·헌법재판소 재판관·법관·중앙선거관리위원회 위원·감사원장·감사위원 기타 법률이 정한 공무원이 그 직무집행에 있어서 헌법이나 법률을 위배한 때에는 국회는 탄핵의 소추를 의결할 수 있다.

② 제1항의 탄핵소추는 국회재적의원 3분의 1 이상의 발의가 있어야 하며, 그 의결은 국회재적의원 과반수의 찬성이 있어야 한다. 다만, 대통령에 대한 탄핵소추는 국회재적의원 과반수의 발의와 국회재적의원 3분의 2 이상의 찬성이 있어야 한다.

③ 탄핵소추의 의결을 받은 자는 탄핵심판이 있을 때까지 그 권한행사가 정지된다.

④ 탄핵결정은 공직으로부터 파면함에 그친다. 그러나, 이에 의하여 민사상이나 형사상의 책임이 면제되지는 아니한다.

제4장 정 부

제1절 대 통 령

제66조 ① 대통령은 국가의 원수이며, 외국에 대하여 국가를 대표한다.

② 대통령은 국가의 독립·영토의 보전·국가의 계속성과 헌법을 수호할 책무를 진다.

③ 대통령은 조국의 평화적 통일을 위한 성실한 의무를 진다.

④ 행정권은 대통령을 수반으로 하는 정부에 속한다.

제67조 ① 대통령은 국민의 보통·평등·직접·비밀선거에 의하여 선출한다.

② 제1항의 선거에 있어서 최고득표자가 2인 이상인 때에는 국회의 재적의원 과반수가 출석한 공개회의에서 다수표를 얻은 자를 당선자로 한다.

③ 대통령후보자가 1인일 때에는 그 득표수가 선거권자 총수의 3분의 1 이상이 아니면 대통령으로 당선될 수 없다.

④ 대통령으로 선거될 수 있는 자는 국회의원의 피선거권이 있고 선거일 현재 40세에 달하여야 한다.

⑤ 대통령의 선거에 관한 사항은 법률로 정

한다.

제68조 ① 대통령의 임기가 만료되는 때에는 임기만료 70일 내지 40일전에 후임자를 선거한다.

② 대통령이 궐위된 때 또는 대통령 당선자가 사망하거나 판결 기타의 사유로 그 자격을 상실한 때에는 60일 이내에 후임자를 선거한다.

제69조 대통령은 취임에 즈음하여 다음의 선서를 한다.

"나는 헌법을 준수하고 국가를 보위하며 조국의 평화적 통일과 국민의 자유와 복리의 증진 및 민족문화의 창달에 노력하여 대통령으로서의 직책을 성실히 수행할 것을 국민 앞에 엄숙히 선서합니다."

제70조 대통령의 임기는 5년으로 하며, 중임할 수 없다.

제71조 대통령이 궐위되거나 사고로 인하여 직무를 수행할 수 없을 때에는 국무총리, 법률이 정한 국무위원의 순서로 그 권한을 대행한다.

제72조 대통령은 필요하다고 인정할 때에는 외교·국방·통일 기타 국가안위에 관한 중요정책을 국민투표에 붙일 수 있다.

제73조 대통령은 조약을 체결·비준하고, 외교사절을 신임·접수 또는 파견하며, 선전포고와 강화를 한다.

제74조 ① 대통령은 헌법과 법률이 정하는 바에 의하여 국군을 통수한다.

② 국군의 조직과 편성은 법률로 정한다.

제75조 대통령은 법률에서 구체적으로 범위를 정하여 위임받은 사항과 법률을 집행하기 위하여 필요한 사항에 관하여 대통령령을 발할 수 있다.

제76조 ① 대통령은 내우·외환·천재·지변 또는 중대한 재정·경제상의 위기에 있어서 국가의 안전보장 또는 공공의 안녕질서를 유지하기 위하여 긴급한 조치가 필요하고 국회의 집회를 기다릴 여유가 없을 때에 한하여 최소한으로 필요한 재정·경제상의 처분을 하거나 이에 관하여 법률의 효력을 가지는 명령을 발할 수 있다.

② 대통령은 국가의 안위에 관계되는 중대한 교전상태에 있어서 국가를 보위하기 위하여 긴급한 조치가 필요하고 국회의 집회가 불가능한 때에 한하여 법률의 효력을 가지는 명령을 발할 수 있다.

③ 대통령은 제1항과 제2항의 처분 또는 명령을 한 때에는 지체없이 국회에 보고하여 그 승인을 얻어야 한다.

④ 제3항의 승인을 얻지 못한 때에는 그 처분 또는 명령은 그때부터 효력을 상실한다. 이 경우 그 명령에 의하여 개정 또는 폐지되었던 법률은 그 명령이 승인을 얻지 못한 때부터 당연히 효력을 회복한다.

⑤ 대통령은 제3항과 제4항의 사유를 지체없이 공포하여야 한다.

제77조 ① 대통령은 전시·사변 또는 이에 준하는 국가비상사태에 있어서 병력으로써 군사상의 필요에 응하거나 공공의 안녕질서를 유지할 필요가 있을 때에는 법률이 정하는 바에 의하여 계엄을 선포할 수 있다.

② 계엄은 비상계엄과 경비계엄으로 한다.

③ 비상계엄이 선포된 때에는 법률이 정하는 바에 의하여 영장제도, 언론·출판·집회·결사의 자유, 정부나 법원의 권한에 관하여 특별한 조치를 할 수 있다.

④ 계엄을 선포한 때에는 대통령은 지체없이 국회에 통고하여야 한다.

⑤ 국회가 재적의원 과반수의 찬성으로 계엄의 해제를 요구한 때에는 대통령은 이를 해제하여야 한다.

제78조 대통령은 헌법과 법률이 정하는 바에 의하여 공무원을 임면한다.

제79조 ① 대통령은 법률이 정하는 바에 의하여 사면·감형 또는 복권을 명할 수 있다.

② 일반사면을 명하려면 국회의 동의를 얻어야 한다.

③ 사면·감형 및 복권에 관한 사항은 법률로 정한다.

제80조 대통령은 법률이 정하는 바에 의하여 훈장 기타의 영전을 수여한다.

제81조 대통령은 국회에 출석하여 발언하거나 서한으로 의견을 표시할 수 있다.

제82조 대통령의 국법상 행위는 문서로써 하며, 이 문서에는 국무총리와 관계 국무위원이 부서한다. 군사에 관한 것도 또한 같다.

제83조 대통령은 국무총리·국무위원·행정각부의 장 기타 법률이 정하는 공사의 직을 겸할 수 없다.

제84조 대통령은 내란 또는 외환의 죄를 범한 경우를 제외하고는 재직중 형사상의 소추를 받지 아니한다.

제85조 전직대통령의 신분과 예우에 관하여는 법률로 정한다.

제2절 행정부

제1관 국무총리와 국무위원

제86조 ① 국무총리는 국회의 동의를 얻어 대통령이 임명한다.

② 국무총리는 대통령을 보좌하며, 행정에 관하여 대통령의 명을 받아 행정각부를 통할한다.

③ 군인은 현역을 면한 후가 아니면 국무총리로 임명될 수 없다.

제87조 ① 국무위원은 국무총리의 제청으로 대통령이 임명한다.

② 국무위원은 국정에 관하여 대통령을 보좌하며, 국무회의의 구성원으로서 국정을 심의한다.

③ 국무총리는 국무위원의 해임을 대통령에게 건의할 수 있다.

④ 군인은 현역을 면한 후가 아니면 국무위원으로 임명될 수 없다.

제2관 국무회의

제88조 ① 국무회의는 정부의 권한에 속하는 중요한 정책을 심의한다.

② 국무회의는 대통령·국무총리와 15인 이상 30인 이하의 국무위원으로 구성한다.

③ 대통령은 국무회의의 의장이 되고, 국무총리는 부의장이 된다.

제89조 다음 사항은 국무회의의 심의를 거쳐야 한다.

1. 국정의 기본계획과 정부의 일반정책
2. 선전·강화 기타 중요한 대외정책
3. 헌법개정안·국민투표안·조약안·법률안 및 대통령령안
4. 예산안·결산·국유재산처분의 기본계획·국가의 부담이 될 계약 기타 재정에 관한 중요사항
5. 대통령의 긴급명령·긴급재정경제처분 및 명령 또는 계엄과 그 해제
6. 군사에 관한 중요사항
7. 국회의 임시회 집회의 요구
8. 영전수여
9. 사면·감형과 복권
10. 행정각부간의 권한의 획정
11. 정부안의 권한의 위임 또는 배정에 관한 기본계획
12. 국정처리상황의 평가·분석
13. 행정각부의 중요한 정책의 수립과 조정
14. 정당해산의 제소
15. 정부에 제출 또는 회부된 정부의 정책에 관계되는 청원의 심사
16. 검찰총장·합동참모의장·각군참모총장·국립대학교총장·대사 기타 법률이 정한 공무원과 국영기업체관리자의 임명
17. 기타 대통령·국무총리 또는 국무위원이 제출한 사항

제90조 ① 국정의 중요한 사항에 관한 대통령의 자문에 응하기 위하여 국가원로로 구성되는 국가원로자문회의를 둘 수 있다.

② 국가원로자문회의의 의장은 직전대통령이 된다. 다만, 직전대통령이 없을 때에는 대통령이 지명한다.

③ 국가원로자문회의의 조직·직무범위 기타 필요한 사항은 법률로 정한다.

제91조 ① 국가안전보장에 관련되는 대외정책·군사정책과 국내정책의 수립에 관하여 국무회의의 심의에 앞서 대통령의 자문에 응하기 위하여 국가안전보장회의를 둔다.

② 국가안전보장회의는 대통령이 주재한다.

③ 국가안전보장회의의 조직·직무범위 기타 필요한 사항은 법률로 정한다.

제92조 ① 평화통일정책의 수립에 관한 대통령의 자문에 응하기 위하여 민주평화통일자문회의를 둘 수 있다.

② 민주평화통일자문회의의 조직·직무범위 기

타 필요한 사항은 법률로 정한다.

제93조 ① 국민경제의 발전을 위한 중요정책의 수립에 관하여 대통령의 자문에 응하기 위하여 국민경제자문회의를 둘 수 있다.

② 국민경제자문회의의 조직·직무범위 기타 필요한 사항은 법률로 정한다.

제3관 행정각부

제94조 행정각부의 장은 국무위원 중에서 국무총리의 제청으로 대통령이 임명한다.

제95조 국무총리 또는 행정각부의 장은 소관사무에 관하여 법률이나 대통령령의 위임 또는 직권으로 총리령 또는 부령을 발할 수 있다.

제96조 행정각부의 설치·조직과 직무범위는 법률로 정한다.

제4관 감 사 원

제97조 국가의 세입·세출의 결산, 국가 및 법률이 정한 단체의 회계검사와 행정기관 및 공무원의 직무에 관한 감찰을 하기 위하여 대통령 소속하에 감사원을 둔다.

제98조 ① 감사원은 원장을 포함한 5인 이상 11인 이하의 감사위원으로 구성한다.

② 원장은 국회의 동의를 얻어 대통령이 임명하고, 그 임기는 4년으로 하며, 1차에 한하여 중임할 수 있다.

③ 감사위원은 원장의 제청으로 대통령이 임명하고, 그 임기는 4년으로 하며, 1차에 한하여 중임할 수 있다.

제99조 감사원은 세입·세출의 결산을 매년 검사하여 대통령과 차년도국회에 그 결과를 보고하여야 한다.

제100조 감사원의 조직·직무범위·감사위원의 자격·감사대상공무원의 범위 기타 필요한 사항은 법률로 정한다.

제5장 법 원

제101조 ① 사법권은 법관으로 구성된 법원에 속한다.

② 법원은 최고법원인 대법원과 각급법원으로 조직된다.

③ 법관의 자격은 법률로 정한다.

제102조 ① 대법원에 부를 둘 수 있다.

② 대법원에 대법관을 둔다. 다만, 법률이 정하는 바에 의하여 대법관이 아닌 법관을 둘 수 있다.

③ 대법원과 각급법원의 조직은 법률로 정한다.

제103조 법관은 헌법과 법률에 의하여 그 양심에 따라 독립하여 심판한다.

제104조 ① 대법원장은 국회의 동의를 얻어 대통령이 임명한다.

② 대법관은 대법원장의 제청으로 국회의 동의를 얻어 대통령이 임명한다.

③ 대법원장과 대법관이 아닌 법관은 대법관회의의 동의를 얻어 대법원장이 임명한다.

제105조 ① 대법원장의 임기는 6년으로 하며, 중임할 수 없다.

② 대법관의 임기는 6년으로 하며, 법률이 정하는 바에 의하여 연임할 수 있다.

③ 대법원장과 대법관이 아닌 법관의 임기는 10년으로 하며, 법률이 정하는 바에 의하여 연임할 수 있다.

④ 법관의 정년은 법률로 정한다.

제106조 ① 법관은 탄핵 또는 금고 이상의 형의 선고에 의하지 아니하고는 파면되지 아니하며, 징계처분에 의하지 아니하고는 정직·감봉 기타 불리한 처분을 받지 아니한다.

② 법관이 중대한 심신상의 장해로 직무를 수행할 수 없을 때에는 법률이 정하는 바에 의하여 퇴직하게 할 수 있다.

제107조 ① 법률이 헌법에 위반되는 여부가 재판의 전제가 된 경우에는 법원은 헌법재판소에 제청하여 그 심판에 의하여 재판한다.

② 명령·규칙 또는 처분이 헌법이나 법률에 위반되는 여부가 재판의 전제가 된 경우에는 대법원은 이를 최종적으로 심사할 권한을 가진다.

③ 재판의 전심절차로서 행정심판을 할 수 있다. 행정심판의 절차는 법률로 정하되, 사법절차가 준용되어야 한다.

제108조 대법원은 법률에서 저촉되지 아니하는 범위 안에서 소송에 관한 절차, 법원의 내부규율과 사무처리에 관한 규칙을 제정할 수 있다.

제109조 재판의 심리와 판결은 공개한다. 다만, 심리는 국가의 안전보장 또는 안녕질서를 방해하거나 선량한 풍속을 해할 염려가 있을 때에는 법원의 결정으로 공개하지 아니할 수 있다.

제110조 ① 군사재판을 관할하기 위하여 특별법원으로서 군사법원을 둘 수 있다.

② 군사법원의 상고심은 대법원에서 관할한다.

③ 군사법원의 조직·권한 및 재판관의 자격은 법률로 정한다.

④ 비상계엄하의 군사재판은 군인·군무원의 범죄나 군사에 관한 간첩죄의 경우와 초병·초소·유독음식물공급·포로에 관한 죄중 법률이 정한 경우에 한하여 단심으로 할 수 있다. 다만, 사형을 선고한 경우에는 그러하지 아니하다.

제6장 헌법재판소

제111조 ① 헌법재판소는 다음 사항을 관장한다.

1. 법원의 제청에 의한 법률의 위헌여부 심판
2. 탄핵의 심판
3. 정당의 해산 심판
4. 국가기관 상호간, 국가기관과 지방자치단체간 및 지방자치단체 상호간의 권한쟁의에 관한 심판
5. 법률이 정하는 헌법소원에 관한 심판

② 헌법재판소는 법관의 자격을 가진 9인의 재판관으로 구성하며, 재판관은 대통령이 임명한다.

③ 제2항의 재판관중 3인은 국회에서 선출하는 자를, 3인은 대법원장이 지명하는 자를 임명한다.

④ 헌법재판소의 장은 국회의 동의를 얻어 재판관중에서 대통령이 임명한다.

제112조 ① 헌법재판소 재판관의 임기는 6년으로 하며, 법률이 정하는 바에 의하여 연임할 수 있다.

② 헌법재판소 재판관은 정당에 가입하거나 정치에 관여할 수 없다.

③ 헌법재판소 재판관은 탄핵 또는 금고 이상의 형의 선고에 의하지 아니하고는 파면되지 아니한다.

제113조 ① 헌법재판소에서 법률의 위헌결정, 탄핵의 결정, 정당해산의 결정 또는 헌법소원에 관한 인용결정을 할 때에는 재판관 6인 이상의 찬성이 있어야 한다.

② 헌법재판소는 법률에 저촉되지 아니하는 범위안에서 심판에 관한 절차, 내부규율과 사무처리에 관한 규칙을 제정할 수 있다.

③ 헌법재판소의 조직과 운영 기타 필요한 사항은 법률로 정한다.

제7장 선거관리

제114조 ① 선거와 국민투표의 공정한 관리 및 정당에 관한 사무를 처리하기 위하여 선거관리위원회를 둔다.

② 중앙선거관리위원회는 대통령이 임명하는 3인, 국회에서 선출하는 3인과 대법원장이 지명하는 3인의 위원으로 구성한다. 위원장은 위원중에서 호선한다.

③ 위원의 임기는 6년으로 한다.

④ 위원은 정당에 가입하거나 정치에 관여할 수 없다.

⑤ 위원은 탄핵 또는 금고 이상의 형의 선고에 의하지 아니하고는 파면되지 아니한다.

⑥ 중앙선거관리위원회는 법령의 범위 안에서 선거관리·국민투표관리 또는 정당사무에 관한 규칙을 제정할 수 있으며, 법률에 저촉되지 아니하는 범위 안에서 내부규율에 관한 규칙을 제정할 수 있다.

⑦ 각급 선거관리위원회의 조직·직무범위 기타 필요한 사항은 법률로 정한다.

제115조 ① 각급 선거관리위원회는 선거인명부의 작성등 선거사무와 국민투표사무에 관하여 관계 행정기관에 필요한 지시를 할 수 있다.

② 제1항의 지시를 받은 당해 행정기관은 이에 응하여야 한다.

제116조 ① 선거운동은 각급 선거관리위원회의 관리하에 법률이 정하는 범위안에서 하되, 균등한 기회가 보장되어야 한다.

② 선거에 관한 경비는 법률이 정하는 경우를 제외하고는 정당 또는 후보자에게 부담시킬 수 없다.

제8장 지방자치

제117조 ① 지방자치단체는 주민의 복리에 관한 사무를 처리하고 재산을 관리하며, 법령의 범위 안에서 자치에 관한 규정을 제정할 수 있다.

② 지방자치단체의 종류는 법률로 정한다.

제118조 ① 지방자치단체에 의회를 둔다.

② 지방의회의 조직·권한·의원선거와 지방자치단체의 장의 선임방법 기타 지방자치단체의 조직과 운영에 관한 사항은 법률로 정한다.

제9장 경 제

제119조 ① 대한민국의 경제질서는 개인과 기업의 경제상의 자유와 창의를 존중함을 기본으로 한다.

② 국가는 균형있는 국민경제의 성장 및 안정과 적정한 소득의 분배를 유지하고, 시장의 지배와 경제력의 남용을 방지하며, 경제주체간의 조화를 통한 경제의 민주화를 위하여 경제에 관한 규제와 조정을 할 수 있다.

제120조 ① 광물 기타 중요한 지하자원·수산자원·수력과 경제상 이용할 수 있는 자연력은 법률이 정하는 바에 의하여 일정한 기간 그 채취·개발 또는 이용을 특허할 수 있다.

② 국토와 자원은 국가의 보호를 받으며, 국가는 그 균형있는 개발과 이용을 위하여 필요한 계획을 수립한다.

제121조 ① 국가는 농지에 관하여 경자유전의 원칙이 달성될 수 있도록 노력하여야 하며, 농지의 소작제도는 금지된다.

② 농업생산성의 제고와 농지의 합리적인 이용을 위하거나 불가피한 사정으로 발생하는 농지의 임대차와 위탁경영은 법률이 정하는 바에 의하여 인정된다.

제122조 국가는 국민 모두의 생산 및 생활의 기반이 되는 국토의 효율적이고 균형있는 이용·개발과 보전을 위하여 법률이 정하는 바에 의하여 그에 관한 필요한 제한과 의무를 과할 수 있다.

제123조 ① 국가는 농업 및 어업을 보호·육성하기 위하여 농·어촌종합개발과 그 지원등 필요한 계획을 수립·시행하여야 한다.

② 국가는 지역간의 균형있는 발전을 위하여 지역경제를 육성할 의무를 진다.

③ 국가는 중소기업을 보호·육성하여야 한다.

④ 국가는 농수산물의 수급균형과 유통구조의 개선에 노력하여 가격안정을 도모함으로써 농·어민의 이익을 보호한다.

⑤ 국가는 농·어민과 중소기업의 자조조직을 육성하여야 하며, 그 자율적 활동과 발전을 보장한다.

제124조 국가는 건전한 소비행위를 계도하고 생산품의 품질향상을 촉구하기 위한 소비자보호운동을 법률이 정하는 바에 의하여 보장한다.

제125조 국가는 대외무역을 육성하며, 이를 규제·조정할 수 있다.

제126조 국방상 또는 국민경제상 긴절한 필요로 인하여 법률이 정하는 경우를 제외하고는, 사영기업을 국유 또는 공유로 이전하거나 그 경영을 통제 또는 관리할 수 없다.

제127조 ① 국가는 과학기술의 혁신과 정보 및 인력의 개발을 통하여 국민경제의 발전에 노력하여야 한다.

② 국가는 국가표준제도를 확립한다.

③ 대통령은 제1항의 목적을 달성하기 위하여 필요한 자문기구를 둘 수 있다.

제10장 헌법개정

제128조 ① 헌법개정은 국회재적의원 과반수 또는 대통령의 발의로 제안된다.

② 대통령의 임기연장 또는 중임변경을 위한 헌법개정은 그 헌법개정 제안 당시의 대통령에 대하여는 효력이 없다.

제129조 제안된 헌법개정안은 대통령이 20일 이상의 기간 이를 공고하여야 한다.

제130조 ① 국회는 헌법개정안이 공고된 날로부터 60일 이내에 의결하여야 하며, 국회의 의결은 재적의원 3분의 2 이상의 찬성을 얻어야 한다.

② 헌법개정안은 국회가 의결한 후 30일 이내에 국민투표에 붙여 국회의원선거권자 과

반수의 투표와 투표자 과반수의 찬성을 얻어야 한다.

③ 헌법개정안이 제2항의 찬성을 얻은 때에는 헌법개정은 확정되며, 대통령은 즉시 이를 공포하여야 한다.

부 칙

제1조 이 헌법은 1988년 2월 25일부터 시행한다. 다만, 이 헌법을 시행하기 위하여 필요한 법률의 제정·개정과 이 헌법에 의한 대통령 및 국회의원의 선거 기타 이 헌법시행에 관한 준비는 이 헌법시행 전에 할 수 있다.

제2조 ① 이 헌법에 의한 최초의 대통령선거는 이 헌법시행일 40일 전까지 실시한다.

② 이 헌법에 의한 최초의 대통령의 임기는 이 헌법시행일로부터 개시한다.

제3조 ① 이 헌법에 의한 최초의 국회의원선거는 이 헌법공포일로부터 6월 이내에 실시하며, 이 헌법에 의하여 선출된 최초의 국회의원의 임기는 국회의원선거후 이 헌법에 의한 국회의 최초의 집회일로부터 개시한다.

② 이 헌법공포 당시의 국회의원의 임기는 제1항에 의한 국회의 최초의 집회일 전일까지로 한다.

제4조 ① 이 헌법시행 당시의 공무원과 정부가 임명한 기업체의 임원은 이 헌법에 의하여 임명된 것으로 본다. 다만, 이 헌법에 의하여 선임방법이나 임명권자가 변경된 공무원과 대법원장 및 감사원장은 이 헌법에 의하여 후임자가 선임될 때까지 그 직무를 행하며, 이 경우 전임자인 공무원의 임기는 후임자가 선임되는 전일까지로 한다.

② 이 헌법시행 당시의 대법원장과 대법원판사가 아닌 법관은 제1항 단서의 규정에 불구하고 이 헌법에 의하여 임명된 것으로 본다.

③ 이 헌법 중 공무원의 임기 또는 중임제한에 관한 규정은 이 헌법에 의하여 그 공무원이 최초로 선출 또는 임명된 때로부터 적용한다.

제5조 이 헌법시행 당시의 법령과 조약은 이 헌법에 위배되지 아니하는 한 그 효력을 지속한다.

제6조 이 헌법시행 당시에 이 헌법에 의하여 새로 설치될 기관의 권한에 속하는 직무를 행하고 있는 기관은 이 헌법에 의하여 새로운 기관이 설치될 때까지 존속하며 그 직무를 행한다.

사 항 색 인

ㄴ

ㄷ

저자약력

서울대학교 법과대학 법학과, 동 대학원 졸업
법학박사(프랑스 국립 파리(Paris) 제 2 대학교)
프랑스 국립 파리(Paris) 제 2 대학교 초청교수
미국 University of California at Berkeley의 Visiting Scholar
한국헌법학회 · 한국비교공법학회 부회장
헌법재판소 헌법연구위원
경제인문사회연구회 평가위원
인터넷 정보보호 협의회 운영위원
한국공법학회 회장 · 한국언론법학회 회장 · 유럽헌법학회장
사법시험 · 행정고시 · 입법고시, 9급 공무원 공채시험, 서울시 공무원 승진시험 등 시험위원
홍익대학교 법학과 교수
대법원 국민사법참여위원회 위원
방송통신심의위원회 규제심사위원회 위원장
헌법재판소 제도개선위원회 위원
국회 헌법개정자문위원회 간사위원
헌법재판소 세계헌법재판회의 자문위원회 부위원장
교육부 국가교육과정정책자문위원회 위원
한국법제연구원 자문위원
헌법재판소 · 한국공법학회 주최 제 1 회 공법모의재판경연대회 대회장
법학전문대학원협의회 변호사시험 모의시험 출제위원회 공법영역 위원장
중앙행정심판위원회 위원
감사원 감사혁신위원회 위원
법무부 '헌법교육 강화 추진단' 단장
개인정보보호위원회 위원
대법원 법관징계위원회 위원
2018년 세계헌법대회 조직위원장(대회장)
한국법학교수회 수석부회장
한국법학원 부원장
세계헌법학회 부회장
헌법재판소 도서 및 판례심의위원회 위원
국립외교원 강사
법교육위원회 위원장
개인정보보호위원회 정책자문위원회 위원
국회 입법조사처 자문위원회 위원장

현재 국회 헌법개정자문위원회('국민 미래 개헌 자문위원회' 2024-2025) 위원장
　　국회 의정연수원 강사
　　지방자치인재개발원 강사
　　국가공무원인재개발원 강사
　　변호사시험 출제위원
　　세계헌법학회 집행이사
　　한국공법학회 고문
　　한국헌법학회 고문
　　세계헌법학회 한국학회 회장
　　한국교육법학회 회장
　　공법이론과 판례연구회 회장
　　감사원 정책자문위원회 위원장
　　사단법인 세계헌법연구포럼 대표(회장)
　　성균관대학교 법학전문대학원 교수

주요 저서

기본권총론
국가권력규범론
헌법재판론
헌법재판요론
기본권연구 I
판례헌법
헌법과 행정실무
헌법판례와 행정실무
헌법재판개론
한국법의 이해(공저)
지방자치단체선거법(공저)
세계비교헌법(공저)
한국의 헌법학 연구(공저)

제14판
신헌법입문

초판발행 2010년 9월 10일
제14판발행 2026년 2월 20일

지은이 정재황
펴낸이 안종만 · 안상준

편 집 김선민
기획/마케팅 조성호
표지디자인 권아린
제 작 고철민 · 김원표

펴낸곳 (주) 박영사
서울특별시 금천구 가산디지털2로 53, 210호(가산동, 한라시그마밸리)
등록 1959. 3. 11. 제300-1959-1호(倫)
전 화 02)733-6771
f a x 02)736-4818
e-mail pys@pybook.co.kr
homepage www.pybook.co.kr
ISBN 979-11-303-9989-8 93360

정 가 56,000원